UMA VIDA DEDICADA AO DIREITO

Estudos em homenagem a Roberto Rosas

COORDENADORES

Arruda Alvim
Eduardo Arruda Alvim
Flavio Galdino

UMA VIDA DEDICADA AO DIREITO

Estudos em homenagem a Roberto Rosas

GZ EDITORA
Rio de Janeiro
2020

1ª edição – 2020

Presidente do Conselho Editorial
Nelson Nery Costa

Diagramação
Olga Martins

CIP – Brasil. Catalogação-na-fonte.
Sindicato Nacional dos Editores de Livros, RJ.

V69

Uma vida dedicada ao direito: estudos em homenagem a Roberto Rosas / coordenação: Arruda Alvim, Eduardo Arruda Alvim, Flavio Galdino. - 1. ed. - Rio de Janeiro: G Z, 2020.

998 p.; 24 cm.

Inclui bibliografia e índice

ISBN 978-85-9524-082-7

1. Rosas, Roberto, 1939-. 2. Direito constitucional - Brasil. 3. Direitos fundamentais - Brasil. I. Alvim, Arruda. II. Alvim, Eduardo Arruda. III. Galdino, Flavio.

20-64656

CDU: 342(81)

Av. Erasmo Braga, 299 – sala 202
CEP: 20020-000 – Rio de Janeiro – RJ
Tels.: (0XX21) 2240-1406 / 2240-1416 – Fax: (0XX21) 2240-1511
contato@editoragz.com.br
www.editoragz.com.br

Impresso no Brasil
Printed in Brazil

SOBRE ROBERTO ROSAS

01. Bacharel pela Faculdade de Direito da Universidade Federal do Rio de Janeiro (Faculdade Nacional de Direito).

02. Bacharel em Ciências Sociais pela Faculdade de Filosofia da Universidade do Estado do Rio de Janeiro (UERJ).

03. Doutor em Direito pela Faculdade de Direito da Universidade Federal do Rio de Janeiro (1968).

04. Doutor e Mestre em Direito pela Universidade de Brasília.

05. Professor Titular da Faculdade de Direito da Universidade de Brasília, desde 1967 (Mestrado e Graduação).

06. Membro Titular da Academia Brasileira de Letras Jurídicas; da Academia Internacional de Direito e Economia; da Academia Brasileira de Direito Tributário; da Academia Brasiliense de Letras.

07. Membro do Conselho Federal da OAB (20 anos), OAB/DF (6 anos).

08. Membro do Instituto dos Advogados Brasileiros; Instituto dos Advogados do Distrito Federal; Instituto dos Advogados de São Paulo; Instituto dos Advogados de Goiás; Instituto dos Advogados da Bahia.

09. Examinador de Concursos para: Juiz Federal (10 vezes), Procurador da República, Juiz do Distrito Federal (2 vezes), Procurador do Incra, Procurador da Fazenda Nacional; Procurador do TCDF; Advogado da União.

10. Examinador de Concursos para Prof. Titular (USP, UFPR; UFGO); Mestrado (UnB, USP, UFC, UFMG, UFGO, UFPE, UFBA, PUC/SP), Doutorado (UFMG; USP; PUC/SP).

11. Livros publicados: Direito Sumular (Malheiros, 14ª ed., 2006); Direito Processual Constitucional (RT, 3ª ed., 1999); Comentários ao CPC, vol. 5, Rev. Tribunais; Pedro Lessa – O Marshall Brasileiro; Processos da Competência do Supremo Tribunal; Locação; Sucessões; Poder Legislativo e Judiciário; Devido Processo Legal; Do Abuso de Direito ao Abuso de Poder; Perfis do Mundo Jurídico.

12. Teses: Do Abuso de Poder (1968); A Família na Sistemática Constitucional; Do Dirigismo Jurisprudencial.

13. 140 artigos jurídicos nas Revistas: Informação Legislativa, Forense, Tribunais, de Direito Público, de Processo, Brasileira de Direito Processual, de Direito Administrativo e outras.

14. Ex-Presidente do Instituto dos Advogados do Distrito Federal.

15. Advogado militante em Brasília (STF /STJ/ Justiça Federal – desde 1969).

16. Sócio- Diretor de Rosas Advogados

17. Ex-Ministro do Tribunal Superior Eleitoral (TSE).

18. Presidente do Instituto Brasileiro de Direito Constitucional (1991-2002; 2007).

19. Diretor Geral do Instituto Brasileiro de Direito Constitucional (2003-2007).

20. Participante de 237 Congressos, Conferências e palestras.

21. Membro da Sociedade Brasileira de Direito Internacional, desde 1970

APRESENTAÇÃO

Convidou-nos o ilustre editor Guilherme Zincone que conduz a editora GZ, e que edita esta obra, para que fizéssemos esta apresentação.

Respondemos que faríamos com imensa satisfação, ainda que entendêssemos absolutamente que será um texto inequivocamente desnecessário.

Roberto Rosas é uma figura nacionalmente conhecida e por todos os profissionais do direito, intensamente admirada e respeitada. Basta passar os olhos pelo rol dos eminentes juristas que colaboram para esta homenagem.

Formou-se o ilustre homenageado no Rio de Janeiro pela antiga Faculdade Nacional de Direito, integrada hoje na Universidade Federal do Rio de Janeiro, então e agora, tida como das melhores do Brasil.

Em seguida doutorou-se por essa faculdade, deslocando-se muito moço para Brasília onde obteve o grau de doutor também pela Universidade de Brasília, o que é fato inusitado e que evidencia a sua vocação para uma vida acadêmica. Nesta última Universidade lecionou durante muitos anos na sua Faculdade de Direito.

Ocupou o elevado o cargo de ministro do Tribunal Superior Eleitoral.

Tem uma banca de advocacia extremamente respeitada por todos e solicitada por quem tenha um problema de difícil solução.

Publicou obras de alto valor acadêmico sempre com excelente praticidade, que são as duas grandes virtudes de todos os trabalhos.

Lembre-se a sua obra intitulada *Direito Sumular*, obra clássica com inúmeras edições e que tem servido a todos os operadores do direito. Pode ser considerada um livro de cabeceira. Recordamo-nos de que o Prof. Alcides de Mendonça Lima, admirador dessa obra, a ela referiu como sendo a de um glosador, com o que evocou a figura monumental de Donellus, jurista e mestre medieval.

Recorde-se a preciosa monografia sobre *Direito Processual Constitucional.*

Lembre-se o seu texto sobre *Processos da Competência do Supremo Tribunal Federal.*

Trafegando sobre outra área do Direito, estudou e escreveu sobre o tema de *Sucessões.*

Em outra excelente monografia, demonstra um viés político, em trabalho sobre *Do Abuso de Direito ao Abuso do Poder.* Na área de estudos com certo caráter político publica sobre o *Legislativo e Judiciário,* e nessa mesma esteira *Poder Legislativo, Direito Processual Constitucional,* e *Princípios Constitucionais do Processo Civil***.** Tem admirável estudo sobre Pedro Lessa.

Recentemente publicou uma bela monografia sobre *Devido Processo Legal*, esta última editada pelo Editora GZ.

É membro do Instituto dos Advogados do Distrito Federal, do Instituto dos Advogados Brasileiros, desde 1970, da Academia Brasileira de Letras Jurídicas e da Academia Brasiliense de Letras.

É um jurista que trafegou e trafega desassombradamente por diversos ramos do direito.

Em síntese verifica-se que efetivamente esta apresentação era desnecessária.

Roberto Rosas é um jurista de alto gabarito e um dos advogados mais notáveis do Brasil.

Apesar da inutilidade desse texto, gostaríamos de afirmar, alto em bom som, a nossa imensa satisfação em ter feito esta apresentação. Parabenizamos também o ilustre editor Guilherme Zincone.

Por fim, permita-se-nos chamar a atenção para o magnífico texto de Rubens de Oliveira Lima – *A caminhada,* página 791 e seguinte, e Flavio Galdino – *A inestimável contribuição do Professor Roberto Rosas para a Experiência Jurídica Brasileira* (página 925).

Aí se descreve essa caminhada, passo a passo, do homenageado pela vida do direito, o que fez, seus contatos com personalidades do direito, da judicatura, etc, mostrando-se praticamente tudo o que, em todos os setores do Direito Roberto Rosas realizou e realiza. Vale a pena ler.

Arruda Alvim
Eduardo Arruda Alvim
Flavio Galdino

PREFÁCIO

Honram-me os Professores Arruda Alvim e Flávio Galdino com o generoso convite: prefaciar esta coletânea em homenagem a meu pai, Roberto Rosas. Tento me desincumbir de tal mister, admitindo duas coisas: primeiro que será um desafio ser breve; segundo, desde já, declaro minha suspeição em escrever sobre meu pai e professor.

Roberto Rosas tem uma trajetória acadêmica e profissional coroada de êxitos. Felizmente, no campo pessoal é igualmente bem-sucedido. Prova disso, a presente obra reuniu alguns dos mais seletos autores do Direito Brasileiro – Professores, Magistrados e Advogados – que antes de tudo são amigos queridos. Estes nomes dão a tônica dessa obra que acaricia a vaidade de qualquer jurista.

Nascido no Rio de Janeiro, questão primária em qualquer conversa, viveu a infância e parte da juventude na antiga capital federal. Graduou-se com muito orgulho na academia jurídica mais prestigiada de então: a Faculdade Nacional de Direito. Mas o futuro lhe reservava uma mudança. Veio para Brasília em 1965 acompanhando a mudança da capital e a consequente vinda, para a nova cidade, da cúpula do Poder Judiciário. Presenciou de perto a instauração e a consolidação do Regime Militar e assistiu a Suprema Corte, onde trabalhava, apreciar as diversas situações ocorridas no período. Do STF foi ser advogado concursado do BNDES. Iniciando-se na advocacia privada, seu saudoso amigo José Guilherme Villela estimulou-o a prestar o concurso do Ministério Público no Tribunal de Contas do Distrito Federal e, aprovado, foram colegas até suas respectivas aposentadorias.

Participou da instauração da Seccional da Ordem do Advogados no Distrito Federal. Exerceu diversos mandatos de Conselheiro Seccional e Federal, convivendo e colaborando com as principais figuras da advocacia brasiliense e brasileira. Em 1986 foi escolhido como Ministro do Tribunal Superior Eleitoral, participando como Magistrado da 1ª eleição direta presidencial após 25 anos de governo militar. Tudo isso sem jamais abrir mão de suas grandes paixões: a advocacia e o magistério. A bem da verdade, em dado momento exerceu simultaneamente as funções de Procurador, Magistrado, Advogado e Docente; e orgulhosamente mantinha todo o trabalho em dia.

Acompanhou de perto a Constituinte de 1988, quando teve a oportunidade de contribuir nos debates que culminaram no texto da Constituição Federal vigente. Presenciou a implantação das cortes criadas pelo novo texto constitucional: o Superior Tribunal de Justiça e os Tribunais Regionais Federais, e o respectivo processo de escolha dos novos integrantes desses colegiados.

A inclinação acadêmica dos tempos de estudante, acabou se transformando em um chamado para a docência, vocação que o acompanha até os dias atuais. Na recém-criada Universidade de Brasília, seu diploma de Doutor que trouxe do Rio de Janeiro foi desafiado: a sistemática da UNB exigia que os professores tivessem titulação de mestre. Isso não o intimidou. Pelo contrário. Em apenas dois anos não apenas titulou-se Mestre, como também Doutor pela UNB. Tal conduta acadêmica rendeu-lhe o respeito dos colegas e a posição de professor titular de Direito Civil, matéria que ministrou, na graduação e pós-graduação, com muita satisfação até a aposentadoria. Completou a docência sendo um dos primeiros professores das duas faculdades de Direito privadas mais antigas de Brasília, o Uniceub e a UDF. Essa vida acadêmica estimula uma produção jurídica muito valiosa, com destaque para o livro Direito Sumular, em sua atual 14ª edição, e a obra biográfica do Ministro Pedro Lessa.

Sua produção, participação e entusiasmo o conduziram a diversas academias que lhe honraram com o convite, ingresso e exercício de diversos papéis. Membro do Instituto dos Advogados do Distrito Federal e do Instituto dos Advogados Brasileiros desde 1970, da Academia Brasileira de Letras Jurídicas e da Academia Brasiliense de Letras. Coordenou, em diversas edições, em conjunto com o Professor Celso Bastos, o Congresso Brasileiro de Direito Constitucional no IBDC. Organizador e colaborador na realização de diversos encontros jurídicos, sempre se motiva com a oportunidade oferecer a estudantes e profissionais do Direito, encontros que possam proporcionar repartição de conhecimento e acesso aos principais produtores de doutrina e jurisprudência do Brasil.

A dedicação de Roberto Rosas pelo Direito é verdadeiramente inspiradora. Em volta dele, construiu uma vida e uma existência. Ainda hoje, nada o estimula mais do que atuar em casos emblemáticos e desafiadores perante os Tribunais. Diuturnamente, é o primeiro a chegar no escritório, já tendo lido todas as principais notícias do dia – nos veículos impressos e na internet! Rodeado pelos muitos livros e revistas jurídicas que tanto adora, vários deles escritos e autografados por amigos, desenvolve e aperfeiçoa teses, rascunha minutas e memoriais, debate estratégias e estuda minuciosamente os autos dos processos que patrocina. É o testemunho vivo do célebre dizer de Confúcio: quem faz o que gosta não trabalha um único dia na vida.

Mas há outra área em que meu pai me traz enorme orgulho e, quanto a esta, sinto a obrigação de fazer um registro: Roberto Rosas é a melhor pessoa que conheço. Como pai, marido e avô, sempre colocou a família em primeiríssimo plano. Com ele, aprendi o valor das amizades, vendo-o carregá-las por toda a vida com a leveza de um homem bom, correto e justo, e a tentar meu melhor como ser humano, tratando com o mesmo respeito a todos e valorizando os mais diversos ofícios. Com ele, aprendi o valor da honestidade e do trabalho duro, da paciência, generosidade e empatia.

O legado de Roberto Rosas, ainda em construção, não pode ser resumido em um prefácio. Nem mesmo por seu filho. Tenho a humildade de reconhecer minhas limitações. Todavia, certamente, pode ser apreendido da leitura dos autores e obras que compõem esta coletânea, pelo testemunho de uma vida pública bem vivida, pela leitura de seus livros e artigos, pelo carinho de seus ex-alunos, pela consideração de seus colegas, pela lealdade de seus amigos e pelo amor de sua família.

Encerro esta participação, assim, agradecendo aos queridos organizadores, professores Flávio Galdino e Arruda Alvim pela oportunidade de imortalizar neste prefácio minha admiração pelo Doutor Roberto Rosas e meus sinceros votos de estima aos autores que fizeram possível essa homenagem, em nome dos quais saúdo a todos os amigos que fizeram e fazem parte da trajetória do meu pai.

Rodrigo Rosas

SOBRE OS COORDENADORES E AUTORES

ANA PAULA DE BARCELLOS

Professora Titular de Direito Constitucional da UERJ. Mestre e Doutora – UERJ. Pós-Doutora – Harvard

ANDRESSA GOMES

Advogada. Especialista em Direito Tributário e Mestranda em Direito Político e Econômico pela Universidade Presbiteriana Mackenzie/SP. Monitora Acadêmica da Pós-Graduação Lato Sensu em Direito Tributário – FGVlaw na Fundação Getúlio Vargas/SP. andressa@cdf.adv.br

ANTÔNIO CARLOS MATHIAS COLTRO

Desembargador TJSP – Presidente do Instituto Brasileiro de Direito Constitucional (IBDC) – Presidente TRE-SP (2014/2015) – Mestre em Direito das Relações Sociais (PUC-SP)

ANTONIO CLAUDIO MARIZ DE OLIVEIRA

Ex Presidente da OAB/SP; Ex Conselheiro Federal da OAB. Ex Presidente da AASP; Ex Secretário de Justiça de SP. Advogado. Ex Secretário de Segurança Pública de São Paulo.

ANTONIO DO PASSO CABRAL

Professor Associado de Direito Processual Civil da Universidade do Estado do Rio de Janeiro (UERJ). Livre-Docente pela Universidade de São Paulo (USP). Doutor em Direito Processual pela UERJ, em cooperação com a Universidade de Munique, Alemanha (Ludwig-Maximilians-Universität). Mestre em Direito Público pela UERJ. Pós-doutorado na Universidade de Paris I (Sorbonne). Professor Visitante nas Universidades de Kiel e Passau (Alemanha), e na Universidade Ritsumeikan, Quioto (Japão). Senior Lecturer na Peking University, Pequim (China). Membro da Associação Internacional de Direito Processual, do Instituto Iberoamericano de Direito Processual, do Instituto Brasileiro de Direito Processual, da Associação de Juristas Brasil-Alemanha (Deutsch-Brasilianische Juristenvereinigung) e da Wissenschaftliche Vereinigung für Internationales Verfahrensrecht. Procurador da República no Rio de Janeiro.

ANTÓNIO PINTO MONTEIRO

Professor Catedrático da Faculdade de Direito da Universidade de Coimbra

ARNALDO SAMPAIO DE MORAES GODOY

Livre-docente em Teoria Geral do Estado pela Faculdade de Direito/USP.

Foi Consultor Geral da União. Procurador da Fazenda Nacional.

ARNOLDO WALD

Advogado. Professor Catedrático de Direito Civil da Faculdade de Direito da UERJ. Doutor honoris causa da Universidade Panthéon-Assas (Paris II) e do Instituto de Direito Público – IDP. Presidente honorário da Comissão de Arbitragem do Conselho Federal da Ordem dos Advogados do Brasil. Membro da Academia Brasileira de Letras Jurídicas

ARRUDA ALVIM

Advogado. Doutor e Livre Docente. Professor Titular da Pós-graduação stricto sensu (Mestrado e Doutorado) da Pontifícia Universidade Católica de São Paulo. Membro da Academia Brasileira de Letras Jurídicas

BRUNO BODART†

LL.M. (Master of Laws) candidate, Harvard Law School. Mestre em Direito pela Universidade do Estado do Rio de Janeiro (UERJ). Cursou análise econômica do Direito pela University of Chicago. Juiz de Direito do Tribunal de Justiça do Estado do Rio de Janeiro (TJRJ). Diretor da Associação Brasileira de Direito e Economia (ABDE). Membro do Instituto Brasileiro de Direito Processual (IBDP). E-mail: bdarosbodartda@llm18.law.harvard.edu

BRUNO MENESES LORENZETTO

Doutor em Direito pela UFPR na área de Direitos Humanos e Democracia. Mestre em Direito pela UFPR na área do Direito das Relações Sociais. Coordenador do Programa de Pós-Graduação em Direito (Direitos Fundamentais e Democracia) e Professor da Graduação do Centro Universitário Autônomo do Brasil – UniBrasil. Professor de Direito da Pontifícia Universidade Católica do Paraná. Visiting Scholar na Columbia Law School, Columbia University, New York. Bolsista pela CAPES durante o Mestrado na UFPR. Desenvolve suas pesquisas na área de Direito Público, com ênfase em Direito Constitucional e Teoria do Direito. bruno_lorenzetto@yahoo.com.br

CARLOS FERNANDO MATHIAS DE SOUZA

Professor Titular da Universidade de Brasília, vice-presidente do Instituto dos Magistrados do Brasil – IMB e advogado em Brasília.

CARLOS MÁRIO DA SILVA VELLOSO

Advogado. Ministro, aposentado, foi presidente do Supremo Tribunal Federal e do Tribunal Superior Eleitoral; é professor emérito da Universidade de Brasília (UnB) e da PUC/MG, em cujas Faculdades de Direito foi professor titular de Direito Constitucional e Teoria Geral do Direito Público. Membro da Academia Brasileira de Letras Jurídicas

CESAR LUIZ PASOLD

Doutor em Direito do Estado pela Faculdade de Direito do Largo São Francisco – Universidade de São Paulo-USP; Pós Doutor em Direito das Relações Sociais pela Universidade Federal do Paraná-UFPR ; Mestre em Instituições Jurídico-Políticas pela Universidade Federal de Santa Catarina-UFSC ; Mestre em Saúde Pública pela Faculdade de Saúde Pública -USP; Especialista em Saúde Pública pela Faculdade de Saúde Pública da USP; Docente da Universidade do Vale do Itajaí- UNIVALI nos Cursos de Mestrado e de Doutorado em Ciência Jurídica . Consultor de Organizações nas áreas jurídica e axiológica. Advogado-OAB/SC 943. Ex Juiz – na categoria Jurista – do Tribunal Regional Eleitoral de Santa Catarina. É pesquisador principalmente voltado aos seguintes temas: Ética; Teoria do Direito, do Estado e da Constituição; Teoria e Ciência Política. Autor, entre outros, de: Função Social do Estado Contemporâneo (4ª ed. Itajai: Univali-2013- ebook, disponível gratuitamente em: http://siaiapp28.univali.br/LstFree.aspx; Metodologia da Pesquisa Jurídica: Teoria e Prática (14ª ed. rev. atual amp. Fpolis: EMais, 2018); Ensaio sobre a Ética de Norberto Bobbio (Fpolis: Conceito Editorial,2008). Presidente da Academia Catarinense de Letras Jurídicas (dois mandatos sucessivos:2013-2020). Site profissional: www.cesarluizpasold.com.br; e-mail: clp@cesarluizpasold.com.br.

CLÈMERSON MERLIN CLÈVE

Professor Titular de Direito Constitucional da Universidade Federal do Paraná. Doutor em Direito do Estado pela Pontifícia Universidade Católica de São Paulo. Mestre em Direito pela Universidade Federal de Santa Catarina. Professor Titular de Direito Constitucional do Centro Universitário Autônomo do Brasil – UniBrasil. Pós-Graduado em Direito Público pela Université Catholique de Louvain – Bélgica. Professor

Visitante do Máster Universitario en Derechos Humanos, Interculturalidad y Desarrollo e do Doctorado em Ciencias Jurídicas y Políticas da Universidad Pablo de Olavide, em Sevilha, Espanha. Líder do NINC – Núcleo de Investigações Constitucionais em Teorias da Justiça, Democracia e Intervenção da UFPR. Foi Procurador do Estado do Paraná e Procurador da República. Advogado. cleve@uol.com.br

DEBORAH PEREIRA PINTO DOS SANTOS

Mestre e Doutoranda em Direito Civil pela Universidade do Estado do Rio de Janeiro (UERJ), Master of Law pela Universidade de Harvard (LLM 18' Harvard Law School), Procuradora do Município do Rio de Janeiro (PGM-RJ) e advogada.

DENISE GOULART SCHLICKMANN

Bacharel em Ciências Econômicas, Ciências Contábeis e Direito, pela Universidade Federal de Santa Catarina (UFSC). Pós-graduada em Auditoria Governamental pela FEPESE/UFSC, e em Direito Eleitoral pela UNIVALI. Mestra em Direito pela UFSC. Secretária Geral adjunta da Academia Brasileira de Direito Eleitoral e Político (ABRADEP). Membro do Núcleo de Inteligência da Justiça Eleitoral. Secretária de Controle Interno e Auditoria do TRE/SC, unidade responsável pelo exame técnico das prestações de contas eleitorais e partidárias. Integrante dos grupos de estudo formados pelo Tribunal Superior Eleitoral para minutar as normas sobre arrecadação, aplicação de recursos e prestação de contas à Justiça Eleitoral, bem como procedimentos de auditoria das contas prestadas para aplicação em nível nacional desde o pleito de 1994. . Instrutora nas áreas de auditoria governamental e controle interno, no âmbito da Justiça Eleitoral e do Supremo Tribunal Federal. Conferencista na área de direito eleitoral. Autora da obra Financiamento de Campanhas Eleitorais, na nona edição, pela Editora Juruá. Coautora da obra Tratado de Direito Eleitoral, pela Editora Fórum. Coautora da obra Tópicos Avançados de Direito Processual Eleitoral, pela Editora Arraes. Mestre e Doutoranda no Programa de Pós-Graduação em Direito da Universidade Federal de Santa Catarina.

EDGARD SILVEIRA BUENO Fº

Sócio de Lima Gonçalves, Jambor, Rotenberg & Silveira Bueno – Advogados. Diretor de Relações Institucionais do IASP. Foi Juiz do TRF da 3ª Região, Presidente da Ajufe – Associação dos Juízes Federais do Brasil. Professor Assistente Mestre da PUC-SP e Procurador do Estado de São Paulo.

EDUARDA M. CHACON ROSAS

Mestranda em Direito Econômico e Regulatório na UnB. LLM em Direito Empresarial na FGV. Pós-Graduada em Relações Internacionais na UnB. Advogada.

EDUARDO ARRUDA ALVIM

Mestre e Doutor pela PUC/SP. Advogado.

ELIAS MARQUES DE MEDEIROS NETO

Pós Doutor em Direito Processual Civil pelas Universidades de Lisboa e Coimbra/IGC. Doutor e Mestre em Direito Processual Civil pela PUCSP. Advogado e Professor Universitário.

ERASMO VALLADÃO AZEVEDO E NOVAES FRANÇA

Livre-Docente, Doutor e Mestre em Direito Comercial pela Faculdade de Direito da USP. Professor Associado e Chefe do Departamento de Direito Comercial da Faculdade de Direito da USP. Advogado em São Paulo

FERNANDO CAMPOS SCAFF

Advogado e Professor Titular da Faculdade de Direito da Universidade de São Paulo - Largo São Francisco

FERNANDO FACURY SCAFF

Professor Titular de Direito Financeiro da Universidade de São Paulo, Livre Docente e Doutor pela Universidade de São Paulo. Sócio de Silveira, Athias, Soriano de Mello, Guimarães, Pinheiro & Scaff - Advogados. Email: scaff@silveiraathias.com.br

FERNANDO LUIZ XIMENES ROCHA

Mestre em Direito Público, Professor aposentado de Direito Constitucional da Universidade Federal do Ceará (UFC) e Desembargador do Tribunal de Justiça do Ceará.

FLAVIO GALDINO

Mestre e Doutor pela UERJ. Professor da Faculdade de Direito da UERJ. Advogado.

FLÁVIO LUIZ YARSHELL

Professor Titular do Departamento de Direito Processual da Faculdade de Direito da Universidade São Paulo

FRANCISCO AMARAL

Professor Titular de Direito Civil e Romano da Universidade Federal do Rio de Janeiro. Presidente da Academia Brasileira de Letras Jurídicas

FRANCISCO REZEK

Ministro do STF (aposentado). Ex Presidente do TSE; Professor Titular da Faculdade de Direito da UnB. Ministro das Relações Exteriores; Juiz da Corte Internacional de Justiça (Haia).

GISELDA MARIA FERNANDES NOVAES HIRONAKA

Professora Titular da Faculdade de Direito da Universidade de São Paulo (FADUSP). Coordenadora Titular e Professora Titular do Programa de Mestrado e Doutorado da Faculdade Autônoma de Direito de São Paulo (FADISP). Coordenadora Titular da área de Direito Civil da Escola Paulista de Direito (EPD). Mestre, Doutora e Livre-docente pela Faculdade de Direito da Universidade de São Paulo (FADUSP). Ex-Procuradora Federal. Fundadora e Diretora Nacional do IBDFAM (região sudeste). Diretora Nacional do IBDCivil (região sudeste). Para este trabalho, auxiliou-me Rommel Andriotti, que é mestrando em função social do direito com concentração em direito civil pela FADISP, mestrando em efetividade do direito com concentração em processo civil pela PUC/SP, especialista em direito civil e processo civil pela EPD e graduado em direito pela FMU.

GUSTAVO BINENBOJM

Professor Titular da Faculdade de Direito da Universidade do Estado do Rio de Janeiro – UERJ. Doutor e Mestre em Direito Público pela UERJ. Master of Laws (LL.M.) pela Yale Law School. Procurador do Estado do Rio de Janeiro. Advogado e Consultor.

GUSTAVO TEPEDINO

Professor Titular de Direito Civil e ex-Diretor da Faculdade de Direito da Universidade do Estado do Rio de Janeiro – UERJ. Membro da Academia Brasileira de Letras Jurídicas.

HUMBERTO ÁVILA

Professor Titular de Direito Tributário da Universidade de São Paulo.

HUMBERTO MARTINS

Ministro do Superior Tribunal de Justiça e Corregedor Nacional de Justiça. Presidente do Superior Tribunal de Justiça.

IBSEN NORONHA

Faculdade de Direito da Universidade de Coimbra.

IVES GANDRA DA SILVA MARTINS

Professor Emérito das Universidades Mackenzie, UNIP, UNIFIEO, UNIFMU, do CIEE/O ESTADO DE SÃO PAULO, das Escolas de Comando e Estado-Maior do Exército – ECEME, Superior de Guerra – ESG e da Magistratura do Tribunal Regional Federal – 1ª Região; Professor Honorário das Universidades Austral (Argentina), San Martin de Porres (Peru) e Vasili Goldis (Romênia); Doutor Honoris Causa das Universidades de Craiova (Romênia) e das PUCs-Paraná e RS, e Catedrático da Universidade do Minho (Portugal); Presidente do Conselho Superior de Direito da FECOMERCIO – SP; Fundador e Presidente Honorário do Centro de Extensão Universitária – CEU/Instituto Internacional de Ciências Sociais – IICS. Membro da Academia Brasileira de Letras Jurídicas.

JORGE MUSSI

Ministro do STJ. Ex Ministro do TSE. Ex Presidente do Tribunal de Justiça de Santa Catarina. Vice Presidente do Superior Tribunal de Justiça.

JOSÉ ALEXANDRE TAVARES GUERREIRO

Professor de Direito Comercial da Faculdade de Direito da USP. Parecerista.

JOSÉ AUGUSTO DELGADO

Parecerista. Consultor. Advogado. Magistrado durante 43 anos. Ministro Aposentado do STJ. Ex-Ministro do Tribunal Superior Eleitoral. Doutor Honoris Causa pela Universidade Federal do Rio Grande do Norte. Idem pela Universidade Potiguar do RN. Acadêmico da Academia Brasileira de Letras Jurídicas. Acadêmico da Academia Brasileira de Direito Tributário. Integrante da Academia de Direito Tributário das Américas. Acadêmico da Academia Norte-rio-grandense de Letras. Acadêmico da Academia de Letras Jurídicas do Rio Grande do Norte. Professor Aposentado da UFRN. Professor convidado do Curso de Especialização do CEUB – Brasília. Ex-Professor da Universidade Católica de Pernambuco. Ex-Juiz Estadual. Ex-Juiz Federal. Do Instituto dos Advogados de Brasília-DF. Autor de mais de 200 artigos jurídicos. Autor de quatro livros jurídicos. Coautor em mais de 20 obras coletivas.

JOSÉ ROBERTO DE CASTRO NEVES

Doutor em Direito Civil pela Universidade do Estado do Rio de Janeiro (UERJ). Mestre em Direito pela Universidade de Cambridge, Inglaterra. Professor de Direito Civil da Pontifícia Universidade Católica (PUC-Rio) e da Fundação Getúlio Vargas. Advogado.

JOSÉ ROGÉRIO CRUZ E TUCCI

Professor Titular Sênior da Faculdade de Direito da USP. Advogado. Membro da Academia Brasileira de Letras Jurídicas

LEONARDO GRECO

Professor Titular aposentado de Direito Processual Civil da Faculdade Nacional de Direito da Universidade Federal do Rio de Janeiro. Membro da Academia Brasileira de Letras Jurídicas.

LUIZ EDSON FACHIN

Ministro do Supremo Tribunal Federal; Alma Mater: Universidade Federal do Paraná. Membro da Academia Brasileira de Letras Jurídicas.

LUIZ FUX

Ministro do Supremo Tribunal Federal. Ex-Presidente do Tribunal Superior Eleitoral. Professor Titular da Universidade do Estado do Rio de Janeiro (UERJ). Doutor em Direito Processual civil pela Universidade do Estado do Rio de Janeiro (UERJ). Membro da Academia Brasileira de Letras Jurídicas. Membro da Academia Brasileira de Filosofia. E-mail: gabineteluizfux@stf.jus.br.

LUIZA WANDER RUAS

Advogada, bacharel em Direito pela Universidade Presbiteriana Mackenzie e pós-graduada em Direito Empresarial pela PUC-SP.

LUMA CAVALEIRO DE MACEDO SCAFF

Professora Adjunta da Universidade Federal do Pará. Mestra e Doutora pela Universidade de São Paulo. Email: lumascaff@yahoo.com.br.

SANDRA SOARES VIANA

Assessora de Ministro do Supremo Tribunal Federal.

MANOEL GONÇALVES FERREIRA FILHO

Professor Emérito da Faculdade de Direito da USP. Professor Titular (aposentado) de Direito Constitucional da Faculdade de Direito da USP. Doutor honoris causa da Universidade de Lisboa. Doutor pela Universidade de Paris. Ex-Professor visitante da Faculdade de Direito de Aix-en-Provence (França). Membro da Academia Brasileira de Letras Jurídicas. Presidente do Instituto "Pimenta Bueno" - Associação Brasileira dos Constitucionalistas.

MARÇAL JUSTEN FILHO

Mestre e Doutor em Direito Público pela PUC/SP.

MARCELO CAMPOS

Advogado, Acadêmico e Presidente do Conselho Diretor da Academia Brasileira de Direito Tributário – ABDT. Vice Presidente do Instituto Brasileiro de Estudos de Direito Administrativo, Financeiro e Tributário. Professor de Direito Tributário e Processo Tributário. Coordenador da Revista Tributária e de Finanças Públicas – RTFP. marcelo.campos@abdt.net.

MARCELO NAVARRO RIBEIRO DANTAS

Ministro do Superior Tribunal de Justiça. Mestre e Doutor pela PUC/SP.

MARCELO VIEIRA VON ADAMEK

Doutor e Mestre em Direito Comercial pela Faculdade de Direito da USP. Professor Doutor do Departamento de Direito Comercial da Faculdade de Direito da USP. Ex-Presidente da Associação dos Advogados de São Paulo – AASP. Advogado em São Paulo.

MARCO AURÉLIO MELLO

Ministro do Supremo Tribunal Federal. Presidente do Supremo Tribunal Federal (maio de 2001 a maio de 2003) e do Tribunal Superior Eleitoral (junho de 1996 a junho de 1997, maio de 2006 a maio de 2008 e novembro de 2013 a maio de 2014). Presidente do Supremo Tribunal Federal, no exercício do cargo da Presidência da República do Brasil, de maio a setembro de 2002, em cinco períodos intercalados.

MARCOS BERNARDES DE MELLO

Professor Emérito da Universidade Federal de Alagoas. PhD. em Direito pela PUC/SP. MSc. em Direito pela Faculdade de Direito do Recife – UFPE. – Professor (Voluntário) da disciplina Conceitos Jurídicos Fundamentais do Curso de Mestrado em Direito da Faculdade de Direito de Alagoas – UFAL. Professor (Voluntário) de Teoria Geral do Direito Civil da Faculdade de Direito de Alagoas – UFAL. Membro do Instituto dos Advogados Brasileiros e de Alagoas. Membro efetivo da Academia de Letras de Alagoas. Membro do Instituto Histórico e Geográfico de Alagoas. Ex- Consultor Geral do Estado de Alagoas. Ex-Procurador-Geral do Estado de Alagoas. Advogado (OAB/AL 512).

MARIA ELIZABETH GUIMARÃES TEIXEIRA ROCHA

Magistrada do Superior Tribunal Militar do Brasil. Doutora em Direito Constitucional pela Universidade Federal de Minas Gerais – Brasil. Doutora honoris causa pela Faculdade Inca Garcilaso de la Vega – Peru. Mestre em Ciências Jurídico-Políticas pela Universidade Católica Portuguesa – Portugal. Especialista em Direito Constitucional pela Universidade Federal de Minas Gerais – Brasil. Professora Universitária. Autora de livros e artigos acadêmicos publicados no Brasil e no exterior. Ministra do Superior Tribunal Militar.

MARIA GARCIA

Procuradora do Estado de São Paulo(IPESP). Ex-Assistente Jurídico da Reitoria da USP. Professora Associada Livre-Docente da PUC / São Paulo. Professora de Direito Constitucional, Direito Educacional e Biodireito Constitucional. Professora de Biodireito/Bioética/Biopolítica do Centro Universitário Assunção - UNIFAI. Membro da CoBi – Comitê de Bioética do HCFMUSP. Membro do Instituto dos Advogados de São Paulo/IASP. Membro-fundador e atual Diretora Geral do Instituto Brasileiro de Direito Constitucional (IBDC). Coordenadora da Revista de Direito Constitucional e Internacional (Editora Revista dos Tribunais). Membro da Academia Paulista de Letras Jurídicas (Cadeira Enrico T. Liebman). Associada Honorária do CONPEDI. Membro do Conselho Superior de Direito da Federação do Comércio - FECOMERCIO. Membro do Conselho Editorial da Revista da Escola Superior da Procuradoria Geral do Estado de São Paulo. Membro do Conselho Editorial da Revista De Jure, do MPMG - Ministério Público de Minas Gerais.

MÁRIO LUIZ DELGADO

Doutor em Direito Civil pela USP. Mestre em Direito Civil Comparado pela PUC-SP. Especialista em Direito Processual Civil pela Universidade Federal de Pernambuco. Professor Titular do programa de mestrado e doutorado da FADISP. Professor dos cursos de especialização em Direito Privado da Escola Paulista de Direito (EPD). Membro do Conselho Superior de Assuntos Jurídicos e Legislativos da Federação das Indústrias do estado de São Paulo- FIESP. Conselheiro da Câmara de Mediação e Arbitragem do Instituto dos Advogados de São Paulo – IASP. Advogado e parecerista.

MAURO CAMPBELL MARQUES

Ministro do Superior Tribunal de Justiça. Ministro do TSE. Ex Procurador Geral da Justiça do Estado do Amazonas.

OTAVIO LUIZ RODRIGUES JR.

Professor Associado de Direito Civil da Faculdade de Direito do Largo de São Francisco. Doutor e Livre – docente em Direito Civil - USP.

PAULO CEZAR PINHEIRO CARNEIRO FILHO

Doutorando em Direito Processual Civil pela Faculdade de Direito da Universidade do Estado do Rio de Janeiro. Mestre em Direito Processual Civil pela Faculdade de Direito da Universidade do Estado do Rio de Janeiro. Membro do IBDP. Advogado no escritório Paulo Cezar Pinheiro Carneiro Advogados Associados.

PAULO CEZAR PINHEIRO CARNEIRO

Professor Titular de Teoria Geral do Processo na Universidade do Estado do Rio de Janeiro. Doutor e Livre Docente pela Universidade do Estado do Rio de Janeiro - UERJ . Membro da Academia Brasileira de Letras Jurídicas. Advogado e Procurador de Justiça aposentado.

PAULO DIAS DE MOURA RIBEIRO

Ministro do Superior Tribunal de Justiça. Coordenador Científico do Curso de Direito da UNISA. Professor Titular da FDSBC. Professor do Curso de Direito da UDF

PAULO GUSTAVO GONET BRANCO

Doutor em Direito (UnB), Professor da graduação e do Mestrado e Doutorado em Direito do Instituto Brasiliense de Direito Público – IDP. Professor na Escola Superior do Ministério Público do Distrito Federal e Territórios. Subprocurador-Geral da República. Ex-aluno do Professor Roberto Rosas no curso de graduação da Universidade de Brasília em cadeiras de Direito Civil. O autor se orgulha de ser permanente discípulo do homenageado por este livro também no ramo do Direito Constitucional, em que esta contribuição se insere.

PAULO HENRIQUE DOS SANTOS LUCON

Professor Associado da Faculdade de Direito do Largo de São-Francisco – USP. Livre-Docente, Doutor e Mestre em Direito Processual Civil pela mesma Instituição. Presidente do Instituto Brasileiro de Direito Processual IBDP. Advogado.

RAFAEL CAMPOS SOARES DA FONSECA

Analista Judiciário no Supremo Tribunal Federal. Doutorando em Direito Econômico e Financeiro pela Universidade de São Paulo e Mestre em Direito, Estado e Constituição pela Universidade de Brasília. Professor do Instituto Brasiliense de Direito Público.

RENÉ ARIEL DOTTI

Professor Catedrático da Faculdade de Direito da Universidade Federal do Paraná. Membro da Academia Paranaense de Letras.

REYNALDO SOARES DA FONSECA

Ministro do Superior Tribunal de Justiça. Doutor em Função Social do Direito pela Faculdade Autônoma de São Paulo e Mestre em Direito Público pela Pontifícia Universidade de São Paulo. Professor Adjunto da Universidade Federal do Maranhão.

RICARDO DE OLIVEIRA PAES BARRETO

Mestre e Doutor em Direito Processual Constitucional pela FDR-UFPE. Desembargador do TJPE (Presidente da 2ª CDC). Juiz Assessor do STJ (Gabinete do Min. Humberto Martins). Professor de Direito Processual Civil da UNICAP (licenciado).

RICARDO PEREIRA LIRA

Professor Emérito da Universidade do Rio de Janeiro. Membro da Academia Brasileira de Letras Jurídicas.

RODRIGO ROSAS

Pós Graduação em Direito Constitucional no IDP; Pós Graduação em Processo Civil no Ceub. Advogado em Brasília.

ROMEU COSTA RIBEIRO BASTOS

General de Divisão do Exército Brasileiro. Doutor em Estratégia pela Escola de Comando e Estado-Maior do Exército – Brasil. Mestre em Engenharia de Sistemas pelo Instituto Militar de Engenharia – Brasil. Especialista em Pesquisa Operacional Militar pelo Royal Military College of Science – Inglaterra. Professor Universitário. Autor de diversos livros e artigos acadêmicos publicados no Brasil e no exterior. General de Divisão do Exército Brasileiro.

RUBENS FERRAZ DE OLIVEIRA LIMA

Advogado, Desembargador aposentado do TJESP e antigo Professor Universitário.

RUI CELSO REALI FRAGOSO

Advogado – Ex-Presidente do Instituto dos Advogados de São Paulo.

RUI DE FIGUEIREDO MARCOS

Professor Catedrático da Faculdade de Direito da Universidade de Coimbra. Diretor dessa Faculdade.

SERGIO DE ANDRÉA FERREIRA

Desembargador Federal, aposentado, do TRF2. Ex-Membro do Ministério Público do Estado do Rio de Janeiro. Professor Titular de Direito Administrativo da UERJ. Advogado e Parecerista. Membro da Academia Brasileira de Letras Jurídicas.

SERGIO FERRAZ

Professor Titular da Faculdade de Direito da PUC/RJ. Membro do Conselho Federal (30 anos). Membro da Academia Brasileira de Letras Jurídicas.

SIDNEI BENETI

Ministro do Superior Tribunal de Justiça (aposentado); Livre-docente de Direito Processual Civil pela Faculdade de Direito da USP-SP; Professor Titular Emérito de Direito Processual Civil da Faculdade de Direito de São Bernardo do Campo - SP; Presidente Honorário da União Internacional de Magistrados - Roma.

SÍLVIO DE SALVO VENOSA

Sócio consultor em renomado escritório de advocacia, desembargador aposentado, palestrante, parecerista, professor e autor de diversas obras jurídicas.

TERCIO SAMPAIO FERRAZ JUNIOR

Professor Titular da Faculdade de Direito da USP. Advogado.

THEREZA ALVIM

Doutora em Direito pela Pontifícia Universidade Católica de São Paulo. Professora nos cursos de Graduação e de Pós-Graduação stricto sensu (Mestrado e Doutorado) da Pontifícia Universidade Católica de São Paulo. Advogada em São Paulo, Brasília, Porto Alegre e Rio de Janeiro.

VLADIMIR PASSOS DE FREITAS

Professor de Direito Ambiental da graduação e da pós-graduação da Pontifícia Universidade Católica do Paraná e chefe da Assessoria Especial de Assuntos Legislativos do Ministério da Justiça e Segurança Pública. Desembargador Federal aposentado, ex-presidente do Tribunal Regional Federal da 4ª. Região. Mestre e doutor em Direito pela Universidade Federal do Paraná, ex-presidente da Associação dos Juízes Federais do Brasil – AJUFE e da "International Association for Court Administration – IACA.

WAGNER BALERA

Livre-Docente de Direito Previdenciário na Faculdade de Direito da Pontifícia Universidade Católica de São Paulo e Professor-Titular de Direitos Humanos da mesma Universidade.

ZENO VELOSO

Professor de direito, escritor, consultor jurídico, advogado, diretor nacional e um dos fundadores do IBDFAM, membro da Academia Brasileira de Letras Jurídicas.

SUMÁRIO

O Controle Concentrado e Abstrato de Constitucionalidade e os Princípios da não Surpresa e do Contraditório Substancial e da Motivação Específica

Ana Paula de Barcellos

I. Introdução: o problema do contraditório e da motivação nos processos de controle concentrado de constitucionalidade

Passados 30 anos da Constituição de 1988 e 20 anos da Lei 9.868/99, o crescimento da importância do controle concentrado de constitucionalidade no país pode ser descrito como exponencial. O Supremo Tribunal Federal, em particular, é cada vez mais provocado a manifestar-se em abstrato sobre a validade de normas, atos normativos e, via ADPF, atos do Poder Público de forma mais ampla e, de fato, cada vez mais se manifesta acerca da validade ou não de atos dos outros Poderes. A dinâmica dos processos de controle concentrado de constitucionalidade, porém, evoluiu muito pouco nesse período e merece uma reflexão mais atenta.

O novo Código de Processo Civil consagrou de forma particularmente detalhada dois princípios que, a rigor, já existiam e decorriam de disposições da própria Constituição de 1988, a saber: o chamado princípio da não surpresa e do contraditório substancial e o princípio da motivação específica. Como se sabe, os arts. 9º e 10º tratam do primeiro princípio e o art. 489 detalha o segundo. A transcrição dos dispositivos é útil:

> "Art. 9º Não se proferirá decisão contra uma das partes sem que ela seja previamente ouvida.
>
> Parágrafo único. O disposto no caput não se aplica:
>
> I – à tutela provisória de urgência;
>
> II – às hipóteses de tutela da evidência previstas no art. 311, incisos II e III;
>
> III – à decisão prevista no art. 701.
>
> Art. 10. O juiz não pode decidir, em grau algum de jurisdição, com base em fundamento a respeito do qual não se tenha dado às partes oportunidade de se manifestar, ainda que se trate de matéria sobre a qual deva decidir de ofício."
>
> "Art. 489. São elementos essenciais da sentença:
>
> I – o relatório, que conterá os nomes das partes, a identificação do caso, com a suma do pedido e da contestação, e o registro das principais ocorrências havidas no andamento do processo;
>
> II – os fundamentos, em que o juiz analisará as questões de fato e de direito;
>
> III – o dispositivo, em que o juiz resolverá as questões principais que as partes lhe submeterem.

§ 1º Não se considera fundamentada qualquer decisão judicial, seja ela interlocutória, sentença ou acórdão, que:

I – se limitar à indicação, à reprodução ou à paráfrase de ato normativo, sem explicar sua relação com a causa ou a questão decidida;

II – empregar conceitos jurídicos indeterminados, sem explicar o motivo concreto de sua incidência no caso;

III – invocar motivos que se prestariam a justificar qualquer outra decisão;

IV – não enfrentar todos os argumentos deduzidos no processo capazes de, em tese, infirmar a conclusão adotada pelo julgador;

V – se limitar a invocar precedente ou enunciado de súmula, sem identificar seus fundamentos determinantes nem demonstrar que o caso sob julgamento se ajusta àqueles fundamentos;

VI – deixar de seguir enunciado de súmula, jurisprudência ou precedente invocado pela parte, sem demonstrar a existência de distinção no caso em julgamento ou a superação do entendimento.

§ 2º No caso de colisão entre normas, o juiz deve justificar o objeto e os critérios gerais da ponderação efetuada, enunciando as razões que autorizam a interferência na norma afastada e as premissas fáticas que fundamentam a conclusão.

§ 3º A decisão judicial deve ser interpretada a partir da conjugação de todos os seus elementos e em conformidade com o princípio da boa-fé."

O princípio da não surpresa e do contraditório substancial impõe, nos termos dos arts. 9º e 10º transcritos, que, salvo hipóteses excepcionais especificadas no dispositivo, e que dizem respeito a espécies de decisões, e não ao conteúdo delas, o Juiz não poderá decidir com base em qualquer fundamento – de fato ou de direito – acerca do qual as partes não tenham tido oportunidade de se manifestar. A ideia, portanto, é que as partes possam efetivamente influenciar, por meio de suas manifestações, na formação da decisão a ser tomada pela magistrada.

O princípio da motivação específica, agora detalhada no art. 489 e seus parágrafos, complementa essa exigência: afinal, pouco adiantaria que as partes tivessem oportunidade de se manifestar se o juiz pudesse ignorar inteiramente o que suscitado por elas, por exemplo. No esforço de dar um conteúdo mais objetivo ao dever geral de motivação das decisões judiciais, o que o art. 489 pretendeu foi positivar testes negativos, isto é: os dispositivos indicam circunstâncias, infelizmente comuns na experiência, que revelam o que *não é* uma decisão fundamentada.

Nada obstante tais previsões do NCPC, o que se entende tradicionalmente é que elas não se aplicariam propriamente aos processos de controle concentrado e abstrato de constitucionalidade. A teoria é a seguinte: os processos de controle concentrado e abstrato de constitucionalidade não envolvem partes ou pretensões subjetivas, mas o debate em abstrato da validade de normas, tendo por isso uma natureza objetiva. Isto é: as decisões no âmbito do controle concentrado e abstrato de constitucionalidade não teriam um impacto direto e imediato na esfera subjetiva das pessoas, não havendo propriamente interesses em disputa ou uma lide a ser decidida, como os processos subjetivos em geral. E, portanto, se não há impacto direto sobre partes, não haveria necessidade de uma aplicação tão analítica dessas garantias.

Em resumo: os princípios do contraditório e da motivação – e particularmente sua versão reforçada, tal qual prevista no NCPC – aplicar-se-iam aos processos subjetivos e a suas partes, mas não, nesse formato, aos processos de controle concentrado e abstrato de constitucionalidade. Neles, o contraditório seria levado a cabo pelas instituições encarregadas de se manifestar nos termos da própria Constituição.

A Constituição prevê, por exemplo, que a Advocacia Geral da União deve se manifestar para defesa da lei ou ato normativo impugnado (CF, art. 103, § 3º). Em algumas circunstâncias, porém, sobretudo quando já haja jurisprudência da Corte na matéria, o STF permite que a AGU se manifeste de forma livre, e não na defesa da lei[1]. A questão é um sensível já que, na lógica constitucional, o papel da Advocacia Geral da União visa a, justamente, garantir um mínimo de contraditório e de visões diversas no debate[2]. O Procurador Geral da República deverá igualmente ser ouvido, manifestando-se como *custos legis* no sentido da validade ou invalidade da norma de acordo com sua convicção (CF, art. 103, § 1º). É possível, como se vê, que no âmbito de uma ação direta de inconstitucionalidade todas as instituições originariamente participantes – o requerente, o AGU e a PGR – sustentem a inconstitucionalidade da norma impugnada, sem qualquer contraponto, inclusive para demonstrar, por exemplo, que a hipótese não é a mesma já decidida por eventual jurisprudência anterior do STF.

Além da AGU e do PGR, a Lei nº 9.868/98, art. 6º, prevê que o Relator pedirá informações às autoridades responsáveis pelo ato impugnado. E, paralelamente à participação de tais autoridades, a Lei nº 9.868/98, art. 7º, § 2º, prevê que o Relator poderá admitir a intervenção de outros órgãos ou entidades representativos – os *amici curiae* – diante da relevância da questão. O Relator poderá também convocar audiência pública (Lei nº 9.868/98, art. 9º, § 1º) para ouvir pessoas com experiência e autoridade na matéria. Não se reconhece a qualquer dessas instituições ou pessoas, entretanto, um direito a se manifestar, no exercício do contraditório, acerca do que tenha sido apresentado por qualquer das outras, por exemplo; nem se reconhece a elas o direito de serem ouvidas previamente sobre eventuais fundamentos que a Corte pretenda apreciar, e que não tenham sido por elas suscitados.

---

1 STF, ADI 3916 QO/DF, Tribunal Pleno, Rel. Min. Eros Grau, j. 03 fev. 2010, *DJ* 14.05.2010; STF, ADI 1.616/PE, Tribunal Pleno, Rel. Min. Maurício Corrêa, j. 24 mai. 2001, *DJ* 24.08.2001.

2 Nesse sentido ressaltou o Min. Cezar Peluso no julgamento STF, ADI 3916 QO/DF, Tribunal Pleno, Rel. Min. Eros Grau, j. 03 fev. 2010, *DJ* 14.05.2010, p. 79: "Essa função não é bem de curadoria, é função que atende ao caráter objetivo da ação direta de inconstitucionalidade, à qual, portanto, falta, por princípio, uma parte oposta interessada, capaz de exercer o contraditório. Em outras palavras, essa previsão atribui uma função específica, distinta daqueloutra em que a Advocacia, definida como órgão que tutela em juízo os interesses da União, atende à necessidade de instrução do processo objetivo da ação direta de inconstitucionalidade, para concretizar contraposição de argumentos que permita à Corte examinar com mais profundidade a arguição".

Esses terceiros, a rigor, são admitidos por um juízo insindicável do Relator: a admissão como *amicus curiae* decorre, como se sabe, de uma decisão discricionária da qual não cabe recurso (Lei nº 9.868/98, art. 7º, § 1º)[3], e essa também é lógica aplicada a admissão para participar de audiências públicas. Além disso, como se sabe, o STF como regra só admite o ingresso de *amicus curiae* antes de iniciado o julgamento: mesmo que ele se prolongue por muitos meses por conta de pedidos de vista e questões novas sejam suscitadas pelos Ministros ao longo do caminho[4].

Sobre a motivação, e como é corrente, o STF entende que no âmbito de processos de controle de constitucionalidade a causa de pedir é aberta. Isto é: o Tribunal, embora limitado pelo pedido formulado, não está vinculado aos fundamentos apresentados pelo autor da ação, de modo que a norma impugnada pode ser declarada inconstitucional por razões diversas das suscitadas pelo requerente na petição inicial[5].

---

3 STF, RE 808202 AgR /RS, Rel. Min. Dias Toffoli, DJe 30.06.2017: "EMENTA Agravo regimental no recurso extraordinário. Processual. Decisão de indeferimento de ingresso de terceiro como amigo da Corte. Amicus curiae. Requisitos. Representatividade adequada. Poderes do ministro relator. Ausência de fundamentação. Não ocorrência. Agravo não provido. 1. A atividade do amicus curiae possui natureza meramente colaborativa, pelo que inexiste direito subjetivo de terceiro de atuar como amigo da Corte. O relator, no exercício de seus poderes, pode admitir o amigo da corte ou não, observando os critérios legais e jurisprudenciais e, ainda, a conveniência da intervenção para a instrução do feito. 2. O requisito da representatividade adequada exige do requerente, além da capacidade de representação de um conjunto de pessoas, a existência de uma preocupação institucional e a capacidade de efetivamente contribuir para o debate. 3. Havendo concorrência de pedidos de ingresso oriundos de instituições com deveres, interesses e poderes de representação total ou parcialmente coincidentes, por razões de racionalidade e economia processual, defere-se o ingresso do postulante dotado de representatividade mais ampla. Precedentes. 4. Vícios de fundamentação inexistentes. 5. Agravo regimental não provido."

4 STF, ADI 2.435 AgR, Rel. Min. CÁRMEN LÚCIA, Tribunal Pleno, DJe de 10.12.2015: "AGRAVO REGIMENTAL NA AÇÃO DIRETA DE INCONSTITUCINALIDADE. REQUERIMENTO DE INGRESSO COMO AMICUS CURIAE EM DATA POSTERIOR À INCLUSÃO DO PROCESSO NA PAUTA DE JULGAMENTO. PRECEDENTES. AGRAVO REGIMENTAL AO QUAL SE NEGA PROVIMENTO."; e STF, ADI-AgR 4.071, Rel. Min. MENEZES DIREITO, DJe de 16.10.2009, Tribunal Pleno: "Agravo regimental. Ação direta de inconstitucionalidade manifestamente improcedente. Indeferimento da petição inicial pelo Relator. Art. 4º da Lei nº 9.868/99. 1. É manifestamente improcedente a ação direta de inconstitucionalidade que verse sobre norma (art. 56 da Lei nº 9.430/96) cuja constitucionalidade foi expressamente declarada pelo Plenário do Supremo Tribunal Federal, mesmo que em recurso extraordinário. 2. Aplicação do art. 4º da Lei nº 9.868/99, segundo o qual "a petição inicial inepta, não fundamentada e a manifestamente improcedente serão liminarmente indeferidas pelo relator". 3. A alteração da jurisprudência pressupõe a ocorrência de significativas modificações de ordem jurídica, social ou econômica, ou, quando muito, a superveniência de argumentos nitidamente mais relevantes do que aqueles antes prevalecentes, o que não se verifica no caso. 4. O amicus curiae somente pode demandar a sua intervenção até a data em que o Relator liberar o processo para pauta. 5. Agravo regimental a que se nega provimento."

5 STF, ADI 5749 AgR, Rel. Min. Alexandre de Moraes, DJe 26.02.2018: "Ementa: constitucional. Ação direta de inconstitucionalidade. Objeto abrangido por ação anterior intentada pela mesma parte. Causa de pedir aberta das ações de controle concentrado. Desnecessidade de nova impugnação

É perfeitamente possível, portanto, e não chega a ser incomum, que os fundamentos de determinada decisão tomada pela Corte não tenham sido alvo de qualquer manifestação específica das instituições participantes do processo ou dos *amici curiae* eventualmente admitidos no feito.

Esse quadro não parece o ideal por ao menos duas razões, que se passa a expor. Em primeiro lugar, porque a natureza objetiva do processo de controle concentrado de constitucionalidade, ainda que verdadeira em alguma medida, não afasta a realidade dos interesses em disputa e dos impactos que as decisões nessa espécie de processo produzem sobre a sociedade em geral, e sobre grupos dentro dela em particular, dependendo do tema em debate. Em segundo lugar, porque as garantias do contraditório e da motivação no âmbito do processos de controle concentrado de constitucionalidade devem ser compreendidas a luz dos princípios republicano e democrático, que conduzem justamente o tema a soluções muito próximas daquelas adotadas pelo NCPC. Confira-se.

II. Contraditório e motivação para além da natureza objetiva dos processos de controle concentrado e abstrato de constitucionalidade

Como já referido, os processos de controle concentrado e abstrato de constitucionalidade são considerados processos objetivos, o que significa, de forma simples, que sua finalidade principal não é a tutela de interesses individuais ou subjetivos, mas sim a defesa da integridade da ordem jurídico-constitucional. Estão nessa categoria a ação direta de inconstitucionalidade, a ação declaratória de constitucionalidade e, na prática, a arguição de descumprimento de preceito fundamental (embora ela também possa admitir uma modalidade não abstrata), todas dirigidas ao STF, e a representação por inconstitucionalidade no âmbito dos Tribunais de Justiça dos Estados. O artigo se ocupa mais concentradamente da atuação do STF, mas a lógica pode ser aplicada também aos Tribunais de Justiça.

Na realidade, há em curso no país, como se sabe, um processo de aproximação dos mecanismos de controle difuso e incidental relativamente àqueles típicos do controle concentrado e abstrato, e essa aproximação se dá sobretudo por meio do que se denomina "objetivação" do controle difuso e incidental, isto é, a atribuição de efeitos gerais e em alguns casos vinculantes às decisões proferidas em sede de controle difu-

ao mesmo ato normativo quando possível declinar os mesmos fundamentos em ação já em curso no supremo tribunal federal. Litispendência parcial. 1. A causa de pedir aberta das ações do controle concentrado de constitucionalidade torna desnecessário o ajuizamento de nova ação direta para a impugnação de norma cuja constitucionalidade já é discutida em ação direta em trâmite perante o SUPREMO TRIBUNAL FEDERAL, proposta pela mesma parte processual. 2. Verificada a identidade entre as partes, o pedido e a causa de pedir, no tocante à declaração de inconstitucionalidade do art. 2º, § 1º, da Lei 12.850/2013, impõe-se a extinção sem resolução do mérito da segunda ação direta proposta. 3. Agravo Regimental conhecido e desprovido."

so e incidental. Curiosamente, porém, no que diz respeito ao contraditório e à motivação, os pressupostos dos processos objetivos têm influenciado mais o controle difuso e incidental objetivado do que o inverso: a lógica tradicional dos processos subjetivos têm sido pouco capaz de promover a rediscussão de alguns paradigmas do controle de constitucionalidade concentrado e abstrato.

E isso porque, apesar da afirmação teórica acerca da natureza objetiva desses processos, é impossível esconder os interesses subjetivos existentes na discussão e que serão afetados – direta ou indiretamente – pela decisão acerca da validade ou invalidade das normas: esses interesses permanecem todo tempo a espreita e tanto quanto possível vêm a tona, tentando fazer-se ouvidos pelos órgão encarregados de decidir a questão. Ao declarar válidas ou inválidas normas tributárias, por exemplo, o impacto sobre os contribuintes ou sobre o erário será imediato. Mas o fenômeno não é observado apenas em matéria tributária. Considerando os efeitos vinculantes de tais decisões, a rigor todas as autoridades administrativas e judiciais do país passaram a adotar o entendimento fixado pelo STF afetando, por óbvio, a esfera jurídica das pessoas físicas e jurídicas.

O argumento de que sempre será necessária uma outra decisão – eventualmente judicial ou administrativa – para impor os efeitos da decisão do STF sobre a esfera subjetiva é, com todo o respeito, puramente retórico. As pessoas não poderão rediscutir perante essas autoridades o que o STF tenha decidido, de modo que sofrerão a incidência direta de uma decisão proferida no âmbito do controle concentrado e abstrato de constitucionalidade da qual não participaram e cuja formação não tiveram qualquer possibilidade de influenciar.

A própria disciplina das ações de controle concentrado e abstrato, e cada vez mais, revela essa realidade indisputável. Alguns exemplos, ilustram o ponto. Na Constituição anterior, apenas o Procurador Geral da República podia ajuizar ações dessa natureza. O constituinte de 1988 rompeu com essa tradição e ampliou significativamente o rol de legitimados, inclusive com a inclusão de atores representativos da sociedade civil, tais como as confederações sindicais, os partidos políticos e as entidades de classe de âmbito nacional, que interessam diretamente ao presente estudo. A medida fortalece em grande medida a base de legitimação democrática da jurisdição constitucional, que passa a operar como um mecanismo de defesa e mesmo de participação da sociedade na condução dos negócios públicos, em lugar de servir apenas como instrumento de governo[6].

Tendo em conta a lista contida no art. 103 da Constituição, a prática do STF distinguiu duas categorias de agentes legitimados à propositura das ações objetivas[7]: os

6 Sobre o tema, v. CITTADINO, Gisele, *Judicialização da política, constitucionalismo democrático e separação dos Poderes*. In: VIANNA, Luiz Werneck, *A democracia e os três Poderes no Brasil*. Belo Horizonte: UFMG, 2002, p. 31; e SILVA, Anabelle Macedo, *Concretizando a Constituição*. Rio de Janeiro: *Lumen Juris*, 2005, p. 139.

7 STF, ADI 1.096 MC/RS, Tribunal Pleno, Rel. Min. Celso de Mello, j. 16 mar. 1995, *DJ* 22 set. 1995.

universais e os *especiais*. Os primeiros poderão impugnar qualquer ato suscetível de controle por essa via, ainda que o tema nele versado não guarde qualquer relação com sua atividade institucional. A atuação dos legitimados especiais, por seu turno, é condicionada à demonstração de que o ato impugnado repercute diretamente sobre os interesses do proponente. Trata-se de verificar a correlação, no tocante à matéria em discussão, entre os objetivos sociais da requerente e o ato que ela pretende ver examinado em sede de controle abstrato de constitucionalidade. Esse requisito adicional de legitimidade é, em geral, identificado pela expressão pertinência temática.

São considerados legitimados universais o Presidente da República (inciso I); a Mesa do Senado Federal (inciso II); a Mesa da Câmara dos Deputados (inciso III); o Procurador-Geral da República (inciso V); o Conselho Federal da Ordem dos Advogados do Brasil (inciso VII); e o partido político com representação no Congresso Nacional[8] (inciso VIII). Ao passo que os demais são classificados como especiais, devendo, portanto, demonstrar a presença de pertinência temática em cada caso[9], para que sua legitimidade ativa seja reconhecida. Observa-se aqui, de forma bastante evidente, uma relativa superposição entre os domínios do processo objetivo e os da jurisdição ordinária, de natureza subjetiva, na qual o *interesse de agir* – figura a que se pode associar a noção de pertinência temática – é um elemento fundamental para que a ação seja conhecida e processada[10].

Um segundo exemplo diz respeito à possibilidade prevista pela Lei nº 9.868/98, art. 7º, § 2º, de que o Relator poderá admitir a intervenção de outros órgãos ou entidades representativos – os *amici curiae* – diante da relevância da questão. Como já mencionado, a Lei autoriza ainda, no art. 9º, a convocação de audiências públicas, a designação de peritos e a solicitação de informações a outros tribunais do país. Além

---

8 A aferição da legitimidade para a ação deve ser feita no momento de sua propositura. Nesse sentido, o STF já destacou que a perda superveniente de representação do Partido em âmbito nacional não afeta a ação já proposta. V. STF, ADI 2.618-6 AgR-AgR/PR, Tribunal Pleno, Rel. p/ acórdão Min. Gilmar Mendes, j. 12.08.2004, *DJ* 31.03.2006.

9 A pertinência temática da Mesa da Assembleia Legislativa significa que ela somente pode propor ADI quando houver ligação entre a norma impugnada e a competência do Estado ou da própria casa legislativa, o mesmo ocorre com os Governadores que ficam submissos à existência de pertinência temática entre o ato normativo impugnado e os interesses que lhe cabem tutelar. Quanto às entidades de classe, "A jurisprudência do STF é firme no sentido de se exigir, para a caracterização da legitimidade ativa das entidades de classe e das confederações sindicais para as ações de controle concentrado, a existência de correlação entre o objeto do pedido de declaração de inconstitucionalidade e os objetivos institucionais da associação", conforme STF, ADI 4.722 AgR/DF, Tribunal Pleno, Rel. Min. Dias Toffoli, j. 02 dez. 2016, *DJ* 15.02.2017.

10 MENDES, Gilmar Ferreira. Jurisdição constitucional. São Paulo: Saraiva,1999, p. 145: "Cuida-se de inequívoca restrição ao direito de propositura, que, em se tratando de processo de natureza objetiva, dificilmente poderia ser formulada até mesmo pelo legislador ordinário. A *relação de pertinência* assemelha-se muito ao estabelecimento de uma condição de ação – análoga, talvez, ao interesse de agir –, que não decorre dos expressos termos da Constituição e parece ser estranha à natureza do processo do controle de normas".

dessas previsões específicas, o NCPC contém agora previsão geral no sentido da possibilidade de participação de *amicus curiae*[11] e ampliou as previsões que tratam da convocação de audiências públicas[12]. Vale o registro de que mesmo antes dessas alterações legislativas o STF já vinha utilizando de forma mais ampla esses mecanismos de participação da sociedade.

Não há dúvida de que esses mecanismos veiculam uma oportunidade de os grupos de interesse da sociedade apresentarem suas visões e razões perante a Corte, considerando que, afinal – a despeito de se tratar de um processo objetivo no qual a questão jurídica é discutida em abstrato –, a decisão tomada afetará a sociedade em geral, e determinados grupos de forma mais específica.

Vale o registro, porém, de que apesar desses mecanismos permitirem uma maior participação da sociedade, e dos setores afetados, no âmbito dos processos perante o STF, há uma crítica relevante a esse argumento, no sentido de que em muitos casos essa participação é puramente ritual ou simbólica. E isso porque, os votos e decisões tomadas pelos Ministros, frequentemente, sequer citam, e menos ainda consideram ou examinam de fato os argumentos suscitados pelos *amici curiae* ou em audiências públicas[13]. Além disso, poucas instituições representam a maioria das habilitações em diferentes processos[14].

Por fim, um terceiro exemplo envolve o tema da modulação dos efeitos das decisões proferidas em sede de controle concentrado e abstrato de constitucionalidade no tempo. A Lei nº 9.868/99, art. 27, prevê expressamente essa possibilidade diante de razões de "segurança jurídica e excepcional interesse social", e por manifestação de 2/3 dos Ministros da Corte. Ora, a eventual necessidade de modulação dos efeitos das decisões proferidas pelo STF nesse contexto apenas ilustra que elas não se ocupam apenas da integridade, em tese, do sistema jurídico, mas podem afetar de forma muito concreta e relevante a esfera jurídica das pessoas.

Pois bem. Se é assim, e se os processos de controle concentrado e abstrato de constitucionalidade repercutem sobre a liberdade e os bens das pessoas – e, em geral, sem a possibilidade de qualquer recurso contra uma decisão que terá, ademais, efeitos gerais e vinculantes –, não há porque não aplicar aqui as garantias de que tratam os incisos LIV e LV do art. 5º, da Constituição, que tratam do devido processo legal e do contraditório, bem como da exigência de motivação das decisões judiciais (art. 93, IX).

11 Lei n° 13.105/2015, art. 138.

12 Lei n° 13.105/2015, arts. 983 e 1.038.

13 V. COSTA, Beatriz Castilho. *A influência exercida pelo amicus curiae nos votos dos ministros do Supremo Tribunal Federal nos acórdãos das ações diretas de inconstitucionalidade decididas majoritariamente*. Dissertação apresentada à Escola de Direito do Rio de Janeiro da Fundação Getúlio Vargas, como requisito para obtenção do título de Mestre em Poder Judiciário, 2012.

14 Para um levantamento desses dados, v. LEAL, Fernando. O mito da sociedade aberta dos intérpretes da Constituição. Disponível em https://www.jota.info/stf/supra/o-mito-da-sociedade-aberta-de-interpretes-da-constituicao-08032018 (acesso em 1.06.2018).

Muito ao revés, considerando a dimensão do impacto dessas decisões, tais garantias deveriam ser especialmente consideradas e aplicadas.

É certo que não existe uma fórmula única de devido processo legal, e a dinâmica do contraditório pode assumir formas mais ou menos complexas. Nada obstante, uma exigência básica da garantia constitucional é a de que os diferentes interessados, com posições diversas e antagônicas acerca da questão, tenham oportunidade de se manifestar e assim influenciar efetivamente a formação da decisão a ser tomada[15].

No contexto dos processos de controle concentrado e abstrato de constitucionalidade isso deveria significar a oportunidade para que os participantes do processo – incluindo particularmente os *amici curiae* – tenham a possibilidade de se manifestar sobre novos fatos e razões apresentados à Corte. Também significa que o Relator, caso pretenda valer-se de fundamento novo, sobre o qual os participantes do processo não tiveram oportunidade de se manifestar, deverá franquear formalmente essa oportunidade, de modo a colher a visão deles sobre o ponto para então formar o seu juízo. Não há necessidade de restringir a figura da causa de pedir aberta, mas de associar a esse poder um dever: o dever de estar disposto a ouvir o que os participantes do processo tenha a dizer sobre esse novo fundamento.

Naturalmente, sob a perspectiva da motivação, cabe ao julgador examinar – para acolher ou refutar – os fatos e razões apresentados pelos participantes no processo. A previsão hoje constante do inciso IV do § 1º , do art. 489, do NCPC, – pela qual se considera não motivada decisão quando "não enfrentar todos os argumentos deduzidos no processo capazes de, em tese, infirmar a conclusão adotada pelo julgador" – não representa, a rigor, qualquer inovação. Se não coubesse ao órgão julgador examinar as razões apresentadas pelos participantes do processo, qual seria o sentido do processo em si? E do contraditório? E da possibilidade de se manifestar conferida a tais pessoas? A necessidade de o juiz examinar os argumentos apresentados decorre logicamente da própria existência do processo sob pena de, afinal, consagrar-se um grande fingimento incompatível não apenas com as normas constitucionais que tratam das garantias referidas, mas também que organizam o Estado de forma mais ampla: é sobre elas que se passa a tratar.

III. Princípios republicano e democrático: contraditório e motivação nos processos de controle concentrado e abstrato de constitucionalidade

O Estado brasileiro, como se sabe, é uma república democrática. Dentre muitos outros desdobramentos, essas duas opções fundamentais do Estado brasileiro significam, em primeiro lugar, que as pessoas são essencialmente iguais, sem privilégios de

---

15 Confira-se, por todos, CINTRA, Antônio Carlos de Araújo e outros, *Teoria geral do processo*, 1996, p. 57; e GRINOVER, Ada Pellegrini, Princípios processuais e princípios de Direito Administrativo no quadro das garantias constitucionais, *Revista Forense 387*:3. 2006. pp. 5-6.

classe ou nascimento, de modo que não há um título para que alguém, por pertencer a determinada família ou a qualquer outro grupo, tenha o direito de governar sobre os demais.

Como consequência, o poder de decidir sobre o que quer que afete a coletividade como um todo só pode pertencer à própria coletividade, de modo que o poder soberano reside no conjunto dos indivíduos: e nesse ponto república e democracia se mesclam necessariamente. E, uma vez que a opinião de cada indivíduo sobre decisões políticas tem idêntico valor, o único critério de decisão admissível, em tese, é o majoritário. A soberania popular democrática é, portanto, um corolário da ideia de igualdade[16]. Repita-se: em um Estado republicano, no qual todos são iguais, ninguém tem o direito de exercer poder político por seus méritos pessoais, excepcional capacidade ou sabedoria.

Se é assim, e em segundo lugar, todo aquele que exerce poder político o faz na qualidade de agente delegado da coletividade e deve a ela satisfações por seus atos[17]. Esse raciocínio, bastante singelo do ponto de vista da teoria democrática, também se aplica ao Judiciário. O juiz exerce poder político ao desempenhar uma das atividades próprias do Estado: a jurisdição. É, portanto, um agente delegado da sociedade, a quem deve contas de sua atuação.

Ou seja: os princípios republicano e democrático significam que os agentes públicos agem em última análise por delegação do povo, e não por direito próprio ou gerindo interesse próprio. Não apenas os detentores de mandato popular, mas os agentes públicos em geral, que de alguma forma gerem bens ou interesses públicos ou tomam decisões imperativas, encontram-se nessa posição de agentes delegados e, portanto, têm o dever de prestar contas do exercício de seu ofício. Esse grupo inclui o Judiciário e de forma mais específica, no sistema brasileiro, o Supremo Tribunal Federal, cujas

16 Constituição de 1988, art. 1º, parágrafo único: "*Parágrafo único. Todo o poder emana do povo, que o exerce por meio de representantes eleitos ou diretamente, nos termos desta Constituição.*"

17 BARROSO, Luís Roberto. "Promoção de magistrado por merecimento e recusa de promoção por antigüidade. Dever de voto aberto e motivado". *In:* PELLEGRINA, Maria Aparecida e SILVA, Jane Granzoto Torres da (organizadoras). *Constitucionalismo social – Estudos em homenagem ao Ministro Marco Aurélio Mendes de Faria Mello*, 2003, pp. 194 e 195: "Assinale-se que em um Estado democrático de direito, todo poder é representativo, no sentido de que é exercido em nome do povo e deve visar à promoção do bem comum. O fato de os agentes públicos investidos de função judicial não serem escolhidos por meio de sufrágio popular não infirma a premissa estabelecida. Juízes não são eleitos por uma opção do constituinte, que reservou parcela do poder político para ser exercida com base em critérios técnicos, sem submissão aos mecanismos majoritários. Aliás, o Judiciário desempenha, muitas vezes, uma função contra-majoritária, invalidando atos dos outros Poderes e protegendo os direitos fundamentais contra o abuso das maiorias políticas. Mas o constituinte não dispensou os órgãos judiciais de um conjunto importante de controles próprios do regime democrático". V. também PECZENIK, Aleksander. *On Law and Reason,* 1989, p. 41: "Thus, democracy demands a legal decision making which harmonizes respect for both the wording of the law and its preparatory materials and, on the other hand, moral rights and values, including freedom and equality. It also demands that the decisions are justified as clearly as possible."

decisões, sobretudo em processos de controle de constitucionalidade abstrato e concentrado afetam a sociedade como um todo. A motivação, por evidente, é o veículo pelo qual a Corte presta contas à sociedade de suas decisões.

A decisão judicial, lembre-se, não é mero conselho: ela poderá ser imposta pela força ao jurisdicionado, se necessário, em uma manifestação típica do poder de império estatal. No caso de decisões de controle abstrato e concentrado de constitucionalidade, ela poderá ser imposta a um conjunto enorme de pessoas. Parece evidente que os cidadãos têm o direito de saber por que um seu agente delegado decidiu em determinado sentido e não em outro[18].

Não se ignora o sem-número de obstáculos enfrentados pelos magistrados para cumprir o dever de motivar adequadamente (número reduzido de pessoal, grande quantidade de demandas, etc.). O que importa destacar aqui é que o dever de motivar não decorre apenas de uma regra formal contida no texto constitucional (art. 93, IX) ou no NCPC, ou ainda de uma exigência do direito de defesa das partes. Ele está vinculado à própria necessidade republicana de justificação das decisões do Poder Público, mais ainda quando se trate de decisões como as proferidas em sede de controle concentrado e abstrato de constitucionalidade.

Na realidade, o tema da motivação das decisões jurídicas, sobretudo as judiciais, é cada vez mais relevante no Brasil por um conjunto de razões. Em primeiro lugar, a utilização intensiva pelos enunciados constitucionais e legais de princípios e conceitos abertos ou indeterminados, dentre outros mecanismos, transfere ao Judiciário contemporâneo um amplo poder na definição do que é, afinal, o direito. Sob pena de serem acusadas de puramente arbitrárias e ilegítimas em um Estado democrático de direito, as escolhas do intérprete nesse ambiente demandam justificativas[19].

---

18 AARNIO, Aulis. *Reason and Authority,* 1997, p. 193: "This is, thus, due to the fact that one of the most important properties of a mature democracy is openness. It makes the external control of the decision-making activity possible. This holds true also as to the adjudication. The independence of the courts of justice does not mean that they are completely outside of the democratic control. The division of power guarantees the independence of the courts only in relation to the other power centres, especially to the executive power. On the other hand, the courts of justice are a part of society and of its democratic order. Also the courts must thus, in an open society, be under a societal control used by people. The only means of this control is the demand that the courts really *argue* for their decisions."

19 LA TORRE, Maximo. *Theories of Legal Argumentation and Concepts of Law. An Approximation*, Ratio Juris, vol. 14, nº 4, 2002, p. 382: "It is today the judge that is put forward as the new centre of the legal system, no longer the legislative power, like it or not. And in the judge's view central importance inevitably attaches to the procedure by which the decision is arrived at. Here, the law is not enough, other criteria of choice have to be resorted to."; e AARNIO, Aulis. *Lo racional como razonable,* 1991, p. 29: "Como se ha mencionado, el decisor ya no puede apoyarse en una mera autoridad formal. En una sociedad moderna, la gente exige no sólo decisiones dotadas de autoridad sino que pide razones. Esto vale también para la administración de justicia. La responsabilidad del juez se ha convertido cada vez más en la responsabilidad de justificar sus decisiones. La base para el uso del poder por parte del juez reside en la aceptabilidad de sus decisiones y no en la posición

Por outro lado, e em segundo lugar, o processo de redemocratização do País, nos últimos vinte anos, a reorganização da sociedade civil e a liberdade de imprensa passaram a submeter o Judiciário à crítica a que estão sujeitos todos os poderes estatais. Obviamente, a necessidade de o agente público demonstrar a legitimidade de seus atos cresce à medida que haja mais controle[20]. Essa assertiva se torna ainda mais relevante quando se trata não apenas de decisões judiciais em geral, mas decisões que repercutem sobre a sociedade como um todo.

Essas duas consequências referidas acima dizem respeito diretamente ao dever de motivação e sua conexão com os princípios constitucionais referidos. Mas há uma terceira consequência que se extrai igualmente dos princípios republicano e democrático e que repercute de forma direta sobre o tema do contraditório. O debate em torno da legitimidade da jurisdição constitucional é vasto e não é o caso de reproduzi-lo aqui, mas um elemento que tradicionalmente se considera relevante para a construção dessa legitimidade é justamente a existência de um procedimento do qual os interessados/potencialmente afetados podem participar, e mais: suas manifestações serão consideradas pela autoridade que tomará a decisão. O direito de participar de algum modo do processo de tomada de decisões que afetarão o indivíduo – ao menos na modalidade de "ser ouvido" – é essencial à lógica democrática.

Ora, não há nenhuma razão para imaginar que esse elemento é menos importante para a legitimidade das decisões proferidas em sede de controle concentrado e abstrato de constitucionalidade, muito ao revés. Por quais razões o

formal de poder que pueda tener. En este sentido, la responsabilidad de ofrecer justificación es, específicamente, una responsabilidad de maximizar el control público de la decisión. Así pues, la presentación de la justificación es siempre también un medio para asegurar, sobre una base racional, la existencia de la certeza jurídica en la sociedad."

20 MAIA, Antônio Cavalcanti. *A importância da dimensão argumentativa à compreensão da práxis jurídica contemporânea,* Revista Trimestral de Direito Público nº 8, 2001, pp. 280 e 281: "Eis que a reconstitucionalização implicou nítido alargamento nas funções dos juízes e uma maior participação do Judiciário nos problemas gerais da vida brasileira. Deste modo, cabe à comunidade dos profissionais do Direito uma reflexão mais profunda acerca destas questões, tendo em vista que a ´nova retórica´ oferece novas possibilidades de reflexões no mundo do Direito e postula uma integração maior entre a produção doutrinário-acadêmica e o quotidiano do juiz e do advogado. Ademais, nos últimos anos tem-se freqüentemente sustentado uma fiscalização maior da atividade do Judiciário, cogitando-se por vezes o controle externo deste poder. Trata-se de um debate difícil, complexo e delicado. (...) Entretanto, pode-se apontar uma outra forma – diferente daquela do controle externo – de procurar garantir mecanismos de fiscalização da sociedade e da comunidade dos operadores do Direito em relação ao Judiciário. Tal se daria, basicamente, a partir de uma outra perspectiva, situada numa dimensão metodológica, através de um exame mais apurado da fundamentação das decisões, à luz de todas essas cogitações de natureza teórica abertas pela *démarche* tópica. Neste quadro atual, onde os magistrados dispõem de uma área maior ainda de liberdade do que a tradicionalmente garantida em nossa história jurídica, impõe-se uma atenção maior à questão concernente às justificativas pelas quais os juízes chegam às decisões que dirimem as lides a eles submetidas."

STF, ou qualquer outra Corte, poderiam validamente, e logicamente, se negar a ouvir as razões dos setores afetados pela sociedade? Ou imaginar que eles nada teriam a contribuir para o debate? Existem, é claro, dimensões práticas a serem consideradas que não se ignora. Muitas vezes um determinado setor tem dificuldade de se articular e apresenta múltiplas manifestações em um mesmo sentido que podem tumultuar o andamento do feito: parece razoável que isso seja desestimulado. Mas entre o mar e a terra, há muitos caminhos que podem ser trilhados. Por meio de normas procedimentais o Tribunal pode com alguma facilidade estimular uma maior organização dessas manifestações e estimular um contraditório real e mais eficiente.

IV. Conclusão

O princípio da não surpresa e do contraditório substancial e o princípio da motivação específica, hoje detalhados nos arts. 9º e 10º e art. 489 do NCPC, decorrem, a rigor, da incidência dos princípios republicano e democrático no âmbito do processo, e mais ainda quando se trata dos mecanismos de controle concentrado e abstrato de constitucionalidade, cujas decisões atingem toda a sociedade. Nesse sentido, a tese da natureza objetiva de tais feitos não deve servir de artifício para encobrir a realidade de que eles afetam interesses concretos e que suas decisões repercutem, direta ou indiretamente, na esfera jurídica das pessoas: de muitas pessoas. Nesse sentido, os participantes de tais processos – inclusive os *amici curiae* – devem ter oportunidade de se manifestar sobre os fatos e argumentos novos suscitados perante a Corte e também sobre eventuais fundamentos que o Ministro Relator pretenda utilizar e que não tenham sido suscitados por quem quer que seja, na linha do entendimento de que tais processos têm uma causa de pedir aberta. No mesmo passo, pouco sentido haveria em tudo isso, na garantia do contraditório e nas oportunidades de participação, se as decisões tomadas não examinarem as razões apresentadas ao longo do processo em sua motivação. Se a motivação é justamente o momento de prestação de contas republicano das decisões judiciais, é apenas natural que ela deva conter a justificativa que explica o acolhimento ou a rejeição das razões que lhe foram apresentadas.

Família ou Famílias?

Antônio Carlos Mathias Coltro

> *"Yu Tse disse: Dentre aqueles que respeitam o pai, a mãe e os irmãos, são poucos os que realmente desobedecem aos próprios superiores! E ainda não se viu um homem que, não querendo desobedecer aos superiores, provocasse desordem. Para o senhor, tudo isso é fundamental: de facto, é a partir disso que nasce a 'norma'. O respeito para com os pais e os irmãos é a base da superioridade" (Os colóquios)* [1].

Estas notas retroagem a 1916, oportunidade em que editado o Código Civil anterior, fruto de uma época em que diversas eram a moral e as circunstâncias e a maneira como se as encarava, especialmente quanto ao tema de que se pretende cuidar e respeitante à família e a maneira como considerada, seja quanto à moldura que tinha, seja no tocante ao conteúdo que a integrava e o que posteriormente se deu.

Dessarte e tendo em conta o rigorismo existente relativamente aos costumes, não teve o legislador da época como atribuir ao vocábulo significado outro que o restritivo, assim reconhecendo como entidade familiar unicamente a resultante do casamento.

Na correta assertiva de Corrêa de Oliveira e Ferreira Muniz, "O casamento cria a sociedade conjugal ou relação matrimonial e o vínculo de afinidade que une um dos cônjuges aos parentes do outro. Por outro lado, no fato biológico da geração tem origem o parentesco, que é um vínculo de sangue entre duas pessoas, por isso denominado consanguinidade. E, assim, são parentes as pessoas que descendem uma das outras, ou então as que procedem de um progenitor comum"[2].

No sistema do Código Civil, o modelo de família considerado pelo legislador levou em consideração, segundo os autores referidos, "[...] uma família dominada pelo princípio da unidade de direção. A família tem um chefe: o marido. Sua estrutura é diferenciada, baseada no princípio de partição de funções, e hierarquizada"[3].

Entretanto e como observam, "consagrado, porém, no texto constitucional de hoje o princípio da igualdade conjugal, desapareceu a chefia marital e, coerentemente, atribui-se a ambos os cônjuges o dever de prover as necessidades familiares"[4], tanto que no Código de 2002, o art. 1.565 determina, que, "Pelo casamento, homem e mulher assumem mutuamente a condição de consortes, companheiros e responsá-

---

1 Agradeço a valiosa colaboração da Juíza Cristina Aparecida Faceira Mogioni http://www.citador.pt/frases/citacoes/t/familia

2 Curso de Direito de Família, José Lamartine Corrêa de Oliveira e Francisco José Ferreira Muniz, Juruá, Curitiba, 3ª. ed., Curitiba, Paraná, 1999, pp. 125 e segs.

3 Op. cit., p. 299

4 Ob. ref., p. 308

veis pelos encargos da família", sendo os cônjuges "obrigados correr, na proporção de seus bens e dos rendimentos do trabalho, para o sustento da família e a educação dos filhos, qualquer que seja o regime matrimonial", a teor do art. 1.568.

Outrossim e no art. 1.567, diversamente da codificação anterior, esclarece-se que A direção da sociedade conjugal será exercida, **em colaboração, pelo marido e pela mulher**[5], sempre no interesse do casal e dos filhos, ressalvando o parágrafo único: Havendo divergência, qualquer dos cônjuges poderá recorrer ao juiz, que decidirá tendo em consideração aqueles interesses.

Evidencia-se, assim, a fundamental alteração ocorrida entre a regulamentação do assunto a partir de 1.916 e a adotada com a edição da Constituição de 1988 e a legislação subsequente a ela, modificando-se, assim, o olhar dirigido ao tema e corrigindo o legislador o equivocado pensamento antes adotado.

Com efeito e não olvidando ser a família a base da sociedade, em seu art. 226 e assim destinar-lhe a especial proteção do Estado, aludindo o dispositivo, em seu § 1º e de forma expressa ao casamento, considerou o constituinte como entidade familiar, ademais e também para a proteção do Estado, a união estável entre o homem e a mulher, devendo a lei facilitar sua conversão em casamento, reconhecendo o § 4º , ainda como entidade familiar, a comunidade formada por qualquer dos pais e seus descendentes, o que é referido apenas a título informativo, já não será objeto destas anotações.

Entretanto e no tocante ao que se vem aludindo, tem-se como de interesse o instituto da união estável, o qual, devidamente reconhecido constitucionalmente e regulamentado quanto aos efeitos jurídicos dele decorrentes, não só afastou – com a denominação a partir daí utilizada –, a conotação pejorativa aplicada à denominação antes atribuída à união de fato entre um homem e uma mulher, de concubinato, quanto também por, reconhecendo a união de fato entre um homem e uma mulher como merecedora de atenção, propiciou a ulterior regulação legal dos efeitos dela resultantes, afastando, com isto, o debate antes existente em caso que tal e que acabava necessitando o exame e afirmação judicial a respeito.

Dessarte e ante o reconhecimento legal não só sobre o casamento, como também sobre a união de fato entre duas pessoas, denominada união estável, admitida esta expressamente como entidade familiar, aspecto em que não difere daquele, tanto por conta do postulado igualitário, quanto como consequência do pluralismo admitido quanto às alternativas possíveis segundo a própria Constituição Federal, constatou-se haver ficado a legislação aquém do esperado, pois não eram só essas as probabilidades, como se constataria e acabaram por ter seus limites dilargados, como se verá adiante.

Voltando ao que interessa, todavia e após o Código Civil dispor e regulamentar o necessário ao casamento, o constituinte de 1988, impelido pela realidade social e a

---

5 CF, art. 226, § 5º, Os direitos e deveres referentes à sociedade conjugal são exercidos igualmente pelo homem e pela mulher.

necessidade de não deixar de lado os casais que houvessem preferido diversa forma de união, que não a matrimonial, preocupou-se em reconhecer a situação em que vivessem e dar-lhes foro constitucional, retirando-os da condição em que pudessem se encontrar e das críticas que pudessem infelizmente ser-lhes lançadas, sendo com isto instituída a figura da união estável entre o homem e a mulher, sem esquecer e tratando como ente familiar, o constituído por um dos pais e seus filhos.

Pese o quanto parcela da sociedade pudesse manifestar contrariamente a tanto, tem-se como necessário reiterar, neste ponto, o escrito por Edgard de Moura Bittencourt, após exaltar a família advinda do casamento civil, salienta: "[...] o que precisa ser posto em seus verdadeiros termos é a resposta a esta indagação: a família sem o casamento legal, muitas vezes com as núpciais religiosas que, não obstante a falta de registro civil, elevam as uniões e espiritualizam o lar, outras vezes, sem formalidade alguma mas em apreciável índice de moral e estabilidade, – merece o respeito da sociedade e proteção da lei?

Poucos são os que responderiam negativamente a semelhante pergunta"[6].

Efetivamente, não só por razão jurídica, como e principalmente por conta de razões éticas e que – por mais que a sociedade se altere –, ainda são relevantes para determinado grupo de pessoas, o que não se pode desconsiderar.

Dúvida não há quanto a merecer tal forma de ser o respeito de todos, especialmente quando se leva em consideração que, se alguns preferem optar por ter vida em comum com outra pessoa e de forma independente de regras, outros optam por se casar, por princípios vários e que interessam àqueles que assim deliberam, sem que seja o caso de se criticar os primeiros, até e porque atualmente tem-se a regulamentação da condição referida, a que se denomina, se presentes os requisitos necessários, união estável, em substituição ao antes concubinato, para muitos (indevidamente, com o respeito devido) termo pejorativo.

Não se afirme, com o referido, que a regulamentação imposta à sociedade de fato entre um homem e uma mulher, a tenha equiparado ao casamento, mas unicamente reconhecendo que, como fato social que é, merece a primeira, como fato social em que se constitui, ser considerada e não objeto de crítica, principalmente por advir sua existência e a preferência que alguns têm quanto a viver na informalidade, do oportunamente denominado por Carlos Alberto Menezes Direito como a lei das afinidades.

Como enunciado por esse autor[7], aliás e no artigo em que se vale de tal expressão, refere, ainda que no tocante ao casamento, mas que se pode aplicar à união de fato, especialmente após seu reconhecimento constitucional e regulamentação sobre o que se tem como preciso considerar quanto aos os requisitos que a compõe, que, "[...] unindo duas pessoas para a comunhão no trajeto de suas vidas, nasce com a

---

6 Família, LEUD, SP, 1987, 4ª ed., p. 133

7 Da união estável, in O Direito na década de 1990: Novos Aspectos – Estudos em Homenagem ao Prof. Arnoldo Wald, 1992, RT, p. 130, nº 2.

idade que, com inusitada frequência, é despertada pelo que eu chamo ´lei das afinidades`, capaz de substituir o tempo pela intensidade. A mágica da comunhão duradoura é a manutenção da intensidade. Se tal não existe fracassa a convivência"[8].

Ao referir a união estável, logicamente pretendeu o constituinte indicar que não seria qualquer união de fato a caracterizá-la, sendo preciso possua ela a estabilidade e temporalidade adequada, cumprindo ao intérprete verificar a forma como para tal deva considerar, segundo os princípios que se possa aplicar à espécie e inclusive o quanto a jurisprudência correspondente ao concubinato levasse em conta, no aplicável a tal condição.

O ensinamento de Menezes Direito, quanto a essa circunstância, pode servir como firme orientação aos que dela necessitarem. Assim e como propõe, "[...] a união estável, entidade familiar formada por um homem e uma mulher, é a vida em comum, **more uxorio**, por período que revele estabilidade e vocação de permanência, com sinais claros, induvidosos, de vida familiar, e com o uso em comum do patrimônio"[9].

Embora logo após a Constituição de 1988 tenham alguns doutrinadores entendido ser necessária a regulamentação do assunto pela lei ordinária, o certo é que da mesma forma que até então a jurisprudência tinha se ocupado de indicar o indispensável à configuração do concubinato e o reconhecimento dos efeitos que dele pudessem advir, passaram os Tribunais a referir o que tinham como apropriado à matéria, valendo-se inclusive de precedentes antes existentes e relativos às situações próprias ao concubinato, no quanto pudessem ser utilizados, por serem ambas as hipóteses pertinentes a relações afetivas de fato entre os nelas envolvidos.

Afinal e como então ponderado por Carlos Alberto Menezes Direito, "Seguramente, a jurisprudência poderá construir ao longo do tempo as novas fronteiras jurídicas nessa matéria"[10]. Aliás e conforme o Ministro Cláudio dos Santos, no julgamento do REsp 483-RJ, "Haverá de surgir, portanto, uma lei complementar que fixe com mais precisão os requisitos para que o concubinato se considere ´união estável` e possa merecer um tratamento aproximado do dispensado à família legítima", ressalvando: "A interpretação do texto constitucional, no momento, deve estar sendo objeto de labor nos tribunais, para o fim de solucionar conflitos pertinentes ao tema"[11].

Apesar da orientação anterior, entendeu João Batista Arruda Giordano, como a última, que, "[...] a missão de definir a noção de união estável é dos tribunais", advertindo, então, Marilena Silveira Guimarães, que, "[...] a edição de lei ordi-

8 Artigo ref. nota 7, p. 130, nº 2

9 Loc. cit., nº 5, p. 137

10 Da união estável..., cit., op. ref., p. 137

11 Cf. em A união estável: um conceito?, em Repertório de jurisprudência e doutrina sobre direito de família, vol. 3, coord.Teresa Arruda Alvim Wambier e Alexandre Lazzarini, SP, RT, p. 32, Antônio Carlos Mathias Coltro

nária, neste momento, poderia ensejar o aparecimento de norma por demais rigorosa devido à reação conservadora que se observa", o que, como se aludirá, efetivamente ocorreu.

Efetivamente, em 1994 foi sancionada a Lei nº 8.971, a qual, todavia, acabou por merecer crítica, por ter o legislador se ocupado mais do tempo necessário à configuração da união estável, do que de sua qualidade, acentuando Rodrigo da Cunha Pereira, que, "[...] as relações conubinárias pertencem ao espaço não institutido e estatuí-la, como querem, (...) talvez seja mais moralista que os efeitos apregoados, para o fim do casamento. Ao contrário, está acabando é com o concubinato"[12], inclusive anotando Rejane Brasil Filippi, ter a Constituição não se preocupado em indicar o tempo mínimo para afirmar-se sobre a estabilidade da união[13].

Ademais e como assinalado por Noemia Alves Fardin, ainda quanto à circunstância temporal da união de fato, cuidava-se de aspecto suscetível de apreciação em cada situação e segundo as circunstâncias a tal inerentes, operando o direito "[...] sobre o fato concreto, resolvendo, consequentemente, caso a caso"[14].

Na sequência e possivelmente em decorrência das próprias críticas lançadas quanto ao citado diploma legal, outro foi editado, consistente na Lei nº 9.278 de 10.05.1996, vindo um e outro a ser substituído, ao menos no tocante ao que novamente se legislou e naquilo que eventualmente tinham incidência, pelo Código Civil de 2002, remanescendo eles válidos, eventualmente, apenas no concernente ao que a codificação civil não se ocupou de tratar e neles se houvesse referido.

Como corolário do quanto mencionado e em função do disposto legislativamente acerca da união estável, percebe-se que o entendido por Jussara Assis Borges Nasser Ferreira como casamento por comportamento e também como "o que existe de mais natural, pois a conduta, o modo de ser e agir dos companheiros termina por determinar, fática e juridicamente, a existência do casamento"[15], resultava, como óbvio, da forma de agir dos parceiros.

Assim, o interesse de vida em comum, independente de formalidade, aliado à afeição e afinidade dos conviventes e a presença, ainda, do elemento moral, evidentemente subjetivo e dependente do momento em que verificado, bem como a coabitação, fidelidade e a circunstância monogâmica da relação, serviam à aferição sobre caracterizar-se ou não a união estável, como se "casados" fossem os conviventes, estabelecendo o legislativo, no entanto, o que considerou como preciso a evidenciar, para juridicamente inexistir dúvida a respeito, a presença de união que se pudesse afirmar como entidade familiar apta à produção de efeitos jurídicos.

12 Folha de S. Paulo, 28.5.1995, Cad. 2, p. 2

13 Jornal Zero Hora, Porto Alegre, 25.01.1995, p. 19

14 Aspectos sociojurídicos da União estável, 1995, p.115

15 Casamento por comportamento, Forense, 1990, RJ, p. 15, nº 2.2

Como necessário e óbvio, a atitude dos companheiros, em comunhão espiritual e material, indicativa do amor, afeição, dedicação recíproca e até o muttum adjutorium, sem dispensar a igualdade e autenticidade, incluído ainda o afeto entre eles, servindo tudo como razão de ser da opção que fizeram, serve a demonstrar que, se não quiseram se casar, acabaram por adotar condição em muito assemelhada ao matrimônio e na qual a lealdade de um para com o outro reforça a união estabelecida e sua estabilidade, prestando-se a notoriedade do fato a comprovar que mesmo a sua informalidade não excluiu fosse ele recheado do respeito, dedicação, publicidade e estabilidade próprios a uma família, a qual terá a moldura e conteúdo como se se tratasse de casamento, advertindo Rolf Madaleno: "A família matrimonializada, patriarcal, hierarquizada, heteroparental, biológica, institucional vista como unidade de produção cedeu lugar para uma família pluralizada, democrática, igualitária, hetero ou homoparental, biológica ou socioafetiva, construída com base na afetividade e de caráter instrumental"[16].

Não bastando o quanto citado relativamente às situações constantes na Constituição e caracterizadoras do quanto considerado pelo constituinte como entidade familiar, foi o Judiciário instado a se pronunciar sobre a possibilidade de também em outros casos ser possível asseverar sobre sua caracterização, como, por exemplo, o da união estável entre pessoas do mesmo sexo.

Com o advento da Constituição de 1988 e o que nela se verificou relativamente à admissão sobre a união estável, a respeito escreveu Teresa Rodrigues Vieira:

> "Estabelece o art. 3o, em seu inciso IV da CF que um dos objetivos fundamentais da República Federativa do Brasil é a promoção do bem de todos, sem preconceitos de origem, raça, sexo, cor, idade e quaisquer outras formas de discriminação. Direito à igualdade, neste caso, significa tratamento jurídico isonômico para heterossexuais e homossexuais, proibindo-se as discriminações por motivo de orientação sexual. No dizer do Juiz Federal gaúcho Roger Raupp Rios, "as desigualdades só poderão ser toleradas se fundadas em motivos racionais. (...) Assim, com relação a homossexualidade, aquilo que outrora justificaria a diferenciação, hoje se revela preconceito, não mais servindo como justificação racional para práticas discriminatórias". E continua, "a ausência de expressa previsão do critério orientação sexual não é obstáculo para seu reconhecimento, não bastasse a explícita abertura constitucional para hipóteses não arroladas explicitamente no texto normativo"[17].

Assim e no julgamento da ADPF 132, Rel. o Ministro Ayres Britto, o STF concluiu o seguinte, quanto ao de interesse no quanto se refere: União estável. Normação constitucional referida a homem e mulher, mas apenas para especial proteção desta última. Focado propósito constitucional de estabelecer relações jurídicas horizontais ou sem

---

16 Rolf Madaleno (Curso de Direito de Família, p. 26).

17 União civil entre pessoas do mesmo sexo: Família Homoafetiva, Novos Estudos Jurídicos – Ano VII – Nº 15 – pp. 69-80, dezembro/ 2002, p. 69. https://siaiap32.univali.br/seer/index.php/nej/article/view/327/271.

hierarquia entre as duas tipologias do gênero humano. Identidade constitucional dos conceitos de "entidade familiar" e "família". A referência constitucional à dualidade básica homem/mulher, no §3º do seu art. 226, deve-se ao centrado intuito de não se perder a menor oportunidade para favorecer relações jurídicas horizontais ou sem hierarquia no âmbito das sociedades domésticas. Reforço normativo a um mais eficiente combate à renitência patriarcal dos costumes brasileiros. Impossibilidade de uso da letra da Constituição para ressuscitar o art. 175 da Carta de 1967/1969. Não há como fazer rolar a cabeça do art. 226 no patíbulo do seu parágrafo terceiro. Dispositivo que, ao utilizar da terminologia "entidade familiar", não pretendeu diferenciá-la da "família". Inexistência de hierarquia ou diferença de qualidade jurídica entre as duas formas de constituição de um novo e autonomizado núcleo doméstico. Emprego do fraseado "entidade familiar" como sinônimo perfeito de família. A Constituição não interdita a formação de família por pessoas do mesmo sexo. Consagração do juízo de que não se proíbe nada a ninguém senão em face de um direito ou de proteção de um legítimo interesse de outrem, ou de toda a sociedade, o que não se dá na hipótese sub judice. Inexistência do direito dos indivíduos heteroafetivos à sua não-equiparação jurídica com os indivíduos homoafetivos. Aplicabilidade do §2º do art. 5º da Constituição Federal, a evidenciar que outros direitos e garantias, não expressamente listados na Constituição, emergem "do regime e dos princípios por ela adotados", verbis: "Os direitos e garantias expressos nesta Constituição não excluem outros decorrentes do regime e dos princípios por ela adotados, ou dos tratados internacionais em que a República Federativa do Brasil seja parte". 5. Divergências laterais quanto à fundamentação do acórdão. Anotação de que os Ministros Ricardo Lewandowski, Gilmar Mendes e Cezar Peluso convergiram no particular entendimento da impossibilidade de ortodoxo enquadramento da união homoafetiva nas espécies de família constitucionalmente estabelecidas. Sem embargo, reconheceram a união entre parceiros do mesmo sexo como uma nova forma de entidade familiar. Matéria aberta à conformação legislativa, sem prejuízo do reconhecimento da imediata auto-aplicabilidade da Constituição. 6. Interpretação do art. 1.723 do código civil em conformidade com a constituição federal (técnica da "interpretação conforme"). Reconhecimento da união homoafetiva como família. Procedência das ações. Ante a possibilidade de interpretação em sentido preconceituoso ou discriminatório do art. 1.723 do Código Civil, não resolúvel à luz dele próprio, faz-se necessária a utilização da técnica de "interpretação conforme à Constituição". Isso para excluir do dispositivo em causa qualquer significado que impeça o reconhecimento da união contínua, pública e duradoura entre pessoas do mesmo sexo como família. Reconhecimento que é de ser feito segundo as mesmas regras e com as mesmas consequências da união estável heteroafetiva".

Concluindo acerca do tema por último referido, e pela oportunidade, é transcrita a oportuna ponderação da citada Tereza Rodrigues Vieira, localizada na publicação já mencionada:

> "É inadmissível que pessoas esclarecidas que compõem o nosso Judiciário não reconheçam a evolução dos costumes, bem como o vínculo afetivo que une as vidas de pares homossexuais. A falsa moral conservadora e preconceituosa não fará com que tais uniões cessem a sua existência.

> As decisões judiciais não podem ser baseadas em mitos e tabus. O homossexual não é melhor nem pior que o heterossexual, portanto merece a mesma consideração e respeito a nós destinados. Ambos experimentam as mesmas sensações sexuais e emocionais; portanto possuem a mesma necessidade de segurança do acatamento dos mesmos direitos.
>
> Em verdade, podemos não querer este comportamento para nós, mas não podemos dificultar a aceitação da diferença. A não aceitação é injusta e discriminatória. Reconhecer a união entre dois homens não significa a rejeição da união entre pessoas de sexo diverso. Trata-se de uma forma diferente de se relacionar, mas que possui a mesma intensidade das demais. Os aplicadores do Direito devem valorizar mais a afetividade humana, sem reforçar o preconceito e a discriminação infundados".

Não bastando isso e também o Superior Tribunal de Justiça, relator o Ministro Luiz Felipe Salomão, examinando recurso no qual se discutia a possibilidade de casamento homoafetivo, ponderou:

> Direito de família. Casamento civil entre pessoas do mesmo sexo (homoafetivo). Interpretação dos arts. 1.514, 1.521, 1.523, 1.535 e 1.565 do código civil de 2002. Inexistência de vedação expressa a que se habilitem para o casamento pessoas do mesmo sexo. Vedação implícita constitucionalmente inaceitável. Orientação principiológica conferida pelo STF no julgamento da ADPF nº 132/RJ e da adi nº 4.277/DF.
>
> 1. Embora criado pela Constituição Federal como guardião do direito infraconstitucional, no estado atual em que se encontra a evolução do direito privado, vigorante a fase histórica da constitucionalização do direito civil, não é possível ao STJ analisar as celeumas que lhe aportam "de costas" para a Constituição Federal, sob pena de ser entregue ao jurisdicionado um direito desatualizado e sem lastro na Lei Maior. Vale dizer, o Superior Tribunal de Justiça, cumprindo sua missão de uniformizar o direito infraconstitucional, não pode conferir à lei uma interpretação que não seja constitucionalmente aceita.
>
> 2. O Supremo Tribunal Federal, no julgamento conjunto da ADPF nº 132/RJ e da ADI nº 4.277/DF, conferiu ao art. 1.723 do Código Civil de 2002 interpretação conforme à Constituição para dele excluir todo significado que impeça o reconhecimento da união contínua, pública e duradoura entre pessoas do mesmo sexo como entidade familiar, entendida esta como sinônimo perfeito de família.
>
> 3. Inaugura-se com a Constituição Federal de 1988 uma nova fase do direito de família e, consequentemente, do casamento, baseada na adoção de um explícito poliformismo familiar em que arranjos multifacetados são igualmente aptos a constituir esse núcleo doméstico chamado "família", recebendo todos eles a "especial proteção do Estado". Assim, é bem de ver que, em 1988, não houve uma recepção constitucional do conceito histórico de casamento, sempre considerado como via única para a constituição de família e, por vezes, um ambiente de subversão dos ora consagrados princípios da igualdade e da dignidade da pessoa humana. Agora, a concepção constitucional do casamento – diferentemente do que ocorria com os diplomas superados – deve ser necessariamente plural, porque plurais também são as famílias e, ademais, não é ele, o casamento, o destinatário final da proteção do Estado, mas apenas o intermediário de um propósito maior, que é a proteção da pessoa humana em sua inalienável dignidade.
>
> 4. O pluralismo familiar engendrado pela Constituição – explicitamente reconhecido em precedentes tanto desta Corte quanto do STF – impede se pretenda afirmar que as famílias for-

madas por pares homoafetivos sejam menos dignas de proteção do Estado, se comparadas com aquelas apoiadas na tradição e formadas por casais heteroafetivos.

5. O que importa agora, sob a égide da Carta de 1988, é que essas famílias multiformes recebam efetivamente a "especial proteção do Estado", e é tão somente em razão desse desígnio de especial proteção que a lei deve facilitar a conversão da união estável em casamento, ciente o constituinte que, pelo casamento, o Estado melhor protege esse núcleo doméstico chamado família.

6. Com efeito, se é verdade que o casamento civil é a forma pela qual o Estado melhor protege a família, e sendo múltiplos os "arranjos" familiares reconhecidos pela Carta Magna, não há de ser negada essa via a nenhuma família que por ela optar, independentemente de orientação sexual dos partícipes, uma vez que as famílias constituídas por pares homoafetivos possuem os mesmos núcleos axiológicos daquelas constituídas por casais heteroafetivos, quais sejam, a dignidade das pessoas de seus membros e o afeto.

7. A igualdade e o tratamento isonômico supõem o direito a ser diferente, o direito à auto-afirmação e a um projeto de vida independente de tradições e ortodoxias. Em uma palavra: o direito à igualdade somente se realiza com plenitude se é garantido o direito à diferença. Conclusão diversa também não se mostra consentânea com um ordenamento constitucional que prevê o princípio do livre planejamento familiar (§ 7º do art. 226). E é importante ressaltar, nesse ponto, que o planejamento familiar se faz presente tão logo haja a decisão de duas pessoas em se unir, com escopo de constituir família, e desde esse momento a Constituição lhes franqueia ampla liberdade de escolha pela forma em que se dará a união.

8. Os arts. 1.514, 1.521, 1.523, 1.535 e 1.565, todos do Código Civil de 2002, não vedam expressamente o casamento entre pessoas do mesmo sexo, e não há como se enxergar uma vedação implícita ao casamento homoafetivo sem afronta a caros princípios constitucionais, como o da igualdade, o da não discriminação, o da dignidade da pessoa humana e os do pluralismo e livre planejamento familiar.

9. Não obstante a omissão legislativa sobre o tema, a maioria, mediante seus representantes eleitos, não poderia mesmo "democraticamente" decretar a perda de direitos civis da minoria pela qual eventualmente nutre alguma aversão. Nesse cenário, em regra é o Poder Judiciário – e não o Legislativo – que exerce um papel contramajoritário e protetivo de especialíssima importância, exatamente por não ser compromissado com as maiorias votantes, mas apenas com a lei e com a Constituição, sempre em vista a proteção dos direitos humanos fundamentais, sejam eles das minorias, sejam das maiorias. Dessa forma, ao contrário do que pensam os críticos, a democracia se fortalece, porquanto esta se reafirma como forma de governo, não das maiorias ocasionais, mas de todos.

10. Enquanto o Congresso Nacional, no caso brasileiro, não assume, explicitamente, sua coparticipação nesse processo constitucional de defesa e proteção dos socialmente vulneráveis, não pode o Poder Judiciário demitir-se desse mister, sob pena de aceitação tácita de um Estado que somente é "democrático" formalmente, sem que tal predicativo resista a uma mínima investigação acerca da universalização dos direitos civis.

11. Recurso especial provido. (REsp 1183378/RS, Rel. Ministro Luis Felipe Salomão, quarta turma, julgado em 25/10/2011, DJe 01/02/2012).

Do quanto exposto até aqui é possível constatar como o direito de família tem sido receptivo e sensível às alterações ocorridas na sociedade, com relevo no tocante à família e o a ela inerente, sem desprezar as inflexões que o cenário do dia a dia oferece.

Mas não é por aí que paramos as notas aqui manifestadas, porquanto situações outras e bem diversas surgem e comportam alusão.

Se na atualidade possa parecer que exista variedade quanto ao tipo de famílias e por isto o conceito de cada qual também deva ser diverso, entende-se, com a venia necessária aos que assim não se orientam, de forma diversa.

Não se nega que a própria Constituição Federal dispõe sobre o casamento, a união estável e a família monoparental, o que, todavia, não implica afirmar que com isto ela tenha impedido considerar que tais espécies devam ser diversas, por referir-se o texto apenas à diversidade de denominações nos casos a que se refere, sem que isto implique que a essência do ente familiar seja outra, conforme a forma como venha a se manifestar.

Assim e na após o referido quanto às maneiras como a entidade familiar poderia se manifestar, segundo o contido no Código Civil e em face de provocação que lhe foi formulada, decidiu o Supremo Tribunal Federal, na ADPF 132, rel. O Ministro Ayres Britto, reconhecer a possibilidade de igual situação no tocante a pessoas do mesmo sexo.

Como consequência e nessa oportunidade, considerou nossa máxima Corte, que:

> O sexo das pessoas, salvo disposição constitucional expressa ou implícita em sentido contrário, não se presta como fator de desigualação jurídica. Proibição de preconceito, à luz do inciso IV do art. 3º da Constituição Federal, por colidir frontalmente com o objetivo constitucional de "promover o bem de todos". Silêncio normativo da Carta Magna a respeito do concreto uso do sexo dos indivíduos como saque da kelseniana "norma geral negativa", segundo a qual "o que não estiver juridicamente proibido, ou obrigado, está juridicamente permitido". Reconhecimento do direito à preferência sexual como direta emanação do princípio da "dignidade da pessoa humana": Direito a auto-estima no mais elevado ponto da consciência do indivíduo. Direito à busca da felicidade. Salto normativo da proibição do preconceito para a proclamação do direito à liberdade sexual. O concreto uso da sexualidade faz parte da autonomia da vontade das pessoas naturais. Empírico uso da sexualidade nos planos da intimidade e da privacidade constitucionalmente tuteladas. Autonomia da vontade. Cláusula pétrea. 3. Tratamento constitucional da instituição da família. Reconhecimento de que a constituição federal não empresta ao substantivo "família" nenhum significado ortodoxo ou da própria técnica jurídica. A família como categoria sócio-cultural e princípio espiritual. Direito subjetivo de constituir família. Interpretação não-reducionista. O caput do art. 226 confere à família, base da sociedade, especial proteção do Estado. Ênfase constitucional à instituição da família. Família em seu coloquial ou proverbial significado de núcleo doméstico, pouco importando se formal ou informalmente constituída, ou se integrada por casais heteroafetivos ou por pares homoafetivos. A Constituição de 1988, ao utilizar-se da expressão "família", não limita sua formação a casais heteroafetivos nem a formalidade cartorária, celebração civil ou liturgia religiosa. Família como instituição privada que, voluntariamente constituída entre pessoas adultas, mantém com o Estado e a sociedade civil uma necessária relação tricotômica. Núcleo familiar que é o principal lócus institucional de concreção dos direitos fundamentais que a própria Constituição designa por "intimidade e vida privada" (inciso X do art. 5º). Isonomia entre casais heteroafetivos e pares homoafetivos que somente ganha plenitude de sentido se desembocar no igual direito subjetivo à formação de uma autonomizada família. Família como figura central ou continente, de que tudo o mais é conteúdo. Imperiosidade da interpretação não-reducionista do conceito de família como ins-

tituição que também se forma por vias distintas do casamento civil. Avanço da Constituição Federal de 1988 no plano dos costumes. Caminhada na direção do pluralismo como categoria sócio-político-cultural. Competência do Supremo Tribunal Federal para manter, interpretativamente, o Texto Magno na posse do seu fundamental atributo da coerência, o que passa pela eliminação de preconceito quanto à orientação sexual das pessoas. 4. **União estável. Normação constitucional referida a homem e mulher, mas apenas para especial proteção desta última. Focado propósito constitucional de estabelecer relações jurídicas horizontais ou sem hierarquia entre as duas tipologias do gênero humano. Identidade constitucional dos conceitos de "entidade familiar" e "família"**. A referência constitucional à dualidade básica homem/mulher, no §3º do seu art. 226, deve-se ao centrado intuito de não se perder a menor oportunidade para favorecer relações jurídicas horizontais ou sem hierarquia no âmbito das sociedades domésticas. Reforço normativo a um mais eficiente combate à renitência patriarcal dos costumes brasileiros. Impossibilidade de uso da letra da Constituição para ressuscitar o art. 175 da Carta de 1967/1969. Não há como fazer rolar a cabeça do art. 226 no patíbulo do seu parágrafo terceiro. Dispositivo que, ao utilizar da terminologia "entidade familiar", não pretendeu diferenciá-la da "família". Inexistência de hierarquia ou diferença de qualidade jurídica entre as duas formas de constituição de um novo e autonomizado núcleo doméstico. Emprego do fraseado "entidade familiar" como sinônimo perfeito de família. A Constituição não interdita a formação de família por pessoas do mesmo sexo. Consagração do juízo de que não se proíbe nada a ninguém senão em face de um direito ou de proteção de um legítimo interesse de outrem, ou de toda a sociedade, o que não se dá na hipótese sub judice. Inexistência do direito dos indivíduos heteroafetivos à sua não-equiparação jurídica com os indivíduos homoafetivos. Aplicabilidade do §2º do art. 5º da Constituição Federal, a evidenciar que outros direitos e garantias, não expressamente listados na Constituição, emergem "do regime e dos princípios por ela adotados", verbis: "Os direitos e garantias expressos nesta Constituição não excluem outros decorrentes do regime e dos princípios por ela adotados, ou dos tratados internacionais em que a República Federativa do Brasil seja parte". 5. Divergências laterais quanto à fundamentação do acórdão. Anotação de que os Ministros Ricardo Lewandowski, Gilmar Mendes e Cezar Peluso convergiram no particular entendimento da impossibilidade de ortodoxo enquadramento da união homoafetiva nas espécies de família constitucionalmente estabelecidas. Sem embargo, reconheceram a união entre parceiros do mesmo sexo como uma nova forma de entidade familiar. Matéria aberta à conformação legislativa, sem prejuízo do reconhecimento da imediata auto-aplicabilidade da Constituição. 6. Interpretação do art. 1.723 do código civil em conformidade com a constituição federal (técnica da "interpretação conforme"). Reconhecimento da união homoafetiva como família. Procedência das ações. Ante a possibilidade de interpretação em sentido preconceituoso ou discriminatório do art. 1.723 do Código Civil, não resolúvel à luz dele próprio, faz-se necessária a utilização da técnica de "interpretação conforme à Constituição". Isso para excluir do dispositivo em causa qualquer significado que impeça o reconhecimento da união contínua, pública e duradoura entre pessoas do mesmo sexo como família. Reconhecimento que é de ser feito segundo as mesmas regras e com as mesmas consequências da união estável heteroafetiva (ADPF 132, Relator(a): Min. AYRES BRITTO, Tribunal Pleno, julgado em 05/05/2011, DJe-198 DIVULG 13-10-2011 PUBLIC 14-10-2011 EMENT VOL-02607-01 PP-00001).

Evidenciou-se, portanto, que, notando a preocupação do constituinte quanto à abertura em relação ao que deveria ser considerado como família e instado a se pronunciar sobre ser isso admissível em circunstâncias outras, a principiar pela admissão da sociedade de fato homoafetiva, exercitou o Judiciário a atividade que lhe cabe, interpretando o sistema legal e os princípios a ele pertinentes tendo em conta os fins sociais a que um e outros se dirigem e as exigências do bem comum, expressamente referidos no artigo 5º da Lei de Introdução às Normas do Direito Brasileiro.

Quanto a isso, aliás, cumpre assinalar o quanto afirmado pelo sempre citado Edgard de Moura Bittencourt, que, sem deixar de relevar a família legitima, resultante do casamento e aludindo àquela em que ele não se fizesse presente, mas não excluindo sua característica como família, advertia serem poucos os que negariam o respeito da sociedade e a proteção da lei a tal situação, inclusive salientando: "Em estudo que dedico ao assunto, procuro demonstrar, com dados oficiais mais autorizados, que aproximadamente a metade da população brasileira (considerada a extensa zona rual) é constituída por famílias naturais".

Em outro trecho de sua obra, após indagar sobre se "a família sem o casamento legal, muitas vezes com as núpcias religiosas que, não obstante a falta de registro civil, elevam as uniões e espiritualizam o lar; outras vezes, sem formalidade alguma, mas em apreciável índice de moral e estabilidade, – merece o respeito da sociedade a proteção da lei?", responde: "Poucos são os que responderiam negativamente a semelhante pergunta", salientando, em seguida, que a negativa de amparo a situações irregulares matrimoniais, mas honestas, representava desvirtuamento à finalidade da justiça, além de ignorar ou desprezar o que a sociologia podia informar, além de transformar "o pretório em tribunais de moral concebida a seu modo".

Indubitavelmente a Suprema Corte, mesmo sem aludir a tais aspectos, levou-os em consideração (bem como os já referidos e referidos no art. 5º da LINDB) ao admitir a união de fato entre pessoas do mesmo sexo, o mesmo ocorrendo em relação ao Superior Tribunal de Justiça, admitindo o casamento homossexual.

No concernente ao casamento transexual e conforme consta em artigo doutrinário de Maria Berenice Dias[18], o TJRGS já teria se manifestado a respeito de tal possibilidade, conforme indica na Ap.Cível nº 598.404.887, rel. o Desembargador Eliseu Gomes Torres, j. em 10.3.1999, apenas ressaltando a articulista, o seguinte: "Esse precedente, de uma vez por todas, indica a solução que se afigura mais justa e correta, pois nada justifica subtrair do transexual o direito de casar. O único reparo que merece a corajosa decisão é a determinação de inserir à margem do registro que se trata de um transexual, concedendo a possibilidade de ser expedida certidão de inteiro teor a requerimento da parte e/ou de terceiro, que responderá pelos abusos que cometer".

Em outro texto, agora de Teresa Rodrigues Vieira, observa sua autora: "No Rio Grande do Sul, em março de 2001, a 7a Câmara do Tribunal de Justiça reconheceu o direito de ser meeiro ao homossexual que manteve relação estável com outro. A filha do morto ficou com 50% do patrimônio e o companheiro com os outros 50%. Segundo a Des. Maria Berenice Dias, que participou do julgamento, "essa decisão é o maior precedente que tivemos em termos de direitos homossexuais, é o ápice de uma evolução

18 Transexualidade e o direito de casar. http://www.mariaberenice.com.br/manager/arq/(cod2_788)1__transexualidade_e_o_direito_de_casar.pdf

no direito de família. O que ocorreu foi o reconhecimento da família pelos vínculos de afeto. O conceito legal de família, que era exclusivamente a relação origin*ária do casamento, agora mudou"*, importando muito, no caso, a observação constante no final do parágrafo, relativa a ter-se admitido tratar-se de uma família resultante dos vínculos do afeto, bem como a nota sobre haver-se alterado o significado original de família, antes decorrente unicamente do matrimônio!

Neste ponto e por oportuno, refira-sobre o casamento de um casal transexual em Cuba, mas valendo-se de "registros de gênero de homem e mulher", conforme noticiado pela AFP em 20/07/2019, noticiando no dia seguinte, em acréscimo: "O projeto da nova Constituição, que o Parlamento de Cuba começou a discutir neste sábado, busca pavimentar legalmente o caminho para o casamento entre pessoas do mesmo sexo, uma exigência importante da comunidade LGBT na ilha socialista".

Se o mais referido e que não se insere em diploma legal de qualquer espécie serve a indicar o avanço que o reconhecimento das situações referidas representa para quanto a atividade judicial, tem-se por adequada a transcrição de outro trecho do artigo de Teresa Rodrigues Vieira, ainda que no tocante a outros países, mas com aspectos que poderão ocorrer no Brasil também, especialmente considerando o já citado quanto às alterações que a sociedade tem imposto relativamente aos costumes:

> "Na Holanda, desde 1º de abril de 2001, vigora uma lei que reconhece aos parceiros do mesmo sexo todos os direitos assegurados aos casais heterossexuais, inclusive a adoção de crianças.
>
> Portugal, em março de 2001, aprovou a lei das ´uniões de facto`, estendendo aos homossexuais os mesmos direitos dos casais heterossexuais lusitanos.
>
> Na Alemanha, uma lei que vigora desde agosto de 2001, permite o ´Ato de União`, ocasião em que os homossexuais poderão se casar em cartórios, adotar o nome de família do cônjuge e serem reconhecidos como herdeiros legais.
>
> A Dinamarca permite a união entre pessoas do mesmo sexo desde 1989, mas desde 1986 já se reconheciam alguns direitos patrimoniais a estas uniões.
>
> A Noruega possui a lei no. 40, de 1993, que permite aos parceiros partilhar a autoridade parental. Na Suécia vigora desde 1o de janeiro de 1995 o´partenariat`, editado pelo Parlamento sueco. Em junho de 2002 o Parlamento aprovou o direito à adoção de crianças, suecas ou estrangeiras. Na Islândia, desde 27 de junho de 1996, tem vigência a lei que permite registrar a união homossexual.
>
> Em alguns estados dos Estados Unidos um dos parceiros poderá adotar o filho do outro parceiro homossexual. Ademais, existem centenas de empresas como a Microsoft, IBM, American Express, Time Warner e Disney que adotam a política de estender benefícios sociais aos parceiros de seus funcionários homossexuais".

Com o já referido se poderia encerrar este escrito, mas há outra circunstância, ainda e e que foi ventilada em trabalho do autor deste artigo e serve a reforçar o quanto se aludiu sobre o avanço que questões ligadas à família vêm tendo e especialmente a conclusão que por fim se referirá.

O artigo onde referido o assunto supra tem por título Visão geral das transformações contemporâneas no direito de família. O direito de família na Constituição Federal de 1988. A família em seu atual espectro. A multiparentalidade, tendo sido publicado em livro da Escola Paulista da Magistratura, sob o título Estudos em homenagem a Clóvis Beviláqua por casião do centenário do Direito Civil codificado no Brasil, vol. 2, pp. 737/776, Alexandre Dartanham de Mello Guerra, coordenador.

O aspecto publicado diz respeito ao quanto segue e, sendo do mesmo autor, nada sua reiteração nestes comentários.

Concerne ele a uniões envolvendo pessoas hermafroditas, situação que não desconhecida do sistema jurídico alemão.

"Com efeito e a teor do quanto noticiado pela BBC, em 20 de agosto de 2013[19], ´A partir de 1º de novembro, a Alemanha oferecerá aos pais três opções para registrar seus filhos: "masculino", "feminino" e "indefinido", constando na publicação o a seguir transcrito.

A nova lei foi aprovada em maio, mas seu teor só foi divulgado agora. Com isso, a Alemanha passa a ser o primeiro país europeu a oficializar o terceiro gênero.

Essa mudança é uma opção para pais de bebês hermafroditas, que nascem fisicamente com ambos os sexos.

A nova legislação abre a possibilidade de a criança, ao se tornar adulta, escolher posteriormente se prefere ser definida como homem ou mulher. Ou mesmo seguir com o sexo indefinido pelo resto da vida.

Questões indefinidas

Na Alemanha, alguns jornais disseram que a mudança é uma ´revolução legal`. No entanto, a lei não prevê como a escolha do sexo indefinido é refletida em documentos como o passaporte, onde existe apenas escolha entre "M" e "F". A revista alemã de direito familiar FamRZ sugere que a opção de sexo indefinido seja marcada com a letra "X".

A nova lei é amparada em uma decisão do tribunal constitucional alemão que estabeleceu que pessoas que se sentem profundamente identificadas com um determinado gênero têm o direito de escolher seu sexo legalmente.

Outro assunto ainda a ser definido é matrimônio. A lei alemã só permite atualmente casamentos entre homens e mulheres, o que não contempla pessoas de gêneros indefinidos.

Poucos países no mundo possuem legislações sobre terceiro sexo.

A Austrália aprovou uma lei há seis semanas, mas desde 2011 os australianos já têm o direito de identificar-se com o sexo "X" no passaporte. Na Nova Zelândia, isso é possível desde 2012.

---

19 http://www.bbc.com/portuguese/noticias/2013/08/130820_alemanha_terceirosexo_dg

O correspondente da BBC na Alemanha, Demian McGuiness, afirma que ainda há outros pontos em aberto. No caso de uma pessoa de sexo indefinido ser presa, em qual presídio ela seria detida?

O grupo de direitos de pessoas transgêneros Trangender Europe vê avanços na legislação alemã, mas reivindica mais mudanças.

´É [uma mudança] lógica, mas não é uma lei tão progressista como gostaríamos que fosse, disse Richad Köhler, do Transgender Europe. Ele diz que a lei só contempla bebês que tiveram diagnóstico médico de hermafroditismo.

A entidade quer que as pessoas possam ter o direito de deixar a opção de gênero em branco, sem precisar se quer se declarar ´indefinido`".

Nos Estados Unidos, um Tribunal do Oregon teve a oportunidade de sobre o tema se manifestar, conforme noticiado em http://opiniaoenoticia.com.br/internacional/tribunaldooregonautoriza-identificacaoterceirogenero/, conforme aí noticiado e que também se pede licença para referir:

A juíza Amy Holmes Hehn, do estado americano de Oregon, concedeu uma petição a uma pessoa para que ela seja classificada com o gênero "não-binário". A classificação é dada para aqueles que não se identificam exclusivamente com o gênero masculino ou feminino. Para advogados e especialistas legais, a medida é um avanço importante para os americanos transgêneros enquanto os direitos civis e questões de identidade sexual ocupam o centro das atenções.

Kris Hayashi, diretor executivo do Centro de Advocacia Transgênero em Oakland, na Califórnia, descreveu a decisão como um "passo histórico para o reconhecimento governamental dos membros não-binários de nossa comunidade e para garantir que eles terão acesso a documentos de identidade que refletirão quem eles são, assim como qualquer pessoa".

O requerente da nova designação de gênero é Jamie Shupe, um sargento aposentado do Exército dos Estados Unidos. Jamie, que prefere ser chamado apenas por seu primeiro nome, nasceu com a fisionomia masculina, mas em 2013, aos 49 anos, decidiu iniciar seu processo para mudar seu gênero para o feminino.

Após passar por tratamentos hormonais e se mudar de Pittsburgh – cidade que considerava hostil com a comunidade transgênero – para Portland, fez o requerimento para que pudesse ser reconhecido como não-binário.

As leis do estado de Oregon não proíbem a escolha de gênero masculino ou feminino. Por décadas, o processo legal para a mudança de sexo tem sido similar ao processo de mudança de nome, afirma o advogado Lake Perriguey, que representou Jamie"[20].

---

20 41 A judge in Oregon has granted a petition allowing a person to legally choose neither sex and be classified as nonbinary: an important development for transgender Americans while civil rights and sexual identity are in the national spotlight, advocates and legal experts said.
Though the petition was granted with little fanfare in a two-paragraph decision on Friday, the experts said that, to their knowledge, the ruling was the first of its kind in the country.

No Brasil e conforme pesquisa realizada durante a elaboração deste escrito, localizou-se o seguinte, publicado pela Da Agência Brasil, em 28/11/2002 | 22:08:

"O juiz Carlos Frederico Maroja, em exercício na 1ª Vara de Família de Brasília, autorizou a alteração do nome de nascimento de um homem vítima de hermafroditismo. Na mesma decisão, sem precedente na Justiça local, o magistrado concedeu a mudança de sexo no registro do interessado que mudará de ´masculino` para ´feminino`.

Com a decisão, a pessoa inscrita sob o nome fictício de ´Moacir`, passará a se chamar ´Bianca`. Os nomes adotados nesta matéria não foram divulgados, visando a preservação da identidade do autor.

De acordo com o entendimento do juiz, o nome é um dos mais poderosos signos sociais e, por isso, todo indivíduo tem o direito de ter um nome que não lhe cause constrangimentos ou o exponha ao ridículo. Sobre o assunto, o magistrado deixa claro: "Alguém que tenha a aparência de mulher, sinta-se mulher, seja vista e tratada socialmente como mulher, mas que ostente um nome de homem, depara-se com evidente conflito entre sua personalidade social e jurídica"[21].

O até aqui exposto serve a indicar o quanto a família tem se alterado e principalmente como o direito a tem acompanhado e o judiciário procurado fazer sua parte no referente ao que é possível e segundo os elementos de que dispõe para tal.

Num único aspecto, ao menos no âmbito da pesquisa efetuada para estas observações, não se localizou tivesse o judiciário se aventurado ou antecipado alguma resposta ou proposta a respeito, referindo-se ele ao uso, que se pode ver em parte da da doutrina, da expressão famílias quando mencionado o direito e os fatos a ela correspondentes, para aqueles que assim entendem, por conta das mudanças havidas na sociedade e as inflexões a que submetida a entidade familiar, sem, todavia, desnaturar o seu conteúdo e as razões de sua existência, erigidas no afeto, respeito e aceitação

---

Kris Hayashi, executive director of the Transgender Law Center in Oakland, Calif., described the decision in an email as a "historic step" toward the government's recognizing "nonbinary members of our community and ensuring they have access to identity documents that reflect who they are, just like everyone else."
The petitioner seeking the new designation, Jamie Shupe of Portland, Ore., is a retired United States Army sergeant born with male anatomy who had successfully battled the military to be given discharge papers that reflected the female sex.
Advertisement
Continue reading the main story
Jamie — who prefers to use only a first name and the pronouns "they" and "their," instead of singular pronouns — underwent hormone treatments to transition to a woman. But ultimately, neither sex fit, Jamie said in an interview on Friday.
(https://www.nytimes.com/2016/06/14/us/oregon-nonbinary-transgender-sex-gender.html?emc=edit_th_20160614&nl=todaysheadlines&nlid=67219659&_r=0)

21 Justiça do DF autoriza mudança de nome de hermafrodita , Diário do Grande ABC, https://www.dgabc.com.br/Noticia/240818/justica-do-df-autoriza-mudanca-de-nome-de-hermafrodita

do que possa haver de novo e ser considere, sob a circunstância ética e moral, respeitada a linha norteadora e principiológica indispensável à sua existência e que se vai alterando à medida que o tempo passa e a sociedade entende preciso.

Por essencial à sociedade e o relevo que a própria Constituição Federal lhe confere, sem manifestar eventual distinção resultante da forma como venha a se constituir ou o relevo maior que tenha esta ou aquela entidade familiar, é

> "[...] importante considerar que, se a família é a base ou início do processo de socialização dos indivíduos, o que se torna fundamental é que ela seja estruturada de tal forma que o relacionamento entre seus integrantes seja pautado na harmonia e respeito entre seus pares, dada a importância e influência que tal grupo exerce na vida de cada um. Logo, ao pensar na família enquanto grupo não se trata aqui de fazer uma apologia ao modelo do passado ou ao do presente, mas de propor a reflexão quanto aos desdobramentos de sua conformação e de suas transformações, uma vez que suas características refletem a sociedade de seu tempo, o que faz dela (da família) um fenômeno social".

Justamente por isso, submete-se ela aos influxos sociais e à forma como a comunidade a compreende e deseja que se manifeste, considerados, portanto, os costumes vigentes em determinado momento e local, não sendo possível e por conta disso, simplesmente, afirmar-se termos tipos diversos de família, por estarem todos, em sentido amplo, inseridos no conceito de família e não ser adequado estabelecer-se distinção relativamente às maneiras como se possa manifestar.

Assinale-se não serem apenas essas as formas em que tal possa se dar, observando Paulo Lôbo, também, que, afora o referido no Código Civil, deve-se considerar maneiras outras pelas quais ela se revela.

Esse doutrinador, ademais, mostra inexistir exclusão de qualquer forma pela qual a família se constitua, havendo se superado o numerus clausus quanto a elas [22]e "O que as unifica é a função de espaço de afetividade e da tutelada realização da personalidade das pessoas que as integram; em outras palavras, o lugar dos afetos, da formação social onde se pode nascer, se, amadurecer e desenvolver os valores da pessoa", segundo acrescenta[23].

Consoante Rolf Madaleno, "A família matrimonializada, patriarcal, hierarquizada, heteroparental, biológica, institucional vista como unidade de produção cedeu lugar para uma família pluralizada, democrática, igualitária, hetero ou homoparental, biológica ou socioafetiva, construída com base na afetividade e de caráter instrumental"[24].

Mencionando as entidades que não são referidas na Constituição Federal, pondera Erika Cordeiro de Albuquerque dos Santos Silva Lima: "Diante da dinâmica so-

22 Direito Civil, Famílias, Saraiva, SP, 2008, p. 60

23 Op. cit., loc. ref.

24 Curso de Direito de Família, Gen-Forense, RJ, 2015, p. 26, no início

cial, existem várias entidades familiares não expressas na Carta Magna, mas que não podem ser desconsideradas. Tais entidades são muito frequentes na atualidade e baseadas, principalmente na afetividade, tendo a doutrina discorrido sobre o tema, alcançando avanços jurisprudenciais. Nesse diapasão, a doutrina leciona que: ´Hoje, pode-se dizer que o elemento da consanguinidade deixou de ser fundamental para a constituição da família. (...), a doutrina e a jurisprudência vem aumentando o rol das modalidades de família, já sendo aceitas por alguns juristas outras formas, tais como a homoafetiva, a anaparental (...) (BAPTISTA, 2014, p. 24)"[25].

À frente, anota: "[...] doutrina e jurisprudência, modernamente, entendem que o rol do art. 226, da CF/88, é meramente exemplificativo. Não se tem limitado a compreensão de família às entidades expressamente previstas no texto constitucional, admitindo-se novas modalidades, criadas pela dinâmica das relações sociais, às quais se têm reconhecido direitos de variadas espécies, notadamente, no que tange a alimentos, direito sucessório e proteção processual. A dinâmica dos tribunais, em especial do STJ, tem sido de que os tipos de entidades familiares explicitamente constantes na Carta Magna não são numerus clausus, sendo o rol do art. 226, da CF/88, meramente exemplificativo".

Justificando e ao finalizar seu texto, afirma a citada autora: "A Constituição Federal de 1988 não impõe qualquer cláusula de exclusão de entidades familiares, ao contrário de constituições anteriores, as quais apenas admitiam a família constituída pelo casamento. A Constituição é inclusiva, é cláusula geral de inclusão, e deve ser interpretada sistematicamente, em harmonia com seus princípios, como a igualdade. Assim, a interpretação constitucional precisa levar em conta a dinâmica social e as decisões dos tribunais, as quais têm demonstrado inequivocamente que a Carta Magna não exclui qualquer modalidade familiar, cabendo aos intérpretes interpretar a norma sem violar o princípio da dignidade da pessoa humana, que é base e rege toda Constituição Federal".

Como consequência e afora o anteriormente referido, reforça o texto por último citado, inclusive com base na dignidade da pessoa humana e na igualdade, a convicção sobre o fato de que a família, pouco interferindo como surja, não se diferencia independente do modo como se constitua e sem necessidade de prévia descrição legal a respeito.

Importa, em verdade e a teor do art. 226 da Constituição Federal, que não discrimina a forma como se manifeste, que ela, como "[...] base da sociedade, tem especial proteção do Estado" e, na afirmação de Leon Tolstoi, "A verdadeira felicidade está na própria casa, entre as alegrias da família".

25 Entidades familiares: uma análise da evolução do conceito de família no Brasil na doutrina e na jurisprudência, 2.

Advocacia na Atualidade

Antonio Claudio Mariz de Oliveira

A justa homenagem ao advogado Roberto Rosas ocorre em momento especial das instituições e da sociedade brasileiras. Está sendo homenageado um exemplar cidadão e um primoroso advogado, que, se pode dizer, viveu cultuando os valores da cidadania, com o seu exemplo de vida e honrou, como poucos, os postulados da advocacia, exercendo-a como verdadeiro sacerdócio.

Talvez em nenhuma época de sua longa história, a advocacia tenha, em tão curto período, sofrido tantas modificações nos seus contornos básicos, não só os pertinentes ao exercício profissional, como relacionadas à imagem do profissional perante a sociedade, bem como à compreensão de sua missão e ao relacionamento com os outros personagens da cena judiciária como na atualidade.

Há, evidentemente, características imutáveis que acompanham a profissão desde os seus primórdios. Constituem a sua essência e são indissociáveis da sua natureza, definindo com clareza as funções do advogado no cenário da administração da Justiça, bem como cidadão prestante.

A primeira observação sobre as raízes da profissão diz respeito à sua antiguidade. Antes mesmo do surgimento do Estado organizado, de existir a Justiça como atividade estatal voltada para elidir os conflitos de interesses, já havia quem falasse em nome e em defesa de alguém.

O antigo presidente da Ordem dos Advogados do Brasil, Secção de São Paulo, João Baptista Prado Rossi, em sua obra "Reflexões sobre a Advocacia e a Magistratura" nos ensina que entre os malaios da Sumatra, nos debates judiciários, as partes poderiam postular em causa própria, mas lhes era permitido tomar emprestada uma "boca", atividade esta que por vezes era remunerada. O autor vê nesse aspecto, o embrião da advocacia.

Ainda segundo ele, a advocacia já era exercida entre os hindus, os astecas, os caldeus, os persas, os germanos. Entre os hebreus havia uma advocacia caritativa, com o objetivo de defender os interesses das viúvas, dos órfãos e dos pobres. Por outro lado, os egípcios tinham seus filósofos e sábios, que não só aconselhavam o povo, como defendiam causas particulares, discursando em praça pública.

Havia na Grécia, que muitos consideram o berço da advocacia, o hábito das partes defenderem seus próprios interesses, perante o Tribunal Supremo, chamado de Areópago. Posteriormente, defensores passaram a substituir essas mesmas partes.

Em Roma, a "advocatio", ligada ao verbo "advocare", que significa convocar, chamar a si, chamar em auxílio, era exercida pelo "advocatus". No período do sistema das ações, o "advocatus" atuava em alguns casos, apenas, quando houvesse interesse público a ser defendido (pro populo); quando a liberdade fosse o objeto da defesa (pro libertate) ou nas hipóteses de interesses tutelados (pro tutela). Deve ser mencionada ainda a presença do advogado em favor do ausente que tivesse sido furtado (ex lege).

Havia, ainda, personagens de menor expressão, mas que também exerciam a postulação. Eram o "orator" ou "patroni" e o "advocati".

Houve época em que os advogados não podiam ser remunerados, segundo proibição constante da Lei Cincia de Dacionibus. Dois imperadores, no entanto, Nero e Claudio, ao contrário de Augusto, não cumpriam a lei pois permitiam que houvesse moderados pagamentos aos advogados. Somente após o século II D.C. a remuneração passou a fazer parte do exercício da advocacia, dando-lhe foros de profissão.

Interessante notar, que algumas formas de remuneração adotadas em nossos tempos, eram proibidas pelo direito romano. Assim, o "pactum de quota litis", que era um percentual sobre o valor da demanda; a "redemptio", o advogado assumia os riscos da causa, assim como os seus resultados, em substituição ao cliente e o "palmario", representado por um pacto segundo o qual a remuneração só ocorria na hipótese de vitória.

Em Portugal há notícias da existência da profissão desde o século XIII. Alguns documentos informam sobre a atuação dos chamados "vozeiros" ou "arrazoadores". As Ordenações Afonsinas e as Filipinas regulamentaram a advocacia, sendo que as últimas trataram dos seus aspectos disciplinares.

No Brasil, antes da instalação dos cursos jurídicos, que se deu em 1827, a postulação em juízo era exercida por rábulas ou bacharéis formados em Coimbra e em Paris. Logo após a independência, surgiu a necessidade de serem instalados no país cursos superiores para o aprimoramento intelectual e profissional dos jovens, tendo como objetivo primordial a consolidação da própria independência.

Antes mesmo da instalação oficial, já se declarava o escopo diversificado que teria a formação dos novos advogados, que se formariam em São Paulo e em Olinda. Havia dois objetivos primordiais: preparar advogados como integrantes da administração da Justiça e homens públicos que pudessem cuidar com esmero da gestão do Estado.

Esses objetivos se depreendem da exposição feita pelo Visconde de Cachoeira, responsável pela elaboração do "Projeto de Regulamento" da criação dos Cursos Jurídicos, de 1825, que precedeu à própria lei de instalação dos mesmos Cursos. "Tendo-se decretado que houvesse nessa Corte, um Curso Jurídico para nele se ensinarem as doutrinas de jurisprudência em geral, a fim de cultivar este ramo da instrução pública e se formarem homens hábeis para serem um dia magistrados e peritos advogados, de que tanto carecem; e outros que possam vir a ser dignos deputados e senadores, e aptos para ocuparem os lugares diplomáticos e mais empregos do Estado, por se deverem compreender nos estudos do referido Curso Jurídico os princípios elementares de direito natural, público das gentes, comercial, políticos e diplomáticos" (in Coleção das Leis do Império do Brasil de 1827 – citada por João Batista Prado Rossi)

A partir do resumido escorço histórico acima, já podemos salientar que desde o seu nascedouro a advocacia no Brasil assumiu um papel público de grande protagonismo. A nossa formação nos conduziu a ultrapassar os limites da defesa de interesses privados para integrarmos a administração pública, ocupando cargos de comando na administração nacional.

Por outro lado, a história nos colocou, em momentos cruciais da nacionalidade, como porta vozes dos anseios e das aspirações do povo brasileiro. Antes mesmo da independência ser proclamada as vozes dos bacharéis formados fora do país se faziam ouvir em prol de nossa soberania. A luta contra a escravidão, a proclamação da República, a luta contra as ditaduras, getulista e militar, e outras pugnas tiveram os advogados ocupando a vanguarda da resistência democrática.

Aliás, em todas as ocasiões de ruptura da ordem institucional, a palavra corajosa dos advogados se fez ouvir, pois a incompatibilidade da advocacia com o totalitarismo é histórica e universal.

Um dos apanágios da advocacia é a independência e a liberdade de atuação. O nosso primeiro compromisso é com a nossa consciência, voltada para o dever de pugnar pelos direitos que nos são confiados. Postular é a nossa missão primordial. Nessa hora nada nos amedronta, nada nos atemoriza. Caso perca a independência, o advogado deve afastar-se da causa.

Um dos grandes advogados franceses, Nicolas Berryer, afirmou que "a independência do advogado é uma barreira intransponível contra as cóleras e os atentados do poder, contra a violação dos direitos, contra as perseguições injustas. Tudo se deve temer, se é mutilada: não está tudo perdido se é mantida e respeitada" (Grandes Advogados, Grandes Julgamentos – Pedro Paulo Filho p. 374).

Historicamente, a independência dos advogados incomoda sobremodo os autoritários, provocando não poucas vezes, atitudes concretas de hostilidade. A profissão sempre foi marcada por momentos de ruptura, nos quais calar os advogados era um desiderato perseguido pelos detentores do poder. Assim, foi com Napoleão, que desejou que as línguas dos advogados fossem cortadas. Anteriormente, durante a Revolução Francesa, por iniciativa do terrível acusador Fouquier Tinville e de Robespierre, foi promulgada a Lei do Prairial, que impediu a atuação dos advogados. A eficiência prevaleceu, pois em algumas semanas, mais de mil execuções à guilhotina foram cumpridas.

Ligada à manutenção da independência e da liberdade de advogar está a coragem. Como disse Sobral Pinto a advocacia não é profissão para covardes. E, desde sempre a ousadia e o denodo nos acompanham.

A coragem se faz imprescindível para o exercício profissional não só em face dos momentos de ruptura institucional, como em razão de uma característica inerente à advocacia: a incompreensão. No âmbito cível e no penal há uma tendência em se confundir o advogado com o cliente. Na área criminal o advogado é visto como um auxiliar da prática delituosa, como um cúmplice do cliente, e não como um porta voz dos direitos constitucionais e processuais do defendido. Esquece-se que o advogado não defende o crime, mas sim é porta voz daqueles direitos. O advogado é o arauto de princípios e de garantias que são de todos e quaisquer cidadãos. Violados no caso concreto, a sociedade como um todo poderá ser vítima do arbítrio e da prepotência.

Esta incompreensão, não raras vezes, coloca a sociedade contra nós. Aloysio Tavares Picanço, ao tomar posse no Instituto dos Advogados Brasileiros, afirmou que ao assumir o patrocínio de uma causa impopular, o advogado se torna antipatizado, "Mas, é exatamente ai que ele se torna mais nobre, enfrentando sozinho a borrasca da indignação pública". Continuou afirmando que a nobreza não reside no fato de enfrentar a opinião coletiva, mas "da coragem de se por em lado do réu, em tal situação, para ampará-lo em seu infortúnio".

Uma cultura punitiva impregnada na sociedade brasileira, atualmente agrava de forma acentuada a incompreensão em torno da conduta do defensor, em casos penais. Não são raros os comentários desairosos à advocacia, que é vista como profissão dedicada a auxiliar o crime. Não é vista a partir da sua essência postulatória, em benefício de um acusado e de toda a sociedade, pois em defesa de direitos coletivos, mas sim é considerada como linha auxiliar da prática delitiva.

A história nos mostra casos de advogados que arrostaram a ira pública, no cumprimento do sagrado exercício do direito de defesa. E a história é repetida com intensidade hoje, quando não são poucos os colegas, militantes de várias áreas, vítimas dos excessos dos órgãos de persecução, por vezes com o aval da própria Magistratura.

Lamentavelmente, a invasão de escritórios; a apreensão de documentos pessoais e de clientes; as investigações e até ações penais sob acusações de obstrução de justiça; a quebra dos sigilos telefônicas e fiscais; as pressões para a quebra do sigilo profissional; e tantos outras condutas em flagrante abuso de autoridade, vem tornando a advocacia uma profissão de ingentes sacrifícios, exigindo não só coragem, como alto espírito de sacrifício e de abnegação.

Estamos assistindo à repetição de um movimento contra o exercício do direito de defesa, próprio como já se disse, dos estados totalitários. Uma diferença, no entanto, torna a situação deveras instigante. Estamos sob a égide de um regime democrático. Formalmente democrático, com as instituições em funcionamento, o direito ao voto sendo exercido, a imprensa sem censura, ao menos oficial, as liberdades, em tese, respeitadas. No entanto, cada vez mais se alargam as possibilidades punitivas em detrimento da ampla defesa.

A imprensa deveria divulgar e a sociedade conhecer que:

> *"A defesa não quer o panegírico da culpa, ou do culpado. Sua função consiste em ser, ao lado do acusado, inocente ou culpado, a voz dos seus direitos legais".* (Carta de Rui Barbosa a Evaristo de Moraes).

O mesmo Rui completou o seu ensinamento com uma verdade esquecida nos tempos atuais: por mais ignóbil que tenha sido o crime o advogado "tem a missão sagrada de não consentir que a indignação degenere em ferocidade e a expiação jurídica em extermínio cruel".

A má imprensa, nos dias que correm, tem fomentado o clima de intolerância, intolerância raivosa, por parte da sociedade em relação ao crime, e, em consequência, à advocacia criminal. Uma intolerância que atinge, como consequência o próprio direito de defesa.

Em razão da sanha punitiva impregnada na sociedade, capitaneada pela mídia sensacionalista e irresponsável, a defesa é hoje considerada como inconveniente, inoportuna, motivo de atraso das punições, e, portanto, como fator de impunidade.

Na verdade, nós advogados, estamos sendo considerados desnecessários. Somos apenas tolerados, em face da norma constitucional que garante aos acusados o direito a uma defesa técnica, portanto norma que obriga a nossa presença.

O mais grave é que essa minimização da nossa importância, como disse, decorre do próprio descaso em relação ao direito de defesa. A flexibilização desse direito fundamental pode levar à negação de um dos pilares do processo que é a sua natureza dialética.

A natureza dialética do processo, refletida nos princípios do contraditório, da ampla defesa e do devido processo legal, é o suporte do sistema penal de todo mundo ocidental, com variações nos vários ordenamentos jurídicos, mas jamais ausente de nenhum deles.

A retirada da dialética, que significa a possibilidade de se contrapor uma verdade à outra já anteriormente exposta, no campo penal, irá provocar a supremacia da acusação. A própria atividade jurisdicional passará a ter um caráter meramente homologatório. Sem contestação, irá prevalecer a postulação e a verdade de uma das partes, aliás nem haverá outra. Estará decretada a extinção da relação processual entre três personagens.

Talvez os detratores do direito de defesa e prosélitos da punição sem barreiras, estejam prestes a pregar o fim da Justiça Penal e a atuação do Estado Juiz não como órgão julgador, mas meramente punitivo. Nessa linha de raciocínio é lícito afirmar que a escolha do cidadão a ser punido será da competência exclusiva dos órgãos de repressão. Sem os princípios e garantias constitucionais do processo penal, estaremos sob o domínio da absoluta insegurança jurídica, pois preponderará o arbítrio judiciário.

É claro tratar-se de uma situação imaginada, a qual se espera estar a léguas de distância. No entanto, existem alguns indícios de ruptura parcial do sistema penal brasileiro. Destacam-se: a possibilidade da prisão em segundo grau, em desobediência à clausula pétrea da presunção de inocência; a decretação de prisões preventivas sem necessidade provada e como forma de antecipação de mérito; a adoção da delação premiada, sem interferência efetiva da defesa e do próprio juiz, que exerce um papel meramente homologatório; a inversão da ordem processual, com testemunhas de defesa depondo antes das de acusação; dentre outras medidas prejudiciais à defesa e que chegam a violar a letra da lei.

No entanto, como reflexo mais eloquente das supressões de direitos e de garantias e prol dos acusados, nós temos o projeto do Ministério da Justiça, chamado de anticrime.

Em primeiro lugar, é preciso observar que o nome de batismo não corresponde à realidade do projeto. Seu escopo, diversamente do apregoado, não é o de combater o crime. O crime se combate com uma atuação direcionado para as suas causas e fatores determinantes. Ao contrário, o projeto não traz um dispositivo sequer que trate da prevenção do crime, que cuide da remoção de suas causas.

Basta um singelo exame para verificar-se que toda a sua estrutura está voltada para dificultar a defesa do acusado, e a utilização de institutos que o beneficiem, como a prescrição. Recursos também foram atingidos pela diminuição de seu alcance, como os embargos infringentes; o efeito suspensivo dos recursos contra a pronúncia e contra a decisão do júri foi abolido; foram extintos alguns benefícios na execução das penas, dentre outras medidas todas exclusivamente voltadas para o rigor penal desde o processo de conhecimento até a execução da punição.

Poder-se-ia imaginar que um novo diploma penal pudesse impor instrumentos que evitassem ou dificultassem a prática delitiva. No entanto, nenhuma medida foi adotada para proteger os valores atingidos por esses crimes pelo projeto anticrime.

Como já se afirmou, um movimento punitivo está em curso, em detrimento de todo um arcabouça garantista, que visa possibilitar nas hipóteses de condenação, que seja aplicada a pena justa e que ela não se transforme em castigo ou em vingança.

Podemos afirmar sem hesitação que o erroneamente denominado projeto anticrime é um exemplo eloquente dos graves desvios impostos ao direito penal nos dias de hoje, quando o que importa é punir e não evitar o crime. Repita-se: o crime se combate com ações dirigidas às suas causas e não apenas com punições, pois essas ocorrem pós crime.

Aliás, dois aspectos precisam ser lembrados à sociedade. O crime é um fenômeno social, humano, razão pela qual não se esqueça que qualquer um de nós poderá vir a cometê-lo. Ou, não se descarte a hipótese de sermos acusados mesmo sendo inocentes. Por vezes também, a acusação é exagerada e não corresponde à real responsabilidade. Por tais razões, o direito de defesa e as garantias a ele inerentes não podem ser flexibilizados.

Outra relevante questão diz respeito aos efeitos da punição sobre a criminalidade. Como já foi realçado não se combate as práticas delitivas com a pena de prisão. A punição é necessária dentro do devido processo legal e após apurada a responsabilidade do agente, mas não se pense que ela tem o condão de inibir a prática de outros crimes. A prisão não inibe o conjunto da sociedade e não impede aquele que já delinquiu de voltar a fazê-lo. Da totalidade da população carcerária do Brasil, quase oitocentos mil presos, setenta por cento já estiveram em nosso caótico e deletério sistema penitenciário. A prisão e a possibilidade de a ela voltarem não foram obstáculos para que esses mesmos egressos praticassem outros crimes.

Todos esses aspectos estão emprestando à advocacia conotações e características inéditas, impondo à categoria uma cuidadosa avaliação de seus efeitos e, especialmente, uma tomada de posição clara e eficaz para a defesa de nossas prerrogativas e da missão que constitui o fundamento mesmo da nossa existência, a essência da advocacia, que é o exercício com exclusividade da postulação em juízo, que nos coloca como elementos indispensáveis à administração da Justiça.

Forum non Conveniens e o Controle da Competência Adequada no Processo Civil Brasileiro

Antonio do Passo Cabral

Sumário: 1. Competência adequada. De "quem decide" para "quem decide melhor": o juiz natural como o juízo mais adequado. **2.** Controle da competência adequada e indeclinabilidade da tutela jurisdicional. **3.** Controle da escolha entre os foros concorrentes. A doutrina do forum non conveniens e sua aplicação no Brasil. **3.1.** O direito potestativo do autor de escolher o foro e o perigo do forum shopping. **3.2.** Forum non conveniens e a proteção dos direitos do réu. O exemplo aplicativo do foro concorrente nas ações coletivas brasileiras. Exame discricionário da competência. **3.3.** Fatores relevantes para o exame do forum non conveniens. O balanceamento dos direitos fundamentais envolvidos. **3.3.1.** Do abuso de direito à busca pelo "foro natural". O parâmetro dos contatos ou ligações mínimas (minimum contacts) entre o juízo acessado e o conflito de interesses. **3.3.2.** Boa-fé e abuso de direitos processuais. **3.3.3.** O momento de ajuizamento e as demandas prematuras ou afobadas. **3.3.4.** Maior possibilidade de exercício da ampla defesa pelo réu: mecanismos de defesa e a oneração do demandado. **3.3.5.** Custo financeiro e o tempo necessário para a decisão. **3.3.6.** Foro do domicílio do réu ou juízo próximo à sua residência. **3.3.7.** Concordância do réu com o foro escolhido pelo autor. **4.** A quem cabe o ônus de alegar e provar que se trata de foro adequadamente (in)competente? **5.** Conclusão. **6.** Referências bibliográficas.

1. Competência adequada. De "quem decide" para "quem decide melhor": o juiz natural como o juízo mais adequado

Tradicionalmente, na doutrina e na jurisprudência, a competência era definida levando em conta exclusivamente as regras previstas na lei.[1] Todavia, o núcleo essencial do juiz natural permite uma conjugação entre garantias e eficiência. De fato, o princípio do juiz natural não é incompatível com considerações de eficiência, como tentamos demonstrar em outro estudo, e o sistema de competências pode ser orientado por princípios. Sendo assim, o juízo sobre a competência não deve ser puramente definido num exame de legalidade estrita.[2]

Se a tutela jurisdicional deve ser prestada de maneira ótima, por meio de técnicas processuais apropriadas para cada caso, as partes têm direito a que seu litígio, uma vez judicializado, seja decidido pelo juízo mais adequado dentre aqueles com

---

1 Sobre a competência no CPC/2015, MARINONI, Luiz Guilherme; ARENHART, Sérgio Cruz; MITIDIERO, Daniel. *Curso de processo civil.* São Paulo: RT, vol. 2, 2015, p. 56.

2 CABRAL, Antonio do Passo. *Juiz natural e eficiência processual: flexibilização, delegação e coordenação de competências no processo civil.* Universidade do Estado do Rio de Janeiro: Tese apresentada como requisito para Concurso Público de Professor Titular de Direito Processual Civil, 2017, *passim.*

competência para tanto.[3] E essa análise deve ser extraída de circunstâncias concretas que devem ser sopesadas pelo juiz.[4]

Nesse cenário, o princípio do juiz natural não se limita à abstração "fria" da lei, mas incorpora alguma medida de eficiência na alocação de competências.[5] O juiz natural passa a ser *o juiz que pode decidir melhor*.

Essa orientação do sistema de competências para a eficiência e adequação foi empreendida, de forma pioneira no Brasil, por Fredie Didier Jr. e Hermes Zaneti Jr. a partir do que denominaram "princípio da competência adequada".[6]

Trata-se de conceber a competência de maneira mais flexível e adaptável, podendo o juiz exercer um controle sobre a adequação do ajuizamento da demanda em um ou outro foro, e declinar da competência quando considerar que a opção do autor por aquele específico juízo consistir em um abuso de direito processual ou violação à boa-fé processual.[7]

A doutrina tem cada vez mais apoiado a ideia de competência adequada, na tentativa de conciliar garantias e eficiência no processo jurisdicional.[8] E aqui também aderimos a essa análise de adequação da competência, porque a reputamos compa-

---

3 CALLIESS, Gralf-Peter. Der Richter im Zivilprozess: Sind ZPO und GVG noch zeitgemäβ? *in Verhandlungen des 70. Deutschen Juristentages.* München: C.H.Beck, 2014, vol. I, p. A-96.

4 Note-se que a adequação remete ao caso, e de alguma forma contradiz a "pré-constituição", classicamente referida como uma característica do juiz natural. Sobre o tema, DIEZ-PICAZO GIMENEZ, Ignacio. El derecho fundamental al juez predeterminado por la ley. *Revista Española de Derecho Constitucional*, ano 11, nº 31, jan-abr, 1991, p. 86.

5 Segundo José Vicente Mendonça, a adequação é uma das dimensões da eficiência, mas não a esgota. MENDONÇA, José Vicente Santos de. O princípio da eficiência administrativa: conteúdo jurídico, aplicabilidade e ponderação. *in Sétimo Concurso Casos e Textos Sobre Administração Pública*. Fundação Escola de Serviço Público do Estado do Rio de Janeiro, 2001, p. 102.

6 DIDIER JR., Fredie; ZANETI JR., Hermes. *Curso de direito processual civil*. Salvador: Jus Podivm, vol. 4, 9ª ed., 2014, p. 105 ss; DIDIER JR., Fredie. *Curso de Direito Processual Civil.* Salvador: Jus Podivm, vol. 1, 18ª ed., 2016, p. 208. Embora em outra perspectiva, e sem a abrangência e técnica aqui desenvolvidas, Dinamarco já ensaiava a ideia da aplicação do sistema de competência em graus, a partir da premissa de que as competências devem-se aplicar num juízo de "adequação legítima entre o órgão e a atividade jurisdicional a desenvolver". DINAMARCO, Cândido Rangel. *Instituições de Direito Processual Civil.* São Paulo: Malheiros, vol. I, 8ª ed., 2016, pp. 596, 637-638.

7 DIDIER JR., Fredie. *Curso de Direito Processual Civil.* Salvador: Jus Podivm, vol. 1, 18ª ed., 2016, pp. 207-209.

8 RAGA, Paula Sarno. Competência adequada. Revista de Processo, ano 38, vol. 219, mai., 2013, pp. 16-17; CARVALHO, Fabiano. O princípio da eficiência no processo coletivo: Constituição, microssistema do processo coletivo e o novo Código de Processo Civil. *in* MILARÉ, Édis (Coord.). *Ação civil pública após 30 anos.* São Paulo: RT, 2015, p. 279.

tível com o núcleo essencial do juiz natural, que deve incorporar também juízos de eficiência e adequação.[9]

2. Controle da competência adequada e indeclinabilidade da tutela jurisdicional

Pois bem, se o juiz pode controlar a adequação da competência, poderia declinar da competência ao fundamento de haver outro órgão que poderia decidir melhor.

Essa perspectiva é contrária à tradição romano-germânica pela qual o juiz não pode recusar sua competência porque outro juízo seria mais adequado, sob pena de estar promovendo uma negativa de jurisdição.[10]Assim, admitir o princípio de competência adequada poderia trazer à tona algum questionamento em torno da indeclinabilidade dos poderes jurisdicionais. Como se sabe, a literatura clássica afirma que a jurisdição é indeclinável: o juiz, sendo competente para decidir o caso, não pode recusar-se a julgar. Veda-se o *non liquet*, decisão pela qual o juiz poderia extinguir o processo sem resolver os pedidos formulados (art. 140 do CPC). A pergunta que se coloca é: o declínio da competência para outro juízo, ao fundamento de tratar-se de juízo mais adequado, significa uma negativa de prestar jurisdição? Pensamos que não.

Frederick Schauer lembra que instituições potencialmente competentes (p. ex., porque a lei estabelece competências concorrentes), ao analisarem sua própria competência, podem simplesmente ser deferentes às melhores capacidades decisórias de outra instituição. Não haveria nesses casos uma recusa de atuar, mas o *exercício responsável da competência* em nome da eficiência alocativa dos poderes estatais.[11]

No mais, ao contrário de representar qualquer ofensa às garantias fundamentais, o declínio motivado na competência adequada é uma decisão que melhor implementa o acesso à justiça. Compreendendo que o compromisso de prestar a tutela jurisdicional envolve o exercício ótimo das prerrogativas jurisdicionais, se houver algum outro órgão judiciário que possa decidir melhor, é natural concluir pela existência de

9 O exame da competência adequada deve incorporar também o teste das capacidades institucionais. O tema não caberia neste texto, e portanto remetemos o leitor a outro trabalho onde exploramos o assunto mais detidamente. Cf. CABRAL, Antonio do Passo. *Juiz natural e eficiência processual: flexibilização, delegação e coordenação de competências no processo civil*. Universidade do Estado do Rio de Janeiro: Tese apresentada como requisito para Concurso Público de Professor Titular de Direito Processual Civil, 2017, cap. 5.

10 PEIFFER, Evgenia. *Schutz gegen Klagen im* forum derogatum. Tübingen: Mohr Siebeck, 2013, p. 69.

11 Por isso, para Schauer, o reenvio da decisão a outras instituições não é incompatível com um modelo normativo baseado em regras. Ao contrário, "[a]n agent who says, 'This is not my job', is not necessarily abdicating responsibility. One form of taking responsibility consists in taking the responsibility for leaving certain responsibilities to others". SCHAUER, Frederick. *Playing by the Rules: a philosophical examination of rule-based decision-making in law and in life*. New York: Oxford University Press, 1991, p. 162.

um efetivo *dever* do juiz, atuando o princípio da competência adequada, de remeter os autos para aquele juízo.

3. Controle da escolha entre os foros concorrentes. A doutrina do *forum non conveniens* e sua aplicação no Brasil

Neste breve estudo, partindo da premissa da competência adequada, queremos enfrentar o problema do controle do magistrado das competências definidas em concreto pela opção negocial do autor por um dos foros concorrentes.

A questão se coloca no quadro do controle do abuso do direito de demandar, pois a todos os sujeitos processuais deve ser assegurado o direito ao processo que tramite no foro mais adequado.

3.1. O direito potestativo do autor de escolher o foro e o perigo do forum shopping

Tradicionalmente se afirma que existe para o autor, ao ajuizar a demanda, um direito potestativo de escolher o procedimento. Cabe ao demandante decidir se adotará, p. ex., o mandado de segurança ou um procedimento comum; ou se utilizará a via expedita, conquanto mais estreita, dos juizados especiais.[12] Também há opção do autor em cumular pedidos de rito especial e comum, o que pode importar em alteração da competência. Quando submetidos a ritos diversos, a competência, se fosse considerada inderrogável, impediria a cumulação (art. 327 §1º, II, CPC),[13] levando à extinção parcial do processo em relação àquele pedido que deveria tramitar pelo rito especial.[14] Mas a lei permite ao autor empregar o procedimento comum para todos

---

12 Essa opção foi criticada por FABRÍCIO, Adroaldo Furtado. A experiência brasileira dos juizados de pequenas causas. Revista de Processo, ano 26, vol. 101, jan-mar, 2001, p. 184, 187. Mas o entendimento amplamente majoritário é de que existe uma verdadeira faculdade para o autor em ajuizar a demanda nos juizados especiais ou no juízo comum. Sobre o tema, por todos, ROCHA, Felippe Borring. *Manual dos juizados especiais cíveis*. São Paulo: Atlas, 7ª ed., 2014, p.58-59, lembrando a redação do art. 4º e parágrafo único da lei nº 9.099/95, que estabelece a escolha do foro competente "a critério do autor". Na jurisprudência, TJ/RJ – Conflito de competência nº 0060490-61.2015.8.19.0000, rel. Des. Marcos Alcino, j.08.03.2016; Agravo de Instrumento nº 0053219-64.2016.8.19.0000, rel. Des. Myriam Medeiros Costa, j.09.11.2016; Apelação Cível nº 0087570-94.2015.8.19.0001, rel. Des. Patrícia Vieira, j.31.08.2016.

13 Na Itália, MERLIN, Elena. Connessione di cause e pluralità dei "riti" nel nuovo art. 40 c.p.c. *Rivista di Diritto Processuale*, 1993, p. 1023.

14 O STJ sumulou entendimento de que o juízo pode apreciar o pedido para o qual é competente, extinguindo o processo parcialmente; e a parte poderá ajuizar novamente a pretensão no juízo competente (verbete nº 170 STJ). Na doutrina, DIDIER JR., Fredie. *Curso de Direito Processual Civil.* Salvador: Jus Podivm, vol. 1, 18ª ed., 2016, p. 582.

os pedidos cumulados, fazendo com que a competência possa ser alterada no que se refere ao procedimento especial (art. 327 § 2º do CPC).

Essa margem de liberdade de escolha para o autor vai além. Entende-se haver também um direito potestativo para o autor de optar por aquele dos foros concorrentes que entender mais vantajoso.[15] De fato, quando há foros concorrentes estabelecidos em lei, é possível, *a priori*, que a demanda seja proposta em qualquer desses juízos.[16]

A opção dada pela norma ao autor, somada à previsão abstrata da competência de qualquer dos juízos concorrentes, excluiriam a possibilidade de que a demanda fosse considerada inadmissível – ou sobreviesse uma decisão declinatória – por incompetência. A competência que a lei estabelece para vários juízos concorrentemente faz parecer que ao magistrado do juízo acessado não caberia nenhuma alternativa senão aceitar a competência definida pelo autor.[17]

Pois essa ampla opção para o autor levou a que se começasse a alertar, no direito processual internacional, para o perigo da prática de *forum shopping*,[18] uma mercantilização da escolha do foro no qual a demanda seria ajuizada por motivos escusos.[19]

---

15 PEIFFER, Evgenia. *Schutz gegen Klagen im* forum derogatum. Tübingen: Mohr Siebeck, 2013, p. 15; BRAGA, Paula Sarno. Competência adequada. Revista de Processo, ano 38, vol. 219, mai., 2013, p. 20.

16 No estrangeiro, encontramos na Alemanha um exemplo muito debatido de regras móveis de competência que permitem juízos discricionários e escolhas ao autor sobre onde ou em qual foro ajuizar sua demanda. Trata-se da prerrogativa do Ministério Público no processo penal de escolher a competência territorial (*Wahlzuständigkeit*). Sobre o debate, por todos, HENKEL, Joachim. *Der gesetzliche Richter.* Universidade de Göttingen: Tese de Doutorado, 1968, pp. 23-55; ENGELHART, Hanns. Staatsanwaltschaft und gesetzlicher Richter. *Deutsche Richterzeitung*, 1982, pp. 419-420; KALF, Wolfgang. Die willkürliche Zuständigkeitsbestimmung des Schöffengerichts. *Neue Juristische Wochenschrift*, nº 22, 1997, pp. 1490-1491; MARX, Erwin. *Der gesetzliche Richter im Sinne von Art. 101 Abs.1 Satz 2 Grundgesetz.* Berlin: Walter De Gruyter, 1969, pp. 29 ss; MÜLLER, Paul. Gesetzlicher Richter und Geschäftsplan. *Juristen Zeitung*, 1976, p. 587. Também se vê a opção do autor em ajuizar a demanda em foros territorialmente concorrentes no §35 da ZPO. Sobre o tema, HAU, Wolfgang. *Positive Kompetenzkonflikte im Internationalen Zivilprozeß*recht: Überlegungen *zur Bewältigung von* multi-fora disputes. Frankfurt am Main: Peter Lang, 1996, pp. 24-25.

17 von SAVIGNY, Friedrich Carl. System des heutigen Römischen Rechts. Berlin: Veit & Comp., vol .VIII, 1849, p. 129: "In vielen Collisionsfällen findet sich der Gerichtsstand an verschiedenen Orten concurrirend begründet, so daβ die Wahl des Gerichtsstandes im einzelnen Falle dem Kläger freisteht".

18 LÖBER, Burckhardt. Forum shopping, forum non conveniens oder schlicht: Justizgewährungsanspruch. *Praxis des Internationalen Privat- und Verfahrensrechts.* ano 6, 1986, pp. 283-285.

19 Normalmente, aqueles autores que condenam a prática de *forum shopping* compreendem-no como algo intrinsecamente abusivo. Neste sentido, que não é adotado no texto, PETSCHE, Markus. What's wrong with forum shopping? An attempt to identify and assess the real issues of a controversial practice. *The International Lawyer*, vol. 45, nº 4, 2011, pp. 1007-1008.

O termo *forum shopping* é pejorativo[20] porque parece sugerir um desvalor na liberdade reconhecida pelo ordenamento ao autor de optar por ajuizar a demanda no foro que lhe é mais vantajoso.

Não concordamos com essas premissas, nem de uma total liberdade para o autor em escolher o foro competente, sem qualquer possibilidade de controle; nem na perspectiva de uma demonização do direito potestativo à escolha do juízo onde será ajuizada a demanda.[21] Em nosso entendimento, na esteira do que vem sendo defendido neste trabalho, devem-se equilibrar os interesses em jogo, tanto da conveniência do foro escolhido para o autor,[22] quanto na óptica das garantias fundamentais do processo.[23]

De início, deve-se salientar que a opção do autor por um dentre os vários foros concorrentes é uma escolha legítima em função da sua estratégia para a litigância.[24] Trata-se de um espaço permitido pelo acesso à justiça e pela autonomia da vontade no processo, até porque se trata de ato negocial.[25]

Nessa escolha, o autor realiza um cálculo de custo-benefício que leva em conta uma maior prognose de vitória e os custos (tempo, energia e dinheiro) que deverá ter que dispender em um ou outro foro.[26] No direito processual internacional, consideram-se circunstâncias como: o conhecimento do idioma oficial, o direito processual aplicável (porque se aplica a *lex fori*); se o julgamento será feito por juízes togados ou leigos (júri, p.ex.); se cabe uma reconvenção da contraparte; qual a abrangência e os

---

20 BRAGA, Paula Sarno. Competência adequada. Revista de Processo, ano 38, vol. 219, mai., 2013, p. 22; JUENGER, Friedrich K. Der Kampf ums Forum. *Rabels Zeitschrift für ausländisches und internationales Privatrecht,* ano 46, 1982, pp. 708-709, sugere que se coloque a questão em outros termos, focando-se mais no instituto como meio de obtenção de "harmonia" sistêmica. Em outro texto, Juenger afirma: "There must be a stop put to the customary, almost ritualistic, condemnation of forum shopping". Confira-se, no mesmo sentido, JUENGER, Friedrich K. What's wrong with forum shopping? *Sidney Law Review*, vol. 16, nº 5, 1994, p. 13.

21 Correto GEIMER, Reinhold. Beachtung ausländischer Rechtshängigkeit und Justizgewährungsanspruch. *Neue Juristische Wochenschrift*, nº 10, 1984, p. 528.

22 GOTTWALD, Peter. Europäische Gerichtspflicht kraft Sachzusammenhangs. *Praxis des Internationalen Privat- und Verfahrensrechts,* ano 9, 1989, pp. 272-274.

23 BRAND, Ronald A. Challenges to *forum non conveniens. International Law and Politics*, vol.45, 2013, pp. 1025-1026.

24 WHYTOCK, Christopher A. The evolving forum shopping system. *Cornell Law Review*, vol.96, nº 3, 2011, pp. 481, 485; BRAGA, Paula Sarno. Competência adequada. Revista de Processo, ano 38, vol. 219, mai., 2013, p. 21.

25 SAMTLEBEN, Jürgen. Forum fixing. *Rabels Zeitschrift für ausländisches und internationales Privatrecht,* ano 46, 1982, pp. 716-717; DIDIER JR., Fredie. *Curso de Direito Processual Civil.* Salvador: Jus Podivm, vol. 1, 18ª ed., 2016, p. 207.

26 PEIFFER, Evgenia. *Schutz gegen Klagen im* forum derogatum. Tübingen: Mohr Siebeck, 2013, p. 15; BRAGA, Paula Sarno. Competência adequada. Revista de Processo, ano 38, vol. 219, mai., 2013, p. 20; WHYTOCK, Christopher A. The evolving forum shopping system. *Cornell Law Review*, vol. 96, nº 3, 2011, pp. 487-490.

efeitos da revelia; aspectos probatórios, como o ônus da prova ou admissibilidade de alguns meios de prova, ou ainda se há procedimento probatório prévio obrigatório (como a *discovery*); o custo e a eficácia de instrumentos negociais, judiciais e extrajudiciais; se há previsão de tutela provisória, sobretudo em havendo questões urgentes que demandarão provimentos céleres; diferença dos sistemas de custas e despesas processuais (inclusive honorários de advogado); prognóstico sobre a homologação da sentença estrangeira; e possível execução do julgado.[27] Ainda se consideram aspectos materiais, como o direito substancial aplicável; se a pretensão estaria prescrita em um ou outro ordenamento; o valor que normalmente se obtém a título de indenização.[28]

Todas essas variáveis entram nas avaliações do autor para escolher qual dos foros concorrentes acessar. Portanto, quando se emprega a expressão *forum shopping*, deve-se ter em conta que esta prática não deve ser vista como algo ilegal, antiético ou inadmissível, mas como uma escolha legítima dentro do planejamento estratégico da litigância à luz dos interesses do autor.[29]

Por outro lado, no processo atual, não se pode concluir que exista uma total liberdade do indivíduo de escolher livremente o juízo competente como lhe aprouver. Mesmo havendo alternatividade ou concorrência entre as competências, isso não quer dizer que, para o ordenamento, seja irrelevante ou indiferente qual o juízo que exercerá, *in concreto*, o poder jurisdicional.[30]

Embora o autor seja aquele a quem cabe indicar primariamente o juízo competente (art. 319, I do CPC), diante de foros concorrentes, ou mesmo em casos de cumu-

---

27 Este fator é destacado por Brand, que alerta para o problema que descreve como "litigância bumerangue", que reflete problemas de homologação e execução de sentenças proferidas no estrangeiro. Cf. BRAND, Ronald A. Challenges to *forum non conveniens*. *International Law and Politics*, vol. 45, 2013, pp. 1016, 1023 ss. Sobre o tema, WHYTOCK, Christopher; ROBERTSON, Cassandra Burke. *Forum non conveniens* and the enforcement of foreign judgments. *Columbia Law Review*, vol. 111, 2011, p. 1448, 1520.

28 HAU, Wolfgang. *Positive Kompetenzkonflikte im Internationalen Zivilprozeß*recht: Überlegungen *zur Bewältigung von* multi-fora disputes. Frankfurt am Main: Peter Lang, 1996, pp. 30-38; PEIFFER, Evgenia. *Schutz gegen Klagen im* forum derogatum. Tübingen: Mohr Siebeck, 2013, pp. 15-16, 46-47, 74-75.

29 Fredie Didier Jr. e Hermes Zaneti Jr. admitem o *forum shopping* à luz dos interesses do autor: "(...) o legislador brasileiro optou pela técnica dos foros concorrentes (diversos juízos competentes), nas hipóteses em que se afirma a existência de dano nacional ou regional. Assim, nesses casos, o réu pode ser demandado em qualquer capital de Estado-membro ou em Brasília (art. 93 do CDC). Pode o demandante, portanto, ficar em uma situação que lhe permita proceder ao *forum shopping*, escolha do juízo de competência concorrente para apreciar determinada lide de acordo com seus interesses, quer para dificultar a defesa do réu, quer porque saiba que determinado juízo tem posicionamentos mais favoráveis a seus interesses. Trata-se de fenômeno muito frequente no direito internacional (...)". DIDIER JR., Fredie; ZANETI JR., Hermes. *Curso de Direito Processual Civil*. Salvador: Jus Podivm, vol. 4, 9ª ed., p.105-106. Claro que o abuso da escolha, como veremos adiante, deve ser reprimido. SCHMEHL, Christine. *Parallelverfahren und Justizgewährung: Zur Verfahrenskoordination nach europäischem und deutschem Zivilprozessrecht am Beispiel taktischer "Torpedoklagen"*. Tübingen: Mohr Siebeck, 2011, pp. 1-2.

30 Correto TAORMINA, Carlo. *Giudice naturale e processo penale*. Roma: Bulzoni, 1972, p. 136.

lação de pedidos com procedimentos diversos, não se pode deixar que essa escolha fique ao completo arbítrio do autor, legitimando-se uma opção qualquer.[31]

E, se o juiz natural incorpora em alguma medida os cânones de eficiência processual, deve-se aplicar o princípio da competência adequada para controlar a opção do autor ao apontar um determinado juízo como sendo aquele competente, viabilizando um controle da admissibilidade da demanda na perspectiva da competência.[32]

Assim, não se pode permitir ao autor escolher o foro onde o exercício das garantias fundamentais da contraparte fosse mais penoso apenas com o objetivo de dificultar-lhe a defesa. No entanto, havendo circunstâncias que justifiquem um interesse legítimo na escolha pelo foro, e não sendo local onde a defesa do réu se torne impossível ou excessivamente onerosa, a opção do demandante deve ser preservada: o autor não está evidentemente obrigado a escolher o foro que seja melhor para o réu.

Como se vê, é preciso sopesar os interesses públicos e privados subjacentes, e preservar as garantias fundamentais de todos os envolvidos.[33]

3.2. *Forum non conveniens* e a proteção dos direitos do réu. O exemplo aplicativo do foro concorrente nas ações coletivas brasileiras. Exame discricionário da competência

O controle da escolha do autor entre os foros concorrentes traduz-se em um problema em torno do princípio do juiz natural.[34] Aqui, a competência adequada é analisada sobretudo na perspectiva do réu,[35] para que o direito à escolha do foro não

---

31 Assim decidiu o STF – HC no121684 AgR/SP, rel. Min. Teori Zavascki, j. 29/04/2014: "(...) 2. A se admitir essa possibilidade estar-se-á atribuindo ao impetrante a faculdade de eleger, segundo conveniências próprias, qual tribunal irá exercer o juízo de revisão da decisão monocrática: se o STJ, juízo natural indicado pelo art. 39 da Lei nº 8.038/1990, ou o STF, por via de habeas corpus substitutivo. O recurso interno para o órgão colegiado é medida indispensável não só para dar adequada atenção ao princípio do juiz natural, como para exaurir a instância recorrida, pressuposto para inaugurar a competência do STF. (...)". Na literatura estrangeira, GRUPP, Klaus. Zum Gebot des gesetzlichen Richters. *in* STAMM, Jürgen (org.). *Festschrift für Helmut* Rüβman. Saarbrücken: Juris, 2013, p. 1003.

32 Falando sobre essa análise, ainda que não utilize o princípio da competência adequada, DINAMARCO, Cândido Rangel. *Instituições de Direito Processual Civil*. São Paulo: Malheiros, vol. I, 8ª ed., 2016, pp. 328-329.

33 GEIMER, Reinhold. Beachtung ausländischer Rechtshängigkeit und Justizgewährungsanspruch. *Neue Juristische Wochenschrift*, nº 10, 1984, p. 530.

34 DIEZ-PICAZO GIMENEZ, Ignacio. El derecho fundamental al juez predeterminado por la ley. *Revista Española de Derecho Constitucional*, ano 11, nº 31, jan-abr, 1991, pp. 118-119.

35 Como no debate, no processo penal alemão, sobre o controle da escolha do MP sobre o foro onde será ajuizada a ação, no caso de competências territoriais concorrentes. ENGELHART, Hanns. Staatsanwaltschaft und gesetzlicher Richter. *Deutsche Richterzeitung*, 1982, pp. 419-420; KALF, Wolfgang. Die willkürliche Zuständigkeitsbestimmung des Schöffengerichts. *Neue Juristische Wochenschrift*, nº 22, 1997, p. 1491; HENKEL, Joachim. *Der gesetzliche Richter*. Universidade de Göttingen:

descambe para um *forum shopping* ilegal[36] porque violador dos direitos processuais do demandado ou do interesse público em uma tutela jurisdicional efetiva.

Caberá ao juiz controlar a opção do autor, evitando que sua escolha prejudique o exercício das garantias fundamentais processuais do réu. Relevante observar que o juiz natural é compreendido classicamente como um direito de primeira geração, exercido contra o Estado. Porém, na perspectiva do indivíduo, pouco importa se a violação à competência adequada vem do Estado ou da contraparte.[37]

Pois bem, essas premissas permitem adotar, no Brasil, a doutrina do *forum non conveniens*, isto é, o controle da competência quando o foro escolhido é um juízo inconveniente ou inadequado. O teste do *forum non conveniens* busca que a competência seja definida em favor de um foro "neutro", sem que uma das partes seja *excessivamente* prejudicada pela escolha.[38] Opera, nesse sentido, uma importante dimensão da isonomia no sistema processual de competências, equalizando as chances de autor e réu.[39]

A doutrina do *forum non conveniens* foi forjada no direito processual escocês e se difundiu por todos os ordenamentos de origem anglo-americana,[40] permitindo que o juízo recuse o processamento de uma causa se considerar que, apesar de competente em tese para aquela demanda, a escolha do autor revela-se abusiva por haver um outro foro mais adequado.[41] O juiz do *common law* pode extinguir o processo por

---

Tese de Doutorado, 1968, pp. 23-55; MÜLLER, Paul. Gesetzlicher Richter und Geschäftsplan. *Juristen Zeitung*, 1976, p. 587; MARX, Erwin. *Der gesetzliche Richter im Sinne von Art. 101 Abs.1 Satz 2 Grundgesetz.* Berlin: Walter De Gruyter, 1969, pp. 29 ss.

---

36 BRAGA, Paula Sarno. Competência adequada. Revista de Processo, ano 38, vol. 219, mai., 2013, p. 24.

37 Correto SCHRÖDER, Florian. Zur Verfassungsmäβigkeit des 'Rotationssystem' in Geschäftsverteilungsplänen. *Deutsche Richterzeitung*, out., 2006, p. 292.

38 PEIFFER, Evgenia. *Schutz gegen Klagen im* forum derogatum. Tübingen: Mohr Siebeck, 2013, p. 14.

39 Destaca essa função do sistema de competências SCHMEHL, Christine. *Parallelverfahren und Justizgewährung: Zur Verfahrenskoordination nach europäischem und deutschem Zivilprozessrecht am Beispiel taktischer "Torpedoklagen".* Tübingen: Mohr Siebeck, 2011, p. 239. Porém, como lembra Petsche, é irreal esperar que qualquer foro seja totalmente neutro e simetricamente conveniente para ambas as partes. PETSCHE, Markus. What's wrong with forum shopping? An attempt to identify and assess the real issues of a controversial practice. *The International Lawyer*, vol. 45, nº 4, 2011, p. 1015.

40 BRAND, Ronald A. Challenges to *forum non conveniens. International Law and Politics*, vol. 45, 2013, pp. 1003-1005.

41 MUTTREJA, Rajeev. How to fix the inconsistent application of forum non conveniens to Latin American jurisdiction – and why consistency may not be enough. *New York University Law Review*, vol. 83, 2008, pp.1610 ss. No Brasil, merece destaque o artigo de BENEDUZI, Renato Resende. *Forum non conveniens. in* MACÊDO, Lucas Buril de; PEIXOTO, Ravi; FREIRE, Alexandre. *Novo CPC: Doutrina selecionada – Parte geral.* Salvador: Jus Podivm, 2ª ed., 2016, pp. 799 ss.

inadmissibilidade (*dismissal*), suspendê-lo (*stay*) ou declinar da competência (*transfer*) diante do abuso do direito de demandar.[42]

Aplicada ao processo civil brasileiro, a ideia de *forum non conveniens* permite que o juízo, apesar de competente em tese, remeta a prestação jurisdicional a uma outra sede mais adequada.[43]

O magistrado não extingue o processo como no *common law* (o que equivaleria a um *non liquet*), mas declina da competência[44] e transfere o julgamento da causa a outro juízo, reputado como aquele que pode melhor decidir o conflito. Trata-se aqui tão somente de autorizar que essa consideração sobre a própria incompetência se dê não apenas quando o juízo não for previsto nas normas legais como aquele competente, mas também em casos de alternatividade entre vários foros concorrentes. Ao magistrado caberá afastar o juízo escolhido pelo autor ao argumento de que não é aquele mais adequado para processar a causa.

Essa compreensão empresta novos coloridos ao exame da competência na nossa tradição jurídica. Ao contrário do *common law*, onde se permite ao juiz recusar sua competência, remetendo o processo a outro juízo por razões de eficiência hauridas de avaliações judiciais discricionárias,[45] os juízes dos sistemas romano-germânicos nunca puderam discricionariamente declinar da competência porque um outro foro (nacional ou estrangeiro) fosse mais adequado para conduzir o processo de maneira mais eficiente.[46]

---

42 Nos EUA, o declínio da competência (*transfer*) também serve para atuar o *forum non conveniens.* Porém, no direito estrangeiro, a extinção sem julgamento de mérito ou a suspensão do processo são alternativas mais praticadas. PEIFFER, Evgenia. *Schutz gegen Klagen im* forum derogatum. Tübingen: Mohr Siebeck, 2013, pp. 47, 66, 200.

43 O STJ nega a possibilidade de aplicar o teste do *forum non conveniens*, afirmando não haver norma no Brasil a permitir este controle (REsp 1.633.275/SC, rel. Min. Ricardo Villas Bôas Cueva, j.08.11.2016; MC 15398/RJ, rel. Min. Nancy Andrighi, j.02.04.2009). Em nosso sentir, o princípio do juiz natural, com a ressignificação proposta, que incorpora juízos de eficiência; e o princípio da competência adequada, que busca equilibrar eficiência e garantias, interesses públicos e privados, são base normativa suficiente para isso. Além disso, o CPC/2015 traz possibilidade de controle do juiz da abusividade do ajuizamento da demanda no foro convencional, quando este se traduzir em um foro inadequado (art.63 §3° do CPC).

44 Com as ressalvas já feitas à incompetência internacional e aquela verificada nos juizados especiais.

45 PICARDI, Nicola. Il giudice naturale: principio fondamentale a livello europeo. *in* DIDIER JR., Fredie (Org.). *Teoria do processo: panorama doutrinário mundial.* Salvador: Jus Podivm, 2ª Ed., 2010, p. 672; BENEDUZI, Renato Resende. *Forum non conveniens. in* MACÊDO, Lucas Buril de; PEIXOTO, Ravi; FREIRE, Alexandre. *Novo CPC: Doutrina selecionada – Parte geral.* Salvador: Jus Podivm, 2ª ed., 2016, pp. 800-801.

46 É a conclusão tradicional, que se vê em ROSENBERG, Leo; SCHWAB, Karl Heinz; GOTTWALD, Peter. *Zivilprozessrecht.* München: C. H. Beck, 16ª ed., 2004, p. 183, para o direito alemão: "Dagegen sind die Gerichte nicht befugt, eine bestehende internationale Zuständigkeit nach ihrem Ermessen zu versagen, weil der Prozess vor einem ausländischen Gericht einfacher oder sachnäher geführt werden könnte (*forum non conveniens*)". Sobre o debate, no direito processual internacional, LÖ-

Pois é chegado o momento de avançar nessa compreensão. A concepção tradicional parece não só desatualizada, porque baseada numa concepção antiga do princípio do juiz natural que vedava a discricionariedade, mas também e sobretudo porque se revela preconceituosa com as atribuições de competência casuísticas (*post factum*) e estabelecidas por decisão judicial (não na lei).

Evidentemente que o *forum non conveniens* traz mais discricionariedade para a análise do juiz natural,[47] como em geral a própria compreensão de competência adequada também o faz.[48] Porém, não cabe pregar contra a discricionariedade na atribuição ou modificação da competência. Atualmente, a discricionariedade nessa seara é presente e talvez inafastável, além de ter aspectos positivos por permitir maior flexibilidade e adaptabilidade.

Mais importante para o sistema é que essa atribuição ou modificação da competência respeite o núcleo essencial do juiz natural, operando-se de maneira objetiva, impessoal, e com possibilidade de controle e participação dos interessados para que se lhes assegure previsibilidade.

Sendo de admitir a discricionariedade na atribuição ou modificação da competência,[49] e partindo da premissa da competência adequada, a aplicação do *forum non conveniens* no Brasil parece ser natural ao sistema.[50]

Um exemplo em que o *forum non conveniens* pode ser (e vem sendo) aplicado em nosso ordenamento é aquele dos foros concorrentes para as ações coletivas. A jurisprudência brasileira firmou-se no sentido de que a demanda coletiva (p. ex., uma ação civil pública) poderá ser ajuizada em qualquer dos foros previstos abstratamente na lei como competentes.[51] Mas aos poucos foi ganhando força a ideia de que tal

BER, Burckhardt. Forum shopping, forum non conveniens oder schlicht: Justizgewährungsanspruch. *Praxis des Internationalen Privat- und Verfahrensrechts.* ano 6, 1986, p. 284; MUTTREJA, Rajeev. How to fix the inconsistent application of forum non conveniens to Latin American jurisdiction – and why consistency may not be enough. *New York University Law Review*, vol. 83, 2008, pp. 1619-1620; HAU, Wolfgang. *Positive Kompetenzkonflikte im Internationalen Zivilprozeß*recht: Überlegungen *zur Bewältigung von* multi-fora disputes. Frankfurt am Main: Peter Lang, 1996, pp. 119-121; PEIFFER, Evgenia. *Schutz gegen Klagen im* forum derogatum. Tübingen: Mohr Siebeck, 2013, p. 69.

47 NERY JR., Nelson. Competência no processo civil norte-americano: o instituto do *forum (non) conveniens*. Revista dos Tribunais, ano 89, vol. 781, nov., 2000, pp. 30-31.

48 DIDIER JR., Fredie. *Curso de Direito Processual Civil.* Salvador: Jus Podivm, vol. 1, 18ª ed., 2016, p. 209.

49 BRAGA, Paula Sarno. Competência adequada. Revista de Processo, ano 38, vol. 219, mai., 2013, pp. 25-26.

50 NERY JR., Nelson. Competência no processo civil norte-americano: o instituto do *forum (non) conveniens*. Revista dos Tribunais, ano 89, vol. 781, nov., 2000, pp. 31-32.

51 Nesse sentido, STJ – CC 47.950/DF, rel. Min. Denise Arruda, j.11.04.2007; CC 112.235/DF, rel. Min. Maria Isabel Gallotti, j.09.02.2011: "Ação civil pública. Poupança. Dano nacional. Foro competente. Art.93, inciso II, do CDC. Competência concorrente. Capital dos Estados ou Distrito Federal. Escolha do autor. 1. Tratando-se de dano de âmbito nacional, que atinja consumidores de mais de

opção não é totalmente livre, atraindo a análise da competência adequada, que pode levar ao declínio da competência para o juízo que melhor possa conduzir o processo e julgar a pretensão.[52]

A reboque da doutrina,[53] a jurisprudência tem dado sinais de uma importante evolução no sentido de concluir que o juízo acionado em uma ação civil pública ou ação popular pode rejeitar sua competência se considerar tratar-se de um *forum non conveniens*, remetendo o processo para outro juízo onde existam melhores condições de conduzir o procedimento. Fala-se em privilegiar o local onde estejam as provas a serem produzidas, ou ainda o foro que mais facilite a atuação do autor popular.[54]

---

uma região, a ação civil pública será de competência de uma das varas do Distrito Federal ou da Capital de um dos Estados, a escolha do autor (...)". Também o TRF da 2ª Região tem firme posição neste sentido, como se vê do AI nº 2011.02.01.007615-8, rel. Des. Fed. Aluisio Mendes: "Agravo de instrumento. Ação civil pública. Dano em âmbito nacional. Competência concorrente facultativa. Aplicação do art.93 do Código de Defesa do Consumidor. Desprovimento. 1. Cinge-se a discussão sobre qual seria o foro competente para processar e julgar ação civil pública que verse sobre dano de âmbito nacional, questionando-se a aplicação do art. 93 do CDC, em detrimento do art. 100, IV, 'd', do CPC. Sustenta o agravante que o foro competente seria o da Seção Judiciária do Distrito Federal, pela regra do art. 2º da Lei 7.347/1985, combinado com art. 100, IV, 'd' do CPC. 2. Em que pese o art. 19 da Lei 7.347/85 prever a aplicação subsidiária do CPC às ações civis públicas, o art. 21 também determina a utilização das normas do Título III do CDC. Ademais, como se sabe, o Código de Processo Civil é lei geral, ao passo que o Código de Defesa do Consumidor constitui lei especial, aplicando-se o princípio *lex specialis derrogat lex generalis*. 3. Sendo assim, havendo disposição no CDC acerca das regras de competência (art. 93), estas devem ser aplicadas à Lei 7.347/87 e, apenas no caso de lacunas, devem os operadores do direito se valerem das normas do Código de Processo Civil. Na verdade, ocorre uma verdadeira integração entre as normas reguladoras das ações coletivas previstas no Código de Defesa do Consumidor (Lei 8.078/90) e na Lei da Ação Civil Pública (Lei 7.347/85), que devem ser interpretadas conjuntamente, em decorrência do art. 21 da Lei 7.347 e do art. 90 da Lei 8.078/90. Como bem ressaltou o MPF em suas contrarrazões, se trata de verdadeiro microssistema processual criado pela integração dos referidos dispositivos. Precedentes do STJ. Sobre a mesma questão, já nos manifestamos em sede doutrinária: (...) Por fim, o art. 93, II, fixou o foro da Capital do Estado ou do Distrito Federal, para os danos de âmbito nacional ou regional. 4. Desta forma, não há dúvidas que se está diante de competência concorrente, permitindo ao agravado a escolha dos diversos foros competentes – no foro da Capital do Estado ou no do Distrito Federal, para os danos de âmbito nacional ou regional. Sendo assim, tendo o autor facultado pela Capital do Estado do Espírito Santo, inquestionável é a competência deste r. juízo para processar e julgar a presente ação civil pública, por força do art. 93, II, do CDC (...)".

52 DIDIER JR., Fredie; ZANETI JR., Hermes. *Curso de direito processual civil*. Salvador: Jus Podivm, vol. 4, 9ª ed., 2014, pp. 105 ss.

53 CARVALHO, Fabiano. O princípio da eficiência no processo coletivo: Constituição, microssistema do processo coletivo e o novo Código de Processo Civil. *in* MILARÉ, Édis (Coord.). *Ação civil pública após 30 anos*. São Paulo: RT, 2015, p. 279; VENTURI, Elton. *Processo civil coletivo: a tutela jurisdicional dos direitos difusos, coletivos e individuais homogêneos no Brasil*. São Paulo: Malheiros, 2007, p. 272.

54 STJ – CC 39.111/RJ, rel. Min. Luiz Fux, DJ 28.02.2005; CC 47.950/DF, rel. Min. Denise Arruda, j. 11.04.2007; AgRg no CC 118.023/DF, rel. Min. Benedito Gonçalves, j. 28.03.2012; AgRg no REsp 1043307/RN, rel. Min. Herman Benjamin, DJe 20.04.2009; CC 60.643/BA, rel. Min. Castro Meira, DJ 08.10.2007.

3.3. Fatores relevantes para o exame do *forum non conveniens*. O balanceamento dos direitos fundamentais envolvidos

A possibilidade de declínio da competência quando o juízo considerar tratar-se de um *forum non conveniens*, por ser discricionária, traz maior incerteza sobre a regra de competência.[55] E o juiz natural exige previsibilidade.

Nesse contexto, é relevante pensar em parâmetros para balizar o controle pelo juiz da conveniência da escolha do foro pelo autor.

Esse balizamento parece começar pelos princípios que informam o sistema de competência. A verificação da competência adequada em um viés principiológico deve considerar não só o juiz natural, mas também os demais princípios processuais (devido processo legal, ampla defesa, contraditório, eficiência, acesso à justiça, cooperação, boa-fé) para verificar se a opção do autor foi arbitrária ou não, eficiente ou não, se prejudica as garantias fundamentais da contraparte etc.[56] Em suma, o escopo é evitar a instauração de processos em foros absurdamente prejudiciais a outros sujeitos e inibir ações temerárias que pudessem molestar outros indivíduos sem qualquer limite.

Melhor que o parâmetro do "arbítrio" na escolha do juízo competente, muito utilizado na jurisprudência alemã,[57] um critério que pode dar mais racionalidade ao exame da competência adequada é buscar o âmbito de proteção das garantias processuais envolvidas[58] e analisar, comparativamente, se há outros juízos em que essas garantias poderiam ser melhor asseguradas e desempenhadas pela parte.

Procurando esse equilíbrio, a Suprema Corte dos EUA, na análise dos fatores relevantes para averiguar se se trata de um *forum non conveniens*, agrupou aspectos

---

55 HAU, Wolfgang. *Positive Kompetenzkonflikte im Internationalen Zivilprozeβrecht*: Überlegungen *zur Bewältigung von* multi-fora disputes. Frankfurt am Main: Peter Lang, 1996, p. 227. Por esse motivo que, no estrangeiro, sugere-se que a decisão sobre a competência seja rápida e tanto quanto possível num momento precoce da tramitação, ainda que por meio de uma sentença incidental. SCHMEHL, Christine. *Parallelverfahren und Justizgewährung: Zur Verfahrenskoordination nach europäischem und deutschem Zivilprozessrecht am Beispiel taktischer "Torpedoklagen"*. Tübingen: Mohr Siebeck, 2011, pp. 344-345.

56 Comissão Europeia de Direitos Humanos, X. contra Suíça, j.10.10.1990: "However, Article 6 of the Convention does not grant an accused the right to choose the jurisdiction of a court. Rather, in such circumstances the Comissions' task is limited to examining whether reasonable grounds existed for the authorities to establish one of the various jurisdictions and whether their decision was lawful".

57 Confira-se a crítica de HÖFLING, Wolfram. Das Verbot prozessualer Willkür: Zum dogmatischen Gehalt einer bundesverfassungsgerichtlichen Argumentationsfigur. *Juristen Zeitung*, nº 20, 1991, pp. 955 ss; IPSEN, Jörn. *in* KAHL, Wolfgang; WALDHOFF, Christian; WALTER, Christian (Org.). *Bonner Kommentar zum Grundgesetz*. Heidelberg: C.F.Müller, vol. 13, 2015, p. 31.

58 esse sentido, HÖFLING, Wolfram. Das Verbot prozessualer Willkür: Zum dogmatischen Gehalt einer bundesverfassungsgerichtlichen Argumentationsfigur. *Juristen Zeitung*, nº 20, 1991, p. 959.

que falam a favor de interesses públicos e privados, afirmando ser necessário o balanceamento de todos os interesses em jogo.[59] E essa formatação pode ser aplicada no Brasil.

Dentre os fatores que veiculam interesses públicos, devem-se considerar: os efeitos sistêmicos da distribuição no juízo acessado; a exequibilidade das respectivas decisões;[60] as dificuldades administrativas, estruturais e o acervo do juízo, analisando se há congestionamento pelo número excessivo de processos;[61] e ainda a complexidade da matéria.[62]

Entre os fatores privados, deve-se favorecer a conveniência dos litigantes,[63] verificando-se se há prejuízo ao réu à luz de diversas variáveis, que veremos em detalhe nos próximos tópicos.[64]

Lembremos que não se pode interpretar um qualquer instituto processual a favor de apenas uma das partes, o que poderia levar ao desvio que Dinamarco denomina de "processo civil do autor": se todos os litigantes têm direito de ação e direito à tutela jurisdicional efetiva e adequada; e se todos devem ter suas garantias processuais igualmente preservadas, não se pode dar mais peso ao acesso à justiça, ou à inafastabilidade do controle jurisdicional (que falam a favor do autor e em prol da admissibilidade da demanda em qualquer dos foros concorrentes) em detrimento da ampla defesa, do contraditório, da boa-fé (que podem ser empregados a favor dos interesses do réu). Assim, nem o acesso à justiça, nem a inafastabilidade do controle

59 MUTTREJA, Rajeev. How to fix the inconsistent application of forum non conveniens to Latin American jurisdiction – and why consistency may not be enough. *New York University Law Review*, vol. 83, 2008, pp. 1616 ss.

60 DEALE, Frank. Jurisdiction, transfer and pretrial: using Fed. R. Civ. P. 16 to resolve forum convenience disputes. *Howard Law Journal*, vol. 53, nº 1, 2009, p. 43.

61 BRAND, Ronald A. Challenges to *forum non conveniens*. *International Law and Politics*, vol. 45, 2013, p. 1006; WHYTOCK, Christopher A. The evolving forum shopping system. *Cornell Law Review*, vol. 96, nº 3, 2011, pp. 518-519.

62 Gulf Oil Corp. v. Gilbert, 330 U.S. 501, 508-09 (1947); World-Wide Volkswagen Corp. v. Woodson, 444 U.S. 286, 292 (1980). Esses parâmetros foram posteriormente aplicados no caso Asahi Metal Industry Co. v. Superior Court, 480 U.S. 102 (1987).

63 WHYTOCK, Christopher A. The evolving forum shopping system. *Cornell Law Review*, vol.96, nº 3, 2011, p. 499.

64 BENEDUZI, Renato Resende. *Forum non conveniens. in* MACÊDO, Lucas Buril de; PEIXOTO, Ravi; FREIRE, Alexandre. *Novo CPC: Doutrina selecionada – Parte geral.* Salvador: Jus Podivm, 2ª ed., 2016, p. 805, nota 28. No processo internacional, as partes escolhem o foro levando em conta ainda a probabilidade de reconhecimento ou homologação da sentença final em outros países, a fim de permitir sua futura execução. Confira-se a análise das várias estratégias adotadas para a escolha do foro no processo internacional em HAU, Wolfgang. *Positive Kompetenzkonflikte im Internationalen Zivilprozeß*recht: Überlegungen *zur Bewältigung von* multi-fora disputes. Frankfurt am Main: Peter Lang, 1996, pp. 26-28; SCHMEHL, Christine. *Parallelverfahren und Justizgewährung: Zur Verfahrenskoordination nach europäischem und deutschem Zivilprozessrecht am Beispiel taktischer "Torpedoklagen".* Tübingen: Mohr Siebeck, 2011, pp. 57, 235-239.

jurisdicional, nem a ampla defesa impedem o controle da competência pelo teste do *forum non conveniens*.[65]

Nesse quadrante, é possível inventariar alguns fatores relevantes que podem iluminar essa análise.

3.3.1. Do abuso de direito à busca pelo "foro natural". O parâmetro dos contatos ou ligações mínimas (minimum contacts) entre o juízo acessado e o conflito de interesses

Embora tenha sido desenvolvido historicamente como maneira de coibir o *abuse of procedural rights* (e seja mais aplicado ainda hoje nesse viés), o teste do *forum non conveniens* deve funcionar como um mecanismo de controle mais amplo.

De fato, a tendência mundial é não limitar a aplicação do *forum non conveniens* ao abuso de direito, autorizando os tribunais a analisarem a opção entre dois ou mais foros, comparando-os; e procurarem o foro mais adequado.[66]

Na Inglaterra, p. ex., o teste discricionário que o juiz pode operar a respeito do *forum non conveniens* foi definido pela *House of Lords* no caso *Spiliada*,[67] onde se estabeleceu um controle em duas etapas: de início, deve-se (1) identificar se há outro foro competente que pudesse conduzir o litígio de maneira mais adequada; além disso (2) deve-se buscar o "foro natural" (*natural forum*), quer dizer, o foro com ligação mais estreita e efetiva com o conflito (*"most real and substantial connection"*).

---

65 DINAMARCO, Cândido Rangel. *Instituições de Direito Processual Civil*. São Paulo: Malheiros, vol. I, 8ª ed., 2016, pp. 328-329.

66 Na jurisprudência dos EUA, Piper Aircraft Co. v. Reyno, 454 U. S. 235 (1981). A Austrália é certamente uma exceção nesse cenário. Por lá, tem-se evitadao a abordagem baseada na adequação do foro escolhido, restringindo-se a análise ao abuso de direito. Veja-se a decisão no caso Voth v. Manildra Flour Mills Pty Ltd. (1990) 171 C.L.R. Na doutrina, BRAND, Ronald A. Challenges to *forum non conveniens*. *International Law and Politics*, vol. 45, 2013, p. 1016 e nota 38.

67 Spiliada Maritime Corp. v. Consulex Ltd., (1987) AC 460. Neste e no caso The Atlantic Star [1987] A.C. 460, a House of Lords abandonou o *"clearly inappropriate forum test"*, pelo qual aceitava a escolha do autor a não ser que ficasse evidente que o foro acessado era indevido, e passou a admitir o *"more appropriate forum test"*, na linha da comparação que propomos sobre a competência adequada. A mudança é importante porque às vezes se pode concluir que há outro juízo mais adequadamente competente sem que se possa dizer que o foro acessado é claramente inapropriado. Não obstante, é recorrente, pelo menos implicitamente, a ideia de que não cabe ao Judiciário rejeitar uma demanda por inadmissibilidade pela simples comparação entre dois ou mais juízos, concluindo haver outro foro mais apropriado. Essa foi a conclusão da High Court da Austrália em Voth v. Manildra Flour Mills Pty Ltd. (1990) 171 C.L.R.: "(...) the mere fact that the balance of convenience favours another jurisdiction or that some other jurisdiction would provide a more appropriate forum does not justify the dismissal or the action or the grant of a stay". Nos EUA, considera-se que se deva preservar *prima facie* a escolha do autor. Só se a equação de todos esses fatores for fortemente inclinada para os interesses do réu que se deve inadmitir a demanda ou declinar para outro foro. (Gulf Oil Corp. v. Gilbert, 330 U.S. 501, 508; Piper Aircraft Co. v. Reyno, 454 U.S. 235, 255). Não concordamos com essa conclusão. Não há razão para se presumir correta a escolha do autor; ou pressupor que essa escolha deva ter alguma prioridade normativa.

Nos EUA, a partir dos casos *Gulf Oil Corp. v. Gilbert*[68] e *Koster v. Lumbermens Mutual Casualty Co.*,[69] também se procura o foro mais adequado e conveniente (*"more appropriate and convenient"*) em um teste muito similar àquele do direito inglês.[70]

Compreende-se por "foro natural" ou "mais adequado" aquele com maior proximidade com o caso concreto (os fatos em causa), considerado o mais apropriado para conhecer do conflito porque é onde o processo pode transcorrer com menos despesas ou inconvenientes ao exercício dos direitos fundamentais das partes.[71]

Nessa ordem de ideias, a melhor doutrina e a jurisprudência da maior parte dos ordenamentos estrangeiros aplicam o parâmetro dos *minimum contacts* (contatos ou ligações mínimas) do juízo acessado com o litígio.[72] Para que se conclua estar diante de um foro adequadamente competente, há necessidade de se demonstrar alguma ligação com o ordenamento interno,[73] evitando-se os chamados "foros exorbitantes", que têm pouca ou nenhuma proximidade com os fatos em causa, e que por isso podem aumentar os custos (com deslocamento, contratação de advogados à distância, dificuldade de coleta das provas) e tempo de duração do processo.[74]

Nessa análise dos contatos mínimos, toma-se em consideração a nacionalidade e naturalidade das partes, de onde se pode aferir a ligação mais ou menos estreita das partes com um ou outro juízo;[75] o local onde produzido o dano; e onde se deram as condutas relevantes descritas na causa de pedir.[76]

---

68 330 U.S. 501.

69 330 U.S. 518.

70 Na doutrina, BRAND, Ronald A. Challenges to *forum non conveniens. International Law and Politics*, vol. 45, 2013, pp. 1006-1007; MUTTREJA, Rajeev. How to fix the inconsistent application of forum non conveniens to Latin American jurisdiction – and why consistency may not be enough. *New York University Law Review*, vol. 83, 2008, p. 1612.

71 SAUER, Heiko. *Jurisdiktionskonflikte in Mehrebenensystemen: Die Entwicklung eines Modells zur Lösung von Konflikten zwischen Gerichten unterschiedlicher Ebenen in vernetzten Rechtsordnungen.* Berlin: Springer, 2008, pp. 126-127. Na jurisprudência inglesa, confira-se o caso MacShannon v Rockware Glass Ltd [1978] A.C. 795, especialmente pp. 453-454.

72 PEIFFER, Evgenia. *Schutz gegen Klagen im* forum derogatum. Tübingen: Mohr Siebeck, 2013, p. 42 ss; WHYTOCK, Christopher A. The evolving forum shopping system. *Cornell Law Review*, vol. 96, nº 3, 2011, p. 517. Os parâmetros dos EUA sobre os contatos mínimos com o foro começaram a ser esboçados no caso International Shoe Co. v. Washington, 326 U.S. 310, 316 (1945).

73 ROSENBERG, Leo; SCHWAB, Karl Heinz; GOTTWALD, Peter. *Zivilprozessrecht.* München: C. H. Beck, 16ª ed., 2004, p. 180: "Nach deutschen Recht bedarf die internationale Zuständigkeit zwar eines gewissen Inlandsbezugs; doch kann diese Verbindung locker sein".

74 Portanto, podem produzir resultados ineficientes. Nesse sentido, PETSCHE, Markus. What's wrong with forum shopping? An attempt to identify and assess the real issues of a controversial practice. *The International Lawyer*, vol. 45, nº 4, 2011, pp. 1015, 1021.

75 PENASA, Luca. *Gli accordi sulla giurisdizione tra parti e terzi.* Milano: Cedam, vol. 1, 2012, p. 56.

76 WHYTOCK, Christopher A. The evolving forum shopping system. *Cornell Law Review*, vol. 96, n. 3, 2011, pp. 517-518.

A Suprema Corte dos EUA definiu que, em processo envolvendo sociedade empresária, haveria contato mínimo pela "presença" da empresa em um determinado Estado, i.e., se a atividade comercial era desenvolvida numa localidade em caráter sistemático e contínuo (por oposição a prestações de serviço casuais e isoladas).[77] Entende-se que, se a sociedade está desenvolvendo atividades empresariais em um local, beneficia-se financeiramente naquela comunidade, o que sinaliza para sua ligação próxima com aquele foro.

No entanto, a mera notícia de que um produto poderia ter sido revendido ou distribuído em uma localidade não seria indício de que a empresa estaria se beneficiando economicamente ali. Deve haver alguma atividade deliberada direcionada àquele local, como por exemplo a confecção de design específico para o mercado daquele Estado ou cidade, o fato de haver propaganda na localidade (*outdoors*, em jornais locais), o estabelecimento de canais de atendimento ao consumidor, contratação de um agente de vendas ou corretor especificamente para uma determinada área geográfica.[78]

O parâmetro das ligações mínimas é útil e aplicável ao sistema brasileiro. Será que uma ação coletiva para debater um dano de âmbito regional (art.93, II do CDC), experimentado por indivíduos na região Sudeste do país, poderia ser ajuizada em qualquer outra capital de Estado? Mesmo que fosse na região Norte, por exemplo? Em nosso sentir, a opção do legitimado extraordinário pode ser controlada por *forum non conveniens* se o foro escolhido não tiver uma mínima ligação com a causa.

3.3.2. Boa-fé e abuso de direitos processuais

A doutrina do *forum non conveniens* nasceu com o propósito de prevenir e corrigir o uso abusivo do direito potestativo do autor na escolha do foro e do procedimento.[79] Por esse motivo, o parâmetro de utilização do *forum non conveniens* mais comumente referido na literatura é a boa-fé no ajuizamento da demanda.[80]

---

77 International Shoe Co. v. Washington, 326 U.S. 310, 316 (1945). DEALE, Frank. Jurisdiction, transfer and pretrial: using Fed. R. Civ. P. 16 to resolve forum convenience disputes. *Howard Law Journal*, vol. 53, nº 1, 2009, pp. 15-16; WHYTOCK, Christopher A. The evolving forum shopping system. *Cornell Law Review*, vol. 96, n.3, 2011, p. 492.

78 Asahi Metal Industry Co. v. Superior Court, 480 U.S. 102, 112 (1987).

79 BRAGA, Paula Sarno. Competência adequada. Revista de Processo, ano 38, vol. 219, mai., 2013, p. 24.

80 DIDIER JR., Fredie. *Curso de Direito Processual Civil.* Salvador: Jus Podivm, vol. 1, 18ª ed., 2016, p. 207; BENEDUZI, Renato Resende. *Forum non conveniens. in* MACÊDO, Lucas Buril de; PEIXOTO, Ravi; FREIRE, Alexandre. *Novo CPC: Doutrina selecionada – Parte geral.* Salvador: Jus Podivm, 2ª ed., 2016, p.807 ss. Em sentido mais amplo, também aplicando a boa-fé como parâmetro para controlar o abuso do direito de ação em outros foros, SCHMEHL, Christine. *Parallelverfahren und Justizgewährung: Zur Verfahrenskoordination nach europäischem und deutschem Zivilprozessrecht am Beispiel taktischer "Torpedoklagen".* Tübingen: Mohr Siebeck, 2011, pp. 246-247.

Nesse sentido, a competência adequada analisa o potencial abuso, pelo autor, do exercício do seu direito potestativo de escolher o foro.[81] Ao juiz, na aplicação concreta do teste do *forum non conveniens,* caberá julgar inadmissíveis as demandas vexatórias, opressivas ou que causem prejuízo ao demandado,[82] reprimindo a prática do *forum shopping* abusivo.[83]

A boa-fé deve ser considerada logo no início do processo, no juízo sobre a admissibilidade da demanda, a fim de que o réu não seja arrastado a um processo instaurado num foro onde seus direitos não sejam tutelados.[84] Verificando precocemente tratar-se de *forum non conveniens,* o juiz declinará da competência.

Mas há que ser demonstrada uma conduta deliberada do autor em agir com abuso de direito. Uma mera possibilidade abstrata de fraude não implica violação do juiz natural,[85] e não é suficiente para que se conclua a respeito da inadequação da competência do foro escolhido.

3.3.3. O momento de ajuizamento e as demandas prematuras ou afobadas

Um caso de abuso do direito de demandar muito conhecido no ordenamento europeu é aquele das chamadas "demandas-torpedo", através das quais um dos litigantes, para escapar do foro natural, numa verdadeira "corrida aos tribunais", adianta-se

81 Com a abstração do direito de ação e a consagração da teoria da asserção, a presença de legitimidade e interesse de agir passou a ser aferida pelas alegações do próprio litigante. Neste contexto, muitos autores, no Brasil e no estrangeiro, têm proposto um controle mais objetivo para o exercício do direito de demandar, verificado à luz do ordenamento e não somente à vista das alegações do demandante. Nesse sentido, GRECO, Leonardo. *A teoria da ação no processo civil.* São Paulo: Dialética, 2003, pp. 21-28; MANDRIOLI, Crisanto. *Corso di Diritto Processuale Civile.* Torino: G.Giappichelli, 30ª ed., 2000, pp. 53-54. Aqui se quer implementar um controle similar, também no plano da admissibilidade da demanda, que não fique exclusivamente ao talante do autor. A diferença é que o controle proposto posiciona-se no exame da competência (não da legitimidade ou do interesse de agir).

82 HAU, Wolfgang. *Positive Kompetenzkonflikte im Internationalen Zivilprozeß*recht: Überlegungen *zur Bewältigung von* multi-fora disputes. Frankfurt am Main: Peter Lang, 1996, pp. 54, 120 ss.

83 SCHMEHL, Christine. *Parallelverfahren und Justizgewährung: Zur Verfahrenskoordination nach europäischem und deutschem Zivilprozessrecht am Beispiel taktischer "Torpedoklagen".* Tübingen: Mohr Siebeck, 2011, pp. 1-2.

84 GHIRGA, Maria Francesca. Riflessioni sul significato di giudice naturale nel processo civile. *Rivista di Diritto Processuale,* 2002, p. 841: "La rilevanza dell'equità delle regole di giurisdizione e di competenza troverebbe comunque fondamento nel diritto d'azione, inteso non solo come diritto dell'attore alla decisione sul merito della pretesa dedotta in giudizio, ma anche come diritto del convenuto a non vedersi trascinato in un processo e a non vedere accertati o conformati i propri diritti ed obblighi dinanzi a un foro esorbitante ed abusivo".

85 SCHRÖDER, Florian. Zur Verfassungsmäßigkeit des 'Rotationssystem' in Geschäftsverteilungsplänen. *Deutsche Richterzeitung,* out., 2006, p. 292.

e ajuíza uma primeira demanda em outro foro que mais lhe convém apenas porque desvantajoso para a contraparte.[86]

É comum que o inadimplente antecipe-se à possível demanda condenatória da contraparte no contrato ajuizando uma ação declaratória negativa. Em outros casos, as demandas condenatória e declaratória negativa são propostas na pendência umas das outras. De qualquer modo, são demandas ajuizadas de maneira açodada apenas para prejudicar o adversário.

Para repelir essa prática, alguns balizamentos têm sido elaborados na doutrina estrangeira.

Um primeiro dado relevante é a inversão dos papeis das partes nas duas demandas já propostas (pense-se numa ação condenatória e outra declaratória negativa, ambas pendentes, nas quais autor e réu estão em posições inversas). Neste caso, pode haver indício de que se trate de uma corrida aos tribunais provocada por um dos litigantes.

Para analisar quem pode ter abusado do direito de ação, deve-se analisar o interesse das partes em cada demanda. Se a ação declaratória negativa foi a primeira a ser ajuizada, e não houver até então qualquer outra demanda proposta em outro foro, na análise do *forum non conveniens* deve-se aferir se há algum *propósito útil* (*useful purpose*) e concreto nesse ajuizamento. Se não puder ser visualizada qualquer zona de interesse,[87] por tratar-se de demandas "hipotéticas" ou "prematuras",[88] pode-se seguir uma decisão de declínio.

Partindo-se da ideia de que a tutela condenatória é mais completa que a tutela declaratória (porque contém, além da declaração, um *plus* que seria a condenação), afirma a doutrina europeia que, se uma das partes já ajuizou a ação condenatória, a contraparte não poderia, em outro foro (mesmo competente concorrentemente), ajuizar uma ação declaratória negativa.[89] Entende-se que haveria mais dispêndio de energia, custos e tempo.

---

86 HAU, Wolfgang. *Positive Kompetenzkonflikte im Internationalen Zivilprozeβ*recht: Überlegungen *zur Bewältigung von* multi-fora disputes. Frankfurt am Main: Peter Lang, 1996, pp. 35-36; SCHMEHL, Christine. *Parallelverfahren und Justizgewährung: Zur Verfahrenskoordination nach europäischem und deutschem Zivilprozessrecht am Beispiel taktischer "Torpedoklagen".* Tübingen: Mohr Siebeck, 2011, pp. 208-214; BRAND, Ronald A. Challenges to *forum non conveniens. International Law and Politics*, vol. 45, 2013, p. 1013. Na prática, já se denominou essas demandas de "torpedo italiano", porque o ajuizamento se dá normalmente nas cortes da Itália, mais lentas, ineficientes e cujos processos tendem a demorar muito mais. No Brasil, confira-se o relato de BENEDUZI, Renato Resende. *Forum non conveniens. in* MACÊDO, Lucas Buril de; PEIXOTO, Ravi; FREIRE, Alexandre. *Novo CPC: Doutrina selecionada – Parte geral.* Salvador: Jus Podivm, 2ª ed., 2016, p. 809.

87 CABRAL, Antonio do Passo. Despolarização do processo e zonas de interesse: sobre a migração entre polos da demanda. Revista Forense, vol. 404, 2009, pp. 9 ss.

88 PEIFFER, Evgenia. *Schutz gegen Klagen im* forum derogatum. Tübingen: Mohr Siebeck, 2013, pp. 224-225.

89 No direito internacional, essa abordagem é tomada a partir do interesse de agir. Cf. HAU, Wolfgang. *Positive Kompetenzkonflikte im Internationalen Zivilprozeβ*recht: Überlegungen *zur Bewältigung von* multi-fora disputes. Frankfurt am Main: Peter Lang, 1996, pp. 151-152.

3.3.4. Maior possibilidade de exercício da ampla defesa pelo réu: mecanismos de defesa e a oneração do demandado

Outro critério que deve ser levado em conta é o potencial de maximização do exercício dos direitos fundamentais do demandado. Se as garantias fundamentais do réu podem ou não ser melhor preservadas no foro acessado, ou se o seriam mais adequadamente protegidas em algum outro juízo.

Deve-se analisar se há obstáculos ao acesso à justiça no foro acionado, como em caso de corrupção,[90] ou diante de catástrofes naturais ou circunstâncias que levem um indivíduo a enfrentar racismo, perseguição política ou discriminação religiosa.[91]

Além disso, como a ampla defesa tem uma estreita ligação com o direito à prova (o direito de se defender provando),[92] cabe verificar se o foro acessado traz algum obstáculo à obtenção de elementos probatórios.[93]

Não obstante essa preocupação com a ofensa a direitos do réu, deve-se atentar para o fato de qualquer escolha a respeito do foro sempre será mais favorável a uma das partes. É praticamente inviável que se neutralizem as assimetrias decorrentes dessa opção.

Portanto, não caberia afirmar que qualquer prejuízo ou desvantagem, mínima que fosse, justificaria o declínio da competência; um tal raciocínio levaria à impossibilidade do controle.[94] Assim, deve o juiz verificar se os direitos processuais do réu foram *excessivamente* prejudicados, ou se o autor, tendo meios (estrutura, recursos financeiros) para ajuizar a demanda em outro foro menos prejudicial ao demandando, optou por aquele juízo apenas para dificultar-lhe a defesa.

3.3.5. Custo financeiro e o tempo necessário para a decisão

Outro critério que deve ser considerado na análise do *forum non conveniens* é o custo do processo.[95] Deve o juízo verificar se o ajuizamento no foro acessado implica

90 MUTTREJA, Rajeev. How to fix the inconsistent application of forum non conveniens to Latin American jurisdiction – and why consistency may not be enough. *New York University Law Review*, vol. 83, 2008, p. 1615.

91 PEIFFER, Evgenia. *Schutz gegen Klagen im* forum derogatum. Tübingen: Mohr Siebeck, 2013, pp. 23-24, 30-31; WHYTOCK, Christopher A. The evolving forum shopping system. *Cornell Law Review*, vol. 96, nº 3, 2011, pp. 518-519.

92 Sobre as perspectivas constitucionais da ampla defesa e do direito à prova, GRECO, Leonardo. *Instituições de Processo Civil.* Rio de Janeiro: Forense, vol. 1, 5ª ed., 2015, p. 514; BEDAQUE, José Roberto dos Santos. *Poderes instrutórios do juiz.* São Paulo: RT, 4ª ed., 2009, pp. 23-24.

93 PEIFFER, Evgenia. *Schutz gegen Klagen im* forum derogatum. Tübingen: Mohr Siebeck, 2013, pp. 22-23, 42, 46-47.

94 Na doutrina, WHYTOCK, Christopher A. The evolving forum shopping system. *Cornell Law Review*, vol.96, nº 3, 2011, pp. 500-501.

95 Parâmetros definidos em Gulf Oil Corp. v. Gilbert, 330 U.S. 501, 508-09. Na doutrina brasileira, BENEDUZI, Renato Resende. *Forum non conveniens. in* MACÊDO, Lucas Buril de; PEIXOTO, Ravi;

uma maior ou menor onerosidade para a defesa do demandado,[96] devendo-se preferir aquele em que os direitos fundamentais processuais possam ser desempenhados com menores custos.[97]

De fato, uma das circunstâncias que leva à maior dificuldade para o desempenho prático da ampla defesa é o custo que se tem para se defender. As despesas de traslado que se toma até a sede do juízo, o desconhecimento de advogados na localidade onde foi ajuizada a demanda, dentre outros fatores, podem ser indícios de que aquele foro não é o mais adequado para a condução do processo.

Outro aspecto relevante é o tempo estimado de duração dos processos. Deve-se verificar qual dos juízos poderá resolver mais rapidamente a causa. É que, numa análise comparativa, há uma preferência pelo juízo em que se vislumbre uma tramitação mais célere.[98]

Por este motivo, deve-se aferir quão avançado é o estágio de tramitação do processo,[99] porque um declínio de competência tardio poderia retardar ainda mais a solução da causa.

Não obstante o tempo e a demora na duração do processo sejam fatores relevantes para a análise do *forum non conveniens*, devem ser empiricamente comprováveis. Podem-se utilizar para isso as estatísticas dos próprios tribunais, embora nem todos possuam dados confiáveis.[100]

Mas cabe um alerta: a rapidez projetada no desenvolvimento do processo não pode ser o único ou decisivo fator para considerar-se um *forum non conveniens*. Entre

FREIRE, Alexandre. *Novo CPC: Doutrina selecionada – Parte geral*. Salvador: Jus Podivm, 2ª ed., 2016, p. 805, nota 28. No processo internacional, as partes escolhem o foro levando em conta ainda a probabilidade de reconhecimento ou homologação da sentença final em outros países, a fim de permitir sua futura execução. Confira-se a análise das várias estratégias adotadas para a escolha do foro no processo internacional em HAU, Wolfgang. *Positive Kompetenzkonflikte im Internationalen Zivilprozeβ*recht: Überlegungen *zur Bewältigung von* multi-fora disputes. Frankfurt am Main: Peter Lang, 1996, pp. 26-28; SCHMEHL, Christine. *Parallelverfahren und Justizgewährung: Zur Verfahrenskoordination nach europäischem und deutschem Zivilprozessrecht am Beispiel taktischer "Torpedoklagen"*. Tübingen: Mohr Siebeck, 2011, pp. 57, 235-239.

96 BRAGA, Paula Sarno. Competência adequada. Revista de Processo, ano 38, vol. 219, mai., 2013, p. 25.

97 Os custos são fator relevante nos EUA e na Inglaterra. Sobre o tema, PEIFFER, Evgenia. *Schutz gegen Klagen im* forum derogatum. Tübingen: Mohr Siebeck, 2013, pp. 23, 230-232.

98 Na Inglaterra, esse critério é muito utilizado. Cf. PEIFFER, Evgenia. *Schutz gegen Klagen im* forum derogatum. Tübingen: Mohr Siebeck, 2013, p. 23.

99 PEIFFER, Evgenia. *Schutz gegen Klagen im* forum derogatum. Tübingen: Mohr Siebeck, 2013, pp. 230-232.

100 A informatização do processo tem reduzido esse problema no Brasil. No estrangeiro, também se exige comprovação empírica da demora do processo em um ou outro foro, e se destaca o desafio comum de encontrar dados estatísticos em todos os tribunais. Cf. SCHMEHL, Christine. *Parallelverfahren und Justizgewährung: Zur Verfahrenskoordination nach europäischem und deutschem Zivilprozessrecht am Beispiel taktischer "Torpedoklagen"*. Tübingen: Mohr Siebeck, 2011, pp. 362-364.

vários foros concorrentes, o autor não pode ser obrigado a escolher aquele onde o processo tramitaria mais rapidamente se houver outros foros que, em razão de outras circunstâncias, sejam mais atrativos para o demandante.[101]

3.3.6. Foro do domicílio do réu ou juízo próximo à sua residência

Um indicador muito prezado para verificar se o ajuizamento foi realizado no foro natural ou se se trata de um *forum non conveniens* é determinar o local de residência e domicílio das partes e, no caso de pessoa jurídica, verificar qual o centro de atividades da empresa. Deve-se então balancear o interesse do autor em que o processo se desenvolva no foro acessado, que lhe é mais conveniente, com os prejuízos para a defesa do réu de litigar em um foro distante.[102]

Esse parâmetro deriva da regra que determina o ajuizamento de muitos tipos de demanda (como as ações pessoais) no foro do domicílio do réu. A regra *actor sequitur forum rei*, prevista no art.46 do CPC e disseminada em muitos sistemas processuais ao redor do mundo, embora gere um ônus maior para o autor – que deve deslocar-se ao domicílio do réu para ajuizar a demanda –, é fruto de uma experiência secular que tenta equilibrar os interesses dos litigantes.[103]

De fato, ao contrário do demandante, que tem até o fim do prazo prescricional para ajuizar a demanda, o réu tem um prazo exíguo para se defender, e se pode pressupor que será mais tranquilo que o faça onde tem seu domicílio. Lá será mais rápida a contratação de advogado, mais eficiente a coleta da prova pré-constituída e mais conveniente o ajuizamento da resposta no fórum perto de sua casa.

Por isso, mesmo havendo foros concorrentes, um dado muito relevante para aferir a adequação da competência é tratar-se ou não do juízo do domicílio do réu (o que

---

101 SCHMEHL, Christine. *Parallelverfahren und Justizgewährung: Zur Verfahrenskoordination nach europäischem und deutschem Zivilprozessrecht am Beispiel taktischer "Torpedoklagen"*. Tübingen: Mohr Siebeck, 2011, pp. 348-349, complementando que não há um dever de agir no interesse de outrem.

102 PEIFFER, Evgenia. *Schutz gegen Klagen im* forum derogatum. Tübingen: Mohr Siebeck, 2013, pp. 22, 42, 46-47, 230-232. O domicílio do autor, à evidência, não será um critério determinante para demonstração de um *forum non conveniens*. Assim, PETSCHE, Markus. What's wrong with forum shopping? An attempt to identify and assess the real issues of a controversial practice. *The International Lawyer*, vol. 45, nº 4, 2011, p. 1023.

103 De outra perspectiva, a regra de competência para as ações pessoais no foro de domicílio do réu respeita a interesses públicos de eficiência da execução de uma futura sentença de procedência. Como lembra Broggini, no direito internacional, a regra evita também o tortuoso procedimento de homologação da sentença estrangeira. Cf. BROGGINI, Gerardo. Il forum destinatae solutionis: passato, presente e futuro. *Rivista di diritto internazionale privato e processuale,* ano XXXVI, nº 1, jan-mar, 2000, p. 17.

é um forte indício de ser um foro adequadamente competente) ou a distância do foro escolhido daquele em que o réu está domiciliado ou onde reside.[104]

3.3.7. *Concordância do réu com o foro escolhido pelo autor*

Outras circunstâncias que podem auxiliar a análise do *forum non conveniens* são indícios de que o réu consinta com o ajuizamento no foro escolhido pelo autor. Note-se que aqui não há convenção processual prévia, mas condutas que sinalizam ao fato de que o réu considera aquele juízo como o foro natural para a causa.

Por exemplo, se o réu apresenta reconvenção no mesmo foro em que ajuizada a ação principal, sem alegar incompetência, mesmo em relação à "incompetência absoluta", o tão só fato do ajuizamento da reconvenção naquele juízo parece ser um indício de que o réu concorda com o foro escolhido pelo autor.

Outro dado que pode sugerir essa concordância é o ajuizamento de demandas preparatórias no foro que viria a ser acessado pelo autor. A propositura de procedimentos de produção de prova *ante causam* (art.381 do CPC) ou pedidos de tutela provisória requerida em caráter antecedente (art.303 do CPC) em um determinado foro, podem revelar a vontade daquele litigante em aceitar a sua competência para outras causas, mesmo que houvesse foros concorrentes.

De fato, se o litigante procurou aquele foro anteriormente, nada mais evidente que se deva considerar que, para ele, tratava-se do foro natural. Ao controlar a competência adequada para o processo principal, pode o juiz invocar a propositura pretérita de demandas preparatórias ou acessórias naquele mesmo foro como indicativa da aceitação da parte da sua competência adequada.

4. A quem cabe o ônus de alegar e provar que se trata de foro adequadamente (in)competente?

Normalmente, quem deve alegar e provar que o foro é inconveniente ou que existe outro foro mais adequado para conduzir e decidir melhor o caso é o réu. Como se verá adiante, trata-se de uma diferença do exame do *forum non conveniens* na opção unilateral do autor em escolher o foro, se comparado com a mesma análise quando houver convenção das partes.

O réu deverá não apenas alegar, mas também *provar* que aquele é um *forum non conveniens*.[105] Com efeito, as discussões de competência adequada em geral, e o teste

104 O domicílio das partes é um dos critérios mais prezados na jurisprudência dos EUA. Cf. WHYTOCK, Christopher A. The evolving forum shopping system. *Cornell Law Review*, vol. 96, nº 3, 2011, p. 501.

105 Como veremos adiante, esse ônus é diverso quando a alegação de *forum non conveniens* é invocada para não cumprir uma convenção processual, ajuizando-se a demanda no foro derrogado.

do *forum non conveniens* em especial, podem surgir de matéria fática e depender de prova, que caberá ao demandado.[106] Todavia, não se exclui que, diante das razões apresentadas, seja determinada a inversão do ônus da prova (art.373 §1° do CPC).[107]

No que se refere à natureza da alegação de *forum non conveniens*, Beneduzi afirma tratar-se de uma *objeção* processual, ou seja, uma alegação que poderia ser conhecida pelo juiz de ofício.[108]

A conclusão é só parcialmente correta.[109] Em se tratando de controle do ajuizamento da demanda perante um dos foros concorrentes, o juiz poderá conhecer da competência adequada de ofício se a questão envolver critérios absolutos de fixação da competência (art. 64 §1° do CPC). Porém, se a demanda for proposta em um foro que não foi aquele convencionalmente estabelecido, o teste do *forum non conveniens* pode ser conhecido de ofício pelo juiz até a citação; depois de citado, incumbe ao réu invocar a convenção e alegar a incompetência (art.63 §§3° e 4° do CPC). Neste caso, predominando o interesse da parte, o *forum non conveniens* seria uma *exceção* processual,[110] até porque, segundo a lei, a alegação preclui se não alegada no prazo.

5. Conclusão

Neste breve estudo, partindo da premissa da competência adequada, buscamos enfrentar o problema do controle do magistrado da opção negocial do autor por ajuizar a demanda em um dos foros concorrentes.

Como esse controle é discricionário, poderia gerar certa insegurança jurídica, pelo menos nos primeiros anos de vigência do novo CPC, pelo que se faz necessário esboçar alguns critérios para balizar o exame por parte do juiz da adequação da competência do juízo escolhido pelo autor. Propusemos alguns destes critérios, tentando equilibrar os interesses de autor e réu com os escopos do processo de atingir um resultado justo com eficiência e economia processual.

---

106 DEALE, Frank. Jurisdiction, transfer and pretrial: using Fed. R. Civ. P. 16 to resolve forum convenience disputes. *Howard Law Journal*, vol. 53, nº 1, 2009, p. 40.

107 BRAGA, Paula Sarno. Competência adequada. Revista de Processo, ano 38, vol. 219, mai., 2013, pp. 26-27.

108 BENEDUZI, Renato Resende. *Forum non conveniens. in* MACÊDO, Lucas Buril de; PEIXOTO, Ravi; FREIRE, Alexandre. *Novo CPC: Doutrina selecionada – Parte geral.* Salvador: Jus Podivm, 2ª ed., 2016, pp. 804, 808.

109 E mesmo assim exclusivamente à luz do ordenamento brasileiro. Como se vê no texto citado na nota anterior, a abordagem de Beneduzi toma em consideração a apreciação do tema no *common law* (tribunais norte-americanos e ingleses), onde a alegação de *forum non conveniens* é claramente uma *exceção* processual.

110 BENEDUZI, Renato Resende. *Forum non conveniens. in* MACÊDO, Lucas Buril de; PEIXOTO, Ravi; FREIRE, Alexandre. *Novo CPC: Doutrina selecionada – Parte geral.* Salvador: Jus Podivm, 2ª ed., 2016, p. 808.

6. Referências bibliográficas

BEDAQUE, José Roberto dos Santos. *Poderes instrutórios do juiz.* São Paulo: RT, 4ª ed., 2009.

BENEDUZI, Renato Resende. *Forum non conveniens. in* MACÊDO, Lucas Buril de; PEIXOTO, Ravi; FREIRE, Alexandre. *Novo CPC: Doutrina selecionada – Parte geral.* Salvador: Jus Podivm, 2ª ed., 2016.

BRAGA, Paula Sarno. Competência adequada. Revista de Processo, ano 38, vol. 219, mai., 2013.

BRAND, Ronald A. Challenges to *forum non conveniens. International Law and Politics*, vol. 45, 2013.

BROGGINI, Gerardo. Il forum destinatae solutionis: passato, presente e futuro. *Rivista di diritto internazionale privato e processuale,* ano XXXVI, nº 1, jan-mar, 2000.

CABRAL, Antonio do Passo. *Juiz natural e eficiência processual: flexibilização, delegação e coordenação de competências no processo civil.* Universidade do Estado do Rio de Janeiro: Tese apresentada como requisito para Concurso Público de Professor Titular de Direito Processual Civil, 2017.

__________. Despolarização do processo e zonas de interesse: sobre a migração entre polos da demanda. Revista Forense, vol. 404, 2009.

CALLIESS, Gralf-Peter. Der Richter im Zivilprozess: Sind ZPO und GVG noch zeitgemäβ? *in Verhandlungen des 70. Deutschen Juristentages.* München: C.H.Beck, 2014, vol. I.

CARVALHO, Fabiano. O princípio da eficiência no processo coletivo: Constituição, microssistema do processo coletivo e o novo Código de Processo Civil. *in* MILARÉ, Édis (Coord.). *Ação civil pública após 30 anos.* São Paulo: RT, 2015.

DEALE, Frank. Jurisdiction, transfer and pretrial: using Fed. R. Civ. P. 16 to resolve forum convenience disputes. *Howard Law Journal*, vol. 53, nº 1, 2009.

DIDIER JR., Fredie. *Curso de Direito Processual Civil.* Salvador: Jus Podivm, vol. 1, 18ª ed., 2016.

DIDIER JR., Fredie; ZANETI JR., Hermes. *Curso de direito processual civil.* Salvador: Jus Podivm, vol. 4, 9ª ed., 2014.

DIEZ-PICAZO GIMENEZ, Ignacio. El derecho fundamental al juez predeterminado por la ley. *Revista Española de Derecho Constitucional*, ano 11, nº 31, jan-abr, 1991.

DINAMARCO, Cândido Rangel. *Instituições de Direito Processual Civil.* São Paulo: Malheiros, vol. I, 8ª ed., 2016.

ENGELHART, Hanns. Staatsanwaltschaft und gesetzlicher Richter. *Deutsche Richterzeitung*, 1982.

FABRÍCIO, Adroaldo Furtado. A experiência brasileira dos juizados de pequenas causas. Revista de Processo, ano 26, vol. 101, jan-mar, 2001.

GEIMER, Reinhold. Beachtung ausländischer Rechtshängigkeit und Justizgewährungsanspruch. *Neue Juristische Wochenschrift*, nº 10, 1984.

GHIRGA, Maria Francesca. Riflessioni sul significato di giudice naturale nel processo civile. *Rivista di Diritto Processuale,* 2002.

GOTTWALD, Peter. Europäische Gerichtspflicht kraft Sachzusammenhangs. *Praxis des Internationalen Privat- und Verfahrensrechts,* ano 9, 1989.

GRECO, Leonardo. *A teoria da ação no processo civil.* São Paulo: Dialética, 2003.

__________. *Instituições de Processo Civil.* Rio de Janeiro: Forense, vol. 1, 5ª ed., 2015.

GRUPP, Klaus. Zum Gebot des gesetzlichen Richters. *in* STAMM, Jürgen (org.). *Festschrift für Helmut Rüßman.* Saarbrücken: Juris, 2013.

HAU, Wolfgang. *Positive Kompetenzkonflikte im Internationalen Zivilprozeßrecht*: Überlegungen *zur Bewältigung von* multi-fora disputes. Frankfurt am Main: Peter Lang, 1996.

HENKEL, Joachim. *Der gesetzliche Richter.* Universidade de Göttingen: Tese de Doutorado, 1968.

HÖFLING, Wolfram. Das Verbot prozessualer Willkür: Zum dogmatischen Gehalt einer bundesverfassungsgerichtlichen Argumentationsfigur. *Juristen Zeitung*, nº 20, 1991.

IPSEN, Jörn. *in* KAHL, Wolfgang; WALDHOFF, Christian; WALTER, Christian (Org.). *Bonner Kommentar zum Grundgesetz*. Heidelberg: C.F.Müller, vol. 13, 2015.

JUENGER, Friedrich K. Der Kampf ums Forum. *Rabels Zeitschrift für ausländisches und internationales Privatrecht,* ano 46, 1982.

________. What's wrong with forum shopping? *Sidney Law Review*, vol. 16, nº 5, 1994.

KALF, Wolfgang. Die willkürliche Zuständigkeitsbestimmung des Schöffengerichts. *Neue Juristische Wochenschrift*, nº 22, 1997.

LÖBER, Burckhardt. Forum shopping, forum non conveniens oder schlicht: Justizgewährungsanspruch. *Praxis des Internationalen Privat- und Verfahrensrechts.* ano 6, 1986.

MARINONI, Luiz Guilherme; ARENHART, Sérgio Cruz; MITIDIERO, Daniel. *Curso de processo civil.* São Paulo: RT, vol. 2, 2015.

MANDRIOLI, Crisanto. *Corso di Diritto Processuale Civile*. Torino: G.Giappichelli, 30ª ed., 2000.

MARX, Erwin. *Der gesetzliche Richter im Sinne von Art. 101 Abs. 1 Satz 2 Grundgesetz.* Berlin: Walter De Gruyter, 1969.

MENDONÇA, José Vicente Santos de. O princípio da eficiência administrativa: conteúdo jurídico, aplicabilidade e ponderação. *in Sétimo Concurso Casos e Textos Sobre Administração Pública*. Fundação Escola de Serviço Público do Estado do Rio de Janeiro, 2001.

MERLIN, Elena. Connessione di cause e pluralità dei "riti" nel nuovo art.40 c.p.c. *Rivista di Diritto Processuale*, 1993.

MÜLLER, Paul. Gesetzlicher Richter und Geschäftsplan. *Juristen Zeitung*, 1976.

MUTTREJA, Rajeev. How to fix the inconsistent application of forum non conveniens to Latin American jurisdiction – and why consistency may not be enough. *New York University Law Review*, vol.83, 2008.

NERY JR., Nelson. Competência no processo civil norte-americano: o instituto do *forum (non) conveniens*. Revista dos Tribunais, ano 89, vol. 781, nov., 2000.

PEIFFER, Evgenia. *Schutz gegen Klagen im* forum derogatum. Tübingen: Mohr Siebeck, 2013.

PENASA, Luca. *Gli accordi sulla giurisdizione tra parti e terzi.* Milano: Cedam, vol. 1, 2012.

PETSCHE, Markus. What's wrong with forum shopping? An attempt to identify and assess the real issues of a controversial practice. *The International Lawyer*, vol. 45, nº 4, 2011.

PICARDI, Nicola. Il giudice naturale: principio fondamentale a livello europeo. *in* DIDIER JR., Fredie (Org.). *Teoria do processo: panorama doutrinário mundial.* Salvador: Jus Podivm, 2ª Ed., 2010.

ROCHA, Felippe Borring. *Manual dos juizados especiais cíveis*. São Paulo: Atlas, 7ª ed., 2014.

ROSENBERG, Leo; SCHWAB, Karl Heinz; GOTTWALD, Peter. *Zivilprozessrecht.* München: C. H. Beck, 16ª ed., 2004.

SAMTLEBEN, Jürgen. Forum fixing. *Rabels Zeitschrift für ausländisches und internationales Privatrecht,* ano 46, 1982.

SAUER, Heiko. *Jurisdiktionskonflikte in Mehrebenensystemen: Die Entwicklung eines Modells zur Lösung von Konflikten zwischen Gerichten unterschiedlicher Ebenen in vernetzten Rechtsordnungen.* Berlin: Springer, 2008.

von SAVIGNY, Friedrich Carl. System des heutigen Römischen Rechts. Berlin: Veit & Comp., vol.VIII, 1849.

SCHAUER, Frederick. *Playing by the Rules: a philosophical examination of rule-based decision-making in law and in life*. New York: Oxford University Press, 1991.

SCHMEHL, Christine. *Parallelverfahren und Justizgewährung: Zur Verfahrenskoordination nach europäischem und deutschem Zivilprozessrecht am Beispiel taktischer "Torpedoklagen".* Tübingen: Mohr Siebeck, 2011.

SCHRÖDER, Florian. Zur Verfassungsmäβigkeit des 'Rotationssystem' in Geschäftsverteilungsplänen. *Deutsche Richterzeitung*, out., 2006.

TAORMINA, Carlo. *Giudice naturale e processo penale.* Roma: Bulzoni, 1972.

VENTURI, Elton. *Processo civil coletivo: a tutela jurisdicional dos direitos difusos, coletivos e individuais homogêneos no Brasil.* São Paulo: Malheiros, 2007.

WHYTOCK, Christopher A. The evolving forum shopping system. *Cornell Law Review*, vol.96, nº 3, 2011.

WHYTOCK, Christopher; ROBERTSON, Cassandra Burke. *Forum non conveniens* and the enforcement of foreign judgments. *Columbia Law Review*, vol. 111, 2011.

Sobre a Redução da Pena Contratual

António Pinto Monteiro

1. Introdução: questões a tratar

I. A cláusula penal é uma manifestação do princípio da *autonomia privada*, na sua vertente da *liberdade contratual*, "maxime" da *liberdade de fixação do conteúdo do contrato*[1]. E desempenha importantes funções, consoante a intencionalidade das partes ao recorrerem a esta figura. De *"multifuncionalidade"* da cláusula penal fala, a propósito e com inteiro acerto, Judith Martins-Costa[2], embora tradicionalmente sejam duas as funções que se destacam: a *função indemnizatória* e a *função compulsória*. Iremos analisá-las, a fim de evidenciarmos a importância da cláusula penal no contexto do inadimplemento das obrigações.

Mas não há bela sem senão! É que, sendo amplamente reconhecida a importância da cláusula penal – e a sua longevidade histórica é um testemunho disso mesmo[3] –, a verdade é que ela presta-se a *abusos*. Daí que de todos os lados se tenha legislado no sentido de combater eventuais abusos do credor, tanto na fixação da pena, como ao exigir o seu cumprimento.

II. Mas há que chamar a atenção para a *excepcionalidade* da intervenção judicial nesse combate a penas abusivas, pois, de outro modo, poder-se-á vir a *anular* a cláusula penal, tanto na sua função de indemnização *invariável* ("à forfait"), como na sua função de *meio compulsório*.

Há, por isso, que encontrar o *justo equilíbrio* entre o exercício da autonomia privada, ao fixarem as partes a cláusula penal, e a proibição de abusos, seja no momento da estipulação da cláusula penal, seja no momento em que o credor exige a pena.

A este propósito, deparamo-nos por vezes com equívocos que importa desfazer. Alguns deles resultam da própria lei: assim, em Portugal, do nº 3 do art. 811º do Código Civil; no Brasil, do art. 412 do Código Civil. Dedicaremos a este ponto particular atenção. E esses equívocos manifestam-se, por vezes, em afirmações aparentemente

---

1 Sobre estes princípios, por todos, em Portugal, Carlos Mota Pinto, *Teoria Geral do Direito Civil*, 4ª ed. por António Pinto Monteiro e Paulo Mota Pinto, Coimbra Editora, Coimbra, 2005, pp. 102, ss., e no Brasil, Francisco Amaral, *Direito Civil. Introdução*, 10ª ed., Saraiva, São Paulo, 2018, pp. 131, ss.

2 In *Comentários ao Novo Código Civil, Do Inadimplemento das Obrigações*, vol. V, tomo II, 2ª ed. (Coordenador: Sálvio de Figueiredo Teixeira), Editora Forense, Rio de Janeiro, 2009, pp. 625-627. Mas o ponto é devidamente destacado pela doutrina brasileira: v. Autores e obras citados *infra*, na nota 29.

3 Sobre essa longevidade histórica, cfr. a minha tese de doutoramento sobre *Cláusula penal e indemnização*, Almedina, Coimbra, 1990 (3ª reimpressão 2019), pp. 3, ss., e 349, ss.

correctas (diria, mesmo, "politicamente correctas"!), mas que não subsistem a uma análise atenta, objectiva e rigorosa; estou a pensar em afirmações como a de que se a pena fosse devida na totalidade ou sem redução poderia acontecer ter o credor "mais a ganhar com o incumprimento do contrato do que com o cumprimento do mesmo, o que não é admissível"[4].

Não posso concordar com esta afirmação, pese embora a "simpatia" que ela possa aparentemente despertar, na sua singeleza! E não posso concordar com esta afirmação porque ela *choca frontalmente* contra a *essência* da cláusula penal – e contra a *própria lei* (art. 812º do C. C. português e 413 do C. C. brasileiro).

III. Lá iremos. Trata-se de um ponto fundamental neste breve texto com que pretendo homenagear o meu prezado Amigo Professor Roberto Rosas. Vejamos, por enquanto, quais as funções que a cláusula penal está especialmente *vocacionada* para desempenhar, funções que ajudam a compreender a *importância* da cláusula penal.

2. Noção, funções e espécies de cláusulas penais

Chamei já a atenção para que a cláusula penal pode desempenhar uma *multiplicidade de funções,* consoante a intenção das partes ao estipulá-la. Mas tenho salientado, ao mesmo tempo, que ela está especialmente *vocacionada* para exercer uma *função indemnizatória* ou uma *função compulsória.*

De acordo com esta posição, tenho definido a cláusula penal, em sentido amplo, como a estipulação em que qualquer das partes, ou uma delas apenas, se obriga antecipadamente, perante a outra, a efectuar certa prestação, normalmente em dinheiro, em caso de não cumprimento ou de não cumprimento perfeito (*maxime,* em tempo) de determinada obrigação, designadamente a fim de proceder à liquidação do dano ou de compelir o devedor ao cumprimento.

Está em causa, no primeiro caso, a função indemnizatória, e, no segundo caso, a função compulsória, cada uma delas sendo prosseguida por *diferentes espécies* de cláusulas penais[5]. Assim:

---

4 Acórdão do Tribunal da Relação de Coimbra de 21 de abril de 2009 (Isabel Fonseca); mas cfr. também os Acórdãos do STJ (português) de 28 de março de 2017 (Roque Nogueira), de 2 de maio de 2002 (Sousa Inês) e de 26 de janeiro de 1999 (Garcia Marques), bem como o Acórdão do Tribunal da Relação de Lisboa de 22 de maio de 2007 (Rosa Ribeiro Coelho).

5 Nisto consiste o essencial da minha tese sobre a cláusula penal, opondo-me ao tradicional *modelo unitário,* distinguindo, isso sim, *várias espécies de cláusulas penais* consoante *a função* que visam cumprir, com um regime jurídico não inteiramente coincidente, *e recusando a estafada (!) tese da dupla função* e da *natureza mista*: cfr. ANTÓNIO PINTO MONTEIRO, *Cláusula penal e indemnização,* cit., pp. 419, ss., 577, ss. e *passim.*

2.1. A pena como avaliação convencional do dano – a cláusula da fixação antecipada da indemnização

I. A cláusula penal pode efetivamente ser utilizada para, *através de acordo prévio, fixarem as partes o montante da indemnização*. Nisto consiste a tradicionalmente chamada *função indemnizatória* da cláusula penal. E foi esta, apenas, a espécie de cláusula penal que o legislador português considerou na definição que dela dá no nº 1 do art. 810º do Código Civil.

As *vantagens*, deste ponto de vista, são óbvias. Chegando os interessados a acordo prévio sobre o montante da indemnização, *furtam-se* eles, assim, aos *inconvenientes, incertezas* e *dificuldades*, de vária ordem, de uma *avaliação judicial* dos prejuízos sofridos: o credor sabe antecipadamente o que pode vir a exigir, *a título de indemnização,* caso o devedor não cumpra (ou cumpra tardia ou defeituosamente, consoante a modalidade de cláusula penal acordada), e este, por sua vez, fica também desde logo a saber qual o *custo* da violação do contrato.

Em síntese, através da cláusula de fixação antecipada da indemnização visam as partes liquidar antecipadamente, de modo *ne varietur*, o dano que preveem poder vir a resultar da violação contratual.

Ora, sendo assim, pergunta-se, quais são as *consequências*, do ponto de vista do *regime jurídico* aplicável, de as partes haverem acordado esta espécie de cláusula penal?

II. A primeira nota para que chamamos a atenção é, justamente, a de que a pena acordada entre as partes *substitui* a indemnização a que haveria lugar, nos termos gerais.

Na verdade, não faria realmente sentido que, tendo as partes acordado previamente no montante da indemnização exigível (nº 1 do art. 810º), viesse depois o credor recorrer à indemnização nos termos gerais, ou seja, pretendendo depois o credor, apesar da cláusula penal, ser reparado em conformidade com o prejuízo efetivo.

O sentido da cláusula penal, enquanto cláusula de fixação antecipada da indemnização, é precisamente o de um *acordo sobre o montante da indemnização que o credor poderá vir a reclamar do devedor*, em caso de inadimplemento, *em vez* da indemnização a que, na falta desse acordo prévio, haveria lugar[6].

Daí que o credor *não possa*, repete-se, *optar* pela indemnização nos termos gerais[7], *em vez* da soma prefixada, pois isso implicaria *violar* o acordo anterior, onde se estabelece a *indemnização* a que ele tem direito. A pena é, ela própria, *a indemniza-*

6 Parte-se do princípio de que o incumprimento será imputável ao devedor, pois se este provar que não teve *culpa* afastará o direito do credor à pena. Só não seria assim se, em vez de uma cláusula penal, as partes tivessem acordado uma *cláusula de garantia* (ou, no mínimo, que houvesse sido acordada uma figura híbrida ou mista).

7 A não ser que haja sido acordada a reparação pelo dano excedente (*infra*, nº 2.1.-V).

ção convencionada entre as partes, que *substitui* a que o tribunal liquidaria se não existisse esse *acordo prévio* sobre o *montante da indemnização exigível*. Numa palavra, a pena é, ela mesma, *a indemnização,* só que, em vez de ter sido avaliada pelo juiz, foi *predeterminada* pelas partes.

III. Estreitamente ligado ao que acabamos de dizer está o regime sobre o ónus da prova.

Como se sabe, em princípio, para fazer jus à indemnização, terá o credor de alegar e provar o prejuízo efetivamente sofrido. Todavia, existindo cláusula penal[8], *fica o credor dispensado da alegação e da prova do dano,* da sua existência e montante.

É este um ponto pacífico, tendo mesmo sido expressamente acolhido por lei, em alguns casos[9]. Corresponde à natureza *invariável* – "à forfait" – da cláusula penal. Pois se o credor tivesse de alegar e provar o prejuízo sofrido, de que serviria ter ele acordado com o devedor uma cláusula penal?! O sentido de uma avaliação prévia e convencional do dano, o sentido de um acordo das partes sobre o montante indemnizatório predeterminado é o de este montante *substituir* a indemnização, *sem que o credor tenha de alegar e/ou de provar quaisquer danos.*

Isso não significa, contudo, que o devedor fique impedido de se defender provando um dano efetivo *inferior* ao montante indemnizatório fixado na pena. Mas isso só relevará para efeitos de redução da pena, nos termos do art. 812º[10], não podendo o devedor pretender que *qualquer superioridade* do montante da pena em relação ao dano efetivo justifique a sua redução, assim como não podendo o devedor pretender que, havendo lugar à redução equitativa da pena, esta tenha que vir a *coincidir* com o valor do dano efetivo. É que a cláusula penal *não constitui nem se identifica com uma mera convenção sobre o ónus da prova do dano, rectius*, com um acordo sobre a *inversão do ónus da prova,* nos termos do qual não teria de ser o credor a provar o dano, mas a prova, pelo devedor, de um dano efetivo menor levaria a que o tribunal reduzisse a pena até ao exato montante do dano provado.

Como dissemos, não é assim que as coisas se passam. A prova de um dano inferior só justificará a redução da pena nos termos e de acordo com os pressupostos estabelecidos no art. 812º. É a mesma a solução no direito brasileiro: art. 413.

---

8 Esclareça-se, desde já: seja qual for, neste aspeto, a espécie de cláusula penal acordada.

9 Assim, por exemplo, no art. 416º do Código Civil brasileiro ("Para exigir a pena convencional, não é necessário que o credor alegue prejuízo") e, já antes, no art. 1382 do *Codice Civile* italiano ("A pena é devida independentemente da prova do dano"). Trata-se, no entanto, de um aspeto desde sempre destacado pela doutrina: por todos, pode ver-se Inocêncio Galvão Telles, *Direito das Obrigações*, 7ª ed., Wolter Kluwer/Coimbra Editora, 2010 (reimp.), pp. 439-440.

10 Cfr., *infra*, nº 3.

IV. Uma questão mais delicada é de colocar, no entanto: *quid iuris* se o devedor provar que o credor não sofreu qualquer *prejuízo?* Relevará essa prova só em sede de *redução* da pena ou *afastará,* mesmo, o direito do credor à pena?

Efetivamente, questão diversa da anterior é a de saber se, não tendo o credor que provar quaisquer danos, ou o seu montante, poderá o devedor, ainda assim, provar, ele próprio, a *inexistência* dos mesmos, a fim de se *libertar* do pagamento da pena e já não somente para obter a redução desta.

A meu ver, tudo dependerá da *espécie de cláusula penal* acordada entre as partes, que o mesmo é dizer, do *escopo* visado por estas: se a pena for estipulada a fim de facilitar a indemnização, *predeterminando o seu montante*, a prova, pelo devedor, da inexistência de qualquer prejuízo efetivo libertá-lo-á do pagamento daquela; mas se a pena for acordada *a título sancionatório,* então, sim, de nada valerá ao devedor (a não ser, também aqui, para efeitos de uma eventual redução) alegar e provar a falta de danos[11].

E isto, muito sinteticamente, porque, no primeiro caso, tratando-se de uma *indemnização* cujo *montante* foi predeterminado, a ausência de danos evidencia que falha o *pressuposto,* o *quid* determinante de uma liquidação prévia e convencional da indemnização; já no segundo caso, porém, sendo a pena uma *sanção*, compreende-se que continue a ser devida mesmo que se prove a inexistência de danos. É este o sentido e razão de ser da distinção entre a *cláusula de fixação antecipada da indemnização* e a cláusula penal compulsória, seja, neste caso, a *cláusula penal em sentido estrito* ou a *cláusula penal pura ou exclusivamente compulsória*[12].

V. E se o dano for *superior* ao montante da pena? *Quid iuris*, na realidade, se o valor do dano efetivo vier a *exceder* a quantia pré-fixada pelas partes? Terá o credor o direito de alegar e provar esse dano superior ou excedente e, em conformidade, de obter a indemnização integral, correspondente ao dano efetivo?

Por exemplo, tendo A e B acordado que aquele que não cumprisse teria de pagar ao outro a indemnização de 1 milhão de euros, *quid iuris* se, perante o incumprimento de B, vier A alegar e provar que o prejuízo efetivo causado pelo incumprimento de B foi de 2 milhões de euros? A que importância terá ele direito?

A lei é clara a este respeito: "O estabelecimento da cláusula penal obsta a que o credor exija indemnização pelo dano excedente, salvo se outra for a convenção das partes" (nº 2 do art. 811º).O que significa, portanto, no nosso exemplo, que o credor

---

11 Esta distinção não é feita pela doutrina tradicional, que entende ser a pena devida independentemente do dano, não relevando a prova, pelo devedor, da ausência de danos senão para efeitos de redução da pena. Mas não pode ser assim, não fazendo sentido esta posição se o escopo das partes tiver sido, tão-só, o de fixar antecipadamente o *montante* da indemnização, no *pressuposto* de que houvesse danos.

12 Voltaremos a este ponto mais à frente, no nº 2.2.

(**A**) só terá direito ao montante da pena (1 milhão de euros), a não ser que tenha ficado *ressalvada*, no acordo das partes, a possibilidade de o credor obter *a indemnização pelo dano excedente*, que é como quem diz, a não ser que tenha ficado ressalvada a possibilidade de o credor, apesar da cláusula penal, *poder socorrer-se da indemnização nos termos gerais*. É a mesma a solução no direito brasileiro: art. 416, parágrafo único[13].

Na verdade, a convenção sobre o dano excedente mais não significa do que a atribuição ao credor da possibilidade de recorrer à indemnização nos termos gerais, *prescindindo* da cláusula penal. E isto porque, para provar um "dano excedente", terá o credor de provar o dano efetivo; ora, esta prova e a consequente reparação integral corresponde a ser indemnizado *nos termos gerais*, o que, em princípio, lhe estaria *vedado*, uma vez que, como dissemos atrás, a indemnização predeterminada pelas partes *substitui* a indemnização nos termos gerais.

A convenção sobre o dano excedente tem, pois, este significado, de autorização a que o credor possa *prescindir* da cláusula penal e recorrer à indemnização, nos termos gerais. Claro que se ele fracassar na prova do "dano excedente", terá sempre direito, ainda assim, ao montante pré-fixado a título de pena, como *montante mínimo da indemnização*, independente da prova do dano[14].

VI. E se for a pena que *supera largamente* o valor do dano? Em tal caso, prevê a lei, sob certos pressupostos, a *redução equitativa* da pena (arts. 812º do CC português e 413 do CC brasileiro). O ponto será analisado mais adiante[15].

2.2. A pena como sanção – cláusulas penais compulsórias

Mas evidentemente que a cláusula penal *não serve só para pré-avaliar o dano* nem tem que constituir sempre uma *indemnização predeterminada pelas partes*. De entre a *multiplicidade de funções* que a cláusula penal está vocacionada a desempenhar, *consoante a intencionalidade prático-normativa das partes*[16], ocupa lugar de especial destaque a *função compulsória*[17].

Efetivamente, a cláusula penal pode constituir um poderoso instrumento de *coerção* ao cumprimento, de *pressão* sobre o devedor, de *estímulo* ao respeito dos com-

13 Tal como no direito italiano (art. 1382, 1, do *Codice*). Já no direito alemão a solução é a inversa (§340, 2, do BGB).

14 Inocêncio Galvão Telles chega mesmo a distinguir esta cláusula pela qual se fixa uma "*indemnização mínima*" da cláusula penal: *Direito das Obrigações*, 7ª ed., cit., pp. 427-428 e 435,ss.

15 Cfr. *infra*, nº 3.

16 Efetivamente, é de um problema de *interpretação* negocial que se trata, este de apurar a *espécie* de cláusula penal acordada, pelo que há-de ser decidido à luz do disposto nos arts. 236º e ss.

17 Terá a cláusula penal também uma função *punitiva*? E uma função *disciplinar*? Pode ver-se, a propósito, António Pinto Monteiro, *Cláusula penal e indemnização*, cit., pp. 41-43, 71-74 e 139,ss.

promissos assumidos. Para o efeito, a pena consistirá numa *ameaça* que pesa sobre aquele que não cumprir. Destina-se a *zelar* pelo cumprimento das obrigações assumidas, podendo constituir, nessa medida, um importante instrumento de *moralização*, de *reforço* do mecanismo contratual e da *confiança* das partes[18].

2.2.1. *Cláusula penal pura ou exclusivamente compulsória*

O que acabo de dizer é particularmente relevante no que diz respeito à modalidade de cláusula penal a que chamo *cláusula penal pura ou exclusivamente compulsória*. Utilizemos, para o efeito, um exemplo real: "*Para além do legalmente previsto no caso de incumprimento do contrato, aquele que se negar ao cumprimento do mesmo ou [a] alguma das suas cláusulas terá de pagar ao outro o triplo do valor total do contrato, o que estabelecem e aceitam como cláusula penal*". Será válida esta cláusula?

O Supremo Tribunal de Justiça ainda recentemente decidiu que sim. E com inteira razão[19]. Eu próprio o venho dizendo de há muito. Trata-se, por força do acordo das partes, de um montante (pequeno ou grande) que *acresce* à execução específica ou à indemnização pelo não cumprimento, ou, como nesse caso concreto, de um montante "*para além do legalmente previsto no caso de incumprimento do contrato*".

E a cláusula penal é exclusivamente compulsória porque o seu escopo é apenas esse, *não substituindo* a indemnização a que houver lugar, em caso de não cumprimento. As partes acordam que se o credor tiver de recorrer à execução específica ou à indemnização pelo não cumprimento, poderá ainda exigir um *plus*, um montante (ou algo) que *acrescerá* à realização daqueles direitos. A pena é, assim, *exclusivamente* compulsória, pois o seu único objetivo é *compelir* o devedor ao cumprimento e não o de dispensar o recurso à indemnização em caso de não cumprimento. A *estafada* (!) tese da dupla função da cláusula penal fica, pois, claramente desmentida.

Evidentemente que esta espécie de cláusula penal *não cabe no figurino* definido pelo nº 1 do art. 810º do CC português. Mas isso não significa que ela seja proibida, constituindo o art. 405º *fundamento legal* bastante para permitir às partes estipularem *outras modalidades de cláusulas penais,* para lá daquela que o legislador definiu no art. 810º e regulou nas normas seguintes – como as partes vêm efetivamente fazendo e os tribunais reconhecem.

---

18 Evidentemente que eventuais *excessos* serão sempre combatidos pelo recurso aos instrumentos jurídicos adequados, principalmente ao art. 812º; por outro lado, recorde-se, o devedor *não incorre na pena* se provar que não teve culpa (competindo-lhe a ele, naturalmente, ilidir a presunção de culpa que sobre si recai: art. 799º, nº 1): expressamente neste sentido, o art. 408 do CC brasileiro.

19 Trata-se do Acórdão do STJ de 27 de Setembro de 2011 (Relator: Conselheiro Nuno Cameira), que anotamos na "Revista de Legislação e de Jurisprudência" (RLJ) ano 141º, nº 3972, pp. 177,ss, e 188,ss.

Evidentemente que eventuais injustiças ou abusos da pena exclusivamente compulsória serão sempre combatidos através do art. 812º, norma que é aplicável a *todas* as espécies de cláusulas penais.

2.2.2. Cláusula penal em sentido estrito ou propriamente dita

I. Maiores dificuldades suscita a modalidade de cláusula penal em sentido estrito ou propriamente dita. E isto porque, tal como a cláusula de fixação antecipada da indemnização, também ela *substitui* a indemnização a que tem direito o credor em caso de incumprimento do devedor.

Podemos, assim, desde já concluir que há cláusulas penais em que a pena *substitui* a indemnização: a cláusula de fixação antecipada da indemnização e a cláusula penal em sentido estrito; e há outra espécie de cláusula penal em que a pena não substitui, antes *acresce* à indemnização: a cláusula penal pura ou exclusivamente compulsória.

II. Há que distinguir, no entanto, as duas primeiras espécies de cláusulas penais. Têm de *comum* o facto de ambas *substituírem* a indemnização devida ao credor; mas são *diferentes*, porque a primeira destina-se a *pré-avaliar o dano*, a fixar antecipadamente o montante da indemnização, ao passo que a segunda visa *pressionar* o devedor a cumprir.

Assim, enquanto a primeira substitui a indemnização porque é, ela própria, afinal, *a indemnização,* com a particularidade de ter sido prévia e convencionalmente fixada, já a segunda, pelo contrário, *não é a indemnização*, embora substitua esta, porque e na medida em que constitui *uma outra prestação* destinada a *satisfazer o interesse do credor*, razão por que, satisfeito este interesse com o cumprimento da pena, *não há dano a reparar*, não havendo lugar, por conseguinte, para a indemnização.

Decorre do exposto, repete-se, que a cláusula de fixação antecipada da indemnização e a cláusula penal em sentido estrito têm de *comum* o facto de ambas *substituírem* a indemnização, embora por razões diferentes: a primeira é, ela própria, a *indemnização,* enquanto que a segunda constitui uma *sanção*.

Por outro lado, qualquer destas espécies de cláusulas penais difere, por sua vez, da *cláusula penal pura ou exclusivamente compulsória*, exatamente porque esta *não substitui*, antes *acresce* à indemnização, ao contrário das duas primeiras.

Finalmente, a cláusula penal pura ou exclusivamente compulsória tem de comum com a cláusula penal em sentido estrito o facto de ambas se destinarem a *compelir* o devedor ao cumprimento – e não a fixar a indemnização –, sendo devidas, em caso de incumprimento, a título de *sanção*. Por isso estão ambas compreendidas na cláusula penal compulsória, se bem que uma *acresça* e outra *substitua* a indemnização, nos termos já referidos.

III. Resta dizer que compreendemos a cláusula penal em sentido estrito no quadro de uma *obrigação com faculdade alternativa em benefício do credor* ("a parte creditoris"). O art. 410 do CC brasileiro dá um forte apoio neste sentido. Daí que a pena seja devida independentemente da *existência* ou do *montante* do dano.

Trata-se, numa palavra, de uma *sanção*, cujo *modus operandi* não é o da indemnização, nem esta se afigura, de resto, como via ou mecanismo adequado para a atuação da primeira. Assim se explica, pois, sem dificuldade, a *irrelevância* do dano efetivo para a exigibilidade da pena. Em sentido estrito, esta não é mais do que uma sanção acordada entre as partes e que é atuada por via de uma outra prestação, que o credor, em certas condições, tem a faculdade de exigir, em alternativa à prestação inicial, se esta não for cumprida pelo devedor; se, ao invés, o escopo das partes for a liquidação do dano, trata-se, tão só e apenas, de disciplinar previamente a obrigação de indemnizar, não de criar uma *nova sanção*, em *substituição* ou em *aditamento* à que a lei prevê. Assim se explica, igualmente, que a pena funcione como *meio de pressão*, que possa ser estipulada com uma finalidade *coercitiva*, representando, todavia, ao mesmo tempo, uma forma de *satisfazer o credor* – sem, com isso, repete-se, a considerarmos uma indemnização predeterminada ou a confundirmos com a indemnização[20].

3. Redução da pena

I. Como já dissemos, a cláusula penal, pese embora a sua importância, pelas funções que pode desempenhar, presta-se, todavia, a *abusos*, podendo a pena, por exemplo, ser manifestamente excessiva. *Quid iuris*, em tais casos?

A solução consta do art. 812º[21], norma que consagra o controlo *especificamente* dedicado ao combate a penas *abusivas*, para além do controlo *geral* a que está sujeita qualquer manifestação da autonomia privada[22]. E esse controlo específico traduz-se no poder conferido ao juiz de *reduzir* penas[23] manifestamente excessivas, de acordo com a equidade.

A nosso ver, trata-se de uma norma da maior importância, em sede de controlo de manifestações excessivas ou abusivas da liberdade contratual, ao nível da fixação

20 Para outros pontos do regime jurídico da cláusula penal em que a distinção é relevante, cfr. a nossa *Cláusula penal e indemnização*, cit., pp. 631,ss.

21 Temos em vista, naturalmente, cláusulas penais incluídas em contratos negociados, pois se as mesmas constarem de contratos de ou por adesão há legislação específica que lhes é aplicável (o Decreto-lei nº 446/85, de 25 de Outubro), sem prejuízo, todavia, de, num segundo momento, poderem também estas penas ser fiscalizadas pelo art. 812º: cfr., *infra*, neste mesmo nº 3., o ponto IV.

22 Temos em vista o *controlo geral* que se exerce sobre qualquer manifestação da autonomia privada, designadamente apurar se o consentimento foi prestado nos termos devidos, se não foi viciado, por erro, dolo, coacção, incapacidade acidental ou usura, se a pena não é ofensiva dos bons costumes, etc. (cfr. a nossa *Cláusula penal e indemnização*, cit., pp. 718 ss.).

23 É da redução da *pena* que se trata, como se dizia, e bem, na versão inicial desta norma, e não da redução da *"cláusula* penal", como reza agora a mesma norma, após a alteração de 1983.

das consequências do inadimplemento das obrigações. Temos defendido que o art. 812º tem um *largo âmbito de aplicação*, abrangendo não só *todas as espécies de cláusulas penais*[24] como ainda o *sinal*[25] e outras figuras *afins* ou *similares*[26].

E isto, numa palavra, porque nos parece que esta norma encerra um *princípio de alcance geral* destinado a *corrigir* excessos ou abusos decorrentes do exercício da liberdade contratual, ao nível da fixação contratual dos direitos do credor.

II. Mas não basta que a pena venha a revelar-se superior ao dano para que ela possa ser reduzida. Se assim fosse, anular-se-ia a principal característica da cláusula penal, que é a sua natureza *invariável*. A possibilidade de redução da pena é excecional[27], *depende de pedido do devedor*[28] e está condicionada a apertados limites: efetivamente, o tribunal só poderá reduzir a pena, de acordo com a *equidade,* caso ela seja *manifestamente excessiva,* ainda que por causa superveniente, tenha a obrigação sido ou não parcialmente cumprida.

O que significa, a nosso ver, que lei faz depender a redução, quer de requisitos de ordem *objetiva,* quer de fatores de ordem *subjetiva.* Além da expressa referência à *equidade* – que reputamos constituir o pressuposto decisivo –, a própria fórmula por

---

24 Ou seja, o art. 812º é suscetível de ser aplicado, uma vez verificados os seus pressupostos, à cláusula de fixação antecipada da indemnização, à cláusula penal em sentido estrito e à cláusula penal pura ou exclusivamente compulsória: cfr., a este respeito, a nossa *Cláusula penal e indemnização, cit.,* pp. 730,ss. Daí termos discordado da decisão tomada pelo STJ no seu Acórdão de 3 de Novembro de 1983 (Relator: Conselheiro Santos Silveira), pese embora a importância do mesmo do ponto de vista da aceitação de outras cláusulas penais para lá da que a lei define no art. 810º (cfr. a nossa dissertação, cit., pp. 474,ss). No bom sentido, por exemplo, o Acórdão do STJ de 27 de Setembro de 2011 (Relator: Conselheiro Nuno Cameira), por nós anotado na RLJ, ano 141º, nº 3972, assim como, já antes, por exemplo, o Acórdão do mesmo Tribunal de 12 de Outubro de 1999 (Relator: Conselheiro Afonso Melo), in http://www.dgsi.pt

25 Cfr. o nosso *Cláusula penal e indemnização*, cit., pp. 195, ss, e, na jurisprudência, por ex., os Acórdãos do STJ de 8 de Março de 1977 (in BMJ nº 265, pp. 210, ss, Relator: Conselheiro Rodrigues Bastos), de 1 de Fevereiro de 1983 (in BMJ nº 324, pp. 552,ss, Relator: Conselheiro Manuel dos Santos Carvalho, e de 27 de Setembro de 2011 (in RLJ ano 141º, cit., pp. 177, ss, Relator: Conselheiro Nuno Cameira).

26 Como as denominadas "cláusulas de rescisão" dos jogadores de futebol: cfr., a propósito, o nosso artigo *Sobre as "cláusulas de rescisão" dos jogadores de futebol*, in "Estudos em Homenagem ao Prof. Doutor Manuel Henrique Mesquita", vol. II, Boletim da Faculdade de Direito de Coimbra, Coimbra Editora, 2009 (pp. 227, ss), pp. 259-260.

27 Cfr., na jurisprudência, entre muitos, os Acórdãos do STJ de 4 de Maio de 2004 (in htt://www.dgsi.pt, Relator: Conselheiro Fernando Pinto Monteiro) e de 23 de Abril de 2008 (*idem*, Relator: Conselheiro Mário Pereira). bem como os Acórdãos da Relação de Lisboa de 12 de Outubro de 2010 (*idem*, Relator: Desembargador Rosário Gonçalves) e da Relação de Coimbra de 27 de Abril de 2004 (*idem*, Relator: Desembargador Rui Barreiros).

28 Ainda que esse pedido não tenha de ser expresso ou explícito, bastando que o devedor dê a entender, pelo seu comportamento, que reputa a pena manifestamente excessiva ou abusiva.

que optou o legislador – pena "manifestamente *excessiva*" – mostra que não bastará a sua mera superioridade, maior ou menor, em face do dano efetivo, para legitimar, de *per se,* a redução, antes terá o tribunal de ponderar *outro tipo de fatores,* entre os quais alguns que revestem uma índole subjetiva, para saber se, e em que medida, a pena constitui um excesso e traduz um exercício abusivo, pelo credor, do direito à pena. O que implica, ao mesmo tempo, que o tribunal tenha de apurar a *finalidade* com que a pena foi estipulada, ou seja, a *espécie* prevista pelos contraentes, uma vez que a pena poderá não ser "manifestamente excessiva", se houver sido determinada por um intuito compulsório, mas já poderá sê-lo, todavia, se ela tiver sido acordada a título de mera liquidação prévia do *quantum respondeatur*.

Muito interessante, a este respeito, é, atualmente, o art. 413º do (novo) Código Civil brasileiro, ao consagrar a redução equitativa da pena, quer em caso de cumprimento parcial, quer no caso de ela ser manifestamente excessiva, "tendo-se em vista a *natureza* e a *finalidade* do negócio"[29].

Ao decidir que a pena é manifestamente excessiva, o tribunal dá por verificado o *pressuposto* de que depende o exercício da sua atividade sindicante, o qual já constitui, porém, ao mesmo tempo, o *resultado* de uma ponderação equilibrada de todos esses fatores que devem intervir na formação do seu juízo. O que significa, assim, que, decidindo reduzir a pena, por se acharem preenchidas as respetivas condições, o tribunal decide, de igual forma, sobre a *medida* em que a redução se justifica. O *critério* que deve nortear o tribunal é, portanto, o mesmo.

III. Ora, qual será o critério que deve pautar a atuação do juiz, quer para decidir se *pode* reduzir a pena, quer para determinar, simultaneamente, em caso afirmativo, a *medida* dessa redução?

Naturalmente que a diferença entre o valor do prejuízo efetivo e o montante da pena é, desde logo, o primeiro fator, de cariz objetivo, a considerar.

Não basta, porém, repete-se, uma mera superioridade da pena em relação ao prejuízo. Sendo ela estipulada a título indemnizatório, a sua índole de liquidação *forfaitaire* justifica que pequenas variações não deem lugar à redução; sendo acordada como sanção compulsória, a *eficácia* da mesma pressupõe, igualmente, que só em

29 Cfr., a propósito, JUDITH MARTINS-COSTA, *Comentários ao Novo Código Civil*, vol. V, tomo II, *Do Inadimplemento das Obrigações*, 2ª ed. (Coordenador: Sálvio de Figueiredo Teixeira), Editora Forense, Rio de Janeiro, 2009, cit., pp. 683, ss., esp. pp. 702, ss., bem como, no direito brasileiro, sobre os critérios de redução de penalidades "manifestamente excessivas", ao abrigo do art. 413, ainda, por exemplo, PAULO LÔBO, *Direito Civil. Obrigações*, 4ª ed., Saraiva, São Paulo, 2015, pp. 273, ss., esp. 279, ss., BRUNO MIRAGEM, *Direito Civil. Direito das Obrigações,* Saraiva, São Paulo, 2017, pp. 562 ss., esp. 574, ss., JORGE CESA FERREIRA DA SILVA, *Inadimplemento das Obrigações*, Editora Revista dos Tribunais, 2007, pp. 232, ss., esp. pp. 270, ss., e especialmente a tese de doutorado de NELSON ROSENVALD sobre *Cláusula penal. A pena privada nas relações negociais,* Editora Lumen Juris, Rio de Janeiro, 2007, pp. 215, ss.

casos de evidente e flagrante desproporção haja lugar a um controlo judicial. É necessário, no dizer de Carbonnier, que essa desproporção *saute aux yeux*[30].

Nem poderá, a este respeito, estabelecer-se qualquer critério, capaz de *quantificar* a medida dessa superioridade ou o *limiar* a partir do qual se verifica o excesso que legitima a redução.

Trata-se, com efeito, de uma questão que dificilmente se compadecerá com o estabelecimento de critérios ou índices de índole *quantitativa.* Perante a superioridade de determinada pena, o juiz só poderá concluir pelo seu carácter "manifestamente excessivo" após *ponderar* uma série de outros fatores, à luz do *caso concreto,* que um julgamento por *equidade* requer. Assim, a gravidade da infração, o grau de culpa do devedor, as vantagens que, para este, resultem do incumprimento, o interesse do credor na prestação, a situação económica de ambas as partes, a sua boa ou má fé, a índole do contrato, as condições em que foi negociado e, designadamente, eventuais contrapartidas de que haja beneficiado o devedor pela inclusão da cláusula penal, são, entre outros, fatores que o juiz deve ponderar para tomar uma decisão. É um *juízo de valor* que o tribunal deve formular.

Julgamos importante acentuar, porém, de novo, um aspeto, o qual requer particular atenção: o tribunal não pode deixar de ter em conta a *finalidade* prosseguida com a estipulação da cláusula penal, para averiguar, a essa luz, se existe uma *adequação* entre o montante da pena e o escopo visado pelos contraentes. Significa isto, por conseguinte, que os mencionados fatores, ou outros, terão uma importância relativamente *diferente,* consoante o escopo das partes, ou seja, consoante a *espécie* de pena acordada[31].

IV. Resta, para concluir este ponto, recordar que a cláusula penal, em certos aspetos, é objeto de um regime específico, quando incluída em *contratos de* ou *por adesão.*

Efetivamente, a celebração destes contratos, "maxime" quando concluídos através de *cláusulas contratuais gerais*, suscita problemas específicos, designadamente ao nível da formação do contrato, do seu conteúdo e dos mecanismos de reação. A lei portuguesa em vigor prevê medidas adequadas para tutela do aderente, mormente no tocante à proteção do consentimento, à proibição de cláusulas abusivas e ao controlo preventivo, medidas que, naturalmente, valem também para a cláusula penal[32]. Limitamo-nos aqui, por isso, a destacar três aspetos.

---

30 Cfr. JEAN CARBONNIER, *Droit Civil. 4/Les Obligations*, 13ª ed., Paris, 1988, p. 323.

31 Para maiores desenvolvimentos, cfr. ANTÓNIO PINTO MONTEIRO, *Cláusula penal e indemnização, cit.*, pp. 717,ss, esp. pp. 724, ss.

32 Cfr., respetivamente, os arts. 5º, ss, 15º,ss, e 25º, ss do Decreto-Lei nº 446/85, de 25 de Outubro, com as modificações introduzidas pelos Decretos-Leis nº 220/95, de 31 de Agosto, e 249/99, de 7 de Julho. Na doutrina, além de M. J. ALMEIDA COSTA/A. MENEZES CORDEIRO, *Cláusulas contratuais gerais. Anotação ao Decreto-Lei nº 446/85, de 25 de Outubro*, Almedina, Coimbra, 1986, v. princi-

O primeiro, é que as cláusulas penais, em contratos de adesão, quando abrangidas pelo Decreto-Lei nº 446/85, se forem desproporcionadas aos danos a ressarcir, não são meramente redutíveis, antes feridas de *nulidade*, por conjugação do disposto no art. 19º, al. c) com a doutrina do art. 12º.

Além deste desvio, outro há, não menos significativo, em relação ao controlo estabelecido para o comum dos contratos, no art. 812º do Código Civil: em contratos de adesão, prevalece um critério de índole mais *objetiva*, assente na desproporção da pena relativamente aos danos a ressarcir, sem que considerações de equidade sejam aqui (pelo menos num primeiro momento) de tomar em conta[33].

Note-se, finalmente, que o juízo sobre a desproporção da pena deve fazer-se *em abstrato* e, por isso, reportar-se ao momento em que a cláusula penal é estabelecida, devendo considerar-se, para esse efeito, a *desproporção entre a pena estipulada e os danos previsíveis.* Sendo a pena desproporcionada a esses danos, é *nula*; caso contrário, é *válida.*

Mas isso não significa que, sendo a cláusula penal válida, não possa a pena vir depois a ser *reduzida*, por aplicação do disposto no art. 812º, se ela vier a revelar-se "manifestamente excessiva", *em concreto*, em face do incumprimento, tendo em conta, para este efeito, não só os danos efetivamente causados como também os demais fatores que atrás referimos, essenciais para a formação de um juízo de valor e no respeito pela equidade (que neste segundo momento já será de considerar)[34].

---

palmente M. J. ALMEIDA COSTA, *Síntese do regime jurídico vigente das cláusulas contratuais gerais*, 2ª ed., Lisboa, 1999, OLIVEIRA ASCENSÃO, *Cláusulas contratuais gerais, cláusulas abusivas e boa fé*, in ROA, ano 60, 2000, pp. 573,ss, SOUSA RIBEIRO, *Cláusulas contratuais gerais e o paradigma do contrato,* Coimbra, 1990, *Idem, O problema do contrato. As cláusulas contratuais gerais e o princípio da liberdade contratual,* Coimbra, 1999, INOCÊNCIO GALVÃO TELLES, *Das condições gerais dos contratos e da Diretiva europeia sobre as cláusulas abusivas,* in "O Direito", ano 127º, 1995, pp. 297,ss., e ANTÓNIO PINTO MONTEIRO, *O novo regime jurídico dos contratos de adesão/Cláusulas contratuais* gerais, in "Revista da Ordem dos Advogados" (ROA), ano 62, Lisboa, 2002; *Idem, Contratos de adesão: o regime jurídico das cláusulas contratuais gerais instituído pelo Decreto-Lei nº 446/85, de 25 de Outubro,* in ROA, ano 46, Lisboa, 1986, pp. 733,ss,

Entretanto, em 2001 houve novas alterações, introduzidas, desta vez, pelo Decreto-Lei nº 323/2001, de 17 de Dezembro, diploma esse que procedeu à conversão em euros de valores expressos em escudos em legislação da área da justiça, mas não tendo o legislador sido feliz: cfr., a este respeito, o nosso trabalho sobre *Cláusulas contratuais gerais: da desatenção do legislador de 2001 à indispensável interpretação corretiva da lei,* in RLJ, ano 140º, nº 3966,pp. 138,ss., bem como nos Estudos em Homenagem ao Prof. Doutor Heinrich Ewald Hörster.

---

33 Neste sentido, também ALMEIDA COSTA/MENEZES CORDEIRO, *op. cit.*, anot. nº 4 ao art. 19º, p. 47.

34 Em sentido próximo, veja-se NUNO MANUEL PINTO OLIVEIRA, *Cláusulas acessórias ao contrato: cláusulas de exclusão e de limitação do dever de indemnizar e cláusulas penais,* 3ª ed., Almedina, Coimbra, 2008, pp. 173,ss.

4. O limite do "valor do prejuízo resultante do incumprimento da obrigação principal"

I. Resta, para concluir, chamar a atenção para um último ponto, o qual nem sempre tem merecido a devida atenção da jurisprudência portuguesa, e que é este: afinal, para controlar penas de valor exagerado, às quais se aplique o controlo definido no Código Civil, recorre-se ao art. 812º ou ao nº 3 do art. 811º? Idêntica pergunta se coloca em face do Código Civil brasileiro: recorre-se ao art. 413 ou ao art. 412?

Reza assim o nº 3 do art. 811º:

> "O credor não pode em caso algum exigir uma indemnização que *exceda o valor do prejuízo resultante do incumprimento da obrigação principal*".

E o nº 1 do art. 812º dispõe, por sua vez, o seguinte:

> "A cláusula penal pode ser reduzida pelo tribunal, de acordo com a equidade, quando for *manifestamente excessiva*, ainda que por causa superveniente; é nula qualquer estipulação em contrário".

O Código Civil brasileiro, pelo seu lado, dispõe assim no art. 412:

> "O valor da cominação imposta na cláusula penal *não pode exceder o da obrigação principal*".

E o art. 413, por sua vez, reza assim:

> "A penalidade deve ser reduzida equitativamente pelo juiz se a obrigação principal tiver sido cumprida em parte, *ou se o montante da penalidade for manifestamente excessivo*, tendo-se em conta a natureza e a finalidade do negócio".

Pode assim acontecer que nos confrontemos com uma pena que não seja *"manifestamente excessiva"* – razão por que, ao abrigo do art. 812º, ou do art. 413 do CC brasileiro, *não será susceptível de ser reduzida*, mantendo o credor, por isso, o direito de exigir o seu pagamento *na íntegra* —, mas, em todo o caso, constitua uma indemnização *que excede "o valor do prejuízo resultante do incumprimento da obrigação principal"*, o que *contraria* o disposto no nº 3 do art. 811º, tal como o citado art. 412[35], ficando o credor *impedido* de exigir o seu pagamento.

35 Por ir além do "valor" da obrigação principal, o que não coincide, em rigor e como se sabe, com o (possível) valor do *"prejuízo* resultante do incumprimento da obrigação principal". O problema põe-se, em todo o caso, tanto perante o art. 812º como perante o art. 413 dos CC português e brasileiro, respectivamente.

Numa situação destas, *quid iuris?* Terá o credor *direito à pena*, em conformidade com a solução consagrada no nº 1 do art. 812º – ou *deixará o credor de ter esse direito,* por força do nº 3 do art. 811º?[36]

A pergunta formula-se em termos idênticos perante o Código Civil brasileiro: numa situação destas recorre-se ao art. 413 ou ao art. 412?

Perante uma situação destas, há que fazer *opções*: desde logo, ou se recorre a uma ou se recorre a outra das referidas normas; o que não pode é recorrer-se a ambas, *em simultâneo*, como se uma e outra conduzissem ao mesmo *resultado* e como se uma e outra comungassem dos mesmos *pressupostos.* O que não acontece, em qualquer dos casos!

Apesar disso, vai-se assistindo, em alguma jurisprudência portuguesa, a uma generalizada *confusão*, apelando-se, umas vezes, ao nº 3 do art. 811º, outras vezes, ao art. 812º, e, muitas vezes, tanto a uma como a outra destas normas, indiscriminadamente, em abono da decisão que se toma em face de penas de montante exagerado.

Em alguns arestos acaba por se decidir em conformidade com o disposto no nº 3 do art. 811º, *pese embora* as judiciosas considerações que se tecem a propósito do *"valor coercitivo"* da cláusula penal, do *"legítimo e salutar valor cominatório da cláusula penal"*, que explicam a solução acolhida pelo nº 1 do art. 812º!

Mas não pode ser assim, com o devido respeito. Como de há muito venho defendendo, o nº 3 do art. 811º só se aplica quando estivermos perante uma *cláusula de fixação antecipada da indemnização com convenção sobre o dano excedente*, nos termos do nº 2 da mesma norma, e aí se convencione "uma indemnização que exceda o valor do prejuízo resultante do incumprimento da obrigação principal" (nº 3).

Em todos os outros casos em que seja estipulada uma cláusula penal sem convenção sobre o dano excedente é o art. 812º – *esta e apenas esta* – a norma adequada para reagir contra penas "manifestamente excessivas", seja qual for a espécie de cláusula penal acordada.

É indispensável que à (aparente) *falta de senso* do legislador de 1983 o intérprete faça apelo ao *postulado metodológico do legislador razoável* – que a lei expressamente acolhe: art. 9º, nº 3 – para conciliar o nº 3 do art. 811º com o art. 812º. É que, se não for assim, uma interpretação mais chegada à *letra da lei* concluirá que o nº 3 do art. 811º *impede que o credor exija e obtenha "uma indemnização que exceda o valor do prejuízo resultante do incumprimento da obrigação principal"*.

---

36 Este nº 3 do art. 811º não constava da redacção inicial do Código, tendo sido introduzido só em 1983, pelo Decreto-Lei nº 262/83, de 16 de Junho, no contexto das *desastradas* alterações ao regime da cláusula penal, já iniciadas em 1980, pelo Decreto-Lei nº 200-C/80, de 24 de Junho: cfr., a propósito, o nosso texto sobre *A cláusula penal perante as alterações de 1980 e de 1983 ao Código Civil,* in RLJ ano 147º, nº 4006, 2017, pp. 3, ss.

Mas se é assim, se fosse de acolher esta interpretação *irrestrita* do nº 3 do art. 811º, então seria de concluir:

1º – O art. 812º *deixa de fazer sentido* e teria sido, até, porventura, *revogado*;

2º – A cláusula penal teria sido *erradicada* da ordem jurídica portuguesa!

Em relação ao primeiro ponto, é fácil concluir que *deixaria de haver espaço* para a aplicação do art. 812º, *a não ser* para as espécies de cláusulas penais não abrangidas pelo nº 3 do art. 811º, cujo âmbito de aplicação circunscrevemos à *cláusula de fixação antecipada da indemnização.*

Quanto ao segundo ponto, é igualmente fácil concluir que se o credor não pode exigir uma indemnização que exceda o valor do prejuízo efectivo, é a própria concepção da cláusula penal como *indemnização invariável* – "à forfait" – que fica irremediavelmente comprometida. Basta que a pena *exceda* o valor do dano efectivo *em apenas 1 euro* para que o devedor possa reagir! A cláusula penal converte-se em mero *acordo sobre a inversão do ónus da prova*: em vez de ser o credor a provar o montante do dano, é o devedor quem terá de alegar e provar que o dano sofrido pelo credor é menor do que aquele que está a exigir a título de pena. Feita esta prova, o credor será indemnizado *em função do prejuízo efectivo.*

Mas se é assim, "*requiem*" *pela cláusula penal* – melhor, *requiem* pela cláusula penal *indemnizatória*. Apesar da sua longevidade, apesar do enorme interesse prático de que se reveste, apesar das funções que está apta a desempenhar, apesar de tudo isso, deixaria de ser possível às partes, na ordem jurídica portuguesa, convencionarem cláusulas penais indemnizatórias, estando limitadas a meros *acordos de inversão do ónus da prova sobre o prejuízo a reparar.*

Mas não pode aceitar-se tal conclusão. Como disse atrás, só se deve recorrer ao nº 3 do art. 811º quando se estiver perante uma cláusula penal *com convenção sobre o dano excedente.*

II. O que acabo de dizer vale também, *mutatis mutandis*, para o direito brasileiro, em face dos arts. 412 e 413. Interpretado à letra, *prevaleceria* sempre o art. 412 sobre o art. 413; e a cláusula penal ter-se-ia convertido, também no Brasil, em mero *acordo de inversão do ónus da prova,* nos termos acima assinalados!

O art. 412 tem o seu *precedente histórico* no art. 920 do Código Civil de 1916 – onde *não se previa*, contudo, note-se bem, a redução de penalidades "*manifestamente excessivas*". O problema não se punha, portanto. Mas com a inclusão, no Código Civil actual, de 2002, do art. 413, dever-se-ia ter *evitado* aquele art. 412 (anterior artigo 920), pela sua *incompatibilidade* perante o art. 413, este, sim, uma solução adequada, moderna e abrangente. Se nos é permitida a ousadia, dê-se por *não escrito* o art. 412, por força da chamada *interpretatio abrogans!*

III. Neste contexto, finalmente, e lembrando o velho ditado alemão "cuidado, ao deitares fora a água da banheira não vá também o bébé"(!), chamamos de novo a atenção para a crítica que fazemos a afirmações do género de que *não poderá o credor, pelo incumprimento, receber mais do que receberia pelo cumprimento da obrigação*[37].

Não posso concordar com esta afirmação, como disse logo a abrir este trabalho, pese embora a "simpatia" que ela possa aparentemente despertar, na sua singeleza! E não posso concordar com esta afirmação porque ela *choca frontalmente* contra a *essência* da cláusula penal – e contra a própria *lei*: art. 812º, precisamente, e art. 413 do CC brasileiro.

É contrária, desde logo, à índole *invariável* da cláusula penal, pois desde sempre se admitiu, *urbi et orbi*, residir no carácter *forfaitaire* da cláusula penal a essência da mesma.

Mas é sobretudo a *função coercitiva* ou *compulsória* da cláusula penal que uma tal afirmação põe decisivamente em causa, pois sempre essa função pressuporá que a pena deva constituir um *incentivo* ao cumprimento do contrato, o que *deixará de suceder* se o devedor souber, à partida, que nunca lhe pode ser exigido mais do que o valor da indemnização pelos danos sofridos pelo credor!

Sim, digo eu, *o credor poderá vir a receber mais pelo incumprimento do que receberia pelo cumprimento do contrato*. Mas isso é *imputável* ao devedor: porque *acordou* uma cláusula penal e porque *culposamente* não cumpriu![38] São os princípios da *autodeterminação* e da *liberdade contratual* a funcionar! Claro que parto do princípio de que a cláusula penal foi *validamente estipulada* e o incumprimento do contrato é *imputável ao devedor*. Assim sendo, só em casos *excepcionais*, para evitar *abusos*, é que se permite a redução de penas, desde que "*manifestamente excessivas*": daí, justamente, os citados arts. 812º e 413, tal como outros preceitos idênticos, em várias ordens jurídicas, designadamente alemã, italiana e francesa.

Afinal, partilhando desta compreensão do problema, também o Supremo Tribunal de Justiça, ao referir que o montante da pena "deve ser, em regra, *de valor superior aos danos a ressarcir*, sob pena de frustrar a finalidade compulsória referida"[39].

É importante que estas palavras sejam ponderadas, é importante que se entendam as razões por que se recorre à estipulação de cláusulas penais, é importante que

---

37 Cfr., *supra*, nº 1-II.

38 É que se o devedor provar que *não teve culpa* fica *afastado* o direito do credor à pena: cfr. ANTÓNIO PINTO MONTEIRO, *Cláusula penal e indemnização*, cit., pp. 683, ss. Por outro lado, evidentemente que a própria cláusula penal pode ser *inválida*, nos termos gerais, se tiver havido, por ex., erro, dolo, coacção moral ou qualquer outro vício da vontade (arts. 251º e ss.): cfr., de novo, a nossa dissertação, cit., pp. 718, ss.

39 Acórdão do STJ de 12 de Junho de 2007 (Relator: Conselheiro João Moreira Camilo), in "Colectânea de Jurisprudência – Acórdãos do STJ" (CJ-Acs. STJ), ano XV, tomo II, pp. 107, ss., p. 108 (itálico nosso); no mesmo sentido, afirmando que a cláusula penal pode constituir "poderoso meio de pressão" para o devedor cumprir "desde que o montante da pena seja fixado numa cifra elevada, relativamente ao dano efectivo", o Acórdão do STJ de 2 de Março de 2004 (Relator: Conselheiro Afonso Correia), in CJ-Acs.STJ, ano XII, tomo I, pp. 93, ss., p. 98.

se atenda à própria lei, para que, afinal, se possa compreender que o credor poderá ter *mais a ganhar com o incumprimento do contrato do que com o cumprimento do mesmo*, sem que isso tenha algo de *abusivo*, de *ilícito* ou, sequer, de *estranho*![40]

40 Cfr., a propósito, também ANTÓNIO MENEZES CORDEIRO, *Tratado de Direito Civil Português*, II, *Parte Geral*, *Negócio* Jurídico, 4ª ed., com a colab. de A. BARRETO MENEZES CORDEIRO, Almedina, Coimbra, 2014, pp. 670-671 (ponto V).

Direito, História e Memória em Roberto Rosas

Arnaldo Sampaio de Moraes Godoy

A reminiscência jurídica nacional ressente-se de memorialistas. Há poucos que se interessam pelo relato pela vida forense e das lides dos juspublicistas. Entre eles, o Conselheiro Albino de Oliveira (*Memórias de um magistrado do Império*), Joaquim Nabuco (*Um estadista no Império*), Castro Nunes (*Alguns homens de meu tempo*), Afonso Arinos (*A alma do tempo*), Rodrigo Octavio (*Minhas memórias dos outros*), Gilberto Amado (*Depois da política*), Santiago Dantas (*Figuras do direito*), Pedro Dutra (*Santiago Dantas*), Hermes Lima (*Travessia*), Miguel Reale (*Destinos Cruzados*).

Entre os contemporâneos, Roberto Rosas, a quem devemos perfis os mais variados, que contemplam os mais expressivos juristas brasileiros. Roberto Rosas retratou, entre tantos outros, Aliomar Baleeiro, Themístocles Cavalcanti, Carlos Maximiliano, Aníbal Freire, Francisco Rezek, Ilmar Galvão, Luiz Octávio Gallotti, Oscar Corrêa, Sydney Sanches, Carlos Mário Velloso, Nelson Jobim, Ives Gandra (o pai), Victor Nunes Leal, Noé Azevedo, Coqueijo Costa, Orosimbo Nonato, Levi Carneiro.

Fino descendente de uma linha que remonta a Plutarco e ao gênero biográfico, Roberto Rosas define um perfil, fixa as silhuetas mais representativas, expurga o desnecessário, capta o núcleo do personagem e revela o pensamento e a moldura do biografado. Não faz concessões ao superficial, ao meramente episódico e anedótico. Conhece de quem fala, porque tudo leu, e tudo compreendeu, e com boa parte dos biografados conviveu, em extensa trajetória na vida pública.

Lembra-nos Levi Carneiro, pelo apego à advocacia, como uma profissão elevada e libertadora. Nesse sentido, remete-nos ao parecer que Levi Carneiro elaborou, quando era Consultor-Geral da República, em favor da criação da Ordem dos Advogados do Brasil, de que se cogitava na década de 1930. Tal como Levi Carneiro, Roberto Rosas é um advogado desses que hoje pouco há: erudito, estudioso, criterioso, conhecedor da literatura, das artes, da história. Aproxima todos os campos do saber com o Direito, sob as lentes da História, construindo uma portentosa memória. Pelos dons que perfila e pelo realismo de sua ação prática, Roberto Rosas é o Jerome Frank brasileiro. Explico.

Antes, ilustro essa intimidade de Roberto Rosas com o Direito, com a História e com a memória, com excertos de interessantíssima biografia que redigiu, com foco em Pedro Lessa[1]. Conta-nos Roberto Rosas que o pai de Pedro Lessa visitava o filho no Supremo Tribunal Federal, procurando o *"Pedrinho"*; em seguida, tomavam o bonde, "ao estilo da época", e rumavam para Botafogo. Essa informação, reveladora da simplicidade de Pedro Lessa, relatada por Castro Nunes, é encontrada em surpreendente livro de Roberto Rosas. O livro é surpreendente em dois sentidos: pelo que contém, e pelo modo como dele tomei conhecimento. Início com seu conteúdo.

1 Rosas, Roberto, *Pedro Lessa, o Marshall brasileiro*, Brasília: Horizonte Editora, 1985.

Trata-se de obra publicada em 1985, indicadora de intensa pesquisa, constatada também das notas de rodapé, todas com ênfase em autores e textos clássicos da memória jurídica e filosófica brasileira, a exemplo de Rodrigo Otávio (que foi Consultor-Geral da República por quase duas décadas, memorialista), Luiz Washington Vita (historiador do pensamento brasileiro, culturalista), Spencer Vampré (historiador das Arcadas), Teófilo Cavalcante Filho (autor de importante texto sobre Miguel Reale e a renovação dos estudos jurídicos no Brasil), Miguel Reale (também autor de um estudo sobre Pedro Lessa) e Machado Neto (autor de uma História das Ideias Jurídicas do Brasil, obra hoje rara, e indispensável), entre tantos outros.

Roberto Rosas situa as origens de Pedro Lessa, *"na força telúrica do Serro"*[2], espaço mineiro *"distante de Ouro Preto"*[3], de feição colonial, terra de Teófilo Otoni, de Felício dos Santos e de João Pinheiro[4]. Narra em seguida a passagem de Pedro Lessa pela Faculdade de Direito, onde conviveu com Rodrigo Otávio; informa-nos Rosas que Lessa matriculou-se em 1879, recebeu o grau de bacharel em 1883, doutorou-se em 1884. Membro de arcana sociedade, a *"Bucha"*, Pedro Lessa, revela-nos Roberto Rosas, militou como jornalista estudantil, com forte marca republicana, ao lado de Alberto Salles, Júlio de Mesquita e Tito Fulgêncio[5].

Segundo Roberto Rosas, Pedro Lessa prestou concurso inicialmente em 1887, apresentando teses, também ao estilo da época, entre outros pontos, invocando que *"perante os princípios científicos é incontestável o direito de revolução"*[6]; em âmbito de direito privado, que também dominava com excelência, Lessa invocava que *"pertence ao proprietário da parede a edificação que o vizinho fizer sobre ela"*[7]. E ainda, *"ao filho natural reconhecido por vários indivíduos assiste o direito de aceitar o reconhecimento que julgar verdadeiro"*[8]. Seguiram-se outros certames (Lessa não fora nomeado no primeiro concurso que prestou, ainda que aprovado). A posse de Lessa como catedrático, informa Rosas, deu-se em 1891.

Conta-nos Roberto Rosas que Pedro Lessa também conduziu próspera banca, ao lado de Elias Novaes e de Rafael de Aguiar, nos termos de anúncio colhido no jornal O Federalista, datado de 6 de dezembro de 1888. Entre outros assuntos delicados que Lessa tratou como advogado, ainda segundo Rosas, consta o tema da responsabilidade civil das estradas de ferro, que Lessa entendia existente, nas hipóteses dos "danos causados por empregados e representantes das ferrovias"[9].

2 Rosas, Roberto, cit., p. 25.

3 Rosas, Roberto, cit., loc. cit.

4 Rosas, Roberto, cit., pp. 25 e ss.

5 Rosas, Roberto, cit., pp. 31 e ss.

6 Rosas, Roberto, cit., p. 37.

7 Rosas, Roberto, cit., loc. cit.

8 Rosas, Roberto, cit., loc. cit.

9 Rosas, Roberto, cit., p. 51.

A convocação de Lessa para o Supremo Tribunal Federal também é descrita nesse belo livro. Rosas faz referência a Aliomar Baleeiro, para quem Lessa fora figura ideal no STF. Lessa foi magistrado, entre outros, ao lado de Amaro Cavalcanti e de Epitácio Pessoa. Lessa desentendeu-se com Epitácio Pessoa, episódio que Rosas revelou e comentou; segundo Rosas, Epitácio Pessoa tratava Pedro Lessa de Ministro Carneiro...[10]. Roberto Rosas sintetizou algumas decisões de Lessa, algumas de fundo político, com especial ênfase no papel desse notável jurista mineiro na construção da doutrina brasileira do habeas corpus[11]. Descreveu a relação amistosa entre Lessa e Rui; aquele primeiro não via razões para que se limitasse o tempo de fala desse último, naquelas memoráveis sessões do STF. A altercação entre Pedro Lessa e o então Presidente Hermes da Fonseca também é explicada por Roberto Rosas. Hermes deixou de cumprir uma ordem do STF, de onde brotou intensa crise[12].

Roberto Rosas revelou também outros traços da personalidade e da curiosidade intelectual de Pedro Lessa: historiador (Lessa deixou-nos uma monografia sobre a cientificidade da história), patriota (foi fundador e presidente da Liga da Defesa Nacional), literato (foi membro da Academia Brasileira de Letras, substituindo Lúcio de Mendonça), internacionalista (em 1914 fundou com Amaro Cavalcanti a Sociedade Brasileira de Direito Internacional) político (seu nome foi cogitado para a Presidência da República) e homem público. Pedro Lessa é nome importante em nossa tradição cultural.

Esse livro precioso de Roberto Rosas, que eu desconhecia, foi-me enviado pelo autor. Quando o recebi, li, imediatamente, e numa sentada. Tomado de intensa emoção, pelo que admirador do trabalho acadêmico de Rosas desde quando estudei seu clássico e inexcedível Direito Sumular, livro que inaugurou os estudos de hermenêutica da ação dos tribunais no Brasil, exemplo de um realismo jurídico que também de algum modo vicejou no Brasil, intui que há um tesouro bibliográfico brasileiro que desconhecemos.

Roberto Rosas é um dos poucos que aproxima Direito, História e memória, com elegância e segurança, em um tempo no qual o Direito se vê ameaçado pelo Política e pela Economia, a História se vê refém da literatura de ficção e a memória se transformou em um guarda-roupas no qual cabe qualquer fantasia. E se Pedro Lessa é o Marshall brasileiro, imagem de Rui, que dá título ao livro de Rosas, Roberto Rosas é certamente nosso Jerome Frank: realista, culto, erudito, atencioso, perspicaz e superlativamente humano, isto é, no que a humanidade tem de mais nobre, transcendente, justo e eterno.

10 Rosas, Roberto, cit., p. 108. A ironia, constata-se em Roberto Rosas, decorre do nome Pedro Lessa: Pedro Augusto Carneiro Lessa.

11 Rosas, Roberto, cit., p. 66.

12 Rosas, Roberto, cit., pp. 55 e ss.

O Pragmatismo Ético do Supremo Tribunal Federal

Arnoldo Wald

> *"Onde quer que haja um direito individual violado, há de haver um recurso judicial para a debelação da injustiça; este, o princípio fundamental de todas as Constituições livres."* (RUI BARBOSA)[1]
>
> *"O direito deve ser estável, e contudo não pode permanecer **imóvel**."* (BENJAMIN N. CARDOZO)[2]
>
> *"The prophecies of what the courts will do in fact, and nothing more pretentious, are what I mean by the Law"* (OLIVER WENDELL HOLMES JR.)[3]

Uma das maiores alegrias que o professor pode ter consiste em acompanhar o sucesso dos seus discípulos, especialmente quando trilharam os caminhos que lhes foram indicados pelos seus mestres, desde o tempo da faculdade.

É, pois, profunda a satisfação que sinto ao participar da justa e oportuna homenagem que estamos prestando ao professor ROBERTO ROSAS, advogado dedicadíssimo e defensor de grandes causas, orador eloquente e autor de excelentes obras, que foi ministro do Superior Tribunal Eleitoral e presidente do Instituto dos Advogados do Distrito Federal e ao qual o nosso direito constitucional e processual e a nossa advocacia tanto devem.

Fui paraninfo da Turma de 1964 da Faculdade Nacional de Direito, onde tinha terminado o meu curso, onze anos antes, de modo que me identificava plenamente com a nova geração, que naquele momento abraçava a profissão. Lembro-me, com grande emoção e com nostalgia, da solenidade da formatura, na qual proferi discurso a respeito dos novos rumos do Direito.[4] Após a democratização do país, compartilhava do entusiasmo, das esperanças e dos receios dos meus jovens colegas, entre os quais estava, além de numerosos outros, ROBERTO ROSAS, que aparece no álbum dos advogados da referida turma, numa fotografia na qual tinha alguns poucos anos a menos do que hoje, mas já dando a impressão da seriedade e transmitindo a simpatia que o caracterizam e que sempre manteve, desde aquela época.

---

1 O texto é da petição de *habeas corpus* de RUI BARBOSA, impetrado em favor do Senador Almirante EDUARDO WANDENKOLK, em 18.04.1892, que foi a primeira utilização do *habeas corpus* em caso político. (BARBOSA, Rui. *O Estado de Sítio: sua natureza, seus efeitos, seus limites.* Rio de Janeiro: Companhia Impressora, 1892, p. 24).

2 CARDOZO, Benjamin. A *natureza do Processo e a Evolução do Direito*. São Paulo: Editora Nacional de Direito, 1956, p. 188.

3 HOLMES JR., Olivier Wendell, "The path of the Law", *Harvard Law Review,* 10/457, 1897.

4 WALD, Arnoldo. "A função do advogado no processo revolucionário brasileiro". *Revista Jurídica*, da Faculdade Nacional de Direito do Rio de Janeiro, nº 19, pp. 289-311, 1963/64. No meu discurso mantive as ideias e o estilo do que tinha proferido no ano anterior, como paraninfo da turma da Faculdade de Direito da Universidade Federal do Estado do Rio de Janeiro, embora o clima político fosse diferente, "A advocacia no mundo contemporâneo", *Revista da Ordem dos Advogados do Brasil*, Rio de Janeiro, nº 21, pp. 34-40, jan./abr. 1977).

A formatura aconteceu há cerca de um meio século no qual pude acompanhar a sua carreira, nos Tribunais, nas Faculdades, nos conselhos profissionais e nos Congressos da OAB. Fomos companheiros no Conselho Federal da Ordem dos Advogados, e ainda hoje estamos juntos nas Academias de Letras Jurídicas e de Direito e Economia e em outros centros culturais, nos quais ele deu - e continua dando - a sua contribuição científica e prática, preocupado com o aprimoramento do Direito, e a sua adequação ao novo mundo, que está surgindo em virtude dos progressos tecnológicos, sociais e econômicos. O futuro da profissão também oi sempre uma das suas preocupações constantes.

Em sua homenagem, pareceu-me que seria oportuno lembrar uma tendência importante do nosso Direito Constitucional e do Judiciário, e que se firmou no século XXI, de acordo com o pensamento do Professor ROBERTO ROSAS, para dar à jurisprudência o seu papel construtivo e criador do Direito.

Assim, já no prefácio da seu *"Direito Sumular"*, hoje na 14ª edição[5], ele reconheceu que a jurisprudência e especialmente as súmulas podem modificar o Direito aplicado, em virtude de variação de interpretação explícita ou implícita, pela qual um novo sistema entra em vigor e oferece "norte e segurança" à sociedade[6].

Reconhece o Professor ROBERTO ROSAS que a finalidade do Direito é, pois, dar ordem e segurança jurídica, além de garantir a boa distribuição da Justiça. Embora a ideia fosse antiga, só recentemente, tanto o nosso legislador como os tribunais deram maior importância à economia, à eficiência e à estabilidade jurídica, que passaram a ser consideradas como condições da realização do progresso social.

É uma modificação que se institucionalizou a partir do século XXI.

Efetivamente, ainda em 2004, a ministra ELLEN GRACIE em palestra realizada na AIDE (Academia Internacional de Direito e Economia, que eu então presidia), lembrava que:

> *"(...) nós, os integrantes do Judiciário, por força da nossa formação acadêmica, não prestamos a devida atenção às repercussões econômicas das decisões judiciais. Isso decorre de uma relativa inapetência para cálculos e projeções de resultados. Sem dúvida, extremamente adequada a ponderação antes feita pelo ministro Oscar Corrêa: é preciso termos uma fome de saber, de ampliar conhecimentos e ingressar em outras áreas além daquelas do nosso conhecimento especializado.*
>
> *Hoje, felizmente, novos ventos já sopram, e o Supremo Tribunal Federal tem sido palco de algumas complexas análises matemáticas desenvolvidas pelo ministro Nelson Jobim para*

---

5 ROSAS, Roberto. *Direito Sumular*. 14ª ed. São Paulo: Malheiros, 2012.

6 *"A súmula sofre o mesmo processo da legislação, isto é, alteração por nova interpretação e, principalmente, nova legislação, alterando aquele enunciado. Hoje notamos essa influência com o novo Código Civil de 2002, que altera várias súmulas do STF (Súmula 165: compra pelo mandante, alterada pelo art. 497; Súmula 494: venda do ascendente ao descendente, art. 496; Súmula 377: comunhão de aquestos, art. 1672, todos do CC/2002)."* ROSAS, Roberto. *Direito Sumular, op. cit.*, p. 11.

> *demonstrar, com absoluta clareza, as teses que defende. Há, realmente, a necessidade de que saibamos exatamente qual será a repercussão econômica de uma determinada decisão judicial. Não para que deixemos de decidir, como sempre fizemos, consoante os parâmetros da Constituição, da lei e da nossa consciência, mas para que tenhamos a exata dimensão das consequências de nossas decisões.[7]"*

Sem chegar a pregar o consequencialismo como devendo ser o critério, único ou básico para o legislador e a jurisprudência, podemos afirmar que mais do que discussões e polêmicas doutrinária, o Direito é, e deve ser, um instrumento para resolver problemas.

É o que já ensinava TULLIO ASCARELLI quando afirmou que:

> *"Na atual crise de valores, o mundo pede aos juristas ideias novas, mais do que sutis interpretações."*[8]

E a mesma preocupação está na Exposição do Motivos do Anteprojeto do CPC:

> *"Na elaboração deste Anteprojeto de Código de Processo Civil, essa foi uma das linhas principais de trabalho: resolver problemas. Deixar de ver o processo como teoria descomprometida de sua natureza fundamental de método de resolução de conflitos, por meio do qual se realizam valores constitucionais."*

E, no seu discurso de posse na Presidência do STF, a Ministra CARMEN LÚCIA afirmou que:

> *"O que o Judiciário não deu certo – e, reconheça-se, em muito ainda não deu – há que se mudar para fazer acontecer na forma constitucionalmente prevista e socialmente justa. Não procuro discutir problemas.* ***Minha responsabilidade é fazer acontecer as soluções necessárias.***[9]*"* (grifo nosso)

Do mesmo modo, em artigo em homenagem do Ministro LUIZ FUX[10], pudemos concluir que, após longo período de respeito ao fetichismo, a teoria processual su-

---

7 NORTHFLEET, Ellen Gracie. A análise dos fatores relevantes para o aprimoramento do sistema Judiciário. In: WALD, Arnoldo; MARTINS, Ives Gandra da Silva; PRADO, Ney (Coord.). *O Direito brasileiro e os Desafios da Economia Globalizada*. Rio de Janeiro: América Jurídica, 2003, p. 130.

8 ASCARELLI, Tullio. *Studi di diritto comparato e in tema di interpretazione*. Milano: Dott A. Giuffre, 1952, p. 329.

9 Discurso proferido em 12.09.2016.

10 WALD, Arnoldo; KAUFMANN, Rodrigo de Oliveira. A criatividade e a imaginação jurídico como contribuição do advogado à eficiência do direito (O CPC como instrumento do consensualismo e do pragmatismo ético). In: *O novo Processo Civil Brasileiro. Temas relevantes – Estudos em homenagem ao Professor, Jurista e Ministro Luiz Fux*. Rio de Janeiro: GZ, 2018, v. 1, pp. 127-154.

perou a "armadilha do obsoletismo"[11], voltando-se a utilizar nos termos e metas que pareceriam outrora, no Direito, inconvenientes ou até negativamente rasteiros: funcionalidade e pragmatismo.

A Comissão responsável pelo Anteprojeto plantou a semente de um novo período em nossa história processual, que deverá ser marcado pelo forte impacto da visão consequencialista, pragmática e ética na interpretação dos artigos do novo Código de Processo Civil e na produção da jurisprudência acerca de seus institutos. A "consequência" é a avaliação da situação concreta, para que a interpretação proposta leve à solução eficiente do conflito das partes em litígio.

É o direito resolutivo (das soluções), inspirado na ética.

Assim, ainda mais recentemente, o Ministro DIAS TOFFOLI reconheceu que:

> *"(...) estamos visivelmente avançando em termos de **eficiência judicial**.*
>
> *(...)*
>
> *A litigiosidade no Brasil permanece alta e a cultura da conciliação, incentivada mediante política permanente do CNJ desde 2006, ainda tem muito a evoluir."*[12]

Reconheceu-se, assim, que o número de processos em curso não só deixou de aumentar, mas tinha diminuído entre 2018 e 2019, período em que generalizou-se a digitação dos autos e aprimorou-se a qualidade das decisões.

Na realidade, trata-se de obedecer a um preceito constitucional que determina que o Estado seja eficiente (art. 37, *caput*)[13] e que o processo tenha "razoável duração" e celeridade na sua tramitação.[14]

Os mesmos princípios norteiam tanto o Código de Processo Civil como a jurisprudência do STF, que querem conciliar a eficiência e a moralidade pública, donde se pode falar no pragmatismo ético. Pragmatismo quer dizer eficiência e previsibilidade das decisões que devem vir a ser proferidas em determinados casos e sua adequação às circunstâncias existentes.

---

11 TOFFLER, Alvin; TOFFLER, Heidi. *Revolutionary Wealty*. New York: Alfreed A. Knopf, 2006, p. 111, Chapter 17, "The obsoledge trap".

12 TOFFOLI, Dias. Justiça em números: transparência e eficiência a serviço do cidadão. *Migalhas*, 30 ago. 2019.

13 "Art. 37. A administração pública direta e indireta de qualquer dos Poderes da União, dos Estados, do Distrito Federal e dos Municípios obedecerá aos princípios de legalidade, impessoalidade, moralidade, publicidade e eficiência ..." (Redação dada pela Emenda Constitucional nº 19, de 1998).

14 "Art. 5º [A lei garantirá]
LXXVIII – a todos, no âmbito judicial e administrativo, são assegurados a razoável duração do processo e os meios que garantam a celeridade de sua tramitação. (Incluído pela Emenda Constitucional nº 45, de 2004)

Mas, o consequencialismo não pode ser cego, devendo ser modulado pelos valores sociais e econômicos, que abrangem tanto as consequências das decisões, como a manutenção da ordem jurídica estabelecida, que só deve ser modificada de forma razoável e justificada, respeitando, na medida do possível, as situações que se consolidaram anteriormente.

Neste sentido, acrescentamos que, num acórdão que ROBERTO ROSAS considerou histórico, o STF reconheceu a existência das dívidas de valor[15]. É matéria na qual havia pouca jurisprudência e doutrina, mas na ocasião o Ministro RODRIGUES ALCKMIN entendeu que se tratava de um conceito fecundo *e até necessário que deveria ser utilizado.*

Comentando a Súmula Vinculante *nº 43 do STF, o Professor* ROBERTO ROSAS evoca voto do Ministro ALIOMAR BALEEIRO de 21.11.1974, no ERE 75.504-MG, e salienta que:

> "O fenômeno inflacionário despertou no jurista a necessidade de se encontrar a solução para obviar suas consequências sobre as relações jurídicas (Washington Peluso Albino de Souza, Direito Econômico, Saraiva, 1980, 538).

Como consequência dessa evolução pretoriana foi editada a Súmula 562 do STF.

Sem dúvida, não se pode olvidar a grande contribuição, para tal, do Ministro Aliomar Baleeiro. Por isso, com Justiça transcrevemos os pontos essenciais da contribuição:

> 'Por outro lado, numa época em que a inflação não é mais a endemia do Brasil e dos povos mal desenvolvidos com surtos epidêmicos e breves nas nações maduras feridas pela guerra – a correção monetária passou a ser um imperativo ético e jurídico, que o legislador, a jurisprudência e a doutrina cumprem a passos largos.
>
> A preocupação dos economistas e juristas em tomo dos problemas teóricos e práticos suscitados pela indexação ou pela correção da moeda, mostra-se bem intensa nos últimos 20 anos, quando ainda se não generalizava no mundo o impacto inflacionário com a política árabe do petróleo neste momento.

---

15 ROBERTO ROSAS lembra que no RE 89.663, julgado em 18.9.1975, o Supremo Tribunal consagrava a tese da atualização da indenização decorrente do dano material. Eis a ementa do acórdão: "Responsabilidade Civil. Danos materiais – Dívida de valor – Correção monetária – Decisão que determina a atualização da importância dos danos, no pagamento, pela aplicação dos índices de correção monetária, por ser de valor a dívida. Para que haja completa reparação do dano, a indenização, como dívida de valor, deve ser atualizada com relação à data do pagamento".

Após essa histórica decisão, a Suprema Corte impõe a indenização dos danos materiais (RTJ 75/978, 76/314, 76/883; RE 84.829; RE 84.468; RTJ 86/560, 87/549, 88/581). E finalmente consubstanciou-se no enunciado da Súmula 562.

(...)

Enfim, a atualização do *quantum* indenizatório ficou assegurada em relação às dívidas de valor, aos danos pessoais e aos danos materiais: faltava o ideal absoluto, do reajustamento total, nas dívidas em geral, dentre elas a dívida em dinheiro (RTJ 107/424, 108/437, o que foi alcançado com a promulgação da Lei nº 6.899/81." (ROSAS, Roberto. *Direito Sumular, op. cit.*, pp. 324-325).

Reporto-me aos ensaios de E. James Hamel (que fez conferências no Rio), Juglart e H. Viaux (este sobre o direito comparado) na Revue Économique *(Paris, março de 1955, pp. 161 a 221). Ou os trabalhos de E. L. Bach, J. Barrêre, A. Decocq, J. P. Doucet, M. Cengrel e O. Kuhnrninch, reunidos pelo Prof. Paul Durand, sob o título Influence de la dépréciation monétaire sur la vie juridique privée (Paris, 1961).*

Aliás, no Brasil, há mais de 15 anos, ocupa-se com o problema o Prof. Arnoldo Wald em monografias e artigos.

Contra o mito clássico do nominalismo e de estabilidade do dinheiro nas leis, há muito considera-se autônomo um ramo jurídico, o direito monetário, de que é obra das mais primas e de Arthur Nussbaum, Derecho monetário nacional e internacional (trad. esp., Buenos Aires, 1954)

O Supremo Tribunal, ainda que um tanto tímido, data venia, vem construindo pretorianamente uma revisão de conceitos, para remediar a lentidão do legislador, que, por enquanto, só trouxe soluções parciais e discriminatórias, agravando o mal pelas desigualdades reinantes; uns recebem a correção, outros são espoliados pelo mais desenvolto locupletamento indébito'"[16].

E ainda cita outro trecho do voto do Min. ALIOMAR BALEEIRO que afirmava que:

> *"Afinal, o Supremo de 1974 é aquele mesmo que Campos Salles modelou no Decreto nº 848, de 11.10.1890, à imagem da Corte Suprema dos Estados Unidos, com as mesmas funções de freio e também de acelerador do Poder Legislativo. E desse augusto Tribunal americano Martin Shapiro escreveu que, entre as suas tarefas, tem a de cientista político, legislador trabalhista, elaborador de diretrizes políticas (policy-maker) e economista (Law and politics in the Suprem e Court. New approaches to political jurisprudence. New York, 1964)"*[17].

Outro caso de construção pelo STF do pragmática da jurisprudência, modificando até implicitamente a Súmula nº 267, foi o que se deu no RE 80.191, julgado em 28.04.1977, no qual se admitiu o Mandado de Segurança contra decisão judicial da qual cabia recurso, por ter sido, no caso, impetrado por terceiros prejudicados. O STF afirmou a respeito da matéria:

> "Mandado de Segurança – Decisão recorrível – Terceiro prejudicado. A restrição imposta pelo art. 5º, inciso II, da Lei número 1.533/51, consubstanciada também na Súmula do Supremo Tribunal, verbete 267, não se aplica ao terceiro prejudicado que não integrou a lide, sendo irrelevante, no caso concreto, haverem os impetrantes sido intimados da sentença, vez que os mesmos foram excluídos da demanda por decisão proferida em correição parcial. Recurso extraordinário não conhecido."

16 ROSAS, Roberto. *Direito Sumular, op. cit.*, p. 417.
17 ROSAS, Roberto. *Direito Sumular, op. cit.*, p. 418.

A questão era muito polêmica, pois o impetrante poderia ter usado, para defesa do seu direito, a Apelação de Terceiro Prejudicado em vez de recorrer ao Mandado de Segurança. Mas, se o fizesse, teria que aceitar o processo no estado em que se encontrava, enquanto em virtude do Mandado de Segurança afastava-se a incidência, em relação ao impetrante, de todas as peças processuais que não mais deveriam afetá-lo.

Não é raro que o senso criativo da hermenêutica advocatícia esbarre na posição mais conservadora da lei, naquela leitura que restringe o seu significado e o seu alcance. Seja pelo excesso de processos, seja pela necessidade de coerência e padronização de decisões, o exercício de criação normativa não é comum por partes da magistratura que, algumas vezes, insiste em perceber essa postura construtiva do advogado como arroubo ou excesso na defesa de seu cliente ou, por vezes, até como exercício temerário da profissão.

Não há dúvida de que pode haver exageros na tentativa de extrair o significado da norma, mas não se deve demonizar esse tipo de postura, cabendo, ao contrário, quando for o caso, discuti-la ou rebate-la, demonstrando os efeitos adversos da norma vigente ou da alternativa sugerida. De um ponto de vista mais amplo e prático, a interpretação mais tradicional do texto da lei, poderá gerar, em certos casos, o fechamento do sistema, tornando-o rarefeito e estéril.

É, aliás, o que tem decidido o STF ao apreciar questões que inicialmente eram controversas e que se pacificaram, inspirando até, em determinados casos, reformas legislativas.

É o que ocorreu em relação à correção de danos materiais, que como vimos, foi objeto inicialmente de votos vencidos dos Ministros Aliomar Baleeiro e Rodrigues Alckmin no STF e de decisões dos tribunais estatuais amparados na doutrina. Esses votos e decisões acabaram convencendo o Excelso Pretório que a não incidência da correção monetária era fonte de injustiça e da multiplicação descabida dos processos, conforme, aliás, esclareceu o Diagnóstico da Reforma do Poder Judiciário[18].

Do mesmo modo, o STF entendeu, em 1954, que não lhe cabia apreciar atos do Poder Militar, não conhecendo do Mandado de Segurança para garantir a assunção à Presidência da República do vice-presidente. Mas, dez anos depois, em 1964, veio a considerar que tais atos, em determinadas situações, poderiam ser objeto de análise do STF. Foi o que ocorreu no *Habeas Corpus* que impetramos em favor de Plínio

18 "Roberto Rosas lembra que no RE 89.663, julgado em 18.9.1975, o Supremo Tribunal consagrava a tese da atualização da indenização decorrente do dano material escrevendo que:
"Enfim, a atualização do *quantum* indenizatório ficou assegurada em relação às dívidas de valor, aos danos pessoais e aos danos materiais: faltava o ideal absoluto, do reajustamento total, nas dívidas em geral, dentre elas a dívida em dinheiro (RTJ 107/424, 108/437, o que foi alcançado com a promulgação da Lei 6.899/81." (ROSAS, Roberto. *Direito Sumular, op. cit.*, p. 325).
Tratamos da matéria na nossa tese de livre-docência na FND, In: Arnoldo Wald, *Aplicação da teoria das dívidas de valor às pensões decorrentes de atos ilícitos*. Rio de Janeiro: Editora Nacional de Direito, 1959.

Coelho[19], num caso em que tanto a Justiça Estadual como a Justiça Militar se tinham declarado incompetentes. Assim sendo, o STF decidiu conceder o *habeas corpus*, embora não fosse caso de sua competência explícita. Aplicou a lição de Rui Barbosa de acordo com a qual toda lesão de direito deveria ensejar um recurso judicial eficiente.

Outro caso com certa analogia com os anteriores, foi a relativa modificação do sentido dado ao direito adquirido que se justificou, em parte, por alteração constitucional e legislativa. Mas na realidade, com o decorrer do tempo, verificou-se a inviabilidade de admitir direito adquirido em relação às normas institucionais, em particular no tocante às leis monetárias. A evolução da jurisprudência do STF na matéria é sintomática e tem variado no tempo. Entre defensores intransigentes do conceito tradicional e magistrados que defendiam uma tese mais moderna, precisava-se encontrar um meio termo para alcançar a maioria constitucionalmente prevista para afastar a aplicação da norma legal. Assim, para evitar a incidência imediata de normas que poderiam ensejar uma injustiça social, concluiu-se que, algumas vezes, cabia a elaboração de regras de efeitos transitório. Outra solução foi desenvolver o conceito de confiança. Assim, em certos casos de aplicação imediata da lei nova, limitou-se os seus efeitos para que fosse respeitado o princípio da confiança[20]. Analisando-se a jurisprudência do STF na matéria o Ministro Gilmar Mendes chegou à conclusão que:

> "A jurisprudência é enfática quanto à inadmissibilidade da invocação do direito adquirido em relação a situações estatutárias e a institutos jurídicos de forma geral.
>
> (...)
>
> Essa constatação sugere também a necessidade de que, em algumas hipóteses, ao invés de invocar diretamente o princípio especial do direito adquirido, se suscite a necessidade de aplicação do princípio geral da segurança (e da proteção da confiança) enquanto postulado derivado do Estado de Direito. Embora de aplicação mais genérica, por isso, menos precisa, o princípio da segurança jurídica traduz a proteção da confiança que se deposita na subsistência de um dado modelo legal (Schutz des Vertrauens)[21].

No passado, classificávamos os Ministros como liberais ou conservadores, ou ainda de direita ou de esquerda, mas tais classificações perderam o seu sentido atualmente. Como bem esclareceu o Ministro Nelson Jobim, no limiar do século XXI:

---

19 *HC 41049*-AM, j. 04.11.1964.

20 Ver a respeito o nosso artigo: WALD, Arnoldo. "Princípio da confiança", In: TORRES, Ricardo Lobo; KATAOKA, Eduardo Takemi; GALDINO, Flavio (Org.). *Dicionário de princípios jurídicos*. Rio de Janeiro: Elsevier, 2011. pp. 173-187.

21 MENDES, Gilmar Ferreira. Anotações sobre o princípio do direito adquirido tendo em vista a aplicação do novo Código Civil. In: ALVIM, Arruda; CÉSAR, Joaquim Portes de Cerqueira; ROSAS, Roberto (Coord.). *Aspecto controvertidos do novo Código Civil. Escritos em homenagem ao Ministro José Carlos Moreira Alves*. São Paulo: Revista dos Tribunais, 2003, p. 250.

> "Estabeleceram-se, então, duas correntes no Supremo: de um lado, eu com uma visão consequencialista, e, do outro lado, os principistas, que seguiam a linha dos princípios. Para esse grupo, o ideal era julgar com base em princípios, sem nenhuma responsabilidade com as consequências de suas decisões. Consegui adeptos para a linhagem do consequencialismo dentro do tribunal e, quando tomei posse como presidente do Supremo, procurei expressar com veemência e força essa linha consequencialista nas decisões que tomava, atentando para a relação entre Direito e Economia."[22]

O realismo jurídico é o pragmatismo ético construído pela jurisprudência e pela doutrina. Ultrapassa o consequencialismo puro para impregnar-se da moral e da equidade.

No Brasil, o pragmatismo jurídico tem sido pouco estudado pela doutrina que desenvolveu mais os temas de *law and economics*. Mesmo na filosofia, há poucas referencias recentes ao pragmatismo[23], que tem sido dominante no direito norte-americano, abrangendo o *Legal Realism* e a *sociological jurisprudence*, e tendo as suas raízes em Olivier Wendell Holmes para quem "*The life of the law has not been logic; it has been experience*"[24]. Entre os aderentes do realismo se incluem numerosos dos juízes mais importantes da Corte Suprema como LOUIS BRANDEIS e BENJAMIM CARDOZO para os quais os conceitos jurídicos são construídos e considerados bons e válidos quando suas consequências sociais, econômicas e políticas são julgadas satisfatórias[25]. Verificamos que o nosso 'consequencialimo" não está muito longe do pragmatismo americano, de modo que até poderíamos reconhecer que os nossos magistrados estão se tornando pragmáticos embora não utilizem essa denominação[26].

É evidente que a lei deve ser apreciada considerando a situação do homem e as suas circunstâncias. Assim, aproximar o legislador da realidade é uma das funções im-

---

22 Discurso do Ministro NELSON JOBIM, In: LIMA, Maria Lúcia L. M. (Coord.). *Agenda contemporânea: direito e economia - 30 anos de Brasil*. São Paulo: Saraiva, 2012, p. 163.

23 Cabe ressaltar, entre outras, a interessante obra de GILBERTO PAIM a respeito de ROBERTO CAMPOS, *O filósofo do pragmatismo*. Rio de Janeiro: Escrita, 2002.

24 HOLMES Jr., Oliver Wendell. *The common law*. Boston: Little, Brown and Company, 1949.

25 Os comentadores das decisões da Corte Suprema americana esclarecem a respeito que: "*The scientific study of the United States Supreme Court had its genesis in the legal realism of the 1920s and 1930s. It flowered with the onset of the behavioral revolution in political science during the 1950s. Both the legal realists and the behavioralists championed the empirical, scientific study of decision making. But most legal realists were also legal reformers, who criticized the conservative appellate court bench of their day by arguing that these judges were not deciding cases on the basis of law, but rather used legal arguments only to support their conservative values. The legal realists favored liberal values.*" (BRENNER, Saul; SPAETH, Harold J. *Stare Indecisis. The alteration of precedent on the Supreme Court, 1946-1992*. New York: Cambridge University Press, 1995, p. XI.

26 LÉON DUGUIT, *Pragmatisme juridique. Paris: La Memoire du Droit, 2008*, que contêm excelente prefácio de SIMON GILBERT com o histórico do pragmatismo. Ver também RICHARD A. POSNER, *Law, Pragmatism and Democracy*. London: Harvard University Press, 2003.

portantes do jurista, que também e simultaneamente deve defender a escala de valores da sociedade em que vive dando soluções concretas aos problemas do seu tempo.

Foi o que ROBERTO ROSAS fez, com coragem e inteligência.

É a lição que nos deu, e continuará a nos dar: uma lição de vida exemplar como Advogado, Amigo e Professor.

A Revelia, o Direito Fundamental à Prova e o Artigo 349 do CPC/2015

Arruda Alvim

Sumário: Introdução. **1.** Breves considerações sobre o conceito, a natureza jurídica e os efeitos da revelia. **2**. Sistema de preclusões e abrangência da presunção de veracidade. **3.** Direito fundamental à prova. **4.** Dispositividade do direito de defesa e do direito à prova: limites e possibilidades. Conclusões. Referências bibliográficas.

Introdução

Esse artigo aborda a questão da presunção de veracidade como efeito material da revelia e a previsão do art. 349 do CPC/2015, que garante ao réu revel a possibilidade de produzir provas, "contrapostas às alegações do autor, desde que se faça representar nos autos a tempo de praticar os atos processuais indispensáveis a essa produção".

Embora semelhante, em certa medida, ao enunciado da Súmula 231 do STF,[1] cuida-se de disposição inserida em legislação nova, no contexto da conscientização sobre a existência de um direito fundamental à prova, cujos limites e possibilidades merecem ser analisados nesse panorama.

As considerações que seguem buscam, pois, responder os seguintes questionamentos que seguem.

A disposição do art. 349 do CPC/2015 é apta, por si só, a afastar todos os efeitos materiais da revelia? O direito à prova garantido no dispositivo em questão deve abranger quaisquer fatos, inclusive aqueles relativos a eventual defesa material indireta que não tenha sido tempestivamente deduzida em juízo? Como compatibilizar o dispositivo em questão com a previsão do art. 344 do CPC/2015, que estabelece a presunção de veracidade dos fatos não contestados pelo réu? E o que dizer do disposto nos artigos 346, parágrafo único e 341, *caput, e* 342, do CPC/2015?

Com vistas a analisar as indagações propostas, bem como a contrapor a normativa processual vigente com o tratamento destinado à revelia pelo CPC/1973, o presente artigo pretende concluir sobre eventuais mudanças operadas pela nova codificação e, bem assim, pela influência da evolução do direito constitucional sobre o direito à prova e o instituto da revelia.

---

1 Eis o teor da citada súmula: "O revel, em processo cível, pode produzir provas, desde que compareça em tempo oportuno."

1. Breves considerações sobre o conceito, a natureza jurídica e os efeitos da revelia

A revelia é um fato jurídico que pode ser definido como a ausência de contestação do réu. Pressupõe, naturalmente, que este réu tenha sido citado, e que o ato citatório haja sido válido – já que a invalidade da citação é equiparada à ausência desta.

O estado de revelia pode-se configurar tanto pela ausência completa de contestação do réu citado validamente como, também, pela apresentação intempestiva da peça defensiva. Ainda, será revel o réu que, citado, contesta irregularmente (*v.g.*, sem capacidade postulatória ou sem integrar sua capacidade de estar em juízo, quando isto se faça necessário) e, intimado, nos termos do art. 76, § 1º, II, do CPC/2015, para regularizar a capacidade processual, deixa de fazê-lo.

Sendo, pois, a revelia uma situação de fato, não se deve confundi-la com seus efeitos, sobretudo aquele que estabelece a regra geral da presunção de veracidade dos fatos alegados pelo autor, contra o réu que deixa de contestar (art. 344 do CPC/2015). Sem embargo das exceções a essa regra – que serão esmiuçadas no curso do texto, para os objetivos deste artigo –, é certo que, quando a presunção incide, está intimamente vinculada à dispensa de dilação de provas e ao consequente julgamento antecipado do mérito.

Desse modo, o efeito material revelia estabelece, em favor do autor, a desoneração do encargo de comprovar os fatos constitutivos de seu direito. Trata-se, contudo, de presunção relativa, que deve ceder sob determinadas circunstâncias, em grande parte enunciadas no art. 345 e incisos do CPC/2015.

Registre-se que, por se tratar do descumprimento de um ônus[2] – o ônus de defender-se – a revelia não pode ter seus efeitos comparáveis aos de uma punição. A presunção de veracidade das alegações do autor e a dispensa de dilação probatória, a autorizar o julgamento antecipado do mérito, não constituem sanções retributivas. Trata-se de consequências da inércia do réu que, ao deixar de contestar, torna incontroversos os fatos, dispensando, em princípio, a produção de outras provas.

Nesse sentido, a lúcida lição de Cândido Rangel Dinamarco, ao asseverar que tanto o efeito material da revelia como a própria dispensa de intimação direcionada ao revel (nos termos do art. 346 do CPC/2015) acerca dos demais atos processuais estão "legitimados pelo fato de o próprio demandado não ter se interessado em participar e defender-se, com o qual guarda perfeita coerência a cessação da oferta de possibilidades defensivas àquele que se desinteressou delas".[3]

---

2 Sobre o conceito de ônus, cf. ARRUDA ALVIM, *Manual de direito processual civil,* 18ª ed. São Paulo: RT, 2019, p. 845; 917.

3 DINAMARCO, Cândido Rangel. *Instituições de direito processual civil.* 7ª ed. São Paulo: Malheiros, 2017, v. 3, p. 606, nº 1.308.

Com efeito, na linha do que expõe o autor, ao descumprimento de um ônus tão monumental como o de contestar – excetuadas as situações em que isso possa decorrer da inferioridade jurídica reconhecida legalmente ao réu (caso do réu preso ou citado fictamente, que possuem direito à nomeação de curador especial) –, reservam-se a consequências igualmente sérias, como a da presunção – relativa – de veracidade das alegações do autor, da desnecessidade de intimação direcionada ao advogado do réu[4] e da necessidade de respeito à preclusão das alegações que poderiam ter sido feitas em sede de defesa.

A corroborar o fato de não serem as sanções impostas à revelia uma punição, tem-se o disposto no art. 374 do CPC, aplicável, de resto, à todas as alegações de uma parte que, quando não impugnadas, admitidas ou confessadas pela parte adversa, dispensam a produção de outras provas em contrário. Sem embargo da iniciativa que se possa atribuir ao juiz para a busca da verdade,[5] o fato é que, no processo civil, a margem de *dispositividade* sobre o direito à prova é imensamente maior do que no processo penal,[6] onde o consenso quase[7] não tem espaço na apuração da verdade dos

---

4 Como já dissemos noutra sede, a regra do art. 346, *caput*, do CPC/2015 deve ser "atenuada", atendendo-se ao disposto no art. 329, II, ou mesmo, ao próprio sistema do Código de Processo Civil. Assim, por força da interpretação do art. 329, II, do CPC/2015, o autor não poderá alterar o pedido e ou a causa de pedir, sem promover nova citação do réu, mesmo revel, e, havendo nova citação, assiste ao réu o direito de contestar, sem, todavia, romper a revelia anterior, restringindo-se sua contestação à parte em que houve modificação de libelo. Existem outros casos em que se haverá de dar nova oportunidade ao réu para manifestação, como: a) deverá o réu ser intimado para falar a respeito do pedido de desistência do autor, relativamente à ação (art. 485, § 4º, do CPC/2015); b) deverá ao réu ser comunicado o pedido de exibição de documento ou coisa, formulado pelo autor; c) deverá ser intimado para prestar depoimento pessoal; d) finalmente, deverá ser intimado para a prática ou abstenção de ato que tenha sido pedido pelo autor. (ARRUDA ALVIM, *Manual de direito processual civil.* 18ª ed., São Paulo: RT, 2018, p. 847).

5 Conferir, sobre o tema, o que escrevemos em nosso *Manual de direito processual civil, op. cit.* 18ª ed., nº 24.2.4, p. 905.

6 "A comparação do processo civil com o penal é esclarecedora. Nos casos de ação penal de iniciativa pública, mesmo que o Promotor de Justiça entenda que o réu é inocente e peça a sua absolvição, poderá o juiz condená-lo. Trata-se de decorrência da indisponibilidade do direito debatido no processo. Não pode o Ministério Público renunciar ao direito de punir. Por outro lado, ainda que o réu 'reconheça o pedido' do Ministério Público e manifeste o desejo de ser condenado, nem por isso o juiz deverá, necessariamente, condená-lo. Mesmo neste caso, ainda haverá a necessidade de o juiz buscar provas de que o réu tenha cometido o delito para poder condená-lo e, caso não se convença disso, deverá absolvê-lo. No processo penal, portanto, poderia haver apenas um 'princípio dispositivo atenuado'." (BADARÓ, Gustavo Righi Ivahy. Ônus da prova no processo penal, São Paulo, RT, 2003, Capítulo 2, especialmente item 2.1.4, p. 93).

7 Sobre a questão do consenso no processo penal, no contexto das discussões sobre o *plea bargaining,* consulte-se a visão crítica de SCHÜNEMANN, Bernd. Cuestiones básicas de la structura y reforma del procedimiento penal bajo una perspectiva global. In: *Id. Obras. Tomo II.* Buenos Aires / Santa Fé: Rubinzal-Culzoni, 2009, pp. 403-412).

fatos. E a presunção decorrente da incontrovérsia, tanto quanto da revelia, é a maior demonstração disso.

Não se olvide que a presunção de que se cogita como efeito da revelia incide sempre sobre os fatos, o que não ocasiona o automático reconhecimento do direito do autor. É, ao contrário, plenamente possível que os fatos alegados pelo autor sejam considerados verdadeiros sem que se lhes atribua a consequência jurídica por ele pretendida.

No que toca às hipóteses em que a presunção de veracidade não se opera, tem-se que se trata, como já se disse, de uma presunção *relativa*, mas de natureza peculiar. É que a própria lei cuida de estabelecer – conquanto de forma ampla e genérica, como não poderia deixar de ser – as circunstâncias sob as quais se considera razoável afastar a veracidade das afirmações do réu.

Assim, dispõe o art. 345 do CPC/2015 que os fatos não serão presumidos verdadeiros se: a) o litígio disser respeito a direito indisponível,[8] b) as alegações do autor se referirem a fatos inverossímeis ou contraditórios com a prova dos autos,[9] ou c) se essas alegações se referirem a fatos a respeito dos quais a lei exija prova por *instrumento público* (casos de prova indisponível) ou, ainda, desde que d) havendo pluralidade de réus, nenhum deles tenha contestado.

Nesse passo, está claro que, nas circunstâncias gerais sobreditas, a revelia não dispensa o autor de demonstrar os fundamentos fáticos de sua pretensão, para que possa a mesma ser reconhecida por sentença.

---

8 "Os fatos, em relação aos quais não se admite confissão, independem de impugnação (Cód. cit., art. 302, nº I). Ora, 'não vale como confissão a admissão em juízo, de fatos relativos a direitos indisponíveis' (Cód. cit., art. 351). A presunção de veracidade dos fatos, por falta de contestação, consiste num efeito equivalente ao da confissão. Daí aquela presunção não ocorrer quando o litígio versar sobre direitos indisponíveis". (SANTOS, Moacyr Amaral. *Primeiras linhas de direito processual civil.* 23ª ed. São Paulo: Saraiva, 2004, vol. 2, p. 243).

9 A contradição com a prova dos autos pode ocorrer tanto por um deslize do autor que anexa à petição inicial documentação que desmente os fatos alegados como, também, noutras hipóteses em que um dos litisconsortes ou o próprio réu revel (em ação conexa ou mesmo reconvencional) traga aos autos prova que desfavoreça o autor. Assim, por exemplo: "Recurso especial. Ação declaratória. Reconvenção. Ausência de contestação. Revelia. Presunção de relativa. Produção de provas. Possibilidade. Julgamento antecipado da lide. Cerceamento de defesa. 1. A revelia, que decorre do não oferecimento de contestação, enseja presunção relativa de veracidade dos fatos narrados na petição inicial, podendo ser infirmada pelos demais elementos dos autos, motivo pelo qual não acarreta a procedência automática dos pedidos iniciais. 2. A decretação da revelia com a imposição da presunção relativa de veracidade dos fatos narrados na petição inicial não impede que o réu exerça o direito de produção de provas, desde que intervenha no processo antes de encerrada a fase instrutória. 3. No caso, a apresentação de reconvenção, ainda que sem o oferecimento de contestação em peça autônoma, aliada ao pedido de produção de provas formulado em tempo e modo oportunos impedia o julgamento antecipado da lide. 4. Recurso especial não provido." (STJ, REsp 1335994/SP, rel. Min. Ricardo Villas Bôas Cueva, 3ª T., j. 12/08/2014, *DJe* 18/08/2014).

Com fundamento nas hipóteses excepcionais, já se decidiu, por exemplo, que o efeito da revelia não recai sobre os fatos que digam respeito aos direitos – indisponíveis – do menor, como é o caso da ação que visa a regular a guarda dos filhos. De acordo com o Superior Tribunal de Justiça: "Sendo o direito de guarda dos filhos indisponível, não obstante admita transação a respeito de seu exercício, não há que se falar em presunção de veracidade dos fatos oriunda da revelia. Em outras palavras, a revelia na ação que envolve guarda de filho, por si só, não implica em renúncia tácita do requerido em relação à guarda compartilhada, por se tratar de direito indisponível(...)"[10]-[11] A ressalva se aplica também, exemplificativamente, às ações de estado[12], como também àquelas que versem o interesse público, em geral defendido pela Fazenda Pública em juízo.

Quanto a esta última hipótese, deve-se lembrar que não será em toda ação movida contra a Fazenda Pública que incidirá a exceção do inciso II, do art. 345, do CPC/2015. É preciso observar se, no caso, o interesse versado é realmente indisponível. Caso se trate de direito meramente patrimonial,[13] retoma-se a presunção de

---

10 STJ, REsp 1773290/MT, Rel. Ministro Marco Aurélio Bellizze, 3ª T., j. 21.5.2019, DJe 24.5.2019.

11 Do mesmo modo, já se decidiu, em ação proposta por ex cônjuge com vistas a alterar o nome do outro, não ser o caso de aplicação da presunção de veracidade prevista no art. 344 do CPC/2015; na ocasião, ponderou o STJ que a revelia não implica concordância tácita com a modificação do nome civil da ex-cônjuge do autor, "quer seja porque o retorno ao nome de solteira após a dissolução do vínculo conjugal exige manifestação expressa nesse sentido, quer seja o efeito da presunção de veracidade decorrente da revelia apenas atinge às questões de fato, quer seja ainda porque os direitos indisponíveis não se submetem ao efeito da presunção da veracidade dos fatos." (STJ, REsp 1732807/RJ, Rel. Ministra Nancy Andrighi, 3ª T., j. 14/08/2018, *DJe* 17.8.2018).

12 Como se dá nas investigações de paternidade, em que não se opera a presunção decorrente da incontrovérsia ou da revelia. Tal circunstância não se confunde, todavia, com a autorização para a presunção judicial do fato que deveria ser objeto de perícia, quando uma das partes, ainda que tenha contestado determinado fato, se recusa a se submeter ao exame médico. Nesse caso, o que se verifica não é uma presunção *legal,* e sim a autorização para que o juiz, no conjunto probatório, valore negativamente a omissão da parte que não colaborou. *Cf.*, a propósito: STJ, REsp 1.281.664/SP, 4.ª T., j. 23.10.2014, rel. p/ acórdão Min. Luis Felipe Salomão, *DJe* 05.02.2015.

13 Confiram-se algumas hipóteses em que o STJ considerou ser disponível o interesse defendido pela Fazenda Pública: "Processual civil. Embargos de declaração em recurso especial. Art. 535 do CPC. Omissão. Responsabilidade civil do estado. Rebelião em presídio. Morte de agente penitenciário. Efeitos da revelia. Violação ao artigo 320 do CPC [de 1973]. Inocorrência. 1. O julgamento antecipado da lide posto madura a causa, ainda que em face do Estado, não implica presumir verdadeiros os fatos em face da Fazenda Pública em contravenção ao disposto no artigo 320, II, do CPC [de 1973]. 2. A indenização devida por força da Teoria do Risco Administrativo caracteriza o interesse do Estado em não adimpli-la como interesse público secundário, ao qual não se destina a interdição do artigo 320, II, do CPC [de 1973]. 3. Embargos de declaração rejeitados". (STJ, EDcl no REsp 1046519/AM, 1.ª T., j. 16.12.2008, rel. p/ acórdão Min. Luiz Fux, *DJe* 10.06.2009); "Direito civil, administrativo e processual civil. Recurso especial. Ação de cobrança ajuizada em face do município. Contrato de direito privado (locação de equipamentos com opção de compra). Ausência de contestação. Efeitos materiais da revelia. Possibilidade. Direitos indisponíveis. Inexistência. Prova da existência

veracidade, porquanto o interesse puramente econômico da administração não pode ser confundido com o interesse público.[14]

Hipótese que revela significativo avanço na sistematização das situações de relativização da presunção de veracidade decorrente da revelia é aquela inscrita no art. 345, IV, do CPC/2015. Nos termos desse dispositivo, não serão presumidos verdadeiros os fatos alegados pelo autor se as alegações por ele formuladas "forem inverossímeis ou estiverem em contradição com a prova constante dos autos".

Embora um tanto quanto óbvia, essa situação não vinha encartada expressamente no CPC/1973, senão pela disposição específica do rito sumário (art. 277, § 2º, do CPC 1973). Já à época, contudo, defendíamos a perspectiva de que as alegações de fato trazidas pelo autor deveriam se revestir de uma credibilidade mínima,[15] na linha do que veio a dispor, aliás, o art. 20 da Lei dos Juizados Especiais (Lei nº 9.099/1995). Esse contém ressalva no sentido de não se operar o efeito material da revelia (presunção de veracidade dos fatos alegados) se "o contrário resultar da convicção do juiz".

Parece-nos, de fato, que, para incidir o efeito material da revelia, o autor deverá, minimamente, ter-se desincumbido do ônus de deduzir alegações coerentes, verossímeis e alinhadas com a prova trazida com a prova dos autos.

E assim é porque, para se aplicar o julgamento antecipado do mérito (art. 355 do CPC/2015), com a dispensa de dilação probatória e a prolação de sentença amparada na presunção de veracidade, é preciso que tal presunção não infirme o princípio da persuasão racional.

---

da obrigação. Documentação exibida pelo autor. Prova do pagamento. Não ocorrência. Ônus que cabia ao réu. Procedência do pedido. Conclusão a que se chega independentemente da revelia. 1. Os efeitos materiais da revelia não são afastados quando, regularmente citado, deixa o Município de contestar o pedido do autor, sempre que não estiver em litígio contrato genuinamente administrativo, mas sim uma obrigação de direito privado firmada pela Administração Pública(...)" (STJ, REsp 1084745/MG, rel. Min. Luis Felipe Salomão, 4ª T., j. 06.11.2012, DJe 30.11.2012).

---

14 Cf., *na* doutrina, a diferenciação entre interesse público e interesse do Estado, para fins da aplicação dos efeitos da revelia: ARRUDA ALVIM, Eduardo *et. al*, *Direito processual civil.* 6ª ed. São Paulo: RT, 2019, p. 563; DINAMARCO, Cândido Rangel. *Instituições de direito processual civil.* 7ª ed. São Paulo: Malheiros, 2017, v. 3, pp. 621-622, nº 1.320; ROQUE, André Vasconcelos. "Comentários ao art. 345". In: GAJARDONI, Fernando da Fonseca *et al. Processo de Conhecimento e Cumprimento de Sentença: c*omentários ao CPC/2015. São Paulo: Método, 2016, p. 141.

15 Dizíamos, ainda sob a vigência do CPC/1973 que a presunção de veracidade não incidiria se fossem alegados "fatos incríveis, inverossímeis (*v.g.* que afrontem leis científicas, como a lei da gravidade)", porquanto não seria o caso de se aplicar tal regra se os fatos alegados pelo autor não passassem pelo crivo da *plausibilidade* ou *verossimilhança"* (ARRUDA ALVIM, *Manual de direito processual civil,* vol. 2: processo de conhecimento, 6ª ed. São Paulo: RT, 1997, pp. 334-335).

Logo, se houver fundamento lógico-racional para afastar tal presunção, é dever do juiz determinar a produção de provas pelo autor, a fim de respaldar faticamente a sentença a ser proferida.[16]

Dessa forma, ainda que a disposição do inciso IV do art. 345 seja interpretada extensivamente e, para além da inverossimilhança e contrariedade com a prova dos autos, permita o afastamento da presunção nos casos de serem alegações da inicial incoerentes e contraditórias entre si, deve o juiz expressamente impor ao autor o ônus da comprovação dos fatos alegados, viabilizando-lhe as respectivas provas. Se, ao contrário, limita-se a indicar as incoerências ou contradições das alegações do autor na sentença de improcedência, terá incorrido em cerceamento ao direito à prova do autor.[17]

A interpretação extensiva do aludido inciso IV se nos afigura razoável na medida em que não é suficiente que as alegações do autor sejam verossímeis – no sentido de não contrariarem máximas da experiência comum e técnica – e que estejam de acordo com a prova constante dos autos. É necessário, ainda, que o conjunto das alegações do autor seja coerente e não traga ambiguidades ou perplexidades aptas a afastar a presunção de veracidade. Pode-se cogitar, assim, da inverossimilhança ou contradição *em sentido amplo* como justificativas para ilidir a presunção de veracidade.

Disso tudo deflui, em reforço à negativa da ideia de que o revel mereceria uma punição, que nem a presunção de veracidade nem a vitória do autor são inexoráveis, como se houvesse uma relação de causa e efeito entre a não contestação e a procedência da ação.

2. Sistema de preclusões e abrangência da presunção de veracidade

Amparado na premissa de que a revelia constitui um estado de fato decorrente do descumprimento de um ônus – e, jamais, da inobservância de um dever legal –, dispõe o Código de Processo Civil que o revel poderá intervir no processo a qualquer momento, mas sempre o receberá *no estado em que se encontrar (*art. 346, parágrafo único, do CPC/2015).

Como se sabe, a marcha processual é regida pelo sistema de preclusões que, apesar de não incidir de forma absoluta e de não recair sobre todos os atos do processo, revela-se instrumento fundamental à configuração de um processo justo. Lembra-

16 V., especificamente sobre o tema: BOTTI, André Ricardo Vier; OLIVEIRA, Lourival José de. Revelia e persuasão racional do juiz. *Scientia iuris,* Londrina, V. 9, pp. 131-154, 2005.

17 Se é fato que a presunção de veracidade em geral decorrente revelia inverte, em princípio, o ônus da prova em favor do autor, é igualmente correto afirmar que eventual afastamento desta presunção exige que se viabilize ao autor a oportunidade de confirmar os fatos afirmados na inicial. Trata-se de raciocínio analógico àquele estabelecido pela inversão do ônus da prova fundada no art. 374, § 1º, do CPC/2015.

nos, com acerto, Heitor Mendonça Sica[18] que, tal como a coisa julgada, o instituto da preclusão é voltado à garantia da celeridade e da segurança jurídica.

A isso acrescemos a importância da dinâmica do contraditório participativo, porquanto o exercício leal deste direito pressupõe o conhecimento amplo das possibilidades de agir das partes e das perspectivas de cognição do próprio juiz. É dizer: o desrespeito ao sistema de preclusões, seja pelo juiz, seja pelas partes, pode ocasionar a introdução de argumentos e provas surpreendentes, em prejuízo ao direito das partes e, até mesmo, de forma contraditória com as atividades até então praticadas no processo.

Justamente com esteio nos mencionados princípios e no instituto da preclusão, o CPC/2015, na linha das codificações precedentes, estabelece a necessidade de concentração das matérias defensivas na peça contestatória (art. 336), admitindo, inclusive, a dedução de defesas aparentemente contraditórias, sob pena de, não as deduzindo, operar-se a preclusão (art. 342). Tais disposições são aplicáveis ao réu que contesta, mas evidenciam que a preclusão, obviamente, também atingirá o réu revel, ainda que compareça no processo após o momento da defesa.

O comparecimento do revel ao processo, portanto, não faz com que este possa alegar toda a matéria relativa à contestação, dado que, tendo perdido o prazo para contestar, grande parte da matéria suscetível de ser rebatida estará preclusa. Basicamente, o que não poderá mais ser discutido são os fatos próprios da contestação, para que se contrapusessem àqueles invocados pelo autor, com o objetivo de os seus efeitos desaparecerem ou serem neutralizados.

Mais importante: não poderão ser alegados fatos novos, extintivos, modificativos ou impeditivos do direito do autor, por configurarem significativa inovação da matéria fática e ampliação do objeto de conhecimento pelo juiz.

Pode o revel, contudo, discutir qualquer matéria que o juiz *deva* conhecer de ofício.

Diante disso, não parece restar dúvida de que o revel que comparece *após* o momento oportuno para a instrução probatória não pode se valer do disposto no art. 349 do CPC/2015, porquanto, das duas, uma: ou já terá se operado o efeito material da revelia, com o consequente julgamento antecipado do mérito (art. 355) ou, caso o juiz tenha afastado a presunção de veracidade dos fatos alegados pelo autor (hipóteses dos incisos I a IV do art. 345),[19] já terá ocorrido a fase probatória com vistas a demonstrar os fatos constitutivos constantes na petição inicial.

Em reforço ao que afirmamos, já ponderava José Carlos Barbosa Moreira, na vigência do CPC/1939, não ser concebível que, para favorecer o revel, se infringisse o princípio da preclusão. De acordo com a justificativa deste autor, "se o processo já deixou pra trás a fase ou o instante adequado à produção de determinada prova, não há como admitir

18 SICA, Heitor Vitor Mendonça. *Preclusão processual civil.* São Paulo: Atlas, 2006, p. 4.

19 Sempre na perspectiva de interpretação extensiva, nos termos já mencionados no tópico anterior, no sentido de que o autor deverá formular alegações minimamente plausíveis e coerentes entre si.

que se retroceda em benefício do réu que compareceu tardiamente. Destarte, é obvio que, se o comparecimento só ocorre depois da sentença de primeiro grau, através da interposição de recurso, a atividade probatória unicamente se lhe faculta nos estreitos limites em que a tolera o ordenamento vigente na instância recursal."[20]

Mas, o que dizer do réu revel que comparece antes da prolação da sentença, ainda em momento hábil para a produção de provas? Quanto a esta indagação há que se distinguir duas situações: a) a primeira, em que as afirmações do autor se refiram a fatos plausíveis, expostos sem contradições com as provas e alegações dos autos, sob circunstâncias de ausência de quaisquer fatores que demandem produção de outras provas (direitos disponíveis, ausência de contestação de litisconsorte, inexistência de regra legal que termine a produção de prova por instrumento público ou particular etc) e b) numa hipótese em que, presente alguma das situações que autorizam a relativização da presunção de veracidade (situações do art. 345, I a IV, do CPC/2015, amplamente consideradas), o juiz determine que o autor se desincumba do ônus probatório dos fatos constitutivos de seu direito.

Na perspectiva do sistema de preclusões, parece-nos claro, não poderia o réu buscar, pela via probatória, infirmar fatos que não tenha contestado, porquanto já superado o momento de fazê-lo.[21] Desse modo, à míngua de outra justificativa que pudesse relativizar a presunção de veracidade, não seria possível ao revel comparecer ao processo e requerer a produção de provas com o objetivo de "desfazer" a preclusão já operada pela ausência de contestação. Aqui, há de prevalecer o sistema de preclusões, porquanto cabível o julgamento antecipado do mérito.

Com efeito, não é razoável supor que o réu revel possa *instaurar* a instrução probatória se não há, em princípio, motivação mínima para se exigir a prova do fato constitutivo do direito do autor. Como já foi dito, funda-se o instituto da preclusão nos

---

20 BARBOSA MOREIRA, José Carlos. *Aspectos da revelia no código de processo civil, Revista de Direito da PGE* RJ, vol. 20, 1969, pp. 172-185, especificamente p. 178.

21 Em sentido contrário: "PROCESSO CIVIL. REVELIA. CONTESTAÇÃO INTEMPESTIVA. REQUERIMENTO DE PROVAS PELO RÉU REVEL. POSSIBILIDADE. LIMITES. PRESUNÇÃO RELATIVA DE VERACIDADE DOS FATOS AFIRMADOS NA INICIAL. CPC, ARTS. 322, 319, 320 E 330. JULGAMENTO ANTECIPADO DA LIDE. RECURSO DESACOLHIDO. I – A presunção de veracidade dos fatos afirmados na inicial, em caso de revelia, é relativa, devendo o juiz atentar para a presença ou não das condições da ação e dos pressupostos processuais e para a prova de existência dos fatos da causa. Desse modo, pode extinguir o feito sem julgamento de mérito ou mesmo concluir pela improcedência do pedido, a despeito de ocorrida a revelia. (...III - Comparecendo antes de iniciada a fase probatória, incumbe ao julgador sopesar a sua intervenção e a pertinência da produção das provas, visando a evidenciar a existência dos fatos da causa, não se limitando a julgar procedente o pedido somente como efeito da revelia. IV - A produção de provas requeridas pelo revel limita-se aos fatos afirmados na inicial. V - Sem o cotejo analítico entre o acórdão impugnado e os arestos trazidos a confronto, não se caracteriza a divergência jurisprudencial hábil a ensejar o acesso à instância especial." (STJ, REsp 211.851/SP, rel. Min. Sálvio de Figueiredo Teixeira, 4ª T., j. 10/08/1999, *DJ* 13/09/1999, p. 71).

princípios da celeridade e da segurança jurídica. A omissão do réu em defender-se constitui, por isso, justificativa suficiente para a abreviação do processo.

Diversamente, no caso de ser exigível do autor a produção de prova do fato constitutivo de seu direito, parece-nos razoável a produção de contraprova pelo réu que, comparecendo a tempo à instrução probatória, busque desacreditar os fatos alegados pelo autor. Nesse caso, muito embora possa se argumentar ter havido a preclusão do direito de se defender, certo é que, diante da instauração de instrução probatória para apurar os fatos alegados pelo autor, ao réu ainda é possível se valer de argumentos e provas tendentes a desmenti-los. Ao argumento de que, nesse caso, houve temperamento da preclusão do direito de impugnar as alegações do autor, podem-se contrapor as seguintes ponderações.

Primeira: se, em virtude de alguma das causas do art. 345 do CPC/2015, afastou-se a presunção de veracidade das alegações do autor, não se pode utilizar o argumento da não impugnação dos fatos para obstar a produção de provas pelo réu. A presunção relativa de veracidade dos fatos é decorrência lógica da incontrovérsia, seja ela gerada pela ausência de impugnação específica destes fatos, seja pela ausência completa de contestação. Em ambos os casos, há um ato de dispositividade que resulta na desnecessidade de prova dos fatos alegados pelo autor. Esse ato é inócuo, todavia, se algum outro fator (ex.: inverossimilhança ou incoerência das alegações do autor) determina a não aplicação da presunção de veracidade. Nessas circunstâncias, não faria qualquer sentido insistir na preclusão lógica operada contra o réu e determinar a produção de prova unilateralmente pelo autor, seja porque o procedimento já terá, de qualquer modo, de se estender com esse objetivo – eliminando-se, pois, o fundamento da celeridade –, seja porque, a partir do momento em que se admite cabível a prova, não se lhe pode restringir à atuação de determinado sujeito processual.[22] Por outro lado, como as exceções do art. 345 já estabelecem a previsibilidade da incidência de prova sobre esse fato, nenhum prejuízo terá havido à segurança jurídica e à delimitação do contraditório na instrução probatória.

A segunda ponderação a ser feita é justamente a de que o sistema de preclusões, como já se pontuou, não é absoluto nem incide sobre todos os atos processuais.[23] Nesse passo, poderia ser dito que, até o ponto em que se revele necessário esclarecer a ocorrência ou não do fato constitutivo do direito do autor – e sendo este, *v.g.* inverossímil, subjacente a direito indisponível ou contraditório com a prova dos autos – a preclusão relativa à impugnação deste fato não constitui justificativa razoável para limitar a atividade probatória do réu. Desse modo, mesmo não tendo o réu impugnado

---

22 Tenha-se presente, nesse passo, o princípio da aquisição da prova, que estabelece a irrelevância da autoria e da iniciativa para a produção da prova.

23 O próprio Heitor Mendonça Sica, após afirmar que o sistema de preclusões se assenta nos princípios da celeridade e da segurança jurídica, assevera não serem esses os únicos valores dignos de proteção no sistema, lembrando que também o são o princípio da *justiça das decisões* e o da *efetividade* (*op. cit.*, p. 4).

os fatos que serão alvo da instrução probatória, a partir do momento em que a prova dos fatos constitutivos se faz necessária, deve prevalecer, relativamente a este fato, o ideal de busca da verdade no processo.

Também nesse último caso será possível comprovar outros fatos, que não os constitutivos do direito do autor, desde que sejam considerados, por alguma razão, insuscetíveis de preclusão.

No tocante, contudo, a outros fatos que pudessem vir a ser arguidos pelo réu em contestação, sempre nos pareceu que, em se tratando de fatos insuscetíveis de preclusão, não seria possível ampliar a instrução probatória: a uma, porque o processo se estenderia excessivamente na tentativa de investigar fatos que sequer teriam sido alegados em momento oportuno, subvertendo o fundamento da celeridade, em que se baseia o sistema de preclusões e, a duas, pois haveria então uma ampliação indevida da atividade cognitiva do juiz, de forma imprevista e, quiçá, até surpreendente. À mesma conclusão chegam André Ricardo Vier Botti e Lourival José de Oliveira:

> "As provas requeridas pelo revel devem limitar-se aos fatos afirmados na petição inicial, pois ele não poderá fazer prova de alegações que sequer formulou tempestivamente. (...) A iniciativa probatória do revel atuante deve, então, observar dois limites: temporal e de conteúdo, pelo que a fase probatória não pode estar preclusa e a matéria fática debatida não pode ser alargada além do que o autor aduziu nos autos."[24]

A propósito, não é demais lembrar que no momento do saneamento definem-se as questões de fato e de direito controvertidas (art. 257 do CPC/2015) estabilizando-se os limites do contraditório. Desse modo, reforce-se, não é possível instaurar ou ampliar a instrução com base em alegações jamais deduzidas nos autos, ou com o propósito de infirmar presunção legal que não tenha sido desafiada oportunamente. Ora, se já precluiu a possibilidade de alegação de determinada matéria de defesa (art. 342 do CPC/2015), não é possível inovar em sede probatória,[25] direcionando a produção de provas aos fatos que sequer tenham sido arguidos.

Parece-nos, todavia, que tais conclusões já eram viáveis à luz do CPC/1973 que, com fulcro na Constituição Federal de 1988 e na Súmula 231 do STF, permitia a produção de provas pelo revel sob tais circunstâncias.

O questionamento que nos propomos a considerar, contudo, é se tal interpretação *já atendia o direito fundamental à prova* ou se havia uma restrição indevida ao seu exercício pelo revel, que teria sido corrigida pelo disposto no art. 349 do CPC/2015.

---

24 BOTTI, André Ricardo Vier; OLIVEIRA, Lourival José de. Revelia e persuasão racional do juiz. *Scientia iuris,* Londrina, V. 9, pp. 131-154, 2005, p. 142. No mesmo sentido: GIANESINI, Rita. *Da revelia no processo civil brasileiro.* São Paulo: RT, 1977 p. 123.

25 Ressalvadas, obviamente, as situações do art. 345, I a IV, do CPC/2015, amplamente consideradas, aplicáveis analogicamente ao descumprimento do ônus da impugnação específica (art. 341, *caput,* do CPC/2015).

3. Direito fundamental à prova, dispositividade do direito à defesa e do direito à prova: limites e possibilidades

Sempre nos pareceu que a ressalva da possibilidade de produção de provas, nos termos já delineados da interpretação da Súmula 231 do STF, acima descritos, atendesse ao direito fundamental à prova, que, antes mesmo de ser reconhecido de forma autônoma pelo CPC/2015[26], já emanava do contraditório (art. 5º, LIV, da Constituição Federal), do acesso à justiça (art. 5º, XXXV, da Constituição Federal), e de diversos tratados internacionais sobre direitos humanos, com destaque para a Convenção Americana de Direitos Humanos (art. 8º), incorporada pelo Decreto 678/1969.

A rigor, se revermos as considerações tecidas até o momento, constataremos, de uma forma ou de outra, que em nenhum momento o direito à prova é desconsiderado, muito embora se lhe imponham limitações de ordem temporal (o revel não pode produzir prova *após* à instrução) e lógica (deve o revel respeitar a preclusão temporal e lógica do direito de controverter os fatos, no caso de não ter sido afastada a presunção de veracidade; já no caso de esta ser afastada, limita-se atividade do revel à contraprova dos fatos a serem demonstrados pelo autor).

Todavia, diante de ponderações doutrinárias, e até de parcela da jurisprudência, que cogitam a ampliação dos limites desta atuação parece nos prudente revisitar as considerações acima propostas, *mais especificamente* sob a perspectiva deste direito fundamental, mormente à luz do novo CPC.

A tendência a se ampliar os limites e possibilidades de produção de provas pelo revel podem ser percebidas nas palavras de Cristiane Tavares Fagundes, para quem:

> "A novel legislação (...) foi além das discussões existentes, tornando cogente uma realidade: se o réu comparece nos autos a tempo de requerer a produção de determinada prova, não poderá o juiz indeferir tal requerimento, sob fundamento de que não caberia prova em virtude da denominada presunção de veracidade dos fatos aduzidos pelo autor."[27]

---

26 Nesse sentido, cf. o art. 381, incisos II e III do CPC/2015, que garante às partes a produção de prova como direito autônomo à pendência de um processo. Veja-se, ainda, a redação do art. 369 do CPC/2015 ("Art. 369. As partes têm o direito de empregar todos os meios legais, bem como os moralmente legítimos, ainda que não especificados neste Código, para provar a verdade dos fatos em que se funda o pedido ou a defesa e influir eficazmente na convicção do juiz"), que claramente situa as partes como destinatárias do direito à prova, modificando a concepção de que o juiz seria o único e exclusivo destinatário (a propósito, compare-se tal redação com o que dispunha o art. 332 do CPC/1973: "Art. 332. Todos os meios legais, bem como os moralmente legítimos, ainda que não especificados neste Código, são hábeis para provar a verdade dos fatos, em que se funda a ação ou a defesa.").

27 FAGUNDES, Cristiane Druve Tavares. A revelia no novo código de processo civil. In: DIDIER JR., Fredie. (Org.). Coleção Novo CPC - Doutrina Selecionada: Procedimento Comum. 2ed. Salvador: Jus Podivm, 2016, v. 2, pp. 225-240.

Da leitura do texto em questão é possível concluir que, ao contrário do que propomos, a produção de provas pelo réu revel poderá ser feita independentemente de se tratar de hipótese de julgamento antecipado de mérito (art. 355 do CPC/2015), incidindo ou não as exceções do art. 345; bem como poderá versar fatos que configurem defesa material indireta (fatos impeditivos, modificativos ou impeditivos do direito do autor).

Também em sentido contrário à tese de que o revel que compareça antes da sentença só poderá produzir provas se houver alguma razão para se afastar os efeitos da revelia, já decidiu o Superior Tribunal de Justiça que

> "O efeito material da revelia é consequência extrema e excepcional da inércia do réu, devendo ser aplicado de forma restritiva, sob pena de ofender o princípio constitucional da ampla defesa. Conclui-se, com isso, que a decretação da revelia e imposição da presunção relativa de veracidade dos fatos narrados na petição inicial não impede que o réu revel exerça seu direito de produção de prova, desde que este intervenha oportunamente no processo."[28]

O caso julgado, todavia, revela-se um pouco ambíguo, na medida em que o relatório do acórdão indica que o juiz, após o desentranhamento da contestação intempestiva do réu, teria determinado a especificação de provas pelas partes – providência que, em geral, só ocorre quando do afastamento dos efeitos da revelia, por não ser cabível, então, o julgamento antecipado do mérito (art. 355 do CPC/2015 e art. 330 do CPC/1973).

É possível que, à luz do CPC/1973, o juízo de origem não tenha tido fundamentos legais expressos para afastar a presunção de veracidade dos fatos alegados do autor, por ausência de previsão das hipóteses de inverossimilhança das alegações do autor e/ou contradição com a prova dos autos. Se for assim – ou seja, se a determinação de prova foi, de alguma forma, amparada na ausência de credibilidade da narrativa do autor –, consideramos correta a manutenção, pelo Egrégio Superior Tribunal de Justiça, da decisão que determinou o exercício do direito à prova pelo revel.

Caso contrário – *i.e.*, se não havia justificativa, ainda que *de lege lata,* para afastar a presunção de veracidade –, acreditamos que a solução correta exigiria um raciocínio analógico com situação do réu que, embora não tenha ficado revel, deixa de impugnar algum ou alguns dos fatos constitutivos do direito do autor.

---

28 "Processo civil. Recurso especial. Revelia. Deferimento de produção de provas pelo réu revel. Possibilidade. - Admite-se que o réu revel produza contraprovas aos fatos narrados pelo autor, na tentativa de elidir a presunção relativa de veracidade, desde que intervenha no processo antes de encerrada a fase instrutória. Recurso especial conhecido e provido." (STJ, REsp 677.720/RJ, rel. Min. Nancy Andrighi, 3ª T., j. 10.11.2005, *DJ* 12.12.2005).

Ora, se não se permite ao réu a produção de prova de um fato não impugnado, suscetível de preclusão,[29] com que fundamento, então, se garante ao revel o direito de fazê-lo? Não nos parece razoável conceder ao réu revel direitos mais amplos que aqueles conferidos ao réu que, embora conteste a ação, deixa de impugnar determinados fatos.

À luz desses entendimentos, algumas indagações devem ser respondidas. Em primeiro lugar, estão a ampla defesa e o direito à prova num patamar tal que não se submetam ao sistema de preclusões do processo civil? Houve, com a introdução do art. 349 do CPC/2015, alguma alteração no grau de dispositividade das alegações das partes e do exercício do direito à prova? É possível afirmar que à busca da verdade se sobrepõe às normas inscritas nos arts. 341, 344, 346, parágrafo único e 374 do CPC/2015, em uma interpretação conjunta e sistemática?

Quanto à primeira indagação, destacamos que qualquer análise sobre a presunção de veracidade, seja à luz do CPC/1973, seja à luz da legislação vigente, dever levar em consideração os direitos fundamentais à ampla defesa e o direito à prova. Não nos parece que o *status* constitucional do direito à defesa e do direito à prova afastem a possibilidade de sua disposição, em maior ou menor medida.

Quanto ao primeiro, sempre foi pacífica a possibilidade de se dispor de seu exercício no processo civil, sem embargo da necessidade de se apurarem os fatos subjacentes ao interesse público, por exemplo. Já no tocante ao direito à prova, em que pesem os poderes instrutórios do juiz – que, aliás, enxergamos com algumas restrições[30] –, não se pode negar a possibilidade de as partes disporem de seu exercício, sem que tal configure uma violação constitucional.

---

29 Nesse sentido: "Agravo regimental no agravo em recurso especial. Violação do art. 535, I e II, do CPC. Não caracterização. Fato incontroverso. Desnecessidade de prova. Art. 334, III, do CPC. Questão irrelevante. Ausência de argumentos aptos a infirmar os fundamentos da decisão agravada. Agravo regimental improvido.1. Nas hipóteses em que a alegação de um fato, deduzida pelo autor, não é objeto de impugnação específica na contestação, tal fato torna-se incontroverso e não depende de prova, nos termos do art. 334, III, do CPC. Em tais hipóteses, a questão sobre a distribuição do ônus da prova desse fato é irrelevante. 2. O órgão jurisdicional não tem o dever de se manifestar sobre questão irrelevante. Por isso, a ausência de pronunciamento sobre ela não configura omissão passível de ataque por meio de embargos de declaração. Precedentes.3. Se o agravante não traz argumentos aptos a infirmar os fundamentos da decisão agravada, deve-se negar provimento ao agravo regimental. 4. Agravo regimental a que se nega provimento." (STJ, AgRg no AREsp 663.935/AL, rel. Min. Marco Aurélio Bellizze, 3ª T., j. 04.08.2015, *DJe* 17.08.2015).

30 Consoante anotamos em nosso *Manual de direito processual civil* (18ª ed., São Paulo: RT, 2019, p. 897, nº 24.1.5): "A possibilidade de o juiz determinar a produção de provas de ofício ou a requerimento das partes está prevista no art. 370 do CPC/2015, que corresponde ao disposto no art. 130 do CPC/1973. À luz do texto normativo, a doutrina tende a ampliar cada vez mais os poderes instrutórios do juiz, embora a iniciativa instrutória do juiz tenha natureza supletiva e subsidiária. Regra geral, são as partes que devem tomar a iniciativa para a produção da prova; o juiz só deve determinar a produção de prova de ofício nas seguintes situações: se os direitos versados na causa forem indisponíveis (hipótese, ao nosso ver, que deve ser aplicada com cautela); quando o contexto dos autos trouxer à tona a existência de uma fonte de prova acessível (por exemplo, no caso

Registre-se que, de acordo com as teorias que analisam a efetivação dos direitos fundamentais, a própria noção de indisponibilidade comporta gradações, na medida em que a autonomia da vontade, associada a outros valores, como a celeridade na concretização de direitos, podem determinar a necessidade, em alguma medida, de disposição dos direitos materiais ou processuais.

Nesse passo, há quem aluda a uma espécie de *crise* conceitual no âmbito do processo – e fora dele –, quanto à definição de diversos institutos, como a *ordem pública*, os *direitos indisponíveis*, as normas *cogentes* etc.[31] Veja-se, contudo, que, mesmo aqueles que relativizam tais conceitos, admitem a existência de um núcleo intangível, essencial, estabelecido pelo próprio direito constitucional como insuscetível de renúncia – e, portanto, indisponível.[32]

O exercício do direito à prova é, pois, reconhecidamente delineado a partir das respectivas restrições, cujas justificativas – entre as quais incluem-se o sistema de preclusões e a dispositividade do direito – são constantemente analisadas pela doutrina.[33]

de uma testemunha referida por outra, ou mencionada num documento). Ainda, parece-nos que a iniciativa supletiva do juiz deve ser, em regra, cronologicamente posterior à das partes, de modo que, nas hipóteses excepcionais já mencionadas, a determinação de ofício da produção de provas terá lugar apenas quando, apesar da prova produzida, o magistrado não conseguir formar seu convencimento, restando ainda dúvida sobre o contexto fático."

31 V., sobre o tema: CABRAL, Antonio do Passo. *Convenções processuais*. Salvador: Jus Podivm, 2016, pp. 295 e s.

32 CABRAL, Antonio do Passo. *Convenções processuais*, op. cit., 2016, pp. 335 e ss. E, no âmbito do direito constitucional: SILVA, Virgílio Afonso da. "O conteúdo essencial dos direitos fundamentais e a eficácia das normas constitucionais". *Revista de direito do Estado*, n. 4, out./dez. 2006, principalmente pp. 42-43, em que adere à teoria relativista, assim explicitada: "Segundo essa versão [relativista], a garantia do conteúdo essencial dos direitos fundamentais nada mais é do que a consequência da aplicação da regra da proporcionalidade nos casos de restrições a esses direitos. Ambos os conceitos – conteúdo essencial e proporcionalidade – guardam uma íntima relação: restrições a direitos fundamentais que passam no teste da proporcionalidade não afetam o conteúdo essencial dos direitos restringidos. É nessa característica que reside o caráter relativo da proteção ao conteúdo essencial. Isso porque a definição desse conteúdo não é baseada simplesmente na intensidade da restrição, ou seja, uma restrição não invade o conteúdo essencial simplesmente por ser uma restrição intensa. À intensidade da restrição são contrapostos os graus de realização e de importância dos outros princípios envolvidos no problema. Por isso, uma restrição que possa ser considerada como leve pode, mesmo assim, segundo uma teoria relativa, ser encarada como invasão do conteúdo essencial de um direito: basta que não haja fundamentação suficiente para ela. Nesse sentido, restrições não fundamentadas, mesmo que ínfimas, violam o conteúdo essencial a partir das premissas relativistas. E violações às vezes mais intensas podem ser consideradas constitucionais, *i.e.*, não violadoras do conteúdo essencial".

33 Para citar alguns exemplos de abordagens do tema: GRECO, Leonardo, Limitações probatórias no processo civil. *Revista Eletrônica de Direito Processual - REDP (Periódico Semestral da Pós-Graduação Stricto Sensu da UERJ)*, v. 4, ano 3, jul-dez 2009, pp. 4-28, disponível em http://www.redp.com.br; RICCI, Gian Franco, Nuovi rilievi sul problema della 'specificità' della prova giuridica. *Rivista trimestrale di diritto e procedura civile*. Ano LIV. Milano: Giuffrè, 2000, pp. 1129-1163.

Logo, o fato de a lei estabelecer uma presunção de veracidade como consequência geral da inércia do réu em contestar não configura qualquer violação à Constituição, desde que ressalvadas as situações em que tal efeito se revele excessivamente gravoso – o que, nos parece, está abarcado pela interpretação do art. 345 do CPC/2015.

Frise-se que o simples argumento de que a presunção é relativa não atrai a possibilidade ampla de produção de provas ao revel que comparece ao processo. Está claro que a presunção decorrente da omissão do réu em contestar opera de maneira peculiar, invertendo o ônus da prova em favor do autor e, concomitantemente, estabelecendo a preclusão em detrimento do réu. A inversão do ônus da prova decorre, como está claro, da incontrovérsia, e só pode ser desfeita nas hipóteses em que esta não atrai a dispensa de dilação probatória (art. 345 e incisos e fatos insuscetíveis de preclusão).[34]

Noutras palavras, a presunção de veracidade prevista no art. 344 do CPC/2015 (equivalente, em parte, ao art. 319 do CPC/1973), é, sim, relativa. Mas a forma de ilidi-la observa determinados critérios, estabelecidos pela lei (art. 345, incisos I a IV, do CPC/2015; art. 320 e incisos, do CPC/1973) e pela intepretação extensiva dos que regem a matéria.

34 Por outro lado, nos casos em que o autor precisa se desincumbir do ônus de provar os fatos constitutivos, tendo o réu comparecido ao processo após o prazo para contestação, deve-lhe ser franqueado amplo direito à prova, sob pena de nulidade. Assim já decidiu o STJ em ação de improbidade administrativa, na qual o réu revel, com advogado constituído nos autos não foi devidamente intimado para os atos probatórios: "(...) No caso em concreto, o próprio Tribunal a quo revelou que, nos presentes autos, houve a incorreta decretação da revelia, sendo certo que, deste ato, houve prejuízos à parte a quem desfavoreceu. Isso porque, expressamente, o Tribunal a quo consignou que não houve a intimação dos patronos da parte ora recorrente para a produção de provas, embora tenha efetivamente existido o despacho (fl. 487 dos autos). Ou seja, embora não tenham sido imputados os efeitos da confissão, ainda assim houve prejuízo para o exercício de defesa da parte ora recorrente uma vez que a conclusão quanto ao julgamento antecipado da lide não levou em consideração se a parte ora recorrente, que é requerida na demanda de improbidade, tinha ou não interesse em produzir provas em sua defesa (embora pretensamente tenha sido intimado para tanto). Posicionamento da doutrina e inteligência da Súmula 231 editada pelo Supremo Tribunal Federal. 6. Incontroversos, assim, os prejuízos causados ao exercício da ampla defesa da parte ora recorrente em face da ilegítima decretação da revelia nos autos sub examine. Isso porque, embora tenha sido consignado que em se tratando de direito indisponível não há presunção de veracidade dos fatos alegados na inicial (efeitos da revelia), é de se ressaltar que a falta de intimação da parte dos atos processuais, quando prolatado o despacho para a produção de prova pela autoridade julgadora, é efeito que inegavelmente lesa a esfera jurídica da parte ora recorrente. No caso em concreto, o julgamento antecipado da lide se deu com base exclusivamente nas provas produzidas pelo Ministério Público do Estado do Paraná, uma vez que à parte ora recorrente não foi dada a oportunidade de produção de provas. 7. Assim, constatada que a sentença foi de procedência no ponto que declarou a existência de ato de improbidade administrativa na conduta do ora Requerente, sem que ao mesmo tenha sido oportunizada a possibilidade de produção dos elementos de prova que entendesse necessário, sobreleva então a nulidade do processo ante a caracterização do cerceamento de defesa. 8. Recurso especial parcialmente conhecido e nesta extensão provido." (STJ, REsp 1330058/PR, rel. Min. Mauro Campbell Marques, 2ª T., j. 20.06.2013, *DJe* 28.06.2013).

Assim, a partir do momento em que o réu dispôs do direito de controverter os fatos, sendo minimamente plausíveis e verossímeis as alegações do autor, a prova e contraprova desses fatos só será ser realizada se incidir algum desses critérios.

A possibilidade de disposição do direito à prova em decorrência do comportamento omissivo do réu não constitui propriamente uma novidade, mas pode ser ampliada ou restringida se as partes livremente convencionarem e desde que não haja desequilíbrio ou vício de vontade (art. 190 do CPC/2015).[35] Nesse passo, para além do disposto nos arts. 341 e 344, o próprio Código estabelece a possibilidade de inversão convencional do ônus da prova (art. 373, § 3º, do CPC/2015, na linha do que já dispunha o art. 333 do CPC/1973), ressalvada a invalidade dos acordos que recaiam sobre direitos indisponíveis ou que tornem excessivamente difícil a uma parte o exercício do direito. A esse propósito, mesmo aqueles que se mostram avessos à ideia de uma "verdade negociada" no processo admitem que a falta de contestação dos fatos gera, pelo réu, a assunção do risco de ficar sucumbente com uma sentença fundada em enunciado falso.[36]

Mas, há que se pensamos, não há como afastar a consequência lógica da desoneração do autor quanto à prova dos fatos alegados relativamente a direitos disponíveis, e ausentes as circunstâncias que justifiquem tal inversão do ônus da prova.

Nesse passo, recorremos aos ensinamentos de Taruffo que, embora busque maiores mitigações às consequências da revelia e da falta de impugnação dos fatos pelo réu (no direito italiano), não deixa de admitir a razoabilidade da solução da relevação do ônus da prova para o autor.

E, por certo, se tal relevação não gera uma vinculação absoluta para o juiz, que deve ser guiado pela persuasão racional, também não se pode negar que a necessidade de se observarem os – amplos – critérios de relativização da presunção de veracidade constitui uma alternativa ao recurso à íntima convicção. Em outras palavras: se, diante da ausência de contestação do réu, pudesse se admitir que o juiz se valesse de mera intuição ou de um juízo íntimo para o fim aplicar ou não a presunção de veracidade (art. 344 do CPC/2015), cairia por terra qualquer tentativa de atribuir racionalidade às decisões sobre os fatos.

Nesse sentido, a aplicação do art. 345 do CPC/2015, em sua interpretação extensiva, atribui racionalidade à tarefa de se verificar em que hipóteses deverá ser feita a

35 Cf., sobre o tema: GODINHO, Robson Renault. *Negócios processuais sobre o ônus da prova no novo Código de Processo Civil*. São Paulo: RT, 2015.

36 TARUFFO, Michele. Verdade negociada? *Revista Eletrônica de Direito Processual – REDP*, Volume XIII, pp. 634-657, esp. p. 655: "Pode-se admitir, isto é, que a falta de contestação de um fato opere no sentido de atenuar ou de eliminar, para a parte que o tenha alegado, o ônus de demonstrar a existência, posto que o réu, com o seu comportamento, não desafia o ator a fornecer tal demonstração. Pode-se, portanto, admitir que em virtude da não contestação se verifica um tipo de *relevatio ab onere probandi* em favor daquele que alegou o fato tornado 'pacífico': uma vez que sobre aquele fato não tem lugar a dialética contraditória das partes, pode-se simplificar o procedimento no sentido de considerar desnecessária a prova do fato não contestado."

dilação probatória e, pois, quando se poderá conceder ao réu o direito de produzir a contraprova dos fatos alegados pelo autor (art. 349).

Em acréscimo, no tocante à abrangência de prova a ser produzida pelo revel, é preciso repisar o que já foi dito sobre a segurança jurídica e a previsibilidade do contraditório. Mesmo se tratando de direito fundamental, o direito à prova não pode ser exercido de forma ilimitada e até abusiva, modificando o réu sua estratégia no curso do processo para incluir novos fatos no objeto da prova. Logo, versando o processo direitos disponíveis, se estiver preclusa a alegação de fato extintivo, modificativo ou extintivo do direito do autor, está claro que, por força da interpretação conjunta dos arts. 341, 344, 346, parágrafo único, do CPC/2015, não será cabível a ampliação do contraditório na fase probatória mediante inserção, no objeto da prova, de fatos que constituam defesa material indireta.

Breves conclusões

O direito à prova, consagrado constitucionalmente a partir dos princípios do contraditório e do acesso à justiça, está inserido no direito de agir e de se defender provando. É, ademais, a partir dele que as partes e o juiz viabilizam, de forma colaborativa, a apuração dos fatos no processo. Reveste-se, pois, de fundamental importância a instrução probatória para o ensejo de decisões mais rentes à realidade e, com isso, certamente, mais justas.

Disso, entretanto, não se extrai o exercício ilimitado desse direito de provar, pois, tanto quanto qualquer outro direito fundamental, possui uma margem de dispositividade. Por isso, tem-se, em princípio, que a presunção decorrente da revelia (art. 344 do CPC/2015), bem como outras decorrentes de comportamentos omissivos da parte (art. 341 do CPC/2015, por exemplo), não viola a Constituição, desde que observadas as balizas legais e constitucionais para tal limitação à busca da verdade.

Com efeito, versando a causa direitos disponíveis e desincumbindo-se o autor de deduzir alegações plausíveis e verossímeis, sem que haja contradição com as demais provas e alegações dos autos, parece-nos que a preclusão do direito de controverter os fatos alegados pelo autor atinge, também, eventual direito do réu de provar o contrário daquilo que está na petição inicial. Nesse caso, não terá o revel chegado no momento propício à produção de prova, porquanto, sendo incontroversos os fatos e desonerado o autor da prova do fato constitutivo, objeto probatório não haverá.

Se, ao revés, incidem algumas dessas circunstâncias gerais que afastam a presunção de veracidade dos fatos alegados pelo autor, não estará este desonerado do encargo de comprovar os fatos constitutivos, ocasião em que, estendendo-se a instrução probatória para este fim, autorizado estará o revel para, contrapor-lhes as prova da negativa.

A disposição do art. 349 do CPC/2015 não é apta, pois, por si só, a afastar todos os efeitos materiais da revelia. O direito à prova só será garantido no tocante abranger à negativa dos fatos constitutivos que porventura o autor tenha que vir a demonstrar, por força de uma situação que relativize a presunção de veracidade decorrente da ausência de contestação.

Quanto aos fatos aqueles relativos a eventual defesa material indireta que não tenha sido tempestivamente deduzida em juízo, é certo que estarão irremediavelmente atingidos pela preclusão, cujos fundamentos constitucionais – celeridade e segurança jurídica – devem ser resguardados no âmbito processo.

Referências bibliográficas

ARRUDA ALVIM, Eduardo *et. al*, *Direito processual civil.* 6ª ed. São Paulo: RT, 2019, p. 563

ARRUDA ALVIM, *Manual de direito processual civil,* 18ª ed. São Paulo: RT, 2019.

ARRUDA ALVIM, *Manual de direito processual civil,* vol. 2: processo de conhecimento, 6ª ed. São Paulo: RT, 1997.

BADARÓ, Gustavo Righi Ivahy. Ônus da prova no processo penal, São Paulo, RT, 2003.

BARBOSA MOREIRA, José Carlos. *Aspectos da revelia no código de processo civil, Revista de Direito da PGE* RJ, vol. 20, 1969, pp. 172-185.

BOTTI, André Ricardo Vier; OLIVEIRA, Lourival José de. Revelia e persuasão racional do juiz. *Scientia iuris,* Londrina, V. 9, pp. 131-154, 2005.

CABRAL, Antonio do Passo. *Convenções processuais.* Salvador: Jus Podivm, 2016.

DINAMARCO, Cândido Rangel. *Instituições de direito processual civil.* 7ª ed. São Paulo: Malheiros, 2017, v. 3.

FAGUNDES, Cristiane Druve Tavares. A revelia no novo código de processo civil. In: DIDIER JR., Fredie. (Org.). Coleção Novo CPC - Doutrina Selecionada: Procedimento Comum. 2ed. Salvador: Jus Podivm, 2016, v. 2, pp. 225-240.

GIANESINI, Rita. *Da revelia no processo civil brasileiro.* São Paulo: RT, 1977.

GODINHO, Robson Renault Godinho. *Negócios processuais sobre o ônus da prova no novo Código de Processo Civil.* São Paulo: RT, 2015.

GRECO, Leonardo, Limitações probatórias no processo civil. *Revista Eletrônica de Direito Processual - REDP (Periódico Semestral da Pós-Graduação Stricto Sensu da UERJ)*, v. 4, ano 3, jul-dez 2009, pp. 4-28, disponível em http://www.redp.com.br

RICCI, Gian Franco, Nuovi rilievi sul problema della 'specificità' della prova giuridica. *Rivista trimestrale di diritto e procedura civile.* Ano LIV. Milano: Giuffrè, 2000, pp. 1129-1163.

ROQUE, André Vasconcelos. "Comentários ao art. 345". In: GAJARDONI, Fernando da Fonseca *et al. Processo de Conhecimento e Cumprimento de Sentença:* comentários ao CPC/2015. São Paulo: Método, 2016.

SANTOS, Moacyr Amaral. *Primeiras linhas de direito processual civil.* 23ª ed. São Paulo: Saraiva, 2004, vol. 2.

SILVA, Virgílio Afonso da. "O conteúdo essencial dos direitos fundamentais e a eficácia das normas constitucionais". *Revista de direito do Estado,* nº 4, out./dez. 2006,

SCHÜNEMANN, Bernd. Cuestiones básicas de la structura y reforma del procedimento penal bajo una perspectiva global. In: *Id. Obras. Tomo II.* Buenos Aires / Santa Fé: Rubinzal-Culzoni, 2009, pp. 403-412.

SICA, Heitor Vitor Mendonça. *Preclusão processual civil.* São Paulo: Atlas, 2006.

TARUFFO, Michele. Verdade negociada? *Revista Eletrônica de Direito Processual – REDP,* Volume XIII, p. 634-657

Algumas Reflexões sobre a Jurisprudência do Direito Brasileiro, no Regime da Constituição de 1988 e no do Código de Processo Civil de 2015

Carlos Fernando Mathias de Souza

1. Breve Introdução

Antes de se adentrar mais especificamente no tema ora em destaque, quer parecer que, em se tratando de jurisprudência, impõe-se um registro da obra do Professor Doutor António Castanheira Neves, catedrático da Universidade de Coimbra e expoente da corrente filosófica do jurisprudencialismo.

Por tal teoria (e aqui corre-se o risco a que se expõem aqueles que usam apertadas sínteses) a relação entre o *logos* e o método em direito é crítico-reflexiva. Em outras palavras, "o Direito deve ser estudado de forma que a determinação intencional da perspectiva metódica pode sofrer certa influência de contingência histórico-culturais".

Acresça-se importante questão que é a necessidade de se perquirir sobre que tipo de intencionalidade guia o método: o do legislador ou o do juiz?

A função legislativa, por óbvio, cria direitos, onde se definem estratégias e programas, por exemplo, e "por aí extrai-se que tal exercício insere-se no âmbito da teoria da legislação e da política do direito, mas não sua realização concreta e normativa, que só ocorre de modo pleno pela ação do juiz", como assinala o civilista Francisco Amaral.[1]

Aliás, outro mestre, também da Faculdade de Direito de Coimbra, António Pinto Monteiro (decano dos seus catedráticos), em conferência proferida no III Congresso de Direito Civil, em Recife, no ano de 2015, sob o título "Interpretação e Protagonismo da Doutrina" assinalou, de plano, que "a interpretação será tanto mais valorizada, mais rica e criativa e o protagonismo da doutrina tanto maior, quanto mais aberta for a compreensão do direito.".

Por curioso e ilustrativo, anote-se que, em diferente contexto, Millôr Fernandes, dos mais destacados intelectuais brasileiros, falecido em tempo relativamente recente (e que, entre tantos méritos, foi excelente tradutor, inclusive de Shakespeare), valorizando a interpretação dos textos, chegou a afirmar que "é evidente que traduzir Hamlet é mais difícil que escrever Hamlet". Impõe-se registar o acréscimo de Millôr, em sua observação: "Fique claro que não quero dizer mais importante".

Retornando ao texto de Mestre A. Pinto Monteiro, anote-se seu registro de que "toda interpretação jurisdicional de uma lei implica em uma correção ou um aperfeiçoamento do direito. A tarefa do intérprete não se esgota em explicar *quod implicitum*

---

1 Amaral, Francisco, in O Código Civil Brasileiro e Problema Metodológico de sua Realização. Do Paradigma da Aplicação ao Paradigma Judicativo-Decisório (Revista de Direito Privado, vol. I, nº I).

est antes lhe compete adaptar a norma jurídica ao ambiente social, econômico e jurídico do tempo presente, no respeito pela *ratio* e pela unidade do direito."

E, após outras observações, inclusive, uma expressa referência à clássica definição de Ulpiano (*Iurisprudencia est, divinarum rerum notitia, iusti atque iniusti scientia*, o que, no nosso latim vulgar modificado, pode-se dizer: jurisprudência é o conhecimento das coisas divinas e humanas, a ciência do justo e do injusto), concluiu sua assertiva, no ponto em destaque: é claro que é na aplicação que o direito se realiza – e aí determinante a atividade do juiz".

E, arremata: "Nesta concepção ampla a jurisprudência não se fecha nos tribunais, não é apanágio do juiz, ela inclui, também, a doutrina, a dogmática, "o direito dos juristas", pois é esse o trabalho conjunto da doutrina e jurisprudência, completar ao do legislador, que é a mola real do desenvolvimento do direito.

Claro que, hoje em dia, identifica-se a doutrina como quem, especialmente na universidade, pensa o direito e faz ciência – já o juiz é aquele que, no tribunal, decide. Longe são os tempos, porém, em que se reduzia o juiz à mera "boca da lei" – o seu papel constitutivo jurisgênico, é hoje reconhecido. Daí a importância do juiz na realização do direito."[2]

II. A jurisprudência do direito brasileiro: As súmulas do STF como um marco na realização da justiça

Em 1963, isto é, há um pouco menos de meio século e um lustro, a Suprema Corte do Brasil, graças à iniciativa de um juiz inspirado e criativo – Victor Nunes Leal – tomou a iniciativa de organizar sua jurisprudência predominante, por meio de súmulas.

E, o professor José Pereira Lira, jurista, homem público e antigo professor catedrático da atual Universidade do Estado do Rio de Janeiro e professor titular da Universidade de Brasília (onde fundou o Laboratório de Jurisprudência), plasmou a expressão Direito Sumular, até hoje bastante empregada, marcando o advento da Súmula ora em relevo.

O notável *scholar*, a propósito da aprovação, repita-se, da Súmula da Jurisprudência Predominante, do Supremo Tribunal Federal, escreveu importante artigo (ao qual, modestamente, denominou de "apontamento", sem qualquer pretensão teorizante), sob o título "Os Modelos Jurisprudenciais e a Súmula do Supremo", publicado na revista "Notícia do Direito Brasileiro".

Observa J. Pereira Lira que, o Brasil conheceu diferentes modelos jurisprudenciais, dos quais a Súmula do STF foi um marco, ressaltando que "sem mesmo invocar "assentos" e "prejulgados" filiados à tradição reinícola ou dela decorrentes", considerou a providência da Suprema Corte "um achado dos juristas brasileiros com a correta execução da ideia federativa no Brasil".

Após magnifica síntese sobre modelos jurisprudenciais, passando pelas Constituições da República (até a chamada Emenda nº 1, de 1969) faz o Professor

2 Monteiro, António Pinto, in Revista Brasileira de Direito Comparado, nº 49, 2015. pp. 14/16.

Pereira Lira análise da denominação conferida pelo STF, ao seu grande Ato, de 1963, ou seja, a "Súmula da Jurisprudência Predominante do Supremo Tribunal Federal".

Ao fazer a anatomia da denominação adotada pelo Supremo, destacou sua parcimônia da Corte, utilizada na denominação da marcante medida.

Destaca o jurista o adjetivo *predominante*, a demonstrar "que não aspirava (...) a característica de fixidez, de imutabilidade". Assim, os enunciados podem ser trocados pelo mesmo processo devido (...) – a súmula gozará, (...) de força vinculativa. É como se legislação fosse, que essa é, também suscetível de "supressão" total ou parcial, ressaltando que essa força vinculativa, se fazia imperiosa, delimitada pela competência direta do STF".

E sintetiza, após algumas outras tão bem lançadas observações, o festejado Mestre, ao afirmar que o direito brasileiro, desde 1963, passou a dispor de "modelos jurisprudenciais" e com força vinculativa.

Em sua óptica, isto estava a demonstrar duas teses: a) a defesa da unidade jurisprudencial e a segurança do direito federal (contavam), com um instrumento suasório, sem *vis compulsória*, que são os "modelos de recomendação"; b) o direito federal – que é o cimento da Federação – vislumbrado, desde 1891, na intenção de Rui Barbosa (dispunha de um aparelho de força vinculativa, que são os modelos de ordenação, dos quais são exemplos os enunciados da "Súmula da Jurisprudência Predominante do Supremo Tribunal Federal".[3]

Impõe-se aqui recordar frase-síntese que o professor J. Pereira Lira mandou inscrever no pórtico do citado Laboratório de Jurisprudência da UnB, que ele com tanta competência dirigiu, por muitos anos: "A lei é o Direito prometido; a Jurisprudência é o Direito realizado".

Importante ressaltar que as súmulas do STF, mais particularmente na altura em que foram criadas, constituíram-se com apoio em raízes nitidamente brasileiras, isto é, não foram uma cópia do *stare decisis*, nem filiação a *the restatement of the Law*.

O *stare decisis*, como se sabe, decorre da expressão latina "*stare decisis et non quieta movere*" que, em vernáculo, pode-se dizer "respeitar as coisas decididas e não mexer no que está estabelecido (ou pacificado)".

Malgrado o emprego da língua do Lácio, o *stare decisis* é um instituto característico do *common law*, onde prevalece a regra do precedente vinculante.

Na prática, como se recorda, são conhecidos dois tipos de *stare decisis*, naturalmente, vinculados à razão de decidir (*ratio decidendi*), a saber: o *stare decisis* horizontal e o *stare decisis* vertical. No primeiro caso, a *ratio decidendi*, firmada em determinado precedente, vincula as decisões no tribunal que o firmou. Já o *stare decisis vertical*, a *ratio decidendi* torna obrigatório o precedente para todos os tribunais hierarquicamente inferiores.

---

3 Lira, José Pereira, Os Modelos Jurisprudenciais e a Súmula do Supremo, in Revista Notícia do Direito Brasileiro (do Curso de Direito da UnB), em edição de 1972, Brasília.

Por sua vez, Victor Nunes Leal, figura exponencial do magistério e da magistratura brasileira, nunca é demasiado enfatizar, voz das mais autorizadas para cuidar do ponto ora em destaque, em estudo sob o título "A Súmula do Supremo Tribunal e o *Restatement of the law dos Norte-Americanos*", após breve registro sobre os objetivos do American Law Institute (fundado em 1927), em relação à prática, assinala que "é sabido que não são idênticos os sistemas jurídicos dos dois países. Não damos aos precedentes judiciais a mesma força que têm nas nações de origem britânica. E seus juristas, afeiçoados a uma prestigiosa tradição de direito pretoriano, teriam de ser mais hostis de que nós às codificações, princípio de organização do direito a que sempre fomos habituados. Mas a atenuação progressiva dessa diferença vai assemelhando cada vez mais os problemas que eles e nós enfrentamos (...)". E, após algumas digressões históricas e comparativas sobre os dois sistemas em destaque, enfatiza e ressalva que os *restatements* se referem ao *commom law* e objetivam expô-lo com tal cuidado e exatidão que os Tribunais e advogados neles possam confiar como um correto enunciado do direito vigente, cujos princípios, através deles, possam ser citados com clareza e precisão. E ressalta: "Tão autorizados sãos esses *restatements*, que no período de 1932 a 1950, foram citados 17.951 vezes pelas cortes de apelação", número, por óbvio, expressivo à época.

Na parte propriamente comparativa, Mestre Victor Nunes Leal mostra que a súmula do Supremo Tribunal em apreciação "não sendo um código, também não era um repositório de jurisprudência". Sendo que "embora não obrigatória para os Tribunais e Juízes, era indiretamente para as partes" (aí ressaltada a possibilidade recursal).

Com respeito, contudo, às influências do direito lusitano na concepção das súmulas em destaque (aliás, tidas por inexistentes), forçoso parece citar-se a quase confissão por parte do "pai da súmula": "A autoridade que nos foi possível atribuir à súmula e que falta ao *restatement* dos norte-americanos, não é inspiração do acaso ou de livre imaginação. As raízes desta fórmula estão na abonadora tradição luso-brasileira dos assentos da Casa da Suplicação e a moderna experiência legislativa dos prejulgados".[4]

III. Breves aspectos sobre a jurisprudência do direito brasileiro: no regime da Constituição de 1988 e no do CPC de 2015

Com vistas, por certo, à segurança e a certeza jurídicas, bem como à maior rapidez na prestação jurisdicional, como caminho para pacífica composição dos conflitos, importantes medidas legislativas (de ordem constitucional e infraconstitucional) foram tomadas, em especial, no regime da Constituição de 1988, anos mais tarde, e sob a égide do Novo Código de Processo Civil – CPC, Lei nº 13.105, de 16 de março de 2015, dizendo de perto com a jurisprudência do direito brasileiro.

4 Leal, Victor Nunes, A Súmula do Supremo Tribunal e o Reastatement of the Law dos Norte-Americanos, in Boletim Jurídico do Tribunal de Justiça do Distrito Federal e Territórios;

A Emenda Constitucional nº 45 de 2004 alterou a redação anterior do parágrafo 2º do artigo 102 da Carta (que já fora alterado pela EC nº 3, de 1993), dando-lhe a seguinte redação: "As decisões definitivas de mérito proferidas pelo Supremo Tribunal Federal, nas ações diretas de inconstitucionalidade e nas ações declaratórias de constitucionalidade produzirão eficácia contra todos e **efeito vinculante** relativamente aos demais órgãos do Poder Judiciário e à administração direta e indireta, nas esferas federal, estadual e municipal".

Ademais, a EC em destaque, acrescentou o artigo 103-A, com três parágrafos, à Lei Maior, *verbis*: "O Supremo Tribunal Federal poderá, de ofício ou por provocação, mediante decisão de dois terços dos seus membros, após reiteradas decisões sobre matéria constitucional, aprovar súmula que, a partir de sua publicação na imprensa oficial, terá efeito vinculante em relação aos demais órgãos do Poder Judiciário e à administração pública direta e indireta, nas esferas federal, estadual e municipal, bem como proceder à sua revisão ou cancelamento, na forma estabelecida em lei.

§ 1º A súmula terá por objetivo a validade, a interpretação e a eficácia de normas determinadas, acerca das quais haja controvérsia atual entre órgãos judiciários ou entre esses e a administração pública que acarrete grave insegurança jurídica e relevante multiplicação de processos sobre questão idêntica.

§ 2º Sem prejuízo do que vier a ser estabelecido em lei, a aprovação, revisão ou cancelamento de súmula poderá ser provocada por aqueles que podem propor a ação direta de inconstitucionalidade.

§ 3º Do ato administrativo ou decisão judicial que contrariar a súmula aplicável ou que indevidamente a aplicar, caberá reclamação ao Supremo Tribunal Federal que, julgando-a procedente, anulará o ato administrativo ou cassará a decisão judicial reclamada, e determinará que outra seja proferida com ou sem a aplicação da súmula, conforme o caso."

Recorde-se que os legitimados, para propor a ação direta em referência (§2º), são: o Presidente da República; as mesas do Senado Federal, da Câmara dos Deputados, das Assembleias Legislativas ou da Câmara Legislativa do Distrito Federal, os Governadores dos Estados ou do Distrito Federal; o Procurador Geral da República; o Conselho Federal da Ordem dos Advogados do Brasil; partido político com representação no Congresso Nacional e confederação sindical ou entidade de classe de âmbito nacional.

Cumpre aqui registrar, desde logo, que a Lei nº 11.417, de 19 de dezembro de 2006, regulamenta o artigo 103-A da Constituição e altera a Lei nº 9.784, de 29 de janeiro de 1999 (em seus artigos 64-A e 64-B), lei que regula o processo administrativo e cuja redação foi modificada, e que já fazia referência à violação de súmula vinculante. Ademais, a Lei nº 11417/2006, repita-se, disciplina a edição, revisão e cancelamento de súmula vinculante do STF. Tem-se, aí, notícia sobre a inauguração, com base constitucional e consequente regulamentação, do chamado *stare decisis* vertical, por efeito de súmulas vinculantes, emanadas do direito pretoriano, da parte da mais alta Corte do país.

Ressalve-se, contudo, em homenagem a um dado de realidade (dir-se-ia histórico), que a teor dos artigos 479 e 557, do código de processo civil de 1973, de certo modo já se divisava a prática jurisprudencial do *stare decisis* no ordenamento positivo brasileiro.

Observe-se o que, respectivamente, dispõem os citados dispositivos do código dos ritos civis de 1973: "Art. 479 – O julgamento tomado pelo voto da maioria absoluta dos membros que integram o tribunal, será objeto de súmula e constituirá precedente na uniformização de jurisprudência". (Naturalmente, a transcrita disposição inseriu-se no Título X – do Processo nos Tribunais, Capítulo I – da Uniformização da Jurisprudência.)

E, o artigo 557 dispunha: "O relator negará seguimento a recurso manifestamente inadmissível, improcedente, prejudicado ou em confronto com súmula ou com jurisprudência, dominante do respectivo tribunal, do Supremo Tribunal Federal ou de tribunal superior. §1º – Se a decisão recorrida estiver em manifesto confronto com súmula ou jurisprudência dominante do Supremo Tribunal Federal ou de tribunal superior, o relator poderá dar provimento ao recurso".

Tenha-se em conta, de passagem, o artigo 332 e seus parágrafos: "Art. 332. Nas causas que dispensem a fase instrutória, o juiz, independentemente da citação do réu, julgará liminarmente improcedente o pedido que contrariar:

I – enunciado de súmula do Supremo Tribunal Federal ou do Superior Tribunal de Justiça;

II – acórdão proferido pelo Supremo Tribunal Federal ou pelo Superior Tribunal de Justiça em julgamento de recursos repetitivos;

III – entendimento firmado em incidente de resolução de demandas repetitivas ou de assunção de competência;

IV – enunciado de súmula de tribunal de justiça sobre direito local.

§ 1º O juiz também poderá julgar liminarmente improcedente o pedido se verificar, desde logo, a ocorrência de decadência ou de prescrição.

§ 2º Não interposta a apelação, o réu será intimado do trânsito em julgado da sentença, nos termos do art. 241.

§ 3º Interposta a apelação, o juiz poderá retratar-se em 5 (cinco) dias.

§ 4º Se houver retratação, o juiz determinará o prosseguimento do processo, com a citação do réu, e, se não houver retratação, determinará a citação do réu para apresentar contrarrazões, no prazo de 15 (quinze) dias".

Por outro lado, o CPC de 2015, de modo inovador, em seus artigos 926 a 928, prescreve:

"Art. 926. Os tribunais devem uniformizar sua jurisprudência e mantê-la estável, íntegra e coerente.

§ 1º Na forma estabelecida e segundo os pressupostos fixados no regimento interno, os tribunais editarão enunciados de súmula correspondentes a sua jurisprudência dominante.

§ 2º Ao editar enunciados de súmula, os tribunais devem ater-se às circunstâncias fáticas dos precedentes que motivaram sua criação.

"Art. 927. Os juizes e os tribunais observarão:

I – as decisões do Supremo Tribunal Federal em controle concentrado de constitucionalidade;

II – os enunciados de súmula vinculante;

III – os acórdãos em incidente de assunção de competência ou de resolução de demandas repetitivas e em julgamento de recursos extraordinário e especial repetitivos;

IV – os enunciados das súmulas do Supremo Tribunal Federal em matéria constitucional e do Superior Tribunal de Justiça em matéria infraconstitucional;

V – a orientação do plenário ou do órgão especial aos quais estiverem vinculados.

§ 1º Os juízes e os tribunais observarão o disposto no art. 10 e no art. 489, § 1º , quando decidirem com fundamento neste artigo.

§ 2º A alteração de tese jurídica adotada em enunciado de súmula ou em julgamento de casos repetitivos poderá ser precedida de audiências públicas e da participação de pessoas, órgãos ou entidades que possam contribuir para a rediscussão da tese.

§ 3º Na hipótese de alteração de jurisprudência dominante do Supremo Tribunal Federal e dos tribunais superiores ou daquela oriunda de julgamento de casos repetitivos, pode haver modulação dos efeitos da alteração no interesse social e no da segurança jurídica.

§ 4º A modificação de enunciado de súmula, de jurisprudência pacificada ou de tese adotada em julgamento de casos repetitivos observará a necessidade de fundamentação adequada e específica, considerando os princípios da segurança jurídica, da proteção da confiança e da isonomia.

§ 5º Os tribunais darão publicidade a seus precedentes, organizando-os por questão jurídica decidida e divulgando-os, preferencialmente, na rede mundial de computadores.

"Art. 928. Para os fins deste Código, considera-se julgamento de casos repetitivos a decisão proferida em:

I – incidente de resolução de demandas repetitivas;

II – recursos especial e extraordinário repetitivos.

Parágrafo único. O julgamento de casos repetitivos tem por objeto questão de direito material ou processual."

Por outro lado, ainda, o atual CPC, no seu artigo 1035, prestigia a súmula e a jurisprudência do Supremo Tribunal Federal, ao dispor em seu parágrafo 3º, I: "Haverá repercussão geral sempre que o recurso impugnar acórdão que: I- contrarie súmula ou jurisprudência dominante do Supremo Tribunal Federal."

E, ao tratar do julgamento dos recursos extraordinário e especial repetitivos, também, com nítido objetivo de rapidificação da justiça, prescreve que "sempre que houver multiplicidade de recursos extraordinários ou especiais, com fundamento de idêntica questão de direito, haverá a afetação para julgamento de acordo com a Seção II (artigos 1036 a 1041).

De passagem, lembre-se que o CPC dedica um capítulo (artigos 976 a 987, ao incidente de resolução de demanda repetitiva), onde está prevista (art. 979 caput, que a instauração e julgamento do incidente serão sucedidos da mais completa e específica divulgação e publicidade, por meio de registro eletrônico, no Conselho Nacional de Justiça).

Recorde-se que, anteriormente, a Lei nº 11.672, de 8 de maio de 2008, acrescera o art. 543-C ao CPC, de 1973, estabelecendo o procedimento para o julgamento de recursos repetitivos.

Tal artigo continha nove parágrafos, sendo que, o 7º com dois incisos. Eis aí o advento de um novo caminho para a realização da justiça de modo mais rápido.

Acontece que, por qualquer razão, alguns recorrentes louvados no artigo 501 do então vigente CPC, mesmo quando já incluído em pauta de julgamento o recurso especial repetitivo, passaram a desistir do recurso.

O citado artigo 501, como se sabe, era expresso: "O requerente poderá a qualquer tempo, sem anuência do recorrido ou dos litisconsortes, desistir do recurso." Texto que, aliás, permanece no CPC atual (art. 998, caput).

Seria este texto tão claro, a dispensar maiores considerações, para que se pudesse extrair dele que todo e qualquer recurso (mesmo em caso de recurso repetitivo) poderia o recorrente desistir dele sem maiores indagações?

Não é preciso gastar muita tinta e letra para, no plano teórico, concluir-se pela negativa, quanto a recursos repetitivos (valha a redundância).

De Mestre Hermes Lima, a lição: "A máxima *in claris non fit interpretatio* tem de ser compreendida considerando que os dispositivos legais não se aplicam automaticamente e que a compreensão da vontade normativa da lei, da *mens legis* é indispensável mesmo quando as leis são claras."[5]

Naturalmente, a interpretação está sujeita à concepção do direito dominante quando as leis são claras."

A resposta ao questionamento, de modo prático e eficaz, não se fez esperar, pois logo surgiu uma desistência recursal em tal hipótese, na Terceira Turma do Superior Tribunal de Justiça, que foi afetada à sua Segunda Seção.

O autêntico *leading case,* que permitiu a solução adequada ao tema, adveio com o julgamento de um pedido de desistência do recorrente (Banco Volkswagen S.A.), no REsp 1063343/RS, em que foi relatora a eminente Ministra Nancy Andrighi, incluindo na pauta de julgamento da 2ª Seção do STJ (26.11.2008), ocasião em que o órgão fracionário, por maioria, acompanhando a posição da Ilustre Magistrada, "decidiu remeter à Corte Especial Questão de Ordem referente a pedidos de desistência em processos afetados pela Lei dos Recursos Repetitivos.

Levada a *questão de ordem* em destaque à Corte Especial, esta, por expressiva maioria, placitou a posição da 2ª Seção. Eis a ementa do v. acórdão:

> *"Processo civil. Questão de Ordem. Incidente de Recurso Especial Repetitivo. Formulação de pedido de desistência no Recurso Especial representativo de controvérsia (art. 543-C, § 1º, do CPC). Indeferimento do pedido de desistência recursal.*
>
> *- É inviável o acolhimento de pedido de desistência recursal formulado quando já iniciado o procedimento de julgamento do Recurso Especial representativo da controvérsia, na forma do art. 543-C do CPC c/c Resolução nº 08/08 do STJ.*

5 Lima, Hermes, Introdução a Ciência do Direito, Livraria Freitas Bastos, 8ª ed., p. 110, Rio de Janeiro, 1955;

Questão de ordem acolhida para indeferir o pedido de desistência formulado em Recurso Especial processado na forma do art. 543-C do CPC c/c Resolução nº08/08 do STJ."

Vitoriosa, assim, a tese sustentada nos sólidos fundamentos da douta Ministra Nancy Andrighi, também relatora da Questão de Ordem na Corte Especial. Resolveu-se, assim, uma questão que poderia, de certo modo (se contrário fosse o resultado), frustrar a própria *ratio essendi* dos recursos repetitivos.

Não deve ficar sem registro, todavia, que o parágrafo único do artigo 998, do CPC de 2015 (cujo o caput, como sabido e já registrado) é, rigorosamente, transcrição servil do antigo artigo 501 do CPC de 1973, tem a seguinte redação: Art. 998 (...) omissis (...) – "a desistência do recurso não impede a análise de questão cuja repercussão geral já tenha sido reconhecida e daquela objeto de julgamento de recursos extraordinários ou especiais repetitivos."

Tem-se aí, a vista desarmada, o agasalhamento, no direito positivo, de uma tese precedida pela jurisprudência.

Por tão próxima ao tema, não só do ponto de vista do acesso à justiça e da uniformização jurisprudencial, mas também da maior rapidez dos julgamentos, consigne-se que a Lei nº 10.259, de 12 de julho de 2001, que dispõe sobre a instituição dos Juizados Especiais Cíveis e Criminais, no âmbito da Justiça Federal, prevê, expressamente, em seu artigo 14, a unificação de interpretação de lei federal quando houver divergência entre decisões sobre questões de direito material proferidas "por turmas recursais, na interpretação da lei".

A turma de uniformização em destaque, composta por juízes federais, é presidida por ministro do STJ e funciona junto ao Conselho da Justiça Federal – CJF.

Por último, ilustre-se suprimento extraído de relativamente recente artigo do *scholar* e magistrado Ricardo Villas Bôas Cueva, sob o título "Da Jurisprudência aos Precedentes".[6]

O ministro do STJ em referência, logo na introdução de seu trabalho, consigna o que considera como principais vetores do novo código dos ritos civis (isto é, o NCPC), a saber: a) a audiência de mediação e conciliação obrigatória (§3º do artigo 3º); b) princípio da cooperação (artigo 6º); c) flexibilização do procedimento e dos negócios processuais (artigo 139 e 190) e, d) precedentes vinculantes (artigo 926).

Destaca o autor, mais particularmente com enfoque no artigo 190 do NCPC, que "já existiam diversos negócios processuais típicos, mas nunca houve uma tal liberdade de moldar o procedimento para ajustá-lo às especificidades da causa e à vontade das partes, o que enseja, na doutrina, muita controvérsia quanto ao que é matéria de ordem pública e o que pode ser livremente disposto pelas partes".

Considera, por outro lado, como a inovação de mais longo alcance a vinculatividade dos repetitivos, assinalando que "o precedente deixa de ser exemplo e passa a ser

6 Cueva, Ricardo Villas Bôas, Da Jurisprudência aos Precedentes, artigo in Revista Direito e Cidadania, ed. 219, nov. de 2019, Rio de Janeiro.

norma. O que se pretende é alcançar a racionalização e a uniformização do sistema de justiça por meio da adoção da técnica do *stare decisis* utilizada na *common law*. Destaca o magistrado a visão de autores (Neri e Neri, Tereza A. Alvim e Bruno Dantas) em crítica à solução adotada pelo NCPC. Em contrapartida, registra tese favorável, como a sustentada por Marinoni e Mitidiero, defensores de que a vinculação de Direito é a questão central da ordem pública e que a segurança resultante é o meio adequando a promover a liberdade e a igualdade. Os artigos 926 e 927 do Novo CPC "apenas tornam mais visível a adoção da regra do *stare decisis* entre nós: o deslocamento de uma perspectiva cognitivista (*do juge bouche de la loi*) para uma perspectiva adscritiva da interpretação em que reconhece que os juízes concorrem para definição do significado do direito que em certa medida – e apenas em certa medida – *judge made law*). (...)"

Assinala, ainda, o douto ministro e professor, após citar importantes autores (como Manoel Atienza, Michele Taruffo e Giovanni Canzio), que o sucesso de um sistema de precedentes vinculantes depende de mudança cultural, advertindo que "não se pode negligenciar aspectos institucionais, como a formação dos juízes, o papel dos assessores, a pouca colegialidade".

Ressaltando a coerência de uma cultura a ensejar distinção com clareza entre *ratio decidendi* e o que seja *obiter dictum* consigna a exigência de certas cautelas.

O artigo contém, ainda, ponderáveis reflexões com respeito à aplicação do artigo 927, §1º (no referente aos arts. 10 e 489 §1º e à hipótese prevista no seu §4º).

Das considerações finais do bem lançado artigo, cumpriria ressaltar, além das já referidas (como mudança de ordem cultural e a não distinção entre o *ratio decidendi* e o *obiter dictum)*, outras que o autor considera imprescindíveis. Entre elas, a seu ver, a adoção do "contraditório ao mesmo tempo mais profundo e subjetivamente mais amplo, valendo-se do mecanismo de participação como audiências públicas e adiram a formas de deliberação que privilegiem a colegialidade e o diálogo entre todas as posições, de modo a tomar-se decisão que se possa, verdadeiramente, atribuir ao colegiado".

Referências bibliográficas

AMARAL, Francisco, in O Código Civil Brasileiro e Problema Metodológico de sua Realização. Do Paradigma da Aplicação ao Paradigma Judicativo-Decisório (Revista de Direito Privado, vol. I, n. I);

MONTEIRO, ANTÓNIO PINTO, IN REVISTA BRASILEIRA DE DIREITO COMPARADO, N. 49, 2015. P.P. 14/16;

LIRA, José Pereira, Os Modelos Jurisprudenciais e a Súmula do Supremo, in Revista Notícia do Direito Brasileiro (do Curso de Direito da UnB), em edição de 1972, Brasília;

LEAL, Victor Nunes, A Súmula do Supremo Tribunal e o Reastatement of the Law dos Norte-Americanos, in Boletim Jurídico do Tribunal de Justiça do Distrito Federal e Territórios;

LIMA, Hermes, Introdução a Ciência do Direito, Livraria Freitas Bastos, 8ª ed., p. 110, Rio de Janeiro, 1955;

CUEVA, Ricardo Villas Bôas, Da Jurisprudência aos Precedentes, artigo in Revista Direito e Cidadania, ed. 219, nov. de 2019, Rio de Janeiro.

Presunção de não culpabilidade e execução da sentença condenatória[1]

Carlos Mário da Silva Velloso

Sumário: **I.** Introdução. **II.** Retrospecto da jurisprudência do Supremo Tribunal Federal. **III.** A execução provisória da pena e a presunção de inocência em direito comparado. **IV.** A proteção às vítimas. **V.** Conclusão.

I. Introdução

A execução da sentença condenatória, após sua confirmação, pelo Tribunal de 2º grau de jurisdição, tem sido a regra em países de boa prática democrática. No Brasil, era esse o entendimento adotado, até 2009, quando o Supremo Tribunal Federal reformulou a jurisprudência, numa interpretação gramatical da presunção de não culpabilidade inscrita no art. 5º, LVII, da Constituição Federal, a dispor que *"ninguém será considerado culpado até o trânsito em julgado de sentença penal condenatória."*[2]

A reformulação, entretanto, durou pouco tempo. Em 2016, o Supremo Tribunal Federal retornou à jurisprudência tradicional, é dizer, voltou a entender cabível a execução da sentença condenatória após a sua confirmação pela segunda instância.[3]

---

1 Artigo escrito em homenagem ao professor Roberto Rosas, dos mais eminentes juristas brasileiros. Roberto Rosas, exemplo de advogado, é paradigma da classe. Doutor em direito pela Universidade Federal do Rio de Janeiro, mestre e doutor pela Universidade de Brasília (UnB), professor titular desta, antigo procurador do Tribunal de Contas do DF, Ministro do Tribunal Superior Eleitoral (TSE), é conferencista e escritor festejado. Menciono, dentre outros, o clássico *Direito Sumular*, obra pioneira, já em mais de uma dezena de edições, *Processos de Competência* do STF e *Comentários ao CPC*. São inúmeros os seus artigos de doutrina e participação em obras jurídicas coletivas. Grande jurista, maior ainda como ser humano. Com a Célia, sua mulher, são amigos solidários nas boas e más horas. Napoleão, que foi notável na guerra, mas que mandou escrever e supervisionou, pessoalmente, toda a obra – o Código Civil de Napoleão – "ponto culminante" da Revolução Francesa, cientificamente elaborado, *"um monumento da ordenação da vida,"* segundo Miguel Reale, proclamava que somente os fortes são bons. Roberto Rosas é um homem bom. Homenageá-lo, é dignificante.

2 HC 91.232-PE, Rel. Min. Eros Grau, em 2007; HC 84.078-MG, Rel. Min. Eros Grau, em 2009, www.stf.jus.br/jurisprudência.

3 Ao negar o HC 125.292, na sessão de 17.02.2016, por maioria de votos, o Plenário do Supremo Tribunal Federal entendeu que a possibilidade de início da execução da pena condenatória após a confirmação da sentença em segundo grau não ofende o princípio constitucional da presunção de inocência. O Relator, Ministro Teori Zavacski, sustentou que a manutenção da sentença penal pela segunda instância encerra a análise de fatos e provas que assentaram a culpa do condenado, o que autoriza o início da execução da pena. HC 125.292, Rel. Min. Teori Zavascki, em www.stf.jus.br/jurisprudencia. ADC 43-AC e ADC 44-AC: por maioria de votos, o Plenário do Supremo Tribunal Federal entendeu que o art. 283, CPP, não impede o início da execução da pena após condenação em segunda instância e indeferiu liminares pleiteadas na ADC 4-AC e ADC 44-AC, ambas da rela-

Agiu bem, a meu ver, a Suprema Corte. É que, da cláusula constitucional mencionada, art. 5º, LVII, não decorre, ao que penso, a inviabilidade do início da execução da sentença penal condenatória após a confirmação desta pelo Tribunal de 2º grau. O que a Constituição garante é o duplo grau de jurisdição, ou *"o contraditório e ampla defesa, com os meios e recursos a ela inerentes"* (CF, art. 5º, LV), na forma da lei processual, que estabelece que os recursos que podem ser interpostos a partir daí não examinam a prova, não examinam a justiça da decisão, pelo que a presunção de não culpabilidade estaria, no mínimo, fortemente abalada.

Certo é que a garantia constitucional da presunção de não culpabilidade ou da inocência não pode ser interpretada isoladamente, mas em conjunto com as demais normas pertinentes. É que o direito é um todo orgânico e as normas legais e constitucionais interpretam-se com observância do sistema de normas em que elas se incluem. O direito não se interpreta *"em tiras, em pedaços"*, anota Eros Grau.[4] Numa palavra, a interpretação há de ser sistemática, a fim de chegar-se à interpretação teleológica ou finalística.

II. Retrospecto da jurisprudência do Supremo Tribunal Federal

Em bem elaborado trabalho de doutrina, Luiza Frischeisen, Mônica Garcia e Fábio Gusman assinalam que, anteriormente à Constituição de 1988, o Supremo Tribunal Federal entendia incompatível o efeito suspensivo com o recurso extraordinário, decidindo que *"o Recurso Extraordinário não importa a suspensão dos efeitos da sentença condenatória."*[5]

Esclareça-se que a prisão após a decisão do Tribunal de 2º Grau vinha desde os anos 1940, certo que, num largo período de tempo, a prisão, após a sentença de 1º grau, era admitida, o que ocorreu até a edição da Lei n º 5.941, de 22 de novembro de 1973, conhecida como *"Lei Fleury"*, que *"foi alvo de violentas críticas (...) por permitir a impunidade de pessoas influentes e contribuir com o aumento da criminalidade e da vio*lência. Não são poucos os que pregam a revogação de todos os seus artigos, com consequente restabelecimento do antigo sistema do Código de Processo Penal, como o Ministro Cordeiro Guerra, do Supremo Tribunal Federal, em depoimento perante a Comissão Especial do Senado Federal ("Jurispenal do Supremo Tribunal Federal", 34/23)", anota Sérgio de Oliveira Médici,[6] que esclarece, ademais, que *"entre às vá-*

toria do Min. Marco Aurélio, que restou vencido. A maioria foi composta pelos Ministros Edson Fachin, Roberto Barroso, Teori Zavascki, Luiz Fux e Gilmar Mendes, 05.10.2016, em www.stf.jus.br/jurisprudência.

4 Grau, Eros Roberto, "Ensaios e discurso sobre a intepretação/aplicação do direito."

5 HC 59.757, Rel. Min. Soares Muñoz, em www.stf.jus.br/jurisprudência.

6 Médici, Sérgio de Oliveira, "Sugestão de Reforma da 'Lei Fleury," Revista Justitia, S. Paulo, 47(130): 181-184, julho/setembro, 1985.

rias inovações introduzidas" pela citada *"Lei nº 5.941 em nosso ordenamento processual penal, duas merecem maior atenção: a possibilidade da manutenção da liberdade do réu pronunciado até o julgamento pelo júri, e a apelação sem recolhimento à prisão por parte de réus primários e de bons antecedentes."*[7]

O entendimento no sentido da prisão depois da decisão do Tribunal de 2º Grau, o Supremo Tribunal Federal adotou após a Constituição de 1988, interpretando o princípio da presunção de inocência em conformidade com o sistema constitucional.[8]

No HC 68.726, julgado em 28.06.1991, da relatoria do Ministro Néri da Silveira, o Supremo Tribunal Federal, em sessão plenária, decidiu, por unanimidade:

> *Habeas Corpus. Sentença condenatória mantida em segundo grau. Mandado de prisão do paciente. Invocação do art. 5º, inciso LVII, da Constituição. Código de Processo Penal, art. 669. A ordem de prisão, em decorrência de decreto de custódia preventiva, de sentença de pronúncia ou de decisão de órgão julgador de segundo grau, é de natureza processual e concerne aos interesses de garantia da aplicação da lei penal ou de execução da pena imposta, após o devido processo legal. Não conflita com o art. 5º, inciso LVII, da Constituição. De acordo com o § 2º do art. 27, da Lei nº 8.038/1990, os recursos extraordinário e especial são recebidos no efeito devolutivo. Mantida, por unanimidade, a sentença condenatória, contra a qual o réu apelara em liberdade, exauridas estão as instâncias ordinárias criminais, não sendo, assim, ilegal o mandado de prisão que órgão julgador de segundo determina se expeça contra o réu. Habeas Corpus indeferido.*[9]

No RHC 67.857-SP, julgado em 19.06.1990, o saudoso Ministro Aldir Passarinho, Relator, reportando se ao voto proferido, no Superior Tribunal de Justiça, pelo Ministro Carlos Thibau, deixou expresso, com o apoio de seus pares:

> "Não se extrai do princípio inscrito no art. 5º, LVII, da Constituição de 1988, a conclusão de que não mais subsistem medidas de coerção pessoal expedidas durante o processo. Tanto é assim que o inciso LXI do mesmo dispositivo constitucional permite a custódia "por ordem escrita e fundamentada da autoridade judiciária competente."
>
> "Se é certo que o magistrado de primeiro grau pode decretar a prisão preventiva de acusados, com muito mais força se me afigura a prisão decorrente da própria sentença condena-

7 Médici, Sérgio de Oliveira, ob. e loc. cits.

8 RHC 68.037-SP, Rel. Min. Aldir Passarinho; RHC 67.857, Rel. Min. Aldir Passarinho; HC 67.968, Rel. Min. Aldir Passarinho; HC 68.342, Rel. Min. Moreira Alves; HC 69.964, Rel. Min. Ilmar Galvão; HC 68.726; HC 70.662, Rel. Min. Celso de Mello; HC 72.366, Rel. Min. Néri da Silveira; HC 72.061, Rel. Min. Carlos Velloso; HC 74.983, Min. Carlos Velloso; HC 79.814, Rel. Min. Nelson Jobim; HC 80.535, Rel. Min. Sepúlveda Pertence; HC 69.263, Rel. Min. Carlos Velloso; HC 80.174, Rel. Min. Maurício Corrêa; HC 85.024, Rel. Min. Ellen Gracie; HC 85.616, Rel. Min. Ricardo Lewandowski; HC 91.675, Rel. Min. Carmen Lúcia, HC 90.645, Rel. Menezes Direito, HC 72.168; Rel. Min. Min. Sepúlveda Pertence; HC 71.723, Rel. Min. Ilmar Galvão; 70.798, Rel. Min. Sepúlveda Pertence; HC 86.651, Rel. Min. Ellen Gracie; HC 91.675, Rel. Min. Carmen Lúcia. Em www.stf.jus.br/jurisprudência.

9 HC 68.726-DF, Rel. Min. Néri da Silveira, DJ de 20.11.1992, em www.stf.jus.br/jurisprudência.

tória, confirmada em segundo grau, onde se procedeu a um juízo sobre a autoria do delito e da culpabilidade, após avaliar-se a prova colhida sob a garantia do contraditório."[10]

No HC 68.342-SP, julgado em 12.03.1991, o Relator, Ministro Moreira Alves, registrou no seu voto:

> "2. *Conheço do pedido, porém, quanto à pretensão* sobre a impossibilidade de custódia preventiva em face do princípio constitucional inscrito no inciso LVII do artigo 5º da Constituição ("ninguém será considerado culpado até o trânsito em julgado de sentença penal condenatória."), mas o tenho por improcedentes, porquanto é a própria *Constituição que, no inciso LXVI do mesmo artigo 5º, admite que, antes da condenação com trânsito em julgado, seja o acusado levado à prisão ou mantido nela quando não se preencherem os requisitos legais para a liberdade provisória, com fiança ou sem ela."*[11]

No Superior Tribunal de Justiça dominava e domina o mesmo entendimento: Súmulas 9-STJ (*a prisão provisória para apelar não ofenderia o princípio da inocência*) e 267-STJ (*nada obsta o mandado de prisão se pendente recurso sem efeito suspensivo*).[12] Todavia, certamente em razão das divergências ocorrentes, ultimamente, no Supremo Tribunal, a respeito do tema, a 6º Turma, exigindo o trânsito em julgado da sentença, passou a divergir da 5ª Turma.

III. A execução provisória da pena, ou a presunção de inocência em direito comparado.

Em 2005, a Ministra Ellen Gracie, votando pela manutenção da jurisprudência do Supremo Tribunal Federal, assim pelo início da execução da sentença condenatória após a condenação no 2º Grau, assinalou que, em pesquisa que fizera no direito comparado, verificara a inexistência da exigência do trânsito em julgado para a execução da condenação confirmada no 2º Grau.[13] A exigência inaugurada pelo Supremo, a partir de 2009, não tinha similar em países de boa prática democrática. Acertada, portanto, a referência da Ministra Ellen Gracie.

Com efeito.

Na Alemanha, a presunção de inocência não é expressa no texto constitucional. Todavia, "*o princípio da presunção de inocência tem extrema relevância. O período pós-nazismo e a herança das regras liberais da antiga República Federal Alemã in-*

10 RHC 67.857-SP, Rel. Min. Aldir Passarinho, em www.stf.jus.br/jurisprudência.

11 HC 68.342-SP. Rel. Min. Moreira Alves, em www.stf.jus.br/jurisprudência.

12 STJ - HC 91.529-RO, Rel. Min. Felix Fischer, DJ 31.03.2008; HC 85.803-SP, Rel. Min. Napoleão Nunes Maia, DJe 17.03.2008.

13 HC 85.886, Rel. Min. Ellen Gracie, em www.stf.jus.br/jurisprudência.

cutiram no pensamento jurídico um grande e efetivo respeito às liberdades civis e os direitos do cidadão frente ao Estado."[14]

No entanto, a despeito dessa cultura de proteção ao princípio da presunção de inocência, *"o Código de Processo Alemão (Strafprozessordnung) prevê efeito suspensivo apenas para alguns recursos."*[15] Possuem efeito suspensivo: (a) a apelação (recurso sobre matéria de fato e de direito) (art. 316); e (b) a revisão (recurso sobre matéria de direito, art. 343). Há hipóteses em que a *"revisão"* é direcionada ao BGH (*Bundesgerichtshof*), tribunal nacional, equivalente ao Superior Tribunal de Justiça brasileiro. Nesses casos, é necessário aguardar o pronunciamento desse tribunal para que seja iniciada a execução da pena. Em nenhum caso é preciso aguardar pronunciamento do Tribunal Constitucional para que a pena seja executada.

No Canadá, o diploma que estabelece o rol de direitos e garantias dos cidadãos canadenses é a Carta de Direitos e Liberdades (*Canadian Chart of Rights and Freedoms*). A Carta, em sua seção 11, *d*, dispõe que *"toda pessoa acusada tem o direito de ser presumida inocente até que seja provada a sua culpa na forma da lei."*[16]

A Suprema Corte canadense, no entanto, decidiu que *"a presunção de inocência não impõe, 'é claro', que qualquer privação do direito à liberdade poderá ser decretada apenas quando não houver qualquer dúvida sobre a culpa* (*R. v. Pearson, [1992] 3 S.C.R. 665*).

Na Espanha, a Constituição, art. 24, 2, dispõe que *"todas as pessoas têm o direito de [...] serem presumidas inocentes."* Embora seja a presunção de inocência um direito constitucionalmente garantido, a sentença condenatória é plenamente executável, mesmo que outros recursos estejam em trâmite.[17]

A Constituição francesa adotou como carta de direitos fundamentais a Declaração dos Direitos do Homem e do Cidadão de 1789. A Declaração, em seu art. 9º, assegura *que todas as pessoas são inocentes até que sejam declaradas culpadas*. Apesar disso, o Código de Processo Penal (...) francês contém, art. 465, as hipóteses em que o Tribunal pode expedir mandado de prisão, mesmo quando pendentes outros recursos:[18] "Art. 465: quando os fatos do caso justificarem, a corte deverá, por decisão especial e justificada, emitir um mandado de prisão em desfavor do réu."

Nos Estados Unidos, a presunção de inocência decorre do direito ao *"due process"*, constante das Emendas 5ª, 6ª e 14ª à Constituição estadunidense.[19] Apesar

---

14 Gusman, Fábio et al., Garantismo Penal Integral: questões penais e processuais, criminalidade moderna e a aplicação do modelo garantista no Brasil," 2013, p. 472.

15 Idem, ibidem.

16 "Any person charged with an ofense has the right: (...) (d) to be presumed innocent until proven guilty according to law in a fair and public by na independente and impartial tribunal."

17 Recurso de Amparo 66/1984; Recurso de Amparo 220/91.

18 Frischelsen, Luiza Cristina Fonseca, Garcia, Mônica Nicida e Gusman, Fábio, ob. cit.

19 Cf. e.g., Coffin v. United States, 156 U.S. 432 (1985).

disso, nos EUA, o direito do cidadão em aguardar o julgamento de seus recursos em liberdade está condicionado ao direito de fiança. Em diversas hipóteses, inexiste direito à fiança, de modo que o acusado passa a cumprir a pena a partir da decisão do juiz de primeiro grau.

Em Portugal, o princípio da presunção de inocência está expressamente consagrado na Constituição, art. 32.2.[20] A doutrina portuguesa, porém, veicula que *"a garantia da presunção de inocência não é óbice à execução imediata da condenação."*[21] O Tribunal Constitucional português é firme no entendimento de que o recurso dirigido a esse tribunal não possui efeito suspensivo,[22] dispondo que *"tratar a presunção de inocência de forma absoluta corresponderia a impedir a execução de qualquer medida privativa de liberdade, mesmo as cautelares."*[23]

Cuidando do tema, no voto que proferiu no HC 84.078-MG, o saudoso e eminente ministro Menezes Direito assinalou que *"a prisão na pendência de recurso é admitida em sistemas de países reconhecidamente liberais, como, por exemplo, os Estados Unidos da América (Subseção "b" do § 3.582, D, Capítulo 227, Parte II, Título 18 do US Code), o Canadá (arts. 679 e 816 do Criminal Code) e a França (art. 367 do Code de Procédure Pénale). Nos Estados Unidos, o sistema é bem claro ao admitir o imediato início do cumprimento da pena, sendo certo que a interposição de recurso de revisão de que decorreria a possibilidade de alteração não é suficiente para obstar seu imediato cumprimento."*[24]

No estudo que Luiza Frischeisen, Mônica Garcia e Fábio Gusman elaboraram a respeito do tema,[25] mencionado, aliás, no voto do ministro Menezes Direito, no julgamento do HC 84.078-MG, esclareceu-se, no tocante à Inglaterra, que *"o direito inglês é arauto mundial dos direitos civis que resguardam o indivíduo do arbítrio estatal"*, sendo possível afirmar que *"as ideias iniciais do princípio da presunção de inocência em todo o mundo surgiram na Inglaterra no corpo da Magna Carta de 1215"*, anota Canotilho.[26] *"O capítulo 39 dizia que os julgamentos deveriam ocorrer de harmonia com as leis do país. Eduardo III, em leitura posterior da Carta em 1354 trocou a expressão por 'processo devido em direito', que quase 800 anos depois ainda persiste como referência do princípio em legislações de todo o mundo."* Acrescentam que, hoje, a

20 Batisti, Leonir, "Presunção de Inocência, apreciação dogmática e nos Instrumentos Internacionais e Constituições do Brasil e Portugal", Juruá Editora, 2009, p. 68.

21 Gonçalves, Manoel Maia, Código de Processo Penal. Anotado e Comentado, 2001, p. 867.

22 Relação de Lisboa de 26.10.1999, Coletânea de Jurisprudência, XXIV, tomo 4, p. 160.

23 Tribunal Constitucional Português, acórdão nº 547/04, 2004.

24 HC 84.078-MG, Rel. Min. Eros Grau, em www.stf.jus.br/jurisprudência.

25 Frischeisen, Luiza Cristina Fonseca, Garcia, Mônica Nicida e Gusman, Fábio, "A presunção de inocência ou da não culpabilidade até o trânsito em julgado da sentença condenatória no direito comparado," em "Execução Provisória da Pena – Panorama nos ordenamentos nacional e estrangeiro."

26 Canotilho, J. J. Gomes, "Direito Constitucional e Teoria da Constituição", Coimbra, Almedina, 7ª ed., 2003.

legislação que trata da liberdade durante o trâmite de recursos contra a decisão condenatória é a Seção 81 do *"Supreme Court Act 1981"*. Por este diploma é garantida ao recorrente a liberdade mediante pagamento de fiança enquanto a Corte examina o mérito do recurso. Tal direito, contudo, não é absoluto e não é garantido em todos os casos.

A libertação pela fiança não é automática, e a instância inferior não a reconhece na sentença. O direito é concedido pelas Cortes nas quais foram interpostos os recursos e é julgado já no exame de mérito recursal. Vigora no direito inglês o princípio segundo o qual as sentenças condenatórias têm aplicabilidade imediata.[27] Em 2003, o *"Criminal Justice Act"* inseriu modificações significativas no processo penal britânico, tratando de vários temas, incluindo os poderes da polícia, o sistema de recursos e o sistema do júri.

O *"Criminal Justice Act 2003"* representou restrição substancial ao procedimento de liberdade provisória, abolindo a possibilidade de recursos à *"High Court"* versando sobre o mérito da possibilidade de liberação do condenado sob fiança[28] até o julgamento de todos os recursos, deixando a matéria quase que exclusivamente sob competência da *"Crown Court."*[29]

Especificamente quanto à fiança, o *"Act"* de 2003 reformou o antigo *"Bail Act 1976"*. A partir de 2003, o condenado a crimes relacionados a drogas da *"Classe A,"* como a cocaína,[30] perdia o direito de liberdade provisória mediante fiança, ou seja, deveria aguardar preso o julgamento de seu recurso às Cortes superiores.

Hoje, tem-se que a regra é aguardar o julgamento dos recursos já cumprindo a pena, a menos que a lei garanta a liberdade pela fiança.

Conforme se percebe, mesmo no país em que se originaram os direitos do cidadão contra os abusos do Estado, o princípio da presunção da inocência não é interpretado de forma absoluta, respeitando-se, assim, as decisões das instâncias inferiores.

Na Argentina, esclarecem Frischeisen, Garcia e Gusman,[31] a Constituição Nacional, art. 18, consagra o princípio da presunção de inocência, o que *"não impede, porém, que a execução penal possa ser iniciada antes do trânsito em julgado da decisão condenatória,"* conforme artigos 494 e 495 do Código de Processo Penal federal.

27 "Sentence of imprisonment takes effect immediately unless the person is released".

28 O mérito pode ainda ser revisto pela "High Court", através da Revisão Judicial, mas somente se preenchidos seus rígidos requisitos.

29 A "Crown Court", juntamente com a "High Court" e a "Court of Appeal" formam a Suprema Corte de Judicatura da Inglaterra e País de Gales ("Supreme Court of Judicature in Engalnd and Wales").

30 O Direito Penal britânico divide os crimes de droga segundo uma classificação das substâncias entorpecentes.

31 Frischeisen, Luiza Cristina Fonseca, Garcia, Mônica Nicida e Gusman, Fábio, ob. cit.

IV. A proteção às vítimas dos delitos

As vítimas não podem ser ignoradas.

O indivíduo é condenado porque se apropriou de dinheiro público, dinheiro do povo. E vai ficar anos e anos em liberdade, interpondo recursos e se aproveitando da lentidão processual. E se aproveitando, claro, do dinheiro roubado, em detrimento da vítima, a sociedade, o povo. Que me perdoem os garantistas de ocasião, mas as garantias constitucionais não existem para justificar a impunidade. E quando se trata de crimes contra a vida, crimes contra a honra, é uma lástima. Exemplo: há cerca de 16 anos, os responsáveis pela chacina de Unaí, MG, estão condenados, inclusive em segunda instância, e estão em liberdade. Mais de um servidor público foi assassinado. Estão condenados pelo júri, confirmada a decisão condenatória pelo segundo grau. As famílias das vítimas lamentam e os condenados por homicídio aguardam em liberdade, interpondo recursos, a maioria deles protelatórios, buscando, com a lentidão processual, a prescrição da ação penal. O pano de fundo desse teatro do absurdo é a presunção de inocência interpretada isoladamente, de forma literal.

Quando se trata de crimes contra a honra chega a ser desanimador. Os prazos prescricionais são reduzidos. A maioria desses casos cai na vala comum da prescrição, em razão do elevado número de recursos, aliado à lentidão processual. Crimes graves contra a honra das pessoas acabam ficando sem reparação, em detrimento da vítima e descrédito do Judiciário.

No voto que proferiu quando do julgamento do HC 84.078-MG, retro citado, o ministro Menezes Direito, invocando o trabalho de doutrina de Luiza Frischelsen, Mônica Garcia e Fábio Gusman, esclareceu, com base em convenções internacionais, inclusive o Pacto de São José da Costa Rica, que *"a execução provisória da pena é também uma forma de proteção da vítima ou de seus familiares especialmente em crimes contra a vida em que a vítima é uma criança ou adolescente como na pornografia infantil ou na exploração sexual de meninos e meninas."* Mostra o estudo, lembrando voto da ministra Ellen Gracie (HC nº 85.886, de 6/9/05), que país nenhum do mundo, realizado o duplo grau de jurisdição, admite que a condenação fique suspensa, aguardando julgamento da Corte Suprema. E enfatizou a afirmativa de que Portugal, Espanha e Alemanha não afastam a possibilidade da execução da pena.

Acrescentou o ministro Menezes Direito:

> "Ademais, por fim, vale ressaltar que essa orientação sedimentada na jurisprudência da Suprema Corte representa um mecanismo inibitório de manobras de toda sorte que se destinam a procrastinar os julgamentos e impedir a execução da condenação dos réus, entre elas, a procura desenfreada da prescrição das penas."

Felizmente, o Supremo Tribunal Federal, em 2016, decidiu pela possibilidade do início da execução da pena condenatória após a confirmação da sentença em segundo grau, argumentando que a prisão, nesse caso, não ofende o princípio constitucional da presunção de inocência, dado que a análise dos fatos e das provas que assentaram a culpa do condenado encerra-se com esse julgamento.

V. Conclusão

A execução da sentença condenatória pode ter início após a confirmação da sentença no Tribunal de 2º Grau. Assim sempre foi a jurisprudência do Supremo Tribunal Federal, reformulada em 2009, mas revigorada em 2016, no julgamento do HC 126.292 e das medidas cautelares nas ADCs 43-MC e 44-MC,[32] ocasião em que retornou a sua jurisprudência tradicional, conforme demonstrado neste estudo.

A presunção de não culpabilidade (CF, art. 5º, LVII) não implica, só por só, impedimento da execução penal após a decisão do Tribunal de 2º Grau. A uma porque, a partir daí, não se examinam os fatos, não se examina a prova. É dizer, não se examina a justiça da decisão. A duas, tendo em vista que dispositivos constitucionais não se interpretam isoladamente e sim no seu conjunto.

O que a Constituição garante é o duplo grau de jurisdição, ou o contraditório e a ampla defesa, com os recursos assegurados na lei processual, que dispõe que os recursos especial (STJ) e extraordinário (STF) não têm efeito suspensivo.

Interpostos tais recursos, ocorrendo os pressupostos da cautelar para a concessão de efeito suspensivo, deve a cautelar ser deferida. Ou seja, o efeito não suspensivo do recurso especial e do recurso extraordinário é a regra; o efeito suspensivo é a exceção, por isso que, ocorrendo os pressupostos da mencionada cautelar – o *fumus boni juris* e o *periculum in mora* – concede-se ao recurso especial, ou ao extraordinário, o efeito suspensivo.

32 V. nota de rodapé nº 2, retro.

Dívidas de Campanha e o Dever de Prestar Contas Integralmente – um Paradoxo[1]

Cesar Luiz Pasold
Denise Goulart Schlickmann

Introdução

O processo eleitoral no Brasil, de natureza complexa e estruturante, está organizado em fases específicas e intrinsicamente correlacionadas. Todas têm por alvo único objetivo: o de garantir a observância equânime das regras estabelecidas para o pleito, a legitimidade dos eleitos e a legalidade das suas condutas.

Após considerações sobre a Sociedade e o Estado, o Bem Comum, a Democracia e as eleições, adentra-se ao processo eleitoral e, em destaque, uma de suas fases finais, mas não menos importante, que é a da prestação de contas à Justiça Eleitoral.

No momento nuclear deste artigo busca-se apresentar objetiva descrição sobre a prestação de contas à Justiça Eleitoral, com aportes analíticos e reflexivos sobre: a inserção dessa fase no processo eleitoral; a origem do dever de prestar contas integrais; e o quanto a legalização de dívidas de campanha pode influenciar decisivamente na consolidação de um processo eleitoral que efetivamente busque assegurar a legitimidade dos eleitos e a legalidade das condutas deles na disputa.

A metodologia (Métodos e Técnicas) eleita para a composição do presente Artigo levou em consideração as fases da Pesquisa Científica (PASOLD, 2018, p. 89 a 115).

Sob tal referente, na Fase de Investigação foi empregado o Método Dedutivo; na fase de Tratamento de Dados, o Método Histórico em conexão com o Analítico; na Fase de Relato, portanto na elaboração deste Texto, foi utilizado o Método Indutivo.

A Técnica que forneceu o suporte aos Métodos foi a de Pesquisa Bibliográfica.

O objeto deste trabalho é a prestação de contas de campanha eleitoral, como importante fase do processo eleitoral, e o seu objetivo principal é a avaliação da regularidade do financiamento das campanhas eleitorais e, em aspectos estratégicos, a legitimidade dos eleitos e a legalidade das suas condutas.

---

1 Este artigo, em sua versão original, foi publicado na RESENHA ELEITORAL, Revista do Tribunal Regional Eleitoral de Santa Catarina-ISSN- 0104-6152, vol. 20, série 2, p. 61-82.Os autores atualizaram presente texto em dezembro de 2019. Esta redação atualizada foi composta para atender ao gentil convite dos Organizadores de Obra em homenagem ao Prof. Dr. e Advogado Roberto Rosas, de cujo vasto Curriculum destaca-se, aqui, a sua condição de Ministro- Classe Jurista – do TRIBUNAL SUPERIOR ELEITORAL, especificamente nos períodos 8.2.1983-25.9.1986 e 24.9.1986-25.9.1990, (conforme http://www.tse.jus.br/o-tse/ministros/origem/por-origem/ministros-juristas – acesso em 10/12/19).

1. Processo eleitoral e prestação de contas – a importância do financiamento das campanhas eleitorais

Já ensinava CAVALCANTI (1969. p. 231) que o Estado se confunde com o poder: "... a totalidade do poder temporal se reúne para integrar a sua personalidade, fruto de uma vontade coletiva, de uma concepção de unidade formal e ideológica, sem a qual não existe o Estado".

E este Estado, conforme HELLER (1968, p. 30), "[...] não é, pois, outra coisa senão uma forma de vida humano-social, vida em forma e forma que nasce da vida".

Daí decorre um absoluto comprometimento deste ente formal com os seus construtores permanentes, o que implica na atenção total às necessidades e, principalmente, às perspectivas que efetivamente podem ser e são concretizadoras em Bem Comum ou Interesse Coletivo.

Aliás, SPINOZA (1968, p. 96) a "condição de um Estado determina-se, facilmente, por sua relação com o fim geral do Estado que é a paz e a segurança da vida". E, esta última compreendida em sentido o mais largo possível, no qual se incluam fatores de realização humana individual e coletiva, desde o zelo ambiental até educação e saúde em tratamento prioritário.

Mesmo porque, na lição de MIRANDA (2015, p. 77), o povo é qualificado como sendo o "substrato humano" do ser estatal, o que implica conceber que é o povo quem confere, de forma dinâmica, a razão de existir do Estado e sua concretude. BURDEAU (1975, p. 17) ressalta a condição do povo "como titular da soberania".

Assim, é necessário auscultar periódica e sistematicamente o povo para conhecer sua vontade sobre os rumos do exercício do poder e sobre quem deve representar, insista-se, a vontade vinculada ao Bem Comum e garantir a sua consecução na vida política.

PASOLD (2013, p. 38), estabelece uma vinculação peremptória, nos seguintes termos: "Acredito que não há sentido na criação e na existência continuada do Estado, senão na condição – inarredável – de instrumento em favor do Bem Comum ou interesse Coletivo"

E mais contundente: "Deve haver, por parte desta criatura da Sociedade, um compromisso com sua criadora, sob pena de perda da substância e de razão de ser do ato criativo."

E a Democracia, nesse contexto, legitima não só o exercício do poder formador do Estado, como permite concretamente a possibilidade da renovação, em seu âmbito representativo, a cada processo eleitoral.

Telmo Vieira Ribeiro entre as conclusões de sua Primeira Tese (OLIVO e PASOLD, 2015, p. 63) afirma:

> "A Democracia não é um fim do Estado, e sim um processo, um método, um meio pelo qual o Estado se organiza e se prepara para realizar seus objetivos e cumprir suas finalidades, ou seja, para atingir seu escopo supremo que é o de assegurar o bem-estar coletivo;[...]"

Nesta condição, ela é "a efetiva participação do povo na construção da ordem estatal;[...]."

BOBBIO (1986, p. 18) num dado momento de sua dinâmica de composição do conceito de Democracia propõe que ela seja considerada como sendo "...caracterizada por um conjunto de regras (primárias ou fundamentais) que estabelecem *quem* está autorizado a tomar as decisões coletivas e com quais *procedimentos.* " (grifos no original)

Este mesmo autor (BOBBIO, 1986, p. 68) propõe um conceito operacional para Sistema Democrático, nestes termos: " entenda-se justamente um sistema cuja legitimidade depende do consenso verificado periodicamente através de eleições livres por sufrágio universal".

O processo eleitoral em si é nuclear para a caracterização do Sistema Democrático e, por consequência, muito significativo na conformação do Estado Democrático.

Disto decorre que as regras que lhe dão limite exercem um papel importantíssimo na delimitação dos instrumentos que podem ser utilizados por partidos políticos e candidatos na disputa pelo poder que se renova a cada eleição.

Todas as fases, por assim dizer, que integram o processo eleitoral, conformam sua estrutura no sentido da consecução de sua finalidade máxima: viabilizar o exercício da democracia representativa nos moldes prescritos pela legislação eleitoral emanada do Estado, cujo poder foi legitimamente constituído. Por consequência, do registro de candidatura à diplomação dos eleitos não há fase mais ou menos importante. Sob tal perspectiva, uma das últimas de suas fases é a da prestação de contas de campanha eleitoral, que encontra seu ápice ao final do processo eleitoral, mas que o percorre desde o início, fixando as regras para arrecadação de recursos e realização de gastos eleitorais.

O aspecto do financiamento das campanhas eleitorais, nesse contexto, assume também singular importância. Isso porque, ao delimitar as fontes de financiamento, seus limites, suas vedações, a forma de captação em si dos recursos, bem como a forma de sua aplicação, o ordenamento jurídico culmina por delinear o âmbito de atuação dos agentes que se lançam na disputa, influenciando particularmente o *modus operandi* das campanhas eleitorais e, ao final, o quanto o poder econômico pode influenciar ou não a vontade do eleitor.

2. O dever de prestar integralmente as contas

Estabelecidas as regras do jogo eleitoral – que não podem se afastar dos comandos constitucionais que lhe estabelecem as diretrizes – disciplina-se o dever de prestar contas do *quantum* arrecadado e dos gastos eleitorais à Justiça Eleitoral, para que esta possa exercer o controle de regularidade sobre o financiamento das campanhas eleitorais.

Ora, o dever de prestar contas tem matriz constitucional, assentada no art. 17, III, que impõe aos partidos políticos, como condição a validar a sua própria existência, *in verbis*:

Art. 17. É livre a criação, fusão, incorporação e extinção de partidos políticos, resguardados a soberania nacional, o regime democrático, o pluripartidarismo, os direitos fundamentais da pessoa humana e observados os seguintes preceitos:

I – caráter nacional;

II – proibição de recebimento de recursos financeiros de entidade ou governo estrangeiros ou de subordinação a estes;

III – prestação de contas à Justiça Eleitoral;

IV – funcionamento parlamentar de acordo com a lei. (grifou-se)

Além do comando constitucional, o dever de prestar contas foi regulamentado em dois diplomas específicos. O primeiro deles, voltado aos próprios partidos políticos, é a Lei nº 9.096/1995, que dispõe, aqui em destaque:

Art. 32. O partido está obrigado a enviar, anualmente, à Justiça Eleitoral, o balanço contábil do exercício findo, até o dia 30 de junho do ano seguinte (Redação dada pela Lei nº 13.877, de 2019).

§ 1º O balanço contábil do órgão nacional será enviado ao Tribunal Superior Eleitoral, o dos órgãos estaduais aos Tribunais Regionais Eleitorais e o dos órgãos municipais aos Juízes Eleitorais.

§ 2º A Justiça Eleitoral determina, imediatamente, a publicação dos balanços na imprensa oficial, e, onde ela não exista, procede à afixação dos mesmos no Cartório Eleitoral.

§ 3º (Revogado). (Redação dada pela Lei nº 13.165, de 2015)

§ 4º Os órgãos partidários municipais que não hajam movimentado recursos financeiros ou arrecadado bens estimáveis em dinheiro ficam desobrigados de prestar contas à Justiça Eleitoral[2] e de enviar declarações de isenção, declarações de débitos e créditos tributários federais ou demonstrativos contábeis à Receita Federal do Brasil, bem como ficam dispensados da certificação digital, exigindo-se do responsável partidário, no prazo estipulado no caput deste artigo, a apresentação de declaração da ausência de movimentação de recursos nesse período. (Redação dada pela Lei nº 13.831, de 2019)

§ 5° A desaprovação da prestação de contas do partido não ensejará sanção alguma que o impeça de participar do pleito eleitoral. (Incluído pela Lei nº 13.165, de 2015)

§ 6º A Secretaria Especial da Receita Federal do Brasil reativará a inscrição dos órgãos partidários municipais referidos no § 4º deste artigo que estejam com a inscrição baixada ou inativada, mediante requerimento dos representantes legais da agremiação partidária à unidade descentralizada da Receita Federal do Brasil da respectiva circunscrição territorial, instruído com declaração simplificada de que não houve movimentação financeira nem arrecadação de bens estimáveis em dinheiro. (Incluído pela Lei nº 13.831, de 2019)

§ 7º O requerimento a que se refere o § 6º deste artigo indicará se a agremiação partidária pretende a efetivação imediata da reativação da inscrição pela Secretaria Especial da Receita

2 A desobrigação de prestar contas estabelecida no nível legal contraria expressamente o mandamento constitucional que determina ser pressuposto de existência do partido político o cumprimento da obrigação de prestar contas à Justiça Eleitoral. Este entendimento restou assentado nas regras de prestação de contas anual de partido político aprovadas pelo Tribunal Superior Eleitoral, consoante verifica-se da Resolução TSE nº 23.546/2017, Seção II, que enquadrou.

> Federal do Brasil ou a partir de 1º de janeiro de 2020, hipótese em que a efetivação será realizada sem a cobrança de quaisquer taxas, multas ou outros encargos administrativos relativos à ausência de prestação de contas. (Incluído pela Lei nº 13.831, de 2019)
>
> § 8º As decisões da Justiça Eleitoral nos processos de prestação de contas não ensejam, ainda que desaprovadas as contas, a inscrição dos dirigentes partidários no Cadastro Informativo dos Créditos não Quitados do Setor Público Federal (Cadin). (Incluído pela Lei nº 13.831, de 2019)

E o segundo deles, a Lei nº 9.504/1997, voltado especificamente à regulamentação das eleições, prescreve:

> Art. 28. A prestação de contas será feita:
>
> I – no caso dos candidatos às eleições majoritárias, na forma disciplinada pela Justiça Eleitoral;
>
> II – no caso dos candidatos às eleições proporcionais, de acordo com os modelos constantes do Anexo desta Lei. [...]

O dever de prestar contas, pois, está devidamente posto no ordenamento jurídico brasileiro e cumpre à Justiça Eleitoral regulamentá-lo, nos moldes do que disciplina o art. 105 da "Lei das Eleições", que define essa competência e lhe dá escopo:

> Art. 105. Até o dia 5 de março do ano da eleição, o Tribunal Superior Eleitoral, atendendo ao caráter regulamentar e sem restringir direitos ou estabelecer sanções distintas das previstas nesta Lei, poderá expedir todas as instruções necessárias para sua fiel execução, ouvidos, previamente, em audiência pública, os delegados ou representantes dos partidos políticos. (Redação dada pela Lei nº 12.034, de 2009)

Para o pleito de 2018, a regulamentação do dever de prestar contas à Justiça Eleitoral foi materializada em duas instruções específicas, aprovadas na forma de Resoluções do Tribunal Superior Eleitoral: a Resolução TSE nº 23.553/2017 e a Resolução TSE nº 23.546/2017.

Ora, editada a regulamentação do dever constitucional de prestar contas, quer pela Lei, quer pelas instruções do Tribunal Superior Eleitoral, inicialmente atribuído aos partidos políticos e posteriormente regulamentado também para os candidatos nas campanhas eleitorais, dela decorre que este dever exige que todos os recursos arrecadados e gastos realizados sejam informados à Justiça Eleitoral.

Isso porque é intrínseco ao dever de prestar contas aquele de fazê-lo integralmente, sob pena de não se ter efetivamente uma prestação de contas, desvirtuando-se o instituto.

E é sob esse enfoque – o do dever de prestar integralmente as contas à Justiça Eleitoral para viabilizar, por parte dela, o exercício do controle de regularidade que lhe é atribuído pelo mesmo ordenamento jurídico – que exsurge a necessidade de examinar o instituto das dívidas de campanha eleitoral.

Não se descura, ademais, que é o dever de prestar contas a obrigação de natureza eleitoral que culmina por atender não apenas ao dever de transparência de que os atos de campanha eleitoral daqueles que concorrem a mandatos eletivos devem estar revestidos, assim como confere a possibilidade de estabelecer os nexos de interesse privado refletidos no financiamento das campanhas eleitorais.

3. As dívidas de campanha eleitoral e o dever de julgar a regularidade das contas

O instituto das dívidas de campanha eleitorais, conforme adiante se verá, nasceu da regulamentação normativa exercida pela própria Justiça Eleitoral, e inicialmente foi disciplinado pela Justiça Eleitoral na figura das obrigações a pagar, a partir das eleições de 1998.

Antes disso, o ordenamento jurídico que disciplinava as prestações de contas não permitia que gastos eleitorais contraídos no período eleitoral tivessem seu pagamento após a data fixada pela lei para a prestação de contas.

Naquele pleito, a Resolução TSE 20.102/1998[3], passou a permitir a realização de despesas sem a correspondente arrecadação de recursos ao tempo em que as contas foram prestadas. Condicionava, contudo, sua realização ao registro contábil das despesas não pagas como Obrigações a Pagar, prevendo que a sua quitação ocorresse somente com recursos cuja origem fosse identificada e não vedada, condicionando também à observância dos limites impostos para as doações de pessoas físicas e jurídicas quando da arrecadação de tais recursos.

Nas eleições de 2000, a Resolução TSE 20.566/2000[4] deixou de disciplinar a hipótese de remanescerem dívidas de campanha. Dispôs a norma regulamentadora,

---

3 Art. 13. As despesas que não forem pagas com os recursos arrecadados na campanha serão registradas como Obrigações a Pagar e somente poderão ser atendidas com recursos cuja origem seja devidamente esclarecida, observados os limites fixados nos arts. 5º e 6º destas Instruções. *In* BRASIL. Tribunal Superior Eleitoral. Ementa. Instruções sobre arrecadação e aplicação de recursos nas campanhas eleitorais e prestação de contas (eleições de 1998). Resolução 20.102, de 03.03.1998. **Diário da Justiça da República Federativa do Brasil**, Brasília, DF, 17.03.1998, p. 32.

4 **Art. 16**. Os comitês financeiros municipais deverão apresentar, em sua prestação de contas referentes às eleições majoritárias e proporcionais, ainda quando não haja movimentação financeira, as seguintes peças:

[...]

VII – Demonstração de Obrigações a Pagar (Anexo VIII), assim consideradas as despesas de campanha não pagas até o dia da eleição, **que devem estar quitadas até a data da entrega da prestação de contas**;

VIII – Demonstração das Origens e Aplicações dos Recursos (Doar) (Anexo IX), especificando:

[...]

f) as obrigações a pagar, que serão lançadas na DOAR apenas no campo específico do "**transporte da demonstração de obrigações a pagar**", ou seja, não serão lançadas no campo dos pagamentos efetuados;

de forma expressa, que tais dívidas deveriam estar solvidas até a data da entrega da prestação de contas.

Nesse pleito, a Justiça Eleitoral cuidou de regulamentar mais precisamente a identificação de todos os financiadores da campanha eleitoral. Isto porque o disciplinamento anterior, em que pese prever que a quitação das obrigações a pagar havidas devesse ocorrer mediante recursos "de origem devidamente esclarecida" e, portanto, legais, não estabelecia momento próprio à aferição do cumprimento desse dispositivo.

Assim, supondo que o candidato após a campanha eleitoral assumisse obrigações a pagar (dívidas de campanha) no montante de 99% do *quantum* despendido em sua candidatura, a Justiça Eleitoral conheceria, de fato, apenas a origem de 1% do total de recursos arrecadados e despendidos. Vale dizer, a grande maioria dos recursos comprometidos em campanha poderia mesmo ter fonte ilícita, vez que, saldando as dívidas posteriormente à prestação de contas devida à Justiça Eleitoral, esta não possuía instrumentos hábeis, nem momentos específicos, à aferição do efetivo cumprimento dos dispositivos legais quanto ao financiamento desses gastos. No pleito anterior, o disciplinamento previu expressamente a quitação das dívidas até a entrega da prestação de contas, conferindo a possibilidade à Justiça Eleitoral de conhecer, em momento próprio e oportuno, a origem de todos os recursos utilizados em campanha, em que pese o desconforto que possa essa norma ter causado aos candidatos.

Com o objetivo de aperfeiçoar a regulamentação que permitia a existência de dívidas de campanha, a Resolução TSE 20.987/2002[5] passou a dispor que a possibili-

Art. 17. Os candidatos deverão apresentar, em sua prestação de contas, ainda que sem movimentação financeira, as seguintes peças:

[...]

V – Demonstração de Obrigações a Pagar (Anexo VIII), assim consideradas as despesas de campanha não pagas até o dia da eleição, **que devem estar quitadas até a data da entrega da prestação de contas**.

VI – Demonstração das Origens e Aplicações dos Recursos (Doar) (Anexo IX), especificando:

[...]

e) as obrigações a pagar, cujos valores serão lançadas na Doar apenas no campo 3 – Transporte da demonstração de obrigações a pagar, ou seja, não serão lançadas no campo 2 – Despesa (pagamentos efetuados); (grifou-se) Tribunal Superior Eleitoral. Instruções sobre arrecadação e aplicação de recursos nas campanhas eleitorais e prestação de contas (eleições de 2000). *In* BRASIL. Resolução 20.566, de 02.03.2000. **Diário da Justiça da República Federativa do Brasil**, Brasília, DF, 27.03.2000, p. 54.

5 **Art. 19.** As despesas só poderão ser contraídas até a data da eleição e deverão estar integralmente pagas até a apresentação das contas à Justiça Eleitoral, **tendo como prazo limite a data fixada pela lei para a prestação de contas**.

Parágrafo único. As despesas pagas após a eleição deverão ser relacionadas no Anexo VI. (grifou-se) *in* BRASIL. Tribunal Superior Eleitoral. Instruções sobre arrecadação e aplicação de recursos nas campanhas eleitorais e prestação de contas (eleições de 2002). Resolução 20.987, de 21.02.2002. **Diário da Justiça da República Federativa do Brasil**, Brasília, DF, 12.03.2002, p. 139.

dade de quitar dívidas de campanha não se vinculava ao prazo de entrega das contas a qualquer tempo. Antes, tinha como limite o prazo fixado por lei para a apresentação das contas à Justiça Eleitoral.

Não raro se entendeu que qualquer que fosse o prazo de entrega da prestação de contas – e por isso também aquele que se qualificava como intempestivo – esse era o marco final para a quitação das despesas não pagas no período eleitoral.

Ora, essa interpretação viabilizava a possibilidade de, identificando dívidas de campanha, o candidato viesse a prestar contas apenas quando dispusesse de recursos para a elas fazer frente, projetando no tempo – com data incerta – a obrigação de quitar as despesas não pagas no período eleitoral. De igual sorte, também em prazo incerto – e por isso cada vez mais tênue e frágil – estaria a possibilidade de a Justiça Eleitoral aferir a regularidade dessa quitação, bem como da arrecadação de recursos que a amparasse.

A nova norma resolvia, em definitivo, a questão ao estabelecer que o prazo para a quitação das despesas não pagas no período eleitoral é o da entrega da prestação de contas, porém nunca excedido esse prazo daquele fixado no calendário eleitoral para a prestação de contas. Assim, o candidato que optasse por prestar contas à Justiça Eleitoral antes do prazo final fixado para tanto, teria na data em que prestasse contas o prazo final para o pagamento dessas despesas. Da mesma forma, apresentando intempestivamente as contas, teria como prazo final para a quitação das despesas de campanha eleitoral o prazo descumprido e já vencido quando da data fixada para a prestação de contas à Justiça Eleitoral.

Foi no pleito de 2004, contudo, que surge o disciplinamento da Justiça Eleitoral, mediante a Resolução TSE 21.609/2004[6], permitindo que o partido político assumisse dívidas de campanha do candidato.

É de notar-se que o mesmo dispositivo introduz um mecanismo de controle, qual seja, o da identificação da origem dos recursos utilizados pelo partido para a quitação dessas dívidas, por ocasião da prestação de contas anual dos partidos políticos – e não por ocasião da prestação de contas de campanha eleitoral dos próprios candidatos.

---

6 **Art. 32.** As obrigações relativas a despesas de campanha somente poderão ser contraídas até a data da eleição e deverão estar satisfeitas até a apresentação das contas à Justiça Eleitoral, respeitada a data final estabelecida no art. 36 desta Instrução.

§ 1º Para satisfação das obrigações previstas no *caput*, poderá o candidato valer-se de créditos adquiridos até a data da eleição.

§ 2º À falta de recursos para adimplir as obrigações previstas no parágrafo anterior até a data da prestação de contas, a sua liquidação poderá ser assumida pelo partido político do candidato que, nesse caso, deverá destacar, por ocasião da prestação de suas contas anuais relativas ao exercício subseqüente, a origem dos recursos utilizados para aquela liquidação, observadas as restrições previstas em lei. *In* BRASIL. Tribunal Superior Eleitoral. Instruções sobre arrecadação e aplicação de recursos nas campanhas eleitorais e prestação de contas (eleições de 2004). Resolução 21.609, de 05.02.2004. **Diário da Justiça da República Federativa do Brasil**, Brasília, DF, 09.03.2004, p. 115.

O mecanismo criado tinha por objetivo garantir que as mesmas restrições legais existentes na campanha eleitoral fossem observadas para a arrecadação de recursos com vistas à quitação de dívidas de campanha. Isso porque, abrindo importante exceção à regra geral, a ausência de previsão de que a arrecadação desses recursos devesse observar as regras da eleição, ou seja, a Lei 9.504/1997 e suas normas regulamentadoras, facultaria ao partido político descumpri-las.

Ou seja, a Justiça Eleitoral poderia ver-se diante das hipóteses, como segue. Para o candidato que arrecadasse recursos para campanha eleitoral, realizasse despesas e as quitasse integralmente, observando as regras gerais, toda a disciplina e rigor legal das eleições seria observada. De outro lado para o candidato que não quitasse suas despesas de campanha eleitoral, posteriormente assumidas pelo partido político, haveria um permissivo, desta vez normativo, para que as regras de campanha eleitoral fossem descumpridas. Isto porque a arrecadação dos recursos necessários para quitação de dívidas de campanha eleitoral – transferida para o partido político – observaria critérios diferenciados, aplicáveis ao partido político. Importante recordar-se que a Resolução em vigor para as eleições 2004 não estabelecia limites para a assunção de dívidas de campanha, o que poderia contemplar a quase ou total integralidade dos gastos eleitorais, o que, por óbvio, retiraria do controle da Justiça Eleitoral – ao menos no momento em que as contas de campanha eleitoral são prestadas – a legalidade e legitimidade da arrecadação desses recursos.

Convém ressaltar que jamais se esteve diante de autorização normativa e irrestrita para que os candidatos contraíssem dívidas de campanha e as delegassem às estruturas partidárias. Antes, as normas passaram a disciplinar a possibilidade de que o partido assumisse as dívidas e não o oposto. Vale dizer, nunca constituiu prerrogativa do candidato repassar suas dívidas de campanha ao partido. O partido é que passou a estar legitimado para, optando por assim proceder, ou seja, voluntariamente, assumir eventuais dívidas de campanha de seus candidatos.

De qualquer forma, sempre se estará diante de instituto do direito civil consubstanciado na assunção de dívidas. Neste caso é necessária a observância de dois requisitos, sem os quais não se configurará a assunção pretendida: a formalização da assunção da dívida, que poderá ser vazada em termo específico ou instrumento particular; e a anuência expressa dos credores.

Apenas para elucidar melhor o conceito, transcreve-se, do Código Civil Brasileiro, o art. 299:

> **Art. 299.** É facultado a terceiro assumir a obrigação do devedor, **com o consentimento expresso do credor**, ficando exonerado o devedor primitivo, salvo se aquele, ao tempo da assunção, era insolvente e o credor o ignorava.
>
> **Parágrafo único.** Qualquer das partes pode assinar prazo ao credor para que consinta na assunção da dívida, interpretando-se o seu silêncio como recusa. (o negrito é nosso)

Do texto legal, exsurge cristalina a obrigação da anuência expressa dos credores.

De igual sorte, não se poderia conceber que a assunção fosse tácita, pois altera de forma radical a relação obrigacional, exonerando o devedor original, que é substituído por terceiro, originariamente estranho à relação jurídica. Conquanto a obrigação não se altere, um dos polos da relação – o polo passivo – é alterado em sua essência. O sujeito passivo da obrigação passa a ser terceiro. Não há, pois, como concebê-la tacitamente.

Nas eleições de 2008, contudo, a Resolução TSE 22.715/2008[7] passou a dispor de forma totalmente oposta à evolução do instituto das dívidas de campanha, que se verificava até então. Veja-se:

> **Art. 21**. Os candidatos e comitês financeiros poderão arrecadar recursos e contrair obrigações até o dia da eleição.
>
> § 1º Excepcionalmente, será permitida a arrecadação de recursos após o prazo fixado no **caput**, exclusivamente para quitação de despesas já contraídas e não pagas até aquela data, as quais deverão estar integralmente quitadas até a data da entrega da prestação de contas à Justiça Eleitoral, **vedada a assunção de dívida por terceiros, inclusive por partido político.**
>
> § 2º As despesas já contraídas e não pagas até a data a que se refere o **caput** deverão ser comprovadas por documento fiscal emitido na data de sua realização. (o negrito é nosso)

Registre-se que, quase imediatamente, impôs-se a reação legislativa ao disciplinamento que até então não se questionava sobre o instituto, exercido pela Justiça Eleitoral, em sentido diametralmente oposto àquele da regulamentação que retirava do ordenamento jurídico a possibilidade de repassar a terceiros eventuais dívidas de campanha eleitoral, vazado na Lei nº 12.034/2009:

> Art. 29. [...]
>
> § 3º Eventuais débitos de campanha não quitados até a data de apresentação da prestação de contas poderão ser assumidos pelo partido político, por decisão do seu órgão nacional de direção partidária.
>
> § 4º No caso do disposto no § 3º, o órgão partidário da respectiva circunscrição eleitoral passará a responder por todas as dívidas solidariamente com o candidato, hipótese em que a existência do débito não poderá ser considerada como causa para a rejeição das contas.

E foi assim que a denominada minirreforma eleitoral expressamente previu a possibilidade da assunção de dívidas pelo partido político, sacramentando de vez – e agora na via legislativa e não apenas infra legal – que o arcabouço rígido de regras para disciplinar tanto a arrecadação de recursos quanto a sua aplicação em campanha eleitoral, não sofresse por parte da Justiça Eleitoral, o mesmo rigor de fiscalização.

---

7 BRASIL. Tribunal Superior Eleitoral. Instruções sobre arrecadação e aplicação de recursos nas campanhas eleitorais e sobre a prestação de contas (eleições de 2008). Resolução 22.715, de 28.02.2008. **Diário da Justiça [da] República Federativa do Brasil**, Brasília, DF, 10.03.2008.

A medida da autorização legislativa para assunção de dívidas pelos partidos políticos tem como consequência imediata a retirada do conhecimento, pela Sociedade, já por ocasião do encerramento do processo eleitoral, de todas as fontes de financiamento da campanha eleitoral, aferindo se a integralidade das obrigações impostas ao prestador das contas na disputa – credor do seu voto – foram efetivamente cumpridas.

Vê-se então a Justiça Eleitoral diante da possibilidade de julgar contas cuja parcela significativa dos recursos empregados escape à sua análise no momento em que julga a regularidade das contas que lhe foram submetidas.

Isso porque a nova lei expressamente prevê que o partido possa assumir débitos de campanha não quitados até a data de apresentação da prestação de contas e que a existência do débito não possa ser considerada como causa para a rejeição das contas.

A novel legislação cuidou de disciplinar que a assunção de dívidas deve ser objeto de decisão específica do órgão nacional de direção partidária. Nessa hipótese, o órgão partidário da circunscrição eleitoral do prestador de contas cujo débito foi assumido passará a responder solidariamente com ele por todas as dívidas.

Nada mais restou à Justiça Eleitoral senão disciplinar a operacionalização da assunção de dívidas pelo partido político, mediante a Resolução TSE 23.217/2010[8], buscando minimizar os efeitos que a assunção de dívidas de campanha pelos partidos políticos traria para o processo eleitoral, obrigando ao partido que assume a dívida:

---

8 **Art. 20.** Os candidatos e comitês financeiros poderão arrecadar recursos e contrair obrigações até o dia da eleição.

§ 1º Excepcionalmente, será permitida a arrecadação de recursos após o prazo fixado no *caput*, exclusivamente para quitação de despesas já contraídas e não pagas até aquela data, as quais deverão estar integralmente quitadas até a data da entrega da prestação de contas à Justiça Eleitoral, sob pena de desaprovação das contas (Lei 9.504/1997, art. 29, § 3º).

§ 2º Eventuais débitos de campanha não quitados até a data de apresentação da prestação de contas poderão ser assumidos pelo partido político, por decisão do seu órgão nacional de direção partidária **com cronograma de pagamento e quitação** (Lei 9.504/1997, art. 29, § 3º).

§ 3º No caso do disposto no parágrafo anterior, o órgão partidário da respectiva circunscrição eleitoral passará a responder por todas as dívidas solidariamente com o candidato, hipótese em que a existência do débito não poderá ser considerada como causa para a rejeição das contas (Lei 9.504/1997, art. 29, § 4º).

§ 4º Os valores arrecadados para quitação dos débitos de campanha a que se refere o § 2º deste artigo devem:

I – observar os requisitos da Lei 9.504/1997 no que se refere aos limites legais de aplicação e às fontes lícitas de arrecadação;

II – transitar necessariamente pela conta bancária específica de campanha, a qual somente poderá ser encerrada após a quitação de todos os débitos.

§ 5º As despesas já contraídas e não pagas até a data a que se refere o *caput* deverão ser comprovadas por documento fiscal emitido na data de sua realização. (grifou-se) *In* BRASIL. Tribunal Superior Eleitoral. Dispõe sobre a arrecadação e os gastos de recursos por partidos políticos, candidatos e comitês financeiros e, ainda, sobre a prestação de contas nas eleições de 2010. Resolução 23.217, de 2.03.2010. **Diário da Justiça Eletrônico**, Brasília, DF, 4.03.2010.

1. apresentar cronograma de pagamento e quitação, com o objetivo claro de determinar, no tempo, quando a dívida fosse por fim quitada e com isso viabilizar a sua efetiva fiscalização;

2. observar regras específicas para o procedimento de arrecadação dos recursos financiadores de tais dívidas, obrigando que se observasse, rigorosamente, os parâmetros fixados pela Lei Eleitoral que vigorou no pleito. Isso quer dizer que, para quitar tais dívidas, o partido deveria observar, necessariamente, os limites legais impostos ao recebimento de doações e a proibição de receber recursos de fontes vedadas, ou seja: a fonte deveria ser lícita e limitada ao que impõe a Lei;

3. depositar os recursos captados para o pagamento das dívidas na conta bancária específica de campanha do partido político, que não poderia ser encerrada até que a dívida seja integralmente quitada, permitindo que, por ocasião das contas anuais, a Justiça Eleitoral exercesse a efetiva fiscalização de tais recursos.

O disciplinamento da questão foi aperfeiçoado nas eleições de 2014, quando a Resolução TSE 23.406/2014[9] passou a delimitar no tempo o prazo para a quitação das dívidas assumidas, pois sobre elas paira a necessidade de que a Justiça Eleitoral exerça efetivo controle, quer sobre a legalidade das fontes que as custeiam, quer sobre a

9 **Art. 30.** Os candidatos, partidos políticos e comitês financeiros poderão arrecadar recursos e contrair obrigações até o dia da eleição.

§ 1º Após o prazo fixado no *caput,* é permitida a arrecadação de recursos exclusivamente para a quitação de despesas já contraídas e não pagas até o dia da eleição, as quais deverão estar integralmente quitadas até o prazo para entrega da prestação de contas à Justiça Eleitoral.

§ 2º Eventuais débitos de campanha não quitados até a data fixada para a apresentação da prestação de contas poderão ser assumidos pelo partido político (Lei 9.504/1997, art. 29, § 3º e Código Civil, art. 299):

a) por decisão do seu órgão nacional de direção partidária, com apresentação de cronograma de pagamento e quitação que não ultrapasse o prazo fixado para a prestação de contas da eleição subsequente para o mesmo cargo; e

b) com anuência expressa dos credores.

§ 3º No caso do disposto no parágrafo anterior, o órgão partidário da respectiva circunscrição eleitoral passará a responder por todas as dívidas solidariamente com o candidato, hipótese em que a existência do débito não poderá ser considerada como causa para a rejeição das contas (Lei 9.504/1997, art. 29, § 4º).

§ 4º Os valores arrecadados para a quitação dos débitos de campanha a que se refere o § 2º devem:

I – observar os requisitos da Lei 9.504/1997 quanto aos limites legais de aplicação e às fontes lícitas de arrecadação;

II – transitar necessariamente pela conta "Doações para Campanha" do partido político, a qual somente poderá ser encerrada após a quitação de todos os débitos;

III – constar da prestação de contas anual do partido político até a integral quitação dos débitos, **conforme o cronograma do pagamento e quitação apresentado por ocasião da assunção da dívida.**

§ 5º As despesas já contraídas e não pagas até a data a que se refere o caput deverão ser comprovadas por documento fiscal hábil, idôneo ou por outro meio de prova permitido, emitido na data da realização da despesa. (grifou-se) *in* BRASIL. Tribunal Superior Eleitoral. Dispõe sobre a arrecadação e os gastos de recursos por partidos políticos, candidatos e comitês financeiros e, ainda, sobre a prestação de contas nas Eleições de 2014. Resolução 23.406, de 27.02.2014. **Diário da Justiça Eletrônico**, Brasília, DF, 5.03.2014.(negrito é nosso).

obediência aos limites legais da Lei Eleitoral. O exercício desse controle – sob pena de enfraquecimento – não pode prolongar-se indefinidamente no tempo. Assim, ocorreu o retorno da regra que vigorou na eleição de 2010 (Resolução TSE 23.217/2010), obrigando-se a apresentação de cronograma de pagamento e quitação. Acrescentou-se a essa disposição um marco temporal final – o do prazo fixado para a prestação de contas da eleição subsequente para o mesmo cargo, viabilizando o encerramento do controle sobre as fontes de financiamento daquela eleição, em prazo que se considera no mínimo razoável para assim proceder.

E a regulamentação seguiu sendo aperfeiçoada até as recentes eleições municipais, quando a Resolução TSE 23.463/2016[10] instituiu o dever de identificar com pre-

---

10 **Art. 27.** Partidos políticos e candidatos podem arrecadar recursos e contrair obrigações até o dia da eleição.

§ 1º Após o prazo fixado no *caput,* é permitida a arrecadação de recursos exclusivamente para a quitação de despesas já contraídas e não pagas até o dia da eleição, as quais deverão estar integralmente quitadas até o prazo de entrega da prestação de contas à Justiça Eleitoral.

§ 2º Eventuais débitos de campanha não quitados até a data fixada para a apresentação da prestação de contas podem ser assumidos pelo partido político (Lei 9.504/1997, art. 29, § 3º; e Código Civil, art. 299).

§ 3º A assunção da dívida de campanha somente é possível por decisão do órgão nacional de direção partidária, com apresentação, no ato da prestação de contas final, de:

I – acordo expressamente formalizado, no qual deverão constar a origem e o valor da obrigação assumida, os dados e a anuência do credor;

II – cronograma de pagamento e quitação que não ultrapasse o prazo fixado para a prestação de contas da eleição subsequente para o mesmo cargo;

III – indicação da fonte dos recursos que serão utilizados para a quitação do débito assumido.

§ 4º No caso do disposto no § 3º, o órgão partidário da respectiva circunscrição eleitoral passa a responder solidariamente com o candidato por todas as dívidas, hipótese em que a existência do débito não pode ser considerada como causa para a rejeição das contas do candidato (Lei 9.504/1997, art. 29, § 4º).

§ 5º Os valores arrecadados para a quitação dos débitos de campanha a que se refere o § 2º devem, cumulativamente:

I – observar os requisitos da Lei 9.504/1997 quanto aos limites legais de doação e às fontes lícitas de arrecadação;

II – transitar necessariamente pela conta "Doações para Campanha" do partido político, prevista na resolução que trata das prestações de contas anuais dos partidos políticos, excetuada a hipótese de pagamento das dívidas com recursos do Fundo Partidário;

III – constar da prestação de contas anual do partido político até a integral quitação dos débitos, conforme o cronograma de pagamento e quitação apresentado por ocasião da assunção da dívida.

§ 6º As despesas já contraídas e não pagas até a data a que se refere o **caput** devem ser comprovadas por documento fiscal hábil, idôneo ou por outro meio de prova permitido, emitido na data da realização da despesa.

§ 7º As dívidas de campanha contraídas diretamente pelos órgãos partidários não estão sujeitas à autorização da direção nacional prevista no § 3º e devem observar as exigências previstas nos §§ 5º e 6º.

Art. 28. A existência de débitos de campanha não assumidos pelo partido, na forma prevista no § 2º do art. 27, será aferida na oportunidade do julgamento da prestação de contas do candidato e

cisão os débitos cuja dívida é assumida pelo partido político, além da obrigatoriedade de identificar-se a fonte dos recursos que serão utilizados para a quitação das dívidas.

Em que pese, contudo, a exigência de identificação das fontes a serem utilizadas para a quitação das dívidas, ser benéfica ao processo eleitoral e ao controle de legalidade das fontes que, em última instância, culminarão por financiar a campanha eleitoral devedora, é de ressaltar-se que, em primeiro momento, por ocasião da apresentação das contas à Justiça Eleitoral, quando essa informação é exigida, possivelmente contemplará mais a fonte em seu sentido genérico (*v.g.*, Fundo Partidário ou Outros Recursos, categoria que inclui as doações) do que propriamente a identificação cabal do financiador da dívida. Isto porque, via de regra, a captação de recursos para a quitação das dívidas ocorre ao longo do tempo, e o perfil da dívida alonga-se por todo o mandato. Assim, o conhecimento efetivo das fontes de financiamento das dívidas de campanha tende a ser conhecido, de fato, por ocasião das prestações de contas anuais dos partidos políticos que as assumem, ocasião em que a norma os obriga a prestarem contas da quitação até sua liquidação final.

A norma refere-se também à obrigatoriedade de que os recursos para quitação das dívidas de campanha transitem pela conta bancária Doações para Campanha do partido político que assumiu o seu pagamento. A referida conta é inovação da Resolução TSE 23.432/2014, mantida pela Resolução TSE 23.464/2015, que disciplinou a abertura de conta bancária específica pelos partidos políticos para receber doações destinadas às campanhas eleitorais, de natureza permanente e, portanto, a ser utilizada para todos os pleitos que se seguirem à sua abertura. A norma excepcionou da obrigação de transitarem os recursos destinados à quitação de dívidas pela conta Doações para Campanha aqueles do Fundo Partidário destinados a essa finalidade. Estes devem ser destinados aos credores diretamente da conta bancária específica que registra a movimentação desse tipo de recursos, em razão da impossibilidade de gerir recursos de natureza essencialmente pública, como é o caso do Fundo Partidário, em conjunto com recursos de natureza privada.

A norma cuidou de disciplinar, a partir das eleições de 2016 que, na eventualidade da existência de dívidas do próprio partido político, está dispensada a autorização da direção nacional partidária. Por óbvio, a exigência seria descabida, eis que não se está diante de assunção de dívidas de terceiros, mas de reconhecimento e processamento de dívida própria. Não descurou a norma, contudo, de deixar assente que, ainda que as dívidas sejam provenientes do próprio partido político, estarão sujeitas às exigências de licitude da fonte segundo as regras de natureza eleitoral quanto às fontes vedadas e obediência aos limites de doação, bem como, ao trânsito pela conta bancária específica Doações para Campanha, salvo se a origem dos recursos para qui-

poderá ser considerada motivo para sua rejeição. (grifou-se) *in* Tribunal Superior Eleitoral. Dispõe sobre a arrecadação e os gastos de recursos por partidos políticos, candidatos e comitês financeiros e, ainda, sobre a prestação de contas nas Eleições de 2014. Resolução 23.463,de 15.12.2015. **Diário da Justiça Eletrônico**, Brasília, DF, 29.12.2015. p. 11-35.

tação for o Fundo Partidário. Vige, pois, o princípio de que as regras de financiamento das contas de campanha eleitoral – sejam de candidatos ou de partidos políticos – observam, ainda que diferidas no tempo, as regras aplicáveis à arrecadação de recursos e quitação de despesas vigentes durante o período eleitoral.

Por fim, a norma estabelece que a existência de dívidas de campanha não assumidas pelo partido político nos termos por ela disciplinados, poderá ser causa para a desaprovação das contas. Aqui, há que se ressaltar que esse resultado deve ser, em regra, determinante, eis que a existência de dívidas de campanha sem a sua assunção regular ao final da campanha pelo partido político, caracteriza importante subtração de parcela fundamental do financiamento da campanha eleitoral ao controle da Justiça Eleitoral.

Considerações Finais

Em suma, verifica-se que a legislação eleitoral estabelece um arcabouço rígido de regras para disciplinar tanto a arrecadação de recursos quanto a sua aplicação em campanha eleitoral. Tendo em mente que o período de campanha eleitoral finaliza com a realização das eleições, estabelece a norma – consoante o regulamento que já vigorou em eleições anteriores – que todas as despesas devem ser efetivamente contraídas, ou seja, comprometidas, até essa data.

Entretanto, viabilizando a quitação dessas despesas em período posterior à data das eleições, estabelece que tal prazo se encerra, em regra geral, no prazo fixado pela legislação eleitoral – consignado no calendário eleitoral – para a entrega da prestação de contas à Justiça Eleitoral, ocasião em que o cumprimento de todas as regras eleitorais relativas à arrecadação de recursos e realização de despesas será submetido a exame.

Essa providência tem por objetivo identificar todos os financiadores da campanha eleitoral, aferindo, por exemplo, se as fontes são lícitas e se observaram os limites de doação, o trânsito em conta bancária específica, a emissão de recibo eleitoral e todas as demais obrigações eleitorais impostas ao prestador das contas.

Permitindo a assunção de dívidas de campanha, contudo, a legislação eleitoral possibilita também que se possa julgar contas de campanha sem conhecer, ainda, *in totum*, quem são os seus financiadores e se esses observam as regras estabelecidas pela mesma legislação quanto à licitude e limites impostos.

A regra de exceção criada, contudo, ao admitir a assunção de dívidas por terceiros, retira a possibilidade de a Justiça Eleitoral fiscalizar se foram observadas as normas de arrecadação de recursos que vigoram no período eleitoral. Assim, para aqueles que declaram integralmente receitas e despesas, o julgamento de suas contas contemplará o exame de licitude das fontes de financiamento, de forma completa e abrangente.

Para aqueles que – **licitamente, frise-se e vênia pela insistência, porque assim a legislação eleitoral admite** – por outro lado, postergam o pagamento de seus gastos eleitorais pela via da assunção das dívidas de campanha pelo partido político, o julgamento de suas contas deixa de examinar a licitude dos recursos que a financiarão.

Ainda que a licitude seja verificada posteriormente, seu processamento se dá no âmbito partidário, em mais nada afetando o julgamento das contas do candidato devedor.

Com propriedade, conclui ALVIM:

> Torna-se, assim, imperativo zelar pela conformação de um Direito Eleitoral ótimo não apenas na trivial produção da legitimidade de origem, mas também na edificação de um ordenamento embalado por um espírito de justiça que reproduza os ecos gerais do querer coletivo; um modelo em que o produto das eleições celebre e anime o consenso, na medida em que exija muito mais do que o simples respeito às regras do jogo; um Direito Eleitoral em que diplomas cada vez mais inclusivos e moralizadores espraiem-se e ofereçam a tônica.

Ora, ainda que fundada no ordenamento jurídico eleitoral, a infração à regra geral que estabelece como marco para a realização de gastos eleitorais o dia da eleição e admite a sua quitação até a entrega das contas à Justiça Eleitoral, consentida pela própria legislação eleitoral, que a excepcionou, possui gravidade ímpar. E assim ocorre porque a regra é a da arrecadação de recursos e realização de despesas de molde a viabilizar o exame de sua regularidade de imediato pela Justiça Eleitoral.

Obtemperada a regra geral pela exceção legal da assunção de dívidas pelo partido político, introduzida pela Lei nº 12.034/2009, arrisca-se o próprio desiderato adequado da prestação de contas: apresentar à Justiça Eleitoral, para verificação de regularidade e legalidade, a integralidade do financiamento da campanha eleitoral que deu alicerce a determinado candidato vencedor da disputa eleitoral, permitindo a avaliação tempestiva **da legitimidade e da legalidade** da própria eleição.

Referências das fontes citadas

ALVIM, Frederico Franco. **O direito eleitoral como elo entre a democracia e a representação política.** Disponível em <http: //www.tse.jus.br/institucional/escola-judiciaria-eleitoral/revistas-da-eje/artigos/revista-eletronica-eje-n.-4-ano-4/direito-eleitoral-como-elo-entre-democracia-representacao-politica.>

BRASIL. Lei 9.096, de 19.09.1995. Dispõe sobre partidos políticos, regulamenta os arts. 17 e 14, § 3°, inciso V, da Constituição Federal **Diário Oficial da República Federativa do Brasil**, Brasília, DF, 20.09.1995. Seção 1, p. 14.552.

______. Lei nº 9.504, de 30.09.1997. Estabelece normas para as eleições. **Diário Oficial da República Federativa do Brasil**, Brasília, DF, 01.10.1997. Seção 1, p. 21.801.

______. Lei nº 10.406, de 10.01.02. Institui o Código Civil. **Diário Oficial da República Federativa do Brasil**, Brasília, DF, 11.01.2002. Seção 1, p. 1.

______. Lei nº 13.831, de 17.05.2019. Altera a Lei nº 9.096, de 19 de setembro de 1995 (Lei dos Partidos Políticos), a fim de assegurar autonomia aos partidos políticos para definir o prazo de duração dos mandatos dos membros dos seus órgãos partidários permanentes ou provisórios; e dá outras providências. **Diário Oficial da República Federativa do Brasil**, Brasília, DF, 20.05.2019. Seção 1, p. 1.

______. Lei nº 13.877, de 27.09.2019. Altera as Leis nºs 9.096, de 19 de setembro de 1995, 9.504, de 30 setembro de 1997, 4.737, de 15 de julho de 1965 (Código Eleitoral), 13.831, de 17 de maio de 2019, e a Consolidação das Leis do Trabalho, aprovada pelo Decreto-Lei nº 5.452, de 1º de maio de 1943, para dispor sobre regras aplicadas às eleições; revoga dispositivo da Lei nº 13.488, de 6 de outubro de 2017; e dá outras providências. **Diário Oficial da República Federativa do Brasil**, Brasília, DF, 27.09.2019. Edição Extra – A, p. 1.

______. Tribunal Superior Eleitoral. Ementa. Instruções sobre arrecadação e aplicação de recursos nas campanhas eleitorais e prestação de contas (eleições de 1998). Resolução 20.102, de 03.03.1998. **Diário da Justiça da República Federativa do Brasil**, Brasília, DF, 17.03.1998, p. 32.

______.Tribunal Superior Eleitoral. **Ministros Juristas.** http://www.tse.jus.br/o-tse/ministros/origem/por-origem/ministros-juristas

______. Tribunal Superior Eleitoral. Instruções sobre arrecadação e aplicação de recursos nas campanhas eleitorais e prestação de contas (eleições de 2000). Resolução 20.566, de 02.03.2000. **Diário da Justiça da República Federativa do Brasil**, Brasília, DF, 27.03.2000. p. 54.

______. Tribunal Superior Eleitoral. Instruções sobre arrecadação e aplicação de recursos nas campanhas eleitorais e prestação de contas (eleições de 2002). Resolução 20.987, de 21.02.2002. **Diário da Justiça da República Federativa do Brasil**, Brasília, DF, 12.03.2002, p. 139.

______. Tribunal Superior Eleitoral. Instruções sobre arrecadação e aplicação de recursos nas campanhas eleitorais e prestação de contas (eleições de 2004). Resolução 21.609, de 05.02.2004. **Diário da Justiça da República Federativa do Brasil**, Brasília, DF, 09.03.2004, p. 115.

______. Tribunal Superior Eleitoral. Altera o art. 21 e revoga os incs. X e XI do art. 42 da Res.-TSE 21.609/2004. Resolução 21.668, de 23.03.2004. **Diário da Justiça da República Federativa do Brasil**, Brasília, DF, 16.04.2004, p. 185.

______. Tribunal Superior Eleitoral. Instruções sobre arrecadação e aplicação de recursos nas campanhas eleitorais e sobre a prestação de contas (eleições de 2008). Resolução 22.715, de 28.02.2008. **Diário da Justiça [da] República Federativa do Brasil**, Brasília, DF, 10.03.2008.

______. Tribunal Superior Eleitoral. Dispõe sobre a arrecadação e os gastos de recursos por partidos políticos, candidatos e comitês financeiros e, ainda, sobre a prestação de contas nas eleições de 2010. Resolução 23.217, de 2.03.2010. **Diário da Justiça Eletrônico**, Brasília, DF, 4.03.2010.

______. Tribunal Superior Eleitoral. Dispõe sobre a arrecadação e os gastos de recursos por partidos políticos, candidatos e comitês financeiros e, ainda, sobre a prestação de contas nas Eleições de 2014. Resolução 23.406, de 27.02.2014. **Diário da Justiça Eletrônico**, Brasília, DF, 5.03.2014.

______. Tribunal Superior Eleitoral. Dispõe sobre a arrecadação e os gastos de recursos por partidos políticos, candidatos e comitês financeiros e, ainda, sobre a prestação de contas nas Eleições de 2014. Resolução 23.463, de 15.12.2015. **Diário da Justiça Eletrônico**, Brasília, DF, 29.12.2015. p. 11-35.

______. Tribunal Superior Eleitoral. Dispõe sobre os limites de gastos para os cargos de vereador e de prefeito nas eleições municipais de 2016. Resolução 23.459, de 15.12.2015. **Diário da Justiça Eletrônico**, Brasília, DF, 28.12.2015. p. 13-75.

______. Tribunal Superior Eleitoral. Dispõe sobre a arrecadação e os gastos de recursos por partidos políticos, candidatos e comitês financeiros e, ainda, sobre a prestação de contas nas Eleições de 2016. Resolução n° 23.553, de 18.12.2017. **Diário da Justiça Eletrônico**, Brasília, DF, 2.02.2018. p. 316-346.

______. Tribunal Superior Eleitoral. Regulamenta o disposto no Título III – Das Finanças e Contabilidade dos Partidos – da Lei nº 9.096, de 19 de setembro de 1995. **Diário da Justiça Eletrônico**, Brasília, DF, 27.12.2017. p. 2-22.

BOBBIO, Norberto. **O Futuro da Democracia**. Uma defesa das regras do jogo. Tradução de Marco Aurélio Nogueira. Rio de Janeiro: Paz e Terra,1986. Título original: Il futuro della democrazia. Uma difesa delle regole del gioco.

BURDEAU, Georges. **A Democracia**. Tradução de Paulo Antônio dos Anjos. 3ª ed. Mira-Cintra: Publicações Europa América, 1975. Título original: *La democratize- Essai synthétique*.

CAVALCANTI, Themistocles Brandão. **Teoria do Estado**. 2ª ed. Rio de Janeiro: Borsoi, 1969.

HELLER, Hermann. **Teoria do Estado.** Tradução de Lycurgo Gomes da Motta. São Paulo : Mestre Jou, 1968. Título original: *Staatslehre*.

MIRANDA, Jorge. Teoria do Estado e da Constituição. 4ª ed. ver.tual.amp. Rio de Janeiro: Forense, 2015.

OLIVO, Luis Carlos Cancellier de, e PASOLD, Cesar Luiz. (orgs). **Duas Teses de Telmo Vieira Ribeiro.** Joaçaba: Editora Unoesc, 2015.

PASOLD, Cesar Luiz. **Metodologia da Pesquisa Científica.** Teoria e Prática. 14ª ed. rev. atual. amp. Fpolis: EMais, 2018.

PASOLD, Cesar Luiz. **Função Social do Estado Contemporâneo**. 4ª ed. rev. amp. Itajai: Editora Univali, 2013 (edição limitada em homenagem ao 50º aniversário de magistério do Autor)

SCHLICKMANN, Denise Goulart. **Financiamento de campanhas eleitorais**. 8ª ed. Curitiba: Juruá, 2016. p. 784.

SPINOZA. **Tratado Político.** Tradução de José Perez. Rio de Janeiro: Tecnoprint, 1968. Título original: *Tractatus Politicus*

Notas sobre a Tolerância: Fundamentos, Distinções e Limites

Clèmerson Merlin Clève
Bruno Meneses Lorenzetto

> *"The time is out of joint.*
> *O cursèd spite,*
> *That ever I was born to set it right!"*
> *(Shakespeare)*

Introdução

Os momentos derradeiros da segunda década do século XXI nos levaram à constatação de que nossa sociedade, que parecia em seus trilhos, foi colocada fora da ordem. Alguém que adote uma leitura de mundo mais cética insistirá que havia sido um equívoco termos depositado nossas expectativas na racionalidade, na democracia, na pluralidade, na tolerância e na justiça como valores estruturantes de nossa sociedade e que não há muitos motivos para espanto, eis que, fenômenos como o populismo, a irracionalidade, as manifestações de pensamento único, a intolerância e a injustiça não deixaram de estampar o noticiário todos os dias, presentes em nossas vidas, ainda que, eventualmente, não tivéssemos o devido conhecimento a respeito deles.

Alguém mais otimista poderá se municiar de dados e apontar que vivemos melhor do que nossos antepassados em diversos âmbitos e que os problemas são novos e demandam novos instrumentos e técnicas para a sua solução, mas que o caminho adequado já está pautado e que devemos continuar a segui-lo.

Entre as duas versões situadas em extremos, entendemos que o motivo da surpresa não está apenas nos desafios das novas mídias e na incalculável capacidade de processamento de informações (verdadeiras e falsas) que elas nos demandam, sob a potencial eminência do delírio, entendido este como a incapacidade de processamento de dados, mas, no fato de que uma porta, que já imaginávamos fechada, ter sido reaberta. A porta que reintroduziu na gramática política nacional a possibilidade do desrespeito às instituições e da ruptura da ordem constitucional como práticas de condução das atividades na arena política.

A reabertura desta porta nos causa preocupação, eis que, os acordos não escritos que imaginávamos consolidados na prática do jogo político nacional foram atacados e passamos a observar e, perigosamente, a nos acostumar, com a formulação de novos meios de articulação das atividades que trazem consigo a marca da destruição, na confluência de uma latente pulsão de morte, a qual passou a ser definidora da agenda política nacional.

É difícil não reconhecer que passamos a ser guiados por atos e falas que são causadoras de mal-estar (*Unbehagen*), eis que, são guiadas por uma pulsão de morte das massas, mediadas por representantes que não mais escondem ou se intimidam em explicitar propostas políticas que são articuladas com a finalidade do morticínio, que passam a organizar a vida para a morte, para o desfazimento daquilo que, até então, entendia-se como a marcha da cultura e da civilização que se articulava com os valores presentes no processo de redemocratização e reconstrução da comunidade política brasileira desde 1988.

De acordo com Amin Maalouf, o mundo passa por um desajuste em diferentes ordens, climática, intelectual, financeira, geopolítica e étnica. Isso se deve ao fato de que são esboçados movimentos de regressão que ameaçam desfazer aquilo que sucessivas gerações se esforçaram para construir.[1] Afirma que estamos em uma embarcação à deriva, desnorteada, sem rumo nem visibilidade e que precisamos de uma "sacudida" para evitarmos o naufrágio.

Com a queda do Muro de Berlim e o fim de um mundo bipolar, passamos para um mundo em que as divisões não são predominantemente ideológicas, mas identitárias e com pouco espaço para deliberações. Cada um proclama suas filiações diante dos outros, mobiliza os próximos, diaboliza os inimigos. Ao que tudo indica, o mundo escolheu uma saída "por baixo", ou seja, na direção do menosprezo de valores como o universalismo, a racionalidade e a laicidade e isso acabou por influenciar negativamente um importante elemento de nossa estrutura social que é o livre debate de ideias.

Em razão deste estado de coisas, entende-se que há um dever de rememoração. Este sempre se faz de extrema valia em tempos em que as coisas parecem estar "fora dos eixos". E são os tempos disjuntivos que demandam a renovação de nosso compromisso com a liberdade.[2] Para tanto, devemos, por um lado, reconhecer que o perdão (*amnestía*) não se confunde com o esquecimento (*amnésia*), mas, por outro, que não há um passado mítico, que pode ser escolhido de forma seletiva, para mover a política fascista de elogio irrefletido da glória da nação.[3]

Propomos a lembrança, nesta oportunidade, de um conceito, extremamente caro ao liberalismo e importante elemento que, ainda que não esteja positivado em termos expressos em nossa Constituição de 1988, é fundamento presente como reserva de justiça, entrincheirado como cláusula super-constitucional,[4] qual seja: a tolerância. Expressa no objetivo fundamental da República nos termos da proibição de preconceito e outras formas de discriminação. A conjugação se faz evidente com a busca pela promoção do bem de todos, em uma sociedade tolerante e sem discrimi-

---

1 MAALOUF, Amin. *O mundo em desajuste*: quando nossas civilizações se esgotam. Trad. Jorge Bastos. Rio de Janeiro: DIFEL, 2011.

2 SNYDER, Thimothy. *Sobre a tirania*: vinte lições do século XX para o presente. São Paulo: Companhia das Letras, 2017.

3 STANLEY, Jason. *Como funciona o fascismo*: a política do "nós" e "eles". Porto Alegre: L&PM, 2018. p. 33.

4 VIEIRA, Oscar Vilhena. A Constituição como reserva de justiça. *Lua Nova*, nº 42, pp. 53-97, 1997.

nação, aspectos basilares de nossos "consensos mínimos",[5] imunizados de alterações derivadas de paixões momentâneas.

1. Fundamentos

Uma das formas de se referenciar ao liberalismo é a que se refere à sua projeção política. Não sem razão, Judith Shklar alertava que o liberalismo parecia ter perdido sua identidade por completo e que este havia passado a ser tão amorfo, a ponto de poder servir para qualquer propósito. Fazia-se necessário insistir que o liberalismo era uma doutrina política cujo propósito único era o de garantir condições políticas necessárias para que as pessoas pudessem exercer suas liberdades pessoais.[6]

O liberalismo, desde a referida perspectiva, não seria uma doutrina política propositiva, eis que, o seu mandamento único seria o de não interferir na vida alheia, além disso não disporia de nenhuma orientação específica sobre o modo de vida das pessoas, sobre como estas devem ser ou se comportar, quais vidas devem levar ou escolhas deveriam realizar. Shklar afirmava que o liberalismo tinha sido raro tanto na teoria como na prática nos últimos duzentos anos, em seu texto de 1989 já alertava que aqueles que pensavam que o fascismo estava morto, de uma forma ou de outra, deveriam pensar novamente.[7]

Para Shklar o liberalismo era um "retardatário", ele chegava tarde pois suas origens estavam na Europa pós Reforma em grande tensão com a cristandade, eis que, as crueldades das guerras religiosas acabaram por conduzir uma mudança importante na perspectiva de vários cristãos, os quais passaram a perceber a tolerância como uma expressão da caridade cristã.[8]

Logo, se por um lado, está no cerne do liberalismo o entendimento de que as pessoas devem tomar decisões éticas a respeito de suas vidas e assumir a responsabilidade sobre tais decisões, por outro lado, os princípios da tolerância não podem ser tratados como equivalentes ao liberalismo político, eis que, este demanda não apenas autonomia pessoal, mas sua teorização está incompleta sem a menção a um governo limitado e responsável.[9]

---

5 "A Constituição de um Estado democrático tem duas funções principais. Em primeiro lugar, compete a ela veicular consensos mínimos, essenciais para a dignidade das pessoas e para o funcionamento do regime democrático, e que não devem poder ser afetados por maiorias políticas ocasionais. (...) Em segundo lugar, cabe à Constituição garantir o espaço próprio do pluralismo político, assegurando o funcionamento adequado dos mecanismos democráticos." (BARROSO, Luís Roberto. *Curso de Direito Constitucional contemporâneo*: os conceitos fundamentais e a construção do novo modelo. 6ª ed. São Paulo: Saraiva, 2017. p. 116).

6 SHKLAR, Judith. The Liberalism of Fear. In: ROSENBLUM, Nancy L. *Liberalism and the Moral Life*. Cambridge: Harvard University Press, 1989. p. 21.

7 SHKLAR, Judith. The Liberalism of Fear. p. 22.

8 SHKLAR, Judith. The Liberalism of Fear. p. 23.

9 SHKLAR, Judith. The Liberalism of Fear. p. 23.

As raízes mais profundas do liberalismo estão, todavia, fundadas na condenação apresentada pelos primeiros defensores da tolerância, como John Locke e Pierre Bayle, diante dos horrores das guerras religiosas que os levou à formulação de que a crueldade era uma ofensa à Deus e à humanidade.

Shklar entende que Thomas Hobbes não pode ser tratado como o pai do liberalismo. Isso pelo motivo singular de que nenhuma teoria que forneça um poder incondicionado às autoridades de impor uma crença e, até mesmo, um vocabulário, pode ser tratada, nem mesmo de maneira remota, como liberal.[10] A tolerância, ao contrário, se apresenta como limitadora dos agentes públicos e como o fator que irá auxiliar na linha divisória entre o público e o privado, separação que não é estanque, mas que é fundamental para o liberalismo.

O liberalismo de Shklar nos adverte que devemos sempre repudiar os abusos de poder, seja em qual regime for, e nos preocupar com os excessos de agentes públicos em todos os níveis de governo, eis que, aqueles que podem sofrer mais com tais medidas são justamente os mais vulneráveis, os fracos e os pobres.[11] De tal sorte, cabe a observação de que os agentes do governo irão se comportar de tal maneira, de forma mais ou menos manifesta, a menos que sejam impedidos. Desse modo, um governo limitado é uma condição necessária, porém insuficiente para o liberalismo político.

A herança de Locke deixada para o liberalismo está na ideia de que os governos com seus grandes poderes para matar, mutilar, fazer a guerra e doutrinar não devem ser confiados incondicionalmente e que qualquer confiança que pode ser desenvolvida sobre seus agentes deve ser conduzida com ceticismo.[12] Veja-se que, segundo a referida perspectiva, até mesmo o erro das pessoas que possuem outras opiniões deve ser tolerado, caso este não se volte para perpetrar a dominação sobre os outros.

Logo, uma das preocupações centrais de Locke está na separação entre as funções do governo civil e da religião. Esta não deveria ser assunto do Estado, eis que, o mesmo não era um instrumento adequado para realizar a salvação das almas. Assuntos de fé e estatais seriam, de acordo com sua interpretação, perfeitamente distintos e infinitamente diferentes, de modo que, a diferença existente entre a religião das pessoas não permitiria que uma retirasse da outra seus bens ou sua liberdade.[13]

---

10 SHKLAR, Judith. The Liberalism of Fear. p. 24. Por exemplo, para Hobbes: "Essa passagem mostra claramente que *Reino de Deus* é um Estado, instituído (pelo consentimento dos que serão seus Súditos) para seu Governo Civil e para o controle de seu comportamento, não apenas para com Deus, seu Soberano, mas, também, entre eles, com referência à Justiça e para com as outras Nações tanto na paz como na guerra." (HOBBES, Thomas. *Leviatã, ou, A matéria, forma e poder de um estado eclesiástico e civil*. São Paulo: Ícone, 2000. p. 289).

11 SHKLAR, Judith. The Liberalism of Fear. p. 28.

12 SHKLAR, Judith. The Liberalism of Fear. p. 30.

13 LOCKE, John. *A Letter concerning Toleration and Other Writings*. Indianapolis: Liberty Fund, 2010. p. 45.

Mas isso não seria tudo, não bastaria que as pessoas de uma religião se abstivessem da violência e de todas as formas de persecução contra as outras. Aqueles que almejavam ser "sucessores dos apóstolos", deveriam ensinar os deveres da paz e da boa vontade para com todas as pessoas, assim como para os que estão em "erro" e para aqueles que diferem na fé e na adoração.[14] Por isso, na perspectiva de Locke, pagãos, muçulmanos e judeus não deveriam ter seus direitos retirados em razão de sua religião, o Evangelho não determinava isso e a sociedade civil deveria abraçar, de maneira indistinta, todos aqueles que são pacíficos, honestos e trabalhadores.[15]

Sua tolerância não se estendia, contudo, para os ateus, eis que, aqueles que negam Deus não seriam capazes de firmar compromissos e promessas, atividades consideradas fundamentais para toda a sociedade humana.[16] A tolerância também não deveria abranger os católicos romanos, eis que estes adotavam doutrinas destrutivas da sociedade em que viviam e estavam sujeitos apenas ao Papa. Por isso, não deveriam ser tolerados a menos que fosse assegurado que tais opiniões perigosas fossem separadas de sua adoração religiosa, algo que seria muito difícil de ser realizado.[17]

Note-se que, para Locke, a tolerância de judeus, muçulmanos e pagãos é categórica, ainda que ele espere que eles venham a ser convertidos. Há, neste ponto, uma preocupação especial sobre o procedimento para a realização de tal conversão, eis que, em oposição aos meios violentos observados em sua época, entendia que a caridade e a amabilidade com as opiniões diversas seriam os fatores centrais da unidade cristã e contribuiriam mais para a conversão do que as confusões e discussões sobre a união dos cristãos.[18]

A religião deveria ser adotada no coração das pessoas, logo, a caridade seria central para a fé, a qual seria derivada do amor e não da força. A partir disso, Locke "apela" para a consciência daqueles que perseguem, atormentam, destroem e matam outros em razão da religião, questionando se o fazem em nome da amizade e da amabilidade para com eles, pois, seria contrário aos princípios da caridade e do amor a prática de crueldades e a retirada da vida alheia por causa da religião.[19]

A perseguição seria extremamente ineficiente, a coerção não poderia, em princípio, alcançar o objetivo de reunir as pessoas em torno de uma crença. As práticas violentas de conversão seriam mais opostas à glória de Deus do que qualquer dissenso, tanto que aqueles que são cruéis para com os que divergem de opinião não estariam promovendo os valores da Igreja.[20]

14 LOCKE, John. *A Letter concerning Toleration and Other Writings*. p. 45.

15 LOCKE, John. *A Letter concerning Toleration and Other Writings*. p. 63.

16 LOCKE, John. *A Letter concerning Toleration and Other Writings*. p. 60.

17 LOCKE, John. *A Letter concerning Toleration and Other Writings*. p. 96.

18 LOCKE, John. *A Letter concerning Toleration and Other Writings*. p. 74.

19 LOCKE, John. *A Letter concerning Toleration and Other Writings*. p. 36.

20 LOCKE, John. *A Letter concerning Toleration and Other Writings*. p. 37.

A conversa e a paz seriam os meios adequados para se relacionar com os diferentes, ao passo que instrumentos de força como a "espada" eram rejeitados como incompatíveis com o Evangelho. A tolerância como valor estaria, portanto, no mesmo sentido da verdadeira "razão da humanidade", de tal maneira que parecia a Locke monstruoso que as pessoas não percebessem sua vantagem e necessidade. Logo, não seria possível por um fim nas controvérsias entre os que realmente possuem interesse na salvação das almas de um lado e, por outro, pela segurança da comunidade.[21] A função da sociedade seria a de preservar a melhoria dos bens civis de seus membros, por isso, mesmo que alguém quisesse, a ninguém poderia ser conferido o poder de impor sua crença aos outros, a fé seria atividade de foro particular, e deveria ser imunizada da violência manifestada na esfera pública.

Toda pessoa teria o direito de buscar convencer outras a respeito de suas razões, realizando persuasões através de raciocínios. Porém, caberia ao juiz compelir "pela espada" e à lei civil não seria adequada a função de prescrever artigos de fé. Eis que, se não lhes fosse vinculadas penalidades a força das leis desapareceria e, mesmo que fossem criadas penalizações a respeito de tais condutas, as mesmas seriam manifestamente inadequadas, pois iriam redundar no equívoco de forçar pessoas a adotar uma religião na qual não creem. A tolerância em questão significa predominantemente tolerância religiosa, embora aquilo que era dito sobre esta pudesse ser expandido para formas políticas e outras maneiras de tolerância.

Como explica Luís Roberto Barroso: "O século XVI foi marcado pelos efeitos da Reforma e pela recepção das ideias de Lutero e Calvino, tornando-se cenário de um longo e violento período de conflitos entre católicos e protestantes. A ascensão de Henrique IV ao trono francês, em 1594, após sua conversão ao catolicismo, deu início a uma fase de tolerância religiosa"[22] Em 1598, Henrique IV promulgou o Édito de Nantes, que conferiu aos protestantes direitos políticos iguais.

Outra questão que surge é que se alguém, que possui crenças sinceras, é percebido como estando em "erro" deveria ser forçado a mudar de posição. Para Bayle, no caso de "erro de consciência", a coerção, mesmo compreendida no interesse do indivíduo, não era justificada.[23] A relevância de tal questão no contexto em que o autor vivia, permeado por perseguições aos Huguenotes (protestantes franceses perseguidos por Luís XIV, como no caso do Édito de Fontainbleu de 1685 que ordenou a destruição de igrejas huguenotes e o fechamento de escolas protestantes) era fundamental.

Para o liberalismo, é uma questão moral que não se deve usar de meios coercitivos e ameaças para impedir a divulgação de ideias com as quais discordamos. No tempo de Bayle, muitos cristãos acreditavam que Deus havia comandado o uso de

21 LOCKE, John. *A Letter concerning Toleration and Other Writings*. p. 38.

22 BARROSO, Luís Roberto. *Curso de Direito Constitucional contemporâneo*. p. 50.

23 BAYLE, Pierre. A Philosophical Commentary on These Words of the Gospel, Luke 14.23, 'Compel Them to Come In, That My House May Be Full'. Indianapolis: Liberty Fund, 2005. p. 412.

meios violentos para impedir a expansão do "erro religioso" e, mesmo fora do âmbito religioso, parecia natural impedir a divulgação de ideias perigosas pelo uso da força, se este fosse o meio mais efetivo. Porém, para o pensamento liberal, mesmo que este venha a eventualmente ser o meio mais efetivo ele está moralmente errado.

No final do século XVII Bayle apresentou uma ampla defesa da tolerância religiosa, a qual pode ser entendida como uma defesa de diferentes crenças e práticas políticas. Ele escreve em oposição à perspectiva de Santo Agostinho, para quem o uso da força como meio de efetivação da conversão seria uma prática admissível.

Agostinho tinha por fundamento sua interpretação de uma passagem da Bíblia, mais especificamente de Lucas 14, 23, em que fora permitido o uso da força para que as pessoas participassem de um banquete do Reino de Deus, eis que, previamente, vários convidados haviam apresentado desculpas para não comparecer ao evento.

O objetivo agostiniano era a conversão dos donatistas, os quais poderiam ter contra si o uso da violência como uma forma "disciplinadora", isso porque, a finalidade da conversão não era a sua destruição (física), mas a reeducação, para que eles pudessem ser salvos de seu próprio "erro",[24] em verdade, ter aquilo que era mais importante salvo, suas almas.

Agostinho defendia ser obrigação dos cristãos compelir pessoas de outras religiões e heréticos para a fé, ao mesmo tempo, compreendia ser o uso da violência um método possível para "abrir" pessoas recalcitrantes à verdade do Catolicismo. Enfatize-se que o uso da tal violência contra heréticos com o propósito de "abrir seus olhos" para a verdade era uma conduta não apenas admissível, mas, em alguns casos, obrigatória.

Bayle criticou o argumento de Agostinho contra a tolerância por duas razões: primeiro, afirmava em um nível interpretativo, que a interpretação literal dos evangelhos de Agostinho era contrária ao espírito da Bíblia; segundo, que a coação em questões religiosas não era nem útil em termos práticos, nem aceitável na esfera moral.

Para isso, Bayle sugere o seguinte experimento: vamos supor, por um momento, que a Igreja de Roma seja a verdadeira Igreja. A partir disso, devemos verificar os resultados da conversão compulsória para ela, como no caso dos Editos do Rei da França. Quais teriam sido suas consequências? Bayle responde que a retirada de direitos dos protestantes teve como efeito apenas o incremento do fervor religioso, mais do que nunca.[25] Continua em seu raciocínio ao afirmar que se, eventualmente, um príncipe protestante fizesse o mesmo com os sujeitos católicos romanos, eles se tornariam mais devotos do Papa, assim como os "turcos" ficariam mais obstinados no "maometismo" e os judeus no judaísmo.[26]

---

24 FREITAS, Lucas Jorge de. Estudo da Construção do Ethos Retórico Donatista e suas Implicações no Cristianismo Africano do Século IV e V. Dissertação. Universidade de São Paulo: São Paulo, 2013. pp. 57-58.

25 BAYLE, Pierre. A Philosophical Commentary... p. 176.

26 BAYLE, Pierre. A Philosophical Commentary... pp. 176-177.

A persecução, desde a referida perspectiva, possuiria o condão de inflamar as paixões e não promover conversões adequadas, logo, se as pessoas temem ser torturadas elas não vão, repentinamente, ganhar consciência de uma determinada ideia. Neste ponto a consciência possui papel central. Isso porque as decisões precisam ser tomadas de acordo com a consciência das pessoas, elas possuem uma obrigação consigo mesmas e para com Deus de segui-las, mesmo nos casos em que estas estejam erradas.[27] Veja-se que o referido "erro" confere prevalência à projeção da conexão estabelecida pela consciência, tanto que esta não depende da veracidade fática.

Assim, se for permitido por lei que aqueles que possuem uma opinião que acreditam ser a correta possam coagir aqueles que estão errados pelo uso da força, isso criaria uma série de problemas, eis que, esse direito seria arrogado por todos, até mesmo por aqueles que possuem opiniões erradas – estes estariam sob a influência da veracidade de suas crenças, o que lhes autorizaria, da mesma maneira, a usar o poder coativo para afirmá-las.

Bayle, ademais, assevera que as pessoas não deveriam interferir em certas condutas alheias, pois, tais interferências seriam moralmente equivocadas, não apenas pelo fato de estas trazerem consequências indesejadas para aqueles que sofrem a interferência. Os tolerantes, portanto, teriam uma razão moral apriorística para não interferir na vida alheia.

Um argumento bastante utilizado para a defesa de uma religião oficial era o de que isso traria estabilidade para o governo. Para além das razões de Locke, e da importância já consolidada da separação entre Estado e religião, os defensores da intolerância poderiam suscitar diversas mazelas derivadas da discordância a respeito pluralidade religiosa. Bayle, por sua vez, afirmava que não haveria perigo na tolerância religiosa pelos governos, o perigo, ao contrário, estaria no fato de que diferentes religiões buscam se empenhar em destruir umas às outras por meio de métodos de perseguição.[28]

Em tal cenário, teríamos um jogo em que todos sairiam perdendo, no qual uma religião passaria a ter a habilidade de coagir as outras usando o poder estatal. Para tanto, aqueles que defendiam a intolerância, deveriam paralelamente, levar em consideração os prejuízos previsíveis que acompanhavam sua perspectiva.

No momento histórico em que Bayle se encontrava, a intolerância incluía atos brutais de violência como punições com fogo, a pena de banimento, prisões em masmorras e esquartejamentos. A coerção em questões religiosas levaria a prática da intolerância a ser inerentemente problemática. Portanto, a razão moral que Bayle defendida era a seguinte: uma vez que é previsível que a ordem para não tolerar irá resultar em crimes, a ordem para não tolerar outras religiões seria imoral.[29]

27 BAYLE, Pierre. A Philosophical Commentary... p. 299.

28 BAYLE, Pierre. A Philosophical Commentary... p. 245.

29 BAYLE, Pierre. A Philosophical Commentary... p. 457.

2. Distinções

Para Ira Katznelson, a tolerância é um conceito profundamente importante pois ele diz respeito às características mais complicadas e persistentes das relações humanas.[30] Percebe-se sua importância em meio a grupos que compreendem que a pluralidade lhes é constitutiva e que deverão constituir habilidades para poder viver em comunidade. Como alternativa para a opressão, o sofrimento e a violência, a tolerância se apresenta em situações nas quais o respeito, a cooperação e a paz social são valores difíceis de serem obtidos.[31]

Para que isso possa ocorrer, há um pressuposto liberal que figura na linha de base das relações sociais, que é a ideia de que as pessoas devem ter a liberdade de tomar decisões éticas sobre o sentido que lhes aprouver para buscar suas compreensões de uma vida boa, desde que isso não esteja baseado na violação de direitos.

De tal sorte, esta ideia se projeta em uma sociedade potencialmente permeada por diferentes formas de conflito, dissensos e controvérsias e, aquilo que se deseja, é o convívio de práticas sociais e crenças díspares que não são amplamente aceitas por todos e que merecem ser acomodadas, ou seja, devem ser estabelecidas circunstâncias que as tornem possíveis e razões que permitam que elas sejam desejáveis.[32]

As formas e estratégias para produção e reprodução da tolerância são plurais. Para tanto, é importante traçar distinções conceituais. A tolerância não se confunde com a indiferença, eis que, ela demanda uma decisão intencional de permitir que grupos, práticas e crenças consideradas repugnantes continuem a existir.[33] A tolerância se faz necessária quando certas manifestações ensejam mais do que simples desconforto ou antipatia, logo, ser tolerante demanda que não se reaja a condutas que nos constrangem, ultrajam ou que nos causam repulsa.

Tais formas de omissão intencional, silêncio deliberado ou autorrestrição pressupõem que uma comunidade deve ser dividida entre pessoas com visões de mundo díspares. Para tanto, no âmbito político, a arena deliberativa deve ser organizada com espaços para o ingresso da alteridade. Disso decorre que a tolerância trabalha com o substrato material de que ao menos um grupo percebe como inadequada as ideias e ações de um outro grupo de pessoas, trata-se, por isso de uma paciência para com o(s) diferente(s).

Katznelson aduz que a tolerância não conflita necessariamente com a capacidade de não tolerar, ou seja, de rejeitar a intolerância. Isso ocorre pelo fato de que se, por um lado, a tolerância refreia as atividades daqueles que podem reprimir outros, por

30 KATZNELSON, Ira. A Form of Liberty and Indulgence: Tolerance as a Layered Institution. In: STEPAN, Alfred; TAYLOR, Charles. *Boundaries of Toleration*. New York: Columbia University Press, 2014. p. 38.

31 KATZNELSON, Ira. A Form of Liberty and Indulgence. p. 38.

32 KATZNELSON, Ira. A Form of Liberty and Indulgence. p. 39.

33 KATZNELSON, Ira. A Form of Liberty and Indulgence. p. 40.

outro lado, não demanda que as crenças que motivam a aversão a tais comportamentos sejam abandonadas.[34]

Reconhece-se, ademais, que existem contingências históricas nas situações que demandam tolerância. Esta pode ser interpretada como um ato de abnegação, por exemplo, de um grupo A que decide não fazer mal a um grupo B, mesmo tendo o poder para fazê-lo. Igualmente, a tolerância pode ser uma categoria interrogativa, na qual as pessoas irão questionar aquilo que deve ser feito em casos distintos. É importante salientar que as questões a respeito da tolerância, em tempos anteriores à Reforma, eram eminentemente religiosas e, após a Reforma, elas foram transferidas para a arena política. Por isso, quando essa transposição ocorreu, a tolerância foi aumentada, tornando-se mais profunda, assumindo o status de uma virtude moral. Sob esta roupagem, acabou por ser traduzida na esfera jurídica, como pode ser observado em diferentes documentos normativos como a nossa própria Constituição de 1988.

Ainda, é importante diferenciar tolerância (religiosa ou secular) da simples paciência ou indulgência. Enquanto a tolerância comporta um ato de vontade de tolerar, uma decisão de permitir a presença física de outros, de diferentes culturas, a paciência diz respeito a uma circunstância limitada na qual outros são tratados de forma tolerante momentaneamente, lhes é permitido, por exemplo, o acesso a certos bens materiais ou a uma ajuda humanitária. Tais diferenças são importantes pois dizem respeito à possibilidade de acesso a direitos e ao pertencimento (em seu sentido de cidadania) à comunidade, não abrangidos pelas restrições da paciência, ainda que esta possa ser um ponto de partida para a ampliação de formas de reconhecimento e garantia de direitos mais elaboradas.

Por tal razão, a falta de apreciação pelo amplo espectro de modos de vida dentro de uma comunidade pode produzir uma potencial armadilha. Isso porque a diversidade de modos de vida pode levar à valoração de decisões que confiram maior proeminência para a coletividade do que para o indivíduo. Para tanto, o multiculturalismo deve ser considerado, bem como os déficits do conceito ocidental de tolerância.

Nas culturas ocidentais a tolerância passou a se confundir com a liberdade de consciência, tanto que em nossa Constituição de 1988, no artigo 5º, VI, a liberdade de crença aparece acompanhada pela liberdade de consciência. Na sequência, emerge a impossibilidade de privação de direitos em razão de crença religiosa no artigo 5º, VIII, dispositivo que permite às pessoas esposar, divulgar, mudar ou renunciar uma certa religião. Nesse sentido afirmou Barroso: "Creio, por fim, na tolerância. O mundo é marcado pelo pluralismo e pela diversidade: racial, sexual, religiosa, política. A verdade não tem dono nem existe uma fórmula única para a vida boa."[35]

Will Kymlicka explana que, para além do modelo baseado na liberdade de consciência, há uma segunda perspectiva de tolerância, a qual se funda na ideia de direitos

34 KATZNELSON, Ira. A Form of Liberty and Indulgence. p. 41.

35 BARROSO, Luís Roberto. Bem, justiça e tolerância. *Folha de São Paulo*, 26.06.2013.

dos grupos, ao invés da liberdade individual.[36] A ideia de direitos de grupos se tornou uma questão latente em várias democracias, pelo fato de que grupos étnicos ou religiosos passaram a demandar o poder de restringir a liberdade de seus próprios integrantes como meio de preservação de suas práticas tradicionais.[37]

O problema, nesses casos, reside na ambivalência de que, por um lado, os grupos buscam proteção de eventuais opressões externas para a manutenção de suas práticas, porém, por outro lado, querem se ver livres para reprimir o dissenso interno do grupo, sem ter que responder por isso,[38] nos termos regulares de proteção de direitos fundamentais individualizados.

Quais alternativas são apresentadas para tal problema? Desde a mirada liberal, entende-se que os direitos fundamentais poderiam responder a tais questões. Um dos caminhos pode ser construído por meio do direito à educação, o qual habilita as crianças a conhecer diferentes opiniões, culturas, histórias, religiões e sociedades, bem como a desenvolver capacidade de reflexão crítica sobre a realidade. Outro caminho pode ser trilhado via o direito à liberdade de expressão e de informação, os quais habilitam a circulação de conhecimentos plurais em uma sociedade democrática e trabalhariam de forma complementar com o direito fundamental à educação, auxiliando as pessoas a tomar decisões sobre todos os âmbitos de suas vidas, inclusive, sobre qual modo de vida elas almejariam concretizar.

Não causa espécie perceber que esses dois direitos fundamentais costumam ser rarefeitos em países autoritários e que, ambos também podem servir como barragens para evitar esporádicos arroubos antidemocráticos que, infelizmente, costumam reaparecer, de tempos em tempos, em diversos lugares do mundo.

Nos termos do modelo liberal, conferir acesso à informação possibilita que as pessoas revisem e reflitam sobre seus modos de vida, ao passo que, garantir educação permite que as pessoas aprendam a julgar, a decidir e a buscar os meios para garantir seus direitos.

Esses aspectos de uma sociedade liberal, fazem sentido, segundo Kymlicka, se assumirmos que temos um interesse não apenas em buscar nossa concepção de bem existente, porém, de igual modo, se pudermos avaliar e revisar tais concepções.[39] Com isso, nem sempre os objetivos de vida traçados pelas pessoas merecem ser continuados, a avaliação e revisão de planos de vida demanda a possibilidade da realização de julgamentos informados sobre aquilo que realmente vale a pena.

Com isso, percebe-se que a tolerância não busca assumir status de valor absoluto. Ela se dispõe em potencial competição com outros valores que as pessoas pos-

---

36 KYMLICKA, Will. Two Models of Pluralism and Tolerance. *Analyse & Kritik*, nº 13, 1992. p. 34.

37 KYMLICKA, Will. Two Models of Pluralism and Tolerance. p. 39.

38 KYMLICKA, Will. Two Models of Pluralism and Tolerance. p. 39.

39 KYMLICKA, Will. Two Models of Pluralism and Tolerance. p. 43.

suem e almejam concretizar. Ela pode ser uma virtude almejada por muitos e colocada no rol de valores compartilhados por uma sociedade democrática, contudo, também pode ser retraída e tensionada diante de seus limites, em face de manifestações intolerantes e profundamente aversivas ou diante da urdidura de medos e inseguranças.

De outra sorte, assevera Katznelson que quando a tolerância é recíproca ela pode promover uma verdadeira heterogeneidade cultural, social e política, bem como criar possibilidades para formas de respeito e reconhecimento mais amplas e acolhedoras, eis que, como o purgatório, a tolerância é um local com caminhos que levam a mais de uma direção.[40]

3. Limites

Jürgen Habermas expõe que o termo *Toleranz* chegou tardiamente no alemão, emprestado do latim e do francês nos séculos XVI e XVII, igualmente, deste período é originário o sentido de tolerância como tolerância de outras religiões, assim como a construção de sua faceta jurídica.[41] Nesses séculos os governos promulgaram editos que determinavam que as pessoas fossem tolerantes com minorias religiosas. Assim como no português não há distinção entre a tolerância religiosa e a tolerância no sentido de paciência, o termo *Toleranz* é utilizado no alemão para a disposição de tratar outros com generosidade, mas também, para a virtude política de lidar com pessoas que são diferentes.[42]

Outro elemento que pode ser considerado está na questão da possibilidade de aproximação conceitual entre a base universalista do direito à liberdade religiosa e os fundamentos normativos de um Estado Democrático de Direito, ou seja, pautado pela democracia e pelos direitos fundamentais.[43] O referido modelo de Estado, teria, para tanto, no Poder Judiciário a figura daquele que é capaz de distinguir os abusos da ordem teocrática que podem vulnerar liberdades democráticas.

Nesse prisma, a tolerância busca a preservação de uma comunidade política plural, ao propor que esta não se fragmente em razão das distintas visões de mundo. Para tanto, ao ser reconhecida a importância da religião como fonte dos valores e elemento da cultura de um povo, a separação entre Estado e religião proposta por Locke não deve ser rompida.

Para Habermas, a tolerância se exerce nos limites do princípio democrático da laicidade, em que o Estado deve ser guiado pela imparcialidade, pela prudência e pela

---

40 KATZNELSON, Ira. A Form of Liberty and Indulgence. p. 45.

41 HABERMAS, Jürgen. Intolerance and discrimination. *International Journal of Constitutional Law*, Oxford, v. 1, nº 1. 2003. p. 2.

42 HABERMAS, Jürgen. Intolerance and discrimination. p. 3.

43 HABERMAS, Jürgen. *Entre naturalismo e religião*: estudos filosóficos. Rio de Janeiro: Tempo brasileiro, 2007. p. 282.

conservação da ordem constitucional.[44] As práticas intolerantes, por sua vez, seriam inconciliáveis com o Estado de Direito. Manifestações fundamentalistas e interpretações do mundo que demandam exclusividade para um modo de vida privilegiado, igualmente conflitam com o Estado de Direito, eis que carecem de consciência da falibilidade de suas pretensões.[45]

De tal maneira, o processo democrático que visa efetivação de direitos subjetivos pode ser aberto para abranger a coexistência de direitos iguais para grupos étnicos e formas de vida específicos, eis que: "A identidade do indivíduo está entretecida com identidades coletivas, e só pode se estabilizar em uma rede cultural, que, do mesmo modo que a própria língua materna, não pode ser adquirida como uma propriedade privada".[46] Portanto, a proteção almejada por formas de vida e tradições que constituem a identidade das pessoas deveria ter por finalidade o reconhecimento de seus membros e não ter o sentido de uma "proteção administrativa das espécies".[47]

Por isso, a democracia se apresenta como a possibilidade de articulação do convívio de sociedades heterogêneas. Reconhece-se que a definição do conceito de tolerância muitas vezes acaba por ser fruto da definição posta pelas autoridades públicas, de forma tal que a tolerância deve ser estabelecida em uma sociedade democrática, que garanta a todos igual consideração e respeito.

Em sua conceitualização normativa do Estado, Habermas entende que a formação democrática das opiniões e vontades são resultantes de deliberações, sejam estas dadas na arena política geral ou no âmbito parlamentar, mas, para que isso ocorra de maneira adequada, seriam subjacentes condições de comunicação para guiar o processo político de uma política deliberativa, a qual precisa ter em consideração a "multiplicidade de formas de comunicação"[48] para a construção da vontade comum.[49]

A pluralidade pode ser produzida, então, dentro do Estado democrático e caminha lado a lado com a tolerância religiosa, eis que, ambas favorecem a multiplicidade de formas de vida e de comunicação. Demonstrativo disso é o papel central que a

---

44 HABERMAS, Jürgen. *Entre naturalismo e religião*.

45 HABERMAS, Jürgen. *A inclusão do outro*: estudos de toeria política. São Paulo: Editora Unesp, 2018. p. 373.

46 HABERMAS, Jürgen. *A inclusão do outro*. p. 368.

47 HABERMAS, Jürgen. *A inclusão do outro*. p. 370.

48 HABERMAS, Jürgen. *A inclusão do outro*. p. 408.

49 "Esse *procedimento democrático* estabelece uma relação interna entre *negociações, discursos de autocompreensão e discursos de justiça* e fundamenta a suposição de que sob tais condições são alcançados resultados racionais e equitativos. Com isso, a razão prática se desloca dos direitos humanos universais ou da eticidade concreta de uma determinada comunidade para situar-se naquelas regras discursivas e formas de argumentação que retiram seu teor normativo da base de validade da ação orientada ao entendimento, e, em última instância, da estrutura da comunicação linguística." (HABERMAS, Jürgen. *A inclusão do outro*. p. 410).

tolerância passou a ocupar na cultura política e que poder ser observada na gênese do liberalismo.

Nesse âmbito, a tolerância assume a função de "negociação" do conflito entre reivindicações de "verdades" opostas, ou seja, ela se faz necessária a partir da rejeição das convicções alheias, do conflito cognitivo entre crenças e atitudes,[50] por isso, a tolerância não pode ser confundida com a indiferença. No mesmo sentido que a resposta para a intolerância não é simplesmente mais tolerância, mas a luta por direitos iguais, a partir de uma manifestação racista não se espera simplesmente que a mesma seja tolerada, mas que o racista supere seus preconceitos.

Nos termos de Habermas, o primeiro elemento que deve ser considerado é o da inclusão de todos os cidadãos na comunidade política. Sem a inclusão de todos, não é possível esperar que tenhamos tolerância uns para com os outros, logo, a proibição da discriminação fornece razões morais e constitucionais para a tolerância.[51] Ademais, é necessário traçar uma linha para demarcar aquilo que não pode ser tolerado, contudo, isso não pode se dar de forma autoritária, sob pena de produção de um paradoxo. A deliberação política é a via que permite a construção de normas legítimas, aceitáveis por todos os envolvidos na arena deliberativa e ela também se aplica para a definição da tolerância.

De forma proporcional, deve-se imaginar que o aumento da complexidade de uma determinada comunidade política acabe por redundar na expansão das diferentes formas de vida das pessoas. Por isso, as bases da sociedade, construídas anteriormente como influxos da vontade divina, sustentam-se sob diferentes pilares, mesmo que ainda possamos encontrar a influência de tais perspectivas, passam a ser apresentados não mais como derivados da ordem natural das coisas, mas, como construções humanas, reflexos das interações entre pessoas e estruturas políticas, artifícios resultantes de acordos gerais que organizam a sociedade e que são enfeixados, por exemplo, em normas constitucionais.

Pode-se observar o afastamento das teorias que apregoam uma (questionável) ideia de totalidade que se estrutura por (pequenas ou grandes) partes, como o Leviatã de Hobbes.[52] No entendimento de Habermas, o mundo da vida se organiza como uma rede de ações comunicativas em distintos ramos, as quais são propagadas em determinados espaços e tempos específicos, pois elas são nutridas por aspectos das tradições culturais mas também das identidades das pessoas que fazem parte da sociedade: "Os indivíduos socializados não conseguiriam afirmar-se na qualidade de sujeitos, se não encontrassem apoio nas condições de reconhecimento recíproco, articuladas nas tradições culturais e estabilizadas em ordens legítimas e vice-versa."[53]

---

50 HABERMAS, Jürgen. Intolerance and discrimination. p. 3.

51 HABERMAS, Jürgen. Intolerance and discrimination. pp. 3-4.

52 HOBBES, Thomas. *Leviatã, ou, A matéria, forma e poder de um estado eclesiástico e civil.*

53 HABERMAS, Jürgen. *Direito e Democracia*: entre facticidade e validade. Rio de Janeiro: Tempo brasileiro, 1997. p. 111.

Aqui, como afirma Barroso: "verdade não tem dono"[54], ou seja, as "doutrinas compreensivas"[55], que afirmam possuir a autoridade de estruturar uma forma de vida em sua integralidade, tal como apregoado por determinadas religiões, passaram a ser observadas, a partir da laicização estatal, como apenas uma possibilidade de leitura de mundo dentre outras várias possíveis, elas deveriam, de acordo com esta perspectiva, abandonar a pretensão de moldar os modos de vida de maneira compreensiva de toda a sociedade.[56]

A tensão se coloca no fato de que determinadas religiões acabam por ser intrinsicamente intolerantes em relação a outras manifestações religiosas e formas de percepção do mundo. Para evitar esses tipos de contradição interna, não deveria ser permitida a realização de conversões forçadas ou o uso de violência, conforme já criticado por Bayle. Aliás, a construção de um Estado democrático de Direito acaba por ter como finalidade que os conflitos sejam mediados argumentativamente e conduzidos por instituições democráticas, não pelo uso da força ou da violência.

Não se ignora que, no âmbito das relações humanas concretas, aquilo que acaba por prevalecer é, muitas vezes, de fato, a intolerância, a agressão e o ódio. A presente discussão não se volta para tais domínios, ainda que os mesmos possam figurar no plano de fundo das discussões em seu relevo histórico, mais remoto ou próximo. Nossa preocupação reside na definição dos limites de atuação do Estado e das pessoas no âmbito normativo, ou seja, quais deveriam ser os meios adequados de estabilização de expectativas e mediação de conflitos em uma sociedade definida não pelo medo e a destruição, mas pela ordem constitucional, nela compreendida os direitos fundamentais e a democracia como vetores principais das relações intersubjetivas.[57]

Habermas reconhece que preferências antagônicas nem sempre serão desarmadas no plano discursivo, basta observar que em certos tópicos, os interesses controvertidos estão conectados com a própria forma como a coletividade se compreende, por isso, questões ético-políticas: "(...) colocam-se na perspectiva de membros que

54 BARROSO, Luís Roberto. Bem, justiça e tolerância.

55 Ver: RAWLS, John. *O Liberalismo Político*. São Paulo: Editora Ática, 2000.

56 A respeito do conceito de tolerância no Direito explica Néviton Guedes que: "O discurso do direito não desconhece a verdade natural ou a lógica formal, mas é e será sempre mais do que isso. Abre-se com tolerância à possibilidade de desacordos e contenta-se com a verossimilhança. No âmbito do direito, especialmente nos chamados 'casos difíceis', o conhecimento não se impõe por meio de juízos lógicos irrefragáveis, mas apenas convence pela lógica da argumentação. É certo que se sustenta na verdade dos fatos e não desconsidera a lógica formal, mas tem a obrigação de nem sempre parar por aí." (GUEDES, Néviton. Luís Roberto Barroso e a tolerância no direito. *Revista Consultor Jurídico*, 27.05.2013. Disponível em: https://www.conjur.com.br/2013-mai-27/constituicao-poder-luis-roberto-barroso-tolerancia-direito. Acesso em: 27.11.2019).

57 LORENZETTO, Bruno Meneses. *Os caminhos do constitucionalismo para a democracia*. Belo Horizonte: Arraes Editores, 2017.

procuram obter clareza sobre a forma de vida que estão compartilhando e sobre os ideais que orientam seus projetos comuns de vida."[58]

A tensão entre a identidade individual e a coletiva se constitui da seguinte maneira: por um lado as pessoas podem se identificar com uma coletividade e fazer parte do "nós"; por outro, suas vidas não são resumidas apenas por sua identidade comunitária, tanto que podem mudar de religião, de país, de cultura, de gênero, de emprego, de família, etc.. Nos termos de Habermas: "O modo como nós nos apropriamos das tradições e formas de vida nas quais nascemos e como as continuamos seletivamente decide sobre quem nós somos e queremos ser enquanto cidadãos."[59] A cultura não é algo estanque e as identidades articuladas e projetadas por ela também não o são.

Entre a fluidez e a estabilização dos valores éticos, outra questão que emerge diz respeito aos limites da tolerância. Ela deflui da controvérsia sobre a demarcação dos critérios que servem para determinar a tolerância, para Rainer Forst, os limites devem ser estabelecidos no início da intolerância, eis que, ela mesma pressupõe reciprocidade, só pode ser demanda em face de pessoas tolerantes.[60]

Questiona-se, para tanto, onde reside o início da tolerância? Aqui jaz um potencial perigo, o esvaziamento de sentido do conceito poderia conduzir à conclusão de que qualquer tentativa que busque sua concretização poderia acabar por ser, ela própria, uma intolerância.[61] Se, por um lado, tal alerta é importante para nos recordar sobre a maneira problemática que as linhas que definem a tolerância foram traçadas, por outro lado, ela recai em perigosa generalização, eis que, qualquer um que queria demarcar os limites da intolerância seria necessariamente arbitrário, constituindo um "paradoxo destrutivo", ao que Forst responde, afirmando que uma crítica da intolerância não deve ser igualada com mais uma outra forma de intolerância.[62]

Com a finalidade de traçar o conceito de intolerância Forst apresenta as seguintes características: o contexto da tolerância deve ser estabelecido; as práticas e crenças toleradas devem ser objeto de reprovação em um grau relevante; a refutação precisa ser balanceada minimamente com algum tipo de aceitação, que estabelece razões positivas rudimentares para sua defesa; precisa-se definir os limites da tolerância; a

58 HABERMAS, Jürgen. *Direito e Democracia*. p. 201.

59 HABERMAS, Jürgen. *Direito e Democracia*. p. 201.

60 FORST, Rainer. Os limites da tolerância. *Novos Estudos – CEBRAP*. nº 84, 2009. p. 16.

61 "That is why although I spend a great deal of time demonstrating how liberal theorists are always performing the exclusionary acts for which they stigmatize others, I do not fault them for so performing, but for thinking and claiming to be doing something else." (FISH, Stanley. Mission Impossible: Settling the Just Bounds between Church and State. *Columbia Law Review*, v. 97, nº 8, 1997. pp. 2256-2257).

62 FORST, Rainer. Os limites da tolerância. p. 18.

tolerância não pode ser fruto de coação; ainda, a tolerância (*toleration*) como prática é distinta da tolerância (*tolerance*) como virtude ou atitude.[63]

De acordo com Forst, enquanto a tolerância se articula como uma demanda por justiça, seu anverso constitui uma forma específica de injustiça.[64] Há, ademais, uma marca de humildade que se alinha com a prática da tolerância, qual seja, a percepção de que determinada concepção ética defendida por uma pessoa é boa para ela em sua individualidade e, também, para que outros eventualmente venham a compartilhar. Contudo, não são suficientes para impedir que outras pessoas desenvolvam concepções éticas distintas, logo, são insuficientes para permitir uma rejeição moral dos outros.

Considere-se, por derradeiro, que a tolerância pode ser em vários casos lacunosa e insuficiente. Pois, se ela pode ser o ponto de partida axiológico para uma sociedade que se almeja aberta e plural, tolerar alteridades sem reconhecer o status de igualdade cidadã e de usufruto de direitos pode ser decepcionante. Isso se evidencia com as vítimas de ações intolerantes, como manifestações reacionárias que visam a exclusão de grupos minoritários da sociedade em razão de este pertencerem a uma determinada etnia. Aqui, uma linha pode ser traçada, segundo Forst ela representa uma ação de justiça para com os que foram vítimas da intolerância, já que, aqueles que cruzam a linha e violam o direito elementar ao respeito e à justificação não podem, sem contradição, demandar tolerância.[65]

Considerações finais

Os tempos disjuntivos demandam respostas, recolocar as relações sociais nos trilhos, denunciar que o estado das coisas na Dinamarca ou no Brasil está "fora da ordem" e, também, apontar alguma alternativa para tanto. A que apresentamos foi a da rememoração e reafirmação da tolerância. A confusão política e as manifestações que buscam deslocar a centralidade das instituições e da mediação institucional das relações entre o povo e os governantes, devem ser repudiadas.

Talvez, em particular, os tempos também nos pareçam um pouco confusos, para tanto, a tolerância aparenta ser a luz possível no meio da tempestade. A sua contribuição está, em sentido singelo, em não permitir que os diferentes sejam exterminados em razão de sua alteridade, e, em forma ampliada, pela contribuição que a pluralidade fornece para o enriquecimento epistemológico da democracia. Por fim, diante dos vários caminhos que o purgatório pode nos levar, persistimos nos termos já citados de Barroso: "não existe uma fórmula única para a vida boa"[66], temos apenas decisões parciais sobre como viver e precisamos ter sempre a possibilidade e responsabilidade de refletir e revisar nossos modos de vida, bem como de termos canais institucionais abertos para errar, aprender com os erros e seguir a vida.

---

63 FORST, Rainer. Os limites da tolerância. pp. 19-20.

64 FORST, Rainer. Os limites da tolerância. p. 22.

65 FORST, Rainer. Os limites da tolerância. p. 27.

66 BARROSO, Luís Roberto. Bem, justiça e tolerância

Referências bibliográficas

BARROSO, Luís Roberto. Bem, justiça e tolerância. *Folha de São Paulo*, 26.06.2013.

BARROSO, Luís Roberto. *Curso de Direito Constitucional contemporâneo*: os conceitos fundamentais e a construção do novo modelo. 6. ed. São Paulo: Saraiva, 2017.

BAYLE, Pierre. A Philosophical Commentary on These Words of the Gospel, Luke 14.23, 'Compel Them to Come In, That My House May Be Full'. Indianapolis: Liberty Fund, 2005.

FISH, Stanley. Mission Impossible: Settling the Just Bounds between Church and State. *Columbia Law Review*, v. 97, nº 8, 1997.

FREITAS, Lucas Jorge de. Estudo da Construção do Ethos Retórico Donatista e suas Implicações no Cristianismo Africano do Século IV e V. Dissertação. Universidade de São Paulo: São Paulo, 2013.

FORST, Rainer. Os limites da tolerância. *Novos Estudos – CEBRAP*. nº 84, 2009.

GUEDES, Néviton. Luís Roberto Barroso e a tolerância no direito. *Revista Consultor Jurídico*, 27.05.2013. Disponível em: https://www.conjur.com.br/2013-mai-27/constituicao-poder-luis-roberto-barroso-tolerancia-direito. Acesso em: 27.11.2019

HABERMAS, Jürgen. *A inclusão do outro*: estudos de toeria política. São Paulo: Editora Unesp, 2018.

HABERMAS, Jürgen. *Direito e Democracia*: entre facticidade e validade. Rio de Janeiro: Tempo brasileiro, 1997.

HABERMAS, Jürgen. *Entre naturalismo e religião*: estudos filosóficos. Rio de Janeiro: Tempo brasileiro, 2007.

HABERMAS, Jürgen. Intolerance and discrimination. *International Journal of Constitutional Law*, Oxford, v. 1, nº 1. 2003.

HOBBES, Thomas. *Leviatã, ou, A matéria, forma e poder de um estado eclesiástico e civil*. São Paulo: Ícone, 2000.

KATZNELSON, Ira. A Form of Liberty and Indulgence: Tolerance as a Layered Institution. In: STEPAN, Alfred; TAYLOR, Charles. *Boundaries of Toleration*. New York: Columbia University Press, 2014.

KYMLICKA, Will. Two Models of Pluralism and Tolerance. *Analyse & Kritik*, nº 13, 1992.

LOCKE, John. *A Letter concerning Toleration and Other Writings*. Indianapolis: Liberty Fund, 2010.

LORENZETTO, Bruno Meneses. *Os caminhos do constitucionalismo para a democracia*. Belo Horizonte: Arraes Editores, 2017.

MAALOUF, Amin. *O mundo em desajuste*: quando nossas civilizações se esgotam. Trad. Jorge Bastos. Rio de Janeiro: DIFEL, 2011.

RAWLS, John. *O Liberalismo Político*. São Paulo: Editora Ática, 2000.

SHKLAR, Judith. The Liberalism of Fear. In: ROSENBLUM, Nancy L. *Liberalism and the Moral Life*. Cambridge: Harvard University Press, 1989.

SNYDER, Thimothy. *Sobre a tirania*: vinte lições do século XX para o presente. São Paulo: Companhia das Letras, 2017.

STANLEY, Jason. *Como funciona o fascismo*: a política do "nós" e "eles". Porto Alegre: L&PM, 2018.

VIEIRA, Oscar Vilhena. A Constituição como reserva de justiça. *Lua Nova*, nº 42, pp. 53-97, 1997.

Exame da Ordem

Edgard Silveira Bueno Filho

Há momentos da vida que são marcantes. Especialmente para um jovem advogado provinciano quando tem a oportunidade de conhecer alguém do peso e da envergadura de um Roberto Rosas. Advogado que já nos idos de 1.977 era conhecido e respeitado nos Tribunais Superiores de Brasília, especialmente na Suprema Corte do país.

Eu, cuja advocacia cível se circunscrevia ao Fórum João Mendes, nos então Tribunais de Alçada Cível e ao Tribunal de Justiça de São Paulo, conheci e, desde então, passei a conviver com o Professor Rosas. Primeiro como professor nos Cursos de Especialização em Direito Público organizados pela Escola Paulista de Direito, na PUC-SP. Depois nos eventos organizados pelo Instituto Brasileiro de Direito Constitucional, do qual fomos uns dos fundadores e ele um dos mais profícuos presidentes ou dos cursos realizados pela AASP – Associação dos Advogados de São Paulo.

Na AASP, entidade da qual fui conselheiro por 3 mandatos, de 3 anos, hoje, pela generosidade do Professor Rosas, continuo a participar, como expositor ou presidente de painel, em eventos culturais com temas relativos ao Superior Tribunal de Justiça.

Portanto, fiquei muito honrado quando recebi dos professores Arruda Alvim, Eduardo Arruda Alvim e Flávio Galdino o convite para participar de um livro em homenagem ao Professor Doutor Roberto Rosas.

Sobre o homenageado há muito o que se falar, dada a contribuição que esse grande brasileiro deu e continua dando ao desenvolvimento do Direito no Brasil.

Embora o currículo do homenageado seja notório, vale destacar que Roberto Rosas obteve a titularidade da Universidade de Brasília depois de ter conquistado os títulos de Mestre e Doutor na mesma Universidade, não sem antes ter se tornado Doutor em Direito na Universidade Federal do Rio de Janeiro.

Emprestado ao Judiciário, exerceu o cargo de Ministro do Tribunal Superior Eleitoral na classe de jurista, em momento importante da vida política do país.

Outra relevante atribuição foi a que exerceu como Conselheiro Federal da OAB, por longos 20 anos.

Dentre as obras que o acadêmico[1] Rosas escreveu a mais conhecida, certamente, é intitulada "Direito Sumular". Esse utilíssimo livro tem a grande virtude de registrar as Súmulas do Superior Tribunal de Justiça e do Supremo Tribunal Federal reproduzindo seus conteúdos e tecendo judiciosos comentários sobre os antecedentes e julgados que lhes serviram de fundamento.

1 É membro da Academia Brasileira de Letras Jurídicas e da Academia Brasiliense de Letras.

Como historiador, escreveu a instigante obra sobre o grande Pedro Lessa[2] a quem chamou, com justiça, "O Marshall[3] brasileiro".

Dentre as menos conhecidas, mas nem por isso, menos relevante, o advogado Rosas brindou-nos com uma obra coletiva denominada "O Exame de Ordem e a Experiência em outros países"[4].

Dado que o tema de tempos em tempos vem à tona, como resultado de algum movimento ou interesse, alguns ingenuamente equivocados, outros com intenções subalternas, entendi que esse tema deveria ser revisitado por se tratar de algo sobre o qual o Conselheiro Federal Roberto Rosas se pronunciou e, mais do que isso, reuniu artigos de outros tantos juristas brasileiros.

Mormente porque, na atualidade, quando no bojo de uma luta contra a corrupção que se tornou mais efetiva, teve início uma campanha de destruição das instituições, como se todos que não compartilham as mesmas ideias de fazer justiça a qualquer custo – inclusive em prejuízo do Direito de defesa e ao exercício do contraditório – fossem iguais, semelhantes ou protetores de corruptos.

Nessa linha, os primeiros a serem atingidos foram os integrantes da classe política que receberam a pecha de partidários da velha política. Logo em seguida passaram a ser execrados os juízes que, ao aplicarem a constituição ou a lei receberam o rótulo de garantistas[5] (com um sentido pejorativo) pelo só fato de terem decidido algo em favor de réus e, na sequência os advogados que ousaram defender os acusados de corrupção e que a eles passaram a ser equiparados.

Assim, não podendo atingir as prerrogativas dos advogados, procura-se desmoralizar a advocacia enfraquecendo-a com a ideia de suprimir o Exame de Ordem.

Parênteses – Vale, porém, lembrar que é lamentável que a rotulagem negativa – velha política – seja aposta indistintamente a políticos que embora tradicionais, participam de negociações lícitas para a aprovação de planos governamentais e proposta legislativas. Com efeito, rotular as pessoas de forma indiscriminada não condiz com o que se espera de um estado democrático, pois a democracia só existe onde os contrários se enfrentam até que alcancem um denominador comum que permita que se inove na ordem jurídica.

---

2 Mineiro de nascimento e paulista de formação, destacou-se como Ministro do STF, daí o título que lhe foi justamente atribuído.

3 John Marshall foi um dos participantes da Revolução Americana, diplomata e jurista. Foi presidente da Suprema Corte dos Estados Unidos. Como tal foi um dos pioneiros na construção do Direito Constitucional americano e da teoria do poder de revisão dos atos administrativos e legislativos pelo judiciário.

4 Editora Brasília Jurídica, 1.999

5 Ser garantista é assegurar o que está na Constituição, mas, não só isto, ser garantista é se tornar escravo dos princípios fundamentais da legalidade estrita, da culpabilidade, da lesividade, da presunção de inocência, do contraditório, do devido processo legal e, principalmente, da dignidade da pessoa humana, corolário do Estado democrático de Direito.

Não está no escopo desse artigo a defesa dos "novos" ou "velhos políticos", mas convém lembrar que fica difícil separar o joio do trigo quando se usa um conceito de conteúdo tão indeterminado como esse.

Quanto ao Judiciário, embora devêssemos nos dedicar mais à sua defesa, tal como, aliás, fizemos nos períodos mais difíceis da nossa vida política, num passado recente, patrocinando a defesa da inserção de importantes dispositivos de garantias do exercício livre da magistratura durante a Assembleia Nacional Constituinte, a singularidade do tema não permite que a ele se dê maior extensão.

Assim, o centro desse artigo é a importância do advogado para a defesa dos Direitos dos cidadãos, da ordem jurídica, da democracia. E mais especificamente, do Exame de Ordem.

Importância dos advogados

Temos um bom vício de origem. Diz-se bom vício porque aprendemos com os professores da Escola Paulista de Direito Público, formada por juristas do porte dos saudosos Geraldo Ataliba, Seabra Fagundes, Celso Bastos e de Michel Temer, Arruda Alvim e Bandeira de Mello, entre outros, que antes de tratar de qualquer tema de Direito deve-se examinar o que sobre ele diz o *livrinho*[6].

Pois bem. Durante os trabalhos da Assembleia Nacional Constituinte que resultaram na edição da atual Carta Magna, graças ao empenho de muitos, mas em especial do então deputado constituinte, Michel Temer, a figura do advogado ganhou o merecido destaque que foi refletido no hoje art. 133 *verbis*:

> *"**O advogado é indispensável à administração da justiça**, sendo inviolável por seus atos e manifestações no exercício da profissão, nos limites da lei." (g.n.)*

Qualquer um que tenha o mínimo contato com a realidade percebe o quão sábio foi o constituinte brasileiro ao aprovar o art. 133. Não que tal dispositivo tenha vindo em benefício dos advogados, mas pela importância que dele se reverte em favor das partes.

Há milhares de exemplos na história que mostram que desde o início dos tempos o advogado exerce um papel fundamental para a garantia dos Direitos aos cidadãos. Àqueles que ainda não têm essa consciência sugere-se a leitura de uma obra muito recente de José Roberto de Castro Neves[7]. Esse livro interessante e de agradável leitura revela como, desde as mais priscas eras, os advogados, com suas ações, salvaram ou

---

6 Expressão carinhosa que o Mal. Dutra, que governou o país num dos vários períodos de redemocratização (1.946 a 1.951), usava para designar a Constituição Federal e a ela recorrer para barrar tentativas de tomar decisões inconstitucionais defendidas pelos áulicos.

7 *Como os Advogados Salvaram o Mundo, Ed. Nova Fronteira, 2.018*

ajudaram a salvar o mundo. Trata-se de uma história da advocacia e sua contribuição para humanidade. Obra de interesse geral que deve ser lida com proveito por todos – e não só por advogados – para que possam relembrar ou tomar conhecimento de importantes fatos que contribuíram para que as civilizações chegassem ao estágio de respeito aos direitos das pessoas que hoje se ostenta.

Vale a pena citar, nesta altura, a respeito da figura do advogado, trechos de uma respeitada obra de Direito Constitucional:

> "Na atualidade o sentido nacional do termo advogado/advocacia se fixou na garantia de representação argumentativa capaz de comprovar fatos, atos ou posições que permitam o exercício de Direitos ou que impeçam o Estado de impor força contra o indivíduo representado, no caso brasileiro, em regra, quando em juízo, representado por um advogado habilitado"[8].
>
> "No Brasil, a advocacia, a figura do advogado e sua instituição de representação se misturam como função essencial de administração da justiça, seja na garantia da democracia consubstanciada na liberdade e igualdade por intermédio da máxima amplitude do contraditório e da ampla defesa ou do acesso ao Judiciário, seja como ente fiscalizador dos concursos de ingresso na Magistratura e no Ministério Público, ou, ainda, como agente oxigenador dos Tribunais por intermédio das vagas reservadas aos advogados para a composição dos tribunais, ou como ente legitimado universal para participação do controle de constitucionalidade no Brasil."[9]

Sobre a importância do conteúdo do art. 133 da Constituição Federal, há outras tantas obras de Direito Constitucional cuja leitura será útil a quem deseje se aprofundar no tema.

Exame de Ordem

Admitindo que a esta altura o leitor já esteja senão convencido, mas ao menos instruído sobre a importância do advogado, há de se perguntar: por que a Constituição Federal incluiu os advogados no texto? Resultado de *lobby* profissional, já que nenhuma outra profissão é tratada nesse nível?

Quem conhece um pouco de história facilmente concluirá as razões. Aliás, basta a análise etimológica da palavra *ad vocare* para se ver que a missão do advogado transcende o mero exercício da profissão.

Evidente que o advogado é remunerado por seu trabalho e é justo que o seja para sobreviver e manter sua família. O advogado não trabalha para si, mas em favor de terceiros, daí a denominação do seu trabalho: interceder por alguém, falar pelo outro. Tal como na oração cristã da Salve Rainha quando invocamos que a Virgem, mãe

8 *In Comentários à Constituição do Brasil, art. 133, pág 1549, Ed. Saraiva/Almedina, 2014*

9 Ibidem, pg. 1.550

de Deus, interceda por nós junto ao seu filho Jesus Cristo, o advogado intercede pelos seus clientes junto a uma determinada autoridade. No mais das vezes perante alguém que irá julgar se a parte tem, ou não, Direito a ser declarado, garantido ou preservado. Se é, ou não, inocente e, mesmo quando culpado, se a pretensão punitiva almejada pela acusação é adequada, ou não, ao ilícito praticado.

Em outras palavras o ministério do advogado é privado, mas o *munus* exercido é público.

Daí porque não há processo justo sem a participação de advogado apto a exercer a fiscalização da observância das garantias constitucionais e legais colocadas à disposição das partes. É óbvio e intuitivo que devendo a defesa ser técnica, o advogado deve estar preparado para exercê-la, eficazmente. Isso para que o Estado de Direito não se satisfaça com o mero cumprimento de formalidades ou, numa linguagem mais coloquial, com o simples "cumprimento de tabela".

Bem, mas como ligar a necessidade de um bom preparo do advogado para possibilitar uma competente defesa aos cidadãos à exigência dos bacharéis em Direito se submeterem ao exame de ordem, com pré-requisito ao exercício da advocacia?

O só o fato da Constituição afirmar que se trata de atividade indispensável à administração da justiça ou de se dizer que o advogado exerce um *munus* público é suficiente para justificar que os bacharéis em Direito tenham que se submeter ao exame de suficiência para poder exercer a advocacia?

Evidente que esses fatos são relevantes, mas o que justifica mesmo está na realidade fática. Realidade fática que não é exclusiva do Brasil, dado que como se verá adiante, o cumprimento do requisito do Exame de Ordem é mundialmente exigido.

Falando de nossa realidade, infelizmente, não temos escolas de advocacia, mas meras faculdades de Direito. Estas faculdades de Direito no Brasil, com raríssimas exceções, formam alunos com conhecimentos teóricos que necessitam ser associados às técnicas de postulação que somente são aprendidas sob orientação de advogados, ou de outros profissionais do Direito, capacitados para tanto.

Falando sobre o tema José Roberto de Castro Neves, na obra já acima citada e no capítulo denominado "O Direito e os Advogados"[10] afirma:

> "Na faculdade de Direito, aprende-se, perdoe-se a obviedade, Direito."

Depois de afirmar que isso é fundamental, o autor adverte que:

> "A advocacia é muito mais. O advogado, além de saber qual a expressão do Direito, deve saber qual a melhor forma de apresentar os interesses do seu assistido. São coisas que podem ser extraordinariamente distintas."

10 P. 25

Mais adiante diz:

> "O exercício da advocacia tem outras escolas. O jovem advogado colhe lições dos mais experientes. Aprende com o velho advogado a liturgia da profissão, a tradição, os modos, a etiqueta."

Portanto, não há como, a não ser em casos excepcionalíssimos, um bacharel sair da faculdade de Direito pronto para defender os interesses dos seus clientes e com capacidade para adotar a melhor técnica e a ela aliar a melhor estratégia. Apenas depois de ter associado *"a prática à gramática"* e de ter agregado essas habilidades ao seu currículo, o bacharel se torna apto a *ad vocare*, ou seja, repita-se, de falar em favor de alguém.

Daí a necessidade dessa conjunção entre o conhecimento teórico e pragmático ser aferido tecnicamente, o que se faz por meio do exame da ordem. Para o qual o candidato se prepara nos diversos estágios profissionais oferecidos por escritórios de advocacia, departamento jurídico de empresas, procuradorias públicas etc. Tudo sob a orientação de um profissional maduro. Estágio que pode ser realizado ainda antes do estudante de Direito se torna bacharel. Mas não sendo isso possível, em razão da incompatibilidade de horário com o curso que estava sendo realizado ou com a necessidade de exercer um trabalho mais rentável para se manter, o bacharel deve optar por realizar o estágio, numa das modalidades acima, depois de formado, antes de comprovar, por meio do Exame de Ordem, a aptidão mínima para o exercício da advocacia.

Todavia, para aqueles que não têm essa possibilidade de estagiar, há cursos preparatórios, às vezes organizados na própria universidade.

Voltando ao assunto, desconhece-se se há na experiência internacional outras profissões que, à semelhança da advocacia, os formados são submetidos a um prévio exame como condição do seu exercício. Mas o que se sabe é que, provavelmente, pelas mesmas razões do Brasil – não estarem as faculdades de Direito aptas a formar advogados – há outros países que exigem do bacharel em Direito que, para se tornar advogado, deve provar suas habilidades teóricas com a prática.

O fato é que para ser habilitado a advogar, ao menos desde a Antiguidade, exigia-se do interessado que obtivesse a autorização respectiva.

Com efeito, novamente José Roberto de Castro Neves nos socorre quanto ao assunto. Confira-se:

> "para ingresso nessa classe (de advogado), era necessário, após alguns anos de estudo das leis, apresentar-se no Senado, acompanhado do pai e de outros familiares, a fim de obter uma matrícula. Evidentemente, o candidato passava por uma avaliação, inclusive para averiguar se era digno de deter o cargo."[11]

---

11 José Roberto de Castro Neves, descrevendo a situação dos advogados na Roma nos anos entre 41 a 54 de nossa era, in "Como os advogados salvaram o mundo", Editora Nova Fronteira, 2.018, p. 37

Se foi assim num passado remoto, a verdade é que hoje, o exame de ordem como pré-requisito para o exercício da advocacia, é exigência quase universal.

Em Portugal, por exemplo, o bacharel deve requerer seu registro como advogado **estagiário**, por um período com duração de 18 meses[12]. Além disso, deve se submeter a duas provas para, só depois de aprovado nesse período de estágio e nas provas aplicadas, requerer sua inscrição como advogado.

Nos Estados Unidos, apesar daquele imenso país contar com um reduzido número de faculdades de Direito – fato que deve contribuir para a melhora da qualidade do ensino – por reconhecer que o bacharel em Direito precisa aliar o seu conhecimento teórico a outros predicados pragmáticos, exige-se deles que passem pelo *Bar Examination*.

Esse exame varia, dependendo do estado no qual o bacharel irá praticar a advocacia. (recorde-se que sendo uma perfeita Federação, os EUA dão aos estados federados uma competência legislativa e regulatória muito mais ampla daquela existente no Brasil, daí porque as exigências a serem cumpridas pelos bacharéis variam de estado para estado).

Mas não são só esses países que exigem do bacharel que se submeta ao exame de ordem ou estágio prévio. Isso também ocorre na Grã Bretanha, França, Austrália, Alemanha, Japão etc.

Opinião do homenageado

Tratando do assunto na obra coletiva acima mencionada, vale transcrever trechos da lavra do homenageado:

"Avaliação dos Cursos Jurídicos

1. A crise na formação do jurista e na ciência do Direito decorre da perda de espaço do mundo jurídico brasileiro a partir de 1964. As causas são múltiplas. Vão desde a multiplicação das escolas de Direito, e a proliferação de maus cursos, até a pressão extrínseca determinada pela conjuntura política advinda após 1964 com o movimento militar. O mundo jurídico foi superado pelo mundo do tecnocrata e do economista, na busca de fins, sem os meios, e na procura de resultados imediatos sem apego a fórmulas e formas. Isso redundou na inconveniência da atuação do jurista, do homem de Direito, alijado das grandes soluções, das questões do Estado. Portanto, a crise do ensino jurídico tem outras razões, mas dentre elas estão as duas apontadas.

2. O desenvolvimento do mundo das ciências sociais não foi acompanhado pelo ensino jurídico. Delas apartou-se, distanciando-se da sociologia e da economia, ainda num processo tradicional, dos cursos de antanho que desconheceram as ciências sociais, e por isso isolaram o curso jurídico. Não basta um semestre de economia ou

12 Esse prazo já foi de 24 meses.

sociologia no ciclo básico. É necessário inserir o ensino jurídico no âmbito científico das ciências sociais, porque de direito ele já está. De fato não.

3. Em consequência, os programas de curso jurídico estão afastados da realidade brasileira. Extensos e prolixos não indicam os grandes temas das disciplinas, e então são elaborados ao gosto e à estética do professor, que procura mostrar grande empenho horizontal no programa, ao invés de selecionar as grandes questões, e aprofundá-las, ainda que dê informações gerais de todos os assuntos.

Qualificação profissional do advogado
O exame de ordem

4. O curso jurídico não tem como finalidade a formação de advogados. Também forma, mas ao lado de magistrados membros do Ministério Público, Procuradores e até diletantes ávidos do conhecimento jurídico para suas atividades particulares (servidores públicos, empresários, outros profissionais liberais, etc.). Portanto, não há uma metodologia para a formação do advogado, e a escola obriga-se a fornecer conhecimentos genéricos para que haja a opção da futura carreira. É claro, que sempre exige-se a formação inicial de advogado para os concursos de ingresso, mas isso não invalida a generalidade, para que o interessado num segmento possa aprimorar a forma de seu ingresso. Tal fato preocupa a OAB, como há preocupação na seleção dos juízes. Como observa **Calamandrei**: *"que o poder mal exercido pode passar por justa a injustiça, constranger a majestade da lei a mudar-se em campeã do mal"* ("Eles, os Juízes, vistos por nós, os advogados", 5ª ed., Lisboa, p. 29)

Então, por que o concurso para juiz, membro do MP, procurador? Por que não selecionar pelos currículos? E a preocupação do Estado, levando em conta que, no Brasil e no mundo, a escola de Direito não prepara unicamente esses profissionais, e exemplifica-se com o famoso exame procedido pela ABA – *American Bar Association* – para ingresso em seus quadros como advogado."[13]

Outras vantagens da submissão dos bacharéis ao exame de ordem

É importante salientar que a submissão do bacharel em direito aos exames de ordem, aqui e no exterior, não se limitam em aferir as aptidões dos bacharéis com vistas ao exercício da profissão. Com efeito, a partir do resultado dos testes e avaliações, os aplicadores dos exames são capazes de aferir a qualidade do ensino oferecido pelas faculdades de Direito.

Socorra-se novamente do homenageado, quando afirma:

13 Rosas, obra citada pp.17 e 20/21

> "O Exame de Ordem é importante para as Faculdades de Direito e para os bacharéis em Direito. As faculdades mostrarão aos alunos da necessidade do aprimoramento de seus estudos."[14]

Assim, a OAB, no Brasil e ao que se sabe, pelo menos a sua homóloga americana ABA (*American Bar Association*) colaboram com os entes reguladores do ensino superior na avaliação das Escolas de Direito. Especificamente aqui a OAB colabora com o Ministério da Educação na regulação, supervisão e avaliação das Faculdades de Direito, que são as a responsáveis pela formação dos bacharéis.

Constitucionalidade do exame de ordem

Sob o ponto de vista da constitucionalidade de sua instituição no Brasil, em razão de diversos questionamentos, o tema foi levado ao conhecimento da Suprema Corte. Dada a relevância jurídica, política e social da questão, o Supremo Tribunal Federal reconheceu e conferiu a repercussão geral ao R.E. n. 603.583. Recurso que, por unanimidade, declarou constitucional a lei que instituiu a obrigatoriedade do Exame, aplicando-se o seu entendimento a todos os demais casos semelhantes.

Sustentava-se na ação proposta pelo bacharel João Antonio Volante, que colou grau em 2007, na Universidade Luterana do Brasil (Ulbra), localizada em Canoas, no Rio Grande do Sul, que o exame para inscrição na OAB seria inconstitucional, pois contrariaria os princípios da dignidade da pessoa humana, da igualdade e do livre exercício das profissões, entre outros.

Todos os votos proferidos acompanharam o voto do Ministro Relator, Marco Aurélio de Mello, mas destaque-se trecho da manifestação do Ministro Decano, Celso de Mello, que afirmou:

> "a legitimidade constitucional do exame da ordem é "plenamente justificada", principalmente por razões de interesse social. Os direitos e garantias individuais e coletivas poderão resultar frustrados se for permitido que pessoas "despojadas de qualificação profissional" e "destituídas de aptidão técnica" – que são requisitos "aferíveis, objetivamente pela prova de suficiência ministrada pela Ordem dos Advogados do Brasil" – exerçam a advocacia, finalizou o ministro, acompanhando integralmente o voto do relator.[15]

---

14 Rosas, ob. Citada p. 22

15 Noticias do STF, 26.10.2011 sob o título STF considera constitucional exame da OAB http://www.stf.jus.br/portal/cms/verNoticiaDetalhe.asp?idConteudo=192411

Conclusão

Por todas as razões acima expostas conclui-se que a exigência de submissão dos bacharéis em Direito ao Exame de Ordem é matéria de interesse público e, universalmente, aceita.

O só fato de uma das mais importantes civilizações da história – o Império Romano – haver instituído algo semelhante, ainda na remonta a Antiguidade Clássica mostra que a preocupação com o preparo dos advogados é plenamente justificada. Tanto que no estágio atual da humanidade diversos países o adotam não como uma barreira corporativa, mas com a preocupação de disponibilizar aos cidadãos, profissionais bem preparados e capazes de representar adequadamente seus clientes. As instituições do Estado de Direito e os direitos e garantias individuais.

Qualquer movimento que vise à supressão da exigência só pode ter interesses subalternos e ocultos, pois o fim do Exame de Ordem, mais do que prejudicar os advogados, sacrificará os direitos dos cidadãos e da sociedade como um todo.

Exigência que apesar de conter uma restrição ao exercício de uma profissão foi considerada conforme a Lei Maior. Com efeito, a Suprema Corte do país declarou a constitucionalidade da Lei que instituiu o exame como pré-requisito para o exercício da advocacia.

A Mente e o Tempo sob Novo Olhar: Uma Construção Hermenêutica do Direito a Partir da Linguagem

Eduarda M. Chacon Rosas

A mente

> "Deus pode criar uma pedra que não consegue erguer? Se não consegue, não é onipotente; se consegue, tampouco, porque agora existe uma pedra que ele não consegue levantar." (Pascal Mercier, Trem Noturno para Lisboa)

> "Em verdade, há tanta diferença de como se vive e como se deveria viver, que aquele que abandone o que se faz por aquilo que se deveria fazer, aprenderá antes o caminho da sua ruína do que o de sua preservação, eis que um homem que queira em todas as suas palavras fazer profissão de bondade, perder-se-á em meia a tantos que não são bons." (Maquiavel, O Príncipe)

> "By contrast, modern political philosophers—from Immanuel Kant in the eighteenth century to John Rawls in the twentieth century—argue that the principles of justice that define our rights should not rest on any particular conception of virtue, or of the best way to live. Instead, a just society respects each person's freedom to choose his or her own conception of the good life". (Michael Sandel. Justice: what's the right thing to do?)

A existência de uma relação entre direito e linguagem é intuitiva. Nada obstante, é incomum que os juristas reflitam sobre essa conexão e suas muitas formas de expressão, bem como suas repercussões diárias. O convívio entre ambos, contudo, é regular e segue, rico e intrincado, a despeito da ignorância humana.

Por vezes, a interação entre direito e linguagem é praticamente invisível. Como a ar que se respira, mas não se enxerga. Propaga-se como gás, imperceptivelmente e com consequências potencialmente tóxicas. São os exercícios mentais pessoais de significação e ressignificação do direito, justiça e hermenêutica que tomam lugar na mente dos milhões de cidadãos. E por esta interação ter um quê de banal, talvez por ocorrer nos bastidores, talvez pela sua natureza discreta, a pessoas seguem alheias ao fato de que nada é óbvio e praticamente nada é consensual.

Todos possuem uma percepção da verdade e da realidade, mas ninguém sabe o que é a verdade ou a realidade. Todos trocam impressões e ideias, mas tudo o que suas contrapartes conseguem entender são ruídos. As pessoas são tão intimamente apegadas à suas visões e crenças que dificilmente conseguem ouvir do outro algo diferente daquilo que pensam que já sabem.

A alegoria da caverna, de Platão, ilustra bem como os indivíduos estão presos à algum tipo de ilusão, seja por meio de falsas crenças, preconceitos, ideias enganosas ou simples ignorância. Assim, o filósofo demonstra o quanto os homens são irremediavelmente limitados pelas suas próprias circunstâncias internas e externas. E como são apegados a isso.

Esta é a razão pela qual conceitos como ética, justiça e dignidade, tão antigos quanto a memória humana, são eternos, porém aporéticos. Influenciados pelas imagens refletidas na parede da caverna em dadas circunstâncias históricas, de acordo com momentos culturais específicos.

Como resultado, observa-se que os homens não são verdadeiramente livres. Estão presos não por correntes e grilhões, mas pela sua própria incompreensão. E o que é liberdade? Sobre a questão, Michael Sandel explica o conceito de liberdade adotado por Kant. Ser livre não tem nada a ver com a ideia vulgar de ausência de obstáculos ou proibições[1]. A liberdade presume a transcendência racional do homem sobre leis naturais, desejos, apetites e instintos. Logo, agir livremente não é escolher os meios mais convenientes para atingir determinada meta, mas eleger conscientemente e especificamente um propósito puramente pelo que ele significará.

Outra vez, a dificuldade que se apresenta é transformar a percepção em linguagem. Exteriorizar sentimentos e sensações, transformando-os em uma comunicação inteligível via utilização de recursos linguísticos mais criativos.

Linguagem e melancolia

> "Deste modo, a sombra do objeto caiu sobre o ego, que então pôde ser julgado por uma determinada instância, como um objeto, como o objeto abandonado. Deste modo a perda do objeto se transformou em perda do ego.
>
> (...)
>
> O conflito no ego, que a melancolia troca pela luta em torno do objeto, tem de operar como uma ferida dolorosa, que exige um contra-investimento extraordinariamente elevado." (Sigmund Freud, Luto e Melancolia)

A melancolia é origem de uma maneira inconsciente de manifestação. Manifestam-se pela via melancólica, perdas, frustrações, paralisias. Um grupo de pessoas melancólicas se identifica como uma coletividade melancólica, não porque sentem todos a mesma dor, mas porque sentem todos alguma dor. O sujeito melancólico perdeu algo ou alguém, mas não consegue superar a dor da perda, então recusa-se a enfrenta-la e passa a (sobre)viver acorrentado à sua covardia[2]. Na caverna de Platão, não enxerga na parede nem a silhueta das sombras, porque se volta para dentro de si mesmos e recusa-se a abrir os olhos.

---

1 SANDEL, Michael. *Justice: what's the right thing to do?* New York: Farrar, Straus and Giroux, 2009. P. 60.

2 FREUD, Sigmund. Luto e melancolia. Trad. Marilene Carone. *Novos Estudos*, nº 32, p. 128-142, mar. 1992.

Estas pessoas, e elas são muitas, levam sua falta de visão para a sociedade enquanto dirigem instituições e formam opinião. A consequência inevitável é a constituição de diretrizes, regras e perspectivas melancólicas; que por sua vez, são traduzidas em linguagem melancólica. Desta forma, a melancolia acaba sendo um dos muitos instrumentos para a compreensão de fenômenos sociais e de significação jurídica.

De outro lado, para o não melancólico ou para aquele que se propõe a enfrentar a melancolia e desafiar a paralisia, o entendimento desta linguagem melancólica pode ser um instrumento de mudanças. Compreendendo a força por trás da linguagem, é possível reescrevê-la[3].

A relevância disso para o Direito está no fato de que a linguagem de uma época, uma Era, uma geração, um povo, está diretamente vinculada ao seu significado e à sua significação. Ou seja: apesar do fato de as transformações socioculturais ocorrem à revelia dos parlamentos e dos tribunais (isto é: em uma velocidade mais rápida ou em um *timing* diferente), é importante que tais instituições eventualmente absorvam as novas linguagens para que possam amoldar ou interpretar o Direito em um contexto coerente. É o desencontro entre Direito e Dromocracia e a necessidade de uma reação, de um movimento "dromo-jurídico".

Logo, ainda que o Direito seja imune ao passar do tempo e é, sob o aspecto de que jamais perecerá, não poderia ser indiferente aos anseios de cada época. A linguagem e a interpretação fazem a ponte entre o Direito atemporal e o Direito contemporâneo.

O tempo

> "O tempo é o melhor autor; sempre encontra um final perfeito". (Charles Chaplin, Luzes da Ribalta)

> "Quem é que realmente quer ser imortal? Quem quer viver por toda a eternidade? Como deve ser tedioso e vazio saber que não tem a menor importância o que acontece hoje, este mês, este ano, pois ainda sucederão infinitos dias, meses, anos. Infinitos no sentido literal da palavra. Alguma coisa ainda contaria, neste caso? Não precisaríamos mais contar com o tempo, não perderíamos mais oportunidades, não teríamos mais que nos apressar. Seria indiferente se fizéssemos alguma coisa hoje ou amanhã, totalmente indiferente. Diante da eternidade, negligências milhões de vezes repetidas se tornariam um nada e não faria mais sentido lamentar alguma coisa, pois sempre haveria tempo para recuperar. Não poderíamos nem mesmo nos entregar à simples fruição do dia, pois essa sensação de bem-estar decorre da consciência do tempo que se esvai, o ocioso é um aventureiro perante a morte, um cruzado contra o ditado da pressa" (Pascal Mercier, Trem Noturno para Lisboa)

> "A questão que eu quisera colocar era outra, bem diferente: de que fatores depende que vivamos um mês como um tempo preenchido, nosso tempo, em vez de um tempo que passou por nós, um tempo que apenas sofremos, que nos escorreu por entre os dedos, parecendo-

3 CRIMP, Douglas. *Mourning and militancy.* October, v. 51, p. 3-18, winter 1989

> -nos um tempo perdido, desperdiçado, sobre o qual não ficamos tristes porque passou, mas porque nada conseguimos fazer com ele? A questão, por isso, não era: quanto tempo é um mês? Mas antes: o que podemos fazer por e para nós durante o espaço de tempo de um mês? Quando é que tenho a impressão de que este mês foi inteiramente meu?
>
> É um equívoco, portanto, quando digo: precisei de um ano para descobrir a duração de um mês. Foi diferente: levei um ano para descobrir o que eu queria saber quando fiz a pergunta equivocada sobre a duração de um mês." (Pascal Mercier, Trem Noturno para Lisboa)

O Direito sempre é abordado sob ângulos distintos, ora visivelmente conectados entre si, ora aparentemente estranhos. Por causa dessa plasticidade, há diversos mecanismos hermenêuticos em uso para a sua compreensão e aplicação. Tércio Sampaio Ferraz Júnior, por exemplo, propõe um modelo interpretativo que se abstenha de definir o Direito, mas seja capaz de compreender suas manifestações e as razões (tempo, comportamento, velocidade, comportamento humano, poder, emotividades) por trás delas. Segundo o autor, norma não é sinônimo de direito, mas uma expressão linguística com múltiplas possibilidades[4].

A relevância da linguagem em relação ao direito é intrínseca. Sem linguagem o direito não se expressa. Isto poderia explicar porque Tércio Sampaio Ferraz optou por modelos linguísticos como solução hermenêutica. O autor desenvolveu, ainda, o conceito de "decidibilidade": um problema hermenêutico que demanda a criação de condições (interpretativas) que perturbem menos a sociedade e se apresentem mais razoáveis; a partir da premissa de que qualquer lide pode ser decidida[5].

Os desafios ao método de interpretação linguística são (i) a necessária a definição de um (01) ponto de partida (objetividade) dentre diversos (subjetividade) e (ii) a eleição de um (01), dentre os diversos significados encontráveis (subjetividade)[6].

O ponto de partida tem uma relação especial com um tempo (do ponto de vista amplo). Senão no sentido literal, no sentido subjetivo – porque, às vezes, a escolha do melhor critério objetivo de interpretação é subjetiva. Como diz Fernando Pessoa, *"Eu não sei o que é tempo, desconheço qual seja sua verdadeira medida, e se, contudo, ele possuir uma. A dos relógios, sei que é falsa. Ela divide o tempo espacialmente, do exterior. A das emoções, sei que é falsa: ela divide não o tempo, mas a sensação do tempo"*[7].

---

4 Ferraz Jr., Tércio Sampaio. *Teoria da Norma Jurídica*. 4ª Ed. Rio de Janeiro: Forense, 2005. P. 9.

5 Ferraz Jr., Tércio Sampaio. *Introdução ao Estudo do Direito: técnica, decisão e dominação.* 4ª ed. São Paulo: Atlas, 2003. P. 264.

6 Ferraz Jr., Tércio Sampaio. *Introdução ao Estudo do Direito: técnica, decisão e dominação.* 4ª ed. São Paulo: Atlas, 2003. P. 264.

7 Fernando Pessoa APUD Elody Nassar. Previdência Social na Era do Envelhecimento. São Paulo: Saraiva, 2014

Destarte, o ponto de partida temporal pode ser uma data ou a manifestação das ideias durante certo período (construção temporal[8]).

François Ost aborda com muita propriedade as questões conceituais de *"temporalidades jurídicas"* para mostrar a importância da memória prévia (social, jurídica) na construção da memória futura. Memória também é tempo. E pode ser um ponto de partida temporal para a interpretação linguística do direito.

Outro fator relevante à interpretação linguística é o Poder. Tanto para justificar a eleição de um significado quanto para impor um ponto de partida "temporal" dentre os muitos possíveis. Neste viés, o alacronismo, *tempo do outro*, consolida a ideia de uma temporalidade hierarquizante, subjugante, perceptível no discurso dos detentores de poder.

O debate sobre poder remete ao conceito clássico de hermenêutica jurídica, por Tércio Sampaio Ferraz Junior, como *"uma forma de pensar dogmaticamente o direito que permite um controle das consequências possíveis de sua incidência sobre a realidade antes que elas ocorram."* Observe-se, nesta definição, elementos de poder (controle das consequências) e de temporalidade (realidade e posicionamento das consequências no tempo – previsão).

Ainda no que tange à relatividade do tempo na interpretação linguística, Richard Kay explica que toda Constituição define e é definida por um periodo no tempo, sendo possível perceber essa influência no seu estilo e na sua substância. Em verdade, como se verá adiante, todas as Constituições de determinado povo, seja uma (01) ou sejam vinte (20), são a mesma Constituição. O que muda é a percepção humana a respeito do estilo e da substância do texto ao longo dos anos. A Constituição é definida por um período de tempo. E também o define.

Assim são as normas e as leis: cada intérprete usará a régua que possui. Muitas pessoas podem receber o mesmo material e prazos iguais para a elaboração de uma análise a respeito de determinada norma e, ainda assim, será nítido que não extraíram daquelas palavras o mesmo conteúdo e dificilmente conseguirão transmitir o que pensam que sabem daquilo que estudaram.

Por isso, ideias temporais de continuidade e ruptura são relativas. A geração seguinte pode romper com a anterior somente para ver a subsequente retomar aquelas ideias que rejeitaram.

Não é por outra razão que normas constitucionais podem mudar de significado sem que sofram qualquer alteração física. Tudo por ajuste linguístico e exercício hermenêutico. A conclusão, portanto, é de que a ausência de um movimento dromo-jurídico não é atribuível à deficiência das normas vigentes, mas à deficiên-

8 Segundo François Ost *"quem for apto a impor aos outros componentes sociais sua construção temporal é o verdadeiro detentor do poder. O mercado, por exemplo, atualmente impõe o tempo e dita a medida a todos os Estados do planeta no quadro de uma economia mundializada e privatizada"* (alocronismo) – OST, François. O tempo do direito. Bauru: Edusc, 2005, p. 21-43

cia dos juristas e aplicadores em extrair destas normas novos significados que sejam temporalmente válidos.

Consolida-se, assim, a omnicompreensividade do legislador racional como um princípio caracterizador que assegura não a resolução ou supressão das lacunas supostamente existentes, mas a revelação da abundância e suficiência das normas dispostas no sistema para a solução de todos os conflitos e dúvidas que ameacem à sociedade.

O Direito é, de fato, atemporal, na medida em que é um trabalho em construção. Senão no conteúdo, em suas incontáveis releituras. É o peso da mão do passado sobre o homem: os juízes decidem pensando de que modo serão comparados aos juízes de ontem e mortos de medo de parecerem pueris ou ignorantes diante dos juízes de amanhã. Mas este é um ciclo sem começo e sem fim.

As manifestações físicas do Direito podem ser materialmente rasgadas. Leis e Constituições jogados ao fogo, revogados e execrados publicamente. O Direito, porém, jamais será destruído. O seu legado será reescrito nos textos seguintes, não importa se em cinco ou cinquenta anos porquanto uma vez proferidas, as palavras se eternizam no mais poderoso repertório do mundo: a mente humana[9]. Há, inclusive, um suposto provérbio chinês segundo o qual *"há três coisas na vida que nunca voltam atrás: a flecha lançada, a palavra pronunciada e a oportunidade perdida"*.

Em suma, é muito complexo harmonizar direito e linguagem para que a norma possa ser criada, analisada, interpretada, entendida, adaptada, aperfeiçoada, aplicada ou excetuada, dentro da casuística, de modo funcional e com vistas aos limites constitucionais.

A fim de entender o sentido atribuído a uma norma face a determinados fatos ou atos, é preciso observar-lhe a força e o alcance para apreender se os vocábulos do texto são coerentes com a realidade e o objetivo para os quais foram eleitos (consistência onomasiológica). No caso da interpretação jurídica, em especial, é preciso verificar ambos os aspectos, onomasiológico e semasiológico, sendo o primeiro referente ao uso corrente (atual) da palavra na discrição de um fato ou conduta e o segundo ao seu significado normativo (institucional).

Embora seja possível a convergência dos dois aspectos numa definição comum, não raro o legislador empresta a uma palavra corriqueira um sentido técnico que não é arbitrário, porquanto não está ligado ao significado ordinário da palavra, que, precisamente por isso, é passível de confusão e precisa estar muito claro.

Não concluir por uma possível finalidade da norma, negligenciando os valores que devem ser preservados no contexto geral. A interpretação precisa assumir um viés teleológico e axiológico, respeitando os fins sociais e as exigências do bem comum (Lei de Introdução ao Código Civil, art. 5º).

---

9 POSTEMA, Gerald. *Melody and law's mindfulness of time*. Ratio Juris, v. 17, nº 2, p. 203-226, junº 2004.

Velozes e furiosos

> "Seria consolador para a nossa fraqueza e para os nossos bens se tudo estragasse com a mesma lentidão com que se forma; mas o incremento é gradual e o perecimento é veloz" (Sêneca, Sobre a Brevidade da Vida)

Estabeleceu-se que as mudanças socioculturais são marcos temporais – objetivos ou subjetivos – que influenciaram e influenciam a exegese da lei. Notou-se, também, que ter controle sobre as definições temporais significa ter Poder de influenciar o significado das normas. Estas, ressignificadas, podem e devem ser aplicadas a situações para as quais não foram originalmente concebidas ou imaginadas.

> "Visto o caráter objetivo do sentido da lei, conclui-se que esta pode ter um valor diferente do que foi pensado pelos seus autores, que pode produzir consequências e resultados imprevisíveis ou, pelo menos, inesperados no momento em que foi feita, e por último que com o andar dos tempos o princípio ganha mais amplo horizonte de aplicação, estendendo-se a relações diversas das originariamente contempladas, mas que, por serem de estrutura igual, se subordinam ao seu domínio (fenômeno de projeção)". (Francesco Ferrara. Interpretação e Aplicação das Leis)

A aceitação da relação entre Tempo e Direito tem como consequência o enfrentamento de um outro elemento, a Velocidade, que também poderá intervir na interpretação e construção linguísticas de uma época. Na física, a Velocidade é a variação da posição (de algo) no espaço (deslocamento) em relação ao Tempo. Ou seja: o tempo compõe a própria definição da Velocidade. Não dá para pensar Velocidade sem lembrar do Tempo e vice e versa.

Ambos, Tempo e Velocidade, são dispositivos de poder porque são ferramentas potenciais de subjugação e dominação de indivíduos ou grupos que abrirão mão de seus próprios tempos e velocidades (ritmos) em detrimento de uma "ordem de hierarquia estabelecida", que pode ser política, econômica, jurídica ou de qualquer outro núcleo de Poder, mesmo o paternal[10], matrimonial ou religioso.

O exercício de controle sobre o ritmo (aceleração) social, embora não absoluto, é relevante sob o aspecto de oposição entre letargia e evolução coletivas. Hartmut Rosa demonstra tal inquietude na obra "*Social acceleration: ethical and political consequences of a desynchronized high-speed Society*":

---

10 *"Estremeço só de pensar na força não intencional e desconhecida, porém inexorável e inevitável, com que os pais deixam marcas nos seus filhos, as quais, como marcas de queimadura, nunca mais poderão ser eliminadas. Os contornos dos seus desejos e medos inscrevem-se como ferro incandescente nas almas dos pequenos, cheios de desconhecimento e impotência em relação àquilo que acontece com eles. Precisamos de uma vida inteira para achar este texto marcado a fogo sem jamais ter certeza se o compreendemos."* Pascal Mercier, Trem Noturno para Lisboa.

> "My claim here is that we cannot adequately understand the nature and character of modernity and the logic of its structural and cultural development unless we add the temporal perspective to our analysis.
>
> (...)
>
> But what is social acceleration? Does it refer to an acceleration of society itself, or does it only capture accelerating processes within (a static) society?" (Hartmut Rosa. Social acceleration: ethical and political consequences of a desynchronized high-speed society)

A aceleração, em verdade, não se dá de modo estável e contínuo, e sim em "ondas" que conduzem à modernidade. A modernização teria, em verdade, quatro perspectivas distintas: estrutura (diferenciação), cultura (racionalização), personalidade (individualização) e relação com a natureza (domesticação).

Quando movimentos de vitalidade social conduzem à evolução e à mudança – porque estimulados pelos detentores de Poder, permitidos por eles ou ocorridos à sua revelia – os mecanismos de controle e desenvolvimento sociais são chamados a absorver e se amoldar à nova realidade. O que fazem em suas respectivas velocidades.

É o caso da Tecnologia que possui formidável velocidade do deslocamento no espaço (consume pouquíssimo tempo – grande poder de aceleração – para sair de um ponto a outro na linha temporal imaginária). São muito fatores por trás da rapidez na evolução tecnológica, mas um deles, talvez o mais relevante, seja a ausência de regulação. A dificuldade em sindicar mudanças imprevisíveis e, por isso, inevitáveis.

Fato é que a Tecnologia, por sua vez, afeta a sociedade e lhe impõe um ritmo de evolução e adaptação muito puxados. Em decorrência do desenvolvimento de novas ferramentas, necessidades e atividades, o tempo encolhe virtualmente. Apesar de ser possível fazer mais coisas em períodos cada vez menores (aceleração), surgem novas demandas que consomem além do tempo excedente. A conta nunca fecha.

Viver se torna um exercício frenético e, em resposta, surgem "*movimentos slow*", de desaceleração, como o *slow life/food/medicine/kids/everything*. Tudo isso se passa à revelia do Direito, da Economia, da Política, da Religião, etc. A grande diferença é que, os mercados e as economias reagem às novidades de modo mais eficiente do que os Governos – por serem mais dinâmicos, menos burocráticos e mais próximos das transformações sociais.

Enquanto o Direito e o Estado/Política *reagem* às mudanças, a Economia e a Tecnologia preferem tentar *moldá-las*. O problema desta falta de sincronismo por parte do Direito/Judiciário e da Política/Legislativo é evidente: dele decorrem leis, políticas públicas, decisões administrativas e judiciais, precedentes e orientações que acabam se tornando, teoricamente, dissociados da realidade ou incapazes de endereçar problemas atuais.

E este é o cenário ideal ao dromo-debate: será que os problemas surgidos com as mudanças necessitam de um novo Direito e um novo Parlamento, ou basta que os aplicadores ressignifiquem as normas já existentes? É a chamada interpretação historico-evolutiva, aplicável quando a intenção do legislador histórico não é mais adequada à dinâmica social, atraindo a revaloração dos fins propostos pela legislação vigente.

Karin van Marle tece alguns comentários muito interessantes sobre o "tempo do direito" e seus efeitos que, para a autora, pode ser explorado segundo duas tendências distintas: a primeira requer uma ruptura com a concepção cronológica e linear do tempo – que contribuiria para uma aceitação da noção de múltiplas verdades e de fluidez de significados. A segunda, apoiada na noção de lentidão, para que diferenças e particularidades possam ser exploradas[11].

Não é à toa que a autora traz a ideia de manipulação do tempo como ferramenta de Poder. Um exercício prolongado de interpretação legal, por exemplo, pode ser estratégia protelatória. Como a manipulação de pautas, o adiamento de audiências, a indisponibilidade dos magistrados. Contudo, Marle parece ter uma formação mais idealista ou ingênua, à medida em que acredita que a Justiça seria uma limitadora desta manipulação egoística e privilegiada do tempo, mesmo pelo Direito. A capacidade e os mecanismos de controle do tempo e da velocidade autorizam o Direito a finalmente reclamar a posição de big player na Era Digital.

William Scheuerman tenta oferecer uma solução à dissonância entre a velocidade das mudanças e a lentidão na capacidade de reação a estas mesmas mudanças: a compressão.

Esta *compressão* seria o resultado da sociedade se apoiar em mecanismos institucionais que dependem da velocidade, como é o caso da inovação. Em benefício da vontade ou necessidade de inovar, se encolheria o espaço, no sentido de aumentar a velocidade para percorrer o mesmo caminho[12].

O autor também soa demasiado inocente com a idealização da a política legislativa como um processo de deliberação livre envolvendo uma rica amostra da opinião pública; e a fé de que o Legislativo reagirá efetivamente a uma multiplicidade de mudanças rápidas na vida social e econômica e, ao mesmo tempo, manterá fidelidade à noção tradicional de amplos e elaborados debates.

A compressão do tempo e do espaço, em tese, forçaria os tribunais (constitucionais) a adaptarem as normas (constitucionais) ao ritmo inquietante da vida social e econômica. Mas a verdade é que a compressão ou a descompressão se tornam apenas novos instrumentos de manipulação.

---

11 MARLE, Karin van° Law's time, particularity and slowness. South African Journal on Human Rights, v. 19, nº 2, p. 239-255, 2003

12 SCHEUERMAN, William E. Liberal democracy and the empire of speed. Polity, v. 34, nº 1, p. 41-67, fall 2001

Sob novo olhar

> "Cada um de nós é vários, é muitos, é uma prolixidade de si mesmos. Por isso aquele que despreza o ambiente não é o mesmo que dele se alegra ou padece. Na vasta colônia do nosso ser há gente de muitas espécies, pensando e sentindo diferentemente". (Fernando Pessoa, Livro do desassossego, anotações de 30/12/1932).

> "Na verdade, nem sequer alcançamos os contornos exteriores do outro de maneira segura e imparcial. Ao longo do percurso, o olhar é desviado e turvado por todos os desejos e fantasias que fazem de nós a pessoa especial e insubstituível que somos." (Pascal Mercier, Trem Noturno para Lisboa).

> "It is possible to extract from Plato's *Republic* and *Laws*, and perhaps from Aristotle's *Ethics* and *Politics*, the following thesis about the role of law in relation to the enforcement of morality: the law of the city state exists not merely to secure that men have the opportunity to lead a morally good life, but to see that they do." (Herbert Lionel Adolphus Hart APUD John Stanton-Ife. The Limits of Law)

A professora Maria Garcia explica que sem a hermenêutica existiria a bússola – com sua agulha imantada: o Direito – mas não seria possível entender que direção seguir[13]. Em outras palavras: sem significado e ressignificação, o Direito continuaria existindo, mas logo deixaria de fazer sentido. O conteúdo e a função do Direito, que mantém sua relevância e atemporalidade, só deixam de ser tinta no papel ou memórias sem sentindo quando contextualizados.

A produção de material enriquecido e multifacetado (polifônico), necessária à aplicação e à continuidade do Direito em uma realidade global, vincula-se a uma narrativa maior – histórica – dentro da qual se desenvolvam várias narrativas menores simultâneas: as narrativas processuais e os debates legislativos. Tudo isso depende da participação de diversos personagens que comporão processos ricos e aptos a entregar uma conclusão, ou veredito, informada, robusta e honesta.

Destaque-se aqui que a polifonia não pressupõe como uma regra a coexistência civilizada de vozes *dissonantes*. Também se observa a polifonia quando as vozes são *convergentes*, mas fazem isso de modo a se complementarem, robustecerem e iluminarem mutuamente. A polifonia representa a diversidade, que pode ou não ser divergente.

De pronto se vê que a fronteira entre polifonia e cacofonia é tênue. Mas a polifonia, ao contrário da cacofonia, enriquece o discurso do direito e empresta legitimidade à dromodemocratização jurídica. Esta é a razão para a comunicação ser uma das necessidades humanas mais básicas, nada obstante, como visto, precise muito mais de (res)significação do que de palavras escritas ou sons.

---

13 GARCIA, Maria. *De Guerreiro Ramos a Tércio Sampaio Ferraz Júnior: O sistema organizacional, o Estado Autocrático e a agulha imantada do Direito*. Revista de Direito Constitucional e Internacional, v. 80, p. 11/43, jul. 2012.

A polifonia é instrumento de enriquecimento da comunicação absorvida pelo Direito e expressada por meio da norma. O objetivo hermenêutico não é eleger uma verdade, mas servir de guia para que muitas verdades sejam contempladas, dentro das limitações e ao tempo do intérprete.

A coerência interpretativa não está na afiliação irrevogável a uma corrente, método ou pensamento, mas à integração de muitas vozes, narrativas e experiências, aproveitando os ensinamentos adquiridos, em cada âmbito e circunstância, para extrair de uma conciliação harmoniosa e sofisticada, a melhor solução de direito – não uma solução qualquer.

Referências bibliográficas

BUTLER, Judith. *Começos psíquicos: melancolia, ambivalência, fúria.* In: Idem. A vida psíquica do poder: teorias da sujeição. Belo Horizonte: Autêntica, 2017, p. 175-206.

CHACON, Eduarda Moraes. *Da hermenêutica jurídica na obra de Tercio Sampaio Ferraz Junior à interpretação conforme a Constituição.* Revista de Direito Constitucional e Internacional, RDCI. Coordenadora Maria Garcia. ISSN: 1518-272X. Ano 2013, vol. 21 nº 83. São Paulo: Editora Revista dos Tribunais. Abril/ Junho de 2013.

FABIAN, Johannes. *O tempo e o outro emergente.* In: Idem. O tempo e o Outro: como a antropologia estabelece seu objeto. Petrópolis: Vozes, 2013, p. 39-70

FERRAZ JR., Tércio Sampaio. *Introdução ao Estudo do Direito: técnica, decisão e dominação.* 4ª ed. São Paulo: Atlas, 2003.

FERRAZ JR., Tércio Sampaio. *Teoria da Norma Jurídica.* 4ª Ed. Rio de Janeiro: Forense, 2005.

FERRARA, Francesco. *Interpretação e Aplicação das Leis.* 4ª ed. Coimbra: Armênio Amad, 1987. P. 137.

FLATLEY, Jonathanº *"The Shadow": double consciousness as collective melancholia.* In: Idem. *Affective mapping*: melancholia and the politics of modernism. Cambridge, London: Harvard UP, 2008, p. 117-131.

FREUD, Sigmund. *Luto e melancolia.* Trad. Marilene Carone. *Novos Estudos*, nº 32, p. 128-142, mar. 1992.

GARCIA, Maria. *De Guerreiro Ramos a Tércio Sampaio Ferraz Júnior: O sistema organizacional, o Estado Autocrático e a agulha imantada do Direito.* Revista de Direito Constitucional e Internacional, v. 80, p. 11/43, jul. 2012.

KAY, Richard. *Constitutional chrononomy.* Ratio Juris, v. 13, nº 1, p. 31- 48, mar. 2000

MARLE, Karin vanº *Law's time, particularity and slowness.* South African Journal on Human Rights, v. 19, nº 2, p. 239-255, 2003

MERCIER, Pascal. *Trem Noturno Para Lisboa.* Tradução Kristina Michahelles. São Paulo: Ed. Record. 2014

OST, François. *O tempo do direito.* Bauru: Edusc, 2005, p. 21-43

PLATÃO. *República.* Tradução Maria Helena da Rocha Pereira. 9ª ed. Lisboa: Fundação Calouste Gulbbenkian, 2001.

POSTEMA, Gerald. *Melody and law's mindfulness of time.* Ratio Juris, v. 17, nº 2, p. 203-226, junº 2004.

ROSA, Hartmut. *Aceleración social: consecuencias éticas y políticas de una sociedad de alta velocidad desincronizada.* Persona y Sociedad, v. 25, nº 1, p. 9-49, 2011

SAMUEL, Geoffrey. *Is law a fiction?* In: DEL MAR, Maksymilian; TWINING, William (Ed.). *Legal fictions in theory and practice*. London: Springer, 2015, p. 31-54.

SANDEL, Michael. *Justice: what's the right thing to do?* New York: Farrar, Straus and Giroux, 2009.

SCHEUERMAN, William E. *Liberal democracy and the empire of speed*. Polity, v. 34, nº 1, p. 41-67, fall 2001.

TRINDADE, André Karam; KARAM, Henriete. Polifonia e verdade nas narrativas processuais. Seqüência, nº 80, p. 51-74, dez. 2018.

Breves Apontamentos sobre a Polêmica quanto à Aplicação do Artigo 139, IV, do Novo Código de Processo Civil do Brasil na Execução por Quantia Certa Contra Devedor Solvente

Elias Marques de Medeiros Neto

Introdução

Após o exame do direito constitucional e processual português, é inegável que se faz possível construir uma linha mestre de aplicação do inciso IV do artigo 139 do CPC/15, em sintonia com a busca de um processo efetivo, eficiente e cooperativo, e sem deixar-se de observar os direitos fundamentais envolvidos no processo de execução.

A análise tem como foco a aplicação do artigo 139, IV, do CPC/15 na execução por quantia certa contra devedor solvente.

I. A atipicidade dos meios executivos e o artigo 139, IV, do CPC/15 do Brasil

O artigo 139, IV, do CPC/15 dispõe que cabe ao magistrado determinar todas as medidas indutivas, coercitivas, mandamentais ou sub-rogatórias necessárias para assegurar o cumprimento de ordem judicial, inclusive nas ações que tenham por objeto prestação pecuniária.

É inegável a preocupação do legislador com a efetividade do processo, competindo ao magistrado assegurar que o litigante tenha, na medida do possível, praticamente aquilo que ele naturalmente teria se não precisasse ir ao Poder Judiciário.[1]

A preocupação com a efetividade do processo é uma tônica constante no universo processual moderno, sendo um verdadeiro desafio para a ciência processual auxiliar na eficaz arquitetura de ferramentas para que o Poder Judiciário possa conferir ao jurisdicionado uma tutela tempestiva, oportuna e adequada, de forma a lhe conceder o bem da vida devido em conformidade com o direito material vigente.

E esta preocupação está longe de estar restrita aos corredores forenses e acadêmicos nacionais, na medida em que processualistas de diferentes formações e origens dividem suas experiências na linha de se tentar obter uma diretriz uniforme –

---

1 DINAMARCO, Cândido Rangel. *A Instrumentalidade do Processo*. São Paulo: Malheiros, 2008. p. 319.

guideline universal – para que os diversos sistemas jurídicos possam contribuir para a efetividade processual[2].

A noção de efetividade processual está presente nos conceitos ligados ao princípio da eficiência, podendo-se dizer que cabe ao Poder Judiciário se organizar da forma mais adequada para garantir que a tutela jurisdicional possa ser conferida ao titular do direito material de maneira oportuna, econômica e tempestiva; tudo de modo a se garantir que a resolução de conflitos não se limite apenas à prolação de uma sentença judicial, mas sim que possa efetivamente realizar o direito devido ao seu titular e formalmente reconhecido em decisão proferida no processo.

É importante salientar que a busca de um processo efetivo e eficiente não pode relativizar o devido processo legal e as garantias constitucionais, como bem lembra **José Roberto dos Santos Bedaque**[3].

Este cenário, de preocupação com a obtenção de um processo efetivo, se acentua nos procedimentos de execução, pois, como bem lembra a lição de **Giorgio Costantino**[4], são nestes procedimentos que há um verdadeiro teste de fogo para a eficiência do Poder Judiciário e para os mecanismos processuais existentes, já que é nesta etapa em que a satisfação do direito do legítimo credor deve ocorrer.

A profunda e necessária relação entre a efetividade e a execução já foi muito bem observada por **Miguel Angel Fernández – Ballesteros**, afirmando-se com propriedade que: *"usi todas las actividades necesarias para que la tutela sea 'efectiva' — como quiere el art. 24, I. de nuestra Constitución — están encomendadas al proceso de ejecución; de ahi su importanda científica y práctica"* [5].

Este tema teve a especial atenção de **Marcelo Lima Guerra**[6], para quem a efetividade processual passa a ser direito fundamental do credor na execução, cujo legítimo crédito deve ser protegido e amparado pelo sistema processual.[7]

2 ANDREWS, Neil. *O Moderno Processo Civil*. Tradução de Teresa Arruda Alvim Wambier. 2ª ed. São Paulo: RT, 2012.

3 BEDAQUE, José Roberto dos Santos. *Efetividade do Processo e Técnica Processual*. São Paulo: Malheiros, 2007. p. 49.

4 COSTANTINO, Giorgio. *Le Riforme della Giustizia Civile nella XIV Legislatura*. Rivista de Diritto Processuale 1-2005/30.

5 FERNÁNDEZ – BALLESTEROS, Miguel Angel. *La Ejecución Forzosa y Las Medidas Cautelares en La Nueva Ley de Enjuiciamiento Civil*. Madrid: Iurgium, 2001. p. 13.

6 GUERRA, Marcelo Lima. *Direitos Fundamentais do Credor e a Proteção do Credor na Execução Civil*. São Paulo: RT, 2003. p. 90.

7 **Luis Roberto Barroso**, com a mesma preocupação quanto à efetividade na execução, doutrina que a efetividade apenas ocorre quando se dá a: "realização do direito, o desempenho concreto de sua função social. Ela representa a materialização, no mundo dos fatos, dos preceitos legais e simboliza a aproximação, tão intima quanto possível, entre o dever ser normativo e o ser da realidade social". (BARROSO, Luis Roberto. *O Direito Constitucional e a efetividade de suas normas: limites e possibilidades da constituição brasileira*. 5ª ed. Rio de Janeiro: Renovar, 2001. p. 85).

É neste contexto, de preocupação com a efetividade do processo de execução, que o tema da atipicidade dos meios executivos ganha especial destaque.

E dentro deste espírito, voltado à plena efetividade da tutela jurisdicional executiva, **Cássio Scarpinella Bueno**[8] defende a mitigação do princípio da tipicidade dos atos executivos; o qual consiste na necessidade de que as ferramentas executivas a serem utilizadas pelo credor e manejadas pelo Poder Judiciário estejam exaustivamente previstas em lei.

Justamente visando-se a máxima eficiência da execução, buscando tutelar o direito constitucional à efetividade do processo, desde que observado o sistema processual como um todo e o devido processo legal, é certo que o magistrado pode e deve – na ausência de previsão legal específica – criar *"os melhores meios executivos para a satisfação do exequente, para a realização concreta e adequada do direito tal qual reconhecido no título executivo. Estas técnicas não previstas expressa e previamente pelo legislador representam o amplo papel que pode e deve ser desempenhado pelos meios atípicos de prestação da tutela jurisdicional executiva (...). A atipicidade dos meios executivos tem cabimento, portanto, nos casos em que a lei não fez escolhas expressas quanto aos mecanismos de efetivação das decisões judiciais ou quando as escolhas existentes se mostrem, em cada caso concreto, insuficientes porque desconformes ao 'modelo constitucional do processo civil'"*[9].

A mitigação do princípio da tipicidade dos meios executivos consiste, portanto, no poder conferido ao magistrado para criar as melhores condições para que a tutela executiva realmente seja efetiva e possa garantir a realização do direito devido ao credor. Esta mitigação também se faz possível nas hipóteses em que os meios típicos existentes se mostrem insuficientes para cumprir o seu fim, merecendo aperfeiçoamentos no caso concreto; claro que tudo em observância aos princípios do sistema processual vigente e ao devido processo legal, em especial[10].

Sérgio Gilberto Porto[11], no mesmo sentido, defende que: *"E na disciplina processual civil em concreto, com o fito de adequar o direito processual civil à realidade, poderá o juízo, se houver lei, ao interpretá-la, deformar, estender ou restringir sua compreensão nos moldes antes apontados e, se não houver, colmatar a lacuna existente, por meio da atividade criativa, que busque dar eficiência ao processo dentro do*

8 BUENO, Cassio Scarpinella. *Curso Sistematizado de Direito Processual Civil.* 5ª ed. São Paulo: Saraiva, 2012. p. 60. v. 3.

9 BUENO, Cassio Scarpinella. *Curso Sistematizado de Direito Processual Civil.* 5ª ed. São Paulo: Saraiva, 2012. p. 61. v. 3.

10 BUENO, Cassio Scarpinella. *Curso Sistematizado de Direito Processual Civil.* 5ª ed. São Paulo: Saraiva, 2012. p. 61. v. 3.

11 PORTO, Sérgio Gilberto. A crise de eficiência do processo – a necessária adequação processual à natureza do direito posto em causa, como pressuposto de efetividade. In: FUX, Luiz; NERY JR., Nelson; WAMBIER, Teresa Arruda Alvim. *Processo e Constituição: Estudos em Homenagem ao Professor José Carlos Barbosa Moreira*. São Paulo: RT, 2006. p. 186.

cenário material posto à apreciação, ou, dito de outro modo, adequar o direito processual à natureza (objetiva ou subjetiva) do direito posto em causa".

Sem prejuízo da clara predominância da responsabilidade patrimonial, e na linha de obter-se um processo civil cada vez mais efetivo, os poderes atípicos do magistrado se relacionam com a tendência da jurisprudência, da doutrina e do legislador de adotarem posturas que incentivam o magistrado a manejar, cada vez mais, medidas executivas que tendem a persuadir o executado a adimplir a obrigação exigida[12].

É a tendência já delineada na obra de **Miguel Angel Fernandez – Ballesteros,** ao defender a eficácia dos meios executivos de coação: *"la actividad ejecutiva no sólo afecta al patrimonio del ejecutado, también alcanza a la persona del deudor"* [13].

O sistema processual brasileiro passou a conviver mais intensamente com essa tendência; a qual, sem prejuízo do princípio da responsabilidade patrimonial, adota os chamados meios de coerção, os quais em conjunto com as tradicionais técnicas de penhora, buscam conferir maior efetividade à execução.

E é neste contexto que se insere o artigo 139, IV, do novo CPC/15, o qual permite expressamente que o magistrado se valha de todos os poderes necessários para garantir a efetividade do processo, inclusive na execução por quantia certa contra devedor solvente.

Mas, para a leitura deste dispositivo dentro do contexto do devido processo legal, é fundamental não se olvidar que o novo CPC/15 também positivou os princípios da cooperação, da proporcionalidade e da razoabilidade.

O princípio da cooperação está previsto no artigo 6º do novo CPC/15 e não há dúvida de que este princípio também é destinado ao magistrado na sua relação com os demais sujeitos processuais, sendo esta a leitura que bem faz a doutrina processual portuguesa: *"A ideia de cooperação no CPC de Portugal como um dever processual é bem ressaltada pelo processualista português Miguel Teixeira de Sousa, para quem se pode extrair desse princípio positivado basicamente quatro principais deveres do órgão judicial: a) dever de esclarecimento; b) dever de prevenção; c) dever de consultar as partes; e d) dever de auxiliar as partes"*[14].

No direito processual português, o princípio da cooperação está positivado no artigo 7º do Código de Processo Civil de Portugal/2013 ("CPC/13"): *"na condução e intervenção do processo, devem os magistrados, os mandatários judiciais e as próprias*

---

12 BUENO, Cassio Scarpinella. *Curso Sistematizado de Direito Processual Civil.* 5ª ed. São Paulo: Saraiva, 2012. p. 57. v. 3.

13 FERNANDEZ – BALLESTEROS, Miguel Angel. *La Ejecución Forzosa y las Medidas Cautelares en la Nueva Ley de Enjuiciamiento Civil.* Madrid: Iurgium, 2001. p. 209.

14 ZUFELATO, Camilo. *Análise Comparativa da cooperação e colaboração entre os sujeitos processuais nos projetos de novo cpc,* in: Freire, Alexandre; Dantas, Bruno; Nunes, Dierle; Didier Jr., Fredie; Medina, José Miguel Garcia; Fux, Luiz; Camargo, Luiz Henrique Volpe; Oliveira, Pedro Miranda de. *Novas Tendencias do Processo Civil.* Salvador: Jus Podium, 2013. p. 113).

partes cooperar entre si, concorrendo para se obter, com brevidade e eficácia, a justa composição do litígio".

Fredie Didier Jr., acerca do princípio da cooperação no direito processual português, bem sinaliza que *"é fonte direta de situações jurídicas ativas e passivas, típicas e atípicas, para todos os sujeitos processuais, inclusive para o órgão jurisdicional"*.[15]

Abílio Neto[16], ainda sobre o princípio da cooperação no direito processual português, ressalta que a aplicação deste princípio vincula o órgão jurisdicional em sua relação com as partes, transformando-se em verdadeiro dever, o qual *"desdobra-se em dois deveres essenciais: um é o dever de esclarecimento ou de consulta, isto é, o dever de o tribunal esclarecer junto das partes as eventuais dúvidas que tenha sobre suas alegações ou posições em juízo, de molde a evitar que a sua decisão tenha por base a falta de esclarecimento de uma situação e não a verdade sobre ela apurada; o outro é o dever de prevenção ou de informação, ou seja, o dever de o tribunal prevenir as partes sobre eventuais deficiências ou insuficiências das suas alegações ou pedidos e de as informar sobre aspectos de direito ou de fato que por elas não foram considerados...".*

Fernando Pereira Rodrigues[17] sustenta que o princípio da cooperação *"consiste no dever imposto aos magistrados, aos mandatários, às partes e a terceiros intervenientes acidentais no processo, de prestarem o seu contributo para que se obtenha, com brevidade e eficácia, a justa composição do litígio".*

E, em que pese não possuir previsão expressa do princípio da cooperação, o Código de Processo Civil alemão (Zivilprozessordnung, conhecido como ZPO) assegura a possibilidade de o órgão judicial discutir com as partes o litígio, oportunizando que as mesmas esclareçam suas indagações, propiciando a abertura de prazos para esclarecimentos, caso a parte esteja impossibilitada de responder prontamente[18].

Neste passo, a aplicação dos poderes atípicos do magistrado deve ocorrer dentro do modelo de um processo cooperativo, pautado por um contraditório participativo entre todos os sujeitos processuais.

E claro que o uso dos poderes atípicos também deve ser cotejado com os importantes princípios da proporcionalidade e da razoabilidade, previstos no art. 8º do novo CPC/15.

Em definição exemplar, **João Batista Lopes** sintetiza: *"Em sentido amplo, refere-se a doutrina ao princípio da proporcionalidade como compreensivo de subprincípios*

---

15 DIDIER JR., Fredie. *Fundamentos do princípio da cooperação no direito processual civil português.* Coimbra: Coimbra editora, 2010. p. 109.

16 NETO, Abilio. *Novo código de processo civil anotado.* 2ª Edição. Lisboa: Ediforum, 2014. p. 92.

17 RODRIGUES, Fernando Pereira. *O novo processo civil e os princípios estruturantes.* Coimbra: Almedina, 2013. p. 113

18 JUNIOR, Fredie. *O princípio da cooperação: uma apresentação.* Revista de Processo, São Paulo, v. 127, p. 75, 2005.

(adequação, necessidade e princípio da proporcionalidade em sentido estrito). Para o fim destas reflexões, interessa-nos, particularmente, o princípio da proporcionalidade em sentido estrito, isto é, o sopesamento dos valores e interesses em jogo a que procede o juiz para chegar à solução do conflito. Considerando que cada princípio tem o seu peso, deve o juiz, ao julgar a causa, comparar os pesos dos princípios em tensão conflitiva para chegar à solução que atenda aos valores da ordem jurídica".[19]

Francisco Fernandes de Araújo, na linha de diferenciar os princípios da proporcionalidade e da razoabilidade, estabelece que esta estaria mais atrelada a uma diretriz de interpretação, com indicação de como não agir e de como controlar o excesso de poder, enquanto que a proporcionalidade seria um princípio de dosimetria entre valores em colisão, de modo a estabelecer a melhor equação entre estes valores em um determinado caso concreto.[20]

A importância de um modelo cooperativo de processo civil, também pautado pelo respeito às garantias constitucionais, bem como pela observância dos princípios da proporcionalidade e razoabilidade, podem ajudar na construção das diretrizes necessárias para a aplicação do artigo 139, IV, do novo CPC/15.

II. A apresentação da polêmica e a proposta de tese

O tema desperta muitas polêmicas no Brasil.

Para **Fernando da Fonseca Gajardoni**[21], o artigo 139, IV, revela um verdadeiro dever de efetivação, sendo que *"diante do risco de violação do correlato dever de efetivação, o juiz, sendo possível, deverá advertir a parte ou o terceiro de que seu comportamento poderá ser considerado ato atentatório à dignidade da justiça. Após, sendo constatada a violação, deverá o juiz: (a) aplicar sanções criminais e civis ao litigante improbo; (ii) aplicar ao responsável multa de até vinte por cento do valor da*

19 LOPES, João Batista. Princípio da proporcionalidade e efetividade do processo civil. In: MARINONI, Luiz Guilherme (Coord.). *Estudos de direito processual civil. Homenagem ao Professor Egas Dirceu Moniz de Aragão*. São Paulo: RT, 2006. p. 136.

20 ARAUJO, Francisco Fernandes de. *Princípio da Proporcionalidade – Significado e Aplicação Prática.* Campinas: Copola, 2002. p. 54. No mesmo sentido: "O princípio da racionalidade proscreve a ilogicidade, o absurdo, a incongruência na ordenação da vida privada; fulmina, portanto, os condicionamentos logicamente desconectados da finalidade que legitima a interferência do legislador na matéria ou desproporcional em relação a ela. As opções legislativas devem se apresentar com escolhas racionais, aptas não só a conduzir aos efeitos desejados, como a fazê-lo do melhor modo possível. O princípio da razoabilidade — cuja inspiração na idéia de racionalidade não se pode negar — incorpora valores éticos ao universo jurídico fulminando as opções legislativas desatenta desses padrões". (SUNDFELD, Carlos Ari. *Direito Administrativo Ordenador*. São Paulo: Malheiros, 1997. p. 68).

21 GAJARDONI, Fernando da Fonseca. O modelo presidencial cooperativista e os poderes e deveres do juiz do novo CPC. In: *O Novo Código de Processo Civil, Questões Controvertidas. Vários autores.* São Paulo: Atlas, 2015. p. 142

causa, de acordo com a gravidade da conduta; e (c) tomar as medidas indutivas, coercitivas, mandamentais ou sub-rogatórias necessárias para assegurar o cumprimento da ordem judicial, inclusive nas ações que tenha por objeto prestação pecuniária (astreintes, bloqueio de bens móveis, imóveis, de direitos e de ativos financeiros, restrição de direitos, prolação de decisões substitutivas da declaração de vontade, etc.)".

Na mesma linha segue a doutrina de **Cássio Scarpinella Bueno**[22], no sentido de que o artigo 139 revela *"regra que convida à reflexão sobre o CPC de 2015 ter passado a admitir, de maneira expressa, verdadeira regra de flexibilização das técnicas executivas, permitindo ao magistrado, consoante as peculiariedades de cada caso concreto, modificar o modelo preestabelecido pelo código, determinando a adoção, sempre de forma fundamentada, dos mecanismos que mostrem mais adequados para a satisfação do direito, levando em conta as peculiariedades do caso concreto. Um verdadeiro dever-poder geral executivo, portanto. Aceita esta proposta, que, em última análise, propõe a adoção de um modelo atípico de atos executivos, ao lado da tipificação feita pelos arts. 513 a 538, que disciplinam o cumprimento de sentença, e ao longo de todo o livro II da parte especial, voltado ao processo de execução, será correto ao magistrado flexibilizar as regras previstas naqueles dispositivos codificados consoante se verifiquem insuficientes para a efetivação da tutela jurisdicional".*

Teresa Arruda Alvim[23], por outro lado, enfatiza a necessidade de o inciso IV do artigo 139 do novo CPC/15 ser interpretado *"com grande cuidado, sob pena de, se entender que em todos os tipos de obrigações, inclusive na de pagar quantia em dinheiro, pode o juiz lançar mão de medidas tipicas das ações executivas lato sensu, ocorrendo completa desconfiguração do sistema engendrado pelo próprio legislador para as ações de natureza condenatória".*

Flávio Luiz Yarshell[24], por sua vez, doutrina que, quanto ao artigo 139, IV, *"será preciso cuidado na interpretação desta norma, porque tais medidas precisam ser proporcionais e razoáveis, lembrando-se que pelas obrigações pecuniárias responde o patrimônio do devedor, não sua pessoa. A prisão civil só cabe no caso de divida alimentar e mesmo eventual outra forma indireta de coerção precisa ser vista com cautela, descartando-se aquelas que possam afetar a liberdade e ir e vir e outros direitos que não estejam diretamente relacionados com o patrimônio do demandado".*

Como visto, já há rica polêmica quanto à aplicação do inciso IV do artigo 139 do novo CPC/15. A doutrina e a jurisprudência terão importante papel na definição dos limites da aplicação dos meios atípicos de execução.

---

22 BUENO, Cassio Scarpinella. *Manual de Direito Processual Civil*. São Paulo: Saraiva, 2015. p. 165.

23 WAMBIER, Teresa Arruda Alvim. CONCEIÇÃO, Maria Lúcia Lins. RIBEIRO, Leonardo Ferres da Silva. TORRES de MELLO, Rogério Licastro. *Primeiros Comentários ao Novo Código de Processo Civil*. 1ª Edição. São Paulo: RT, 2015. p. 264.

24 COELHO, Marcus Vinicius Furtado. MEDEIROS NETO, Elias Marques de. YARSHELL, Flávio Luiz. PUOLI, José Carlos Baptista. *O Novo Código de Processo Civil: Breves Anotações para a Advocacia*. Brasília: OAB, Conselho Federal, 2016. p. 28.

Porém, pode-se afirmar que o magistrado, na aplicação dos poderes atípicos previstos no inciso IV do artigo 139, deve zelar pela efetividade do processo, observando as garantias e princípios constitucionais, o princípio da proporcionalidade, o princípio da razoabilidade, e sempre tendo como norte um modelo cooperativo de processo civil.

A jurisprudência, no Brasil, já vem enfrentando o árduo debate acerca dos limites para a aplicação do inciso IV do artigo 139 do CPC/15.

Em pesquisa realizada pelo Professor Dr. **Fernando da Fonseca Gajardoni**[25] envolvendo a tendência de julgamentos do Tribunal de Justiça do Estado de São Paulo ("TJSP"), de janeiro a junho de 2017, analisou-se 575 agravos de instrumento.

Segundo a aludida pesquisa, a análise dos julgados demonstra que as seguintes medidas restritivas de direitos são as mais comuns quando é invocado o IV do artigo 139 do CPC/15: suspensão do direito de dirigir veículo automotor, apreensão do passaporte e cancelamento ou bloqueio de cartões de crédito do devedor.

Entre os acórdãos analisados, em 89,79% não foi permitida a aplicação de nenhuma das três medidas retro referidas (suspensão da carteira nacional de habilitação para dirigir – CNH, apreensão de passaportes e bloqueio/cancelamento de cartão de crédito), enquanto em apenas 10,21% deles foi autorizada pelo menos uma das três medidas.

A jurisprudência majoritária na seção de Direito Privado do TJSP é no sentido de não permitir a imposição de medidas atípicas nas obrigações por quantia, na forma do artigo 139, IV, do CPC/15, ao menos as relacionadas à suspensão da CNH do devedor, apreensão do seu passaporte ou bloqueio/cancelamento de cartões de crédito. As justificativas mais comuns são as de que tais medidas violam o artigo 8º do CPC/15 (aplicação da lei conforme o princípio da dignidade humana, a razoabilidade e a proporcionalidade), o artigo 5º, XV da CF (direito de locomoção), e o caráter patrimonial da execução civil (artigo 789 do CPC/15).

Daí a extrema relevância do voto do Ministro Luis Felipe Salomão, proferido no julgamento do RHC nº 97.876/SP, ocorrido em 05.06.2018 no Superior Tribunal de Justiça, pelo qual se entendeu, para aquele caso concreto, que o Poder Judiciário não poderia determinar, com base no artigo 139, IV, do CPC/15, a suspensão do passaporte do devedor.

Para o Ministro Luis Felipe Salomão, se faz necessária uma leitura constitucional do artigo 139, IV, do CPC/15: *"Assim, é possível afirmar que, se o art. 139, IV, da lei processual, que estendeu a positivação da atipicidade dos atos executivos, teve como escopo a efetividade, é indubitável também que devem ser prestigiadas as interpretações constitucionalmente possíveis. Vale dizer, pois, que a adoção de medidas de incur-*

25 GAJARDONI, Fernando da Fonseca; e PEREIRA, Augusto Martins. *Medidas atípicas na execução civil: análise de casos no âmbito do tjsp.* In: *Reflexões sobre o CPC/15.* Marcato, Ana; Medeiros Neto, Elias Marques de; Dellore, Luiz; Barioni, Rodrigo; Mollica, Rogério; Amendoeira Jr., Sidnei; e Ferreira, William Santos. São Paulo: Verbatim, 2018. p. 287 a 302.

são na esfera de direitos do executado, notadamente direitos fundamentais, carecerá de legitimidade e configurarse-á coação reprovável, sempre que vazia de respaldo constitucional ou previsão legal e na medida em que não se justificar em defesa de outro direito fundamental. É que objetivos pragmáticos, por mais legítimos que sejam, tal qual a busca pela efetividade, não podem atropelar o devido processo constitucional e, menos ainda, desconsiderados direitos e liberdades previstos na Carta Maior"; e "Com efeito, não bastasse a consonância com os preceitos de ordem constitucional, o que os doutrinadores têm reconhecido é que, diante da inumerável aplicação do art. 139, IV, a verificação da proporcionalidade da medida se impõe, segundo a "sub-máxima" da adequação e da necessidade. Não sendo a medida adequada e necessária, ainda que sob o escudo da busca pela efetivação das decisões judiciais, serão contrárias à ordem jurídica."

Conclui o Ministro que a suspensão do passaporte do devedor restringiu o direito de ir e vir e não poderia ser medida licitamente justificada, no caso concreto, com base no artigo 139, IV, do CPC/15. Por outro lado, entendeu o Ministro que a medida de suspensão de CNH não poderia ser objeto de Habeas Corpus, por não restringir, no caso concreto, o direito de ir e vir do devedor.

Relevantíssimo é o julgamento do RHC Nº 97.876 – SP pela quarta turma do Superior Tribunal de Justiça, sendo certo que o tema segue despertando muita polêmica no Brasil.

Tanto é verdade, que o Ministro Francisco Falcão, do Superior Tribunal de Justiça, em recentíssima decisão datada de 10.12.2018, ao apreciar o Habeas Corpus nº 478.963 – RS, decidiu que o uso do artigo 139, IV, do CPC/15 autoriza a apreensão de passaporte, quando houver necessidade de proteger direitos difusos.

E, mais recentemente, o Superior Tribunal Justiça, no julgamento do Recurso Ordinário em Habeas Corpus nº 99606 / SP, da relatoria da Ministra Nancy Adrighi, apontou a necessidade de respeito ao princípio da cooperação, com oitiva prévia do devedor antes de decretação da medida executiva atípica, sem prejuízo da possibilidade de se deferir a medida pretendida; apontando-se também para a necessidade de a mesma poder contribuir para a satisfação do débito executado.

O Tribunal de Justiça de Goiás, também recentemente, em 13.11.2018, no julgamento do Agravo de Instrumento nº 5411872.40, pela 3ª Turma da 6ª Câmara Cível, decidiu ser possível a apreensão de passaporte como medida atípica em caso de execução por quantia certa, no qual a prévia aplicação das medidas típicas se mostraram infrutíferas.

Também recentemente, em 10.04.2019, o Juízo da 4ª Vara Cível de Santos-SP, no processo nº 1001719-36.2018.8.26.0562, aplicou o artigo 139, IV, do CPC/15 de forma ampla, focando não só em medidas de bloqueio de bens patrimoniais – algumas até mesmo relativizando, de forma no mínimo polêmica, o rol de impenhorabilidades do artigo 833 do CPC/15 –, como também em uma série de medidas restritivas de direitos do devedor:

"Por tal razão, no caso presente, com fundamento no artigo 139, inciso IV, do CPC, DETERMINO, as seguintes medidas que reputo em harmonia com o disposto no Artigo 8º, do Código de Processo Civil:

1) COMUNICAÇÃO À POLÍCIA FEDERAL PARA ANOTAÇÃO DE RESTRIÇÃO DE SAÍDA DO PAÍS SEM PRÉVIA GARANTIA DA EXECUÇÃO. Aparte exequente deverá instruir a comunicação com os seguintes dados: NOME COMPLETO, FILIAÇÃO, DATA DE NASCIMENTO e CPF da parte. INSTRUA-SE o ofício com o número do processo judicial. A medida guarda relação com o pagamento do débito, porque se o devedor reúne meios para viagem ao exterior, da mesma forma deve garantir a execução que corre contra si. Não há restrição de ir e vir, apenas limitação de viagem ao exterior.

2) COMUNICAÇÃO ÀS SEGUINTES INSTITUIÇÕES FINANCEIRAS: BANCO DO BRASIL, BANCO SANTANDER, BANCO BRADESCO, BANCO SAFRA, BANCO HSBC E BANCO ITAÚ para impedir acesso da parte executada a qualquer linha de crédito, nova ou já em execução, nesse último caso suspendendo o benefício em andamento, inclusive cartões de crédito e contratos de "cheque especial". Da comunicação deverá constar o número do CPF da parte Executada. A medida guarda relação com o débito porque direciona as forças do devedor para o cumprimento da obrigação, além de vedar a aquisição de bens supérfluos de forma financiada. 3) COMUNICAÇÃO ao BANCO CENTRAL DO BRASIL para bloqueio permanente de todo e qualquer ativo financeiro, PRESENTE E FUTURO, em nome da parte Executada. Do ofício deverá constar o número do CPF da parte Executada. Providencie o EXEQUENTE o envio por carta no seguinte endereço: DEPARTAMENTO DE SUPERVISÃO DE CONDUTA DECON DIVISÃO DE ATENDIMENTO DE DEMANDAS DE INFORMAÇÕES DIADI SETOR BANCÁRIO SUL (SBS) QUADRA 3, BLOCO B, EDIFÍCIO SEDE, CEP 70074-900, BRASÍLIA/DF. Comprove a Exequente o envio em até 10 dias. 4) Inclusão dos dados do Executado no sistema SERASAJUD, nos termos do artigo 782, parágrafo terceiro, do CPC. Prazo: 10 dias. Recolha-se, se o caso, a taxa devida. 5) EXPEÇA-SE certidão para fins de protesto do artigo 517, do CPC. PROVIDENCIE o Exequente a efetivação da medida no prazo de até 10 dias. EM SE TRATANDO de Execução de Título Extrajudicial, a medida aplicar-se-á por analogia por inexistir ratio diversa entre os sistemas de execução. Deverá ser considerado como data do trânsito em julgado para fins de certidão a data do ingresso da ação. 6) REQUISIÇÃO ao INSS para informação de eventual empregador da parte executada constante do cadastro CNIS, bem como sobre eventual benefício recebido da Autarquia. EM CASO POSITIVO para benefício, proceda desde logo ao bloqueio do percentual de 30% sobre os vencimentos líquidos (bruto menos os descontos legais). 7) REQUISIÇÃO DE INFORMAÇÕES SOBRE ATIVOS AOS SEGUINRES ÓRGÃOS: A) BM & F BOVESPA (CRI, CCI e FIDC); B) COMISSÃO DE VALORES MOBILIÁRIOS (CVM); C) COMPANHIA BRASILEIRA DE LIQUIDAÇÃO E CUSTÓDIA (CBLC); e D) CENTRAL DE CUSTÓDIA E LIQUIDAÇÃO DE TÍTULOS (CETIP). 8) SUSPENSÃO DA Carteira Nacional de Habilitação. OFICIE-SE ao DETRAN para anotação no prontuário do titular. A medida guarda relação com o débito porque constitui meio de coerção indireta ao pressionar o devedor na lembrança que deve cumprir a obrigação reconhecida em título judicial ou extrajudicial. 9) INFORMAÇÃO junto à RECEITA FEDERAL DO BRASIL sobre eventual restituição do Imposto de Renda. 10) DETERMINAR que as Operadoras de Cartão de Crédito VISA e MASTERCARD promovam a suspensão, bem como bloqueio de novos pedidos de cartões de crédito, devendo providenciar a comunicação à Instituição Financeira corre-

lata para efetivação da medida. 11) Na esteira dos princípios maiores da boa-fé e da eticidade, condição inerente a qualquer função pública, DETERMINO a proibição de acesso do devedor a concurso público de qualquer natureza, efetivando-se a medida com a comunicação da presente decisão aos Entes Públicos (UNIÃO, ESTADO local do domicílio do devedor e MUNICÍPIO – local do domicílio do devedor). As determinações que dependem de remessa deverão ser providenciadas pela própria parte Exequente. A parte deverá instruir o requerimento com as cópias necessárias para a integral compreensão da decisão judicial."

E, neste contexto, o aprofundamento acerca do estudo dos limites para a aplicação do artigo 139, IV, do CPC/15 é de suma importância para garantir que a efetividade do processo seja verdadeiramente conquistada, com zelo não só à satisfação dos direitos fundamentais do credor; mas também com observância a todos os direitos fundamentais do devedor, e aos demais princípios e garantias fundamentais que as Constituições do Brasil e de Portugal, bem como o CPC/15 do Brasil e o CPC/13 português, elegem como normas fundamentais.

Os estudos até aqui existentes, no Brasil, focam, em geral, na possibilidade de o inciso IV do artigo 139 do CPC/15 ser utilizado como mecanismo de restrição a direitos do devedor, de modo a incentivá-lo a adimplir o débito perseguido. Também, a doutrina vem enfrentando a legitimidade/constitucionalidade da adoção das acima mencionadas medidas restritivas, quais sejam, a apreensão de passaporte do devedor, a suspensão da carteira de habilitação do devedor e a proibição ao uso do cartão do crédito. E, como visto, a jurisprudência acompanha a tendência da polêmica doutrinária, já havendo decisões judiciais em diferentes sentidos.

Chama a atenção o pedido realizado pelo credor no Agravo de Instrumento – nº 1405417-12.2018.8.12.0000 – Campo Grande, julgado pelo Tribunal de Justiça do Mato Grosso do Sul, que consistiu em aplicar o artigo 139, IV, do CPC/15 para restringir diversos e diferentes direitos das partes devedoras, em uma verdadeira busca de punição em razão do inadimplemento; que poderia, por exemplo, consistir em fechamento da empresa devedora e proibição dos devedores pessoas físicas de viajarem e terem contas bancárias:

"Discorre sobre os fatos que demonstram o esgotamento de todas as medidas típicas para buscar a satisfação do crédito, de modo que pede a reforma da decisão para impor, se não todas ao menos algumas das seguintes medidas atípicas:

a) proibição dos executados de realizar qualquer tipo de viagem aérea até que realize o pagamento do débito objeto desta execução ou ofereçam bens para a garantia do juízo, oficiando-se a todas as companhias aéreas (LATAM, GOL, AZUL, Avianca e Passaredo), de modo a lhes dar conhecimento da restrição.

b) proibição dos executados de abrir e/ou utilizar contas-correntes, aplicações, poupança e cartões de crédito até que realizem o pagamento do débito objeto desta execução ou ofereçam bens para a garantia do juízo, oficiando-se ao Banco Central para que dê conhecimento a todas as instituições financeiras do país para que encerre as contas abertas e não abra novas contas, bem assim cancele os cartões de crédito;

c) proibição dos executados de adquirir qualquer tipo de automóvel até que realizem o pagamento do débito objeto desta execução ou ofereçam bens para a garantia do juízo, oficiando-se a todas as concessionárias de automóveis do Estado de Mato Grosso do Sul de modo a lhes dar conhecimento da restrição;

d) apreensão do passaporte dos executados até que realizem o pagamento do débito objeto desta execução ou ofereçam bens para a garantia do juízo, a fim de lhe impossibilitar viagens internacionais, oficiando-se à Polícia Federal para realizar a suspensão/apreensão;

e) em relação a todas as partes executadas, proibi-las de ter acesso a linhas de telefone fixo, móvel e a internet, oficiando-se a todas as operadoras de telefonia para que cancelem os serviços contratados neste sentido;

f) fixação de juros progressivos sobre o saldo devedor, com o incremento de mais 1% a cada semestre de inadimplência, até que realize o pagamento do débito objeto desta execução ou ofereçam bens para a garantia do juízo;

g) bloqueio do CNPJ (cadastro nacional de pessoa jurídica) da executada ROLDAN ENGENHARIA LTDA até que realize o pagamento do débito objeto desta execução ou ofereçam bens para a garantia do juízo, oficiando-se à Receita Federal para a suspensão do documento;

h) proibição da executada ROLDAN ENGENHARIA LTDA, de participar de licitações públicas no âmbito de qualquer órgão público no Estado de Mato Grosso do Sul;

i) apreensão da CNH (Carteira Nacional de Habilitação) dos executados EDU ROCHA e THAYS DOS SANTOS ROCHA até que realizem o pagamento do débito objeto desta execução ou ofereçam bens para a garantia do juízo, oficiando-se ao DETRAN/MS para realizar a apreensão e lavrar o auto de recolhimento".

O pedido pode ter se inspirado na doutrina do Professor **Luiz Henrique Volpe Camargo**[26], que defende explicitamente que o artigo 139, IV, do CPC/15 pode ser utilizado para proibir o devedor de: *"(a) ter acesso a linhas de telefone fixo, móvel e internet; (b) abrir ou utilizar contas-correntes, aplicações, poupança e cartões de crédito; (c) adquirir qualquer tipo de automóvel, mediante o bloqueio de transferência no Detran; (d) realizar viagens de lazer por qualquer companhia aérea; (e) frequentar ambientes de consumo, como shoppings centers; (e) frequentar restaurantes de luxo; (f) frequentar cinemas, estádios, teatros e casas de shows, porque dizem respeito ao lazer e, por isso mesmo, o desfrute do executado não pode ser privilegiado em detrimento do cumprimento da obrigação objeto da execução".*

Contudo, naquele caso concreto, o Tribunal de Justiça do Mato Grosso do Sul, em linha com as normas fundamentais do CPC/15, entendeu que o pedido não era proporcional e razoável.

26 VOLPE CAMARGO, Luiz Henrique. *O art. 139, IV, do CPC e os instrumentos de defesa do executado*; in Talamini, Eduardo; Minami, Marcos Youji (coordenadores). Medidas Executivas Atípicas. Salvador: Juspodium, 2018. p. 859.

E este julgado ajuda a demonstrar como o foco de debate quanto à aplicação do artigo 139, IV, do CPC/15 está centrado em possibilidade, ou não, de restrição de direitos dos devedores.

Mas uma análise mais profunda das razões que levam à dificuldade de uma execução ser verdadeiramente efetiva demonstra que pode estar incorreto o foco de abordagem quanto ao manejo do inciso IV do artigo 139 do CPC/15.

Execuções se mostram frustradas em razão da ausência de bens do devedor.

Portanto, antes de debater-se sobre como as medidas atípicas do inciso IV do artigo 139 do CPC/15 poderiam "restringir" direitos do devedor, deve-se verificar se tais poderes atípicos do magistrado não poderiam, na verdade, contribuir para garantir que, em um modelo cooperativo de processo, o credor e o juiz tenham acesso mais célere a quais são e onde estão os bens penhoráveis do devedor.

O inciso IV do artigo 139 do CPC/15 pode ser um grande aliado da efetividade da execução, não na linha de punir e restringir direitos do devedor inadimplente, em total inobservância dos direitos e garantias fundamentais previstos na Constituição Federal; mas sim com o norte de possibilitar ao juiz providências que garantam o acesso mais célere a informações patrimoniais do devedor, de modo a zelar por mais eficientes penhoras e efetivas providências para o pagamento do crédito devido ao exequente.

Portanto, o presente estudo defende que o inciso IV do artigo 139 do CPC/15 pode e deve ser utilizado pelo juiz, em total observância aos direitos e garantias fundamentais previstos na Constituição Federal, para antecipar providências, no curso da execução, que facilitem a localização de onde estão e quais são os bens penhoráveis do devedor.

Medidas atípicas, no curso da ação de execução por quantia certa contra devedor solvente, sempre devem estar relacionadas com a promoção de atos que guardem relação direta com a satisfação do débito.

Em sentido semelhante é a doutrina do Professor **Eduardo Talamini**[27], que defende corretamente que o artigo 139, IV, do CPC/15: *"não se trata de poder ilimitado que o juiz recebe. Fica afastada a adoção de qualquer medida que o ordenamento proíba... Depois, as providências adotadas devem guardar relação de utilidade, adequação e proporcionalidade com o fim perseguido, não podendo acarretar na esfera jurídica do réu sacrifício maior do que o necessário (...). Em todo e qualquer caso em que incida o poder geral em questão, será indispensável, no seu exercício, a consideração da proporcionalidade, razoabilidade e eficiência da medida... Uma última consideração merece aqui ser feita. O poder de adoção de medidas atípicas é instrumento de efetivação das decisões. Sua função é essencialmente executiva: propiciar a tutela a que o jurisdicionado tem direito, nos limites do devido processual legal e material. Não*

27 TALAMINI, Eduardo. *Poder geral de adoção de medidas executivas e sua incidência nas diferentes modalidades de execução*; in Talamini, Eduardo; Minami, Marcos Youji (coordenadores). Medidas Executivas Atípicas. Salvador: Juspodium, 2018. p. 31 e 56/57.

se trata de puro instrumento de afirmação da autoridade judicial nem de meio de punição à afronta a essa autoridade. Para isso existem sanções específicas. Em muitas das medidas atípicas extravagantes cuja aplicação foi amplamente noticiada ou mesmo gerou repercussão nacional (bloqueio de whatsapp, apreensão de passaporte, cancelamento de cartão de crédito, suspensão de CNH, corte de luz de repartição pública...), muito mais do que o verdadeiro escopo executivo, o que se constatou foi uma reação enérgica de juízes que se viram afrontados em sua autoridade. Não é justificável desrespeitar a jurisdição. Mas as sanções aplicáveis a quem a desrespeita, repita-se, são outras, que não as medidas atípicas do artigo 139, IV. Ao mesmo tempo em que episódios como esses se multiplicam, assiste-se também a uma relativa resistência judiciária na aplicação de mecanismos fundamentais para a identificação e preservação do patrimônio penhorável ou para a adequada incidência dos mecanismos expropriatórios. Alguns exemplos, entre muitos: (i) decisões que se negam a dar aplicação devida ao bloqueio de ativos...; (ii) decisões que recusam autorização para inscrever o devedor (...) no cadastro de inadimplentes; (iii) decisões que alargam indevidamente as hipóteses de impenhorabilidade. O risco é o de se estabelecer um sistema de tutela executiva esquizofrênica: cioso de sua autoridade, mas incapaz de produzir resultados concretos".

A tese defende que o princípio da responsabilidade patrimonial, conquista histórica da fase final do direito romano, não pode ser simplesmente relativizado.

Como bem lembra o professor **Leonardo Greco**[28]: *"é clássica a lição de Chiovenda de que os meios sub-rogatórios, que visam conseguir para o credor o bem a que tem direito independentemente da participação e, portanto, da vontade do obrigado são os naturalmente cabíveis para a satisfação dos créditos pecuniários".*

José Alberto dos Reis[29] bem leciona que a via normal da execução por quantia é a satisfação do crédito através dos bens do devedor.

E notadamente quanto ao direito português, o professor **João Calvão Silva**[30] destaca que o curso natural da execução por quantia é a constrição de bens do devedor, sendo que a coação indireta cabível seria apenas a sanção pecuniária compulsória, prevista no artigo 829-A do Código Civil português, com acréscimo de uma porcentagem aos juros incidentes.

Medidas atípicas não podem ser utilizadas para punir o devedor, afrontando princípios constitucionais relevantes, tais como o do direito de ir e vir, o da dignidade da pessoa humana e o devido processo legal, conforme bem leciona o professor

28 GRECO, Leonardo. *Coações indiretas na execução pecuniária*; in Talamini, Eduardo; Minami, Marcos Youji (coordenadores). Medidas Executivas Atípicas. Salvador: Juspodium, 2018. p. 395.

29 REIS, José Alberto dos. *Processo de Execução.* Coimbra: Coimbra Editora, 1943. p. 24.

30 SILVA, João Calvão. *Cumprimento e sanção pecuniária compulsória.* 4ª ed. Coimbra: Coimbra editora, 2002. p. 385.

Araken de Assis[31]: *"Razões políticas de relevo recomendam a tipicidade desses meios executivos. O fundamento constitucional é claro: ninguém pode ser privado da sua liberdade e de seus bens, reza o artigo 5, LIV, da CF/88, sem o devido processo legal. Entende-se por tipicidade do meio executório a sua previsão em lei em sentido formal. Por conseguinte, não é dado ao órgão judiciário: (a) criar meio executório não previsto em lei formal e (b) empregar meio executório, conquanto legalmente previsto, em desacordo com a correlação instrumental com determinado bem. (...). Na verdade, a apreensão da carteira nacional de habilitação, tornando ilícita a condução de veículos automotores, bem como as medidas congêneres arroladas, representa simples pena... A existência de dívidas insatisfeitas, ou a execução forçada e infrutífera de créditos, não constitui pretexto hábil para constranger o obrigado e o executado através de medidas que, caso previstas expressis verbis, incorreriam em grave violação ao princípio estruturante da dignidade da pessoa humana e dificilmente subsistiriam incólumes ao controle concentrado de constitucionalidade pelo STF".*

É essa visão construtiva, aliando direitos fundamentais do credor e do devedor, que pode contribuir para uma aplicação constitucional, efetiva e eficiente do artigo 139, IV, do CPC/15.

E o sistema processual e constitucional Português tem muito a auxiliar na construção deste estudo; não porque esse sistema admite medidas atípicas nos moldes do artigo 139, IV, do CPC/15, mas sim porque a dinâmica processual portuguesa trabalha com ferramentas que permitem a antecipação de informações quanto ao patrimônio do devedor, bem como incentiva uma maior visibilidade do nível de solvência do devedor, seja em execuções já distribuídas, seja previamente à distribuição desta medida processual.

A efetividade da execução depende necessariamente da implementação de mecanismos processuais que possam garantir o célere acesso ao patrimônio do devedor, notadamente porque a crise de todo e qualquer processo de execução pode se resumir na crise de ausência de bens e/ou da falta de cooperação do devedor[32].

Miguel Teixeira de Sousa[33], neste sentido, bem observa que o *"o êxito da execução depende exclusivamente dos bens que nela possam ser penhorados".*

O processo civil português, notadamente no que se refere à execução, foi alvo de intensa reforma nos últimos anos, tendo sido preocupação do legislador arquitetar

31 ASSIS, Araken. *Cabimento e adequação dos meios executórios atípicos*; in Talamini, Eduardo; Minami, Marcos Youji (coordenadores). Medidas Executivas Atípicas. Salvador: Juspodium, 2018. p. 127 e 131.

32 "(...) o credor, para ter o seu direito subjetivo satisfeito, depende de ato do devedor. O inadimplemento provocado pelo comportamento omissivo do devedor é uma crise cooperação, como explica Proto Pisani". (THEODORO JÚNIOR, Humberto. *As Vias de Execução no Código de Processo Civil Reformado*. Revista IOB, nº 43, set-out. 2006, p. 53).

33 SOUSA, Miguel Teixeira de. *A reforma da acção executiva*. Lisboa: Lex, 2004. p. 25.

o sistema de forma a tornar mais dinâmico o trâmite da execução; bem como de tal sorte a promover a transferência aos agentes de execução determinadas atividades executivas que não dependem da cognição jurisdicional do magistrado, sempre com vistas a tornar menos complexa e menos burocrática a fluência dos atos executivos.

Também na mesma linha de promover a efetividade da execução, o sistema processual português, através da Lei nº 32/2014, faculta ao credor se valer do procedimento extrajudicial pré-executivo; o qual consiste em uma verdadeira e regrada pesquisa extrajudicial sobre a existência de patrimônio do devedor que possa vir a ser constrito em uma futura execução.

A adoção do procedimento extrajudicial pré-executivo tem dois efeitos bem nítidos: (i) garante ao credor, antes de movimentar o sistema processual com o requerimento de início da execução, já ter prévio conhecimento sobre a existência de bens que possam ser objeto de penhora; e (ii) contribui para que o credor reflita sobre a pertinência e utilidade de movimentar todo o sistema processual, através da ação de execução, nos casos em que já ficar demonstrado que o devedor não tem bens que possam ser penhorados.

Na linha dos ensinamentos de **Jorge Miranda**[34], o espírito da Lei nº 32/2014 está em sintonia com a ideia de efetividade processual e com o artigo 20 da Constituição da República Portuguesa, que prevê como princípio geral o *"acesso ao direito e tutela jurisdicional efectiva"*. O artigo 20 da Constituição da República Portuguesa preocupa-se com a necessidade de a tutela jurisdicional ser proferida em prazo razoável, mediante processo equitativo; sempre de modo a ser efetiva.

José Lebre de Freitas[35] assinala que: *"o entendimento do direito de acesso à justiça como direito efetivo à jurisdição implica ainda que a resposta judicial à pretensão deduzida tenha lugar em prazo razoável, pois uma decisão ou uma providência executiva tardia pode equivaler à denegação de justiça"*.

E a preocupação com uma tutela jurisdicional efetiva ganha crucial destaque na execução, a qual tem como núcleo maior a necessidade de se verdadeiramente satisfazer o direito devido ao seu titular.

Na ideia clássica de **Giuseppe Chiovenda**: *"chama-se execução processual a atuação prática, da parte dos órgãos jurisdicionais, de uma vontade da lei que garante a alguém um bem da vida e que resulta de uma verificação; e conhece-se por execução o complexo de atos coordenados a esse objetivo"*[36].

---

34 MIRANDA, Jorge. *Manual de direito constitucional*. 1ª Edição. Coimbra: Coimbra Editora, 2014. p. 354-359. v.II.

35 FREITAS, José Lebre de. *Introdução ao processo civil. 3ª* ed. Coimbra: Coimbra Editora, 2013. p. 145.

36 CHIOVENDA, Giuseppe. *Instituições de Direito Processual Civil*. Tradução de Paolo Capitanio. Campinas: Bookseller, 1998. p. 346. v. 1.

Na precisa lição de **Elio Fazzalari**, *"sin parla di esecuzione, perché scopo del processo è quello di soddisfare il diritto di credito, di realizzare – eseguire – il contenuto dell'obbligo corrispondente, traducendo in atto un titolo esecutivo"*[37].

José Alberto dos Reis pontifica que *"o fim da execução consiste, como já temos assinalado, em obter para o exequente precisamente aquele benefício que lhe traria o cumprimento da obrigação por parte do devedor ou, se isto não é possível, ao menos um benefício equivalente"*[38].

Nos últimos anos, a preocupação com a efetividade da execução é marca registrada no pensamento do legislador português, sendo certo que a ação executiva passou por grandes transformações a partir das reformas de 2003.

E, nesse contexto, não se pode deixar de mencionar a iniciativa do legislador português de estabelecer a possibilidade de o credor, previamente ao início da execução, se valer de um procedimento preparatório; com vistas a obter informações acerca da existência de bens penhoráveis de titularidade do devedor[39].

O objetivo da norma é bem claro. O credor pode se valer do procedimento extrajudicial pré-executivo para, o quanto antes, descobrir se o devedor realmente tem bens para satisfazer a obrigação a ser executada. Caso fique demonstrado que o devedor não tem bens, caberá ao credor refletir se faz sentido iniciar a ação executiva, ou obter uma certidão que comprove que o devedor nao tem patrimônio suficiente para honrar sua obrigação; podendo desde logo o credor utilizar o reconhecido do prejuízo para fins fiscais.

Logo, a sabedoria do procedimento extrajudicial pré-executivo reside justamente na possibilidade de se antecipar ao credor uma informação crucial para o êxito de sua execução; qual seja, a da existência de bens penhoráveis de titularidade do devedor. É certo, ademais, que esta informação ajuda a evitar demandas executivas infrutíferas e ineficazes, em especial na hipótese de o credor já ser previamente informado de que o devedor não tem bens penhoráveis.[40]

Indubitável é a importância da Lei nº 32 de 30 de maio de 2014, a qual já faculta ao credor descobrir, desde logo, quais são e onde estão os bens penhoráveis do devedor; sendo certo que se ele não tiver bens penhoráveis, o credor poderá desde logo obter certidão que comprova o seu prejuízo, de modo a utilizá-la para fins fiscais, evitando-se, portanto, uma desnecessária e infrutífera ação de execução.

Essa nobre intenção do legislador português pode ser seguida no Brasil através de mecanismos processuais que confiram ao credor a possibilidade de requerer ao

37 FAZZALARI, Elio. *Instituzioni di diritto processuale.* Padova: Cedam, 1979. p. 91.

38 REIS, José Alberto dos. *Processo de Execução.* Coimbra: Coimbra Editora, 1943. p. 23.

39 CARVALHO, José Henrique Delgado. *Ação executiva para pagamento de quantia certa.* Lisboa: Quid Juris, 2014. p. 309.

40 CARVALHO, José Henrique Delgado. *Ação executiva para pagamento de quantia certa.* Lisboa: Quid Juris, 2014. p. 310.

magistrado, no curso da execução, providências céleres no sentido de descobrir quais são e onde estão os bens penhoráveis do devedor; tudo em conformidade com os artigos 4º e 8º do CPC/15 e com o princípio constitucional da eficiência (artigo 37 da CF/88).

A presente posição também guarda relação com o artigo 6º do CPC/15, que trata do princípio da cooperação. Não há dúvida que o princípio da cooperação também é destinado ao magistrado na sua relação com os demais sujeitos processuais, sendo esta a leitura que bem faz a doutrina processual portuguesa. E é neste contexto que a ideia contida na Lei nº 32/2014 poderia ser adotada no Brasil, podendo o magistrado, dentro do dever de cooperação, a pedido do credor, promover os atos processuais necessários para que se possa verificar quais são e onde estão os bens penhoráveis do devedor; e isso logo no início da execução.

A doutrina brasileira reforça esta conclusão, ao claramente estipular, nos termos do artigo 772 do CPC/15, que o juiz pode, em qualquer momento do processo, determinar que sujeitos indicados pelo exequente forneçam informações em geral relacionadas ao objeto da execução, tais como documentos e dados que tenham em seu poder, assinando-lhes prazo razoável.

Luiz Guilherme Marinoni[41] bem aponta que *"o inciso III dá ao juiz o poder de exigir de qualquer pessoa natural ou jurídica elementos que sejam relevantes para a execução, tais como informações sobre bens penhoráveis, sua localização ou eventuais ônus existentes. Para a satisfação dessa ordem, o juiz pode valer-se dos poderes do art. 773, além de eventualmente aplicar as sanções do art. 774, parágrafo único, quando cabível".*

Luiz Guilherme Marinoni[42], quanto ao artigo 6º do CPC/15, ainda acrescenta que: *"o princípio da colaboração estrutura-se a partir da previsão de regras que devem ser seguidas pelo juiz na condução do processo. O juiz tem deveres de esclarecimento, de diálogo, de prevenção, e de auxílio para com os litigantes. (...). Pense-se, por exemplo, no exequente que não encontra bens penhoráveis do executado para satisfação de seu crédito. É tarefa do juiz auxiliá-lo na identificação do patrimônio do executado a fim de que a tutela executiva possa ser realizada de forma efetiva".*

Seguindo a doutrina do professor **Luiz Guilherme Marinoni** acerca do princípio da cooperação, basicamente a linha que a pesquisa tem como norte é a antecipação das providências do já vigente artigo 772 do CPC/15, podendo o magistrado, em respeito aos vetores do artigo 6º do CPC/15, promover, logo no início da execução, as providências de auxilio ao credor quanto à busca de bens futuramente penhoráveis do devedor.

---

41 MARINONI, Luiz Guilherme; ARENHART, Sérgio Cruz; MITIDIERO, Daniel. *Código de Processo Civil Comentado*. São Paulo: RT, 2015. p. 842.

42 MARINONI, Luiz Guilherme; ARENHART, Sérgio Cruz; MITIDIERO, Daniel. *Código de Processo Civil Comentado*. São Paulo: RT, 2015. p. 155.

Neste sentido, **utilizar os poderes do inciso IV do artigo 139 do CPC/15 para antecipar informações de onde e quais são os bens do devedor passíveis de penhora, em uma postura mais cooperativa do Poder Judiciário na busca e localização de bens do devedor, sem dúvida nenhuma seria um fator de contribuição para a melhor efetividade do processo de execução no Brasil.**

É de notar que o Poder Judiciário no Brasil ainda oscila quanto ao tema, sendo missão essencial da doutrina auxiliar os julgadores na consolidação de um precedente que possa uniformizar a aplicação das normas fundamentais do CPC/15 ao processo civil brasileiro, **além de contribuir para uma bem vinda interpretação do inciso IV do artigo 139 do CPC/15 que justifique a adoção mais célere e eficaz de providências do magistrado em busca de informações do devedor quanto aos seus bens penhoráveis.**

Esta interpretação, por exemplo, pode legitimar o rápido e eficaz manejo da recente ferramenta brasileira de localização de bens do devedor, conhecida como CNIB; a qual lamentavelmente, e de forma incompreensível, vem sendo acionada pelo Poder Judiciário apenas em etapas posteriores da execução, após o credor ter exaurido a árdua e infrutífera busca de bens do devedor.

Conforme se extrai de informações oriundas do site www.indisponibilidade.org.br[43], a CNIB é uma central de dados capaz de promover busca de bens do devedor em todo o território nacional, bem como de comunicar aos agentes de registros públicos que houve decretação judicial de indisponibilidade de bens do devedor.

A CNIB vem sendo utilizada em diversas situações pelo Tribunal de Justiça de São Paulo, nas quais o Poder Judiciário conclui que o devedor não adota uma postura cooperativa e em conformidade com as normas fundamentais do CPC/15, em evidente postura procrastinatória:

"MONITÓRIA – Pedido de inclusão da devedora no cadastro da Central Nacional de Indisponibilidade de Bens (CNIB) – Indeferimento – Inadmissibilidade – Possibilidade de expedição da ordem de indisponibilidade de bens da agravada diante das infrutíferas diligências para localização de bens penhoráveis – Decisão reformada – Recurso provido. (TJSP; Agravo de Instrumento 2179367-23.2018.8.26.0000; Relator (a): Álvaro Torres Júnior; Órgão Julgador: 20ª Câmara de Direito Privado; Foro de Vinhedo – 1ª Vara; Data do Julgamento: 26/11/2018; Data de Registro: 29/11/2018)"

"PROCESSO – Indeferimento do pedido de indisponibilidade de bens imóveis em nome dos executados na Central Nacional de Indisponibilidade de Bens – Admissível o deferimento de registro do nome do executado junto à Central de Indisponibilidade de Bens, cadastro instituído pelo Provimento 39/2014, da Col. Corregedoria Nacional de Justiça do CNJ, quando não localizados bens passíveis de penhora, por se tratar de medida adequada para garantir o resultado útil do processo de execução por quantia certa contra devedor solvente ou cumprimento de sentença de obrigação de pagar, visto que idônea e eficaz para agilizar a busca por bens aptos para satisfação de crédi-

43 Acesso em 20.04.2019.

to executado, atendendo, assim, ao princípio da efetividade da execução, sendo certo que, se é verdade que a execução deve ser feita da forma menos onerosa para o devedor (CPC/2015, art. 805), não é menos verdadeiro que ela é processada para satisfação do direito do credor (CPC/2015, art. 789, 797 e 824) – Como, na espécie, restaram parcialmente frutíferas as diligências realizadas para localização de bens penhoráveis, mediante os sistemas Bacenjud, Infojud e Renajud, de rigor, a reforma da r. decisão agravada, para deferir o pedido de expedição de ordem de indisponibilidade de bens dos executados, junto à Central Nacional de Indisponibilidade de Bens, como requerido pela parte agravante, providenciando o MM Juízo da causa o necessário para o cumprimento do ora julgado. Recurso provido. (TJSP; Agravo de Instrumento 2196491-19.2018.8.26.0000; Relator (a): Rebello Pinho; Órgão Julgador: 20ª Câmara de Direito Privado; Foro de Araçatuba – 5ª Vara Cível; Data do Julgamento: 12/11/2018; Data de Registro: 21/11/2018)".

E, no recente julgamento do Agravo de Instrumento nº 2167302-93.2018.8.26.0000, ocorrido em 22.10.2018, a 18ª Câmara de Direito Privado do Tribunal de Justiça do Estado de São Paulo, em acórdão relatado pelo Desembargador Roque Antonio Mesquita de Oliveira, decidiu que:

"RECURSO – Agravo de Instrumento – Execução de título extrajudicial – Insurgência contra o r. "decisum" que indeferiu o pedido de decretação da indisponibilidade de bens dos executados através da Central Nacional de Indisponibilidade de Bens (CNIB) – Admissibilidade – Executados que não pagaram o débito nem indicaram bens passíveis de penhora – Tentativas de localização de bens que resultaram infrutíferas – Indisponibilidade de bens – Medida que busca assegurar a efetividade do processo, eis que sua decretação por meio da CNIB visa a localização de bens em todo território nacional – Precedentes desta Corte de Justiça – Recurso provido."

É claro que, no caso de ausência de bens, o devedor não terá como pagar o débito, sendo a execução infrutífera. Por isso, o uso adequado de sistemas eficazes de localização e bloqueio de bens se mostra essencial para a efetividade da execução.

Daí a certeza de que o adequado uso do sistema CNIB pode ser mais uma ferramenta para que a tão almejada efetividade da execução possa ser conquistada pelo credor, em ampla consonância e aderência com as normas fundamentais do CPC/15.

E o quanto antes tal sistema for utilizado melhor é para a efetividade da execução, razão pela qual a adequada interpretação do artigo 139, IV, do CPC/15 pode legitimar a mais célere utilização desta ferramenta de localização de bens, por exemplo.

Neste passo, dentro de uma leitura constitucional, os artigos 5º e 37 da CF/88, aliados aos artigos 4º, 6º e 8º do CPC/15, seriam, portanto, os principais fundamentos para o manejo ora pretendido do inciso IV do artigo 139 do CPC/15.

O CPC/15 preocupa-se, em seu artigo 4º, com a efetividade processual, incluindo-se a etapa satisfativa, de modo que o credor deve ter assegurado o exercício de todos os meios necessários para obter o real adimplemento do que lhe é devido.

José Roberto dos Santos Bedaque[44] bem disserta que *"entre os direitos fundamentais da pessoa encontra-se, sem dúvida, o direito à efetividade do processo, também denominado direito de acesso à justiça ou direito à ordem jurídica justa, expressões que pretendem representar o direito que todos têm à tutela jurisdicional do Estado. Essa proteção estatal deve ser apta a conferir tempestiva e adequada satisfação de um interesse juridicamente protegido, em favor do seu titular, nas situações em que isso não se verificou de forma natural e espontânea".*

Na clássica doutrina de **José Carlos Barbosa Moreira**[45], a efetividade processual também tem como necessário componente a garantia de que o autor terá condições de obter a satisfação, no plano da realidade, do direito que lhe é devido: *"a) o processo deve dispor de instrumentos de tutela adequados, na medida do possível, a todos os direitos (e outras posições jurídicas de vantagem) contemplados no ordenamento, quer resultem de expressa previsão normativa, quer se possa inferir do sistema; b) esses instrumentos devem ser praticamente utilizáveis, ao menos em princípio, sejam quais forem os supostos titulares dos direitos (e das outras posições jurídicas de vantagem) de cuja preservação ou reintegração se cogita, inclusive quando indeterminado ou indeterminável o círculo dos eventuais sujeitos; c) impende assegurar condições propícias à exata e completa reconstituição dos fatos relevantes, a fim de que o convencimento do julgador corresponda, tanto quanto puder, à realidade; d) em toda a extensão da possibilidade prática, o resultado do processo há de ser tal que assegure à parte vitoriosa o gozo pleno da específica utilidade a que faz jus segundo o ordenamento; e) cumpre que se possa atingir semelhante resultado com o mínimo de dispêndio de tempo e energias".*

Garantir ao credor mecanismos para que ele possa, rapidamente, no curso da fase de execução, obter informações quanto ao patrimônio do devedor, é, sem dúvida, uma inestimável contribuição para um processo mais efetivo. Seja pelo ângulo de facilitar a atividade das partes e do magistrado quanto às futuras constrições do patrimônio do devedor, seja para se evitar processos completamente não efetivos em virtude da ausência de bens para assegurar o pagamento devido ao credor.

Vale dizer, ainda, que a providência ora proposta se justifica também pelo ângulo do princípio da eficiência, previsto no artigo 8º do CPC/15.

Alexandre de Moraes, analisando o princípio da eficiência, proclama que este é: *"aquele que impõe à administração pública direta e indireta e a seus agentes a persecução do bem comum, por meio do exercício de suas competências de forma imparcial, neutra, transparente, participativa, eficaz, sem burocracia e sempre em busca da qualidade, primando pela adoção dos critérios legais e morais necessários para a*

---

44 BEDAQUE, José Roberto dos Santos. *Tutela Cautelar e Tutela Antecipada: Tutelas Sumárias e de Urgência (tentativa de sistematização).* 3ª ed. São Paulo: Malheiros, 2003. p. 341.

45 BARBOSA MOREIRA, José Carlos. *Efetividade do Processo e Técnica Processual.* Revista de Processo. São Paulo: RT, 1995. nº 77, p. 168.

melhor utilização possível dos recursos públicos, de maneira a evitar-se desperdícios e garantir-se uma maior rentabilidade social"[46].

O magistrado, ao determinar prontamente, logo no início da execução, as providências do artigo 772 do CPC/15, indubitavelmente estará garantindo o melhor custo e benefício para os futuros atos processuais nos procedimentos de execução, evitando-se medidas sem resultado econômico algum.

No mais, em linha com o artigo 6º do CPC/15, antecipar as providências do artigo 772 do CPC/15 para o início do processo de execução, em uma postura mais cooperativa do Poder Judiciário na busca e localização de bens do devedor, seria um fator de contribuição para a melhor efetividade e eficiência do processo de execução no Brasil.

O artigo 492 do CPC italiano permite que um expert examine a contabilidade da empresa e aponte desde logo onde estão os bens e créditos penhoráveis; sendo que, no ver de **Francesco Vigorito**[47], esta providência poderia ser decretada desde logo pelo magistrado, pois muito contribui para a busca de bens e créditos penhoráveis.

Não por acaso, recentemente, na linha de conferir maior efetividade ao processo execução, o artigo 492 do CPC italiano ganhou nova disciplina, permitindo-se que o credor, antes da determinação de penhora de bens do devedor, possa requerer ao Poder Judiciário que seja feito acesso ao banco de dados contendo informações fiscais e financeiras do executado.

Pasquale Castoro[48], neste ponto, leciona que: *"L'art. 19, primo comma, lettere c) e d), d.l. 132/2014 è intervenuto sulle modalità di ricerca telematica dei beni da pignorare, abrogando il settimo comma dell'art. 492 c.p.c. che in precedenza le determinava, e stabilendo una nuova disciplina nell'art. 492. Tale dispozione, rubricata 'ricerca com modalita telematiche dei beni da pignorare', consente all ufficiale giudiziario l' accesso diretto alle banche dati pubbliche contenenti informazioni rilevanti ai fine dell'esecuzione, in primo luogo l'anagrafe tributaria, compreso l'archivio dei rapporti finanziari: si tratta di una norma fortemente innovativa che si muove nel senso di ridurre l'asimmetria informativa trai l debitore ed il creditore in ordine alla consistenza dei beni e dei crediti del primo, nell'ottica di consentire al creditore di scegliere la tipologia di procedura executiva piu célere e, quindi, di migliorare l'efficienza dell'espropriazione forzata"*.

No atual sistema italiano, mesmo antes da determinação da penhora, o credor terá condições de melhor conhecer o patrimônio do devedor. É isso que doutrinam **Giovanni Arieta, Francesco de Santis e Luigi Montesano**[49]: *"Il creditore, anche prima*

46 MORAES, Alexandre de. *Direito Constitucional*. 17ª ed. São Paulo: Atlas, 2005. p. 300.

47 VIGORITO, Francesco. *Le procedure esecutive dopo la riforma*. Milano: Giuffrè, 2006. p. 235.

48 CASTORO, Pasquale; CASTORO, Nicola. *Il Processo di Esecuzione. Milano*: Giuffrè, 2016. p. 211.

49 ARIETA. Giovanni; DE SANTIS, Francesco; MONTESANO; Luigi. *Corso Base di Diritto Processuale Civile*. Roma: Cedam, 2016. p. 879.

di aver eseguito un pignoramento negativo ovvero insufficiente a soddisfare le ragioni creditorie, qualora intenda avvalersi del procedimento in esame, deve formulare istanza non piu direttamente all'ufficiale giudiziario, bensi al presidente del tribunale del luogo in cui il debitore há la residenza, il domicilio, la dimora o la sede. Il presidente autorizza la ricerca con modalità telematiche dei beni da pignorare, previa verifica del diritto dela parte istante a procedere ad esecuzione forzata".

Pode-se afirmar que, em certa medida, a atual redação do artigo 492 do CPC italiano se aproxima da essência da presente pesquisa, culminando-se sempre na necessidade de os bens dos devedores serem conhecidos rapidamente.

Quanto mais cedo o credor e o magistrado tiverem as informações patrimoniais do devedor, de forma mais eficiente saberão o que e como penhorar, em total linha com a efetividade e a duração razoável do processo, nos termos do artigo 5º, LXXVIII, da CF/88; e tudo sem prejuízo do devido processo legal e da busca de uma execução equilibrada.

Conhecer previamente o patrimônio do devedor não significa dizer que o magistrado deverá autorizar constrições mais onerosas ao executado. Nos termos do artigo 805 do CPC/15, o magistrado deve zelar pela máxima eficiência da execução, mas, ao menos tempo, garantir que a execução caminhe, dentro do possível, da forma menos onerosa ao devedor.

Teresa Arruda Alvim[50], neste sentido, quanto ao artigo 805 do CPC/15, assinala que *"este dispositivo positiva o chamado princípio da menor gravosidade ao executado ou menor onerosidade da execução. Havendo mais de um meio para a prestação da tutela jurisdicional executiva, esta deve se efetivar pelo meio menos gravoso ao executado. O foco do dispositivo não está propriamente na escolha do tipo de execução, mas sim nos atos executivos, esses sim, quando possível, devem ser menos gravosos ao executado. (...). É certo que o princípio da menor onerosidade não pode ser analisado isoladamente. Ao lado dele, há outros princípios informativos do processo de execução, dentre eles, o da máxima utilidade da execução, que visa à plena satisfação do exequente. Cumpre, portanto, encontrar um equilíbrio entre essas forças, aplicando-se o princípio da proporcionalidade, com vistas a buscar uma execução equilibrada proporcional. O parágrafo único – sensível à menor gravosidade, porém consciente de que a execução, ao fim e ao cabo, representa a força do estado juiz contra o devedor inadimplente, impõe ao executado o ônus de apontar outro caminho menos gravoso, porém igualmente efetivo, para a execução, sob pena dos atos executivos serem mantidos, mesmo que mais onerosos ao executado".*

E, dentro do espírito do artigo 805 do CPC/15, se o magistrado, na ótica da cooperação processual, conhecer previamente o patrimônio do devedor, terá mais con-

---

50 WAMBIER, Teresa Arruda Alvim. CONCEIÇÃO, Maria Lúcia Lins. RIBEIRO, Leonardo Ferres da Silva. TORRES de MELLO, Rogério Licastro. *Primeiros Comentários ao Novo Código de Processo Civil.* 1ª Edição. São Paulo: RT, 2015. p. 1158.

dições de verificar se a conduta das partes está em sintonia com a essência de uma execução equilibrada; que atenda aos interesses do credor, sem violar os direitos e garantias do devedor.

No mais, o devedor, dentro de um modelo de processo cooperativo e que preza pela eficiência e efetividade da execução, não poderia alegar com êxito que a mera antecipação das providências do artigo 772 do CPC/15 seria uma medida de maior onerosidade, em violação ao artigo 805 do CPC/15.

Como bem enfatiza **Marcelo Abelha Rodrigues**[51], o credor também tem direitos fundamentais que merecem ser preservados, sendo que: *"muitas vezes não se pode esquecer que o prejuízo que lhe foi causado pelo devedor, e que ora tenta ser restabelecido pela tutela executiva, poderá ter causado danos de toda monta (patrimoniais e extrapatrimoniais), ferindo-lhe, igualmente, a dignidade".*

A execução sempre deve ser equilibrada, onde o direito fundamental do credor de ter uma efetiva tutela pode conviver com o princípio da menor onerosidade; na linha de, preservando-se a eficiência e duração razoável da execução, garantir ao devedor a possibilidade de concretamente honrar sua dívida da forma que lhe for menos onerosa. E esse parece ser o real espírito do artigo 805 do CPC/15.

Para **Cássio Scarpinella Bueno**[52], a execução equilibrada se traduz na busca de uma tutela jurisdicional eficaz em favor do credor, mas preservando-se a dignidade do executado e dos seus familiares; no sentido de, por exemplo, não se permitir constrições sobre bens legalmente impenhoráveis, se autorizar substituição de bens penhorados dentro da sistemática processual e promover expropriação dos bens penhorados mediante prévia e adequada avaliação. Na hipótese de dois bens poderem ser igualmente penhorados, sendo que ambos possuem semelhantes condições de eficazmente promover o pagamento ao credor, pode o magistrado optar pelo bem que causar menos comprometimento ao patrimônio do devedor[53].

Não é outra a visão de Cândido Rangel Dinamarco: *"É em nome dos valores humanos e éticos, políticos e econômicos alojados à base do sistema executivo que a lei busca o adequado equilíbrio entre os interesses das partes em conflito, para que a exe-*

---

51 RODRIGUES, Marcelo Abelha. *Manual de Execução Civil*. 3ª ed. Rio de Janeiro: Forense Universitária, 2008. p. 91-92.

52 BUENO, Cassio Scarpinella. *Curso Sistematizado de Direito Processual Civil*. 5ª ed. São Paulo: Saraiva, 2012. p. 62. v. 3.

53 "Execução por Quantia Certa. Sociedade de Economia Mista. Dersa. Penhora de Dinheiro de Pedágio. Admissibilidade. Agravo Improvido: "1) A efetividade do processo de execução prestigia a opção pelo caminho mais curto, que é a penhora de dinheiro, sem ofensa ao princípio da menor onerosidade (CPC, art. 620) pois a menor onerosidade deve ser escolhida apenas entre as opções de idêntica efetividade... 3) Penhora de dinheiro arrecadado em pedágio é admissível, impondo-se como a primeira opção CPC, art. 655, I)". (TJSP, Des. Sidnei Beneti, AG n. 177.345-5/0-00, 08.11.2000).

cução seja tão eficiente quanto possível, com o menor sacrifício possível ao patrimônio do devedor"[54].

Sidnei Amendoeira Jr.[55], com o mesmo sentir, enfatiza que *"o principio da menor onerosidade somente quer significar que o executado não pode sofrer sacrifícios maiores do que os necessários para a obtenção do resultado, jamais que possa ser usado para impedir o resultado"*.

E é esta leitura proporcional e construtiva do artigo 805 do CPC/15, em linha com um modelo cooperativo de processo, que impede que o devedor se oponha às medidas atípicas adotadas pelo magistrado que visem tão-somente antecipar providências dos artigos 772, III, e 774, V, do CPC/15, não havendo lesão à sua dignidade ou a princípio da menor onerosidade.

Por outro lado, o manejo do artigo 139, IV, do CPC/15, no formato que vem sendo adotado no Brasil, com foco em restrições de direitos do devedor, apresenta não só o problema de violar o princípio da menor onerosidade estipulado no artigo 805 do CPC/15, mas também direitos e garantias fundamentais estipulados na Constituição Federal.

O primeiro problema é a ofensa ao princípio da responsabilidade patrimonial, muito bem consagrado no sistema processual português. Como lembra **Rui Pinto**[56]: *"o objeto dos actos executivos são sempre situações jurídicas activas patrimoniais no domínio do devedor, ou coisa corpórea ou prestações de facto. Os bens de personalidade, como a integridade física e a liberdade não são objeto da ingerência executiva. A patrimonialidade é, justamente, o princípio enunciado no art. 817 CC, mas também nos artigos 827, 828 e 829 do mesmo código"*.

Araken de Assis[57] lembra que *"a maioria dos atos executivos opera, efetivamente, sobre o patrimônio do devedor, ressalvados os bens impenhoráveis... Daí decorre que, em princípio, os atos executivos recairão tão somente no patrimônio do obrigado"*.

Fazendo um paralelo com a Constituição da República Portuguesa, os direitos fundamentais previstos nos artigos 25, I (integridade moral), 27, I e II (liberdade) e 44 (direito de deslocação) estariam sendo violados pelos atos meramente restritivos e punitivos baseados no artigo 139, IV, do CPC/15.

Como lembra **J.J. Gomes Canotilho**[58], através do princípio da reserva da constituição, as restrições a direitos fundamentais devem ser previstas na própria constituição ou serem levadas a efeito pelo legislador com fundamento em autorização constitu-

---

54 DINAMARCO, Candido Rangel. *Execução Civil*. 8ª ed. São Paulo: Malheiros, 2002. p. 319.

55 AMENDOEIRA JR., Sidnei. As impenhorabilidades e a (não) efetividade da execução. In: ALVIM, Arruda; ARRUDA ALVIM, Eduardo; BRUSCHI, Gilberto Gomes; CHECHI, Mara Larsen; COUTO, Mônica Bonetti. *Execução Civil e temas afins*. São Paulo: RT, 2014. p. 955.

56 PINTO, Rui. *Manual da Execução e Despejo*. Coimbra: Coimbra Editora, 2013. p. 36.

57 ASSIS, Araken. Manual da Execução. São Paulo: RT, 2016. 18ª Edição. p. 288.

58 CANOTILHO, J.J. Gomes. *Direito Constitucional e teoria da constituição*. Coimbra: Almedina, 1999. p. 247.

cional, sendo certo que uma norma infraconstitucional não pode ser aplicada em flagrante violação aos direitos e garantias fundamentais tutelados constitucionalmente.

Sobre a natureza constitucional dos direitos fundamentais, **Jorge Miranda**[59] enfatiza que *"não há direitos fundamentais sem constituição – sem a constituição do constitucionalismo moderno iniciado no século XVIII, a constituição enquanto fundação ou refundação do ordenamento jurídico estatal e incindível de um poder constituinte, a Constituição como sistematização racionalizadora das normas estatutárias de poder e da comunidade; a Constituição como lei, mesmo se acompanhada de fontes consuetudinárias e jurisprudenciais"*.

E ainda como lembra **Jorge Miranda**[60], é dever do Estado de Direito garantir a proteção dos direitos fundamentais: *"Não basta enumerar, definir, explicitar, assegurar só por si direitos fundamentais; é necessário que a organização do poder político e toda a organização constitucional estejam orientadas para a sua garantia e promoção"*.

Neste contexto, **José Melo Alexandrino**[61] leciona, quanto ao sistema constitucional português, que *"segundo o artigo 19, n.1, da Constituição, os órgãos de soberania não podem suspender o exercício dos direitos, liberdades e garantias, salvo em caso de declaração de estado de sítio ou de estado de emergência, declarados na forma prevista na constituição"*. O mesmo autor destaca a importância do princípio da segurança jurídica na proteção dos direitos fundamentais, enfatizando que: *"este princípio tem essencialmente a ver com ideias de subordinação do estado ao direito, em termos de observância das leis, enquanto estas vigorarem; previsibilidade da atuação estatal; clareza e precisão das regras jurídicas; publicidade e transparência dos atos e dos procedimentos públicos; respeito pelos direitos, expectativas e interesses legítimos dignos de proteção pelo direito"* [62].

José Carlos Vieira de Andrade[63], neste passo, destaca que *"a afirmação de que os preceitos relativos aos direitos, liberdades e garantias vinculam as entidades públicas, para não ser uma banalidade, deve ser entendida como um reforço do caráter obrigatório daqueles preceitos constitucionais. Referindo a vinculação aos agentes públicos e não apenas à atividade, a constituição parece sublinhar a existência de um dever específico de respeito, de proteção e de promoção dos direitos fundamentais"*.

Focando no sistema processual do Brasil e na CF/88 do Brasil, de um modo geral, a mera adoção de medidas atípicas de restrição de direitos, com tom punitivo, ao arrepio do princípio da responsabilidade patrimonial, violaria não só o comando do artigo

59 MIRANDA, Jorge. *Direitos Fundamentais.* 2ª Edição. Coimbra: Almedina, 2017. p. 13.

60 MIRANDA, Jorge. *Manual de direito constitucional.* 1ª Edição. Coimbra: Coimbra Editora, 2014. p. 239. v. II

61 ALEXANDRINO, Jose Melo. *Direitos Fundamentais*. Lisboa: Principia, 2011. p. 142

62 ALEXANDRINO, José Melo. *Direitos Fundamentais*. Lisboa: Principia, 2011. p. 142

63 ANDRADE, José Carlos Vieira de. *Os direitos fundamentais na constituição portuguesa de 1976.* Coimbra: Almedina, 2017. p. 263.

805 do CPC/15 (menor onerosidade), mas também violaria o artigo 1, III (dignidade da pessoa humana) e incisos II (legalidade), X (honra), XV (locomoção) do artigo 5 da CF/88.

Este equivocado uso do artigo 139, IV, do CPC/15 estaria em confronto com sua possível leitura constitucional. E, como ensina **Robert Alexy**[64], *"uma norma somente pode ser uma restrição a um direito fundamental se ela for compatível com a Constituição. Se ela for inconstitucional, ela até pode ter a natureza de uma intervenção, mas não a de uma restrição. Com isso, fica estabelecida uma primeira característica: normas são restrições a direitos fundamentais somente se forem compatíveis com a constituição".*

Neste cenário, **Ingo WolfGang Sarlet**[65] lembra que *"a principal manifestação do Estado de Direito como estado material de direito são os direitos e garantias fundamentais, pois são eles que concretizam o estado de direito nas suas diversas dimensões, e na condição de posições subjetivas exigíveis em face do estado, o tornam capaz de se afirmar".*

Portanto, a abordagem constitucional acerca da aplicação do artigo 139, IV, do CPC/15 passa por uma necessária inspiração no sistema processual português, com vistas a incentivar o magistrado a antecipar medidas de busca de informações sobre o patrimônio do devedor. Este modelo de estudo está em conformidade com os princípios constitucionais que guardam relação com o processo civil.

Por outro lado, a aplicação do artigo 139, IV, do CPC/15 apenas para restringir direitos constitucionalmente garantidos, com o foco de simplesmente punir o devedor, além de esbarrar no secular princípio da responsabilidade patrimonial na execução, se mostra de difícil sustentação à luz dos direitos e garantias fundamentais positivados na Magna Carta e nas normas fundamentais do CPC/15.

O professor **João Calvão Silva**[66], em consonância com a conclusão ora em destaque, assinala que o sistema processual deve *"evitar constrangimentos físicos e imorais sobre a pessoa do devedor, atentados odiosos e intoleráveis aos direitos da personalidade, a fim de proteger a liberdade e a dignidade do homem. Proíbe a violência e opressão sobre a pessoa do devedor...".*

Economia processual e segurança jurídica são valores essenciais para a arquitetura do processo civil, como bem lembra a professora **Maria José Capelo**[67], de modo que o artigo 139, IV, do CPC/15 deve ser manejado em conformidade com seus contornos constitucionais.

---

64 ALEXY, Robert. *Teoria dos Direitos Fundamentais*. São Paulo: Malheiros, 2008. p. 281.

65 SARLET, Ingo Wolfgang; MARINONI, Luiz Guilherme; e MITIDIERO, Daniel. *Curso de Direito Constitucional*. São Paulo: Saraiva, 2017. p. 85.

66 SILVA, João Calvão. *Cumprimento e sanção pecuniária compulsória*. 4ª ed. Coimbra: Coimbra editora, 2002. p. 226

67 CAPELO, Maria José. *A sentença entre a autoridade e a prova*. Coimbra: Almedina, 2016.

Conclusão

Após o exame do direito constitucional e processual português, é inegável que se faz possível construir uma linha mestre de aplicação do inciso IV do artigo 139 do CPC/15, em sintonia com a busca de um processo efetivo, eficiente e cooperativo, e sem deixar-se de observar os direitos fundamentais envolvidos no processo de execução.

O sistema português não admite medidas atípicas nos moldes do artigo 139, IV, do CPC/15, mas trabalha com ferramentas que permitem a antecipação de informações quanto ao patrimônio do devedor, bem como incentiva uma maior visibilidade do nível de solvência do devedor, seja em execuções já distribuídas, seja previamente à distribuição desta medida processual. E esta dinâmica muito pode contribuir para termos, no Brasil, uma interpretação constitucional do artigo 139, IV, do CPC/15.

O artigo 139, IV, do CPC/15 dispõe que cabe ao magistrado determinar todas as medidas indutivas, coercitivas, mandamentais ou sub-rogatórias necessárias para assegurar o cumprimento de ordem judicial, inclusive nas ações que tenham por objeto prestação pecuniária.

Os estudos até aqui existentes, no Brasil, focam, em geral, na possibilidade de o inciso IV do artigo 139 do CPC/15 ser utilizado como mecanismo de restrição a direitos do devedor, de modo a incentivá-lo a adimplir o débito perseguido. Também, a doutrina vem enfrentando a legitimidade/constitucionalidade da adoção das principais medidas restritivas utilizadas, quais sejam, a apreensão de passaporte do devedor, a suspensão da carteira de habilitação do devedor e a proibição ao uso do cartão do crédito. E, como visto, a jurisprudência acompanha a tendência da polêmica doutrinária, já havendo decisões judiciais em diferentes sentidos.

Mas, como já enfatizado, e com inspiração no sistema processual português, a tese exposta caminha para justificar a utilização do artigo 139, IV, do CPC/15 como forma de autorizar o magistrado, logo no início da execução, a adotar todas as providências necessárias para localizar bens do devedor; tudo de modo a garantir que o credor e o próprio juiz tenham condições de, logo no início do processo, conhecerem quais são e onde estão os bens penhoráveis do devedor.

Deste modo, através do artigo 139, IV, do CPC/15, o juiz pode e deve adotar providências, logo no início da execução, e após o comportamento do devedor de não pagar o débito no prazo legal, que: levem à quebra dos sigilos bancário e fiscal do devedor, antecipem as providências do artigo 772 do CPC/15, determinem penhoras através da figura do administrador judicial (artigo 866 do CPC/15 – penhora de faturamento), dentre outras medidas que tenham enfoque na busca de bens do devedor.

A adoção de medidas atípicas de restrição de direitos, meramente punitivas, em descaso com o secular princípio da responsabilidade patrimonial, violaria não só o comando do artigo 805 do CPC/15 (menor onerosidade), mas também violaria o artigo 1, III (dignidade da pessoa humana) e incisos II (legalidade), X (honra), XV (locomoção) do artigo 5 da CF/88.

Em um paralelo com a Constituição da República Portuguesa, os direitos fundamentais previstos nos artigos 25, I (integridade moral), 27, I e II (liberdade) e 44 (direito de deslocação) estariam sendo violados pelos atos restritivos baseados no artigo 139, IV, do CPC/15.

Portanto, a abordagem constitucional acerca da aplicação do artigo 139, IV, do CPC/15 passa por uma necessária inspiração no sistema processual português, com vistas a incentivar o magistrado a antecipar medidas de busca de informações sobre o patrimônio do devedor. Este modelo de estudo está em conformidade com os princípios constitucionais que guardam relação com o processo civil.

Referências bibliográficas

ALEXANDRINO, José Melo. *Direitos Fundamentais*. Lisboa: Principia, 2011.

ALEXY, Robert. *Teoria dos Direitos Fundamentais.* São Paulo: Malheiros, 2008.

AMENDOEIRA JR., Sidnei. *As impenhorabilidades e a (não) efetividade da execução*. In: ALVIM, Arruda; ARRUDA ALVIM, Eduardo; BRUSCHI, Gilberto Gomes; CHECHI, Mara Larsen; COUTO, Mônica Bonetti. *Execução Civil e temas afins*. São Paulo: RT, 2014.

ANDOLINA, Italo Augusto. *Il titolo esecutivo dopo le recenti riforme del proceso civile italiano*. In: FUX, Luiz; NERY JR., Nelson; WAMBIER, Teresa Arruda Alvim. *Processo e Constituição*: Estudos em Homenagem ao Professor José Carlos Barbosa Moreira. São Paulo: RT, 2006.

ANDRADE, José Carlos Vieira de. *Os direitos fundamentais na constituição portuguesa de 1976*. Coimbra: Almedina, 2017.

ANDREWS, Neil. *O Moderno Processo Civil.* Tradução de Teresa Arruda Alvim Wambier. 2ª ed. São Paulo: RT, 2012.

ARAUJO, Francisco Fernandes de. *Princípio da Proporcionalidade* – Significado e Aplicação Prática. Campinas: Copola, 2002.

ARIETA. Giovanni; DE SANTIS, Francesco; MONTESANO; Luigi. *Corso Base di Diritto Processuale Civile.* Roma: Cedam, 2016.

ASSIS, Araken. Cabimento e adequação dos meios executórios atípicos; in Talamini, Eduardo; Minami, Marcos Youji (coordenadores). *Medidas Executivas Atípicas*. Salvador: Juspodium, 2018.

ASSIS, Araken. *Manual da Execução*. São Paulo: RT, 2016. 18ª Edição.

BARBOSA MOREIRA, José Carlos. *Efetividade do Processo e Técnica Processual.* Revista de Processo. São Paulo: RT, 1995. n. 77.

BARROSO, Luis Roberto. *O Direito Constitucional e a efetividade de suas normas*: limites e possibilidades da constituição brasileira. 5ª ed. Rio de Janeiro: Renovar, 2001.

BAUMÖHL, Debora Ines Kram. *A nova execução*. São Paulo: Atlas, 2006.

BEDAQUE, José Roberto dos Santos. *Tutela Cautelar e Tutela Antecipada*: Tutelas Sumárias e de Urgência (tentativa de sistematização). 3ª ed. São Paulo: Malheiros, 2003.

BEDAQUE, José Roberto dos Santos. *Efetividade do Processo e Técnica Processual*. São Paulo: Malheiros, 2007.

BONAVIDES, Paulo; MIRANDA, Jorge; AGRA, Walber de Moura. *Comentários à Constituição Federal de 1988*. Rio de Janeiro: Forense, 2009.

BONSIGNORI, Angelo. *L'esecuzione forzata*. Torino: G. Giappichelli editore, 1996.

BUENO, Cássio Scarpinella. *Curso Sistematizado de Direito Processual Civil*. São Paulo: Saraiva, 2007. v. 1

BUENO, Cassio Scarpinella. *Curso Sistematizado de Direito Processual Civil*. 5ª ed. São Paulo: Saraiva, 2012. v. 3.

BUENO, Cassio Scarpinella. *Manual de Direito Processual Civil*. São Paulo: Saraiva, 2015.

BUENO, Cassio Scarpinella. *Novo Código de Processo Civil anotado*. São Paulo: Saraiva, 2015.

CALMON DE PASSOS, José Joaquim. *A crise do processo de execução*. In: TUBENCHLAK, James; BUSTAMANTE, Ricardo Silva de (coord). *Livro de estudos jurídicos*. Rio de Janeiro: Instituto de Estudos Jurídicos, 1991.

CANOTILHO, J.J. Gomes. *Direito Constitucional e teoria da constituição*. Coimbra: Almedina, 1999.

CAPELO, Maria José. *A sentença entre a autoridade e a prova*. Coimbra: Almedina, 2016.

CARVALHO, Fabiano. *Comentários ao artigo 774 do Código de Processo Civil*. In: WAMBIER, Teresa Arruda Alvim; DIDIER Jr., Fredie; TALAMINI, Eduardo; DANTAS, Bruno (Coord.). *Breves comentários ao novo código de processo civil*. São Paulo: RT, 2015.

CARVALHO, José Henrique Delgado. *Ação executiva para pagamento de quantia certa*. Lisboa: Quid Juris, 2014.

CASTORO, Pasquale; CASTORO, Nicola. *Il Processo di Esecuzione*. Milano: Giuffrè, 2016.

CASTRO, Leonardo Prieto. *Exposición del Derecho Procesal Civil de España*. Zaragoza: Libreria General, 1945.

CHIOVENDA, Giuseppe. *Instituições de Direito Processual Civil*. Tradução de Paolo Capitanio. Campinas: Bookseller, 1998.

COELHO, Marcus Vinicius Furtado. MEDEIROS NETO, Elias Marques de. YARSHELL, Flávio Luiz. PUOLI, José Carlos Baptista. *O Novo Código de Processo Civil*: Breves Anotações para a Advocacia. Brasília: OAB, Conselho Federal, 2016.

COMOGLIO, Luigi Paolo. *Principi Costituzionali e Processo di Esecuzione*. Rivista di Diritto Processuale 2-1994/452.

COMOGLIO, Luigi Paolo. La Ricerca dei Beni da Pignorare. In: FUX, Luiz; NERY JR., Nelson; WAMBIER, Teresa Arruda Alvim. *Processo e Constituição*: Estudos em Homenagem ao Professor José Carlos Barbosa Moreira. São Paulo: RT, 2006.

CORREA, Jonas Vilasboas. *Os reflexos das decisões judiciais sobre os investimentos de capital externo no Brasil*. Disponível em http://www.sep.org.br/artigos/.

COSTANTINO, Giorgio. *Le Riforme della Giustizia Civile nella XIV Legislatura*. Rivista de Diritto Processuale 1-2005/30.

CUNHA, Leonardo Carneiro. Comentários ao art. 6º do Novo Código de Processo Civil. Comentários ao Código de Processo Civil. Lenio Luiz Streck; Dierle Nunes; Leonardo Carneiro da Cunha; e Alexandre Freire. Coord. São Paulo: Saraiva, 2016.

DIDIER JR., Fredie. *Apontamentos para a concretização do princípio da eficiência do processo*. In: FREIRE, Alexandre; DANTAS, Bruno; NUNES, Dierle; DIDIER JR., Fredie; MEDINA, José Miguel Garcia; FUX, Luiz; CAMARGO, Luiz Henrique Volpe; OLIVEIRA, Pedro Miranda (Org.). *Novas tendências do processo civil*. Salvador: Podium, 2013.

DIDIER JR., Fredie. *Fundamentos do princípio da cooperação no direito processual civil português*. Coimbra: Coimbra editora, 2010.

DIDIER JR, Fredie. *O princípio da cooperação: uma apresentação*. Revista de Processo, São Paulo, v. 127, 2005.

DINAMARCO, Cândido Rangel. *A Instrumentalidade do Processo*. São Paulo: Malheiros, 2008.

DINAMARCO, Cândido Rangel. *Execução Civil*. 8ª Ed. São Paulo: Malheiros, 2002.

DINAMARCO, Cândido Rangel. *Menor Onerosidade e Efetividade da Tutela Jurisdicional*. In: Nova Era do Processo Civil. 2ª ed. São Paulo: Malheiros, 2007.

FALCÃO, Joaquim; SCHUARTZ, Luís Fernando; ARGUELHES, Diego Werneck. Jurisdição, *incerteza e Estado de Direito*. Disponível em http://academico.direito-rio.fgv.br/ccmw/images/2/2c/Jurisdi%C3%A7%C3%A3o_Incerteza_e_Estado_de_Direito.doc.

FAZZALARI, Elio. *Instituzioni di diritto processuale*. Padova: Cedam, 1979.

FERNÁNDEZ – BALLESTEROS, Miguel Angel. *La Ejecución Forzosa y Las Medidas Cautelares en La Nueva Ley de Enjuiciamiento Civil*. Madrid: Iurgium, 2001.

FREITAS, José Lebre de. *Introdução ao processo civil*. 3ª ed. Coimbra: Coimbra Editora, 2013.

FREITAS, José Lebre de. *A ação executiva*. 6ª ed. Coimbra: Coimbra Editora, 2014.

GAJARDONI, Fernando da Fonseca. *O modelo presidencial cooperativista e os poderes e deveres do juiz do novo CPC*. In: *O Novo Código de Processo Civil*, Questões Controvertidas. Vários autores. São Paulo: Atlas, 2015.

GAJARDONI, Fernando da Fonseca; e PEREIRA, Augusto Martins. *Medidas atípicas na execução civil*: análise de casos no âmbito do tjsp. In: *Reflexões sobre o CPC/15*. Marcato, Ana; Medeiros Neto, Elias Marques de; Dellore, Luiz; Barioni, Rodrigo; Mollica, Rogério; Amendoeira Jr., Sidnei; e Ferreira, William Santos. São Paulo: Verbatim, 2018.

GALDINO, Flávio. *Introdução à Teoria dos Custos dos Direitos*: Direitos Não Nascem em Árvores. Rio de Janeiro: Lumen Juris, 2005.

GRECO, Leonardo. *Coações indiretas na execução pecuniária*; in Talamini, Eduardo; Minami, Marcos Youji (coordenadores). *Medidas Executivas Atípicas*. Salvador: Juspodium, 2018.

GUERRA, Marcelo Lima. *Direitos Fundamentais do Credor e a Proteção do Credor na Execução Civil*. São Paulo: RT, 2003.

LIEBMAN, Enrico Tulio. *Processo de execução*. São Paulo: Bestbook, 2001.

LOPES, João Batista. *Princípio da Proporcionalidade e Efetividade do Processo Civil*. In: MARINONI, Luiz Guilherme (Coord.). *Estudos de Direito Processual Civil*. Homenagem ao Professor Egas Dirceu Moniz de Aragão. São Paulo: RT, 2006.

MARINONI, Luiz Guilherme; ARENHART, Sérgio Cruz; MITIDIERO, Daniel. *Código de Processo Civil Comentado*. São Paulo: RT, 2015.

MARINONI, Luiz Guilherme; ARENHART, Sérgio Cruz; MITIDIERO, Daniel. *Novo Curso de Processo Civil*. São Paulo: RT, 2015. v. 1.

MARINONI, Luiz Guilherme; ARENHART, Sérgio Cruz; MITIDIERO, Daniel. *Novo Curso de Processo Civil*. São Paulo: RT, 2015. v. 3.

MELO, Fábio Soares de. *Processo administrativo tributário*: princípios, vícios e efeitos jurídicos. São Paulo: Dialética, 2012.

MENDES, Gilmar Ferreira; BRANCO, Paulo Gustavo Gonet. *Curso de Direito Constitucional*. São Paulo: Saraiva, 2018

MESQUITA, Lurdes; ROCHA, Francisco Costeira. *A ação executiva no Novo Código de Processo Civil*. 3ª Edição. Porto: Vidaeconómica, 2014.

MIRANDA, Jorge. *Manual de direito constitucional*. 1ª Edição. Coimbra: Coimbra Editora, 2014. v.II.

MIRANDA, Jorge. *Direitos Fundamentais*. 2ª Edição. Coimbra: Almedina, 2017.

MORAES, Alexandre de. *Direito Constitucional*. 17ª ed. São Paulo: Atlas, 2005.

NETO, Abilio. *Novo código de processo civil anotado*. 2ª Edição. Lisboa: Ediforum, 2014.

PAIVA, Eduardo; CABRITA, Helena. *O processo executivo e o agente de execução*. Coimbra: Coimbra Editora, 2009.

PETRONY. *Procedimento extrajudicial pré-executivo*. Lisboa: Petrony, 2014.

PINHEIRO, Paulo Eduardo D'Arce. *Poderes executórios do juiz*. São Paulo: Saraiva, 2011.

PINHEIRO, Paulo Eduardo D'arce. *Tutela Executiva Atípica e Segurança Jurídica*. In: FREIRE, Alexandre; DELFINO, Lúcio; OLIVEIRA, Pedro Miranda de; RIBEIRO, Sérgio Luiz de Almeida. *Processo Civil nas tradições brasileira e ibero-americana*. Florianópolis: Conceito, 2014.

PINTO, Rui. *Manual da Execução e Despejo*. Coimbra: Coimbra Editora, 2013.

PINTO, Rui. *Notas ao Código de Processo Civil*. Coimbra: Coimbra Editora, 2014.

PINTO, Rui; Tomaz, Helena. *Procedimento Extrajudicial Pré-Executivo Anotado*. Coimbra: Coimbra Editora, 2015.

PISANI, Andrea Proto. Appunti sulla Tutela di Condana. In: *Studi in Onore di Enrico Tullio Liebman*. Milano: Giuffrè, 1979. v. III.

PORTO, Sérgio Gilberto. *A crise de eficiência do processo – a necessária adequação processual à natureza do direito posto em causa, como pressuposto de efetividade*. In: FUX, Luiz; NERY JR., Nelson; WAMBIER, Teresa Arruda Alvim. *Processo e Constituição*: Estudos em Homenagem ao Professor José Carlos Barbosa Moreira. São Paulo: RT, 2006.

REIS, José Alberto dos. *Processo de Execução*. Coimbra: Coimbra Editora, 1943.

REMÉDIO MARQUES, J. P. *Curso de processo executivo comum à face do código revisto*. Porto: SPB Editores, 1998.

RIBEIRO, Flávia Pereira. *Desjudicialização da execução civil*. São Paulo: PUCSP (tese de doutorado), 2012.

RIBEIRO, Virginio Costa. *As funções do agente de execução*. Coimbra: Almedina, 2011.

RIBEIRO, Virgínio da Costa; REBELO, Sérgio. *A ação executiva anotada e comentada*. Coimbra: Almedina, 2015.

RODRIGUES, Fernando Pereira. *O novo processo civil e os princípios estruturantes*. Coimbra: Almedina, 2013.

RODRIGUES, Marcelo Abelha. *Manual de Execução Civil*. 3ª ed. Rio de Janeiro: Forense Universitária, 2008.

SALETTI, Achile. *Processo esecutivo e prescrizione*. Milano: Giuffrè, 1992.

SANTOS, Boaventura de Sousa. *Da microeconomia à microsociologia da tutela judicial*. Revista Juízes para a democracia. Associação juízes para a democracia, n. 1, jan-jun. 1996.

SARLET, Ingo Wolfgang; MARINONI, Luiz Guilherme; e MITIDIERO, Daniel. *Curso de Direito Constitucional*. São Paulo: Saraiva, 2017.

SATTA, Salvatore. *Direito Processual Civil*. Campinas: LZN, 2003. v. 2

SICA, Heitor Vitor Mendonça. *Notas sobre a efetividade da execução civil*. In: ALVIM, Arruda; ARRUDA ALVIM, Eduardo; BRUSCHI, Gilberto Gomes; CHECHI, Mara Larsen; COUTO, Mônica Bonetti. *Execução Civil e temas afins*. São Paulo: RT, 2014.

SILVA, João Calvão. *Cumprimento e sanção pecuniária compulsória*. 4ª ed. Coimbra: Coimbra editora, 2002.

SILVA, Paula Costa. *A reforma da acção executiva*. 3ª Edição. Coimbra: Coimbra Editora, 2003.

SILVA, Paula Costa e. *A litigância de má fé*. Coimbra: Coimbra Editora, 2008.

SOUSA, Miguel Teixeira de. *A reforma da acção executiva*. Lisboa: Lex, 2004.

SUNDFELD, Carlos Ari. *Direito Administrativo Ordenador*. São Paulo: Malheiros, 1997.

TALAMINI, Eduardo. *Poder geral de adoção de medidas executivas e sua incidência nas diferentes modalidades de execução*; in Talamini, Eduardo; Minami, Marcos Youji (coordenadores). Medidas Executivas Atípicas. Salvador: Juspodium, 2018.

TARUFFO, Michele. *Note sul diritto ala condanna e all'escuzione*. Rivista Critica del Diritto Privato. Napoli: Jovene, 1986.

TARUFFO, Michele. *Processo civil comparado*: ensaios. Apresentação, organização e tradução de Daniel Mitidiero. São Paulo: Marcial Pons, 2013.

THAMAY, Rennan. *Manual de Direito Processual Civil*. São Paulo: Saraiva, 2018.

THEODORO JÚNIOR, Humberto. *As Vias de Execução no Código de Processo Civil Reformado*. Revista IOB, n. 43, set-out. 2006,

THEODORO JÚNIOR., Humberto. *Curso de Direito Processual Civil*. 56ª Ed. Rio de Janeiro: Forense, 2016. v. I.

THEODORO JÚNIOR., Humberto. *Curso de Direito Processual Civil*. 49ª Ed. Rio de Janeiro: Forense, 2016. v. III.

THEODORO JÚNIOR, Humberto. *Evolução da execução forçada no direito luso-brasileiro*. In: FREIRE, Alexandre; DELFINO, Lúcio; OLIVEIRA, Pedro Miranda de; RIBEIRO, Sérgio Luiz de Almeida. *Processo Civil nas tradições brasileira e ibero-americana*. Florianópolis: Conceito, 2014.

TOMMASEO, Ferruccio. *Sull'Attuazione dei Diritti di Credito nell'Esecuzione in Forma Specifica*. In: Studi in Onore di Enrico Tullio Liebman. Milano: Giuffrè, 1979.

TROCKER, Nicolò. *Processo Civile e Constituzione*. Milano: Giuffrè, 1974.

VALLES, Edgar. *Cobrança judicial de dívida, injunções e respectivas execuções*. Coimbra: Almedina, 2015.

VIGORITO, Francesco. *Le procedure esecutive dopo la riforma*. Milano: Giuffrè, 2006.

VOLPE CAMARGO, Luiz Henrique. O art. 139, IV, do CPC e os instrumentos de defesa do executado; in Talamini, Eduardo; Minami, Marcos Youji (coordenadores). *Medidas Executivas Atípicas*. Salvador: Juspodium, 2018.

WAMBIER, Teresa Arruda Alvim. CONCEIÇÃO, Maria Lúcia Lins. RIBEIRO, Leonardo Ferres da Silva. TORRES de MELLO, Rogério Licastro. *Primeiros Comentários ao Novo Código de Processo Civil*. 1ª Edição. São Paulo: RT, 2015.

YARSHELL, Flávio Luiz. *Antecipação da Prova sem o Requisito da Urgência e Direito Autônomo à Prova*. São Paulo: Malheiros, 2009.

YARSHELL, Flávio Luiz. *A Ampliação da responsabilidade patrimonial*: caminho para solução da falta de efetividade da execução civil brasileira? In: ALVIM, Arruda; ARRUDA ALVIM, Eduardo; BRUSCHI, Gilberto Gomes; CHECHI, Mara Larsen; COUTO, Mônica Bonetti. *Execução Civil e temas afins*. São Paulo: RT, 2014.

ZUFELATO, Camilo. *Análise Comparativa da cooperação e colaboração entre os sujeitos processuais nos projetos de novo CPC*, in: Freire, Alexandre; Dantas, Bruno; Nunes, Dierle; Didier Jr., Fredie; Medina, José Miguel Garcia; Fux, Luiz; Camargo, Luiz Henrique Volpe; Oliveira, Pedro Miranda de. *Novas Tendencias do Processo Civil*. Salvador: Jus Podium, 2013.

Os Acordos de Acionistas e de Confidencialidade e seus Efeitos perante Terceiros

Fernando Campos Scaff

Tive a grata satisfação de ser convidado para participar de obra coletiva feita em homenagem ao Professor Roberto Rosas.

É um grande privilégio. Minha admiração pelo homenageado só fez crescer ao longo de nossa amizade de quase trinta anos, quando fui a ele apresentado pelo saudoso Professor Fabio Maria De-Mattia, isso na década de noventa.

Ao longo desse período pude partilhar da gentileza permanente do Professor Roberto Rosas e que adorna a sua inteligência, ética e lealdade.

Tive também a honra de o ter nas minhas bancas de doutorado, livre-docência e titularidade, todas na minha *alma mater*, a Faculdade de Direito do Largo São Francisco.

Não me esqueço de cada um desses momentos e, também por eles, tem o Professor Roberto Rosas a minha gratidão e a renovação da minha permanente amizade.

I. Os direitos obrigacionais: a natureza contratual do acordo de acionistas e do acordo de confidencialidade

No campo patrimonial, pode-se afirmar com segurança que a *summa divisio* dos direitos subjetivos distingue aqueles denominados *reais* dos assim chamados *direitos obrigacionais* ou *pessoais*.

Os direitos reais, tutelados pelas *actiones in rem*, produzem os seus efeitos *erga omnes* e em *numerus clausus*; já os direitos obrigacionais, tutelados pelas *actiones in personam*, têm efeitos *inter partes* e são inumeráveis.

Estes últimos adotam como ponto de partida a *liberdade negocial*, ou seja, os sujeitos de direito podem se obrigar dentro dos limites estabelecidos expressamente pela lei. É o que dispõe, por exemplo, o art. 425 do Código Civil (CC) brasileiro, ao afirmar que, no campo contratual, a regra é a da atipicidade[1].

Por certo que esta liberdade não pode, em regra, produzir efeitos que afetem outras partes que não tenham participado do negócio jurídico, salvo se houver previsão expressa da lei. Ao declararem suas respectivas vontades quanto à formação e aos efeitos de determinado contrato, as partes, no exercício da autonomia privada que lhes garante o ordenamento jurídico, vinculam normalmente somente a si próprias.

A regra, pois, é a de que os efeitos da relação contratual incidem *inter partes*, ou seja, vigora o princípio da relatividade nas obrigações. Consequência disso é que o terceiro, estranho à relação obrigacional, não deva – sempre como regra – beneficiar-se desse contrato, nem nele interferir.

---

1 *"É lícito às partes estipular contratos atípicos, observadas as normas gerais fixadas neste Código".*

É importante relembrar que a noção de contrato se relaciona à criação de um *compromisso* original. Essa concepção decorre da conhecida definição de Robert-Joseph Pothier[2], a qual inspirou o *Code Napoléon* de 1804 e serviu de baliza indispensável para todas as outras grandes codificações posteriores: *"L'espèce de convention qui a pour objet de former quelque engagement est celle qu'on appelle contrat"*.

Tal modalidade de compromisso *serve apenas às partes*, ou seja, vincula, beneficia e eventualmente prejudica apenas os sujeitos que em tal relação participaram, salvo as exceções admitidas em lei.

Esse é o correto valor a ser conferido ao termo *"acordo"*. Sem acordo e sem compromisso não existe contrato. É o que está expresso, de modo adequado, no art. 1321 do CC italiano de 1942: *"(Nozione) Il contratto è l'accordo di due o più parti per costituire, regolare o estinguere tra loro un rapporto giuridico patrimoniale"*.

Não se identifica perfeitamente o conceito de *contrato,* contudo, com aquele de *acordo*. Para que se tenha a compreensão adequada de sua extensão é necessário, na verdade, fazer a relação entre alguns elementos de cada instituto.

De fato, o *contrato* é um acordo destinado *"per costituire, regolare o estinguere tra loro un rapporto giuridico patrimoniale"*[3]. Os efeitos que produz, portanto, referem-se essencialmente à esfera jurídico-patrimonial dos sujeitos envolvidos.

Porém, deve-se observar que essa noção se projeta mais além. Afirmar que tais efeitos somente possam ser alcançados por meio de um acordo e que sem este não poderão existir significa, nas palavras de Vincenzo Roppo, *"proteggere la sfera giuridica del soggetto contro azioni di agenti esterni, suscettibili di inciderne le posizioni giuridiche"*[4].

Torna-se, assim, indissociável da natureza do contrato que ele tenha efeitos *inter partes*, ou seja, relativos.

Por certo, existem situações em que o terceiro é afetado ou influi na relação obrigacional, mas estas somente são possíveis mediante, como se disse, expressa previsão legal.

Este "princípio do acordo" coincide com aquele da autonomia privada. É traço civilizatório de nossa sociedade que os sujeitos possam assumir obrigações perante outros, como regra que norteia a teoria geral dos contratos, somente se assim o desejarem, o que visa garantir que as pessoas não sejam afetadas por uma tomada de decisão feita unilateralmente pela outra parte.

---

2 *Traité des obligations* (1761), t. 1, Paris, Dalloz, 2011, p. 5 (= n. 3).

3 Texto semelhante, quanto aos efeitos, porém relacionado ao ato jurídico, existia no art. 81 do CC brasileiro de 1916: *"Todo o ato lícito que tenha por fim imediato adquirir, transferir, modificar ou extinguir direitos, se denomina ato jurídico"*.

4 *Il contratto*, 2ª ed., Milano, Giuffrè, 2011, p. 23 (= § 2).

É este princípio que fundamenta todo o Direito Privado e garante a livre iniciativa na ordem econômica nacional, conforme estabelece o art. 170, *caput* da Constituição brasileira de 1988[5].

De fato, o contrato apresenta, conforme esta definição, um duplo perfil: *subjetivo* e *objetivo*[6].

Subjetivo, pois identifica o contrato como decisão de ambas as partes e justamente como um *acordo*. Surge, pois, da produção de declarações de vontade em sua mais elevada excelência.

Objetivo, uma vez que o define como regramento das relações jurídicas patrimoniais entre as partes que, desse modo, decidem conjuntamente regras, direitos e deveres a serem aplicados à tal relação. Nas palavras de Goffredo C. da Silva Telles Jr., o contrato constitui, com este duplo perfil, o *justo por convenção* ou *convencional*[7].

O instrumento contratual nada mais é do que o suporte material do justo convencional. As partes decidem, em determinado setor econômico, como desejam regulamentar da melhor maneira os seus interesses.

Nesse sentido, portanto, os *acordos de acionista* e os *termos de confidencialidade* enquadram-se nessa categoria e nada mais são do que espécies de negócios jurídicos bilaterais e com fundo patrimonial.

Modesto S. B. Carvalhosa, ao definir o que é um *acordo de acionistas*, afirma que se trata *"de um contrato submetido às normas comuns de validade e eficácia de todo o negócio jurídico privado, concluído entre acionistas de uma mesma companhia, tendo por objeto a regulação do exercício dos direitos referentes às suas ações, tanto no que concerne ao controle como ao voto dos minoritários ou, ainda, à negociabilidade dessas ações"*.[8]

Trata-se, pois, de um tipo de negócio jurídico – da subespécie "contrato" – como outro qualquer, mas que recebe tal denominação em decorrência do seu objeto específico, qual seja o de regular o exercício dos direitos decorrentes da titularidade das ações de certa empresa[9].

Com maior precisão, o objeto próprio de um *acordo de acionistas* se encontra previsto no art. 118 da Lei 6404, de 15 de dezembro de 1976 ("Lei das Sociedades por Ações") e poderá versar *"sobre a compra e venda de suas ações, preferência para adquiri-las, exercício do direito ao voto, ou o poder de controle (...)"*.

---

5 *"A ordem econômica, fundada na valorização do trabalho humano e na livre iniciativa, tem por fim assegurar a todos existência digna, conforme os ditames da justiça social (...)".*

6 C. Massimo Bianca, *Istituzioni di diritto privato*, Milano, Giuffrè, 2014, p. 357.

7 *Iniciação na Ciência do Direito*, São Paulo, Saraiva, 2001, pp. 361-363.

8 *Acordo de Acionistas*, São Paulo, Saraiva, 2011, p. 21.

9 C. Barbi Filho, *Acordo de Acionistas*, Belo Horizonte, Del Rey, 1993, 2012, p. 12.

Por ser um contrato, portanto, deve ser aplicado ao *acordo de acionistas* o referido princípio da relatividade no tocante aos efeitos por ele produzidos.

Já a confidencialidade costuma ser tratada no campo da boa-fé objetiva, ou seja, tal como um dever lateral imposto pela lei nas fases pré-contratual, contratual e pós-contratual. É o que determinou o art. 422 do CC brasileiro[10] e que foi desse modo interpretado pelo Enunciado n. 25 da I Jornada de Direito Civil[11].

Sua extensão, ademais, pode ser delimitada também de modo convencional, com especificações e inserção de características ajustadas pelas partes.

Por ser um dever jurídico lateral e decorrente da lei, os sujeitos envolvidos não devem divulgar as informações obtidas ao participarem de tratativas[12], mesmo se o contrato não dispuser sobre o sigilo.

A prática jurídica criou, neste sentido, a denominada cláusula ou obrigação de *standstill*. Trata-se de uma hipótese dos possíveis acordos de bloqueio (*"lock-up"*)[13] que afetam negociações com terceiros relacionados ao certame e criam, assim, limitações na compra e venda de ações e participações societárias de uma empresa.

Ainda mais importante é constatar qual foi a *finalidade* de cada um deles.

O *acordo de acionista* serve para regular os deveres dos acionistas, bem como balizar o exercício de suas faculdades e direitos.

Por sua vez, o *termo ou acordo de confidencialidade* pode se referir, por exemplo, ao sigilo que deveria ser mantido durante o procedimento de aquisição das ações de determinada empresa.

Considerando-se, mais uma vez, o princípio da relatividade dos efeitos contratuais, pode-se já neste momento concluir que, além dos custos envolvidos na transação onerarem apenas as partes[14], terceiros não se submetem às regras contidas no acordo de acionistas e no acordo de confidencialidade.

Não é natural a expansão desses efeitos perante terceiros (oponibilidade dos negócios jurídicos), mesmo se forem empresas controladoras ou a serem controladas em futuro próximo. Trata-se sempre de direito obrigacional e não real.

É o que prevê expressamente, por exemplo, o art. 1372 do CC italiano que se aplica integralmente ao ordenamento jurídico brasileiro: *"(Efficacia del contratto). Il*

---

10 *"Os contratantes são obrigados a guardar, assim na conclusão do contrato, como em sua execução, os princípios de probidade e boa-fé".*

11 *"O art. 422 do Código Civil não inviabiliza a aplicação pelo julgador do princípio da boa-fé nas fases pré-contratual e pós-contratual".*

12 C. Massimo Bianca, *Istituzioni di diritto* cit. (nota 6), p. 399.

13 Modesto S. B. Carvalhosa, *Acordo de Acionistas* cit. (nota 8), pp. 120-121.

14 T. W. Merrill – H. E. Smith, *The Property/Contract Interface*, in *Columbia Law Review,* 101 (2001), p. 800.

contrato ha forza di legge tra le parti. Non può essere sciolto che per mutuo consenso o per cause ammesse dalla legge. Il contratto non produce effetto rispetto ai terzi che nei casi previsti dalla leggi".

Um direito obrigacional somente produz efeito perante terceiros *"nei casi previsti dalla leggi"*, como a estipulação em favor de terceiro (arts. 436-438 do CC) e a promessa de fato de terceiro (art. 439-440 do CC). O princípio da relatividade dos efeitos obrigacionais decorre da própria autonomia privada das partes, pelo contrato constituir *"legge tra le parti"*.

Todavia, o contrato pode criar situações jurídicas que os terceiros devem respeitar, sob pena de sofrerem reações adequadas da parte que se mostre injustamente prejudicada.

A regra, contudo, é a de que o contrato não pode atribuir direito a um terceiro, nem este gozará de proteção jurídica, a qual é restrita à possível parte ofendida[15], mesmo se aquele for uma empresa controladora de uma das partes[16].

II. A oferta de ações a terceiros e o direito de preferência

É comum nos acordos de acionistas que sejam disciplinadas regras a respeito da oferta de ações a terceiros e em relação ao direito de preferência.

A oferta de aquisição de ações é um negócio jurídico unilateral e que vincula o ofertante. Seu objeto antecede a eventual e futura realização do contrato de aquisição das ações[17].

Oferta e aquisição futura das ações constituem, portanto, atos negociais distintos, ainda que vinculados, pois a oferta feita obriga o declarante no que diz respeito ao seu conteúdo.

A efetivação da compra e venda das ações por terceiro pode estar, por outro lado, condicionada ao exercício do direito de preferência que constitui, além do acordo de confidencialidade, outra cláusula ou acordo da modalidade daqueles que são chamados *de bloqueio*.

Como já definido por O. J. de Plácido e Silva, a preferência refere-se à *"vantagem ou primazia que vem colocar a pessoa ou a coisa em primeiro lugar, ou antes que outra, para favorecê-la ou beneficiá-la"*[18].

O sentido etimológico da palavra "preferência", originária do verbo latino *"praeferre"* [= "levar a frente, preferir"], reforça este conceito.

---

15 O. Gomes, *Obrigações*, Rio de Janeiro, Forense, 2005, p. 17.

16 V. Roppo, *Il contratto* cit. (nota 4), pp. 532-533, 535 (= § 26).

17 Modesto S. B. Carvalhosa, *Oferta Pública de Aquisição de Ações*, São Paulo, Cairu, 1978, p. 17.

18 *Preferência*, in *Vocabulário Jurídico*, 29ª ed., Rio de Janeiro, Forense, 2012, p. 1076.

Se as partes consentem em inserir, no acordo de acionistas, um direito de preferência, aquele que deve o exercer – "Acionista Ofertado", na terminologia do Acordo de Acionistas – apresenta uma faculdade ou um direito potestativo que deve ser respeitado.

Desta maneira, o "Acionista Ofertante" deve, em primeiro lugar, sujeitar-se ao exercício do direito de preferência. Somente após a manifestação negativa ou o não cumprimento da condição pelo seu titular é que tal Ofertante poder realizar o negócio com o terceiro interessado, o "Proponente".

Configura-se, assim, o direito de preferência tal como um privilégio absolutamente válido, uma vez disposto conforme a *affectio societatis* das empresas envolvidas. Se o sócio remanescente exerce o direito de preferência, passa a ter o direito à aquisição das ações que serão alienadas.

Com o cumprimento pelo sócio remanescente de todas as obrigações que lhe são impostas e com transferência da propriedade das ações, todos os direitos a elas inerentes, inclusive aqueles próprios ao domínio previstos no art. 1228 do CC brasileiro[19], passam a ser exercidos pelo acionista remanescente.

É a presença, mais uma vez, do corolário da liberdade contratual das partes.

O direito de preferência representa, assim, tanto o exercício de um direito potestativo, como também uma condição suspensiva para a eventual venda das ações pelo acionista ofertante ao terceiro interessado.

III. Defeitos do negócio jurídico e negócio jurídico indireto

O Código Civil de 2002 apresenta de modo nítido uma categoria que engloba os assim denominados "defeitos do negócio jurídico" (arts. 138-165) e que compreende uma série de institutos (*erro*, *dolo*, *coação*, *estado de perigo*, *lesão* e *fraude contra credores*) que podem ser aplicados às relações obrigacionais, especialmente àquelas de natureza contratual.

O motivo de unir todas essas figuras jurídicas em um mesmo Capítulo – o IV ("Dos Defeitos do Negócio Jurídico") do Título I ("Do Negócio Jurídico") do Livro III da Parte Geral ("Dos Fatos Jurídicos") – é o fato de serem a elas atribuído o efeito comum da *anulabilidade*, conforme determinado pelo art. 171 do CC brasileiro:

> "Além dos casos expressamente declarados na lei, é anulável o negócio jurídico:
>
> (...)
>
> II - por vício resultante de erro, dolo, coação, estado de perigo, lesão ou fraude contra credores."

---

19 *"O proprietário tem a faculdade de usar, gozar e dispor da coisa, e o direito de reavê-la do poder de quem quer que injustamente a possua ou detenha."*.

O *erro* (*error*) é a noção falsa – ou a falsa representação da realidade – que o agente tem de qualquer dos elementos do ato ou negócio jurídico[20]. É necessário que o erro seja *essencial* ou *substancial* e inescusável para que gere a anulabilidade do ato praticado, ou seja, deve se referir às qualidades essenciais da pessoa a quem se refira a declaração de vontade (*error in personam*), ao objeto principal da declaração ou a alguma de suas qualidades essenciais (*error in corpore* ou *error in substantia*), ou ainda à própria natureza do ato (*error in negotium*)[21].

Quanto ao *dolo* (*dolus malus*), este constitui o engano provocado por outrem e que conduz uma parte a concluir o contrato, ou seja, são as *"maquinaciones"*[22] feitas sem as quais a parte não teria contratado.

É requisito para que tal vício exista tanto o intento de prejudicar outrem, o benefício de quem agiu dolosamente ou em favor de terceiro, a incitação à prática de certo ato, quanto a existência da maquinação sobre a parte induzida a prejuízo[23]. Fala-se, assim, em *animus decipiendi*[24].

Por fim, a fraude contra credores, embora seja defeito do negócio jurídico, é vício social e não psíquico, como são o erro ou o dolo. Trata-se de desconformidade entre a declaração de vontade e o próprio ordenamento jurídico, se o devedor já insolvente pratica negócio que lhe é prejudicial ou que torna a garantia concedida ao credor insuficiente.

Além deste ato prejudicial ao credor (elemento objetivo ou *eventus damni*), exige-se, para as hipóteses de transmissão onerosa e salvo se a insolvência for notória, a má-fé do devedor e que sua insolvência seja conhecida do outro contratante (elemento subjetivo ou *consilium fraudis*). É o que está disposto no art. 159 do CC brasileiro[25].

Por outro lado, não podem ser confundidos os vícios psíquicos e os ditos vícios sociais, tal como se qualifica a *simulação* – que leva à nulidade do negócio e não à sua mera anulabilidade – com o negócio jurídico indireto.

Esse é, em regra, um negócio típico, mas que produz resultado posterior atípico. Nele, as vontades declaradas pelas partes correspondem efetivamente às suas vontades internas e ao ato praticado, o que o difere substancialmente da simulação.

---

20 F. Amaral, *Direito Civil – Introdução*, 8ª ed., Rio de Janeiro, Renovar, 2014, p. 536.

21 Tratam-se dos arts. 138 e 139, I e II do CC brasileiro. Respectivamente: *"São anuláveis os negócios jurídicos, quando as declarações de vontade emanarem de erro substancial que poderia ser percebido por pessoa de diligência normal, em face das circunstâncias do negócio."* e *"O erro é substancial quando: I – interessa à natureza do negócio, ao objeto principal da declaração, ou a alguma das qualidades a ele essenciais; II – concerne à identidade ou à qualidade essencial da pessoa a quem se refira a declaração de vontade, desde que tenha influído nesta de modo relevante."*.

22 F. Castro y Bravo, *El negocio juridico*, Madrid, Civitas, 1985. pp. 148-149 (= § § 196-197).

23 S. Rodrigues, *Dos Vícios do Consentimento,* São Paulo, Saraiva, 1982, p. 129 (= n. 75).

24 C. A. Funaioli, *Dolo (diritto civile)*, in *ED (Enciclopedia del Diritto)* 13 (1964), p. 745.

25 *"Serão igualmente anuláveis os contratos onerosos do devedor insolvente, quando a insolvência for notória, ou houver motivo para ser conhecida do outro contratante"*.

Pelo negócio jurídico indireto, as partes almejam que toda sua estrutura seja submetida ao mesmo regime jurídico. Recorre-se a um negócio jurídico típico, sujeito à sua respectiva disciplina formal e substancial, para alcançar um fim prático posterior, o qual não é o normalmente buscado por meio desse negócio.

Como esclarece Guido Alpa, o negócio indireto se distingue do negócio ilícito, uma vez que as finalidades podem ser amparadas pelo direito. Também se distinguem da simulação, pois as partes realmente pretendem alcançar os efeitos do negócio realizado[26].

IV. Os contratos empresariais

Nos *contratos empresariais*, o julgador e o intérprete costumam dar mais valor aos denominados princípios jurídicos tradicionais do que nos contratos ditos *não empresariais*. O princípio da liberdade de contratar, a força obrigatória dos contratos e a relatividade dos efeitos apresentam um papel predominante e fundamental.

Os agentes econômicos devem conhecer o setor no qual atuam. Desta forma, justifica-se a menor intervenção externa possível nas relações contratuais, possibilitando aos agentes arcarem, individualmente, tanto com as oportunidades de ganho quanto com as chances de prejuízo.

O princípio da boa-fé objetiva nos contratos empresariais é essencialmente materializado nos deveres laterais de conduta que podem ser impostos aos agentes econômicos. Esses deveres são expressos pela lei, como, por exemplo, os artigos 156[27] e 157[28] da Lei das Sociedades por Ações e que impõem aos administradores determinados comportamentos nas situações de conflito de interesses e em respeito ao dever de informar.

Pela cláusula geral prevista no art. 422 do CC brasileiro, os julgadores têm um norteador para impor às partes deveres de lealdade e de cumprimento estrito do que tenha sido ajustado em contratos empresariais.

No caso, a natureza empresarial das atividades exercidas pelas partes e o regime de livre concorrência ao qual devem elas se submeter impede que tal disposição do Código Civil pudesse ser utilizada de modo distorcido, exatamente para coibir o ingresso em determinado mercado de um agente apto a incrementar disputas comerciais.

---

26 *Il contrato in generale: principi e problemi*, Milão, Giufrré, 2014, p. 63.

27 *"É vedado ao administrador intervir em qualquer operação social em que tiver interesse conflitante com o da companhia, bem como na deliberação que a respeito tomarem os demais administradores, cumprindo-lhe cientificá-los do seu impedimento e fazer consignar, em ata de reunião do conselho de administração ou da diretoria, a natureza e extensão do seu interesse".*

28 *"O administrador de companhia aberta deve declarar, ao firmar o termo de posse, o número de ações, bônus de subscrição, opções de compra de ações e debêntures conversíveis em ações, de emissão da companhia e de sociedades controladas ou do mesmo grupo, de que seja titular".*

Vincenzo Roppo afirma que os contratos criam a favor das partes *"situazioni giuridiche che i terzi sono tenuti a rispettare, a pena di subire reazioni legali del contraente leso"*[29].

Se um terceiro causar um dano, ele pode ser chamado a responder por meio de tutela aquilina das posições contratuais ou de responsabilidade do terceiro cúmplice no inadimplemento de um contrato.

Em outras palavras, as partes podem proteger suas posições jurídicas adquiridas por meio do contrato. Porém, não será com base em responsabilidade contratual, ou seja, não se refere à relatividade dos efeitos da relação obrigacional. Trata-se de responsabilidade *aquiliana*, pela qual se estabelece que quem ocasiona um dano injusto tem o dever de repará-lo.

V. As conclusões

O princípio da liberdade obrigacional e aquele da liberdade de contratar possibilitam que as partes regulem seus direitos e obrigações pela criação de negócios jurídicos, especialmente os contratos.

Esta liberdade rege os direitos obrigacionais que, em oposição aos direitos reais, produzem efeitos *inter partes* ou relativos. A oponibilidade do negócio jurídico perante terceiros é exceção que precisa ser prevista expressamente pela lei.

Neste sentido, o contrato *faz lei entre as partes*. E *apenas*, a princípio, entre as partes. Terceiros não se vinculam ao contrato, ou seja, dele não podem obter benefício, nem podem prejudicar seu fiel cumprimento e desenvolvimento pelas partes.

Acordos de acionistas e de confidencialidade, nos quais é costume serem lidas cláusulas de bloqueio como a de *standstill*, são exemplos nítidos de contratos e, assim, seus efeitos operam apenas entre seus sujeitos.

No caso de promessa de fato de terceiro, os efeitos sobre os não signatários devem ser interpretados de forma restrita e, nos termos da lei, caso essa promessa venha a ser eventualmente quebrada por esse terceiro, somente o signatário poderá ser responsabilizado por perdas e danos.

Uma empresa controlada ou uma acionista controladora são terceiros em relação a estes acordos. Interferências de terceiros podem ser objeto de perdas e danos no campo da responsabilidade aquiliana.

Em decorrência disso, é necessário que cada contrato seja analisado de modo autônomo e as cláusulas previstas tenham seus efeitos circunscritos ao seu âmbito restrito.

É o caso do direito de preferência na aquisição de ações pelo acionista ofertado que comumente existe nos acordos de acionistas. Trata-se ao mesmo tempo de direito potestativo e de contrato preliminar que condiciona, com suspensão, a venda de ações a terceiros.

---

29 *Il contratto* cit. (nota 4) p. 23 (= § 26).

Todavia, este direito não pode criar restrições à livre circulação de bens na economia. É injustificável sustentar que o acionista ofertante poderia resistir ao exercício da oferta aceita ou que pudesse desfazer futura venda de ações realizada pela empresa que, com a concretização de tal direito, as tenha adquirido.

No mesmo sentido, a alegação de que haveria a invalidade do negócio jurídico, baseado no erro ou dolo, no tocante à transferência de propriedade das ações de uma empresa após o exercício do direito de preferência, depende da cabal comprovação de todos os requisitos necessários para a configuração de tais defeitos.

Da mesma forma, conluio fraudulento entre empresas na aquisição de ativos para alienação futura exige comprovação de má-fé dos agentes envolvidos.

É fundamental ao sistema jurídico que a *summa divisio* entre direitos obrigacionais e reais seja mantida. Pretender que determinadas características de um contrato sejam automaticamente aplicadas em outro é alterar regra indispensável do campo contratual.

Os princípios da liberdade de contratar, da relatividade dos efeitos obrigacionais e da força obrigatória do avençado devem, portanto, ser preservados como regra e como traço civilizatório nos contratos.

Inexistindo causas para a anulação do negócio de transferência de ações, a parte que se sinta prejudicada deverá demonstrar a ocorrência do dano injusto, a dimensão do prejuízo e, a partir daí o pretenso direito de ser indenizada. Essa pretensão, contudo, tem natureza diversa e objetivo distinto do mero desfazimento do negócio.

Por fim, as regras estabelecidas não podem servir para alcançar um objetivo indireto e contrário à norma, qual seja a de estabelecer regras de limitação à concorrência não previstas pelas partes e que poderiam, em tese, afrontar a lei e os princípios jurídicos que regem a matéria.

O Regime Jurídico do ICMS no *E-commerce*

Fernando Facury Scaff
Luma Cavaleiro de Macedo Scaff

Sumário: Introdução. **1.** Tributação e Comércio Eletrônico: entre bens físicos e digitais. **2.** ICMS e bens tangíveis comercializados na internet: A Emenda Constitucional nº 87/2015 e a regra da partilha. **3.** Impasses na Tributação dos Bens Intangíveis. Conclusões.

Introdução

01. O mundo passa por grandes transformações econômicas, políticas e sociais

Observemos a partir do âmbito econômico, cuja tônica é a intensificação do processo de globalização, fenômeno marcado pela quebra do paradigma socialista, fruto da falência[1] (e da falácia) do *socialismo real*[2], que tornou o capitalismo um processo ideologicamente totalitário[3]. A revolução tecnológica, especialmente nos meios de comunicação, vem transformando a sociedade, através da intensificação da relação de trocas econômicas.

Existem paradoxos neste processo de globalização, pois ao mesmo tempo em que se trata de um fenômeno real, palpável, deve-se registrar a explosão de nacionalismos em várias partes do globo, sendo intensa nos países do leste europeu[4], e em outras partes do mundo, sem falar da explosão de traços xenófobos que acompanha tal processo. Outro paradoxo diz respeito ao papel da globalização quase exclusivamente à livre circulação do capital financeiro, e se inicia com relação à circulação de bens e serviços, porém pouco atenta à circulação de pessoas. Neste aspecto, as barreiras alfandegárias e de imigração estão presentes e se intensificando[5].

Devemos passar a raciocinar com os grandes blocos econômicos, do tipo Nafta e União Europeia (a despeito do *Brexit*), no mesmo sentido da embrionária ALCA e do quase finado Mercosul. Logo, de estatal o Direito passou a ser gerido em ambiente pluriestatal, com diversos centros de poder instrumentalizando as decisões.

---

1 A falência do paradigma apenas acelerou o processo de globalização, e não o fez surgir, pois a consolidação e a expansão do capital para além das fronteiras nacionais têm origens remotas.

2 Não do ideal socialista, mas da tentativa de colocá-lo em prática através dos modelos de Estado autodenominados de socialistas.

3 Pois monopoliza todos os poderes componentes da sociedade, mesmo os politicamente mais periféricos; é baseado na educação e massificação de propaganda em seu próprio favor e desconsidera a exposição de idéias divergentes como "fora de padrão", entre outras características.

4 A questão dos Balcãs, que dissolveu a Iugoslávia é um exemplo.

5 A grande exceção é a União Européia, apenas para os cidadãos dos países membros. Tal pauta de preocupações não encontra eco nem mesmo na proposta da formação de blocos comunitários, como o NAFTA e o MERCOSUL, e muito menos na ALCA.

Inegavelmente, houve uma sensível redução das fronteiras entre os países em razão da globalização e da revolução tecnológica que vêm ocorrendo. O centro de decisões de um país encontra-se bastante afetado aos acontecimentos decididos em outras partes do mundo, por agentes públicos e privados de diversas cidadanias, sem nenhuma responsabilidade social com o que se desenvolve naquele país e, muitas das vezes, afastado da possibilidade de ser alcançado pelas decisões dos poderes locais. Um país não é mais soberano como antes, cotejado com a época em que Jean Bodin cunhou o conceito. A soberania encontra-se mais relativizada do que nunca.

Por conseguinte, a delimitação do Direito como objeto de aplicação de normas estatais (soberania), sobre determinada área geográfica (território), a fim de regular as relações entre as pessoas (povo) encontra-se colocada em xeque, sendo necessário pensar o Direito globalmente, como um instrumento de desenvolvimento entre as nações, centrado na dimensão humana global.

02. Daí surge todo um novo âmbito de discussão, uma vez que o Direito que vem sendo utilizado é pensado e criado para funcionar dentro de uma matriz determinada pelos conceitos de soberania, território e povo que hoje não mais existem como dantes, amplamente modificados pela tecnologia e pelo incremento do sistema de trocas.

Isto afeta profundamente o Direito Tributário, que é centrado fortemente na noção de território. A extraterritorialidade do Direito Tributário é uma excepcionalidade decorrente dos tratados internacionais para evitar a bitributação. Ou ainda, quando inserido no contexto de uma união aduaneira ou mercado comum, sempre visando a um equilíbrio tributário dentre os países envolvidos.

Desta forma, as modificações ocasionadas pela interseção entre o rígido territorialismo do Direito Tributário e o mundo globalizado é que vem gerando diversas perplexidades que deixam muito mais dúvidas do que certezas dentre os estudiosos do Direito.

É antiga a expressão que enquadrava o mundo como uma *aldeia global*. Contudo, apenas hoje, com o progresso dos meios de comunicação é que se passa a ter uma pálida ideia do que representa esta afirmação. Qualquer alteração das condições econômicas em uma parte do globo terrestre acarreta influências imediatas em outros países. É neste sentido que o Direito Tributário deverá caminhar, pois será através de normas deste ramo do direito que os países obterão os recursos necessários para fazer frente às necessidades de sua população, através de políticas públicas adequadas à sua sobrevivência com dignidade. É preciso que seja criada uma regulação internacional para esse processo.

Deste modo, as situações que serão abaixo examinadas encontram-se sob o pálio desta cisão entre um direito tributário eminentemente territorial, e o impacto da globalização e das novas tecnologias, que eliminam as fronteiras nacionais na circulação de bens e, especialmente, na circulação de serviços. Este tipo de cisão somente será eliminada quando houver a internacionalização do direito tributário e este se transformar em um *direito tributário das futuras gerações*, conceito no qual se configure que a arrecadação atual servirá para construção de um mundo com fronteiras mais tênues, porém unificado pela efetivação dos direitos humanos e ampliado, sob esse pálio, para mais amplas relações de comércio internacional. Afinal, é comprovado historicamente que, onde prevalece uma relação de trocas comerciais *justas*, a paz se torna mais duradoura – o que recoloca o debate em termos contrários ao que hoje se vê no mundo, com uma guerra comercial e cambial em que os Estados Unidos da América e a China se digladiam, arrastando a todos para perigosos abismos.

03. Considerando o desafio encarado pelo Direito Tributário de alcançar bens físicos e digitais em um mundo onde despontam novas tecnologias, este artigo analisa o regime jurídico do ICMS no *e-commerce* diante das plataformas eletrônicas de vendas de produtos e serviços pela internet. Está estruturado em três etapas: a primeira se dedica a um panorama sobre a tributação e o comércio eletrônico diante da mudança de paradigma dos bens físicos e dos bens digitais. A segunda estuda o ICMS e os bens tangíveis comercializados através da internet, com enfoque na Emenda Constitucional n. 87/2015. A terceira, não menos importante, mostra os impasses na tributação dos bens intangíveis diante do crescimento do *e-commerce*.

I. Tributação do comércio eletrônico. Entre bens físicos e digitais

04. É bastante comum refletir sobre a influência da máquina a vapor nas relações industriais. Os acontecimentos históricos não são lineares, transformando o caminho em uma sucessão de fatos novos. A necessidade de adaptação constante frente ao desafio de que o homem lide com os seus desejos em equilíbrio com aquilo que o cerca. "Uma revolução, portanto, nem sempre põe termo a um fato anterior. Muitas vezes, o transforma, daí a revolução informacional"[6]. Afinal, da telefonia chegamos ao computador e hoje *navegamos* pela internet. Para o comércio eletrônico de bens e serviços tornou-se uma benção, mas colocou o sistema tributário em xeque.

A internet permite reduzir distâncias em cliques, aplicativos, plataformas virtuais e muitos outros instrumentos tecnológicos que influenciam as relações. Informações, notícias, imagens, cultura, sons, filmes, dinheiro – a cada dia, os avanços científicos são *compartilhados* praticamente em tempo real por uma parcela significativa da humanidade.

6 Roberto Lisboa explica que: "Se a revolução industrial possibilitou a transformação da agricultura, da pecuária, do extrativismo, do comércio e, ainda, acarretou o surgimento da empresa moderna, modificando consideravelmente as relações sócio-econômicas existentes, semelhante fenômeno ocorreu com o advento da preconizada "revolução informacional". LISBOA, Roberto Senise. Direito na Sociedade da Informação. Disponível em: *www.egov.ufsc.br:8080/portal/conteudo/direito-na-sociedade-da-informação* . Acesso em 07 de julho de 2019.

A expressão *compartilhar* ganha novos ares revolucionários na econômica digital, com diversos meios de pagamento inovadores, como a moeda digital e, com forte impacto no comércio digital, mais conhecido por *e-commerce*. Essas novas tecnologias permitem mais ampla margem de conectividade entre as pessoas. Operações de compra e venda que antes exigiam estabelecimentos físicos, hoje podem ser feitos de forma virtual. Os negócios, com destaque para a compra e venda, são realizados por vendedores e compradores em diferentes localidades, independentemente de elementos físicos.

De acordo com André Portella, o principal diferenciador entre o comércio eletrônico e o comércio tradicional é, em última instância, o meio pelo qual se aperfeiçoa a dita operação[7].Guilherme Cezaroti[8] observa que a plataforma por meio da qual o negócio se realiza – seja computador, telefone, celular, *tablet* etc. – é elemento equivalente à entrega de mercadorias ou à prestação de serviços. Alberto Luiz Albertin[9] explica que:

> O comércio eletrônico (CE) é a realização de toda a cadeia de valor dos processos de negócio num ambiente eletrônico, por meio da aplicação intensa das tecnologias de comunicação e de informação, atendendo aos objetivos de negócio. Os processos podem ser realizados de forma completa ou parcial, incluindo as transações negócio-a-negócio, negócio-a-consumidor e intraorganizacional, numa infraestrutura predominantemente pública de fácil e livre acesso e baixo custo.

No Brasil, em menos de 10 anos, o mercado de *e-commerce* experimentou sensível evolução: de R$ 18,7 bilhões em 2011 para R$ 53,2 bilhões em 2018. Segundo a análise da Ebit Nielsen, o comércio eletrônico brasileiro manteve a curva de crescimento em 2018. O faturamento do setor teve uma alta de 12% em relação a 2017, com vendas totais de R$ 53,2 bilhões. Foram 123 milhões de pedidos realizados, 10% a mais do que no ano anterior e o valor médio das compras foi de R$ 434, alta de 1%[10].

05. O *e-commerce* inova a relação entre comércio e tributação em várias matizes, pois proporciona a aquisição de produtos e serviços através da internet. Este fato novo traz problemas na validação das transações envolvidas, além dos direitos de propriedade na web, os contratos eletrônicos e os consumidores. Porém, o enfoque deste trabalho reside na tributação pelo ICMS das operações a partir dessas novas plataformas eletrônicas.

---

7 PORTELLA, André. **Controle Tributário do Comércio Eletrônico.** Belo Horizonte: Fórum, 2007. P. 40.

8 CEZAROTI, Guilherme. **ICMS no Comércio Eletrônico.** São Paulo: MP Editora.

9 ALBERTIN, Alberto Luiz. **Comércio Eletrônico: modelo, aspectos e contribuições de sua aplicação.** Colaboração de Rosa Maria de Moura. São Paulo: Atlas, 2007. P. 15

10 39ª Webshoppers, p. 23 – Relatório sobre o e-commerce brasileiro – publicado por EBIT em 2019. https://www.ebit.com.br/webshoppers. Acessado em 14/4/2019.

Este cenário exige que o sistema tributário questione as fórmulas jurídicas adotadas para fins de tributação sobre o consumo e os serviços, pois, se percebe, em alguns casos, uma espécie de fusão entre mercadorias e serviços, como também, a criação de estabelecimentos comerciais virtuais, além do estabelecimento permanente.

Considerando os desafios da tributação diante das novas tecnologias, qual o regime jurídico para cobrança do ICMS nas plataformas eletrônicas de venda de produtos e serviços na internet (e-commerce)? Qual sua relação com as micro e pequenas empresas?

O que comercializa o *e-commerce*? Bens físicos e bens digitais.

Embora o Brasil ainda esteja em seus primeiros passos, países desenvolvidos como os Estados Unidos já tem definições acerca dos *digital assets* (bens digitais). Para desenvolver esta noção, é preciso aproximar os bens da utilidade para o sujeito, considerando tanto o aspecto material quanto o imaterial. Edwards e Harbinja explicam que:

> "Bens Digitais" são definidos amplamente e não exclusivamente para incluir a variedade de bens informacionais intangíveis associados com o online ou mundo digital, incluindo: perfis em redes sociais (em plataformas como Facebook, Twitter, Google+ ou LinKedIn); e-mail, tweets, base de dados, etc.; dados virtuais de jogos (ex. itens comprados, achados ou construídos em mundos como o Second Life, World of Warcraft, Lineage); textos digitalizados, imagens, músicas ou sons (ex.; vídeos, filme, e arquivos de e-book); senhas da várias contas associadas com as provisões de bens digitais e serviços, também como consumidor, usuário ou comerciante (ex., do eBay, Amazon, Facebook, YouTube); nome de domínio; segunda ou terceira personalidade dimensional relativos a imagens ou icons (como os icons usados no Live Journal ou avatares no Second Life); e a epopeia dos bens digitais que emergem como mercadoria capaz de ser atribuído valor (ex. "zero dayexploits" ou erros em softwares cujos antagonismos possa ser explorados[11]".

De forma geral, bens materiais ou imateriais são comercializados no por meio da internet. Se de um lado o comércio se transveste de simples técnica mercantil para que negócios sejam realizados com a satisfação de compradores e vendedores, então, de outro lado, poupa gastos e aumenta a velocidade de entrega do resultado.

Os bens digitais trazem uma nova faceta de negócio que envolve uma espécie de fusão entre serviço e mercadoria, o que remete à dualidade de tributação na origem ou no destino em relação aos serviços e produtos do *e-commerce*.

---

11 EDWARDS, Lilian; HARBINJA, Edina. Protecting Post-mortem Privacy:reconsidering the privacy interests of the deceased in a digital world. Cardozo Arts &Entertainment Law Journal, Vol. 32, No. 1, 2013. P. 105 (tradução livre).

II. ICMS e bens tangíveis comercializados na internet. a emenda constitucional 87/15 e a regra da partilha

06. O avanço ilimitado do comércio eletrônico propicia a realização de diversas operações econômicas através de meios eletrônicos, agregando valores no processo de circulação de bens e serviços, atraindo novas questões principalmente para o Direito Tributário.

Os negócios jurídicos, realizados no ambiente virtual, não possuem um tratamento jurídico positivado em nosso ordenamento, porém geram efeitos jurídicos, pois as relações decorrentes de uma proposição contratual contida nas normas são efetivas e regulam condutas entre os sujeitos.

Como regra geral, é preceito basilar dos institutos de direito tributário a tributação de atividades econômicas nos territórios que ocorram sob a sua jurisdição.

No caso brasileiro, a competência tributária estabelecida na Constituição Federal trata do ICMS, conforme o art. 155, II, § 2º da Constituição Federal de 1988. Imposto de competência estadual/distrital, o ICMS tem como base de incidência a circulação de bens e serviços, levando em consideração a transferência de titularidade de coisa móvel destinada ao comércio, com habitualidade, bem como a prestação do serviço de qualquer tipo de transporte e qualquer tipo de comunicação.

07. Até 2015, a Constituição Federal determinava que o ICMS incidente sobre as vendas para o consumidor final não contribuinte do imposto seria devido exclusivamente ao Estado de origem da mercadoria.

Portanto, embora os consumidores do *e-commerce* estivessem localizados no estado de destino, o valor arrecadado de ICMS seria destinado exclusivamente os cofres do Estado de origem.

Considerando o crescimento do *e-commerce*, foi possível verificar diminuição significativa da arrecadação do ICMS nos Estados de destino.

Acrescenta-se a isso que, de acordo com a 3ª Pesquisa Nacional de Varejo On Line realizada pelo SEBRAE, dos 2.781 entrevistados, 800 tem *e-commerce*, sendo que as regiões sul e sudeste são beneficiadas porque concentram cerca de 80% do *e-commerce*[12].

Por outro lado, verifica-se que perda da arrecadação do ICMS pelos Estados de destino não ocorria unicamente pelo fato de não receberem qualquer parcela do imposto, mas também em razão da diminuição do número de operações internas como resultado do crescimento do comércio eletrônico.

A comercialização de bens físicos através do *e-commerce* traz nuances acerca da repartição federativa do ICMS. Afinal, mesmo sendo operacionalizado através de

12 SEBRAE. 3ª PESQUISA NACIONAL DE VAREJO ON LINE. Disponível em: http://www.sebrae.com.br/Sebrae/Portal%20Sebrae/Anexos/3%C2%BA%20Pesquisa%20do%20Varejo%20Online%20-%20VERSA%CC%82O%20FINAL%20SEBRAE%20(1).pdf. Acesso em 05 de julho de 2019.

meios digitais, existe o deslocamento físico das mercadorias de um lugar para outro do território nacional, objeto de tributação específica. Houve quase uma *rebelião tributária federativa* nessas situações, pois, com a regra então vigente, o ICMS ficava integralmente com os Estados economicamente mais fortes da Federação. Afinal, era mais barato ao consumidor comprar diretamente no site dos grandes magazines ou dos fabricantes, do que no comércio local, *de lojas físicas*, dos Estados periféricos. E o ICMS ficava integralmente *na origem* e não *no destino*.

Na busca de um equilíbrio entre as "receitas perdidas pelos Estados de destino" e as "receitas adquiridas pelos Estados de origem", a Emenda Constitucional 87/15 regulou a matéria de forma satisfatória, ao dispor que, independentemente de o destinatário de bens nas operações interestaduais ser contribuinte ou não do imposto, ao Estado de destino caberá o ICMS correspondente à diferença entre a alíquota interna do Estado destinatário e a alíquota interestadual.

Desta maneira, a alíquota devida ao Estado de origem não será mais a cheia, mas sim outra, reduzida. Já para o Estado de destino, há aumento de receita. Caberá, portanto, ao destino o imposto resultante da diferença obtida entre as alíquotas interna do Estado destinatário e a interestadual.

A Emenda constitucional criou a *regra da partilha* nas operações envolvendo transações de mercadorias no mundo digital, e com ela a figura das "duas bases de cálculo". A regra da partilha visa a diminuir o impacto negativo sobre a arrecadação tributária. Para a aplicação da regra, o comerciante deverá conhecer a alíquota de ICMS aplicada ao produto no destino, pois caberá a ele fazer o cálculo, o recolhimento e a divisão desse imposto (art. 155, VIII, b, da CF).

O assunto foi pacificado pela ADI 5464, cuja ementa assim dispõe (transcrição parcial):

> É preciso o pagamento do diferencial de alíquota, independentemente de o destinatário de bens nas operações interestaduais ser contribuinte ou não do imposto, alterando-se apenas o responsável pelo recolhimento do imposto. E, de acordo com a sistemática da EC 87/2015, caso o destinatário não seja contribuinte do imposto, cabe ao remetente o recolhimento do ICMS.
>
> Relacionar com o e-commerce: a maioria — senão a totalidade — das operações tem como destinatários não contribuintes do imposto, de modo que o remetente deverá cumprir para com as obrigações acessórias referentes ao recolhimento do ICMS não só em relação ao estado em que está localizado, mas também em relação ao estado de destino.

Em síntese:

a) Quando ocorrerem transações dentro do mesmo Estado, a tributação pelo ICMS será a usual;

b) Quando ocorrerem transações interestaduais, a operação será tributada pelo ICMS, sendo que caberá ao Estado de localização do destinatário o imposto correspondente à diferença entre a alíquota interna do Estado destinatário e a alíquota interestadual (art. 155, §2º, VII, CF). O art. 99 do ADCT criou uma espécie de aplicação temporal dessa regra, que, hoje, vigora em sua plenitude, com 100% do tributo sendo devido ao Estado do destinatário da mercadoria;

c) Nas operações internacionais envolvendo mercadorias, a regra é semelhante, incidindo o ICMS na entrada da mercadoria no território nacional, e tal arrecadação será integralmente destinada ao Estado onde se localiza o destinatário daquele bem físico.

Essas operações *on line*, de *e-commerce*, envolvendo mercadorias, foram as mais fáceis de serem resolvidas, em razão da necessidade de sua entrega *física* ao consumidor. A solução do problema do rateio federativo do ICMS solucionou a questão.

III. Impasses na tributação dos bens intangíveis

08. O problema se agudiza com a questão das transações envolvendo serviços e aqueles bens que não se sabe ao certo se se constituem em mercadorias ou serviços. Para tanto, nosso sistema tributário, moldados nos anos 60 do século passado, não traz soluções compatíveis com a tecnologia atual.

09. Observe-se inicialmente a questão da tributação dos *provedores de acesso e os serviços de comunicação.*

Demonstrando a cisão acima mencionada constatamos a busca de tributar tais operações através do ICMS – Imposto sobre a Circulação de Mercadorias e os Serviços de Comunicações e de Transporte Interestadual e Intermunicipal (art. 155, II). A interpretação é que tais atividades estejam inseridas como "serviços de comunicações".

Será que as atividades dos provedores de acesso localizados no território brasileiro estão sujeitas a este comando normativo? Será que se configuram como *serviços de comunicação* para efeitos da norma fiscal?

Entende-se que não. As atividades dos provedores de acesso não se configuram como prestação de serviços de comunicação pelo simples fato de que eles não prestam este tipo de serviços, cujo conceito fica mais adequado às atividades de comunicações em geral, tais como rádio, televisão e similares.

A atividade dos provedores de acesso consiste em disponibilizar um *locus* para que sejam conectadas as linhas de acesso à Internet e conhecidos os conteúdos disponíveis na rede em qualquer parte do mundo. Está muito mais próximo do conceito de *locação* que de *serviços*.

Desta forma, um provedor localizado no Brasil permite que seja acessado conteúdo informativo em qualquer parte do mundo. E este provedor brasileiro não estará prestando um serviço de comunicação, mas *locando* um espaço para o acesso aos dados disponibilizados.

Assim, não se há de configurar como uma prestação de serviço de comunicação, para os efeitos de tributação pelo ICMS, porque o aspecto material da hipótese de incidência descrita na norma constitucional (art. 155, II) não se encontra presente no fato imponível desenvolvido pelos provedores de acesso.

10. Outro aspecto a ser considerado diz respeito à tributação do *software* adquirido por *download.*

O *software* é inegavelmente uma mercadoria, embora intangível, e o ICMS é devido nas transações ocorridas no território brasileiro. Logo, a tributação se impõe, com uma distinção tecnológica, que nos permite rememorar um antigo debate, que distinguia entre produtos por encomenda e produtos *de prateleira*.

Todo *software* adquirido através de plataformas eletrônicas deverá ser tributado pelo ICMS. Porém, como caracterizar sua usual *customização*? Uma coisa é a aquisição de um produto intangível, que poderia ser obtido *em prateleiras* de lojas físicas ou através de plataformas eletrônicas – para isso, o ICMS é adequado, pois se caracteriza como uma mercadoria. Nesse sentido, a ADI 1945- MC, de relatoria do Min. Gilmar Mendes, que, em 26/05/2010, analisando a legislação de Mato Grosso que inseriu tal cobrança em sua legislação estadual, determinou em provimento cautelar:

> ICMS. Incidência sobre softwares adquiridos por meio de transferência eletrônica de dados (art. 2º, § 1º, item 6, e art. 6º, § 6º, ambos da Lei impugnada). Possibilidade. Inexistência de bem corpóreo ou mercadoria em sentido estrito. Irrelevância. O Tribunal não pode se furtar a abarcar situações novas, consequências concretas do mundo real, com base em premissas jurídicas que não são mais totalmente corretas. O apego a tais diretrizes jurídicas acaba por enfraquecer o texto constitucional, pois não permite que a abertura dos dispositivos da Constituição possa se adaptar aos novos tempos, antes imprevisíveis

Essa decisão liminar do STF não encerrou os debates, que ainda pendem de apreciação naquela Corte[13].

Outra coisa é a eventual adequação dessa mercadoria às necessidades dos adquirentes, afinal, é usual que softwares sofram adaptações para que sejam utilizados nas empresas. Um bom exemplo são os programas de computadores para gerenciar o sistema financeiro empresarial, como o SAP. Nesse caso haverá um serviço a ser prestado pelo vendedor ao consumidor daquele produto, o que nos leva ao ISS, de competência municipal.

Pode ocorrer que haja um problema de identificação de base de cálculo, pois muitas vezes a aquisição do produto (mercadoria) já tem embutido o preço da customização (serviço), porém esse é um aspecto que cabe às partes identificar, em conjunto com o Fisco, analisando o caso concreto.

---

13 Nesse sentido, ver: *A tributação de* software*: federação e legislação complementar federal*, de Cláudio Pereira de Souza Neto, publicado no Conjur, em 21/08/2018. https://www.conjur.com.br/2018-ago-21/claudio-souza-neto-conflito-tributacao-software.

11. Outro problema que se verifica no âmbito das operações com intangíveis é o da tributação dos serviços de *streaming*, tais como Netflix, Spotfy e assemelhados. Aqui o sistema tributário brasileiro se revela completamente inadequado para solucionar a questão.

É bem verdade que a Lei Complementar 157/16 acresceu à Lista de Serviços da Lei Complementar 116/03 o seguinte item:

> Disponibilização, sem cessão definitiva, de conteúdos de áudio, vídeo, imagem e texto por meio da internet, respeitada a imunidade de livros, jornais e periódicos (exceto a distribuição de conteúdos pelas prestadoras de Serviço de Acesso Condicionado, de que trata a Lei nº 12.485, de 12 de setembro de 2011, sujeita ao ICMS).

E não se desconhece que no julgamento do RE 651.703, relatado pelo Ministro Fux, realizado sob a sistemática da repercussão geral, o STF entendeu inaplicável o ISS sobre a atividade de planos de saúde, porém afirmou que:

> O conceito de prestação de serviços não tem por premissa a configuração dada pelo Direito Civil, mas relacionado ao oferecimento de uma utilidade para outrem, a partir de um conjunto de atividades materiais ou imateriais, prestadas com habitualidade e intuito de lucro, podendo estar conjugada ou não com a entrega de bens ao tomador.

A despeito dessa afirmativa poder dar abertura para a tributação dos serviços de *streaming*, seria necessário um *salto mortal escarpado hermenêutico* por parte dos Municípios para se chegar a tal compreensão.[14] No mesmo sentido, a norma inserida pela Lei Complementar 157/16 extrapola o núcleo do conceito de serviços, constante da Constituição, pois não se há de considerar como tal a atividade de *streaming*. Não se trata nem de obrigação de fazer, típica do regime de ISS, e nem de obrigação de dar, própria do ICMS.

Não se trata de um *conflito de competência federativa,* entre Estados e Municípios. É algo diverso, pois *diferente*, e que o sistema tributário brasileiro atual não alcança. *Não é possível torturar os conceitos jurídicos de modo a fazer com que eles confessem* abrangências que neles não constam. É o que muitas legislações e doutrinadores vêm propondo.

Tal assertiva pode até arrepiar o tributarista que tenha tendências mais fiscalistas – afinal, como uma atividade lucrativa como esta, e tão disseminada atualmente, pode estar afastada do âmbito tributário de um país? Tal dúvida não é de todo descartada, pois é possível afirmar que outras bases tributárias alcançam essa atividade, sobre seu faturamento (Pis, Cofins) e a renda (IR e CSLL), porém não há amparo constitucional e

14 Em sentido contrário, entendendo ser possível a tributação pelos Municípios em razão dessa afirmação, ver:*A disputa entre estados e municípios pela tributação do* streaming. Eduardo de Paiva Gomes, Felipe Wagner de Lima Dias e Phelipe Moreira Souza Frota, Conjur, 08/04/2019: https://www.conjur.com.br/2019-abr-08/opiniao-disputa-entre-estados-municipios-tributacao-dostreaming;

legal para a tributação sobre a circulação de mercadorias (ICMS), pois mercadoria não é, e nem sobre serviço (ISS), pois igualmente descabida.

12. Verifica-se que no âmbito das diversas propostas de reforma tributária em debate atualmente, tal tipo de discussão está frontalmente explicitada, como se identifica na PEC 45 (proposta pelo Deputado Baleia Rossi, inspirada na formulação do Centro de Cidadania Fiscal, coordenado pelo economista Bernard Appy), onde consta:

> Assim, operações com bens intangíveis, como o streaming de músicas e vídeos, assim como as operações que envolvem a transferência do direito de uso, gozo ou disposição de bens tangíveis e intangíveis, sejam imóveis, softwares, licenças de comercialização ou distribuição etc., devem ser tributadas pelo IBS.

O mesmo sentido de alcançar essas operações pelo IBS – Imposto sobre Bens e Serviços, consta da PEC 110 (proposta pelo Senado Federal, inspirada na formulação do ex-deputado Luiz Carlos Hauly).

Conclusões

13. O regime jurídico de direito tributário, embora, fortemente centralizado nos elementos estanques de "povo", "território" e "soberania", hoje assiste à flexibilização de tais conceitos. Contudo, as novas tecnologias, que interagem com o Direito Tributário, pedem uma revisita aos institutos jurídicos e a forma de positivá-los. O *e-commerce* nos coloca, não apenas diante de um debate federativo, mas também de questões de competência tributária, de comércio internacional e de economia, para além do binômio Estado versus Contribuinte.

A exigência de inovações e das modernas tecnologias "aproximam" distâncias e "apressam" o tempo com a velocidade de informações e com o volume de compra, venda, aluguel e demais negócios jurídicos virtuais.

Pensar em um novo regime jurídico tributário nos leva a questões envolvendo transações envolvendo serviços, mercadorias e aqueles que não se sabe ao certo se são mercadorias ou serviço – contudo, que geram efeitos econômicos.

O *e-commerce* reclama uma revisita ao regime jurídico do ICMS diante da EC 87/2015.

Se antes de 2015, parcela significativa das receitas de ICMS ficava no Estado de origem, isto é, aqueles "mais fortes" da federação – o crescente fenômeno do *e-commerce* despertou nos demais Estados uma busca pelas "receitas perdidas". A alteração constitucional trouxe a *regra da partilha* nas operações envolvendo transações de mercadorias no mundo digital, e com ela a figura das "duas bases de cálculo". Portanto, há um aumento de receita para o Estado de destino resultante da diferença obtida entre as alíquotas interna do Estado destinatário e a interestadual.

Por outro lado, alguns fenômenos inovadores ainda carecem de uma moldura normativa capaz de positivá-los para fins tributários. É o caso, por exemplo, dos provedores de acesso e os serviços de comunicação, do software adquirido por *download*, além do *streaming*.

Pensar em um novo regime jurídico tributário irradia efeitos para outras nuances da legislação tributária. É diferente, pois o sistema tributário brasileiro atual ainda não alcança, sendo temerário tributar por meio de jurisprudência. Talvez seja o caso de retornar ao início para revisitar os conceitos jurídicos tributários mais basilares, valorizando a dimensão axiológica, tais como hipótese de incidência, fato gerador, base de cálculo e outros.

Referências bibliográficas

LISBOA, Roberto Senise. Direito na Sociedade da Informação. Disponível em: *www.egov.ufsc.br:8080/portal/conteudo/direito-na-sociedade-da-informação* . Acesso em 07 de julho de 2019.

ALBERTIN, Alberto Luiz. **Comércio Eletrônico: modelo, aspectos e contribuições de sua aplicação**. Colaboração de Rosa Maria de Moura. São Paulo: Atlas, 2007.

CEZAROTI, Guilherme. **ICMS no Comércio Eletrônico.** São Paulo: MP Editora.

EDWARDS, Lilian; HARBINJA, Edina. Protecting Post-mortem Privacy: reconsidering the privacy interests of the deceased in a digital world. Cardozo Arts & Entertainment Law Journal, Vol. 32, nº 1, 2013.

GOMES, Daniel de Paiva. GOMES, Eduardo de Paiva. PRZEPIORKA, Michell. FERRANI, Bruna Camargo. BERMAGINI, Adolpho. BOSSA, Gisele Barra. CANEN, Dóris. Os Desafios impostos pela economia digital e o plano de ação 01 do projeto BEPS da OCDE. In Tributação da Nuvem. (Org). Tathiane Pisciteli. São Paulo: Revista dos Tribunais, 2019.

GOMES, Eduardo de Paiva. DIAS, Felipe Wagner de Lima. FROTA, Phelipe Moreira Souza.

A disputa entre estados e municípios pela tributação do streaming.. Disponível em: https://www.conjur.com.br/2019-abr-08/opiniao-disputa-entre-estados-municipios-tributacao-dostreaming. Acesso em 08/04/2019.

NETO SOUZA, Claudio Pereira. *A tributação de* software*: federação e legislação complementar federal*, de Cláudio Pereira de Souza Neto. Disponível em: https://www.conjur.com.br/2018-ago-21/claudio--souza-neto-conflito-tributacao-software. Acesso em 21/08/2018.

PISCITELI, Tathiane. A Inconstitucionalidade do Convenio ICMS 106/2017 e a incidência do ICMS sobre bens digitais. In Tributação da Economia Digital. (Coord). Tathiane Pisciteli. São Paulo: Revista dos Tribunais, 2019.

PORTELLA, André. **Controle Tributário do Comércio Eletrônico.** Belo Horizonte: Fórum, 2007.

Relatório sobre o e-commerce brasileiro – 39ª Webshoppers, p.23 – publicado por EBIT em 2019. https://www.ebit.com.br/webshoppers. Acessado em 14/4/2019.

SEBRAE. 3 PESQUISA NACIONAL DE VAREJO ON LINE. Disponível em: http://www.sebrae.com.br/Sebrae/Portal%20Sebrae/Anexos/3%C2%BA%20Pesquisa%20do%20Varejo%20Online%20-%20VERSA%CC%82O%20FINAL%20SEBRAE%20(1).pdf. Acesso em 05 de julho de 2019.

Controle Jurisdicional da Administração no Estado Democrático de Direito

Fernando Luiz Ximenes Rocha

1. Considerações iniciais

Não há negar a importância de refletirmos acerca da temática do controle jurisdicional da Administração Pública diante dos desafios enfrentados pelo Estado brasileiro para fazer cumprir sua Constituição, notadamente os princípios fundamentais estampados em seu artigo primeiro, com destaque para a cidadania e a dignidade da pessoa humana, os quais, irmanados, revelam que não há Estado democrático de direito sem direitos fundamentais, assim como não existem direitos fundamentais sem democracia.

De outro lado, a Carta Política de 1988 consagra um capítulo completo à Administração Pública, determinando-lhe a observância, entre outros, dos princípios da legalidade, impessoalidade, moralidade, publicidade e eficiência, a colocar o administrador público de uma vez por todas na ambiência normativa constitucional, de modo a ensejar modificações dos paradigmas clássicos do Direito Administrativo em decorrência da moderna configuração do Estado democrático de direito.

Nessa toada é que surge a substituição da vinculação à lei em sentido estrito pelo princípio da juridicidade. De igual modo, a discricionariedade administrativa deixa um espaço de livre de escolha do administrador e passa a se adequar a procedimentos técnicos e jurídicos exigidos pela Constituição e pela lei, com vistas a aperfeiçoar a legitimidade da decisão administrativa. Abandona-se, portanto, a tradicional dicotomia entre ato vinculado e ato discricionário, para falar em ato administrativo de maior ou menor grau de vinculação à juridicidade, a permitir uma sindicabilidade mais ampla dos atos do administrador público pelo Poder Judiciário, não como um controle dos juízos de conveniência e oportunidade, mas tendo em vista as motivações obrigatórias, ou seja, a fiscalização quanto aos aspectos que dizem respeito à compatibilização dos atos administrativos com os princípios insculpidos na Constituição.

Nessa quadra, o administrado deixa de ser súdito e eleva-se à condição de cidadão, com direito, na feliz expressão de Juarez Freitas, "à boa administração pública".[1] É dizer: proba e eficiente, voltada para o respeito à dignidade humana, porquanto o homem é, em última análise, o verdadeiro titular e destinatário de todas as manifestações de poder, bem como para um modelo gestão que contemple os múltiplos interesses existentes na sociedade.

Com efeito, é nessa ambiência de constitucionalização do Direito Administrativo que pretendemos olhar de maneira diferente para este importante ramo do Direito

1 FREITAS, Juarez. *Discricionariedade administrativa e o direito fundamental à boa administração pública*. São Paulo: Malheiros, 2007.

Público e meditar a respeito das mudanças de paradigma de alguns de seus institutos, começando por refletir acerca da travessia do princípio da vinculação positiva à lei para chegar ao princípio da juridicidade administrativa; empós, superar a divisão entre ato vinculado e discricionário em prol dos direitos fundamentais e dos princípios constitucionais que regem a Administração Pública; ao final, tecer breves comentários acerca da possibilidade do controle jurisdicional das políticas públicas.

2. Constitucionalização do Direito Administrativo

Inicio lembrando que em passado não muito distante a Constituição não era considerada uma verdadeira norma jurídica, dotada de cogência, mas tão só uma eloquente proclamação de valores e diretrizes políticas. Os preceitos constitucionais serviam apenas de fonte de inspiração para o legislador, porém não poderiam ser diretamente aplicados pelos juízes na resolução das controvérsias judiciais.[2] Os magistrados fundamentavam suas decisões como autômatos aplicadores das leis, proibidos de interpretá-las à luz da Constituição.

Entretanto, no curso do Século XX, notamente após a Segunda Grande Guerra, o mundo, perplexo com as atrocidades perpetradas pelo fascismo, nazismo e stalinismo, com o beneplácito do legislador, sentiu a imperiosa necessidade de impor limites jurídicos à ação de todos os poderes públicos, inclusive o Parlamento. Nesse ambiente começa a se expandir a jurisdição constitucional, permitindo a consolidação da ideia de que a Constituição, apesar de suas singularidades, antes de tudo, é norma jurídica, dotada de eficácia e aplicabilidade direta. O reconhecimento da força normativa da Constituição, de que nos fala Konrad Hesse,[3] trouxe profundas implicações em todos os ramos do direito, entre estes o Direito Administrativo.

Anteriormente, as Constituições restringiam-se a tratar, em geral de forma sintética, da estrutura básica do Estado e dos direitos individuais e políticos. Já no constitucionalismo contemporâneo, consoante pontua Gustavo Binenbojm:

> [...] as leis fundamentais passam a imiscuir-se em novas áreas, não só instituindo direitos de caráter prestacional, que reclamam atuações positivas dos poderes públicos e não mais meras abstenções, como também disciplinam assuntos sobre os quais antes silenciavam, como a ordem econômica e social, cultura, educação, família, saúde, meio ambiente etc.[4]

2 BINENBOJM, Gustavo. *Uma teoria do direito administrativo – direitos fundamentais, democracia e constitucionalização*. Rio de Janeiro: Renovar, 2006, p. 61.

3 HESSE, Konrad. *A força normativa da constituição*. Tradução de Gilmar Mendes. Porto Alegre: Sérgio Antonio Fabris Editor, 1991.

4 BINENBOJM, Gustavo. *Op. cit.*, p. 63.

Neste novo paradigma, a doutrina contemporânea, denominada pós-positivista, tem valorizado demasiadamente a força vinculante dos princípios constitucionais, que não dependem da intermediação do legislador ordinário para produzir efeitos jurídicos. É o que se chama de processo de constitucionalização do direito. Nesse panorama surge, no dizer de Margarida Lacombe Camargo, "um tipo de Estado, distinto do liberal burguês: o Estado Constitucional de Direito, cuja expressão teórica foi denominada de 'neoconstitucionalismo'".[5] Continua a ilustre doutrinadora, *verbis*:

> Em linhas gerais, o neoconstitucionalismo, termo cunhado na Itália, amplamente aproveitado na Espanha e agora em voga no Brasil, indica a supremacia do Poder Judiciário também como guardião da Constituição, mas sob uma ótica de caráter instrumental. Tem o dever de garantir o direito fundamental do exercício do pluralismo democrático em lugar de se submeter aos interesses da maioria representada no Legislativo. O legalismo cede lugar, assim, ao constitucionalismo, e o Poder Judiciário, notadamente os tribunais constitucionais, ganha força e destaque no novo equilíbrio da separação entre os poderes do Estado. O poder das cortes se acentua quando agem na defesa das minorias desprotegidas, na defesa dos direitos individuais, coletivos e difusos, e ainda na defesa do pluralismo de ideias e interesses que devem compor o jogo democrático.[6]

É nesse contexto que se fala em um processo de constitucionalização do direito, o qual, como assevera Binenbojm,[7] não se esgota na simples disciplina, em sede constitucional, de matérias outrora reguladas exclusivamente pelo legislador ordinário. Implica, mais que isso, no reconhecimento de que toda a legislação infraconstitucional tem de ser interpretada e aplicada em consonância com a Constituição, que deve ser a bússola, a guiar o intérprete no equacionamento de qualquer questão jurídica. Tal concepção impõe aos juristas a tarefa de revisitar os conceitos de suas disciplinas jurídicas, para submetê-los a uma releitura, a partir da ótica constitucional, de modo a reinterpretar seus institutos, visando não só evitar conflitos com a Lei Suprema, mas igualmente potencializar os valores e objetivos que esta consagra.

3. Da vinculação à lei em sentido estrito ao princípio da juridicidade administrativa

Miguel Seabra Fagundes cunhou a celebre frase: "administrar é aplicar a lei de ofício",[8] à qual corresponde a concepção tradicional da atividade administrativa

---

5 CAMARGO, Margarida Lacombe. Marcos político-jurídicos e principiológicos da constituição federal de 1988. *In: 20 anos da constituição cidadã de 1988.*VIEIRA, José Ribas (org.). Rio de Janeiro: Forense, 2008, p. 3.

6 *Idem,* p. 3-4.

7 BENENBOJM, Gustavo. *Op. cit.,* p. 64-65.

8 FAGUNDES, Miguel Seabra. *O controle dos atos administrativos pelo Poder Judiciário.*7ª ed. atualizada por Gustavo Binenbojm. Rio de Janeiro: Forense, 2005, p. 3.

vinculada à lei em sentido estrito. Nessa linha é a lição de Hely Lopes Meireles ao proclamar: "Na Administração não há liberdade nem vontade pessoal. Enquanto na Administração particular é lícito fazer tudo que a lei não proíbe, na Administração Pública só é permitido fazer o que a lei autoriza".[9]

Todavia, o ofício administrativo jamais se reduz à mera aplicação mecânica da lei, pois ela mesma deixa amplos espaços discricionários a serem preenchidos pelo administrador, dada a multiplicidade de situações que reclamam atuação do Poder Público, fato esse que, por si só, já comprometeria essa noção de que a Administração não age por vontade autônoma, limitando-se a cumprir a vontade previamente manifestada pelo legislador.[10] Na verdade, o próprio Kelsen já dizia que a atividade de interpretação da lei comporta diversas possibilidades, o que confere ao aplicador da norma uma margem de livre criação de direito no caso concreto.[11]

Não há dúvida de que a Administração Pública necessita de autorização legal para agir, porém, no exercício da competência legalmente definida, têm os agentes públicos ampla liberdade para desempenhar as inúmeras funções reservadas ao Poder Público.

O mundo contemporâneo tem flexionado a compreensão de que a atividade legislativa é monopólio dos Parlamentos, para admitir que outras esferas do Poder Estatal possam, mediante técnicas e procedimentos adequados, emitir atos que, embora distintos da lei, têm a força e o valor desta. Raul Machado Horta alerta que:

> "[...] essas técnicas e procedimentos não são criações do mundo contemporâneo. Lançam raízes no passado e denunciam, pelo menos, a desconfiança na competência do Poder Legislativo para legislar rapidamente ou atender situações de emergência".[12]

Deveras, a partir da segunda metade do século XX, é notória a evolução cada vez maior de um processo de desprestígio do legislador[13] e da lei em sentido formal, em decorrência dos mais diversos motivos, desde o descrédito da lei como expressão da vontade geral, passando por sua crescente politização ao sabor dos governos que se seguem ou das eventuais maiorias parlamentares, pela crise de representação e pelo

---

9 MEIRELLES, Hely Lopes. *Direito administrativo brasileiro*.35ª ed. atualizada por Eurico de Andrade Azevedo; Délcio Balastero Aleixo e José Emmanuel Burle Filho. São Paulo:Malheiros, 2009, p. 89.

10 Cf. BINENBOJM, Gustavo. *Op. cit.*, p. 34-35.

11 Cf. KELSEN, Hans. *Teoria pura do direito*. 4ª. ed. Tradução de João Baptista Machado. Coimbra: Armênio Amado Editor, 1976, p. 466-471.

12 Cf. HORTA, Raul Machado. *Estudos de direito constitucional*. Belo Horizonte, Del Rey, 1995, p. 562.

13 Apesar do desprestígio do Legislativo, impõe-se reconhecer que o Parlamento continua a ser o lugar por excelência para se expor os argumentos contraditórios, em que se processa a persuasão de uns, a reconsideração de outros e a deliberação final raramente corresponde inalteravelmente alguma das opiniões originais. (Cf. SANTOS, Wanderley Guilherme dos. *O paradoxo de Rousseau – uma interpretação democrática da vontade geral*. Rio de Janeiro, 2007, p. 8.).

incremento progressivo da atividade normativa do Poder Executivo. Tem sido, pois, comum a utilização de mecanismos que possibilitem a transferência de parte da atividade legislativa para outros centros de Poder, com o fito de atender ao real interesse público, em casos de extrema necessidade e urgência, permitindo, desse modo, uma maior celeridade na elaboração do ato normativo, o que não se obteria com a observância do processo ordinário de elaboração da lei.[14]

De outra banda, o surgimento do Estado de bem estar social gerou para a Administração Pública uma série de novas atribuições, agravadas pela amplitude da complexidade das relações econômicas e sociais, a demandar pronta intervenção e ordenação do Estado, não mais se amoldando à lentidão e generalidade do processo legislativo formal.[15]

É certo que o ingresso desses fenômenos nos sistemas jurídicos contemporâneos, abalou, em um primeiro momento, a teoria da separação dos poderes, o princípio da supremacia do Parlamento e a concepção da lei como expressão da vontade geral catalisada pelo Legislativo. Igualmente, acenou para o perigo das ditaduras.

Contudo, inevitável é reconhecer que, hodiernamente, esse enfraquecimento da atividade legislativa formal e a multiplicação dos ordenamentos administrativos setoriais encontram-se consagrados nos textos constitucionais modernos. Daí urge tributar à Constituição, seus princípios e especialmente seu catálogo de direitos fundamentais, a tarefa de condensar todo o arcabouço normativo que compõe o regime jurídico da Administração Pública. A superação do paradigma da legalidade administrativa há de se operar com a substituição da lei pela Constituição como cerne da vinculação administrativa à juridicidade. Aqui, reverencio Paulo Bonavides, quando proclama: "Se o velho Estado de direito do liberalismo fazia o culto da lei, o novo Estado de Direito de nosso tempo faz o culto da Constituição."[16]

Desse modo, desaparece a imprescindibilidade da lei como mediador entre a Constituição e a Administração Pública. A Constituição, na dicção de Gustavo Binenbojm, "deixa de ser mero programa político genérico à espera de concretização pelo legislador e passa a ser vista como norma diretamente habilitadora da competência administrativa e como critério imediato de fundamentação e legitimação da decisão administrativa".[17]

---

14 Sobre o assunto, Leon Frejda Szklarowsky leciona: *"O Estado moderno não pode prescindir de certos instrumentos que lhe deem agilidade bastante, para a realização de atividades que não possam aguardar o desenlace moroso da via normal. As Constituições modernas dispõem de certos mecanismos que permitem ultrapassar as barreiras impostas pela rígida divisão dos Poderes, que hoje não mais comporta a severa intangibilidade desses mesmos Poderes".* (Cf. *Medidas provisórias*. São Paulo, RT, 1991, p. 45).

15 BINENBOJM, Gustavo. *Op. cit.*, p. 35.

16 BONAVIDES, Paulo. *Curso de direito constitucional*. 22ª edição. São Paulo: Malheiros, 2008, p. 424.

17 BINENBOJM, Gustavo, *Op. cit.*, p. 37.

Essa ligação direta da Administração Pública com os princípios constitucionais, vistos estes como núcleos de condensação de bens e valores, na linguagem de J.J. Gomes Canotilho e de Vital Moreira[18], configura o aspecto mais relevante da denominada constitucionalização do Direito Administrativo, fazendo-o comprometido com o regime democrático e a com efetivação dos direitos fundamentais do homem.

4. A superação da dicotomia entre ato vinculado e ato discricionário pela teoria dos graus de vinculação à juridicidade

Na época do Estado absolutista a discricionariedade se confundia com arbitrariedade, porquanto a decisão do monarca estava livre de qualquer parâmetro jurídico de controle.

Somente no Século XIX, com o advento do Estado Liberal, é que a ideia de impor limites às atividades dos órgãos estatais foi sendo concebida. O desafio maior era sujeitar o exercício do poder público à observância das normas legais. Nesse ambiente é que desponta a noção de discricionariedade como uma área autônoma, contraposta àquela vinculada à lei, passível de controle judicial, para a de poder jurídico, imprescindível à Administração Pública, a fim de que ela possa atuar com mais eficiência na prestação dos serviços públicos e no atendimento das diversas demandas e reivindicações da sociedade.

Ao longo dos anos, a discricionariedade administrativa tem sido vista como uma barreira à sindicabilidade dos atos administrativos pelo Poder Judiciário. Entretanto, não é possível aceitar, *a priori* e de forma incondicional, que a atuação discricionária da Administração Pública fique completamente imune ao controle judicial.

No Estado Constitucional não se admite a discricionariedade sem limites. Na lição de Juarez Freitas é preciso controlar (ou pelo menos mitigar) os vícios forjados pelo excesso degradante, pelos desvios ímprobos ou pela omissão desidiosa. Ela somente se legitima acaso vinculada aos imperativos da prudência. Com base nisso, afirma o festejado autor que não se está a pedir ao Judiciário o controle dos juízos de conveniência, porém o das motivações obrigatórias; é dizer, vigilância não quanto ao merecimento em si, mas à compatibilidade plena do ato administrativo com os princípios, entre os quais os da eficiência, da eficácia e da economicidade.[19] Nesse diapasão, ensina ser inconcebível a discrição como tendo núcleo juridicamente não vinculado, porquanto a discricionariedade desvinculada de princípios, objetivos e direitos fundamentais, é, em si mesmo, arbitrariedade.[20]

---

18 CANOTILHO, J.J. Gomes; MOREIRA, Vital. *Fundamentos da constituição*. Coimbra: Coimbra Editora, 1991, p. 49.

19 FREITAS, Juarez. *Op. cit.*, p. 7 e 30.

20 FREITAS, Juarez. *O controle dos atos administrativos e os princípios fundamentais.* 4ª ed. São Paulo: Malheiros, 2019, p. 381-382.

A propósito, Celso Antônio Bandeira de Melo, ao falar da discricionariedade administrativa, leciona que ela não pode significar um campo de liberdade para que o administrador, dentre as diversas possibilidades abstratamente contempladas na norma, eleja qualquer uma delas no caso concreto. Ao contrário, a hipótese adotada na decisão deve ser aquela que melhor se adapte à situação em causa, de modo a atender a finalidade que serviu de inspiração à regra jurídica aplicanda. Desgarrando-se o agente do fim legal, seu ato submete-se ao controle jurisdicional.[21]

Por sua vez, assevera Germana de Oliveira Moraes que a concepção clássica de discricionariedade imune à sindicalidade judicial somente se enquadra no perfil do "direito por regras", cujo contexto reduz-se ao princípio da legalidade, entendido como a conformidade dos atos administrativos com as regras de direito, sem a observância a quaisquer outros vetores axiológicos. Essa percepção há de ser repensada e redefinida, de maneira a adequá-la à nova compreensão contemporânea do "direito por princípios", o que implica a redefinição de categorias afins, como o mérito do ato administrativo.[22] Nessa direção aduz Juarez Freitas que "com o novo conceito de Direito Administrativo e com a supremacia da ordem constitucional, o mérito do ato, por via reflexa, pode ser inquirido (efetuado o controle de demérito ou de arbitrariedade por ação ou omissão)".[23]

Destarte, com a superação da concepção positivista de que a lei contém todo o direito, passa-se a fundamentar a atividade administrativa vinculada diretamente à Constituição, não se permitindo mais falar, tecnicamente, numa autêntica dicotomia entre atos vinculados e atos discricionários, mas em graus de maior ou menor vinculação à juridicidade. Desse modo, ao maior ou menor grau de vinculação corresponderá o maior ou menor grau de sindicabilidade por parte do Poder Judiciário.[24]

Entrementes, a definição da densidade do controle jurisdicional não segue uma lógica puramente normativa, mas deve atentar também para os procedimentos adotados pela Administração e para as competências e responsabilidades dos órgãos decisórios. Impõe-se, portanto, o estabelecimento de critérios adequados ao exercício das atribuições da Administração e do Judiciário, levando-se em conta a especificidade de cada um dos poderes, a legitimação democrática, os meios e procedimentos de atuação, a preparação técnica, especialmente no caso das decisões administrativas mais complexas.[25]

---

21 MELLO, Celso Antônio Bandeira de. *Discricionariedade e controle jurisdicional*. 2ª ed. São Paulo: Malheiros, 1993, p. 36 e 57.

22 MORAES, Germana de Oliveira. *Controle jurisdicional da administração pública*. 2ª ed. São Paulo: Dialética, 2004, p. 41-42.

23 FREITAS, Juarez. *Controle dos atos administrativos..., op. cit,* p. 389-390.

24 BINENBOJM, Gustavo. *Op. cit.*, p. 206.

25 *Idem*, p. 225

Com efeito, todas essas variáveis serão determinantes para definir a dimensão do controle a ser exercido pelo Poder Judiciário.

5. Controle jurisdicional das políticas públicas

Na história constitucional brasileira, nunca uma Carta Política proclamou de maneira tão abrangente e pormenorizada os direitos e garantias fundamentais do homem, tampouco confiou tanto ao Judiciário a atribuição de solucionar os conflitos individuais e coletivos da sociedade e abriu com tamanha amplitude as vias de acesso à tutela jurisdicional ao cidadão, às entidades associativas e ao Ministério Público, como fez a atual Carta da República.

Essa missão confiada ao Judiciário pelo constituinte de 1988, associada ao clima de reencontro com a democracia experimentado pela nação, fez com que a sociedade procurasse junto aos órgãos jurisdicionais de todos os graus a solução de seus conflitos, reconhecendo ser o Poder Judiciário o terreno apropriado e insuspeito para o cultivo da cidadania.

Em verdade, a Constituição de 1998 alça o Poder Judiciário a um patamar de relevo na cena política, alterando sua identidade de mero aplicador das leis para outorgar-lhe o mister de ser seu intérprete maior, imbuído da responsabilidade de resguardar os direitos humanos fundamentais, fazer cumprir o ordenamento jurídico e arbitrar os conflitos entre os outros dois Poderes do Estado.

As inovações trazidas pelo atual Texto Constitucional tornaram o Judiciário mais visível aos olhos dos agentes políticos e dos cidadãos. Os primeiros descobrem-no como um novo interlocutor e uma nova arena para, consoante afirma Maria Tereza Sadek, contestar políticas governamentais e decisões majoritárias legislativas. Já o cidadão o vê como um espaço para solução de disputa e garantia de seus mais variados direitos.[26]

Diante da posição proeminente do Poder Judiciário no constitucionalismo contemporâneo, dificilmente haverá decisão do Poder Executivo ou do Poder Legislativo que, pelo menos em tese, não seja passível de apreciação judicial. Dessa forma, infere Maria Tereza Sadek que "o Poder Judiciário constituiu-se em um ator com capacidade de provocar impactos significativos no embate político, na elaboração de políticas públicas, bem como na sua execução."[27]

Em suma, esse conjunto de fenômenos institucionais e históricos, a incentivar uma efetiva atuação do Poder Judiciário no espaço público, assim como a expansão do movimento denominado de "neoconstitucionalismo", alicerçado em uma hermenêutica marcada pelo rigor principiológico e moral, tudo isso tem levado ao que se

---

26 SADEK, Maria Tereza. Judiciário e arena pública: um olhar a partir da ciência política. **In:** GRINOVER, Ada Pellegrini; WATANABE, Kazuo. *Controle jurisdicional de políticas públicas*. Rio de Janeiro: Forense, 2011, p. 16-17.

27 *Idem,* p. 18.

convencionou chamar de protagonismo judicial, que encontraria amparo no próprio modelo institucional e na amplitude do catálogo de direitos reconhecidos constitucionalmente. Afora isso, impende realçar que várias das chamadas políticas públicas foram constitucionalizadas, transferindo-se da esfera política para a judicial por inércia do próprio sistema político, a ensejar a interferência do Poder Judiciário em muitos desses casos, causando o que se tem denominado de "judicialização da política".[28]

Destarte, passamos a nos deparar com as frequentes ingerências do Poder Judiciário em questões de políticas públicas, ante o retraimento do sistema representativo, que não consegue dar vazão às promessas de justiça e igualdade social intrínsecas à democracia e incorporadas aos textos constitucionais contemporâneos. Essa atuação alargada das autoridades judiciárias tem proporcionado inúmeros questionamentos, sob a altercação de que haveria uma intervenção indevida no exercício das funções próprias dos demais poderes estatais, não compatível com o princípio democrático da soberania popular.

É de ressaltar-se que esse processo de judicialização da política não é um fenômeno exclusivo brasileiro. Conforme ensina Anderson Orestes Cavalcante Lobato:

> Trata-se de um fenômeno conhecido das democracias consolidadas e o fato de o Brasil enfrentar tal problemática sinaliza a consolidação de nossas instituições democráticas. Com efeito, a denominada jurisdição constitucional representa a institucionalização de um espaço de controle da atuação do governo de modo a evitar as arbitrariedades cometidas pelas maiorias eventuais. A oposição, bem como os movimentos minoritários, encontra na jurisdição constitucional um árbitro que deve ter como única preocupação o respeito aos valores sociais – a ideia de Direito – que se consolida no texto constitucional. [29]

A distinção do nosso caso com relação ao que se passa ao redor do mundo é, no dizer de Oscar Vilhena, de escala e de natureza. De escala, pela quantidade de temas que têm estatura constitucional e são reconhecidos passíveis de judicialização; de natureza, em razão de não haver qualquer obstáculo para que o Supremo Tribunal Federal aprecie atos produzidos pelo sistema representativo, incluindo as emendas constitucionais. Desse modo, suas decisões, em tese, não podem ser derrubadas pelo Parlamento, ao contrário do que ocorre na maioria das democracias constitucionais.[30]

---

28 A respeito do tema, cf. ROCHA, Fernando Luiz Ximenes; ROCHA, Sofia Laprovitera. Judicialização da política e democracia. *Interesse Público – IP*, Belo Horizonte, ano 21, nº 117, p. 111-134, set/out. 2019.

29 LOBATO, Anderson Orestes Cavalcante. Política, constituição e justiça: os desafios para a consolidação das instituições democráticas. Revista de Sociologia e Política, Curitiba, nº 17, novembro 2011, p. 48.

30 VIEIRA, Oscar Vilhena. *A batalha dos poderes: da transição democrática ao mal-estar*. São Paulo: Companhia das letras,2018, p. 166.

Em consequência, como adverte Maria Tereza Sadek, assiste-se de um lado a limitação da margem de discricionariedade dos atores políticos com atuação no Executivo e no Legislativo e, de outro, a ampliação das possibilidades de interferência do Judiciário.[31]

Realmente, não se ignora a importância do Judiciário na era dos direitos fundamentais e do constitucionalismo contemporâneo, na qual lhe é reservado papel de destaque e hegemônico, que o liga inseparavelmente ao futuro da democracia, enquanto, nas palavras de Paulo Bonavides, "expressão, síntese e substância de quatro gerações de direitos, cuja concretude, garantia e universalidade, arrimada a elementos constitucionais de proteção, nunca poderá, amanhã, prescindir da intervenção eficaz e, se necessário, criativa do aparelho judiciário [...]."[32] Previne, porém, o renomado autor, que isto "não há de levar ao malsinado 'governo de juízes', forma de todo ilegítima, mas há de significar, sem dúvida, necessidade de referendar novo contrato social, cujos pactuários não poderão deixar de admitir que um Judiciário forte é a primeira salvaguarda da democracia."[33]

A intervenção judicial nas políticas públicas, contudo, nas palavras de Ada Pellegrini Grinover, "só poderá ocorrer em situações em que ficar demonstrada a irrazoabilidade do ato discricionário praticado pelo Poder Público, devendo o juiz pautar sua análise em atenção ao princípio da proporcionalidade."[34]

Na realidade, não se está a dizer que o Judiciário tem ampla competência para fixar políticas publicas, nem muito menos que o juiz pode impor sua própria convicção política, quando existem várias outras possíveis e razoáveis à disposição do administrador público.

O certo é que, ao elaborar-se uma Constituição tão ousada e pormenorizada, com um catálogo bastante extenso de direitos fundamentais de aplicação imediata e que não podem ser abolidos nem mesmo por emendas constitucionais, contendo inúmeros instrumentos garantidores de sua eficácia, inclusive contra a omissão dos poderes constituídos, além de assegurar que nenhuma lesão ou ameaça a direitos será subtraída da apreciação judicial, não há negar que o constituinte brasileiro elevou o Judiciário a um patamar de grande relevância na estrutura do Estado, o que não o autoriza a agir sem comedimento, de forma a usurpar as funções dos demais poderes. Afinal, acima de tudo se faz necessário proteger o regime democrático, mantendo-se viva a máxima de Montesquieu de que *le pouvoir arrête le pouvoir*, porquanto con-

31 SADEK, Maria Tereza. *Op. cit.*, p. 19.

32 BONAVIDADES, Paulo. *Do país constitucional ao país neocolonial: a derrubada da constituição e a recolonização pelo golpe de estado institucional.* 4ª edição. São Paulo: Malheiros, 2009. p. 74.

33 *Idem*, p. 74-75.

34 GRINOVER, Ada Pellegrini. O controle jurisdicional de políticas públicas. **In***:* GRINOVER, Ada Pellegrini; WATANABE, Kazuo. *Controle jurisdicional de políticas públicas*. Rio de Janeiro: Forense, 2011, p. 138.

soante alertava o autor da teoria da separação dos poderes, todo aquele que detém poder tende a dele abusar.[35]

Enfim, o princípio da separação dos poderes – nada obstante haja perdido preponderância com o desenvolvimento democrático, que não mais admite uma divisão rigorosa das funções do Estado – ganha teor de juridicidade no constitucionalismo contemporâneo, razão pela qual deve ser olhado sob um novo prisma, com o intuito de garantir o uso do poder em harmonia com os valores constitucionais, reconhecendo que o equilíbrio exigido não deve ser encarado apenas como atividade comedida do Legislativo, Executivo e Judiciário, mas depende igualmente do sistema de controle e freios, porquanto nenhum poder é ilimitado. Daí assinalar Ana Paula de Barcellos que esse princípio permanece válido e valioso em sua essência, pois o poder concentrado continua sendo uma ameaça aos direitos individuais e, portanto, controlá-lo por meio da divisão de seu exercício continua a ser uma necessidade imperiosa.[36]

Entretanto, a própria autora adverte que nem o princípio da separação dos poderes nem o princípio majoritário são absolutos, podendo ser excepcionados em determinados casos, especialmente quando se tratar da proteção dos direitos fundamentais e da dignidade da pessoa humana, valores que esses princípios, direta ou indiretamente, buscam igualmente promover.[37] Assim, não há deixar de reconhecer legitimidade ao Judiciário para sindicar tais hipóteses.

Não podemos esquecer, todavia, que essa série de prerrogativas e competências confiadas ao Judiciário na quadra atual deve ser exercida com observância ao sistema de freios e contrapesos inerente ao Estado democrático de direito, de modo a não anular a atuação própria das demais funções estatais, não enfraquecer a democracia e resguardar a independência e a harmonia dos poderes, nos termos do art. 2º de nossa Carta Republicana.

É preciso colocar em prática o que Steven Levitsky e Daniel Ziblatt chamam de reserva institucional, compreendida, segundo esses autores, como o ato de evitar ações que embora respeitem a letra da lei, violam claramente o seu espírito. Dizem ainda: "Quando as normas de reserva são robustas, políticos não usam suas prerrogativas institucionais até o limite, mesmo que tenham direito legal de fazê-lo, pois tal ação pode pôr em perigo o sistema existente."[38]

Em outras palavras, os poderes, indistintamente, devem ser comedidos no âmbito de suas atribuições institucionais, com a incumbência de manter o equilíbrio e evitar os excessos que nada constroem e prejudicam o vigor democrático.

---

35 MONTESQUIEU, Charles de Secondat, Baron de. *O espírito das leis*. Tradução Cristina Murachco. 3ª ed. São Paulo: Martins Fontes, 2005.

36 BARCELLOS, Ana Paula de. *A eficácia jurídica dos princípios constitucionais: o princípio da dignidade da pessoa humana*. Rio de Janeiro: Renovar, 2002, p. 216.

37 *Idem*, p. 230.

38 LEVITSKY, Steven; ZIBLATT, Daniel. *Como as democracias morrem*. Tradução de Renato Aguiar. Rio de Janeiro: Zahar, 2018, p. 107.

7. Conclusão

No curso do século XX, a Constituição deixa de ser apenas uma fecunda proclamação de valores e diretrizes políticas e passa a ser encarada, apesar de suas peculiaridades, como norma jurídica dotada de eficácia e aplicabilidade direta, independentemente da intermediação do legislador ordinário. Esse reconhecimento de sua força normativa trouxe profundas modificações em todos os ramos do direito, ocasionando o propalado processo de sua constitucionalização, inclusive do Direito Administrativo.

Nesse contexto, não existe mais espaço para se imaginar que o ofício administrativo reduz-se à mera aplicação mecânica da lei, pois além de ela oferecer diversas possiblidades interpretativas ao aplicador da norma, o administrador busca fundamentar e legitimar sua decisão diretamente nas regras e nos princípios constitucionais.

Diante desse novo modelo, afasta-se a tradicional divisão entre ato vinculado e ato discricionário, para se falar em ato administrativo de maior ou menor grau de vinculação à juridicidade, conferindo-se ao Poder Judiciário uma sindicabilidade ampla dos atos do administrador público, haja vista que no Estado democrático de direito não se admite discricionariedade sem limites, sob pena de transformá-la em arbítrio.

Consta-se, outrossim, a posição proeminente do Poder Judiciário no constitucionalismo contemporâneo decorrente da expansão da jurisdição constitucional e da amplitude dos temas, que antes eram tratados pela legislação comum e agora passam a ocupar lugar na Constituição, entre os quais se encontram as políticas públicas, a incentivar uma efetiva atuação do Judiciário no espaço público, cumprindo a missão institucional que lhe foi confiada pelo constituinte. de fazer com que a Carta Política e especialmente os direitos fundamentais sejam concretizados.

Desse modo, temos assistido a repetidas ingerências do Judiciário em questões de políticas públicas, o que tem levado ao surgimento de críticas sobre possíveis intromissões indevidas em funções próprias dos outros poderes, com reflexos no princípio da separação dos poderes, o qual embora haja perdido preponderância com o desenvolvimento democrático, ganha conteúdo de juridicidade no constitucionalismo contemporâneo, visando garantir o equilíbrio das funções estatais em harmonia com os valores constitucionais, mantendo vivo o sistema de freios e contrapesos.

Em síntese, é necessário que haja deferência – que não se confunde com omissão – entre os poderes, que devem agir com ponderação ao fazerem uso de suas prerrogativas institucionais, pois assim estarão atuando em prol da democracia e evitando os excessos desnecessários de órgãos eventualmente usurpadores, os quais com seus erros e vícios atrapalham a convivência democrática.

Referências bibliográficas

BARCELLOS, Ana Paula de. *A eficácia jurídica dos princípios constitucionais: o princípio da dignidade da pessoa humana*. Rio de Janeiro: Renovar, 2002.

BINENBOJM, Gustavo. *Uma teoria do direito administrativo – direitos fundamentais, democracia e constitucionalização*. Rio de Janeiro: 2006.

BONAVIDES, Paulo. *Curso de direito constitucional*. 22ª edição. São Paulo: Malheiros, 2008.

BONAVIDES, Paulo. *Do país constitucional ao país neocolonial: a derrubada da constituição e a recolonização pelo golpe de estado institucional*.4ª edição. São Paulo: Malheiros, 2009.

CAMARGO, Margarida Lacombe. Marcos político-jurídicos e principiológicos da constituição federal de 1988. In: *20 anos da constituição cidadã de 1988*. VIEIRA, José Ribas (org.). Rio de Janeiro: Forense, 2008, p. 1-16.

CANOTILHO, J.J. Gomes; MOREIRA, Vital. *Fundamentos da constituição*. Coimbra: Coimbra Editora, 1991.

FAGUNDES, Miguel Seabra. *O controle dos atos administrativos pelo Poder Judiciário*. 7ª ed. atualizada por Gustavo Binenbojm. Rio de Janeiro: Forense, 2005.

FREITAS, Juarez. *Discricionariedade administrativa e o direito fundamental à boa administração pública*. São Paulo: Malheiros Editores, 2007.

FREITAS, Juarez. *O controle dos atos administrativos e os princípios fundamentais*. 4ª ed. São Paulo: Malheiros, 2019.

GRINOVER, Ada Pellegrini. O controle jurisdicional de políticas públicas. In: GRINOVER, Ada Pellegrini; WATANABE, Kazuo. *Controle jurisdicional de políticas públicas*. Rio de Janeiro: Forense, 2011.

HESSE, Konrad. *A força normativa da constituição*. Tradução de Gilmar Mendes. Porto Alegre: Sérgio Antonio Fabris Editor, 1991.

HORTA, Raul Machado. *Estudos de direito constitucional*. Belo Horizonte, Del Rey, 1995.

KELSEN, Hans. *Teoria pura do direito*. 4ª ed. Tradução de João Baptista Machado. Coimbra: Armênio Amado Editor, 1976.

LEVITSKY, Steven; ZIBLATT, Daniel. *Como as democracias morrem*. Tradução de Renato Aguiar. Rio de Janeiro: Zahar, 2018.

LOBATO, Anderson Orestes Cavalcante. Política, constituição e justiça: os desafios para a consolidação das instituições democráticas. *Revista de Sociologia e Política*, Curitiba, nº 17, novembro 2011, p. 45-52.

MEIRELLES, Hely Lopes. *Direito administrativo brasileiro*.35ª ed. atualizada por Eurico de Andrade Azevedo; Délcio Balastero Aleixo e José Emmanuel Burle Filho. São Paulo: Malheiros, 2009.

MELLO, Celso Antônio Bandeira de. *Discricionariedade e controle jurisdicional*. 2ª ed. São Paulo: Malheiros, 1993.

MONTESQUIEU, Charles de Secondat, Baron de. *O espírito das leis*. Tradução Cristina Murachco. 3ª edição. São Paulo: Martins Fontes, 2005.

ROCHA, Fernando Luiz Ximenes; ROCHA, Sofia Laprovitera. Judicialização da política e democracia. *Interesse Público – IP*, Belo Horizonte, ano 21, nº 117, p. 111-134, set/out. 2019.

SADEK, Maria Tereza. Judiciário e arena pública: um olhar a partir da ciência política. **In**: GRINOVER, Ada Pellegrini; WATANABE, Kazuo. *Controle jurisdicional de políticas públicas*. Rio de Janeiro: Forense, 2011, p. 1-32.

SANTOS, Wanderley Guilherme dos. *O paradoxo de Rousseau – uma interpretação democrática da vontade geral*. Rio de Janeiro, 2007.

SZKLAROWSKY, Leon Frejda. *Medidas provisórias*. São Paulo: Revista dos Tribunais, 1991.

VIEIRA, Oscar Vilhena. *A batalha dos poderes*: *da transição democrática ao mal-estar*. São Paulo: Companhia das letras, 2018.

Antigas, Novas e (aparentemente intermináveis) Controvérsias em Torno do Verbete 343 da Súmula de Jurisprudência Dominante do STF

Flávio Luiz Yarshell

I. Objeto

Ao ensejo de consulta recebida no exercício da advocacia, surgiu a seguinte indagação: é rescindível acórdão de tribunal local fundado em entendimento então sumulado pelo STF e em consonância com decisão provisória editada em processo de controle concentrado de constitucionalidade (ADI) se, depois do trânsito em julgado desse mesmo acórdão, o STF alterou seu posicionamento?

O pano de fundo dessa questão de direito era a edição da Medida Provisória nº 2.027-43/2000, reeditada pela de nº 2.183-56/2001, que acrescentou ao Decreto-lei nº 3.365/41, dentre outros dispositivos, o seu art. 15-A. Tal dispositivo limitou juros compensatórios, em processo de desapropriação, a até seis por cento ao ano sobre o valor da diferença eventualmente apurada, a contar da imissão na posse, vedado o cálculo de juros compostos.

O dispositivo foi objeto da ação declaratória de inconstitucionalidade (ADI) nº 2.332/DF, aforada pelo Conselho Federal da Ordem dos Advogados do Brasil, fundada na alegação de ausência de pressupostos constitucionais de urgência e relevância para a edição da medida provisória; e na inconstitucionalidade do limite dos juros compensatórios, por violação ao disposto no art. 5º, XXIV, da CF.

Em acórdão proferido em 09/2001, em medida cautelar, o plenário do STF suspendeu parcialmente a eficácia de alguns dispositivos, dentre os quais, o referido art. 15-A. Na ementa, já se dispunha a "relevância da arguição de inconstitucionalidade da expressão 'de até seis por cento ao ano' no 'caput' do artigo 15-A em causa em face do enunciado da súmula 618 desta Corte". E o resultado do julgamento foi o seguinte: "Vistos, relatados e discutidos estes autos, acordam os Ministros do Supremo Tribunal Federal, em Sessão Plenária, na conformidade da ata do julgamento e das notas taquigráficas, por maioria de votos, em deferir a medida liminar para suspender, no artigo 15-A do Decreto-lei nº 3.365, de 21 de junho de 1941, introduzido pelo artigo 1º da Medida Provisória nº 2.027-43, de 27 de setembro de 2000, e suas respectivas reedições, a eficácia da expressão 'de até seis por cento ao ano', vencidos, em parte, os Senhores Ministros Moreira Alves (Relator), Ellen Gracie, Nelson Jobim e Celso de Mello, no que votaram suspendendo somente a eficácia do vocábulo 'até'. [...]"

Ocorre que, em julgamento realizado em 05/2018, o plenário daquela Corte, por maioria, reconheceu "a constitucionalidade do percentual de juros compensatórios de 6% (seis por cento) ao ano para remuneração do proprietário pela imissão provisória do ente público na posse de seu bem, declarando a inconstitucionalidade do vocábulo 'até'...".

No caso mencionado, o INCRA houvera ajuizado ação de desapropriação julgada parcialmente procedente, fixando-se os juros compensatórios da seguinte forma: "Juros compensatórios a taxa de 12% ao ano, a partir da antecipada imissão na posse, tendo como base a diferença apurada entre o montante ofertado e não levantado pelos expropriados e a indenização reconhecida judicialmente, bases que serão todas corrigidas monetariamente". Tendo o trânsito em julgado ocorreu em 28/06/2017, o INCRA ajuizou ação rescisória sob a alegação de que o acórdão rescindendo, relativamente aos juros compensatórios, seria contrário ao entendimento firmado pelo STF em 2018; donde ser o caso de reduzir os juros compensatórios para o patamar de seis por cento ao ano de 13/09/2001[1] a 08/12/2015[2] e de 18/05/2016[3] a 11/07/2017[4] – sem prejuízo de percentuais nulos (zero por cento) em determinados períodos, como de 09/12/2015 a 17/05/2016, por força da vigência da Medida Provisória nº 700/2015.

Esse é o objeto das presentes considerações, alheias aos fatos objeto da consulta, mas exclusivamente voltadas à questão de direito supra enunciada.

II. Verbete 343 da súmula da jurisprudência dominante do STF: exame de sua gênese e evolução

O debate em torno da desconstituição de decisões transitadas em julgado, especificamente na sua relação com o sistema de controle de constitucionalidade, certamente não é novo. A ideia central parece ser esta: conquanto a ação rescisória seja sabidamente excepcional, quando o respectivo fundamento é a contrariedade a decisão proferida pelo STF, há maior abertura para a revisão de decisões transitadas em julgado. Saber até onde vai essa complacência parece ser o dilema com o qual se deparam a doutrina, a jurisprudência e, em tempos recentes, até mesmo o Legislador.

Para tanto, parece ser útil examinar – breve e objetivamente – a gênese e a evolução do entendimento acerca do verbete 343 da súmula da jurisprudência predominante do STF, o que pode ser feito nos seguintes termos:

1 Data da publicação da liminar na ADI nº 2.332/DF.

2 No dia seguinte, em 09/12/2015, teria sobrevindo a Medida Provisória nº 700/2015, que, segundo o INCRA, teria dado nova redação ao art. 15-A do Decreto-lei nº 3.365/41 para fixar os juros em 0%, e que teria vigorado até 17/05/2016.

3 Quando teria se encerrado a vigência da Medida Provisória nº 700/2015, restabelecendo-se os 6% ao ano.

4 Quando entrou em vigor a Lei nº 13.465/2017, a qual, para o caso específico de desapropriações para reforma agrária, teria introduzido o § 9º no art. 5º da Lei nº 8.629/93, para estabelecer os juros compensatórios em 1%, 2%, 3% ou 6% ao ano, a depender da hipótese.

a) A jurisprudência – inclusive a do STF – tradicionalmente reconhece, na esteira da doutrina[5], que a violação "literal" a disposição de lei não pode ocorrer quando, ao tempo em que proferida a decisão, há divergência jurisprudencial a respeito. Isso porque a ação rescisória não é instrumento de uniformização de jurisprudência e, portanto, de forma bastante simples e objetiva, entende-se que o dissenso pretoriano afasta a literalidade de eventual violação. Daí, então, a edição do verbete 343 que, no tocante ao STF, parecia considerar eventual divergência existente nos tribunais inferiores, e não propriamente do seio daquela Corte superior[6].

b) A jurisprudência do STF, em um dado momento, passou a reconhecer que a restrição constante deste verbete não seria aplicável quando a violação "literal" fosse a norma constitucional. Mas, a gênese desse entendimento revela um dado relevante: assim se concluiu, então, na premissa de que, tendo o STF reconhecido a *inconstitucionalidade* de uma lei, ela não poderia produzir efeitos; e que, portanto, seria irrelevante a divergência jurisprudencial nesse contexto. Vale dizer: o afastamento do verbete 343, ao menos inicialmente, não se deu de forma genérica "em matéria constitucional", mas especificamente em casos nos quais a decisão transitada em julgado aplicara norma que o STF reconhecera ser inconstitucional[7] – tanto mais porque, naquela época, o sistema de controle concentrado desconhecia a ação declaratória de constitucionalidade, com eficácia *erga omnes* (tampouco se prestando a tanto a simples improcedência da ação direta de inconstitucionalidade).

c) Aventou-se que o enunciado do verbete 343 seria uma projeção de outro, que cristalizara o descabimento do recurso extraordinário diante de "intepretação razoável" da lei federal (verbete 400 da súmula do STF). Argumentava-se, então, que não poderia haver tal tipo de perplexidade em matéria constitucional; donde, então, ser inaplicável a restrição do enunciado 343. Mais adiante, argumentou-se que excluir a incidência do verbete 343 seria uma forma de preservar o papel do STF, de guardião da Constituição; e, em particular, de tutelar a isonomia, mediante uniforme aplicação das regras legais a todos os destinatários[8].

---

5 Cf. Tereza Arruda Alvim in **Controle das decisões judiciais por meio de recursos de estrito direito e de ação rescisória**, São Paulo, Revista dos Tribunais, 2001, pp. 282/283.

6 Pertinente a observação, a respeito, do Ministro Marco Aurélio, em debates havidos no julgamento do RE 590.809/RS, que ensejou o tema 136 de repercussão geral (fl. 57 do acórdão). Contudo, vide abaixo letra "f", parte final e nota 13.

7 A propósito, Ada Pellegrini Grinover, em excelente resenha, observou: "No entanto, alguns Ministros do Supremo Tribunal Federal têm entendido que a Súmula nº 343 incide tão-somente nos casos em que os tribunais divergem sobre a interpretação da lei, não encontrando aplicação em tema de interpretação controvertida das normas constitucionais. É o que resulta de acórdãos do STF, publicados nas *RTJ* 101/207 e 114/361, lendo-se de ementa do último: 'A Súmula nº 343 tem aplicação quando se trata de texto legal de interpretação controvertida nos tribunais, não, porém, de texto constitucional'" (cf. Ada Pellegrini Grinover, **A Marcha do processo**, 1ª ed., Forense Universitária, Rio de Janeiro, 2000, pp. 6/7). Os julgados referidos pela jurista, para além dos acima apontados, nos quais o STF entendeu pela inaplicabilidade da Súmula nº 343 em matéria constitucional, são os Recursos Extraordinários 103.880-SP, 101.114-SP e 89.108-GO.

8 Esse aspecto, dentre outros, foi destacado no voto proferido pelo Ministro Teori Zavascki, no RE 590.809/RS (fl. 53 do acórdão), ainda que tenha o Il. Ministro sido vencido.

d) Conquanto se tenha esboçado reafirmação de que a exclusão do verbete 343 se daria em função de controvérsia constitucional[9], o entendimento mais recente – ainda com titubeios – parece sugerir algo diverso: "Conforme tese fixada no julgamento do Tema 136 da Repercussão Geral (RE nº 590.809/RS), 'não cabe ação rescisória quando o julgado estiver em harmonia com o entendimento firmado pelo Plenário do Supremo à época da formalização do acórdão rescindendo, ainda que ocorra posterior superação do precedente', irrelevante a natureza da discussão posta no feito rescindendo (se constitucional ou infraconstitucional) para a observância do enunciado da Súmula STF nº 343"[10].

e) Independentemente de se tratar, ou não, de questão constitucional e ressalvada a eventual falta de uniformidade que possa decorrer do exercício da competência para decisões singulares pelos relatores, parece lícito, neste momento, reputar como vigentes no STF os seguintes entendimentos: não se aplica o verbete 343 – e, portanto, cabe ação rescisória – se, à época em que proferida a decisão rescindenda por tribunal inferior, esta divergisse da interpretação então vigente no STF[11]; e, coerentemente, aplica-se o verbete – e, portanto, não cabe ação rescisória – se, à época em que proferida a decisão rescindenda por tribunal inferior, havia interpretação controvertida dentro do próprio Supremo[12].

---

9 Quando do julgamento da Ação Rescisória nº 2.370/CE (relator Ministro Teori Zavascki, julgado em 22/10/2015), em que o STF teria reafirmado que não incide o óbice do verbete 343 quando se trata de rescisória fundada em ofensa à Constituição, consignando que, no Recurso Extraordinário 590.809/RS, o STF decidira apenas pelo descabimento da rescisória diante da superveniente modificação da jurisprudência dentro do próprio STF. Não incidiria a Súmula 343, portanto, quando se afigurasse "conflito sobre matéria constitucional objeto de divergência no âmbito de outros tribunais".

10 STF, Plenário, AgRg na AR 2.572/DF, Relator Ministro Dias Toffoli, julgado em 24/02/2017.

11 Cf. agravo regimental no recurso extraordinário nº 529.675/CE, relator o Ministro Roberto Barroso, julgado em 21/09/2018, por unanimidade na 1ª Turma, aludindo a antigo julgado de relatoria do Ministro Gilmar Mendes, nos embargos declaratórios no recurso extraordinário nº 328.812/AM, julgados em 06/03/2008. Do voto do Ministro Roberto Barroso destaca-se: "O Supremo Tribunal Federal (STF) firmou o entendimento no sentido de que a Súmula 343/STF deve ser afastada **no caso de decisões das instâncias ordinárias divergentes da interpretação adotada por ele, STF**. Veja-se o RE 382.812-ED, Rel. Min. Gilmar Mendes. A questão posta em discussão nesse agravo interno não é de índole infraconstitucional, discute-se a incidência, ou não, da Súmula 343/STF. No caso dos autos, quando a decisão rescindenda foi proferida, o STF, no MS 21.216, Rel. Min. Octavio Gallotti (28.06.1991), já havia se pronunciado sobre a inconstitucionalidade do direito pleiteado. De modo que não havia interpretação controvertida nos tribunais apta a possibilitar a aplicação da Súmula 343/STF." (grifei).

12 Cf. agravo regimental na ação rescisória nº 2.421/DF, relator o Ministro Roberto Barroso, julgado pelo Plenário, por maioria, em 13/06/2018. Novamente, merece destaque o trecho do voto do Ministro Roberto Barroso: "é certo que, com fundamento na Súmula nº 343 do STF, a rescindibilidade por ofensa a literal disposição de lei pressupõe que a interpretação conferida pelo acórdão rescindente seja irrazoável e incompatível com as regras jurídicas atinentes ao caso em análise. A mudança de orientação desta Corte quanto à matéria de fundo discutida na presente ação rescisória não autoriza a desconstituição do acórdão rescindendo, ainda mais quando se verifica que havia controvérsia neste Tribunal a respeito da questão".

O breve exame dessa evolução demonstra que o STF, quando limitou a incidência do verbete 343 (e, assim, expandiu o campo da ação rescisória independentemente do debate ser sobre matéria ser constitucional ou não), assim o fez em situações nas quais, quando proferida a decisão rescindenda, havia interpretação definida pelo próprio Supremo e *contrariada pela decisão subalterna*. Coerentemente, o STF prestigiou a incidência do verbete em casos nos quais, à época da edição da decisão rescindenda, houvesse divergência dentro do próprio STF. Portanto, parece lícito dizer que o STF, de um modo geral, tem *prestigiado a interpretação dada por ele no momento em que proferida a decisão que se pretenda rescindir*.

Isso é decisivo para interpretar o disposto no inciso V do art. 966 do CPC/15 (antigo 485, V do CPC/73): sob pena de grave comprometimento da lógica do sistema, não há como reputar violadora de lei (de forma literal ou manifesta) decisão que interpretou a norma em consonância com o que, naquele momento, fazia o STF. Trata-se do outro lado da moeda da *ratio* que inspirou a edição do verbete 343, tal como examinado: se não cabe rescisória com base no inciso V do art. 966 do CPC (ou 485, V do anterior) quando o dispositivo alegadamente violado enseja interpretações divergentes e razoáveis (justamente porque, diante da divergência, não há que se falar em violação literal ou manifesta); então, com maior razão não cabe rescisória, por tal fundamento, quando qualquer dúvida que pudesse existir foi afastada por interpretação e determinação do STF.

Por outras palavras: é impensável qualificar como manifestamente violadora de certa norma jurídica uma dada decisão que esteja alinhada com jurisprudência e decisão vinculante da mais alta Corte do país. Nesse caso, não é a divergência que afasta o cabimento da rescisória, mas *a falta de divergência decorrente da primazia e da prevalência da orientação firmada pelo STF, sobre qualquer outra*.

Preservado entendimento diverso, há evidente sofisma no argumento empregado de que o verbete 343 não incidiria (e, então, liberaria a rescisória) porque, ao tempo em que proferida a decisão, não haveria divergência – justamente porque o STF decidira sobre o tema. Com efeito, citado enunciado está sendo empregado para confundir e não para esclarecer: não havendo divergência, certamente que não se aplica diretamente aquele verbete, que está assentado na premissa de interpretações diversas. Mas, a inaplicabilidade do verbete 343 apenas demonstra – como dito, a partir do lado inverso da *ratio* que o inspirou – *não ser possível rescindir uma decisão quando não há divergência justamente porque essa foi afastada por interpretação dada pelo STF*; interpretação que, tanto mais no âmbito do controle concentrado de constitucionalidade, afasta qualquer possibilidade de se falar em violação manifesta ou literal. Vale dizer: do enunciado 343 e de sua interpretação pelo STF se extrai que *a falta de divergência é a demonstração mais eloquente da certeza vigente acerca do direito aplicável, no momento em que aplicado;* certeza incompatível com os conceitos de violação "literal" ou "manifesta".

E nem se poderia pretender chegar à alegada violação (literal ou manifesta) de forma retroativa, isto é, a partir da superação pelo próprio STF do entendimento que previamente firmara – e que, no caso mencionado (aqui só para ilustrar), vigorou por quase vinte (20) anos.

Como já examinado, na longa linha evolutiva acerca dos limites impostos à ação rescisória pelo enunciado 343, o critério que o STF parece finalmente ter consagrado é o de que – seja ou não matéria constitucional – deve ser considerado o momento da formalização da decisão que se pretende rescindir: se, no momento em que editada e consolidada a decisão, ela estava em consonância com a jurisprudência do STF, então não há violação literal ou manifesta e, portanto, não cabe rescisória. Daí o acerto inegável do STF ao estatuir que "'não cabe ação rescisória quando o julgado estiver em harmonia com o entendimento firmado pelo Plenário do Supremo à época da formalização do acórdão rescindendo, ainda que ocorra posterior superação do precedente', irrelevante a natureza da discussão posta no feito rescindendo (se constitucional ou infraconstitucional) para a observância do enunciado da Súmula STF nº 343"[13].

Aliás, esse também parece ser o entendimento atual do Superior Tribunal de Justiça: em controvérsia que igualmente envolve o INCRA, entendeu aquela Corte que, se na data em que *proferido* o acórdão rescindendo, era controvertida a interpretação no âmbito dos tribunais, ainda que posteriormente pacificado o debate, então se aplica a Súmula 343 para se negar o cabimento da via rescisória[14].

Conforme também já se ponderou em doutrina, depois da decisão definitiva de constitucionalidade, os outros órgãos judiciais ficam vinculados a observar o que haja decidido a Suprema Corte, de tal sorte que "não lhes será lícito contrariar o pronunciamento desta, para deixar de aplicar, por inconstitucionalidade, a lei declarada compatível com a Constituição". Mas, naturalmente, "isso apenas daí em diante" porque "não se concebe vínculo que obrigasse um órgão judicial a observar decisão ainda não proferida. O vínculo atua para o futuro, não para o passado. De sentença anterior ao pronunciamento do Supremo Tribunal Federal não seria próprio dizer que infringiu o vínculo decorrente da declaração (...) posterior da constitucionalidade. O mesmo vale para o eventual julgamento da inconstitucionalidade". Daí porque se conclui que a declaração de constitucionalidade "não é suficiente para tornar rescindível o acórdão do tribunal que deixou de aplicar a lei"[15].

---

13 STF, Plenário, AgRg na AR 2.572/DF, Relator Ministro Dias Toffoli, julgado em 24/02/2017.

14 "[...] 2. Este Tribunal Superior e o Supremo Tribunal Federal compartilham de pacífico entendimento jurisprudencial, pelo não cabimento da ação rescisória quando o acórdão rescindendo, que trata da controvérsia sobre a exigibilidade da contribuição ao INCRA, ter sido proferido à época em que a matéria era controvertida. 3. Hipótese em que o acórdão recorrido está em conformidade com a jurisprudência deste Tribunal Superior, pois o acórdão rescindendo data de novembro de 2002 e somente em outubro de 2008 a Primeira Seção deste Tribunal Superior pacificou o tema, no RESP 977.058/RS" (STJ, 1ª Turma, AgInt no REsp 1.406.004/PR, Relator Ministro Gurgel de Faria, julgado em 26/03/2019).

15 Cf. Luis Guilherme Marinoni, **A intangibilidade da coisa julgada diante da decisão de inconstitucionalidade**, 4ª ed., São Paulo, Revista dos Tribunais, 2016, pp. 68/69, com referência a lição de Barbosa Moreira.

E a superação do precedente deve mesmo ser irrelevante para determinar violação literal ou manifesta de lei. Pensar diferentemente seria imaginar que o sistema – e, dentro dele, o STF – seria produtor de insegurança, traduzida em enxurrada de ações rescisórias e/ou de outros meios de impugnação que, para além de sobrecarregar ainda mais os tribunais, prejudicam valores como confiança e previsibilidade. Ainda, pensar diversamente seria a negação do sistema jurídico como tal, idealizado para superar controvérsias e pacificar; não para criar ou fomentar conflitos. É disso que brevemente se passa a tratar.

III) Uniformidade, estabilidade e coerência da jurisprudência. Preservação da confiança, previsibilidade e segurança (CPC, arts. 926/927). Papel reservado ao STF.

O ordenamento jurídico brasileiro impõe que os tribunais uniformizem sua jurisprudência e que velem por sua estabilidade, integridade e coerência (CPC, art. 926). Daí porque a modificação de entendimento cristalizado ou de jurisprudência firmada por órgãos encarregados da uniformização deve considerar os princípios da segurança jurídica, da proteção da confiança e da isonomia (CPC, art. 927, § 4º). Isso vale para todos os tribunais que, pelos diferentes mecanismos estabelecidos pela lei, exerçam o papel de uniformizador e, portanto, vale especialmente para o STF.

A propósito, mesmo antes da vigência do novo CPC, já tivéramos oportunidade de ponderar que "o princípio de confiança legítima constitui expressão da exigência de previsibilidade imposta pelo princípio de segurança jurídica. Quando o direito se torna instável, a necessidade de proteger as vítimas da instabilidade é assegurada pelo princípio da confiança legítima, de tal sorte que tal princípio pode ser invocado quando um 'particular se acha em situação a respeito da qual a Administração fez nascer esperanças fundadas'. O princípio, na linha exposta, é uma imposição não apenas ao legislador e ao administrador, mas bem ainda ao Judiciário, sabido que a atividade dos tribunais é causa de incerteza e de um sentimento de insegurança para os jurisdicionados, particularmente quando estabelece uma nova interpretação da lei que pretenda desconstituir interpretação anterior"[16] (grifei).

Daí se destacar a segurança como um *direito fundamental*. Consoante judiciosa lição, ela "tem a ver com a consistência da duração, isto é, com o evitar que um evento passado (o estabelecimento de uma norma e o advento de uma situação normada), de repente, torne-se algo insignificante, e o seu futuro, algo incerto, o que faria do tempo do direito um mero tempo cronológico, uma coleção de surpresas desestabilizadoras da vida. Afinal, se o sentido de um evento passado pudesse ser alterado ou o sentido de um evento planejado pudesse ser modificado ao arbítrio de um ato presente, a validade dos atos humanos estaria sujeita a uma insegurança e uma incerteza insuportáveis"[17] (grifei).

---

16 Cf. **Ação rescisória: juízos rescindente e rescisório**, 1ª ed., São Paulo, Malheiros, 2005, p. 249.

17 Cf. Tércio Sampaio Ferraz Jr., **Direito constitucional – liberdade de fumar, privacidade, estado, direitos humanos e outros temas**, 1ª ed., 2007, Manole, Barueri, p. 109.

Isso explica porque a oposição entre segurança e justiça deve ser vista com um grão de sal. É que ela "peca por desconsiderar que o valor da justiça é justamente construído a partir de direitos e liberdades individuais fundamentais, dentre as quais se insere a própria segurança, da qual o direito à imutabilidade da coisa julgada é uma garantia. Essa garantia de segurança parte da compreensão de que as decisões constituem escolhas (e não revelações), que devem ser protegidas contra outras escolhas no decurso do tempo, sob pena de se inviabilizar qualquer relação jurídica ou a própria vida em sociedade"[18] (grifei).

No contexto mencionado inicialmente, o entendimento encampado pelo acórdão rescindendo, que afastou o limite de incidência dos juros, estava alinhado, de forma incensurável, com o teor da então vigente decisão proferida pelo STF na Medida Cautelar na ADI nº 2.332/DF. Aquela era a interpretação do art. 15-A do Decreto-lei nº 3.365/41 a ser seguida, inclusive porque vigorava há cerca de nove (9) anos. Ou seja, por quase uma década prevalecia decisão do órgão de cúpula do Poder Judiciário pela inaplicabilidade da norma que limitava os juros na desapropriação.

Não bastasse isso, a liminar do STF era harmônica com o entendimento consolidado no verbete 618 da jurisprudência dominante daquela Corte, segundo o qual "na desapropriação, direta ou indireta, a taxa dos juros compensatórios é de 12% (doze por cento) ao ano"; enunciado que, por sinal, fora aprovado em sessão plenária do ano de *1.984*. Feitas as contas, entre a consolidação da jurisprudência pelo STF (pela edição da súmula), de um lado, e a revisão da posição do STF sobre o tema (passando pela medida liminar em ADI, que nada mais fez do que referendar o teor do verbete 618), passaram-se mais de três décadas. Diante disso, como se poderia pensar em admitir rescisória de julgamento assim proferido, ao argumento de violação a literal disposição de lei, sem grave prejuízo aos valores tutelados pelo sistema e, em particular, a segurança jurídica?

A resposta, parece claro, é uma só: não é concebível que, depois de todo esse tempo, o STF, conquanto tenha a inegável prerrogativa de rever os juízos anteriormente emitidos, seja o responsável por disseminar a insegurança e dar azo a uma plêiade de medidas judiciais que atacam acórdãos transitados em julgado; que nada mais fizeram do que cumprir o que o STF determinara. Como se disse, não se questiona que o STF possa – mesmo depois de muitos anos – rever seu entendimento. É situação que causa perplexidade, mas que deve ser entendida no contexto de um tribunal que acabou por ter ampliada sua competência, em concreto, para muito além do que seria humanamente possível gerenciar. Mas, entre aceitar a alteração havida depois de muitos anos, de um lado, e admitir que a modificação teria efeitos retroativos e transformaria decisões outrora tidas como exemplares em supostos pronunciamentos gravemente violadores do ordenamento, de outro lado, vai uma distância enorme.

---

18 Cf. Tércio Sampaio Ferraz Jr., **Direito constitucional – liberdade de fumar, privacidade, estado, direitos humanos e outros temas**, 1ª ed., 2007, Manole, Barueri, p. 140.

A se admitir a rescisão do acórdão mencionado (e de outros em situação igual), que mensagem será transmitida aos tribunais, quando tiverem que decidir matérias decididas pelo STF? Desprestigiar decisões que seguiram, cumpriram e confiaram no entendimento consolidado pelo STF será grave atentado contra todo o sistema e desprestigiará, quiçá de forma irremediável, o sistema de gerenciamento via precedentes que o CPC pretendeu implantar: se o STF não prestigiar as decisões proferidas com base em seu próprio e longevo entendimento, parece lícito esperar que, no futuro, tribunais locais não mais se pautarão pelo que os superiores tiverem estabelecido. Esse é o sistema de precedentes a que queremos chegar? Isso seria compatível com a segurança jurídica? Parece que não.

Assim, "tendo a interpretação da Corte Suprema valor em si mesma, sendo o móvel que legitima sua existência e outorga sua função, eventual dissenso na sua observância pelos seus próprios membros ou por outros órgãos jurisdicionais é encarado como um fato grave, como um desrespeito e um ato de rebeldia diante da sua autoridade, que deve ser evitado e, em sendo o caso, prontamente eliminado pelo sistema jurídico e pela sua própria atuação"[19] (grifei).

Com efeito, se o STF ocupa o topo da estrutura do Judiciário; se a ele incumbe zelar pela Constituição e, portanto, interpretá-la; o mínimo que se pode esperar é que o STF prestigie as decisões de outros tribunais que, no momento em que editadas, estejam alinhadas com as dele próprio (STF). Assim, decisões que seguiram sua orientação não podem ser tidas como equivocadas; não ao ponto de autorizar a desconsideração da coisa julgada – aliás, também ela um valor constitucional a ser prestigiado e que, como sabido, expressa de forma candente a necessidade de preservar a segurança jurídica.

IV. Controle concentrado de constitucionalidade e decisões rescindíveis

O exame acerca da evolução do verbete 343 da súmula do STF já permitiu adiantar considerações acerca da relação entre o resultado do controle concentrado de constitucionalidade pelo STF, de um lado, e a rescindibilidade de acórdãos transitados em julgado, de outro. Daquele exame foi possível concluir que não devem ser rescindidas decisões que, ao tempo em que formalizadas e mesmo ao ensejo do respectivo trânsito em julgado, encontravam-se em consonância com a jurisprudência do STF. Contudo, levando-se em conta outros argumentos debatidos no contexto usado para ilustrar o tema, outras considerações merecem ser feitas a respeito.

Desde logo, não procede o argumento segundo o qual o acórdão que se pretende rescindir estaria amparado "apenas" em decisão liminar, portanto, provisória.

Primeiro, é difícil – para ser eufêmico – qualificar como "provisório" um julgamento que vigorou por quase duas décadas e que referendou entendimento que,

19 Cf. Luiz Guilherme Marinoni e Daniel Mitidiero, **Comentários ao Código de Processo Civil (arts. 926 ao 975)**, 2ª ed., São Paulo, Thomson Reuters, 2018, p. 45.

àquela altura, já vigora por quase outro tanto (portanto, numa somatória que superou três décadas), quando se considera a realidade das coisas e do país, tanto mais sob o ângulo de valores como confiança, previsibilidade e segurança. Só se pode entender que a liminar foi "provisória" porque depois acabou sendo substituída por outra decisão. Fora daí, por décadas os tribunais conviveram com esse entendimento "provisório"; relações jurídicas foram estabelecidas com base nele, comportamentos foram pautados pela mensagem ali transmitida. Processos começaram e, como no caso tomado como ilustração, terminaram. Para o ritmo do STF – feitas as respeitosas ressalvas já consignadas sobre as razões disso – a decisão foi provisória; para o ritmo de outros tribunais, muitas das decisões por eles proferidas se tornaram definitivas. O que se deve fazer agora: *aceitar as rescisórias e fazer o restante do Judiciário regredir para se ajustar ao ritmo do STF?*

Já foi dito aqui que a sobrecarga do STF é um dado a ser reconhecido: ao longo do tempo, mercê do crescente julgamento de causas que escapam ao perfil de uma típica Corte constitucional, e sem embargo da criação do filtro da repercussão geral, esse tribunal viu crescer exponencialmente o volume e a complexidade dos processos submetidos a seu crivo. Basta pensar na avalanche de processos criminais – ações penais originárias e *habeas corpus* – gerados por operações voltadas ao combate à corrupção que se implantou no país. Mas, seria um equívoco exacerbar os efeitos sociais negativos dessa sobrecarga mediante retrocesso em relação ao que os tribunais locais – com base na jurisprudência do STF – decidiram.

Segundo, o art. 11, § 1º da Lei nº 9.868/99 é taxativo ao estabelecer que a medida cautelar no controle concentrado de constitucionalidade tem eficácia contra todos, de tal sorte que sua concessão, nos termos do § 2º conduz a que se torne "aplicável a legislação anterior acaso existente, salvo expressa manifestação em sentido contrário" (grifei). A propósito, já se observou que "a concessão da medida cautelar produzirá, em regra, efeitos não retroativos – pois ainda não houve declaração de inconstitucionalidade da lei ou ato normativo, mas sim a suspensão de sua eficácia – e em relação a todos, por tratar-se de controle abstrato de constitucionalidade"[20] (grifei). Assim, diminuir a eficácia da decisão em medida cautelar seria negar a literalidade do texto legal e desprestigiar a função que o STF desempenha quando aprecia um pleito de tal natureza.

Terceiro, como as tutelas provisórias em geral, aquela concedida no contexto do controle concentrado deve considerar o objeto que se pretende tutelar, a garantia da inafastabilidade do controle jurisdicional e a missão que o STF desempenha. De fato, "não haveria qualquer sentido prático na circunstância de a CF atribuir competência para o STF editar medidas acautelatórias ou até mesmo antecipatórias em caráter generalizado, sem dotar esses provimentos de obrigatoriedade. Ademais, o próprio po-

---

20 Cf. Alexandre de Moraes, **Constituição do Brasil interpretada e legislação constitucional**, 8ª ed., São Paulo, Atlas, 2011, p. 2.203.

der de cautela encontra amparo no texto constitucional"[21] (grifei). Assim, no contexto do controle concentrado, "(a) a decisão liminar alcança mesmo a quem não tenha feito parte do processo; (b) todos devem adotar a conduta ou comportamento eventualmente estabelecido no provimento" e "(c) no caso da ADIn, a ninguém é dado invocar ou aplicar a norma, cuja eficácia tenha sido eventualmente suspensa pelo provimento liminar"[22]. Mais ainda, "a liminar, concedida em ação direta de inconstitucionalidade, suspende definitivamente a aplicação da lei. Sua revogação posterior não autoriza a aplicação da lei relativamente a fatos ocorridos durante a suspensão."[23] (grifei).

Quarto, tanto é vinculante e tem eficácia *erga omnes* a decisão liminar proferida pelo STF em ADI, que é da jurisprudência daquele tribunal admitir a reclamação contra decisão que desrespeite o comando[24].

Mas, há outras considerações que merecem ser feitas, de sorte a sacramentar a conclusão de que não é viável a rescisão de acórdãos locais como aquele que aqui se tomou como referência.

Assim, convém considerar o quanto foi discutido e decidido pelo STF ao ensejo do tema de repercussão geral 136, a ressalva ali consignada de se tratar de situação que envolvida *controle difuso* de constitucionalidade[25], e a circunstância de que se trata de decisão proferida em *controle concentrado* de constitucionalidade.

Sobre isso, desde logo, no contexto tomado como referência, tanto quanto a decisão final, a que concedera a liminar se dera também em controle concentrado. Portanto, não se trata de o STF ter apreciado em controle definitivo de constitucionalidade uma questão que, antes, "apenas" teria sido objeto de controle difuso e que resultara na edição de um verbete de súmula de jurisprudência dominante (618). Tanto no julgamento da liminar quanto no definitivo, as decisões se deram no contexto de controle concentrado, são vinculantes e tinham eficácia *erga omnes*.

Além disso, a distinção entre controle concentrado e difuso, para efeito de vinculação dos demais órgãos do Poder Judiciário, já foi recentemente mitigada pelo próprio STF, de tal sorte que, tanto mais no contexto do CPC/15 (art. 525, § 12), as

21 Cf. Alessandra Aparecida Calvoso Gomes Pignatari, **Efeitos processuais no controle judicial de constitucionalidade**, coord. Ada Pellegrini Grinover e Petronio Calmon, 1ª ed., Brasília, Gazeta Jurídica, 2014, p. 354.

22 Cf. Alessandra Aparecida Calvoso Gomes Pignatari, **Efeitos processuais no controle judicial de constitucionalidade**, coord. Ada Pellegrini Grinover e Petronio Calmon, 1ª ed., Brasília, Gazeta Jurídica, 2014, p. 352.

23 Cf. José Maria Rosa Tesheiner e Rennan Faria Krüger, **Teoria Geral do Processo – em conformidade com o Novo CPC**, 1ª ed., Rio de Janeiro, Forense, 2015, p. 262.

24 Cf. STF, Pleno, AgRg na Rcl 8.478/RS, Relatora Ministra Carmen Lúcia, julgado em 01/08/2011.

25 "O Verbete nº 343 da Súmula do Supremo deve de ser observado em situação jurídica na qual, **inexistente controle concentrado de constitucionalidade**, haja entendimentos diversos sobre o alcance da norma, mormente quando o Supremo tenha sinalizado, num primeiro passo, óptica coincidente com a revelada na decisão rescindenda".

decisões proferidas num e noutro âmbito se consideram vinculantes e com eficácia *erga omnes*, independentemente de qualquer outra providência[26].

Nada disso muda por força das disposições legais contidas no CPC/15 e, em particular, as constantes do art. 525, §§ 12 a 15, e art. 535, §§ 5º a 8º. Sobre isso, convém lembrar que a inexigibilidade de obrigação reconhecida em título "fundado em lei ou ato normativo considerado inconstitucional pelo Supremo Tribunal Federal, ou fundado em aplicação ou interpretação da lei ou do ato normativo tido pelo Supremo Tribunal Federal como incompatível com a Constituição Federal , em controle de constitucionalidade concentrado ou difuso", não é uma novidade no sistema porque o diploma processual precedente – mercê das reformas que experimentou – já previa essa possibilidade.

Assim, a novidade trazida pela lei processual, nesse particular, reside no confinamento da alegação de violação à Constituição (ou, simplesmente, desconformidade com decisões do STF), por decisão transitada em julgado, ao âmbito da ação rescisória; tanto que o Legislador estabeleceu uma discutível contrapartida para isso, consistente na extensão do prazo para o aforamento da medida que, nesse caso, não teria como termo inicial o trânsito em julgado da decisão rescindenda, mas o do trânsito em julgado da decisão proferida em controle concentrado (o que, diga-se, é de constitucionalidade questionável).

Vale dizer: com a nova lei processual, por assim dizer, relativizou-se a relativização da coisa julgada que, antes do novo diploma, agitara a doutrina (com opiniões favoráveis e contrárias) e que encontrara campo fértil em parte da jurisprudência, notadamente na seara de controvérsias que envolviam o patrimônio público. Por outras palavras, superou-se a tese segundo a qual a coisa julgada inconstitucional nunca se convalidaria e que, portanto, poderia ser alegada a qualquer momento, mesmo para além do prazo de dois anos da ação rescisória. Na vigência do novo Código isso não é mais possível e, como dito, só mesmo via rescisória (embora com prazo alargado) é possível desconstituir decisão desconforme à interpretação do STF, em tema constitucional.

Então, se só no âmbito de ação rescisória se pode pretender a desconstituição de decisão transitada em julgado por desconformidade com julgamento do STF, é de rescisória que se está falando. A afirmativa parece redundante, mas ela é necessária: a coisa julgada inconstitucional, em última análise, é projeção da regra inscrita no art. 966, V do CPC. O que se passa é que a violação manifesta se traduz numa afronta à Constituição ou, como quis o Legislador, em apenas uma desconformidade com entendimento do STF – o que, a rigor, não são coisas exata ou necessariamente coincidentes. Mas, se a rescisória é a única via possível para se desconstituir a coisa julgada (e a evolução acerca do verbete 343 demonstra que o STF está absolutamente convicto disso), então permanece a excepcionalidade que é marca registrada do aludido remédio.

26 Cf. ADIs nºs 3.406 e 3.470, julgadas em 29/11/2017.

E, finalmente, a conclusão diversa não se chega pela ideia – extraída da doutrina clássica sobre controle de constitucionalidade – de que a lei tida por inconstitucional não produziria qualquer efeito e que a declaração da inconstitucionalidade teria inevitável eficácia *ex tunc*. Esse dado é relevante porque, como já dito, ele está à base da distinção feita no julgamento do STF ao ensejo do tema 136 de repercussão geral. Sobre isso, vale destacar (inclusive formalmente) o seguinte:

A lei brasileira fez uma clara opção por limitar o alcance da declaração de inconstitucionalidade quando se trata de decisões judiciais transitadas em julgado. Como visto, a eficácia *ex tunc* da declaração, nesse específico terreno, foi limitada em nome da segurança jurídica.

A limitação da eficácia da declaração de inconstitucionalidade não é estranha ao sistema brasileiro de controle de constitucionalidade. Basta ver a possibilidade de *modulação* prevista pela Lei *nº* 9.868/99 e, a rigor, corretamente ampliada pelo CPC/15, em seu art. 927, § 4º. Então, ou bem o STF, ao alterar sua jurisprudência consolidada e na esteira do que autoriza e até mesmo impõe a lei, modula desde logo os efeitos para preservar a segurança, a confiança, a previsibilidade e outros valores aqui já destacados; ou, caso isso não ocorra, essa modulação terá que vir pelo repúdio às oportunistas ações rescisórias. Em qualquer caso, é preciso que o STF defenda ardorosamente a segurança jurídica, sob pena de, paradoxalmente, desvirtuar sua nobre missão e passar a funcionar como gerador de incertezas.

Direito Civil e Constituição – o Neoconstitucionalismo Italiano e sua Adoção no Brasil

Francisco Amaral

Introdução. A constituição da República e o Código Civil

Com este despretensioso artigo associo-me à justa homenagem que amigos, colegas e admiradores prestam a Roberto Rosas, advogado, professor, jurista, membro de conceituadas instituições e ilustre filho da veneranda Faculdade Nacional de Direito, homenagem que lhe é devida por sua destacada atuação em prol da justiça e da cultura jurídica brasileira.

O tema escolhido é a relação entre os nossos diplomas jurídicos fundamentais, a Constituição da República e o Código Civil, entre os quais se advoga uma relação de complementaridade como já superiormente defendido por Miguel Reale,[1] e não de subalternidade como têm amplamente defendido os adeptos do chamado direito civil constitucional.

Procura-se, assim, contribuir para uma necessária reflexão sobre o direito brasileiro contemporâneo que, para enfrentar os problemas decorrentes da crescente complexidade da realidade social, política, econômica e cultural,[2] tem nesses diplomas a expressão legal dos valores, princípios e regras que orientam a realização de direito e da justiça em nosso país.

Recorde-se, preliminarmente, que as leis, sejam de natureza pública ou privada, compreendendo as Constituições, os Códigos e a legislação especial, são respostas que a sociedade, por seus órgãos legislativos, elabora para a prevenir ou resolver conflitos de interesses nas relações existentes 1) entre o cidadão e o Estado, que é uma relação jurídica de poder, matéria de direito público, ou 2) entre as pessoas na sua convivência diária, que é uma relação jurídica de igualdade, matéria de direito privado. Essas respostas orientam-se por ideias básicas que determinam os modos de comportamento social, os chamados valores. As leis refletem, assim, os valores dominantes na época de sua edição, isto é, as concepções filosóficas que exprimem a cultura de um povo e fundamentam e legitimam o seu sistema jurídico. No Brasil contemporâneo esses valores são a pessoa humana, a justiça, a liberdade a segurança, a igualdade, o bem comum, tanto na Constituição da República, quanto no Código Civil, e ainda a democracia, o trabalho e o pluralismo político como valores próprios da Constituição da República, o estatuto jurídico do político (Castanheira Neves).

O direito civil é o direito comum. Regula as relações entre os indivíduos nos seus conflitos de interesses e nos problemas de organização de sua vida diária, discipli-

1 http://www.miguelreale.com.br/artigos/constcc.htm

2 Fulvio Pastore in "*Il filosodo del diritto davanti alla crisi della complessità*, a cura di Luisa Avitabile", Napoli, Editoriale Scientifica, 2010, p. XXV.

nando os direitos referentes à pessoa e à sua família, e os direitos patrimoniais, pertinentes à atividade econômica, à propriedade dos bens e à responsabilidade civil. Seu diploma básico é o Código Civil, sistema que tem como objeto as relações jurídicas privadas, aquelas cujos sujeitos, inclusive o Estado, participam em condições de igualdade. Essas relações constituem a matéria de direito civil, a razão de ser do Código, como exprime o seu artigo primeiro ao dispor que "toda pessoa é capaz de direitos e deveres na ordem civil". São relações jurídicas de direito privado as de *personalidade*, em que se protegem os direitos inerentes à pessoa; as de *família*, se decorrentes do matrimônio, da união estável, do parentesco, filiação ou tutela, e as *patrimoniais*, quando dirigidas à satisfação de interesses econômicos. As relações jurídicas patrimoniais são as *obrigacionais* e as *reais*.[3]

O direito constitucional é o direito que tem por objeto a constituição política do Estado,[4] seus princípios e normas. Estuda a organização geral do Estado, seu regime político e sua estrutura governamental.[5] Para Pinto Ferreira, baseado em Durkheim, o direito constitucional é a ciência positiva das Constituições. É a ordem jurídica do Estado.[6] Para Gomes Canotilho, a Constituição moderna é *a ordenação sistemática e racional da comunidade política através de um documento escrito no qual se declaram as liberdades e os direitos e se fixam os limites do poder político*. É a ordenação jurídico-política plasmada em um documento escrito, declaração nessa carta escrita de um conjunto de direitos fundamentais e do respectivo modo de garantia, é a organização do poder político segundo esquemas tendentes a torná-lo um poder limitado e moderado,[7] conceito esse que se converteu em um dos pressupostos básicos da cultura jurídica ocidental, a ponto de ser chamado "conceito ocidental de constituição".[8] A Constituição pretendeu enraizar duas ideias básicas 1) ordenar, fundar e limitar o poder político, 2) reconhecer e garantir os direitos e liberdades do indivíduo. Temas centrais do constitucionalismo são, assim, a *fundação e legitimação* do poder político e a *constitucionalização das liberdades*.

Quanto ao vínculo entre o Código e a Constituição, há que se reconhecer que o Código Civil de 1916, por força das transformações políticas, jurídicas e sociais que marcaram a sociedade brasileira no curso do século XX, que a levaram do paradigma da modernidade ao paradigma da pós-modernidade, e deste ao da complexidade,[9]

---

3 Seja-me permitido reproduzir aqui meu livro *Direito Civil.Introdução*, 10ª edição, p. 270.

4 Hauriou, apud José Afonso da Silva,*Curso de Direito Constitucional Positivo*, 24ª ed., São Paulo, Malheiros Editores, 2005, p. 34.

5 Paulo Bonavides,*Curso de Direito Constitucional*, 21ª edição,São Paulo, Malheiros Editores, 2005, p. 36.

6 Pinto Ferreira, *Comentários à Constituição Brasileira*,São Paulo, Saraiva, 1992, p. 9.

7 J.J.Gomes Canotilho, *Direito Constitucional e Teoria da Constituição*, 7ª. Edição, Coimbra, Livraria Almedina, 2003, p. 52.

8 Rogério Soares, in Gomes Canotilho, op. cit., p. 52.

9 Edgar Morin, *Introduzione al pensiero complesso. Gli strumenti per affrontare le sfide della modernità*, Milano, 1993, pp. 10-24.

viu-se privado da posição central que ocupava no sistema de fontes do direito moderno em favor da Constituição da República de 1988, que passou a ser a fonte suprema do processo orientador da produção legislativa, sem prejuízo da disciplina própria de relações jurídicas específicas. A Constituição incorporou, assim, no seu texto, valores, princípios e institutos básicos do direito civil que passaram a ser também o fundamento legitimador do texto constitucional, *in casu* a liberdade, a segurança, a igualdade (no Preâmbulo), a dignidade humana e a livre iniciativa (no seu art. 1º), os direitos da personalidade (art. 5º, X, XI, XII, XIII), o direito de propriedade (art. 5º, XXII), o direito da herança (art. 5º, XXX), a proteção à família (arts. 203 e 226), dotados, não obstante o seu caráter programático, própria de sua natureza constitucional, de eficácia imediata e direta (art. 5º, § 1º). A constitucionalização desses princípios e institutos de direito civil deu azo à defesa de um novel Direito Civil Constitucional, que seria *materialmente* direito civil e *formal e positivamente* direito constitucional, sistematizado em três blocos: o direito civil constitucional da pessoa, o da família e o do patrimônio.

Pode-se assim reconhecer que os preceitos constitucionais ampliaram seu campo de abrangência, para incluir no seu corpo legal, normativo, institutos tradicionais do direito civil, além dos valores e princípios referidos. Esse processo representou, para alguns, a *publicização do direito privado*, ou mais especificamente a *"constitucionalização do direito civil"*, expressão trazida do direito italiano, no sentido de que "matérias tratadas pelos civilistas entraram na Constituição", e para outros, o inverso, a *civilização do direito público,* patente não só na incorporação de valores básicos do direito civil no Preâmbulo do texto constitucional, como seu fundamento axiológico legitimador, como é o caso da liberdade, da segurança, da igualdade e da justiça, como também na incorporação de direitos de natureza civil, como é o caso da personalidade, da propriedade, da herança, da proteção à família. Também demonstrativos da *civilização do direito público* seriam a contratualização da atividade pública e a privatização dos serviços públicos, ou ainda administração das modalidades de *governance.*[10] Todas essas disposições normativas permitem caracterizar-se o texto da Constituição como expressão de um direito *formalmente* constitucional, em uma visão bem positivista, que convive com um direito *materialmente* civil, com é o do Código Civil e leis especiais.

Com a aprovação, porém, do Código Civil de 2002, que incorpora, desenvolve e regulamenta as disposições constitucionais de natureza civil, isto é, os princípios e institutos supramencionados, impõe-se reconhecer um inevitável refluxo na ideia da constitucionalização da matéria civil, recuperando esse Código a sua posição no ordenamento jurídico brasileiro, "como lei básica, mas não global, do direito privado". O disposto no art. 1º do Código no sentido de que *"Toda pessoa é capaz de direitos e deveres na ordem civil"*, implica reconhecer que os conflitos e as pretensões decorrentes da violação desses direitos devem resolver-se, prioritariamente no âmbito da

---

10 François Ost. *Quale filosofia del diritto?,* Rivista di filosofia del diritto-Journalof Legal Philosophy, 1/2012, ilMulino, Bologna, p. 32.

relação jurídica de direito privado, que é um direito fundamentado em valores próprios e sistematizado em função de relações específicas, respeitando, evidentemente, a normativa de natureza constitucional, mas não perdendo a sua natureza de direito privado. Respeita-se, desse modo, o primado do atual Código Civil, que é lei própria da matéria civil, aprovada pela e na vigência da Constituição da República.

Deve-se, assim, reconhecer a existência de uma relação de complementaridade entre Constituição da República e Código Civil, no que tange à pessoa humana, hoje reconhecida como valor fonte do direito, no sentido de que dele é causa eficiente. Uma relação de complementaridade e não de subalternidade como jovens civilistas juristas defendem no Brasil, como expressão do chamado direito civil constitucional, argumento falso que leva a um raciocínio incorreto e, por isso mesmo, conduz uma conclusão falsa a que se pretende dar aparência de verdadeira.[11] Essa tese é produto da importação indevida de um modelo jurídico estrangeiro, o chamado *direito civil constitucional*, cultivado na Itália como produto de uma realidade social e política completamente diversa da brasileira. Um de seus fautores, o grande civilista italiano[12] afirma que "*a norma jurídica não pode ser compreendida fora da sociedade, historicamente determinada, e a relevância da sociedade civil não pode ser avaliada separadamente da norma*" o que significa reconhecer que a norma é expressão da sociedade que a produz. Considera, por isso, ser necessário o encontro do filósofo com o jurista, mais propriamente o filósofo do direito com o civilista (idem). Disso se conclui que a adoção da tese do direito civil constitucional no Brasil representa, assim, um filoneísmo, um gosto excessivo por novidades desnecessárias que comprometem a seriedade e o prestígio do pensamento jurídico brasileiro.

Essa nova concepção surge no direito italiano a partir dos anos 60, com a entrada em vigor da sua Corte Constitucional, como produto da constitucionalização, isto é, do processo de transformação de um ordenamento dominado pelas normas constitucionais[13] impostas, juntamente com os princípios, a todas as relações, inclusive as particulares, por força de um novo constitucionalismo, a teoria do direito do Estado constitucional moderno. É uma expressão do neoconstituconalismo, filosofia que defende a conexão necessária entre o direito e a moral por meio dos princípios, surgindo, assim, formalmente, o novel direito civil constitucional na Itália a representar um renovado jusnaturalismo. O neoconstitucionalismo se apresenta então como a teoria que melhor explica, e a filosofia que melhor justifica o direito do Estado constitucional moderno,[14] que seria o jusnaturalismo. Na Itália, os autores qualificados como neoconstitucionalistas sustentam a tese da conexão entre o direito e a moral,

---

11 Jaime Puigarnau, *Lógica para juristas,*Barcelona, Bosch, Casa Editorial S.A.,1978, p. 211.

12 Pietro Perlingieri, autor do clássico "*Il diritto civile nella legalità costituzionale*", Roma, Edizioni Scientifiche Italiane, 1991, p. 3.

13 Vittorio Villa, *Uma teoria pragmaticamente orientata dell'interpretazione giuridica,* Torino, G. Giappichelli Editore, 2012, p. 8.

14 Mauro Barberis, *Manuale di filosofia del diritto*, Torino, G. Giappichelli Editore, 2011, p. 33.

recaindo, assim, no jusnaturalismo. O direito é conexo à moral, particularmente no Estado constitucional. É a posição dos três principais autores neoconstitucionalistas: Dworkin, Alexy e Nino.

Os fundamentos filosóficos do direito. Jusnaturalismo, positivismo jurídico e neoconstitucionalismo

Recorde-se que os Códigos e as Constituições são leis superiores que surgem no curso da história como produto do processo de racionalização e sistematização que marcou o pensamento jurídico europeu dos séculos XVIII e XIX, racionalista e jusnaturalista.

Fundamento e justificação desse processo, isto é, sua fonte primeira e razão de ser de sua obrigatoriedade, foram duas concepções filosóficas, o *jusnaturalismo* e o *positivismo jurídico*, o direito natural e o direito positivo. O direito natural como conjunto de princípios essenciais e permanentes atribuídos à Natureza (na antiguidade greco-romana), a Deus (na Idade Média), ou à razão humana (na época moderna), que serviriam de fundamento e legitimação ao direito positivo. O positivismo como teoria que reduz o direito ao direito posto pelo legislador, contrapondo-se e negando o direito natural. Caracteriza-se pela aplicação do método científico ao estudo do direito.

Na época moderna (séculos XVIII e XIX), o direito natural desenvolve-se sob o nome de *jusnaturalismo* (Grotius e Pufendorf), e é considerado como "expressão de princípios superiores ligados à natureza racional e social do homem", dos quais se pode deduzir um sistema de regras jurídicas. Por influência do iluminismo, estilo de pensamento que, no século XVIII, defendeu a liberdade de pensamento e a reforma social e política, contestando a tradição e a autoridade, torna-se a expressão do racionalismo no direito e por isso se denomina *iusracionalismo*, levando ao surgimento dos códigos modernos que, nos países europeus, foram verdadeiros "atos de transformação revolucionária".

Contrapondo-se ao jusnaturalismo, o *positivismo jurídico* defende a sua exclusividade, afirmando não existir outro direito que não o positivo, considerado como autêntica ciência. Diversamente do direito natural, o positivismo jurídico considera o direito como um conjunto de ordens ou comandos, produto da vontade humana ou da autoridade (*auctoritas non veritas facit ius*) garantidos pelo Estado e providos de sanção. Muito desenvolvido nos séculos XIX e XX, o positivismo jurídico, apresenta hoje limitações e insuficiências que atestam a sua *crise*, embora seja ainda a doutrina dominante. Essa crise refletiria a "quebra do modelo de ciência que o sustentava", com a perda da certeza e da universalidade do direito. Além da permanência da corrente jusracionalista, como direito superior e como critério de valoração do direito positivo, o positivismo enfrenta ainda os desafios do *realismo jurídico* — uma outra corrente filosófico-jurídica que defende a existência de "um direito nascido espontaneamente da sociedade", pela atividade de seus membros, do que decorreria a "revalorização do papel do juiz e a crescente admissão de sua função criadora do direito". Outro fator de enfraquecimento ou superação do positivismo seria a importância crescente dos princípios jurídicos. princípios e diretrizes, valores de natureza moral ou prática que orientam comportamentos e a própria realização do direito. Também se afirma ser o positivismo insuficiente e perigoso. Insuficiente porque identifica o direito com a lei do Estado, o que justifica a sua coatividade mas não explica o conteúdo da norma jurídica. Além disso, ver todo o direito nas regras postas pelo Estado leva ao método estreito da exegese, que se caracteriza, precisamente, pelo culto da lei, pela identificação desta com o direito e pela interpretação como processo de pesquisa da vontade do legislador.[15] O positivismo seria também perigoso porque, em nome do Estado, de podem justificar as leis mais desumanas,[16] como se verificou nos governos totalitários de deflagaram as grandes guerras do século passado.

Ambas as concepções, jusnaturalismo e positivismo jurídico, são hoje objeto de profunda revisão crítica, que apontaria para a sua superação. Seriam teorias de ontem.[17] Tem em comum a concepção objetivista do direito, isto é, a crença de que esse é um conjunto de enunciados normativos, externo e preexistente, que a ciência jurídica pode objetivamente conhecer e descrever.[18] Ocorre que o trauma causado pela descoberta dos campos de extermínio nazista (Auschwitz) e depois os campos de concentração estalinistas, próprios dos regimes totalitários da Europa do século XX, mudou as relações entre o jusnaturalismo e o positi vismo jurídico, abrindo a porta para o realismo jurídico e uma nova filisofia, o neoconstitucionalismo.[19]

Em uma síntese conclusiva e diferenciadora das duas correntes doutrinárias, poder-se-ia dizer que: a) quanto ao conceito de direito, o jusnaturalismo é dualista, admitindo a existência e o primado do *direito natural* sobre o *positivo*, pelo que este, para existir e ser válido, deve ser justo, sob pena de poder ser desobedecido; o jusnaturalismo defende, consequentemente, uma concepção valorativa, ontológica e ética do direito, enquanto o positivismo tem desse uma concepção a valorativa, empírica e técnica; b) quanto às fontes do direito, o jusnaturalismo defende o recurso a fontes suprapositivas, como os princípios, o costume, a equidade, enquanto o positivismo limita as fontes ao direito positivo; c) quanto ao método, o jusnaturalismo defende um critério teleológico e prudencial na realização do direito, visando o justo concreto, isto é, a decisão justa do caso específico, enquanto o positivismo segue a orientação

15 Manuel Atienza. *El Sentido del Derecho*, p. 234.

16 Giles Goubeaux, p. 23.

17 Francesco Viola-Giudeppe Zacaria. *Diritto e interpretazione. Lineamenti de teoria ermeneutica del diritto*, seconda edizione, Roma-Bari, Editori laterza, 2000, p. 21.

18 Stefano Bertea. *Certeza del diritto e argumentazione giuridica*, Catanzaro, Rubbettino Editore, 2002, p. 14.

19 Mauro Barberis, *Filosofia del diritto. Introduzione critica al pensiero giuridico e as diritto positivo*, a cura di Giorgio Pino, Aldo Schiavello, Vittorio Villa, Torino, G.Giappichelli , 20013, p. 22

empirista, considerando o juiz mero aplicador das normas ao caso concreto, segundo procedimentos lógico-dedutivos de subsunção.[20]

São manifestações da influência do jusracionalismo no direito moderno o processo de racionalização e sistematização do direito, de que resultaram os códigos e as constituições dos séculos XVIII e XIX, e ainda, a preocupação com a justiça e a igualdade material, o reconhecimento de princípios suprapositivos, o conceito e defesa dos direitos fundamentais, o desenvolvimento da responsabilidade civil, a fundamentação de um direito geral da personalidade, a elaboração de categorias de natureza técnico-jurídica, como a de sujeito de direito, de declaração de vontade, de negócio jurídico etc.[21]

O positivismo jurídico, por sua vez, influiu na concepção normativa do direito, na separação radical entre o *ser* e o *dever ser*, isto é, entre o direito e a moral; na compreensão do direito como o ordenamento jurídico de um Estado, recusando a existência do direito natural como legitimador desse ordenamento; na consideração da validade e eficácia das normas jurídicas, independentemente do seu conteúdo etc. Do positivismo decorre ainda o raciocínio lógico dedutivo na aplicação do direito, deduzindo-se as normas jurídicas dos conceitos e dos princípios da ciência jurídica, sem recurso a valores extrajurídicos, considerando-se que a aplicação do direito leva, necessariamente, a uma decisão justa.[22] A norma seria justa só pelo fato de ser válida.[23] Além disso, considerando o direito um sistema fechado e pleno, nega a existência de lacunas do sistema. É o dogma da plenitude da ordem jurídica, hoje superado. Decorre ainda da concepção positivista, a formação técnica do jurista, vinculado à teoria científica, que leva a um ensino sistemático-conceitual, independente e anterior à formação prática do estudante.

O neoconstitucionalismo

O chamado direito civil constitucional é produto de uma nova concepção teórico-filosófica que, sob o título de neoconstitucionalismo, se desenvolveu no continente europeu, e agora seduziu jovens civilistas brasileiros.

Fato é que nas últimas décadas tem-se verificado no Brasil uma franca adesão a essa nova filosofia, concepção até então estranha ao nosso pensamento jurídico, importada diretamente da Itália, onde surgiu se desenvolveu em função das exigências políticas, econômicas e sociais surgidas no pós guerra, concepção adotada como imperativo categórico, sem a necessária reflexão crítica que a considere nos seus fundamentos e na sua realização prática e metodológica.

20 Mário Bigotte Chorão. *Positivismo Jurídico*, in Polis Enciclopedia Verbo da Sociedade e do Estado, vol. 4, p. 1.422.

21 Wieacker, p. 707.

22 Wieacker, p. 496.

23 Bobbio. *Teoria della norma giuridica*, p. 48, com observações críticas a essa concepção, p. 55 ss.

Reconheça-se preliminarmente, que todas as inovações no campo do direito são válidas e devem ser acolhidas desde que, oportunas e concordantes com os fundamentos do sistema vigente, atendam às necessidades da sociedade a que se destinam e correspondam aos anseios dos seus participantes. A franca adesão de juristas brasileiros a esse novo tipo de pensamento europeu, sem qualquer necessidade política ou social que a justifique, além das que levaram ao advento da Constituição da República, de 2088, e do Código Civil de 2002, torna conveniente conhecer e avaliar as circunstâncias que levaram ao surgimento desse pensamento.

O termo neoconstitucionalismo, usado prevalentemente na Itália e Espanha, designa tanto uma forma particular de Estado, o Estado constitucional de direito, quanto uma nova orientação filosófico-jurídica, na qual, porém, não existe uma corrente unitária mas sim um conjunto de reflexões autônomas e não coincidentes.[24] O termo denota, assim, mais uma atmosfera cultural do que uma concepção do direito. Um tipo de cultura jurídica no sentido de comportamentos, práticas, de estilos de interpretação e de argumentação, adotadas pelos juristas em certo contexto histórico, referentes a específicas soluções de casos concretos, seus fundamentos, suas fontes jurídicas.[25] Seus principais teóricos são Roberto Alexy, Ronald Dworkin e Carlos Santiago Nino, que, em uma perspectiva antipositivista defendem a tese da necessária conexão entre o direito e a moral. A esses pode-se acrescentar Manuel Atienza, Juan Ruiz Manero e José Moreno, na Espanha, e Gustavo Zagrebelsky na Itália.

Esse novo pensamento filosófico é consequência direta e imediata de Auschwitz , que levou à a crise do positivismo jurídico e o retorno do jusracionalismo, principalmente nos Estados constitucionais, isto é, aqueles dotados de uma "constituição rígida, garantida pelo controle de legitimidade constitucional das leis e formada por princípios que inspiram toda a legislação", objeto do chamado neoconstitucionalismo.

Com a violência da segunda guerra mundial, com os horrores dos campos de concentração, de que Auschwitz é o símbolo, a milenar filosofia do direito mudou radicalmente. Até então, todos concordavam que ao direito se devia obedecer; depois, sobre isso se começou a discutir. Os jusnaturalistas acusaram o positivismo jurídico de cumplicidade com o nazismo porque os seus seguidores consideravam o direito nazista como qualquer outro, pelo que devia ser obedecido. Com isso renasceu o direito natural, até então eclipsado com o processo de codificação civil, passando a chamar-se jusnaturalismo, que teria como principal característica a tese da conexão necessária entre o direito e a moral, pelo que o direito injusto não seria direito. Vinte anos depois de Auschwitz surge e se desenvolve o neoconstitucionalismo, a defender os valores éticos (morais, políticos, jurídicos) formulados como princípios constitucionais que passaram a exprimir o a conexão do direito com a moral (Ronald Dworkin, Carlos

24 Giorgio Bongiovani, *Il neocostituzionalismo: i temi e gli autori,* in *Filosofia del diritto di* Mauro Barberis, *Filosofia del diritto. Introduzione critica al pensiero giuridico e as diritto positivo*, p. 84.

25 Giorgio Pino, *Il constituzionalismo dei diritti* , Bologna. Il Mulino, 2017, p. 32.

Nino). O jusnaturalismo passou então a caracterizar-se 1) pela conexão necessária entre o direito e a moral, 2) pela concepção geral da ética, no sentido de que os juízos de valor são objetivamente justos ou injustos, e 3) pelo formalismo interpretativo no sentido de que cada caso jurídico tem uma só solução correta ou justa.[26]

O neoconstitucionalismo no direito brasileiro

Cabe, assim, indagar quais as razões determinantes da adoção, em nosso país, dessa nova concepção jurídica e, no que diz respeito ao Código Civil, saber se esse novo direito atende às necessidades da sociedade brasileira ou se é apenas simples importação de modelo estrangeiro estranho à nossa realidade, o que tornaria inconveniente e injustificável a sua aceitação.

No direito brasileiro contemporâneo, Constituição e Código são sistemas legais que têm em comum a pessoa humana como valor fonte do direito, no sentido de que dele é causa eficiente e preexistente. A Constituição da República a ela se refere, ao considerar a dignidade da pessoa humana como valor jurídico fundamental[27] da ordem jurídica brasileira.[28] Sua natureza e dignidade são o fundamento, a causa e medida dos direitos e deveres. No mesmo sentido o seu art. 5°, dos direitos e garantias fundamentais, dos direitos e deveres individuais e coletivos, reconhece a igualdade de todos perante a lei, garantida a inviolabilidade do direito à vida, à liberdade, à igualdade, à segurança, à propriedade, à liberdade de associação, a reparação do dano moral, a inviolabilidade da vida privada e da imagem das pessoas, e a função social da propriedade. Também no âmbito privado, mais propriamente no Código Civil brasileiro (arts. 11 a 21), a pessoa é bem jurídico protegido pelos chamados direitos da personalidade. Em segundo lugar, depois da pessoa, a justiça como valor em si, dando lugar à justiça social, a justiça que exige de todos e de cada um o necessário para o bem comum. Seu objetivo é a distribuição mais equitativa das riquezas, sendo consagrado na Constituição brasileira, no seu capítulo da ordem econômica e financeira.[29] Depois, a segurança, valor fundamental dos códigos civis do século passado, que, consagrando a separação entre a sociedade civil e o Estado, visavam proteger a liberdade do indivíduo na sua vida particular contra a ingerência do poder político. Atualmente, constatando-se a incapacidade do sistema econômico de resolver, por si só, os problemas inerentes ao seu funcionamento, tornou-se inevitável a intervenção do Estado no campo da economia, levando a segurança individual a ocupar lugar secundário na hierarquia axiológica que fundamentava as instituições civis do século passado, em favor da segurança coletiva e do bem comum.

26 Mauro Barberis, op. cit. p. 26.

27 Constituição da Repúblilca, art. 1º,III.

28 Constituição da Repúblilca, art. 1º, III.

29 Constituição da Repúblilca, art. 170.

É, porém, na liberdade, um dos valores mais importantes para o direito em geral e para o direito civil em particular, em suas vertentes da autonomia privada e no direito de propriedade, que se manifestam as mais profundas modificações.

A liberdade jurídica reconhece no indivíduo o poder de produzir efeitos no campo do direito. Consiste no poder de praticar todos os atos não-ordenados, tampouco proibidos em lei, optando entre o exercício e o não-exercício de seus direitos subjetivos. A liberdade jurídica compreende, assim, um conjunto de garantias que protegem a pessoa na sua atividade privada e social. A Constituição delimita o campo dessa liberdade, definindo o âmbito material que compete ao Estado e o que compete ao indivíduo como pessoa e como cidadão. O setor que o Estado reconhece como externo ao seu domínio de atuação é o do direito privado, em que o indivíduo pode exercitar sua liberdade de modo subjetivo e de modo objetivo. Esse âmbito de atuação do particular é como uma esfera de imunidade, relativamente isenta da presença estatal. O direito privado surge, assim, como um espaço livre deixado ao particular pelo direito público.

Há que salientar, porém, que desde o início do século XX, com as exigências de mudança decorrentes da revolução industrial, que mostrava a diferença cada vez maior entre a *igualdade formal*, de todos perante a lei, e a *desigualdade material*, que afastava as classes menos favorecidas, vem o Estado se servindo do direito não mais para garantir a ordem e a segurança, mas, principalmente, para promover reformas sociais, passando, assim, do Estado Liberal ao Estado Social.

Com o advento do Estado social ou intervencionista, entra em crise o individualismo típico do direito privado, expresso nos códigos civis francês e alemão, como produto da contradição entre os ideais jurídicos da burguesia e o anseio da justiça das classes menos favorecidas. O valor da liberdade supera-se com o ideal da socialização e da presença do Estado na economia. A *autonomia privada* vem a ser gradativamente limitada por princípios e normas que, regulando os interesses fundamentais do Estado ou estabelecendo, no direito privado, as bases jurídicas da ordem econômica e moral da sociedade, passam a constituir a chamada ordem pública. Mesmo assim, permanece a autonomia privada como princípio fundamental, embora limitada, no seu campo de atuação, pela ordem pública e pelos princípios da justiça contratual, segundo a qual, nos contratos, cada parte deve receber o equivalente ao que dá, e da boa-fé, complemento da justiça contratual, que é a lealdade das partes no cumprimento de suas prestações.

Outro instituto que sofre substanciais mudanças, é a propriedade, que deixa de ser um direito absoluto passando a ter função social, como disposto na Constituição da República, art. 170, III. O que a norma constitucional pretende é estabelecer uma exigência de *destinação social*, ou seja, um aproveitamento comum dos recursos e das riquezas, mobiliárias e imobiliárias, ainda que sejam de propriedade particular, o que equivale a dizer que o proprietário tem, além de poderes, deveres. Outra mudança é a fragmentação do conceito unitário de propriedade. Não mais uma propriedade, mas várias propriedades. Não mais a unidade conceitual do direito subjetivo, mas o pluralismo dos estatutos da propriedade. A nova propriedade caracteriza-se, desse modo, pela *relatividade* do direito e pela *variabilidade* do seu conteúdo,[30] de acordo com o tipo de destinação e de organização. Várias propriedades como a imobiliária urbana e a rural, a industrial, a dos bens de produção e de bens de consumo, a pública e a particular, a individual e a coletiva.[31]

Essas transformações acentuam-se com as mudanças sociais do pós-guerra e, principalmente, nas últimas décadas, com a revolução tecnológica, a globalização da economia, o progresso da medicina e da biologia, que permitem o controle da reprodução e da genética, a massificação nas relações de consumo e nos meios de comunicação, configurando as seguintes características do direito civil contemporâneo. Essas transformações compreendem a crescente importância da vida e da dignidade da pessoa humana, elevada esta à condição de valor fundamental da ordem jurídica e um novo processo de codificação no sentido de que a regulamentação da matéria privada seria não mais por um código civil, mas por códigos setoriais, temáticos, aptos a disciplinarem uma parte especial da matéria jurídica.[32]

Não obstante as críticas à codificação, tem-se verificado um processo de ressistematização da matéria civil, substituindo-se o modelo de sistema fechado e pretensamente completo, que daria certeza e segurança jurídica, por um modelo mais aberto e flexível, enriquecido por princípios, regras, cláusulas gerais e conceitos indeterminados, que aumentam o poder criador do intérprete, mas também a insegurança e a incerteza no direito. No que nos diz respeito, em 12 de janeiro de 2002 entrou em vigor o novo Código Civil como lei básica, mas não global, do nosso direito privado. Dispondo no seu artigo 1º que *"Toda pessoa é capaz de direitos e deveres na ordem civil"*, estabelece-se como âmbito prioritário de eficácia dos direitos, pretensões e ações de natureza civil.

O direito civil tem-se também caracterizado pelo surgimento de novos ramos jurídicos, alguns com princípios próprios, outros vinculados ainda aos princípios fundamentais do direito civil, como o direito do trabalho, o direito agrário, o direito previdenciário, o direito imobiliário, o direito aeronáutico, o direito bancário, o direito industrial, o direito notarial, inexistentes no século XIX, que surgem devido à crescente complexidade das relações jurídicas, a exigir do legislador disciplina específica e autônoma. Além desses ramos autônomos, surgem também, no âmbito do direito civil, leis especiais, verdadeiros microssistemas legais, como o das sociedades por ações, o estatuto da terra, o do mercado de capitais, o da legislação bancária, o do inquilinato, o da responsabilidade civil, o dos direitos autorais, o dos seguros, o da propriedade industrial, o da proteção ao consumidor, à criança e ao adolescente, ao idoso, à pessoa com deficiência, o uso da internet, defesa da concorrência, etc, a provocar significativa alteração na teoria das fontes e na interpretação desse direito.

30 Francesco Lucarelli. *Diritti civili e istituti privatistici*, Padova, Cedam, 1984, pp. 218 e 219.

31 Pietro Perlingieri. *Il diritto civile nella legalità costituzionale*, Edizione Scientifiche, 1984, p. 467.

32 Natalino Irti. *l'età della decodificazione*, Milano, Giuffrè, 1989, p. 123.

Amplia-se também o campo temático do direito civil. Novos problemas causados pelo desenvolvimento científico e tecnológico da sociedade contemporânea, do conhecimento e da informação, levam ao surgimento de novos campos de estudo e consideração por parte do direito civil como são, por exemplo a bioética, a informática, o ambiente, e ampliam os já existentes, como a responsabilidade civil, chamada a enfrentar os novos desafios da ciência e da técnica. A disciplina jurídica de todos esses campos orienta-se por valores e princípios que, como já inicialmente exposto, são comuns ao direito civil e ao constitucional, o que atesta a identidade axiológica e jusnaturalista dos respectivos diplomas legais.

Finalmente, mas não de menor importância, muda-se também o modelo de interpretação jurídica. A introdução de princípios jurídicos, cláusulas gerais e conceitos indeterminados no sistema do Código Civil, enriquece o campo teórico-doutrinário e contribui para a abertura e flexibilidade do sistema, a implicar significativa mudança no problema da interpretação jurídica. Esta deixa de conceber-se como simples interpretação da lei para constituir-se em ato de realização do direito.[33] Na medida em que a decisão judicial contribui para a formação do direito ela é criadora do direito.[34]Assiste-se, assim, a um retorno à razão prática, no sentido de uma nova concepção metodológica de realização do direito, superando-se o modelo tradicional de interpretação jurídica, o modelo dedutivo, positivista, que tinha na exegese do texto legal o seu ponto de partida e o raciocínio lógico-dedutivo como processo de "aplicação" de direito, a caracterizar o paradigma do pensamento sistemático, em favor de um novo modelo, o dialético, que considera a interpretação jurídica uma atividade prática e constitutiva do direito, a desenvolver-se segundo um raciocínio dialético que tem como ponto de partida o problema, o caso concreto a resolver, e como critérios de orientação os princípios e as regras do sistema jurídico. O direito civil contemporâneo não seria, portanto, um sistema de regras, mas uma prática social interpretativa, na qual o juiz intérprete tem a importante função de agente realizador.

A interpretação jurídica deve hoje considerar-se não mais como uma exegese dos preceitos legais incidentes mas como um processo de criação judicial.[35] O seu raciocínio é problemático no sentido de que se desenvolve em função de casos concretos, que o jurista deve solucionar, é prático porque em função de comportamentos humanos, é axiológico, por fundamentar-se em valores básicos do meio social e jurídico, e é dialético (retórico) não demonstrativo (lógico-formal), no sentido de que parte de "opiniões geralmente admitidas", sendo o trabalho do intérprete mais de invenção do que de demonstração, superando-se assim o modelo do normativismo positivista

---

33 A. Castanheira Neves. *O Actual Problema Metodológico da Interpretação Jurídica*, Coimbra, Coimbra Editora, 2003, p. 11.

34 Luigi Lombardi Vallauri. *Jurisprudence*, in Archives de Philosophie du droit, Tome 35, Paris, Éditions Sirey, 1990, p. 192.

35 Sálvio de Figueiredo Teixeira, *A criação e realização do direito na decisão judicial*, Rio de Janeiro, Forense, 2003, p. 275.

persistentemente ainda dominante no pensamento jurídico brasileiro. A concepção tradicional, que vê a interpretação jurídica como um simples processo semântico, passa assim por uma radical revisão, no sentido de considerá-la não mais simples análise de textos legais, mas decisivo ato de criação normativa.[36] A interpretação jurídica é, assim, a atividade, o raciocínio prático, pelo qual o jurista elabora a norma adequada à solução do problema concreto.

Todas essas mudanças ou transformações demonstram que o legislador brasileiro está atento à necessidade do direito brasileiro enfrentar, com adequadas soluções jurídicas, os novos problemas que a sociedade contemporânea suscita, no que tem sido acompanhado pela eficaz atuação da justiça brasileira. As leis não criam direito, as leis orientam a criação do direito, tarefa que os nossos tribunais têm feito a contento, haja em vista a rica produção jurisprudencial das últimas décadas.

Conclusão

Finalmente, uma demorada e amadurecida reflexão sobre o chamado direito civil constitucional levou-me a concluir pela sua improcedência e consequente inadequação ao sistema jurídico brasileiro. Isso porque essa nova concepção do direito não resulta da realidade brasileira e do seu pensamento jurídico. Orientada e disciplinada por dois recentes estatutos legislativos, a Constituição da República Federativa e o Código Civil, cujas disposições normativas se fundamentam e legitimam em valores e princípios jurídicos, a sociedade política e a sociedade civil brasileira encontram nesses diplomas legais a disciplina da sua organização e os critérios para a solução dos conflitos surgidos nas respectivas relações jurídicas, sendo desnecessário recorrer-se a concepções jurídicas estrangeiras, resultantes de outras circunstâncias históricas que não as da nossa realidade.

Por outro lado, se a concepção do direito civil constitucional implica o regresso ao jusnaturalismo, pela sua defendida conexão com a moral, no direito brasileiro apresenta-se como manifestamente formal, positivista, normativista, no sentido de que considera a constitucionalização do nosso direito civil só pelo fato de normas de direito privado estarem incluídas no texto legal da Constituição.

Não diria, assim, que o direito civil constitucional, como defendido no Brasil é um sofisma, no sentido de "uma invenção engenhosa, argumento válido na aparência, mas não concludente na realidade, que se profere para enganar os outros ou a nós próprios sob a influência do amor próprio, do interesse, da paixão", mas sim que é uma importação indevida de uma concepção estranha à nossa cultura jurídica, adotada mais pelo encanto da novidade do que por consciente necessidade.

---

36 Cfr. Castanheira Neves. *O Atual Problema Metodológico da Interpretação Jurídica*, I, Coimbra Editora, 2003, p. 6 ss.

Sou, assim, levado a concordar com a afirmação do filósofo Luís Washington Vita que, no seu "*Escorço da Filosofia no Brasil*" publicado em Coimbra, em 1964, de que "*o pensamento brasileiro, mais do que criativo, é assimilativo das ideias alheias e, ao invés de abrir rumos novos, limita-se a assimilar e a incorporar o que vem de fora*". Mais adiante acrescenta "*os filósofos nacionais foram e continuam sendo assimiladores de doutrinas alheias, adaptando-as às exigências de nossa formação espiritual*", afirmações também aplicáveis ao pensamento jurídico. Essa opinião pode amenizar-se com o parecer de Cruz Costa que, reconhecendo ter sido a inteligência brasileira formada graças às contribuições estrangeiras, recebidas como novidade, que supria o espírito de análise em detrimento da crítica, o que demonstrava o filoneísmo da nossa vida intelectual, reconhecia, entretanto, também não possuir o Brasil o monopólio da imitação, já que esta é fenômeno natural e universal.[37]

37 Cruz Costa, "*Contribuição à História das Idéias no Brasil*", 2ª. Edição, Rio de Janeiro, Civilização Brasileira, 1967, pp. 6 e 8.

Direitos Humanos no Entender da Justiça

Francisco Rezek

Há uma reconhecida ambiguidade, a vários títulos, no uso contemporâneo da expressão *direitos humanos*. Acompanhando o noticiário político internacional desde a virada do século, foi possível ver em nome de que causas e de que propósitos o argumento humanitário tem sido posto à mesa do debate. Ademais da generalizada inconsistência da política dos direitos humanos na cena internacional, existe dúvida quanto à própria substância, ao conteúdo cientifico da expressão *direitos humanos*, não só no Brasil mas também lá fora.

Pelo ano de 2004 a Corte Internacional de Justiça – que eu integrava na época – discutia na Haia a questão de saber se determinado direito subjetivo deveria ou não ser qualificado como direito humano. Cuidava-se do caso *Avena*, um processo ajuizado pelo México contra os Estados Unidos da América, onde a pena de morte é prevista e disciplinada pela ordem jurídica de mais que metade das cinquenta unidades federadas, e onde a presença de grande número de cidadãos mexicanos na expectativa da execução, no chamado *corredor da morte*, veio a suscitar esse litígio internacional.

Uma Convenção de Viena de 1963 sobre relações consulares, que vincula hoje todos os países do mundo, manda que em qualquer deles, quando um juiz criminal tem diante de si réu estrangeiro, sujeito a processo de que possa resultar condenação a pena grave, ele, juiz, tem o dever de prevenir o cônsul do respectivo Estado patrial, de modo que este possa dar algum apoio a seu compatriota – verificando se ele ao menos entende a acusação que lhe é feita, se está adequadamente assistido por advogado, se está podendo defender-se de modo satisfatório.

Em diversos estados da federação norte-americana os juízes não cumpriam essa regra, menos por má fé que pela histórica falta de visão de mundo, e da ordem jurídica internacional, que não é exclusiva daquele país mas que o permeia com particular gravidade, e que contamina mesmo os operadores do direito. O resultado disso foi que a Alemanha ajuizou um processo contra os Estados Unidos, quando da execução de dois jovens alemães em certo ponto do oeste do país; e pouco depois o México fez o mesmo, em atenção a algumas dezenas de mexicanos condenados à pena de morte. A Corte condenou os Estados Unidos a não reincidirem nesse procedimento, e a rever os processos já findos, quando maculados pela irregularidade. No curso dos debates a Corte da Haia enfrentou a singular questão de saber se o direito subjetivo criado pela Convenção em favor do réu era ou não de ser qualificado como um *direito humano*.

Ficou assentado que havia ali, sem dúvida, um *direito subjetivo*. Quando os Estados partes na Convenção de Viena se prometeram reciprocamente essa providência – a de o juízo criminal prevenir o cônsul – eles não estavam apenas criando uma obrigação para autoridades judiciárias locais perante autoridades consulares estrangeiras. Estavam também criando para o indivíduo, para o ser humano que é o réu no processo penal, o direito subjetivo de ter seu respectivo cônsul avisado de modo que cogite de dar-lhe eventual assistência. É um direito subjetivo idêntico, em sua natureza, àqueles que os tratados de extradição criam para a pessoa do extraditando. O tratado de extradição, ao estabelecer aquelas regras que os Estados partes, no tratado e na relação extradicional concreta, observam reciprocamente – sobre quando não é possível a extradição, por exemplo, por crime político, por crime prescrito, por ato penalmente atípico–, cria ao mesmo tempo para o extraditando o direito subjetivo de não ser extraditado quando não se reúnam todas as condições cumulativas alistadas no texto.

Começou certa manhã de segunda feira, na primavera de 2004, o debate sobre a questão de saber se esse *direito subjetivo* era um *direito humano* ou não era um direito humano. A Corte mergulhou na tormentosa questão de saber o que é exatamente, hoje, um direito humano, sob os padrões do rigor cientifico que se impõe a uma casa de justiça como aquela. A discussão durou toda a semana e, quando caiu a noite da sexta-feira, não se havia chegado a conclusão nenhuma. Entendeu-se que era melhor não falar nisso, e o acórdão afinal referiu-se a um direito subjetivo do réu, sem dizer se aquilo se inscrevia ou não na categoria dos direitos humanos.

Para quem lê a Constituição do Brasil essa dúvida é mais tormentosa, porque a carta de 1988 lida com uma categoria histórica em nosso constitucionalismo, tendo raízes na Carta Imperial de 25 de março de 1824: o *rol de direitos*, algo exemplarmente precoce no Brasil, e algo que ocupa, hoje mais que nunca, um grande espaço na lei fundamental. Essa categoria chamou-se no passado *direitos e garantias individuais*. Na versão contemporânea o adjetivo *individuais* refere-se a parte de um conjunto mais amplo, o dos *direitos e garantias fundamentais*. A leitura da longa lista do artigo 5º faz ver que nem todos aqueles direitos dizem respeito ao ser humano em sua individualidade; diversos são coletivos, ou são direitos que se consagram em favor de pessoas jurídicas, de empresas, de outras comunidades possíveis dentro de uma sociedade aberta.

O que são, pois, esses direitos sob a ótica do analista da Constituição brasileira, quando ele se defronta com algo que tem alcance bem maior que aquilo que se poderia entender como *a estrita categoria dos direitos humanos*? Talvez o melhor seja simplesmente abandonar esse debate, que se processa em termos quase sempre teóricos, e considerar que nossa Constituição arrola um número expressivo de direitos e garantias que não são necessariamente direitos humanos elementares, que vão além daqueles direitos básicos sempre atinentes à pessoa natural, ao ser humano, e que não poderiam ser compartidos por associações, por empresas e outras coletividades.

Ocorre que, mesmo no domínio do *básico*, tem acontecido uma sugestiva evolução. Pelo meado dos anos 90, quando eu ainda fazia parte da composição do Supremo, o tribunal veio a tomar, por maioria difícil, uma das mais infelizes decisões de sua história. Errar é humano, é próprio das instituições humanas, e os tribunais o são. Os erros do Supremo foram poucos desde que ele existe, datando dos alvores do primeiro Império. Foram às vezes erros técnicos conscientes, mas justificados por alguma razão política ou social - como quando o tribunal, voltando atrás, deu satisfação ao governo que ameaçava quebrar se a previdência social não recolhesse contribuições previdenciárias também dos aposentados. O argumento da corte foi, no fundo, o da solidariedade social, em nome da qual os aposentados mais eirados devem, ainda que isso contrarie a lógica do sistema, contribuir também com a previdência, para melhor trato e neutralização de nossas desigualdades.

A Suprema Corte brasileira é, de todo modo, um tribunal que não errou em demasia. Tanto quanto eu recorde esse deve ter sido, antes do triste caso da extradição Battisti, o único erro clamoroso dos tempos modernos. Foi quando o tribunal se viu chamado a decidir sobre a aparente concorrência entre a Constituição, no seu artigo 5º-LXVII, e o artigo 7º de um tratado internacional que nos vincula, o Pacto de São José da Costa Rica sobre direitos humanos. A Constituição diz que ninguém pode ser preso por dívida neste país. Nada mais salutar. Todos os países arejados e democráticos adotam regra semelhante: não se prende ninguém por dever dinheiro; a prisão é própria dos procedimentos penais. Mas o constituinte abre ao legislador ordinário a possibilidade de trabalhar sobre duas exceções, no caso do devedor de alimentos inexcusavelmente omisso e naquele do depositário infiel. Ao facultar essas duas exceções, depois de afirmar com gravidade que *não haverá prisão civil* nesta República, o constituinte deixou a cargo do legislador ordinário a perspectiva de disciplinar a prisão por dívida daquele que deve alimentos a uma família, em geral abandonada, e que, obrigado por decisão judicial a pagar alimentos, e podendo pagá-los, omite-se obstinadamente de fazê-lo.

O outro caso é o que aqui nos interessa. Quando a Constituição do Brasil fala no *depositário infiel*, todos entendemos, na boa-fé que o culto do direito nos exige, que ela se refere ao depositário infiel propriamente dito, àquele individuo em geral bem posto na vida a quem o juiz confia os bens dos órfãos, da viúva, e que os dilapida, e que, no momento de restituí-los a mando do juiz, não mais dispõe deles e não os compensa de outro modo. Esse, não outro, é o depositário infiel de que fala a Constituição.

Vivemos, entretanto, num país onde o legislador ordinário, por mais de uma vez, para atender a determinados interesses, solapou sua própria Constituição. Neste caso específico, o que o legislador ordinário fez, tratando de coisas como o penhor agrícola ou a alienação fiduciária em garantia, foi inventar falsas situações de depósito; foi definir como depositário infiel aquele que não o é, aquele que é um simples devedor comum, numa típica, histórica, quase bíblica situação de dívida comum. Aquele agricultor que pediu dinheiro emprestado ao banco e, com os azares que a atividade agrícola comporta em toda parte, um dia se viu sem ter como pagar o empréstimo e sem ter como dar-lhe o produto da colheita - que às vezes nem se tirou do solo, ou que pereceu de outro modo... Isso não é um depositário infiel. É apenas mais um devedor de dinheiro ao banco, a quem o legislador ordinário brasileiro permitiu que se prendesse por divida – apesar da firme proibição constitucional.

A situação do devedor fiduciário é outra de dívida simples. É comum, em todos os países e em todas as épocas, que aconteça de alguém que compra algo a prazo não ter um dia como continuar pagando as respectivas prestações e já não dispor do produto para devolvê-lo. Existem meios pelos quais o credor pode acionar o devedor à luz da lei brasileira. Mas o que se quis, entre nós, foi dar ao credor um instrumento mais dramático de exigência daquilo que ele há de receber, permitindo-lhe que consiga da autoridade pública a prisão do devedor inadimplente.

Era esse o pano de fundo no caso posto ante o Supremo, e a corte seguramente errou no desfecho que lhe deu por maioria. O pano de fundo não poderia ser mais sórdido: estávamos cuidando de falsas situações de depósito, inventadas pelo legislador ordinário para burlar o comando constitucional de que *não haverá prisão por dívida*. Mas ainda que assim não fosse, ainda que cuidássemos de verdadeiras situações de depósito e infidelidade, ainda assim subsistiria o contraste normativo. A Constituição da República, no que diz que não haverá prisão por dívida, abre duas exceções possíveis. A Convenção de São José da Costa Rica, a que o Brasil aderiu depois da Carta de 1988, também diz que não haverá prisão por dívida, e vê nisso *um direito humano elementar*, abrindo *uma única exceção*, qual seja o caso do devedor de alimentos que, podendo pagá-los, não os paga. Desse modo o texto de São José elimina a possibilidade de que também o depositário infiel, mesmo que rigorosamente verdadeiro, seja alcançado pela prisão civil. A Constituição do Brasil não diz: *prenda-se o depositário infiel em qualquer circunstância!* Ela abre a possibilidade de o legislador ordinário facultar essa medida. Ora, o legislador ordinário brasileiro, quando aprovou a Convenção de São José da Costa Rica, cortando essa possibilidade, aceitou a idéia de que o depositário não mais deve ser preso no Brasil. Não obstante, o que o Supremo disse por maioria, em 1995, foi que o texto de São José da Costa Rica *tira do legislador ordinário uma liberdade constitucional que ele deveria conservar, a de continuar mandando prender o depositário infiel...*

O que mais vexou, neste caso, a minoria vencida, foi a percepção de que a maioria parecia raciocinar como se o tratado internacional fosse um produto alienígena que desabou covardemente sobre nossas cabeças patrióticas. Essa é uma equação primitiva, rupestre, de todo incorreta. O tratado internacional simplesmente não existe para nós se ele não nos vincula, e se ele nos vincula é porque nossa vontade soberana ajudou a produzi-lo. Aquele texto é produto *nosso*, é a nossa voz associada a outras vozes não menos soberanas. Não faz sentido algum proceder frente ao tratado internacional que vincula o Brasil como se ele fosse algo que, por não ter sido redigido originalmente em Brasília, mas em outro centro, com a colaboração de nossos agentes, não devesse integrar a ordem jurídica brasileira, ou não devesse ser encarado pelos tribunais como produto autêntico do legislador idôneo.

A minoria disse na ocasião isso, e disse também que não é possível ignorar o preceito do tratado sem violá-lo. Ao produzir aquele resultado o tribunal estava lançando a República numa situação internacionalmente ilícita. Por quê? Porque estamos comprometidos pela regra de São José; porque os outros países vinculados por esse tratado acreditam que nós o cumprimos fielmente, como eles o cumprem. E cá dentro, pela voz autorizada do mais alto tribunal da República, não estávamos cumprindo coisa alguma, já que a maioria resolveu dizer que aquilo *tirava a liberdade do legislador ordinário para continuar consagrando a possibilidade da prisão do depositário infiel*.

Não sou, entretanto, o único a acreditar que aquele augusto tribunal, mesmo quando erra, prepara o caminho de sua própria penitência, abre as veredas da sua própria redenção, em médio ou curto prazo, como aconteceu então. Por decisão unânime, costurada já no início de 2009, o tribunal voltou atrás sobre aquele acórdão majoritário e reconheceu que estamos vinculados pelo texto de São José da Costa Rica; e que a referida possibilidade de prisão por dívida desapareceu.

Parece fundamental a ressalva de que para reparar o erro do passado, para assumir o correto entendimento da Constituição e dos compromissos externos da República, nem teria sido preciso que o tribunal enfrentasse a questão de saber se os tratados internacionais relativos a direitos humanos têm ou não têm nível constitucional ⁻ uma tese de inspiração generosa, mas pouco consistente. De resto, os usuários da fórmula "tratado de direitos humanos" não se dispuseram até hoje a explicar, com algum rigor científico, a quê se referem. Norberto Bobbio denunciava a própria expressão *direitos humanos* como uma tautologia, na medida em que não há direitos que não o sejam. Toda a ciência do direito, afinal, é produto da elaboração de consciências humanas, e sua finalidade última é realizar o bem geral de seres humanos, isoladamente considerados ou em sociedade. Nesse domínio a mais comum dentre as patologias da atualidade, não apenas no Brasil, é aquela característica do ativista que elege habilidosamente os direitos humanos que, por razões bem suas, lhe interessa defender, e em cuja defesa ele não vacila em ultrajar outros e alheios direitos ⁻ embora não menos humanos.

Essa questão do aventado nível constitucional congênito dos tratados *de direitos humanos* não foi resolvida pelo Supremo à luz do segundo parágrafo do artigo 5º, e essa interessante questão jurídica perdeu objeto em face do novo parágrafo – §3° – que a reforma de dezembro de 2004 aditou àquele mesmo artigo da Constituição. O que se discutia antes da reforma era o exato significado do preexistente parágrafo 2°, conforme o qual a longa lista do artigo 5º *não exclui outros direitos que, por tratado internacional, o Brasil tenha consagrado.* A primeira perplexidade do leitor diante deste parágrafo, logo que promulgada a Carta de 1988, resultava da questão de saber se falta no texto alguma coisa; se teria o constituinte se omitido de incluir em seu produto tão extenso, exemplarmente rico em direitos e garantias, alguma coisa que no passado o Brasil tenha coproduzido no cenário internacional.

Não era essa, de todo modo, a questão mais importante que se propunha aos analistas da Constituição, mas a de saber se com aquilo, como queriam alguns, dava-se estatura constitucional aos tratados sobre *direitos e garantias*, não necessariamente humanos. Não é preciso lembrar que o Supremo da época jamais abonaria essa tese. Como quer que seja, a discussão, acalorada que foi durante poucos anos, terminou com a reforma de dezembro de 2004, com o acréscimo do parágrafo 3º ao artigo 5º, que garante estatura constitucional ao tratado sobre direitos humanos aprovado no Congresso segundo a liturgia das emendas à própria Carta. É uma espécie de *cláusula holandesa*, por analogia com regras constitucionais dos Países Baixos, onde se conhece de longa data essa prática: sempre que um tratado internacional modifica de algum modo a Constituição, ou lhe acrescenta algo, o parlamento holandês pode aprovar o tratado, desde que no rito próprio e pela maioria necessária à emenda constitucional.

Diante dessa realidade nova algo parece ter ficado claro, ao menos no que concerne ao entendimento do próprio Congresso constituinte: antes de dezembro de 2004 os tratados internacionais sobre direitos humanos não tinham estatura constitucional. Creio que isso não deixa numa espécie de limbo o chamado *produto do intervalo*, ou seja, algum direito humano que tenha sido consagrado em tratado incorporado à ordem jurídica do Brasil entre outubro de 1988, data da Constituição, e dezembro de 2004, data da emenda; assim a norma restritiva da prisão civil na Convenção de São José, e assim também a Convenção 158 da Organização Internacional do Trabalho, que protege o trabalhador contra a despedida sem justa causa. Esses tratados sobre direitos humanos anteriores à emenda poderiam ser entendidos pelo Supremo como agregados à Carta – e portanto irreversíveis *ratione materiae* – mediante uma espécie de *upgrading*: ao criar a nova disciplina sem dizer nada sobre o produto do intervalo, o Congresso teria promovido este último à dignidade constitucional, como aconteceu outrora com o Código Tributário – originalmente uma lei comum, mais tarde alçada ao nível de lei complementar.

Nosso problema, entretanto, não é o da falta de direitos e garantias no domínio da lei fundamental. Nosso problema é nas mais das vezes a falta de leitura da própria Constituição pela autoridade pública, a falta de conhecimento ou o desprezo, pelo Estado, daquilo que a Constituição quer ver garantido à sociedade como direito, e que o Estado enquanto administrador, enquanto legislador ordinário, enquanto policial, enquanto fiscal, enquanto empregador, nem sempre se empenha em fazer valer.

Vivemos, entretanto, um momento singular: não obstante todos os problemas que enfrentamos, alguns deles resultantes de nada mais que a incontinência verbal que campeia solta pela praça dos Três Poderes, vale lembrar que o primado do direito no Brasil de nossos dias é uma realidade mais transparente que no cenário internacional. Ali, desde a virada do século, o direito foi ignorado como nunca o fora antes. A Organização das Nações Unidas foi humilhada ao extremo, e uma política de poder conduzida por estadistas da pior qualidade dominou a cena internacional, com o barateamento e o sacrifício de vidas humanas em grande escala. Nunca se vira antes o argumento dos direitos humanos ser tão cinicamente utilizado para justificar a ocupação de território alheio e a ofensa grosseira aos próprios direitos humanos, no que estes têm de mais rudimentar. Isto pesa sobre a consciência da sociedade internacional contemporânea, porque não foi obra de ditadores, mas de governantes consagrados pelo voto. As grandes democracias do ocidente tomam hoje assento no banco dos réus, e os próprios inventores da política e do discurso dos direitos humanos sentem que devem contas por aquilo que fizeram.

Reflexões sobre a Natureza Jurídica e Incidência da Vedação dos Pactos Sucessórios no Código Civil

Giselda Maria Fernandes Novaes Hironaka

Sumário: Introdução; **1.** Pacta corvina, votum captandae mortis e o direito romano; **1.1.** Considerações iniciais; **1.2.** A sistematização dos romanistas. **2.** Pactos sucessórios nas legislações estrangeiras: **2.1.** Itália; **2.2.** França; **2.3.** Alemanha; **2.4.** Suíça. **3.** Pacta corvina nos Códigos Civis brasileiros de 1916 e 2002. **4.** Conclusão parcial: fundamentos da proibição dos contratos sobre herança futura. **5.** Natureza jurídica dos pactos sucessórios: **5.1.** Negócios jurídicos com objeto ilícito; **5.2.** Diferença entre pacta corvina e testamento. **6.** Incidência da vedação dos pacta corvina: **6.1.** Renúncia antecipada de herança; **6.2.** Diferença entre pacta corvina, pacta post mortem e a questão da morte como fator de eficácia de um contrato; **6.3.** O evento morte como hipótese de extinção do direito; **6.4.** Doação propter nuptias; **6.5.** O art. 2.018 do Código Civil de 2002 e a partilha feita em vida – Conclusão – Referências bibliográficas.

Introdução

Jus est ars boni et aequi[1] – com essas palavras, Celso, jurista romano, conceituava direito.[2] Embora hoje não se tenham dúvidas acerca da insuficiência científica dessa afirmação, ela é feliz no ponto em que revela a estreita relação entre direito e ética. Essa íntima conexão é bastante viva – e visível –, mormente em exemplos como a proibição do incesto (v.g., CC, art. 1.521) e a exigência de boa-fé nas relações privadas (CC, art. 113 c/c 187 c/c 422). O objeto deste artigo – a vedação dos pactos sucessórios (*pacta corvina*) –, tal como previsto no art. 426 do Código Civil de 2002 (CC/02), consiste em outro valioso exemplo dos diálogos entre direito e ética na sociedade.[3]

Ainda assim, os *pacta corvina* não animaram muitos estudiosos brasileiros a se debruçarem com maior vagar sobre esse tema, talvez pela aparente ausência de problemas hermenêuticos a serem enfrentados diante do comando legislativo bastante enxuto contido no art. 426 do CC/02. Tal simplicidade, todavia, é ilusória. Para além da incidência direta do dispositivo sobre contratos que versem sobre cessão de potenciais direitos hereditários, há outros institutos jurídicos que se relacionam com o *evento morte* e que suscitam dúvidas aos mais atentos sobre se haveria (ou não) a incidência da norma proibitiva.[4] Assim, a depender de como se classifiquem os pac-

1 "Direito é a arte do bom e do justo."

2 Cf. MEIRA, Sílvio A. B. *Instituições de direito romano.* 4ª ed. rev. e aum. São Paulo: Max Limonad, 1984. v. 1, p. 35.

3 No mesmo sentido, ver VENOSA, Sílvio de Salvo. *Código Civil interpretado.* 3ª ed. São Paulo: Atlas, 2013. p. 599.

4 Essas outras categorias jurídicas são comumente utilizadas no cotidiano atual, como, por exemplo, a doação imobiliária com reserva de usufruto vitalício.

tos sucessórios e considerando a amplitude hermenêutica usada para interpretá-los, a repercussão prática de um entendimento extensivo da vedação dos *pacta corvina* poderia ser enorme.

Assim, na expectativa de apresentar à comunidade jurídica uma visão renovada acerca do tema e de, com isso, despertar o interesse pela pesquisa desse instituto milenar, vem à luz o presente artigo, que foi estruturado segundo esta linha de raciocínio: em primeiro lugar, uma breve notícia histórica com o objetivo de perscrutar as razões que motivaram a criação da norma e como ela está exteriorizada nos diversos sistemas legislativos; depois, uma avaliação da natureza jurídica da proibição dos pactos sucessórios, especialmente localizando essa vedação na teoria do fato jurídico; finalmente, partindo desse entendimento, uma avaliação das normas do Código Civil que se relacionam com o evento morte, indagando se violariam ou não a vedação dos pactos sobre herança futura de pessoa viva.

1. Pacta corvina, *votum captandae mortis* e o direito romano

1.1. Considerações iniciais

O nome *pacta corvina* é bastante sugestivo.[5] Significa *"pactos dos corvos"*, e traz a imagem do abutre que aguarda o falecimento de sua presa. Ele anseia pela morte do outro, para, em regozijo, se banquetear por sobre o corpo morto, predando e pilhando o espólio daquele que pereceu. Pior, antes mesmo do falecimento da presa, ele já negociava com outros de sua grei acerca da divisão do tétrico prêmio.

É claro que esse tipo de interesse é abjeto e altamente reprovável. Desde há muito existe a concepção de que desejar a morte do outro é um sentimento assaz destrutivo, que polui o espírito com o mais torpe negrume, não se estranhando, portanto, que se tenham vedado os pactos que promovam esse "mau sentimento".

E, de fato, a proibição dos pactos sucessórios remonta há tempos vetustos. Atribui-se a proibição do *pacta corvina* ao direito romano. Inicialmente, o primeiro motivo levantado para negar validade aos pactos sucessórios não foi o de reprimir o desejo pela morte do outro, mas sim o de proteger as regras sucessórias então vigentes, pois a transmissão hereditária por origem contratual importaria em desrespeito à ordem de vocação hereditária e à prevalência de normas testamentárias que estabelecia o direito romano.[6] A única forma de dispor do patrimônio com efeitos *post mortem* seria mediante testamento, não por via contratual. O mais interessante é que essa vedação era costumeira, em vez de jurídica: durante a maior parte da história romana não havia uma norma sequer que abstratamente vedasse os contratos sobre

5 Eis alerta linguístico: *Pactum* está no singular. Essa palavra tem por plural *pacta*. Logo, em português, o certo é utilizar o artigo masculino no plural, ficando os *pacta corvina*.

6 VENOSA, Sílvio de Salvo. *Código Civil interpretado.* 3ª ed. São Paulo: Atlas, 2013. p. 598.

herança de pessoa viva. O que existia era um sentimento de que essa não seria uma transação proba.

Foi somente com Diocleciano que o tema seria pela primeira vez objeto de decisão com repercussões para o direito romano como um todo. Narra Guilherme Braga da Cruz[7] que aquele imperador, "consultado sobre a validade duma cláusula dum pacto dotal onde se convencionava, *vice testamenti,* que o marido, por morte da mulher, sucederia nos seus bens extra-dotais, o imperador declara que essa cláusula é de todo destituída de valor, porque é ofensiva da liberdade de testar, visto que a herança *só se pode dar a estranhos por meio de testamento ('haereditas extraneis testamento datur')* (C. 5, 14, 5)".[8]

Em caso posterior, sobre venda de uma sucessão não aberta, o julgador se valeu de justificativa diversa: fixou como fundamento para a nulidade da avença a falta de objeto (*qui in rerum natura non sit quod venierit*), pois, enquanto não aberta, não existiria sucessão a transacionar. O raciocínio é logicamente procedente, haja vista que é pressuposto de existência da sucessão e da herança a ocorrência do evento *morte.* Para outras situações que envolviam pactos sucessórios, invocavam-se razões éticas para invalidar o ato, reputando-se esses pactos como desonestos ("*improba*") e contrários aos bons costumes ("*contra bonos mores*"). Guilherme Braga da Cruz expôs de forma magistral a virada que ocorreu posteriormente no que tange ao entendimento dos *pacta corvina:*

> Respondendo a uma consulta dos advogados de Cesareia sobre a validade duma convenção celebrada entre vários herdeiros presuntivos dum terceiro, o Imperador [Justiniano], numa constituição datada de 531, declara nulas todas estas convenções, com o fundamento de que, além de contrárias aos bons costumes, são *odiosas e cheias de tristíssimas e perigosas consequências* ("*odiosae videntur et plenae tristissimi et periculosi eventus*") (C. 2, 3, 30). Invoca-se assim, pela primeira vez, como fundamento da nulidade dos *pacta* sobre a sucessão dum terceiro, o fato de representarem um perigo para a vida da pessoa de cuja sucessão se trata, na medida em que assentam na condenável esperança ("*acerbissima spes*") da sua morte próxima. É aquilo a que, alguns séculos mais tarde, os comentadores chamariam de "*votum mortis*" e que seria, ao longo dos tempos, o argumento mais largamente usado contra a admissibilidade dos pactos sucessórios.[9]

7 Guilherme Braga da Cruz foi um jurista português, professor da Universidade de Coimbra, e que nos privilegiou nos anos 60 com uma palestra seminal sobre o tema dos *pacta corvina* (v., por todos, as referências à palestra nas próximas notas de rodapé). Recomendo entusiasticamente a consulta a esse trabalho.

8 CRUZ, Guilherme Braga da. *Os pactos sucessórios na história do direito português.* Conferência proferida na Faculdade de Direito da Universidade de São Paulo, em 18 de agosto de 1964. São Paulo: Revista da Faculdade de Direito da Universidade de São Paulo. v. 60. São Paulo, 1965. Disponível em: https://www.revistas.usp.br/rfdusp/article/view/66463. Acesso em: 20 abr. 2018, p. 98.

9 CRUZ, Guilherme Braga da. *Os pactos sucessórios na história do direito português.* Conferência proferida na Faculdade de Direito da Universidade de São Paulo, em 18 de agosto de 1964. São Paulo: Revista da Faculdade de Direito da Universidade de São Paulo. v. 60. São Paulo, 1965. Disponível em: https://www.revistas.usp.br/rfdusp/article/view/66463. Acesso em: 20 abr. 2018, p. 100-101.

Assim, foi alcançado o entendimento de que os *pacta corvina* representam um verdadeiro perigo para a vida daquele de cuja sucessão se trata, na medida em que estabelecem, nos interessados, o desejo da morte de alguém que vive (*votum captandae mortis*). Portanto, esses pactos deveriam ser coibidos, e assim o foram.

1.2. A sistematização dos romanistas

Em estudos posteriores realizados na Baixa Idade Média por romanistas, as noções de pactos sucessórios foram resgatadas e sistematizadas. Conforme explicam Yann Favier,[10] Guilherme Braga da Cruz,[11] Carlos Edison do Rêgo e Rafael Cândido da Silva,[12] os pactos sucessórios foram divididos em três categorias: pactos aquisitivos (ou *de succedendo*); pactos renunciativos (ou *de non succedendo*); e pactos sobre a sucessão de um terceiro (ou *de hereditate tertii*).

Por meio de um *pacto aquisitivo* (ou *de succedendo;* ou pacto sucessório positivo), o disponente celebra um contrato por meio do qual estabelece uma instituição contratual de herdeiro, nomeando o outro contratante ou um terceiro como seu sucessor, seja a título particular (legado contratual), seja a título universal (herança contratual). Esse pacto, uma vez realizado, é *irrevogável* pelas partes, e, embora o patrimônio do disponente continue em sua esfera jurídica, eventuais atos gratuitos celebrados com outras pessoas após o pacto sucessório poderão ser contestados pelo beneficiário do pacto, em proteção à expectativa criada nele pelo contrato. Rafael Silva e Carlos Monteiro Filho demonstram que essa modalidade de pacto sucessório pode ser tanto gratuita como onerosa, ou seja, o disponente pode tanto ceder a outrem seus futuros direitos hereditários sem qualquer contraprestação ou, pelo contrário, fazê-lo em contemplação a uma prestação sinalagmática. Segundo esses autores, os *pacta de succedendo* onerosos geralmente estão associados a uma renda vitalícia ou a alimentos vitalícios prestados pelo beneficiário dos futuros direitos hereditários ao disponente.[13]

Prosseguindo no estudo dessas categorias, encontra-se o pacto renunciativo (ou *de non succedendo;* ou pacto sucessório negativo; ou pacto sucessório abdicativo), em

---

10 FAVIER, Yann. Le principe de la prohibition des pactes successoraux en droit français. *In*: BONOMI, Andrea; STEINER, Marco (Org.) *Les Pactes Sucessoraux en Droit Comparé et em Droit International Privé*. Genève: Librairie Droz, 2008. p. 30.

11 CRUZ, Guilherme Braga da. *Os pactos sucessórios na história do direito português.* Conferência proferida na Faculdade de Direito da Universidade de São Paulo, em 18 de agôsto de 1964. São Paulo: Revista da Faculdade de Direito da Universidade de São Paulo. v. 60. São Paulo, 1965. Disponível em: https://www.revistas.usp.br/rfdusp/article/view/66463. Acesso em: 20 abr. 2018.

12 Estes últimos, jovens civilistas brasileiros, produziram ótimo artigo sobre o assunto: v., por todos, SILVA, Rafael Cândido da; MONTEIRO FILHO, Carlos Edison do Rêgo. A proibição dos pactos sucessórios: releitura funcional de uma antiga regra. *Revista de Direito Privado,* São Paulo: Revista de Direito Privado, v. 72, dez. 2016.

13 Ibidem, p. 7.

que um dos contraentes renuncia à sucessão futura do outro. Assim como o anterior, trata-se de contrato e, em princípio, irrevogável. Pode ser que o pacto renunciativo jamais surta efeitos, pois pressupõe, além de termo (morte), uma condição, a saber, a de que aquele direito sucessório seria, um dia, de titularidade do disponente. Só que, se a renúncia se der com relação a um direito sucessório *ab intestato,* de quem não é o primeiro na ordem de vocação hereditária, pode ser que o pacto sucessório jamais surte efeitos, pois sua condição não foi deflagrada. Ainda assim, o pacto possui o viés de extinguir uma expectativa que seria tutelada juridicamente. Aqui é preciso fazer uma ressalva: se a renúncia for unilateral, não haverá a figura do pacto sucessório, cuja própria natureza torna ínsita a bilateralidade. Em tese, a renúncia unilateral pode ser revogada a qualquer tempo e, por isso, sequer atrairia a incidência da vedação aos *pacta corvina.*[14] A hipótese ora tratada é de renúncia realizada em contrato bilateral celebrado entre renunciante e aquele cuja herança futura está sendo antecipadamente renunciada.

Por fim, há os pactos sobre a sucessão de um terceiro (ou *de hereditate tertii*), provavelmente a figura mais utilizada para exemplificar os *pacta corvina.* Por este pacto, alguém que possui a expectativa de ser herdeiro no futuro celebra um contrato com terceiro e, por meio dessa convenção, promete perante esta pessoa a cessão dos direitos hereditários futuros relativos à sucessão de alguém que ainda está vivo. Em outras palavras e em suma, "duas pessoas estabelecem disposições regulando a sucessão de um terceiro".[15] Rafael Silva e Carlos Monteiro Filho pontuam que há autores que não entendem que exista uma categoria autônoma para os pactos de sucessão de um terceiro, mas sim que, nesses casos, há a sobreposição, em um mesmo contrato, dos dois pactos anteriores, na medida em que a avença será abdicativa para o disponente e, simultaneamente, aquisitiva para o beneficiário. Guilherme B. da Cruz entendia que os *pacta de hereditate tertii* deveriam ser categorizados como categoria apartada, e assim também entendo. A prevalecer conclusão diversa, poder-se-ia dizer, por exemplo, que o contrato de distribuição não existe e que na verdade se trata apenas de um contrato de compra e venda e de um contrato de prestação de serviço com cláusulas especiais; e o mesmo ocorreria com outros contratos complexos que pudessem ser decompostos em prestações mais simples. Assim, parece-me claro que é necessário entender de modo diverso. O que garante autonomia a uma categoria contratual é

---

14 Embora a validade da renúncia antecipada neste caso também seja discutível por conta do que diz o art. 1.808 do Código Civil ("Art. 1.808. Não se pode aceitar ou renunciar a herança em parte, sob condição ou a termo"), isso não será objeto deste trabalho. Sobre o assunto, v.: TARTUCE, Flávio. *Direito civil,* v. 6: direito das sucessões. 13ª ed. rev., atual., e ampl. Rio de Janeiro: Forense, 2018. p. 96-97.

15 SILVA, Rafael Cândido da; MONTEIRO FILHO, Carlos Edison do Rêgo. A proibição dos pactos sucessórios: releitura funcional de uma antiga regra. *Revista de Direito Privado,* São Paulo: Revista de Direito Privado, v. 72, dez. 2016. p. 6.

o fato de sua *causa*[16] ser distinta da de outros contratos, o que acaba dando a cada espécie contratual caracteres e cláusulas específicos, mesmo que determinadas prestações de um e outro contrato possam coincidir entre si.

Por fim, cumpre indicar que os próprios romanistas admitiam exceções aos pactos sucessórios. Embora invocassem a invalidade com guarida na ética e na necessidade de preservação da liberdade de testar, aceitavam flexibilizações dessa regra, desde que com o consentimento daquele de cuja herança se tratasse, como no caso da promessa de igualdade hereditária a um de sua prole ou da instituição de legado contratual em pactos nupciais.[17] Como se vê, existe, aparentemente, uma tendência de que a regra continue sendo flexibilizada, em atenção à autonomia privada das pessoas.

2. Pactos sucessórios nas legislações estrangeiras

Verificar o direito dos outros países é importante ferramenta para avaliar prós, contras e impactos de políticas legislativas. Ademais, por saber que há países com tradições jurídicas milenares, cabe-me ter humildade para verificar os avanços obtidos pelas nações amigas e verificar no que a experiência delas poderia ser aproveitada em termos de soluções para nossos próprios problemas (ou, pelo contrário, também é útil assistir a experiências malsucedidas e as levar como exemplos do que não fazer).[18] No mais, como dizia Clóvis Bevilaqua, "se a legislação estrangeira não é fonte subsidiária do nosso direito, tem, contudo, o mesmo valor doutrinário que as obras dos grandes mestres".[19] Com isso em mente, abaixo jaz compilação de algumas normas sobre pactos sucessórios de países europeus. Sem qualquer pretensão de dar tratamento exaustivo à matéria – e sequer ousando chamar esta análise de "direito comparado"[20] –, há adiante a breve descrição de dispositivos de lei relevan-

16 Sabe-se sobre o imenso e profundo debate teórico acerca da teoria da causa. Estou, aqui, usando o termo na acepção de função socioeconômica do contrato, apenas para fins desta explanação, sem qualquer pretensão de olvidar a existência das outras teorias (subjetivistas, objetivistas e mistas) e nem de se fixar peremptoriamente uma posição neste artigo, que simplesmente não possui essa função.

17 Lembrando que, outrora, o casamento era um pacto que compunha precipuamente interesses patrimoniais e políticos.

18 Isso nos lembra da frase atribuída a Otto von Bismarck, para quem o inteligente é aquele que aprende com o erro dos outros.

19 Frase atribuída a Clóvis Bevilaqua por seu contemporâneo, Souza Diniz, em *Código Civil alemão [Bürgerliches Gesetzbuch – BGB] de 18 de agôsto de 1896 com tôdas as modificações posteriores, inclusive as da Lei da Igualdade de Direitos de 18 de junho de 1957, traduzido diretamente do alemão.* Rio de Janeiro: Distribuidora Récord Editôra, 1960, introdução do tradutor (antes do sumário).

20 Sempre se veem muitos estudantes chamarem de "direito comparado" a mera indicação de artigos da lei estrangeira. Isso é um equívoco, conforme se ensinou sempre, e a mim, ensinou-me Rubens Limongi França. Embora a indicação dos dispositivos tenha seu valor, uma verdadeira análise de direito comparado é profunda, pois deve comparar dois sistemas jurídicos inteiros, considerando lei, doutrina, jurisprudência e outras fontes do direito de cada país.

tes, que, assim considero, poderá ampliar a discussão, fornecer mais subsídios para a análise do instituto e, quem sabe, direcionar futuros estudiosos da matéria por bons e sapientes caminhos.

2.1. Itália

Na Itália, à semelhança do que acontece no direito brasileiro, os *pacta corvina* são vedados. Neste sentido, o artigo 458 do Código Civil italiano é expresso: "Artigo 458 (proibição de pactos sucessórios). É nula qualquer convenção pela qual alguém dispõe da própria sucessão. É igualmente nulo qualquer ato pelo qual alguém dispõe dos direitos que lhe possam caber em uma sucessão ainda não aberta, ou renunciar aos mesmos".[21] Roberto de Ruggiero[22] escreveu sobre o tema e é muito claro no sentido de que, na Itália, só é possível sucessão fundada em testamento ou em lei.[23] Como ocorre em outros países, porém, já há uma flexibilização dessa regra, como a gerada pela inclusão do artigo 768-*bis* no Código Civil italiano, que introduz o *pacto de família (patto di famiglia),* um ato *inter vivos* destinado àqueles que detêm empresa familiar e que desejam regular o funcionamento das participações societárias dos membros, inclusive podendo estipular disposições sucessórias diferenciadas das que normalmente seriam desencadeadas pela lei.

2.2. França

Embora não haja, no *Code Civil* francês, uma regra geral como a que existe no Brasil e na Itália, a norma da vedação dos *pacta corvina* pode ser extraída de diversos dispositivos que, conjugados, permitem a inferência da existência de um princípio da proibição de pactos sucessórios. Por exemplo, o artigo 1.389 do Código Civil francês determina que: *"les* époux *ne peuvent faire aucune convention ou renonciation dont*

21 No original: *"Art. 458. Divieto di patti successori. Fatto salvo quanto disposto dagli articoli 768-bis e seguenti, è nulla ogni convenzione con cui taluno dispone della propria successione. È del pari nullo ogni atto col quale taluno dispone dei diritti che gli possono spettare su una successione non ancora aperta, o rinunzia ai medesimi"*, conforme ITALIA. *Codice Civile.* Roma: [s.n.], 1942 (ano da publicação originária). Disponível em: http://www.altalex.com/documents/codici-altalex/2015/01/02/codice-civile. Acesso em: 19 abr. 2018.

22 Usei a tradução de Souza Diniz (*Código Civil italiano:* traduzido diretamente do italiano por Souza Diniz. Rio de Janeiro: Distribuidora Récord, 1961. p. 95). Notem que na tradução não há a menção ao artigo 768-bis, pois ele veio posteriormente e relativiza a regra. De qualquer forma, para efeitos desta exposição, a tradução atende o que se pretendia.

23 RUGGIERO, Roberto de. *Instituições de Direito Civil.* Trad. da 6ª ed. italiana por Paolo Capitanio. Campinas: Bookseller, 1999. v. 3, p. 613.

l'objet serait de changer l'ordre légal des successions",[24] o que se traduz como "os cônjuges não podem fazer nenhuma convenção ou renúncia cujo objeto seria modificar a ordem legal das sucessões".[25] A proibição dos *pacta corvina* também pode ser retirada do artigo 943 do *Code Civil*,[26] que determina que a doação *inter vivos* só pode envolver os bens presentes do doador. Sobre isso, como já visto, a herança de pessoa viva sequer existe como herança – é mera expectativa –, consistindo em potencial bem futuro sobre o qual seria nulo o contrato. Depois, ao tratar do regime do contrato de compra e venda, o Código de Napoleão *era* enfático: "não se pode vender a herança de uma pessoa viva, mesmo com o seu consentimento".[27,28]

Por outro lado, uma exceção à proibição que sempre existiu no direito privado francês é a doação entre cônjuges e convencionada em pacto antenupcial, prevista no art. 1.082 do *Code Civil français*.[29] Por essa disposição,

---

24 FRANCE. *Code Civil*. Paris: [s.n.], 1804 (ano da publicação originária). Disponível em: https://www.legifrance.gouv.fr/affichCode.do;jsessionid=BDA1BFCB1B431A024202BF3A57A19B89.tplgfr28s_1?idSectionTA=LEGISCTA000006136353&cidTexte=LEGITEXT000006070721&dateTexte=20180423. Acesso em: 16 abr. 2018.

25 DINIZ, Souza. *Código Napoleão ou Código Civil dos franceses:* texto integral do Código de 1804 com tôdas as modificações nele posteriormente introduzidas e ainda em vigor e mais as principais leis complementares. Tradução: Souza Diniz. Prefácio: Miguel Reale. Rio de Janeiro: Distribuidora Record, 1962. p. 204.

26 DINIZ, Souza. *Código Napoleão ou Código Civil dos franceses:* texto integral do Código de 1804 com tôdas as modificações nele posteriormente introduzidas e ainda em vigor e mais as principais leis complementares. Tradução: Souza Diniz. Prefácio: Miguel Reale. Rio de Janeiro: Distribuidora Récord, 1962. p. 158.

27 Texto original do artigo: *"On ne peut vendre la succession d'une personne vivante, même de son consentement"*. Disponível em: https://www.legifrance.gouv.fr/affichCodeArticle.do?idArticle=LEGIARTI000006441438&cidTexte=LEGITEXT000006070721&dateTexte=20000314. Acesso em: 20 abr. 2018. Tradução de DINIZ, Souza. *Código Napoleão ou Código Civil dos franceses:* texto integral do Código de 1804 com todas as modificações nele posteriormente introduzidas e ainda em vigor e mais as principais leis complementares. Tradução: Souza Diniz. Prefácio: Miguel Reale. Rio de Janeiro: Distribuidora Record, 1962. p. 229.

28 Esse dispositivo foi revogado pela *Loi nº 2001-1135 du 3 décembre 2001*, o que traz dúvidas sobre se a vedação do pacto sucessório ainda existe no direito francês, uma investigação que, se carreada aqui, desbordaria do objeto deste artigo e o tornaria assaz extenso. De qualquer forma, ainda que se conclua que nos contratos de compra e venda não há mais vedação de pactos sucessórios, isso não infirma a conclusão de que, na França, essas avenças foram historicamente repudiadas e até pouco tempo proibidas nos contratos de compra e venda. Aliás, há de se lembrar que outros artigos referentes a outros institutos mantiveram a vedação. Então, fica desde já o convite aos estudiosos para que desvendem essa dúvida acerca da evolução no direito privado daquele país no que tange aos efeitos da revogação do art. 1.600 do *Code Civil*. Eu, por exemplo, ficaria grata ao pesquisador que pudesse me elucidar essa questão.

29 *"Les père et mère, les autres ascendants, les parents collatéraux des* époux, *et même les* étrangers, *pourront, par contrat de mariage, disposer de tout ou partie des biens qu'ils laisseront au jour de leur décès, tant au profit desdits* époux, *qu'au profit des enfants à naître de leur mariage, dans le cas où le donateur survivrait à l'époux donataire. Pareille donation, quoique faite au profit seule-*

os pais e as mães, ou outros ascendentes, os parentes colaterais dos cônjuges, e mesmo os estranhos, poderão, por contrato de casamento, dispor de todos ou de parte dos bens que eles deixarão no dia de sua morte, quer em proveito dos referidos cônjuges, quer em proveito dos filhos por nascer do seu casamento, no caso em que o doador sobreviva ao cônjuge donatário. Semelhante doação, ainda que feita somente em proveito dos cônjuges, ou de um deles, será sempre, no dito caso de sobrevivência do doador, considerada como feita em proveito dos filhos e descendentes por nascer do casamento.[30]

Em clara influência do direito civil francês sobre o brasileiro, essa exceção à proibição dos pactos sucessórios foi incluída no Código Civil de 1916, no art. 314.[31] De qualquer forma, à semelhança do que já se demonstrou na Itália, a França também tinha um regramento mais rígido no que tange aos pactos sucessórios, sendo que aqui, novamente, se observa uma tendência à relativização da regra em prestígio à autonomia privada.

2.3. Alemanha

Na Alemanha, diferentemente dos países acima citados, *os pactos sucessórios são plenamente admitidos*. Aliás, tanto o são que existe uma seção inteira dedicada apenas a eles (Seção IV – Pacto sucessório [*Erbvertrag*] do Livro V – Direito das Sucessões), que compreende os dispositivos contidos entre os §§ 2.274 e 2.302. O principal parâmetro trazido pela lei alemã é que o pacto sucessório tenha sempre a participação daquele a cuja herança se refira:[32] "§ 2274 (realização pessoal). Aquele que deixa a herança [disponente] só pessoalmente pode concluir um pacto sucessório". Nos artigos seguintes, especificidades de forma e legitimação para celebrar os pactos sucessórios são estabelecidas, o que não será objeto de maiores incursões neste trabalho. O importante é fixar o seguinte: desde há muito a Alemanha convive

---

ment des époux ou de l'un d'eux, sera toujours, dans ledit cas de survie du donateur, présumée faite au profit des enfants et descendants à naître du marriage", cf. FRANCE. *Code Civil.* Paris: [s.n.], 1804 (ano da publicação originária). Disponível em: https://www.legifrance.gouv.fr/affichCode.do?cidTexte=LEGITEXT000006070721. Acesso em: 16 abr. 2018.

---

30 DINIZ, Souza. *Código Napoleão ou Código Civil dos franceses:* texto integral do Código de 1804 com todas as modificações nêle posteriormente introduzidas e ainda em vigor e mais as principais leis complementares. Tradução: Souza Diniz. Prefácio: Miguel Reale. Rio de Janeiro: Distribuidora Récord, 1962. p. 174.

31 Isso será especificamente tratado adiante.

32 Cf. DINIZ, Souza. *Código Civil alemão [Bürgerliches Gesetzbuch – BGB] de 18 de agosto de 1896 com todas as modificações posteriores, inclusive as da Lei da Igualdade de Direitos de 18 de junho de 1957, traduzido diretamente do alemão.* Rio de Janeiro: Distribuidora Récord Editôra, 1960. p. 332. Para a versão original, ver: DEUTSCHLAND. *Bürgerliches Gesetzbuch – BGB.* Berlin: [s.n.], 1896 (data da publicação originária). Disponível em: https://www.gesetze-im-internet.de/bgb/. Acesso em: 21 abr. 2018.

com os pactos sucessórios sem maiores problemas, sendo vedados apenas os *pacta de hereditate tertii.*

2.4. Suíça

A Suíça, assim como a Alemanha, não veda os pactos sucessórios. Pelo contrário, permite-os expressamente, desde que os contratantes sejam maiores, sem prejuízo dos demais requisitos de validade previstos para qualquer negócio jurídico. Isto se extrai da singela redação do artigo 468 do Código Civil suíço: "Para concluir um pacto sucessório deve o disponente ser maior".[33] Depois, no artigo 494, o tema é novamente trazido à tona, da seguinte forma:

> H. Pactos sucessórios; I. Pacto de instituição de herdeiro e pacto de legado) O disponente pode-se obrigar, por pacto sucessório com um outro, a deixar a ele, ou a um terceiro, a sua herança ou um legado. Continua ele a dispor livremente do seu patrimônio. Disposições *"mortis causa"* ou doações que sejam inconciliáveis com as obrigações assumidas no contrato, ficam submetidas à impugnação.[34]

Por fim, há o artigo 636 do Código Civil suíço, que previa: "(III. Contratos antes da atribuição da herança). Os contratos que um herdeiro concluir com um co-herdeiro ou um terceiro sobre uma herança ainda não aberta, sem a cooperação e o assentimento do 'de cujus', não são obrigatórios. As prestações que, com base em tal contrato, forem feitas, podem ser repetidas".[35]

A partir desses três artigos se extrai um regramento interessante para os pactos sucessórios. Em primeiro lugar, diferentemente da Alemanha, a Suíça reputa válidos os contratos sobre herança de terceiros (*pacta de hereditate tertii*) celebrados sem a participação daquele a cuja sucessão se refere. Não obstante, a lei civil daquele país considera esses contratos "não obrigatórios", o que dá a entender que eles optaram por resolver esse problema no plano da eficácia, tanto o sendo que haverá direito de repetição das transações realizadas em virtude de dita avença. Outro detalhe interessante é que a imposição da maioridade implica que menores não poderão participar

---

33 DINIZ, Souza. *Código Civil suíço de 10 de dezembro de 1907 e suas posteriores modificações e Código Federal Suiço das Obrigações*. Traduzidos diretamente do alemão por Souza Diniz. Rio de Janeiro: Distribuidora Record, 1961. p. 78.

34 DINIZ, Souza. *Código Civil suíço de 10 de dezembro de 1907 e suas posteriores modificações e Código Federal Suiço das Obrigações*. Traduzidos diretamente do alemão por Souza Diniz. Rio de Janeiro: Distribuidora Record, 1961. p. 81-82.

35 DINIZ, Souza. *Código Civil suíço de 10 de dezembro de 1907 e suas posteriores modificações e Código Federal Suiço das Obrigações*. Traduzidos diretamente do alemão por Souza Diniz. Rio de Janeiro: Distribuidora Record, 1961. p. 101.

de pactos sucessórios, ainda que representados ou assistidos.[36] Por fim, veja-se que o artigo 494 daquela codificação é claríssimo no sentido de que, muito embora o patrimônio do disponente continue sob sua administração, o beneficiário do pacto poderá impugnar doações e até disposições testamentárias realizadas pelo primeiro que sejam incompatíveis com o pacto sucessório por eles celebrado.

3. *Pacta corvina* nos Códigos Civis brasileiros de 1916 e 2002

No Código Civil de 1916, a vedação aos negócios sobre direitos hereditários de pessoa viva estava prevista no art. 1.089, que dizia: "Não pode ser objeto de contrato a herança de pessoa viva".[37] Sobre essa redação, Sílvio de Salvo Venosa dizia, com razão, que havia incongruência, "porque não existe herança antes da morte de seu autor".[38] Realmente, como já reiteradamente pontuado, o falecimento é pressuposto de existência de direito sucessório, de modo que não há de se falar "herança" de alguém que não faleceu. Nesse ponto, a crítica ainda se sustenta, haja vista que não houve alteração na redação do dispositivo entre os últimos dois códigos civis brasileiros.

Clóvis Bevilaqua chegou a comentar o artigo. Ele denominava o instituto de *sucessão pactícia,* originada de *pactos sucessórios,* e deveria ser vedada, pois "a) determina o surto de sentimentos imorais, porque toma por base de suas combinações a morte da pessoa, de cuja sucessão se trata, sejam os pactos aquisitivos (*de succedendo*), sejam renunciativos (*de non succedendo*). *Inutilis est, quia contra bonos mores est haec stipulatio* (D. 45, 1, fr. 61); b) contraria o princípio da liberdade essencial às disposições de última vontade, que devem ser revogáveis, até o momento da morte do disponente"[39], e o próprio autor sustentava que havia duas exceções a essa regra no Código Civil de 1916: a sucessão recíproca nos pactos antenupciais[40] e a partilha *inter vires,* realizada pelos pais ainda vivos com seus filhos.[41]

---

36 Fica a dúvida se essa disposição vale apenas para o menor na condição de disponente ou se ele também não poderia figurar em outros polos desse contrato, na condição de beneficiário. Dita análise requereria uma incursão na doutrina jurídica suíça que não é objeto deste trabalho.

37 BRASIL. União. *Lei nº 3.071, de 1º de janeiro de 1916* [CC/16 – Código Civil]. Brasília: Congresso Nacional, 1916 [ano da publicação originária]. *Portal da Legislação do Governo Federal.* Disponível em: http://legislacao.planalto.gov.br/legisla/legislacao.nsf/Viw_Identificacao/lei%20 3.071-1916?OpenDocument. Acesso em: 27 out. 2017.

38 VENOSA, Sílvio de Salvo. *Código Civil interpretado.* 3ª ed. São Paulo: Atlas, 2013. p. 598.

39 BEVILAQUA, Clóvis. *Código Civil dos Estados Unidos do Brasil (CC/16), comentado por Clóvis Bevilaqua.* Edição histórica. Rio de Janeiro: Ed. Rio, 1973. v. II, p. 204.

40 Esta, como se viu, veio por influência do direito francês.

41 Idem, ibidem.

Finalmente,[42] o Código Civil de 2002 manteve, *ipsis litteris,* a vedação aos pactos sucessórios prevista no Código Civil de 1916, proibição que agora consta no art. 426 daquele diploma normativo.[43] O artigo é aplicado pelas cortes brasileiras[44] e defendido pela doutrina.[45] Os entendimentos atuais sobre o tema serão expandidos nos itens que seguem.

4. Conclusão parcial: fundamentos da proibição dos contratos sobre herança futura

Diante da exposição colocada até este momento, é possível concluir que a vedação aos pactos sucessórios possui, historicamente, estes fundamentos principais:

1. Nemo votum alicujus mortis e os *pacta corvina.* Os contratos sucessórios sobre herança futura consistem em especulação negocial sobre o falecimento de uma pessoa, com antecipação de discussões eminentemente patrimoniais sobre sua morte enquanto ela ainda é viva. Isso é tido como antiético e, pior, pelo fato de incutir em outros o desejo de que o disponente faleça, fomenta a desintegração das relações sociais e, em casos extremos, pode colocar a vida do disponente em risco.[46]

---

42 Ainda, o eminente jurista fez impressionante correlação legislativa com o direito de outros países, apontando como legislação comparada as seguintes: "D. 29, fr. 94; 38, 16, fr. 16; 39, 5, fr. 29, § 2º; 45, 1, fr. 61; Cód., 2, 3, ls. 15 e 30; 5, 14, 1. 5; 6, 20, 1. 3; 8, 51, 1. 4; Código Civil português, arts. 1.556 e 2.042; espanhol, 1.271; argentino, 1.175; italiano, 1.118, 2ª al.; uruguaio, 1.285; venezuelano, 1.193, 2ª al. Vejam-se, também, o francês, arts. 791, 1.082, 1.093, 1.130, 1.389 e 1.837; o austríaco, 602; o peruano, 1.338 e o chileno, 1.463. Contra: alemão, arts. 2.274-2.302; suíço, 468, 494 e 636", cf. BEVILAQUA, Clóvis. *Código Civil dos Estados Unidos do Brasil (CC/16), comentado por Clóvis Bevilaqua.* Edição histórica. Rio de Janeiro: Ed. Rio, 1973. v. II, p. 204. Aliás, esse trabalho do doutrinador nos auxiliou muito na elaboração deste trabalho.

43 "Art. 426. Não pode ser objeto de contrato a herança de pessoa viva", cf. BRASIL (União). *Lei nº 10.406, de 10 de janeiro 2002* [CC/02 – Código Civil]. Brasília: Congresso Nacional, 2002 [ano da publicação originária]. *Portal da Legislação do Governo Federal.* 2002. Disponível em: http://www.planalto.gov.br/ccivil_03/ leis/2002/L10406.htm. Acesso em: 19 jun. 2017.

44 Alguns exemplos serão trazidos adiante.

45 Dentre muitos exemplos doutrinários, eis a abordagem fluida de Nelson Rosenvald sobre a impossibilidade dos pactos sucessórios: "sobejaria desnaturada a revogabilidade das disposições de última vontade, pois ao contratante seria vedada a resilição unilateral do pacto, privando uma pessoa de regular a sua própria sucessão" (Comentários ao art. 426 do Código Civil. *In: Código Civil comentado:* doutrina e jurisprudência sobre a Lei nº 10.406, de 10.01.2002. 9ª ed. rev. e atual. Coord. Cezar Peluso. Barueri: Manole, 2015. p. 446).

46 Aliás, existe uma expressão popular que revela bem o desvalor social incidente sobre quem inicia a apropriação de coisas do *de cujus* imediatamente após seu falecimento: "Nem deixou o corpo esfriar". Por sinal, isso nos lembra da obra de Jorge Amado, que representou isso muito bem em *A morte e a morte de Quincas Berro d'Água,* quando Negro Pastinha, indignado ao ver outrem tentando obter o que fora do falecido em vida, exclama: "ele ainda quente e vocês que nem urubu em carniça?" (AMADO, Jorge. *A morte e a morte de Quincas Berro d'Água.* São Paulo: Companhia das Letras, 2008, versão digital (e-pub, Kindle), loc. 607).

2. Burla da sucessão legítima. Os contratos sucessórios podem ser usados para burlar o sistema de sucessão legítima, na medida em que os pactos sucessórios poderiam estabelecer, por meio de pactos abdicativos (de quem viesse primeiro na vocação hereditária) e aquisitivos (em favor de quem se quer beneficiar), preferências sucessórias expressamente vedadas em lei antes de aberta a sucessão do *de cujus*. Não acredito neste fundamento, pois, conforme defendo abertamente no âmbito das atividades do IBDFAM, a obrigação legal de uma reserva patrimonial para os sucessores legítimos deveria ser abolida, com algumas poucas ressalvas.

3. Distorção da sucessão testamentária. Por ser irrevogável, impossibilita o ato de disposição de última vontade do futuro autor da herança, descaracterizando o fundamento do sistema sucessório testamentário e até distorcendo a própria natureza da expressão "ato de última vontade", que ontologicamente só o é se for revogável.

4. Objeto impossível. Pactos que impliquem transferência antecipada de direitos sucessórios possuem objeto impossível, pois não há direito sucessório a ser cedido enquanto o evento *morte* não ocorreu.

5. Disposição descuidada de direito fundamental. Por fim, há de se notar que os *pacta corvina,* se admitidos, poderiam fazer com que potenciais herdeiros precipitadamente alienassem direitos sucessórios, sobretudo nas situações em que estivessem passando por dificuldades financeiras, mesmo enquanto a pessoa de quem a herança trata ainda é viva.

5. Natureza jurídica dos pactos sucessórios

5.1. Negócios jurídicos com objeto ilícito

Realizada a exposição da evolução da matéria, há de se avaliar sua natureza jurídica, o que, em outras palavras, significa perguntar: o que são os pactos sucessórios para o Direito?

Os *pactos sucessórios* são negócios jurídicos com objeto ilícito; ou, vistos de outro modo, são *atos ilícitos invalidantes*.[47] O núcleo do suporte fático dessa norma – seu traço distintivo e único – é a presença de um objeto que contenha disposição sobre expectativas de direitos sucessórios de quem ainda vive. Logo, pactos sucessórios não são uma categoria contratual em si (ao lado de compra e venda, doação etc.), mas, isso sim, são contratos cuja finalidade seja transacionar algo que, legalmente, não poderia ser objeto de negociação. Assim, tanto uma compra e venda quanto uma doação podem ser pactos sucessórios, pois o que dá essa característica ao pacto não é a estrutura do contrato que foi celebrado, mas especificamente seu objeto. Daí por que

47 Conforme classificação de atos ilícitos segundo a eficácia, proposta por Pontes de Miranda e sistematizada por Marcos Bernardes de Mello. Neste sentido, ver, por todos: MELLO, Marcos Bernardes de. *Teoria do fato jurídico:* plano da existência. 20ª ed. São Paulo: Saraiva, 2014. p. 104.

dito pacto é nulo por conter objeto ilícito (vedado por lei), fazendo incidir, portanto, o inciso II do art. 166 do CC/02,[48] além, claro, do inc. VII, segunda parte, do mesmo artigo (nulidade virtual, que ocorre quando o Direito privado proíbe um ato sem lhe cominar expressamente sanção, justamente o que ocorre com o art. 246 do CC/02).

De maneira semelhante, Nelson Rosenvald categoriza *pacto sucessório* como um contrato e o conceitua como sendo "negócio jurídico bilateral [sobre herança de pessoa viva], efetivado com a integração do consentimento dos herdeiros e/ou legatários".[49] Também para esse autor, haverá nulidade do ato pela ilicitude do objeto.[50]

Um pouco diferente na fundamentação, Sílvio de Salvo Venosa defende que "todo negócio jurídico que objetive relações que tenham como causa ou decorram da morte de alguém é vedado. [...]. Negócios desse jaez inserem-se na nulidade expressa pelo art. 166, VII".[51] Cumpre lembrar que a primeira parte do referido dispositivo diz que o negócio será nulo quando a lei expressamente assim o declarar, e a segunda parte determina que será nulo o negócio quando a lei lhe proibir a prática, sem cominar sanção (nulidade virtual).[52]

Já Nelson Nery Júnior e Rosa Maria Andrade Nery defendem que "o contrato que versa sobre herança de pessoa viva tem objeto juridicamente impossível".[53] Prefiro entender de modo diverso, pois, embora contratos que transmitam direitos hereditários antes do falecimento tenham objeto impossível, é plenamente viável a convenção sobre expectativas de direito. Aliás, isso é realizado o tempo todo e faz parte da atividade habitual da advocacia consultiva, a saber, inserir nos contratos tudo aquilo cuja ocorrência seja relevante e possível no mundo fenomênico. Também compõe a causa de uma série de contratos, como por exemplo a compra e venda de safra futura ou

---

48 "Art. 166. É nulo o negócio jurídico quando: II - for ilícito, impossível ou indeterminável o seu objeto", cf. BRASIL (União). *Lei nº 10.406, de 10 de janeiro 2002* [CC/02 – Código Civil]. Brasília: Congresso Nacional, 2002 [ano da publicação originária]. *Portal da Legislação do Governo Federal*. 2002. Disponível em: http://www.planalto.gov.br/ccivil_03/leis/2002/L10406.htm. Acesso em: 19 jun. 2017.

49 ROSENVALD, Nelson. Comentários ao art. 426 do Código Civil. *In: Código Civil comentado:* doutrina e jurisprudência sobre a Lei nº 10.406, de 10.01.2002. 9ª ed. rev. e atual. Coord. Cezar Peluso. Barueri: Manole, 2015. p. 446.

50 ROSENVALD, Nelson. Comentários ao art. 426 do Código Civil. *In: Código Civil comentado:* doutrina e jurisprudência sobre a Lei nº 10.406, de 10.01.2002. 9ª ed. rev. e atual. Coord. Cezar Peluso. Barueri: Manole, 2015. p. 446.

51 VENOSA, Sílvio de Salvo. *Código Civil interpretado.* 3ª ed. São Paulo: Atlas, 2013. p. 600.

52 "VII – a lei taxativamente o declarar nulo, ou proibir-lhe a prática, sem cominar sanção", cf. BRASIL (União). *Lei nº 10.406, de 10 de janeiro 2002* [CC/02 – Código Civil]. Brasília: Congresso Nacional, 2002 [ano da publicação originária]. *Portal da Legislação do Governo Federal.* 2002. Disponível em: http://www.planalto.gov.br/ccivil_03/leis/2002/L10406.htm. Acesso em: 19 jun. 2017.

53 NERY JÚNIOR, Nelson; NERY, Rosa Maria de Andrade. *Código Civil comentado e legislação extravagante:* atualizado até 15 de junho de 2005. 3ª ed. rev., atual. e ampl. da 2ª ed. do *Código Civil anotado.* São Paulo: Revista dos Tribunais, 2005. p. 389.

o próprio contrato de seguro, que tratam de uma série de expectativas de direitos e eventos futuros. Todas essas circunstâncias são expectativas, que possuem maior ou menor chance de ocorrerem. Dando exemplo mais específico, a sub-rogação de uma posição contratual normalmente é realizada com base na expectativa daquele que se sub-roga obter um crédito futuro que seria devido ao sub-rogado.

Vale pontuar, ainda, que Araken de Assis propôs sistematização do tema, defendendo que os contratos proibidos pela vedação ao pacto sucessório devem conter as seguintes características: "(a) o negócio há de envolver uma sucessão ainda não aberta, e, portanto, futura; (b) os bens contemplados como objeto do negócio, na oportunidade de sua formação, devem pertencer à futura sucessão; (c) a aquisição desses bens, posteriormente ao contrato, ocorra *sucessionis causa*".[54] Os critérios sugeridos pelo doutrinador são corretíssimos; valendo pontuar apenas que esses elementos são desdobramentos lógicos da ilicitude do objeto contratual, ou seja, a concordância com tais critérios não altera a natureza do que seja o pacto sucessório e nem a constatação de que o elemento que o tornará nulo será o objeto.

5.2. *Diferença entre pacta corvina e testamento*

Neste ponto, há de se deixar bastante clara a diferença entre pacto sucessório e testamento. Isso porque testamento é ato jurídico unilateral cujo objeto é a modulação de efeitos da futura sucessão do próprio testador; significa dizer, versa sobre herança futura de pessoa ainda viva. Para diferenciar as duas coisas, é didático proceder, antes, à distinção entre doação e testamento. O Código Civil francês distingue bem esses contratos, fazendo-o da seguinte forma:[55]

Doação	Testamento
Art. 894. A doação *inter vivos* é um ato pelo qual o doador se despoja, atual e irrevogavelmente, da coisa doada, em favor do donatário que a aceita.	Art. 895. O testamento é um ato pelo qual o testador dispõe, para quando não mais existir, de todos ou de parte dos seus bens, e que pode revogar.

54 ASSIS, Araken de; ANDRADE, Ronaldo Alves de; ALVES, Francisco Glauber Pessoa. *Comentários ao Código Civil.* Rio de Janeiro: Forense, 2007. v. V, p. 140.

55 Essa é a tradução de Souza Diniz (*Código Napoleão ou Código Civil dos franceses:* texto integral do Código de 1804 com tôdas as modificações nêle posteriormente introduzidas e ainda em vigor e mais as principais leis complementares. Tradução: Souza Diniz. Prefácio: Miguel Reale. Rio de Janeiro: Distribuidora Récord, 1962. p. 152). A redação em francês e atual é esta: *"La donation entre vifs est un acte par lequel le donateur se dépouille actuellement et irrévocablement de la chose donnée en faveur du donataire qui l'accepte. [...] Le testament est un acte par lequel le testateur dispose, pour le temps où il n'existera plus, de tout ou partie de ses biens ou de ses droits et qu'il peut révoquer"*, cf. FRANCE. *Code Civil.* Paris: [s.n.], 1804 (ano da publicação originária). Disponível em: https://www.legifrance.gouv.fr/affichCode.do?cidTexte=LEGITEXT000006070721. Acesso em: 16 abr. 2018.

Prosseguindo na definição de testamento, o Código Civil de 1916, na esteira da legislação francesa, cuidou de definir o instituto, conceituando-o em seu art. 1.626 como "o ato revogável pelo qual alguém, de conformidade com a lei, dispõe, no todo ou em parte, do seu patrimônio, para depois da morte".[56]

Consoante manifestação anterior que fiz sobre o assunto, tratava-se de definição falha e censurada, especialmente porque o testamento, na verdade, pode conter também disposições extrapatrimoniais, o que não foi apontado no referido dispositivo. Além disso, aquele conceito não explicitava a real natureza jurídica do testamento, que é, conforme apontava já a melhor doutrina, ato jurídico unilateral, de caráter personalíssimo, solene, gratuito e eminentemente revogável.[57]

Por isso, o Código Civil de 2002 não se atreveu a definir *testamento*. Deixou tal incumbência à doutrina, aproveitando apenas para positivar, em seus artigos (1.857 e 1.858), algumas de suas características fundamentais, acima citadas. Dentre os conceitos oferecidos pela doutrina, filio-me, para fins deste artigo e sem prejuízo de nossos outros escritos, à definição de José Lopes de Oliveira, para quem testamento seria "ato personalíssimo, unilateral, gratuito, solene e revogável, pelo qual alguém, segundo norma de direito, dispõe, no todo ou em parte, de seu patrimônio para depois de sua morte, ou determina providências de caráter pessoal ou familiar".[58]

Neste ponto, assim espero, já está clara a distinção entre os pactos sucessórios e o testamento, e que agora se resume:

Testamento	Pacto sucessório
O testamento é ato jurídico *unilateral par excellence* em que a pessoa dispõe sobre os efeitos jurídicos de sua própria morte com relação ao seu próprio patrimônio.	Os *pacta corvina* envolvem negócios jurídicos *bilaterais* em que há ao menos um terceiro contratante interessado nos futuros direitos sucessórios originados com a morte de alguém.
O testamento é *sempre* revogável.	O contrato sucessório é, pelo menos em regra, irrevogável.
O testamento, em princípio, afeta os bens futuros do testador, ressalvados os legados existentes e mencionados ao tempo da elaboração do testamento.	A doação e a compra e venda, em regra, afetam os bens atuais do doador.

56 BRASIL. União. *Lei nº 3.071, de 1º de janeiro de 1916* [CC/16 – Código Civil]. Brasília: Congresso Nacional, 1916 [ano da publicação originária]. *Portal da Legislação do Governo Federal*. Disponível em: http://legislacao.planalto.gov.br/legisla/legislacao.nsf/Viw_Identificacao/lei%20 3.071-1916?OpenDocument. Acesso em: 27 out. 2017. Itabaiana de Oliveira ratificava a definição do Código. V., por todos, ITABAIANA DE OLIVEIRA, Arthur Vasco. *Tratado de direito das sucessões*, v. II: da sucessão testamentária. 4º *ed.* rev. e atual. São Paulo: Max Limonad, 1952. p. 427.

57 HIRONAKA, Giselda Maria Fernandes Novaes; CAHALI, Francisco José. *Direito das sucessões. 5º ed.* rev. São Paulo: Revista dos Tribunais, 2014. p. 265.

58 OLIVEIRA, José Lopes de. *Sucessões*. Apud HIRONAKA, Giselda Maria Fernandes Novaes; CAHALI, Francisco José. *Direito das sucessões. 5º ed.* rev. São Paulo: Revista dos Tribunais, 2014. p. 267.

6. Incidência da vedação dos *pacta corvina*

Há muitas situações práticas, algumas previstas no próprio Código como "lícitas", que são passíveis de questionamentos sobre se seriam ou não *pacta corvina* e, em assim se considerando, se não seriam, por isso, ilícitas.[59]

Ainda antes de iniciar a análise dessas situações, vale um comentário. O direito sucessório, mais que outros nichos no direito privado, é pleno de regras de ordem pública que balizam com maior estreiteza a liberdade das partes em suas possibilidades negociais. Mesmo assim, há de se ter em vista que a autonomia para que as pessoas deliberem sobre suas vidas é fundamental para garantir-lhes a fruição da personalidade única de cada uma. Então, a maior restrição volitiva existente na seara sucessória deve sempre ser ponderada com a proteção do livre-arbítrio de cada qual, a partir do que se conclui que a liberdade das pessoas no Direito Sucessório deve ser tutelada o tanto quanto possível e exercida por cada um para buscar o pleno desabrochar de sua personalidade, segundo os respectivos e singulares planejamentos de vida. Com isso em mente, analisar-se-ão as situações que seguem.

6.1. Renúncia antecipada de herança

É objeto de muitas discussões a possibilidade (ou não) de renúncia antecipada de herança no direito brasileiro. Essa matéria foi apreciada no REsp 992.749/MS, tendo como relatora a Min. Nancy Andrighi, da Terceira Turma do STJ, julgado em 1º de dezembro de 2009 e disponível no Informativo nº 418 daquela corte.[60] No acórdão constou que "a ampla liberdade advinda da possibilidade de pactuação quanto ao regime matrimonial de bens, prevista pelo Direito Patrimonial da Família, não pode ser toldada pela imposição fleumática do Direito das Sucessões". E sentencia que o estabelecimento do regime matrimonial seria "um ato de liberdade conjuntamente exercido, ao qual o fenômeno sucessório não pode estabelecer limitações". Com todo o respeito à ilustre ministra, possuo opinião jurídica diversa. Mesmo que porventura alguns preferissem que essa fosse a posição vigente, o fato é que essa é uma posição claramente *contra legem,* por duas razões. Primeiro porque confunde direito das sucessões com direito de família e, pior, subordina aquele a este, como se houvesse entre eles graus diferentes de hierarquia e relevância, o que evidentemente não é uma conclusão extraível do Código Civil e da Constituição. Embora fosse possível dizer muito mais acerca desse fundamento, não me prolongarei nele porque não atine ao

59 Muitas dessas questões foram trazidas à luz no excelente artigo "A proibição dos pactos sucessórios: releitura funcional de uma antiga regra", de autoria dos jovens civilistas Carlos Edison do Rêgo Monteiro Filho e Rafael Cândido da Silva, publicado na *Revista de Direito Privado*, v. 72/2016. p. 169-94.

60 Disponível em: https://ww2.stj.jus.br/jurisprudencia/externo/informativo/?acao=pesquisar&processo=992749& operador=e&b=INFJ&thesaurus=JURIDICO. Acesso em: 22 abr. 2018.

objeto deste artigo. Por isso passarei logo à segunda razão, que será apresentada na forma de uma pergunta: A renúncia antecipada da herança constitui pacto sucessório de sorte a atrair a incidência do art. 426 do Código Civil?

A resposta, quer gostemos ou não, é claramente *sim*. A renúncia antecipada de herança, conforme já exposto amiúde, é exemplo clássico de pactos sucessórios abdicativos (ou negativos, ou *de non succedendo*) desde a Baixa Idade Média. E a lei não fez qualquer distinção entre as três espécies de pactos sucessórios: todos estão genericamente e abstratamente vedados no sistema brasileiro. Em tempos de elevado relativismo axiológico e desrespeito (quiçá, desconhecimento) da lei, não se pode simplesmente ignorar um comando legislativo democraticamente posto e, para todos os efeitos, constitucional. Assim sendo, e sem prejuízo de eventuais propostas *de lege ferenda* que alterem esse cenário, entendo que hoje não é possível a renúncia antecipada da futura herança de uma pessoa ainda viva, por incidência da vedação do art. 426 do Código Civil.

6.2. Diferença entre pacta corvina, pacta post mortem e a questão da morte como fator de eficácia de um contrato

Eis outra distinção necessária: aquela entre *pacta corvina* e *pacta post mortem.* Haja vista que os primeiros já foram conceituados, insta indicar o que seriam *pacta post mortem.* Estes são os pactos em que há a eleição do evento morte como fator de eficácia, sobretudo por conta da estipulação de alguma condição ou termo que esteja ligado a um falecimento futuro.

Então, a diferença ontológica entre um e outro está no elemento do negócio ao qual se vinculam: enquanto o pacto sucessório está atrelado à (i)licitude do objeto do contrato (plano da validade), os *pacta post mortem* estabelecem acidentes do negócio jurídico que se vinculam à sua eficácia.

Tendo em vista que o Código foi muito claro ao estabelecer que não poderá ser *objeto* de contrato a herança de pessoa viva, não há – ao menos não expressamente – qualquer norma que impeça o estabelecimento de condições ou encargos que se associam com um evento morte.

Logo, pode-se afirmar que, para a norma positivada do Código Civil de 2002, são proibidos os *pacta corvina,* mas são permitidos os *pacta post mortem*.

6.3. O evento morte como hipótese de extinção do direito

Avançando na discussão da morte como marco de eficácia contratual, há de se avaliar os *pacta corvina* e a morte como *termo* extintivo de direitos. Deveras, o falecimento termina a personalidade civil e, com tal fenômeno, rompem-se todas as relações jurídicas até então existentes com aquela pessoa. Até o presente momento da evolução humana, a morte de todos nós é certa e, por isso, mais cedo ou mais tarde, em algum momento esse rompimento abrupto e generalizado naturalmente ocorrerá. Apesar disso, as pessoas não contratam esperando a morte do outro:[61] a regra é que os contratos são celebrados partindo do pressuposto de que a morte não ocorrerá.

Entretanto, há certos negócios cuja eficácia está especificamente atrelada à morte, como é o caso do usufruto vitalício.[62] Essa figura está expressamente prevista na lei civil (v. art. 1.390 e seguintes, principalmente o art. 1.410, inc. I, todos do Código Civil).

Nesse caso, assim como já se defendeu no item anterior, não haverá incidência do art. 426 do Código Civil, até porque, neste caso, a lei expressamente autoriza o negócio em questão. Logo, ainda que aparentemente houvesse incidência do art. 426, seria um caso de exceção legal e o negócio seria admitido mesmo assim, como acontecia com a doação *propter nuptias*.

Ainda assim, fica a seguinte reflexão: se o principal motivo para a existência da vedação dos pactos sucessórios é a inibição do *votum captandae mortis,* como justificar a existência de direitos cuja extinção se dá especificamente com a morte? Indago isso porque não é impossível pensar em situação em que há um nu-proprietário altamente interessado na morte de seu usufrutuário. Aliás, observa-se como prática comum no mercado a compra da nua propriedade de imóveis por empreiteiras e investidores quando eles sabem que o usufrutuário já é pessoa bastante idosa, justamente porque há uma expectativa de falecimento do detentor desse direito real. Não desejo, com isso, significar que a proibição dos *pacta corvina* deveria abranger essas situações e que o usufruto vitalício, entre outros, deveria ser extinto. Ao revés, tenho uma pergunta de ordem mais axiológica: seria o repúdio ao *votum captandae mortis,* nos dias de hoje, um valor social tão forte como outrora fora? Ao que nos parece, esse fundamento vem perdendo força, não só no Brasil como no mundo todo, conforme já demonstrado. Normas incompatíveis com a prevalência desse valor continuam aumentando de forma generalizada, em um lento movimento de flexibilização e perda de importância dessa máxima jurídica.

---

61 Evidentemente, ressalvadas as situações como contratos de seguro de vida e outras especificamente relacionadas ao término da vida. O que quero dizer é que, por exemplo, quando alguém contrata os serviços de um pintor, ou de um advogado, ou de um *chef,* não pressupõe que o contratado morrerá enquanto cumpre o contrato. Logo, a regra é que se presume a vida, não a morte.

62 Ou qualquer outro direito cuja duração seja vitalícia, servindo o usufruto apenas como exemplo didático. Aliás, outro exemplo que se pode citar é a doação com cláusula de reversão.

6.4. Doação *propter nuptias*

A doação *propter nuptias* estava prevista no art. 314 do Código Civil de 1916[63] e se referia à "possibilidade de, nos pactos antenupciais, os nubentes poderem dispor a respeito da recíproca e futura sucessão",[64] sendo que esse contrato poderia, por exemplo, beneficiar os filhos do donatário se ele viesse a falecer antes do doador. Essa era tida como uma exceção à regra da vedação dos *pacta corvina*.[65]

A questão é menos sobre se esse contrato é exceção ou não e mais sobre se, afinal, essa modalidade de doação ainda existe no ordenamento jurídico atual, haja vista que o dispositivo que outrora estava em vigor no Código Civil de 1916 não foi previsto expressamente no Código Civil de 2002.

Sílvio de Salvo Venosa escreveu que esse acordo estaria sim mantido no novo Código, conquanto não mais haja previsão expressa, pois a autonomia privada poderia justificar tal avença de forma válida, independentemente de previsão legal[66] (com fulcro no princípio da atipicidade dos contratos). Outros doutrinadores discordam, sustentando que "na forma do art. 1.655 do CC de 2002[67] é nula a convenção antenupcial ou cláusula dela que contravenha disposição absoluta de lei".[68]

---

63 "Art. 312. Salvo o caso de separação obrigatória de bens (art. 258, parágrafo único), é livre aos contraentes estipular, na escritura antenupcial, doações recíprocas, ou de um outro, contanto que não excedam à metade dos bens do doador (arts. 263, nº VIII e 232, nº II).
Art. 313. As doações para casamento podem também ser feitas por terceiros, no contrato antenupcial, ou em outro instrumento público anterior ao casamento. (*Vide* Decreto do Poder Legislativo nº 3.725, de 1919).
Art. 314. As doações estipuladas nos contratos antenupciais, para depois da morte do doador, aproveitarão aos filhos do donatário, ainda que este faleça antes daquele.
Parágrafo único. No caso, porém, de sobreviver o doador a todos os filhos do donatário, caducará a doação".
Cf. BRASIL. União. *Lei nº 3.071, de 1º de janeiro de 1916* [CC/16 – Código Civil]. Brasília: Congresso Nacional, 1916 [ano da publicação originária]. *Portal da Legislação do Governo Federal*. Disponível em: http://legislacao.planalto.gov.br/legisla/legislacao.nsf/Viw_Identificacao/lei%20 3.071-1916?OpenDocument. Acesso em: 27 out. 2017.

64 VENOSA, Sílvio de Salvo. *Código Civil interpretado.* 3ª ed. São Paulo: Atlas, 2013. p. 598.

65 BEVILAQUA, Clóvis. *Código civil dos Estados Unidos do Brasil (CC/16), comentado por Clóvis Bevilaqua,* Edição histórica. Rio de Janeiro: Ed. Rio, 1973. v. II, p. 204.

66 VENOSA, Sílvio de Salvo. *Código Civil interpretado.* 3ª ed. São Paulo: Atlas, 2013. p. 598.

67 "Art. 1.655. É nula a convenção ou cláusula dela que contravenha disposição absoluta de lei", cf. BRASIL. (União). *Lei nº 10.406, de 10 de janeiro 2002* [CC/02 – Código Civil]. Brasília: Congresso Nacional, 2002 [ano da publicação originária]. *Portal da Legislação do Governo Federal*. 2002. Disponível em: http://www.planalto.gov.br/ccivil_03/leis/2002/L10406.htm. Acesso em: 19 jun. 2017.

68 ASSUNÇÃO, Alexandre Guedes A.; MALUF, Carlos Alberto Dabus; FIGUEIRA JR., Joel Dias; FIGUEIRÊDO ALVES, Jones; DINIZ, Maria Helena; DELGADO, Mário Luiz; DE LUCCA, Newton; TAVARES DA SILVA, Regina Beatriz; FIUZA, Ricardo; VELOSO, Zeno. *Código Civil comentado. 8ª ed.* de acordo com a Emenda Constitucional nº 66/2010 e as Leis nº 12.344/2010, nº 12.375/2010, nº 12.376/2010, nº 12.398/2011, nº 12.399/2011, nº 12.424/2011, nº 12.441/2011 e nº 12.470/2011. Coord. Regina

Concordo com estes últimos. A doação *propter nuptias* sempre foi tida como exceção à regra de vedação dos pactos sucessórios. Vale dizer: nunca houve dúvidas de que esse tipo de doação se trata de pacto sucessório e que seria naturalmente vedado, não fosse pela existência de norma que excepcionava a regra. Parece-nos um raciocínio hermenêutico bastante simples este que nos leva a crer que não seja mais possível a doação *propter nuptias*: se em um momento "A" havia uma regra geral e uma exceção e, posteriormente, em um momento "B", a regra é mantida, mas não a exceção, daí só se pode extrair que o silêncio legal foi eloquente, pois, ao não trazer expressamente a exceção ao mesmo tempo que trouxe de volta a regra, a única conclusão possível será a de que a exceção caiu. O art. 426 do Código Civil veda a doação *propter nuptias,* portanto.

6.5. O art. 2.018 do Código Civil de 2002 e a partilha feita em vida

O art. 2.018 do Código civil tem a seguinte redação: "É válida a partilha feita por ascendente, por ato entre vivos ou de última vontade, contanto que não prejudique a legítima dos herdeiros necessários".[69] Adicionalmente, quem em vida partilha só poderá fazê-lo se guardar para si, ainda que por via de usufruto, bens suficientes para a própria subsistência, conforme a dicção do art. 548 do Código Civil.[70]

Neste caso, não há incidência da vedação do pacto sucessório, por uma razão muito simples: o pacto ora analisado não é sucessório, eis que não trata de herança; ele é meramente patrimonial, pura e simplesmente, isto é, nenhum dos contratantes está realizando qualquer cessão de direitos sucessórios; pelo contrário, o que há são contratos de doação, irrevogáveis e com efeitos imediatos, por ato *inter vivos,* mediante os quais o disponente, no uso de seu sagrado direito de propriedade, decide, por seu gosto e liberalidade, esvaziar seu próprio patrimônio no intuito de que não haja, posteriormente, partilha por fazer que pudesse causar problemas de convivência em sua família.[71]

Beatriz Tavares da Silva. São Paulo: Saraiva, 2012. p. 1396. No mesmo sentido, Maria Helena Diniz e Carlos Roberto Gonçalves (GONÇALVES, Carlos Roberto. *Direito civil brasileiro,* v. 7: Direito das sucessões. 8ª ed. São Paulo: Saraiva, 2014. p. 32 – o entendimento da Profa. Maria Helena Diniz é trazido pelo próprio autor no livro dele, citando a ela).

69 BRASIL (União). *Lei nº 10.406, de 10 de janeiro 2002* [CC/02 – Código Civil]. Brasília: Congresso Nacional, 2002 [ano da publicação originária]. *Portal da Legislação do Governo Federal*. 2002. Disponível em: http://www.planalto.gov.br/ccivil_03/leis/2002/L10406.htm. Acesso em: 19 jun. 2017.

70 "Art. 548. É nula a doação de todos os bens sem reserva de parte, ou renda suficiente para a subsistência do doador".

71 No mesmo sentido, Nelson Rosenvald defende que, no caso do art. 2.018, não há a incidência da norma que veda os *pacta corvina,* pois "há uma transferência antecipada de patrimônio que dispensa o futuro inventário. A divisão patrimonial produz efeitos imediatos sob a forma de escritura de doação, respeitando as legítimas dos herdeiros necessários", cf. ROSENVALD, Nelson. Comentá-

Conclusão

A vedação dos pactos sucessórios é uma regra jurídica milenar que, segundo consta, tem origem no direito romano. Uma análise histórica do instituto revela que, conquanto tenha se originado de diversos fundamentos éticos bastante valorizados pela sociedade antiga, há uma tendência mundial de relativização desses valores, seja com a inclusão de exceções a essa regra, seja mediante a inserção de normas jurídicas incompatíveis com o principal valor que se pretendia proteger com a vedação analisada: a solidariedade, no sentido de inibir pensamentos maldosos e abjetos entre seres humanos.

Essas flexibilizações visam em grande parte aumentar a esfera de disponibilidade das partes. Para o bem ou para o mal, esse é mais um exemplo de movimento generalizado de movimentação do pêndulo do Direito, do eixo em que estava (socialidade) para a direção oposta (liberdade).

Pode-se concluir, ainda, que a vedação aos *pacta corvina* possui a natureza de requisito de validade ligado ao objeto do negócio jurídico, atraindo a incidência do art. 166, inc. II e inc. VII, segunda parte, do CC/02, quando houver desrespeito a essa norma.

Pela análise de situações práticas ligadas ao evento *morte*, conclui-se pela incidência da norma em algumas – como na doação *propter nuptias* – e pela não incidência em outras, como no caso da instituição de direito real de usufruto ou na partilha feita em vida.

Finalizando, com este artigo espero, além da recepção da comunidade jurídica às conclusões e propostas alinhavadas, que haja o despertar de um interesse acadêmico e profissional renovado com relação a esse interessante tema, que merece ser melhor estudado, seja para reforçar e fazer brilhar as hoje empoeiradas razões que o sustentaram até aqui, seja para destruí-las definitivamente, inaugurando uma nova era no entendimento do assunto, englobando, entre uma e outra postura, todos os tons de cinza aí contidos.

---

rios ao art. 426 do Código Civil. *In: Código Civil comentado:* doutrina e jurisprudência sobre a Lei nº 10.406, de 10.01.2002. 9ª ed. rev. e atual. Coord. Cezar Peluso. Barueri: Manole, 2015. p. 446. Também neste sentido caminha a jurisprudência. Ex.: Direito das sucessões – Agravo de instrumento Ato de partilha de bens perpetrado por ascendente – Ausência de prejuízo a herdeiros necessários – Validade – Exegese do art. 2.018 do código civil – Diferença conceitual entre partilha em vida de bens de ascendente e pacto de corvina. Reforma do *decisum*. Agravo conhecido e provido (TJPR AGI 0535399-1 – (11011), 17-2-2009, Rel. Des. José Cichocki Neto); ALVARÁ – Rerratificação de escritura pública – Doação-partilha – Devolução do cartório ante a existência de erros materiais no instrumento – Superveniência da morte do codoador – Partilha em vida que se amolda ao previsto no art. 2.028 do Código Civil – Pacto sucessório não configurado – Doação conjunta – Possibilidade – Genitores que doam aos filhos a totalidade do patrimônio, porém reservam para si o direito de usufruto – Pedido deferido – Recurso provido (TJSP; Apelação 0020694-25.2011.8.26.0577; Relator (a): Moreira Viegas; Órgão Julgador: 5ª Câmara de Direito Privado; Foro de São José dos Campos – 8ª Vara Cível; Data do Julgamento: 05/12/2012; Data de Registro: 06/12/2012).

Referências bibliográficas

AMADO, Jorge. *A morte e a morte de Quincas Berro d'Água.* São Paulo: Companhia das Letras, 2008, versão digital (e-pub, Kindle).

ASSIS, Araken de; ANDRADE, Ronaldo Alves de; ALVES, Francisco Glauber Pessoa. *Comentários ao Código Civil.* Rio de Janeiro: Forense, 2007. v. V.

ASSUNÇÃO, Alexandre Guedes A.; MALUF, Carlos Alberto Dabus; FIGUEIRA JR., Joel Dias; FIGUEIRÊDO ALVES, Jones; DINIZ, Maria Helena; DELGADO, Mário Luiz; DE LUCCA, Newton; TAVARES DA SILVA, Regina Beatriz; FIUZA, Ricardo; VELOSO, Zeno. *Código Civil comentado. 8ª ed.* de acordo com a Emenda Constitucional nº 66/2010 e as Leis nº 12.344/2010, nº 12.375/2010, nº 12.376/2010, nº 12.398/2011, nº 12.399/2011, nº 12.424/2011, nº 12.441/2011 e nº 12.470/2011. Coord. Regina Beatriz Tavares da Silva. São Paulo: Saraiva, 2012.

BEVILAQUA, Clóvis. *Código Civil dos Estados Unidos do Brasil (CC/16), comentado por Clóvis Bevilaqua.* Edição histórica. Rio de Janeiro: Ed. Rio, 1973. v. II.

BRASIL (União). *Lei nº 10.406, de 10 de janeiro 2002* [CC/02 – Código Civil]. Brasília: Congresso Nacional, 2002 [ano da publicação originária]. *Portal da Legislação do Governo Federal.* 2002. Disponível em: http://www.planalto.gov.br/ccivil_03/leis/2002/L10406.htm. Acesso em: 19 jun. 2017.

BRASIL. União. *Lei nº 3.071, de 1º de janeiro de 1916* [CC/16 – Código Civil]. Brasília: Congresso Nacional, 1916 [ano da publicação originária]. *Portal da Legislação do Governo Federal.* Disponível em: http://legislacao.planalto.gov.br/legisla/legislacao.nsf/Viw_Identificacao/lei%203.071-1916?OpenDocument. Acesso em: 27 out. 2017.

CRUZ, Guilherme Braga da. *Os pactos sucessórios na história do direito português.* Conferência proferida na Faculdade de Direito da Universidade de São Paulo, em 18 de agosto de 1964. São Paulo: Revista da Faculdade de Direito da Universidade de São Paulo. v. 60. São Paulo, 1965. Disponível em: https://www.revistas.usp.br/rfdusp/article/view/66463. Acesso em: 20 abr. 2018.

DEUTSCHLAND. *Bürgerliches Gesetzbuch – BGB.* Berlin: [s.n.], 1896 (data da publicação originária). Disponível em: https://www.gesetze-im-internet.de/bgb/. Acesso em: 21 abr. 2018.

DINIZ, Souza. *Código Civil alemão [Bürgerliches Gesetzbuch – BGB] de 18 de agosto de 1896 com todas as modificações posteriores, inclusive as da Lei da Igualdade de Direitos de 18 de junho de 1957, traduzido diretamente do alemão.* Rio de Janeiro: Distribuidora Record Editora, 1960.

DINIZ, Souza. *Código Civil italiano:* traduzido diretamente do italiano por Souza Diniz. Rio de Janeiro: Distribuidora Record, 1961.

DINIZ, Souza. *Código Civil suíço de 10 de dezembro de 1907 e suas posteriores modificações e Código Federal Suíço das Obrigações.* Traduzidos diretamente do alemão por Souza Diniz. Rio de Janeiro: Distribuidora Record, 1961.

DINIZ, Souza. *Código Napoleão ou Código Civil dos franceses:* texto integral do Código de 1804 com tôdas as modificações nêle posteriormente introduzidas e ainda em vigor e mais as principais leis complementares. Tradução: Souza Diniz. Prefácio: Miguel Reale. Rio de Janeiro: Distribuidora Record, 1962.

FAVIER, Yann. Le principe de la prohibition des pactes successoraux en droit français. *In:* BONOMI, Andrea; STEINER, Marco (Org.) *Les Pactes Sucessoraux en Droit Comparé et en Droit International Privé.* Genève: Librairie Droz, 2008.

FRANCE. *Code Civil.* Paris: [s.n.], 1804 (ano da publicação originária). Disponível em: https://www.legifrance.gouv.fr/affichCode.do?cidTexte=LEGITEXT000006070721. Acesso em: 16 abr. 2018.

GAUTHIER, Jean. *Le Pacte Successoral.* Lausanne: H. Jaunin, 1955.

GONÇALVES, Carlos Roberto. *Direito civil brasileiro,* v. 7: Direito das sucessões. 8ª ed. São Paulo: Saraiva, 2014.

HIRONAKA, Giselda Maria Fernandes Novaes; CAHALI, Francisco José. *Direito das sucessões.* 5ª ed. rev. São Paulo: Revista dos Tribunais, 2014.

ITABAIANA DE OLIVEIRA, Arthur Vasco. *Tratado de direito das sucessões,* v. II: da sucessão testamentária. 4. ed. rev. e atual. São Paulo: Max Limonad, 1952.

ITALIA. *Codice Civile.* Roma: [s.n.], 1942 (ano da publicação originária). Disponível em: http://www.altalex.com/documents/codici-altalex/2015/01/02/codice-civile. Acesso em: 19 abr. 2018.

MEIRA, Sílvio A. B. *Instituições de direito romano. 4º ed.* rev. e aum. São Paulo: Max Limonad, 1984. v. 1.

MELLO, Marcos Bernardes de. *Teoria do fato jurídico:* plano da existência. 20º *ed.* São Paulo: Saraiva, 2014.

NERY JÚNIOR, Nelson; NERY, Rosa Maria de Andrade. *Código Civil comentado e legislação extravagante:* atualizado até 15 de junho de 2005. 3ª ed. rev., atual. e ampl. da 2ª ed. do *Código Civil anotado.* São Paulo: Revista dos Tribunais, 2005.

PORTUGAL. *Código Civil.* Lisboa: [s.n.], 1966 (ano da publicação originária). Disponível em: http://www.pgdlisboa.pt/leis/lei_mostra_articulado.php?nid=775&tabela=leis&so_miolo= &. Acesso em: 10 abr. 2018.

ROSENVALD, Nelson. Comentários ao art. 426 do Código Civil. *In: Código Civil comentado:* doutrina e jurisprudência sobre a Lei nº 10.406, de 10.01.2002. 9ª ed. rev. e atual. Coord. Cezar Peluso. Barueri: Manole, 2015.

RUGGIERO, Roberto de. *Instituições de Direito Civil.* Trad. da 6ª ed. italiana por Paolo Capitanio. Campinas: Bookseller, 1999. v. 3.

SILVA, Rafael Cândido da; MONTEIRO FILHO, Carlos Edison do Rêgo. A proibição dos pactos sucessórios: releitura funcional de uma antiga regra. *Revista de Direito Privado,* São Paulo: Revista de Direito Privado, v. 72, dez. 2016.

TARTUCE, Flávio. *Direito civil,* v. 6*:* direito das sucessões. 13ª ed. rev., atual., e ampl. Rio de Janeiro: Forense, 2018.

VENOSA, Sílvio de Salvo. *Código Civil interpretado.* 3ª ed. São Paulo: Atlas, 2013.

Análise de Impacto Regulatório e Falhas de Regulação

Gustavo Binenbojm

Sumário: Nota prévia; **I.** O que é?; **II.** Para que serve?; **III.** AIR ex ante e AIR ex post; **IV.** A quem cabe realizar a AIR?; **V.** Regulamento: início da vigência, metodologia, obrigatoriedade e dispensa; **VI.** Críticas à AIR e possíveis respostas em sua defesa; **VII.** Conclusões.

Nota prévia

Roberto Rosas é um dos maiores advogados do Brasil. Ex-Ministro do Tribunal Superior Eleitoral, Rosas é ainda autor de diversos livros importantes da bibliografia jurídica do país. Discreto, estudioso e dotado de inteligência ímpar, tê-lo ao lado numa causa é motivo de honra e (quase) certeza de vitória. Litigar contra ele é um desafio para o qual poucos estão habilitados. Registro aqui minha admiração e respeito para grande figura humana e brilhante causídico que é o Mestre Roberto Rosas.

I. O que é?

A Análise de Impacto Regulatório (AIR) é um procedimento administrativo preparatório à tomada de decisão baseado na coleta de informações e análise sistemática de possíveis ou efetivos efeitos de uma medida regulatória, já em vigor ou a ser editada, mediante sopesamento de seus custos, benefícios e efeitos colaterais distribuídos pelas empresas, consumidores, Estado e terceiros eventualmente afetados.

A Organização para a Cooperação e Desenvolvimento Econômico – OCDE recomenda que as regulações devam "produzir benefícios que justifiquem os seus custos, levando em conta a distribuição dos efeitos por toda a sociedade."[1] Enquanto a regulação costuma ser justificada a partir das *falhas de mercado,* a AIR se justifica como antídoto ou corretivo contra as chamadas *falhas de regulação,* assim entendidas como medidas regulatórias inaptas a promover os fins determinados pelo ordenamento jurídico, as quais acabam por gerar efeitos indesejados ou mesmo contraproducentes para a sociedade. Segundo Cass Sunstein, as falhas de regulação podem decorrer de defeitos na concepção da medida regulatória (*falhas de concepção*) ou na sua implementação (*falhas de implementação*).[2] Em geral, as falhas regulatórias se caracterizam

---

1 OCDE, *Recomendação sobre Melhoria da Qualidade Regulatória (OECD Recommendation on Improving the Quality of Government Regulation), in* Guia Orientativo para elaboração de Análise de Impacto Regulatório (http://www.casacivil.gov.br/governanca/regulacao/boas-praticas-regulatorias/consulta-publica/consulta-publica-001-2017-diretrizes-e-guia-air-pasta/abertura/anexo-v--guia-air.pdf).

2 SUNSTEIN, Cass. *After the rights revolution: reconceiving the regulatory state.* Cambridge: Harvard University Press, 1993, pp. 36 e seguintes.

pela produção de efeitos sistêmicos inesperados ou indesejáveis, ou por custos sociais que superam os eventuais benefícios da medida.

II. Para que serve?

A adoção da AIR como método decisório no bojo dos processos regulatórios tem como objetivos (i) superar a natural assimetria de informações entre reguladores e agentes econômicos; (ii) dotar tais processos de maior transparência, legitimidade e *accountability* (responsividade e controlabilidade social); bem como (iii) promover eficiência regulatória, com a redução de custos (para a sociedade e o próprio Estado) e a maximização de benefícios sociais.

Longe de se tratar de uma espécie de *algoritmo* que possa oferecer, matematicamente, a decisão administrativa correta, a AIR parece ser um instrumento pragmático vocacionado a evidenciar (i) quando as prioridades foram mal escolhidas pela Administração, (ii) quando os meios empregados foram excessivamente onerosos ou (iii) quando a regulação produzir efeitos colaterais indesejáveis ou até contraproducentes à luz dos objetivos fixados pelo legislador.

Embora a AIR já viesse sendo adotada como procedimento preparatório à tomada de decisões por alguns entes reguladores setoriais no Brasil, o art. 6º da Lei n° 13.848/2019 e o art. 5º da Lei n° 13.874/2019 foram os pioneiros dispositivos legais que trataram da matéria entre nós.

III. AIR *ex ante* e AIR *ex post*

Os dispositivos em questão deixam claro que a AIR é uma avaliação que pode se referir tanto a uma proposta inaugural de edição de ato normativo, como também a uma proposta de alteração de norma preexistente. No primeiro caso, tem-se típica AIR *ex ante*, na qual serão sopesados os potenciais efeitos futuros da medida que se almeja implementar. No segundo caso, tem-se uma combinação da AIR *ex post* com a AIR *ex ante*: serão avaliados os efeitos já produzidos pela normativa em vigor em cotejo com a antecipação dos prováveis efeitos da nova a ser editada em seu lugar. Vale sublinhar que nada impede que a AIR seja pura e simplesmente *ex post*, hipótese em que terá por objeto apenas avaliar se a norma estudada deve permanecer em vigor ou ser revogada, integral ou parcialmente.

IV. A quem cabe realizar AIR?

Os destinatários da norma legal são os órgãos e entidades da Administração Pública federal, incluídas as autarquias e fundações públicas, esclarecimento do legislador de caráter meramente expletivo e dispensável. Como se vê, o alcance do preceptivo cinge-se à produção normativa da Administração Pública direta e indireta, não abarcando a atividade legiferante propriamente dita. Nada obstante, a alusão genérica a órgãos da Administração permite a exegese segunda a qual a AIR é também exigível quando a proposta de edição ou alteração de ato normativo parta de órgão situado fora da estrutura do Poder Executivo, mas no exercício de competências administrativas normatizadoras. De pronto, pode-se pensar, em tese, em atos normativos expedidos pelo Tribunal de Contas da União, pelo Tribunal Superior Eleitoral, pelo Conselho Nacional de Justiça e pelo Conselho Nacional do Ministério Público. Seria interessante que órgãos típicos de controle dessem o exemplo aos controlados e instituíssem procedimentos decisórios de autocontenção e prudência na sua própria produção normativa.

Por outro lado, a AIR é exigível quando em jogo *"propostas de edição e de alteração de atos normativos de interesse geral de agentes econômicos ou de usuários dos serviços prestados (...)."* Isto significa que, segundo a letra da lei, será devida a realização da AIR quando da medida em questão puder resultar (ou já tiver resultado) algum efeito útil para os agentes econômicos ou para os usuários de serviços. Parece-me que a linguagem fluida e um tanto vaga do legislador pretendeu abranger tanto as atividades econômicas em sentido estrito como os serviços públicos, seja quando estes últimos forem prestados diretamente pelo Estado, seja quando o forem por concessionários ou permissionários, nos temos do art. 175 da Constituição da República. Com efeito, enquanto a expressão "agentes econômicos" alcança fornecedores e consumidores, no âmbito das atividades econômicas privadas, o termo "usuários", no direito brasileiro, refere-se aos utentes de serviços públicos, consoante o art. 37, §3°, da Constituição e a Lei n° 13.460/2017.

Cumpre ainda mencionar que o legislador não limitou o alcance da norma a propostas normativas relativas à atividade regulatória, no estrito sentido do termo. Inobstante o *nomen iuris*, a AIR *"conterá informações e dados sobre os possíveis efeitos do ato normativo para verificar a razoabilidade do seu impacto econômico."* Ora, além das normas clássicas de comando e controle, o dispositivo se aplica também a casos menos ortodoxos, como os de regulação por incentivos e os de normas que versem sobre programas de fomento e até sobre intervenção direta do Estado no domínio econômico. Afinal, o que importa na lei são os possíveis efeitos do ato normativo e a verificação da razoabilidade de seu impacto econômico – e não, evidentemente, a categorização feita pela literatura sobre seu enquadramento. Parece evidente que a proposta de pura e simples revogação de norma regulatória também estará sujeita a prévia AIR, uma vez que não regular é uma forma de regular, com impactos econômicos óbvios.

V. Regulamento: início da vigência, metodologia, obrigatoriedade e dispensa

O parágrafo único do art. 5º da Lei n° 13.874/2019 remete a definição quanto ao início da exigência da AIR à previsão em regulamento. Também nele serão estipulados *"o conteúdo, a metodologia da análise de impacto regulatório, os quesitos mínimos a serem objeto de exame, as hipóteses em que será obrigatória sua realização e as hipóteses em que poderá ser dispensada."*

A decisão do legislador me parece sábia. A uma, porque a exigência da AIR importa elevados custos, emprego de pessoal qualificado e infraestrutura por parte da Administração Pública. É prudente delegar à própria Administração a definição da *vacatio legis* neste caso, pois a exigibilidade imediata da AIR poderia comprometer a sua efetividade e desmoralizar o instituto. Tudo que não se deseja é que a AIR se torne, na prática, um formulário a mais, cujo efeito prático seja apenas o de legitimar decisões previamente tomadas pelo administrador público. Se existe alguma utilidade na AIR, ela consiste em revelar pontos cegos, ampliar o horizonte dos impactos causados pela regulação, de forma a aperfeiçoa-la, isto é, torna-la algo distinto e melhor do que se tinha em mente antes da sua realização.

Veja-se que embora o dispositivo se refira a "regulamento", no singular, nada impede que cada órgão ou entidade da Administração edite seu próprio regulamento sobre a matéria, autovinculando-se, desde logo, a prazos, metodologia e hipóteses em que a AIR será exigível ou dispensável. Isto significa dizer, por óbvio, que os atos normativos de cada órgão ou entidade que já tenham sido editados continuarão em vigor, inclusive aqueles que já exigiam a realização de AIR em seu âmbito específico de aplicação. Isto não impedirá que o Presidente da República, via decreto, edite um regulamento geral, ao qual os órgãos públicos e as entidades da Administração indireta dever-se-ão adequar.

Também me parece adequada a definição da metodologia da AIR pela instância regulamentar. Existem alguns métodos de avaliação de impactos regulatórios praticados mundo afora, tendo destaque a análise de custo-benefício (ACB) e a análise de custo-efetividade (ACE). Na ACB são levantados todos os possíveis custos decorrentes da medida (para o Estado, empresas, consumidores e terceiros, eventualmente) e sopesados com os potenciais benefícios para toda a sociedade. O desafio da análise é que custos e benefícios devem ser monetizados, de maneira a permitir uma efetiva comparação. Sua utilidade está em lançar luz sobre quanto a sociedade está disposta a pagar para ter acesso a certos benefícios, permitindo escolhas públicas mais informadas.

Já na ACE, não há uma comparação entre custos e benefícios, mas entre os custos de medidas alternativas e seus potenciais resultados (*e.g.,* número de vidas salvas, redução da incidência de doenças, redução da evasão escolar etc.), sem a monetização destes últimos. A vantagem da ACE sobre a ACB é que os resultados não precisam ser monetizados, permitindo que as escolhas recaiam sobre a medida que apresentar melhor desempenho na sua maximização. De outra parte, a ACE não consegue fugir de certa subjetividade na escolha dos objetivos públicos da regulação, isto é, do estabelecimento *a priori* de uma finalidade que será apenas otimizada pela comparação entre possíveis alternativas.

Finalmente, também parece acertada a possibilidade de previsão regulamentar das hipóteses em que a AIR será obrigatória e daquelas em que esta poderá ser dispensada. Por envolver custos elevados, tempo significativo e emprego de pessoal, a AIR deve ser compreendida como um recurso escasso, cuja utilização deve justificar os benefícios que dela possam advir para a sociedade. O regulamento deverá prever critérios quantitativos e qualitativos para tornar a exigência da AIR algo que realmente valha a pena em termos de melhora regulatória. Tal como na disciplina da licitação, há casos menos relevantes que não justificarão a perda do tempo e dos recursos (financeiros e humanos) para a realização da AIR. Em alguns casos, talvez o regulamento possa exigir uma *AIR simplificada*, deixando a *AIR completa* para situações cujo impacto econômico seja de fato muito relevante.

VI. Críticas à AIR e possíveis respostas em sua defesa

A AIR é muito criticada, sobretudo quando se utiliza da metodologia da análise de custo-benefício (ACB). As principais críticas se referem à dificuldade em monetizar bens preciosos, como a vida e a saúde – *"pricing the priceless"*, como sintetizaram Frank Ackerman e Liza Heinzerling.[3] Com efeito, a incomensurabilidade de alguns bens e a incomparabilidade entre grandezas muito distintas nos leva à necessidade de juízos subjetivos que estabeleçam prioridades em lugar do mero sopesamento quantitativo.

Outra crítica comum à AIR é a chamada visão de túnel, consistente no viés do regulador na seleção da abrangência do que conta como custos e benefícios de uma medida. Por mais aberto que seja o procedimento, sempre haverá de haver uma linha de corte entre os impactos a serem considerados como efeito direto e imediato da regulação, e outros eventuais efeitos secundários, a serem desconsiderados. Isto importa reconhecer uma margem de subjetividade por parte de quem conduz o procedimento, com potencial para influenciar no seu resultado.

Por fim, há quem veja na AIR um instrumento antidemocrático, pois ela permitiria tratamento diferenciado a distintos grupos sociais afetados pela medida regulatória, conforme seus padrões internos de preferência, desafiando a lógica democrática do *"one person, one vote."* Em outras palavras, a AIR permitiria distribuir os ônus e bônus sociais de medidas governamentais de maneira diferenciada entre grupos de pessoas, consoante diferentes critérios socioeconômicos, geográficos, étnicos, de gênero, dentre outros. Ter-se-ia, potencialmente, uma abertura para o *lobby* de grupos de interesses, em detrimento do interesse geral.

Aqui vão algumas das possíveis respostas em defesa da AIR. Em primeiro lugar, a incomensurabilidade de alguns bens preciosos, como vida e saúde humanas, não impede que esses bens sejam *precificados* para fins de planejamento econômico de políticas públicas estatais (alocação de despesas nos orçamentos de saúde pública), nem que o sejam pelo mercado privado (*v.g.,* o preço dos prêmios de seguros de vida

3 ACKERMAN, Frank & HEINZERLING, Liza. *Pricing the Priceless: Cost-Benefit Analysis of Environmental Protection.* University of Pennsylvania Law Review 150(5):1553 1584 · May 2002.

e de seguros de saúde). O fato de a vida e a saúde humanas serem bens sagrados não nos permite ignorar que (i) a sua preservação importa custos, (ii) que os recursos são escassos, (iii) que há ainda outras despesas muito importantes e que, por conseguinte, (iv) algumas escolhas trágicas serão necessariamente feitas. Não se trata de reduzir o valor de bens sagrados, mas de reconhecer que os recursos disponíveis para preservá-los não são infinitos, nem excluem outros interesses humanos.

A AIR pode servir à proteção de direitos ao lançar luzes sobre os impactos econômicos que decorrem da regulação, permitindo que cada sociedade faça escolhas esclarecidas sobre o quanto está disposta a pagar por cada bem valioso. Caso a decisão pública já tenha sido tomada pelo legislador ou por outra instância de governo, a AIR poderá assumir a metodologia da análise de custo-efetividade, limitando a avaliação a uma comparação entre a efetividade de medidas alternativas para promover o mesmo fim. Por exemplo, a literatura norte-americana registra que, em diversas situações, o *Office of Information and Regulatory Affairs* (OIRA) promoveu estudos de impacto regulatório e alertou reguladores setoriais e levar em conta soluções de baixo custo que maximizavam objetivos legais na área de proteção da vida e da saúde.[4]

No que se refere à visão de túnel, deve-se ter em conta que este é um risco que se corre em qualquer forma de regulação, haja ou não prévia AIR. A abertura procedimental da AIR, com sua transparente submissão a procedimentos participativos, como consultas e audiências públicas, pode permitir a inclusão de custos e benefícios até então ignorados pelo Estado, evidenciando quem ganha e quem pagará a conta com a medida. Não se nega, portanto, o possível viés do regulador, mas a AIR pode servir como instrumento para evidenciá-lo e até corrigi-lo, eventualmente. Tudo dependerá da seriedade com que o procedimento será conduzido e da capacidade de geração e absorção de informações relevantes por parte dos reguladores.

Por fim, no que toca à objeção democrática à AIR, as críticas não parecem convincentes. Por evidente, o *lobby* em defesa de grupos de interesses sempre existiu e sempre existirá nas democracias liberais, seja ele legalizado e institucionalizado, ou não. Em muitos casos, a ausência de um estudo de impactos econômicos permite, com maior facilidade, que reguladores adotem medidas baseadas em crenças, preconceitos, vieses os mais diversos ou por puro e simples populismo. Em alguns deles, grupos de interesses são beneficiados sem que haja oportunidade para esclarecimento da sociedade sobre quem ganha e quem pagará a conta, ao fim e ao cabo. A AIR, como procedimento pragmático-consequencialista por excelência, não permite que o regulador se esconda por meio da invocação de valores jurídicos abstratos, devendo levar em consideração os – potenciais ou efetivos – resultados práticos de suas decisões.

4 SUSTEIN, Cass. *The Cost-Benefit State*: the future of regulatory protection, 2002, p. 7.

VII. Conclusões

O objetivo deste breve artigo foi conceituar a Análise de Impacto Regulatório (AIR) como um procedimento administrativo preparatório à tomada de decisão baseado na coleta de informações e análise sistemática de possíveis ou efetivos efeitos de uma medida regulatória, já em vigor ou a ser editada, mediante sopesamento de seus custos, benefícios e efeitos colaterais distribuídos pelas empresas, consumidores, Estado e terceiros eventualmente afetados. Sua previsão expressa no art. 6º da Lei nº 13.848, de 25 de junho de 2019, e no art. 5º da Lei n° 13.874, de 20 de setembro de 2019, representa a elevação ao patamar hierárquico da legislação ordinária de normas administrativas que, pontualmente, já contemplavam a necessidade da AIR como mecanismo de racionalização da sanha regulatória do Estado.

Nesse processo de gradual institucionalização, terá sobranceira importância a regulamentação que se fará do instituto, seja por meio de um decreto presidencial – em caráter mais geral – seja por meio de resoluções dos diferentes entes reguladores – no âmbito da regulação setorial. Não há na Lei uma amarração *a priori* a uma específica metodologia de AIR, ficando a questão do método e das perguntas relevantes a serem enfrentadas para definição no plano da regulamentação administrativa. De igual modo, o legislador deixou aberta a possibilidade de previsão regulamentar das hipóteses em que a AIR será obrigatória e daquelas em que esta poderá ser dispensada, o que parece ser uma decisão acertada.

Ao final, o artigo aborda as objeções clássicas feitas à AIR e algumas possíveis respostas a elas. A visão que se pretende transmitir é a de que o instituto tem um grande potencial de contribuir para a racionalização e a melhora da eficiência regulatória no país. Todavia, eventuais erros de regulamentação poderão reduzi-lo a uma peça formal – um formulário a mais, como se disse – no já burocrático processo regulatório brasileiro.

A Aplicação da Cláusula Penal Compensatória nos Contratos de Promessa de Compra e Venda Imobiliária[1]

Gustavo Tepedino
Deborah Pereira Pinto dos Santos

Introdução: a cláusula penal como instrumento de gestão positiva dos riscos contratuais

Examinar o instituto do contrato significa remeter à ideia de operação econômica.[2] Desde que bem empregado, o contrato funciona como instrumento aberto à autonomia privada para a gestão de riscos, de forma a promover atividades econômicas que sejam merecedoras de tutela conforme a legalidade constitucional. Ao contratar, realiza-se distribuição de riquezas econômicas para primariamente atender aos interesses privados dos agentes contratantes, e também – sob outra ótica – tutelar interesses de toda a sociedade.

Há duas formas de gestão de riscos no contrato: a gestão positiva e a gestão negativa. Pela gestão negativa, os contratantes deixam, deliberadamente, de repartir alguns elementos da relação contratual, no que se vem denominando de contrato incompleto. Tais elementos serão definidos no futuro, ao longo da execução do contrato, consoante haja a concretização de determinados fatores externos à relação obrigacional.[3] Por sua vez, pela gestão positiva, as partes alocam os riscos por meio de cláusulas contratuais, a exemplo da cláusula resolutiva expressa, da cláusula limitativa ou exonerativa de responsabilidade e da cláusula penal.[4]

---

1 Trabalho escrito em homenagem ao Professor Roberto Rosas, ilustre membro da Academia Brasileira de Letras Jurídicas, cuja cultura jurídica e lhaneza permanente servem de inspiração e modelo para as todas as gerações de juristas brasileiros. Os autores agradecem à Dra. Danielle Tavares Peçanha pela revisão do texto original.

2 ROPPO, Enzo. *O contrato*. Tradução de Ana Coimbra e Januário C. Gomes. Coimbra: Almedina, 1988, p. 7.

3 BANDEIRA, Paula Greco. *Contratos Incompletos*. São Paulo: Atlas, 2015, *passim*.

4 TERRA, Aline de Miranda Valverde; BANDEIRA, Paula Greco. A cláusula resolutiva expressa e o contrato incompleto como instrumentos de gestão de riscos nos contratos. In: TEPEDINO, Gustavo; TEIXEIRA, Ana Carolina Brochado; ALMEIDA, Vitor. *O Direito Civil entre o sujeito e a pessoa:* estudos em homenagem ao professor Stéfano Rodotà. Belo Horizonte: Fórum, 2016, pp. 386-387.

A cláusula penal funciona como instrumento à disposição das partes para a gestão positiva de riscos, configurando, assim, mecanismo estabelecido pelo direito para proteger o contratante contra os riscos do inadimplemento.[5] Como remédio predefinido no programa contratual para a hipótese incumprimento pelo devedor, a cláusula penal visa a garantir maior segurança ao credor em relação à execução da prestação.[6] Em suma, pode-se dizer que a cláusula penal funciona como meio alternativo de solução de conflitos privados.[7]

Estipula-se a cláusula penal, comumente, no momento em que as partes celebram o contrato, traduzindo a regra negocial pela qual qualquer das partes, ou uma delas apenas, se obriga antecipadamente, perante a outra, a efetuar certa prestação, normalmente em dinheiro, em caso de não cumprimento, ou de não cumprimento perfeito (máxime, em tempo), de uma obrigação.[8] Como se sabe, há duas espécies de cláusula penal, quais sejam: a moratória e a compensatória. A primeira espécie possui a função de punir a mora do devedor no cumprimento da prestação, sendo exigível cumulativamente com a prestação principal. Já a segunda espécie – foco do presente trabalho –, possui a função de pré-liquidação da indenização devida em caso de incumprimento definitivo do contrato.[9]

Dessa feita, a cláusula penal compensatória, como instrumento para alocação do risco de inadimplemento absoluto, constitui a soma a pagar na hipótese de incumprlmento definitivo e imputável (ou, excepcionalmente, inimputável, quando há a assunção de tal risco pelo devedor) do contrato, tendo a função precípua de liquidação preventiva de perdas e danos. Assegura-se maior dinamismo e segurança às partes na hipótese de extinção da relação obrigacional por inadimplemento, antecipando suas consequências.[10]

Por sua vez, o contrato de promessa de compra e venda imobiliária é o negócio jurídico por meio do qual os contratantes se comprometem a celebrar, num momento futuro, o contrato de compra e venda de bem imóvel, configurando tal ajuste modalidade específica de contrato preliminar.[11] Com efeito, a função prático-social do

5 TEPEDINO, Gustavo. Efeitos da crise econômica na execução dos contratos: elementos para a configuração de um direito da crise econômica. In: *Temas de Direito Civil*. 4ª ed. Rio de Janeiro: Renovar, 2008, t. 1, p. 105.

6 FLORENCE, Tatiana Magalhães. Aspectos pontuais da cláusula penal. In: TEPEDINO, Gustavo (coord.). *Obrigações:* estudo na perspectiva civil-constitucional. Rio de Janeiro: Forense, 2005, p. 515.

7 STJ, 4ª T., REsp 1.346.171/PR, Rel. Min. Luis Felipe Salomão, julg. 11/10/2016, publ. DJe 7.11.2016.

8 MONTEIRO, António Pinto. *Cláusula penal e indenização*. Coimbra: Almedina, 1990, p. 44.

9 TEPEDINO, Gustavo. Efeitos da crise econômica na execução dos contratos, cit., p. 105.

10 ABÍLIO, Vivianne da Silveira. *Cláusulas penais moratória e compensatória*: critérios de distinção. Belo Horizonte: Fórum, 2019, p. 109.

11 TEPEDINO, Gustavo, BARBOZA, Heloisa Helena e MORAES, Maria Celina Bodin de. *Código Civil interpretado conforme a Constituição da República*, vol. III. 2ª ed. Rio de Janeiro: Renovar, 2014, p. 859.

contrato preliminar consiste em obrigar os próprios contratantes a celebrarem o contrato definitivo. Nesse sentido, eventuais lacunas ou incompletudes no contrato preliminar não traduzem defeitos ou insubsistência da vontade declarada, mas revelam a alocação de risco definida pelas partes que, em nome da conservação dos negócios jurídicos, se comprometem a deflagrar a celebração do contrato definitivo, desde que cumpridas as obrigações reciprocamente assumidas.[12]

Na promessa de compra e venda imobiliária, há inevitáveis riscos de inadimplemento para ambos os contratantes: o empreiteiro que não termina a obra no prazo, a incorporadora que não obtém o habite-se, o promitente-comprador que não paga suas prestações em dia.[13] Diante de tais fatos tão corriqueiros na prática do mercado, se torna conduta não só de zelo ou de precaução, mas de tutela efetiva dos interesses das partes, o estabelecimento de cláusula de gestão positiva dos riscos por meio da prefixação de multa para a hipótese de incumprimento definitivo do contrato. Objetiva-se conter os prejuízos decorrentes do risco do inadimplemento por meio da disciplina contratual preventiva dos seus efeitos.

1. Fundamento, função e efeitos da cláusula penal compensatória. Regime da cláusula penal e das arras confirmatórias

Como acima registrado, a cláusula penal compensatória encontra-se prevista no contrato para o caso de inadimplemento absoluto, no qual há a impossibilidade da execução da prestação ou a perda do interesse do credor no seu recebimento. O conceito de adimplemento contratual, em perspectiva funcional, pressupõe unidade complexa, tendo em vista a obrigação como processo dotado de aspectos dinâmicos que se desencadeiam em direção ao cumprimento e que são voltados à satisfação dos interesses do credor.[14] O adimplemento não visa apenas à entrega da prestação principal ao credor, mas à satisfação plena de seu interesse típico e concreto, que lhe permita acesso ao resultado útil programado.[15]

Diante da concepção funcional de adimplemento, há a ampliação do conceito de inadimplemento, que passa a ser entendido como a não satisfação dos interesses concretos do credor. Tendo em vista o não cumprimento voluntário da prestação imputável ao devedor, passa-se aos efeitos do inadimplemento no programa contratual, de forma a se verificar se a hipótese é de inadimplemento relativo (mora) ou de

12 TEPEDINO, Gustavo. Editorial: a execução específica de contratos preliminares. In: *Revista Brasileira de Direito Civil* – RBDCivil. Belo Horizonte, v. 18, out./dez. 2018, pp. 11-13.

13 KONDER, Carlos Nelson. Arras e cláusula penal nos contratos imobiliários. In: *Revista dos Tribunais*. Rio de Janeiro, v. 4/2014, pp. 83-104.

14 SILVA, Clovis Couto e. *A obrigação como processo*. Rio de Janeiro: FGV, 2006, p. 17.

15 TERRA, Aline de Miranda Valverde. *Inadimplemento anterior ao termo*. Rio de Janeiro: Renovar, 2009, pp. 84-85.

inadimplemento absoluto. O critério de distinção entre mora e incumprimento definitivo será a permanência ou não do interesse do credor no cumprimento da prestação. Ainda que a realização da prestação seja possível ao devedor em abstrato, se ela já não é capaz de satisfazer os interesses do credor, a hipótese será de incumprimento definitivo, pois não mais proporciona à parte a utilidade esperada conforme o programa obrigacional.[16]

Por um lado, haverá inadimplemento absoluto quando a prestação devida, após o nascimento da obrigação, não puder mais ser realizada ou, podendo sê-lo, não mais interessa ao credor. Por outro lado, configurará simples mora a hipótese de atraso no cumprimento da prestação devida, entendida como aquela que abarca os deveres de proteção bem como os de conduta.[17] Assim, o incumprimento será *definitivo,* sendo hipótese da incidência da cláusula penal compensatória, quando a prestação não é mais apta a atender a carência que o credor desejava suprir com o contrato – não estando relacionada a motivos ou caprichos individuais, mas –, conforme suas legítimas expectativas extraídas de dados objetivos fornecidos pelo programa contratual.[18]

O fundamento da cláusula penal está na autonomia negocial, como instrumento à disposição das partes para a definição do conteúdo de negócios jurídicos, mais especificamente para a gestão do risco de inadimplemento. Como forma de regulação pelas próprias partes das consequências do incumprimento definitivo do contrato, o recurso à estipulação da multa contratual deve seguir os limites do ordenamento que condicionam a própria autonomia negocial.[19]

A ideia de livre iniciativa econômica não pode, contudo, ser entendida como valor único do ordenamento jurídico, de forma que os contratantes não podem agir como se o mercado se assemelhasse a zona de guerra, sem regras.[20] Tal análise de juridicidade do conteúdo de contratos deve ter por base controle não só de licitude – no sentido de cumprimento formal de normas heterônomas expressamente relacionadas à matéria –, mas também de merecimento de tutela, conforme os múltiplos valores consagrados na legalidade constitucional.[21] Nesse sentido, pode-se dizer que controlar

16 MARTINS-COSTA, Judith. *Comentários ao novo Código Civil*: do inadimplemento das obrigações, vol. V, t. II. 2ª ed. Rio de Janeiro: Forense, 2008, pp. 218-221.

17 TERRA, Aline de Miranda Valverde. *Inadimplemento anterior ao termo*, cit., pp. 98 e 104.

18 AGUIAR JR., Ruy Rosado de. *Extinção dos contratos por incumprimento do devedor.* 2ª ed. Rio de Janeiro: AIDE, 2003, p. 133.

19 KONDER, Carlos Nelson. Arras e cláusula penal nos contratos imobiliários. In: *Revista dos Tribunais*. Rio de Janeiro, v. 4/2014, pp. 83-104.

20 SINGER, Joseph William, *No Freedom without Regulation*: The Hidden Lesson of the Subprime Crisis. 2015, p. 8.

21 PERLINGIERI, Pietro. *O direito civil na legalidade constitucional*. Tradução de Maria Cristina de Cicco. Rio de Janeiro: Renovar, 2008, pp. 368-369.

as cláusulas contratuais abusivas não é nada mais do que controlar uma manifestação abusiva da autonomia privada.[22]

Por sua vez, muito já se discutiu em doutrina acerca da função ou das funções atribuídas à cláusula penal compensatória. Entendia-se que, ao lado da função ressarcitória, também haveria uma função sancionatória ou coercitiva. Mais recentemente, porém, a doutrina passou a excluir qualquer conteúdo punitivo da cláusula penal compensatória, tendo em vista que sua incidência somente se dá na hipótese de incumprimento definitivo da prestação: ao contrário da cláusula penal moratória, destinada a reforçar a possibilidade de cumprimento da obrigação, sua finalidade é a de facilitar o credor com a pré-liquidação de perdas e danos.[23]

Com a cláusula penal compensatória, as partes objetivam fixar o montante de indenização exigível em hipótese de incumprimento definitivo do contrato, sendo uma simples liquidação antecipada do dano, que comunga da natureza da indenização.[24] Dessa feita, a correlação com o dano exclui o caráter punitivo tradicionalmente atribuído à cláusula penal, colocando em cheque a chamada teoria da bifuncionalidade, que vislumbrava no instituto dupla função: punitiva e compensatória.[25] Deve ser diferenciada da cláusula penal compensatória, destinada a pré-definir o montante da indenização, a cláusula de função punitiva ou sancionatória, pois as hipóteses de pena privada admitidas pelo ordenamento jurídico são excepcionais.[26]

Por sua vez, os efeitos da cláusula penal compensatória compreendem: (i) a não cumulatividade da incidência da multa com o recebimento da prestação *in natura* (ela funciona como opção para o credor quando não mais lhe aproveita a prestação original do contrato); (ii) a exclusão da discussão acerca da comprovação dos prejuízos sofridos pelo credor; (iii) a limitação do valor da indenização, salvo previsão contratual específica.

Em primeiro lugar, como forma de pré-liquidação de perdas e danos, a cláusula penal compensatória será aplicada somente em caso de incumprimento definitivo,

---

22 MONTEIRO, António Pinto. Responsabilidade contratual: cláusula penal e comportamento abusivo do credor. In: *Revista da EMERJ*, v. 7, nº 26, 2004, p. 167.

23 TEPEDINO, Gustavo. Notas sobre a cláusula penal compensatória. In: *Temas de Direito Civil.* t. II. Rio de Janeiro: Renovar, 2006, p. 47-48. Registre-se que a natureza eminentemente indenizatória da cláusula penal compensatória foi expressamente reconhecida pela Segunda Seção do Superior Tribunal de Justiça ao analisar o Tema Repetitivo nº 971, acerca da possibilidade de reversão da cláusula penal compensatória em favor do promitente-comprador nos contratos imobiliários, conforme precedentes STJ, 2ª S., REsp 1.614.721/DF, Rel. Min. Luis Felipe Salomão, julg. 22.5.2019, publ. DJe 25.6.2019; e STJ, 2ª S., REsp 1.631.485/DF, Rel. Min. Luis Felipe Salomão, julg. 22.5.2019, publ. DJe 25.6.2019. Voltar-se-á ao tema no tópico 3.

24 MONTEIRO, António Pinto. *Cláusula penal e indenização*. Coimbra: Almedina, 1990, p. 656.

25 TEPEDINO, Gustavo; SCHREIBER, Anderson. As penas privadas no direito brasileiro. In: *Direitos fundamentais*: estudos em homenagem ao Professor Ricardo Lobo Torres, 2006, p. 613.

26 KONDER, Carlos Nelson. *Arras e cláusula penal nos contratos imobiliários*, cit., pp. 83-104.

quando a satisfação dos interesses do credor não for mais passível de ser atendida por meio da prestação, seja porque ela se tornou impossível (física ou juridicamente) por fato imputável ao devedor, seja porque ao credor não há mais utilidade econômica no seu recebimento *in natura*.[27] Em consequência, se a cláusula penal configura alternativa ao credor, ela não poderá ser exigida cumulativamente com a prestação originária do contrato, mesmo porque esta não mais atende concretamente os interesses da parte credora.[28]

Em segundo lugar, com a aplicação da cláusula penal compensatória, o credor terá certeza e segurança do recebimento de seu valor, não havendo necessidade de comprovar a quantificação dos danos sofridos pela inexecução da prestação pelo devedor.[29] Nada obstante, embora prescinda, por sua própria finalidade, de exata correspondência com o valor do prejuízo, não dispensa a análise funcional que tome em consideração o dano efetivamente provocado – e não o inadimplemento – como seu elemento justificador.[30]

Por fim, em terceiro lugar, a gestão do risco do inadimplemento por meio da fixação da cláusula penal compensatória facilita a posição econômica do credor ao dispensar a comprovação da quantidade do prejuízo sofrido, funcionando como garantia ao risco do inadimplemento. Como contrapartida, a incidência da multa contratual não admite ulterior pedido de ressarcimento, ainda que o credor tenha provas concretas de prejuízos econômicos que suplementem o valor da cláusula, salvo se houver convenção expressa, hipótese em que o valor da multa será o mínimo de indenização.[31] Ressalte-se, todavia, que tal limitação não abrange a reparação por danos extrapatrimoniais, sob pena de violação de proteção fundamental prevista da Constituição, como também não restringe o direito do credor à atualização monetária, juros e honorários advocatícios.[32]

Por outro lado, a cláusula penal compensatória não se confunde com as arras assecuratórias, comumente firmadas no âmbito de contrato preliminar, a exemplo da promessa de compra e venda imobiliária. A cláusula penal traduz a estipulação de obrigação acessória, que deverá ser executada pela parte em caso de inadimplemento da prestação. Por sua vez, as arras constituem bem ou quantia pecuniá-

27 TEPEDINO, Gustavo, BARBOZA, Heloisa Helena e MORAES, Maria Celina Bodin de. *Código Civil interpretado conforme a Constituição da República*, 2º ed., vol. I. Rio de Janeiro: Renovar, 2007, p. 752.

28 Art. 410 do Código Civil. Cf. MARTINS-COSTA, Judith. *Comentários ao novo Código Civil*: do inadimplemento das obrigações, cit., p. 661. Voltar-se-á a tratar das opções do credor diante do inadimplemento definitivo no próximo tópico.

29 KONDER, Carlos Nelson. Arras e cláusula penal nos contratos imobiliários, cit., pp. 83-104.

30 TEPEDINO, Gustavo; SCHREIBER, Anderson. As penas privadas no direito brasileiro, cit., p. 613.

31 Art. 416, parágrafo único do Código Civil. Cf. TEPEDINO, Gustavo. Efeitos da crise econômica na execução dos contratos, cit., p. 105.

32 KONDER, Carlos Nelson. Arras e cláusula penal nos contratos imobiliários, cit., pp. 83-104. Em sentido contrário, FLORENCE, Tatiana Magalhães. Aspectos pontuais da cláusula penal, cit., pp. 517.

ria a ser entregue ao outro contratante no momento de celebração do contrato (ou na entrega do sinal, por exemplo), que poderá ser perdido por quem as deu, em caso de inadimplemento ou de exercício do direito de arrependimento contratualmente assegurado.[33]

As arras assecuratórias, fixadas em contrato preliminar, podem ser confirmatórias ou penitenciais, conforme haja ou não previsão de direito de arrependimento. Nessa direção, as arras *penitenciais* funcionam como o preço pelo arrependimento da parte: não se pode mais falar de inadimplemento do devedor ou de sanção contratualmente prevista para esta hipótese. Se a parte tem o direito potestativo de desfazer o vínculo conforme a sua vontade, o exercício deste direito não pode ser considerado como um ato ilícito.[34] A título de exemplo, se o promitente-comprador *desistir* de adquirir o imóvel por encontrar nova proposta que lhe parece economicamente mais interessante, as arras serão perdidas em favor da promitente-vendedora.

No caso da promessa de compra e venda imobiliária, desde que não decorra de parcelamento do solo urbano (quando as arras sempre serão confirmatórias),[35] existe a possibilidade de estipulação contratual de arras penitenciais, conferindo direito de arrependimento ao promitente-comprador. Se o objeto do contrato preliminar for bem imóvel que configure unidade autônoma em incorporação imobiliária, o direito de arrependimento passa a ter respaldo legal, sendo obrigatória por lei a devolução integral dos valores, sem que possa haver a retenção de qualquer quantia pelo promitente-vendedor a título de arras.[36]

Já se as arras forem *confirmatórias*, a desistência do devedor passa a configurar verdadeiro inadimplemento e elas funcionam como compensação mínima para a inexecução da prestação. Se a hipótese for de mora, ante a permanência do interesse do credor no recebimento da prestação originária, ele poderá exigir a execução do contrato, com perdas e danos, sendo que as arras constituem o mínimo de indenização. Por sua vez, se a hipótese for de inadimplemento absoluto, em razão da perda da utilidade econômica da prestação para o credor ou de sua impossibilidade, a parte po-

33 KONDER, Carlos Nelson. Arras e cláusula penal nos contratos imobiliários, cit., pp. 83-104.

34 Ibid., pp. 83-104.

35 Art. 26 da Lei nº 6.766, de 1979.

36 O art. 22 do Decreto-Lei nº 58, de 1937, na redação da Lei nº 6.014, de 1973, traz a possibilidade de convenção das partes acerca do direito de arrependimento do promitente-comprador na promessa de compra e venda de imóveis não loteados. Recentemente, a Lei das incorporações imobiliárias, Lei nº 4.591, de 1964 foi alterada pela Lei nº 13.786, de 2018, com a inclusão do art. 67-A, cujo § 10 traz a previsão do direito de arrependimento legal do promitente-adquirente da unidade autônoma, no prazo de sete dias, para contratos firmados em estandes de vendas e fora da sede do incorporador, com a obrigação da incorporadora de devolver todos os valores antecipados, inclusive a comissão de corretagem. O dispositivo parece ter inspiração no art. 49 do Código de Defesa do Consumidor.

derá exigir as arras aliadas à indenização suplementar, desde que comprove os danos excedentes ao montante prefixado.[37]

Os valores indenizatórios, caso haja a comprovação de danos superiores às arras confirmatórias pelo credor, devem levar em conta os efetivos prejuízos, tendo em vista a situação concreta constituir mora ou incumprimento definitivo da prestação. Na hipótese da execução específica, como o credor ainda tem interesse em receber a prestação *in natura*, os danos serão restritos àqueles sofridos em razão da mora do devedor em cumprir o contrato. Caso haja a resolução do contrato por inadimplemento absoluto, o valor da indenização suplementar deverá ser definido pelo interesse negativo, com o retorno das partes ao estado anterior à celebração do contrato. Por sua vez, se o credor optar pela execução genérica, a indenização será definida considerando a posição da parte se houvesse o cumprimento voluntário da prestação.[38]

Como as arras confirmatórias possuem função indenizatória similar à cláusula penal, o seu valor, no caso concreto, poderá se demonstrar excessivo ante a finalidade econômico-individual do contrato. Nesse sentido, admite-se o controle de juridicidade das arras fixadas contratualmente, por aplicação analógica dos parâmetros previstos na norma que permite a redução judicial da cláusula penal.[39] Tal controle de legitimidade do valor das arras confirmatórias deverá ser feito por meio de análise dos danos sofridos pelo credor, tendo-se em conta se a hipótese é de mora ou de incumprimento definitivo do contrato.

Além disso, conforme precedentes do Superior Tribunal de Justiça, na hipótese de inadimplemento absoluto, não é admitida a cumulação das arras confirmatórias com a incidência de cláusula penal compensatória, tendo em vista exatamente a identidade de função de ambos os institutos. Em tal perspectiva, evidenciada a natureza indenizatória das arras na hipótese de inexecução do contrato, revela-se inadmissível a sua cumulação com a cláusula penal compensatória, sob pena de violação do princípio do *bis in idem* (proibição da dupla condenação ao mesmo título).[40]

---

37 Art. 419 do Código Civil.

38 O ponto será retomado no próximo tópico, quando se apresentará os caminhos do credor diante do inadimplemento intencional do contrato pelo devedor.

39 STJ, 3ª T., REsp 1.669.002/RJ, Rel. Min. Nancy Andrighi, julg. 21.9.2017, publ. DJe 02.10.2017.

40 Cf. STJ, 3ª T., REsp 1617652/DF, Rel. Min. Nancy Andrighi, julg. 26.9.2017, publ. DJe 29.9.2017. A questão que se coloca é qual deverá prevalecer no caso concreto: a retenção (ou devolução em dobro) das arras ou a aplicação da cláusula penal compensatória. No referido precedente, a Terceira Turma do STJ entendeu pela prevalência abstrata das arras em razão de sua natureza real. Em sentido contrário outro julgado da mesma corte: STJ, 3ª T., REsp 1381652/SP, Rel. Min. Paulo De Tarso Sanseverino, julg. 12.8.2014, publ. DJe 5.9.2014, no qual se entendeu pela precedência da cláusula penal compensatória. Em doutrina, argumentando pela precedência da cláusula penal, em razão do maior prestígio da autonomia negocial e da gestão de riscos assumidos pelas partes, cf. FAORO, Guilherme de Mello Franco. Comentário sobre o REsp nº 1.617.652/DF e a sistematização da disciplina das arras e da cláusula penal nas perdas e danos contratuais. In: *Revista Brasileira de Direito Civil – RBDCivil*, Belo Horizonte, v. 19, pp. 159-176, jan./mar. 2019.

2. A cláusula penal compensatória como alternativa a benefício do credor e o inadimplemento intencional do contrato pelo devedor

A cláusula penal compensatória constitui benefício do credor, e não do devedor: a parte não poderá optar pelo descumprimento da obrigação, com o pagamento da pena convencional, pois caberá ao credor fazer a escolha pela multa contratual em caso de inexecução da prestação.[41] O poder discricionário do credor, contudo, não é arbitrário, mas deverá ser fundamentado conforme seu concreto interesse em relação à utilidade econômica da prestação: é a qualificação do inadimplemento em absoluto (irremediável) ou relativo (mora) que indicará se o credor ainda poderá se valer da execução específica, com a incidência da cláusula penal moratória, ou da cláusula penal compensatória, combinada com a resolução do contrato ou a execução pelo equivalente.

Dessa feita, o risco de inadimplemento é uma realidade para os contratantes e o incumprimento será definitivo quando a prestação se torna impossível (física ou juridicamente) ou inútil ao atendimento dos interesses do credor por fato imputável ao devedor. Em tal situação, a parte poderá exercer o direito potestativo de optar entre pedir a resolução do contrato, com o retorno ao *status quo ante*, ou exigir o seu cumprimento com a execução pelo equivalente, cabendo, em ambas as hipóteses, a indenização por perdas e danos ou, caso haja a prefixação convencional, a cláusula penal compensatória.[42]

Como já evidenciado, o critério para a distinção entre mora e incumprimento definitivo não é volitivo, mas de utilidade econômica no programa contratual, relacionada à possibilidade de atendimento do interesse concreto do credor com o cumprimento da prestação.[43] O inadimplemento se torna *absoluto* – quando então

---

41 FLORENCE, Tatiana Magalhães. *Aspectos pontuais da cláusula penal*, cit., p. 512.

42 Art. 475 do Código Civil. Cf. TERRA, Aline de Miranda Valverde. Execução pelo equivalente como alternativa à resolução: repercussões sobre a responsabilidade civil. In: *Revista Brasileira de Direito Civil* - RBDCivil. Belo Horizonte; v.18, p. 51, out./dez. 2018. O Superior Tribunal de Justiça já reconheceu a resolução como direito potestativo do credor, conforme os seguintes precedentes: STJ, 2ª S., EREsp 1280825/RJ, Rel. Min. Nancy Andrighi, julg. 27.6.2018, publ. DJe 2.8.2018 e STJ, 3ª T., REsp 1737992/RO, Rel. Min. Paulo de Tarso Sanseverino, julg. 20.8.2019, publ. DJe 23.8.2019. No último precedente, a 3ª Turma entendeu que, por a resolução contratual configurar direito potestativo do credor diante do inadimplemento absoluto, o prazo aplicável teria natureza decadencial, ficando a resolução obstada somente com a prescrição da pretensão para exigir o cumprimento do contrato (ainda que por seu equivalente) que, no caso, se dá no prazo decenal do art. 205 do Código Civil. Em sentido contrário, entendendo que o art. 475 do CC, ao trazer os remédios para o incumprimento culposo pelo devedor, trata da alternativa entre a resolução contratual e a insistência na execução específica, cf. SOUZA, Eduardo Nunes de. De volta à causa contratual: aplicações da função negocial nas invalidades e nas vicissitudes supervenientes do contrato. In: *Civilistica.com.* Rio de Janeiro, a. 8, nº 2, 2019. Disponível em: <http://civilistica.com/de-volta-a-causa-contratual/>. Acesso em 04.10.2019.

43 ALVIM, Agostinho. *Da Inexecução das obrigações*. 3ª ed. Rio de Janeiro: EJUL, 1965, pp. 59-60.

poderá o credor exigir a cláusula penal compensatória –, se a prestação não é mais apta a atender a utilidade econômica que a parte desejava com a relação negocial conforme as legítimas expectativas extraídas objetivamente do programa contratual.[44] Dito diversamente, se a prestação ainda é útil aos interesses do credor, ele poderá exigi-la *in natura* mais a cláusula penal moratória contratualmente estabelecida. Em contrapartida, se a prestação não mais atende aos seus interesses, pois a mora a tornou inútil, o incumprimento se torna definitivo e o credor terá a possibilidade de exigir a cláusula penal compensatória.[45]

A doutrina vem debatendo a possibilidade de escolha intencional (dolosa) do devedor em não cumprir a prestação, o que seria algo diverso de simples inexecução culposa do contrato. Segundo a *teoria da quebra eficiente do contrato,* desenvolvida por estudiosos da Escola do Direito e Economia, em razão de circunstâncias econômicas diversas, o devedor poderá se encontrar em melhor situação patrimonial se não houver a execução do contrato, não sofrendo o credor prejuízo algum, pois receberá, por meio do pagamento de indenização substitutiva, o exato proveito econômico que teria com a prestação não atendida.

O inadimplemento eficiente do contrato baseia-se na concepção de que os remédios existentes para a inexecução contratual – notadamente, as perdas e danos ou a multa convencional – configuram o substituto perfeito para a prestação contratualmente fixada, sendo indiferente para o credor receber a prestação *in natura* ou a indenização no seu lugar.[46] Parte-se da existência de discricionariedade pelo devedor em escolher adimplir ou não o contrato, conforme a sua própria conveniência, desde que arque com a responsabilidade patrimonial correspondente. Entende-se que os incentivos para a escolha do devedor já foram precificados na alocação de riscos definida pelos contratantes – a exemplo da previsão da multa contratual –, de forma que o cumprimento do contrato só fará sentido se constituir a opção mais eficiente em termos econômicos.[47]

44 AGUIAR JR., Ruy Rosado de. *Extinção dos contratos por incumprimento do devedor.* 2ª ed. Rio de Janeiro: AIDE, 2003, p. 133.

45 TEPEDINO, Gustavo. *Notas sobre a cláusula penal compensatória*, cit., pp. 51-52.

46 A formulação da teoria da quebra eficiente é atribuída a Robert Birmingham, sendo a construção teórica fundamentada na ideia de livre iniciativa e na liberdade de contratar. Cf. BIRMINGHAM, Robert L. Breach of Contract, Damage Measures, and Economic Efficiency. In: *Rutgers L. Rev.*, v. 24, pp. 273-292, 1970. Apesar de o desenvolvimento da teoria ser atribuído a Birmingham, a nomenclatura *theory of efficient breach* somente foi usada anos depois em trabalho acadêmico escrito por Charles Goetz e Robert Scott. Cf. GOETZ, Charles J.; SCOTT, Robert E. Liquidated Damages, Penalties and the Just Compensation Principle: Some Notes on an Enforcement Model and a Theory of Efficient Breach. In: *Colum. L. Rev.*, v. 77, 1977, pp. 554-594.

47 A ideia da existência de escolha discricionária pelo devedor entre cumprir a prestação ou pagar perdas e danos é presente na *common law* desde o século XIX e pode ser vista na obra de Oliver Wendell Holmes, sendo, portanto, muito anterior à própria formulação da teoria da quebra eficiente pelos autores da Escola do Direito e Economia. Cf. HOLMES, Oliver Wendall. *The Common Law*, 1881, pp. 300-301.

Em perspectiva fortemente utilitarista, afirma-se que o descumprimento da prestação deve ser não só admitido, mas mesmo encorajado quando o devedor puder lucrar (ou, ao menos, reduzir o seu prejuízo) com o inadimplemento da prestação, desde que considere no cálculo dos seus custos a responsabilidade patrimonial para com o credor. Caso contrário, a manutenção de contratos ineficientes impediria a alocação de recursos em outras atividades, que poderiam trazer maiores benefícios à livre circulação de riquezas, com o aumento do bem-estar social.[48]

Tal não parece ser a perspectiva adotada pelo ordenamento jurídico brasileiro. Diversamente, entende-se que as regras de utilidade econômica (como a maximização ótima de recursos) – tão caras à economia – não podem ser analisadas isoladamente, sendo incapazes de explicar, sozinhas, o regramento jurídico, sob pena de serem afrontadas as normas do sistema, em especial a tábua axiológica constitucional.[49] As relações obrigacionais possuem eficácia criadora de vínculos jurídicos entre as partes, que se encontram conectadas pela expectativa de confiança. Por tal confiança, espera-se manter o conteúdo pactuado durante toda a execução do contrato, desde que o pacto esteja em conformidade com o ordenamento.[50]

O interesse do credor só será plenamente satisfeito com a obtenção da utilidade da prestação, não lhe sendo *indiferente* receber a indenização no lugar do bem da vida esperado. Ao contrário do alegado pelos autores propulsores da teoria da quebra eficiente do contrato, importa para o credor receber a prestação, isto é, o resultado útil programado. A indenização em perdas e danos e mesmo a cláusula penal compensatória não configuram substituto perfeito da prestação, mas elas são a solução pragmática prevista no ordenamento para o caso de inadimplemento.

Com efeito, adimplir contratos configura dever jurídico fundado nas normas constitucionais e infraconstitucionais positivadas no ordenamento. O contrato deve ser cumprido não somente porque as partes querem, mas porque a lei assim determina. O conteúdo do contrato, incluído o regramento acerca das consequências do inadimplemento, é formado por fonte autônoma e heterônoma, no sentido da aplicação obrigatória das normas imperativas. Pela fonte heterônoma, aplicam-se às relações privadas deveres de lealdade e cooperação entre os contratantes, em razão da criação de expectativas legítimas quanto à finalidade econômica-individual do contrato, necessária para o alcance do resultado útil programado pelos próprios contratantes.[51]

48 BIRMINGHAM, Robert L. Breach of Contract, Damage Measures, and Economic Efficiency, cit., p. 292.

49 PERLINGIERI, Pietro. *O direito civil na legalidade constitucional*. Tradução de Maria Cristina de Cicco. Rio de Janeiro: Renovar, 2008, pp. 347-348.

50 MARTINS-COSTA, Judith. Contratos. Conceito e evolução. In: LOTUFO, Renan e NANNI, Giovanni Ettore (coord.). *Teoria geral dos contratos*. São Paulo: Atlas, 2011, p. 55.

51 RODOTÀ, Stefano. *Le fonti di integrazione del contrato*. Milano: Giuffrè, 1970, p. 23.

Portanto, reconhece-se ao credor prejudicado pelo não cumprimento intencional e doloso do contrato diversos caminhos. Primeiramente, sendo caso de mora, por ainda haver interesse no recebimento da prestação *in natura* e sendo viável a sua percepção, a parte credora poderá pleitear a execução específica da obrigação, cumulativamente com as perdas e danos ou a cláusula penal moratória. Em segundo lugar, sendo hipótese de incumprimento definitivo do contrato, o credor poderá optar pela resolução do contrato, com o retorno ao *status quo ante*, ou exigir o cumprimento da prestação não mais *in natura*, ante a perda de sua viabilidade concreta, mas pelo seu equivalente pecuniário, sem prejuízo de indenização por perdas e danos em ambos os casos.

Na hipótese da resolução do contrato por inadimplemento absoluto, o valor da indenização deverá ser definido conforme o interesse negativo, tendo em vista a necessidade de recomposição do patrimônio do credor ao estado anterior à celebração do contrato, sendo possível a sua predeterminação pelas partes por meio da estipulação de cláusula penal compensatória.[52] Por sua vez, a indenização devida ao credor que opta pela execução pelo equivalente será definida pelo interesse positivo: a parte deverá ser colocada na posição de vantagem que estaria caso houvesse o cumprimento voluntário da prestação.[53]

Nessa direção, com a configuração do inadimplemento absoluto, o credor poderá obter a restituição do que prestou, somada à cláusula penal compensatória, caso opte pela resolução do contrato, ou o equivalente à prestação somado às perdas e danos, conforme escolha a execução pelo equivalente. Registre-se que, como instrumento aberto à gestão do risco do inadimplemento pela autonomia negocial, as partes poderão estabelecer multa contratual para a hipótese de resolução do contrato ante o incumprimento definitivo (em substituição à indenização pelo interesse negativo), como também poderão instituir multa que predefina a indenização devida pelo devedor caso o credor opte pela execução pelo equivalente (nesse caso, a definição dos danos se dará pelo interesse positivo). Tais caminhos podem ser suficientes para que não mais seja economicamente vantajoso ao devedor o inadimplemento da prestação: o não cumprimento intencional do devedor se tornará ineficiente, pois não mais lucrativo em análise de custo-benefício.[54]

---

52 MARTINS-COSTA, Judith. *Comentários ao novo Código Civil*, cit., p. 482. Em sentido contrário, entendendo pelo critério do interesse positivo, cf. AGUIAR JR., Ruy Rosado de. *Comentários ao novo Código Civil*: da extinção do contrato, vol. VI, t. II, Rio de Janeiro: Forense, 2011, p. 704.

53 Cf. TERRA, Aline de Miranda Valverde. *Execução pelo equivalente como alternativa à resolução: repercussões sobre a responsabilidade civil*, cit., p. 71.

54 Para verificar a efetiva lucratividade do inadimplemento pelo devedor frente aos danos causados ao credor, é necessária a análise dos lucros cessantes, além dos danos efetivos a serem reparados. A depender do caso concreto, tal aferição será extremamente complexa e terá de levar em conta o efeito reputacional do inadimplemento, que poderá afetar outras relações contratuais do credor e do devedor. Cf. ULEN, Thomas S. The Efficiency of Specific Performance: Toward a Unified Theory of Contract Remedies, cit., pp. 341-403, nov. 1984. EISENBERG, Melvin A. Actual and Virtual Specific Performance, the Theory of Efficient Breach, and the Indifference Principle in Contract Law. In: *California Law Review*, v. 93, 2005, pp. 975- 1050.

3. A redução judicial da multa contratual no caso de inadimplemento absoluto: cumprimento parcial e valor excessivo em relação à natureza e à finalidade do negócio

Como já visto, a cláusula penal funciona como instrumento privado para a gestão do risco de inadimplemento. Como forma de predefinição das consequências do incumprimento definitivo do contrato, o recurso à estipulação da multa contratual deve ser exercido conforme os limites internos à própria autonomia negocial. A liberdade de contratar não possui único fundamento na garantia constitucional da livre iniciativa econômica, mas está vinculada à legalidade constitucional, em especial à cláusula geral de tutela da pessoa humana.[55]

O controle de juridicidade exercido pelo intérprete deve verificar se a atividade econômica privada atende concretamente aos valores constitucionais, só merecendo tutela jurídica quando a resposta for positiva.[56] Os atos privados praticados com base na autonomia devem ser direcionados à realização de interesses merecedores de tutela e socialmente úteis.[57] Com efeito, caberá ao intérprete fazer o controle de juridicidade da cláusula penal compensatória, em cada caso concreto, de forma a impedir que ela configure instrumento de abuso de posição contratual ou opressão da parte vulnerável, mas também evitando resvalar para o extremo oposto, igualmente prejudicial à coletividade, com a criação de um ambiente de leniência com o inadimplemento.[58]

O Código Civil de 2002 trouxe regra referente à exigibilidade da cláusula penal compensatória, ao estabelecer o dever do juiz de reduzir o valor da multa fixada autonomamente pelas partes se a obrigação for parcialmente cumprida ou ainda se seu valor for considerado como manifestamente excessivo, tendo em vista a natureza e a finalidade do negócio.[59] O escopo do dispositivo é coibir a instituição de cláusulas penais abusivas, que prejudiquem desproporcionalmente um dos contratantes.[60]

Assim, a norma agrega ao *topos* da proporcionalidade o da vedação ao excesso abusivo e o da adstrição à natureza e à finalidade do negócio, conferindo ao juiz o dever de revisar equitativamente a cláusula penal.[61] Especialmente em contextos de

55 PERLINGIERI, Pietro. *O direito civil na legalidade constitucional*, cit., pp. 347-348.

56 TEPEDINO, Gustavo. As relações de consumo e a nova teoria contratual. In: *Temas de direito civil*. 4.ed. Rio de Janeiro: Renovar, 2008. t. 1. p. 243.

57 PERLINGIERI, Pietro. *O direito civil na legalidade constitucional*, cit., p. 348.

58 KONDER, Carlos Nelson. Arras e cláusula penal nos contratos imobiliários, cit., pp. 83-104.

59 Art. 413 do Código Civil: "A penalidade deve ser reduzida eqüitativamente pelo juiz se a obrigação principal tiver sido cumprida em parte, ou se o montante da penalidade for manifestamente excessivo, tendo-se em vista a natureza e a finalidade do negócio."

60 MONTEIRO, António Pinto. Responsabilidade contratual: cláusula penal e comportamento abusivo do credor, cit., p. 174.

61 MARTINS-COSTA, Judith. *Comentários ao novo Código Civil*: do inadimplemento das obrigações, cit., p. 684.

crise econômica, o controle de juridicidade visa a garantir a compatibilidade funcional entre a multa contratual e os fins perseguidos pelas partes, de forma a adequar o conteúdo da cláusula penal ao princípio da proibição do enriquecimento sem causa na difícil realidade econômica enfrentada pelos contraentes, tendo em conta a efetiva indenização do inadimplemento.[62]

Conforme a primeira parte do art. 413 do Código Civil, é obrigatória a redução da cláusula penal compensatória pelo magistrado caso haja o cumprimento parcial da obrigação pelo devedor. De fato, se a extensão do inadimplemento não for total, tendo em vista o atendimento parcial da prestação em benefício do credor, não se justifica o simultâneo recebimento da multa convencionada por inteiro, desde que confirmada a utilidade econômica do adimplemento parcial para a parte.[63] Por evidência, não se pode prescindir da verificação em concreto se o credor obteve resultados econômicos úteis da parcela da prestação que foi efetivamente executada pelo devedor, só assim se poderá justificar a redução proporcional da cláusula penal.[64]

A redução da pena contratual deverá ser feita com base em juízo de equidade, o que significa que ela não deve ser calculada conforme proporção puramente aritmética.[65] Tendo em vista o conceito funcional de adimplemento, como a satisfação plena de interesse típico e concreto do credor, a equidade deverá ser verificada pelo magistrado de acordo com o real atendimento pela prestação, ainda que parcial, do resultado útil programado para o contrato. Por exemplo, pode ser que a existência de cumprimento da prestação em percentual de cinquenta por cento justifique somente a redução de trinta por cento no valor da multa contratual, tendo em vista a metade faltante ser qualitativamente muito relevante para a utilidade econômica desejada pelo credor com a operação negocial.[66] Dessa feita, a proporcionalidade deverá ser analisada em termos valorativos.[67]

Por sua vez, a segunda parte do art. 413 do Código Civil traz outra norma cogente que visa a coibir o exercício abusivo do direito de crédito pelo credor. Trata-se da redução do valor da cláusula penal quando seja manifestamente excessivo, tendo em conta a *natureza* e a *finalidade* do negócio, como forma de controle de merecimento de tutela do conteúdo do contrato. Registre-se que o magistrado não estará autorizado a substituir o regramento contratual definido autonomamente pelas partes, mas

62 TEPEDINO, Gustavo. Efeitos da crise econômica na execução dos contratos, cit., p. 110.

63 MARTINS-COSTA, Judith. *Comentários ao novo Código Civil*: do inadimplemento das obrigações, cit., p. 687.

64 TEPEDINO, Gustavo. Notas sobre a cláusula penal compensatória, cit., p. 54.

65 MONTEIRO, António Pinto. Responsabilidade contratual: cláusula penal e comportamento abusivo do credor, cit., p. 175.

66 KONDER, Carlos Nelson. Arras e cláusula penal nos contratos imobiliários, cit., pp. 83-104.

67 MARTINS-COSTA, Judith. *Comentários ao novo Código Civil*: do inadimplemento das obrigações, cit., pp. 689-690.

sim deverá ele exercer o seu dever de amoldar o valor da multa que está excessivo a parâmetros razoáveis, considerando a natureza e a finalidade do negócio.[68]

Quanto ao primeiro parâmetro, a natureza do negócio, deverá o intérprete analisar o impacto do incumprimento definitivo da prestação nos efeitos econômicos pretendidos pela parte prejudicada conforme o tipo negocial ou os usos do mercado. A natureza do negócio consiste no conjunto de caracteres essenciais à operação econômica realizada e significa a espécie negocial, isto é o tipo de contrato efetivamente celebrado pelas partes: seus elementos essenciais não podem ser desprezados, tanto na formação do juízo de legitimidade da cláusula penal, como na definição da intensidade de sua eventual redução equitativa.[69]

Já o segundo parâmetro, a finalidade do negócio, deverá levar a atenção do intérprete para a finalidade econômica proposta pelas partes para determinado ajuste. Devem-se verificar quais são os interesses em jogo em cada operação econômica que merecem proteção, buscando-se preservar a finalidade econômico-individual do contrato, isto é, a sua causa. No exame de juridicidade da multa contratual, não se pode analisar somente a cláusula abstratamente considerada, mas sim no contexto específico de cada relação jurídica.[70]

A principal utilidade da análise do elemento causal do negócio jurídico encontra-se como meio de recusa à proteção jurídica de negócios jurídicos (e, acrescenta-se, às cláusulas contratuais) que não encontrem justificativa no ordenamento que lhe garanta juridicidade.[71] Especificamente no caso dos contratos de promessa de compra e venda imobiliária, deve-se atentar para necessária compatibilização da função do contrato, com a tutela constitucional do direito à moradia e da função social da cidade, [o que] impõe normativa diferenciada e atenção às peculiaridades do caso concreto.[72]

Com efeito, a norma do Código Civil permite a criação de mecanismo de revisão judicial da cláusula penal compensatória, com especial atenção aos princípios do equilíbrio contratual e da boa-fé objetiva.[73] Portanto, o montante excessivo da cláusula há de ser manifesto e deve ser apurado de forma relacional à natureza e à finalidade do negócio, conforme juízo de ponderação atento às circunstâncias concretas.[74] Na resolução do contrato de promessa de compra e venda de imóvel por culpa do promitente-comprador, o Superior Tribunal de Justiça tem entendido pela possibilidade

---

68 TEPEDINO, Gustavo. Notas sobre a cláusula penal compensatória, cit., pp. 56-57.

69 Ibid., p. 57.

70 PERLINGIERI, Pietro. *O direito civil na legalidade constitucional*, cit. p.370.

71 MORAES, Maria Celina Bodin de. A causa dos contratos. In: *Na medida da pessoa humana*: estudos de direito civil-constitucional. Rio de Janeiro: Renovar, 2010, p. 297.

72 KONDER, Carlos Nelson. *Arras e cláusula penal nos contratos imobiliários*, cit., pp. 83-104.

73 Ibid., pp. 83-104.

74 MARTINS-COSTA, Judith. *Comentários ao novo Código Civil*: do inadimplemento das obrigações, cit., p. 701.

de redução de multa contratual em percentual de dez a vinte e cinco por cento dos valores já pagos pelo devedor, conforme a avaliação dos prejuízos suportados pelo promitente-vendedor e demais circunstâncias relevantes no caso concreto.[75]

Enfatize-se que o controle de juridicidade do conteúdo do contrato não deve ser limitado à incidência da norma específica em comento. O intérprete deverá realizar a avaliação completa da licitude e da legitimidade do exercício da autonomia negocial, especialmente focada na verificação da presença ou não de conduta abusiva e/ou incompatível com os princípios contratuais que regem a atividade econômica, quais sejam: a boa-fé objetiva, a função social do contrato, o equilíbrio contratual e a proteção dos vulneráveis. No caso específico dos contratos imobiliários, ainda é fundamental que se atente aos bens jurídicos em jogo, como o direito à moradia e a função social da cidade.[76]

Ademais, como regra, os contratos de promessa de compra e venda imobiliária são firmados por adesão do promitente-comprador ao conteúdo predispostos pelo promitente-vendedor, incidindo a disciplina legal protetiva.[77] O fundamental para a definição desta modalidade de contratar é que as cláusulas do futuro contrato sejam rigidamente predeterminadas por uma das partes e apresentadas para a aceitação da outra, que somente terá a opção de aderir ao regramento contratual sem oportunidade de alterá-lo substancialmente ou mesmo de debatê-lo previamente. Em tal situação, o controle de merecimento de tutela das estipulações contratuais passa a ser ainda mais relevante, tendo em vista a assimetria de poder existente entre os contratantes na sua elaboração, com vistas à preservação do equilíbrio contratual e da boa-fé objetiva.[78]

Especificamente nos contratos imobiliários formados em contrato de adesão e em relação de consumo, o Superior Tribunal de Justiça reconheceu a possibilidade –

75 Cf. Jurisprudência em Teses do Superior Tribunal de Justiça, Enunciado nº 6 da Edição 110, de agosto de 2018. A título exemplificativo mencionam-se alguns precedentes: STJ, 4ª T., AgInt no AREsp 1.200.273/DF, Rel. Min. Marco Buzzi, julg. 19.6.2018, publ. DJe 26.6.2018; STJ, 3ª T., AgInt no REsp 1.395.252/SP, Rel. Min. Moura Ribeiro, julg. 5.6.2018, publ. DJe 15.6.2018; STJ, 4ª T., AgInt no REsp 1.692.346/DF, Rel. Min. Antonio Carlos Ferreira, julg. 19.4.2018, publ. DJe 26.4.2018; STJ, 3ª T., AgInt no AREsp 1140299/SP, Rel. Min. Marco Aurélio Bellizze, julg. 5.12.2017, publ. DJe 19.12.2017. Voltar-se-á ao ponto no próximo tópico.

76 KONDER, Carlos Nelson. Arras e cláusula penal nos contratos imobiliários, cit., pp. 83-104.

77 Artigos 423 e 424 do Código Civil.

78 SANTOS, Deborah Pereira Pinto dos. *Renúncia a direitos nos contratos de adesão em relações civis e empresariais*: limites à autonomia negocial nos *business to business contracts*. Dissertação (Mestrado em Direito Civil) – Faculdade de Direito, Universidade do Estado do Rio de Janeiro, Rio de Janeiro, 2015, pp. 39-40. Especificamente sobre o ponto do controle de juridicidade da cláusula penal, defende-se que "deverá ser analisado o valor da indenização, principalmente quando seja desproporcional frente à gravidade do descumprimento, o que somente deverá ser aferido em concreto. Caso seja irrisório, aplica-se a lógica da retirada completa (*rectius*, renúncia) ao direito de indenização" (p. 179).

havendo inadimplemento pela promitente-vendedora de sua obrigação de fazer e caso não exista previsão de multa contratual em favor do promitente-comprador no contrato – de inversão da cláusula penal (moratória ou compensatória) que estabeleça multa exclusivamente em benefício do promitente-vendedor, ora inadimplente, justificada por imperativo de equidade. Assim, prevendo o contrato a incidência de multa para o caso de inadimplemento por parte do consumidor, ela também deverá ser considerada para o arbitramento da indenização devida pelo fornecedor, caso seja deste a mora ou o inadimplemento absoluto. Em tal situação, as obrigações heterogêneas (obrigação de fazer e de dar) serão convertidas em dinheiro, por arbitramento judicial.[79]

Nessa mesma esteira, pode-se inferir que a norma do art. 413 do Código Civil que determina parâmetros para o controle judicial da cláusula penal compensatória deverá ser aplicada em conformidade com toda a legalidade constitucional. A título de exemplo, menciona-se decisão da Terceira Turma do Superior Tribunal de Justiça que, ao fazer controle de merecimento de tutela de cláusula penal compensatória prevista em promessa de compra e venda imobiliária, entendeu pela sua validade ainda que a multa tivesse sido fixada em patamar máximo, com a perda integral dos valores pagos pela parte inadimplente. Na decisão, considerou-se o fato de a cláusula não ter sido estipulada em contrato de adesão, inexistindo qualquer desequilíbrio a justificar sua revisão.

O caso concreto tinha diversas peculiaridades: a cláusula penal compensatória foi objeto de negociação específica pelas partes e atuou como elemento relevante na alocação de riscos do contrato; a multa não constava do contrato original, mas foi proposta pelos promitentes-compradores, em aditivo contratual, com o objetivo de convencer o promitente-vendedor a concordar com a extensão do prazo para pagamento; em momento posterior, ao não conseguir cumprir com a prestação, o devedor alegou estado de preeminente necessidade econômica e requereu a anulação da multa contratual, ou a sua redução com base no art. 413 do Código Civil, em razão de vício de lesão.

Atenta às circunstâncias do caso concreto, entendeu a 3ª Turma, à unanimidade, pela não caracterização da lesão ante a ausência do elemento subjetivo, tendo em vista que o mero interesse econômico em resguardar o patrimônio investido em determinado negócio jurídico não configura premente necessidade para o fim do art. 157 do Código Civil. Além disso, a conduta dos promitentes-compradores não estava em conformidade com a boa-fé objetiva, por ser contraditória com seu comportamento anterior, pois a cláusula penal questionada havia sido proposta por

79 Cf. Tema Repetitivo nº 971, cujos precedentes foram mencionados na nota 24. Em doutrina, Carlos Konder afirma que "a bilateralidade da cláusula somente deve ocorrer nas relações com vulneráveis, e quando a sua extensão servir para beneficiar a parte mais fraca. Não se justifica a extensão em prejuízo do consumidor, assim como não parece ser adequado fazê-lo em relações paritárias" (KONDER, Carlos Nelson. *Arras e cláusula penal nos contratos imobiliários*, cit., pp. 83-104).

eles próprios como compensação à contraparte pelo aumento do risco do inadimplemento, ante a concessão de extensão no prazo para pagamento.[80]

4. A cláusula de decaimento: entre os efeitos indenizatório e restitutório na resolução do contrato por inadimplemento pelo promitente-comprador

Na promessa de compra e venda imobiliária, a resolução do contrato por inadimplemento do promitente-comprador libera ambos os contratantes do cumprimento das prestações definidas no contrato, com a extinção da relação obrigacional e sua substituição pela relação de liquidação. Tal relação de liquidação terá como consequências: (i) o retorno ao estado anterior ao contrato, com a consolidação do domínio do bem imóvel no patrimônio do promitente-vendedor e sua reintegração à posse; (ii) o dever do promitente-vendedor de restituir as quantias pagas pelo promitente-comprador; e (iii) o dever do promitente-comprador de indenizar a contraparte pelos danos decorrentes da quebra do contrato, que poderá ser atendido pela aplicação de multa contratual, sendo usualmente expressa em percentual do valor que foi pago pela parte.[81]

Com efeito, no âmbito dos contratos imobiliários, é bastante comum a previsão da denominada cláusula de decaimento, que representa a gestão privada dos riscos do inadimplemento ao definir conjuntamente os efeitos restitutório e indenizatório da resolução: a indenização do promitente-vendedor se dará com a retenção de parte do valor pago pelo promitente-comprador inadimplente. Dessa feita, trata-se de estipulação contratual pela qual, em contratos de duração, se limita o percentual de restituição a cargo do promitente-vendedor na situação da resolução do contrato por incumprimento definitivo.[82] Para doutrina especializada, a cláusula de decaimento constitui forma de cláusula penal compensatória que é expressa sobre o valor pago pela parte inadimplente.[83]

80 STJ, 3ª T., REsp 1.723.690/DF, Rel. Min. Ricardo Villas Bôas Cueva, julg. 6.8.2019, publ. DJe 12.8.2019.

81 CHALHUB, Melhim Namen. *Incorporação imobiliária*. 5ª ed. Rio de Janeiro: Forense, 2019, pp. 404-405.

82 MARQUES, Cláudia Lima. Contratos no Código de Defesa do Consumidor: o novo regime das relações contratuais. 7ª ed. São Paulo: Revista dos Tribunais, p. 1100. O art. 53 do Código de Defesa do Consumidor veda, expressamente, a cláusula de decaimento em relações de consumo que preveja a perda total das prestações pagas em benefício do credor em razão de resolução do contrato por inadimplemento absoluto do devedor.

83 CHALHUB, Melhim Namen. *Incorporação imobiliária*, cit., p. 405. MAIA, Roberta Mauro Medina. *A irretratabilidade das promessas de compra e venda e a Lei nº 13. 786/2018* (Lei dos Distratos Imobiliários), no prelo, pp. 10-11. Também há entendimento no sentido de que a cláusula de decaimento constitui figura que pode se identificar tanto com a cláusula penal compensatória ou como com as arras confirmatórias, por envolver a perda de quantia já transferida. Cf. KONDER, Carlos Nelson. Arras e cláusula penal nos contratos imobiliários, cit., pp. 83-104.

Como antes mencionado, o Superior Tribunal de Justiça considera possível a redução judicial da multa contratual, caso seja manifestamente excessiva, adotando, como parâmetro de razoabilidade, o percentual de dez a vinte e cinco por cento dos valores pagos pela parte inadimplente, de acordo com a avaliação das circunstâncias fáticas no caso concreto.[84] Na hipótese específica de resolução judicial de promessa de compra e venda de unidades autônomas em incorporações imobiliárias, a chamada Lei dos Distratos Imobiliários, a Lei nº 13.786/2018, ao alterar a Lei nº 4.591/1964, trouxe limites para a prefixação da indenização pelos contratantes e critérios para a sua liquidação, que representaram a sedimentação legal dos limites percentuais que vinham sendo adotados pela jurisprudência.[85]

Reconhecidamente, a Lei nº 13.786/2018 foi editada no contexto de crise no mercado imobiliário brasileiro, que se alastrou desde a recessão iniciada no mercado financeiro e imobiliário norte-americano a partir de 2008.[86] Desde 2014, registrou-se aumento vertiginoso nas quebras dos contratos de promessa de compra e venda imobiliária, sendo uma das razões apontadas para o aumento dos números de inadimplência a depreciação do preço do metro-quadrado pela crise econômica, que levou muitos adquirentes de unidades autônomas a desistir do contrato, não necessariamente por ausência de condições de adimpli-lo, mas sim por não julgá-lo mais conveniente em termos econômicos.[87]

Como possíveis soluções para a crise no mercado imobiliário, a Lei 13.785/2018 introduziu relevantes alterações na Lei nº 4.591/1964, tais como: (i) o direito de arrependimento do promitente-comprador no período de sete dias contados da assinatura da promessa, com a devolução integral dos valores, desde que o contrato tenha

---

84 Cf. nota 81.

85 Registre-se que, conforme decidido pela 2ª Seção do Superior Tribunal de Justiça, ante o princípio da irretroatividade das leis, as novas regras instituídas pela Lei nº 13.786/2018 somente incidem nos contratos de promessa de compra e venda em incorporações imobiliárias que sejam firmados posteriormente ao início de sua vigência. A manifestação da Corte Superior foi em questão de ordem incidental no julgamento dos Temas Repetitivos nº 970 e 971, em análise dos seguintes precedentes STJ, 2ª S., REsp 1.635.428/SC, Rel. Min. Luis Felipe Salomão, julg. 22.5.2019, publ. DJe 25.6.2019; STJ, 2ª S., REsp 1.498.484/DF, Rel. Min. Luis Felipe Salomão, julg. 22.5.2019, publ. DJe 25.6.2019; STJ, 2ª S., REsp 1.614.721/DF, Rel. Min. Luis Felipe Salomão, Segunda Seção, julg. 22.5.2019, publ. DJe 25.6.2019; STJ, 2ª S., REsp 1.631.485/DF, Rel. Min. Luis Felipe Salomão, julg. 22.5.2019, publ. DJe 25.6.2019.

86 A crise financeira norte-americana foi denominada por especialistas como a "Grande Recessão", sendo considerado o momento mais crítico do mercado financeiro desde a "Grande Depressão" dos 1920 e teve consequências mundiais. Sobre a crise econômica, recomendam-se as seguintes obras: STIGLITZ, Joseph. *Free fall:* America, free markets and the sinking the world economy, 2010, *passim*; BLINDER, Alain Blinder. *After the music stopped:* the financial crisis, the response and the work ahead, 2013, *passim*; SINGER, Joseph William. *No freedom without regulation:* the hidden lesson of the subprime crisis, cit., *passim*.

87 MAIA, Roberta Mauro Medina. *A irretratabilidade das promessas de compra e venda e a Lei nº 13. 786/2018* (Lei dos Distratos Imobiliários), cit., p. 2.

sido firmado em estandes de vendas e fora da sede do incorporador; (ii) a reafirmação da irretratabilidade da promessa de compra e venda, desde que não exercido o direito de arrependimento no prazo legal; (iii) os modos de extinção e o momento da restituição das quantias pagas pelo promitente-comprador; (iv) o limite legal para a indenização em caso de inadimplemento pelo promitente-comprador, dentre outras normas.[88]

Tendo em vista o escopo do presente trabalho, a análise da Lei nº 13.786/2018 será limitada ao ponto da cláusula penal compensatória (ou da cláusula de decaimento) na resolução do contrato por inadimplemento do promitente-comprador. Ressalte-se que, em relação aos modos de extinção da promessa de compra e venda de unidades autônomas na incorporação imobiliária, tendo em vista a irretratabilidade imposta nesses contratos, a lei somente admite, fora o exercício tempestivo do direito de arrependimento, o distrato ou a resolução por inadimplemento absoluto do promitente-comprador, não havendo previsão legal de resilição unilateral pela parte.[89] Decerto, relembre-se que a própria função prático-social dos contratos preliminares consiste em conferir segurança às partes, obrigando os contratantes a celebrar o contrato definitivo no futuro, sendo a possibilidade de desistência excepcional, somente admitida quando houver previsão legal ou convencional (em regra, mediante arras penitenciais).

Consoante o art. 67-A da Lei nº 4.591/64, na nova redação, salvo se a incorporação estiver submetida ao regime de patrimônio de afetação, a cláusula de decaimento (pena convencional) poderá ser fixada contratualmente no patamar de até vinte e cinco por cento da quantia paga pelo promitente-comprador, devendo ainda ser deduzida a comissão de corretagem do valor a ser restituído à parte. A restituição deverá ser feita em até cento e oitenta dias após a resolução ou 30 dias após a revenda do imóvel, caso a última se realize em prazo menor.[90] Se, por sua vez, a incorporação estiver submetida ao regime de afetação, o teto da pena convencional passa a ser cinquenta por cento das quantias pagas pelo promitente-comprador, com a dedução no valor a restituir da comissão de corretagem, sendo a restituição feita em trinta dias após o habite-se ou 30 dias após a revenda do imóvel, o que ocorrer primeiro.[91]

O contexto de crise econômica tende a tornar a execução de contratos, especialmente aqueles de longa duração, mais frágil, em razão do aumento do risco do inadimplemento, pois o cumprimento do contrato passa a ser mais custoso para as partes e pode representar grave prejuízo econômico. As falências pessoais (*e.g.* perda de emprego, mudanças estruturais de vida) podem levar promitentes-compradores

88 CHALHUB, Melhim Namen. *Incorporação imobiliária*, cit., p. 408.

89 Art. 22 do Decreto-Lei nº 58/1937 e art. 1417 do Código Civil. Em doutrina, cf. CHALHUB, Melhim Namen. *Incorporação imobiliária*, cit., p. 409. MAIA, Roberta Mauro Medina. *A irretratabilidade das promessas de compra e venda e a Lei nº 13. 786/2018* (Lei dos Distratos Imobiliários), cit., p. 12. Na jurisprudência, há o enunciado nº 543 da Sumula do Superior Tribunal de Justiça.

90 Art. 67-A caput, inciso II da Lei nº 4.591/64, na redação da Lei nº 13786/2018.

91 Art. 67-A § 5º da Lei nº 4.591/64, na redação da Lei nº 13786/2018.

a culposamente inadimplir a prestação, tendo em vista a impossibilidade financeira concreta de honrar seus compromissos.

Por sua vez, também é possível que devedores simplesmente escolham não cumprir o contrato em razão de incentivos econômicos que configuram verdadeiras oportunidades criadas pela crise (*e.g.* abrupta desvalorização do preço do metro-quadrado torna o empreendimento não mais lucrativo), na situação já mencionada de quebra eficiente do contrato. Assim, promitentes-compradores podem decidir pelo inadimplemento intencional da prestação e optar pela desistência do negócio por não mais considerá-lo economicamente vantajoso, conduta que, se adotada por um grande número de adquirentes, poderá levar à quebra do empreendimento de incorporação imobiliária.[92]

Ao propósito, a intervenção judicial excessiva e arbitrária, sem parâmetros fundados no ordenamento jurídico, poderá ser danosa ao bom funcionamento do mercado, agravando os efeitos da crise e, consequentemente, prejudicando os próprios contratantes em suas relações futuras.[93] Verifica-se situação de delicado equilíbrio entre, por um lado, o anseio de punir o devedor inadimplente contumaz e irresponsável, o qual se profissionaliza em tirar proveito econômico da crise e, do outro lado, o receio de se permitirem abusos pelo credor, tendo em vista que dificuldades financeiras podem levar ao inadimplemento os bons pagadores, isto é, aqueles devedores que deixam de executar sua prestação em razão de ausência de recursos.[94]

Com efeito, parece que o legislador não andou por um bom caminho ao fixar rigidamente o teto legal máximo, que seja aplicável a qualquer cláusula penal compensatória prevista no âmbito da promessa de compra e venda imobiliária. Tendo-se em conta que grande parte das promessas de compra e venda imobiliárias são formadas por adesão do promitente-comprador aos termos elaborados unilateralmente pela incorporadora (promitente vendedora), é de se esperar que os contratos sempre trouxessem como multa padrão o teto máximo permitido pela legislação, o que poderá ser excessivo conforme as circunstâncias do caso concreto.

Dessa feita, configura-se a existência de gama muito diversa de situações jurídicas que acabam sendo abrangidas pelo teto legal, que na prática tende a ser a multa padrão adotada em todos os contratos firmados por adesão às cláusulas gerais propostas pelos incorporadores. Em determinadas situações, a cláusula penal no valor de vinte e cinco por cento dos valores pagos pela parte inadimplente – e o que se dirá no valor de cinquenta por cento nas incorporações imobiliárias com patrimônio de afetação – poderá se revelar demasiadamente alta, considerando

92 MAIA, Roberta Mauro Medina. *A irretratabilidade das promessas de compra e venda e a Lei nº 13. 786/2018* (Lei dos Distratos Imobiliários), cit., p. 17.

93 SPIEDEL, Richard E. *Contracts in crises*: excuse doctrine and retrospective Government Acts. Carolina Academic Press, 2005, p. 4.

94 TEPEDINO, Gustavo. *Efeitos da crise econômica na execução dos contratos*, cit., p. 117.

as peculiaridades do caso concreto, o que acaba por ocasionar grave desequilíbrio econômico no contrato.[95]

Portanto, se a técnica legislativa de imposição de limite máximo fixo, em geral, é bastante problemática ante a riqueza dos casos concretos, não se pode afastar o controle de merecimento de tutela da cláusula de decaimento, tendo como parâmetro toda a legalidade constitucional, ainda que a multa contratual tenha sido fixada dentro do patamar legal. Em consequência, retoma-se a análise do controle de juridicidade da cláusula penal compensatória à luz do art. 413 do Código Civil, que deverá ser efetuado em conformidade com a tábua axiológica constitucional, com especial atenção aos princípios regentes das operações econômicas realizadas por meio de contratos: a boa-fé objetiva, a função social do contrato, o equilíbrio contratual e a proteção dos vulneráveis.

Nos contratos imobiliários, os bens jurídicos em jogo em cada relação contratual possuem real relevância na ponderação pelo intérprete, especialmente aqueles com estatura constitucional como o direito à moradia e a função social da cidade. Devem-se verificar quais são os interesses em jogo em cada operação econômica, conforme a finalidade econômico-individual do contrato. Dessa feita, a finalidade que permita o exercício do direito à moradia pelo devedor inadimplente na promessa de compra e venda imobiliária é juridicamente relevante e, portanto, deverá ser levada em conta para a eventual redução da multa convencional, ainda que ela tenha sido fixada dentro do limite legal.

Tal controle de merecimento de tutela do conteúdo do contrato é justificado pela necessidade de atenção do intérprete aos valores extrapatrimoniais, que são prevalentes no ordenamento jurídico. As relações humanas não podem ser percebidas exclusivamente em sua dimensão econômica. Se, inevitavelmente, o dado econômico possui relevância em situações jurídicas de cunho patrimonial como contratos, ele não se mede pela pessoa ou por sua existência: é a pessoa – e a sua inviolável dignidade – que se torna a medida do agir econômico.[96]

Em contrapartida, é possível que a promessa de compra e venda tenha sido celebrada pelo adquirente com a exclusiva finalidade de especulação imobiliária e, em razão da crise econômica no setor, o investimento não se mostre tão rentável, tendo em vista a desvalorização do metro-quadrado. O contrato de promessa de compra e venda imobiliária configura-se como irretratável e poderá não existir qualquer justificativa para a revisão judicial da multa convencionada para o caso de incumprimento que tenha sido fixada no patamar máximo legal. Em termos práticos, na situação do inadimplemento doloso do contrato justificado pela ineficiência econômica de seu cumprimento, a multa no teto legal poderá ser até economicamente vantajosa para o contratante inadimplente, mas, tendo em vista a gestão privada dos riscos do con-

95 KONDER, Carlos Nelson. *Arras e cláusula penal nos contratos imobiliários*, cit., pp. 83-104.

96 RODOTÀ, Stefano. *Dal soggetto alla persona*. Milano: ESI, 2007, pp. 23-24.

trato, deverá ser mantida como o teto da responsabilidade contratual, à exceção da existência de cláusula que permita indenização suplementar.

5. Conclusão

A gestão do risco do inadimplemento pelas partes por meio da previsão de cláusula penal compensatória facilita a posição econômica do credor ao dispensar a necessidade de comprovação da quantidade do prejuízo sofrido, funcionando como garantia ao risco do inadimplemento. Por sua vez, também há a facilitação da posição do devedor, pois ele já sabe de antemão o custo de eventual incumprimento do contrato. Objetiva-se maior dinamismo e segurança às partes na hipótese de extinção da relação obrigacional em razão do inadimplemento, tendo em vista a antecipação preventiva de suas consequências.

A cláusula penal encontra seu fundamento na autonomia negocial e, dessa feita, atua como forma de autorregulação dos efeitos do inadimplemento do contrato, devendo ser respeitados os limites internos que condicionam a própria autonomia privada. A liberdade de contratar não encontra único fundamento na garantia constitucional da livre iniciativa econômica, mas, diversamente, está vinculada à legalidade constitucional, em especial à cláusula geral de tutela da pessoa humana.

Diante de tais circunstâncias, mostra-se essencial o controle de merecimento de tutela da multa contratual em sua incidência a cada relação obrigacional concreta. Especialmente no contexto de crise econômica, o controle de juridicidade visa a garantir a compatibilidade funcional entre a cláusula penal e a finalidade econômico-individual do contrato, sendo ainda necessário adequar seu conteúdo ao princípio da proibição do enriquecimento sem causa na difícil realidade econômica enfrentada pelos contratantes.

Devem-se verificar quais são os interesses em jogo em cada operação econômica que merecem proteção. No exame de juridicidade da multa contratual, não se pode analisar somente a cláusula abstratamente considerada, mas é necessário considerá-la no contexto específico de cada relação jurídica. Nos contratos imobiliários, torna-se especialmente relevante ponderar os bens jurídicos em jogo, como o direito à moradia e a função social da cidade. O intérprete deverá avaliar a legitimidade da cláusula e de seu *quantum*, sobretudo focando na aplicação dos princípios contratuais que regem a atividade econômica: a boa-fé objetiva, a função social do contrato, o equilíbrio contratual e a proteção dos vulneráveis.

No âmbito dos contratos imobiliários, é comum a previsão da multa convencional na forma de cláusula de decaimento para a hipótese de inadimplemento absoluto, pela qual a indenização do promitente-vendedor se dará com a retenção de parte do valor pago pelo promitente-comprador inadimplente. O contexto de crise econômica tende tornar a execução de contratos, especialmente aqueles de longa duração, mais dramática, tendo em vista que os efeitos da crise geram o aumento do risco do inadimplemento.

Verifica-se situação de delicado equilíbrio entre, por um lado, o anseio de punir o devedor intencionalmente inadimplente, o qual se profissionaliza em tirar proveito econômico da crise e, do outro lado, o receio de se permitir abusos pelo credor, tendo em vista que dificuldades financeiras podem levar devedores em situação de falência pessoal ao inadimplemento culposo, isto é aqueles devedores que deixam de executar sua prestação em razão de total ausência de recursos financeiros. Portanto, nos contratos imobiliários, os bens jurídicos em jogo em cada relação contratual concreta devem ter especial importância na ponderação feita pelo intérprete.

Descumprir um contrato de promessa de compra e venda cuja finalidade é o exercício do direito à moradia por uma família em crise financeira não é a mesma situação – e nem deve receber o mesmo tratamento interpretativo – do investidor que realizou a promessa de compra e venda visando exclusivamente à especulação imobiliária e se arrependeu, posteriormente, do mau investimento ante a crise do mercado. Deve-se ter em mente os interesses em jogo em cada operação econômica, sem perder de vista a finalidade econômico-individual do contrato. A finalidade que permita o exercício do direito à moradia pelo devedor inadimplente na promessa de compra e venda imobiliária é juridicamente relevante e, consequentemente deverá ser levada em conta para a eventual redução da multa convencional, ainda que fixada dentro do limite legal.

Seletividade no ICMS

Humberto Ávila

Introdução

O artigo 155, § 2º, inciso III, da Constituição prescreve que o Imposto sobre a Circulação de Mercadorias e Serviços "poderá ser seletivo, em função da essencialidade das mercadorias e dos serviços". O conteúdo normativo deste dispositivo, contudo, é objeto de divergência entre Estados e contribuintes.

De um lado, os Estados sustentam que o ICMS pode ser seletivo em função da essencialidade das mercadorias e serviços, no sentido de que eles têm uma *dupla* faculdade: primeiro, a faculdade de optar ou não pela seletividade; segundo, caso venham a adotá-la, a faculdade de optar ou não pelo critério da essencialidade. Desse modo, os Estados defendem que têm a liberdade tanto para optar pela seletividade (liberdade quanto ao "se") quanto para optar pelo critério da essencialidade (liberdade quanto ao "como"). Em outras palavras, os Estados defendem que podem livremente decidir se adotam ou não a seletividade no ICMS e, caso venham a empregá-la, podem livremente escolher o critério da essencialidade ou outro qualquer.

De outro lado, os contribuintes discutem, primeiro, se o termo "poderá" deve ser entendido como uma *faculdade* ou como um *comando*. Ou seja, se os Estados teriam mesmo uma faculdade de adotar a seletividade, em razão da essencialidade. E, segundo, independentemente desta primeira questão, argumentam que os Estados, na melhor das hipóteses, teriam uma única faculdade: a de optar ou não pela seletividade. No entanto, caso venham a adotá-la, eles não teriam a faculdade de optar ou não pelo critério da essencialidade, mas o dever de empregá-lo. Nesse sentido, no mínimo, os Estados só teriam a liberdade para optar pela seletividade (liberdade quanto ao "se"), mas não teriam a liberdade para optar pelo critério da essencialidade (liberdade quanto ao "como").

Diante deste impasse, surge a indagação: quem tem razão – os Estados ou os contribuintes? Este artigo tem a finalidade de demonstrar que o texto constitucional não deixa qualquer espaço para a dúvida no tocante a estas questões. De um lado, ainda que se considere que exista uma liberdade dos Estados, esta se restringiria à adoção ou não da seletividade (liberdade quanto ao "se"). Uma vez adotada a diferença entre as alíquotas do ICMS, então necessariamente o critério de diferenciação entre as mercadorias e os serviços *deve ser* o da essencialidade. Isso significa dizer que os Estados, quando muito, até podem livremente decidir se adotam ou não a seletividade no ICMS, mas, caso venham a adotá-la, têm a obrigação de escolher o critério da essencialidade e nenhum outro. Este resultado interpretativo é uma imposição da Lógica e da Gramática. E, de outro lado, também é fundamental reanalisar a conclusão de que a Constituição atribuiu aos Estados uma faculdade de adotar a seletividade, em razão da essencialidade. É o que se passa a fazer.

I. A vinculação da seletividade à essencialidade

Em primeiro lugar, os Estados e os contribuintes divergem quanto ao significado do enunciado prescrito pelo artigo 155, § 2º, inciso III, que assim estabelece:

> Art. 155 (...)
>
> § 2º O imposto previsto no inciso II atenderá ao seguinte:
>
> (...) III – poderá ser seletivo, em função da essencialidade das mercadorias e dos serviços;

Diante deste impasse, é fundamental analisar referido dispositivo do ponto de vista lógico e gramatical. Uma frase pode conter uma ou mais orações. Caso tenha mais de uma oração, as orações podem manter uma relação de subordinação entre si. Quando uma oração cumpre a função de qualificar o substantivo contido noutra oração, diz-se que ela é uma oração subordinada adjetiva. Há dois tipos de orações subordinadas adjetivas: as explicativas e as restritivas. As orações subordinadas adjetivas explicativas, colocadas entre vírgulas, qualificam uma palavra da oração principal, explicando o seu sentido.[1] Veja-se o seguinte exemplo hipotético:

> "Os políticos, **que são desonestos**, não podem ocupar cargos públicos".

Nesse caso, a oração principal nesta frase ("Os políticos [...] não podem ocupar cargos públicos") assere a proposição de que os políticos não podem ocupar cargos públicos. A frase, contudo, também contém uma oração subordinada adjetiva ("que são desonestos"), que qualifica um termo da oração principal: o sujeito "os políticos". Assim, a frase também exprime a proposição de que os políticos são todos desonestos. Como resultado, a frase exprime duas proposições: 1) "Os políticos não podem ocupar cargos públicos"; 2) "Os políticos são desonestos". Nesta frase, portanto, afirma-se que todos os políticos são desonestos e que nenhum deles pode ocupar cargos públicos. A estrutura acima referida é conhecida como oração subordinada adjetiva *explicativa* (ou cláusula relativa não-restritiva), porque ela relaciona uma oração a uma palavra particular de outra oração, qualificando o seu conteúdo, mas *sem* restringir o seu significado.

As orações subordinadas adjetivas restritivas, apresentadas sem a inserção de vírgulas, restringem a referência do termo de outra oração a uma determinada subclasse. Veja-se o seguinte exemplo, este realista:

> "Os políticos **que são desonestos** não podem ocupar cargos públicos".

---

1 BECHARA, Evanildo. *Moderna Gramática Portuguesa*. 38ª ed. rev. ampl. Rio de Janeiro: Nova Fronteira, 2015. p. 484. CUNHA, Celso. CINTRA, Lindley. *Nova gramática do português contemporâneo*. 7ª ed. Rio de Janeiro: Lexicon, 2017. p. 618.

Nesse caso, a oração subordinada adjetiva ("que são desonestos") limita a referência do termo "políticos" a uma certa subclasse deles: apenas aqueles que são desonestos. Desse modo, está-se exprimindo uma proposição tão somente sobre uma subclasse dos políticos, e não uma proposição sobre todos os políticos. Como resultado, a frase exprime uma única proposição: "Os políticos que são desonestos não podem ocupar cargos públicos". Nesta frase, por conseguinte, afirma-se que só não podem ocupar cargos públicos os políticos que são desonestos, o que significa afirmar também que "os políticos que não são desonestos podem ocupar cargos públicos". A estrutura recém apresentada é classificada como oração subordinada adjetiva *restritiva* (ou cláusula restritiva), porque ela relaciona uma oração a uma palavra particular de outra oração, *restringindo* o seu significado apenas a uma subclasse sua.

Diante desse quadro, surge o seguinte questionamento: a oração "em função da essencialidade das mercadorias e serviços", constante do enunciado constitucional (artigo 155, § 2º, inciso III), é uma oração subordinada adjetiva *explicativa* ou uma oração subordinada adjetiva *restritiva*? A resposta é categórica: trata-se de uma oração subordinada adjetiva explicativa.

Para demonstrá-lo, é preciso apresentar a estrutura gramatical contida na frase. Assim, quando a Constituição estabelece que "o ICMS poderá ser seletivo, em função da essencialidade", está dizendo o mesmo que:

> "A seletividade, **em função da essencialidade**, poderá ser adotada no ICMS".

A oração principal na frase constitucional ("A seletividade, [...], poderá ser adotada no ICMS") assere a proposição de que a seletividade poderá ser adotada. A frase, no entanto, igualmente contém uma oração subordinada adjetiva ("em função da essencialidade"), que qualifica um termo da oração principal: o sujeito "a seletividade". Em razão disso, a frase também exprime a proposição de que a seletividade *será* em função da essencialidade. Como resultado, a frase exprime duas proposições: 1) "A seletividade poderá ser adotada no ICMS"; 2) "A seletividade será em função da essencialidade". Nesta frase, por conseguinte, afirma-se que toda a seletividade será pela essencialidade e que ela poderá ser adotada.

Trata-se, como se pode facilmente perceber, de uma oração subordinada adjetiva explicativa (ou cláusula não-restritiva), porque ela relaciona uma oração a uma palavra particular de outra oração, qualificando *toda* a sua extensão, sem restringir a sua referência apenas a uma subclasse sua. Em outras palavras, a frase exprime a proposição fundamental de que a seletividade será em função da essencialidade, isto é, a seletividade só pode ser adotada em função da essencialidade. Outro critério não pode ser empregado. Diferentemente seria se a frase constitucional tivesse sido redigida de forma diferente, sem a aposição de vírgula, do seguinte modo:

> "A seletividade **em função da essencialidade** poderá ser adotada no ICMS".

Tivesse a Constituição sido escrita desta forma, ela teria introduzido uma oração subordinada adjetiva que restringiria a referência do termo "seletividade" apenas a uma certa subclasse da seletividade: aquela em função da essencialidade. Como resultado, exprimiria uma proposição apenas sobre uma subclasse da seletividade, e não uma proposição sobre toda e qualquer seletividade. Nesse caso, a oração subordinada adjetiva seria restritiva precisamente porque relacionaria uma oração a uma palavra particular de outra oração, qualificando apenas parte de sua extensão a uma subclasse sua. Noutro dizer, a frase exprimiria a proposição fundamental de que a seletividade poderia ser adotada em função da essencialidade e em função de outro critério qualquer, como capacidade contributiva ou finalidade extrafiscal.

Em suma, o modo como a Constituição foi escrita não deixa margem a qualquer dúvida: caso os Estados optem por adotar a seletividade, eles deverão utilizar o critério da essencialidade da mercadoria e dos serviços. A discricionariedade, se existir (o que é parcialmente discutido no próximo item deste artigo), só existe com relação à prerrogativa de adotar a seletividade (liberdade quanto ao "se"). Uma vez tendo decidido graduar as alíquotas do ICMS, selecionando e, portanto, classificando os contribuintes, esta graduação *deverá ser* em função da essencialidade das mercadorias, pois não há liberdade com relação ao critério (liberdade quanto ao "como").

As considerações anteriores demonstram que o dispositivo constitucional limita a competência dos Estados. Não poderia ser diferente. É que se a interpretação fosse outra, no sentido de que o texto constitucional teria veiculado uma oração subordinada adjetiva restritiva, os Estados poderiam adotar a seletividade em função da essencialidade e em função de outro critério qualquer. Nessa acepção, os Estados poderiam adotar a seletividade e poderiam adotá-la como quisessem. Esta interpretação, todavia, não faz sentido quando cotejada com o texto da Constituição.

Com efeito, se o inciso III do parágrafo 2º do artigo 155 da Constituição não tivesse a função de restringir a competência prevista no seu *caput*, ele não teria função alguma. Ora, se o dispositivo constitucional tivesse a função de dizer que os Estados podem instituir o ICMS como quiserem, ele seria desnecessário, pois a competência sem restrição já estaria outorgada pelo *caput* do mesmo artigo. Por exemplo, se uma pessoa fosse autorizada, por uma regra geral, a jantar em *qualquer* restaurante da cidade, não haveria a necessidade de estabelecer uma regra especial para dizer que ela poderia jantar em restaurantes italianos, pela singela razão de que a expressão "qualquer restaurante" já abrangeria esta espécie: a classe de "qualquer restaurante" já abrange a subclasse "restaurante italiano".

No caso ora discutido, isso significa que se o inciso III do parágrafo 2º do artigo 155 da Constituição não tivesse a função de obrigar os Estados a adotarem a seletividade pela essencialidade, ele não teria função alguma, pois, na sua ausência, os Estados poderiam conformar o ICMS tanto pela seletividade em função da essencialidade quanto pela seletividade em função de outro critério. Daí se dizer que a função do mencionado dispositivo é precisamente a de limitar a competência dos Estados:

caso decidam graduar as alíquotas, deverão fazê-lo em nome da seletividade pela essencialidade. Nem mais, nem menos.

Aplica-se, nesse caso, o postulado do legislador coerente que, baseado no princípio da igualdade, obriga o Estado a agir de forma coerente e consequente.[2] Quando analisado em sua perspectiva temporal, o princípio da igualdade gera o denominado *dever de coerência*.[3] O legislador, tendo optado pela utilização de alíquotas distintas, deve desenvolver a essencialidade de modo coerente e livre de contradições. O dever decorrente da igualdade impõe a implementação dos critérios previamente estabelecidos pelo próprio legislador.[4] Uma advertência se faz necessária: o postulado do legislador coerente não pretende obrigar o legislador a manter a situação inalterada definitivamente. Ele obriga, entretanto, que o desenvolvimento do Direito se faça de forma coerente e consequente, evitando-se ao máximo mudanças abruptas, erráticas e dissonantes.[5] E isso porque, com uma atividade legislativa errática, deterioram-se paulatinamente os próprios fundamentos sistemáticos do Direito Tributário.[6]

Como apontado por MAURER, "a auto vinculação pode surgir quando o legislador decide por um modelo específico, estando obrigado a concretizar esse modelo de forma consequente."[7] Essa vinculação deve se manifestar por meio de uma "consideração continuada e não-arbitrária de valorações anteriores."[8] Em outras palavras, a auto vinculação decorre da própria liberdade de conformação e da eleição de critérios e instrumentos específicos, baseada em motivos declarados.[9] Isso significa que tendo o legislador adotado o critério da essencialidade, ele deve implementá-lo à inteireza e livre de contradições.

Logo, a norma reconstruída a partir do artigo 155, § 2º, inciso III, da Constituição, proíbe os Estados de, tendo adotado a seletividade no ICMS, tributar de modo

---

2 OSTERLOH, Lerke. "Folgerichtigkeit. Verfassungsrechtliche Rationalitätsanforderungen in der Demokratie". In: BÄUERLE, Michael (Org.). *Demokratie-Perspektiven*. Tübingen: Mohr Siebeck. 2013, p. 433.

3 ÁVILA, Humberto. *Teoria da Segurança Jurídica*. 5ª ed. São Paulo: Malheiros, 2019, p. 659.

4 ÁVILA, Humberto. "O "Postulado do Legislador Coerente" e a Não-cumulatividade das Contribuições". In: ROCHA, Valdir de Oliveira. *Grandes Questões Atuais do Direito Tributário*. 11º vol. São Paulo: Dialética, 2007, p. 177.

5 MAURER, Hartmut. Kontinuitätsgewähr und Vertrauensschutz. in ISENSEE/KIRCHHOF (Orgs.). *Handbuch des Staatsrechts*. 3ª ed. Vol. IV, Heidelberg: C.F. Müller, 2006, p. 396.

6 BIRK, Dieter. Kontinuitätsgewähr und Vertrauensschutz. in PEZZER, Heinz-Jürgen (Org.) Vertrauensschutz im Steuerrecht. Colônia: Otto Schmidt, 2004, p. 17.

7 MAURER, Hartmut. Kontinuitätsgewähr und Vertrauensschutz. in ISENSEE/KIRCHHOF (Orgs.). *Handbuch des Staatsrechts*. 3ª ed. Vol. IV, Heidelberg: C.F. Müller, 2006, p. 438.

8 STERN, Klaus. *Das Staatsrecht der Bundesrepublik Deutschland*. 2ª ed. Vol. I. Munique: C.H. Beck, 1984, p. 838.

9 WALLERATH, Maximilian. *Die Selbstbindung der Verwaltung*. Berlin: Duncker und Humblot, 1968, p. 20.

mais gravoso bens considerados essenciais. São exemplos disso, por exemplo, a tributação incidente sobre as operações com energia elétrica e os serviços de telecomunicações.

Primeiro, porque ainda que haja liberdade sobre adotar ou não a seletividade (liberdade quanto ao "se"), o que ora é deixado de lado, a Constituição definiu o critério a ser usado caso esta fosse adotada, qual seja, o critério da essencialidade. Inexiste, portanto, liberdade quanto ao "como": a oração "em função da essencialidade das mercadorias e serviços", constante do enunciado constitucional, é uma oração subordinada adjetiva *explicativa* que, como tal, exprime tanto a proposição de que "A seletividade poderá ser adotada no ICMS", quanto a proposição de que "A seletividade será em função da essencialidade". E, segundo, porque as regras lógicas ratificam esta conclusão, na medida em que o inciso III do § 2º do artigo 155 da Constituição limita a competência dos Estados para a instituição do ICMS. Se assim não fosse, ele não teria função nenhuma, pois seria desnecessário dizer que os Estados podem instituir o ICMS como quiserem.

II. O dever de adotar a seletividade, em função da essencialidade

Em segundo lugar, os Estados e os contribuintes também divergem com relação à liberdade de os Estados adotarem (ou não) a seletividade. Até este momento, foi pressuposto que o termo "poderá" presente no dispositivo constitucional ("o ICMS poderá ser seletivo, em função da essencialidade das mercadorias e dos serviços") exprimiria uma faculdade em razão da qual os Estados teriam liberdade para adotar a seletividade (liberdade quanto ao "se"). A razão principal desta suposição decorre do fato de que a Constituição utilizou termos distintos ao prescrever a seletividade para o IPI (artigo 153, § 3º, inciso I) e para o ICMS (artigo 155, § 2º, inciso III). Assim os dispositivos constitucionais:

ICMS	IPI
Art. 155. (....) § 2º O imposto previsto no inciso II atenderá ao seguinte: (...) **III – poderá ser seletivo, em função da essencialidade das mercadorias e dos serviços;**	Art. 153. (...) § 3º O imposto previsto no inciso IV: (...) **I – será seletivo, em função da essencialidade do produto;**

Nessas hipóteses, em geral, aplica-se o argumento da *constância terminológica* ou *presunção de sinonímia*. Segundo este, o legislador emprega um termo ou expressão sempre com o mesmo significado (ao menos no interior de qualquer documento normativo); e, reciprocamente, quando o legislador emprega termos ou expressões diversos, estes não podem ter o mesmo significado (ao menos não no âmbito de um mesmo documento normativo).[10] Tal argumento parte do pressuposto de que o legislador emprega termos iguais com significados iguais e termos diferentes com significados diferentes. Se o legislador empregou termos diferentes, quis atribuir significados diferentes, e, consequentemente, se empregou termos iguais, pretendeu atribuir significados iguais.[11]

Isso significaria dizer que haveria uma diferença com relação à obrigatoriedade de adoção da seletividade, em função da essencialidade: para o IPI, a adoção da seletividade, em função da essencialidade, seria obrigatória (*não haveria* liberdade quanto ao "se"); e, para o ICMS, a adoção da seletividade, em função da essencialidade, seria facultativa (*haveria* liberdade quanto ao "se"). Esta seria a interpretação correta se não houvesse outras razões que indicassem outra interpretação.

O conteúdo normativo nem sempre decorre de um único dispositivo. Um exemplo ajuda a ilustrar esta questão: o artigo 150, inciso IV, afirma que é vedado à União, aos Estados, ao Distrito Federal e aos Municípios "utilizar tributo com efeito de confisco". Este dispositivo, se interpretado apenas a partir do sentido preliminar dos seus termos, indicaria que a proibição de confisco seria aplicável tão somente aos tributos, e não às multas tributárias e às obrigações acessórias, por exemplo.

A correta interpretação deste dispositivo, contudo, não é esta. Tal prescrição constitucional tem natureza meramente expletiva, cujo conteúdo normativo é determinado pela eficácia reflexiva dos direitos fundamentais, como a proteção da propriedade e do mínimo existencial. Qualquer restrição excessiva dos direitos fundamentais é inconstitucional, seja qual for a razão. Assim, a proibição de confisco não se restringe apenas aos tributos, mas alcança toda e qualquer obrigação, como as multas e as obrigações acessórias. Nesse sentido, o próprio Supremo Tribunal Federal:

> **A proibição constitucional do confisco em matéria tributária – ainda que se trate de multa fiscal resultante do inadimplemento, pelo contribuinte, de suas obrigações tributárias – nada mais representa senão a interdição, pela Carta Política, de qualquer pretensão governamental que possa conduzir, no campo da fiscalidade, à injusta apropriação estatal, no todo ou em parte, do patrimônio ou dos rendimentos dos contribuintes, comprometendo-lhes, pela insuportabilidade da carga tributária, o exercício do direito a uma existência digna, ou a prática de atividade profissional lícita ou, ainda, a regular satisfação de suas necessidades vitais básicas.** – O Poder Público, especialmente em sede de tributação (mesmo tratando-se da definição do "quantum" pertinente ao valor das multas fiscais), não pode agir imoderadamente, pois a atividade governamental acha-se essencialmente condicionada pelo princípio da razoabilidade que se qualifica como verdadeiro parâmetro de aferição da constitucionalidade material dos atos estatais. (STF, Medida Cautelar na Ação Direta de Inconstitucionalidade nº 1.075, Relator Ministro Celso de Mello, Tribunal Pleno, julgado em 17/06/1998) (Grifos meus)

10 GUASTINI, Riccardo. *Interpretare e argomentare*. Milano: Giuffrè, 2011, p. 299.

11 CHIASSONI, Pierluigi. *Tecnica dell'interpretatazione giuridica*. Bologna: Il Mulino, 2007, p. 110.

Esta conclusão é corroborada pelo fato de que outras Constituições sequer possuem um dispositivo específico sobre a vedação de confisco, sendo tal limitação reconstruída pela eficácia reflexiva dos direitos fundamentais. A Lei Fundamental Alemã, por exemplo, não possui regras específicas com relação aos limites do exercício do poder de tributar. Isso não significa, porém, que não haja limites à tributação. A proibição de um sistema tributário com efeitos confiscatórios, mesmo que não expressa, pode ser facilmente deduzida das garantias fundamentais da dignidade humana, da liberdade, da igualdade e da propriedade, havendo proibição constitucional expressa de que esses direitos fundamentais sejam violados em sua essência (art. 19, § 2º, Lei Fundamental Alemã).

Isso significa dizer que a definição da expressão *poderá ser seletivo* deve ser construída não apenas por meio do exame do inciso III do § 2º do artigo 155 da Constituição.

Da mesma forma, a correta interpretação da prescrição constitucional "poderá ser seletivo" não é fornecida necessariamente pelo exame isolado do dispositivo que expressa e imediatamente determina esta característica para o ICMS. Ela decorre, ao contrário, de uma compreensão sistemática dos dispositivos que expressa ou implicitamente, imediata ou mediamente, entrem em contato com os bens jurídicos restringidos na concretização da relação obrigacional tributária (que envolva o Imposto sobre a Circulação de Mercadorias e Serviços).

Nesse sentido, destaca-se, novamente, a tributação incidente sobre as operações com energia elétrica e telecomunicações como exemplo a demonstrar que a interpretação sistemática do artigo 155, § 2º, III, da Constituição, levará a resultado diverso daquele que confere liberdade ao legislador estadual para adotar a seletividade.

De um lado, a definição da expressão *poderá ser seletivo* deve ser construída a partir da natureza essencial atribuída pela própria Constituição a determinados bens e serviços. No caso, a Constituição definiu essas operações com energia elétrica e telecomunicações dentre aquelas consideradas como essenciais e, exatamente por esta razão, reservou a sua prestação à União, que deve explorá-los diretamente ou mediante autorização, concessão ou permissão.

Assim, se a própria Constituição atribuiu essencialidade a essas operações, reconhecendo a sua importância para os cidadãos e, nesse sentido, a necessidade de tratamento diferenciado ou seletivo. Noutro dizer, a Constituição tratou as operações com energia elétrica e telecomunicações como operações *mais importantes* e, exatamente por isso, reservou a sua legislação e a sua exploração como de competência privativa da União (artigo 21). Não há aqui qualquer faculdade por parte dos Estados de tratar como iguais aquilo que a Constituição tratou como diferentes.

De outro lado, a definição da expressão *poderá ser seletivo* deve ser construída a partir da eficácia reflexiva dos direitos fundamentais. O postulado da *unidade* (e da coerência) do ordenamento jurídico implica a necessária relação entre *parte* e *conjunto*, de tal sorte que a interpretação da norma pressupõe a do sistema do qual ela faz parte, e vice-versa.[12] Mais que isso: a unidade do ordenamento jurídico implica sincronia na interpretação das normas, devendo-se interpretar uma norma ao mesmo tempo em que se analisam as demais.[13] No caso da tributação da energia elétrica e dos serviços de telecomunicações, portanto, impõe-se a consideração dos princípios e regras que garantem a realização da dignidade humana, da propriedade e da liberdade, quer como direitos, quer como fins.

A proteção específica desses bens jurídicos e a determinação constitucional de promoção desses bens implica o reconhecimento de que a essencialidade deve levar em consideração exatamente a importância do bem para a promoção desses direitos. Se um determinado bem ou serviço é mais importante do que outro para a promoção desses direitos fundamentais, então a eficácia reflexiva desses direitos impõe o seu tratamento diferenciado. Em outras palavras, se existe uma diferença com relação ao grau de importância dos bens e serviços para a promoção dos direitos fundamentais então a eficácia destes direitos *impõe* o tratamento diferenciado.

Todas as considerações anteriores demonstram que, relativamente às operações com energia elétrica e telecomunicações, a correta interpretação da expressão *poderá ser seletivo* é aquela no sentido de que o artigo 155, § 2º, inciso III, da Constituição, estabeleceu um *comando* aos Estados e não uma faculdade, que poderia ser exercida conforme a sua conveniência e oportunidade. Tal conclusão é alcançada em virtude da interpretação sistemática da Constituição, de acordo com a importância e essencialidade atribuída a essas operações e de acordo com a eficácia reflexiva dos direitos fundamentais dos contribuintes que impõe a diferenciação conforme o grau de vinculação do bem ou do serviço à promoção desses direitos.

Primeiro, porque não há liberdade quanto à adoção da seletividade (liberdade quanto ao "se"), na medida em que a correta interpretação da expressão *poderá ser seletivo* é aquela no sentido de que os Estados têm o dever de adotar a seletividade, em função da essencialidade, em virtude da interpretação sistemática da Constituição, que reconhece a importância dessas operações ao reservar a competência legislativa e a sua exploração de forma privativa à União. E, segundo, porque é preciso considerar a eficácia reflexiva dos direitos fundamentais para a intepretação das disposições tributárias, que impõe o dever de diferenciar as mercadorias e os serviços de acordo com a sua capacidade de promoção dos direitos fundamentais.

---

12 ALEXY, Robert. "Juristiche Interpretation". In: *Recht, Vernunft, Diskurs*. Frankfurt am Main: Suhrkamp, 1995, p. 76.

13 ÁVILA, Humberto. *Conceito de renda e compensação de prejuízos fiscais*. São Paulo: Malheiros, 2011, p. 16.

Conclusões

Todas as considerações anteriores, baseadas na Gramática, na Lógica e em argumentos sistemáticos, permitem chegar à conclusão de que a norma reconstruída a partir do artigo 155, § 2º, inciso III, da Constituição, proíbe que os Estados, tendo adotado a seletividade no ICMS, tributem de modo mais gravoso mercadorias e serviços essenciais, dentre os quais operações com energia elétrica e os serviços de telecomunicações.

Em primeiro lugar, porque ainda que houvesse liberdade quanto a adotar ou não a seletividade (liberdade quanto ao "se"), a Constituição definiu o critério a ser usado caso esta fosse adotada, qual seja, o critério da essencialidade. Inexiste, portanto, liberdade quanto ao "como": a oração "em função da essencialidade das mercadorias e serviços" é uma oração subordinada adjetiva explicativa que, como tal, exprime tanto a proposição de que "A seletividade poderá ser adotada no ICMS", quanto a proposição de que "A seletividade será em função da essencialidade".

E, em segundo lugar, porque as regras lógicas ratificam esta conclusão, na medida em que o inciso III do § 2º do artigo 155 da Constituição limita a competência dos Estados para a instituição do ICMS. Se assim não fosse, ele não teria função alguma, pois seria desnecessário dizer que os Estados podem instituir o ICMS como quiserem.

Não suficiente a falta de liberdade com relação ao modo de exercício da seletividade (liberdade quanto ao "como"), também haverá casos em que inexiste liberdade para os Estados quanto à sua adoção (liberdade quanto ao "se"). No exemplo citado das operações com energia elétrica e telecomunicações, a correta interpretação da expressão poderá ser seletivo é aquela no sentido de que os Estados têm o dever de adotar a seletividade, em função da essencialidade, em virtude da interpretação sistemática da Constituição que, de um lado, reconhece a importância dessas operações ao reservar a competência legislativa e a sua exploração de forma privativa à União, e, de outro lado, impõe, pela eficácia reflexiva dos direitos fundamentais, o dever de diferenciar as mercadorias e os serviços de acordo com a sua capacidade de promoção dos direitos fundamentais.

Referências bibliográficas

ALEXY, Robert. "Juristiche Interpretation". In: *Recht, Vernunft, Diskurs*. Frankfurt am Main: Suhrkamp, 1995.

ÁVILA, Humberto. *Teoria da Segurança Jurídica*. 5ª ed. São Paulo: Malheiros, 2019.

_____. *Conceito de renda e compensação de prejuízos fiscais*. São Paulo: Malheiros, 2011.

_____. "O "Postulado do Legislador Coerente" e a Não-cumulatividade das Contribuições". In: ROCHA, Valdir de Oliveira. *Grandes Questões Atuais do Direito Tributário*. 11º vol. São Paulo: Dialética, 2007.

BECHARA, Evanildo. *Moderna Gramática Portuguesa*. 38. ed. rev. ampl. Rio de Janeiro: Nova Fronteira, 2015.

BIRK, Dieter. Kontinuitätsgewähr und Vertrauensschutz. in PEZZER, Heinz-Jürgen (Org.) Vertrauensschutz im Steuerrecht. Colônia: Otto Schmidt, 2004.

CHIASSONI, Pierluigi. *Tecnica dell'interpretatazione giuridica*. Bologna: Il Mulino, 2007.

CUNHA, Celso. CINTRA, Lindley. *Nova gramática do português contemporâneo*. 7. ed. Rio de Janeiro: Lexicon, 2017.

GUASTINI, Riccardo. *Interpretare e argomentare*. Milano: Giuffrè, 2011.

MAURER, Hartmut. Kontinuitätsgewähr und Vertrauensschutz. in ISENSEE/KIRCHHOF (Orgs.). *Handbuch des Staatsrechts*. 3ª ed. Vol. IV, Heidelberg: C.F. Müller, 2006.

OSTERLOH, Lerke. "Folgerichtigkeit. Verfassungsrechtliche Rationalitätsanforderungen in der Demokratie". In: BÄUERLE, Michael (Org.). *Demokratie-Perspektiven*. Tübingen: Mohr Siebeck. 2013.

STERN, Klaus. *Das Staatsrecht der Bundesrepublik Deutschland*. 2ª ed. Vol. I. Munique: C.H. Beck, 1984.

WALLERATH, Maximilian. *Die Selbstbindung der Verwaltung*. Berlin: Duncker und Humblot, 1968.

Viabilidade da Instauração do Incidente de Resolução de Demandas Repetitivas no âmbito do Superior Tribunal de Justiça

Humberto Martins

1. Introdução

O Incidente de Resolução de Demandas Repetitivas – IRDR é considerado uma das principais inovações do Código de Processo Civil de 2015 (arts. 976 a 987), a ser instaurado, em regra, no âmbito dos tribunais estaduais e federais em situações de efetiva repetição de controvérsias sobre idêntica questão de direito, de modo a assegurar a isonomia e a segurança jurídica.

Tendo natureza jurídica incidental, o IRDR pressupõe, em tese, um processo principal pendente de julgamento, razão pela qual muito se questionou sobre a viabilidade de sua instauração originariamente no Superior Tribunal de Justiça, ou seja, sobre a possibilidade de abstrair de um processo de fundo para que o instrumento possa ser deflagrado diretamente no Tribunal da Cidadania.

A Corte Especial do Superior Tribunal de Justiça decidiu recentemente que é cabível a instauração do IRDR nessa instância superior, desde que reunidos os pressupostos do art. 976, incisos I e II, do Código de Processo Civil de 2015. Partindo dessa orientação jurisprudencial, o presente artigo discorre sobre os fundamentos que autorizam a instauração do IRDR diretamente no Superior Tribunal de Justiça.

2. O Incidente de Resolução de Demandas Repetitivas – IRDR

2.1. Breve histórico

Sob inspiração da *class action* norte-americana, o ordenamento jurídico brasileiro, em meados dos anos 1980, vivenciou o importante advento da Lei da Ação Civil Pública (Lei nº 7.347/1985), que disciplina o cabimento de ações coletivas de responsabilidade por danos morais e patrimoniais em controvérsias sobre danos causados ao meio ambiente, ao consumidor, a bens e direitos de valor artístico, estético, histórico, turístico e paisagístico, entre outras providências.

Em 1988, a Constituição da República, no art. 5º, incisos XXI, LXX, "b", e LXXIII, e no art. 129, inciso III, veio a corroborar a coletivização das macrolides, a fim de oferecer um norte para as ações de massa, muitas das quais possuem sujeitos numerosos (ou indeterminados) e objeto indivisível.

Na sequência da Lei da Ação Civil Pública, o Código de Defesa do Consumidor (Lei n. 8.078/1990) incluiu os danos a qualquer outro interesse difuso e coletivo; a MP nº 2.180-35/2001 acrescentou os danos à ordem urbanística; a Lei nº 12.529/2011 acresceu os danos por infração da ordem econômica; a Lei nº 12.966/2014 compreendeu os danos à honra e à dignidade de grupos raciais, étnicos ou religiosos; e a Lei nº 13.004/2014 abrangeu os danos ao patrimônio público e social.

De acordo com o Anteprojeto do Código de Processo Civil de 2015, um dos objetivos do novo Código foi evitar a "dispersão excessiva da jurisprudência", de sorte a amenizar o volume de processos no Judiciário e, simultaneamente, manter a "qualidade da prestação jurisdicional".[1]

Imbuído desse espírito, o novo Código de Processo Civil inspirou-se no *Musterverfahren* do direito alemão para criar o Incidente de Resolução de Demandas Repetitivas – IRDR, no qual se identificam processos repetitivos, ainda no primeiro grau de jurisdição e com idêntica questão (unicamente) de direito, para que sejam julgados sob uma mesma tese fixada pelo tribunal.

A sistemática alemã, de fato, serviu de mera inspiração. Como instrumento não representativo, no ano de 2005, o *Musterverfahren* passou a integrar experimentalmente a Lei do Procedimento-Modelo para os investidores em mercado de capitais, a *KapMuG* (*Gesetz zur Einführung von Kapitalanleger-Musterverfahrengesetz*), de modo temporário e com vigência até 2010, quando, após ser prorrogado por mais 2 (dois) anos, adveio nova lei em 2012 com vigência até 1º de novembro de 2020 (sem prejuízo de sua renovação), devido à necessidade de reger a questão pontual da Deutsche Telekom. A companhia de telecomunicações alemã teria lesado cerca de 17.000 investidores do mercado de capitais, divulgando, entre os anos de 1999 e 2000, informações inverídicas que não correspondiam à real valorização mobiliária da sociedade. Os milhares de investidores que adquiriram ações da companhia foram, na sequência, surpreendidos com a veloz e notória desvalorização desses títulos, o que motivou a propositura de milhares de ações no Tribunal de Frankfurt.

Nesse ambiente, o *Musterverfahren* é tido como uma modalidade de julgamento de casos repetitivos que segue o sistema do processo-modelo: há uma cisão de competência em que o colegiado fixa a tese para a questão comum a um grupo de casos e devolve o feito ao juiz competente a fim de que este aplique a tese e decida eventuais questões periféricas. Logo, o *Musterverfahren* tem a função de oferecer uma tese comum para um número significativo de demandas coletivas que versem sobre o mesmo quadro fático ou jurídico. Esse parece um procedimento comum aos olhos do ordenamento jurídico brasileiro, mas representa, na verdade, uma experiência relativamente nova para o direito alemão, que sempre primou pela solução de conflitos bilaterais, até mesmo por possuir um direito processual de excelência, bem

1 Anteprojeto do novo Código de Processo Civil. Brasília: Senado Federal, Subsecretaria de Edições Técnicas, 2010, p. 28. Disponível em: <http://www2.senado.leg.br/bdsf/handle/id/496296>. Acesso em: 26/9/2019.

como um Judiciário reconhecido por sua celeridade e por não incentivar a judicialização de conflitos de massa.[2]

Já o IRDR tem ampla aplicação sobre as disciplinas existentes no direito nacional, quer sejam de direito material, quer sejam de direito processual, enquanto o instrumento utilizado no direito alemão é, até o presente momento, específico para controvérsias fáticas ou jurídicas relativas ao mercado mobiliário e, de forma mais especializada, também aplicável ao direito administrativo e previdenciário-assistencial. O direito processual civil brasileiro tem no IRDR, portanto, um procedimento incidental novo, mas, ao mesmo tempo, consentâneo com a experiência jurídica pátria.

Desde a suposta inspiração no direito alemão e, principalmente, a experiência já havida na solução das megacontrovérsias (dada pela legislação extravagante e pelas ferramentas incluídas nos arts. 543-B e 543-C do CPC/1973), o Código de Processo Civil de 2015 enxergou no IRDR, previsto nos seus arts. 976 a 987, um instrumento para a uniformização jurisprudencial, para o incremento da prestação jurisdicional e para a celeridade processual.

Na realidade, o Código de Processo Civil de 2015 veio na esteira do fenômeno da coletivização do processo, iniciado antes mesmo da promulgação da Constituição da República de 1988 e surgido em meio à deficiência do processo civil tradicional para instrumentalizar o volume de ações, a multiplicidade de sujeitos e a indivisibilidade do objeto litigioso, característicos da sociedade de massa.

2.2. Conceito

O Incidente de Resolução de Demandas Repetitivas – IRDR inspira a ideia de resguardar a segurança jurídica, um dos pilares do Estado de Direito, mas também o sentido de isonomia, eficiência e previsibilidade processual ou de integração institucional diante da política judiciária para julgamento dos casos repetitivos, representando um instrumento para prevenir ou minimizar "a dispersão jurisprudencial excessiva".

Nos termos do art. 976 do Código de Processo Civil de 2015, o IRDR permite a aplicação de uma tese aos processos com controvérsia sobre idêntico ponto e "unicamente de direito" (inciso I) ou quando houver "risco de ofensa à isonomia e à segurança jurídica" (inciso II).

Segundo o mesmo art. 976,[3] infere-se que o IRDR é o instrumento cabível para

---

2 CAVALCANTI, Marcos. **Incidente de resolução de demandas repetitivas e ações coletivas**. Salvador: JusPODIVM, 2015, p. 320-321.

3 Art. 976. É cabível a instauração do incidente de resolução de demandas repetitivas quando houver, simultaneamente:
I - efetiva repetição de processos que contenham controvérsia sobre a mesma questão unicamente de direito;
II - risco de ofensa à isonomia e à segurança jurídica.

a aplicação de tese formulada por um tribunal em caso de profusão de processos em trâmite que apresentem simultaneamente dois *pressupostos positivos de admissibilidade*: (i) controvérsia sobre idêntico ponto e "unicamente de direito" (inciso I) e (ii) "risco de ofensa à isonomia e à segurança jurídica" (inciso II). Ambos os pressupostos devem ser manifestos já no momento da instauração do incidente, ou seja, a dispersão jurisprudencial sobre a mesma matéria de direito deve estar instalada e, concomitantemente, apresentar risco para a isonomia e a segurança jurídica, reclamando a movimentação da máquina judiciária em respeito ao interesse social.[4]

Há também um *pressuposto negativo de admissibilidade* do IRDR: a matéria de direito a ser discutida não poderá estar pendente de apreciação em recurso extraordinário ou recurso especial afetado como representativo na controvérsia, respectivamente, pelo Supremo Tribunal Federal e pelo Superior Tribunal de Justiça (art. 976, § 4º, do CPC/2015).

Como o próprio nome indica, a natureza do IRDR é a de procedimento incidental, não configurando, portanto, uma ação autônoma, tampouco uma ação coletiva. Desse modo, a tese jurídica será proferida pelos tribunais estaduais ou federais (por seus órgãos internos com competência regimental de uniformização jurisprudencial) no bojo do próprio procedimento, a fim de ser aplicada, na forma do art. 985, "a todos os processos individuais ou coletivos que versem sobre idêntica questão de direito e que tramitem na área de jurisdição do respectivo tribunal" (inciso I) e "aos casos futuros que versem idêntica questão de direito e que venham a tramitar no território de competência do tribunal, salvo revisão na forma do art. 986" (inciso II).

§ 1º A desistência ou o abandono do processo não impede o exame de mérito do incidente.

§ 2º Se não for o requerente, o Ministério Público intervirá obrigatoriamente no incidente e deverá assumir sua titularidade em caso de desistência ou de abandono.

§ 3º A inadmissão do incidente de resolução de demandas repetitivas por ausência de qualquer de seus pressupostos de admissibilidade não impede que, uma vez satisfeito o requisito, seja o incidente novamente suscitado.

§ 4º É incabível o incidente de resolução de demandas repetitivas quando um dos tribunais superiores, no âmbito de sua respectiva competência, já tiver afetado recurso para definição de tese sobre questão de direito material ou processual repetitiva.

§ 5º Não serão exigidas custas processuais no incidente de resolução de demandas repetitivas.

4 "Essa exigência de uma real constatação da situação-base – expressiva dispersão de ações envolvendo uma mesma questão de direito – aplica-se, ao nosso ver, inclusive no tocante à segunda das condições de admissibilidade do IRDR – o risco para a isonomia e a segurança jurídica – dado que esse dano temido deve igualmente ser verossímel, palpável, evidenciado pela notória profusão de uma mesma questão de direito em muitos processos, não bastando, evidentemente, que algumas ações guardem afinidade entre si por um ponto comum, até porque, para tais casos, o CPC disponibiliza outras técnicas, mormente a reunião para julgamento conjunto no Juízo prevento (CPC, § 1º do art. 55; arts. 57, 58 e 286)." (MANCUSO, Rodolfo de Camargo. **Incidente de resolução de demandas repetitivas** – a luta contra a dispersão jurisprudencial excessiva. 2. ed. Salvador: JusPODIVM, 2019, p. 253).

Em relação ao IRDR, o Código não dispõe sobre a situação da parte no processo repetitivo que não deseja optar pelo julgamento coletivo (*opt-in*) por preferir que seu processo seja analisado apenas individualmente,[5] sendo um trabalho a ser discutido pela doutrina e pela jurisprudência.

3. O cabimento da instauração do Incidente de Resolução de Demandas Repetitivas originariamente no STJ

Suscita debate a questão sobre caber ou não a instauração do IRDR diretamente nos tribunais superiores (leia-se, de forma originária), pois, como procedimento incidental que é, o instituto giraria em torno de um prévio processo principal (processo-piloto). Tanto é que o IRDR não será cabível quando já julgada a causa de fundo nem o exame do mérito do incidente ficará prejudicado pela desistência ou abandono do feito pela parte autora (§ 1º do art. 976).

Por um lado, a Exposição de Motivos do Código de Processo Civil de 2015 é silente quanto à possibilidade de instauração do IRDR nas instâncias superiores, mas expressa quanto à sua instauração no âmbito dos tribunais de segundo grau; por outro lado, não se observa nenhuma vedação do texto a que seja instaurado o incidente originariamente nos tribunais superiores. *Litteris*:

> "O incidente de resolução de demandas repetitivas é admissível quando identificada, em **primeiro grau**, controvérsia com potencial de gerar multiplicação expressiva de demandas e o correlato risco da coexistência de decisões conflitantes.
>
> É **instaurado perante o Tribunal local**, por iniciativa do juiz, do MP, das partes, da Defensoria Pública ou pelo próprio Relator. O juízo de admissibilidade e o de mérito caberão ao tribunal pleno ou ao órgão especial, onde houver, e a extensão da eficácia da decisão acerca da tese jurídica limita-se à **área de competência territorial do tribunal**, salvo decisão em contrário do STF ou dos Tribunais superiores, pleiteada pelas partes, interessados, MP ou Defensoria Pública. Há a possibilidade de intervenção de *amici curiae*."[6] (Grifou-se.)

Na mesma linha, os arts. 976 a 987 não tratam da instauração do IRDR diretamente nos tribunais superiores, mas também não a vedam.

---

5 Essa opção, todavia, está presente no direito alemão, como se lê da doutrina especializada: "[A] *KapMug* autoriza que o autor da demanda repetitiva exerça, sem consentimento do réu, no prazo de um mês contado da desistência da demanda individual, como forma de não ser alcançado pelos efeitos da decisão-modelo (sistema de *opt-out*). Além disso, a *KapMug* permite que as partes representativas formalizem um acordo, de forma que os termos ali decididos atinjam todos os processos. Nesse caso, permite-se o direito de o indivíduo optar por não aderir ao acordo (opt-out)." (CAVALCANTI, Marco. Op. cit., p 24. No mesmo sentido: MENDES, Aluísio Gonçalves de Castro. **Incidente de Resolução de Demandas Repetitivas** – sistematização, análise e interpretação do novo instituto processual. Rio de Janeiro: Gen/Forense, 2017, p. 50).

6 Anteprojeto do novo Código de Processo Civil. Op. cit.

A mera ausência de previsão legal não é, porém, razão suficiente para que o subsistema processual de tratamento de processos repetitivos receba interpretação literal, sendo possível que, em nome da segurança jurídica e da isonomia, seja estendido a outras hipóteses, desde que em conformidade com o ordenamento jurídico como um todo.

A propósito, cite-se a viabilidade do IRDR até mesmo na justiça criminal, porquanto, por analogia, tanto a Suprema Corte quanto o Superior Tribunal de Justiça adotam a sistemática dos repetitivos em matéria penal (embora seja procedimento previsto na legislação processual civil). Idêntico raciocínio vale, ainda, para as justiças especializadas trabalhista, eleitoral e militar, uma vez que não há nenhuma vedação a que o IRDR seja admitido originariamente no Tribunal Superior do Trabalho, no Tribunal Superior Eleitoral e no Superior Tribunal Militar.

Retomando o caso específico da instauração do IRDR originariamente no Superior Tribunal de Justiça, a questão que muitos levantaram foi a de que, no ordenamento brasileiro, o legislador ordinário não pode definir a competência originária dos tribunais, uma vez que é matéria reservada à Constituição da República ou às Constituições estaduais.

Nesse ponto, merece ser invocado o disposto nos arts. 977 e 978 do Código de Processo Civil de 2015:

> "Art. 977. O pedido de instauração do incidente será dirigido ao presidente de tribunal:
>
> I – pelo juiz ou relator, por ofício;
>
> II – pelas partes, por petição;
>
> III – pelo Ministério Público ou pela Defensoria Pública, por petição.
>
> Parágrafo único. O ofício ou a petição será instruído com os documentos necessários à demonstração do preenchimento dos pressupostos para a instauração do incidente.
>
> Art. 978. O julgamento do incidente caberá ao órgão indicado pelo regimento interno dentre aqueles responsáveis pela uniformização de jurisprudência do tribunal.
>
> Parágrafo único. O órgão colegiado incumbido de julgar o incidente e de fixar a tese jurídica julgará igualmente o recurso, a remessa necessária ou o processo de competência originária de onde se originou o incidente."

A interpretação literal de ambos os artigos é no sentido de que o legislador ordinário previu a instauração do IRDR nas causas originárias, recursais ou em remessa necessária em curso nos tribunais de segundo grau, estaduais ou federais; logo, à primeira vista, a circunstância de a causa-piloto não tramitar no tribunal superior obstaria, por exemplo, a instauração do IRDR originariamente no Superior Tribunal de Justiça.

Entretanto, ao analisar a referida questão, a Corte Especial do Superior Tribunal de Justiça, por maioria, firmou entendimento no sentido de que o IRDR se amolda principalmente à competência dos tribunais de segunda instância (estaduais ou federais), mas em caráter excepcional poderá o incidente ser instaurado originariamente no

Superior Tribunal de Justiça, conforme se observa do acórdão do AgInt na Pet 11.838/MS, Rel. Ministra Laurita Vaz, Rel. p/ Acórdão Ministro João Otávio de Noronha, DJe 10/9/2019.[7]

A decisão da Corte Especial partiu da análise do art. 976 do Código de Processo Civil de 2015, que estabelece os pressupostos para a instauração do IRDR: (a) os *pressupostos positivos* – a efetiva repetição de processos com controvérsia sobre idêntica questão de direito (inciso I) em concomitância com o risco de violação da isonomia e da segurança jurídica (inciso II); e (b) o *pressuposto negativo* – a inexistência de afetação de recurso repetitivo pelos tribunais superiores na esfera de suas competências para fixação de tese sobre a questão de direito objeto do IRDR (§ 4º).

É sabido que o Superior Tribunal de Justiça dispõe de mecanismo próprio para julgamento dos processos repetitivos, qual seja, a sistemática dos recursos especiais repetitivos (arts. 1.036 a 1.041 do CPC/2015, c/c os arts. 256 e 256-X do Regimento Interno do STJ).

Ademais, os embargos de divergência, cabíveis no âmbito do julgamento do recurso especial e do agravo em recurso especial quando se examina o mérito do recurso especial, constituem mais um instrumento para uniformizar a jurisprudência interna do Superior Tribunal de Justiça (arts. 1.043 e 1.044 do CPC/2015, c/c os arts. 266 e 267 do Regimento Interno do STJ).

Num juízo apressado, poder-se-ia afastar a necessidade da utilização do IRDR originariamente no Superior Tribunal de Justiça (que já possui a sistemática do recurso especial repetitivo e os embargos de divergência para dirimir entraves análogos àqueles que são objeto do IRDR), mas como bem elucidou o relator do acórdão do AgInt na Pet 11.838/MS, Ministro João Otávio de Noronha:

---

7 AGRAVO INTERNO EM PETIÇÃO. RECLAMAÇÃO. INCIDENTE DE RESOLUÇÃO DE DEMANDAS REPETITIVAS (IRDR). INSTITUTO AFETO À COMPETÊNCIA JURISDICIONAL DE TRIBUNAIS DE SEGUNDA INSTÂNCIA (ESTADUAIS OU REGIONAIS FEDERAIS). INSTAURAÇÃO DIRETA NO SUPERIOR TRIBUNAL DE JUSTIÇA. POSSIBILIDADE RESTRITA. NECESSIDADE DE OBSERVÂNCIA DOS REQUISITOS (ART. 976 DO CPC). JUÍZO DE ADMISSIBILIDADE NÃO ULTRAPASSADO. NÃO CABIMENTO DA INSTAURAÇÃO DO INSTITUTO.

1. O novo Código de Processo Civil instituiu microssistema para o julgamento de demandas repetitivas – nele incluído o IRDR, instituto, em regra, afeto à competência dos tribunais estaduais ou regionais federal –, a fim de assegurar o tratamento isonômico das questões comuns e, assim, conferir maior estabilidade à jurisprudência e efetividade e celeridade à prestação jurisdicional.

2. A instauração de incidente de resolução de demandas repetitivas diretamente no Superior Tribunal de Justiça é cabível apenas nos casos de competência recursal ordinária e de competência originária e desde que preenchidos os requisitos do art. 976 do CPC.

3. Quando a reclamação não ultrapassa o juízo de admissibilidade, não cabe a instauração do incidente de demandas repetitivas no Superior Tribunal de Justiça.

4. Agravo interno desprovido. (AgInt na Pet 11.838/MS, Rel. Ministra LAURITA VAZ, Rel. p/ Acórdão Ministro JOÃO OTÁVIO DE NORONHA, CORTE ESPECIAL, julgado em 7/8/2019, DJe 10/9/2019.)

> "Veja-se que o pressuposto negativo previsto no § 4º do art. 976 – inexistência de afetação da tese jurídica por um dos tribunais superiores no âmbito de sua respectiva competência – afigura-se como regra dirigida aos tribunais de segunda instância. Acaso cabível o incidente no âmbito do STJ, inexistiria razão para privilegiar o julgamento de determinada tese em recurso representativo de controvérsia em detrimento do IRDR. Note-se que este último possui efeito vinculativo mais próximo das conhecidas súmulas vinculantes, instituídas pela Emenda Constitucional nº 45/2004, autorizando o manejo imediato de reclamação no tribunal prolator da decisão paradigmática (art. 988, IV); já no regime dos recursos especiais repetitivos, admite-se que os tribunais de origem mantenham acórdãos em sentido contrário à tese fixada pelo STJ (art. 1.041) e a reclamação somente será viável após esgotadas as instâncias ordinárias (art. 988, § 5º, II)"[8]

Na prática judiciária, a competência originária e a competência recursal ordinária do Superior Tribunal de Justiça (incisos I e II da CRFB, respectivamente) atraem situações semelhantes às existentes nas instâncias de segundo grau (estadual ou federal) e autorizadoras da instauração do IRDR, tais como a efetiva repetição de processos com controvérsia sobre a mesma questão unicamente de direito e o risco de ofensa à isonomia e à segurança jurídica (incisos I e II do art. 976 do CPC/2015).

Se o objetivo do Código de Processo Civil de 2015, ao trazer o microssistema do IRDR, foi permitir o julgamento de controvérsias jurídicas idênticas com mais segurança jurídica, isonomia e celeridade, seria um contrassenso imaginar que o legislador obstaria a instauração do incidente no Superior Tribunal de Justiça (ainda mais quando o instituto dá mostras de ser de grande contribuição também no âmbito dos tribunais superiores).

Portanto, a Corte Especial concluiu ser possível, em hipóteses restritas, a instauração do IRDR diretamente no Superior Tribunal de Justiça, desde que as demandas de sua competência originária ou recursal ordinária reúnam, por óbvio, os pressupostos do art. 976 do Código de Processo Civil de 2015 e preencham os requisitos de admissibilidade.

É inegável que legislador ordinário não pode alterar a competência constitucionalmente estabelecida para os tribunais, prevista nos arts. 102, 105 e 108 da Constituição da República; porém, o IRDR tem natureza incidental e, como sabido, é perfeitamente lícito que o legislador ordinário crie incidentes processuais para causas originárias ou recursais em tramitação nos tribunais.

4. Conclusão

Entre as maiores inovações do Código de Processo Civil de 2015, está o Incidente de Resolução de Demandas Repetitivas – IRDR, como importante instrumento para evitar e combater a excessiva dispersão jurisprudencial.

8 Idem.

O IRDR é procedimento incidental a ser instaurado, principalmente, no âmbito da competência dos tribunais estaduais ou federais, a fim de que os órgãos de cúpula dessas instâncias formulem tese para controvérsias jurídicas idênticas (em situações de divergência preexistente que impliquem risco de ofensa à isonomia e à segurança jurídica), desde que a matéria não esteja pendente de apreciação em recurso extraordinário ou recurso especial afetado como representativo da controvérsia (art. 976, incisos I e II, e § 4º, do CPC/2015).

O recurso especial repetitivo é o mecanismo frequente pelo qual o Superior Tribunal de Justiça procede à resolução das demandas repetitivas, ao passo que os embargos de divergência solucionam dissenso jurisprudencial entre seus órgãos fracionários no bojo de recurso especial.

Entretanto, para além do conhecido art. 105, inciso III, da Constituição Federal de 1988, há também duas hipóteses de competência do Superior Tribunal de Justiça descritas nesse mesmo artigo: os processos originários (inciso I) e os recursos ordinários (inciso II), que exigem especial atenção.

Assim, não obstante a ausência de previsão legal, a Corte Especial do Superior Tribunal de Justiça entendeu possível a instauração do IRDR também no âmbito desse tribunal superior nos casos de competência recursal ordinária e de competência originária, observados os pressupostos do art. 976 do Código de Processo Civil de 2015 e preenchidos os requisitos de admissibilidade.

Conclui-se, por fim, que, embora o legislador ordinário não possa alterar a competência que a Constituição confere aos tribunais nos seus arts. 102, 105 e 108, não existe vedação a que ele crie incidentes processuais para as causas originárias ou recursais em curso nos tribunais superiores (a exemplo do IRDR, que tem natureza jurídica incidental).

5. Referências bibliográficas

BRANDÃO, Antonio Augusto Pires. **O Incidente de resolução de demandas repetitivas (IRDR)** – do contexto à otimização. CRV: Curitiba, 2019.

BRASIL. **Anteprojeto do novo Código de Processo Civil**. Brasília: Senado Federal, Subsecretaria de Edições Técnicas, 2010, p. 28. Disponível em: <http://www2.senado.leg.br/bdsf/handle/id/496296>. Acesso em: 26/9/2019.

CAVALCANTI, Marcos. **Incidente de resolução de demandas repetitivas e** ações **coletivas**. Salvador: JusPODIVM, 2015.

GONÇALVES, Gláucio Maciel; DUTRA, Victor Barbosa. Apontamentos sobre o novo incidente de resolução de demandas repetitivas do Código de Processo Civil de 2015. In: **Revista de Informação Legislativa**, Brasília, v. 52, nº 208, out./dez. 2015, p. 189-202.

MANCUSO, Rodolfo de Camargo. **Incidente de resolução de demandas repetitivas** – a luta contra a dispersão jurisprudencial excessiva. 2. ed. Salvador: JusPODIVM, 2019.

MENDES, Aluísio Gonçalves de Castro. **Incidente de Resolução de Demandas Repetitivas** – sistematização, análise e interpretação do novo instituto processual. Rio de Janeiro: Forense, 2017.

Servus vicarius:
Nótulas sobre o escravo do escravo no Brasil

Ibsen Noronha

> *"Servus est". Sed fortasse liber animo est. Servus est.*
> *Omnes sumus servi: alius libidini servit, alius avaricie,*
> *alius ambitioni, omnes spei, omnes timori*[1].
> *Sêneca*

Um dos fundamentais apanágios dos mestres é suscitar a curiosidade acerca dos temas sobre os quais a Academia deve se debruçar. A escolha dos temas interessa, deve interessar, e muito, à ciência. Tal é a lição dos verdadeiros cultores da ciência jurídica, a *iurisprudentia* dos romanos. A formação de um jurista exige dedicação a estudos que vão muito além da imprescindível dogmática. Para Ulpiano, por exemplo, a ciência do Direito estava intimamente ligada à percepção das coisas divinas e humanas, ou seja, da filosofia e da teologia, para além da conhecimento do justo e do injusto.

Cultor da ciência do Direito é a expressão que encontro nesse momento para invocar o Professor Roberto Rosas. Os seus escritos não deixam quaisquer dúvidas sobre os vastos interesses da sua benigna *curiositas*. O seu ensino – sóbrio, ponderado e abrangente – na Faculdade de Direito da Universidade de Brasília, foi modelar. O convívio social, marcado pela amabilidade e conversação apurada, também é um privilégio com o qual tenho sido distinguido pelo homenageado desta obra.

Assim, rememorando, desde Coimbra, o ensino, as leituras das obras e o suave convívio com o Professor Roberto Rosas tentarei esquadrinhar algumas matérias jurídico-históricas que talvez alimentem salutar curiosidade para que avancemos no conhecimento da multifacetada questão do cativeiro na História do Brasil. Desta forma tenho a ousadia de ser fiel ao Mestre que muito justamente recebe este tributo de juristas brasileiros.

Escravidão: tema multifacetado

Sob diversas ópticas pode ser observada a chaga social chamada escravidão. A religião fornece, por exemplo, perspectivas que a visão das correntes materialistas ignora. A metafísica não despreza a física... está além!

A sociologia tem dado o seu contributo para a percepção do fenômeno do cativeiro. O ângulo econômico também pode dar um notável contributo para a sua compreensão. A política, na sua acepção *major*, igualmente, oferece uma interessan-

1 *Epistulae Morales ad Lucilium*, Liber V – 47.

te clave para destrinçar os diversos aspectos do escravismo. Todas estas disciplinas oferecem visões filosóficas, portanto, a História do Pensamento é elemento precioso para uma aproximação ao tema, muito vinculado, obviamente, às concepções acerca da liberdade.

O mundo antigo, sabe-se, fundamentou a escravidão na ordem natural[2]. É sobejamente conhecida a reflexão do Estagirita na sua *Política*[3], que chega a esta conclusão. Para além disso as Escrituras Sagradas apresentam inúmeros cativeiros na Antiguidade. O direito romano faculta profusa documentação jurídica acerca da condição dos escravos. E estes três pilares da cultura Ocidental: a filosofia grega, o direito romano e a revelação judáico-cristã, demonstram que o problema da escravidão está no cerne das concepções da chamada Civilização Ocidental Cristã.

A ideia da escravidão está tão profundamente arraigada na mentalidade ocidental, e de tal forma, que diversas manifestações de espiritualidade vão buscar na radical perda da liberdade a maior expressão de fidelidade[4]. Os votos religiosos assumem uma posição relevante nessa reflexão.

Tem-se, assim, uma razoável noção da complexidade do tema, que se torna extremamente estimulante para a investigação acadêmica.

Façamos, então, uma brevíssima incursão pela História do Direito Brasileiro.

Sob a lente do Direito podem-se contemplar distintas questões em torno do cativeiro. À guisa de exemplo refiro a famosa Lei nº 2.040, de 28 de Setembro de 1871, que ficou vulgarmente conhecida como Lei do Ventre Livre. Diploma que serviu de forma extraordinária para estancar o aumento, pelo nascimento, do número de escravos no Brasil. Mas é importante, na análise jurídico-histórica, a circunspecção. O diploma, justamente célebre, teve alcance muito mais amplo.

No seu artigo 3º dispunha que anualmente seriam libertados em cada uma das províncias do Império tantos escravos quanto correspondessem à quota anual dispo-

---

2 Já nos tempos primitivos da Igreja a ideia da escravidão como sendo de ordem natural foi contestada. Poucos dias antes da Lei Áurea o Papa Leão XIII, na encíclica, *In* plurimus, afirma que o homem foi criado livre por Deus, sendo, assim contrária à natureza a escravidão. A visão cristã reinante no Brasil interpretou o problema sob o ângulo sobrenatural. O pecado original teria sido a origem de todos os males da humanidade, dentre eles o cativeiro. Ver MARIA do ROSÁRIO PIMENTEL, *Viagem ao fundo das Consciências – A Escravatura na Época Moderna*, Lisboa, 1995, em especial o tópico 2 do capítulo II da parte II, pp. 167-174.

3 Sobre a revivescência do pensamento aristotélico e a sua importância nos debates durante o período dos Descobrimentos ver LEWIS HANKE, *Aristóteles e os índios americanos*, Livraria Martins Fontes, São Paulo, s.i.d.

4 Refiro apenas duas expressões de ascese: o método de escravidão espiritual preconizado dor São Luiz Maria Grignion de Monfort e a Irmandade das Escravas do Santíssimo Sacramento, tema ao qual dediquei algumas notas em artigo do *Boletim da Faculdade de Direito da Universidade de Coimbra* intitulado "Delicto Sancto Atrox e a Irmandade das Escravas: notas histórico-jurídicas seiscentistas", Coimbra, vol. 93, nº 1, 2017, pp. 369-381.

nível do chamado fundo de emancipação. A investigação do tema é de todo o interesse. Far-se-ia uma imersão no direito fiscal e tributário, com a análise do orçamento de estado de vários anos para discernir com nitidez a política do Império diretamente vinculada ao fim do cativeiro. Num dos dispositivos chega-se a destinar para o dito fundo *o produto de seis loterias anuais, isentas de impostos*. O Direito permitia então aos abolicionistas darem o seu contributo para o fim da escravidão no Brasil jogando!

O art. 4º previa a nulidade da alienação ou transmissão de escravos que separassem os cônjuges e os filhos. A lei protegia a instituição da Família. Também o direito sucessório proibia tal separação, na divisão entre os herdeiros, caso nenhum optasse por conservar a Família unida.

Note-se ainda, *en passant*, que o Direito Canônico fortalecia esta proteção. leiamos o título LXXI das *Constituições Primeiras do Arcebispado da Bahia,* datadas de início do século XVIII:

> Conforme a direito Divino e humano os escravos, e escravas podem casar com outras pessoas captivas, ou livres, e seus senhores lhe não podem impedir o Matrimonio, nem o uso dele em tempo e lugar conveniente, nem por esse respeito os podem tratar peior, nem vender para outros lugares remotos, para onde o outro, por ser captivo, ou por ter outro justo impedimento o não possa seguir, e fazendo o contrato peccão mortalmente.

O estudo histórico do Processo Civil também poderá dar o seu contributo na ingente tarefa de descortinar os problemas do instituto da Escravidão. A mesma lei do Ventre Livre instaurou o processo sumário em questões relativas à liberdade, acrescentando ainda as apelações *ex officio* quando as decisões eram contrárias à liberdade. O fundador da Academia Brasileira de Letras apresentou brilhante parecer sobre a matéria que merece leitura atenta[5].

Mas também o Direito Criminal e tantos outros ramos do Direito podem facultar, a partir duma análise histórica rigorosa, múltiplos e preciosos elementos que desvendem certos enigmas sobre a Escravidão.

Uma achega ao tópico do *servus vicarius*

Para este breve estudo o tema eleito foi suscitado pela leitura, há cerca de uma década, de uma afirmação do ilustre Professor José Murilo de Carvalho:

> Possuíam escravos não só os barões do açúcar e do café. Possuíam-nos também os pequenos fazendeiros de Minas Gerais, os pequenos comerciantes e burocratas das cidades, os padres seculares e as ordens religiosas. Mais ainda: possuíam-nos os libertos. Negros e mulatos que

5 IBSEN NORONHA, *Escravidão e Leis no Brasil – aproximações jurídico-históricas*, publicado em 1ª edição pela Livraria Editora Resitência Cultural, São Luiz, 2018, pp. 70-74.

> escapavam da escravidão compravam seu próprio escravo se para tal dispusessem de recursos. A penetração do escravismo ia ainda mais a fundo: há casos registrados de escravos que possuíam escravos[6].

Ao ler a passagem lembrou-me prontamente o *servus vicarius* dos romanos, figura que havia atraído a minha atenção em alfarrábios há muito manuseados. A expressão pode ser traduzida como escravo substituto. As fontes romanas, desde o século II a.C.[7], nos apresentam, assim, um escravo que substituía outro. De facto tratava-se de um escravo que fazia parte do *peculium* de outro escravo. O *servus vicarius*[8] era pertença de um escravo privilegiado que se distinguia numa hierarquia *sui generis* existente no cativeiro. É inexacta a proposição que encontramos nas fontes romanas: *servorum una est conditio*. Socialmente eram distintas as posições dos escravos, assim como legalmente, na medida em que a capacidade jurídica era consideravelmente distinta de escravo para escravo. Corrobora a tese o caso do escravo que possuía escravo. É notável a diferença no estatuto legal de um escravo que faz parte do *peculium* de outro escravo sendo, *de facto*, propriedade de outro escravo. Houve, pois, escravos mais importantes devido ao *status* de proprietário. O primeiro era o *servus peculiaris*, enquanto o escravo que exercia de alguma forma o domínio é designado, nas fontes, como *servus ordinarius*. E parece terem sido numerosos os casos não somente em Roma[9] mas na generalidade dos povos. Sobre o tópico afirmou categoricamente, em estudo da década de 80 do século passado, Orlando Patterson:

> While land was generally excluded from peculium, slaves were almost always included. The servus vicarius (slave of a slave) was a universal occurrense. I know of no slave society in which slaves who could afford them were denied the purchase of other slaves. The fact may seem surprising at first, but on further reflection it ceases to be so. If the slaves were the extension of a man´s person and honor, so were his slaves´slave. There could be few greater testimonies to a man´s power than the fact that even his slaves possessed slaves. At the same time, nothing more confirmed the loyal slaves´acceptance of the condition of slavery and their own enslavement to the master than their willingness to own slaves themselves.

---

6 A passagem acabou por ser gravada como epígrafe do meu estudo *Escravidão e Leis no Brasil – aproximações jurídico-históricas*, desde a sua primeira edição em 2011.

7 Mas a Antiguidade grega também conhecia o *servus vicarius que já* aparece em Homero, na sua *Odisséia*.

8 O estudo monográfico de HEINRICH ERMAN, *Servus vicarius, l´esclave de l´esclave romain*, apesar de ter sido elaborado amais de um século, parece o mais completo no que tange aos aspectos sociais, com muitas achegas jurídicas. Cfr. *Op. cit., Recueil publié par la Faculté de Droit de l´Université de Lausanne*, Génève, 1896. Sobre o tema ver ainda WILLIAM WARWICK BUCKLAND, *The Roman Law of Slavery: The Condition of the Slave in Private Law from Augustus to Justinian*, Cambridge, 1908, pp. 239-249.

9 P.R.C. WEAVER, *Familia Caesares – A Social Study of the Emperor´s Freedmen and Slaves*, Cambridge University Press, Cambridge, 1972, p. 200.

> The servus vicarius was the best way of making it clear to all that slavery was part of the natural order things[10].

A passagem é instigante e o raciocínio se apresenta marcado pelo rigor *lógico*.

No Antigo Egito frequentemente nações inteiras sofreram a *capitis diminutio maxima*. Contudo, *não havia o confisco dos bens simultaneamente. Assim os senhores* conservavam seus escravos como *servi servorum*. Reconhecia-se ainda aos escravos uma genealogia, uma família e, como afirmado, seu direito de propriedade[11].

Para Aristóteles o homem ou é livre ou escravo[12]. Contudo, a figura do *servus ordinarius* ou do *servus vicarius* desvincula-se da ideia da relação senhor-escravo estar impreterível e forçosamente atrelada à de liberdade-cativeiro.

As fontes romanas, seja em textos jurídicos, literários ou epigráficos revelam com fartura textos que aludem os escravos de escravos. Os Tratados de erudição sobre Antiguidades romanas também mencionam o *servus vicarius* sem aprofundar o tema. Outrossim os intérpretes das *Pandectas* – glosadores, comentadores ou cujacianos – no que se refere ao tema, apesar da extrema sutileza e erudição dos seus lavores, também não nos fornecem pormenores sobre o objecto que nos interessa e quando o fazem acabam por ser fragmentários. O autêntico estudo de conjunto sobre a temáti ca foi elaborado por Heinrich Erman em finais do século XIX.

No Brasil há notícia de inúmeros casos de escravos de escravos[13]. A historiografia vem, nas últimas décadas, cumprindo o seu papel de desvelar esta realidade do escravismo brasílico.

No seu estudo clássico Perdigão Malheiros examina o problema do *pecúlio, crucial para a compreensão* da figura jurídica do *servus vicarius*. Relembra o princípio romano da incapacidade do escravo para qualquer forma de aquisição. Recorda, contudo, que o direito luso-brasileiro não recepciona certos casos, inadmitindo as regras romanas como direito subsidiário, por exemplo, nas ocorrências de heranças e

---

10 Cfr. *Slave and Social Death – A Comparative Study*, Harvard University Press, Cambridge Massachusetts, and London, England, 1982, p. 184.

11 Cfr. HEINRICH ERMAN, *op. cit.* p. 394.

12 Aliás o Estagirita, em seu testamento, concedeu a liberdade a um dentre os seus sete escravos. Deixou-lhe ainda o seu escravo peculiar, que de resto já lhe pertencia. A informação está em Diógenes Laêrtios, nas *Vidas e Doutrinas dos Filósofos Ilustres*, V, 1, 9. Eis a passagem em tradução de Mário da Gama Cury: *Ambracis ganhará a liberdade, e por ocasião do casamento de minha filha receberá quinhentos dracmas e a serva que tem agora*. Editora UnB, 2ª edição, Brasília, 1987, p. 132.

13 Também em Cuba no interessante caso dos escravos da Coroa espanhola que possuíam estatuto jurídico privilegiado investigado por MARIA DIAZ, *The Virgin, the King and the royal slaves of El Cobre: Negotiating freedom in colonial Cuba, 1670-1780*, Stanford Unversity Press, 2000, máxime cap. 7.

legados. Prevalecia, desta forma, a principiologia do direito consuetudinário, muito marcado pela moral católica.

Saliente-se a questão do pecúlio. Existente no direito romano parece não ter sido recepcionado pelas *Ordenações*. Em Roma o *peculium* consistia em tudo aquilo que o escravo, com consentimento expresso ou mesmo tácito do seu senhor, poderia administrar, usufruir ou ganhar mesmo sobre parte do patrimônio do *dominus*.

No caso brasileiro, apesar de não consignado na lei, havia uma tolerância costumeira nesta matéria por parte dos proprietários de escravos. Ocorrências de pecúlios de escravos foram coligidos na obra *Universo Jurídico*[14], onde o autor, o Pe. Bremeau, enumera pelo menos sete casos[15].

Sobre a matéria o douto Perdigão Malheiros afiançou:

> Entre os Romanos, encontravam-se com frequência no pecúlio do escravo alguns outros escravos, que eram denominados vicarii para distinguil-os dos ordinarii: o que fazia ainda muito mais complicadas as relações respectivas dos mesmos entre si, com os senhores, e com terceiros. Isto, porém, nenhuma aplicação tem tido no Brasil[16].

As afirmações categóricas e gerais em História sofrem, constantemente, de uma debilidade: a precariedade.

Houve, de facto, um sem-número de casos de escravos de escravos ao longo da história colonial, assim como da imperial, brasileira. Stuart Schwartz elenca, somente na Bahia, entre finais do século XVII e meados do XVIII, cerca de 18 casos[17]. Numa bem

---

14 *Universo Jurídico, ou Jurisprudencia Universal Canonica e Cesarea regulada por ambos Direitos Commum, e Patrio*, Lisboa, 1749.

15 AUGUSTO MARQUES PERDIGÃO MALHEIROS, *A Escravidão no Brasil: Ensaio Histórico--Jurídico-Social,* Typographia Nacional, Rio de Janeiro, 1866, vol. I, p. 54. O autor informa que desde 1864 os escravos poderiam ingressar, com a permissão dos senhores, no Seguro Mútuo de Vidas criado no Rio de Janeiro. Assim como os escravos de Nação que serviam na fábrica de ferro de São João de Ipanema em São Paulo; na fábrica de pólvora da Estrela no Rio de Janeiro e no Arsenal de Guerra na Corte recebiam salários que lhes permitia formar pecúlio. E refere, ainda, casos de liberalidades nesta matéria que revogavam as mesmas *Ordenações*, vivendo os escravos em casas distintas às dos senhores e, assim, gozando de maior liberdade. Tal estava vedado no liv. V, tít. 70 das *Ordenações Filipinas* que além de proibir apenava.

16 *Op. cit.*, vol. I, p. 55. Em nota, contudo, relata curiosíssimo facto que lhe passou pelos olhos através de uma carta de alforria inserida nuns autos. Uma liberta alforriava seu escravo impondo a obrigação de que trabalhasse para seu filho, que ainda era escravo do seu patrono. O pecúlio pertenceria, então, ao escravo, ressalvando-se o *placet* do senhor. Assim, o liberto trabalharia para o escravo.

17 STUART SCHWARTZ, *Escravos, roceiros e rebeldes*, Bauru, 2001, pp. 205-26.

justificada comunicação João José Reis[18] enumera 160 casos em Salvador na primeira metade do século XIX. E, é preciso frisar, *não somente na Bahia,* pois o fenômeno já foi verificado tanto no meio urbano quanto no rural em diversas regiões do imenso Brasil.

Em recente viagem ao Nordeste, onde proferi um breve curso de História do Direito Luso-Brasileiro, caiu-me às mãos uma edição[19] das impressões de viagem, no mesmo Nordeste brasileiro, de Henry Koster, escritas durante o reinado de Dom João VI no Brasil, no dealbar do Reino Unido de Portugal, Brasil e Algarve. O livro é precioso e nos fornece um exemplo do fenômeno do *servus vicarius* no Brasil joanino. Referindo-se a uma fazenda dos monges beneditinos de Olinda assevera o senhor de engenho inglês:

> A propriedade do Jaguaribe é dirigida por um mulato escravo, casado com mulher de sua cor, também escrava do convento. Sua liberdade foi paga pelo marido assim como a dos filhos. Possui dois escravos africanos cujo produto do trabalho pertence ao feitor, mas este mesmo é obrigado a atender aos negócios do domínio e verificar se as ordens dos amos estão sendo fielmente executadas. O feitor ofereceu aos monges seus dois escravos em troca da liberdade própria, mas lhe disseram que a propriedade não ficaria convenientemente administrada sem a sua assistência. Assim, contra todas as inclinações pessoais, ele continua escravizado. É um dos exemplos mais flagrantes do desejo da própria liberdade. Nicolau possui a direção total da propriedade e tem todo o conforto a que um homem de classe poderia aspirar. Quando sai de casa vai muito bem montado, como os ricos agricultores. Senta-se na presença dos amos, gozando de todas as prerrogativas de homem livre. Mas a certeza de estar sob jurisdição de outros sempre preocupa seu espírito, e ele deseja possuir como um direito esses privilégios que presentemente lhe são conferidos pela tolerância[20].

Em interessante tese de doutoramento do ano de 2013, defendida na Universidade Federal de Pernambuco, a investigação apontou para o número de nove escravos sob o domínio deste mesmo feitor-escravo Nicolau Souza... O investigador ainda participa a existência de outros dezassete escravos também senhores de escravos nas terras de São Bento[21].

---

18 *Slaves who owned slaves in nineteenth-century Brazil, in* Seminário Heterodoxies, Universidade Vanderbilt, Nashville, 1º de Abril de 2003.

19 A primeira edição de *Travels in Brazil* viu a luz, em Londres, no ano de 1816. A edição traduzida, prefaciada e enriquecida de comentários de Câmara Cascudo, que refiro é a 12º, publicada em 2003 pela editora ABC.

20 Cfr. *Viagens ao Nordeste do Brasil,* Rio – São Paulo – Fortaleza, 2003, vol. 2, p. 518.

21 Cfr. ROBSON PEDROSA COSTA, *A Ordem de São Bento e os escravos do santo, Pernambuco, séculos XVIII e XIX*, 2013. Sobre o tema ver o capítulo 3º. Tem também todo o interesse o artigo recentemente publicado na *Revista Brasileira de História*, vol. 38, nº 79, 2018, intitulado "Rufina: uma escrava senhora de escravos em Pernambuco, 1853-1862". Faço apenas ressalvas nas interpretações jurídicas, bastante menos rigorosas que os dados compilados. A liberta Justina, por exemplo, já poderia apresentar prova de títulos de propriedade e a citação de Perdigão Malheiros remetia ao Direito Romano e não ao

Como ficou dito, muitos casos têm sido patenteados pelo trabalho rigoroso da historiografia recente. Certamente com o passar dos anos ter-se-á uma visão mais nítida do espinhoso problema histórico.

Importa ainda referir o caso de um escravo-senhor que morreu já liberto e fazendo parte da circunscrita elite abastada da Bahia imperial. Tendo morrido no Segundo Reinado o inventário de Manoel Joaquim Ricardo[22] se constituía de nada menos que 42 contos de réis, nos quais se incluíam 28 escravos. Era, portanto, no final da sua vida, um liberto pertencente à elite afazendada soteropolitana.

Tendo chegado à Bahia um ou dois anos antes da passagem da Família Real por Salvador, o africano haussá Manoel Joaquim Ricardo foi provavelmente vítima, em África, da *jihad* – que em muito contribuiu para o tráfico escravista transatlântico[23].

Logo ao chegar a Salvador foi batizado. Tratava-se de prática comum advertida pelo direito canônico como obrigação do senhor de escravos, assim como era outrossim o ensino da doutrina cristã[24]. *Já enquanto senhor liberto também batizou duas escravas no ano de 1842, um ano após ser manumitido in testamento*[25].

O batismo dos escravos está consignado nos parágrafos 50-53, 57 e 61 das *Constituições Primeiras do Arcebispado da Bahia*. Fica declarado no diploma canônico

ius non scriptum do Brasil Imperial. O próprio pecúlio do escravo seria uma figura eminentemente consuetudinária pelo menos até à Lei do Ventre Livre. Também o problema da enfiteuse nas terras dos beneditinos não foi aflorado e está no cerne da questão. A distinção entre o domínio útil e o domínio direto enriqueceria o tema do aforamento. Sendo a fonte utilizada um processo-crime seria importante apresentar os fundamentos da sentença e as fontes jurídicas primárias, nomeadamente os dispositivos do Código Criminal do Império.

22 Seguirei de perto o bem documentado trabalho de JOÃO JOSÉ REIS, De escravo a rico liberto: a história do africano Manoel Joaquim Ricardo na Bahia oitocentista, *Revista de História*, nº 174, São Paulo, jan-jun 2016, pp. 15-68.

23 Sobre o tema da dita guerra santa ver MERVYN HISKETT, *The sword of the truth: The life and times of Shehu Usuman Dan Fodio*, Oxford University Press, New York, 1973. Lembro que ainda nos nossos dias alguns países islâmicos da África Central praticam o escravismo. Ver *O Globo* de 27 de Março de 2005, p. 34.

24 No Arquivo da Cúria Metropolitana de Salvador, no seu Livro de registro de batismos da Conceição da Praia, sobejam exemplos. Ver, ainda, FERNANDO TORRES-LONDOÑO, Igreja e Escravidão nas Constituições do Arcebispado da Bahia de 1707, *Revista Eclesiástica Brasileira*, vol. 67, nº 267, Petrópolis, 2007, pp. 609-624.

25 O senhor de Manoel Joaquim Ricardo alforriou 15 dos seus 17 escravos. Cfr. JOÃO JOSÉ REIS, cit., p. 34, nota 50. O investigador ainda oferece a informação de que no espaço de três anos, ainda durante o Primeiro Reinado, apenas na freguesia da Conceição da Praia, residência de Manoel Ricardo, deparou-se na consulta do registo eclesiástico, com onze casos de escravos africanos que levaram seus treze cativos à pia baptismal. As idades variavam de 7 a 27 anos. Portanto, canonicamente deveriam haver recebido formação catequética dos seus senhores-escravos.

que os escravos com mais de 7 anos devem dar o seu consentimento para receberem o sacramento do baptismo. Recomendando-se também que os senhores trabalhem na conversão dos infiéis, advertindo dos erros em que viviam e *que os mandem muitas vezes a pessoas doutas, e virtuosas, que lhes declarem o erro, em que vivem, e ensinem, o que é necessário para sua salvação*[26]. Para ilustrar transcrevo uma passagem do registo de um batismo citado por João Reis:

> Joaquim, nagou, com vinte e dois anos de idade aparente, escravo de Benedicto, Ussá, solteiro, e este também escravo de Dona Ponciana Isabel de Freitas, branca, viúva... Foi padrinho Domingos Lopes de Oliveira, Banguela, forro, solteiro...

A escravidão foi sensatamente contemplada pelo sínodo[27], tendo como fonte doutrinária primordial a obra do jesuíta italiano Jorge Benci que, de resto, é sobejamente citada nas *Constituições Primeiras*. O fundamento moral dos dispositivos canônicos é justamente a famigerada obra do inaciano: *Economia Cristã dos Senhores no Governo dos Escravos*[28].

Tendo sido escravo por mais de três décadas Manoel Joaquim Ricardo explorou a escravidão de ganho. Suas escravas eram chamadas ganhadeiras; já o escravo-senhor era o ganhador. Tal era comum entre os escravos urbanos. A aquisição das suas primeiras escravas, comprovada, foi por meio da compra e venda. A riqueza do liberto foi, em grande medida, fruto da escravidão. Interessante seria um estudo rigoroso de etnologia econômica sobre este aspecto material da escravidão.

Enquanto escravo-senhor e, depois, como liberto senhor de escravos, parece que Manoel Joaquim Ricardo jamais foi suficientemente liberal a ponto de permitir a algum dos seus cativos ser escravo-senhor.

* * *

A aquisição originária de escravos por escravos dar-se-ia pela compra e venda, por meio de doações e ainda através de legados. Muitos dos escravos-senhores obtinham a sua manumissão por meio da permuta. Mas poderiam, entretanto, e assim procediam em inúmeros casos, servir-se do labor dos escravos para aumento do seu pecúlio.

---

26 Servi-me da 2ª edição das *Constituições*, do ano da graça de 1853, publicada em São Paulo na typographia 2 de Dezembro.

27 São quase quatro dezenas de cânones.

28 JORGE BENCI, *Economia Cristã dos Senhores no Governo dos Escravos*, Porto 1954, com prefácio e notas de Serafim Leite, que informa que a aprovação da obra foi dada pelo provincial em 1700, e que sua publicação teve lugar em Roma em 1705.

As fontes jurídicas que se nos apresentam para o estudo da figura intrigante do *servus vicarius* confinam entre o direito canônico e o civil, diríamos, então, anacronicamente, o *ius commune*. Tanto os registros de batismo, quanto os testamentos e inventários fornecem elementos para a investigação. Os testamentos, por exemplo, eram uma forma comum de manumissão, a *manumissio in testamento* dos romanos. No chamado Direito Romano Cristão[29] ainda surgiu uma nova forma de manumissão, a *manumissio in sacrossantis ecclesiis*[30] – forma que lembra o ierodulismo grego[31]. Contudo, está verdadeiramente marcada pelo selo do Cristianismo. Na legislação de Justiniano prevalece esta forma de *favor libertatis*. A manumissão é acto supremo da caridade como asseveram inúmeros estudiosos do instituto no período posterior à conversão de Constantino[32]. A *manumissio in ecclesia* tem como autoridade que ratifica o acto do *dominus* o antístite. Reservada aos senhores cristãos tal forma de manumissão concede a liberdade e a cidadania romana simultaneamente, mesmo se o escravo fosse pagão. Tal procedimento tornou-se o principal no direito romano pós-clássico, superando inclusivamente a *manumissio in testamento*.

Já as chamadas cartas de alforria no Brasil remetiam constantemente aos testamenteiros o seu cumprimento; sendo condicional a concessão da liberdade e alicerçados, em muitos casos, em fundamentos religiosos[33]. Eis um exemplo de arquivo:

> Digo eu, o Padre José Domingos de Carvalho, que, entre os mais bens que possuo, é bem assim uma escrava crioula, por nome Clara, a qual hei por forra, liberta de hoje para todo o sempre, como se nascesse do ventre de sua mãe, lhe faço esta esmola pelo amor de Deus, para que ela, em agradecimento disto, me haja de servir de melhormente, enquanto eu viver, e peço que as justiças de sua Alteza Real dêem esta carta de liberdade inteiro vigor cumprimento por ser minha livre vontade, e, para firmeza e clareza de tudo, mande passar esta carta de liberdade, que assinei, (...)[34].

---

29 Título da vasta obra de BIONDO BIONDI publicada entre 1952 e 1954, em três volumes, na cidade de Milão, pela A. Giuffrè. Sobre o tema da escravidão ver especialmente o capítulo XVIII do vol. II, pp. 372-447.

30 Já no tempo de Constantino encontramos esta modalidade de manumissão, na presença do povo fiel e assistência dos Bispos que assinavam o acto. Cfr. TROPLONG, *De l´influence du Christianisme sur le Droit Civil des Romains*, Bruxelles, 1844, p. 56.

31 Pode-se lembrar ainda a venda fictícia do escravo aos deuses praticada na Grécia. Mas Contardo Ferrini defende veementemente a sua existência graças aos influxos do cristianismo sobre o *ius romanum*.

32 Cfr. F. FABBRINI, *La manumissio in ecclesia*, Giuffrè, Milano, 1965. Com ampla bibliografia.

33 Num antigo trabalho PIETRO de FRANCISCI afirma que a partir de Constantino, em Roma, as manumissões voluntárias são numerosas. Os *Acta Martyrum* referem serem os escravos libertados logo ao serem baptizados. Cfr. *Intorno alle origini dela manumissio in ecclesia*, RIL, 44, 1911/12, pp. 637 e segs.

34 Documento apresentado por Elisa Vignolo Silva na sua tese de mestrado: *Alforriados e Fujões": a relação senhor – escravo na região de São João del-Rei (1820-1840)* defendida em 2009, servindo-se dos Arquivos do IPHAN de São João d´El Rei.

No caso do escravo-senhor seria concebível e plausível possuir a plena capacidade de manumissor? Parece que não. Somente homem livre poderia conceder a alforria. Logo, sem o consentimento do senhor, imperativamente homem livre, não seria legítima a manumissão.

Sendo legatário, herdeiro ou beneficiado poderá o *servus ordinarius* dispor, por sua vez, do seu legado, herança ou doação em favor da liberdade? Seria interessante buscar nos documentos que referem o *servus vicarius* se, de alguma forma, uma cláusula inserida em qualquer dos instrumentos permitiria, em configuração excepcional, a existência da faculdade de manumitir do escravo-senhor. Uma sociedade que, marcada pelos princípios cristãos, favorecesse a liberdade estaria sendo leal aos ditos princípios.

Na segunda metade de Oitocentos Perdigão Malheiros apontou os modos mais comuns de manumissão no Brasil: a carta de alforria, o testamento ou codicilo e a pia batismal. Assevera qua as cartas são geralmente registradas nas Notas de algum tabelião, devendo-se, então, consultar os respectivos registros. Já os registros das Provedorias acumulavam os atos solenes, e mesmo informais, de última vontade. Quanto aos modos vinculados à pia batismal recomenda a consulta aos livros paroquiais, assinalando que o sacramento por si só não liberta o corpo, sendo indispensável ato ou declaração do senhor[35].

A referência do jurista estudioso da escravidão faz suspeitar de alguma assimilação da *manumissio in sacrossantis ecclesiis*, aliás bastante plausível. Como os registros de batismos abundam pelos arquivos diocesanos no Brasil e, como já tenho percebido, os autores que se têm debruçado sobre o problema do *servus vicarius* têm consultado quase que religiosamente os tombos eclesiásticos, seria importante averiguar se a liberdade do corpo, em alguns casos, não tenha sido adquirida pelo batizado aquando do sacramento.

Em modo de remate pode-se vaticinar que o sem-número de casos de escravos de escravos que vão sendo revelados pelos arquivos permitirão, ao seu tempo, perceber a recepção de elementos e vestígios do direito romano incorporadas a formas originais da tradição luso-brasileira cristã que se evidenciaria numa prática diuturna com a convicção da sua juridicidade. Desvelar-se-á seguramente um aspecto ainda recôndito mas cativante que enriquecerá a ciência jurídico-histórica luso-brasileira.

---

35 Refere, então, as Ordenações liv. V, tít. 99 que regula o dever do senhor de batizar seus escravos prevendo-se a perda do dito escravo por omissão para quem o demandar. Não trata, portanto, da manumissão explicitamente; e ainda remete, Perdigão Malheiros, para uma Provisão do reinado de Dom João V de 29 de Abril de 1719.

O Direito de Defesa em Face da Constituição Federal e Legislação Decorrente

Ives Gandra da Silva Martins

Conheço Roberto Rosas há mais de 40 anos. Por suas mãos, ingressei na Academia Brasileira de Letras Jurídicas em 1991. Sempre admirei sua figura de excelente professor e brilhante advogado, sobre já ter exercido a magistratura de forma exemplar, como Ministro do Superior Tribunal Eleitoral.

Inútil falar sobre a alegria e a honra de ter sido convidado a escrever um artigo para o livro em sua homenagem, que também, indiretamente, é homenagem à sua admirável esposa, Célia, que sempre o acompanhou em sua fantástica carreira.

Escolhi para escrever tema sobre o qual tenho proferido palestras, escrito artigos em jornais e debatido com estudantes, ou seja, o vazamento de informações, que deveriam ser sigilosas, mas que são desventradas para a imprensa antes mesmo de terem os acusados conhecimento dos procedimentos que estão sendo preparados.

Em decorrência de tais vazamentos, detenções provisórias ou preventivas são feitas com uma espetacularização apenas vista nos grandes acontecimentos artísticos ou esportivos.

Antes de qualquer cidadão ser preso, tem, por estes constantes vazamentos, sua vida pessoal exposta para o público, que forma sua opinião à luz de manchete de jornais, por força da veiculação destas informações veiculadas. Este reiterado comportamento oferta a nítida impressão de que os acusadores públicos adotam-no para ter a pressão popular a seu favor, nos julgamentos que decorrerão de seus pedidos de investigação ou denúncias feitas[1]

Se me perguntarem o que penso da denominada operação Lava Jato, – que trouxe ao conhecimento popular o mais sofisticado esquema de concussão, corrupção, peculato, desvio de recursos públicos, lavagem de dinheiro, enriquecimento ilícito, imoralidade administrativa, aeticidade pública e privada e uma série de outros crimes -, minha resposta será que, como cidadão, alegrou-me ver o país sendo passado a limpo, apoiando a reação popular de repúdio a tal cultura do assalto às contas públicas perpetrada por tanto tempo.

---

1 O inciso XIV do art. 5º da CF tem a seguinte dicção:

"Art. 5º Todos são iguais perante a lei, sem distinção de qualquer natureza, garantindo-se aos brasileiros e aos estrangeiros residentes no País a inviolabilidade do direito à vida, à liberdade, à igualdade, à segurança e à propriedade, nos termos seguintes:

....

XIV – é assegurado a todos o acesso à informação e resguardado o sigilo da fonte, quando necessário ao exercício profissional;

..........",

com o que a imprensa não é obrigada a dizer de onde recebeu a informação..

Outra não foi a razão de fragorosa derrota do Governo anterior nas eleições, o qual pagou o preço de ter assistido, voluntária ou involuntariamente, a tal desfiguração de costumes políticos e à fragilização das finanças públicas para acobertar desvios de recursos da administração pública direta e indireta.

Nada obstante ter esta opinião, realçando minha admiração pelo bem feito trabalho de apresentação de provas e das decisões judiciais nas diversas instâncias, não posso, como modesto e velho professor universitário, deixar de criticar os repetidos abusos das autoridades acusatórias e o permanente pisotear do direito de defesa, que nunca esteve em igualdade de condições no patrocínio de direitos dos cidadãos acusados perante o Estado[2].

Em matéria tributária, tais abusos tornam-se mais evidentes na medida em que a legislação de regência proíbe compartilhamento de dados com outras autoridades que não a fiscalização, únicas que podem gerar autos de infração[3].

---

2 Coordenei, com Marcos da Costa, o livro "A importância do direito de defesa para a democracia e a cidadania" (Ed. OAB-Conselho Federal/OAB-São Paulo, Brasília, 2017),com a colaboração dos seguintes autores Marcos da Costa, Ives Gandra da Silva Martins, Cláudio Pacheco Prates Lamachia, José Bernardo Cabral, Antonio Cláudio Mariz de O1iveira, René Ariel Dotti, Luiz Flávio Borges D'Urso, Arnoldo Wald, Américo Massel Lacombe, Alberto Zacharias Toron, Samantha Ribeiiro Meyer-Pflug Marques, Ruy Martins Altenfelder Silva, Regina Beatriz Tavares da Silva, Tales Castelo Branco, Kiyoshi Harada, Dircêo Torrecilhas Ramos, Marilene Talarico Martins Rodrigues, Lênio Luiz Streck, Angela Vidal Gandra da Silva Martins, Ana Regina Campos de Sica, Maurício Ávila Prazak, Leonardo Rodrigues Garbin, Pierpaolo Cruz Bottini, Marco Aurélio Florêncio Filho e Juliana Abrusio, Cristiano Ávila Maronna, Elias Mattar Assad, Carmen Silvia Valio de Araujo Martins, Fernanda Marinela e Tatiany Ramalho, Fábio Tofic Simantob, Roberta de Amorim Dutra, Ricardo Breier e Ricardo Luiz de Toledo Santos Filho, grande parte deles tecendo críticas ao tratamento desigual do Poder Judiciário aos advogados perante os procuradores federais.

3 Em estudo publicado no Boletim da Faculdade de Direito da Universidade de Coimbra (vol. LXXVII, Coimbra, 2001, p. 457/458) escrevi:

"A solução brasileira foi sempre a mais correta. Para evitar-se o arbítrio fiscal ou a sonegação fiscal acobertada pelo sigilo bancário, cabe a uma autoridade neutra definir se há ou não possibilidade de quebra, ou seja, a autoridade judicial.

O Ministro Maurício Corrêa, com propriedade, levantou jurisprudência a respeito, que transcrevo: "A jurisprudência desta Corte, consolidada e cristalizada a partir do julgamento dos citados MS n° 1.047-SP e nº 1.959-DF é rica em precedentes que nunca deixaram de entender que o sigilo bancário é um direito individual não absoluto, podendo ser rompido somente em casos especiais onde há prevalência do interesse público e, mesmo assim, por determinação judicial. Além dos dois citados, anoto os seguintes precedentes que, de alguma forma, abordam o tema: RHC nº 31.611, Rel. designado Min. AFRÂNIO COSTA, j. em 25/07/51, in DJU de 28/09/53, pág. 2.880 (apenso ao nº 222); MS nº 2.172, Rel. Min. NELSON HUNGRIA, j. em 10/07/53, in DJU de 05/01/54; RMS nº 2.574 MG, Rel. Min. VILLAS BOAS, j. em 08/07/57, ia RTJ 2/429; RMS nº 9.057-MG, Rel. Min. GONÇALVES DE OLIVEIRA, j. em 13/09/61, in RTJ. 20/84; RMS nº 15.925-GB, Rel. Min. GONÇALVES DE OLIVEIRA, J.. em 20/05/66, in RTJ 37/373; AG nº 40.883-GB, Rel. Min. HERMES LIMA, j. em 10/ 11 /67, in, DJU de 06/03/68; RE nº 71.640-BA, Rel. Min. DJACI FALCÃO, j. em 17/09/ 71, in RTJ 59/571; nº 82.700-SP, Rel. Min. XAVIER DE ALBUQUERQUE, J. em 11/11/75,. RTJ 76/655; MS nº 21.172-AM, Rel. Min. SOARES NUNNOS, j. 27/09/78, in DJU de 20/10/ 78; RE nº 94608SP, Rel. CORDEIRO GUERRA, j. em

A própria Constituição Federal, entende ser cláusula pétrea o sigilo de dados, conforme seu artigo 5º, inciso XII, cuja dicção é a seguinte:

> *Art. 5º Todos são iguais perante a lei, sem distinção de qualquer natureza, garantindo-se aos brasileiros e aos estrangeiros residentes no País a inviolabilidade do direito à vida, à liberdade, à igualdade, à segurança e à propriedade, nos termos seguintes:*
>
> ....
>
> *XII* – é inviolável o sigilo da correspondência e das comunicações telegráficas, de dados e das comunicações telefônicas, salvo, no último caso, por ordem judicial, nas hipóteses e na forma que a lei estabelecer para fins de investigação criminal ou instrução processual *penal; (Vide Lei nº 9.296, de 1996)*
>
> ....”[4].

Este direito é, de rigor, uma cláusula pétrea, por força do artigo 60, § 4º, inciso IV, da Lei Suprema, cujo discurso segue:

> *“Art. 60.* ....
>
> § 4º Não será objeto de deliberação a proposta de emenda tendente a abolir:
>
> ....
>
> *IV – os direitos e garantias individuais.*
>
> ....”[5].

06/04/84, in RTJ 110/196; AG (AgRg) nº 115.469-1/SP, Rel. Min. RAFAEL MAYER, j. em 28/11/86, in DJU de 12/12/86; HC nº 66.284-MG, Rel. Min. CARLOS MADEIRA, j. em 24/05/88, in RTJ 127/891; HC nº 67.913-SP, rel, p/o ac. Min. CARLOS VELLOSO, j. em 16/10/90, in, RTJ 134/309; PET nº 577 (Questão de Ordem) – SP, rel. Mm. CARLOS VELLOSO, j. em 25/03/92. in RTJ 148/366; AGRINQ nº 897, Rel. Min. FRANCISCO REZEK, ,j. em 23/1I: /94, in DJU de 24/ 10//95”.

---

4 Consoante dispõe o inciso XII do art. 5 da CF, mostra-se inadequado o compartilhamento de prova que, no campo da exceção – afastamento da privacidade-, implicou interceptação telefônica determinada por órgão judicial e para efeito específico, ou seja, investigação criminal ou instrução processual penal (Inq. 3.014 AgR., rel. Min. Marco Aurélio, j. 13/12/2012, p., DJE. de 23/09/2013).

5 Comentei-o: “Os direitos e garantias individuais conformam uma norma pétrea. Não são eles apenas os que estão no artigo 5º, mas, como determina o § 2º do mesmo artigo, incluem outros que se espalham pelo texto constitucional e outros que decorrem de uma implicitude inequívoca. Trata-se, portanto, de um elenco cuja extensão não se encontra em textos constitucionais anteriores. Tem-se discutido se, de rigor, toda a Constituição não seria um feixe de direitos e garantias individuais, na medida em que o próprio Estado deve assegurá-lo e sua preservação, de rigor, é um direito e uma garantia individual. Toda a Constituição não faz se não garantir direitos individuais, que decorrem, necessariamente, da existência do poder assecuratório (Judiciário), Legislativo (produção de leis), Executivo (executá-las a favor do cidadão).
Por esta teoria, a Constituição seria imodificável, visto que direta ou indiretamente tudo estaria voltado aos direitos e garantias individuais

Tem-se admitido que a decisão judicial pode quebrar o referido sigilo, apesar de a lei suprema só falar em quebra das interceptações telefônicas. Admitiu-se, entretanto, que leis infraconstitucionais poderiam determinar quebras de sigilo bancário, em determinadas circunstâncias, sem autorização judicial, desde que não fossem compartilhadas as informações.

Miguel Reale e eu escrevemos estudo elaborado para Revista Jurídica da Universidade de Coimbra, a propósito da lei complementar nº 105/04, que admitiu quebra sem autorização. Os Ministros da Suprema Corte, todavia, admitiram a quebra, realçando que ela não poderia ser compartilhada, senão internamente, nas repartições fiscais [6].

Tal formulação, todavia, peca pela própria formulação do artigo, visto que se os organismos produtores, executores e assecuratórios do Direito representassem forma indireta de permanência dos direitos e garantias individuais, à evidência, todo o resto do artigo 60 seria desnecessário em face da imodificabilidade da lei suprema. O conflito fala por si só para eliminar a procedência dos argumentos dos que assim pensam.

Em posição diversa, entendo que os direitos e garantias individuais são aqueles direitos fundamentais plasmados no texto constitucional --e apenas nele-- afastando-se, de um lado, da implicitude dos direitos não expressos ou de veiculação infraconstitucional, assim como restringindo, por outro lado, àqueles direitos que são assim considerados pelo próprio texto e exclusivamente por ele" (Comentários à Constituição do Brasil, 4º vol. tomo I, Celso Ribeiro Bastos e Ives Gandra Martins, Ed. Saraiva, 1999, p. 413/415).

---

6 Destaco de estudo do Professor Miguel Reale e meu (Controle concentrado de constitucionalidade de ato normativo emanado do Poder Executivo – Revista Temas de Integração, nº 15 e 16, Almedina, Coimbra, 2003, Separata, p. 47/48), sobre compartilhamento de informações bancárias com o Ministério Público o seguinte trecho:

"Assim, exceção às CPIs, para as quais são inerentes poderes próprios de investigação judicial por outorga constitucional, não podem outros órgãos, poderes ou entidades não autorizados pela Lei Maior, quebrar o sigilo bancário e, pois, afastar o direito à privacidade independente de autorização judicial, a pretexto de fazer prevalecer o interesse público, "máxime" quando não têm o dever de imparcialidade por serem PARTE na relação mantida com o particular.

Por tais fundamentos, o Supremo Tribunal Federal negou ao Ministério Público o poder de quebrar o sigilo bancário independente de autorização judicial, no RE 215.301-0/CE, com base em lapidar voto do Ministro Carlos Velloso, de que se destaca o seguinte trecho:

"Pode o Ministério Público, portanto, presentes as normas do inc. VIII, do art. 129 da C.F., requisitar diligências investigatórias e requisitar a instauração de inquérito policial, indicando os fundamentos jurídicos de suas manifestações processuais. As diligências investigatórias e a instauração de inquérito policial deverão ser requisitadas, obviamente, à autoridade policial.

Ora, no citado inc. VIII, do art. 129, da C.F., não está escrito que poderia o órgão do Ministério Público requerer, sem a intervenção da autoridade judiciária, a quebra do sigilo bancário de alguém. E se considerarmos que o sigilo bancário é espécie de direito à privacidade que a Constituição consagra, o art. 5º, inc. X, somente autorização expressa da Constituição legitimaria a ação do Ministério Público para requerer, diretamente, sem a intervenção da autoridade judiciária, a quebra do sigilo bancário de qualquer pessoa.

No voto que proferi na Petição 577-DF, caso Magri, dissertei a respeito do tema (RTJ 148/366), asseverando que o direito ao sigilo bancário não é, na verdade, um direito absoluto – não há, aliás,

De rigor, o sigilo, que as autoridades fiscais devem guardar, decorre dos artigos 198 e 199 do CTN, cuja dicção é a seguinte:

> *"Art. 198. Sem prejuízo do disposto na legislação criminal, é vedada a divulgação, por parte da Fazenda Pública ou de seus servidores, de informação obtida em razão do ofício sobre a situação econômica ou financeira do sujeito passivo ou de terceiros e sobre a natureza e o estado de seus negócios ou atividades. (Redação dada pela Lcp* nº 104, de 2001).
>
> § 1º Excetuam-se do disposto neste artigo, além dos casos previstos no art. 199, os seguintes: *(Redação dada pela Lcp* nº 104, de 2001)
>
> *I – requisição de autoridade judiciária no interesse da justiça; (Incluído pela Lcp* nº 104, de 2001)
>
> *II – solicitações de autoridade administrativa no interesse da Administração Pública, desde que seja comprovada a instauração regular de processo administrativo, no* órgão ou na entidade respectiva, com o objetivo de investigar o sujeito passivo a que se refere a informação, por prática de infração administrativa. *(Incluído pela Lcp* nº 104, de 2001)
>
> § 2º O intercâmbio de informação sigilosa, no âmbito da Administração Pública, será realizado mediante processo regularmente instaurado, e a entrega será feita pessoalmente à autoridade solicitante, mediante recibo, que formalize a transferência e assegure a preservação do sigilo. *(Incluído pela Lcp* nº 104, de 2001)
>
> § 3º Não é vedada a divulgação de informações relativas a: *(Incluído pela Lcp* nº 104, de 2001)
>
> *I – representações fiscais para fins penais; (Incluído pela Lcp* nº 104, de 2001)

---

direitos absolutos – devendo ceder, é certo, diante do interesse público, diante do interesse social, diante do interesse da justiça, conforme, esclareça-se, tem decidido o Supremo Tribunal Federal. Todavia, deixei expresso no voto que proferi no MS 21.729-DF, por se tratar de um direito que tem "status" constitucional, que a quebra não pode ser feita por quem não tem o dever de imparcialidade. Somente a autoridade judiciária, que tem o dever de ser imparcial, por isso mesmo procederá com cautela, com prudência e com moderação, é que, provocada pelo Ministério Público, poderá autorizar a quebra do sigilo. O Ministério Público, por mais importantes que sejam as suas funções, não tem obrigação de ser imparcial. Sendo parte – advogado da sociedade – a parcialidade lhe é inerente. Então, como poderia a parte, que tem interesse na ação, efetivar, ela própria, a quebra de um direito inerente à privacidade, que é garantido pela Constituição? Lembro-me de que, no antigo Tribunal Federal de Recursos, um dos seus mais eminentes membros costumava afirmar que "o erro do juiz o tribunal pode corrigir, mas quem corrigirá o erro do Ministério Público?" Há órgãos e órgãos do Ministério Público, que agem individualmente, alguns, até, comprometidos com o poder político. O que não poderia ocorrer, indago, com o direito de muitos, por esses Brasis, se o direito das pessoas ao sigilo bancário pudesse ser quebrado sem maior cautela, sem a interferência da autoridade judiciária, por representantes do Ministério Público, que agem individualmente, fora do devido processo legal e que não têm os seus atos controlados mediante recursos?".
Aliás, sublinha a Suprema Corte que, mesmo o Judiciário há de agir com extrema moderação, ao autorizar a providência excepcional de ruptura da esfera de privacidade individual – o que se impõe, também, à quebra de sigilo determinada pela CPI – fazendo- exclusivamente se: a) existirem pelo menos elementos mínimos a indicar a possibilidade de prática delituosa, de sua autoria e materialidade; b) a medida for pertinente para atender ao interesse público e c) se não houver outro meio para revelar a verdade material".

II – inscrições na Dívida Ativa da Fazenda Pública; (Incluído pela Lcp nº 104, de 2001)

III – parcelamento ou moratória. (Incluído pela Lcp nº 104, de 2001)

Art. 199. A Fazenda Pública da União e as dos Estados, do Distrito Federal e dos Municípios prestar-se-ão mutuamente assistência para a fiscalização dos tributos respectivos e permuta de informações, na forma estabelecida, em caráter geral ou específico, por lei ou convênio.

Parágrafo único. A Fazenda Pública da União, na forma estabelecida em tratados, acordos ou convênios, poderá permutar informações com Estados estrangeiros no interesse da arrecadação e da fiscalização de tributos. (Incluído pela Lcp nº 104, de 2001)",

lembrando que as exceções da própria lei são, claramente, exceções "interna corporis".

Assim é que o "caput" do artigo proíbe aos servidores públicos e à Fazenda a divulgação de dados obtidos em razão de ofício. As exceções referem-se a:

a) Existência de autorização judicial impondo a divulgação;

b) Solicitação de autoridade administrativa APÓS INSTAURAÇÃO DO PROCESSO ADMINISTRATIVO, para investigação de prática de infração administrativa.

É de lembrar que este próprio intercâmbio entre as autoridades da Administração Pública – não do Judiciário ou Legislativo – determinado pelo § 2º do artigo 198, impõe a guarda de sigilo.

O § 3º, por outro lado, permite para fins penais a divulgação de informações relativas ao contribuinte, como também a própria inscrição da dívida ou a concessão de parcelamento em moratória[7].

Tais dispositivos decorrem de lei com eficácia de lei complementar, que, por outro lado, só considera a existência de um crédito constituído definitivamente após o encerramento de processo administrativo, nos termos dos artigos 142 e 145[8].

---

7 É de se lembrar que a obrigação tributária definida pelo artigo 113 do CTN como:
"Art. 113. A obrigação tributária é principal ou acessória.
§ 1º A obrigação principal surge com a ocorrência do fato gerador, tem por objeto o pagamento de tributo ou penalidade pecuniária e extingue-se juntamente com o crédito dela decorrente.
§ 2º A obrigação acessória decorre da legislação tributária e tem por objeto as prestações, positivas ou negativas, nela previstas no interesse da arrecadação ou da fiscalização dos tributos.
§ 3º A obrigação acessória, pelo simples fato da sua inobservância, converte-se em obrigação principal relativamente à penalidade pecuniária", só se torna crédito tributário com a explicitação do artigo 139, assim disposto:
" Art. 139. O crédito tributário decorre da obrigação principal e tem a mesma natureza desta".

8 Os artigos 142 e 145 têm a seguinte dicção:
"Art. 142. Compete privativamente à autoridade administrativa constituir o crédito tributário pelo lançamento, assim entendido o procedimento administrativo tendente a verificar a ocorrência do fato gerador da obrigação correspondente, determinar a matéria tributável, calcular o montante

A própria expressão "constituição definitiva do crédito" está no artigo 174, cuja dicção é a seguinte:

> *"Art. 174. A ação para a cobrança do crédito tributário prescreve em cinco anos, contados da data da sua constituição definitiva.*
>
> *Parágrafo único. A prescrição se interrompe:*
>
> *I – pelo despacho do juiz que ordenar a citação em execução fiscal; (Redação dada pela Lcp* nº 118, de 2005)
>
> *II – pelo protesto judicial;*
>
> *III – por qualquer ato judicial que constitua em mora o devedor;*
>
> *IV – por qualquer ato inequívoco ainda que extrajudicial, que importe em reconhecimento do débito pelo devedor" (grifos meus).*

Ora, para fins penais, apenas após a constituição do crédito definitivo pode o Fisco informar as autoridades acusatórias para instauração do processo penal, visto que, antes de completar-se o lançamento, não há como caracterizar crime tributário, à falta de crédito constituído definitivamente.

É que não seria razoável alguém ser considerado criminoso por crime tributário, no âmbito do Judiciário, e ser absolvido, no âmbito administrativo por não ter cometido ilícito algum. É como se a vítima de um homicídio assistisse, em sessão do Tribunal de Juri, a condenação de seu assassino, apesar de estar viva.

Tal entendimento mostra que as exceções dos §§ 1º, 2º e 3º do artigo 198 não permitem que haja vazamento de qualquer informação obtida de ofício para outras áreas do poder público além do Erário ou para entidades privadas.

Mais do que isto: o próprio Código Penal, nos arts. 153 e 154, impede qualquer divulgação, lembrando-se que a Lei 13.709 de 14/09/2018 (Lei Geral de Proteção de Dados Pessoais) impõe rigoroso sistema de controle de dados, com preservação do princípio constitucional do sigilo a ser mantida pelas autoridades, em mais de 65 artigos, muito embora alguns vetados pela presidência[9].

---

do tributo devido, identificar o sujeito passivo e, sendo caso, propor a aplicação da penalidade cabível.

Parágrafo único. A atividade administrativa de lançamento é vinculada e obrigatória, sob pena de responsabilidade funcional.

....

Art. 145. O lançamento regularmente notificado ao sujeito passivo só pode ser alterado em virtude de:

I – impugnação do sujeito passivo;

II – recurso de ofício;

III – iniciativa de ofício da autoridade administrativa, nos casos previstos no artigo 149".

9 Os artigos 153 e 154 do Código Penal estão assim veiculados:

Tais considerações, eu as faço, para justificar, não só meu inconformismo de velho professor, como a minha repulsa a ver tratado qualquer cidadão, por mais culpado que seja, sem a dignidade que os constituintes desejaram fosse o atributo maior resguardado pela Constituição brasileira.

Sabemos que a imprensa, embora necessária – diria mesmo imprescindível para o arejamento de todas as democracias -, tem maior visibilidade nas crises e nas exceções, como dizia respeitado jornalista brasileiro.

Mark Twain, com sua ironia permanente, dizia que o papel da imprensa é "separar o joio do trigo e publicar o joio". A que acrescento: "porque trigo não vende jornal".

Lembro a história de um jornalista do "New York Time", na primeira metade do século XX – quando os repórteres saiam pelas ruas à busca de notícias, que, ao voltar cansado no fim do dia, disse a um editor: "Infelizmente, só tenho más notícias". Perguntado por quê?, respondeu: "Porque todas as notícias são boas".

À evidência, quando tudo vai bem, o leitor interessa-se pouco pelos jornais, mas quando há crise de qualquer natureza, quer colocar-se a par por mera curiosidade, medo de ser por ela atingido ou acompanhar simplesmente os acontecimentos.

Ora, exatamente por ser esta a característica maior da imprensa, uma frase mal colocada por uma personalidade pública vale mais, para manchete de qualquer jornal, do que a melhor exposição sobre um problema determinado.

E, por outro lado, uma manchete de jornal pode destruir reputações. Não se pode esquecer o que a imprensa fez com os donos da "Escola de Base", com manchetes colhidas com pessoas interessadas em denegrir seus dirigentes, e que se revelaram falsas[10].

"Art. 153 – Divulgar alguém, sem justa causa, conteúdo de documento particular ou de correspondência confidencial, de que é destinatário ou detentor, e cuja divulgação possa produzir dano a outrem:
Pena – detenção, de um a seis meses, ou multa.
§ 1º Somente se procede mediante representação. (Parágrafo único renumerado pela Lei nº 9.983, de 2000)
§ 1º-A. Divulgar, sem justa causa, informações sigilosas ou reservadas, assim definidas em lei, contidas ou não nos sistemas de informações ou banco de dados da Administração Pública: (Incluído pela Lei nº 9.983, de 2000)
Pena – detenção, de 1 (um) a 4 (quatro) anos, e multa. (Incluído pela Lei nº 9.983, de 2000)
§ 2º Quando resultar prejuízo para a Administração Pública, a ação penal será incondicionada. (Incluído pela Lei nº 9.983, de 2000)
Violação do segredo profissional
Art. 154 – Revelar alguém, sem justa causa, segredo, de que tem ciência em razão de função, ministério, ofício ou profissão, e cuja revelação possa produzir dano a outrem:
Pena – detenção, de três meses a um ano, ou multa.
Parágrafo único – Somente se procede mediante representação.
Invasão de dispositivo informático (Incluído pela Lei nº 12.737, de 2012) Vigência".

---

10 Não sem razão o artigo 1º da Lei Geral de Proteção de Dados Pessoais (13.853/19) declara que: "Art. 1º Esta Lei dispõe sobre o tratamento de dados pessoais, inclusive nos meios digitais, por

Esta é a razão pela qual, o CTN e o Código Penal impõem sigilo, sendo profundamente aéticos os ilegais vazamentos, que constituem crime, objetivando ter o apoio popular a qualquer acusação do "parquet".

Infelizmente, até hoje não houve adequada investigação de todos os vazamentos para todas as prisões provisórias e preventivas, que levaram jornalistas a ter informações negadas aos advogados dos acusados, mesmo após as prisões.

Tenho defendido que o processo investigatório pré judicial é de responsabilidade dos delegados de polícia de carreira, e não por membros do Ministério Público, conforme determina o artigo 144 § 4º da CF assim redigido:

> *"Art. 144. ....*
>
> § 4º Às polícias civis, *dirigidas por delegados de polícia de carreira, incumbem, ressalvada a competência da União, as funções de polícia judiciária e a apuração de infrações penais, exceto as militares",*

estando o inciso IV, do § 1º, do artigo 144 da CF, assim disposto:

> "Art. 144. ....
>
> § *1º A polícia federal, instituída por lei como órgão permanente, organizado e mantido pela União e estruturado em carreira, destina-se a:" (Redação dada pela Emenda Constitucional nº 19, de 1998)*
>
> ....
>
> IV – exercer, com exclusividade, as funções de polícia judiciária da União.
>
> ...." (grifos meus).

No âmbito da Polícia, subordinada ao Poder Judiciário, é ao delegado de carreira que competem as funções de apurar infrações penais – e não o promotor ou procurador – pois é ele a autoridade neutra e não aquela que, na dúvida, deva acusar.

Determina a CF que duas são as funções essenciais à administração da Justiça: a do Ministério Público (art. 127 a 132) e a da Advocacia (art. 133 a 135)[11].

Ora, a meu ver, nos termos da Constituição, não pode o membro do Ministério Público presidir um inquérito, visto que não pode atuar, imparcialmente, autoridade que será, necessariamente, parte, e, na dúvida, não pode deixar de acusar para não ser considerada desidiosa no exercício de suas funções.

---

pessoa natural ou por pessoa jurídica de direito público ou privado, com o objetivo de proteger os direitos fundamentais de liberdade e de privacidade e o livre desenvolvimento da personalidade da pessoa natural.

Parágrafo único. As normas gerais contidas nesta Lei são de interesse nacional e devem ser observadas pela União, Estados, Distrito Federal e Municípios. (Incluído pela Lei nº 13.853, de 2019)".

11 O título do Capítulo IV da CF é **"DAS FUNÇÕES ESSENCIAIS À JUSTIÇA".**

Por outro lado, por não ser Poder, à evidência, o MP depende, em suas denúncias ou acusações, de autorização judicial, não devendo, a meu ver, jamais, permitir que a imprensa seja avisada de diligências que serão realizadas, antes das partes, numa quebra de sigilo que viola a privacidade das pessoas.

Todas estas breves considerações eu as faço por entender que:

O CTN não permite compartilhamento de informações sigilosas obtidas em dever de ofício;

As exceções dizem respeito às próprias autoridades fiscais;

Antes do fim do processo administrativo, não pode haver compartilhamento com o público ou o Ministério Público;

Autoridade fiscal apenas pode obter, segundo a Suprema Corte, informação de ofício junto ao sistema financeiro para seu uso na função fiscalizatória; não, para transmiti-la, antes do fim do processo administrativo, para qualquer outra autoridade não fiscal;

O Ministério Público apenas pode acionar um contribuinte, após a constituição definitiva do crédito tributário, ou seja, com o término do processo administrativo;

Não deve o Ministério Público vazar informações de prisões preventivas ou provisórias à imprensa, antes de consumadas as diligências, por serem sigilosas e atentarem contra o direito de defesa;

Tais vazamentos são ilegais e constituem crime;

A privacidade dos cidadãos e o sigilo de dados só pode ser quebrado, em havendo autorização judicial;

As prisões provisórias e preventivas só devem ser decretadas em casos excepcionais, com a preservação da imagem do acusado;

A banalização de tais prisões com os holofotes da imprensa acompanhando-as, fragilizam o estado democrático de direito e seu principal fundamento: o direito de defesa, que só existe nas democracias.

Ao eminente colega e amigo Roberto Rosas trago estas reflexões, sobre as quais, como disse, tenho meditado, falado e escrito, pois, como Conselheiro Seccional e Federal da OAB que foi, durante longos anos, melhor do que ninguém sabe até que ponto tais vazamentos atingem profundamente o direito de defesa.

Crimes Transnacionais

Jorge Mussi

1. Introdução

O direito existente em cada Estado adapta-se ao contexto social em que incide e às estruturas políticas, econômicas e culturais locais. Essa variedade permite uma interessante comparação e comunicação entre os distintos ordenamentos jurídicos. Não há dúvida de que atualmente há uma maior troca de informações entre os países, que, no campo jurídico, apontam para a construção de sistemas legais que se influenciam mutualmente. Nesse aspecto, "os Estados, suas instituições e seus indivíduos estão cada vez mais interligados e interdependentes".[1]

A globalização e a evolução tecnológica facilitam essa troca de experiências e estimulam a ampla movimentação de pessoas e bens e, no campo econômico, o livre comércio em âmbito mundial. Contudo, essa facilitação também abre espaço, infelizmente, para a realização de delitos[2] que, por vezes, transcendem a barreira espacial de um determinado Estado.[3]

É sobre este assunto que versará o presente estudo: os crimes transnacionais. Primeiramente, trabalhar-se-á seu conceito. Após, tratar-se-á seu componente mais comum, o caráter organizado desta criminalidade e, por fim, definir-se-á algumas formas de enfrentamento que conjuguem a eficiência esperada do sistema de justiça criminal e a preservação dos direitos fundamentais do cidadão.

2. Conceito

A denominação "crime transnacional", termo criado há mais de um quarto de século pela Comissão sobre Prevenção ao Crime e Justiça Criminal das Nações Unidas,

---

1 CASTRO, Tony Gean Barbosa de. *Crime organizado transnacional*: cooperação jurídica internacional, direito penal transnacional e tutela dos direitos humanos. Porto Alegre: Núria Fabris, 2018, p. 21.

2 PICCA, Georges. Crime organizado transnacional. *Consulex Revista Jurídica*, v. 7, nº 158, p. 12-13, ago. 2003. "Um assunto muito abordado é se o fenômeno da globalização na economia e nas comunicações nutriu novos desenvolvimentos no crime organizado, fazendo isto no 'lado escuro' da globalização. Não há nenhuma dúvida de que serviu para alimentar uma aproximação econômica e financeira de atividades ilegais, principalmente reveladas nos crimes financeiros".

3 BOULOUKOS, Adam; FARRELL, Graham; LAYCOCK, Gloria. Transnational orginised crime in Europe and North America: towards a framework for prevention. In: AROMAA, Kauko; LEPPÃ, Seppo; NEVALA, Sami; OLLUS, Natalia (Org.). *Crime and criminal justice in Europe and North America 1995-1997.* HEUNI Report Series nº 40. Helsinki: United Nations, p. 176-192, 2003, p. 177. *"In short, one negative result of globalisation has been a significant increase in the number of criminal opportunities open to exploitation by transnational organized criminals".*

apresenta um enfoque funcional e não necessariamente normativo,[4] ou seja, "não possui propriamente um *significado jurídico*, sendo um termo *criminológico* de variadas acepções marcadas por um traço comum, insto é, a transcendência dos limites territoriais de um país".[5] "Trata-se de um fenômeno social."[6] Assim, mais que um agir específico, a expressão designa um fenômeno criminal que transcenda as fronteiras nacionais, que transgrida a lei de mais de um Estado ou que traga impacto a outro país.

Por isso, a própria Comissão os definiu como os "delitos cujo início, prevenção e efeitos diretos ou indiretos envolvem mais de um país". Logo, um mesmo delito pode ser classificado como transnacional ou não a depender da extensão dos efeitos da conduta perpetrada.

Não se pode confundir, assim, tal categoria com a de "crime internacional". Esse, como disciplina o Estatuto de Roma, refere-se às infrações penais que "afetam a comunidade internacional no seu conjunto", que são os de genocídio, crimes contra a humanidade, os de guerra e os crimes de agressão.

Dessa forma, o crime internacional pode ocorrer dentro de um único país. Nesse caso, a jurisdição do Tribunal Penal Internacional será admitida pela repercussão internacional da ofensa, independentemente da ação ou do resultado transcenderem ou não as fronteiras de um respectivo Estado.

Já os crimes transnacionais envolvem a prática de ilícitos previstos na legislação nacional cujo *iter criminis* ou os efeitos da prática delitiva atinjam outro Estado.

3. O crime organizado transnacional

Para bem entender o fenômeno da transnacionalidade dos crimes é necessário voltar as vistas àqueles que os perpetram de modo mais maciço e contumaz: as organizações criminosas.

Os delitos transnacionais estão intrinsicamente ligados às organizações criminosas. A preocupação com tais ofensas levou à confecção, em 2000, da Convenção das Nações Unidas contra o Crime Organizado Transnacional, conhecida como a Convenção de Palermo, para "promover a cooperação para prevenir e combater mais eficazmente o crime organizado transnacional".

As organizações criminosas não são desconhecidas da realidade de qualquer país. A Cosa Nostra italiana, a Yakuza japonesa e os Cartéis colombianos são talvez as mais notórias delas. Contudo, o grau de sofisticação do funcionamento das atuais

4 BOISTER, Neil. Transnational criminal law? *European Journal of International Law*, v. 14, nº 5, p. 953-976, 2003, p. 954.

5 SOUZA, Isac Barcelos Pereira de. *Equipes conjuntas de investigação*: na cooperação jurídica internacional em matéria penal. Salvador: Juspodivm, 2019, p. 30.

6 JESUS, Damásio E. A ONU e o crime organizado transnacional. *Cidadania e justiça*, a. 2, nº 4, p. 128-132, 1998, p. 131.

organizações e a sua estruturação interna as alçou à atuação global, praticando os mais variados tipos de crime. Se, em outros tempos, o foco de atuação era o tráfico de drogas e armas, hoje, alastra-se também para outros delitos, como os *cybercrimes*, o tráfico de seres humanos, de recursos naturais (como o de diamante e ouro) e de animais silvestres[7], incluindo, ainda, a própria evasão de divisas e a lavagem do capital ilicitamente arrecadado para dificultar a identificação e a apreensão dos valores.

Apesar de importante, a proteção da faixa de fronteira não basta para evitar a prática de tais delitos[8], necessitando-se repensar a própria forma de prevenção e repressão aos delitos transnacionais.

Jeffrey Robinson[9] traz em sua obra *A Globalização do Crime* um exemplo real típico desta nova forma de criminalidade, em que um cidadão canadense, para comprar vinhos para um jantar, utilizou seu cartão de crédito, que foi clonado pelo balconista, membro de uma organização criminosa do Vietnã.

Mesmo antes de finalizado o ágape e apreciadas as bebidas compradas, todos os dados do cartão do cidadão canadense já tinham sido enviados a Hong Kong. Lá, reuniu-se outra centena de informações de outros usuários, principalmente de vítimas dos Estados Unidos e do Canadá. Depois de filtrados, todos os dados foram enviados à Malásia, onde novos cartões clonados foram confeccionados.

Da Malásia, os cartões foram distribuídos a países europeus e, em menos de três dias, o cartão de crédito clonado do senhor canadense foi utilizado para compras de artigos de luxo na loja *Harrods*, em Londres.

Observa-se que a busca incessante de oportunidades de práticas ilegais lucrativas,[10] visando à maximização dos rendimentos e à minimização dos riscos, torna a atividade das organizações criminosas variada e altamente sofisticada, o que dificul-

---

7 ZIMMERMAN, Mara E. O mercado negro de espécies silvestres: a luta contra o crime organizado transnacional no comércio ilegal de animais silvestres. *Revista Brasileira de Direito Animal*, Salvador, v. 7, nº 10, jan./jun. 2012, p.15-16. "Em maio de 1998, a alfândega e o serviço de pesca e caça dos EUA concluíram a Operação Comércio na Selva, uma operação de três anos que expôs uma maciça rede internacional de contrabando de espécimes exóticos. O sofisticado circuito de contrabando costumava vender aves e outros espécimes obtidos ilegalmente em diversos estados e em outros dez países de todo o mundo. Autoridades dos EUA trabalharam em coordenação com agências de aplicação da lei estrangeira para investigar e expor a organização criminosa envolvida. A Operação Comércio na Selva resultou na apreensão de 662 valiosos animais em extinção, dos quais somente as aves valiam mais de US$ 600.000, e a detenção e possível indiciamento de quarenta traficantes e distribuidores de espécimes silvestres. Os acusados foram sujeitos a multas, prisão ou ambos, sob as múltiplas leis dos EUA".

8 Sobre o tema, ver: ARAÚJO, Thiago Gonçalves de. Crimes transnacionais e a faixa de fronteira: reflexões acerca do papel do poder público. *Textos & Debates*, nº 18, p. 251-268, jan./jun. 2010.

9 ROBINSON, Jeffrey. *A globalização do crime*. Tradução: Ricardo Inojosa. Rio de Janeiro: Ediouro, 2001, p. 20-23.

10 PICCA, op. cit., p. 13. "A busca do lucro é o principal interesse [*be all and end all*) do crime organizado, e pode estar acompanhado por motivos ideológicos (terrorismo) mais ou menos questionáveis".

ta a identificação dos agentes e a coleta de provas, além da definição da jurisdição apropriada.

Por isso mesmo, os crimes perpetrados por organizações criminosas transnacionais são uma "criminalidade de sujeitos poderosos" (*crimes of the powerful*).[11] Por sua força econômica, política e, por vezes, paramilitar, tais organizações detêm capacidade de encobrir as provas de sua atividade e, caso seus membros sejam processados, de promover uma defesa técnica de qualidade.

Diante da dificuldade de identificar as próprias organizações criminosas, nomear seus integrantes e arrecadar provas dos atos por elas cometidos, é necessário um combate igualmente organizado para a diminuição da ocorrência dos crimes transnacionais.

Nesse particular, Damásio de Jesus apresenta tendências observáveis em variados sistemas jurídicos de combate ao crime organizado transnacional, quais sejam: (*i*) a crescente adoção de exceções ao princípio da territorialidade; (*ii*) a relativização de garantias clássicas (materiais e processuais) e a flexibilização de regras de imputação; (*iii*) a busca de um conceito uniforme em âmbito internacional sobre o que se considera "crime organizado"; (*iv*) a adoção de regras especiais sobre a autoria e a participação e o incremento da utilização da teoria da imputação objetiva.[12]

4. A cooperação jurídica internacional

Ao lado das medidas acima mencionadas, a cooperação jurídica internacional é a pedra angular à responsabilização de agentes envolvidos nos crimes transnacionais, visto que se caracteriza como "o conjunto de medidas e mecanismos pelos quais os órgãos competentes dos Estados solicitam e prestam auxílio recíproco para realizar, em seu território, atos pré-processuais ou processuais que interessam à jurisdição estrangeira na esfera criminal".[13]

No âmbito principiológico, está fundamentada na: (*i*) cooperação entre os povos para o progresso da humanidade; (*ii*) na solidariedade; (*iii*) na reciprocidade; (*iv*) na prevalência dos direitos humanos; (*v*) na soberania; e (*vi*) na máxima cooperação.[14]

---

11 GALÍCIA, Caíque Ribeiro. Crime e globalização: reflexões sobre crimes transnacionais e a cooperação jurídica internacional na contemporaneidade. *Revista eletrônica de direito processual*, Rio de Janeiro, a. 12, v. 19, nº 1, p. 35-61, jan./abr. 2018, p. 49.

12 JESUS, Damásio E. Criminalidade organizada: tendências e perspectivas modernas em relação ao direito penal transnacional. In: KOSOVSKI, Ester; ZAFFARONI, Eugenio Raúl (Org.). *Estudos jurídicos*: em homenagem ao professor João Marcello de Araújo Júnior. Rio de Janeiro: Lumen Juris, 2001, p. 130-134.

13 ABADE, Denise Neves. *Direitos fundamentais na cooperação jurídica internacional*: extradição, assistência jurídica, execução de sentença estrangeira e transferência de presos. São Paulo: Saraiva, 2013, p. 27.

14 CASTRO, op. cit., p. 25-38.

Tive a oportunidade de recentemente julgar, no Superior Tribunal de Justiça, um caso em que esta cooperação contribuiu para a identificação e a prisão de mais de vinte pessoas que compunham uma organização para o tráfico de drogas internacional.[15] Na espécie, o grupo criminoso adquiria drogas da Bolívia e do Paraguai, transportavam-nas ao Brasil, onde as diluíam em garrafas de cachaça. Após, exportavam a bebida, iguaria nacional, para Portugal e Itália.

A cooperação entre a polícia judiciária brasileira e a portuguesa possibilitou o acompanhamento da ação ilícita desde o Brasil até a prisão de alguns agentes, ocorrida na cidade de Lisboa, apreendendo-se vultosa quantidade de cocaína. Identificados e presos, no Brasil, os demais envolvidos, foram todos processados e julgados, inclusive pela lavagem de dinheiro proveniente do esquema criminoso, havendo condenações que superaram os trezentos anos de prisão.

Exemplos mais famosos, como o "Caso Mensalão" (Ação Penal nº 470) ou a recente "Operação Lava-Jato" demonstram como a cooperação jurídica internacional proporciona a coleta de provas para posterior responsabilização criminal por fatos ilícitos, se assim for o caso, e a recuperação de ativos oriundos da prática ilícita, o que é igualmente importante.

Todos os casos estão a revelar que, "em matéria penal, a cooperação jurídica internacional tem sido fundamental para o combate à criminalidade transnacional".[16] Não se nega a utilidade dos meios clássicos ou tradicionais, como a carta rogatória ou mesmo a via diplomática, mas há a necessidade de utilização de mecanismos mais eficazes. Como aponta Spengler, "na cooperação jurídica internacional, o padrão dos direitos humanos qualifica-se como o pressuposto para a maior confiança entre os Estados que o adotam, possibilitando a revisão do modelo tradicional e a adoção de formas mais ágeis e diretas de assistência".[17]

Entre tais medidas, há o auxílio direto,[18] que, mesmo no direito processual civil, já mereceu atenção especial do legislador brasileiro, que criou uma seção própria à

15 BRASIL. Superior Tribunal de Justiça. *Habeas Corpus 399.782/CE*, Relator Ministro Jorge Mussi, Quinta Turma, julgado em 11/12/2018, DJe 04/02/2019.

16 RAMOS, Fabiana D'Andrea. A assistência jurídica recíproca no combate ao crime transnacional. Revista de processo, v. 38, nº 216, p. 189-208, fev. 2013, p. 190.

17 SPENGLER, Adriana Maria Gomes de Souza. A investigação do crime transnacional e o uso de novas tecnologias: relativização ou suspensão de direitos fundamentais? In: ESPIÑEIRA, Bruno; CRUZ, Rogério Schietti; REIS JÚNIOR, Sebastião (Orgs.). *Crimes federais*. 3 ed. Belo Horizonte: D'Plácido, 2017, p. 79-105, p. 95.

18 BECHARA, Fábio Ramazzini. *Cooperação jurídica internacional em matéria penal*: eficácia da prova produzida no exterior. São Paulo: Saraiva, 2011, p. 54. "[...] o auxílio direto pode ser definido como a cooperação realizada entre Autoridades Centrais dos Estados-parte de convenções internacionais que preveem esse mecanismo de assistência mútua, ou, ainda, de acordos ou tratados bilaterais que tratam especificamente do tema. Mas o auxílio direto não se particulariza somente pelo fato de que o seu processamento é gerenciado pelas autoridades centrais. O que o singulariza, na

matéria em nosso recente Código (artigos 28 a 34 do CPC/2015), o que pode ser aplicável à Justiça Criminal, por força do artigo 3º do Código de Processo Penal. O instituto objetiva acelerar o cumprimento de atos processuais e conferir maior eficiência à persecução, tanto que "a gênese do instrumento do auxílio direto está evidentemente associado à ineficiência das cartas rogatórias [...]."[19] Contudo, deve-se lembrar que, como já decidido pela Corte Especial do Superior Tribunal de Justiça, "a carta rogatória e o auxílio direto convivem no ordenamento jurídico como sistemas de cooperação internacional em matéria penal, entretanto são institutos com ritos e procedimentos diversos, mormente em razão das normas aplicáveis e da origem da decisão que ensejou o pedido estrangeiro".[20]

Outra opção é a formação de agências intergovernamentais como a Força-Tarefa de Ação Financeira (*Finantial Action Task Force* – FATF), que monitora as atividades com criptomoedas, inclusive condutas ilícitas, ou o Grupo de Egmont, que reúne 159 agências de inteligência financeira, incluindo o Conselho de Controle de Atividades Financeiras – COAF –, com o objetivo de combater a lavagem de dinheiro e a evasão de divisas. Em crimes financeiros, em geral, e no de lavagem de capitais, em especial, é essencial seguir os rastros das movimentações financeiras, independentemente das barreiras nacionais. O mesmo ocorre no crime de corrupção. *Follow the money*, como consigna o bordão americano, é o principal método de investigação e controle nessas espécies de infrações.[21]

Há, ainda, a possibilidade de formação de equipes conjuntas de investigação (*join special investigation teams*), como previsto de forma pioneira na Convenção de Nápoles II, que normatizou, no âmbito da União Europeia, a cooperação e o auxílio mútuo entre administrações aduaneiras, aplicáveis a crimes alfandegários. Ainda no âmbito internacional, há previsão de forma similar de cooperação nas Convenções da ONU de Viena de 1988, Palermo de 2000 e Mérida de 2003.

Define-se tal equipe como "o grupo formado por agentes de dois ou mais países, instituído com base em um acordo específico para o desenvolvimento, integrado e em um prazo certo, de uma investigação determinada relativa a crime transnacional,

realidade, é o fato de que o Estado estrangeiro não se apresenta na condição de juiz, mas de administrador, porquanto não encaminha um pedido judicial de assistência, mas sim uma solicitação para que a autoridade judicial do outro Estado tome as providências e as medidas requeridas no âmbito nacional".

19 Ibid., p. 55.

20 BRASIL. Superior Tribunal de Justiça. *Agravo Interno na Carta Rogatória 11.165/EX*, Relatora Ministra Laurita Vaz, Corte Especial, julgado em 06/09/2017, DJe 15/09/2017.

21 NAYLOR, R. T. Follow-the-money methods in crime control policy. In: BEARE, Margaret E. (Org.). *Critical reflections on transnational organized crime, money laudering, and corruption.* Toronto: University of Toronto Press, 2003, p. 256-316.

possibilitando, sob certas condições, a atuação extraterritorial de seus membros e estabelecendo uma via de contato direto entre seus integrantes".[22]

No direito interno, a Lei nº 13.344/2016, que trata do tráfico interno e internacional de pessoas, possibilita, em seu artigo 5º, inciso III, a "formação de equipes conjuntas de investigação", no combate a tais espécies de delito. Além disso, houve a recentemente incorporação do Acordo-Quadro de Cooperação entre os Estados-Parte do Mercosul para a criação de tais equipes conjuntas, conforme o Decreto-Legislativo nº 162/2018.

No âmbito criminal, importa ressaltar a instituição de agências como a Interpol, criada em 1923, que realiza o magnífico trabalho de identificar e coibir uma série de delitos, inclusive transnacionais. Sua missão, conforme seu ato de constituição, é "assegurar e promover a mais ampla assistência mútua possível entre todas as autoridades policiais criminais dentro dos limites das leis existentes nos diferentes países e no espírito da 'Declaração Universal dos Direitos Humanos'".

Esse serviço de inteligência, essencial para o combate da criminalidade organizada transnacional, tem a vantagem de compartilhar de forma rápida e eficiente informações estratégicas. Suas listas de difusão, identificando potenciais ameaças e criminosos perigosos, são de grande utilidade, inclusive para a jurisdição nacional. Em alguns casos, o Superior Tribunal de Justiça já levou em consideração o fato de o nome de um acusado constar nas listas da Interpol para analisar a possibilidade de concessão da ordem de *habeas corpus* em que se discutia a necessidade e a legalidade da prisão cautelar imposta.[23]

Quanto ao combate às organizações criminosas no âmbito do direito interno, houve a apresentação de novo Projeto de Lei Anticrime, que endurece as regras para combater o crime organizado. Tal iniciativa confere maior rigor na punição dos crimes transnacionais, bem como sugere alterações na atual legislação, formalizando a possibilidade de ação conjunta de investigação na apuração desses delitos. A proposta encontra-se em tramitação, atualmente, na Câmara dos Deputados.

Além desse Projeto, o governo brasileiro repensou sua forma de combater esse tipo de criminalidade e criou o Sistema Nacional de Informações de Segurança Pública – SINESP –, com o escopo de coletar, atualizar e analisar informações das forças de segurança em três áreas: combate à criminalidade, controle dos presídios e enfrentamento do tráfico como um todo.

---

22 SOUZA, op. cit., p. 189.

23 BRASIL. Superior Tribunal de Justiça. *Habeas Corpus 504.976/PR*, Relatora Ministra Laurita Vaz, Sexta Turma, julgado em 06/08/2019, DJe 19/08/2019; BRASIL. Superior Tribunal de Justiça. *Recurso em Habeas Corpus 100.419/RJ*, Relator Ministro Jorge Mussi, Quinta Turma, julgado em 12/02/2019, DJe 21/02/2019; BRASIL. Superior Tribunal de Justiça. *Recurso em Habeas Corpus 97.408/MG*, Relator Ministro Joel Ilan Paciornik, Quinta Turma, julgado em 05/06/2018, DJe 15/06/2018; BRASIL. Superior Tribunal de Justiça. *Habeas Corpus 325.082/SP*, Relator Ministro Rogério Schietti Cruz, Sexta Turma, julgado em 01/09/2016, DJe 12/09/2016.

5. Conclusão

diante de tudo isso, felizmente observa-se o que já está sendo feito: a conscientização de que o crime organizado transnacional se traduz em um problema de cunho global.

Trata-se de um novo desafio imposto aos Estados nacionais, que necessitam repensar seu agir e instrumentalizar novas formas de investigação e persecução destes delitos, além de ajustar seus sistemas de justiça criminal, atuando em equipe para a resolução dos casos e punição dos agentes envolvidos.

Como adverte o jurista francês Georges Picca: "crime global precisa de justiça global".[24] Isso porque "as respostas para a compreensão e enfrentamento desse fenômeno só poderia surgir a partir do diálogo e intercâmbio entre os órgão envolvidos com a persecução penal também funcionando em *rede*".[25]

No entanto, apesar de todas essas iniciativas, a prática de crimes transnacionais ainda corre a passos largos à nossa frente, instigando-nos a perseguir um novo norte. Certamente, há avanços a serem implementados na legislação, prevendo inovadoras modalidades de atuação dos agentes estatais, sobretudo meios de cooperação jurídica internacional, buscando a harmonia entre a eficiência no combate à criminalidade e o fiel cumprimento dos direitos fundamentais.

Por fim, não há dúvidas de que os Estados precisam de mecanismos eficazes para que o enfrentamento do crime transnacional não fique somente na utopia dos pensamentos e torne-se efetivamente um instrumento de mudança da realidade social.

6. Referências bibliográficas

ABADE, Denise Neves. *Direitos fundamentais na cooperação jurídica internacional*: extradição, assistência jurídica, execução de sentença estrangeira e transferência de presos. São Paulo: Saraiva, 2013.

ARAÚJO, Thiago Gonçalves de. Crimes transnacionais e a faixa de fronteira: reflexões acerca do papel do poder público. *Textos & Debates*, nº 18, p. 251-268, jan./jun. 2010.

BECHARA, Fábio Ramazzini. *Cooperação jurídica internacional em matéria penal*: eficácia da prova produzida no exterior. São Paulo: Saraiva, 2011.

BOISTER, Neil. Transnational criminal law? *European Journal of International Law*, v. 14, nº 5, p. 953-976, 2003.

BOULOUKOS, Adam; FARRELL, Graham; LAYCOCK, Gloria. Transnational orginised crime in Europe and North America: towards a framework for prevention. In: AROMAA, Kauko; LEPPÃ, Seppo; NEVALA, Sami; OLLUS, Natalia (Org.). *Crime and criminal justice in Europe and North America 1995-1997*. HEUNI Report Series n. 40. Helsinki: United Nations, p. 176-192, 2003.

24 PICCA, op. cit., p. 15.

25 GALÍCIA, op. cit., p. 43.

BRASIL. Superior Tribunal de Justiça. *Agravo Interno na Carta Rogatória 11.165/EX*, Relatora Ministra Laurita Vaz, Corte Especial, julgado em 06/09/2017, DJe 15/09/2017.

______.______. *Habeas Corpus 325.082/SP*, Relator Ministro Rogério Schietti Cruz, Sexta Turma, julgado em 01/09/2016, DJe 12/09/2016.

______.______. *Habeas Corpus 399.782/CE*, Relator Ministro Jorge Mussi, Quinta Turma, julgado em 11/12/2018, DJe 04/02/2019.

______.______. *Habeas Corpus 504.976/PR*, Relatora Ministra Laurita Vaz, Sexta Turma, julgado em 06/08/2019, DJe 19/08/2019.

______.______. *Recurso em Habeas Corpus 100.419/RJ*, Relator Ministro Jorge Mussi, Quinta Turma, julgado em 12/02/2019, DJe 21/02/2019.

______.______. *Recurso em Habeas Corpus 97.408/MG*, Relator Ministro Joel Ilan Paciornik, Quinta Turma, julgado em 05/06/2018, DJe 15/06/2018.

CASTRO, Tony Gean Barbosa de. *Crime organizado transnacional*: cooperação jurídica internacional, direito penal transnacional e tutela dos direitos humanos. Porto Alegre: Núria Fabris, 2018.

GALÍCIA, Caíque Ribeiro. Crime e globalização: reflexões sobre crimes transnacionais e a cooperação jurídica internacional na contemporaneidade. *Revista eletrônica de direito processual*, Rio de Janeiro, a. 12, v. 19, nº 1, p. 35-61, jan./abr. 2018.

JESUS, Damásio E. A ONU e o crime organizado transnacional. *Cidadania e justiça*, a. 2, nº 4, p. 128-132, 1998.

______. Criminalidade organizada: tendências e perspectivas modernas em relação ao direito penal transnacional. In: KOSOVSKI, Ester; ZAFFARONI, Eugenio Raúl (Org.). *Estudos jurídicos*: em homenagem ao professor João Marcello de Araújo Júnior. Rio de Janeiro: Lumen Juris, 2001, p. 129-136.

NAYLOR, R. T. Follow-the-money methods in crime control policy. In: BEARE, Margaret E. (Org.). *Critical reflections on transnational organized crime, money laudering, and corruption*. Toronto: University of Toronto Press, 2003, p. 256-316.

PICCA, Georges. Crime organizado transnacional. *Consulex Revista Jurídica*, v. 7, nº 158, p. 12-13, ago. 2003.

RAMOS, Fabiana D'Andrea. A assistência jurídica recíproca no combate ao crime transnacional. Revista de processo, v. 38, nº 216, p. 189-208, fev. 2013.

ROBINSON, Jeffrey. *A globalização do crime*. Tradução: Ricardo Inojosa. Rio de Janeiro: Ediouro, 2001.

SOUZA, Isac Barcelos Pereira de. *Equipes conjuntas de investigação*: na cooperação jurídica internacional em matéria penal. Salvador: Juspodivm, 2019.

SPENGLER, Adriana Maria Gomes de Souza. A investigação do crime transnacional e o uso de novas tecnologias: relativização ou suspensão de direitos fundamentais? In: ESPIÑEIRA, Bruno; CRUZ, Rogério Schietti; REIS JÚNIOR, Sebastião (Org.). *Crimes federais*. 3 ed. Belo Horizonte: D'Plácido, 2017, p. 79-105, p. 95.

ZIMMERMAN, Mara E. O mercado negro de espécies silvestres: a luta contra o crime organizado transnacional no comércio ilegal de animais silvestres. *Revista Brasileira de Direito Animal*, Salvador, v. 7, nº 10, p. 15-63, jan./jun. 2012.

Condição: Comportamento Malicioso do Devedor

José Alexandre Tavares Guerreiro

1. Para homenagear o ilustre jurista e querido amigo Roberto Rosas, levei em consideração sua longa familiaridade com vários segmentos da ordem jurídica, de tal modo que, para tanto, vim a escolher tema enraizado no direito civil, mas projetando efeitos relevantes na matéria de que preferencialmente trato há décadas – o direito comercial e, dentro dele, o direito das sociedades anônimas. Hoje, esse mesmo direito comercial, que remonta ao **ius mercatorum** medieval, recebe o nome de direito da empresa, o que não lhe altera nem o perfil nem a substância, e tampouco o fato de costumar se servir de institutos e práticas de outros ramos jurídicos para elaborar as soluções para os problemas que lhe são próprios.

2. Ninguém há de duvidar que a **condição** esteja no cerne mesmo da dogmática civil, e bem assim as vicissitudes que cercam o respectivo inadimplemento. Fato é, no entanto, que, nas aquisições de participações societárias[1], de controle ou não, a condição aparece com frequência, como cláusula acordada em determinado momento das negociações, para se implementar (ou não) em momento subsequente. Entre os dois instantes, ocorrem eventos positivos ou negativos, que, no primeiro momento, devem se considerar eventos futuros e incertos. O negócio jurídico tem seus efeitos suspensos enquanto pendentes as condições a que se subordina, exatamente segundo o que dispõe o art. 121 do Código Civil[2]. Trata-se de cláusula produzida em razão da liberdade de contratar.

3. Também é da experiência mercantil a possível ocorrência de problemas quanto a obstáculos opostos, no ínterim, ao implemento da condição, matéria de que cuida o art.129 do Código Civil[3], sede de frequentes dúvidas e controvérsias.

4. Sobre esse preceito da lei brasileira é que pretendo trazer comentários. E o faço para assinalar, em primeiro lugar, que corresponde ele, na atual redação, ao que nosso direito vem dispondo ao longo do tempo: o Código de 1916, no art. 120, trazia texto

---

1 Conhecidas como Fusões e Aquisições, ou *Mergers & Acquisitions*.

2 "Art. 121. Considera-se condição a cláusula que, derivando exclusivamente da vontade das partes, subordina o efeito do negócio jurídico a evento futuro e incerto".

3 "Art.129. Reputa-se verificada, quanto aos efeitos jurídicos, a condição cujo implemento for maliciosamente obstado pela parte a quem desfavorecer, considerando-se, ao contrário, não verificada a condição maliciosamente levada a efeito por aquele a quem aproveita o seu implemento".

praticamente idêntico[4]. Anteriormente, o Esboço, de Teixeira de Freitas, consignava regra similar[5], que na verdade, a regra provém do Direito Romano[6].

5. Precisamente quanto a essa intencionalidade, é bem de ver que, em comentário ao art. 129 do Código Civil de 1916, Clóvis Bevilaqua aludia ao dolo daquele que impede a realização da condição[7]. Parece ter havido, nesse passo, reconhecida influência do direito civil alemão, designadamente do § 162 do BGB[8], como adiante procuro desenvolver.

6. Menos enfático quanto a essa espécie de dolo terá sido o Código Civil Francês, no que incidiu, entretanto, na crítica da doutrina, a começar do próprio Laurent[9], ainda que, anteriormente, Pothier se haja pronunciado exatamente no sentido da intencionalidade[10].

7. Estamos diante do texto do art. 129 vigente Código Civil, no qual nos defrontamos com o requisito da malícia obstativa.

---

4 "Art. 120. Reputa-se verificada, quanto aos efeitos jurídicos, a condição, cujo implemento for maliciosamente obstado pela parte, a quem desfavorecer. Considera-se, ao contrário, não verificada a condição maliciosamente levada a efeito por aquele, a quem aproveita o seu implemento".

5 "Art. 629. As condições reputar-se-ão cumpridas:

...

§3° Quando da parte do interessado, a quem o cumprimento não aproveita, houver dolo para impedi-lo.

6 Riccardo Orestano, **"Condizione (Diritto Romano)"**, in Nuovissimo Digesto Italiano, Torino, VTET, 1959, p. 1096.

7 Clóvis Bevilaqua, **Codigo Civil dos Estados Unidos do Brazil**, Vol. I, Rio de Janeiro, Francisco Alves, 1916, p. 404.

8 "§ 162 Impedimento ou provocação da ocorrência

(1) Se a ocorrência da condição for impedida de má-fé pela parte, à qual essa traria prejuízos, a condição será tida como ocorrida.

(2) Se a ocorrência da condição for provocada de má-fé pela parte, à qual essa traria benefícios, a condição será tida como não ocorrida" (tradução do signatário).

9 François Laurent, **Principes de Droit Civil Français**, T. XVII, Bruxelas, Bruylant, 1893, p. 89-90.

10 Ainda que o Código Civil Francês não preveja no seu art. 1304-3 o requisito do dolo do contratante para se considerar ocorrida a condição, Pothier, em seu tratado do Direito das Obrigações publicado pela primeira vez em 1761, ressalta que "No entanto, não se pode dizer que é por fato do devedor, ainda que indiretamente, que uma condição não foi cumprida e que, portanto, deve ser considerada cumprida, sem que haja **intenção** de impedir a sua realização," (tradução do signatário). No original: "On ne peut néanmoins dire que c'est par le fait du débiteur qu'une condition n'a pas été accomplie, et qu'elle doit en conséquence être réputée pour accomplie, lorsque ce n'est qu'indirectement, **et sans dessein d'en empêcher l'accomplissement**, qu'il y a mis obstacle", Pothier, **Traité des Obligations**, Paris, Librairie de L'ouvre de Saint-Paul, 1883, p. 91, item 212.

8. Assim estabelecidos o sentido e a inteligência da condição suspensiva, é preciso analisar as razões que permitiriam ao intérprete e aplicador da lei fazer face ao comportamento malicioso do devedor, com o objetivo de impedir o implemento da condição estatuída. Da matéria trata o art. 129 do vigente Código Civil, que novamente transcrevo, para maior clareza.

> Art. 129. "Reputa-se verificada, quanto aos efeitos jurídicos, a condição cujo implemento for maliciosamente obstado pela parte a quem desfavorecer, considerando-se, ao contrário, não verificada a condição maliciosamente levada a efeito por aquele a quem aproveita o seu implemento".

9. Sabe-se que a malícia, desde sua origem latina (**malitia**) conota maldade, mas não apenas maldade direta, se não aquela que opera por vias indiretas[11]. Compreende, pois, o induzimento a erro por meio de artifício, vale dizer, prática da mais acabada má-fé, semelhante à fraude e assim, em razão desse necessário artifício, que integra o uso do vocábulo ao longo dos tempos, diferencia-se do próprio dolo, ainda que o pressuponha.

10. Já se sabe, pelo que ficou dito, que não pode ser reputada válida condição deixada ao puro arbítrio de uma das partes, nos termos do art. 122[12]. Fora essa hipótese, relativa à interdição da condição puramente potestativa, será necessário considerar em que casos se pode concluir que a parte pode impedir, maliciosamente, o implemento da condição. Presume-se, à vista do art. 122, que a parte interessada na falta de verificação da condição, possa maliciosamente impedir-lhe a verificação. Em primeiro lugar, pois, subjaz ao preceito legal que a parte, por si só, vale dizer, sem o concurso de outras pessoas, seja capaz de impedir a verificação da condição – e isso porque a malícia é elemento subjetivo, pessoal ao agente e incomunicável a terceiros. Em segundo lugar, o que o dispositivo legal prevê é a capacidade pessoal do agente para provocar, sozinho, a obstaculização do implemento da condição, vale dizer, será ele, necessariamente, o único autor do obstáculo, não podendo para ele concorrer outro fator qualquer, alheio à específica esfera jurídica do autor.

11. Atente-se às expressões do art. 129 do Código Civil. Faz-se referência à malícia do agente, ao qual se poderia imputar, por esse motivo, a criação de obstáculo que tornasse impossível a verificação da condição pactuada, com a consequente frustração do negócio, em seu benefício e contra o interesse da outra parte. Esse elemento (ma-

11 **As voies détournées** do idioma francês, conforme o **Dictionnaire Cultural Le Robert**, v. malice.

12 "Art. 122. São lícitas, em geral, todas as condições não contrárias à lei, à ordem pública ou aos bons costumes; entre as condições defesas se incluem as que privarem de todo efeito o negócio jurídico, ou o sujeitarem ao puro arbítrio de uma das partes".

lícia) introduziu-se no texto de nosso Código de 1916, como já ficou dito, em razão da influência e inspiração do BGB, cujo § 162 alude à boa fé (**Treu und Glauben**), ofendida pelo comportamento obstativo do agente – em outras palavras, aquilo que, em português, veio a se conhecer como malícia, no comportamento de uma das partes, tem sua matriz na ideia da boa fé, do direito alemão (**Treu und Glauben**). Tal referência permite pôr em perspectiva o que a lei brasileira teve como finalidade, ao proscrever a obstaculização do implemento da condição, defesa ao agente a quem interessaria a paralização do efeito da verificação da mesma condição. O que se ofende, a título da malícia do agente, é a lesão à boa fé, como princípio e como norma de direito positivo, que deve presidir todas as relações negociais, inclusive em sua execução.

12. Não se trata, pois, de qualquer atitude maliciosa em abstrato, mas da violação de expresso dever jurídico, capitulado **expressis verbis** no art. 422 do Código Civil[13] que vem a ser, justamente, a necessária e imprescindível manutenção da boa fé na execução do contrato, para que se preserve sua base objetiva. Não tenho dúvida em afirmar, assim, que a atitude da parte não pode ser julgada em abstrato, abstraindo das condições em que o negócio condicional pode ou não ser concluído segundo a expectativa de ambas as partes, com atenção à respectiva base objetiva. A boa fé da parte deve ser aferida, pois, não de modo isolado, desligado dos termos materiais sob os quais a contratação deve ou não produzir os efeitos previstos. O que se impõe, bem ao contrário, é considerar a boa fé (ou a malícia) na relação de ambas as partes no negócio em concreto.

13. Exatamente nessa perspectiva foi a análise do dispositivo do art. 129 procedida na obra Código Civil Interpretado Conforme a Constituição da República organizada sob a regência competente de Gustavo Tepedino e publicada em 2004[14] , na qual se empresta ao elemento malícia, constante do preceito, sob a forma adverbial maliciosamente) o seu significado renovado, agora já sob a vigência do Código Civil de 2002. Certo é que esse mesmo elemento já constava do anterior Código Civil, sob a acepção geral correspondente ao dolo. Mas, sob o império do novo Código, como "a cláusula geral da boa-fé impede que se mantenha este entendimento, já que impõe um comportamento pró-ativo de cooperação por parte do credor"[15]. Assim,

> "por tal circunstância, a expressão maliciosamente, informada pelo princípio da boa-fé objetiva, adquire novo significado, não já associado ao elemento intencional, mas restrito à culpa

---

13 "Art. 422. Os contratantes são obrigados a guardar, assim na conclusão do contrato, como em sua execução, os princípios de probidade e boa-fé".

14 Cf. Gustavo Tepedino, Heloísa Helena Barbosa e Maria Celina Bodin de Moraes, **Código Civil interpretado conforme a Constituição da República**, Vol. 1, São Paulo, 2004, p. 258.

15 Ob. cit., p. 258.

(imputabilidade da conduta do agente). O ato de quem obsta a ocorrência da condição deve (r) ser voluntário, para que seja deflagrado o dispositivo. Não basta a sua atuação involuntária, embora não se deva exigir a intencionalidade dolosa, de difícil comprovação e que, como se disse, tornou-se despicienda no sistema atual. O credor que não colabora com o devedor para o adimplemento da obrigação viola dever contratual, por afrontar a boa-fé objetiva"[16].

14. Ante o já transcrito art. 422 do Código Civil, que define como dever jurídico a observância estrita da boa-fé em qualquer negócio, tornou-se impossível dissociar a assim chamada malícia do comportamento de ambas as partes, já que a ambas se dirige o requisito da boa-fé. Vale recordar, a esse respeito, a enfática afirmação da boa-fé, como cláusula geral, no direito italiano, para o efeito de avaliar a conduta do devedor[17].

15. Não há como negar, consequentemente, o imperativo de levar em conta, na apuração do débito, a situação em que se acha o devedor, face a mutações significativas da conjuntura, a que ele não tenha dado causa, por sua atividade ou por sua qualificada omissão, isolada e culposa. Não há como exigir do devedor, à vista dessas mutações, que atingem o negócio em seus elementos essenciais, que venha a arcar com o ônus a que ele próprio não deu origem, como autor único e necessário.

16. É importante enfatizar, nessa linha de argumento, que a lei não estabelece quais as ações que o contratante deve adotar para prevenir ou evitar a ocorrência do fato que impede a verificação da condição. A rigor, nem mesmo o legislador se deu ao trabalho de estabelecer, literalmente, e de forma direta, se o devedor deve agir a fim de evitar o perecimento do fato condicionante. O mesmo problema se levantou na experiência jurídica italiana, ante a interpretação do art. 1359 do Código de 1942, tendo a doutrina debatido, exatamente, a necessidade de comportamentos da parte do devedor (ao menos em parte, se não totalmente), mas os limites dessa mensuração sempre dependem da verificação de elementos de fato e da **boa-fé** do contratante. E a solução preconizada é clara: o fato imputável ao contratante portador de interesse contrário à realização da condição deve incidir como elemento essencial da frustração. Dito de outro modo: o fato do contratante, segundo a melhor doutrina, deve incidir como **condicio sine qua non** da falta de realização da condição[18].

16 Ob.cit., pp. 258, 259.

17 "In questa prospettiva il parametro sul quale misurare la condotta del contraente diventa necessariamente la buona fede, intesa come misura dele altrui aspettative, vale a dire dele aspettative del contraente che ha interesse al verificarsi la condizione", Maria Costanza, E. Gabrielle (org.), La condizione e gli altri elementi accidentali, in **I Contratti in Generale**, Utet, Turim, 1999, vol. 2, p. 866.

18 Cf. Maria Costanza, **Condizione del Contratto**, Zanichelli, Bolonha, **Commentario** de Scialoja-Branca, 1997, p. 109.

17. Confirma-se, assim, aquilo que já se afirmou: a imputação do fato ao devedor pressupõe sua ação própria e voluntária, em si mesmo suficiente para bloquear a condição, apurável (i) de modo objetivo, no plano da causalidade e (ii) em qualquer caso, com observância da cláusula geral da boa-fé.

18. Desse modo, pode-se afirmar que deve ser considerado, **em primeiro lugar**, o elemento objetivo da frustração da condição: se a não-verificação desta não se atribui, de modo necessário, ao devedor, ou seja, se não é apenas a conduta deste que determina o evento, não se pode falar em imputabilidade, nem mesmo em tese. Estamos diante, aqui, de um mínimo de causalidade, sem o qual sequer não se vislumbra o inadimplemento. **Em segundo lugar**, o intérprete e aplicador da lei deve considerar o contexto em que se deu a não-realização da condição, para deduzir se o devedor poderia, em tese, ser acusado de má-fé na execução do contrato – e isso apenas quando, do ponto de vista da relação de causalidade, a frustração poderia lhe ser imputada.

19. De notar-se, ainda, e em reforço ao que já foi dito, que o preceito determina a presença de **interferência voluntária** do agente, para que se caracterize sua malícia no impedimento da verificação da condição. Somente se dá a interferência maliciosa, capitulada no art. 129, quando o agente, voluntariamente, vale dizer, por sua iniciativa exclusiva e por atos próprios, vem a obstar a verificação da condição, sem que, para tanto, concorram fatores diversos de sua esfera volitiva. Trata-se de consequência do que se acabou de dizer: se a frustração da condição se deve à atuação de fatores diversos da atuação do devedor, que comprometam a execução da obrigação, de malícia não se pode falar, no sentido do art. 129.

20. A distinção é amplamente conhecida, por exemplo, no direito italiano. Existem fatos ou situações para as quais ocorre a iniciativa de um só sujeito, mas essa isolada iniciativa não constitui elemento exclusivo, concorrendo para a prática dos atos ou para a realização das situações determinadas circunstâncias não controladas nem controláveis pelo estipulante[19]. No campo das atividades empresariais complexas, pode-se afirmar que eventos de alta significação, como a superação de um plano de negócios por outro, em conjunturas de vulto, de forma alguma pode ser havida como ato ou resolução de uma só pessoa. De um lado – e isso é verdade na hipótese consultada – vários agentes econômicos atuam na conjuntura e determinam mutações em planos de negócios. Além disso – como igualmente está claro nessa hipótese – as alterações não são procedimentos simples, automáticos ou dependentes de uma só vontade ou de uma só pessoa.

19 Cf. Maria Costanza, **La Condizione**, ob. cit., p. 845

Reflexões sobre a Lei nº 13.655/2018 (Lei da Segurança para a Inovação Pública) e a Impossibilidade de Proferimento de Decisões Abstratas[1]

José Augusto Delgado

01. A influência que a Lei nº 13.655/2018 (Lei da segurança para a inovação pública) introduz na interpretação do direito sancionatório administrativo visando fortalecer a segurança jurídica

Abrimos espaço para o desenvolvimento de REFLEXÕES a respeito dos efeitos produzidos pela Lei nº 13.655, de 25 de abril de 2018, que inclui no Decreto-Lei nº 4.657, de 4 de setembro de 1942 (Lei de Introdução às Normas do Direito Brasileiro), disposições sobre segurança jurídica e eficiência na aplicação do direito público sancionador. O referido diploma legal foi aprovado, no final de abril de 2018. Ele altera a Lei de Introdução às Normas do Direito Brasileiro (LINDB) e dispõe regras aperfeiçoando a segurança jurídica e a eficiência na interpretação e aplicação do Direito Sancionador nas lides por ele reguladas.

Destacamos que o artigo 1º da Lei nº 13.655, de 25 de abril de 2018, estabelece que:

> " Art. 1º – O Decreto-Lei nº 4.657, de 4 de setembro de 1942 (Lei de Introdução às Normas do Direito Brasileiro), passa a vigorar acrescido dos seguintes artigos:
>
> "Art. 20. Nas esferas administrativa, controladora e judicial, não se decidirá com base em valores jurídicos abstratos sem que sejam consideradas as consequências práticas da decisão.
>
> Parágrafo único. A motivação demonstrará a necessidade e a adequação da medida imposta ou da invalidação de ato, contrato, ajuste, processo ou norma administrativa, inclusive em face das possíveis alternativas."
>
> "Art. 21. A decisão que, nas esferas administrativa, controladora ou judicial, decretar a invalidação de ato, contrato, ajuste, processo ou norma administrativa deverá indicar de modo expresso suas consequências jurídicas e administrativas''.

Com a plena vigência do dispositivo legal acima referido está imposta a proibição de se decidir, quer no âmbito administrativo, quer no círculo judicial, qualquer relação jurídica de direito sancionador com base em valores jurídicos abstratos sem que sejam consideradas as consequências práticas da decisão. Outrossim, a decisão proferida, se decretar a invalidação de ato, contrato, ajuste, processo ou norma administrativa com base em valores abstratos está obrigada a indicar de modo expresso suas consequências jurídicas e administrativas.

---

1 Artigo em homenagem ao professor Roberto Rosas, jurista e cidadão que enobrece o ordenamento jurídico brasileiro com a sua inteligência, dignidade, valorização da amizade e da dignidade humana.

As alterações acima assinaladas instalam, em nosso ordenamento jurídico, um elemento novo a se incorporar no sistema de interpretação das normas jurídicas voltadas a aplicar o direito sancionador.

02. O legislador passa a exigir, como pressupostos fundamentais para a sua validade, que nenhum julgamento, quer administrativo, quer judicial, tenha por base valores jurídicos abstratos sem que as consequências práticas da decisão sejam consideradas, sob pena de a decisão ser considerada ilegal.

Correto, segundo o nosso entendimento, os doutrinadores que já analisaram o dispositivo ora abordado quando afirmam que, *a partir de agora, os que detêm poder de decisão terão que avaliar e concluir, motivadamente, com base no mundo real e não em abstrações jurídicas tão em moda nos últimos anos.* A investigação da realidade fática pelo julgador passa a ser o elemento preponderante para emprestar licitude à decisão tomada tanto na área administrativa, quanto na seara judicial.

Os julgadores terão que assentar no círculo de seus conhecimentos o conceito de valores jurídicos abstratos, de conformidade como fixado pela ciência do direito, para não aplicá-los, a fim de fortalecer a presença da segurança jurídica no comando coercitivo proclamado. Devem ser considerados, conforme pronunciamentos doutrinários, como valores jurídicos abstratos os postos na fundamentação da decisão como contendo conceitos e visões genéricas não ligadas ao caso concreto examinado e que não se harmonizam com a realidade fática em discussão.

Consideramos útil o alinhamento de algumas das posições doutrinárias manifestadas até o presente momento dando apoio a respeito da importante novidade introduzida em nosso ordenamento jurídico pela não aceitação de existência, validade e eficácia de decisões administrativas e judiciais apoiadas em valores jurídicos abstratos, elevando, consideravelmente, os efeitos do princípio da segurança jurídica que devem expressar as decisões judiciais e administrativas.

03. Inicialmente, expressamos nossa concordância com as afirmações desenvolvidas por João Emanuel Cordeiro Lima, mestre e doutor em Direitos Difusos e Coletivos pela PUC-SP e membro da União Brasileira da Advocacia Ambiental, no artigo intitulado "As mudança da LINDB e seus efeitos positivos no Licenciamento ambiental", publicado no site "https://www.conjur.com.br/2018-mai-10/joao-emmanuel-efeitos-lindb-1..., acessado" em 26.07.2018, quando, ao analisar o texto dos artigos 20 e 21 *teceu as seguintes considerações:*

"A tentativa de racionalização do controle judicial dos atos e processos administrativos é também uma constante no texto. O artigo 20 não só reforça o dever constitucional de motivação como também, seguindo os passos do artigo 489, parágrafo 1º, do novo CPC, indica alguns parâmetros mínimos de como isso deve ser feito nas decisões baseadas em valores jurídicos abstratos, exigindo que as consequências práticas da decisão sejam consideradas e que a necessidade e adequação da medida imposta e

da invalidação do ato sejam demonstradas. Isso exige do Poder Judiciário um esforço argumentativo por vezes deixado de lado em decisões baseadas em princípios jurídicos, especialmente em matéria ambiental, onde por vezes se invoca um princípio, sem maiores explicações, para camuflar uma decisão voluntarista. O texto evidentemente não pretende impedir a aplicação dos princípios, como afirmaram alguns críticos, mas racionalizá-la por meio dessas exigências.

A tentativa de se melhorar a qualidade das decisões é reforçada pelo artigo 21, o qual exige do juiz a indicação das consequências de seu ato decisório quando invalidar um ato ou processo, de modo a deixar claro que todos os aspectos fáticos relevantes para o caso foram efetivamente considerados. Esse mesmo dispositivo também ordena que, quando for o caso, a decisão que invalidar o ato ou processo indique condições para que a regularização ocorra de modo proporcional e equânime, o que pode ser de grande valia em discussões sobre a validade de licenças ambientais. Isso porque é comum que decisões de investimento sejam tomadas pelos agentes econômicos justamente pela confiança que depositam nas licenças. Logo, é desejável que essa confiança não seja frustrada com a invalidação do ato sem que, sempre que possível, o administrado que não tenha contribuído com o equívoco cometido tenha possibilidade de regularizar sua situação em condições razoáveis.

Há também dispositivos que buscam assegurar maior previsibilidade nas decisões e evitar comportamentos contraditórios da administração pública. O artigo 23 estabelece que a interpretação ou orientação nova sobre norma de conteúdo indeterminado deve ser acompanhada da indicação de regimes de transição quando indispensável para que o novo dever ou condicionamento seja cumprido de modo proporcional, equânime e eficiente. Assim, uma decisão judicial que, interpretando norma de conteúdo indeterminado (o conceito de significativo impacto ambiental, por exemplo), entenda que o licenciamento de determinado empreendimento deveria ter seguido dado procedimento ou sido precedido um estudo, não poderá, em regra, simplesmente determinar que este seja aplicado sem estabelecer um regime de transição que preencha os requisitos acima. Por sua vez, o artigo 30 torna vinculantes, para o órgão e entidade que os edite, regulamentos, súmulas administrativas e respostas a consultas, até ulterior revisão. Ou seja, busca permitir que o administrado não seja surpreendido com mudanças repentinas e, o que é pior, tentativas de aplicação retroativa de entendimentos alterados".

04. Destacamos, também, a manifestação de Vladimir Passos de Freitas, Desembargador Federal Aposentado pelo Tribunal Regional Federal da 4a Região, no corpo do artigo intitulado "Inclusão de dez artigos na LINDB traz importantes inovações no Direito Brasileiro"[2], no sentido de que:

2 Artigo publicado na Revista Conjur, acessada em 26.07.2018, site https://www.conjur.com.br/2018-abr-29/segunda-leitura-mudanças-lindb...".

"Grande novidade é que, a partir de agora, os que detêm poder de decisão terão que avaliar e concluir, motivadamente, com base no mundo real e não em abstrações jurídicas tão em moda nos últimos anos.

O artigo 20 exige, nas esferas administrativa (órgãos da administração direta), de controle (tribunais de contas e outros) e judiciais (todos os ramos e órgãos de qualquer instância do Judiciário), que se abstenham de justificar suas decisões com valores jurídicos abstratos sem ter em consideração os efeitos práticos da decisão.

Genericamente, valores humanos são "valores morais que afetam a conduta das pessoas. Esses valores morais podem também ser considerados valores sociais e éticos e constituem um conjunto de regras estabelecidas para uma convivência saudável dentro de uma sociedade".

No âmbito jurídico, ensina Alexandre Marques da Silva, citando Miguel Reale, que o valor maior é o ser humano e os outros dele dependem, acrescentando que suas "necessidades são representadas em cinco valores fundamentais: o verdadeiro, o belo, o útil, o santo e o bem".

05. Interessantes observações foram feitas a respeito da Lei nº 13.655/18(LEI DA SEGURANÇA PARA A INOVAÇÃO PÚBLICA), especialmente no tocante aos comandos contidos no artigo 20 introduzido na LINDB, antiga Lei de Introdução ao Código Civil, por Danilo Fernandes Christófaro (Advogado. Mestrando em Direito da Sociedade da Informação; Especialista em Direito Constitucional pela PUC/SP; Especialista em Direito Civil; Possui cursos específicos na área de Direito Digital; Fundador do MeuSiteJurídico.com e do MeuAppJurídico) na linha de que o objetivo do mencionado dispositivo legal é o de proibir *"motivações decisórias vazias, apenas retóricas ou principiológicas, sem análise prévia de fatos e de impactos. Obriga o julgador a avaliar, na motivação, a partir de elementos idôneos coligidos no processo administrativo, judicial ou de controle, as consequências práticas de sua decisão*[3]*."*

A seguir, registra o doutrinador acima mencionado:

> *"É fato, sabemos, que virou praxe no Brasil a fundamentação de decisões escoradas basicamente em termos como interesse público, moralidade, dignidade da pessoa humana etc., conceitos muitas vezes utilizados desacompanhados de fundamentos sólidos baseados em dados e problemas concretos trazidos ao processo. Não estamos a defender a não aplicação de referidos conceitos, mas sim que eles devem ser aplicados sempre acompanhados dos dados concretos trazidos ao processo, o que além de perfeitamente possível, torna a decisão verdadeiramente técnica. Mas o dispositivo proibiu decisões fundamentadas nesses conceitos? Não! Mas exige que todas as vezes em que eles forem usados deverá ser feita uma análise prévia das consequências jurídicas práticas da decisão".*

3 In: https://www.conjur.com.br/dl/parecer-juristas-rebatem-criticas.pdfhttps://www.conjur.com.br/dl/parecer-juristas-rebatem-criticas.pdf)

06. A entrada em vigor da regra positivada em comento projeta a construção de maior segurança jurídica na entrega da prestação jurisdicional por não mais ser possível impor prestígio a decisões baseadas em situações subjetivas, abstratas e nascidas(criadas) por uma compreensão firmada, unicamente, pela vontade do julgador, sem capacidade de ostentar que a lei foi interpretada e aplicada com apoio em fatos reais, em prova certa e determinada, despida de qualquer subjetivismo pessoal.

Não resta dúvida o reconhecimento da importância que assume a modificação em análise introduzida em nosso sistema de decidir, quer na área administrativa, quer na área judicial, especialmente, no campo da aplicação do direito com conteúdo sancionador, por passar a exigir de qualquer órgão acusador uma postura de convencimento na linha de que só pode instaurar ações de quaisquer espécies que projetem sanções se elas se apresentarem vinculadas a acontecimentos reais e não a fatos firmados por indícios ou presunções, isto é, abstratos..

07. Passamos, influenciados e inspirados pelos princípios apregoados pela Lei nº 13.655/88 (LEI DA SEGURANÇA PARA A INOVAÇÃO PÚBLICA) que agrega a exigência de somente fatos concretos possibilitarem a formação de convencimento para ser deferido o recebimento de petição inicial visando tornar efetiva regra sancionadora, não admitindo, consequentemente, o apoio do pedido em fatos alegados abstratamente, a uma análise mais detida sobre as novas exigências impostas à conduta de quem tem a responsabilidade de, em nome do Estado, decidir comportamentos tido como ilícitos praticados por integrantes dos variados segmentos sociais.

08. É se examinar o defendido por Fernando Rodrigues Martins, em artigo intitulado "As alterações da Lindb e os desvios normativos na Teoria do Direito[4], após reconhecer da *"importância de legislação unificadora, vale a nota que a experiência utilizada na construção da proposta normativa considerou bem mais premissas e conteúdos próprios ao Direito Administrativo e gestão pública do que de Teoria do Direito"*. A seguir, justificando a afirmativa citada, registra: *"Caracterização da Lei de Introdução às Normas do Direito Brasileiro, com recente adequação da nomenclatura pela Lei Federal 12.376 de 2010 para evitar compreensões distorcidas de aplicação tão somente na seara do Direito Civil, notadamente são: i) atuação em complexidade sistêmica, enquanto metanorma; ii) fixação de conceitos gerais (vigência, revogação, vacância etc.); iii) solução de antinomias e lacunas normativas; iv) fixação de regras de interpretação e integração; e v) disposição de situações frente a lei no espaço tendo em vista as questões relativas ao Direito Internacional Privado). Nessas condições, a Lindb tem alcance para todas dogmáticas e legislações (civil, penal, tributário, consumidor, administrativo, constitucional, previdenciário etc.)."*

4 Artigo publicado no site https://conjur.com.br;2018-0ut-04/fernando-martins-lindb-desvios-normativos-(...), acessado em 02.10.2019.

09. A seguir, o autor acima referido, lança construtiva crítica a Lei ora examinada, ao entender que *"A Lei 13.655/18, muito embora trate de interpretação (consequencial, especialmente), o faz de forma fragmentada com vistas a tutelar unicamente interesses da gestão, gestor e administração pública, setorizando indevidamente a lei e o sentido das disposições introdutórias".*

Complementa o seu entendimento defendendo que:

"O Direito não é ciência meramente especulativa: é ciência problemática [LORENZETTI. O Anteprojeto de Lei 7.448-A de 2017 que antecedeu a Lei Federal 13.655/18 embasou a edição de novos dispositivos na Lindb na percepção de problemas (controvérsias) na ambiência da administração pública. Destacam-se entre os pontos de irritação: a) ausência de compartilhamento e diálogo na composição do interesse público entre os Poderes; b) intensa responsabilização das autoridades administrativas pelo ordenamento e instituições; c) choque *de funções dos Poderes do Estado e dos órgãos constitucionais autônomos (Ministério Público, Defensoria Pública, entre outros)[SUNDFELD, Carlos Ari. Administração e justiça: um novo equilíbrio?* In: **Direito administrativo para céticos**. *São Paulo: Malheiros, 2014, p. 317-340.]. Contudo, imersão cuidadosa à legislação em comento revela que atenção maior do legislador foi salvaguardar o "gestor" e "administrador" das consequências das respectivas ações e inações. Nesse sentido, vale o exemplo de que a inovadora legislação descuidou de oportunidade ímpar: dispor integralmente sobre boa governança [LORENZETTI. Dentre os princípios que norteiam a boa governança, a legislação em comento deu ênfase apenas aquele que respeita aos processos de decisão fundamentados e claros. A bem da democracia, a legitimidade e grandeza da gestão pública é alcançada quando se abandonam pretensos paradoxos (governo/oposição; maioria/minoria), adotando-se as melhores soluções legiferantes e éticas, independentemente da versão partidária ou institucional interna predominante. Insere-se no centro das decisões o princípio da condução responsável[CANOTILHO* dos assuntos do Estado, nele incluído a ampla participação do cidadão e as seguintes diretrizes: incessante respeito aos direitos humanos; aos princípios democráticos e ao Estado de Direito; respeito ao desenvolvimento sustentável e equitativo; gestões transparentes e responsáveis (**accountability**) *com os recursos naturais, humanos, econômicos e financeiros; primado do Direito na gestão orçamentária; combate constante à corrupção[MARTINS, Fernando Rodrigues Martins. Os lugares do direito do consumidor na pauta humanitária: em busca do modelo nomo-global de promoção aos vulneráveis. In:* **Novas tendências do direito do consumidor**. *Rede Alemanha-Brasil em Direito do Consumidor. Cláudia Lima Marques e Beate Gsell (org.). São Paulo: Editora Revista dos Tribunais, 2015, p. 88-119.]. A assunção e reconhecimento dos direitos humanos no âmbito da globalidade e a consequente positivação interna de referidos direitos em diversas Constituições [Bobbio, assim como a investigação do Direito a partir da perspectiva do julgador e não do legislador naqueles sistemas que podem ser considerados legitimados (Estado Democrático de Direito) [, acarretaram sobressalto valorativo na ciência jurídica. Quando do advento da Constituição Federal, seguida do Estatuto da Criança e do Adolescente, Código de Defesa do Consumidor e, mais recentemente, do*

Código Civil, consagrou-se a renovação da função jurisdicional, especialmente pelo papel do juiz na concretude da norma jurídica, através de princípios, cláusulas gerais e conceitos jurídicos indeterminados, reconhecendo-se a incompletude do sistema jurídico[ENGISH, Karl. **Introdução ao pensamento jurídico***. 8ª ed. Trad. João Baptista Machado. Lisboa: Fundação Calouste Gulbenkian, 2008, p. 188.]. O método dedutivista encontraria a partir dali outras diretrizes metodológicas concorrentes, notadamente críticas (***sapientia***) [RNAUD* ou argumentativas (**fronesis***) [DEODATO.*

10. Lembra o autor que estamos citando que: *"No âmbito privado, o Código Civil de 2002 fixou clara preocupação em preservar acertos da codificação anterior, no entanto, debruçou-se igualmente sobre novos institutos, observando: a legitimação dos efeitos das relações jurídicas privadas no âmbito comunitário (função social); a efetividade dos institutos jurídicos mediante a abertura sistêmica e mobilidade do julgador (concretude); a exigência inarredável dos valores éticos (boa-fé, bons costumes e equidade). Daí dizer sobre os inerentes postulados fundantes: socialidade, operabilidade e eticidade [REALE. Essa maior participação dos operadores também foi vindicada na efetividade das legislações inerentes ao regime de direito público, como no caso da Lei de Improbidade Administrativa (artigo 11), Estatuto da Cidade, Serviço Único de Saúde, Lei de Transparência (por exemplo).*

11. Por último, o destacado doutrinador conclui o seu artigo do modo seguinte:

"Apesar disso, a legislação ora tratada tem viés de maior contenção no exercício de decidibilidade dos diversos agentes jurídicos (administradores, controladores e juízes), obstaculizando juízos lastreados em "valores abstratos" e não comprometidos com a análise consequencial. Essas precipitações demonstram o Direito como movimento [BARBOZA, em constante dualismo pendular [COMPARATO: do Direito humanista-solidário ao Direito financista-reservado (e, que na verdade, deveriam atuar harmonicamente)"

12. A doutrina contemporânea tem examinado, com muita assiduidade, os reflexos da Lei nº 13.655/208 (Lei de Segurança para a Inovação Pública), contribuindo para a formação de um convencimento que produza todos os efeitos projetados pelo seu conteúdo.

Em forma de síntese, apresentamos enunciados sobre a pesquisa que realizamos no campo doutrinário sobre a Lei referida.

Em artigo intitulado *"LINDB: objetivando os princípios estruturantes do Direito", da autoria de Eurico Marcos Diniz de Santi, Lina Santi, João Alho Neto e Gabriel Franchito Cipriano, está assinalado que "a Lei nº 13.655, publicada em 25 de abril de 2018, incluiu dispositivos gerais de Direito Público na Lei de Introdução às Normas do Direito Brasileiro (LINDB) e está sendo chamada informalmente de "lei da segurança jurídica". O documento traz expressamente no seu preâmbulo e artigos o referido prin-*

cípio, até então abstraído implicitamente do ordenamento jurídico na forma de norma estruturante do Estado de Direito. Os princípios da legalidade, isonomia, irretroatividade e transparência, previstos desde a EC 18/1965, Código Tributário Nacional e Constituição Federal de 1988, que também exercem função estruturante, distorcidos com a prática jurídica ao longo do tempo, foram contemplados pela nova LINDB, homenageando as bases do sistema jurídico brasileiro e, especificamente, do sistema tributário nacional"

Os autores concordam com Eurico de Santi quando assevera "que a nova LINDB surge para reiterar a necessidade da devida aplicação dos princípios estruturantes pela autoridade tributária, órgãos administrativos e judiciais, nas esferas federal, estadual e municipal. Por reiterar normas já existentes, nada obsta a aplicação imediata da nova LINDB, inclusive aos atos e processos em curso: os princípios sistematizados já são vigentes desde a edição da Emenda 18 e estão conectados com a ideia de Estado de Direito".

Os princípios estruturantes do Direito reiterados pela nova LINDB, segundo os autores acima referenciados, são: o da legalidade, o da isonomia, o da segurança jurídica, o da irretroatividade e o da transparência.

Assinale-se que o exame detalhado do pronunciamento doutrinário ora examinado projeta as conclusões a seguir destacadas:

O apoio à constatação de Tércio Sampaio Ferraz Júnior no sentido de que *"a nova LINDB resulta em "normas expletivas", responsáveis por fornecer maior expressão às regras que já deveriam ser aplicadas e possuem, também, caráter de "normas das normas", com certo grau de interpretação".*

"Os novos artigos da LINDB estão claramente voltados à seara pública e visam regulamentar as condutas de agentes da administração, membros do Poder Judiciário e órgãos de controle quando incumbidos da tarefa de aplicação das normas administrativistas. Isto não quer dizer, contudo, que estes dispositivos não se apliquem a outros ramos do Direito, notadamente do Direito Público, como o Direito Tributário. A natureza geral da LINDB reforça a ideia de que sua aplicabilidade não fica represada ao Direito Administrativo, outros ramos podem se valer das normas veiculadas pelo texto da lei seja em caráter vinculante, como é o caso do Direito Administrativo, Tributário (Público em geral, exceto o Direito Penal), seja em caráter simbólico, eis a importância dos institutos explicitados pela nova lei, que vem sendo utilizada em contendas privadas (contratuais, por exemplo).

"A aplicabilidade do artigo 24 no Direito Tributário vem sendo discutida desde a implementação da nova LINDB, principalmente no que se refere aos tributos sujeitos à revisão dos atos dos contribuintes por parte da administração tributária, como no lançamento por homologação. Os casos de autuação fiscal de ofício por dedutibilidade de ágio e aproveitamento acima da trava dos 30%, por exemplo, estão servindo de palco para debate do artigo 24 da nova LINDB nos órgãos julgadores administrativos, devido à alteração de posicionamento da administração. Estabelece o dispositivo:

Art. 24. A revisão, nas esferas administrativa, controladora ou judicial, quanto à validade de ato, contrato, ajuste, processo ou norma administrativa cuja produção já se houver completado levará em conta as orientações gerais da época, sendo vedado que, com base em mudança posterior de orientação geral, se declarem inválidas situações plenamente constituídas.

Parágrafo único. Consideram-se orientações gerais as interpretações e especificações contidas em atos públicos de caráter geral ou em jurisprudência judicial ou administrativa majoritária, e ainda as adotadas por prática administrativa reiterada e de amplo conhecimento público.

Conselheiro do Carf, Carlos Augusto Daniel Neto sustentou que a análise do dispositivo leva à constatação de que os "atos, contratos, ajustes, processos e normas" são todos de natureza administrativa, o que tornaria o artigo 24 inaplicável para a revisão de atos praticados por particulares, como nos tributos sujeitos ao lançamento por homologação.

Daniel Neto entende que aplicação do artigo 24 é inviável, pois ensejaria na "volta de validade" ao ato 1, praticado por particular, ou seja, que não obedece ao requisito de natureza administrativa imposta pelo dispositivo. Por outro lado, Breno Vasconcelos (Mannrich & Vasconcelos Advogados e pesquisador do projeto Macrovisão do Crédito Tributário do NEF/FGV Direito SP) defendeu que, mesmo nos casos de lançamento por homologação, ocorre a revisão de um ato administrativo no âmbito do processo administrativo fiscal (PAF), qual seja o lançamento de ofício feito pela administração, cujo pressuposto é a conduta do contribuinte.

Na visão de Vasconcelos, a conduta do contribuinte dá ensejo ao ato de lavratura de lançamento de ofício por parte da administração e, por conseguinte, este último ato — cuja natureza é incontestavelmente administrativa — é alvo de revisão no processo administrativo fiscal, o que levaria à constatação de inexistência de qualquer impeditivo à aplicação do artigo 24 da nova LINDB.

Com efeito, a aplicabilidade do artigo 24 aos casos de revisão de lançamentos de ofício feitos pela própria administração no PAF fundamenta-se na teleologia subjacente à norma em questão. Isso porque, o artigo 24 visa proteger os particulares e a segurança jurídica ao salvaguardá-los de mudanças de posicionamento da orientação geral da administração à época que o contribuinte agiu. Assim, o ato administrativo que aplica o artigo 24 para afastar o ato anterior (lançamento de ofício) tem por objetivo restaurar situação de respeito à orientação geral da administração, e não especificamente o ato praticado por particular (ato 1). O que o artigo 24 da nova LINDB veda é a possibilidade de prevalência de outra orientação administrativa que não aquela "geral da época" de ocorrência dos fatos, demonstrada em diversos atos de natureza administrativa que conferem a generalidade requerida pela lei, em total consonância com os princípios da segurança jurídica, irretroatividade e Estado de Direito. Em suma, o artigo 24 não quer "salvar" o ato originário da controvérsia administrativa (ato 1), mas, sim, a situação de validade e efetividade da orientação emitida pela administração à época que fundamentou este ato, pouco importando se isto acarretará na con-

validação de conduta tomada por particulares. Nesse caso, a aplicação da nova LINDB garante a confiabilidade do e no Direito."

Os autores em destaque concluem, com absoluta procedência do convencimento exposto, que *"A nova LINDB se aplica ao Direito Tributário. O Decreto-Lei 4.657 de 1942 foi introduzido no ordenamento nacional sob a denominação de Lei de Introdução ao Código Civil (LICC) com o intuito de disciplinar o âmbito de aplicação das normas jurídicas. Dado seu caráter amplo e geral, o diploma legal teve seu nome alterado para Lei de Introdução às Normas do Direito Brasileiro (LINDB) em 2012, o que levou um grupo de especialistas em Direito Público estudarem uma reforma do texto original do DL para inclusão de novos dispositivos que trouxessem maior racionalização ao sistema como um todo. Um dos idealizadores das mudanças ocorridas na LINDB, Carlos Ari Sundfeld* relatou que a constatação — por parte dos especialistas — da enorme dificuldade de se obter coerência jurídica por meio de reformas setoriais ou legislações pulverizadas, motivou o grupo a sugerir a inserção dos dispositivos em uma lei geral já existente. *Os novos artigos da LINDB estão claramente voltados à seara pública e visam regulamentar as condutas de agentes da administração, membros do Poder Judiciário e órgãos de controle quando incumbidos da tarefa de aplicação das normas administrativistas. Isto não quer dizer, contudo, que estes dispositivos não se apliquem a outros ramos do Direito, notadamente do Direito Público, como o Direito Tributário. A natureza geral da LINDB reforça a ideia de que sua aplicabilidade não fica represada ao Direito Administrativo, outros ramos podem se valer das normas veiculadas* pelo texto da lei seja em caráter vinculante, como é o caso do Direito Administrativo, Tributário (Público em geral, exceto o Direito Penal), seja em caráter simbólico, eis a importância dos institutos explicitados pela nova lei, que vem sendo utilizada em contendas privadas (contratuais, por exemplo). *A nova LINDB reafirma normas que constam em diplomas exclusivamente do Direito Tributário, como é o caso dos enunciados do Sistema Constitucional Tributário (CF/88) e do Código Tributário Nacional. Na medida em que a nova lei traz concretude a esses princípios presentes em documentos legais essencialmente tributários, ela deve ser analisada nos casos que dizem respeito a este ramo jurídico: os aplicadores da legislação tributária estão submetidos às alterações trazidas pela nova LINDB porque trata de temas basilares ao Direito Tributário brasileiro."*

13. As reflexões acima desenvolvidas levam-nos a conclusão de que a LINDB necessita ser examinada pela jurisprudência com a amplitude modificativa que ela exprime por, no nosso entender, ser certo que ela responsabiliza o juiz que agir com gestor, conforme defende Ari Sundfeld no artigo "Nova LINDB responsabiliza o juiz que agir como gestor", publicado via internet, no site: https://www.conjur.com.br/2018-ago-29/lindb-responsabiliza-juiz-agir-gestor-sundfeld, acessado em 01.10.2019, porque, conforme afirma *"a norma buscou reduzir a interpretação casuística do ordenamento jurídico e dar coerência à aplicação do Direito Público.", não autorizando decisões com base em valores abstratos sem explicitar as consequências geradas por entendimento com tais características."*

Por outro ângulo, não devemos nos afastar de que a Nova LINDB prestigia a aplicação do princípio da realidade nas decisões administrativas e judiciais, segundo apregoado por Rodrigo Pironti, em 'A LINDB, O TCU E O PRINCÍPIO DA REALIDADE", artigo publicado via internet[5], da forma seguinte: *"A publicação recente da Lei 13.655/2018, que alterou a Lei de Introdução às Normas do Direito Brasileiro, implicou consequências diretas na forma de atuar de magistrados, ministros, desembargadores e conselheiros. É que, por exemplo, a simples motivação legal para aplicação de sanções, sem considerar as circunstâncias fáticas que motivam uma conduta, não mais atende à fundamentação como comando constitucional previsto no artigo 93, incisos IX e X, da Constituição".*

A relevância da nova LINDB tem merecido destaque da parte de inúmeros doutrinadores que contribuem, com as suas conclusões, para que a jurisprudência firme entendimento no campo da sua aplicação às situações concretas examinadas de modo que as decisões judiciais se apresentem com intensa dosagem de respeito aos postulados da valorização da cidadania e da dignidade humana em cumprimento da sua missão de entregar prestação jurisdicional solicitada pelos cidadãos revestida de segurança jurídica. O debate sobre os seus efeitos deve ser amplo no campo da academia e pelos Tribunais tudo com o propósito de atender aos anseios da cidadania na valorização do julgado expedido pelo Estado como forma impositiva de pacificar os conflitos construídos nos vários estamentos que compõem a sociedade brasileira.

5 https://www.conjur.com.br/2018-ago-13/rodrigo-pirondi-lindb-tcu-principio-realidade, acessado em 01.10.2019

Os Negócios Processuais e a Conversão de São Paulo

José Roberto de Castro Neves

A arbitragem, no Brasil, nasceu sob resistência. Havia um enorme preconceito com uma "justiça particular". Classicamente, a jurisdição era um poder/dever do Estado. Cabia exclusivamente ao Estado dirimir os conflitos entre seus jurisdicionados. Exatamente para esse fim, o Poder Judiciário se estabelece, munido de órgãos e servidores. Também com esse propósito, o Estado promulga normas com o propósito de fixar os procedimentos que os interessados devem seguir para colher a jurisdição.

Nesse contexto, o Direito Processual – o ramo do Direito que trata da forma como se exerce a jurisdição – possui uma natureza pública. Numa classificação hoje questionada, mas que encontrava ampla aceitação, o Direito Processual se inseria no Direito Público. Neste, em oposição ao Direito Privado, o interesse particular tem um papel mínimo ou mesmo desprezível.

Com efeito, no modelo que pregava o publicismo do Direito Processual, a força da parte residia, principalmente, no poder de invocar a jurisdição. A partir daí, cabia ao Estado impulsionar o processo, com as regras prevlamente definidas, notadamente com relação aos prazos e aos efeitos dos atos processuais.

A rigor, até o juiz, embora protagonista desse rito, gozava de uma liberdade restrita, pois as normas processuais, na sua maior parte, possuíam natureza imperativa e peremptória. O juiz não pode, por exemplo, majorar o prazo, estipulado por lei, para que o réu apresente sua contestação[1], por mais razoável que isso se apresente[2].

Diante desse cenário, não é difícil compreender a resistência à arbitragem. De fato, a arbitragem se insere numa ordem extremamente privada, na qual a vontade das partes tem primazia. Assim, há um aparente conflito de fontes entre o Direito Processual e a arbitragem. No primeiro, avulta um espírito do Estado proativo e interventor. Já na arbitragem, segue-se o caminho de um Estado menos intervencionista, que permita às partes, sem a sua participação, dirimir os conflitos, transferindo o poder jurisdicional à esfera privada.

Vale lembrar que o Supremo Tribunal Federal discutiu a constitucionalidade da Lei de Arbitragem, por entender que ela poderia representar uma afronta à garantia de pleno acesso ao Judiciário, resguardada pelo artigo, 5º, XXXV, da Constituição Federal.[3]

1 Com exceção da hipótese prevista no art. 182 do CPC.

2 Apenas os prazos dilatórios contam com essa prerrogativa (CPC/1973, arts. 181 e 182).

3 Contrariando o voto do relator, prevaleceu o entendimento da constitucionalidade da Lei de Arbitragem, exatamente porque a convenção de arbitragem expressa uma manifestação livre da vontade das pessoas, e essa autonomia merece respeito do ordenamento jurídico (STF, SE n° 5.206/EP, Rel. Min. Sepúlveda Pertence, Tribunal Pleno, julg. em 12.12.01).

O preconceito, em grande escala, encontra-se assentado na ideia arraigada, típica do processo civil, de que as partes, salvo excepcionalmente autorizadas, não podem imiscuir-se no processo.

Nessa toada, uma das principais características da arbitragem reside na flexibilidade que se dá às partes de estabelecer o procedimento para o julgamento da causa. Desde a escolha dos julgadores aos prazos e forma de suas manifestações, passando pelo método de coleta de provas, no processo arbitral, a liberdade das partes é ampla. De boa-fé, elas buscarão fixar o modelo que melhor se adeque ao exame do litígio.

Essa flexibilidade é uma marca registrada da arbitragem. Aqui e no exterior, busca-se a arbitragem, em grande parte, exatamente para se valer dessa liberdade.

Afinal, pode ser interesse das partes estabelecer procedimentos específicos para as suas demandas, que elas creem ser mais adequados para atingir um melhor julgamento. Isso inclui a fixação de prazos compatíveis com a complexidade do tema ou até mesmo supressão de etapas processuais. Isso porque, como se sabe, uma das grandes críticas sofridas pelo Judiciário se relaciona à longa duração do processo. Esse tempo de tramitação de um caso pode ser reduzido se as partes estabelecem um procedimento mais enxuto, sem chances de recursos, seja das decisões interlocutórias, seja do resultado final.

Faz sentido afirmar que, para cada caso, pode haver um procedimento mais eficaz, tanto porque pode compreender a simplicidade da demanda, como porque poderá absorver a sua complexidade. A prática arbitral vale-se dessa realidade e, nisso, reside um dos grandes atrativos para que as partes escolham adotar essa forma de composição de conflitos.

Nos últimos anos, a arbitragem floresceu no Brasil. A prática de se estabelecer um processo "sob encomenda", tecido com as peculiaridades do caso e sob a orientação das partes, se disseminou. As vantagens se mostram superiores às desvantagens.

O jurista, advogado, o *homo juridicus*, atento às boas inovações, percebeu que essa autonomia permitia uma melhor solução do conflito que, ao fim, é o grande objetivo social.

Ao se elaborar o Código de Processo Civil de 2015, harmonizado com novas conquistas do Direito Processual contemporâneo, o legislador teve a sensibilidade em melhor sistematizar a possibilidade de as partes estabelecerem um procedimento "tailor-made", isto é, como se feito sob medida por um alfaiate.[4] Não há dúvida de

4 Afinal, conforme ressalta Antonio Aurelio Abi Ramia Duarte, "Quanto maior a participação democrática das partes no processo, com ampla dialética destas, tendo o processo como fecundo campo de valorização do Estado Democrático de Direito, maior legitimidade ganhará a decisão final. Máximas, também, serão as possibilidades de aceitação das partes da decisão final proferida, abalizada pelo diálogo permanente. Pelo fato de as partes participarem ativamente da formação dos meios que levam à sentença, a possibilidade de conformação delas com o resultado final é bem mais significativa, obtendo maior aceitação." ("O Novo Código de Processo Civil, os Negócios Processuais e a Adequação Procedimental", in Revista do GEDICON/EMERJ, Vol. 2, dez/2014.).

que essa inovação decorre da prática arbitral, que influenciou positivamente o processo civil, numa eloquente demonstração dos bons frutos colhidos do diálogo entre a prática desses dois meios de solução de litígios.

Sob o regime do Código de Processo Civil de 1973, ainda que houvesse incipiente previsão de convencionar-se normas procedimentais, consubstanciada no art. 158,[5] [6] não havia uma ampla sistematização pela doutrina nacional. Vale o registro que, na década de 80, o Professor Barbosa Moreira já notava que "inexistem aqui trabalhos monográficos a tal respeito".[7]

No entanto, ainda naquele momento, em que o terreno dos negócios jurídicos processuais se mostrava arenoso, o saudoso Professor, vanguardista do direito processual, já destacava a necessidade de prestigiar a vontade exarada pelas partes litigantes ao estabelecerem um autorregramento de determinados atos processuais.[8]

Aliás, para a inclusão do negócio processual na nova lei processual, certamente pesou de forma positiva a experiência portuguesa, que, já no seu Código de Processo Civil de 1961, previa o Princípio da Adequação Formal (art. 265-A), hoje contido no art. 547 do Código de Processo Civil de 2013.[9]

Os artigos 190 e 191 do novo Código de Processo Civil têm a seguinte redação:

---

5 Art. 158 do CPC/73: "Os atos das partes, consistentes em declarações unilaterais ou bilaterais de vontade, produzem imediatamente a constituição, a modificação ou a extinção de direitos processuais. Parágrafo único. A desistência da ação só produzirá efeito depois de homologada por sentença".

6 A rigor, como anota Teresa Alvim, "os negócios jurídicos de caráter processual, a despeito de incomuns, não são exatamente novidade no direito processual civil brasileiro: as hipóteses de suspensão convencional do processo (CPC/73, art. 265, II, repetido no art. 313, II, do NCPC) e de convenção acerca da distribuição do ônus da prova (respeitados os limites impostos pelo art. 333, parágrafo único, do CPC/73, e pelo art. 373, §§3º e 4º, do NCPC) perfazem exemplos de negócios jurídicos de caráter processual". (ARRUDA ALVIM WAMBIER, Teresa et al. Primeiros Comentários ao Novo Código de Processo Civil, São Paulo, Revista dos Tribunais, 2015, p. 352).

7 José Carlos Barbosa Moreira, *Convenções das Partes Sobre Matéria Processual*, *in Temas de Direito Processual*, Terceira Série, São Paulo, Saraiva, 1984, p. 87.

8 "A vontade das partes pode ordenar-se a influir no modo de ser do processo, no conteúdo da relação processual, como acontece na eleição de foro, nas convenções sobre distribuição do ônus da prova, sobre suspensão do feito, sobre prorrogação de prazo, sobre adiamento da audiência: fala-se então, segundo a terminologia tedesca, em (...) expressão que traduziremos por efeitos dispositivos. Mas também se concebe que as partes queiram apenas criar, para uma delas ou para ambas, a obrigação de assumir determinado comportamento, de praticar ou deixar de praticar certo ato processual (não recorrer, desistir de recurso interposto, não executar a sentença, desistir da ação de execução etc.): os autores de língua alemã usam aqui a denominação (...) traduzível por efeitos obrigatórios" (José Carlos Barbosa Moreira, *Convenções das Partes Sobre Matéria Processual*, *in Temas de Direito Processual*, Terceira Série, São Paulo, Saraiva, 1984).

9 "Adequação formal. O juiz deve adotar a tramitação processual adequada às especificidades da causa e adaptar o conteúdo e a forma assegurando um processo equitativo."

> "Art. 190. Versando o processo sobre direitos que admitam autocomposição, é lícito às partes plenamente capazes estipular mudanças no procedimento para ajustá-lo às especificidades da causa e convencionar sobre os seus ônus, poderes, faculdades e deveres processuais, antes ou durante o processo.
>
> Parágrafo único. De ofício ou a requerimento, o juiz controlará a validade das convenções previstas neste artigo, recusando-lhes aplicação somente nos casos de nulidade ou de inserção abusiva em contrato de adesão ou em que alguma parte se encontre em manifesta situação de vulnerabilidade.
>
> Art. 191. De comum acordo, o juiz e as partes podem fixar calendário para a prática dos atos processuais, quando for o caso.
>
> § 1º O calendário vincula as partes e o juiz, e os prazos nele previstos somente serão modificados em casos excepcionais, devidamente justificados.
>
> § 2º Dispensa-se a intimação das partes para a prática de ato processual ou a realização de audiência cujas datas tiverem sido designadas no calendário."

Há uma discussão acerca da taxonomia desse acordo das partes acerca do procedimento judicial – na Alemanha, chama-se de *Prozessvertrage*, que, numa tradução literal, seria "contrato processual". Atualmente, entre nós, existe uma tendência a qualificá-lo como negócio processual.[10]

Como se vê, admite-se a autorregulação das partes no que toca a aspectos processuais. Esse acordo se estabelece num negócio jurídico, elaborado precisamente para ter efeitos no procedimento que regulará a forma de composição do conflito existente entre as partes.

Em primeiro lugar, a lei apenas admite a sua incidência em processos nos quais o direito em debate permite a autocomposição. Cumpre notar a distinção entre direitos indisponíveis e aqueles que não admitem autocomposição. Os conceitos não se confundem. Há direitos indisponíveis nos quais pode haver a autocomposição, como ocorre com os alimentos. Evidentemente, as partes podem chegar a um acordo em relação ao valor dos alimentos. Por outro lado, há direitos indisponíveis, como a filiação. As partes não podem transigir sobre a filiação, embora possam acordar sobre os efeitos econômicos desse fato.

Segundo a regra do artigo 190 do novo Código de Processo Civil, as partes poderão ajustar o procedimento para se adequar às especificidades da causa. São, portanto, contratos, estabelecidos entre as partes[11], com o propósito de estabelecer regras de procedimento.

Admite-se que esses acordos sejam estabelecidos em qualquer fase do processo. Mais comum que isso ocorra no início do feito. Contudo, nada impede que, por exemplo, depois de proferida a sentença, as partes convencionem que ambas terão

10 Sobre essa discussão acerca da classificação e do nome, veja-se Leonardo Carneiro da Cunha e Ronaldo Cramer *Comentários ao Novo Código de Processo Civil,* Rio de Janeiro: Forense, 2015.

11 Admite-se, inclusive, a celebração de convenção processual coletiva.

um prazo comum para apelar e que o acórdão, qualquer que seja o seu resultado, não será passível de recurso aos Tribunais Superiores.

A rigor, o negócio processual pode ser fixado até mesmo antes de iniciada a lide. Com efeito, admite-se que as partes, ao celebrarem um contrato, prevejam, de antemão, regras procedimentais que regerão um eventual litígio ou até mesmo prevendo a realização de uma audiência de conciliação prévia obrigatória, antes de iniciada a disputa judicial.

O parágrafo único do artigo 190 permite, contudo, que o juiz – aliás, qualquer magistrado, na medida em que o negócio processual pode ser estabelecido em qualquer momento do processo – controle a validade do negócio processual. Entretanto, segundo a redação da lei, esse controle é limitado. Diz a norma que "somente" pode ser recusada a aplicação dos negócios processuais nos casos de nulidade, se sua inserção se deu em contratos de adesão ou naqueles casos nos quais uma das partes se encontre em manifesta vulnerabilidade.

Assim, não cabe ao juiz convalidar o negócio processual. Nas palavras de Antônio do Passo Cabral e Ronaldo Cramer, tratando do tema, "É preciso respeitar a vontade das partes".[12] Esse ato é válido e eficaz a partir da sua constituição, até mesmo por força do artigo 200 do novo Código de Processo Civil, segundo o qual "os atos das partes consistentes em declarações unilaterais ou bilaterais de vontade produzem imediatamente a constituição, modificação ou extinção de direitos processuais." – exceção feita, como resguarda o parágrafo único do referido artigo, à desistência, que depende da homologação. Portanto, o negócio processual é válido, salvo se o juiz verificar a existência de algum vício.[13]

O saudável objetivo do legislador foi o de garantir o correto exercício da autonomia da vontade. Ou seja: verificar se a vontade foi realmente protegida, o que, em regra, não ocorre se uma das partes se encontra em estado vulnerável. Afinal, o negócio processual não pode servir de alimento ao abuso.

Imagine-se a situação de um grande fornecedor de um produto que institua, por adesão, uma convenção na qual, por exemplo, seja imposta a atuação de determinado perito em eventuais discussões com o consumidor, com quem contratou. Nada há de mal, em tese, na fixação pelas partes, por meio do negócio processual, que uma perícia seja levada adiante por certo profissional. Entretanto, deve-se garantir que isso seja fruto da vontade de ambas, manifestada de forma livre e consciente.

Evidentemente, a vulnerabilidade se aprecia a partir da análise do caso concreto, sem preconceitos. Verificando-se que o negócio processual foi discutido pelas partes de forma saudável, sem que uma parte tenha tirado algum proveito da outra, o ato

---

12 Antônio do Passo Cabral e Ronaldo Cramer, *Comentários ao Novo Código de Processo Civil,* Rio de Janeiro: Forense, 2015, p. 190.

13 Nesse sentido, vale notar o Enunciado nº 134 do Fórum Permanente de Processualistas Civis, segundo o qual "Negócio Jurídico Processual pode ser invalidado parcialmente."

deve ser protegido. Diferentemente, identificado proveito indevido, como ocorre se a parte sequer conhece[14] os efeitos do negócio processual que entabulou, justifica-se a sua invalidade (total ou parcial, a depender do caso), decretada pelo magistrado.

A norma, como se vê, indica que essa apreciação da validade do negócio jurídico se dá pelo magistrado mesmo sem provocação da contraparte.

Como referido, o negócio processual dispensa convalidação. A sua validade e eficácia não dependem de homologação judicial.

O artigo 191 do Código de Processo Civil é mais prático. Ele examina especificamente a possibilidade de as partes estabelecerem um calendário. Aqui, a lei fala da atuação também do Magistrado, que deve interagir nesse ajuste. Já havia regra semelhante no artigo 181 do Código de 1973, mas, sem a norma do artigo 190 do Novo Código, o dispositivo da antiga lei tinha força muito limitada. Agora, vista em conjunto com o negócio processual, a liberdade de estipulação é bem maior.

A grande discussão que já existe, mesmo antes de a norma processual entrar em vigor, é a extensão dessa liberdade. Qual será o limite da autonomia privada nessa espécie de negócio? Poderão as partes indicar a pessoa do juiz, desprezando o princípio do juiz natural? Seria lícito às partes estabelecer que o processo já se inicia no Tribunal, sem passar pelo juízo de primeira instância, e, desde logo, renunciar ao recurso às cortes de Brasília? O Tribunal pode recusar, com base no seu regimento interno, a sustentação oral de duas horas, se este prazo for o referido no negócio processual?

A resposta para todas essas perguntas parte do seguinte conceito: as partes não estão autorizadas a contrariar normas processuais cogentes e imperativas, mas podem dispor sobre as demais regras supletivas.

O prazo previsto nos negócios processuais para se manifestar, seja por escrito ou oralmente, deve ser respeitado pelo Judiciário. Se o Código de Processo Civil permitiu às partes que estabelecessem esses procedimentos, essa autonomia deve ser reverenciada.[15] Eventualmente, esses acordos devem preponderar aos regimentos internos dos tribunais. Um bom exemplo é o prazo de sustentação oral nos tribunais, em regra de 15 minutos, quando, em muitos casos, esse tempo revela-se insuficiente. Esse prazo é fixado por uma questão de conveniência do tribunal e, logo, deve ceder diante do acordo lícito celebrado entre as partes. Por todas as razões, deve-se atentar à razoabilidade, notando-se, inclusive, que os tribunais têm muitos, aliás, muitos milhares de outros casos. Não faz sentido, por exemplo, que respeitem um contrato processual no qual se estipule que os julgadores devam viajar para outro lugar distante ou gastar um tempo enorme para examinar a causa. Afinal, o processo é personalizado, mas o Poder Judiciário não. Este atende a toda coletividade.

14 Evidentemente, o controle dos requisitos de validade do negócio processual deve ser realizado levando-se em conta o postulado *pas de nullité sans grief*.

15 De acordo com o Enunciado nº 17 do Fórum Permanente de Processualistas Civis, as partes podem, inclusive, "estabelecer outros deveres e sanções para o caso de descumprimento da convenção."

De outro lado, princípios relevantes do Direito Processual, como a ampla defesa, o contraditório, o do juiz natural, por exemplo, não podem ser desprezados, ainda que por acordo. São valores públicos e merecem toda proteção.

Para além dos debates doutrinários, os Tribunais pátrios, em pouco mais de três anos de vigência do Novo Código de Processo Civil, ainda estão contidos na análise dos negócios processuais. Já se vislumbram, contudo, alguns indicativos do caminho trilhado pela jurisprudência.

Encontram-se registros do reconhecimento de negócios processuais atípicos que versem sobre (i) a possibilidade de penhora e arresto de bens antes mesmo da tentativa de citação;[16] (ii) a validade de intimações realizadas em endereço previamente determinado, ainda que recebida por terceiros;[17] (iii) o percentual de honorários advocatícios sucumbenciais, sem a necessidade de arbitramento judicial;[18] (iv) a supressão de via recursal contra decisão homologatória de acordo;[19] (v) a redução do prazo para desocupação de imóvel;[20] e (vi) o termo inicial para apresentação de contestação.[21]

Por outro lado, o controle de validade tem sido exercido principalmente quando envolve partes vulneráveis, tal como preconiza a parte final do parágrafo único do art. 190 do Novo Código de Processo Civil.[22]

São Paulo, ainda como Saulo de Tarso, era judeu e cidadão romano. Inicialmente, foi perseguir os cristãos. Ele tinha muitas restrições àqueles seguidores de Jesus.

---

16 TJSP, AI 2002087-65.2018.8.26.0000, Rel. Des. Sergio Gomes, 37ª Câmara de Direito Privado, julg. em 17.04.18. No entanto, convém destacar que a 19ª Câmara de Direito Privado do TJSP entendeu pela nulidade da convenção dada a vulnerabilidade técnica de uma das partes (TJSP, AI 2134081-85.2019.8.26.0000, Rel. Des. Claudia Grieco Tabosa Pessoa, 19ª Câmara de Direito Privado, julg. em 29.07.19).

17 TJSP, AI 2045753-87.2016.8.26.0000, Rel. Des. Luis Fernando Nishi, 32ª Câmara de Direito Privado, julg. em 22.09.16.

18 TJSP, ED 2072680-22.2018.8.26.0000, Rel. Des. Gilberto dos Santos, 11ª Câmara de Direito Privado, julg. em 01.11.18; TJSP, AI 2224651-54.2018.8.26.0000, Rel. Des. Sergio Gomes, 37ª Câmara de Direito Privado, julg. em 05.12.18.

19 TJRJ, Ap. 00205056120158190202, Rel. Des. Mauro Pereira Martins, 13ª CC, julg. em 08.11.17.

20 TJSP, AI 2269263-77.2018.8.26.0000, Rel. Des. Rodolfo Pellizari, 6ª Câmara de Direito Privado, julg. em 07.01.19. Neste particular, necessário assinalar o entendimento da 30ª Câmara de Direito Privado do TJSP, segundo o qual a modificação do prazo para desocupação seria abusiva, na medida em que afastaria a aplicação de legislação específica (TJSP, AI 22334788820178260000, Rel. Des. Maria Lúcia Pizzotti, 30ª Câmara de Direito Privado, julg. em 21.03.18).

21 TJRS, Ap. 70075492462, Rel. Des. Paulo Sérgio Scarparo, 16ª CC, julg. em 26.10.17. Vale destacar, no entanto, que a 1ª Câmara Cível do TJRJ entendeu que o negócio jurídico processual deve ser limitado pelas "externalidades que impõem custos a terceiros", reconhecendo, assim, a tempestividade da contestação apresentada após o prazo convencionado em razão do recesso forense (TJRJ, Ap. 0011211-63.2016.8.19.0003, Rel. Des. Custódio de Barros Tostes, 1ª CC, julg. em 17.10.17).

22 TJRJ, AI 00275007520198190000, Rel. Des. Marcia Ferreira Alvarenga, 17ª CC, julg. em 31.07.19; TJSP, AI 2002087-65.2018.8.26.0000, Rel. Des. Sergio Gomes, 37ª Câmara de Direito Privado, julg. em 17.04.18.

Em Jerusalém, contudo, assistiu impressionado ao martírio de Santo Estevão. Ouviu Ananias, líder da pequena e incipiente comunidade cristã de Damasco. Acabou convertido. Buscando influenciar, foi influenciado. Estudioso, São Paulo empregou sua inteligência e cultura para ajudar a estabelecer as bases do Cristianismo.

Ao interagir, ficamos sujeitos a outras ideias, outros conceitos, outras verdades. Convencemos e somos convencidos. Isso é bom. A prática da arbitragem e os bons aromas que dela exalam geraram frutos. O Direito Processual Civil valeu-se dessa experiência para admitir que as partes tenham a autonomia de estabelecer as bases do procedimento que irá promover a solução de seus conflitos.

Com o advento do Novo Código de Processo Civil, disseminou-se a prática, benéfica às partes, de se escolher o procedimento mais adequado e pertinente para cada caso. Em breve, os "perseguidores" da arbitragem, que veem esse meio de solução de conflito com receio, terão motivos para sua conversão. De outro lado, os "arbitralistas" encontrarão razões para se valer do Judiciário. E, assim, esses dois meios de solução de conflito conversam e se aproximam – e nós, usuários, nos convertemos e reforçamos nossa fé no Direito.

Referências bibliográficas

CABRAL, Antônio do Passo e CRAMER, Ronaldo, *Comentários ao Novo Código de Processo Civil,* Rio de Janeiro: Forense, 2015.

ARRUDA ALVIM, Teresa *et al. Primeiros Comentários ao Novo Código de Processo Civil*, São Paulo: Revista dos Tribunais, 2015.

BARBOSA MOREIRA, José Carlos. *Convenções das Partes Sobre Matéria Processual, in* Temas de Direito Processual, Terceira Série, São Paulo: Saraiva, 1984.

DUARTE, Antonio Aurélio Abi Ramia, Duarte, *O Novo Código de Processo Civil, os Negócios Processuais e a Adequação Procedimental", in* Revista do GEDICON/EMERJ, Vol. 2, dez/2014.

MARTINS-COSTA, Judith, *Crise e modificação da ideia de contrato no direito brasileiro, in* Revista de Direito do Consumidor, v. 3, set./dez., 1992, p. 127-154.

SCARPINELLA BUENO, Cassio, *Novo Código de Processo Civil Anotado,* São Paulo: Saraiva, 2015.

Lineamentos do Precedente Judicial no Atual Sistema Processual Brasileiro

José Rogério Cruz e Tucci

Sumário: 1. Introdução. **2.** Técnica do precedente judicial no Código de Processo Civil. **3.** Tipologia da eficácia das decisões dos tribunais na experiência jurídica brasileira. 3.1. Súmulas com eficácia vinculante. **3.2.** Súmulas e precedentes com relativa eficácia vinculante ("force de facto"). **3.3.** Precedentes e jurisprudência com eficácia meramente persuasiva. **4.** Proibição de decisão proferida com base em "fundamento-surpresa" e imposição do dever de motivação. **5.** À guisa de conclusão: esboço de uma teoria geral do precedente judicial. Referências bibliográfica.

1. Introdução

O Professor e Advogado Roberto Ferreira Rosas foi, em nosso país, um dos pioneiros juristas a vaticinar a relevância da convergência da interpretação e da aplicação do direito pelas Cortes Superiores.

Em sua conhecida obra seminal, intitulada *Direito sumular*[1], Roberto Rosas invoca, logo na primeira página, lição do Ministro Castro Nunes, no sentido de que a inobservância de precedente consolidado no Supremo Tribunal Federal outorgava ao recurso extraordinário a missão de corrigir o julgado, visando a alcançar o objetivo de uniformização da jurisprudência no que respeita à exegese do direito federal.

Esse livro de Roberto Rosas encontra-se hoje na 14ª edição, o que bem demonstra o seu contínuo interesse em disseminar as suas reflexões sobre esse importante tema, que atualmente, sobretudo após a entrada em vigor do Código de Processo Civil de 2015, tem sido objeto de ampla investigação por uma seleta plêiade de juristas e operadores do direito.

Honrado por participar dessa memorável homenagem, entendo oportuno contribuir com alguns subsídios exatamente sobre a função dos precedentes judiciais em nosso sistema processual contemporâneo.

2. Técnica do precedente judicial no Código de Processo Civil

A regra do art. 917 do vigente diploma processual civil brasileiro delineia-se complexa, visto que encerra várias disposições coligadas, que bem poderiam ter sido desdobradas em diferentes artigos, como aliás recomenda a melhor metodologia legislativa.

A despeito desse aspecto de natureza formal, a redação em apreço, modificada na última fase do processo legislativo, continua revelando acentuada despreocupação

1 A primeira edição é de 1978, encontrando-se hoje na 14ª edição, São Paulo, Malheiros, 2012.

do legislador acerca da diferença conceitual e genética entre súmula, precedente judicial e jurisprudência.

Ademais, salta aos olhos o lamentável equívoco constante desse dispositivo, que impõe aos magistrados, de forma cogente – "os tribunais observarão" -, submissão aos mencionados pronunciamentos, como se todos aqueles arrolados tivessem a mesma força vinculante vertical. É evidente que os acórdãos proferidos nos incidentes de assunção de competência e de resolução de demandas repetitivas, nos julgamentos de recursos extraordinário e especial repetitivos, as súmulas do Supremo Tribunal Federal em matéria constitucional e do Superior Tribunal de Justiça em matéria infraconstitucional, e, ainda, a orientação do plenário ou do órgão especial dos tribunais aos quais estiverem subordinados os julgadores, à luz do regime constitucional vigente, *não* ostentam força vinculante.

Daí, em princípio, a inconstitucionalidade *prima facie* da regra examinada, visto que a Constituição Federal, no art. 103-A, reserva efeito vinculante apenas e tão somente às súmulas fixadas pelo Supremo, mediante devido processo com quórum de dois terços, e, ainda, aos julgados originados de controle direto de constitucionalidade.

À míngua de uma dogmática própria, o legislador pátrio perdeu uma excelente oportunidade para regulamentar um regime adequado das decisões de nossos tribunais, entre as várias espécies de provimentos judiciais, a partir de sua natureza, considerando a sua respectiva origem.

3. Tipologia da eficácia das decisões dos tribunais na experiência jurídica brasileira

Na atualidade, a despeito da promulgação do Código de Processo Civil, o direito brasileiro continua adotando um modelo *misto* quanto à eficácia das decisões dos tribunais, a saber: *a*) súmulas e precedentes com eficácia vinculante; *b*) súmulas e precedentes com relativa eficácia vinculante; e *c*) precedentes e jurisprudência, com eficácia meramente persuasiva.[2]

3.1. Súmulas com eficácia vinculante

Hoje, no Brasil, possuem eficácia obrigatória *erga omnes*: *i*) as súmulas vinculantes do Supremo Tribunal Federal; e *ii*) as decisões proferidas pelo Supremo Tribunal Federal e pelos Tribunais de Justiça, no âmbito do controle concentrado de constitucionalidade.

A Emenda Constitucional nº 45/2004 inseriu, no texto da Constituição Federal, o art. 103-A, que outorga ao Supremo Tribunal Federal a atribuição de aprovar súmula

2 V., em senso análogo, Patrícia Perrone Campos Mello, *Precedentes*, Rio de Janeiro, Renovar, 2008, p. 104-105.

com eficácia vinculante vertical. A superveniente Lei nº 11.417/2006 regulamentou o respectivo procedimento referente à súmula vinculante.

Por meio de iniciativa dos próprios integrantes do Supremo Tribunal Federal ou mediante requerimento dos legitimados[3], as súmulas poderão ser aprovadas por dois terços dos ministros e desde que se trate de matéria constitucional sobre a qual haja reiterados pronunciamentos em sentido convergente.

A expressão "reiteradas decisões" (art. 103-A), dada a sua evidente imprecisão, deverá ser interpretada a partir da existência de alguns precedentes uniformes sobre determinada questão. A análise objetiva da Suprema Corte é que irá estabelecer se a validade, a interpretação e os efeitos de uma *quaestio iuris*, de natureza constitucional, já se encontram suficientemente consolidados, a ponto de ser alçada à categoria de precedente sumulado.

O § 1º do art. 103-A traça, como pressuposto para a instauração do "procedimento de elaboração da súmula", a existência de "controvérsia atual" acerca de certa norma de conteúdo constitucional entre órgãos judiciários inferiores ou entre esses e a administração pública, que possa colocar em crise a segurança jurídica e que redunde em significativa multiplicação de demandas similares.

Sendo aprovada, a eficácia da tese jurídica sumulada projetar-se-á, com força vinculante, a todos os demais órgãos jurisdicionais, de quaisquer instâncias, inclusive, no âmbito da administração pública direta e indireta, em todos os níveis da federação.

Atribui-se, outrossim, ao próprio Supremo Tribunal Federal, no *caput* do mesmo art. 103-A, a faculdade de revisão ou cancelamento da regra sumulada, "*na forma estabelecida em lei*".

Preceitua, a propósito, o § 2º do aludido dispositivo que: "*Sem prejuízo do que vier a ser estabelecido em lei, a aprovação, revisão ou cancelamento da súmula poderá ser provocada por aqueles que podem propor a ação direta de inconstitucionalidade*".

Cumpre destacar que se autoriza expressamente, como se observa, a possibilidade de revisão ou mesmo de revogação da regra sumulada. Não é preciso dizer, que, do contrário, ou seja, sem essa flexibilidade, haveria o perigo de estagnação da jurisprudência, "que não convém a sistema algum. O mais nobre dos predicados do

3 Cf. art. 3º da Lei nº 11.417: "São legitimados a propor a edição, a revisão ou o cancelamento de enunciado de súmula vinculante: I – o Presidente da República; II – a Mesa do Senado Federal; III – a Mesa da Câmara dos Deputados; IV – o Procurador-Geral da República; V – o Conselho Federal da Ordem dos Advogados do Brasil; VI – o Defensor Público-Geral da União; VII – partido político com representação no Congresso Nacional; VIII – confederação sindical ou entidade de classe de âmbito nacional; IX – a Mesa de Assembleia Legislativa ou da Câmara Legislativa do Distrito Federal; X – o Governador de Estado ou do Distrito Federal; XI – os Tribunais Superiores, os Tribunais de Justiça de Estados ou do Distrito Federal e Territórios, os Tribunais Regionais Federais, os Tribunais Regionais do Trabalho, os Tribunais Regionais Eleitorais e os Tribunais Militares. § 1º O Município poderá propor, incidentalmente ao curso de processo em que seja parte, a edição, a revisão ou o cancelamento de enunciado de súmula vinculante, o que não autoriza a suspensão do processo...".

chamado *direito jurisprudencial* é a sua capacidade de adaptar-se às mutações sociais e econômicas da nação, de modo a extrair dos textos constitucionais e legais a norma que no momento atenda aos reclamos axiológicos da sociedade".[4]

Anote-se, por outro lado, que, desde o advento da República, na esteira do modelo norte-americano, adotou-se no Brasil o controle difuso, por via incidental, outorgando-se competência a qualquer órgão do Poder Judiciário para conhecer, incidente e prejudicialmente, a questão da inconstitucionalidade.

Editada a Constituição de 16 de julho de 1934, todavia, passou-se a admitir o controle concentrado, direto, por via principal, ainda que bem limitado.

A supra referida Emenda Constitucional nº 45/2004, alterando a redação do art. 103 da Constituição Federal, unificou a legitimação ativa para a propositura da ação direta de inconstitucionalidade e da ação declaratória de constitucionalidade.[5]

É bem de ver que, no plano federal, a competência para o controle jurisdicional de constitucionalidade de lei ou ato normativo federal ou estadual continua especificada, com exclusividade, ao Supremo Tribunal Federal, a quem também compete processar e julgar, originariamente, a ação direta de inconstitucionalidade por omissão, contemplada no art. 103, § 2º, da CF, quando a norma legal que deveria ter sido regulamentada pelo legislador ordinário, e não o foi, estiver contida no texto constitucional e, ainda, a arguição de descumprimento de preceito fundamental, a teor do disposto no art. 102, § 1º.

Ressalte-se, outrossim, que a Emenda Constitucional nº 3/93, além de inúmeras modificações na ordem tributária, introduziu no art. 102, I, da CF, a denominada ação declaratória de constitucionalidade, de competência originária do Supremo Tribunal Federal.

Importa notar que essa aludida reforma, no § 2º do art. 102, determinou ainda que: "*As decisões definitivas de mérito, proferidas pelo Supremo Tribunal Federal, nas ações declaratórias de constitucionalidade de lei ou ato normativo federal, produzirão eficácia contra todos e efeito vinculante, relativamente aos demais órgãos do Poder Judiciário e ao Poder Executivo*".

Observa-se, assim, que a primordial razão política inspiradora do Legislativo federal foi, sem dúvida, a de instituir um mecanismo destinado a subordinar o desfecho de demandas em curso perante juízos inferiores – monocráticos e colegiados – à decisão do Excelso Pretório pátrio.

O procedimento da referida ação declaratória de constitucionalidade somente foi regulamentado pela Lei nº 9.868, de 1999, que também disciplinou aquele da tradicional ação direta de inconstitucionalidade.

---

4 Cf. Dinamarco, *Súmulas vinculantes*, Revista Forense, 347(1999):64.

5 Hoje, a teor do art. 103 da CF, são legitimados: *a*) o Presidente da República; *b*) a Mesa do Senado Federal; *c*) a Mesa da Câmara dos Deputados; *d*) a Mesa da Assembleia Legislativa ou da Câmara Legislativa do Distrito Federal; *e*) o Governador de Estado ou do Distrito Federal; *f)* o Procurador-Geral da República; *g*) o Conselho Federal da OAB; *h*) partido político com representação no Congresso Nacional; e *i*) a confederação sindical ou entidade de classe de âmbito nacional.

Pois bem, verifica-se que a CF acabou ampliando de modo expressivo a eficácia vinculante dos precedentes do Supremo Tribunal Federal no tocante ao controle direto da constitucionalidade das leis. Abriu-se assim, a passos largos, o caminho de adoção, no Brasil, do precedente judicial com força vinculante em situações que se encontram em jogo importantes *quaestiones iuris*, de inequívoco peso político.

Dispõe, a respeito, o art. 28 da referida Lei nº 9.868 que: "*Dentro do prazo de 10 (dez) dias após o trânsito em julgado da decisão, o Supremo Tribunal Federal fará publicar em seção especial do Diário da Justiça e do Diário Oficial da União a parte dispositiva do acórdão. Parágrafo único. A declaração de constitucionalidade ou de inconstitucionalidade, inclusive a interpretação conforme a Constituição e a declaração parcial de inconstitucionalidade sem redução de texto, têm eficácia contra todos e efeito vinculante em relação aos órgãos do Poder Judiciário e à Administração Pública federal, estadual e municipal*".

Procurando imprimir certeza jurídica nessa matéria, o respectivo acórdão delineia-se irrecorrível, não podendo igualmente ser objeto de ação rescisória (art. 26). Produz coisa julgada material, que vincula as autoridades aplicadoras da lei, que não mais poderão dar-lhe execução sob pena de afrontar a *res iudicata*, "uma vez que a declaração de inconstitucionalidade em tese visa precisamente a atingir o efeito imediato de retirar a aplicabilidade da lei. Se não fosse assim, seria praticamente inútil a previsão constitucional de ação direta de inconstitucionalidade genérica".[6]

Cumpre ainda acrescentar que a Lei nº 9.882/99, que regulamentou o processo e julgamento da arguição de descumprimento de preceito fundamental, seguindo a mesma diretriz dos já aludidos mecanismos de controle direito da constitucionalidade da lei, determina, no art. 10, § 3º, que, em caso de procedência do pedido: "*A decisão terá eficácia contra todos e efeito vinculante relativamente aos demais órgãos do Poder Público*".

Não há dúvida, outrossim, que a força vinculante *erga omnes*, supra referenciada, acentua o caráter de fonte de direito dos referidos precedentes judiciais do Supremo Tribunal Federal.

Como bem pontuado, a propósito, a imutabilidade do conteúdo das decisões sobre a constitucionalidade dos textos legais, prevista expressamente no ordenamento jurídico, alça a produção da atividade judicial, nos sistemas nos quais esta ocupa preeminente posição, ao mesmo nível da hierarquia da lei.[7]

---

6 Cf. José Afonso da Silva, *Curso de direito constitucional positivo*, 42ª ed., São Paulo, Malheiros, 2019, p. 56-57.

7 Julio Cueto Rua, *Fuentes del derecho*, Buenos Aires, Abeledo-Perrot, 1994, p. 169; Cruz e Tucci, *Precedente judicial como fonte do direito*, São Paulo, Ed. RT, 2004, p. 275.

3.2. Súmulas e precedentes com relativa eficácia vinculante ("force de facto")

Certo é que os precedentes sumulados do Superior Tribunal de Justiça gozam de vigorosa força persuasiva ("*binding de facto*"), como, *e. g.*, pode-se extrair de pronunciamento, exarado no Agravo Regimental em Agravo de Instrumento 428.452-MS, relatado pelo Ministro Castro Filho, *in verbis*: "A exigência da certidão de publicação do acórdão recorrido é entendimento pacificado não apenas neste STJ, como também no Pretório Excelso... Ainda que as súmulas não sejam lei em sentido formal, traduzem elas o entendimento reiterado dos tribunais no que diz respeito à interpretação de determinada questão...".[8]

Proferindo o voto condutor no julgamento do Recurso Especial 14.945-MG, concluiu o Ministro Sálvio de Figueiredo Teixeira que, realmente, "não se justifica que os órgãos julgadores se mantenham renitentes à jurisprudência sumulada, cujo escopo, dentro do sistema jurídico, é alcançar a exegese que dê certeza aos jurisdicionados em temas polêmicos, uma vez que ninguém ficará seguro de seu direito ante jurisprudência incerta".[9]

Ademais, no modelo brasileiro então vigente e agora confirmado pelo novel diploma processual, tão eficaz é a jurisprudência sumulada, ou até mesmo "dominante", que, consoante dispõe o art. 332: "*Nas causas que dispensem a fase instrutória, o juiz, independentemente da citação do réu, julgará liminarmente improcedente o pedido que contrariar: I – enunciado de súmula do Supremo Tribunal Federal ou do Superior Tribunal de Justiça...*"; e, outrossim, segundo preceitua o art. 932 do Código de 2015: "*Incumbe ao relator:... IV – negar provimento a recurso que for contrário a: a) súmula do Supremo Tribunal Federal, do Superior Tribunal de Justiça ou do próprio tribunal...*".

Incide, nesse caso, a denominada *súmula impeditiva de recurso*.[10]

Cite-se, como exemplo, o julgamento do Superior Tribunal de Justiça, no Agravo Regimental no Recurso Especial 331.024-SP, relatado pelo Ministro Luiz Fux, no qual ficou assentado que: "Em conseqüência, o recorrente que pretende seja reavaliado o seu direito líquido e certo, esbarra na *súmula impeditiva* de número 07 do E. STJ e de seguinte teor: 'A pretensão de simples reexame de prova não enseja recurso especial'...".[11]

Mas não é só. O inc. V do mesmo art. 932 dispõe que o relator também pode: "*depois de facultada a apresentação de contrarrazões, dar provimento ao recurso se a*

---

8 3ª Turma, j. u., DJ 5.8.2002.

9 4ª Turma, j. u., DJ 13.4.1992.

10 Cf. Roberto Rosas, *Direito sumular*, 14ª ed., cit., p. 12. V., criticando o sistema adotado, Lênio Luiz Streck, *Jurisdição constitucional e hermenêutica. Uma nova crítica do direito*, Porto Alegrem Livraria do Advogados, 2002, p. 403-405.

11 1ª Turma, j. u., DJ 19.12.2002.

decisão recorrida for contrária a: a) súmula do Supremo Tribunal Federal, do Superior Tribunal de Justiça ou do próprio tribunal ".

Cabe frisar que, nessa derradeira hipótese, os efeitos ("quase") vinculantes do enunciado sumulado, chegam até a autorizar que decisão monocrática substitua o tradicional julgamento colegiado de segundo grau!

A jurisprudência reiterada e convergente, consagrada em súmula, adquire, assim, a dignidade que flui do elevado órgão de que emana, embora "não a autoridade intrínseca de fonte do direito"[12], porque apenas revela o sentido da lei. A súmula "não cria, não inova, não elabora lei; cinge-se a aplicá-la, o que significa que é a própria voz do legislador".[13]

A teor do art. 124 do Regimento Interno do Superior Tribunal de Justiça, a jurisprudência sumulada dispensa o recorrente de invocar precedentes judiciais em abono de seu direito.

Cumpre esclarecer que, a despeito das inúmeras referências, constantes do vigente Código de Processo Civil, os acórdãos, proferidos pelo Supremo Tribunal Federal e pelo Superior Tribunal de Justiça, nos incidentes de resolução de demandas repetitivas, de recursos repetitivos ou de assunção de competência, não desfrutam, como acima já observado, de eficácia vinculante.

Nessa linha de raciocínio, ao arrepio da letra da CF, causa espécie a norma do art. 988, IV, do Código de Processo Civil de 2015, ao preceituar que: *"Caberá reclamação da parte interessada ou do Ministério Público para:... IV – garantir a observância de enunciado de súmula vinculante e de precedente proferido em julgamento de casos repetitivos ou em incidente de competência"*.

A tentativa do legislador de infundir ao intérprete a força obrigatória dos apontados precedentes resulta falaciosa e, outrossim, presta um enorme desserviço aos estudiosos e estudantes do direito processual civil.

3.3. Precedentes e jurisprudência com eficácia meramente persuasiva

A doutrina civilista pátria de época contemporânea, claramente dominada pelos influxos do condicionamento histórico, apresenta marcante tendência de admitir apenas eficácia persuasiva aos acórdãos proferidos pelos tribunais pátrios.

Entre aqueles que cuidaram do tema, Mário Guimarães, na obra (sempre atual) que escreveu sobre *O juiz e a função jurisdicional*[14], foi incisivo em afirmar que a jurisprudência dos tribunais é fruto da sabedoria dos experientes; é "o conselho precavido

---

12 Oliveira Ascensão, *O direito. Introdução e teoria geral – uma perspectiva luso-brasileira*, 11ª ed., Coimbra, Almedina, 2001, p. 317, nt. 476.

13 Cf. Buzaid, *Uniformização da jurisprudência*, Ajuris, 34(1985):215.

14 Rio de Janeiro, Forense, 1958, p. 327.

dos mais velhos. Quem conhece a lei e ignora a jurisprudência, diz, com exagero embora, Dupliant, não conhece quase nada".

A monografia clássica de Rubens Limongi França traz um rol de "*jurisprudencialistas*" de ontem e de hoje, que enalteceram a posição da atividade judicial como forma de expressão do direito. Emitindo a sua própria opinião, Limongi França escreve que a regra básica, na esfera do *civil law*, é a de que os julgados anteriores não vinculam necessariamente o magistrado, ainda que provenham do mesmo tribunal ou de corte superior.[15]

Não obstante, em caráter excepcional – conclui – a repetição constante, racional e pacífica dos precedentes judiciais, que, nesta hipótese, forma a jurisprudência, pode efetivamente adquirir valor de preceito geral: "é, a nosso ver, quando, pela força da reiteração e, sobretudo, da necessidade de bem regular, de modo estável, uma situação não prevista, ou não resolvida expressamente pela lei, ela assume os caracteres de verdadeiro *costume judiciário*".[16]

Realmente, entendo também que os precedentes judiciais, em sentido amplo, constituem valioso subsídio que auxilia a hermenêutica de casos concretos, embora careçam de força vinculante. É importante relevar, a tal propósito, a constante possibilidade de revisão da jurisprudência sedimentada não apenas por iniciativa dos órgãos jurisdicionais, mas, igualmente, por provocação das partes interessadas.

Os processualistas mais ortodoxos que escreveram há algumas décadas seguiram também essa corrente de pensamento que sempre preponderou nos países de direito codificado.

Alfredo Buzaid, à luz do sistema processual civil então vigente, assevera que os precedentes judiciais (*exemplis*), por mais prestigiados que sejam, não podem obrigar os juízes, que permanecem independentes, livres de qualquer subserviência hierárquica superior no exercício da atividade jurisdicional.[17]

Conclui-se, pois, que atualmente os precedentes horizontais e os auto-precedentes e, ainda, a jurisprudência produzem de eficácia meramente persuasiva.

4. Proibição de decisão proferida com base em "fundamento-surpresa" e imposição do dever de motivação

Dispõe o § 1º do art. 927, já referido, que, na dinâmica da utilização das decisões arroladas nos respectivos incs. I a V, os juízes e tribunais deverão considerar as regras dos arts. 10 e 489, § 1º.

Isso significa que, ao ser invocada súmula, precedente judicial ou jurisprudência, como fundamento da decisão, a tese nela sufragada não poderá surpreender as partes.

15 *O direito, a lei e a jurisprudência*, São Paulo, Ed. RT, 1974, p. 175.

16 Cf. Limongi França, *O direito, a lei e a jurisprudência*, cit., p. 178-179; *Jurisprudência*, Enciclopédia Saraiva do Direito, 47(1980):167.

17 Alfredo Buzaid, *Uniformização da jurisprudência*, p. 211.

Saliente-se que o enunciado do art. 10 do Código de Processo Civil de 2015 constitui desdobramento do art. 9º, ao vedar, com todas as letras, o denominado "fundamento-surpresa", ainda que se trate de matéria cognoscível de ofício.

Fácil é verificar que estas regras estão definitivamente afinadas com a moderna ótica da ciência processual, que não admite, em hipótese alguma, a surpresa aos litigantes, decorrente de decisão escudada em ponto jurídico fundamental por eles não alvitrado. O tribunal deve, portanto, dar conhecimento prévio de qual direção o direito subjetivo encontra-se vulnerável, aproveitando apenas os fatos sobre os quais as partes tenham tomado posição. Dessa forma, é evidente que os litigantes terão oportunidade de defender o seu direito e, sobretudo, influir na decisão judicial.

É certo que a liberdade outorgada ao tribunal, no que se refere à eleição da melhor interpretação pretoriana a ser aplicada, independentemente de ser ela invocada pelos litigantes, não dispensa a prévia manifestação das partes acerca da questão alvitrada pelo juiz, em inafastável observância ao princípio do contraditório.

Verdadeiro *dever de consulta* do juiz, a cooperação aqui contemplada impõe ao tribunal conceder às partes a oportunidade de manifestação sobre qualquer questão de fato ou de direito. O juiz, antes de se pronunciar sobre determinada tese não debatida, deve abrir prazo para prévia discussão pelas partes, evitando, desse modo, seja proferida decisão calcada em "fundamento-surpresa", circunstância que acarreta a nulidade do pronunciamento judicial por violação à garantia da ampla defesa.

Não é preciso salientar que, quando se consegue a participação no *iter* de formação de um provimento decisório daqueles que serão os seus destinatários, obtém-se evidente legitimação da tutela do direito litigioso.

Cumpre advertir, no entanto – para evitar-se qualquer equívoco -, que o juiz ou tribunal não terá de abrir vista às partes senão quando a sua decisão, com fundamento na doutrina e/ou em precedentes judiciais, tomar um rumo que não foi objeto do contraditório. Assim, é claro que ao invocar doutrina ou um determinado julgado, para sustentar a decisão, não se exige a manifestação dos litigantes. A tal propósito, apenas por ilustração, se a controvérsia tem como aspecto fulcral a cobertura securitária aos herdeiros do segurado que se suicida, independentemente do período de carência previsto no art. 798 do CC, é certo que não haverá surpresa alguma às partes, se o julgador fundamentar a sua decisão na nova orientação da 2ª Seção do Superior Tribunal de Justiça, sufragada no julgamento do Recurso Especial 1.334.005-GO, o qual, por maioria de votos, decidiu que a seguradora não tem obrigação de indenizar hipótese de suicídio cometido dentro do prazo de carência de dois anos da celebração do contrato de seguro de vida.

Ademais, atento, ainda uma vez, ao mandamento constitucional do dever de motivação, o aludido § 1º do art. 489 do atual Código de Processo Civil, de forma até pedagógica, estabelece os vícios mais comuns que comprometem a higidez do ato decisório.

No que ora interessa, o juiz ou tribunal não poderá fundamentar o seu respectivo *decisum* baseando-se exclusivamente em precedentes pronunciamentos, sem qualquer argumentação adicional, revelando a *ratio decidendi* própria, pertinente ao *thema decidendum*.

Se de fato o referido dispositivo legal (art. 489, § 1º) for observado com rigor, verifica-se facilmente que inúmeros provimentos judiciais, inclusive do Superior Tribunal de Justiça, serão formalmente "reprovados", porque, como a praxe evidencia, reportam-se ou simplesmente transcrevem a ementa de precedentes, à guisa de fundamentação, não acrescentando nada que evidencie o convencimento pessoal do autor da decisão!

Assim, sob a vigência do novo diploma processual, estão, pois, acoimadas de inarredável nulidade decisões que forem lançadas com o seguinte conteúdo: "*... Trata-se de recurso especial no qual se alega ofensa a dispositivos de lei federal e dissídio jurisprudencial. O recurso não reúne condições de admissibilidade. Quanto à alegada vulneração aos dispositivos arrolados, observe-se não ter sido demonstrada sua ocorrência, eis que as exigências legais na solução das questões de fato e de direito da lide foram atendidas pelo acórdão ao declinar as premissas nas quais assentada a decisão. Ademais, o acórdão, ao decidir da forma impugnada, assim o fez em decorrência de convicção formada pela Turma Julgadora diante das provas e das circunstâncias fáticas próprias do processo sub judice, sendo certo, por esse prisma, aterem-se as razões do recurso a uma perspectiva de reexame desses elementos. A esse objetivo, todavia, não se presta o reclamo, a teor do disposto na súmula 7 do Superior Tribunal de Justiça, suficiente para obstar o seguimento do recurso, quer pela alínea a, quer pela alínea c do permissivo constitucional. Ante o exposto, nego seguimento ao recurso especial...*".

Pelo que representa em termos de respeito ao devido processo legal, afinal, a garantia do acesso a justiça só poderá ser considerada implementada, se, ao fim, as alegações das partes forem levadas em consideração pelos juízes; e, ainda, pela inestimável contribuição proveniente de anteriores pronunciamentos judiciais. Não é exagero afirmar que o art. 489, § 1º, tão atacado pelas entidades representativas de magistrados, constitui uma das principais inovações do Código atual, o que estimula o intérprete, portanto, a rebater tantas quantas forem as objeções suscitadas em desfavor de sua vigência, ou que tentem limitar de alguma forma a sua respectiva aplicação.

5. À guisa de conclusão: esboço de uma teoria geral do precedente judicial

Seja como for, para bem compreender e interpretar as regras do vigente Código de Processo Civil sobre esta temática, necessário se torna traçar algumas linhas mestras que podem ser consideradas comuns à dinâmica das decisões judiciais.

Na verdade, uma teoria sobre os precedentes que aspire a ser geral, e portanto desfrutar de alguma utilidade heurística, deve, segundo entendo, partir da premissa de que o precedente é uma realidade em sistemas jurídicos histórica e estruturalmente heterogêneos, e que apresenta características próprias em diferentes legislações.

O regime do precedente judicial opera em todo sistema jurídico a partir da interação de vários fatores, que podem ser classificados, segundo esquema traçado por Michele Taruffo[18], pelos seguintes vetores: 1. a dimensão institucional; 2. a dimensão objetiva; 3. a dimensão estrutural; e 4. a dimensão da eficácia.

A primeira delas – a dimensão institucional – deve ser analisada à luz da organização judiciária e a forma pela qual a relação de subordinação hierárquica entre os tribunais é escalonada. Entram aqui em cena as espécies de precedente vertical, horizontal e auto-precedente (precedente no âmbito do mesmo tribunal).

Desde que exista uma estrutura burocrática de sobreposição de tribunais, é natural que o precedente de tribunal superior, com eficácia vinculante ou não, exerça um grau de influência maior no âmbito das cortes e juízos inferiores.

É claro que o denominado auto-precedente, via de regra, também se impõe, *interna corporis*, como medida de coerência, além, é claro, da segurança jurídica que deve ser preservada pelos tribunais.

Pelo contrário, os precedentes horizontais, provenientes de órgãos postados no mesmo patamar hierárquico, possuem relativa eficácia persuasiva. Ressalte-se que, nessa hipótese, a autoridade intrínseca do julgado, sobretudo quando estiver enfrentando matéria nova, poderá realmente ser seguida por outros tribunais.

A dimensão objetiva do precedente, por outro lado, diz respeito à determinação de sua influência na decisão de casos futuros. Tem aqui relevância a distinção entre *ratio decidendi* e *obiter dictum*, tendo-se em vista que o predicado formal de precedente é atribuído apenas à *ratio decidendi*.

Já no tocante à dimensão estrutural, ou seja, ao conceito substancial de precedente, exige-se, normalmente, um número considerável de decisões similares, para chegar-se à concepção de "jurisprudência consolidada", "dominante" ou "unânime".

Assinale-se que, nessa hipótese, o fator temporal também é importante, porque uma orientação pretoriana sedimentada reclama, normalmente, um longo período.

Precedentes contraditórios, em qualquer sistema jurídico, também geram um problema que deve ser resolvido pelo tribunal que está incumbido de decidir o caso sucessivo.

Finalmente, a dimensão da eficácia deriva do grau de influência que o precedente exerce sobre a futura decisão em um caso análogo, ou ainda da técnica instituída pela legislação, quanto à sua respectiva eficácia (vinculante ou simplesmente persuasiva).

Aduza-se que, sob tal perspectiva, as técnicas do *overruling* (*common law*) e do *revirement* (*civil law*) representam situações específicas e excepcionais com o escopo de excluir do ordenamento jurídico determinado precedente, ultrapassado, para subs-

---

18 *Dimensioni del precedente giudiziario*, Studi in memoria di Gino Gorla, t. 1, Milano, Giuffrè, 1994, p. 387-388.

tituí-lo por outro que melhor se ajuste à hipótese então examinada, à luz da realidade do momento em que a decisão é proferida.

Não é preciso dizer, a esse respeito, que a preservação, na medida do possível, das correntes predominantes da jurisprudência, constitui obra de boa política judiciária, porque infunde na sociedade confiança no Poder Judiciário.

Mas é evidente, por outro lado, que a jurisprudência deve evoluir, dando resposta, realista e tempestiva, às exigências sociais em constante transformação.

Referências bibliográficas

Ascensão, José de Oliveira. *O direito. Introdução e teoria geral – uma perspectiva luso-brasileira*, 11ª ed., Coimbra, Almedina, 2001.

Buzaid, Alfredo. *Uniformização da jurisprudência*, Ajuris, 34, 1985.

Cruz e Tucci, José Rogério. *Precedente judicial como fonte do direito*, São Paulo, Ed. RT, 2004.

Cueto Rua, Julio. *Fuentes del derecho*, Buenos Aires, Abeledo-Perrot, 1994.

Dinamarco, Cândido Rangel. *Súmulas vinculantes*, Revista Forense, 347, 1999.

França, Rubens Limongi. *Jurisprudência*, Enciclopédia Saraiva do Direito, 47, 1980.

França, Rubens Limongi. *O direito, a lei e a jurisprudência*, São Paulo, Ed. RT, 1974.

Guimarães, Mário. *O juiz e a função jurisdicional*, Rio de Janeiro, Forense, 1958.

Mello, Patrícia Perrone Campos. *Precedentes*, Rio de Janeiro, Renovar, 2008.

Rosas, Roberto. *Direito sumular*, 14ª ed., São Paulo, Malheiros, 2012.

Silva, José Afonso da. *Curso de direito constitucional positivo*, 42ª ed., São Paulo, Malheiros, 2019.

Streck, Lênio Luiz. *Jurisdição constitucional e hermenêutica. Uma nova crítica do direito*, Porto Alegrem Livraria do Advogados, 2002.

Taruffo, Michele. *Dimensioni del precedente giudiziario*, Studi in memoria di Gino Gorla, t. 1, Milano, Giuffrè, 1994.

Anti-Suit Injunctions entre Arbitragens

Leonardo Greco

Sumário: 1. O que é uma anti-suit injunction. **2.** A autonomia dos árbitros. **3.** As anti-suit injunctions nas relações interjurisdicionais. **4.** A extensão da convenção de arbitragem. **5.** O controle e o apoio à arbitragem. **6.** Conclusões.

Num conflito societário entre um acionista e os órgãos de gestão da sociedade, submetido pelo primeiro a um tribunal arbitral, o Requerente da arbitragem pediu ao referido tribunal uma ordem inibitória para que a sociedade não pudesse instaurar uma outra arbitragem em face de empresa diversa, subsidiária do Requerente da primeira arbitragem, em decorrência do descumprimento de um contrato de fornecimento de mercadorias da sociedade a empresa subsidiária do referido Requerente da primeira arbitragem.

O caso concreto suscita a questão interessante da possibilidade de um determinado juízo arbitral poder ou não emitir uma ordem a uma das partes, que a iniba do acesso à jurisdição arbitral em relação a outra empresa, ainda que vinculada a uma das partes, por um contrato de fornecimento de mercadorias em que estava inserida cláusula compromissória diversa da que regia a primeira arbitragem.

No caso, além de pretender a imposição de sanção à Requerida da primeira arbitragem se viesse a propor a segunda, submeteria o exame da capacidade processual da sociedade na segunda arbitragem à deliberação do tribunal da primeira.

Vem à baila a questão da admissibilidade da *anti-suit injunction*, repudiada por grande parte da doutrina arbitralista, na qual se pretende impedir a instauração ou a continuidade de uma arbitragem mediante um provimento inibitório da justiça estatal, com a diferença de que, no caso acima configurado, a decisão inibitória emanaria de um outro tribunal arbitral. Teria este competência para decidir a existência de pressuposto processual subjetivo de uma das partes em arbitragem diversa? Poderia decidi-la para impor a sua decisão ao tribunal arbitral da segunda arbitragem, que, em caso de acolhimento da medida, teria de extingui-la sem resolução do mérito ou teria de julgá-la improcedente? Ou poderia o seu acolhimento produzir efeito apenas dentro do processo da primeira arbitragem para impor à Requerida sanção inibitória, como uma multa periódica, caso viesse a promover ou a dar continuidade à segunda arbitragem, sem que a sua decisão vinculasse o tribunal desta última?

Ademais, o princípio *Kompetenz-Kompetenz* não tornaria necessário que a incompetência do juízo arbitral ou a nulidade da sua instauração fosse inicialmente suscitada perante o próprio tribunal arbitral – no nosso caso o segundo? Qualquer pronunciamento da justiça estatal não ficaria circunscrito apenas à alegação da nulidade da sentença do segundo tribunal arbitral por incompetência, por desrespeito à convenção de arbitragem ou por qualquer outro motivo admissível por ocasião da posterior ação anulatória que viesse a ser proposta depois de findo o julgamento da causa perante o referido tribunal arbitral? Ainda assim, não seria o caso de cogitar da impossibilidade de exame da questão mesmo em ação anulatória subsequente, pela independência da jurisdição arbitral, circunscrevendo-se a eficácia da decisão de eventual *anti-suit injunction* à condenação da Requerida a pagar multa ou indenização pelo descumprimento da ordem inibitória? Ou, indo mais longe, a independência da jurisdição arbitral não impediria o juízo estatal ou qualquer outro juízo que pudesse ser considerado preponderante, como um outro juízo arbitral, de tomar conhecimento da falta de pressuposto processual de processo arbitral, devendo a *anti-suit injunction* ser extinta por impossibilidade jurídica do pedido ou por falta de interesse de agir?

1. *O que é uma anti-suit injunction.* Uma *anti-suit injunction* é tipicamente uma medida judicial que ordena que as partes não iniciem ou prossigam suas ações ou defesas relativas a determinado litígio em qualquer outra corte a não ser aquela que tiver expedido a *injunction*[1].

Segundo Laurent Lévy[2], na tradição anglo-saxã um tribunal estatal adota esse tipo de providência para evitar um processo temerário ou abusivo (vexatório ou opressivo) em um foro inapropriado, pouco importando se com tal interferência o Poder Judiciário de um país viole obrigações internacionais do Estado que representa.

As cortes americanas têm o poder de conceder *anti-suit injunctions* para impedir que pessoas submetidas à sua jurisdição ou à jurisdição de tribunal arbitral americano promovam ações em jurisdição estrangeira. Não são medidas em face dos tribunais estrangeiros, mas verdadeiros *contempt of court* para punir a parte que promoveu a causa no juízo estrangeiro, que necessariamente deve ser causa entre as mesmas partes e deve integrar a causa pendente perante o juízo da corte americana ou do tribunal arbitral constituído nos Estados Unidos[3].

Neil Andrews noticia[4] que as cortes inglesas igualmente têm uma longa tradição de concessão de *anti-suit injunctions* contra um defendente sobre o qual tenham jurisdição, para impedi-lo de instaurar ou dar seguimento a procedimentos civis no Exterior, em casos de quebra de cláusula de foro exclusivo na Inglaterra ou de quebra de convenção arbitral, ainda que a lei aplicável ao negócio seja a lei estrangeira.

1 TIDMARSH, Jay. TRANGSRUD, Roger H. **Modern complex litigation**. 2ª ed. New York. Thomson Reuters/Foundation Press. 2010. P. 170.

2 LÉVY, Laurent. A utilização das anti-suit injunctions na arbitragem internacional. In **Revista de Arbitragem e Mediação.** Vol. 2/2004. São Paulo: Thomson Reuters. 2004. P. 370.

3 FELLAS, John. The enjoining of brazilian lawsuits by U.S. courts. In **Revista de Arbitragem e Mediação.** Vol. 9/2006. São Paulo: Thomson Reuters. 2006. P. 155-156.

4 ANDREWS, Neil. Injunctions in support of civil proceedings and arbitration. In **Revista de Processo.** Vol. 171. São Paulo: Revista dos Tribunais. 2009. P. 171.

A Seção 37 do Senior Courts Act 1981 e a Seção 44 do Arbitration Act 1996 fundamentam a concessão de *anti-suit injunctions* perante tribunais para impedir arbitragens, mesmo antes da instauração do juízo arbitral[5].

A Seção 9 do Arbitration Act 1996 regula um outro instituto semelhante, a *stay of legal proceedings,* que é um requerimento dirigido a um tribunal judicial para suspender processo alegando que a matéria deve ser resolvida em uma arbitragem. A arbitragem pode ainda não ter sido instaurada, se ainda não se esgotaram procedimentos pré-arbitrais. A Corte deve acolher a *stay*, salvo se estiver convencida de que a convenção arbitral é nula e de nenhum efeito, inexequível ou impossível de ser cumprida.

2. *A autonomia dos árbitros.* Leciona Ruffini[6] que, no exercício da sua autonomia negocial, as partes resolvem subtrair as suas controvérsias presentes ou futuras da jurisdição estatal, atribuindo sua solução a árbitros, por elas próprias direta ou indiretamente escolhidos, aos quais conferem o poder de julgá-las e decidi-las através de uma atividade substancialmente análoga àquela mediante a qual se desenvolve a função jurisdicional estatal, mas externa a ela, porque delimitada não pela lei, mas pela vontade das partes. A lei estatal intervém nesse negócio privado apenas para estimular a sua celebração, atribuindo-lhe efeitos bastante semelhantes aos de uma sentença adotada por um juiz estatal.

É indiferente que se considere pública ou privada, jurisdicional ou não, a função dos árbitros. O que é inquestionável é que a sua investidura e os seus poderes provêm do consenso das partes e não da vontade do Estado e é nos limites desse consenso que eles devem ser exercidos.

Da escolha voluntária da arbitragem como via de acesso à solução de controvérsias presentes ou futuras resulta um indispensável efeito negativo, ainda que temporário, que é a renúncia ao direito de acionar o juiz estatal, como diz Schlosser[7]: da convenção arbitral decorre para as partes a obrigação de não acionar qualquer juiz estatal e de cooperarem à formação do colégio arbitral e à condução do procedimento, dando impulso à arbitragem do melhor modo possível, assim como a abster-se de tudo aquilo que possa prejudicar o escopo da convenção arbitral. As partes se obrigam a cumprir tudo o que for necessário para que os árbitros profiram a sua decisão, bem como a abster-se de comportamentos que possam frustrar esse objetivo, entre os quais acionar um outro juízo para suspender ou impedir o julgamento do tribunal arbitral.

Dessa preferência outorgada pelas partes ao juízo arbitral, decorre o conhecido princípio da competência-competência, segundo o qual a verificação do acerto da

---

5 ANDREWS, Neil. **Andrews on civil processes**. Vol. II – Arbitration and Mediation. Cambridge: ed. Intersentia. 2013. P. 215-226.

6 RUFFINI, Giuseppe. L'arbitrato come equivalente della giurisdizione statuale: linee evolutive. In **Rivista di diritto processuale.** Milano: Wolters Kluwer/CEDAM. Janeiro-Fevereiro 2018. P. 41-47.

7 SCHLOSSER, Peter. Anti-suit injunctions a sostegno dell'arbitrato internazionale. In CONSOLO, Claudio. STELLA, Marcello (a cura di). **Articoli, saggetti e commenti di litigation Internazionale apparsi in dieci anni di INT'L LIS.** Vol. II – annate 2006-2011. Milano: Wolters Kluwer/CEDAM. 2018. P. 528.

submissão do litígio ao tribunal arbitral, ou, *a contrario sensu*, da incompetência do tribunal arbitral ou de qualquer nulidade da constituição desse tribunal ou da submissão a ele da causa, deve ser prioritariamente apreciada e decidida por ele próprio. Essa foi a escolha das partes, ao celebrarem a convenção arbitral. Variam as opiniões sobre o caráter absoluto e a extensão desse princípio, se se trata de uma anterioridade puramente cronológica, se somente pode ser enfrentada pelo tribunal estatal após a sentença arbitral no bojo da ação anulatória ou se, em casos excepcionais, como os de nulidade *prima facie* ou outro vício grave, pode a justiça estatal intervir na arbitragem, impedindo a instalação ou a continuidade do juízo arbitral, embora sempre após o pronunciamento prévio do próprio tribunal arbitral.

Entre nós, parece-me que esta última orientação é a que deve inspirar a interpretação do artigo 485, inciso VII, do Código de Processo Civil de 2015. Arguida a existência de convenção de arbitragem na contestação, deverá o juiz ouvir o Autor. Se este alegar a nulidade absoluta da convenção, o juiz não decidirá a questão sem antes ouvir o tribunal arbitral. Se ainda impossível a sua audiência, porque não constituído, fixará o juiz prazo para que o Autor traga o pronunciamento do tribunal arbitral, sob pena de extinção do processo judicial. Caso se verifique a recusa ou omissão do tribunal arbitral em pronunciar-se sobre a questão, o juiz a decidirá, porque o acesso do Autor à Justiça estatal não pode ficar indefinidamente inibido, se houver fundamento consistente que impeça a instalação ou a atuação válida do juízo arbitral. O Autor não pode ser obrigado a submeter-se a um juízo arbitral manifestamente nulo, nem ser inibido do seu direito de acesso à Justiça estatal para a tutela dos seus direitos nesse caso. Aguardar o desfecho da arbitragem para que a questão seja examinada pelo juiz estatal na ação anulatória da sentença arbitral, depois de ter tido o Autor de submeter-se ao injusto e oneroso juízo arbitral e de ter tido por meses indevidamente impedido o seu acesso à Justiça estatal parece-me inteiramente incompatível com a eficácia concreta do direito fundamental à tutela jurisdicional efetiva de qualquer direito, tal como previsto no artigo 5º, inciso XXXV e parágrafo único, da Constituição.

3. *As anti-suit injunctions nas relações interjurisdicionais.* No âmbito da União Europeia, a Corte de Justiça Europeia tem se pronunciado no sentido de repudiar a interferência da justiça de um país na atuação de órgão jurisdicional de outro país ou de tribunal arbitral constituído em outro país, considerando as *anti-suit injunctions* incompatíveis com a confiança recíproca que os regulamentos da União impõem à cooperação interjurisdicional e com os princípios de solidariedade que regem o espaço judicial europeu. Segundo Kruger[8], as cortes devem respeitar reciprocamente as respectivas competências e serem receptivas aos pedidos de colaboração interjurisdicional, evitando de conceder *anti-suit injunctions*, salvo nestes casos: a) desrespeito

8 KRUGER, Thalia Kruger. **Civil jurisdiction rules of the EU and their impact on third states**. Oxford University Press. 2008. P. 314-315.

à escolha do foro de eleição ou a convenção arbitral; b) não razoável ou opressiva conduta por um demandante numa jurisdição estrangeira; c) proteção da sua própria jurisdição em matérias como a administração da propriedade e insolvência.

Os defensores dessas *injunctions* alegam que a jurisdição da outra corte não está sendo violada porque elas se dirigem à conduta das partes e não à própria corte[9], o que é um falso argumento porque cada corte somente exerce os seus poderes em matéria civil se uma das partes toma a iniciativa.

A Convenção de Nova York de 1958 sobre arbitragem internacional, em vigor no Brasil, dispõe no seu artigo II.1 que "cada Estado signatário deverá reconhecer o acordo escrito pelo qual as partes se comprometem a submeter à arbitragem todas as divergências que tenham surgido ou que possam vir a surgir entre si no que diz respeito a um relacionamento jurídico definido, seja ele contratual ou não, com relação a uma matéria passível de solução mediante arbitragem". E no mesmo artigo II.3 excepciona, prescrevendo que "o tribunal de um Estado signatário, quando de posse de ação sobre matéria com relação à qual as partes tenham estabelecido acordo nos termos do presente artigo, a pedido de uma delas, encaminhará as partes à arbitragem, a menos que constate que tal acordo é nulo e sem efeitos, inoperante ou inexequível".

Se, de um lado, a Convenção ratifica o princípio competência-competência, de outro, abre exceções à sua observância, justamente nas hipóteses de nulidade, ineficácia, inoperância ou inexequibilidade da convenção arbitral[10]. Mas não é despiciendo lembrar que a apreciação da validade da sentença arbitral estrangeira compete à autoridade judiciária do país em que foi proferida. A única autoridade judicial brasileira competente para apreciar a legalidade da sentença arbitral estrangeira é o STJ, por ocasião da homologação da sentença estrangeira[11].

---

9 ANDREWS, Neil. **Andrews on civil processes**. Vol. II – Arbitration and Mediation. Cambridge: ed. Intersentia. 2013. P. 226-227: Em Noble Assurance Co. v. Gerling-Konzern General Insurance Co (2007), a Commercial Court decidiu que na concessão de uma *injunction* restringindo procedimentos numa corte estrangeira, a ordem não deve ser dirigida contra esta corte mas contra as partes que assim tenham procedido ou ameacem proceder.

10 SANTOS, Mauricio Gomm. BEIRÃO, Fernanda Giorgio. O caso Jirau. In **Revista de Arbitragem e Mediação.** Vol. 40/2014. São Paulo: Thomson Reuters. 2014. P. 236: O Tribunal de Justiça de São Paulo (Agravo de Instrumento 0304979-49.2011.8.26.0000. Rel.: Des. Paulo Alcides Amaral Salles), invocando lições de Emmanuel Gaillard e Carlos Alberto Carmona relativizou o princípio da competência-competência, considerando que o Judiciário pode analisar a eficácia da cláusula compromissória em casos de vício reconhecível *prima facie*. WALD, Arnoldo. A jurisprudência do Superior Tribunal de Justiça em relação às sentenças arbitrais. In **Revista de Arbitragem e Mediação.** Vol. 8/2006. São Paulo: Thomson Reuters. 2006. P. 7-16: O Superior Tribunal de Justiça admitiu *anti-suit injunctions* em questões relativas à ordem pública internacional, à prevalência da arbitragem sobre as jurisdições estatais e à sujeição à arbitragem de entidades públicas.

11 MAGALHÃES, José Carlos de. Sentença arbitral estrangeira. Incompetência da justiça brasileira para anulação. Competência exclusiva do STF para apreciação da validade em homologação. In **Revista de Arbitragem e Mediação.** Vol. 1/2004. São Paulo: Thomson Reuters. 2004. P. 143.

4. *A extensão da convenção de arbitragem.* O caso concreto que descrevemos no início deste estudo comporta análise à luz do problema do conflito entre convenções de arbitragem, ou seja, quando o conflito se caracteriza e como resolvê-lo. Para esse fim, é preciso examinar os limites objetivos e subjetivos da própria arbitragem.

A doutrina a respeito das *anti-suit injunctions* inclui entre os seus requisitos a identidade das partes e que a resolução que se busca pode ser impedida pela decisão que se pretende bloquear[12].

Quanto à extensão objetiva, foi muito difundida a noção de *favor arbitralis*, segundo a qual na dúvida os árbitros devem aceitar a jurisdição arbitral, mesmo que não decorra de autorização expressa da convenção que a origina, aceitando as chamadas cláusulas implícitas, que estendem a arbitrabilidade a todas as matérias que de algum modo tenham correlação com o objeto explícito da convenção arbitral. A razoabilidade da interpretação dada pelos árbitros no exercício da *Kompetenz-Kompetenz* somente deveria ser repudiada se fosse arbitrária ou manifestamente equivocada, sem margem para dúvidas razoáveis no espírito do observador de bom senso. Na dúvida quanto à extensão objetiva, prevaleceria a maior abrangência.

Com acerto, Cândido Dinamarco[13] demonstra que não cabe aos árbitros ir além da vontade das partes, mas sim interpretar o significado do objeto por elas delimitado no contexto do negócio jurídico a que a cláusula arbitral está vinculada. Não há espaço para ampliações objetivas. Nada se acresce, mas simplesmente busca-se seu real significado. A questão prejudicial pode ser conhecida pelos árbitros incidentalmente, mas se não estiver na essência do objeto da arbitragem, sua cognição não adquirirá a imutabilidade da coisa julgada, por falta de competência do tribunal arbitral para conhecê-la *principaliter*, nos termos do artigo 503 do Código de Processo Civil.

A convenção de arbitragem deve ser interpretada em consonância com as regras de interpretação de qualquer negócio jurídico, em especial do disposto nos artigos 112 e 113 do Código Civil.

Como explica Eduardo Ribeiro de Oliveira, comentando o artigo 112, a vontade constitui o núcleo do negócio jurídico. À intenção, mencionada no dispositivo, se atenderá, não no seu elemento puramente psíquico, "mas enquanto possa ser extraída da declaração em que consubstanciada"[14].

Quanto à boa-fé objetiva, a que se refere o artigo 113, como cânone interpretativo, trata-se de limite a ser considerado na avaliação da intenção dos celebrantes da convenção arbitral, resultante dos padrões éticos e jurídicos que normalmente

12 SANTOS e BEIRÃO. Ob. e loc. cits.

13 DINAMARCO, Cândido Rangel. **A arbitragem na teoria geral do processo.** São Paulo: Malheiros. 2013. P. 99-101.

14 OLIVEIRA, Eduardo Ribeiro de. **Comentários ao novo Código Civil. Arts. 79 a 137.** Vol. II. Rio de Janeiro: Forense. 2008. P. 248.

por eles devem ser observados nesse tipo de negócio, em determinado momento histórico[15].

Carlos Alberto Carmona igualmente rejeita interpretações ampliativas da extensão objetiva da convenção de arbitragem, aduzindo que a convenção arbitral tem de "demonstrar cabal, clara e inequívoca vontade dos contratantes de entregar a solução de litígio à solução de árbitros. O efeito severo de afastar a jurisdição do estado não pode ser deduzido, imaginado, intuído ou estendido. O consentimento dos interessados é essencial"[16].

Entretanto, se a convenção é celebrada num contrato correspondente a uma relação jurídica que envolve múltiplos negócios, é natural que ela seja interpretada no sentido de incluir todos os litígios vinculados a essa relação jurídica[17].

Quanto à extensão subjetiva, existe uma variedade de situações em que se discute a possibilidade de litisconsórcio ou intervenção de terceiros que envolve sujeitos estranhos à convenção de arbitragem, que não é aqui a ocasião própria para examinar. O que é importante é saber se a decisão arbitral pode abranger relação jurídica diversa da que é objeto da convenção arbitral em que seja parte sujeito estranho à convenção, que integra o mesmo grupo econômico ou é controlado por um dos celebrantes da referida convenção, relação jurídica essa que vincula esse terceiro com a outra parte da convenção.

O que dissemos sobre a extensão objetiva se estende à extensão subjetiva. Cada negócio jurídico tem a sua própria delimitação objetiva e subjetiva. Se o contrato entre A e B tem determinado objeto e C, do mesmo grupo, subsidiário ou controlado de A tem contrato de objeto diverso com B, e existem nos dois contratos cláusulas de arbitragem, as controvérsias em torno de um e outro contrato deverão ser resolvidas em juízos arbitrais diversos. Se na arbitragem entre A e B for suscitada questão de direito material que constitua questão prejudicial do julgamento do mérito da arbitragem entre B e C, esta questão será decidida na primeira incidentalmente, sem poder essa apreciação fazer coisa julgada em relação à segunda arbitragem, em face da restrição do artigo 503, § 1º, inciso III, do Código de Processo Civil.

Nem se pense que a pendência da questão prejudicial na primeira arbitragem possa condicionar a apreciação da mesma questão na segunda arbitragem, porque a pendência de questão prejudicial em processo diverso daquele em que deva ela também ser apreciada somente tem influência no julgamento da segunda arbitragem se na primeira a questão não for simplesmente prejudicial, mas principal, ou seja, se for questão a ser decidida com a autoridade de coisa julgada. É o que dispõe expressamente o artigo 313, inciso V, letra a, do Código de Processo Civil que prevê a sus-

15 OLIVEIRA, Eduardo Ribeiro de. Ob. cit. P. 252-254; MARTINS-COSTA, Judith. **A boa-fé no direito privado.** 2a. ed. São Paulo: Saraiva. 2018. P. 43.

16 CARMONA, Carlos Alberto. **Arbitragem e Processo**. 3ª ed. São Paulo: Atlas. 2009. P. 83.

17 Idem. P. 84-85.

pensão do processo se a sentença de mérito "depender do julgamento de outra causa ou da declaração de existência ou de inexistência de relação jurídica *que constitua o objeto principal de outro processo pendente"*.

Tendo as duas convenções de arbitragem objetos diversos, nem mesmo se judiciais forem os dois processos, nenhuma autoridade ou supremacia pode ter o julgamento da questão pelo juízo materialmente incompetente na tramitação ou julgamento do segundo processo, muito menos para expedir qualquer ordem inibitória ou sancionatória que possa atingir as partes ou o juízo do segundo processo.

Ademais, a coisa julgada da questão prejudicial somente vincula as mesmas partes. Ora, partes com personalidades jurídicas diversas não caracterizam a mesma parte. A existência de circunstâncias que caracterizem o abuso de personalidade jurídica é matéria que extrapola dos limites subjetivos da convenção arbitral. Se um controlador, administrando duas pessoas jurídicas do mesmo grupo, celebrou convenções arbitrais diversas em contratos diversos é porque em cada uma somente quis vincular uma das pessoas jurídicas, não a outra. Não pode o juízo arbitral de litígio fundado numa das convenções fazer integrar a arbitragem a pessoa jurídica que não foi parte na convenção.

Aliás, viola a boa-fé objetiva que esse controlador, que podia ter feito as duas pessoas jurídicas participarem de cada uma das convenções arbitrais, venha numa dessas arbitragens a pretender extrair efeitos sobre pessoa jurídica estranha ao contrato e ao respectivo compromisso arbitral em sua composição objetiva e subjetiva.

5. Ao contrário, respeitada a autonomia dos dois juízos arbitrais dentro da delimitação objetiva e subjetiva estabelecida em cada uma das convenções, na execução da sentença do segundo processo poderá vir a ocorrer a desconsideração da personalidade jurídica para que eventual condenação de C em favor de B seja redirecionada em face de A, pertencente ao mesmo grupo econômico de C ou empresa controladora de C, desde que verificados os pressupostos legais da desconsideração e desde que instaurado na execução judicial da sentença arbitral o procedimento incidente a que se referem os artigos 133 a 137 do Código de Processo Civil. O que estou a dizer aqui é que, por força da autonomia da vontade das partes, de que se origina a convenção de arbitragem, extrapola os limites da convenção a instauração do incidente de desconsideração ada personalidade jurídica no curso do juízo arbitral, cabendo essa instauração apenas perante a justiça estatal no momento subsequente de cumprimento ou execução da sentença arbitral, aplicando-se, portanto, apenas parcialmente o disposto no artigo 134 do Código de Processo Civil

Por isso, como bem observava Carlos Alberto Carmona antes mesmo do Código de 2015, a função de desconsiderar é do juiz estatal, que pode estender a responsabilidade patrimonial a outras pessoas, além da vencida no juízo arbitral[18].

18 Ob. cit. P. 83-84.

O controle e o apoio à arbitragem. A arbitragem é um modo de solução de controvérsias originado da autonomia privada, que o Estado de Direito disciplina e estimula, respeitando a escolha das partes por uma via que lhes parece mais apropriada e mantendo sobre a instituição uma vigilância tanto quanto possível discreta, em respeito à vontade das partes, prestando-lhe assistência para a sua implementação quando esta dependa de providências que excedem os poderes dos árbitros e mantendo cuidadosa atenção para que nela sejam respeitados os direitos fundamentais, especialmente no que tange à observância das garantias de um processo justo. Daí a possibilidade de anulação da sentença arbitral, nas mais graves violações de direitos fundamentais, assim como a previsão de postulações incidentes junto ao Poder Judiciário para assegurar a instalação do tribunal arbitral e auxiliá-lo a efetivar providências que excedam dos seus poderes, como o cumprimento de medidas cautelares. Ao juízo estatal que seria competente para o julgamento da causa é que a lei confere essas funções (Lei de Arbitragem, arts. 6º, parágrafo único, e 22, § 4º).

A concessão de *anti-suit injunctions* por um tribunal estatal para impedir ou inibir o processamento de causa perante outro juízo do mesmo grau de jurisdição não encontra previsão no nosso sistema processual, em que divergências entre órgãos jurisdicionais sobre competência são resolvidas normalmente por meio dos conflitos de competência, sempre apreciados por tribunais de hierarquia superior em relação aos juízos em conflito. Algo semelhante a uma *anti-suit injunction* existe apenas no ordenamento jurídico brasileiro como consequência do poder hierárquico que os tribunais superiores possuem de preservar a sua competência, quando violada ou ameaçada por qualquer autoridade inferior, por meio do instituto da reclamação, prevista nos artigos 102, inciso I, l, e 105, inciso I, f, da Constituição Federal e 998 a 993 do Código de Processo Civil de 2015.

Mas, a meu ver, não se pode de todo excluir a possibilidade de se fazer necessário algum tipo de intervenção judicial numa arbitragem iminente ou em curso, com fundamento na manifesta incompetência do tribunal arbitral e na gravidade da submissão das partes ao juízo arbitral decorrente de convenção de arbitragem manifestamente nula, ineficaz ou inexequível. O dever do Estado de assegurar o acesso à Justiça de todos os cidadãos e um processo justo para todas as causas não pode ser frustrado pela submissão do direito da parte a um juízo arbitral que não tenha competência para tutelá-lo e que imponha à parte sacrifícios iníquos para somente poder vir a objetá-los na futura ação anulatória da sentença arbitral, quando muitos dos prejuízos daí recorrentes ter-se-ão tornado irreparáveis.

O artigo II da Convenção de Nova York, que é lei no Brasil em matéria de arbitragem internacional, dá adequada solução a esse problema, determinando que o litígio seja inicialmente encaminhado ao juízo arbitral, mas abrindo exceção às hipóteses em que a convenção arbitral seja nula e sem efeitos, inoperante ou inexequível. Entretanto, o tribunal estatal deve ser parcimonioso na efetivação desse tipo de intervenção. Normalmente, o controle judicial sobre a validade da decisão arbitral cabe ao Judiciário do país em que a decisão arbitral foi adotada. À Justiça de outro país somente caberia o exame do assunto, por ocasião da submissão da decisão arbitral estrangeira à homologação ou execução. Constituiria uma usurpação da competência da Justiça do país de origem a emanação de qualquer ordem de um tribunal estrangeiro sobre essa matéria.

Ainda que o destinatário da medida inibitória ou sancionatória seja a parte na arbitragem e não o tribunal arbitral, indiretamente a *anti-suit injunction* estará criando obstáculo, que precisa ser clara e indiscutivelmente justificado, ao acesso da parte ao seu juiz natural contratualmente definido. Como explica Laurent Lévy, de qualquer modo o árbitro é o destinatário direto da *anti-suit injunction*, que o submete a uma liberdade vigiada[19] e a Justiça estatal, por força do artigo 5º, inciso XXXV, da Carta Magna, é o juiz natural da supervisão e do controle sobre as decisões dos tribunais arbitrais.

Mas esse poder de controle e até mesmo de intervenção, ainda que excepcionalmente possa ser desempenhado pelo juiz estatal, não pode ser exercido por um outro tribunal arbitral, porque entre tribunais arbitrais não existe hierarquia: nenhum pode interferir na arbitragem sujeita ao outro. Cada um deve exercer a jurisdição arbitral nos limites dos pedidos das partes e da competência que lhe foi delegada pelo objeto da convenção de arbitragem que tiver ensejado a instalação do respectivo tribunal e em relação às partes que celebraram a convenção arbitral.

Se porventura houver duas convenções arbitrais em contratos diversos que envolvam as mesmas partes ou em que uma das partes seja a mesma nos dois contratos, poderá instaurar-se uma só arbitragem se as partes nos dois contratos concordarem. Sem a concordância de todas as partes envolvidas, cada convenção dará origem à formação de um tribunal arbitral e cada tribunal arbitral examinará os pedidos das partes nos limites objetivo e subjetivo da respectiva convenção e a decisão que cada um deles adotar somente poderá ser revista pelo Poder Judiciário, normalmente após a prolação da sentença final no bojo da já referida ação anulatória ou, antes disso, mas sempre depois de ouvido o tribunal arbitral cuja competência seja contestada, se a respectiva convenção arbitral for manifestamente nula.

Não se exclui que, na sua decisão, cada tribunal arbitral examine a convenção relativa à outra arbitragem, considerando-a nula, ineficaz ou revogada, como fundamento do acolhimento dos pedidos das partes na convenção relativos ao seu próprio objeto. De qualquer modo, somente ao Poder Judiciário caberá a fiscalização e o controle da validade dessa decisão.

6. *Conclusões.* Feitas todas essas considerações, creio poder responder às indagações feitas na abertura deste ensaio.

Não se pode excluir *a priori* a admissibilidade de uma *anti-suit injunction*, expedida por um juiz estatal para impedir a instauração ou a continuidade de um juízo

19 Ob. cit. P. 371.

arbitral ou aplicar providências inibitórias ou sancionatórias à parte que descumprir a proibição. A medida deve ter caráter excepcional, reservando-se normalmente o pronunciamento judicial sobre a incompetência do tribunal arbitral ao julgamento da subsequente ação anulatória da sentença arbitral e justificando-se apenas nos casos de nulidade manifesta ou vício insuperável. Em qualquer caso, pelo princípio *Kompetenz-Kompetenz*, a concessão incidental da *injunction* deve respeitar, salvo intransponível impossibilidade, a prioridade do pronunciamento do tribunal arbitral a respeito da própria competência.

Um tribunal arbitral não tem competência para emitir *anti-suit injunctions* que extrapolem do objeto da relação jurídica a que se refere a respectiva convenção de arbitragem para atingir com eficácia sentencial e autoridade de coisa julgada relação jurídica diversa, ainda que conexa, à que é objeto da convenção arbitral que o instituiu. Também não tem competência um tribunal arbitral para proferir decisão com eficácia sentencial e autoridade de coisa julgada a pessoa jurídica que não figurou como parte na convenção arbitral, ainda que seja sociedade controlada por pessoa jurídica-parte, subsidiária desta ou que haja motivo que justifique a desconsideração da personalidade jurídica de parte originária.

Se duas pessoas jurídicas interligadas, sob o mesmo controle acionário ou de gestão, celebram convenções de arbitragem diversas com objetos diversos com uma única contra-parte, ainda que haja entre essas relações jurídicas alguma conexão, podem instaurar-se duas arbitragens diversas perante tribunais arbitrais diversos e cada um somente pode decidir com eficácia sentencial e a autoridade de coisa julgada os pedidos inseridos no objeto da respectiva convenção de arbitragem em relação às próprias pessoas jurídicas celebrantes dessa convenção. Se alguma questão de direito material suscitada em uma dessas arbitragens for comum aos objetos das duas arbitragens, caberá a cada tribunal arbitral decidi-la com eficácia sentencial e de coisa julgada restrita às respetivas partes. Nenhum deles tem competência para decidi-la com essa eficácia sobre a relação jurídica que é objeto da outra arbitragem, nem para decidir a respectiva da concorrência de condições da ação ou de pressupostos processuais da outra arbitragem. Nenhum dos dois juízos arbitrais tem competência para impor sanções a parte na outra arbitragem por tê-la proposto ou por dar-lhe continuidade. Cada juízo arbitral é exclusivamente competente para apreciar a concorrência dos pressupostos processuais e das condições da respectiva arbitragem e para apreciar com eficácia sentencial e autoridade de coisa julgada o direito material que é objeto da respectiva convenção arbitral em relação às partes que celebraram a convenção. Se porventura um desses juízos arbitrais decidir matéria que exceda da respectiva competência, essa decisão será absolutamente ineficaz em relação à instauração ou à continuidade da outra arbitragem. O reexame da validade e do alcance das decisões dos tribunais arbitrais estarão sempre sujeitos à revisão do Poder Judiciário no âmbito da subsequente ação anulatória. Se, excedendo da sua competência, um dos tribunais arbitrais aplicar sanção à contra-parte comum pela instauração ou continuidade da outra arbitragem, esta decisão poderá ser anulada pelo Judiciário no âmbito da ação anulatória, de acordo com o artigo 32, inciso IV, da Lei nº 9.307/96.

Parece-me, em verdade, que o requerimento de *anti-suit injunction* proposto em determinada arbitragem para inibir outra arbitragem deve ser indeferido não só por incompetência absoluta do tribunal arbitral (falta de pressuposto processual objetivo), mas principalmente por ilicitude do objeto, ou seja, impossibilidade jurídica do pedido ou, para quem não mais admite essa condição da ação[20], por falta de interesse de agir.

20 GRECO, Leonardo. **Instituições de Processo Civil**. Volume I. 5ª ed. Rio de Janeiro: Forense. 2015. P. 214-216.

Presunção de Inocência e Persecução Penal: Conformação Constitucional pelo Supremo Tribunal Federal

Luiz Edson Fachin
Sandra Soares Viana

Apresentação

Intende o presente texto revisitar as leituras constitucionais hauridas em torno da conformação da presunção de inocência como concepção basilar ao acusado na ambiência da persecução penal em juízo.

Hodiernos e profícuos debates jurídicos concentrados em percepções diversas e que conduzem à aparente assimetria quanto ao resguardo da expressão substancial da presunção de inocência incentivam percorrer novamente o decisivo caminho constitucional trilhado pelo STF na concretização de suas dimensões essenciais.

Pretende-se, pois, focar no robustecimento da presunção de inocência à luz da empiria dos precedentes, elucidando a constante maximização desse postulado de origem secular, em suas mais extensas dimensões. É um texto de leiaute acadêmico, sem pretensões de explorações além do necessário a problematizar pensamentos conhecidos no Brasil.

1. Notas históricas acerca da presunção de inocência

Inspirado pelos ideais iluministas, prenunciados sobretudo pelos teóricos Montesquieu e Rousseau[1], Cesare Beccaria alumbrava o seu século, formulando, em seu clássico "Dos delitos e das penas"[2], proposições assertivas, centradas na atrocida-

---

1 Em sua obra clássica intitulada 'O espírito das leis', Montesquieu defende que o homem deve responder por seus atos dentro dos limites de sua liberdade, enquanto Rousseau, na obra 'Do Contrato Social' formulou a máxima de que 'o homem nasce bom, mas a sociedade o corrompe'.

2 "Um homem não pode ser considerado culpado antes da sentença do juiz, e a sociedade só lhe pode retirar a proteção pública após ter decidido que ele violou os pactos por meio dos quais ela lhe foi outorgada. Qual é, pois, o direito, senão o da força, que dá ao juiz o poder de aplicar pena ao cidadão, enquanto existe dúvida sobre sua culpabilidade ou inocência?" (BECCARIA, Cesare. *Dos delitos e das penas*. São Paulo: Editora Revista dos Tribunais, 2013, p. 66).

de e na desproporcionalidade das penas, sobrevindas de processo penal pautado por arbítrios e seletividades dos soberanos.

Aclarava-se, àquela altura, a tortuosa dinâmica imposta por persecuções penais conduzidas ao alvedrio da lei, cominando sanções cumpridas em cerimônias públicas, com requintes de crueldade e barbárie infligidas ao culpado criminalmente.

Certamente os mecanismos de repressão e as técnicas de suplício adotados em período sombrio da história, revelados por castigos denominados por Foucault de o *"grande espetáculo da punição física"*[3], resultavam da concentração da atividade investigativa, acusatória e decisória nas mãos do magistrado do soberano, perante o qual o processo se desenrolava de modo secreto, *"não só para o público mas para o próprio acusado"*.

Nesse terreno obscuro, a demonstração da culpa dispensava a soma de provas robustas e seguras, mas obedecia à gradação progressiva, de modo que, para cada evidência individual da responsabilidade criminal correspondia determinado grau de punição. Em contraposição à inocência do suspeito, reconhecia-se o parcialmente punido.

A confissão desempenhava, na dinâmica inquisitória, importante papel de suposta verdade viva, e, sob a falácia da busca de uma verdade urgente, era obtida em rituais de tortura, método que, nas cirúrgicas palavras de Foucault *"funciona nessa estranha economia em que o ritual que produz a verdade caminha a par com o ritual que impõe a punição"*, de modo que *"o corpo interrogado no suplício constitui o ponto de aplicação do castigo e o lugar de extorsão da verdade"*[4].

Longo foi o caminho percorrido por teóricos e práticos de resistência, cujas obras ainda produzem eco, projetando, para além de seu tempo, o despertar de consciência crítica contra a atividade opressiva do Estado autoritário, à luz do valor da dignidade da pessoa humana e do princípio da legalidade.

Diante da ebulição das convicções iluministas, movimentos de reação crítica aos problemas penais culminaram com a criação da Escola Penal Clássica, sistematizada pelos valores do livre arbítrio como fundamento da punibilidade, da pena como meio de tutela jurídica e da reserva legal, enunciados pelo seu grande expoente, Francesco Carrara[5].

Nada obstante a ascenção das fórmulas, pensadores da Escola Positiva Italiana encararam o primado da presunção de inocência, nas exatas palavras de Vincenzo Manzini, como *"estranho absurdo excogitado pelo empirismo francês"*, tendo sido repelido pelo Código Rocco de 1930, redigido pelo próprio Manzini no ambiente fascista de Mussolini, por significar *"uma extravagância derivada daqueles conceitos antiqua-*

3 FOUCAULT, Michel. Vigiar e Punir: nascimento da prisão. Petrópolis: Editora Vozes, 1999, p. 18 e 38.

4 Ibidem, p. 61.

5 É o que registra refinada doutrina: BITENCOURT, Cezar Roberto. Tratado de Direito Penal. São Paulo: Editora Saraiva, 21ª edição, p. 102.

dos, germinados pelos Princípios da Revolução Francesa, os quais levam as garantias individuais aos mais exagerados e incoerentes excessos"[6]. Embora reabilitada na Itália em sede constitucional republicana, a presunção de inocência, no sentir de Ferrajoli, tornou-se enfraquecida nos significados mais expressivos do garantismo: regra de tratamento do imputado e regra de juízo.

Em breve mirada para o passado, demarcado pelas arbitrariedades dos juízes, as agruras do processo, o tratamento desumano do acusado e as degradações dos castigos impostos em tempos desalumiados, tem-se que a inscrição da presunção de inocência na Declaração dos Direitos do Homem e do Cidadão[7] da Revolução Francesa de 1789 representou verdadeira revolução na atividade repressora do Estado e crucial marco civilizatório, conduzido pelas luzes do Século XVIII.

2. Aspectos contemporâneos da presunção de inocência. Ordenamento jurídico nacional

Nos tempos hodiernos, o amadurecimento do modelo de Estado Democrático de Direito, concebido pela sistematização de garantias da defesa e da liberdade contra o autoritarismo, alçou a noção preponderante de que a culpa – e não a inocência – deve ser o objeto de prova do poder punitivo.

Em preciosa obra, Luigi Ferrajoli[8] compreende o cognominado *"princípio fundamental de civilidade"* como *"fruto de uma opção garantista a favor da tutela da imunidade dos inocentes, ainda que ao custo da impunidade de algum culpado"*. Pondera, ainda, o nobre jurista italiano que, *"se é atividade necessária para obter a prova de que um sujeito cometeu um crime, desde que tal prova não tenha sido encontrada mediante um juízo regular, nenhum delito pode ser considerado cometido e nenhum sujeito pode ser reputado culpado nem submetido a pena"*.

Os movimentos pendulares que se observam do sistema de justiça criminal estão intimamente ligados ao perfil político preponderante de cada época, sendo inconteste que a modificação do padrão de tratamento do acusado e do regramento de produção de provas advindos da contraposição aos regimes absolutista e autoritários implicaram a contenção de abusos cometidos pelo Estado acusador.

Transportados os parâmetros iluministas para o Século XX, relevante reforço crítico adveio da Declaração Universal dos Direitos Humanos de 1948, com a recomendação inscrita no art. 11 de que *"Toda pessoa acusada de delito tem direito a que se*

6 FERRAJOLI, Luigi. Direito e Razão: teoria do garantismo penal. São Paulo: Editora Revista dos Tribunais, 2002, p. 442.

7 Art. 9º "Todo acusado é considerado inocente até ser declarado culpado e, se julgar indispensável prendê-lo, todo o rigor desnecessário à guarda da sua pessoa deverá ser severamente reprimido pela lei".

8 FERRAJOLI, Luigi. Op. cit. p. 441.

presuma sua inocência, enquanto não se prova sua culpabilidade, de acordo com a lei e em processo público no qual se assegurem todas as garantias necessárias para sua defesa". Poucos anos depois, em 1969, o preceito foi incorporado à Convenção Americana de Diretos Humanos, conhecida como Pacto de San José da Costa Rica[9].

No processo histórico brasileiro, com a consolidação do Estado Democrático de Direito erigido na Constitucional da República de 1988, o princípio da presunção de inocência exsurge pela primeira vez, acomodado no extenso rol de direitos fundamentais estabelecidos, com *status* constitucional.

Em solo pátrio, tal reticência normativa coincidia, na estação precedente a 1988, com período político de cunho autoritário, implantado pelo Estado Novo e pela Ditadura Militar, ambientes no qual fora elaborado, por comissão coordenada por Francisco Campos, nosso Código de Processo Penal de 1941, inspirado pelo Código Italiano da era fascista de Mussolini.

Sobrevivente às alterações políticas que transformaram o país, a norma processual penal de 1941, na atualidade, expressa sua validade nas práticas democráticas de justiça criminal, centradas no princípio do devido processo legal.

3. Dimensões de proteção da presunção de inocência

A partir da perspectiva dessa realidade já transformada pelos ideais iluministas da liberdade, igualdade e fraternidade, causa perplexidade a dinâmica processual aplicada no passado, retratada com perspicácia por Franz Kafka, no romance 'O Processo', publicado em 1925, no qual o protagonista Josef K. é surpreendido, certo dia, com uma prisão incompreensível, precursora de longo e desconcertante processo por crime nunca especificado. Do depurado senso defensivo contido nas linhas iniciais daquele romance, assegurava-se que *"Alguém devia ter caluniado Josef K., porque foi preso uma manhã, sem que houvesse feito alguma coisa do mal"*[10], conjecturas essas que permaneceram incompreensíveis e secretas ao longo da intrincada trajetória do personagem.

As sutilezas contidas no processo kafkiano traduzem, como poucos, as dimensões da presunção de inocência, projetada tanto sobre o modo de tratamento do imputado no processo penal, para inibir a aplicação de castigo ou de pena antecipada, quando sobre a norma de juízo, que reduz o ônus da prova à acusação e, por consequência, assegura a absolvição do imputado em caso de dúvida *(in dubio pro reo)*. Em suas dimensões dilatadas, consagra a dignidade do acusado como sujeito de direitos no curso do processo.

Nesse modelo, a aparente dicotomia entre as funções de poder concretizadas na persecução penal *versus* a presunção de inocência reclama o equilíbrio de forças, a

---

9 Art. 8º, 2: "Toda pessoa acusada de delito tem direito a que se presuma sua inocência enquanto não se comprove legalmente sua culpa".

10 KAFKA, Franz. O Processo. São Paulo: Companhia das Letras, 2017, p. 9.

serem conformadas pelo tratamento do inocente no curso do processo e pela devida alocação do ônus probatório, bem assim sua efetiva potencialidade na formação do juízo acusatório.

4. A persecução penal em juízo à luz da presunção de inocência. Perspectivas do Supremo Tribunal Federal

Na dinâmica nacional, observa-se da empiria dos precedentes da Suprema Corte constante atuação para assegurar a adequada concretização dos preceitos voltados a assegurar a proteção do acusado criminalmente contra arbitrárias inversões da presunção de inocência.

Não serão objeto de exame temas cujo desenlace substancial ainda se encontre em curso no STF, nada obstante haja vasos comunicantes de premissas com o contido e restrito estudo que ora apresentamos a quatro mãos.

Sob a óptica de norma de tratamento, confere-se ao imputado no curso da persecução penal o *status* de inocente contra toda ordem judicial que represente antecipação da pena, camuflada de medida de urgência. Depreende-se tal sentido da orientação do Supremo Tribunal Federal, ao assinalar que *"o princípio constitucional da presunção de inocência, em nosso sistema jurídico, consagra, além de outras relevantes consequências, uma regra de tratamento que impede o Poder Público de agir e de comportar, em relação ao suspeito, ao indiciado, ao denunciado ou ao réu, como se estes já houvessem sido condenados, definitivamente, por sentença do Poder Judiciário"* (HC 115.613, Rel. Min. Celso de Mello, Segunda Turma, Dje 13.8.2014).

Aliá, nos idos de 1966, o Supremo Tribunal Federal já advertia, com sobriedade, pela preponderância da *"presunção de inocência até que o contrário se prove"* e censurava prisão preventiva *"apoiada em denúncia inepta"* (HC 43.364, Rel. Min. Antônio Villas Boas, Segunda Turma, Dj 12.10.1966).

Cumpre ressaltar que o *status* de inocência do acusado criminalmente não conflita com a imposição de cautelares constritivas de liberdade, pois essa possibilidade resulta de exceção inscrita no próprio texto constitucional[11], porém, dado o seu caráter nitidamente excepcional, devem *"ser ordenadas em situações de absoluta e real necessidade"*, impondo-se *"além da satisfação dos pressupostos a que se refere o art. 312 do CPP (prova da existência material do crime e indício suficiente de autoria) – que se evidenciem, com fundamento em base empírica idônea, razões justificadoras da imprescindibilidade dessa extraordinária media cautelar de privação da liberdade do indiciado ou do réu"* (HC 94.194, Rel. Min. Celso de Mello, Segunda Turma, Dje 21.11.2012).

---

11 Art. 5º, LXI, da Constituição Federal: " LXI – ninguém será preso senão em flagrante delito ou por ordem escrita e fundamentada de autoridade judiciária competente, salvo nos casos de transgressão militar ou crime propriamente militar, definidos em lei".

Vigora, portanto, a concepção de que o *"princípio constitucional da presunção de inocência (CF, art. 5º, LVII), como norma de tratamento, significa que, diante do estado de inocência que lhe é assegurado, o imputado, no curso da persecução penal, não pode ser tratado como culpado nem ser a esse equiparado"*, a rechaçar a imposição de qualquer medida cautelar, inclusive a de prisão, sem *"a indicação dos pressupostos fáticos que autorizem a conclusão de que o imputado, em liberdade, criará riscos para os meios ou o resultado do processo, pois, do contrário, estar-se-ia incorrendo em verdadeira antecipação de pena"* (HC 151.788, Rel. Min. Dias Toffoli, Segunda Turma, Dje 7.11.2018).

Pressupõe a compreensão do Supremo Tribunal Federal inarredável a demonstração dos pressupostos cautelares, não sendo fatores hábeis a legitimar o decreto prisional a gravidade das condutas, tampouco a *"credibilidade das instituições públicas, 'nem a repercussão nacional de certo episódio, nem o sentimento de indignação da sociedade' (HC 101537, Relator(a): Min. MARCO AURÉLIO, Primeira Turma, DJe de 14-11-2011)"*. Afirma-se, com lucidez, que *"a credibilidade das instituições, especialmente do Poder Judiciário, somente se fortalecerá na exata medida em que for capaz de manter o regime de estrito cumprimento da lei, seja na apuração e no julgamento desses graves delitos, seja na preservação dos princípios constitucionais da presunção de inocência, do direito a ampla defesa e do devido processo legal, no âmbito dos quais se insere também o da vedação de prisões provisórias fora dos estritos casos autorizados pelo legislador"* (HC 127.186, Rel. Min. Teori Zavascki, Segunda Turma, DJe 3.8.2015).

Em casos outros, sob o pálio do juízo de proporcionalidade, a constrição da liberdade foi substituída por medida restritiva de direito, considerada *"adequada e suficiente para, a um só tempo, garantir-se que o paciente não voltará a delinquir e preservar-se a presunção de inocência descrita no art. 5º, LVII, da Constituição Federal"* (HC 158.262, Rel. Min. Ricardo Lewandowski, Segunda Turma, Dje 6.11.2018).

Reconheceu-se, ainda nesse tema, a inconstitucionalidade de dispositivos da Lei 10.826/2003 (Lei do Desarmamento)[12] que afirmavam a proibição de fiança para os delitos tipificados nos artigos 16, 17 e 18, *"visto que o texto magno não autoriza a prisão ex lege, em face dos princípios da presunção de inocência e da obrigatoriedade de fundamentação dos mandados de prisão pela autoridade judiciária competente"* (ADI 3.112, Rel. Min. Ricardo Lewandowski, Tribunal Pleno, Dje 26.10.2007).

Igualmente, o Pleno do Supremo Tribunal Federal, no julgamento do HC 104.339 (Rel. Min. Gilmar Mendes, Dje 6.12.2012) declarou, *incidenter tantum*, a inconstitucionalidade da expressão *"e liberdade provisória"* inscrita no *caput* do art. 44 da Lei 11.343/2006. Desse modo, em oposição ao argumento até então em vigor, consubs-

---

12 ADI 3.112: "O Tribunal, por maioria, julgou procedente, em parte, a ação para declarar a inconstitucionalidade dos parágrafos únicos dos artigos 14 e 15 e do artigo 21 da Lei nº 10.826, de 22 de dezembro de 2003".

tanciado no fato de que a normativa fora editada em harmonia com o próprio texto constitucional[13] afirmador da inafiançabilidade dos crimes de tráfico de drogas, prevaleceu entendimento centrado em torno do princípio da proporcionalidade, que, no plano das prisões cautelares, orienta para a preponderância de primados constitucionais tendentes a preservar a dignidade da pessoa humana, a presunção de inocência e o devido processo legal.

No intuito de reafirmar que, mesmo figurando como parte em procedimento criminal, ao acusado deverá ser dispensado o tratamento de inocente, o Supremo Tribunal Federal aprovou, na sessão Plenária de 13.8.2008, a Súmula Vinculante 11, com a seguinte redação: *"Só é lícito o uso de algemas em casos de resistência e de fundado receio de fuga ou de perigo à integridade física própria ou alheia, por parte do preso ou de terceiros, justificada a excepcionalidade por escrito, sob pena de responsabilidade disciplinar, civil e penal do agente ou da autoridade e de nulidade da prisão ou do ato processual a que se refere, sem prejuízo da responsabilidade civil do Estado"*.

A partir da leitura do verbete, cuja relevância condiz com o fato de ter sido o segundo enunciado vinculante de índole criminal a ser editado[14], depreende-se que a retirada de algemas é a regra, como forma de inibir o impacto deveras negativo que seu uso impacta no *status* de inocente do acusado.

Pronunciamento externado no processo paradigma exaltava *"o princípio da não culpabilidade"* e os preceitos informadores do Estado Democrático de Direito, os quais, assomados ao *"inafastável tratamento humanitário do cidadão, na necessidade de lhe ser preservada a dignidade"*, antevia que *"o julgamento no Júri é procedido por pessoas leigas, que tiram as mais variadas ilações do quadro verificado"*, de modo que *"a permanência do réu algemado indica, à primeira visão, cuidar-se de criminoso da mais alta periculosidade, desequilibrando o julgamento a ocorrer, fiando os jurisdicionados sugestionados"* (HC 91.952, Rel. Min. Marco Aurélio, Tribunal Pleno, Dje 19.12.2008).

Deflui dessa diretriz que a utilização da algema constitui exceção a desafiar fundamento idôneo na forma escrita, assinalando-se que *"O fato de o réu encontrar-se preso é absolutamente neutro, pois não se imagina que o uso de algemas seja cogitado na hipótese de acusado que responde à acusação em liberdade. À obviedade, ao exigir causa excepcionante, a Súmula não se contenta com os requisitos da prisão, naturalmente presentes. Com efeito, é certo que as impressões do Juiz da causa merecem prestígio e podem sustentar, legitimamente, o uso de algemas. Não se admite, contudo, que mediante mero jogo de palavras, calcado no singelo argumento de que não se comprovou a inexistência de exceção, seja afastada a imperatividade da Súmula*

13 Constituição Federal. Art. 5º, XLIII: " a lei considerará crimes inafiançáveis e insuscetíveis de graça ou anistia a prática da tortura, o tráfico ilícito de entorpecentes e drogas afins, o terrorismo e os definidos como crimes hediondos, por eles respondendo os mandantes, os executores e os que, podendo evitá-los, se omitirem".

14 A Súmula Vinculante 9 trata da recepção constitucional do disposto no art. 127 da Lei de Execuções Penais

Vinculante. Se a exceção não se confirmou, a regra merece aplicação, de modo que, a teor do verbete, o ato judicial é nulo, com prejuízo dos posteriores" (RCL 22.557, Rel. Min. Edson Fachin, Primeira Turma, Dje 7.6.2016).

Pretendendo, ainda, impor limitação ao Estado-juiz, o Supremo Tribunal Federal declarou que a expressão *"para o interrogatório"*, prevista no art. 260 do Código de Processo Penal[15], não foi recepcionada pela Constituição Federal, por representar restrição à liberdade de locomoção, *"mediante condução sob custódia por forças policiais, em vias públicas, não sendo tratamento normalmente aplicado a pessoas inocentes"* (ADPF 395 e ADPF 444, Rel. Min. Gilmar Mendes, Pleno, Dje 22.5.2019).

Visto do ângulo da regra de juízo, o significado da presunção de inocência ressoa no ônus da prova, atribuído à responsabilidade do órgão acusador, a quem incumbe, desde a propositura de pretensão acusatória a demonstração mínima e coerente da ocorrência de fato típico e de indícios suficientes de autoria, para resguardar o direito do imputado contra possível *"instauração de ação penal temerária, em desrespeito às regras do indiciamento e ao princípio da presunção de inocência"* (INQ 2033, Rel. Min. Nelson Jobim, Tribunal Pleno, DJ 17.12.2004).

Para além de expor o fato criminoso, com todas as suas circunstâncias[16], a peça acusatória deve estar embasada em conglomerado probatório hígido e válido, sob pena de inadmissibilidade. Nesse sentido, em determinada oportunidade, entendeu--se inconcebível acolher denúncia lastreada em provas inservíveis, produzidas por autoridade incompetente[17]. Em outra, reconheceu-se que, *"apesar de formalmente apta, a proposta acusatória sucumbe diante da fragilidade dos elementos de informação apresentados para lhe dar suporte, circunstância que evidencia a impossibilidade da deflagração de uma ação penal desprovida de justa causa"* (INQ 4216, Rel. Min. Edson Fachin, Segunda Turma, Dje 20.2.2018).

Perpassando à condição formal de acusado, permanece o imputado assegurado pelo *status* de inocência e pelo direito à ampla defesa, conforme consagrado em entendimento sumular do Supremo Tribunal Federal[18].

Em termos mais abrangentes da importância do direito à ampla defesa na persecução penal em juízo, clarificou-se que o *"direito subjetivo de não se auto-incriminar constitui uma das mais eminentes formas de densificação da garantia do devido pro-*

---

15 Código de Processo Penal. Art. 260: "Se o acusado não atender à intimação para o interrogatório, reconhecimento ou qualquer outro ato que, sem ele, não possa ser realizado, a autoridade poderá mandar conduzi-lo à sua presença".

16 Código de Processo Penal. Art. 41: "A denúncia ou queixa conterá a exposição do fato criminoso, com todas as suas circunstâncias, a qualificação do acusado ou esclarecimentos pelos quais se possa identifica-lo, a classificação do crime e, quando necessário, o rol de testemunhas".

17 INQ 2842, Re. Min. Ricardo Lewandowski, Tribunal Pleno, Dje 27.2.2014.

18 Súmula 523 do STF: "No processo penal, a falta de defesa constitui nulidade absoluta, mas a sua deficiência só o anulará se houver prova de prejuízo para o réu".

cesso penal e do direito à presunção de não-culpabilidade (inciso LVII do art. 5º da Constituição Federal). A revelar, primeiro, que o processo penal é o espaço de atuação apropriada para o órgão de acusação demonstrar por modo robusto a autoria e a materialidade do delito. Órgão que não pode se esquivar da incumbência de fazer da instrução criminal a sua estratégia oportunidade de produzir material probatório substancialmente sólido em termos de comprovação da existência de fato típico e ilícito, além da culpabilidade do acusado" (HC 101.909, Rel. Min. Ayres Britto, Dje 19.6.2012).

Sob o enfoque dessa aludida atuação apropriada, decidiu-se que a interceptação telefônica, por se tratar de medida de caráter subsidiário, só poderá ser determinada quando não houver meios outros passíveis de apuração dos fatos, sob pena de afigurar-se prova ilícita (HC 108.147, Rel. Min. Cármen Lúcia, Dje 11.12.2012).

No terreno da produção ordinária de evidências, a Corte Suprema censurou decisão judicial que denegou a oitiva de todas as testemunhas arroladas pela defesa, porquanto o direito à prova não poderia ter sido arbitrariamente negado ao acusado, em decorrência da matriz constitucional do devido processo legal (HC 155.363, Rel. Min. Dias Toffoli, Segunda Turma, Dje 2.5.2018).

Partindo de premissa maior de que *"O princípio da presunção de inocência ou de não culpabilidade, insculpido no art. 5º, LVII, da Constituição Federal, preceitua, na sua acepção probatória, que cabe ao órgão acusatório o ônus de comprovar a ocorrência de todas as circunstâncias elementares do tipo penal atribuído ao acusado na incoativa, sob pena de tornar inviável a pretendida responsabilização criminal"* (AP 1.018, Rel. Min. Edson Fachin, Segunda Turma, Dje 12.12.2018), reiteradas decisões absolutórias foram exaradas pelo Supremo Tribunal Federal, em ações penais originárias.

Sentenciou a Suprema Corte que, *"Nada obstante as inúmeras contradições verificadas nas declarações prestadas em juízo por testemunhas defensivas, o conjunto probatório não se mostra capaz de sustentar a referida tese acusatória com a certeza exigida para a prolação do pretendido édito condenatório, razão pela qual se mostra imperiosa a absolvição do acusado, nos termos do art. 386, VII, do Código de Processo Penal"* (AP 1.018, Rel. Min. Edson Fachin, Segunda Turma, Dje 12.12.2018).

Deliberou-se, em outro julgado, pela absolvição dos denunciados fundada em ação congregada por *"Lastro probatório insuficiente para demonstrar que os secretários parlamentares foram contratados, apenas formalmente, para que recebessem os salários por meio da Câmara dos Deputados, quando, na realidade, desempenhavam exclusiva atividade privada para parlamentar, com auxílio do irmão"*, de modo a incidir o *"Princípio do in dubio pro reo, tendo em conta que a prova contida nos autos é totalmente insegura, o que impõe a absolvição com fulcro no artigo 386, VII, do Código de Processo Penal"* (AP 528, Rel. Min. Edson Fachin, Segunda Turma, Dje 1º.2.2019).

Com percuciência, explicitou o Supremo Tribunal Federal que *"A presunção de inocência, princípio cardeal no processo criminal, é tanto uma regra de prova como um escudo contra a punição prematura. Como regra de prova, a formulação mais precisa é o standard anglo saxônico no sentido de que a responsabilidade criminal deve ser provada acima de qualquer dúvida razoável (proof beyond a reasonable dou-*

bt), o qual foi consagrado no art. 66, item 3, do Estatuto de Roma do Tribunal Penal Internacional", para, então, julgar improcedente a ação, eis que *"ausente prova para além de dúvida razoável da participação do acusado, Deputado Federal, nos crimes licitatórios praticados com verbas decorrentes de emendas orçamentárias de sua autoria, do recebimento de vantagem indevida em decorrência das emendas orçamentárias, ou de associação perene a grupo dedicado à prática de crimes contra a administração pública, particularmente no que diz quanto à aquisição superfaturada de ambulâncias com recursos federais"* (AP 676, Rel. Min. Rosa Weber, Primeira Turma, Dj 6.2.2018).

Em síntese, *"a presunção de inocência exige, para ser afastada, um mínimo necessário de provas produzidas por meio de um devido processo legal. No sistema acusatório brasileiro, o ônus da prova é do Ministério Público, sendo imprescindíveis provas efetivas do alegado, produzidas sob o manto do contraditório e da ampla defesa, para a atribuição definitiva ao réu, de qualquer prática de conduta delitiva, sob pena de simulada e inconstitucional inversão do ônus da prova"*, sendo imprescindível a presença de *"provas produzidas pelo Ministério Público na instrução processual ou de confirmação em juízo de elemento seguro obtido na fase inquisitorial e apto a afastar dúvida razoável no tocante à culpabilidade do réu"* (AP 883, Rel. Alexandre de Moraes, Primeira Turma, DJe 14.5.2018).

Formado o juízo de culpa do acusado, o exercício discricionário da cominação da pena também tem sido objeto de contenção, de modo que, no cálculo da dosimetria de pena, limites à negativação de circunstâncias judiciais devem ser observados, alguns dos quais intimamente ligados à presunção de inocência, a saber, a impossibilidade de se *"relacionar a personalidade do agente (ou toda uma crônica de vida) com a descrição, por esse mesmo agente, dos fatos delitivos que lhe são debitados (HC 102.486, da relatoria da ministra Cármen Lúcia; HC 99.446, da relatoria da ministra Ellen Gracie)"* (HC 101.909, Rel. Min. Aytes Britto, Dje 19.6.2012).

Advertiu-se, de outro turno, não ser possível a utilização de procedimentos penais ainda em curso, ou com sentença condenatória sem trânsito em julgado, *"como maus antecedentes na dosimetria da pena"* (HC 94.620, Rel. Min. Ricardo Lewandowski, Tribunal Pleno, Dje 23.11.2015). Na dicção do entendimento consagrado na sistemática da repercussão geral: *"Ante o princípio constitucional da não culpabilidade, inquéritos e processos criminais em curso são neutros na definição dos antecedentes criminais"* (RE 591.054, Rel. Min. Marco Aurélio, Tribunal Pleno, Dje 15.4.2015).

Ao lado disso, o Supremo Tribunal Federal compreendeu não recepcionada pela ordem constitucional de 1988 a previsão de recolhimento à prisão como condição ao manejo recursal inscrita no art. 594 do Código de Processo Penal – atualmente revogado pela Lei 11.719/2008 –, por representar *"ofensa aos princípios constitucionais da presunção de inocência, ampla defesa, contraditório e duplo grau de jurisdição"* (HC 103.986, Rel. Min. Gilmar Mendes, Segunda Turma, Dje 24.2.2011).

5. Leituras constitucionais e garantismo penal integral

Profícuo diálogo constitucional permeado pelo processo evolutivo político ao qual se amolda o poder estatal de repressão criminal repercute, como consignado, em espectros processuais penais múltiplos, igualmente informados pela presunção de inocência.

O caminho acusatório necessariamente percorrido para a desconstituição do estado de inocência do imputado depara-se, felizmente, com plexo de obstáculos constitucionais e legais centrados no devido processo legal, na dignidade da pessoa humana e na presunção de inocência, preceitos que asseguram ao imputado enfrentar a ritualística da persecução criminal devidamente escudado pelo seu *status* constitucional de inocente.

A efetividade do exercício da persecução penal sob o pálio do estado democrático direito, condicionado à presunção de inocência, encontra, no âmbito do Supremo Tribunal Federal, concreto amparo constitucional. Cumprindo seu papel primordial de guardião da Constituição Federal, a Corte Suprema, no âmbito do ordenamento penal e processual penal, externa visões e interpretações sistemáticas dos preceitos constitucionais, na busca do equilíbrio na proteção dos direitos e deveres fundamentais, na perspectiva do indivíduo e da coletividade.

Há, por certo, acérrimas controvérsias e posicionamentos os mais díspares.

Dentro da moldura do denominado "garantismo hiperbólico monocular", o eminente professor Douglas Fischer[19] tece consideráveis críticas aos equívocos havidos na construção de premissas e de conclusões com fundamento em simples referência aos ideais, cujas faces isoladas não traduzem a noção integral da proteção dos direitos e deveres individuais e coletivos (garantismo penal integral).

Na esteira dessa construção, tem se haurido que a salvaguarda desses direitos substanciais não se resume a referências opacas, destituídas da necessária verticalização do núcleo essencial dos direitos individuais e coletivos penais e processuais penais, tampouco a conformação dos princípios em colisão não lhes suprime a força normativa.

6. Conclusão e importância do tema. Grau de proteção do princípio. Palavras de encerramento.

Revisita aos pronunciamentos da Corte Suprema, quando em jogo os direitos do inocente submetido à persecução criminal em juízo, permitem refletir o quanto foi mobilizado até a atualidade, e atestar a harmonia dos precedentes pretorianos com os pilares do devido processo legal consagrados na Constituição Federal de 1988.

---

19 FISCHER, Douglas. Garantismo penal integral (e não garantismo hiperbólico monocular) e o princípio da proporcionalidade: breves anotações de compreensão e aproximação dos seus ideais. *In*: revista de doutrina da 4ª Região, Porto Alegre, n. 28, mar. 2009.

A realidade dos precedentes demonstra que o núcleo do princípio da presunção de inocência irradia seus efeitos em aspectos múltiplos da persecução criminal em juízo, encontrando, sim, salvaguarda do Supremo Tribunal Federal.

Nessa perspectiva, *"As exigências decorrentes da previsão constitucional do princípio da presunção de inocência não são desrespeitadas mediante a possibilidade de execução provisória da pena privativa de liberdade, quando a decisão condenatória observar todos os demais princípios constitucionais interligados; ou seja, quando o juízo de culpabilidade do acusado tiver sido firmado com absoluta independência pelo juízo natural, a partir da valoração de provas obtidas mediante o devido processo legal, contraditório e ampla defesa em dupla instância, e a condenação criminal tiver sido imposta, em decisão colegiada, devidamente motivada, por Tribunal de 2º grau"* (RHC-ED 138.670, Rel. Min. Alexandre de Moraes, Primeira Turma, Dje 16.11.2018).

E, para colmatar a interferência inapropriada e constrangedora do Estado sobre direitos do acusado, o Supremo Tribunal Federal ainda tem se socorrido do *Habeas Corpus* coletivo (HC 143.641, Rel. Min. Ricardo Lewandowski, Segunda Turma, Dje 9.10.2018 e HC 143.988, Rel. Min. Edson Fachin, decisão unipessoal, Dje 17.8.2018), remédio processual de reconhecida eficiência *"quer do ponto de vista da eficaz proteção dos direitos fundamentais, quer sob a perspectiva de política judiciária"*, sobretudo para refrear *"a seletividade do aparelho repressor do Estado"*[20].

As concepções distintas de justiça criminal necessariamente contidas nas diferentes visões de mundo não devem menosprezar a efetiva importância do estado de inocência, tampouco deixar de lado os interesses da coletividade na justa e eficaz resolução dos problemas de justiça criminal.

Há esperanças de que a política criminal concretizada sob sólidas bases democráticas culminará com o justo deslinde da persecução penal. Caso contrário, haveria o indesejado risco de o imputado da contemporaneidade compartilhar da sensação de incerteza vivenciada por Josef K. em toda a sua trajetória processual. Nos momentos imediatamente antecedentes à execução do seu édito final, surpreendeu-se, quando conduzido a algum lugar por seus algozes, com o arrostar destas indagações basilares: *"Quem era? Um amigo? Uma pessoa do bem? Alguém que participava? Alguém que queria ajudar? Era apenas um? Eram todos? Havia ainda possibilidade de ajuda? Existiam objeções que tinham sido esquecidas? Sem dúvida, estas existiam. A lógica, na verdade é inabalável, mas ela não resiste a uma pessoa que quer viver. Onde estava o juiz que ele nunca tinha visto? Onde estava o alto tribunal ao qual ele nunca havia chegado?*[21]*"*.

Esse desassossego é o 'mal-estar' que interroga o sujeito e a todos sobre destruição e construção, desafiando a busca de respostas adequadas, sempre dentro dos limites da ordem normativa do Estado Democrático de Direito.

---

20 FACHIN, Edson. OLIVEIRA, Suzana Massako Hirama Loreto e SILVA, Fernando Quadros. Adolescente, medidas socioeducativas e direitos fundamentais. Revista consultor jurídico, 24.9.2019.

21 KAFKA, Franz. Op. cit. p. 278.

Notas sobre o Princípio da Motivação e a Uniformização da Jurisprudência no Novo Código de Processo Civil à Luz da Análise Econômica do Direito

Luiz Fux
Bruno Bodart†

Sumário: O novo Código de Processo Civil inaugura um modelo de precedentes vinculantes no Brasil. Esse direito criado nos Tribunais potencializa o bem-estar social ao permitir a substituição de regras ineficientes ao longo do tempo e, simultaneamente, ao promover a segurança jurídica, bem assim a previsibilidade para potenciais litigantes. No entanto, essa conclusão não se aplica quando juízes se recusam a seguir precedentes no intuito de maximizar preferências pessoais. O dever de motivação das decisões judiciais é essencial para assegurar o compromisso dos julgadores para com os precedentes. Valendo-se de premissas da análise econômica do Direito, o presente estudo discute o modelo básico sob o qual se espera que o novo Código de Processo Civil brasileiro produza resultados eficientes para a sociedade.

Dois temas fundamentais e intrinsecamente conectados ganham aprimorada dimensão com o Código de Processo Civil de 2015. A uniformização da jurisprudência, no modelo estabelecido pela novel legislação, atrai um regime de maior rigor em relação à fundamentação das decisões judiciais, no afã de prover balizas mais seguras para a aplicação do direito pelas diversas instâncias do Judiciário, bem assim constituir ambiente de previsibilidade para os jurisdicionados.

Sob a perspectiva da análise econômica do Direito, o respeito aos precedentes é extremamente valioso, seja porque elabora um arcabouço informativo destinado a diminuir a possibilidade de erros judiciários, reduzindo ônus ligados a limitações de tempo e de expertise dos aplicadores do direito, seja porque os agentes econômicos valorizam a segurança jurídica decorrente de um sistema de precedentes vinculantes. Ao passo que esses agentes são estimulados a se dedicarem a atividades mais produtivas quando seus direitos estão bem delineados e seguros, tem-se ainda o efeito desejável de redução no número de litígios.[1] Tudo isso apenas é possível à medida que as decisões judiciais sejam motivadas em conformidade com o ordenamento jurídico, conferida primazia de incidência à jurisprudência já firmada em detrimento das impressões pessoais dos julgadores em casos subsequentes.

Em um plano mais abrangente, o destaque ao dever de motivação é permeado por todo o texto do novo diploma. O art. 11 do Código de Processo Civil de 2015, em sua parte final, impõe a nulidade de qualquer decisão do Poder Judiciário destituída de fundamentação. Já o art. 489, § 1º, do mesmo diploma, enumera hipóteses em que "não se considera fundamentada" a decisão judicial – na realidade, são hipóteses nas

1 SPIER, Kathryn E. Litigation. *In: Handbook of Law and Economics*. Steven Shavell e Mitchell Polinsky (org.). V. 1. Amsterdam: Elsevier, 2007. p. 298

quais a fundamentação, embora existente, é deficiente, incapaz de atender ao dever de motivação.

Adota-se, no processo civil pátrio, o sistema do livre convencimento motivado ou da persuasão racional. Por essa perspectiva, concebe-se o processo como instrumento de realização da justiça compromissado com a verdade, no bojo do qual serão colhidas provas e argumentos destinados a reconstruir os fatos históricos relevantes para a causa, bem assim a definição do conjunto normativo aplicável. Dispensar o julgador da explicitação do caminho que o conduziu ao provimento exarado seria igualmente desonerá-lo do compromisso com a realidade dos fatos, com a lei e, em última análise, com a justiça. Na Europa medieval, muitas disputas eram resolvidas pelo método das ordálias, sob influência de explicações divinas e metafísicas para a justiça, que poderiam consistir em juramento, duelo, prova d'água, caldeirão fervente, ferro incandescente, fogo *etc.* Michele Taruffo narra que as ordálias não eram compreendidas como meios de prova em sentido estrito, ou seja, como instrumentos para apurar a verdade sobre os fatos que fundamentavam a controvérsia. Eram consideradas instrumentos para chegar a uma decisão definitiva nos casos de incerteza, e não uma técnica destinada à descoberta da verdade.[2]

Devem os juízes ser extremamente ciosos quanto ao cumprimento do dever de motivar suas decisões, na medida em que este é o aspecto distintivo entre o seu ofício e a resolução das controvérsias por meios totalmente aleatórios, como jogar ao alto uma moeda e decidir por cara-ou-coroa. Há, inclusive, estudos específicos demonstrando como pode ser positiva a tomada de decisões por cara-ou-coroa: Steven Levitt, professor de economia da Universidade de Chicago, identificou uma correlação entre esse método decisório e um aumento na sensação de felicidade dos que o adotam para definir o rumo de suas vidas.[3] Fugindo à aleatoriedade, já há métodos de resolução de conflitos baseados em algoritmos e *softwares* computacionais (*online dispute resolution* – ODR).[4] Se a prestação jurisdicional não resultar de um refletido e racional processo conducente à conclusão adotada, é melhor resolver litígios por métodos menos onerosos e lentos.

A fundamentação do *decisum* é ponto crucial da concepção democrática do processo, tanto que insculpida na Carta Magna como garantia fundamental (art. 93, IX). Com efeito, a legitimidade democrática do Judiciário reside no fato de que, em juízo, a solução justa é encontrada pelo Estado-juiz em conjunto com as partes. Há, assim, ativa participação e influência dos cidadãos na formação da jurisprudência. Quanto à capacidade de participação dos indivíduos na tomada de decisões, é relevante notar

2 TARUFFO, Michele. *Uma simples verdade – O Juiz e a construção dos fatos*. Trad. Vitor de Paula Ramos. São Paulo: Marcial Pons, 2012. p. 22

3 LEVITT, Steven D. "Heads or Tails: The Impact of a Coin Toss on Major Life Decisions and Subsequent Happiness". *In*: NBER Working Paper Nº 22487, aug. 2016, JEL nº D12, D81.

4 GOODMAN, Joseph W. "The Pros and Cons of Online Dispute Resolution: An Assessment of Cyber-Mediation Websites". *In*: 2 *Duke Law & Technology Review* 1-16 (2003).

que o Legislativo edita normas por meio de parlamentares eleitos com base em critérios complexos, nem sempre assecuratórios da representatividade popular – vide discussões sobre o critério proporcional de eleição, o regime de suplência, distribuição de tempo de propaganda na TV, financiamento de campanhas *etc*. Muitas das leis editadas pelo Congresso impõem regras de enorme impacto na vida diária das pessoas, sem que se tenha oportunizado à imensa maioria delas, sequer indiretamente, expor suas razões ou influenciar de forma efetiva o conteúdo do regramento promulgado. Em vez de um regime "pelo povo e para o povo", o que se observa na prática legislativa é a utilização do poder político por grupos minoritários, que pressionam parlamentares para obtenção de benefícios em detrimento da maioria da população, a qual fica alheia ao processo de tomada de decisão. O direito surgido nos Tribunais guarda legitimidade democrática substancialmente maior, porquanto é resultado de diversas discussões travadas, em casos concretos, entre sujeitos diretamente interessados no assunto controvertido, sendo a solução jurídica descoberta em conjunto com os jurisdicionados e não arbitrariamente imposta.[5] Toda a carga legitimadora do sistema jurisdicional depende da adequada fundamentação dos provimentos judiciais, como garantia de que a participação democrática será sempre a base da conclusão adotada pelos magistrados.

O Estado não deve se limitar a impor seus provimentos, pois o papel constitucional que lhe foi atribuído é promover a justiça e a pacificação social. Nesse contexto, o convencimento das partes acerca da legitimidade da decisão é essencial. A sensação de frustração da parte derrotada é bastante amainada, se não eliminada, quando o julgador demonstra ter analisado todos os seus argumentos relevantes, opondo motivos racionais para o seu acolhimento ou não. Do contrário, o que se tem é denegação de justiça, provocando a revolta e o descrédito do Judiciário perante os cidadãos.

Não se compatibilizava com esse raciocínio a jurisprudência no sentido de que os Juízes e Tribunais não estão obrigados a responder a todos os argumentos das partes na fundamentação da sentença.[6] Por força do mandamento constitucional, havendo diversos argumentos igualmente aptos, em tese, a dar supedâneo ao direito que a

5 Sobre o tema, recomenda-se vivamente a leitura da obra de LEONI, Bruno. *Freedom and the Law*. 3ª ed. Indianapolis: Liberty Fund, 1991.

6 *V. g.*: "(...) O art. 93, IX, da Constituição Federal exige que o acórdão ou decisão sejam fundamentados, ainda que sucintamente, sem determinar, contudo, o exame pormenorizado de cada uma das alegações ou provas, nem que sejam corretos os fundamentos da decisão" (STF, AI-QO-RG 791292, Relator(a): Min. Gilmar Mendes, julgado em 23/06/2010); "(...) Não padece de omissão o acórdão proferido de forma clara, precisa e suficientemente fundamentada, pois é cediço que o Juiz não está obrigado a responder, um a um, aos argumentos expendidos pelas partes" (STF, RE 437831 AgR-ED, Relator(a): Min. Carlos Britto, Primeira Turma, julgado em 18/10/2005); "(...) Não viola os artigos 165, 458 e 535 do CPC, nem importa negativa de prestação jurisdicional, o acórdão que, mesmo sem ter examinado individualmente cada um dos argumentos trazidos pelo vencido, adotou, entretanto, fundamentação suficiente para decidir de modo integral a controvérsia posta"(STJ, REsp 681638/PR, Rel. Ministro Teori Albino Zavascki, Primeira Turma, julgado em 26/09/2006).

parte alega ter, o magistrado tem o dever de analisar cada um deles, sob pena de vício na fundamentação do julgado. Ilustre-se com a situação do demandante que postula a declaração de nulidade de um ato administrativo por desvio de finalidade e por ausência de competência da autoridade que o produziu. Uma sentença de improcedência calcada apenas na inexistência do defeito na finalidade do ato não satisfaz a exigência do art. 93, IX, da Constituição, pois nega, sem qualquer motivação, a pretensão baseada na segunda causa de pedir.[7]

É nesse contexto que deve ser compreendida a previsão do art. 489, § 1º, IV, do CPC/2015, segundo o qual é deficiente a fundamentação da decisão quando não enfrentar todos os argumentos deduzidos no processo capazes de, em tese, infirmar a conclusão adotada pelo julgador. Infelizmente, o Superior Tribunal de Justiça decidiu que esse preceito não alterou sua jurisprudência construída sob a égide do Código anterior, pois o "julgador não está obrigado a responder a todas as questões suscitadas pelas partes, quando já tenha encontrado motivo suficiente para proferir a decisão".[8] Este entendimento não está de acordo com a orientação do Supremo Tribunal Federal, cuja Primeira Turma assentou: "A motivação das decisões judiciais, dever imposto pelo art. 93, IX, da Constituição, resta satisfeita quando os fundamentos do julgado repelem, por incompatibilidade lógica, os argumentos que a parte alega não terem sido apreciados".[9] Assim, o julgador deve analisar todos os pontos controversos à luz das alegações das partes, desincumbindo-se do dever de motivar sua decisão apenas quando racionalidade da fundamentação for idônea a afastar todos aqueles argumentos deduzidos nos autos teoricamente capazes de respaldar a consequência jurídica invocada.

A fundamentação do julgado não é completa, outrossim, quando inadequada ao caso apreciado, despreocupada com as suas peculiaridades. O jurisdicionado deve ter o conforto de que a sua causa foi atentamente analisada pelo magistrado, ainda que sua pretensão não tenha sido acolhida. O acúmulo de processos não pode servir de álibi para a desumanização da Justiça, com a prolação de decisões genéricas padronizadas ou dotadas de motivação extremamente concisa. Com essa preocupação, o art.

---

7 Sobre o direito da parte à análise de todos os fundamentos suscitados, confira-se o seguinte precedente: "PROCESSUAL – EMBARGOS DECLARATÓRIOS – LEGITIMIDADE DO RECORRIDO – ACÓRDÃO QUE NÃO OS RESPONDE – NULIDADE (CPC ART. 535). I – É direito da parte obter comentário sobre todos os pontos levantados nos embargos declaratórios. II – É nulo, por ofensa ao Art. 535 do CPC, o acórdão que silencia sobre questão formulada nos embargos declaratórios. III – Em sendo parte, o recorrido não pode ser constrangido a suportar, em silêncio, omissões, contradições ou imperfeições do Acórdão. Tanto, quanto o recorrente, ele tem acesso aos embargos declaratórios. IV – As questões suscitadas em contra-razões de recurso especial – quando pertinentes – devem ser resolvidas no respectivo julgamento." (STJ, EREsp 95441/SP, Rel. Ministro Humberto Gomes de Barros, Corte Especial, julgado em 08/04/1999, DJ 17/05/1999).

8 STJ, EDcl no MS 21.315/DF, Rel. Ministra DIVA MALERBI (DESEMBARGADORA CONVOCADA TRF 3ª REGIÃO), PRIMEIRA SEÇÃO, julgado em 08/06/2016, DJe 15/06/2016.

9 STF, RMS 27967, Relator(a): Min. LUIZ FUX, Primeira Turma, julgado em 14/02/2012.

489, § 1º, do CPC/2015 reputa carente de motivação válida a decisão judicial que se limitar à indicação, à reprodução ou à paráfrase de ato normativo, sem explicar sua relação com a causa ou a questão decidida (inciso I); que empregar conceitos jurídicos indeterminados, sem explicar o motivo concreto de sua incidência no caso (inciso II); ou que invocar motivos que se prestariam a justificar qualquer outra decisão (inciso III). Não se pretende condenar a prática de utilização de modelos, cujo emprego é salutar por promover a isonomia, a segurança jurídica, a agilidade e a previsibilidade da prestação jurisdicional. Exige-se do magistrado, no entanto, a demonstração da aderência da fundamentação às especificidades do caso concreto.

O inciso V do art. 489, § 1º, do CPC/2015 prevê não atendido o dever de motivação quando a decisão se limitar a invocar precedente ou enunciado de súmula, sem identificar seus fundamentos determinantes nem demonstrar que o caso sob julgamento se ajusta àqueles fundamentos. É curioso notar que na Itália, por ocasião da reforma de 2009, o legislador inseriu no art. 118 das *Disposizioni di Attuazione del CPC* a possibilidade de ser satisfeita a obrigação de motivação simplesmente com referimento a precedentes ("*precedenti conformi*").[10] A novidade foi combatida de forma ferrenha pela doutrina, anotando Gian Franco Ricci que até nos casos mais simples a motivação não pode consistir exclusivamente na citação de um precedente, demandando necessariamente também a referência à questão de direito ou de fato que justifica a decisão.[11]

Por fim, o inciso VI do art. 489, § 1º, do CPC/2015 reputa não fundamentada a decisão que deixar de seguir enunciado de súmula, jurisprudência ou precedente invocado pela parte, sem demonstrar a existência de distinção no caso em julgamento ou a superação do entendimento. O dispositivo se justifica tendo em vista que o Código passa a adotar um sistema de precedentes vinculantes, nos termos do seu art. 927. O afastamento da jurisprudência vinculante, nesse sentido, somente será legítimo se realizada a necessária distinção entre o caso julgado e o paradigma (*distinguishing*), ou mediante a demonstração da superação do entendimento por legislação superveniente ou novo entendimento do próprio Tribunal, em julgamento devidamente motivado.

Em face da decisão que não observe o disposto no art. 489, § 1º, do CPC/2015, são cabíveis embargos de declaração para suprimento de omissão (art. 1.022, parágrafo único, II). Apesar de o referido parágrafo primeiro afirmar que, nas hipóteses elencadas, "não se considera fundamentada" a decisão, a consequência jurídica será a invalidade por deficiência de motivação.

10 BODART, Bruno Vinícius Da Rós; ARAÚJO, José Aurélio de. Alguns apontamentos sobre a reforma processual civil italiana – sugestões de Direito comparado para o anteprojeto do novo CPC brasileiro. *In*: *O novo Processo Civil brasileiro – Direito em expectativa*. FUX, Luiz (org.). Rio de Janeiro: Forense, 2011. p. 43

11 RICCI, Gian Franco. La riforma del processo civile. Torino: G. Giappichelli, 2009. p. 26

Questão muito debatida na doutrina é a validade de provimentos jurisdicionais que adotam, como razões de decidir, tão somente os fundamentos da manifestação de uma das partes, do Ministério Público ou de auxiliar da justiça – ou mesmo de decisão anterior no mesmo processo. É a denominada motivação *per relationem*, cuja constitucionalidade, à luz do art. 93, IX, da Carta Magna, é reconhecida pelo Supremo Tribunal Federal.[12] Mais importante do que averiguar se houve transcrição ou remissão de manifestação alheia pelo magistrado é avaliar se as questões suscitadas nos autos foram decididas com efetiva análise dos argumentos das partes. Obviamente, uma decisão que se limite a fazer remissão deve ser considerada suspeita de deficiência de fundamentação. No entanto, apenas no caso concreto será possível avaliar o efetivo atendimento do art. 93, IX, da Constituição.

É muito comum que, no seu voto de desprovimento do agravo interno, o relator adote como razão de decidir os mesmos fundamentos de sua decisão monocrática recorrida. O art. 1.021, § 3º, do CPC/2015 proíbe a prática, devendo o relator enfrentar analiticamente os argumentos apresentados pelo recorrente no agravo. No entanto, caso o agravante se limite a reiterar os mesmos argumentos já examinados na decisão monocrática combatida, não há qualquer utilidade em obrigar o julgador a redigir uma nova motivação, por mera formalidade. Deve-se interpretar o dispositivo, portanto, como um dever de acrescentar novos fundamentos quando o recurso de agravo igualmente contiver novos argumentos.

Um fator que contribui para a insegurança jurídica na jurisprudência diz respeito à motivação das decisões colegiadas. O sistema de precedentes vinculantes inaugurado pelo Código de Processo Civil de 2015 encontrará um grande obstáculo na sistemática de votação dos Tribunais. É muito comum que cada um dos magistrados apresente suas próprias razões de decidir, tornando difícil, senão impossível extrair do julgado uma fundamentação comum para nortear a solução de casos pendentes e futuros. É verdade que, à luz do art. 1.038, § 3º, do CPC/2015, o conteúdo do acórdão deve abranger a análise dos fundamentos relevantes da tese jurídica discutida. Nada obstante, frequentemente a tese fixada no dispositivo do acórdão demanda interpretação à luz das motivações fornecidas individualmente pelos julgadores. Na Suprema Corte dos Estados Unidos, país em que se observa o *stare decisis*, apenas um dos *Justices* redige a minuta de voto da Corte (*Court's opinion* ou *main opinion*), que será o parâmetro para aplicação da tese. Uma maioria de julgadores deve concordar com todo o conteúdo do voto da Corte antes da sua publicação. Por isso, o *Justice* a cargo

12 STF: ADI 416 AgR, Relator(a): Min. CELSO DE MELLO, Tribunal Pleno, julgado em 16/10/2014; MS 33558 AgR, Relator(a): Min. CELSO DE MELLO, Tribunal Pleno, julgado em 25/11/2015; ARE 936510 AgR, Relator(a): Min. GILMAR MENDES, Segunda Turma, julgado em 08/03/2016; Rcl 4416 AgR, Relator(a): Min. CELSO DE MELLO, Segunda Turma, julgado em 15/03/2016; RMS 30461 AgR-segundo, Relator(a): Min. CELSO DE MELLO, Segunda Turma, julgado em 15/03/2016; AI 809147 AgR, Relator(a): Min. CÁRMEN LÚCIA, Primeira Turma, julgado em 02/12/2010; AI 738982 AgR, Relator(a): Min. JOAQUIM BARBOSA, Segunda Turma, julgado em 29/05/2012.

de redigi-lo deve ser cuidadoso e levar em consideração todos os pontos suscitados pelos seus pares. Essa sistemática preserva a unicidade de entendimento da Corte sem tolher o direito de cada magistrado declinar suas próprias razões, por meio de votos paralelos favoráveis ou contrários (*concurring and dissenting opinions*).

Para que se garanta que as disposições do novo Código serão refletidas em frutos concretos para os cidadãos, é imperioso estar atento à racionalidade que inspirou a sua elaboração. Como ensina Richard Posner, a jurisprudência é um estoque de capital que gera incremento produtivo às futuras decisões do Judiciário. Trata-se de um acúmulo de conhecimento que produz utilidade por vários anos a potenciais litigantes, em formato de informações sobre suas obrigações jurídicas.[13] O estoque de capital, assim, traduz-se em menos demandas judiciais, já que, sendo possível realizar um prognóstico de suas chances em juízo, as partes tendem a solucionar suas desavenças consensualmente – ou as desavenças podem sequer ocorrer. Mais ainda, a heurística derivada da aplicação de precedentes simplifica a tarefa do julgador, poupando recursos na solução dos casos.

É papel dos juízes impedir que esse capital se deteriore, adaptando-o às evoluções sociais ao longo do tempo, mas também formulando precedentes bem fundamentados e os respeitando em julgamentos subsequentes. O magistrado que decide em desacordo com precedentes, sem observância das regras próprias do *overruling*, para satisfazer preferências pessoais, agendas políticas ou até mesmo para que suas habilidades argumentativas ganhem destaque, ameaça diretamente o capital consubstanciado no arcabouço jurisprudencial. A proliferação dessa conduta assistemática transmuda o Judiciário em um aparelho disfuncional para a multiplicação de regras socialmente ineficientes. Recursos serão desnecessariamente gastos com a reforma de decisões não alinhadas à jurisprudência. As consequências negativas também atingem os juízes: se a atual geração de magistrados não respeita os precedentes criados pelos mais antigos, a próxima geração provavelmente também não respeitará os julgados dos juízes de hoje. E se os magistrados das Cortes Superiores ignorarem os próprios precedentes, o respeito a estes por todo o sistema judicial restará comprometido.[14] Em última análise, a credibilidade do Judiciário como instituição resta comprometida, legitimando a ampliação do espaço de atuação dos outros Poderes.[15]

Noutro prisma, a boa-fé do Estado-Juiz, insculpida no art. 5º do CPC/2015, também compreende o dever de coerência na atividade jurisdicional. Com efeito, trata-se de uma preocupação central do Código, cujo art. 926 impõe aos Tribunais a uniformização de sua jurisprudência para mantê-la estável, íntegra e coerente. Repise-se que a segurança jurídica quanto ao entendimento dos Tribunais pauta não apenas

---

13 POSNER, Richard A. *Economic Analysis of Law*. 9ª ed. New York: Wolters Kluwer, 2014. p. 759.

14 POSNER, Richard A. *Op. cit*. p. 761-762.

15 SHLEIFER, Andrei. *The Failure of Judges and the Rise of Regulators*. Cambridge: The MIT Press, 2012.

a atuação dos órgãos hierarquicamente inferiores, mas também o comportamento extraprocessual de pessoas envolvidas em controvérsias cuja solução já foi pacificada pela jurisprudência. A disposição das partes a resolver suas disputas por um acordo, à luz da teoria dos atores racionais, resulta da multiplicação da probabilidade de vitória pelo proveito (ou prejuízo, no caso do potencial réu) esperado com o valor fixado em condenação por eventual sentença judicial, subtraindo-se disso o custo de litigar em juízo.[16] Nos Estados Unidos, onde a higidez dos precedentes é valorizada, apenas 2% (dois por cento) das causas de acidentes automotivos, 4% (quatro por cento) de todas as causas cíveis nas Cortes estaduais e menos de 2% (dois por cento) das causas cíveis federais são resolvidas por ato jurisdicional de mérito.[17]

A não aplicação de precedentes pode ocorrer legitimamente sob a forma de distinção (*distinguishing*) ou de superação (*overruling*). Quando regularmente aplicada, a distinção não configura desrespeito à jurisprudência, mas a sua complementação à luz de informações colhidas em casos subsequentes. O *distinguishing* preserva a racionalidade dos julgados anteriores, ao mesmo tempo em que agrega novas razões, à luz de fatos diferentes apresentados ao Judiciário. Casos futuros, assim, devem respeitar tanto os precedentes anteriores quanto aquele gerado pela distinção. Por sua vez, a superação de um precedente reduz o seu valor a zero, de modo que a repetição frequente da prática de *overruling* desestabiliza a segurança jurídica.[18] Não por acaso, o art. 927, § 4º, do CPC/2015 determina que a "modificação de enunciado de súmula, de jurisprudência pacificada ou de tese adotada em julgamento de casos repetitivos observará a necessidade de fundamentação adequada e específica, considerando os princípios da segurança jurídica, da proteção da confiança e da isonomia". Ante a natureza excepcional da superação de precedentes, é prevista no Código a possibilidade de modulação temporal dos efeitos do *overruling*, bem assim de realização de audiências públicas ou oitiva de pessoas, órgãos ou entidades que possam contribuir para a rediscussão da tese (art. 927, §§ 2º e 3º, do CPC/2015).

Não se quer afirmar que o *overruling* é prática sempre deletéria. Cuida-se de importante mecanismo para eliminar regras jurídicas ineficientes e substituí-las por normas mais consentâneas com a evolução dos tempos. É, portanto, característica essencial de um sistema jurídico funcional, malgrado excepcional.[19] A ineficiência surge

---

16 POLINSKY, A. Mitchell. *An Introduction to Law and Economics*. 4ª ed. New York: Wolters Kluwer, 2011. p. 135 e ss.

17 POSNER, Richard A. *Economic Analysis of Law*. 9ª ed. New York: Wolters Kluwer, 2014. p. 779. GALANTER, Marc. "The Vanishing Trial: An Examination of Trials and Related Matters in Federal and State Courts". *In*: *Journal of Empirical Legal Studies*, Volume 1, Issue 3, 459–570, Nov. 2004.

18 POSNER, Richard A. *Op. cit*. p. 761-762.

19 Sobre os benefícios da eliminação de regras ineficientes pela atividade jurisdicional, v. COOTER, Robert; KORNHAUSER, Lewis; LANE, David. Liability Rules, Limited Information, and the Role of Precedent. *In*: *The Bell Journal of Economics*, Vol. 10, No. 1 (Spring, 1979), pp. 366-373.

nos casos em que o desrespeito aos precedentes ocorre de forma velada, como um falso *distinguishing*, pela deturpação dos fatos da causa para conduzir ao resultado de preferência do julgador, independente dos seus motivos para tanto. Quando as regras jurídicas para complementação de precedentes são rigorosamente seguidas, incluído o dever de detalhada fundamentação, a evolução da jurisprudência tenderá ao aumento do bem-estar social, ainda que os juízes responsáveis pela mudança sejam movidos por inclinações políticas, interesses de carreira, experiências pessoais ou outras preferências diversas da maximização da eficiência do sistema jurídico.[20]

A incerteza jurisprudencial impede que as partes possam prever adequadamente o resultado de uma demanda em juízo, dificultando que cheguem a conclusões semelhantes sobre o custo-benefício do processo judicial e também sobre o âmbito dentro do qual os termos do acordo podem variar sem deixar de gerar proveito para todos os envolvidos. Em suma, é bastante provável que o demandismo e a "cultura de litigância" tão propalados sejam, em parte, um reflexo do descompromisso com a estabilidade da jurisprudência. Que o novo Código de Processo Civil seja um marco em direção a um sistema de justiça mais eficiente.

Referências bibliográfica

BODART, Bruno Vinícius Da Rós; ARAÚJO, José Aurélio de. Alguns apontamentos sobre a reforma processual civil italiana – sugestões de Direito comparado para o anteprojeto do novo CPC brasileiro. *In*: *O novo Processo Civil brasileiro – Direito em expectativa*. FUX, Luiz (org.). Rio de Janeiro: Forense, 2011.

COOTER, Robert; KORNHAUSER, Lewis; LANE, David. Liability Rules, Limited Information, and the Role of Precedent. *In*: *The Bell Journal of Economics*, Vol. 10, No. 1 (Spring, 1979), pp. 366-373.

GALANTER, Marc. "The Vanishing Trial: An Examination of Trials and Related Matters in Federal and State Courts". *In*: *Journal of Empirical Legal Studies*, Volume 1, Issue 3, 459–570, Nov. 2004.

LEONI, Bruno. *Freedom and the Law*. 3ª ed. Indianapolis: Liberty Fund, 1991.

LEVITT, Steven D. "Heads or Tails: The Impact of a Coin Toss on Major Life Decisions and Subsequent Happiness". *In*: NBER Working Paper Nº. 22487, aug. 2016, JEL Nº D12, D81.

POLINSKY, A. Mitchell. *An Introduction to Law and Economics*. 4ª ed. New York: Wolters Kluwer, 2011.

POSNER, Richard A. *Economic Analysis of Law*. 9ª ed. New York: Wolters Kluwer, 2014.

RICCI, Gian Franco. La riforma del processo civile. Torino: G. Giappichelli, 2009.

SHLEIFER, Andrei. *The Failure of Judges and the Rise of Regulators*. Cambridge: The MIT Press, 2012.

SPIER, Kathryn E. Litigation. *In*: *Handbook of Law and Economics*. Steven Shavell e Mitchell Polinsky (org.). V. 1. Amsterdam: Elsevier, 2007.

---

20 Nesse sentido, o modelo apresentado por GENNAIOLI, Nicola. The evolution of Common Law. *In*: *The Failure of Judges and the Rise of Regulators*. Cambridge: The MIT Press, 2012. p. 53-75. Segundo o autor, essa conclusão ganha mais força em áreas do Direito menos politizadas, como o Direito Contratual e o Societário.

TARUFFO, Michele. *Uma simples verdade – O Juiz e a construção dos fatos*. Trad. Vitor de Paula Ramos. São Paulo: Marcial Pons, 2012.

O Ativismo na Justiça Constitucional.[1] Aspectos Ideológicos e Jurídico-Políticos

Manoel Gonçalves Ferreira Filho

Introdução

1. Este trabalho sucede a muitos outros que em que discuto a questão do ativismo judicial.[2]

Não tenho a intenção de esgotar o tema, mesmo porque isto não seria possível no espaço dado num painel. Nem quero insistir em pontos que já tratei noutras oportunidades, nem naqueles que já foram brilhantemente expostos nesta ocasião.

Pretendo simplesmente analisar, preliminarmente, a relação entre judicialização da política e o fenômeno do ativismo judicial, para depois apreciar esse ativismo na sua linha de manifestação, na sua fundamentação doutrinária; e, a final, fazê-lo no que concerne às suas implicações políticas, quanto ao constitucionalismo, quanto ao princípio democrático e quanto à separação dos poderes, peça essencial da democracia.

Tudo isto evidentemente de modo singelo e sumário.

I. A judicialização da política

2. A Judicialização da política, no sentido de um alargamento do poder de intervenção do Poder judicial, na esfera de atuação dos demais Poderes, mesmo no tocante a atos de natureza política, é um fenômeno difundido pelo mundo afora. Já em 1994 era abordado a fundo por publicações científicas estrangeiras.[3]

Correspondia tal alargamento a uma atualização, não a um abandono da separação dos poderes. Visava ele uma ampliação do controle sobre as ações governamentais tendo em vista a ampliação dado campo de sua incidência. Reflete o registro de um Karl Loewenstein, de que três seriam os momentos principais da governança: a determinação da política, a execução da política e o controle da política.[4]

Não importava essa judicialização – insisto – no abandono da divisão funcional do poder pleiteada por Montesquieu. Apenas abria caminhos para o seu equacionamento em face de uma nova realidade. Assim, a judicialização não excluía a independência

---

1 Palestra proferida em 23 de abril de 2019, na Faculdade de Direito da Universidade de Lisboa.

2 Por exemplo, *Justiça constitucional e democracia*, publicado na Revista da Escola da Magistratura do TRF da 4ª Região, Ano 5, 2018, nº 10, Porto Alegre, RGS, pp. 21 a 30.

3 Cf. *The judicialization of Politics, International political Science Review*, vol. 15, nº 2, abril 1994.

4 *Political power and the governamental process*, Univ. of Chicago Press, Chicago, 2ª ed., 1965, pp. 48 e s.

dos demais Poderes, não retiraria destes a apreciação do mérito dos atos políticos na sua esfera própria. E obviamente ela se exerceria sempre nos limites estabelecidos na Constituição, portanto, impedindo qualquer usurpação pelo juiz de funções de governante, ou mesmo de representante político do povo.

3. A Constituição brasileira de 1988 seguiu essa orientação. Já o apontei em trabalho publicado em 1994 – *O Poder Judiciário na Constituição de 1988*[5].

Não parece necessário insistir nisso. No plano instrumental, a previsão da ação de inconstitucionalidade por omissão, do mandado de injunção, a consagração da ação civil pública, bastam para demonstrá-lo. Também militava para esse controle judicial o meticuloso desdobramento dirigente prescrito para reger a governança – a meu ver, excessivo e negativo – somado à afirmação de princípios deônticos, suscetíveis de múltipla interpretação, também nela inscritos. Tudo isto certamente ampliava o controle.

Nesta judicialização, via eu o risco de propiciar uma politização da Justiça. O subtítulo do trabalho referido o diz claramente – é *Judicialização da política e politização da Justiça*. Sim, porque a abertura trazida por essa judicialização poderia resvalar para uma atuação política – e até partidária – de magistrados, desviando o Poder Judiciário de seu parâmetro essencial – não abandonado pela Constituição – ou seja, aplicar contenciosamente a lei de modo imparcial.

Insista-se. A Constituição não alterou a função essencial do Judiciário num ponto fundamental – *sine qua non* – da separação dos poderes. O juiz julga – ou controla – aplicando a lei que ele não faz. E sua atuação tem um limite infrangível: não pode invadir o campo discricionário dos demais poderes.

4. Em suma, a judicialização é uma atualização do sistema de divisão funcional do poder – separação dos poderes – que autoriza o controle de atos dos poderes políticos. Entretanto, na forma e nos limites da Constituição e da lei. Atende ao espírito da separação clássica: é um sistema constitucionalizado, portanto, jurídico para coibir o abuso ou desvio de atos políticos.[6]

II. O ativismo judicial

5. O chamado ativismo judicial, que indubitavelmente a judicialização ensejou no Brasil, não é um sistema jurídico – é um fenômeno sociológico que tem profunda repercussão no sistema jurídico. O termo "ativista", inicialmente de viés crítico, mas hoje assumido pelos que o exercem, já o demonstra.

---

5 *Revista de Direito Administrativo*, Forense, Rio de Janeiro, nº 198, outubro-dezembro 1994, pp. 1 e s.

6 Uma análise jurídica em profundidade está no livro do Prof. Elival da Silva Ramos, *Ativismo judicial – parâmetros dogmáticos*, Saraiva, São Paulo, 2010.

Com efeito, o termo "ativismo", hoje, tem como uma de suas acepções o sentido de militância por uma causa, o mais das vezes uma causa "revolucionária" ou, ao menos, transformadora de práticas ou concepções tradicionais. Assim, a expressão "ativismo judicial" indica uma militância no plano dos órgãos judiciais. É uma militância que não se escora numa doutrina definida, a não ser que se pretenda ver num simplório antipositivismo uma teoria.

6. Este fenômeno, segundo autor insuspeito, o eminente Min. Luiz Roberto Barroso, se manifesta de três modos principais. São estes: "1) a aplicação direta da Constituição a situações não expressamente no seu texto e independentemente de manifestação do legislador ordinário; 2) a declaração de inconstitucionalidade de atos normativos emanados do legislador, com base em critérios menos rígidos que os de patente e ostensiva violação da Constituição; 3) a imposição de condutas ou abstenções ao Poder Público, notadamente em matéria de políticas públicas".[7]

Tal posicionamento seria motivado por uma "participação mais ampla e intensa na concretização dos valores e fins constitucionais" e importa – reconhece – "numa maior interferência no espaço de atuação dos outros dois Poderes".

Claramente, aí se confessa que: 1) o ativista despreza o estado de direito, cujo primeiro princípio é o da legalidade; 2) a declaração de inconstitucionalidade fica à mercê de critérios subjetivos; e 3) o ativismo invade a esfera dos demais Poderes, portanto, da governança, contrariando a separação dos poderes.

Demonstra o texto, em suma, que o ativismo judicial é uma militância contra o direito positivo.

7. O mestre carioca esqueceu-se, porém, de outras manifestações do ativismo.

Uma delas é o abandono nas decisões judiciais de jurisprudência arraigada (e o valor disto a Constituição reconhece ao prever as súmulas vinculantes).

Outra é o "consequencialismo", ou seja, o descumprimento de norma jurídica, em nome de pretendidas consequências indesejáveis de sua aplicação. Seria este um reflexo do brocardo romano *Sumum jus, summa injuria*, mas que, bem manipulado, pode servir de pretexto para todo e qualquer descumprimento da Constituição ou da lei.

E, enfim, não raramente ocorre o "estupro" – de preceitos claros, para lhes dar sentido que escapa ao comum dos mortais. E sem mesmo invocar a semiótica como até ontem pudicamente se fazia.

E nem se fale das decisões fundadas apenas no entendimento do prolator sobre o que ele concebe como "dignidade da pessoa humana", sem sequer explicar por quê.

---

7 *Judicialização, ativismo judicial e legitimidade democrática*, em *Anuário Iberoamericano de Justicia Constitucional*, Centro de Estudios Políticos e Constitucionales, Madrid, nº 13, 2009, pp. 17 e s. O texto citado está na p. 22.

8. Em resumo, todas essas manifestações significam que o ativista põe a sua opinião acima da lei. Ou de modo velado por meio de interpretações que negam o significado do texto, a história deste, ou o entendimento comum. Ou por modo frontal criando normas que a Constituição ou a lei não previram. E tem chegado, em matéria penal, à criação de crime por analogia, esquecendo-se o princípio *Nullum crimen sine praevia lege*.

Trata-se, em bom português, de arbítrio. Esquece-se o ativismo da advertência dos romanos: *Legum servi sumus, ut liberi possimus.*

III. A fundamentação doutrinária do ativismo

9. No Brasil, esse ativismo, o mais das vezes, invoca como fundamento um pós-positivismo, que também se designa a si próprio de neoconstitucionalismo.[8]

Trata-se – cite-se ainda o Prof. Barroso – noutro de seus brilhantes e criativos trabalhos – de um "pós tudo" – pós-marxista, pós-kelseniano, pós-freudiano.[9] Ou mais precisamente, "o pós-positivismo identifica um sistema de ideias difusas que ultrapassam o legalismo estrito do positivismo normativista, sem recorrer às características da razão subjetiva do jusnaturalismo."[10] E insiste o jurista em ser ele um "ideário difuso", noutros trabalhos.[11]

10. Na verdade, a militância pós-positivista invoca diferentes fundamentos, combinados eclética e arbitrariamente, para justificar-se (quando se dá a esse trabalho).

Um, é justificar o rompimento com a compreensão comum da norma, por meio da invocação da semiótica. Numa manipulação esotérica em que se cita Saussure, se faz a norma dizer o que ela não diz e até o contrário do que ela diz. Isto seria a "verdadeira" significação da norma que extrai do texto.

A aceitar-se tal postulação o Estado de Direito seria impossível. Com efeito, este presume que o que manda a lei seja compreendido, ou alcançado, por aqueles que a devem cumprir e não apenas por mandarins iluminados. E não pelos que a devem cumprir.

8 V. meu trabalho *"Notas sobre o direito constitucional pós-moderno, em particular sobre certo neoconstitucionalismo à brasileira"*, *Revista de Direito Administrativo*, nº 250, jan/abr 2009, p.151 e s.

9 Cf. *"Fundamentos teóricos e filosóficos do novo direito constitucional brasileiro (pós-modernidade, Teoria Crítica e Pós-positivismo)*, escrito em colaboração com Ana Paula de Barcellos (*Interesse Público*, nº 11, 2001, p. 41)

10 V. meu estudo *"Notas sobre o direito constitucional pós-moderno – em particular sobre certo neoconstitucionalismo à brasileira"*, hoje publicado em *Aspectos do Direito Constitucional contemporâneo*, Saraiva, São Paulo, 3ª ed., p. 359 e s.

11 Cf. *"O começo da história – a nova interpretação constitucional e o papel dos princípios no Direito brasileiro"*, *Revista de Direito Administrativo*, nº 240, abr./jun., 2005,

11. Outro é a pretendida interpretação "moral" do direito, desconhecendo a diferença entre moral e direito e não se apercebendo que o direito necessariamente é um "mínimo ético".

Reclama em favor dessa "moralização" a *integrity* do direito, acentuada por Dworkin. Isto, esquecendo que para este último "o ativismo é uma forma virulenta de pragmatismo jurídico" que este jurista condena exatamente em nome da *integrity*.[12]

Dela, é variante a exaltação dos princípios e de sua supremacia sobre as regras. Nisto, esquecem que os princípios, quando deônticos são de ampla abrangência e suscetíveis de numerosas concretizações, ao passo que as regras são definidas nas suas determinações e seu alcance. Disto decorre que hão de ser respeitadas essas concretizações, salvo se inexoravelmente colidem com um princípio. Não prevalece este obviamente sobre os seus desdobramentos. Ora, no Estado de Direito, a certeza do direito é um pressuposto lógico, pois, condiciona a previsibilidade das condutas. Assim, num Estado de Direito, salvo colisão incontestável, a regra positiva prevalece sobre o princípio.

Insista-se. A opção do legislador, fixando numa regra a positivação de um princípio, é que deve prevalecer, salvo a sua incompatibilidade absoluta com o princípio consagrado na Constituição.

Por outro lado, quanto aos princípios induzidos – os princípios ditos apofânticos pelos eruditos – é simplesmente absurdo pretender que a indução a partir de regras pode servir para rejeitar o valor de regras.

12. De outro ângulo, se justifica o ativismo, afirmando que "direito é política"[13]. Subentende-se aí a tese marxista de ser ele uma super-estrutura, gerada pela infra-estrutura econômica.[14] Assim, ele muda, quando esta evolui. Por isto, em momentos de transição – e a época atual seria uma delas – haveria o direito "posto" – o do presente que está em vias de superação - e já existe um direito "novo", o do futuro, talvez "encontrado na rua".[15] Este é que o ativista há de usar, para acelerar a transformação revolucionária que trará o paraíso para sociedade.

---

12 Ronald Dworkin, *Law's Empire*, Belknap Press, Harvard Univ., Cambridge, 1986, p. 278.

13 A frase está no artigo *"Judicialização, ativismo judicial e legitimidade democrática" do Min. Barroso* (p. 27) que, em seguida, refere-se expressamente ao "refluxo das concepções marxistas". Destas ele claramente se aproxima ao afirmar a inexistência de "objetividade plena do ordenamento" e da "neutralidade absoluta do intérprete. É certo que logo adiante ele afirma que o "Direito não é política", mas "nem sempre é nítida e certamente não é fixa" a linha divisória entre direito e política.

14 O Min. Barroso reconhece a influência dessa concepção na formação do ideário difuso do pós-positivismo, no artigo *Fundamentos...*, cit., p. 52, e também no artigo *Judicialização...*, cit., p. 27. Não é dele, porém, a distinção entre o "direito posto" e o "direito novo".

15 Não se confunda essa distinção com a que faz o Prof. Eros Grau entre "direito posto" e "direito pressuposto", como está no livro *La doppia destrutturazione del Diritto* (Unicopli, Milão, 5ª reimpressão, 2000), particularmente na seção segunda – *"Il diritto posto e il diritto presuposto"*.

13. Não se ignore que, frequentemente, é o ativismo instigado pelo "clamor das ruas". O posicionamento acima da lei ou contra a lei é impulsionado pelos meios de comunicação de massa e pelas redes sociais. O ativista procura não ser vilipendiado por aqueles que não conhecem o direito, ou para ser aplaudido pelos almejam a satisfação de suas paixões ou convicções. Ou, com a melhor das intenções, pretende o evitar que o Judiciário sofra uma deslegitimação[16]

14. Para o ativismo, ademais, muito contribui, a meu ver, uma dessacralização da prestação judicial, favorecida, em nome da transparência, pela transmissão "em direto" de sua operação. Disto decorre, não raro, ser essa operação, acompanhada como uma competição esportiva, ou um debate de ideias e sofismas, por um público despreparado para compreender os seus parâmetros e implicações profundas.

IV. A negação do constitucionalismo e do Estado de Direito

15. A principal decorrência do ativismo é a quebra da segurança jurídica, finalidade essencial do Estado de Direito.[17] E este, como limitação ao exercício do poder, é o próprio cerne do constitucionalismo.

Com efeito, torna imprevisível, para os órgãos públicos e a dos próprios cidadãos, a conduta conforme a lei.

Significa a aplicação de norma criada – melhor se diria inventada – *ex post facto* - que é aplicada retroativamente – seja-se enfaticamente redundante.

16. É, ademais, o ativismo no plano da jurisdição constitucional, flagrante usurpação do poder constituinte. Ele desfaz e refaz a Constituição, alterando-a a seu bel prazer.[18]

E não raro com resultados desastrosos.[19]

---

16 O temor de que isto suceda foi recentemente mencionado por Ministro do STF em entrevista ao jornal *O Estado de S. Paulo* (31 de março de 1919).

17 V. sobre isto Jorge Octavio Lavocat Galvão, *O neoconstitucionalismo e o fim do Estado de Direito,* Saraiva, São Paulo, 2014.

18 Cf. meu estudo *A (re)construção do ordenamento constitucional brasileiro pelo Supremo Tribunal Federal,* publicado em *Estudos em homenagem ao Prof. Dr. Jorge Miranda* – Faculdade de Direito de Lisboa, Coimbra Ed., vol. II, 2012, pp. 541 e s.

19 Exemplo incontestável disto é a ressurreição, no Brasil, em 2007, da fidelidade partidária, por obra do TSE, com a benção do STF. Teve ela o efeito perverso de multiplicar o número de partidos, fragmentando a representação parlamentar e dificultando a governabilidade, na medida em que estimulou os descontentes com o partido em que militavam, a criarem o "seu" partido. E este "novo" partido não passa de uma máquina de disputar eleições em nome de interesses pessoais, com todas benesses em matéria de recursos etc., previstas na legislação eleitoral.

IV. A negação da democracia e particularmente da democracia representativa

17. Outra implicação do ativismo é a negação da democracia. Ele, ao "fazer" o direito usurpa a soberania do povo, na medida em que o direito exprime a governança. Lembre-se que, numa democracia o povo se governa, ou diretamente, ou por meio de representantes que elege, como está na Constituição brasileira (art. 1º, parágrafo único). Sem legitimidade democrática, o ativista pretende governar.

18. Traduz o ativismo um claro elitismo. O ativista se pretende mais sábio do que o legislador, mesmo constituinte, mais sábio do que o representante do povo.

Nisto, o ele é favorecido pela crise da democracia representativa, manifestada num desprezo e mesmo numa hostilidade contra a "classe política". Esta seria integrada por ignorantes, incapazes e corruptos salvo exceções raras.

19. Cabe, neste ponto, uma observação sociológica.

O estamento judicial é grupo social de elite. Tem ele um *status*, uma formação intelectual, recursos financeiros muito acima da grande maioria da população.

Tem ele, em razão dessa formação intelectual, não apenas um conhecimento técnico em razão de aprendizado para operadores do direito, mas também um nível cultural diverso do comum. Nisto, é aberto para ideias e modismos, vindos do estrangeiro.

Como tem igualmente interesses que não se confundem sempre e necessariamente com os da maioria.

É uma aristocracia e obviamente se porta como tal. Mas o governo democrático obviamente não é um governo pela aristocracia. É um governo pelo povo através do que se chama de "classe política", até que se encontre fórmula melhor.

Neste quadro, numa elite, pode surgir um desprezo, uma decepção com o estado de coisas, mormente no plano jurídico que lhe toca de perto. Disto, a quer mudá-lo é um passo, mas um passo elitista. Para tanto, frequentemente importa ideias e modismos vindos dos países estrangeiros que toma como modelo. É o que um grupo de operadores do direito buscou dos "liberais" de Harvard.

Esse elitismo, porém, nem sempre promove o "progresso". Notórios são os equívocos de membros da elite jurídica que adotaram posições pró-nazistas na Alemanha – como Carl Schmitt; fascistas na Itália – p. ex. Alfredo Rocco; e muitos outros pelo mundo afora, incluído o Brasil.[20]

É preciso ter a humildade de reconhecer que as elites e seus sábios muitas vezes se enganam.

20 Cf. Gofredo Telles Jr, *A democracia e o Brasil – uma doutrina para a Revolução de Março*, Ed. Rev. dos Tribunais, São Paulo, 1965

20. Nem é preciso apontar que o ativismo contraria a separação dos poderes, peça essencial da democracia tal qual é consagrada no modelo institucional que vivemos e do próprio constitucionalismo. Isto, como já se apontou, é flagrante.

21. Acrescente-se, por fim, que o ativismo prejudica e não aprimora a governança. A razão é simples: o processo judicial não permite a visão de conjunto indispensável à condução dos negócios públicos, afasta a consideração de oportunidades e prioridades. Fere de modo geral o possível, porque tudo não pode ser concretizado ao mesmo tempo, com recursos que são necessariamente limitados.

Observações finais

22. É preciso distinguir do ativismo a atuação legítima da justiça constitucional no âmbito da judicialização. Ela não incide em ativismo, quando atua, seja como legislador negativo, seja como controlador, nos termos e nos limites da Lei Suprema.

É certo que suas decisões têm efeitos políticos, como sempre possuiu a fiscalização de constitucionalidade. Por este prisma, lhe pode ser reconhecido um papel político. Entretanto, esse papel político não importa num poder político, nem, necessariamente, numa politização.

O ativismo ocorre, quando na jurisdição constitucional, vai além da Constituição, vai contra a Constituição, ou fora da Constituição. Há nisso um evidente desvio de poder, um abuso de direito. Ocorre também, quando na jurisdição ordinária, desobedece à lei usando de pretextos, inclusive, constitucionais.

Tal ativismo é, certamente, uma ameaça ao constitucionalismo e à democracia, bem como hostil ao Estado de Direito.

A ocorrência do fenômeno ativista deve ser combatida, sem que se demonize a judicialização. Para tanto, é preciso distinguir esta do ativismo que há de ser defrontado racionalmente. É o que tenho a pretensão de haver feito.

Contratação Administrativa e Arbitragem

Marçal Justen Filho

1. A adoção de arbitragem em contratos administrativos

Um dos temas mais relevantes e atuais é a utilização da arbitragem nas contratações administrativas eis que se configura instrumento fundamental para atrair o investimento de capital privado na implementação de novos projetos de infraestrutura no Brasil, que são indispensáveis ao crescimento econômico, à afirmação dos direitos fundamentais e à construção da Nação.

Os investimentos exigidos no setor de infraestrutura são vultosos, o que requer a participação do capital privado, sobretudo porque o Estado brasileiro não detém condições de efetuar todos os aportes necessários.[1]

Como forma de viabilizar esses investimentos privados será imprescindível que os contratos administrativos comportem cláusula de arbitragem, que tende a proporcionar maior segurança jurídica, precisão técnica e celeridade na resolução de conflitos.

1.1. Dificuldades na implementação da arbitragem

A aplicabilidade da arbitragem em contratações administrativas tem sido crescente, mas os profissionais que lidam com arbitragem, via de regra, não compreendem as minúcias do direito administrativo. Do mesmo modo, os administrativistas não costumam dominar os temas relativos à arbitragem. Há uma pluralidade de discursos desconexos quando esses temas se relacionam. É imprescindível que a Administração Pública se prepare para a arbitragem e os arbitralistas para o direito administrativo.[2]

---

1 Há notícia que retrata bem essa realidade: "*Os investimentos públicos em infraestrutura (rodovias, portos, aeroportos, energia, telecomunicações, entre outros) somaram R$ 27,875 bilhões em 2018, ou 0,4% do Produto Interno Bruto (PIB), de acordo com números corrigidos pela inflação da Secretaria do Tesouro Nacional. É o menor patamar em dez anos*" (MARTELLO, Alexandro; LIS, Lais. Investimento do governo em infraestrutura no ano passado é o menor em dez anos, matéria veiculada em 10.2.2019, disponível em: https://g1.globo.com/economia/noticia/2019/02/10/investimento-do-governo-em-infraestrutura-no- ano-passado-e-o-menor-em-dez-anos.ghtml, acesso em 13.10.2019).

2 Com essa afirmativa não se ignora a possibilidade de que outros profissionais, que não advogados, possam ser árbitros, mas se destaca que é necessário se compreender o contexto das contratações públicas para se atuar em arbitragens relacionadas a esse tipo de demanda.

2. A contratação administrativa e seu regime jurídico diferenciado

Mas não basta que os árbitros compreendam o direito administrativo "clássico". É preciso que compreendam um direito administrativo fundado em postulados democráticos e à luz dos direitos fundamentais, para se permitir um relacionamento mais colaborativo entre cidadãos e ente estatal. Assim, destacam LUCIANO BENETTI TIMM, THIAGO TAVARES DA SILVA e MARCELO DE SOUZA RICHTER:

> *"A formatação com a qual o Estado passa a atuar nesse cenário econômico e social exige uma nova forma de compreensão do Direito Administrativo. ... Acredita-se que a partir desse novo modelo jurídico, o Poder Público não seja mais visto como um inimigo da iniciativa privada, ou mesmo uma parte contratante superior. É mais do que tempo de o Estado descer do seu pedestal e virar um colaborador do seu co-contratante, gerando ganhos para ambas as partes e maior eficiência à sociedade".*[3]

Essa crítica tem relação com o fato de que a atividade administrativa brasileira sempre foi norteada, de modo muito intenso, por um direito precário e autoritário, fundado na concepção da supremacia do interesse público.

2.1. A concepção da supremacia do interesse público

Num Estado autoritário, os institutos jurídicos tendem a facilitar a atuação impositiva em face dos particulares para a satisfação dos interesses dos governantes. Muitas vezes, a atividade administrativa estatal reflete concepções personalistas de poder, em que os agentes estatais impõem a vontade pessoal como fundamento de validade dos atos administrativos.

A concepção da supremacia do interesse público coloca o Estado acima do cidadão. Funda-se no pressuposto de que o ente estatal é norteado por princípios distintos daqueles que regem as relações entre privados. Desse modo, são conferidos ao Estado mais poderes jurídicos do que ao indivíduo, numa forma de rejeição aos direitos fundamentais, que são postulados essenciais da Constituição e da valorização da democracia. Tal situação é incompatível com a ordem jurídico-constitucional vigente.

2.2. A atribuição à Administração Pública de competências anômalas

O direito administrativo clássico preconiza a submissão dos contratos administrativos a um regime jurídico diferenciado, que reconhece ao Estado certas competências anômalas, que o autorizam a instabilizar a relação jurídica, inclusive de modo unilateral.

---

3 MUNIZ, Joaquim de Paiva; BONIZZI, Marcelo José de; FERREIRA, Olavo A. V. Alves. *Arbitragem e Administração Pública*. Temas polêmicos. Ribeirão Preto: Migalhas, 2018, p. 15.

A doutrina tradicionalmente se vale das expressões "prerrogativas extraordinárias" e "poderes exorbitantes" para referir poderes diferenciados atribuídos à Administração Pública nos contratos administrativos em sentido restrito. No entanto, é preferível se utilizar a terminologia "competências anômalas" para ressaltar que são competências instituídas e delimitadas pela lei e não um poder arbitrário.[4]

Nenhum "interesse público" pode legitimar a violação de direitos fundamentais e de valores consagrados por um regime democrático. A primeira geração de direitos fundamentais prevê justamente a defesa do indivíduo em face do Estado.[5] Isso significa que o ente estatal é investido de poderes delimitados pelos direitos fundamentais.

Além disso, o ordenamento jurídico consagra uma pluralidade de princípios, que refletem a multiplicidade dos valores consagrados constitucionalmente.[6] Como decorrência, não é correto generalizar abstratamente a supremacia absoluta de apenas um desses muitos princípios.

2.3. A unilateralidade na atuação administrativa

Usualmente, esses ditos "poderes extroversos" não existem nas relações privadas, que são pautadas na consensualidade entre as partes. A consensualidade nas relações tende a produzir maior equilíbrio nas relações, porque a decisão unilateral impositiva é substituída por modelos de composição de interesses. As partes delimitam, dentro do que é admitido pelo ordenamento jurídico, o que pode ou não ser feito.

Mas o postulado central de direito administrativo tradicional reputa que o Estado tem ampla liberdade para definir as condições contratuais, para modificar unilateralmente tais condições contratuais e inclusive para extinguir a relação contratual. Mesmo quando a Administração Pública não cumpre suas obrigações, há restrições à invocação pelo particular da exceção de contrato não cumprido.

Ora, não é admissível afirmar que o regime jurídico do contrato administrativo exclui a aplicação da referida exceção, tal como se fosse facultado ao Estado espoliar o sujeito privado com quem se relaciona. Um dos pilares do Direito Administrativo consiste na força vinculante dos contratos administrativos, que deriva não apenas da natureza intrínseca ao instituto do contrato, mas decorre, primariamente, da submissão do Estado ao Direito.

---

4 Para o aprofundamento do tema, consulte-se a obra do signatário *Curso de Direito Administrativo*, 13. ed., São Paulo: RT, 2018, p. 400 e ss.

5 A esse propósito, leciona Paulo Bonavides: "*Os direitos da primeira geração ou direitos da liberdade têm por titular o indivíduo, são oponíveis ao Estado*" (*Curso de Direito Constitucional*. São Paulo: Malheiros, 2018, p. 578).

6 Massimo Severo Giannini se vale da expressão "Estado Pluriclasse" para aludir que, numa sociedade democrática, existe uma pluralidade de interesses contrapostos, que se manifestam no processo de produção e aplicação do direito (*Diritto Amministrativo*, v. I, Milano: Giuffrè, 1970, p. 45-50).

Nenhuma pessoa estatal se encontra acima da ordem jurídica. Cabe à Administração Pública observar e respeitar todas as normas jurídicas que dispõem sobre a sua conduta – inclusive aquelas de origem contratual. Qualquer atuação conflitante com a ordem jurídica é reprovável e economicamente nociva.[7]

3. O cenário concreto da contratação administrativa no Brasil

No Brasil, a contratação administrativa é lenta, demorada. Há uma ineficiência na utilização dos recursos públicos e privados.[8] A nação brasileira não tem suas necessidades atendidas, em grande medida, porque o Estado brasileiro é ineficiente.

Além desse cenário, ainda se tem o desvio de recursos públicos, que deveriam ser destinados à promoção dos direitos fundamentais e que são consumidos em práticas de corrupção. Esses desvios são das mais variadas ordens. É um problema institucionalizado no Brasil há muito tempo. Não existem mecanismos suficientemente eficazes no combate à corrupção.

4. Considerações gerais sobre a arbitragem

O cenário antes delineado é importante para compreender os potenciais efeitos produzidos pela arbitragem, que consiste na atribuição a um ou mais sujeitos privados da função de composição de um litígio. A decisão produzida tem efeitos vinculantes para as partes, inclusive o próprio Estado, sendo dotada de natureza jurisdicional.

Há uma escolha consensual que se manifesta na renúncia ao poder de recorrer ao Poder Judiciário para a composição jurisdicional de litígio. Ou seja, as partes não podem evitar a aplicação do pacto contratual de arbitragem. O Poder Judiciário não é investido de poder jurídico para compor o litígio surgido no âmbito de uma relação jurídica que previu a composição por via arbitral.

A arbitragem se configura como um equivalente jurisdicional. Trata-se de um mecanismo em que a competência para compor um litígio é exercida por sujeitos

---

7 VERA MONTEIRO enfatiza que "É preciso desmistificar a natureza exorbitante do contrato administrativo, em prol do reconhecimento de uma relação contratual dialogada, marcada pela consensualidade e pela perda do autoritarismo gratuito" (*Concessão*, São Paulo: Malheiros, 2010, p. 69).

8 Como amplamente noticiado *"Os gastos públicos ineficientes no Brasil geram prejuízos de US$ 68 bilhões por ano ou 3,9% de tudo o que o país produz – Produto Interno Bruto (PIB). É o que conclui estudo do Banco Interamericano de Desenvolvimento (BID). A publicação faz parte da série de estudos denominada Desenvolvimento nas Américas"* (OLIVEIRA, Kelly. Gasto público ineficiente no Brasil gera perda de US$ 68 bi por ano, matéria veiculada em 7.5.2019, pela Agência Brasil, disponível em: http://agenciabrasil.ebc.com.br/economia/noticia/2019-05/gasto-publico-ineficiente-no-brasil-gera-perda-de-us-68-bi-por-ano, acesso em 13.10.2019).

particulares, cuja decisão terá efeitos equivalentes aos produzidos por uma sentença judicial.[9]

Em síntese, a arbitragem é um instrumento para promover a paz social, por meio da atuação de julgadores privados, por escolha consensual entre os litigantes (atuais ou potenciais).

Há um interessante julgado do STJ a esse respeito:

> *"15. A aplicação da Lei 9.307/96 e do art. 267, VII, do CPC à matéria sub judice afasta a jurisdição estatal,* in casu *em obediência ao princípio do juiz natural (art. 5º, LII, da Constituição Federal de 1988).*
>
> *16. É cediço que o juízo arbitral não subtrai a garantia constitucional do juiz natural, ao contrário, implica realizá-la, porquanto somente cabível por mútua concessão entre as partes, inaplicável, por isso, de forma coercitiva, tendo em vista que ambas as partes assumem o 'risco' de serem derrotadas na arbitragem. (Precedente: REsp 450.881, de relatoria do Min. Castro Filho, publicado no DJ de 26.5.2003)".*[10]

4.1. A ampla difusão da arbitragem no âmbito empresarial

A arbitragem adquiriu relevância muito intensa no âmbito privado. Tal se passa porque é um instituto que propicia melhores resultados nos processos de composição de litígios, sempre que o objeto da divergência apresenta peculiaridades e dificuldades diferenciadas.

4.2. A adoção da arbitragem para conflitos com a Administração Pública

A experiência positiva do uso da arbitragem no setor privado foi um dos fatores que conduziu à sua adoção também para litígios envolvendo a Administração Pública. Durante um tempo razoável, essa solução foi rejeitada por parcelas relevantes da doutrina.

9 A esse respeito, veja-se os comentários de Carlos Alberto Carmona *"...a decisão final dos árbitros produzirá os mesmos efeitos da sentença estatal, constituindo a sentença condenatória título executivo que, embora não oriundo do Poder Judiciário, assume a categoria de judicial. O legislador optou, assim, por adotar a tese da jurisdicionalidade da arbitragem"* (*Arbitragem e processo: um comentário à Lei 9.307/96*. 2. ed., rev., atual. e ampl. São Paulo: Atlas, 2004, p. 45). Ainda sobre a natureza jurisdicional da arbitragem, confira-se Clávio de Melo Valença Filho, *Poder Judiciário e sentença arbitral*. Curitiba: Juruá, 2002, p. 46 e ss.

10 MS 11.308/DF, 1ª S., rel. Min. Luiz Fux, j. em 9.4.2008, *DJe* 19.5.2008. Ainda assim, pode-se reputar que os pressupostos filosóficos contemplados na decisão vão se tornando superados com a evolução do pensamento jurídico.

4.3. A situação posterior a Constituição Federal de 1988

Com a evolução democrática propiciada Constituição Federal de 1988, houve uma difusão muito significativa da arbitragem. Isso se passou especialmente em relação às empresas estatais, que adotaram cláusula de arbitragem nas contratações como forma de atrair instituições e investidores estrangeiros.[11]

Houve uma atenuação progressiva da rejeição à arbitragem como decorrência da mitigação da supremacia do interesse público.[12] Nesse sentido, foram implementadas alterações legislativas que possibilitaram expressamente o cabimento da arbitragem em contratos administrativos. Com isso a solução do litígio tende a tomar em vista o ordenamento jurídico, o instrumento contratual e a conduta das partes em detrimento de interesses políticos e estatais.

5. Alterações legislativas relacionadas à arbitragem nas contratações administrativas

Foram promovidas alterações legislativas,[13] ante a resistência à aplicação da ar-

---

11 O próprio STJ já reconheceu a possibilidade de utilização da arbitragem por empresas estatais, tal como expressamente consignado nestes julgados: "*12. As sociedades de economia mista, encontram-se em situação paritária em relação às empresas privadas nas suas atividades comerciais, consoante leitura do artigo 173, § 1º, inciso II, da Constituição Federal, evidenciando-se a inocorrência de quaisquer restrições quanto à possibilidade de celebrarem convenções de arbitragem para solução de conflitos de interesses, uma vez legitimadas para tal as suas congêneres. 13. Outrossim, a ausência de óbice na estipulação da arbitragem pelo Poder Público encontra supedâneo na doutrina clássica do tema, ...*" (MS 11.308/DF, 1.ª S., rel. Min. Luiz Fux, j. 9.4.2008, *DJe* 19.5.2008) e "*3. São válidos e eficazes os contratos firmados pelas sociedades de economia mista exploradoras de atividade econômica de produção ou comercialização de bens ou de prestação de serviços (CF, art. 173, § 1º) que estipulem cláusula compromissória submetendo à arbitragem eventuais litígios decorrentes do ajuste*" (REsp 612.439/RS, 2.ª T., rel. Min. João Otávio de Noronha, j. 25.10.2005, *DJ* 14.9.2006).

12 Há uma adaptação do Estado brasileiro a uma nova realidade. Sobre o tema, veja-se: "*... o Estado brasileiro parece estar se adaptando a essa nova forma de concepção acerca dos contratos administrativos, assim como vem mudando sua mentalidade sobre essas contratações a ponto de reconhecer o fato de não conseguir mais realizar grandes empreendimentos sem o auxílio do capital privado. Trata-se de uma realidade econômica e de mercado. ... o Estado vem abdicando de algumas prerrogativas caracterizadoras do Direito Administrativo, para se tornar um contratante no mercado, possibilitando o estreitamento das relações contratuais entre os entes públicos*" (MUNIZ, Joaquim de Paiva; BONIZZI, Marcelo José de; FERREIRA, Olavo A. V. Alves. *Arbitragem e Administração Pública*, cit., p. 19).

13 Inclusive a controvérsia sobre a constitucionalidade da arbitragem está superada de há muito. Reconheceu-se que a garantia constitucional do acesso ao Poder Judiciário não é incompatível com a arbitragem. A parte que participou de contrato prevendo arbitragem não pode invocar a garantia constitucional do art. 5º, inc. XXXV ou inc. LIII, da CF/88 para recorrer ao Poder Judiciário. Nessa linha, consulte-se: "*... Lei de Arbitragem (L. 9.307/96): constitucionalidade, em tese, do juízo arbi-*

bitragem nas contratações administrativas,[14] em especial do Tribunal de Contas da União.[15]

5.1. A inovação trazida pela Lei nº 13.129/2015

A Lei nº 13.129/2015 introduziu alteração na Lei nº 9.307/1996 (que disciplina a arbitragem), determinando que *"A administração pública direta e indireta poderá utilizar-se da arbitragem para dirimir conflitos relativos a direitos patrimoniais disponíveis"* (art. 1°, § 1).[16] Apresentam natureza disponível os valores patrimoniais relativos a pretensões surgidas em contratações de que participa entidade administrativa.

A referência a "direitos patrimoniais disponíveis", fórmula originalmente adotada na Lei de Arbitragem, deu oportunidade ao argumento de que a arbitragem seria descabida em litígios de que participasse a Administração Pública. Assim se imporia em virtude do postulado da "indisponibilidade do interesse público".

O argumento envolvia, porém, uma questão meramente linguística. A acepção em que se utiliza a expressão "indisponibilidade" relativamente ao interesse público não é a mesma adotada no art. 1º da Lei 9.307/1996.

Observe-se que esse art. 1º trata de questões que comportam disciplina por meio de um contrato. Os "direitos patrimoniais disponíveis", referidos no aludido dispositivo legal, são aqueles que comportam disposição por meio de uma manifestação de vontade do seu titular.

---

tral; discussão incidental da constitucionalidade de vários dos tópicos da nova lei, especialmente acerca da compatibilidade, ou não, entre a execução judicial específica para a solução de futuros conflitos da cláusula compromissória e a garantia constitucional da universalidade da jurisdição do Poder Judiciário (CF, art. 5º, XXXV). Constitucionalidade declarada pelo plenário, considerando o Tribunal, por maioria de votos, que a manifestação de vontade da parte na cláusula compromissória, quando da celebração do contrato, e a permissão legal dada ao juiz para que substitua a vontade da parte recalcitrante em firmar o compromisso não ofendem o artigo 5º, XXXV, da CF" (SE 5.206 AgRg, Pleno, rel. Min. Sepúlveda Pertence, j. 12.12.2001, *DJ* 30.4.2004).

---

14 No âmbito jurisprudencial, já havia precedentes favoráveis à submissão do poder público à arbitragem desde a década de setenta. Nesse sentido, confira-se o julgado do Supremo Tribunal Federal, o famoso "Caso Lage", AI 52.181, que envolveu a União Federal (Pleno, rel. Min. Bilac Pinto, RTJ 68/382). Para aprofundamento, confira-se Eduardo Talamini, "Arbitragem e parceria público-privada". Em: Eduardo Talamini; Monica Spezia Justen (coord.). *Parcerias público-privadas*: um enfoque multidisciplinar. São Paulo: Revista dos Tribunais, 2005, p. 348-349.

15 Nessa linha, podem ser indicados os acórdãos 537/2006, rel. Walton Alencar Rodrigues; 587/2003, rel. Min. Adylson Motta; 1.271/2005, rel. Marcos Bemquerer; 1.099/2006, rel. Min. Augusto Nardes e a Decisão 215/2004, Plenário, rel. Ubiratan Aguiar.

16 Algumas leis já previam a possibilidade de utilização da arbitragem antes mesmo dessa alteração legislativa mais abrangente, exemplificativamente, consulte-se a Lei nº 8.987/1995, art. 23-A, e Lei 11.079/2004, art. 11.

Já a expressão "interesse público indisponível" refere-se à vinculação última da atuação administrativa à realização do interesse coletivo e dos direitos fundamentais.[17]

Bem por isso, a "indisponibilidade do interesse público" não impede a existência de contratos administrativos. Por meio de acordos de vontade, a Administração disciplina a própria conduta e participa de avenças que vinculam a terceiros. Mais ainda, os contratos administrativos propiciam a transferência de bens e valores patrimoniais de titularidade da Administração.

A admissibilidade da figura do contrato administrativo somente pode resultar do reconhecimento de que a relação jurídica versa sobre direitos patrimoniais disponíveis. Se todo e qualquer direito de titularidade da Administração fosse indisponível – como decorrência da indisponibilidade do interesse público – então seria inviável a existência até mesmo de contratos administrativos.

5.2. A inovação trazida pela Lei nº 13.448/2018

De todo modo e para afastar qualquer dúvida remanescente, a Lei nº 13.448/2018 reconheceu a natureza disponível dos direitos de titularidade da Administração no âmbito de contratações administrativas:

> *"Art. 31. As controvérsias surgidas em decorrência dos contratos nos setores de que trata esta Lei após decisão definitiva da autoridade competente, no que se refere aos direitos patrimoniais disponíveis, podem ser submetidas a arbitragem ou a outros mecanismos alternativos de solução de controvérsias.*
>
> *§ 1º Os contratos que não tenham cláusula arbitral, inclusive aqueles em vigor, poderão ser aditados a fim de se adequar ao disposto no* ***caput*** *deste artigo.*
>
> *§ 2º As custas e despesas relativas ao procedimento arbitral, quando instaurado, serão antecipadas pelo parceiro privado e, quando for o caso, serão restituídas conforme posterior deliberação final em instância arbitral.*
>
> *§ 3º A arbitragem será realizada no Brasil e em língua portuguesa.*
>
> *§ 4º Consideram-se controvérsias sobre direitos patrimoniais disponíveis, para fins desta Lei:*
>
> *I – as questões relacionadas à recomposição do equilíbrio econômico-financeiro dos contratos;*
>
> *II – o cálculo de indenizações decorrentes de extinção ou de transferência do contrato de concessão; e*
>
> III – o inadimplemento de obrigações contratuais por qualquer das partes.
>
> § 5º Ato do Poder Executivo regulamentará o credenciamento de câmaras arbitrais para os fins desta Lei".

---

17 Sobre o tema, na perspectiva da diferença entre interesse público primário e secundário anteriormente referida, confira-se LEMES, Selma. *Arbitragem na Administração Pública* – Fundamentos jurídicos e eficiência econômica. São Paulo: Quartier Latin, 2007, p. 130 e ss.

A disciplina da Lei nº 13.448 produz efeitos amplos relativamente a todos os contratos administrativos.[18] Houve o reconhecimento de que as questões relacionadas desde controvérsia sobre equilíbrio econômico-financeiro até inadimplemento e indenização, em contratos de que participa a Administração Pública, apresentam natureza patrimonial disponível.

Com exceção do poder de coerção, a arbitragem atribui ao tribunal arbitral todas as competências jurisdicionais, até mesmo de natureza cautelar. Por isso, a intervenção do Poder Judiciário resume-se a matérias acessórias – por exemplo, as providências relacionadas à execução forçosa da decisão arbitral.

Essas alterações legislativas surgiram num contexto de crise financeira, em que era fundamental se obter investimentos estrangeiros no país. Havia uma recusa por parte dos investidores em realizar negociações que, em caso de discordâncias, tivessem de ser submetidas ao Poder Judiciário brasileiro. Dentre diversas razões já expostas, especialmente, pela enorme morosidade para solução de controvérsias e ausência de segurança jurídica quanto à efetivação do que é previsto pelas normas jurídicas.

6. Difusão da arbitragem e potencial mutação do regime da contratação administrativa

A difusão da arbitragem no âmbito das contratações administrativas apresenta potencial relevante de afetar as soluções implementadas nesse setor. Pode-se estimar que a adoção generalizada da arbitragem acarretará uma mutação do direito das contratações públicas – ou seja, ocasionará a alteração do conteúdo das normas jurídicas sem a modificação da sua dimensão formal. Essa possibilidade deriva dos atributos que dão identidade ao instituto da arbitragem.

6.1. A especialização dos árbitros

Em primeiro lugar, o árbitro detém conhecimento específico na área em que o litígio se verifica.[19] No âmbito dos contratos administrativos, isso significa que as ques-

18 É improcedente o argumento de que a qualificação adotada na Lei nº 13.448 aplica-se apenas aos contratos abrangidos no Programa de Parceria de Investimentos (PPI), somente a contratos de concessão ou exclusivamente a contratos do setor rodoviário, ferroviário e aeroportuário – temas sobre os quais versa o referido diploma. O reconhecimento da disponibilidade dos direitos patrimoniais não se vincula a qualquer atributo inerente às três circunstâncias acima indicadas. Decorre de características dos próprios direitos, de modo que a determinação legal alcança todas as relações jurídicas contratuais de que participa um sujeito administrativo.

19 A esse respeito, explica Manuel Pereira Barrocas: *"O perfil do árbitro, jurista ou não, deve corresponder à natureza e aos conhecimentos técnicos requeridos para um bom entendimento do litígio e possuir uma capacidade suficiente para lhe conferir a melhor solução, que compreenda a essência do desencontro de posições entre as partes e saiba obter a solução mais adequada" (Manual de Arbitragem*, Coimbra: Almedina, 2010, p. 770).

tões jurídicas e de fato serão conhecidas e decididas com profundidade muito mais intensa do que se passa no âmbito do Poder Judiciário.

Usualmente, o magistrado não é titular de conhecimento especializado relativamente à disciplina das contratações públicas. A grande quantidade de processos impede a dedicação integral à compreensão e à solução do litígio.

Portanto, a tendência é a produção de decisões muito mais vinculada à disciplina jurídica aplicável do que aos elementos fáticos.

6.2. A preponderância das regras contratuais

Uma outra característica da arbitragem é a prevalência das regras contratualmente entabuladas entre as partes. A arbitragem é instituída por meio de contrato e as regras contratuais fornecem o arcabouço normativo do relacionamento entre as partes. Uma das características das decisões arbitrais é o prestígio intenso às regras contratuais.

No cenário judicial, é usual a prevalência do regime jurídico abstrato sobre as regras contratuais adotadas pelas partes, atribuindo relevância secundária à disciplina contratual adotada.

6.3. A concentração probatória e a produção da decisão

Outro aspecto fundamental reside na proximidade entre a produção da prova e a decisão. O painel arbitral preside a produção da prova e produz a decisão. Como regra, o tempo que medeia entre a conclusão da instrução e a produção da sentença arbitral é muito curto. Isso significa um vínculo lógico e psicológico entre a reconstrução dos fatos e a formação da convicção do julgador.

Nos processos judiciais, a vinculação do magistrado que presidiu a instrução é relativa. É muito comum que a sentença seja proferida por um juiz que não acompanhou a produção da prova. Mais ainda, é usual que a sentença seja proferida muito tempo depois da conclusão da instrução, o que mitiga os efeitos da coleta das provas.

Em se tratando de litígios de que participa a Administração Pública, há tendência à redução da relevância da produção das provas. Em litígios complexos, a prova apresenta pequena importância, dando-se prevalência às questões jurídicas.

A adoção de arbitragem nos conflitos de que participa a Administração Pública acarretará uma alteração dessa relação. Os árbitros darão grande importância aos fatos, investigando minuciosamente a conduta efetiva das partes, produzindo decisão fundada na avaliação quanto ao cumprimento dos deveres contratuais.

6.4. A instância única e suas implicações

Há outro aspecto conexo ao anterior, que se relaciona com a instância decisória única. Na via judicial, a pluralidade de instâncias conduz à redução progressiva da relevância da análise dos fatos. O decurso do tempo e a alteração da identidade do julgador acarretam a redução da eficácia da produção da prova. A decisão final, adotada pelo STJ ou pelo STF, não guarda vínculo mais intenso com a prova produzida. Isso decorre não apenas da vedação ao conhecimento quanto aos fatos, mas dos próprios efeitos que o tempo produz na formação da vontade decisória.

Na arbitragem, a instância única implica o afastamento dessa característica típica dos processos judiciais. A decisão arbitral, produzida na sequência da conclusão da instrução probatória, refletirá uma avaliação (inclusive ética) sobre a conduta concreta das partes. E tal decisão não comportará revisão posterior.

7. A revalorização da conduta das partes ao longo do contrato

As características da arbitragem permitem inferir a revalorização da conduta das partes ao longo do processo de formação e de execução do contrato administrativo.

7.1. A interpretação das regras contratuais

Uma alteração previsível relaciona-se com a interpretação das regras contratuais. A Administração impõe unilateralmente à parte privada as condições contratuais. Isso conduzirá à prevalência de interpretação mais severa quanto à disciplina contratual. O poder jurídico de impor regras favoráveis ao próprio interesse implica o dever de adotar redação clara e precisa, além de se manter a aplicabilidade dos dispositivos tal como prevista. Em caso de dúvida, prevalecerá a interpretação menos favorável ao Poder Público, em vista do postulado hermenêutico de que a parte que redige o contrato não pode ser beneficiada em caso de dubiedade.

7.2. A relevância significativa das condutas das partes

Como apontado, a decisão arbitral reflete a avaliação quanto às condutas adotadas pelas partes ao longo da execução do contrato. Há uma preocupação com a reconstrução detalhada e minuciosa dos eventos ocorridos, tal como se atribui grande relevância à observância de prazos, formalidades e manifestações.

Por decorrência, as decisões arbitrais favorecerão a parte que demonstrar o cumprimento mais fiel dos deveres contratuais e das formalidades estabelecidas. A omissão e o silêncio – que são práticas usuais na atividade administrativa – serão interpretados de modo desfavorável à Administração.

7.3. A repressão severa à conduta contraditória

Outro aspecto fundamental relaciona-se com a rejeição à conduta contraditória, relacionada com a preclusão lógica. As decisões adotadas pela autoridade administrativa serão reputadas como vinculantes. Condutas administrativas posteriores, que sejam incompatíveis com atos pretéritos, serão reprimidas na arbitragem.

7.4. A mutação do direito dos contratos administrativos

Esse contexto permite antever alterações relevantes e radicais no tocante ao regime das contratações públicas. Até se pode aludir a um fenômeno de mutação jurídica, expressão que indica a alteração da disciplina normativa sem mudança da redação dos textos aplicáveis.

Numa arbitragem, os padrões de conduta usualmente adotados pela Administração Pública serão interpretados como violação contratual. É muito previsível que as decisões arbitrais favoreçam o contratante privado, se a Administração Pública mantiver inalteradas as práticas atualmente adotadas.

7.5. A necessidade de revisão das práticas administrativas

A generalização da arbitragem nos contratos públicos impõe à Administração o ônus de atuar segundo as mesmas orientações contratuais que orientam o desempenho do sujeito privado. A difusão da arbitragem implica a necessidade de a Administração rever as suas práticas administrativas, especialmente no tocante à gestão contratual.

Acima de tudo, é indispensável a Administração evidenciar atuação norteada pela boa-fé. Decisões arbitrárias, especialmente quando aptas a gerar danos ao contratante privado, precisam ser suprimidas. O contratante privado é titular de interesses legítimos, que merecem proteção jurídica.

É necessário eliminar a praxe da omissão e do silêncio, especialmente diante de pleitos e manifestações do contratante privado. Impõe-se o cumprimento rigoroso das previsões contratuais, especialmente no tocante a deveres e ônus assumidos pela Administração.

A Administração deve adotar a orientação de que o relacionamento contratual poderá resultar em litígio a ser dirimido por arbitragem. Em face dessa circunstância, cabe à Administração atuar de modo cauteloso, documentando não apenas as suas decisões, mas identificando potenciais pleitos próprios e do particular.

8. Conclusão

A arbitragem é muito mais do que a simples substituição do processo estatal por um processo não estatal, é muito mais do que a substituição de um magistrado por um árbitro. Ela é uma alteração significativa no tocante ao relacionamento entre Estado e setor econômico com a convergência de regimes jurídicos de direito privado.

Sob outro prisma, a arbitragem propicia a democratização do poder estatal, submetendo a atuação estatal a padrões de controle fundados na submissão ao direito e no cumprimento dos deveres contratuais. Apenas isso já seria suficiente para justificar o apoio à arbitragem. Afinal, o grande desafio do direito administrativo consiste em construir um Estado orientado a cumprir os compromissos constitucionais com os direitos fundamentais, com a eliminação das ineficiências e com a realização da democracia.

9. Referências bibliográficas

BARROCAS, Manuel Pereira. *Manual de Arbitragem*, Coimbra: Almedina, 2010.

BONAVIDES, Paulo. *Curso de Direito Constitucional*. São Paulo: Malheiros, 2018.

CARMONA, Carlos Alberto. *Arbitragem e processo: um comentário à Lei 9.307/96*. 2ª ed., rev., atual. e ampl. São Paulo: Atlas, 2004.

GIANNINI, Massimo Severo. *Diritto Amministrativo*, v. I, Milano: Giuffrè, 1970.

JUSTEN FILHO, Marçal. *Curso de Direito Administrativo*, 13ª ed., São Paulo: RT, 2018.

LEMES, Selma. *Arbitragem na Administração Pública* – Fundamentos jurídicos e eficiência econômica. São Paulo: Quartier Latin, 2007.

MARTELLO, Alexandro; LIS, Lais. Investimento do governo em infraestrutura no ano passado é o menor em dez anos, matéria veiculada em 10.2.2019, disponível em: https://g1.globo.com/economia/noticia/2019/02/10/investimento-do-governo- em-infraestrutura-no- ano-passado-e-o-menor-em-dez-anos.ghtml, acesso em 13.10.2019.

MONTEIRO, Vera. *Concessão*, São Paulo: Malheiros, 2010.

MUNIZ, Joaquim de Paiva; BONIZZI, Marcelo José de; FERREIRA, Olavo A. V. Alves. *Arbitragem e Administração Pública*. Temas polêmicos. Ribeirão Preto: Migalhas, 2018.

OLIVEIRA, Kelly. Gasto público ineficiente no Brasil gera perda de US$ 68 bi por ano, matéria veiculada em 7.5.2019, pela Agência Brasil, disponível em: http://agenciabrasil.ebc.com.br/economia/noticia/2019-05/gasto-publico-ineficiente-no- brasil-gera-perda-de-us-68-bi-por-ano, acesso em 13.10.2019.

TALAMINI, Eduardo, "Arbitragem e parceria público-privada". In: TALAMINI, Eduardo; JUSTEN, Monica Spezia (coord.). *Parcerias público-privadas*: um enfoque multidisciplinar. São Paulo: Revista dos Tribunais, 2005.

VALENÇA FILHO, Clávio de Melo. *Poder Judiciário e sentença arbitral*. Curitiba: Juruá, 2002, pp. 46 e ss.

Direito Penal Tributário e Tipificação Penal Imprópria

Marcelo Campos
Andressa Gomes

Sumário: I. Introdução; **II.** Aspectos Gerais; **II.1.** Ilícito Tributário e Ilícito Penal; **II.2.** A Representação Fiscal para Fins Penais; **III.** ICMS – Imposto Sobre a Circulação de Mercadorias e a Apropriação Indébita de Tributo; **IV.** Conclusão; **V.** Referências bibliográficas.

I. Introdução

Na esfera tributária, existem acontecimentos econômicos relevantes e que a norma tributária incide e outros que, diante de sua insignificância ou irrelevância são desconsiderados, diferenciando-se, assim, em hipóteses de incidência e de não incidência tributária.

Transportando esta lógica para os crimes tributários, nos quais estão debruçados os estudos do direito penal tributário, não basta dizer que um mero inadimplemento de uma obrigação tributária possa constituir automaticamente em crime. Isto porque, diante da referida especificidade que o Direito Penal impõe aos seus bens tutelados, necessária observância de demais elementos, por exemplo, o comprovado intuito de fraude.

II. Aspectos Gerais

A aproximação entre o Direito Penal e o Direito Tributário torna-se ainda mais clara quando identificamos pontos convergentes entre estas duas áreas, como bem ilustra este cenário, o ápice dessa convergência reside na expressão do Prof. Celso Cordeiro Machado relembrado por Misabel Derzi e citado por Maurício Antônio Ribeiro Lopes[1]: tipicidade legal dos fatos geradores.

No que concerne a estrutura fundamental do Direito Penal e do Direito Tributário, estes ramos disciplinam diversos e similares institutos que, em sua essência jurídica são muito próximos, quando não similares. Para tanto, como exemplo mais absoluto, podemos lembrar que o fato típico na esfera penal encontra o correspondente fato gerador na esfera tributária, da mesma forma que existem causas de exclusão do crime, também existem as causas de exclusão do tributo, sendo a subsunção a lei a fonte única de obrigações penal e tributária.

---

1 LOPES, Maurício Antonio Ribeiro Lopes. *Direito Penal Tributário: Reflexões acerca da competência e do processo Legislativo in Direito penal tributário contemporâneo: estudos de especialistas* / coordenação Antônio Cláudio Mariz de Oliveira, Dejalma de Campos – São Paulo: Atlas, 1995, p.85.

II.1. Ilícito Tributário e ilícito Penal

Como apresentado, a esfera tributária como a penal possuem conceitos e institutos muito próximos, mas que não se confundem.

Em um primeiro momento, a distinção pode ser encontrada e definida no objeto de cada ilícito. Isto é, no ilícito penal são lesionados direitos subjetivos ou bens protegidos juridicamente, ao passo que, no ilícito tributário, ocorre inadimplemento das normas fiscais.

Ocorre que, tal distinção acaba sendo incompleta, uma vez que, tanto o ilícito penal, como o tributário lesam bens jurídicos da comunidade podendo ao mesmo tempo ser ilícito penal e tributário.

Neste sentido, Maurício Antonio Ribeiro Lopes[2] citando Ricardo Nuñes entende que não é necessário que a multa seja conversível para que tenha o caráter penal, e diz correto o ponto de vista da existência de um direito penal administrativo de que é parte o direito penal tributário, com autonomia estrutural 'mas não funcional ao Direito Penal Tributário'.

II.2. A Representação Fiscal para Fins Penais

A representação fiscal para fins penais é o elo de ligação entre o processo administrativo fiscal e o processo penal.

Está prevista no artigo 83 da Lei nº 9.430/1996[3] para os crimes contra a ordem tributária previstos nos artigos 1º e 2º da Lei nº 8.137, de 27/12/1990 e aos crimes contra a Previdência Social previstos nos artigos 168-A e 337-A do Decreto-Lei nº 2.848, de 7/12/1940[4]

---

2 LOPES, Maurício Antonio Ribeiro Lopes. *Direito Penal Tributário: Reflexões acerca da competência e do processo legislativo. Direito penal tributário contemporâneo: estudos de especialistas* / coordenação: Antônio Cláudio Mariz de Oliveira, Dejalma de Campos. – - São Paulo: Atlas, 1995, p. 95.

3 Art. 83. A representação fiscal para fins penais relativa aos crimes contra a ordem tributária previstos nos arts. 1º e 2º da Lei nº 8.137, de 27 de dezembro de 1990, e aos crimes contra a Previdência Social, previstos nos arts. 168-A e 337-A do Decreto-Lei nº 2.848, de 7 de dezembro de 1940 (Código Penal), será encaminhada ao Ministério Público depois de proferida a decisão final, na esfera administrativa, sobre a exigência fiscal do crédito tributário correspondente. (Redação dada pela Lei nº 12.350, de 2010)

4 Art. 168-A. Deixar de repassar à previdência social as contribuições recolhidas dos contribuintes, no prazo e forma legal ou convencional. Pena – reclusão, de 2 (dois) a 5 (cinco) anos, e multa.
Art. 337-A. Suprimir ou reduzir contribuição social previdenciária e qualquer acessório, mediante as seguintes condutas: I – omitir de folha de pagamento da empresa ou de documento de informações previsto pela legislação previdenciária segurados empregado, empresário, trabalhador avulso ou trabalhador autônomo ou a este equiparado que lhe prestem serviços; II – deixar de lançar mensalmente nos títulos próprios da contabilidade da empresa as quantias descontadas dos segurados ou as devidas pelo empregador ou pelo tomador de serviços; II – omitir, total ou parcialmente, receitas ou lucros auferidos, remunerações pagas ou creditadas e demais fatos geradores de contribuições sociais previdenciárias:
Pena – reclusão, de 2 (dois) a 5 (cinco) anos, e multa

com disposições no Decreto nº 2.730/1998[5] acerca contra a ordem tributária previstas nos artigos 1º e 2º da Lei nº 8.137/90 e para os crimes de contrabando e descaminho.

A Receita Federal do Brasil passou a regulamentar este procedimento na Portaria RFB nº 1.750, de 12 /11/ 2018. Em seu art. 2º, considerando a Representação como atribuição obrigatória do Auditor da Receita Federal do Brasil quando, no exercício de suas atribuições, identificar fatos que possam configurar, em tese, crimes contra a ordem tributária ou contra a Previdência Social ou crime de contrabando ou de descaminho.

Aqui, destacamos a delicada situação do Auditor que, uma vez obrigado à Representação e, na hipótese de descumprimento, estará submetido aos riscos das penalidades previstas na Lei nº 8.112/1990[6].

Por outro lado, entendemos a necessidade de que a Representação Fiscal tenha como base comprovada a intenção de fraude a fim de se configurar os crimes supracitados e não apenas uma mera presunção. Em outras palavras, há de se ter necessária observância à confiança recíproca na relação jurídico-tributária entre o Fisco e o Contribuinte.

Jair Jaloreto e Sidney Stahl[7] apresentam que:

> A efetiva separação entre meros ilícitos e crimes tributários é fundamental para retomar o caminho da confiabilidade. Também é urgente que se altere a legislaçao para não se obrigar ao agente lançador representar criminalmente em decorrência de fato que configure, em

---

5 Art 1º O Auditor-Fiscal do Tesouro Nacional formalizará representação fiscal, para os fins do art. 83 da Lei nº 9.430, de 27 de dezembro de 1996, em autos separados e protocolizada na mesma data da lavratura do auto de infração, sempre que, no curso de ação fiscal de que resulte lavratura de auto de infração de exigência de crédito de tributos e contribuições administrados pela Secretaria da Receita Federal do Ministério da Fazenda ou decorrente de apreensão de bens sujeitos à pena de perdimento, constatar fato que configure, em tese; I – crime contra a ordem tributária tipificado nos arts. 1º e 2º da Lei 8.137, de 27 de dezembro de 1990; II – crime de contrabando ou descaminho.
Art 2º Encerrado o processo administrativo-fiscal, os autos da representação fiscal para fins penais serão remetidos ao Ministério Público Federal, se: I – mantida a imputação de multa agravada, o crédito de tributos e contribuições, inclusive acessórios, não for extinto pelo pagamento; II – aplicada, administrativamente, a pena de perdimento de bens, estiver configurado em tese, crime de contrabando ou descaminho.

6 Art. 127. São penalidades disciplinares - advertência; II - suspensão; III - demissão; IV - cassação de aposentadoria ou disponibilidade; V - destituição de cargo em comissão; VI - destituição de função comissionada.
Art. 128. Na aplicação das penalidades serão consideradas a natureza e a gravidade da infração cometida, os danos que dela provierem para o serviço público, as circunstâncias agravantes ou atenuantes e os antecedentes funcionais. Parágrafo único. O ato de imposição da penalidade mencionará sempre o fundamento legal e a causa da sanção disciplinar.

7 JALORETO, Jair e STAHL, Sidney. *Responsabilidade Penal Tributária e a Representação Fiscal Para Fins Penais.* Crimes contra Ordem Tributária: do direito tributário ao direito penal / Organização Gisele Barra Bossa, Marcelo Almeida Ruivo. – São Paulo: Almedina, 2019, p. 288.

tese, crime, essa função pertence ao Ministério Público e suprime a isenção do responsável pelo lançamento.

Neste sentido, podemos lembrar o entendimento sedimentado do CARF – Conselho Administrativo de Recursos Fiscais, na súmula nº 14[8], que a mera apuração de omissão de receita ou de rendimentos não enseja a aplicação de multa de ofício, pois aponta pela necessidade de comprovação do evidente intuito de fraude do sujeito passivo.

III. ICMS - Imposto Sobre a Circulação de Mercadorias e a Apropriação Indébita de Tributo

O ICMS – Imposto sobre operações relativas à circulação de mercadorias e sobre prestações de serviços de transporte interestadual, intermunicipal e de comunicação – é de competência dos Estados e do Distrito Federal, conforme previsão constitucional no artigo 155, II[9]. A regulamentação deste imposto está prevista na Lei Complementar 87/1996, conhecida como "Lei Kandir"[10]

Trata-se de um imposto não-cumulativo: compensa-se o que for devido em cada operação relativa à circulação de mercadorias ou prestação de serviços de transporte interestadual ou Intermunicipal e de comunicação com o montante cobrado nas anteriores pelo mesmo ou por outro Estado.

Assim, é assegurado ao sujeito passivo o direito de creditar-se do imposto anteriormente cobrado em operações de que tenha resultado a entrada de mercadoria, real ou simbólica, no estabelecimento.

O Contribuinte do ICMS é qualquer pessoa, física (em casos específicos) ou jurídica, que realize, com determinada habitualidade ou em volume que caracterize intuito comercial; operações de circulação de mercadoria ou prestações de transporte interestadual e intermunicipal e de comunicação, ainda que as operações e as prestações se iniciem no exterior.

---

8 Súmula CARF 14: A simples apuração de omissão de receita ou de rendimentos, por si só, não autoriza a qualificação da multa de ofício, sendo necessária a comprovação do evidente intuito de fraude do sujeito passivo. Precedentes: Acórdão 101-94258, de 01/07/2003 Acórdão 101-94351, de 10/9/2003 Acórdão 104-19384, de 11/6/2003 Acórdão 104-19806, de 18/2/2004 Acórdão nº 104-19855, de 17/3/2004

9 Art.155. Compete aos Estados e ao Distrito Federal instituir impostos sobre: (...) II – operações relativas à circulação de mercadorias e sobre prestações de serviços de transporte interestadual e intermunicipal e de comunicação, ainda que as operações e as prestações se iniciem no exterior.

10 Nome atribuído ao Deputado Federal que a criou, Antônio Kandirian, conhecido como Antônio Kandir.

De acordo com o artigo 128 do Código Tributário Nacional[11], a fim de assegurar o efetivo recebimento da Fazenda Pública (Fisco), a lei poderá atribuir a alguém a responsabilidade pelo crédito tributário a terceira pessoa, vinculada ao fato gerador da respectiva obrigação.

O responsável tributário poderá assumir esta condição na forma de substituição ou transferência. Na primeira, a lei tributária atribui o dever jurídico de pagar o tributo a pessoa diversa daquela que pratica o fato gerador, mas que possua uma relação jurídica e, portanto, assume o lugar do contribuinte.

Na transferência, ocorre quando a lei tributária determina que a obrigação tributária seja, em um primeiro momento, em relação ao contribuinte e, somente depois, comunicando-se o responsável.

Superada a breve introdução conceitual e técnica do ICMS, sem a pretensão de ter esgotado o tema, uma vez tratar-se de um dos impostos mais complexos de nosso ordenamento jurídico, passemos a análise do ponto crítico aqui proposto sobre este imposto: apropriação indébita tributária.

O Superior Tribunal de Justiça, com objetivo de combater a sonegação fiscal, em julgamento de 22/08/2018, na análise de um pedido de Habeas Corpus, HC 399.109/SC, apresentou entendimento de que constitui crime de apropriação indébita tributária, prevista no artigo 2º, inciso II, da Lei nº 8.137/90[12], deixar de recolher o valor do ICMS nas situações em que o empresário, quando da realização das operações mercantis com o valor do tributo incluído no preço da mercadoria, deixar de adimplir a obrigação tributária.

Bem verdade, tanto para os chamados impostos diretos, quanto para os impostos indiretos, são próprios e, logicamente, devidos pelo próprio contribuinte e, se ato contínuo ele (contribuinte) declara e não paga, trata-se de dívida e não de ilícito penal. Isto porque, o valor referente ao imposto que é repassado ao contribuinte de fato, refere-se a uma mera repercussão econômica que constitui o preço do serviço/mercadoria do contribuinte de direito.

Marafon e Soares[13], neste sentido, explicam que:

> Primeiramente porque o tributo é relativo à dívida de operações próprias do contribuinte, ou seja, ele não está obrigado a reter e, posteriormente, recolher o imposto. Por outro lado,

---

11 Art.128. Sem prejuízo do disposto neste capítulo, a lei pode atribuir de modo expresso a responsabilidade pelo crédito tributário a terceira pessoa, vinculada ao fato gerador da respectiva obrigação, excluindo a responsabilidade do contribuinte ou atribuindo-a a este em caráter supletivo cumprimento total ou parcial da referida obrigação.

12 Art.2º. Constitui crime da mesma natureza: (...) II – deixar de recolher, no prazo legal, valor do tributo ou de contribuição social, descontado ou cobrado, na qualidade de sujeito passivo de obrigação e que deveria recolher aos cofres públicos.

13 MARAFON, Plínio José e SOARES, Maria Helena Tavares de Pinho Tinoco em Crimes contra a ordem tributária. Coord. Ives Gandra da Silva Martins; conferencista inaugural José Carlos Moreira Alves; atualização Damásio de Jesus. 4. Ed. Atual. São Paulo: Editora Revista dos Tribunais; Centro de Extensão Universitária, 2002 (Pesquisas tributárias. Nova série; n. 1). p. 188

se o tributo foi oportunamente declarado nas guias adequadas, resta indagar se efetivamente não houve pagamento do imposto, caso contrário, estaremos diante de mero atraso no recolhimento.

Não obstante, há ainda de se considerar um detalhe que torna o dispositivo supracitado equivocado: a utilização da expressão "sujeito passivo".

Conforme o artigo 121 do Código Tributário Nacional[14], sujeito passivo pode ser distinguido em contribuinte e responsável. Por este motivo, para a hipótese prevista no art.2º, inciso II da Lei nº 8.137/90 o correto seria substituir a expressão "sujeito passivo" para "substituto tributário".

Essa a nosso ver é uma pequena parcela de um aspecto maior envolvido no acórdão e que se espraiou inicialmente em julgados que tratavam de limites à restituição tributária dos impostos indiretos.

Nitidamente existe uma verdadeira confusão na análise do que o consumidor paga ao vendedor[15]. A caracterização de apropriação indébita absurdamente tipificada na jurisprudência decorre de outro absurdo, o entendimento de não se tratar de preço o valor pago na venda em geral.

Sem nos estendermos em demasia sobre o tema basta observar que na sistemática dos impostos indiretos esse valor pago pelo consumidor (**D**) que corresponde a incidência tributária e que consiste em uma parcela do preço, deverá ser contraposto a incidência tributária dos valores pagos para as aquisições feitas pelo varejista (**C**) junto ao atacadista. É o resultado dessa contraposição, acaso positivo, que devera ser recolhido aos cofres públicos, conforme ilustração abaixo:

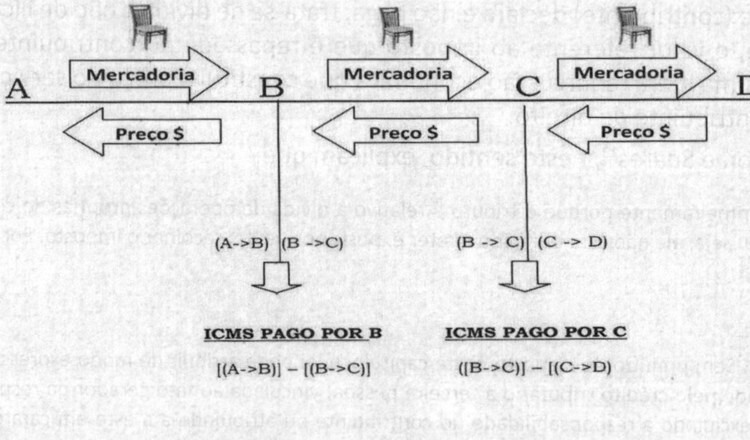

14 Sujeito passivo da obrigação principal é a pessoa obrigada ao pagamento de tributo ou penalidade pecuniária. Parágrafo único. O sujeito passivo da obrigação principal diz-se: I – contribuinte, quando tenha relação pessoal e direta com a situação que constitua o respectivo fato gerador; II – responsável, quando, sem revestir a condição de contribuinte, sua obrigação decorra de disposição expressa de lei.

15 Tomamos como exemplo a venda ao consumidor final, mas, no entanto essa mesma confusão se estende as demais transmissões que ocorrem em uma cadeia econômica.

O valor recebido do Consumidor (**D**) não é tributo é parte do preço e dessa forma pertence ao Varejista (**C**) e não ao Estado. Não havendo como ser indevidamente apropriado por aquele.

Quer nos parecer que esse posicionamento jurisprudencial, conforme antecipado, advém de outro equivoco já pacificado na esfera da repetição do indébito, referindo-nos a aplicação do artigo 166 como forma de restringir a repetição do indébito para os casos previstos no artigo 165 do CTN em se tratando dos chamados tributos indiretos.[16]

De forma clara e evidente, a ocorrência de repercussão econômica do tributo não constitui fato jurídico relevante que possa interferir na relação jurídica obrigacional tributária. O mesmo se pode dizer quanto a fixação da obrigação acessória consistente na emissão da nota fiscal.

Mantendo-nos no exemplo trazido inicialmente, o comerciante em relação ao consumidor não assume a função de sujeito ativo da relação tributária. O que torna ainda mais evidente tratar-se de relação de direito privado, essa última, reside no fato que o não pagamento do preço pelo Consumidor não resulta em qualquer débito em relação ao Estado, sendo o Varejista, com recursos próprios, quem deverá responder pelo não pagamento do Imposto, e não do preço.

De fato, inexiste na legislação tributária qualquer redesignação a cerca da sujeição passiva para a incidência do ICMS no caso da Jurisprudência analisada, não cabendo ao STJ fazer as vezes da lei requerida pelo artigo 128 do Código Tributário Nacional.

IV. Conclusão

Sem a pretensão de esgotarmos o tema, ressaltamos a importância de apresentar, mesmo que de forma breve, conceitos e aplicações teóricas tanto no âmbito tributário, quanto no âmbito penal a fim de ilustrar a intersecção entre ambos, delimitando assi o próprio Direito Penal Tributário.

A intenção didática deste trabalho foi inclusive demonstrada quando da análise do ponto crítico acerca da tipificação imprópria do crime de apropriação indébita do ICMS.

---

16 Art. 165. O sujeito passivo tem direito, independentemente de prévio protesto, à restituição total ou parcial do tributo, seja qual for a modalidade do seu pagamento, ressalvado o disposto no § 4º do artigo 162, nos seguintes casos:
I – cobrança ou pagamento espontâneo de tributo indevido ou maior que o devido em face da legislação tributária aplicável, ou da natureza ou circunstâncias materiais do fato gerador efetivamente ocorrido;
II – erro na edificação do sujeito passivo, na determinação da alíquota aplicável, no cálculo do montante do débito ou na elaboração ou conferência de qualquer documento relativo ao pagamento;
III – reforma, anulação, revogação ou rescisão de decisão condenatória.
Art. 166. A restituição de tributos que comportem, por sua natureza, transferência do respectivo encargo financeiro somente será feita a quem prove haver assumido o referido encargo, ou, no caso de tê-lo transferido a terceiro, estar por este expressamente autorizado a recebê-la.

Não obstante, por se tratar de trabalho que trata da criminalização da matéria tributária, importante destacar o movimento cíclico que se observa em relação a esse aspecto. Legislação e jurisprudência oscilam entre rigor e flexibilização na aplicação das sanções penais ao inadimplente tributário. Para o momento, o rigor interpretativo é evidente, argumentos como inexigibilidade de conduta diversa e estado de necessidade deixam de ser considerados pela jurisprudência que cuidou de estender interpretativamente prazos prescricionais, compensando a morosidade da fazenda na revisão de legalidade de lançamentos em processos administrativos intermináveis.

A principal válvula de escape, referindo-nos ao efeito extintivo do pagamento em relação à punibilidade, hoje, se pretende mitigar seja pela interpretação de que o descumprimento de obrigação acessória – que não envolve pagamento de tributo -, mantém viva a punibilidade, seja a partir da pretensão de se conferir autonomia aos crimes contra a ordem tributária considerando sua tipificação no rol da lei da lavagem de dinheiro, Lei 12.683/2012.

Fato é que a pretensão de se caracterizar como apropriação indébita o simples inadimplemento do ICMS denota flagrante desconhecimento acerca dos aspectos da incidência deste Imposto.

Referências bibliográficas

BRASIL.*Constituição da República Federativa do Brasil de 1988*. Disponível em: <http://www.planalto.gov.br/ccivil_03/constituicao/constituicao.htm>. Acesso em 28 maio.2019.

______. Lei nº 5.172. *Código Tributário Nacional*. Brasília, 25 de outubro de 1966. Disponível em: < http://www.planalto.gov.br/ccivil_03/leis/l5172.htm>. Acesso em 28 maio.2019.

CARRAZZA, Roque Antonio. *Curso de Direito Constitucional Tributário*. 29ª edição, revista ampliada e atualizada até a Emenda Constitucional n.72/2013. São Paulo: Malheiros Editores, 2013.

JALORETO, Jair e STAHL, Sidney. Responsabilidade Penal Tributária e a Representação Fiscal Para Fins Penais. Crimes contra Ordem Tributária: do direito tributário ao direito penal / Organização Gisele Barra Bossa, Marcelo Almeida Ruivo. – São Paulo: Almedina, 2019.

LOPES, Maurício Antonio Ribeiro Lopes. Direito Penal Tributário: Reflexões acerca da competência e do processo Legislativo in Direito penal tributário contemporâneo: estudos de especialistas / coordenação Antônio Cláudio Mariz de Oliveira, Dejalma de Campos. – - São Paulo: Atlas, 1995.

MARAFON, Plínio José e SOARES, Maria Helena Tavares de Pinho Tinoco em Crimes contra a ordem tributária. Coord. Ives Gandra da Silva Martins; conferencista inaugural José Carlos Moreira Alves; atualização Damásio de Jesus. 4ª Ed. Atual. São Paulo: Editora Revista dos Tribunais; Centro de Extensão Universitária, 2002 (Pesquisas tributárias, Nova série; n. 1).

MIRABETE, Julio Fabbrini. Manual de Direito Penal, volume 1: parte geral, arts 1º a 120 do CP / Julio Fabbrini Mirabete, Renato N. Fabbrini. – 30ª ed.rev. e atual. até 31 de dezembro de 2013. – São Paulo: Atlas, 2014.

PAULSEN, Leandro. *Impostos federais, estaduais e municipais* / Leandro Paulsen, José Eduardo Soares de Melo. 8ª Ed. Ver. E atual. – Porto Alegre: Livraria do Advogado Editora, 2013

Limites do Poder Constituinte Decorrente em Face do Princípio da Simetria no Brasil

Marcelo Navarro Ribeiro Dantas

I. Primeira Parte: Noções Gerais

1. Introdução

Uma das mais importantes características do Estado federal é a autonomia dos entes federados, isto é, sua capacidade de auto-organização. Tanto que, se há atualmente uma certa dificuldade em distinguir verdadeiros Estados federais de Estados unitários descentralizados ou regionais, ela pode se resolver justamente pelo discrímen da autonomia, que, inclusive etimologicamente, significa capacidade de produzir as próprias normas. Em outras palavras, de se autoconstituir e de se autorregular.

De outra banda, porém, a ideia de autoconstituição remete a poder, no caso, o poder constituinte. Tal expressão, conforme a doutrina, é usada para designar um gênero de forças constitutivas que contém diferentes espécies: o poder constituinte originário, que é um poder de fato, insubordinado, ilimitado e incondicionado, consubstanciando-se no poder de instituir a Constituição da federação; e o poder constituinte derivado, que é um poder de direito, em verdade não constituinte, mas sim constituído, portanto sucessivo, subordinado, limitado e condicionado, pois oriundo do pacto federativo e sujeito a controle de constitucionalidade, e que se consubstancia no poder de reformar a Constituição da federação.

Fala-se ainda numa subespécie deste último, a saber o poder constituinte (derivado) decorrente, ou, como preferem alguns, o poder constituinte subnacional. Entendo que melhormente se poderia denominá-lo poder constituinte subfederal. É secundário, de segundo grau ou mais, e se consubstancia no poder de instituir e reformar (não há diferença aí, já que ambas as coisas derivam do poder constituinte originário) das Constituições das entidades descentralizadas da federação, ou seja, das Constituições subfederais.

Sua razão de ser é um arranjo entre unidade e pluralidade. De um lado, a manutenção da existência da federação como ente estatal uno; do outro, a vivificação desta, pela variedade existencial dos entes subfederais que a constituem. Sua existência é base e o fundamento da autonomia das ditas entidades

2. Poder Constituinte Decorrente e Constitucionalismo Subfederal

Apesar do exposto acima, a existência de expressões normativas do poder constituinte decorrente, ou seja, de Constituições subfederais, não é necessária à configuração do Estado federal. Entretanto, toda unidade federada tem Constituição, ainda que em sentido material ou adotando implicitamente o texto da Constituição da federação.

Na verdade, há sistemas constitucionais que impõem a existência de Constituições subfederais. Assim Alemanha, Argentina, Austrália, Áustria, Brasil, Estados Unidos, Etiópia, Iraque, México, Suíça, Sudão, Sudão do Sul e Venezuela. Outros que apenas a facultam: África do Sul, Bósnia-Herzegovina, Canadá, Malásia e Rússia. Finalmente, os que a proíbem: Comores, Emirados Árabes, Nepal, Paquistão e Índia (exceto quanto à Caxemira).

Pode-se falar, portanto, de constitucionalismo subfederal, mas este terá características muito variadas, conforme o sistema constitucional em que esteja inserido.

3. Constitucionalismo Subfederal

São condições para a existência de um verdadeiro constitucionalismo subfederal: a autonomia das unidades subfederais e a competência delas para o autogoverno e garantia de direitos; a superioridade e (alguma) rigidez das normas constitucionais em relação às demais; e o apoio das comunidades locais às Constituições subfederais, isto é, a legitimidade popular destas.

Obviamente, o constitucionalismo subfederal tem suas limitações, maiores ou menores conforme cada sistema, traçadas pela Constituição da federação. E a diferenciação entre os limites, nos diversos ordenamentos, decorrem de vários fatores.

Se o Estado em questão é de federalismo por agregação (tendência centrípeta), isto é, se as unidades subfederais precederam o surgimento da federação, de um lado; ou por desagregação ou segregação (tendência centrífuga), ou seja, se a federação precedeu os entes subfederais, a tendência esperada é o florescimento mais exuberante do constitucionalismo subfederal nos primeiros (por exemplo, os Estados Unidos da América) e mais fraco nos últimos (por exemplo, o Brasil). No entanto, peculiaridades da formação da federação podem inverter tal tendência (casos da Alemanha e da Rússia).

Se o Estado em causa é assimétrico, ou seja, se as unidades federais são mais heterogêneas, isto é, se são muito distintas entre si, de um lado; ou, de outro, se é simétrico, ou seja, se elas são mais homogêneas ou parecidas entre si, a tendência esperada seria a de um constitucionalismo subfederal mais forte nos primeiros (por exemplo, o Canadá, onde a maior parte das províncias é de colonização inglesa mas uma delas, a de Québec, é francesa) e mais fraco nos últimos (por exemplo, os EUA, em que não houve tal diferença). No entanto, o inverso ocorre. Aliás, em alguns Estados fortemente assimétricos (Índia, África do Sul, ambos com grande diversidade etnocultural e linguística), para manter a unidade nacional e impedir a fragmentação étnica ou religiosa, é fraquíssimo, para não dizer inexistente, o constitucionalismo subfederal.

Se o Estado em análise é mais ou menos extenso territorialmente, a tendência esperada é de um constitucionalismo subfederal mais marcante nos primeiros (por exemplo, a Rússia) e mais fraco nos últimos (por exemplo, a Suíça), dada a natural distância entre as entidades subfederais naqueles, e a proximidade delas nestes últimos. Mas é o contrário que ocorre nos dois exemplos dados, por circunstâncias das respectivas formações. E há países com grandes territórios e forte constitucionalismo subfederal (os sempre citados EUA) e outros, também grandes (Brasil, Argentina, México), onde ele é fraco.

Finalmente, a variável do uso do federalismo como instrumento de eficiência do Estado (Alemanha e Áustria), o contexto histórico (sócio-econômico-cultural) do aparecimento de cada Estado; e a performance político-jurídica dos atores institucionais influenciam muito o modo como se dão esses limites. No conhecido e sempre muito estudado caso americano, o predomínio político de uma dada linha partidária em Estados-membros como a Califórnia (domínio democrata), a diferença da atuação entre as supremas cortes locais e a da União e muitas peculiaridades locais explicam algumas disparidades curiosas. Por exemplo: a Constituição dos EUA se mantém há mais de 230 anos; já a média de duração das cartas estaduais é de 40, e elas costumam ser mais extensas e mais flexíveis que a da federação.

Outros aspectos peculiares de cada dado Estado federal podem explicar ainda outras variações que influem num desenvolvimento mais amplo ou mais restrito de um constitucionalismo federal em seu seio.

Tudo isso mostra como é difícil tentar estabelecer parâmetros teóricos para estudar o constitucionalismo subfederal. É preciso fazer um exame casuístico que, conforme se disse antes, parta do texto da Constituição federal do Estado em questão, e se preocupe com os múltiplos fatores sócio-econômico-culturais de sua formação histórica e de sua existência real.

II. Segunda Parte: o Caso Brasileiro

1. Aspectos Gerais

O Brasil é um Estado federal por desagregação (o Estado preexistia aos entes subfederais), de caráter – como se verá melhor mais adiante – assimétrico, de grande extensão territorial, cujo federalismo – embora talvez assim imaginado por alguns dos seus originais formuladores, como Ruy Barbosa —, nunca chegou a ser efetivamente utilizado para a eficiência estatal, e onde a operação político-jurídica dos principais agentes institucionais (a Presidência da República, o Congresso Nacional e o Supremo Tribunal Federal) tem variado grandemente ao longo do tempo.

Dessa conjunção de fatores não se pode extrair nenhuma conclusão válida se não se começar pelo exame da Constituição brasileira para que se possa verificar como é tratada a questão do constitucionalismo subfederal entre nós.

2. Limites ao Poder Constituinte Decorrente na Constituição da República

2.1. Prolegômenos

A primeira coisa a dizer é que o principal dispositivo da Constituição da República acerca do tema é de redação extremamente genérica ou vaga, pois simplesmente diz que as Constituições subfederais devem obedecer aos "princípios" estipulados na Carta da federação:

> "Art. 25. Os Estados organizam-se e regem-se pelas Constituições e leis que adotarem, *observados os princípios* desta Constituição.
>
> § 1º São reservadas aos Estados as competências que não lhes sejam vedadas por esta Constituição.
>
> § 2º Cabe aos Estados explorar diretamente, ou mediante concessão, os serviços locais de gás canalizado, na forma da lei, vedada a edição de medida provisória para a sua regulamentação. *(Redação dada pela Emenda Constitucional nº 5, de 1995)*
>
> § 3º Os Estados poderão, mediante lei complementar, instituir regiões metropolitanas, aglomerações urbanas e microrregiões, constituídas por agrupamentos de municípios limítrofes, para integrar a organização, o planejamento e a execução de funções públicas de interesse comum."
>
> (Grifou-se).

Há autores, que, diante disso, chegam a falar que o constitucionalismo subfederal, no país, parte de uma "recepção do direito constitucional federal", dada a claríssima proeminência deste à vista da estatuição supratranscrita.

Entretanto, é necessário registrar que, se as normas constitucionais da federação têm toda essa supremacia, isso não se estende às demais normas federais. Ou seja, não vale no Brasil a regra alemã *Bundesrecht bricht Landesrecht,* a saber "o Direito federal prepondera sobre o estadual" (art. 31 da *Grundgesets für die Bundesrepublik Deutschland,* isto é, a Lei Fundamental ou Constituição alemã). Aqui temos o complicado caso da repartição de competências entre os entes federativos (arts. 22 a 24; 25, § 1º; 30; e 32, § 1º, todos da Constituição da República).

Dada a amplitude e vagueza do comando do art. 25 da Constituição da República, doutrina tem entendido – e a jurisprudência o confirma – que as limitações constitucionais ao poder constituinte derivado decorrente podem ser explícitas ou implícitas, diretas e indiretas.

2.2. Limitações temporais

Analisando em detalhe, vê-se que há, em primeiro lugar, *limitações temporais,* como se nota no art. 11 e seu parágrafo único, do Ato das Disposições Constitucionais Transitórias, onde se lê:

> "Art. 11. Cada Assembléia Legislativa, com poderes constituintes, elaborará a Constituição do Estado, *no prazo de um ano,* contado da promulgação da Constituição Federal, obedecidos os princípios desta.
>
> Parágrafo único. Promulgada a Constituição do Estado, caberá à Câmara Municipal, *no prazo de seis meses,* votar a Lei Orgânica respectiva, em dois turnos de discussão e votação, respeitado o disposto na Constituição Federal e na Constituição Estadual."
>
> (Grifou-se).

Concedeu-se, pois, aos Estados-membros (o mais importante tipo de ente subfederal do nosso constitucionalismo), um ano para elaborar suas Constituições, contado da promulgação da Carta da federação. E, aos Municípios (outro de nossos entes subfederais), para elaborar suas leis orgânicas (nome que foi dado às Constituições municipais), seis meses, contados da promulgação da Constituição do Estado-membro respectivo.

Fato curioso é que o constituinte de 1988 esqueceu de estabelecer qualquer prazo (limitação temporal) para o exercício do poder constituinte derivado decorrente de outro dos entes subfederais brasileiros, o Distrito Federal. Quanto a ele, dispôs apenas:

> "Art. 32. O Distrito Federal, vedada sua divisão em Municípios, reger-se-á por lei orgânica, votada em dois turnos com interstício mínimo de dez dias, e aprovada por dois terços da Câmara Legislativa, que a promulgará, atendidos os princípios estabelecidos nesta Constituição."

Resta, nesse tema, registrar que essas limitações temporais são apenas para o exercício inicial desse poder organizatório dos entes subfederais (elaboração de suas Constituições e leis orgânicas). Não se aplicam tais prazos, por óbvio, ao poder de emenda a elas. Portanto, a única diferença entre o poder constituinte subfederal de elaboração constitucional e aquele de reforma é essa: o primeiro submeteu-se a limitação temporal e o segundo, não. Mas ambos, tanto o de instituir como o de modificar são, como já se disse no início deste trabalho, condicionados, porque decorrentes do poder constituinte originário.

Sendo de somenos importância o estudo dos limites temporais – que perderam interesse uma vez que ultrapassados seus prazos, já que nenhum ente, ao que se sabe, descumpriu o prazo que lhe foi atribuído, o que geraria uma questão jurídica interessantíssima: qual a sanção para o Estado-membro ou Município que não tivesse elaborado e promulgado tempestivamente a respectiva Carta? Desapareceria? Seria incorporado ao ente maior? –, as atenções se voltam para as limitações permanentes.

2.3. Limitações de preordenação

As primeiras delas são as *limitações de preordenação,* a que muitos autores chamam *princípios estabelecidos.*

A maioria dessas limitações são *mandatórias,* como se vê dos seguintes dispositivos da Constituição da República:

a) forma e sistema de governo, quando se prevê a investidura e os mandatos de governadores e deputados (arts. 27 e 28), com critérios de número (art. 27, § 1º) e remuneração parlamentar (art. 37, § 2º);

b) regras relativas aos Municípios (art. 29);

c) normas de organização, composição e fiscalização dos tribunais de contas (art. 75);

d) estatuições tocantes à administração pública direta, indireta e fundacional (37, I a XXII e §§ 1º a 12);

e) regulação dos servidores públicos civis (arts. 39 a 41);

f) balizas normativas das polícias militares e corpos de bombeiros (art. 42);

g) estruturação do Judiciário (arts. 94, 98, 124 e 125);

h) organização do Ministério Público (art. 128, §§ 3º a 5º);

i) padrões regentes da advocacia (art. 132) e defensoria pública (art. 134, § 2º);

j) controle de constitucionalidade das leis estaduais e municipais em face da Constituição estadual (art. 125, § 2º);

k) juizados especiais (art. 98);

l) precatórios (art. 100); e

m) segurança pública (art. 144, IV e V, §§ 4º a 7º).

Mas alguns dos ditos limites de preordenação são *proibitórios* (ou vedatórios), como decorre das disposições constitucionais abaixo, que não permitem a nenhum dos entes federados:

a) estabelecimento de cultos religiosos ou igrejas (art. 19, I);

b) recusa à fé de documentos públicos (art. 19, II); nem

c) criação de distinções entre brasileiros ou preferências entre si (art. 19, III).

2.4. Limitações oriundas dos deveres federativos

Depois, vêm as limitações decorrentes dos deveres federativos, ou sejam, aquelas que impõem a cada ente federal, nomeadamente aos maiores em relação aos menores, a obrigação de manter a estrutura da federação, sob pena de entrar esta em crise. A doutrina consagrou para o tema a designação *princípios sensíveis* (capazes de acarretar *intervenção,* nos termos do art. 34, VII, *a* a *e,* da Constituição da República), isto é:

a) respeito à forma republicana, sistema representativo e regime democrático;

b) respeito aos direitos da pessoa humana;

c) respeito à autonomia municipal;

d) prestação de contas da administração pública, direta e indireta; e

e) aplicação do mínimo exigido da receita resultante de impostos estaduais, compreendida a proveniente de transferências, na manutenção e desenvolvimento do ensino.

2.5. *Limitações referentes aos princípios extensíveis.*

Na sequência, aparecem as limitações correspondentes aos *princípios extensíveis,* ou sejam, aqueles em que há uma extensão a todos os entes federados de regras destinadas à federação globalmente considerada, ou uma extensão a entes subfederais de estatuições pertinentes à União.

Quanto às normas destinadas à federação como um todo, tem-se, na Constituição da República:

a) os princípios fundamentais (arts. 1º a 4º);

b) a declaração de direitos (arts. 5º a 17);

c) as limitações ao poder de tributar (art. 150);

d) as regras gerais atinentes às finanças públicas (arts. 165 a 169);

e) os princípios da ordem econômica (arts. 170, I a IX); e

f) os princípios da ordem social (arts. 193 a 232).

Quanto às normas próprias da União mas aplicáveis aos demais entes subfederais, estariam, na Carta republicana, ainda que implicitamente, as extensões:

a) de todas as disposições que organizam instituições que existem na União e em outros entes federados, ainda que não os mencionem (p. ex., autonomia e funcionamento do Judiciário, arts. 96, 97 e 99; estatuto da magistratura, arts. 93 e 95; do MP, arts. 127 e 129, etc.); e

b) resultantes da aplicação do *princípio da simetria* (ou *do paralelismo*), a respeito do qual se discorrerá mais delongadamente a seguir.

3. O Princípio da Simetria

Não há entre os doutrinadores consenso total acerca da origem do princípio da simetria.

Para alguns ele teria nascido em berço constitucional, a saber, o art. 13, III, da Constituição de 1967, o qual determinava que o constituinte estadual observasse as normas de processo legislativo positivadas na Constituição da República. Na Carta atual, apesar de não haver a mesma norma, o Supremo Tribunal Federal haveria continuado a aplica-la, sob o manto de princípio.

Outros entendem que esse paradigma da simetria seria oriundo tão somente da jurisprudência do STF (como exsudaria de expressões de vários de seus julgados, como as ADIs 4.298-MC, DJe de 27/11/2009; 1.521, DJe de 13/08/2013; e 3.853, DJ 26/10/2007). Ele teria estado muito presente nas decisões do Supremo nos idos de

1967 e 68, quando a então Constituição limitara os poderes das assembleias legislativas. Há quem indique o exato caso em que esse princípio teria aparecido pela vez primeira, o RE 74.193, DJ 29/06/1973, Rel. Min. ALIOMAR BALEEIRO.

Há também diferentes compreensões sobre o alcance do princípio. Uma mais restrita, talvez mais ligada à origem histórica dele, o veria como adstrito aos processos constituinte e legislativo dos entes federados. Outra, essa mais genérica e que quiçá corresponda mais exatamente à conformação que o princípio findou ganhando, considera que ele diz respeito a todas as questões em que se discute a aplicação de normas da Constituição da República a tais entidades. É possível dizer que tal angulação é a da maioria da doutrina e da jurisprudência, e ela invoca como base a separação dos Poderes.

Pois bem. Se todas as limitações constitucionais ao poder constituinte decorrente fossem expressas, seria inteiramente desnecessária a invocação do princípio da simetria. Portanto, pode-se dizer que ele serve justamente para estabelecer ou, melhor dizendo, aviventar tais limites, quando estão eles apenas implícitos.

As linhas principais da jurisprudência do STF nessa questão, de acordo com acatado ensinamento doutrinário, são no sentido de que devem ser simétricas as normas relativas a:

> a) o processo legislativo;
>
> b) as demais competências dos órgãos legislativos (Comissões Parlamentares de Inquérito, por exemplo);
>
> c) impedimentos e prerrogativas de agentes políticos e servidores públicos;
>
> d) a atividade fiscalizatória realizada pelo poder legislativo (sobretudo as da fiscalização contábil e financeira e aos Tribunais de Contas);
>
> e) as competências dos órgãos do Judiciário; e
>
> f) as competências dos chefes dos Poderes.

Seja como for, o princípio da simetria é hoje uma *regra fundamental* para compreensão do sistema federativo brasileiro, como já disse a doutrina. Ele tornou-se necessário à sistematização do ordenamento jurídico e, portanto, imprescindível para conferir segurança jurídica ao ordenamento.

4. Crítica

Em tema de restrições ao poder constituinte derivado decorrente, não há, na prática, problema algum quando se cuida da aplicação das limitações temporais nem nas das preordenação (*princípios constitucionais estabelecidos*), porque são expressas.

Há pouco problema na aplicação das limitações decorrentes dos deveres federativos (*princípios constitucionais sensíveis*), já que são também expressas, embora envolvam algumas expressões vagas ou abertas como "autonomia municipal" ou "direitos da pessoa humana". Alguma dificuldade pode surgir apenas quando se cuida de delimitar o alcance destas.

A mesma situação se dá nas limitações tocantes aos *princípios constitucionais extensíveis* cuja aplicação seja *expressa* a todos os entes federados. Só se vai discutir diante da vagueza ou abertura de expressões como "moralidade administrativa", "eficiência", etc.

Em quase todos esses casos não será preciso, ou mesmo será francamente inadequado invocar paralelismo ou simetria.

O problema se dá nas limitações relativas aos *princípios constitucionais extensíveis* cuja aplicação aos demais entes federados seja meramente *implícita*.

Alguns estudiosos defendem parâmetros para manejar o princípio da simetria nesses casos. A simetria, para fins de definição de limitação implícita, então, deverá ser sempre *positiva* (determinar ao ente menor que adote o mesmo padrão imposto para a União, mesmo que tal ordem não seja expressa, e sim apenas embutida na Constituição), nunca *negativa* (proibir ao ente menor de estabelecer algo que não foi previsto para o ente maior).

Mas apesar da possibilidade de se estabelecerem alguns parâmetros, como o acima referido, existe, em grande medida, um consenso doutrinário: é impossível estabelecer aprioristicamente, em situação de silêncio da Constituição da República, se há limitação decorrente da simetria para o constituinte (ainda que reformador) estadual, distrital ou municipal, de sorte que, no caso concreto, tudo depende da jurisprudência do STF.

Conforme se pode depreender do exame dessa jurisprudência, em anexo a este trabalho arrebanhada, tal aplicação é problemática e casuística. Além do que o Supremo, de acordo com algumas vozes doutrinárias, tem exagerado, sufocando, assim, alguns raros movimentos do nosso já inatamente débil constitucionalismo subfederal.

E há um outro aspecto importante a considerar.

O federalismo brasileiro é assimétrico, tanto do ponto de vista jurídico – os Municípios, por exemplo, não têm Poder Judiciário nem representação na Casa da Federação, isto é o Senado; seu processo constituinte foi diferenciado (art. 29); o Distrito Federal é um ente inteiramente peculiar, etc. – como fático – há entes ricos e outros pobres; uns extensos, outros mínimos; diversidades sociais e culturais marcadas e muitos outros fatores.

Então, como aplicar, com tanto rigor, a simetria no seio mesmo da assimetria?

III. Conclusão

A experiência revela que a aplicação da simetria pelo STF, além de tudo, é às vezes contraditória. Exemplo: o sistema de nomeação dos Desembargadores nos Estados-membros, em diversas Constituições locais que previram a submissão dos nomes às respectivas Assembleias Legislativas, era simétrico ao dos Ministros dos Tribunais Superiores da União e foi considerado inconstitucional. Hoje, isso só ocorre com os oriundos do quinto da Magistratura e do Ministério Público. O resultado é que hoje, nessas unidades federadas, graças à aplicação da simetria pelo Supremo, há dois mecanismos distintos de nomeação de Desembargadores: os de carreira são nomeados pelo próprio Tribunal; os do quinto, pelo Governador, após aprovação no Parlamento. Nada similar existe na União. A simetria, no caso, gerou mais assimetria...

Por outro lado, não aproveitamos a experimentação federalista. Louis Brandeis, Ministro da Suprema Corte dos Estados Unidos, chamava os Estados-membros de *laboratórios da democracia,* porque neles se podiam fazer experiências legislativas sem gerar risco ao resto do país. Entre nós, a maior parte das inovações desse tipo são sacrificadas no altar da simetria.

Alguns julgados do STF, entretanto, dão alento aos reclamos da maior parte da doutrina e permitem manter um cauteloso otimismo nessa matéria.

A verdade é que o país precisa rediscutir seu pacto federativo. Não apenas na visão estreita da questão das verbas (que, claro, é importantíssima). Mas também para libertar suas potencialidades locais e permitir a criatividade, pela qual seu povo é conhecido, de novas formas de desenvolvimento, que, nas palavras do Papa Paulo VI, é outro nome pelo qual se chama a Paz.

IV. Fontes Doutrinárias

DANTAS, Paulo Roberto de Figueiredo. *Curso de Direito Constitucional,* 9ª ed., São Paulo: Atlas, 2014.

DRUMMOND, Marcílio Henrique Guedes, O princípio da simetria no federalismo assimétrico brasileiro, em *Revista Brasileira de Direito Municipal-RBDM,* ano 16, nº 58, pp. 125/145, out./dez. 2015.

FERREIRA FILHO, Manoel Gonçalves. *O poder constituinte,* 5ª ed. rev., São Paulo: Saraiva, 2007.

GONÇALVES, Albenir Itaboraí Querubini; AGUIRRE, Marcos Roberto de Lima, "Dos direitos e garantias fundamentais nos textos constitucionais dos Estados-membros e os limites do poder constituinte derivado: um estudo a partir da Constituição do Estado do Rio Grande do Sul de 1989, em *Revista Eletrônica do Curso de Direito da Universidade Federal de Santa Maria,* v. 4, nº 1, pp. 125/145, out./dez. 2015. Disponível em: <http://periodicos.ufsm.br/revistadireito>. Acesso dez. 2019.

LEITE, George Salomão; LEITE, Glauco Salomão; SARLET, Ingo Wolfgang; STRECK, Lenio (Coords.). *Ontem, os* códigos! Hoje, *as Constituições – Homenagem a Paulo Bonavides, parte II* – (as)simetrias no federalismo brasileiro, São Paulo: Malheiros Editores, 2016.

MARTINS, Ricardo Marcondes, O Município e o princípio da simetria, em *Revista da Procuradoria-Geral do Município de Belo Horizonte,* ano 3, nº 5, pp. 261/283, jan/jun 2010.

REIS, José Carlos Vasconcellos dos, O princípio da simetria: verdade ou mito?, em *Fórum Administrativo-FA,* ano 15, nº 167, pp. 53/65, jan. 2015.

RIBEIRO, Raisa Duarte da Silva. Poder Contribuinte Decorrente e os Tribunais de Contas: A aplicação do princípio da simetria nas Constituições Estaduais, em *Revista dos Tribunais,* vol.993, ano 107, pp. 349/372, julho 2018.

SAMPAIO, José Adércio Leite, Poder constituinte subnacional: mito ou realidade, em *Revista Direito e Liberdade,* v. 21, nº 1, pp. 223/254, jan/abr. 2019.

SOUZA NETO, Cláudio Pereira de. *Constitucionalismo democrático e governo das razões: estudos de direito constitucional contemporâneo,* Rio de Janeiro: Lumen Juris, 2011.

V. Anexo: Jurisprudência do Supremo Tribunal Federal sobre o Princípio da Transparência

EMENTA: AÇÃO DIRETA DE INCONSTITUCIONALIDADE. CONSTITUCIONAL. INC. IV DO ART. 11 DA CONSTITUIÇÃO DE GOIÁS, ALTERADO PELA EMENDA CONSTITUCIONAL Nº 46/2010. ATRIBUIÇÃO À ASSEMBLEIA LEGISLATIVA DE GOIÁS PARA SUSTAR ATOS NORMATIVOS DO PODER EXECUTIVO OU DOS TRIBUNAIS DE CONTAS. AFRONTA AO INC. V DO ART. 49, AO ART. 71 E AO ART. 75 DA CONSTITUIÇÃO DA REPÚBLICA. INOBSERVÂNCIA DOS PRINCÍPIOS DA SIMETRIA E DA SEPARAÇÃO DOS PODERES. PRECEDENTES. AÇÃO DIRETA DE INCONSTITUCIONALIDADE JULGADA PROCEDENTE. 1. Sustação de atos normativos do Poder Executivo em desacordo com a lei, que exorbitem do poder regulamentar ou dos limites de delegação legislativa: norma que altera o sistema federativo estabelecido pela Constituição da República. É inconstitucional a ampliação da competência da Assembleia Legislativa para sustar atos do Poder Executivo em desacordo com a lei (inc. V do art. 49 da Constituição). 2. Sustação de atos do Tribunal de Contas estadual em desacordo com lei: inobservância das garantias de independência, autonomia funcional, administrativa e financeira. Impossibilidade de ingerência da Assembleia Legislativa na atuação do Tribunal de Contas estadual. 3. Ação Direta julgada procedente para declarar a inconstitucionalidade do inc. IV do art. 11 da Constituição de Goiás, com a alteração da Emenda Constitucional nº 46, de 9.9.2010.

(ADI 5290, Relator(a): Min. CÁRMEN LÚCIA, Tribunal Pleno, julgado em 20/11/2019, PROCESSO ELETRÔNICO DJe-270 DIVULG 06-12-2019 PUBLIC 09-12-2019)

EMENTA: CONSTITUCIONAL. AÇÃO DIRETA DE INCONSTITUCIONALIDADE. SERVIDOR PÚBLICO. ABONO DE PERMANÊNCIA. ART. 171, § 16, DA CONSTITUIÇÃO DO ESTADO DE PERNAMBUCO. EXIGÊNCIA DE REGULAMENTAÇÃO INFRACONSTITUCIONAL PARA A CONCESSÃO DA ISENÇÃO DA CONTRIBUIÇÃO PREVIDENCIÁRIA. AFRONTA AO ART. 3°, § 1°, DA EC 20/1998. AÇÃO JULGADA PROCEDENTE. I – É inconstitucional a norma do Estado de Pernambuco que prevê a regulamentação da isenção de contribuição previdenciária (abono de permanência), porquanto a norma prevista no § 1° do art. 3° da EC 20/1998 é autoaplicável, e devem ser observadas apenas as condições impostas no art. 40, § 1°, III, a, da CF. II – Violação do princípio da simetria constitucional. III – Ação direta de inconstitucionalidade julgada procedente.

(ADI 3217, Relator(a): Min. RICARDO LEWANDOWSKI, Tribunal Pleno, julgado em 11/10/2019, ACÓRDÃO ELETRÔNICO DJe-238 DIVULG 30-10-2019 PUBLIC 04-11-2019)

EMENTA: AÇÃO DIRETA DE INCONSTITUCIONALIDADE. CONSTITUCIONAL. LEIS 8.071/2018 E 8.072/2018 DO ESTADO DO RIO DE JANEIRO. CONCESSÃO DE BENEFÍCIO REMUNERATÓRIO PARA RECOMPOSIÇÃO DO PODER AQUISITIVO DAS REMUNERAÇÕES DOS SERVIDORES DO TRIBUNAL DE JUSTIÇA, DO MINISTÉRIO PÚBLICO E DA DEFENSORIA PÚBLICA. ART. 37, X, DA CONSTITUIÇÃO FEDERAL. MATÉRIA RESERVADA À INICIATIVA PRIVATIVA DO CHEFE DO PODER EXECUTIVO. PRECEDENTES. MEDIDA CAUTELAR CONFIRMADA. AÇÃO JULGADA PROCEDENTE. 1. A concessão de benefício remuneratório fundada no art. 37, X, da CF, para recomposição do poder aquisitivo das remunerações de servidores públicos, é matéria reservada à iniciativa privativa do chefe do Poder Executivo, que a exerce em benefício dos servidores de todos os Poderes e órgãos da Administração Pública respectiva. 2. As Leis 8.071/2018 e 8.072/2018 do Estado do Rio de Janeiro têm nítidos contornos de revisão geral dos vencimentos devidos aos servidores do Poder Judiciário, do Ministério Público e da Defensoria Pública, uma vez que o incremento salarial é conferido linearmente a todos, independentemente da carreira, e de forma global, incidente não apenas sobre parcelas salariais específicas, mas sobre o montante remuneratório total, inclusive cargos em comissão e funções gratificadas. Inconstitucionalidade por vício de iniciativa do Chefe do Executivo para deflagrar o processo legislativo. 3. Medida cautelar confirmada. Ação Direta de Inconstitucionalidade julgada procedente.

(ADI 6000, Relator(a): Min. ALEXANDRE DE MORAES, Tribunal Pleno, julgado em 27/09/2019, PROCESSO ELETRÔNICO DJe-224 DIVULG 14-10-2019 PUBLIC 15-10-2019)

EMENTA: AGRAVO INTERNO. RECURSO EXTRAORDINÁRIO COM AGRAVO. FUNDAMENTAÇÃO A RESPEITO DA REPERCUSSÃO GERAL. INSUFICIÊNCIA. EXAME DE DIREITO LOCAL. INVIABILIDADE. SÚMULA 280/STF. TEMAS 81 E 480 DA REPERCUSSÃO GERAL. 1. Os recursos extraordinários somente serão conhecidos e julgados, quando essenciais e relevantes as questões constitucionais a serem analisadas, sendo imprescindível ao recorrente, em sua petição de interposição de recurso, a apresentação formal e motivada da repercussão geral, que demonstre, perante o Supremo Tribunal Federal, a existência de acentuado interesse geral na solução das questões constitucionais discutidas no processo, que transcenda a defesa puramente de interesses subjetivos e particulares. 2. A obrigação do recorrente em apresentar formal e motivadamente a preliminar de repercussão geral, que demonstre sob o ponto de vista econômico, político, social ou jurídico, a relevância da questão constitucional debatida que ultrapasse os interesses subjetivos da causa, conforme exigência constitucional e legal (art. 102, § 3º, da CF/88, c/c art. 1.035, § 2º, do CPC/2015), não se confunde com meras invocações desacompanhadas de sólidos fundamentos no sentido de que o tema controvertido é portador de ampla repercussão e de suma importância para o cenário econômico, político, social ou jurídico, ou que não interessa única e simplesmente às partes envolvidas na lide, muito menos ainda divagações de que a jurisprudência do Supremo Tribunal Federal é incontroversa no tocante à causa debatida, entre outras de igual patamar argumentativo. 3. A solução da controvérsia depende da análise da legislação local, o que é incabível em sede de recurso extraordinário, conforme consubstanciado na Súmula 280/STF (Por ofensa a direito local não cabe recurso extraordinário). 4. O SUPREMO TRIBUNAL FEDERAL, nos autos do RE 609.381-RG (Tema 480), julgado sob a sistemática da repercussão geral, proferiu tese no sentido de que o teto de retribuição estabelecido pela EC 41/2003 possui eficácia imediata. 5. Inadmissível o conhecimento do Recurso Extraordinário pela alínea c do inciso III do art. 102 da CF/1988, haja vista não se verificar, no caso, a hipótese elencada nesse permissivo constitucional. 6. Agravo interno a que se nega provimento.

(ARE 1208565 AgR, Relator(a): Min. ALEXANDRE DE MORAES, Primeira Turma, julgado em 20/09/2019, PROCESSO ELETRÔNICO DJe-213 DIVULG 30-09-2019 PUBLIC 01-10-2019)

EMENTA: CONSTITUCIONAL. DIREITO FINANCEIRO E ORÇAMENTÁRIO. EMENDA CONSTITUCIONAL 59/2011 DO ESTADO DO RIO GRANDE DO SUL. ALTERAÇÃO DOS PRAZOS DE ENCAMINHAMENTO DE LEIS ORÇAMENTÁRIAS. OFENSA AOS ARTS. 165 E 166 DA CONSTITUIÇÃO FEDERAL E AO PRINCÍPIO DA SIMETRIA. NÃO OCORRÊNCIA. AUTONOMIA DOS ESTADOS-MEMBROS. AUSÊNCIA DE NORMAS GERAIS DA UNIÃO. COMPETÊNCIA LEGISLATIVA PLENA DOS ESTADOS (ART. 24, § 3º, CF). IMPROCEDÊNCIA. 1. O legislador constituinte deixou a cargo da lei complementar a regulamentação sobre "o exercício financeiro, a vigência, os prazos, a elaboração e a organização do plano plurianual, da lei de diretrizes orçamentárias e da lei orçamentária anual" (CF, art. 165, § 9º). No plano federal, enquanto não editadas as normas gerais, aplica-se o disposto no art. 35, § 2º, incisos I, II e III, do ADCT. 2. O art. 35, § 2º, I, do ADCT dispõe que a lei do plano plurianual tem vigência até "o final do primeiro exercício financeiro do mandato presidencial subsequente", com início no segundo ano de mandato. Assim, no ano em que for editado o PPA, a Lei de Diretrizes Orçamentárias deve ser compatível com o plano então vigente (CF, art. 166, § 4º). 3. No caso da Emenda Constitucional 59/2011 do Estado do Rio Grande do Sul, o legislador estadual manteve a mesma sistemática aplicada à União, embora com prazos próprios de tramitação das leis orçamentárias. Respeito ao Princípio da Simetria. 4. Além disso, no tocante à distribuição de competências, a Constituição Federal instituiu um "condomínio legislativo" entre a União e os Estados-Membros, cabendo à primeira a edição de normas gerais sobre as matérias elencadas no art. 24 da CF. 5. Competência legislativa plena dos Estados-Membros quando inexistente norma federal a estabelecer normatização de caráter geral (CF, art. 24, § 3º). 6. Ação Direta julgada improcedente.

(ADI 4629, Relator(a): Min. ALEXANDRE DE MORAES, Tribunal Pleno, julgado em 20/09/2019, PROCESSO ELETRÔNICO DJe-215 DIVULG 02-10-2019 PUBLIC 03-10-2019)

EMENTA: AÇÃO DIRETA DE INCONSTITUCIONALIDADE. LEI Nº 5.712/2007 DO PIAUÍ. ATRIBUIÇÃO DE STATUS DE SECRETÁRIO DE ESTADO A OCUPANTES DE CARGOS DE DIREÇÃO DA ASSEMBLEIA

LEGISLATIVA. OFENSA AO PRINCÍPIO DA SEPARAÇÃO DOS PODERES. FUNÇÃO POLÍTICA INERENTE AO PODER EXECUTIVO. PRINCÍPIO DA SIMETRIA. AÇÃO DIRETA DE INCONSTITUCIONALIDADE JULGADA PARCIALMENTE PROCEDENTE.

(ADI 5041, Relator(a): Min. CÁRMEN LÚCIA, Tribunal Pleno, julgado em 11/09/2019, PROCESSO ELETRÔNICO DJe-224 DIVULG 14-10-2019 PUBLIC 15-10-2019)

Ação direta de inconstitucionalidade. Dispositivos e expressões constantes da Constituição do Estado do Paraná e da Lei Complementar nº 85, de 27.12.1999, do Estado do Paraná. Normas que condicionam a aprovação do Procurador-Geral de Justiça à nomeação pelo Governador do Estado, após a aprovação da Assembleia Legislativa. Dispositivo que impede que o Procurador-Geral de Justiça concorra às vagas do quinto em Tribunal especificadas no art. 94 da Constituição Federal. Teto para os vencimentos da carreira do Ministério Público Estadual. Violação aos arts. 2º, 94 e 128, § 3º, da Constituição Federal. Jurisprudência dominante. Precedentes. 1. A jurisprudência desta Corte é firme e dominante no sentido de que é inadmissível a continuidade de ação direta de inconstitucionalidade em face de lei ou ato normativo já revogado, substancialmente alterado ou cuja eficácia tenha se exaurido. Nesse sentido: ADI 5.366, Rel. Min. Luiz Fux; ADI 5.347, Rel. Min. Roberto Barroso; ADI 4.240, Rel. Min. Edson Fachin; ADI 3.827, Rel. Min. Gilmar Mendes; ADI 4.592, Rel. Min. Dias Toffoli; ADI 514, Rel. Min. Celso de Mello; ADI 946, Rel. Min. Ricardo Lewandowski; ADI 5.159, Rel. Min. Cármen Lúcia. 2. A Constituição Federal não prevê a participação do Poder Legislativo estadual no processo de escolha do Procurador-Geral de Justiça. Diversas foram as oportunidades em que essa Corte se manifestou pela inconstitucionalidade de normas que condicionam a nomeação do Procurador-Geral de Justiça à aprovação pela Assembleia Legislativa local, havendo jurisprudência consolidada nesse sentido. Precedentes: ADI 3.727, Rel. Min. Ayres Britto; ADI 1.962, Rel. Min. Ilmar Galvão; ADI 1.506, Rel. Min. Ilmar Galvão; ADI 1.228-MC, Rel. Min. Sepúlveda Pertence; ADI 452, Rel. Min. Maurício Corrêa. 3. O art. 94 da Constituição Federal dispõe de maneira exaustiva sobre o processo de escolha dos membros dos Tribunais de Justiça oriundo do quinto constitucional. Há incidência direta, portanto, do princípio da simetria. Nesse sentido: ADI 4.150, Rel. Min. Marco Aurélio, ADI 202-MC, Rel. Min. Sepúlveda Pertence. 4. Ação direta de inconstitucionalidade, conhecida em parte e, nessa parte, julgada parcialmente procedente, para declarar a inconstitucionalidade da expressão "após a aprovação da Assembleia Legislativa", contida no caput do art. 116 da Constituição do Estado do Paraná; a inconstitucionalidade do § 2º do art. 116 da Constituição Paranaense. Quanto à Lei Complementar nº 85, de 27.12.1999, do Estado do Paraná, para declarar a inconstitucionalidade do § 1º do art. 10; a inconstitucionalidade da expressão "submetendo-o à aprovação pela Assembleia Legislativa", contida no art. 16; e a inconstitucionalidade dos §§ 2º e 3º do mesmo art. 16.

(ADI 2319, Relator(a): Min. ROBERTO BARROSO, Tribunal Pleno, julgado em 30/08/2019, PROCESSO ELETRÔNICO DJe-200 DIVULG 13-09-2019 PUBLIC 16-09-2019)

EMENTA: AÇÃO DIRETA DE INCONSTITUCIONALIDADE. LEI 7.203/2010 DO ESTADO DE ALAGOAS, DE INICIATIVA PARLAMENTAR. CRIAÇÃO DE LICENÇA PARA OS POLICIAIS E BOMBEIROS MILITARES ESTADUAIS EM RAZÃO DO DESEMPENHO DE MANDATO CLASSISTA. INCONSTITUCIONALIDADE FORMAL. INICIATIVA PRIVATIVA DO CHEFE DO PODER EXECUTIVO PARA A ELABORAÇÃO DE LEIS QUE DISPONHAM SOBRE REGIME JURÍDICO E REMUNERAÇÃO DOS SERVIDORES MILITARES ESTADUAIS (ARTIGO 61, § 1º, II, A, C E F, DA CONSTITUIÇÃO FEDERAL). AÇÃO DIRETA DE INCONSTITUCIONALIDADE CONHECIDA E JULGADO PROCEDENTE O PEDIDO. 1. A reserva legal e a iniciativa do processo legislativo são regras básicas do processo legislativo federal, de observância compulsória pelos demais entes federativos, mercê de implicarem a concretização do princípio da separação e independência dos Poderes. Precedentes: ADI 2.873, rel. min. Ellen Gracie, Plenário, DJe de 9/11/2007; ADI 637, rel. min. Sepúlveda Pertence, Plenário, DJ de 1º/10/2004; e ADI 766, rel. min. Sepúlveda Pertence, Plenário, DJ de 11/12/1998. 2. A iniciativa das leis que disponham sobre o regime jurídico dos servidores estaduais, bem como sobre a remuneração dos servidores civis e militares da administração direta e autárquica estadual, compete aos Governadores dos

Estados-membros, à luz do artigo 61, § 1º, II, a, c, e f, da Constituição Federal, que constitui norma de observância obrigatória pelos demais entes federados, em respeito ao princípio da simetria. Precedentes: ADI 3.295, rel. min. Cezar Peluso, Plenário, DJe de 5/8/2011; ADI 3.930, rel. min. Ricardo Lewandowski, Plenário, DJe de 23/10/2009; e ADI 3.555, rel. min. Cezar Peluso, Plenário, DJe de 8/5/2009. 3. In casu, a Lei 7.203/2010 do Estado de Alagoas, de origem parlamentar, ao instituir modalidade de licença para os policiais e bombeiros militares estaduais em razão do desempenho de mandato classista, usurpou a iniciativa do chefe do Poder Executivo para a elaboração de leis que disponham sobre regime jurídico e remuneração dos servidores militares estaduais. 4. Ação direta de inconstitucionalidade conhecida e julgado procedente o pedido, para declarar a inconstitucionalidade da Lei 7.203/2010 do Estado de Alagoas. (ADI 4648, Relator(a): Min. LUIZ FUX, Tribunal Pleno, julgado em 30/08/2019, PROCESSO ELETRÔNICO DJe-200 DIVULG 13-09-2019 PUBLIC 16-09-2019)

EMENTA: AÇÃO DIRETA DE INCONSTITUCIONALIDADE. LEI 8.019/2018 DO ESTADO DO RIO DE JANEIRO. PRAZO DE TRINTA DIAS PARA A NOTIFICAÇÃO DA AUTUAÇÃO POR INFRAÇÃO DE TRÂNSITO. IMPOSIÇÃO DE MULTA PELO DESCUMPRIMENTO DO PRAZO AO ÓRGÃO RESPONSÁVEL PELA NOTIFICAÇÃO. DEVOLUÇÃO EM DOBRO DOS VALORES PAGOS EM RAZÃO DE COBRANÇA DE MULTA CUJA NOTIFICAÇÃO TENHA EXTRAPOLADO O PRAZO. DIREITOS E PROCEDIMENTOS NÃO PREVISTOS NA LEGISLAÇÃO FEDERAL. INVASÃO DA COMPETÊNCIA PRIVATIVA DA UNIÃO PARA LEGISLAR SOBRE TRÂNSITO E TRANSPORTE (ARTIGO 22, XI, DA CONSTITUIÇÃO FEDERAL). LEI DE ORIGEM PARLAMENTAR. USURPAÇÃO DA INICIATIVA DO CHEFE DO PODER EXECUTIVO PARA CRIAR ATRIBUIÇÕES PARA OS ÓRGÃOS DE TRÂNSITO ESTADUAIS (ARTIGOS 61, § 1º, II, E; E 84, VI, A, DA CONSTITUIÇÃO FEDERAL). AÇÃO DIRETA DE INCONSTITUCIONALIDADE CONHECIDA E JULGADO PROCEDENTE O PEDIDO. 1. A competência privativa da União para legislar sobre trânsito e transporte abrange as questões relativas à segurança do trânsito e às respectivas infrações (artigo 22, XI, da Constituição Federal). Precedentes: ADI 874, rel. min. Gilmar Mendes, Plenário, DJe de 28/2/2011; ADI 3.444, rel. min. Ellen Gracie, Plenário, DJ de 3/2/2006. 2. A Lei federal 9.503/1997 (Código de Trânsito Brasileiro) definiu as infrações de trânsito e determinou as penalidades e medidas administrativas a serem adotadas, fixando as multas correspondentes, de modo que cabe somente à União dispor sobre o procedimento de autuação dos infratores e aplicação das multas pelos órgãos de fiscalização de trânsito. 3. A iniciativa das leis que estabeleçam as atribuições dos órgãos pertencentes à estrutura administrativa da respectiva unidade federativa compete aos Governadores dos Estados-Membros, à luz dos artigos 61, § 1º, II, e; e 84, VI, a, da Constituição Federal, que constitui norma de observância obrigatória pelos demais entes federados, em respeito ao princípio da simetria. Precedentes: ADI 3.254, rel. min. Ellen Gracie, Plenário, DJ de 2/12/2005; e ADI 2.808, rel. min. Gilmar Mendes, Plenário, DJ de 17/11/2006. 4. A Lei 8.019/2018 do Estado do Rio de Janeiro, de origem parlamentar, dispõe que os órgãos de trânsito estaduais deverão notificar a autuação aos infratores no prazo máximo de trinta dias, para que apresentem defesa ou realizem o pagamento. Por sua vez, o artigo 2º veda a abertura de auto de infração e a consequente cobrança da multa quando não efetuada a autuação no prazo de que trata o artigo anterior. O artigo 3º determina que conste no documento de notificação aviso para verificação da data da infração e da notificação. Já o artigo 4º dispõe que o notificado deverá comunicar ao órgão responsável a cobrança de multa com data de emissão superior a trinta dias da data da infração, hipótese em que será informada a ilegalidade da cobrança e aplicada multa ao órgão responsável pela notificação, que será destinada ao Fundo de que trata a Lei estadual 6.461/2013 (artigo 5º). O artigo 6º dispõe que o notificado terá direito ao recebimento em dobro dos valores pagos em razão de cobrança de multa cuja notificação não tenha cumprido o prazo previsto no artigo 1º. Por fim, o artigo 7º determina que os órgãos de trânsito estaduais deem publicidade ao direito previsto na lei. 5. A Lei fluminense, a pretexto de interpretar o artigo 281 do CTB, inovou indevidamente o ordenamento jurídico ao estabelecer direitos e procedimentos não previstos no CTB para a notificação de infrações e aplicação de multas, invadindo a competência privativa da União para legislar sobre trânsito e transporte. Precedentes: ADI 4.879, rel. min. Cármen Lúcia, Plenário, DJe de 31/8/2017; ADI 3.186, rel. min. Gilmar Mendes, Plenário, DJ de 12/5/2006; ADI 2.328, rel. min. Maurício Corrêa, Plenário, DJ de 16/4/2004. 6. A criação de atribuições para os órgãos de trânsito estaduais por lei de iniciativa parlamentar constitui usurpação da iniciativa do chefe do Poder Executivo. Precedentes: ADI 2.873, rel. min. Ellen Gracie, Plenário, DJe de 9/11/2007; ADI 637, rel. min. Sepúlveda Pertence, Plenário, DJ de 1º/10/2004; ADI 766, rel. min. Sepúlveda Pertence, Plenário, DJ de 11/12/1998. 7. Ação direta de inconstitucionalidade conhecida e julgado procedente o pedido, para declarar a inconstitucionalidade da Lei 8.019/2018 do Estado do Rio de Janeiro.

(ADI 6007, Relator(a): Min. LUIZ FUX, Tribunal Pleno, julgado em 30/08/2019, PROCESSO ELETRÔNICO DJe-200 DIVULG 13-09-2019 PUBLIC 16-09-2019)

EMENTA: AÇÃO DIRETA DE INCONSTITUCIONALIDADE. ARTIGO 307, § 3º, DA CONSTITUIÇÃO DO ESTADO DO PARÁ, ACRESCIDO PELA EMENDA CONSTITUCIONAL 40, DE 19/12/2007. INDICAÇÃO DE CONSELHEIROS DO TRIBUNAL DE CONTAS DO ESTADO E DOS MUNICÍPIOS. DISPOSITIVO QUE AUTORIZA A LIVRE ESCOLHA PELO GOVERNADOR NA HIPÓTESE DE INEXISTÊNCIA DE AUDITORES OU MEMBROS DO MINISTÉRIO PÚBLICO ESPECIAL APTOS À NOMEAÇÃO. OFENSA AOS ARTIGOS 73, § 2º, E 75, CAPUT , DA CONSTITUIÇÃO FEDERAL. PROCEDÊNCIA. I. O modelo federal de organização, composição e fiscalização dos Tribunais de Contas, fixado pela Constituição, é de observância compulsória pelos Estados, nos termos do caput art. 75 da Constituição da República. II. Em observância à simetria prescrita, entre os três indicados pelo Chefe do Poder Executivo estadual, dois, necessariamente e de forma alternada, devem integrar a carreira de Auditor do Tribunal de Contas ou ser membro do Ministério Público junto ao Tribunal. Enunciado de Súmula nº 653 do Supremo Tribunal Federal. Precedentes. III. O art. 307, §3º, da Constituição do Estado do Pará, acrescido pela Emenda Constitucional nº 40, de 19/12/2007, vai de encontro a esse modelo estabelecido na Constituição da República, ao prever que, caso não haja auditores ou membros do Ministério Público que preencham os requisitos estabelecidos na Constituição, a vaga passara à "livre escolha do governador". IV. Ação direta julgada procedente para declarar a inconstitucionalidade da norma impugnada.

(ADI 4416, Relator(a): Min. EDSON FACHIN, Tribunal Pleno, julgado em 23/08/2019, PROCESSO ELETRÔNICO DJe-195 DIVULG 06-09-2019 PUBLIC 09-09-2019)

EMENTA: AÇÃO DIRETA DE INCONSTITUCIONALIDADE. ARTIGO 130, § 1º, DA CONSTITUIÇÃO DO ESTADO DO ESPÍRITO SANTO, COM A REDAÇÃO DADA PELA EMENDA CONSTITUCIONAL ESTADUAL 12/1997. NORMA DE CONSTITUIÇÃO ESTADUAL QUE DISPÕE QUE O SOLDO DOS POLICIAIS E BOMBEIROS MILITARES NÃO PODERÁ SER INFERIOR AO FIXADO PELO EXÉRCITO PARA OS POSTOS E GRADUAÇÕES CORRESPONDENTES. INCONSTITUCIONALIDADE FORMAL. INICIATIVA PRIVATIVA DO CHEFE DO PODER EXECUTIVO PARA A ELABORAÇÃO DE LEIS QUE DISPONHAM SOBRE REGIME JURÍDICO E REMUNERAÇÃO DOS SERVIDORES MILITARES ESTADUAIS (ARTIGO 61, § 1º, II, A, C E F, DA CONSTITUIÇÃO FEDERAL). INCONSTITUCIONALIDADE MATERIAL. VEDAÇÃO À VINCULAÇÃO OU EQUIPARAÇÃO REMUNERATÓRIA ENTRE SERVIDORES PÚBLICOS, CIVIS OU MILITARES (ARTIGOS 37, XIII; 42, § 1º; E 142, § 3º, VIII, DA CONSTITUIÇÃO FEDERAL). OFENSA À AUTONOMIA ADMINISTRATIVO-FINANCEIRA DO ESTADO-MEMBRO (ARTIGOS 18 E 25 DA CONSTITUIÇÃO FEDERAL). AÇÃO DIRETA DE INCONSTITUCIONALIDADE PARCIALMENTE CONHECIDA E, NESTA PARTE, JULGADO PROCEDENTE O PEDIDO. 1. É vedada a inserção nos textos constitucionais estaduais de matérias cuja veiculação por lei se submeteriam à iniciativa privativa do chefe do Poder Executivo, uma vez que subtrai a este último a possibilidade de manifestação, porquanto o rito de aprovação das normas das Constituições estaduais e de suas emendas, a exemplo do que se dá no modelo federal, não contempla sanção ou veto da chefia do Executivo, caracterizando, portanto, burla à formatação constitucional da separação dos Poderes. Precedentes: ADI 3.777, rel. min. Luiz Fux, Plenário, DJe de 9/2/2015; ADI 637, rel. min. Sepúlveda Pertence, Plenário, DJ de 1º/10/2004; e ADI 766, rel. min. Sepúlveda Pertence, Plenário, DJ de 11/12/1998. 2. A reserva legal e a iniciativa do processo legislativo são regras básicas do processo legislativo federal, de observância compulsória pelos demais entes federativos, mercê de implicarem a concretização do princípio da separação e independência dos Poderes. 3. A remuneração pertinente a cada carreira militar deve ser fixada pelo legislador competente (artigos 42, § 1º, e 142, § 3º, X, da Constituição Federal), por isso as vinculações pretendidas pela Constituição do Espírito Santo, por disporem sobre a remuneração de servidores públicos militares estaduais – especificamente, integrantes da Polícia Militar e do Corpo de Bombeiros Militar –, subvertem a reserva de lei estabelecida por expressa previsão constitucional. 4. A iniciativa das leis que disponham sobre o regime jurídico dos servidores estaduais, bem como sobre a remuneração dos servidores civis e militares da administração direta e autárquica estadual, compete aos Governadores dos Estados-membros, à luz do artigo 61, § 1º, II, a, c, e f, da Carta Federal, que constitui norma de observância obrigatória pelos demais entes federados, em respeito ao princípio da simetria. Precedentes: ADI 3.295, rel. min. Cezar Peluso, Plenário, DJe de 5/8/2011; ADI 3.930, rel. min. Ricardo Lewandowski, Plenário, DJe de 23/10/2009; ADI 3.555, rel. min. Cezar Peluso, Plenário, DJe de 8/5/2009; e ADI 2.873, rel. min. Ellen Gracie, Plenário, DJe de 9/11/2007. 5. A parte final do § 1º do artigo 130 da Constituição do Estado do Espírito Santo, ao prever que o soldo dos postos e graduações da Polícia Militar e do Corpo de Bombeiros Militar não poderá ser inferior ao fixado pelo Exército para os postos e graduações correspondentes, estabelece manifesta vinculação entre a remuneração dos servidores militares estaduais, o que é expressamente vedado pelos artigos 37, XIII; 42, § 1º; e 142, § 3º, VIII, da Constituição Federal. Precedentes: ADI 5.260, rel. min. Alexandre de Moraes, Plenário, DJe de 29/10/2018; ADI 145, rel. min. Dias Toffoli, Plenário, DJe de 10/8/2018; e ADI 290, rel. min. Dias Toffoli, Plenário, DJe de 12/6/2014; ADI 193-MC, rel. min. Carlos Madeira, Plenário, DJ de 9/3/1990. 6. A autonomia administrativo-financeira do Estado-membro (artigos 18 e 25 da Constituição Federal) resta violada pelo dispositivo sub examine por não ter o Estado-membro qualquer ingerência na fixação do soldo das Forças Armadas, o que usurpa do Estado do Espírito Santo o efetivo controle sobre a política de remuneração de seus servidores. Precedentes: ADI 237, rel. min. Octavio Gallotti, Plenário, DJ de 1º/7/1993; e AC 2.288 MC-REF, rel. min. Celso de Mello, Segunda Turma, DJe de 10/8/2012. 7. In casu, o conhecimento parcial da ação direta de inconstitucionalidade se impõe tão somente em relação ao trecho "não podendo o soldo de seus postos e graduações ser inferior ao fixado pelo Exército para os postos e graduações correspondentes", porquanto a argumentação do requerente se restringiu à norma constante da parte final do dispositivo atacado, que estabeleceu a obrigação de equiparação remuneratória entre militares estaduais e integrantes do Exército, sem qualquer referência à parte inicial. 8. Ação direta de inconstitucionalidade parcialmente conhecida e, nesta parte, julgado procedente o pedido, para declarar a inconstitucionalidade do trecho "não podendo o soldo de seus postos e graduações ser inferior ao fixado pelo Exército para os postos e graduações correspondentes", constante do § 1º do artigo 130 da Constituição do Estado do Espírito Santo, com a redação dada pela Emenda Constitucional estadual 12/1997.

(ADI 4944, Relator(a): Min. LUIZ FUX, Tribunal Pleno, julgado em 23/08/2019, PROCESSO ELETRÔNICO DJe-195 DIVULG 06-09-2019 PUBLIC 09-09-2019)

EMENTA Ação direta de inconstitucionalidade. Artigo 11 do Ato das Disposições Constitucionais Transitórias da Constituição do Estado do Piauí. "Subsídio" mensal e vitalício a ex-governador que tenha exercido o cargo em caráter permanente. Precedentes do Supremo Tribunal Federal. Ação direta julgada procedente. 1. O Supremo Tribunal Federal definiu interpretação jurídica, na formação de precedentes, no sentido de que a instituição de prestação pecuniária mensal e vitalícia a ex-governadores, designada como "subsídio", corresponde a concessão de benesse que não se compatibiliza com a Constituição Federal (notadamente com o princípio republicano e o princípio da igualdade, consectário deste), por configurar tratamento diferenciado e privilegiado sem fundamento jurídico razoável, em favor de quem não exerce função pública nem presta qualquer serviço à administração. 2. Precedentes judiciais: ADI nº 4.544, Rel. Roberto Barroso, Tribunal Pleno, DJe de 13/06/2018, ADI nº 3.418, Rel. Min. Dias Toffoli, Tribunal Pleno, DJe de 20/09/2018, ADI nº 4.601, Rel. Min. Luiz Fux, Tribunal Pleno, DJe de 25/10/2018, ADI nº 4.169, Rel. Min. Luiz Fux, Tribunal Pleno, DJe de 25/10/2018, ADI nº 4.552-MC, Rel. Min. Cármen Lúcia, Tribunal Pleno, DJe de 9/6/15; ADI nº 3.853, Rel. Min. Cármen Lúcia, Tribunal Pleno, DJe de 26/10/07, ADI nº 1.461, Rel. Min. Maurício Corrêa, Tribunal Pleno, DJe de 22/08/1997. 3. Ação jul-

gada procedente para declarar a inconstitucionalidade do art. 11 do Ato das Disposições Constitucionais Transitórias da Constituição do Estado do Piauí.
(ADI 4555, Relator(a): Min. ROSA WEBER, Tribunal Pleno, julgado em 14/08/2019, PROCESSO ELETRÔNICO DJe-189 DIVULG 29-08-2019 PUBLIC 30-08-2019)

EMENTA Agravo regimental na suspensão de segurança. Direito Constitucional. Afastamento de prefeito. Prática de infração político-administrativa. Decreto-Lei nº 201/67. Quórum de maioria simples para recebimento de denúncia. 1. Inaplicável o princípio da simetria quanto à exigência de quórum de 2/3 para o recebimento de denúncia por câmara municipal a fim de instaurar o processo de cassação de prefeito. 2. O Supremo Tribunal Federal já assentou que o Decreto-Lei nº 201/1967 foi recepcionado pelo ordenamento constitucional vigente, conforme enunciado na Súmula nº 496 (RE 799.944 AgR, Rel. Min. Dias Toffoli, Primeira Turma, DJe de 12/2/15). 3. "A norma do art. 86 da Constituição Federal não é de reprodução obrigatória, mas de aplicabilidade restrita ao Chefe do Poder Executivo Federal" (ARE nº 823.619, Min. Luiz Fux, DJe de 12/08/16). 4. Configura-se, no caso, grave lesão à ordem pública. 5. Reiteraram-se os argumentos postos na inicial, sem acréscimo de novos elementos capazes de infirmar a decisão recorrida. 6. Agravo ao qual se nega provimento.
(SS 5279 AgR, Relator(a): Min. DIAS TOFFOLI (Presidente), Tribunal Pleno, julgado em 28/06/2019, PROCESSO ELETRÔNICO DJe-190 DIVULG 30-08-2019 PUBLIC 02-09-2019)

EMENTA: AÇÃO DIRETA DE INCONSTITUCIONALIDADE. LEI COMPLEMENTAR 142/2011 DO ESTADO DO RIO DE JANEIRO, DE INICIATIVA PARLAMENTAR, QUE DISCIPLINA QUESTÕES RELATIVAS À ORGANIZAÇÃO E AO FUNCIONAMENTO DO TRIBUNAL DE CONTAS ESTADUAL. INCONSTITUCIONALIDADE FORMAL. VIOLAÇÃO ÀS PRERROGATIVAS DA AUTONOMIA E DO AUTOGOVERNO DOS TRIBUNAIS DE CONTAS. MATÉRIA AFETA A LEIS DE INICIATIVA PRIVATIVA DAS PRÓPRIAS CORTES DE CONTAS. AÇÃO DIRETA DE INCONSTITUCIONALIDADE CONHECIDA E JULGADO PROCEDENTE O PEDIDO. 1. A Lei Complementar 142/2011 do Estado do Rio de Janeiro, de origem parlamentar, ao alterar diversos dispositivos da Lei Orgânica do Tribunal de Contas do Estado do Rio de Janeiro, contrariou o disposto nos artigos 73, 75 e 96, II, d, da Constituição Federal, por dispor sobre forma de atuação, competências, garantias, deveres e organização do Tribunal de Contas estadual, matéria de iniciativa legislativa privativa daquela Corte. 2. As Cortes de Contas do país, conforme reconhecido pela Constituição de 1988 e por esta Suprema Corte, gozam das prerrogativas da autonomia e do autogoverno, o que inclui, essencialmente, a iniciativa privativa para instaurar processo legislativo que pretenda alterar sua organização e funcionamento, como resulta da interpretação lógico-sistemática dos artigos 73, 75 e 96, II, d, da Constituição Federal. Precedentes. 3. O ultraje à prerrogativa de instaurar o processo legislativo privativo traduz vício jurídico de gravidade inquestionável, cuja ocorrência indubitavelmente reflete hipótese de inconstitucionalidade formal, apta a infirmar, de modo irremissível, a própria integridade do ato legislativo eventualmente concretizado. Precedentes. 4. Ação direta de inconstitucionalidade conhecida e julgado procedente o pedido, para declarar a inconstitucionalidade da Lei Complementar 142/2011 do Estado do Rio de Janeiro, confirmados os termos da medida cautelar anteriormente concedida.
(ADI 4643, Relator(a): Min. LUIZ FUX, Tribunal Pleno, julgado em 15/05/2019, PROCESSO ELETRÔNICO DJe-117 DIVULG 31-05-2019 PUBLIC 03-06-2019)

E M E N T A: GOVERNADOR E VICE-GOVERNADOR DO ESTADO – AFASTAMENTO DO PAÍS "EM QUALQUER TEMPO" – NECESSIDADE DE AUTORIZAÇÃO PRÉVIA DA ASSEMBLEIA LEGISLATIVA, SOB PENA DE PERDA DO CARGO – ALEGADA OFENSA AO POSTULADO DA SEPARAÇÃO DE PODERES E SUPOSTA TRANSGRESSÃO AO MODELO NORMATIVO ESTABELECIDO PELA VIGENTE CONSTITUIÇÃO (ART. 49, III, E ART. 83) – PRECEDENTES – MEDIDA CAUTELAR DEFERIDA. – A exigência de prévia autorização da Assembleia Legislativa para o Governador e o Vice-Governador do Estado ausentarem-se, em qualquer tempo, do território nacional mostra-se incompatível com os postulados da simetria e da separação de poderes, pois essa restrição – que não encontra correspondência nem parâmetro na Constituição Federal (art.

49, III, c/c o art. 83) – revela-se inconciliável com a Lei Fundamental da República, que, por qualificar-se como fonte jurídica de emanação do poder constituinte decorrente, impõe ao Estado-membro, em caráter vinculante, em razão de sua índole hierárquico-normativa, o dever de estrita observância quanto às diretrizes e aos princípios nela proclamados e estabelecidos (CF, art. 25, "caput"), sob pena de completa desvalia jurídica das disposições estaduais que conflitem com a supremacia de que se revestem as normas consubstanciadas na Carta Política. Precedentes.

(ADI 5373 MC, Relator(a): Min. CELSO DE MELLO, Tribunal Pleno, julgado em 09/05/2019, PROCESSO ELETRÔNICO DJe-108 DIVULG 22-05-2019 PUBLIC 23-05-2019)

AÇÃO DIRETA DE INCONSTITUCIONALIDADE. 2. ARTIGOS 35, XIX; 64, XIV; 70, CAPUT, IV; 72, IV; 74, I E II, § 1º E 3º; 75; 77, §2º; E 158 DA CONSTITUIÇÃO DO ESTADO DO RIO GRANDE DO NORTE. 3. VIOLAÇÃO AO PRINCÍPIO DA SIMETRIA E À AUTONOMIA ADMINISTRATIVA E FINANCEIRA DO PODER JUDICIÁRIO. PRECEDENTES. 4. ADI NÃO CONHECIDA EM RELAÇÃO AOS ARTIGOS 70, I, E 158 DA CONSTITUIÇÃO DO ESTADO DO RIO GRANDE DO NORTE, POR PERDA SUPERVENIENTE DE OBJETO. 5. NA PARTE CONHECIDA, AÇÃO JULGADA PROCEDENTE.

(ADI 170, Relator(a): Min. GILMAR MENDES, Tribunal Pleno, julgado em 11/04/2019, PROCESSO ELETRÔNICO DJe-092 DIVULG 03-05-2019 PUBLIC 06-05-2019)

EMENTA: DIREITO CONSTITUCIONAL E ADMINISTRATIVO. AÇÃO DIRETA DE INCONSTITUCIONALIDADE. EMENDA À CONSTITUIÇÃO ESTADUAL QUE CRIA O CARGO DE PROCURADOR AUTÁRQUICO, EM ESTRUTURA PARALELA À PROCURADORIA DO ESTADO. INCONSTITUCIONALIDADE FORMAL E MATERIAL. 1. A jurisprudência desta Corte é no sentido de que viola a separação dos poderes emenda à Constituição Estadual que trate de regime jurídico de servidores públicos, em razão de se tratar de matéria reservada à lei ordinária e de iniciativa privativa do Chefe do Poder Executivo. Precedentes. 2. O exercício da atividade de representação judicial e de consultoria jurídica no âmbito dos Estados e do Distrito Federal é de competência exclusiva dos Procuradores do Estado (art. 132, CF/88), sendo vedada a criação de Procuradoria Autárquica para a consultoria e o assessoramento jurídico das autarquias e fundações estaduais. 3. O modelo constitucional da atividade de representação judicial e consultoria jurídica dos Estados exige a unicidade orgânica da advocacia pública estadual, incompatível com a criação de órgãos jurídicos paralelos para o desempenho das mesmas atribuições no âmbito da Administração Pública Direta ou Indireta, com exceção dos seguintes casos: (i) procuradorias jurídicas nas Assembleias Legislativas e Tribunais de Contas para a defesa de sua autonomia e assessoramento jurídico de suas atividades internas (ADI 94, Rel. Min. Gilmar Mendes); (ii) contratação de advogados particulares em casos especiais (Pet 409-AgR, Rel. Min. Celso de Mello); e (iii) consultorias paralelas à advocacia estadual que já exerciam esse papel à época da promulgação da Constituição de 1988 (art. 69 do ADCT). 4. Na linha dos precedentes desta Corte, considero que as universidades estaduais também podem criar e organizar procuradorias jurídicas, em razão de sua autonomia didático-científica, administrativa, financeira e patrimonial (art. 207, caput, CF/88). Tais órgãos jurídicos exercem um papel fundamental na defesa dos interesses das universidades, inclusive em face dos próprios Estados-membros que as constituíram. Portanto, em razão da autonomia universitária e seguindo a lógica da jurisprudência do Supremo Tribunal Federal na matéria, a existência dessas procuradorias não viola o art. 132 da Constituição. 5. A transformação de cargos e a concessão de equiparação remuneratória entre cargos distintos constituem flagrantes violações à regra do concurso público (art. 37, II, c/c art. 132, CF/88), à vedação de equiparação ou vinculação remuneratória entre cargos públicos diversos (art. 37, XIII, CF/88) e aos critérios de fixação remuneratória dos servidores públicos (art. 39, §1º, CF/88). 6. Procedência do pedido, com a fixação da seguinte tese: "É inconstitucional a criação de Procuradorias Autárquicas no âmbito dos Estados e do Distrito Federal, em razão da violação à unicidade orgânica da advocacia pública estadual".

(ADI 5215, Relator(a): Min. ROBERTO BARROSO, Tribunal Pleno, julgado em 28/03/2019, PROCESSO ELETRÔNICO DJe-167 DIVULG 31-07-2019 PUBLIC 01-08-2019)

EMENTA: AÇÃO DIRETA DE INCONSTITUCIONALIDADE. ARTIGOS 1º, 2º, 6º, 8º, 10, 11 E 12 DA LEI 15.171/2010 DO ESTADO DE SANTA CATARINA. LEI DE ORIGEM PARLAMENTAR. DISCIPLINA DE OBRIGAÇÕES CONTRATUAIS RELATIVAS A SEGUROS DE VEÍCULOS. REGISTRO, DESMONTE E COMERCIALIZAÇÃO DE VEÍCULOS SINISTRADOS. CRIAÇÃO DE ATRIBUIÇÕES PARA O ÓRGÃO DE TRÂNSITO ESTADUAL. INCONSTITUCIONALIDADE FORMAL. COMPETÊNCIA PRIVATIVA DA UNIÃO PARA LEGISLAR SOBRE DIREITO CIVIL, SEGUROS, TRÂNSITO E TRANSPORTE (ARTIGO 22, I, VII E XI, DA CONSTITUIÇÃO FEDERAL). INICIATIVA DO CHEFE DO PODER EXECUTIVO PARA A ELABORAÇÃO DE NORMAS QUE ESTABELEÇAM AS ATRIBUIÇÕES DOS ÓRGÃOS PERTENCENTES À ESTRUTURA ADMINISTRATIVA DA RESPECTIVA UNIDADE FEDERATIVA (ARTIGOS 61, § 1º, II, E; E 84, VI, A, DA CONSTITUIÇÃO FEDERAL). AÇÃO DIRETA DE INCONSTITUCIONALIDADE CONHECIDA E JULGADO PROCEDENTE O PEDIDO. 1. A competência legislativa concorrente em sede de produção e consumo e responsabilidade por dano ao consumidor (artigo 24, V e VIII, da Constituição Federal) não autoriza os Estados-membros e o Distrito Federal a disciplinarem relações contratuais securitárias, porquanto compete privativamente à União legislar sobre Direito Civil (artigo 22, I, da Constituição Federal). Precedentes: ADI 4.228, Rel. Min. Alexandre de Moraes, Plenário, DJe de 13/8/2018; ADI 3.605, Rel. Min. Alexandre de Moraes, Plenário, DJe de 13/9/2017; e ADI 4.701, Rel. Min. Roberto Barroso, Tribunal Pleno, DJe de 25/8/2014. 2. O artigo 22, VII, da Constituição Federal dispõe que compete privativamente à União legislar sobre seguros, a fim de garantir uma coordenação centralizada das políticas de seguros privados e de regulação das operações, que assegurem a estabilidade do mercado, impedindo os Estados de legislarem livremente acerca das condições e coberturas praticadas pelas seguradoras. Precedentes: ADI 3.207, Rel. Min. Alexandre de Moreas, Tribunal Pleno, Dje de 25/4/2018; ADI 1.589, Rel. Min. Eros Grau, Plenário, DJ de 7/12/2006; e ADI 1.646, Rel. Min. Gilmar Mendes, Plenário, DJ de 7/12/2006. 3. Compete privativamente à União legislar sobre questões ligadas ao trânsito e sua segurança, como as relativas ao registro, desmonte e comercialização de veículos sinistrados (artigo 22, XI, da Constituição Federal). Precedentes: ADI 874, Rel. Min. Gilmar Mendes, Plenário, DJe de 28/2/2011; e ADI 3.444, Rel. Min. Ellen Gracie, Plenário, DJ de 3/2/2006. 4. A iniciativa das leis que estabeleçam as atribuições dos órgãos pertencentes à estrutura administrativa da respectiva unidade federativa compete aos Governadores dos Estados-membros, à luz dos artigos 61, § 1º, II, e; e 84, VI, a, da Constituição Federal, que constitui norma de observância obrigatória pelos demais entes federados, em respeito ao princípio da simetria. Precedentes: ADI 3.254, Rel. Min. Ellen Gracie, Plenário, DJ de 2/12/2005; e ADI 2.808, Rel. Min. Gilmar Mendes, Plenário, DJ de 17/11/2006. 5. In casu, os artigos 1º, 2º, 6º, 8º, 10, 11 e 12 da Lei 15.171/2010 do Estado de Santa Catarina, de origem parlamentar, tanto em sua redação original quanto na redação dada pela Lei estadual 16.622/2015, disciplinaram obrigações contratuais relativas a seguros de veículos, estabeleceram regras quanto ao registro, desmonte e comercialização de veículos sinistrados e criaram atribuições para o órgão de trânsito estadual, invadindo a competência privativa da União para legislar sobre Direito Civil, seguros, trânsito e transporte (artigo 22, I, VII e XI, da Constituição Federal) e usurpando a iniciativa do chefe do Poder Executivo para criar atribuições para os órgãos da administração estadual (artigos 61, § 1º, II, e; e 84, VI, a, da Constituição Federal). 6. Ação direta de inconstitucionalidade conhecida e julgado procedente o pedido, para declarar a inconstitucionalidade dos artigos 1º, 2º, 6º, 8º, 10, 11 e 12 da Lei 15.171/2010 do Estado de Santa Catarina, tanto em sua redação original quanto na redação dada pela Lei estadual 16.622/2015.

(ADI 4704, Relator(a): Min. LUIZ FUX, Tribunal Pleno, julgado em 21/03/2019, PROCESSO ELETRÔNICO DJe-067 DIVULG 03-04-2019 PUBLIC 04-04-2019)

EMENTA: AÇÃO DIRETA DE INCONSTITUCIONALIDADE. ARTIGO 106, I, C, DA CONSTITUIÇÃO DO ESTADO DE SERGIPE. ATRIBUIÇÃO DE COMPETÊNCIA AO TRIBUNAL DE JUSTIÇA ESTADUAL PARA JULGAR AÇÃO DIRETA DE INCONSTITUCIONALIDADE DE LEI OU ATO NORMATIVO MUNICIPAL, TENDO COMO PARÂMETRO A CONSTITUIÇÃO FEDERAL. ARTIGO 125, § 2º, DA CRFB/1988. PLURALIDADE DOS INTÉRPRETES DA CONSTITUIÇÃO. ATRIBUIÇÃO QUE NÃO É EXCLUSIVA DO PODER JUDICIÁRIO OU DO SUPREMO TRIBUNAL FEDERAL. INTERPRETAÇÃO CONFORME À CONSTITUIÇÃO. POSSIBILIDADE DE OS TRIBUNAIS DE JUSTIÇA EXERCEREM O CONTROLE CONCENTRADO DE CONSTITUCIONALIDADE DE NORMAS MUNICIPAIS EM FACE

DA CONSTITUIÇÃO DA REPÚBLICA, QUANDO SE TRATE DE NORMAS DE REPRODUÇÃO OBRIGATÓRIA. 1. É constitucional o exercício pelos Tribunais de Justiça do controle abstrato de constitucionalidade de leis municipais em face da Constituição da República, quando se tratar de normas de reprodução obrigatória pelos Estados-membros. 2. As normas constitucionais de reprodução obrigatória, por possuírem validade nacional, integram a ordem jurídica dos Estados-membros ainda quando omissas em suas Constituições estaduais, inexistindo qualquer discricionariedade em sua incorporação pelo ordenamento local. 3. A pluralidade política e a forma de estado federalista conduzem à pluralização dos intérpretes da Constituição, desconstituindo qualquer vertente monopolista desta atribuição. 4. A pluralidade dos intérpretes da Constituição no Poder Judiciário deve respeitar as normas constitucionais de competência, pelo que descabe aos Tribunais de Justiça o exercício irrestrito do exame de constitucionalidade de lei ou de ato normativo municipal em face da Constituição da República. 5. Ação direta de inconstitucionalidade conhecida para julgar improcedente o pedido, atribuindo ao art. 106, I, c, da Constituição do Estado de Sergipe interpretação conforme à Constituição, a fim de aclarar que a ação direta de inconstitucionalidade de lei ou ato normativo municipal perante o Tribunal de Justiça estadual somente poderá ter por parâmetro normas da Constituição Federal quando as mesmas forem de reprodução obrigatória na ordem constitucional local ou objeto de transposição ou remissão na Constituição estadual. Como tese de julgamento, firma-se o seguinte entendimento: É constitucional o exercício pelos Tribunais de Justiça do controle abstrato de constitucionalidade de leis municipais em face da Constituição da República, quando se tratar de normas de reprodução obrigatória pelos Estados-membros.

(ADI 5646, Relator(a): Min. LUIZ FUX, Tribunal Pleno, julgado em 07/02/2019, PROCESSO ELETRÔNICO DJe-094 DIVULG 07-05-2019 PUBLIC 08-05-2019)

EMENTA: AGRAVO REGIMENTAL EM RECURSO EXTRAORDINÁRIO COM AGRAVO. INTERPOSIÇÃO EM 31.08.2018. SERVIDOR PÚBLICO MUNICIPAL. MANDATO ELETIVO EM DIRETORIA DE ENTIDADE SINDICAL. LIBERAÇÃO DO EXERCÍCIO DE FUNÇÕES. LICENÇA REMUNERADA. LIMITAÇÃO DO NÚMERO DE SERVIDORES PÚBLICOS. ART. 34, § 1º, IV, DA CONSTITUIÇÃO DO ESTADO DE MINAS GERAIS. APLICABILIDADE NO ÂMBITO DO MUNICÍPIO DE BELO HORIZONTE. PRETENDIDA INCIDÊNCIA DO PRINCÍPIO DA SIMETRIA. ANÁLISE DE LEI LOCAL. SÚMULA 280/STF. 1. Nos termos da orientação sedimentada na súmula 280 do STF, não cabe recurso extraordinário quando a verificação da alegada ofensa à Constituição Federal depende de análise prévia da legislação local pertinente à matéria em discussão. 2. Agravo regimental a que se nega provimento, com aplicação da multa prevista no art. 1.021, §4º, do CPC.

(ARE 914557 AgR, Relator(a): Min. EDSON FACHIN, Segunda Turma, julgado em 14/12/2018, ACÓRDÃO ELETRÔNICO DJe-019 DIVULG 31-01-2019 PUBLIC 01-02-2019)

EMENTA: AGRAVO REGIMENTAL NO RECURSO EXTRAORDINÁRIO COM AGRAVO. REPRESENTAÇÃO DE INCONSTITUCIONALIDADE. RECURSO EXTRAORDINÁRIO NÃO ASSINADO PELO PRESIDENTE DA ASSEMBLEIA RECORRENTE. MAJORAÇÃO DE HONORÁRIOS DESCABIDA. AGRAVO A QUE SE NEGA PROVIMENTO, COM APLICAÇÃO DE MULTA. I – Não merece prosperar o agravo regimental, quando a decisão agravada houver sido proferida de acordo com a jurisprudência do Supremo Tribunal Federal. II – Incabível a majoração dos honorários advocatícios por tratar-se, na origem, de processo de controle concentrado de constitucionalidade. III – Agravo regimental a que se nega provimento, com aplicação da multa prevista no art. 1.021, § 4°, do CPC.

(ARE 1066810 AgR, Relator(a): Min. RICARDO LEWANDOWSKI, Segunda Turma, julgado em 30/11/2018, PROCESSO ELETRÔNICO DJe-272 DIVULG 18-12-2018 PUBLIC 19-12-2018)

EMENTA: AÇÃO DIRETA DE INCONSTITUCIONALIDADE. DIREITO CONSTITUCIONAL. LEI 10.513/2015 DO ESTADO DA PARAÍBA. INSTITUIÇÃO DE OBRIGAÇÃO PARA AS EMPRESAS CONCESSIONÁRIAS DE SERVIÇOS DE TELECOMUNICAÇÕES DE APRESENTAREM MENSAGEM INFORMATIVA QUANDO OS USUÁRIOS DOS SERVIÇOS REALIZAREM LIGAÇÕES PARA NÚMEROS DE OUTRAS OPERADORAS. ARTIGO

22, IV, DA CONSTITUIÇÃO FEDERAL. COMPETÊNCIA PRIVATIVA DA UNIÃO PARA LEGISLAR SOBRE TELECOMUNICAÇÕES. INCONSTITUCIONALIDADE FORMAL. ARTIGO 24, V E VIII, DA CONSTITUIÇÃO FEDERAL. INAPLICÁVEL. USUÁRIO DE SERVIÇOS PÚBLICOS CUJO REGIME GUARDA DISTINÇÃO COM A FIGURA DO CONSUMIDOR. ARTIGO 175, PARÁGRAFO ÚNICO, II, DA CONSTITUIÇÃO FEDERAL. AÇÃO DIRETA DE INCONSTITUCIONALIDADE CONHECIDA E JULGADO PROCEDENTE O PEDIDO. 1. A competência privativa da União para legislar sobre telecomunicações (artigo 22, IV, da Constituição Federal) é violada quando lei estadual institui obrigação para as empresas concessionárias de serviços de telecomunicações, ainda que a pretexto de proteger o consumidor ou a saúde dos usuários. 2. A competência concorrente dos estados-membros para dispor sobre direito do consumidor (artigo 24, V e VIII, da Constituição Federal) não pode conduzir à frustração da teleologia das normas que estabelecem as competências legislativa e administrativa privativas da União para disciplinar o setor de telecomunicações. Precedentes. 3. As figuras do consumidor e do usuário de serviços públicos ostentam regimes jurídicos diversos, por isso que este último, que observa a lógica da solidariedade social (artigo 3º, I, da Constituição Federal), encontra sede específica na cláusula "direitos dos usuários", prevista no artigo 175, parágrafo único, II, da Constituição Federal. 4. A Lei 10.513/2015 do Estado da Paraíba, ao instituir a obrigação de as empresas concessionárias de serviços de telecomunicações apresentarem mensagem informativa quando os usuários dos serviços realizarem ligações para números de outras operadoras, viola o artigo 22, IV, da Constituição Federal, configurando inconstitucionalidade formal. 5. Ação direta conhecida e julgada procedente.

(ADI 5575, Relator(a): Min. LUIZ FUX, Tribunal Pleno, julgado em 25/10/2018, PROCESSO ELETRÔNICO DJe-236 DIVULG 06-11-2018 PUBLIC 07-11-2018)

EMENTA: AÇÃO DIRETA DE INCONSTITUCIONALIDADE. DIREITO CONSTITUCIONAL E ADMINISTRATIVO. ARTIGO 61-B DA CONSTITUIÇÃO DO ESTADO DE RORAIMA. AUSÊNCIA DE IMPUGNAÇÃO ESPECÍFICA. NÃO CONHECIMENTO DA AÇÃO QUANTO AO PONTO. ARTIGO 61-A DA CONSTITUIÇÃO DO ESTADO DE RORAIMA. INSTITUIÇÃO DE SUBSÍDIO MENSAL E VITALÍCIO PARA EX-GOVERNADORES E SUAS VIÚVAS. INCONSTITUCIONALIDADE. VIOLAÇÃO DOS PRINCÍPIOS FEDERATIVO, REPUBLICANO, DA IMPESSOALIDADE E DA MORALIDADE ADMINISTRATIVA. PRECEDENTES. AÇÃO DIRETA DE INCONSTITUCIONALIDADE PARCIALMENTE CONHECIDA E, NESSA PARTE, JULGADO PROCEDENTE O PEDIDO. 1. O "subsídio mensal" previsto no artigo 61-A da Constituição do Estado de Roraima constitui pagamento singular, estabelecido pela Assembleia Legislativa do Estado de Roraima como benesse a quem tenha exercido a completude do mandato de Governador de Estado. 2. O pagamento de prestação pecuniária mensal e vitalícia a ex-governadores e suas viúvas extrapola o poder constituinte derivado, violando o princípio federativo, além de não se compatibilizar com os princípios da impessoalidade e da moralidade administrativa. 3. O princípio republicano apresenta conteúdo contrário à prática do patrimonialismo na relação entre os agentes do Estado e a coisa pública, o que se verifica no caso sub examine. 4. O princípio da igualdade veda a instituição de tratamento privilegiado sem motivo razoável, tal qual o estabelecido em proveito de quem não mais exerce função pública ou presta qualquer serviço à Administração Pública. Precedentes: ADI 4.552-MC, Rel. Min. Cármen Lúcia, Plenário, DJe de 9/6/2015; ADI 3853, Rel. Min. Cármen Lúcia, Plenário, DJe de 26/10/2007; e ADI 3.418, Rel. Min. Dias Toffoli, Plenário, julgamento em 20/09/2018. 5. A ausência de impugnação específica do artigo 61-B da Constituição do Estado de Roraima impossibilita o conhecimento da ação quanto ao ponto (artigo 3º da Lei federal 9.868/1999). 6. Ação direta parcialmente conhecida, para, nessa parte, julgar procedente o pedido, para declarar a inconstitucionalidade do artigo 61-A da Constituição do Estado de Roraima, incluído pela Emenda Constitucional estadual 18/2007.

(ADI 4169, Relator(a): Min. LUIZ FUX, Tribunal Pleno, julgado em 25/10/2018, ACÓRDÃO ELETRÔNICO DJe-236 DIVULG 06-11-2018 PUBLIC 07-11-2018)

EMENTA: AÇÃO DIRETA DE INCONSTITUCIONALIDADE. DIREITO CONSTITUCIONAL E ADMINISTRATIVO. ARTIGO 1º DA LEI 4.586/1983. DIREITO PRÉ-CONSTITUCIONAL. IMPOSSIBILIDADE DE EXAME EM SEDE

DE AÇÃO DIRETA DE INCONSTITUCIONALIDADE. ARTIGO 1º, PARTE FINAL, DA EMENDA CONSTITUCIONAL 22/2003 DO ESTADO DO MATO GROSSO. MANUTENÇÃO DO PAGAMENTO DE PENSÃO VITALÍCIA A EX-GOVERNADORES, EX-VICE-GOVERNADORES E SUBSTITUTOS CONSTITUCIONAIS QUE PERCEBIAM O BENEFÍCIO À ÉPOCA DE SUA EXTINÇÃO. IMPOSSIBILIDADE. VIOLAÇÃO DOS PRINCÍPIOS FEDERATIVO, REPUBLICANO, DA IMPESSOALIDADE E DA MORALIDADE ADMINISTRATIVA. DIREITO ADQUIRIDO A REGIME JURÍDICO. INEXISTÊNCIA. AÇÃO DIRETA DE INCONSTITUCIONALIDADE PARCIALMENTE CONHECIDA E, NESSA PARTE, JULGADO PROCEDENTE O PEDIDO. 1. O artigo 1º da Emenda Constitucional 22/2003 do Estado do Mato Grosso, ao prever que deve ser "respeitado o disposto no art. 5º, XXXVI, da Constituição Federal", permitiu a continuidade do pagamento de subsídio mensal e vitalício a ex-governadores, ex-vice-governadores e substitutos que percebiam o benefício à época de sua extinção. 2. O direito adquirido é inoponível à Constituição quando nela se encontra interditado, posto eclipsado em alegado regime jurídico imutável, mormente quando o regime jurídico que se pretende ver preservado não encontra guarida na Constituição Federal. 3. A manutenção do pagamento de prestação pecuniária mensal e vitalícia a ex-governadores extrapola o poder constituinte derivado, violando o princípio federativo, além de não se compatibilizar com os princípios da impessoalidade e da moralidade administrativa. 4. O princípio republicano apresenta conteúdo contrário à prática do patrimonialismo na relação entre os agentes do Estado e a coisa pública, o que se verifica no caso sub examine. 5. O princípio da igualdade veda a instituição de tratamento privilegiado sem motivo razoável, tal qual o estabelecido em proveito de quem não mais exerce função pública ou presta qualquer serviço à Administração Pública. Precedentes: ADI 4.552-MC, Rel. Min. Cármen Lúcia, Plenário, DJe de 9/6/2015; ADI 3853, Rel. Min. Cármen Lúcia, Plenário, DJe de 26/10/2007; e ADI 3.418, Rel. Min. Dias Toffoli, Plenário, julgamento em 20/09/2018. 6. O artigo 1º da Lei 4.586/1983 do Estado do Mato Grosso é direito pré-constitucional, insuscetível de figurar como objeto de ação direta de inconstitucionalidade. Precedentes: ADI 2, Rel. Min. Paulo Brossard, Plenário, DJ de 21/11/1997; ADI 74, Rel. Min. Celso de Mello, Plenário, DJ de 25/9/1992, e ADI 129, Rel. Min. Carlos Velloso, Plenário, DJ de 4/9/1992. 7. Ação direta parcialmente conhecida, para, nessa parte, julgar procedente o pedido, para dar interpretação conforme a Constituição Federal ao artigo 1º, parte final, da Emenda Constitucional 22/2003 do Estado do Mato Grosso e declarar que o trecho "respeitado o disposto no art. 5º, XXXVI, da Constituição Federal" não autoriza a continuidade do pagamento de pensão mensal e vitalícia aos ex-governadores, ex-vice-governadores e substitutos constitucionais.

(ADI 4601, Relator(a): Min. LUIZ FUX, Tribunal Pleno, julgado em 25/10/2018, PROCESSO ELETRÔNICO DJe-236 DIVULG 06-11-2018 PUBLIC 07-11-2018)

EMENTA: AÇÃO DIRETA DE INCONSTITUCIONALIDADE. REVOGAÇÃO E ALTERAÇÃO SUBSTANCIAL DE PARTE DOS DISPOSITIVOS IMPUGNADOS. SUPERVENIENTE PERDA PARCIAL DO OBJETO. ATRIBUIÇÕES DO TRIBUNAL DE CONTAS ESTADUAL. HOMOLOGAÇÃO DE CÁLCULOS DAS COTAS DO ICMS A SEREM TRANSFERIDAS PARA MUNICÍPIOS: INCONSTITUCIONALIDADE. PREVISÃO DE EXISTÊNCIA DE PROCURADORIA DA ASSEMBLEIA LEGISLATIVA. ART. 132, CF: INTERPRETAÇÃO CONFORME À CONSTITUIÇÃO PARA LIMITAR A POSSIBILIDADE DE REPRESENTAÇÃO JUDICIAL ÀS CAUSAS RELATIVAS À DEFESA DAS PRERROGATIVAS INSTITUCIONAIS DO ÓRGÃO. PROCURADORIA DA FAZENDA ESTADUAL. PRINCÍPIO DA UNICIDADE DA REPRESENTAÇÃO DOS ESTADOS: INCONSTITUCIONALIDADE DE PREVISÃO DE ÓRGÃO E DE CARREIRA AUTÔNOMOS. PREVISÃO DE RESERVA DE VAGAS NO SERVIÇO PÚBLICO PARA PESSOAS PORTADORAS DE DEFICIÊNCIA: MERA REPETIÇÃO DE NORMA DA CONSTITUIÇÃO FEDERAL. INICIATIVA POPULAR PARA EMENDA À CONSTITUIÇÃO ESTADUAL: CONSTITUCIONALIDADE. 1. É inconstitucional a atribuição, aos Tribunais de Contas estaduais, de competência para homologação dos cálculos das cotas do ICMS devidas aos Municípios, por violação ao princípio da separação dos Poderes (art. 2º da CF), afastada a alegação de simetria com o modelo federal (arts. 75 e 161, parágrafo único, da CF). 2. A jurisprudência desta Corte reconhece o princípio da unicidade institucional da representação judicial e da consultoria jurídica para Estados e Distrito Federal, que são atribuições exclusivas dos Procuradores dos Estados e do Distrito Federal, independentemente da natureza da causa. A existência de consultorias jurídicas separadas de suas Procuradorias-Gerais ou Advocacias-Gerais somente é admitida se sua existência for anterior à Constituição Federal (art. 69 do ADCT). Excetua-se a atividade de consultoria jurídica das Assembleias Legislativas, que pode ser realizada por corpo próprio de procuradores. Já a atividade de representação judicial fica restrita às causas em que a Assembleia Legislativa ostentar personalidade judiciária, notadamente para a defesa de suas prerrogativas institucionais frente aos demais poderes (ADI 1.557, Rel. Min. ELLEN GRACIE). 3. É facultado aos Estados, no exercício de seu poder de auto-organização, a previsão de iniciativa popular para o processo de reforma das respectivas Constituições estaduais, em prestígio ao princípio da soberania popular (art. 1º, parágrafo único, art. 14, I e III, e art. 49, XV, da CF). 4. Ação direta de inconstitucionalidade parcialmente conhecida e, nessa parte, julgada parcialmente procedente.

(ADI 825, Relator(a): Min. ALEXANDRE DE MORAES, Tribunal Pleno, julgado em 25/10/2018, ACÓRDÃO ELETRÔNICO DJe-139 DIVULG 26-06-2019 PUBLIC 27-06-2019)

PROCESSO LEGISLATIVO – INICIATIVA. Aos Poderes Executivo e Legislativo compete a apresentação de projetos de lei concernentes à alteração do regime jurídico e remuneratório dos próprios servidores – artigos 51, inciso IV, 52, inciso XIII, e 61, § 1º, inciso II, alínea "c", da Constituição Federal. PROJETO DE LEI – EMENDA PARLAMENTAR – DESPESAS – AUMENTO. Conflita com a Constituição Federal introduzir, em projeto de iniciativa de outro Poder, alteração a implicar aumento de despesas – artigo 63, inciso I, da Lei Maior.

(ADI 4759, Relator(a): Min. MARCO AURÉLIO, Tribunal Pleno, julgado em 10/10/2018, PROCESSO ELETRÔNICO DJe-230 DIVULG 26-10-2018 PUBLIC 29-10-2018)

EMENTA: AÇÃO DIRETA DE INCONSTITUCIONALIDADE. VEDAÇÃO DE PAGAMENTO EM DECORRÊNCIA DE CONVOCAÇÃO PARA SESSÃO LEGISLATIVA EXTRAORDINÁRIA. ARTIGO 57, § 7º, DA CF/88. NORMA DE EXTENSÃO OBRIGATÓRIA PARA OS ESTADOS, CONFORME ART. 27, § 2º, DA CONSTITUIÇÃO FEDERAL. REGRA CONSONANTE AO PRINCÍPIO DA MORALIDADE. Ação direta de inconstitucionalidade julgada improcedente. 1. O art. 57, § 7º, do Texto Constitucional veda o pagamento de parcela indenizatória aos parlamentares em razão de convocação extraordinária. Essa norma é de reprodução obrigatória pelos estados-membros, por força do art. 27, § 2º, da Carta Magna. Precedentes: ADI nº 4.509/PA, (Relatora a Ministra Carmem Lúcia, julgamento em 18/06/2016, Plenário) e ADI nº 4.587/GO, (Relator o Ministro Ricardo Lewandowski, julgamento em 22/05/2014, Tribunal Pleno). 2. A vedação ao recebimento de parcela indenizatória pelo parlamentar, seja federal ou estadual, por comparecimento a sessão extraordinária coaduna-se com o princípio da moralidade, do qual, ademais, emanam, diretamente, obrigações à Administração Pública e ao legislador de padrão ético de conduta compatível com a função pública exercida e com a finalidade do ato praticado. 3. Ação direta de inconstitucionalidade julgada improcedente.

(ADI 4577, Relator(a): Min. DIAS TOFFOLI, Tribunal Pleno, julgado em 20/09/2018, PROCESSO ELETRÔNICO DJe-265 DIVULG 10-12-2018 PUBLIC 11-12-2018)

EMENTA: AGRAVO REGIMENTAL NA RECLAMAÇÃO. DIREITO CONSTITUCIONAL E ADMINISTRATIVO. MAGISTRADOS. CONCESSÃO DE VANTAGENS COM FUNDAMENTO NA ISONOMIA COM OS MEMBROS DO MINISTÉRIO PÚBLICO. SÚMULA VINCULANTE 37. PENDÊNCIA DA ANÁLISE DA CONSTITUCIONALIDADE DA RESOLUÇÃO 133 DO CNJ, NA ADI 4.822. MATÉRIA SOB REPERCUSSÃO GERAL. TEMAS 966 E 976. SUSPENSÃO DO ATO RECLAMADO E SOBRESTAMENTO DO JULGAMENTO DA RECLAMAÇÃO. AGRAVO REGIMENTAL PROVIDO. I – A controvérsia acerca da constitucionalidade da Resolução 133 do CNJ, que dispõe sobre a concessão de equiparação de vantagens funcionais a magistrados com fundamento na simetria constitucional com os membros do Ministério Público, é objeto de questionamento por meio da ADI 4.822/PE, de relatoria do Min. Marco Aurélio e dos REs 1.059.466 (Tema 966) e 968.646 (Tema 976), ambos da relatoria do Min. Alexandre de Moraes. II – Em decorrência da verticalização das decisões do Plenário, impõe-se a suspensão do ato reclamado e o sobrestamento do julgamento da presente reclamação até a definição do mérito da matéria. III – Agravo regimental provido para suspender o ato reclamado e determinar o sobrestamento dos autos, cessando, imediatamente, o pagamento dos benefícios em questão.

(Rcl 26468 AgR, Relator(a): Min. RICARDO LEWANDOWSKI, Segunda Turma, julgado em 14/08/2018, PROCESSO ELETRÔNICO DJe-221 DIVULG 16-10-2018 PUBLIC 17-10-2018)

EMENTA: AGRAVO REGIMENTAL NA RECLAMAÇÃO. SÚMULA VINCULANTE Nº 37. SIMETRIA CONSTITUCIONAL ENTRE AS CARREIRAS DA MAGISTRATURA E DO MINISTÉRIO PÚBLICO (CF/88, ART. 129, § 4º, E RESOLUÇÃO Nº 133/2011). PRINCÍPIO DA COLEGIALIDADE. AGRAVO REGIMENTAL PROVIDO, COM A RESSALVA DO POSICIONAMENTO PESSOAL DO RELATOR, PARA JULGAR PARCIALMENTE PROCEDENTE A RECLAMAÇÃO E, CASSANDO A DECISÃO IMPUGNADA, DETERMINAR O SOBRESTAMENTO DO PROCESSO EM REFERÊNCIA PERANTE A AUTORIDADE RECLAMADA ATÉ QUE SOBREVENHA DECISÃO DO STF NA ADI Nº 4.822/PE OU NOS TEMAS 966 E 976 DE REPERCUSSÃO GERAL (O QUE OCORRER PRIMEIRO), APÓS O QUE DEVERÁ ELA PROCEDER A NOVO JULGAMENTO DA CAUSA COMO ENTENDER DE DIREITO. 1. Até que sobrevenha decisão do STF na ADI nº 4.822/PE ou nos Temas 966 e 976 de repercussão geral (o que ocorrer primeiro), a eficácia da Súmula vinculante nº 37 obsta que o Poder Judiciário, no exercício da jurisdição, defira o pagamento de parcela remuneratória a magistrado com fundamento na alegada simetria constitucional com a carreira do Ministério Público (CF/88, art. 129, §4º) ou na Resolução nº 133/2011 do CNJ. 2. Agravo regimental provido, com a ressalva do posicionamento pessoal do Relator, para julgar parcialmente procedente a reclamação e, cassando a decisão impugnada, determinar o sobrestamento do processo em referência perante a autoridade reclamada até que sobrevenha decisão do STF na ADI nº 4.822/PE ou nos Temas 966 e 976 de repercussão geral (o que ocorrer primeiro), após o que deverá ela proceder a novo julgamento da causa como entender de direito.

(Rcl 27872 AgR, Relator(a): Min. DIAS TOFFOLI, Segunda Turma, julgado em 07/08/2018, PROCESSO ELETRÔNICO DJe-192 DIVULG 12-09-2018 PUBLIC 13-09-2018)

EMENTA EMBARGOS DE DECLARAÇÃO. DIREITO CONSTITUCIONAL E ADMINISTRATIVO. MAGISTRATURA. PRINCÍPIO DA SIMETRIA. MEMBROS DO MINISTÉRIO PÚBLICO. APLICAÇÃO AO CASO DA SISTEMÁTICA DA REPERCUSSÃO GERAL. RE 968.646-RG. TEMA 976 DA SISTEMÁTICA DA REPERCUSSÃO GERAL. CONCESSÃO EXCEPCIONAL DE EFEITOS INFRINGENTES. APLICAÇÃO DOS ARTIGOS DE 1.036 A 1.040 DO CPC/2015. PRECEDENTES. APELO EXTREMO E DECLARATÓRIOS MANEJADOS SOB A VIGÊNCIA DO CPC/2015. 1. Verificada a identidade entre o precedente paradigmático e o caso dos autos, admite-se a concessão excepcional de efeitos infringentes aos declaratórios com o fito de aplicar à causa a sistemática da repercussão geral. Inteligência dos arts. 328 do Regimento Interno do STF e 1.036 a 1.040 do Código de Processo Civil de 2015. Precedentes. 2. Embargos de declaração acolhidos para, concedendo-lhes excepcionais efeitos modificativos, anular o acórdão embargado e determinar a devolução dos autos à Corte de origem, para os fins previstos nos artigos de 1.036 a 1.040 do Código de Processo Civil de 2015.

(RE 1038673 AgR-ED, Relator(a): Min. ROSA WEBER, Primeira Turma, julgado em 22/06/2018, PROCESSO ELETRÔNICO DJe-153 DIVULG 31-07-2018 PUBLIC 01-08-2018)

EMENTA: AÇÃO DIRETA DE INCONSTITUCIONALIDADE. ARTIGOS E EXPRESSÕES DA CONSTITUIÇÃO DO ESTADO DO CEARÁ, PROMULGADA EM 5 DE OUTUBRO DE 1989, E DE SUAS DISPOSIÇÕES CONSTITUCIONAIS TRANSITÓRIAS. PARCIAL PREJUDICIALIDADE. ALTERAÇÃO SUBSTANCIAL. EFICÁCIA EXAURIDA. MÉRITO. AUTONOMIA FINANCEIRA DO MINISTÉRIO PÚBLICO. VEDAÇÃO DE EQUIPARAÇÃO E VINCULAÇÃO REMUNERATÓRIA. ARTIGO 37, VIII, E ART. 39, § 1º, DA CF. VEDAÇÃO DE CRIAÇÃO DE PROCURADORIAS AUTÁRQUICAS. ARTIGO 132 DA CF. VÍCIO FORMAL. PRERROGATIVA DE PROPOSITURA LEGISLATIVA DOS PODERES EXECUTIVO E JUDICIÁRIO. PROCEDÊNCIA PARCIAL DO PEDIDO. 1. Revogação expressa dos arts. 145; 168, § 5º; e 335, parágrafo único, da Carta estadual. Alteração substancial de conteúdo dos arts. 140, parágrafo único; 141, III; 152, caput, I, III, IV; 176, § 10; arts. 183, parágrafo único; 187, § 2º; e 189, § 2º, todos da Carta cearense, de forma a descaracterizar o substrato normativo antes confrontado com a Constituição Federal. Exaurimento dos efeitos da regra de anistia tributária prevista no art. 37 do ADCT, na medida em que o termo a quo de aplicabilidade do benefício fiscal foi atingido no final de 1989. Perda parcial de objeto da ação direta de inconstitucionalidade. Precedentes. 2. Tendo em vista que a presente ação foi ajuizada em 1989, algumas disposições constitucionais apontadas como parâmetro constitucional de controle foram alteradas durante o transcurso do processamento da ação. Afasta-se, no entanto, a alegação de prejuízo da ação em virtude dessas alterações, na esteira da jurisprudência mais recente da Corte (ADI nº 2.158/PR e nº 2.189/PR, de minha relatoria, DJe de 16/12/10; ADI nº 94/RO, Relator o Ministro Gilmar Mendes, DJ de 16/12/11; ADI nº 239/RJ, de minha relatoria, DJe 30/10/14). 3. A falta da expressão "autonomia financeira" no art. 127, § 2º, da Constituição Federal não invalida a construção interpretativa de sua efetiva existência como garantia do livre exercício das funções institucionais do Ministério Público. Mesmo antes da Emenda Constitucional nº 19/98, o STF já consagrava a competência do Ministério Público para a fixação da política remuneratória de seus membros e dos serviços auxiliares. Precedentes. Constitucionalidade dos arts. 135, caput e I, e 136 da Constituição do Estado do Ceará. 4. É inconstitucional o art. 147, § 1º, da Carta estadual, o qual prevê a aplicação aos defensores públicos do regime de garantias, vencimentos, vantagens e impedimentos do Ministério Público e da Procuradoria-Geral do Estado. Os estatutos jurídicos das carreiras do Ministério Público e da Defensoria Pública foram tratados de forma diversa pelo texto constitucional originário. A equivalência remuneratória entre as carreiras encontra óbice no art. 37, inciso XIII, da Constituição Federal, que veda a equiparação ou a vinculação remuneratória. A previsão original do art. 39, § 1º, da Constituição Federal, que assegurava a isonomia remuneratória entre os servidores de atribuições iguais ou assemelhadas, não poderia ser invocada a favor dos defensores públicos, tendo por paradigma os membros do Ministério Público, em razão da autonomia financeira de que goza a entidade, da qual, à época, ainda não dispunham as defensorias públicas estaduais, o que somente foi assegurado com o advento da Emenda Constitucional nº 45/04 (art. 134, § 2º, da Constituição Federal). 5. O art. 152, parágrafo único, da Constituição do Estado do Ceará, ao estabelecer que o Governador do Estado deve encaminhar à Assembleia Legislativa projeto de lei dispondo sobre a organização e o funcionamento da Procuradoria-Geral do Estado e das procuradorias autárquicas, admite, de forma geral e para o futuro, a existência de órgãos jurídicos, no âmbito das autarquias e fundações, distintos da Procuradoria-Geral do Estado, em clara afronta ao modelo constitucional do art. 132 da Carta Federal. A Constituição Federal estabeleceu um modelo de exercício exclusivo, pelos procuradores do estado e do Distrito Federal, de toda a atividade jurídica das unidades federadas estaduais e distrital – o que inclui as autarquias e as fundações -, seja ela consultiva ou contenciosa. A previsão constitucional, também conhecida como princípio da unicidade da representação judicial e da consultoria jurídica dos estados e do Distrito Federal, estabelece competência funcional exclusiva da procuradoria-geral do estado. A exceção prevista no art. 69 do ADCT deixou evidente que, após a Constituição de 1988, não é mais possível a criação de órgãos jurídicos distintos da procuradoria-geral do estado, sendo admitida apenas a manutenção daquelas consultorias jurídicas já existentes quando da promulgação da Carta. Trata-se de exceção direcionada a situações concretas e do passado, que, por essa razão, deve ser interpretada restritivamente, inclusive com atenção à diferenciação entre os termos "consultoria jurídica" e "procuradoria jurídica", uma vez que essa última pode englobar as atividades de consultoria e representação judicial. 6. A equiparação remuneratória entre servidores, a teor da redação originária do art. 39, § 1º, da Carta Federal, restringiu-se aos servidores da administração direta, não se mencionando os entes da administração indireta. Precedentes. Por essa razão, é inconstitucional a expressão "das autarquias e das fundações" contida no § 1º do art. 166 da Carta cearense. Além disso, o dispositivo em apreço não foi recepcionado, em sua integralidade, pela redação atual do art. 39 da Constituição Federal, conferida pela Emenda Constitucional nº 19/98, incidindo, ainda, a vedação de vinculação ou equiparação de quaisquer espécies remuneratórias para efeito de remuneração de pessoal do serviço público, prevista no art. 37, XIII, da Constituição Federal. 7. Os parágrafos do art. 184 da Constituição do Ceará, ao estabelecerem equiparação remuneratória entre a carreira dos delegados de polícia e a de promotores de justiça, além de isonomia e vinculação de remuneração entre os servidores das diferentes carreiras da polícia civil, afrontam o art. 37, XIII, da Constituição Cidadã. 8. É constitucional a previsão contida no art. 215, IV, da Constituição do Ceará quando assegura a isonomia salarial para docentes em exercício com titulação idêntica, respeitando-se o grau de ensino em que atuam e a carga horária do respectivo regime. Não há, no caso, equiparação salarial de carreiras distintas, pois se trata especificamente da carreira de magistério público e de docentes com titulação idêntica, devendo, no entanto, ser respeitados os respectivos regime e carga horária. 9. Inconstitucionalidade dos arts. 154, § 2º; 167, XII, XIII, §§ 1º e 2º; e 174 da Constituição do Estado do Ceará, e dos arts. 27 e 28 do ADCT. Os dispositivos questionados tratam de remuneração e direitos de servidores públicos, os quais, não encontrando similares na Constituição Federal, somente poderiam ser veiculados por lei de iniciativa do chefe do Poder Executivo. São previsões específicas que não tratam da organização ou da estruturação do estado-membro ou de seus órgãos, mas que versam sobre o regime jurídico de servidores públicos, expressamente submetido a tal prerrogativa. Do mesmo modo, a fixação de teto de vencimento para os escrivães de entrância especial, de modo que não exceda oitenta por cento dos vencimentos dos juízes de entrância inferior, prevista no art. 174 da Constituição do Estado, além de incidir em vinculação de vencimentos de carreiras distintas, afronta a iniciativa legislativa do Poder Judiciário, em atendimento ao disposto no art. 96, inciso II, alínea b, da Constituição Federal. 10. O art. 167, inciso XIII e § 2º, da Constituição estadual estabelece a aposentadoria em montante remuneratório maior do que aquele previsto para o cargo desempenhado em atividade, remetendo o valor dos proventos aos cargos imediatamente superiores do quadro funcional ou com acréscimo de gratificação, o que não encontra paradigma na Constituição Federal. Essa previsão não era considerada materialmente inconstitucional à época da edição da Carta, uma vez que a superação da remuneração em atividade era tolerada na redação original da Carta da República. Porém, toda a parte previdenciária contida no art. 167 da Constituição estadual não foi agasalhada pela Lei Fundamental a partir da Emenda Constitucional nº 20/98. A superação do patamar remuneratório da atividade e a impossibilidade de incorporação da remuneração do cargo em comissão para fins de aposentadoria foram estabelecidas expressamente pelo art. 40, §§ 2º e 3º, da Constituição Federal. 11. Ação direta da qual se conheceu em parte, relativamente à qual a ação é julgada parcialmente procedente.

(ADI 145, Relator(a): Min. DIAS TOFFOLI, Tribunal Pleno, julgado em 20/06/2018, PROCESSO ELETRÔNICO DJe-162 DIVULG 09-08-2018 PUBLIC 10-08-2018)

EMENTA: ADI. DISPOSITIVO DA CONSTITUIÇÃO DO ESTADO DO AMAPÁ QUE SUBMETE O PROCURADOR-GERAL DE JUSTIÇA DO ESTADO À FISCALIZAÇÃO DA ASSEMBLEIA LEGISLATIVA SOB PENA DE CRIME DE RESPONSABILIDADE. PRINCÍPIO DA SIMETRIA E USURPAÇÃO DA COMPETÊNCIA PRIVATIVA DA UNIÃO. INCONSTITUCIONALIDADE. 1. O art. 50, caput e § 2º, da Constituição Federal traduz norma de observância obrigatória pelos Estados-membros, que, por imposição do princípio da simetria (art. 25, CF), não podem ampliar o rol de autoridades sujeitas à fiscalização direta pelo Poder Legislativo e à sanção por crime de responsabilidade. 2. É competência privativa da União (art. 22, I, CF) legislar sobre crime de responsabilidade. Enunciado 46 da Súmula Vinculante do Supremo Tribunal Federal. 3. Precedentes: ADI 3.279, Rel. Min. CEZAR PELUSO, Tribunal Pleno, DJe 15/2/2012; ADI 4791, Rel. Min. TEORI ZAVASCKI, Tribunal Pleno, DJe de 23/4/2015; ADI 4792, Relª. Minª. CÁRMEN LÚCIA, Tribunal Pleno, DJe de 23/4/2015; ADI 2220, Rel. Min. CÁRMEN LÚCIA, Tribunal Pleno, DJe de 07/12/2011; e ADI 1901, Rel. Min. ILMAR GALVÃO, Tribunal Pleno, DJ 9/5/2003. 4. Ação direta julgada procedente.

(ADI 5300, Relator(a): Min. ALEXANDRE DE MORAES, Tribunal Pleno, julgado em 20/06/2018, PROCESSO ELETRÔNICO DJe-128 DIVULG 27-06-2018 PUBLIC 28-06-2018)

EMENTA: CONSTITUCIONAL. AÇÃO DIRETA DE INCONSTITUCIONALIDADE. LEI ESTADUAL DE ORGANIZAÇÃO JUDICIÁRIA QUE ATRIBUI AO ÓRGÃO PLENO DO TRIBUNAL DE JUSTIÇA A COMPETÊNCIA PARA O JULGAMENTO DOS PREFEITOS PERANTE O TRIBUNAL DE JUSTIÇA (ART. 29, X, DA CF). EMENDA PARLAMENTAR A PROJETO DE LEI DE INICIATIVA EXCLUSIVA DO PODER JUDICIÁRIO. PRINCÍPIO DO AUTOGOVERNO DA MAGISTRATURA (ART. 96, I, ALÍNEA "A", E II, ALÍNEA "D"). AÇÃO PROCEDENTE. 1. A modificação da norma impugnada, desde que observada a continuidade normativa do conteúdo questionado, além do oportuno aditamento da petição inicial, não impede o conhecimento da ação direta. Precedentes. 2. Compete aos Tribunais da República a edição de atos normativos internos para a sua organização e administração, como expressão da autonomia que a Constituição lhes confere (art. 96, I, "a", da CF). 3. Uma vez atribuída aos Tribunais de Justiça a competência para o julgamento dos Prefeitos pela prática de crimes comuns, aí incluídos os crimes de responsabilidade impróprios (art. 1º do Decreto-lei 201/1967), incumbe a essas Cortes definir, em seus respectivos regimentos, o órgão interno responsável pela instrução e julgamento dessas ações. 4. É inválida a inclusão de norma com conteúdo próprio à disciplina dos regimentos internos dos Tribunais, por emenda parlamentar, ao projeto de lei apresentado pelo Tribunal de Justiça com o propósito de dispor sobre a organização judiciária do Estado, uma vez que violada a reserva de iniciativa disposta no art. 96, II, "d", da CF, prevalecendo a previsão do Regimento Interno que comete aos órgãos fracionários do Tribunal (Câmaras Criminais) a competência para julgamento dos prefeitos. 5. Ação direta julgada procedente.

(ADI 3915, Relator(a): Min. ALEXANDRE DE MORAES, Tribunal Pleno, julgado em 20/06/2018, ACÓRDÃO ELETRÔNICO DJe-128 DIVULG 27-06-2018 PUBLIC 28-06-2018)

EMENTA: DIREITO CONSTITUCIONAL E ADMINISTRATIVO. AÇÃO DIRETA DE INCONSTITUCIONALIDADE. PENSÃO VITALÍCIA PARA EX-GOVERNADORES DO ESTADO DE SERGIPE (ART. 263 DA CONSTITUIÇÃO ESTADUAL). DESEQUIPARAÇÃO SEM FUNDAMENTO CONSTITUCIONALMENTE LEGÍTIMO. VIOLAÇÃO AOS PRINCÍPIOS DA IGUALDADE, REPUBLICANO E DEMOCRÁTICO. INCONSTITUCIONALIDADE. PRECEDENTES. 1. O benefício instituído pela norma impugnada – subsídio mensal e vitalício para ex-governadores, igual aos vencimentos do cargo de Desembargador do Tribunal de Justiça – é pago sem qualquer justificativa constitucionalmente legítima, representando inequívoca violação aos princípios da igualdade, republicano e democrático, consoante firme jurisprudência desta Corte. Precedentes: ADI-MC 4.552, Rel. Min. Cármen Lúcia; ADI 3.853, Rel. Min. Cármen Lúcia; SS 3.242, Rel. Min. Ellen Gracie; RE 252.352, Rel. Min. Sepúlveda Pertence; ADI 1.461, Rel. Min. Maurício Corrêa. 2. A continuidade do pagamento inconstitucional desse subsídio mensal e vitalício a ex-detentor de cargo eletivo traduz-se também em grave lesão à economia pública, já que não há qualquer contraprestação de serviço público por parte do beneficiado. 3. Ação direta de inconstitucionalidade cujo pedido se julga procedente.

(ADI 4544, Relator(a): Min. ROBERTO BARROSO, Tribunal Pleno, julgado em 13/06/2018, PROCESSO ELETRÔNICO DJe-189 DIVULG 10-09-2018 PUBLIC 11-09-2018)

EMENTA: ARGUIÇÃO DE DESCUMPRIMENTO DE PRECEITO FUNDAMENTAL. LEI MUNICIPAL Nº 6.245/1994. "PENSÃO" GRACIOSA E VITALÍCIA PAGA A CÔNJUGES SUPÉRSTITE DE EX-PREFEITOS. CONHECIMENTO DA AÇÃO. PREENCHIMENTO DOS PRESSUPOSTOS CONSTITUCIONAIS. AUSÊNCIA DE CONTRAPRESTAÇÃO. NÃO CONFIGURAÇÃO DE NATUREZA PREVIDENCIÁRIA. VIOLAÇÃO DOS PRINCÍPIOS REPUBLICANO E DA IGUALDADE. MEDIDA CAUTELAR. REFERENDO. CONVERSÃO. JULGAMENTO DE MÉRITO. JURISPRUDÊNCIA DO STF. ARGUIÇÃO DE DESCUMPRIMENTO FUNDAMENTAL JULGADA PROCEDENTE. 1. Ficou demonstrada a violação, in casu, de preceitos fundamentais resultante de ato do Poder Público e a inexistência de outro meio eficaz para sanar a lesividade arguida pelo autor da ação, donde se revelam preenchidos os pressupostos de cabimento da arguição de descumprimento de preceito fundamental. 2. O Supremo Tribunal tem afirmado que a instituição de prestação pecuniária mensal e vitalícia a ex-chefes do Poder Executivo, bem como a seus cônjuges, designada sob variadas denominações e paga sem a previsão de qualquer contraprestação para sua concessão, configura benesse que não se compatibiliza com a Constituição Federal (notadamente, com o princípio republicano e com o princípio da igualdade, consectário daquele), por desvelar tratamento diferenciado e privilegiado, sem fundamento jurídico razoável, com ônus aos cofres públicos, em favor de quem não exerce função pública ou presta qualquer serviço à administração. Precedentes: ADI nº 4.552-MC, Rel. Min. Cármen Lúcia, Tribunal Pleno, DJe de 09/6/15; ADI nº 3.853, Rel. Min. Cármen Lúcia, Tribunal Pleno, DJe de 26/10/07. 3. De fato, se a concessão desse tipo de benefício a quem efetivamente prestou serviços relevantes à sociedade, após cessado o vínculo com Estado, ofende os princípios constitucionais mencionados, forçoso concluir que a concessão da benesse a quem jamais exerceu mandato eletivo, pelo só fato de ter contraído matrimônio com ex-chefe do Poder Executivo, viola, de forma ainda mais patente, a Constituição Federal. 4. Conversão do julgamento do referendo à medida cautelar em decisão de mérito. Ação julgada procedente.

(ADPF 413, Relator(a): Min. DIAS TOFFOLI, Tribunal Pleno, julgado em 06/06/2018, PROCESSO ELETRÔNICO DJe-123 DIVULG 20-06-2018 PUBLIC 21-06-2018)

EMENTA: DIREITO CONSTITUCIONAL. AGRAVO REGIMENTAL EM PETIÇÃO. SUJEIÇÃO DOS AGENTES POLÍTICOS A DUPLO REGIME SANCIONATÓRIO EM MATÉRIA DE IMPROBIDADE. IMPOSSIBILIDADE DE EXTENSÃO DO FORO POR PRERROGATIVA DE FUNÇÃO À AÇÃO DE IMPROBIDADE ADMINISTRATIVA. 1. Os agentes políticos, com exceção do Presidente da República, encontram-se sujeitos a um duplo regime sancionatório, de modo que se submetem tanto à responsabilização civil pelos atos de improbidade administrativa, quanto à responsabilização político-administrativa por crimes de responsabilidade. Não há qualquer impedimento à concorrência de esferas de responsabilização distintas, de modo que carece de fundamento constitucional a tentativa de imunizar os agentes políticos das sanções da ação de improbidade administrativa, a pretexto de que estas seriam absorvidas pelo crime de responsabilidade. A única exceção ao duplo regime sancionatório em matéria de improbidade se refere aos atos praticados pelo Presidente da República, conforme previsão do art. 85, V, da Constituição. 2. O foro especial por prerrogativa de função previsto na Constituição Federal em relação às infrações penais comuns não é extensível às ações de improbidade administrativa, de natureza civil. Em primeiro lugar, o foro privilegiado é destinado a abarcar apenas as infrações penais. A suposta gravidade das sanções previstas no art. 37, § 4º, da Constituição, não reveste a ação de improbidade administrativa de natureza penal. Em segundo lugar, o foro privilegiado submete-se a regime de direito estrito, já que representa exceção aos princípios estruturantes da igualdade e da república. Não comporta, portanto, ampliação a hipóteses não expressamente previstas no texto constitucional. E isso especialmente porque, na hipótese, não há lacuna constitucional, mas legítima opção do poder constituinte originário em não instituir foro privilegiado para o processo e julgamento de agentes políticos pela prática de atos de improbidade na esfera civil. Por fim, a fixação de competência para julgar a ação de improbidade no 1o grau de jurisdição, além de constituir fórmula mais republicana, é atenta às capacidades institucionais dos diferentes graus de jurisdição para a realização da instrução processual, de modo a promover maior eficiência no combate à corrupção e na proteção à moralidade administrativa. 3. Agravo regimental a que se nega provimento.

(Pet 3240 AgR, Relator(a): Min. TEORI ZAVASCKI, Relator(a) p/ Acórdão: Min. ROBERTO BARROSO, Tribunal Pleno, julgado em 10/05/2018, ACÓRDÃO ELETRÔNICO DJe-171 DIVULG 21-08-2018 PUBLIC 22-08-2018)

EMENTA: AÇÃO DIRETA DE INCONSTITUCIONALIDADE. DIREITO CONSTITUCIONAL. RESOLUÇÃO Nº. 126/2015 DO CONSELHO NACIONAL DO MINISTÉRIO PÚBLICO. NECESSIDADE DE REFERENDO DA DECISÃO DE MEMBRO DO MINISTÉRIO PÚBLICO QUE CONCLUI PELA ATRIBUIÇÃO DE OUTRO RAMO DA INSTITUIÇÃO PARA INSTAURAÇÃO DE INQUÉRITO CIVIL OU PROCEDIMENTO PREPARATÓRIO. PRINCÍPIO DA INDEPENDÊNCIA FUNCIONAL. PRINCÍPIO DA UNIDADE. AUSÊNCIA DE VIOLAÇÃO. 1. Os limites do princípio da independência funcional do Ministério Público, art. 127, § 1º, CRFB, encontram-se circunscritos pelo respeito à Constituição da República e às leis. 2. A jurisprudência desta Corte conferiu ao Procurador-Geral da República a competência para solucionar conflitos de atribuição no âmbito do Ministério Público. Precedentes. 3. O Conselho Nacional do Ministério Público age dentro dos limites constitucionais ao editar resolução para esclarecer que deve ser referendada, pelo órgão de revisão competente, a decisão do membro do Parquet que conclui, após a instauração do inquérito civil ou do respectivo procedimento preparatório, ser este ou aquele de atribuição de outro ramo do Ministério Público. 4. Regramento que se insere na ambiência da estruturação administrativa da instituição e não viola o princípio da independência funcional, eis que é compatível com ele e também com o princípio da unidade, nos termos do art. 127, § 1º, CRFB. 5. Ação direta que se julga improcedente.

(ADI 5434, Relator(a): Min. ALEXANDRE DE MORAES, Relator(a) p/ Acórdão: Min. EDSON FACHIN, Tribunal Pleno, julgado em 26/04/2018, PROCESSO ELETRÔNICO DJe-205 DIVULG 20-09-2019 PUBLIC 23-09-2019)

EMENTA: DIREITO CONSTITUCIONAL. DIREITO FUNDAMENTAL DE ACESSO À INFORMAÇÃO DE INTERESSE COLETIVO OU GERAL. RECURSO EXTRAORDINÁRIO QUE SE FUNDA NA VIOLAÇÃO DO ART. 5º, INCISO XXXIII, DA CONSTITUIÇÃO FEDERAL. PEDIDO DE VEREADOR, COMO PARLAMENTAR E CIDADÃO, FORMULADO DIRETAMENTE AO CHEFE DO PODER EXECUTIVO SOLICITANDO INFORMAÇÕES E DOCUMENTOS SOBRE A GESTÃO MUNICIPAL. PLEITO INDEFERIDO. INVOCAÇÃO DO DIREITO FUNDAMENTAL DE ACESSO À INFORMAÇÃO, DO DEVER DO PODER PÚBLICO DE TRANSPARÊNCIA E DOS PRINCÍPIOS REPUBLICANO E DA PUBLICIDADE. TESE DA MUNICIPALIDADE FUNDADA NA SEPARAÇÃO DOS PODERES E NA DIFERENÇA ENTRE PRERROGATIVAS DA CASA LEGISLATIVA E DOS PARLAMENTARES. REPERCUSSÃO GERAL RECONHECIDA. 1. O tribunal de origem acolheu a tese de que o pedido do vereador para que informações e documentos fossem requisitados pela Casa Legislativa foi, de fato, analisado e negado por decisão do colegiado do parlamento. 2. O jogo político há de ser jogado coletivamente, devendo suas regras ser respeitadas, sob pena de se violar a institucionalidade das relações e o princípio previsto no art. 2º da Carta da República. Entretanto, o controle político não pode ser resultado apenas da decisão da maioria. 3. O parlamentar não se despe de sua condição de cidadão no exercício do direito de acesso a informações de interesse pessoal ou coletivo. Não há como se autorizar que seja o parlamentar transformado em cidadão de segunda categoria. 4. Distinguishing em relação ao caso julgado na ADI nº 3.046, Relator o Ministro Sepúlveda Pertence. 5. Fixada a seguinte tese de repercussão geral: o parlamentar, na condição de cidadão, pode exercer plenamente seu direito fundamental de acesso a informações de interesse pessoal ou coletivo, nos termos do art. 5º, inciso XXXIII, da CF e das normas de regência desse direito. 6. Recurso extraordinário a que se dá provimento.

(RE 865401, Relator(a): Min. DIAS TOFFOLI, Tribunal Pleno, julgado em 25/04/2018, ACÓRDÃO ELETRÔNICO REPERCUSSÃO GERAL – MÉRITO DJe-223 DIVULG 18-10-2018 PUBLIC 19-10-2018)

EMENTA: DIREITO CONSTITUCIONAL E ELEITORAL. AÇÃO DIRETA DE INCONSTITUCIONALIDADE. PREVISÃO, POR LEI FEDERAL, DE HIPÓTESES DE VACÂNCIA DE CARGOS MAJORITÁRIOS POR CAUSAS ELEITORAIS, COM REALIZAÇÃO DE NOVAS ELEIÇÕES. APLICABILIDADE DA NORMA ÀS ELEIÇÕES PARA PREFEITOS DE MUNICÍPIOS COM MENOS DE DUZENTOS MIL ELEITORES E PARA O CARGO DE SENADOR DA REPÚBLICA. 1. O legislador ordinário federal pode prever hipóteses de vacância de cargos eletivos fora das situações expressamente contempladas na Constituição, com vistas a assegurar a higidez do processo eleitoral e a preservar o princípio majoritário. 2. Diferentemente do que ocorre com o Presidente e Senadores, a Constituição não estabelece expressamente uma única solução para hipótese de dupla vacância nos cargos de Governador e Prefeito. Assim, tratando-se de causas eleitorais de extinção do mandato, a competência para legislar a respeito pertence à União, por força do disposto no art. 22, I, da Constituição Federal, e não aos entes da Federação, aos quais compete dispor sobre a solução de vacância por causas não eleitorais de extinção de mandato. 3. Não ofende os princípios da soberania popular, da proporcionalidade, da economicidade e a legitimidade e normalidade dos pleitos eleitorais a aplicação de dispositivo que determina a realização de novas eleições no caso de decisão da Justiça Eleitoral que importe o indeferimento do registo, a cassação do diploma ou a perda do mandato de candidatos eleitos, independentemente do número de votos anulados, para cargos majoritários simples – Senador da República e Prefeito de Municípios com menos de duzentos mil eleitores. 4. Ação direta de inconstitucionalidade cujo pedido se julga improcedente. Fixação da seguinte tese: "É constitucional legislação federal que estabeleça novas eleições para os cargos majoritários simples – isto é, Prefeitos de Municípios com menos de duzentos mil eleitores e Senadores da República – em casos de vacância por causas eleitorais".

(ADI 5619, Relator(a): Min. ROBERTO BARROSO, Tribunal Pleno, julgado em 08/03/2018, PROCESSO ELETRÔNICO DJe-159 DIVULG 06-08-2018 PUBLIC 07-08-2018)

EMENTA: RECLAMAÇÃO. CONCESSÃO DE DIÁRIAS A INTEGRANTE DA MAGISTRATURA. PRINCÍPIO DA SIMETRIA. AUSÊNCIA DE IDENTIDADE MATERIAL ENTRE O ATO RECLAMADO E O VERBETE DA SÚMULA VINCULANTE 37. EXCEPCIONALIDADE DO DISPOSTO NO ART. 102, I, N, DA CONSTITUIÇÃO FEDERAL. AGRAVO REGIMENTAL A QUE SE NEGA PROVIMENTO. I – A concessão de diárias a integrante da Magistratura com fundamento no princípio da simetria não enseja reclamação por ofensa à Súmula Vinculante 37. II – A interpretação atual da regra do art. 102, I, n, da Constituição é no sentido de que somente se adequam à norma em exame aquelas demandas nas quais se demonstre a presença, cumulativamente, de dois requisitos, quais sejam: (i) a existência de interesse de toda a Magistratura; (ii) que esse interesse seja exclusivo dos Magistrados. III – Agravo regimental a que se nega provimento.

(Rcl 28655 AgR, Relator(a): Min. RICARDO LEWANDOWSKI, Segunda Turma, julgado em 20/02/2018, PROCESSO ELETRÔNICO DJe-123 DIVULG 20-06-2018 PUBLIC 21-06-2018)

EMENTA: AGRAVO REGIMENTAL. RECLAMAÇÃO. CONCESSÃO DE LICENÇA-PRÊMIO A MAGISTRADO. PRINCÍPIO DA SIMETRIA. AUSÊNCIA DE IDENTIDADE MATERIAL ENTRE O ATO RECLAMADO E O VERBETE DA SÚMULA VINCULANTE 37. EXCEPCIONALIDADE DO DISPOSTO NO ART. 102, I, N , DA CONSTITUIÇÃO FEDERAL. AGRAVO REGIMENTAL A QUE SE NEGA SEGUIMENTO. I – A concessão de licença-prêmio a integrante da Magistratura com fundamento no princípio da simetria não enseja reclamação por ofensa à Súmula Vinculante 37. II – A interpretação atual da regra do art. 102, I, n , da Constituição é no sentido de que somente se adequam à norma em exame aquelas demandas nas quais se demonstre a presença, cumulativamente, de dois requisitos, quais sejam: (i) a existência de interesse de toda a Magistratura; (ii) que esse interesse seja exclusivo dos Magistrados. III – Agravo regimental a que se nega provimento.

(Rcl 27818 AgR, Relator(a): Min. RICARDO LEWANDOWSKI, Segunda Turma, julgado em 11/12/2017, PROCESSO ELETRÔNICO DJe-023 DIVULG 07-02-2018 PUBLIC 08-02-2018)

EMENTA: AGRAVO REGIMENTAL. RECLAMAÇÃO. CONVERSÃO DE UM TERÇO DE FÉRIAS EM ABONO PECUNIÁRIO A INTEGRANTE DA MAGISTRATURA. PRINCÍPIO DA SIMETRIA. AUSÊNCIA DE IDENTIDADE MATERIAL ENTRE O ATO RECLAMADO E O VERBETE DA SÚMULA VINCULANTE 37. EXCEPCIONALIDADE DO DISPOSTO NO ART. 102, I, N, DA CONSTITUIÇÃO FEDERAL. AGRAVO REGIMENTAL A QUE SE NEGA PROVIMENTO. I – A conversão de um terço de férias em abono pecuniário a integrante da Magistratura com fundamento no princípio da simetria não enseja reclamação por ofensa à Súmula Vinculante 37. II – A interpretação atual da regra do art. 102, I, n, da Constituição é no sentido de que somente se adequam à norma em exame aquelas demandas nas quais se demonstre a presença, cumulativamente, de dois requisitos, quais sejam: (i) a existência de interesse de toda a Magistratura; (ii) que esse interesse seja exclusivo dos Magistrados. III – Agravo regimental a que se nega provimento.

(Rcl 28087 AgR, Relator(a): Min. RICARDO LEWANDOWSKI, Segunda Turma, julgado em 11/12/2017, PROCESSO ELETRÔNICO DJe-023 DIVULG 07-02-2018 PUBLIC 08-02-2018)

EMENTA: AGRAVO REGIMENTAL. RECLAMAÇÃO. CONCESSÃO DE DIÁRIAS A INTEGRANTE DA MAGISTRATURA. PRINCÍPIO DA SIMETRIA. AUSÊNCIA DE IDENTIDADE MATERIAL ENTRE O ATO RECLAMADO E O VERBETE DA SÚMULA VINCULANTE 37. EXCEPCIONALIDADE DO DISPOSTO NO ART. 102, I, N, DA CONSTITUIÇÃO FEDERAL. AGRAVO REGIMENTAL A QUE SE NEGA PROVIMENTO. I – A concessão de diárias a integrante da Magistratura com fundamento no princípio da simetria não enseja reclamação por ofensa à Súmula Vinculante 37. II – A interpretação atual da regra do art. 102, I, n, da Constituição é no sentido de que somente se adequam à norma em exame aquelas demandas nas quais se demonstre a presença, cumulativamente, de dois requisitos, quais sejam: (i) a existência de interesse de toda a

Magistratura; (ii) que esse interesse seja exclusivo dos Magistrados. III – Agravo regimental a que se nega provimento.

(Rcl 26510 AgR, Relator(a): Min. RICARDO LEWANDOWSKI, Segunda Turma, julgado em 11/12/2017, PROCESSO ELETRÔNICO DJe-023 DIVULG 07-02-2018 PUBLIC 08-02-2018)

EMENTA: AGRAVO REGIMENTAL. RECLAMAÇÃO. CONCESSÃO DE AJUDA DE CUSTO A INTEGRANTE DA MAGISTRATURA. PRINCÍPIO DA SIMETRIA. AUSÊNCIA DE IDENTIDADE MATERIAL ENTRE O ATO RECLAMADO E O VERBETE DA SÚMULA VINCULANTE 37. EXCEPCIONALIDADE DO DISPOSTO NO ART. 102, I, N, DA CONSTITUIÇÃO FEDERAL. AGRAVO REGIMENTAL A QUE SE NEGA PROVIMENTO. I – A concessão de ajuda de custo a integrante da Magistratura com fundamento no princípio da simetria não enseja reclamação por ofensa à Súmula Vinculante 37. II – A interpretação atual da regra do art. 102, I, n , da Constituição é no sentido de que somente se adequam à norma em exame aquelas demandas nas quais se demonstre a presença, cumulativamente, de dois requisitos, quais sejam: (i) a existência de interesse de toda a Magistratura; (ii) que esse interesse seja exclusivo dos Magistrados. III – Agravo regimental a que se nega provimento.

(Rcl 26466 AgR, Relator(a): Min. RICARDO LEWANDOWSKI, Segunda Turma, julgado em 11/12/2017, PROCESSO ELETRÔNICO DJe-023 DIVULG 07-02-2018 PUBLIC 08-02-2018)

EMENTA: AÇÃO DIRETA DE INCONSTITUCIONALIDADE. LEI Nº 12.589/2004 DO ESTADO DE PERNAMBUCO. PROIBIÇÃO DA FABRICAÇÃO, DO COMÉRCIO E DO USO DE MATERIAIS, ELEMENTOS CONSTRUTIVOS E EQUIPAMENTOS CONSTITUÍDOS POR AMIANTO OU ASBESTO. PRODUÇÃO E CONSUMO, PROTEÇÃO DO MEIO AMBIENTE E PROTEÇÃO E DEFESA DA SAÚDE. COMPETÊNCIA LEGISLATIVA CONCORRENTE. IMPOSSIBILIDADE DE A LEGISLAÇÃO ESTADUAL DISCIPLINAR MATÉRIA DE FORMA CONTRÁRIA À LEI GERAL FEDERAL. LEI FEDERAL Nº 9.055/1995. AUTORIZAÇÃO DE EXTRAÇÃO, INDUSTRIALIZAÇÃO, UTILIZAÇÃO E COMERCIALIZAÇÃO DO AMIANTO DA VARIEDADE CRISOTILA. PROCESSO DE INCONSTITUCIONALIZAÇÃO. ALTERAÇÃO NAS RELAÇÕES FÁTICAS SUBJACENTES À NORMA JURÍDICA. NATUREZA CANCERÍGENA DO AMIANTO CRISOTILA E INVIABILIDADE DE SEU USO DE FORMA EFETIVAMENTE SEGURA. EXISTÊNCIA DE MATÉRIAS-PRIMAS ALTERNATIVAS. AUSÊNCIA DE REVISÃO DA LEGISLAÇÃO FEDERAL, COMO DETERMINA A CONVENÇÃO Nº 162 DA OIT. INCONSTITUCIONALIDADE SUPERVENIENTE DA LEI FEDERAL Nº 9.055/1995. COMPETÊNCIA LEGISLATIVA PLENA DOS ESTADOS. CONSTITUCIONALIDADE DA LEI ESTADUAL Nº 12.589/2004. IMPROCEDÊNCIA DA AÇÃO. 1. A Lei nº 12.589/2004, do Estado de Pernambuco, proíbe a fabricação, o comércio e o uso de materiais, elementos construtivos e equipamentos constituídos por amianto ou asbesto, versando sobre produção e consumo (art. 24, V, CF/88), proteção do meio ambiente (art. 24, VI) e proteção e defesa da saúde (art. 24, XII, CF/88). Dessa forma, compete, concorrentemente, à União a edição de normas gerais e aos estados suplementar a legislação federal no que couber (art. 24, §§ 1º e 2º, CF/88). Somente na hipótese de inexistência de lei federal é que os estados exercerão a competência legislativa plena (art. 24, § 3º, CF/88). 2. A Constituição de 1988 estabeleceu uma competência concorrente não cumulativa, na qual há expressa delimitação dos modos de atuação de cada ente federativo, os quais não se sobrepõem. Compete à União editar as normas gerais (art. 24, § 1º), não cabendo aos estados contrariar ou substituir o que definido em norma geral, mas sim o suplementar (art. 24, § 2º). Se, por um lado, a norma geral não pode impedir o exercício da competência estadual de suplementar as matérias arroladas no art. 24, por outro, não se pode admitir que a legislação estadual possa adentrar a competência da União e disciplinar a matéria de forma contrária à norma geral federal, desvirtuando o mínimo de unidade normativa almejado pela Constituição Federal. A inobservância dos limites constitucionais impostos ao exercício da competência concorrente implica a inconstitucionalidade formal da lei. 3. O art. 1º da Lei Federal nº 9.055/1995 proibiu a extração, a produção, a industrialização, a utilização e a comercialização de todos os tipos de amianto, com exceção da crisotila. Em seu art. 2º, a lei autorizou a extração, a industrialização, a utilização e a comercialização do amianto da variedade crisotila (asbesto branco) na forma definida na lei. Assim, se a lei federal admite, de modo restrito, o uso do amianto, em tese, a lei estadual não poderia proibi-lo totalmente, pois, desse modo, atuaria de forma contrária à prescrição da norma geral federal. Nesse caso, não há norma suplementar, mas norma contrária/substitutiva à lei geral, em detrimento da competência legislativa da União. 4. No entanto, o art. 2º da Lei Federal nº 9.055/1995 passou por um processo de inconstitucionalização, em razão da alteração nas relações fáticas subjacentes à norma jurídica, e, no momento atual, não mais se compatibiliza com a Constituição de 1988. Se, antes, tinha-se notícia dos possíveis riscos à saúde e ao meio ambiente ocasionados pela utilização da crisotila, falando-se, na época da edição da lei, na possibilidade do uso controlado dessa substância, atualmente, o que se observa é um consenso em torno da natureza altamente cancerígena do mineral e da inviabilidade de seu uso de forma efetivamente segura, sendo esse o entendimento oficial dos órgãos nacionais e internacionais que detêm autoridade no tema da saúde em geral e da saúde do trabalhador. 5. A Convenção nº 162 da Organização Internacional do Trabalho, de junho de 1986, prevê, dentre seus princípios gerais, a necessidade de revisão da legislação nacional sempre que o desenvolvimento técnico e o progresso no conhecimento científico o requeiram (art. 3º, § 2). A convenção também determina a substituição do amianto por material menos danoso, ou mesmo seu efetivo banimento, sempre que isso se revelar necessário e for tecnicamente viável (art. 10). Portanto, o Brasil assumiu o compromisso internacional de revisar sua legislação e de substituir, quando tecnicamente viável, a utilização do amianto crisotila. 6. Quando da edição da lei federal, o país não dispunha de produto qualificado para substituir o amianto crisotila. No entanto, atualmente, existem materiais alternativos. Com o advento de materiais recomendados pelo Ministério da Saúde e pela ANVISA e em atendimento aos compromissos internacionais de revisão periódica da legislação, a Lei federal nº 9.055/1995 – que, desde sua edição, não sofreu nenhuma atualização -, deveria ter sido revista para banir progressivamente a utilização do asbesto na variedade crisotila, ajustando-se ao estágio atual do consenso em torno dos riscos envolvidos na utilização desse mineral. 7. (i) O consenso dos órgãos oficiais de saúde geral e de saúde do trabalhador em torno da natureza altamente cancerígena do amianto crisotila, (ii) a existência de materiais alternativos à fibra de amianto e (iii) a ausência de revisão da legislação federal revelam a inconstitucionalidade superveniente (sob a óptica material) da Lei Federal nº 9.055/1995, por ofensa ao direito à saúde (art. 6º e 196, CF/88), ao dever estatal de redução dos riscos inerentes ao trabalho por meio de normas de saúde, higiene e segurança (art. 7º, inciso XXII, CF/88), e à proteção do meio ambiente (art. 225, CF/88). 8. Diante da invalidade da norma geral federal, os estados-membros passam a ter competência legislativa plena sobre a matéria, nos termos do art. 24, § 3º, da CF/88. Tendo em vista que a Lei nº 12.589/2004, do Estado de Pernambuco, proíbe a utilização do amianto crisotila nas atividades que menciona, em consonância com os preceitos constitucionais (em especial, os arts. 6º, 7º, inciso XXII; 196 e 225 da CF/88) e com os compromissos internacionais subscritos pelo Estado brasileiro, não incide ela no mesmo vício de inconstitucionalidade material da legislação federal. 9. Ação direta julgada improcedente, com a declaração incidental de inconstitucionalidade do art. 2º da Lei 9.055/1995, com efeito erga omnes e vinculante. (ADI 3356, Relator(a): Min. EROS GRAU, Relator(a) p/ Acórdão: Min. DIAS TOFFOLI, Tribunal Pleno, julgado em 30/11/2017, PROCESSO ELETRÔNICO DJe-019 DIVULG 31-01-2019 PUBLIC 01-02-2019)

EMENTA: AÇÃO DIRETA DE INCONSTITUCIONALIDADE. LEI Nº 11.643/2001 DO ESTADO DO RIO GRANDE DO SUL. PROIBIÇÃO DA PRODUÇÃO E COMERCIALIZAÇÃO DE PRODUTOS À BASE DE AMIANTO. PRODUÇÃO E CONSUMO, PROTEÇÃO DO MEIO AMBIENTE E PROTEÇÃO E DEFESA DA SAÚDE. COMPETÊNCIA LEGISLATIVA CONCORRENTE. IMPOSSIBILIDADE DE A LEGISLAÇÃO ESTADUAL DISCIPLINAR MATÉRIA DE FORMA CONTRÁRIA À LEI GERAL FEDERAL. LEI FEDERAL Nº 9.055/1995. AUTORIZAÇÃO DE EXTRAÇÃO, INDUSTRIALIZAÇÃO, UTILIZAÇÃO E COMERCIALIZAÇÃO DO AMIANTO DA VARIEDADE CRISOTILA. PROCESSO DE INCONSTITUCIONALIZAÇÃO. ALTERAÇÃO NAS RELAÇÕES FÁTICAS SUBJACENTES À NORMA JURÍDICA. NATUREZA CANCERÍGENA DO AMIANTO CRISOTILA E INVIABILIDADE DE SEU USO DE FORMA EFETIVAMENTE SEGURA. EXISTÊNCIA DE MATÉRIAS-PRIMAS ALTERNATIVAS. AUSÊNCIA DE REVISÃO DA LEGISLAÇÃO FEDERAL, COMO DETERMINA A CONVENÇÃO Nº 162 DA OIT. INCONSTITUCIONALIDADE SUPERVENIENTE DA LEI FEDERAL

Nº 9.055/1995. COMPETÊNCIA LEGISLATIVA PLENA DOS ESTADOS. CONSTITUCIONALIDADE DA LEI ESTADUAL Nº 11.643/2001. IMPROCEDÊNCIA DA AÇÃO. 1. A Lei nº 11.643/2001, do Estado do Rio Grande do Sul, proíbe a produção e comercialização de produtos à base de amianto, versando sobre produção e consumo (art. 24, V, CF/88), proteção do meio ambiente (art. 24, VI) e proteção e defesa da saúde (art. 24, XII, CF/88). Dessa forma, compete, concorrentemente, à União a edição de normas gerais e aos estados suplementar a legislação federal no que couber (art. 24, §§ 1º e 2º, CF/88). Somente na hipótese de inexistência de lei federal é que os estados exercerão a competência legislativa plena (art. 24, § 3º, CF/88). 2. A Constituição de 1988 estabeleceu uma competência concorrente não cumulativa, na qual há expressa delimitação dos modos de atuação de cada ente federativo, os quais não se sobrepõem. Compete à União editar as normas gerais (art. 24, § 1º), não cabendo aos estados contrariar ou substituir o que definido em norma geral, mas sim o suplementar (art. 24, § 2º). Se, por um lado, a norma geral não pode impedir o exercício da competência estadual de suplementar as matérias arroladas no art. 24, por outro, não se pode admitir que a legislação estadual possa adentrar a competência da União e disciplinar a matéria de forma contrária à norma geral federal, desvirtuando o mínimo de unidade normativa almejado pela Constituição Federal. A inobservância dos limites constitucionais impostos ao exercício da competência concorrente implica a inconstitucionalidade formal da lei. 3. O art. 1º da Lei Federal nº 9.055/1995 proibiu a extração, a produção, a industrialização, a utilização e a comercialização de todos os tipos de amianto, com exceção da crisotila. Em seu art. 2º, a lei autorizou a extração, a industrialização, a utilização e a comercialização do amianto da variedade crisotila (asbesto branco) na forma definida na lei. Assim, se a lei federal admite, de modo restrito, o uso do amianto, em tese, a lei estadual não poderia proibi-lo totalmente, pois, desse modo, atuaria de forma contrária à prescrição da norma geral federal. Nesse caso, não há norma suplementar, mas norma contrária/substitutiva à lei geral, em detrimento da competência legislativa da União. 4. No entanto, o art. 2º da Lei Federal nº 9.055/1995 passou por um processo de inconstitucionalização, em razão da alteração nas relações fáticas subjacentes à norma jurídica, e, no momento atual, não mais se compatibiliza com a Constituição de 1988. Se, antes, tinha-se notícia dos possíveis riscos à saúde e ao meio ambiente ocasionados pela utilização da crisotila, falando-se, na época da edição da lei, na possibilidade do uso controlado dessa substância, atualmente, o que se observa é um consenso em torno da natureza altamente cancerígena do mineral e da inviabilidade de seu uso de forma efetivamente segura, sendo esse o entendimento oficial dos órgãos nacionais e internacionais que detêm autoridade no tema da saúde em geral e da saúde do trabalhador. 5. A Convenção nº 162 da Organização Internacional do Trabalho, de junho de 1986, prevê, dentre seus princípios gerais, a necessidade de revisão da legislação nacional sempre que o desenvolvimento técnico e o progresso no conhecimento científico o requeiram (art. 3º, § 2). A convenção também determina a substituição do amianto por material menos danoso, ou mesmo seu efetivo banimento, sempre que isso se revelar necessário e for tecnicamente viável (art. 10). Portanto, o Brasil assumiu o compromisso internacional de revisar sua legislação e de substituir, quando tecnicamente viável, a utilização do amianto crisotila. 6. Quando da edição da lei federal, o país não dispunha de produto qualificado para substituir o amianto crisotila. No entanto, atualmente, existem materiais alternativos. Com o advento de materiais recomendados pelo Ministério da Saúde e pela ANVISA e em atendimento aos compromissos internacionais de revisão periódica da legislação, a Lei federal nº 9.055/1995 – que, desde sua edição, não sofreu nenhuma atualização -, deveria ter sido revista para banir progressivamente a utilização do asbesto na variedade crisotila, ajustando-se ao estágio atual do consenso em torno dos riscos envolvidos na utilização desse mineral. 7. (i) O consenso dos órgãos oficiais de saúde geral e de saúde do trabalhador em torno da natureza altamente cancerígena do amianto crisotila, (ii) a existência de materiais alternativos à fibra de amianto e (iii) a ausência de revisão da legislação federal revelam a inconstitucionalidade superveniente (sob a óptica material) da Lei Federal nº 9.055/1995, por ofensa ao direito à saúde (art. 6º e 196, CF/88), ao dever estatal de redução dos riscos inerentes ao trabalho por meio de normas de saúde, higiene e segurança (art. 7º, inciso XXII, CF/88), e à proteção do meio ambiente (art. 225, CF/88). 8. Diante da invalidade da norma geral federal, os estados-membros passam a ter competência legislativa plena sobre a matéria, nos termos do art. 24, § 3º, da CF/88. Tendo em vista que a Lei nº 11.643/2001 do Estado do Rio Grande do Sul proíbe a utilização do amianto crisotila nas atividades que menciona, em consonância com os preceitos constitucionais (em especial, os arts. 6º, 7º, inciso XXII; 196 e 225 da CF/88) e com os compromissos internacionais subscritos pelo Estado brasileiro, não incide ela no mesmo vício de inconstitucionalidade material da legislação federal. 9. Ação direta julgada improcedente, com a declaração incidental de inconstitucionalidade do art. 2º da Lei 9.055/1995, com efeito erga omnes e vinculante.

(ADI 3357, Relator(a): Min. AYRES BRITTO, Relator(a) p/ Acórdão: Min. DIAS TOFFOLI, Tribunal Pleno, julgado em 30/11/2017, PROCESSO ELETRÔNICO DJe-019 DIVULG 31-01-2019 PUBLIC 01-02-2019)

EMENTA: ARGUIÇÃO DE DESCUMPRIMENTO DE PRECEITO FUNDAMENTAL. DIREITO CONSTITUCIONAL. LEI 13.113/2001 E DECRETO 41.788/2002, QUE DISPÕE SOBRE A PROIBIÇÃO DO USO DE MATERIAIS, ELEMENTOS CONSTRUTIVOS E EQUIPAMENTOS DA CONSTRUÇÃO CIVIL CONSTITUÍDOS DE AMIANTO NO MUNICÍPIO DE SÃO PAULO. EXERCÍCIO LEGÍTIMO DA COMPETÊNCIA DOS MUNICÍPIOS PARA SUPLEMENTAREM A LEGISLAÇÃO FEDERAL. ARGUIÇÃO JULGADA IMPROCEDENTE. 1. Ante a declaração incidental de inconstitucionalidade do art. 2º da Lei 9.055/95, não invade a competência da União prevista nos arts. 24, V, VI e XII, da Constituição da República, a legislação municipal que, suplementando a lei federal, impõe regra restritiva de comercialização do amianto. 2. Trata-se de competência concorrente atribuída à União, aos Estados e Distrito Federal para legislar sobre produção, consumo, proteção do meio ambiente e proteção e defesa da saúde, tendo os Municípios competência para suplementar a legislação federal e estadual no que couber. 3. Espaço constitucional deferido ao sentido do federalismo cooperativo inaugurado pela Constituição Federal de 1988. É possível que Estados-membros, Distrito Federal e Municípios, no execício da competência que lhes são próprias, legislem com o fito de expungirem vácuos normativos para atender a interesses que lhe são peculiares, haja vista que à União cabe editar apenas normas gerais na espécie. 4. Arguição de Descumprimento de Preceito Fundamental julgada improcedente, com a declaração incidental da inconstitucionalidade do art. 2º da Lei 9.055/95.

(ADPF 109, Relator(a): Min. EDSON FACHIN, Tribunal Pleno, julgado em 30/11/2017, ACÓRDÃO ELETRÔNICO DJe-019 DIVULG 31-01-2019 PUBLIC 01-02-2019)

EMENTA: DIREITO CONSTITUCIONAL E ADMINISTRATIVO. MAGISTRATURA. PRINCÍPIO DA SIMETRIA. MEMBROS DO MINISTÉRIO PÚBLICO. RECURSO EXTRAORDINÁRIO INTERPOSTO SOB A ÉGIDE DO CPC/2015. ALEGAÇÃO DE OFENSA AO ART. 5º, II, XXXVI, LIV E LV, DA CONSTITUIÇÃO DA REPÚBLICA. LEGALIDADE. CONTRADITÓRIO E AMPLA DEFESA. DEVIDO PROCESSO LEGAL. AUSÊNCIA DE REPERCUSSÃO GERAL. SÚMULAS 282 E 356 DO SUPREMO TRIBUNAL FEDERAL. EVENTUAL VIOLAÇÃO REFLEXA DA CONSTITUIÇÃO DA REPÚBLICA NÃO VIABILIZA O MANEJO DE RECURSO EXTRAORDINÁRIO. NEGATIVA DE PRESTAÇÃO JURISDICIONAL. ART. 93, IX, DA CONSTITUIÇÃO DA REPÚBLICA. NULIDADE. INOCORRÊNCIA. RAZÕES DE DECIDIR EXPLICITADAS PELO ÓRGÃO JURISDICIONAL. AGRAVO MANEJADO SOB A VIGÊNCIA DO CPC/2015. 1. Inexiste violação do art. 93, IX, da Lei Maior. A jurisprudência do Supremo Tribunal Federal é no sentido de que o referido dispositivo constitucional exige a explicitação, pelo órgão jurisdicional, das razões do seu convencimento, desnecessário o exame detalhado de cada argumento suscitado pelas partes. 2. Cristalizada a jurisprudência desta Suprema Corte, a teor das Súmulas 282 e 356/STF: "Inadmissível o recurso extraordinário, quando não ventilada, na decisão recorrida, a questão federal suscitada", bem como "O ponto omisso da decisão, sobre o qual não foram opostos embargos declaratórios, não pode ser objeto de recurso extraordinário, por faltar o requisito do prequestionamento". 3. O exame da alegada ofensa ao art. 5º, II, XXXVI, LIV e LV, da Constituição Federal, observada a estreita moldura com que devolvida a matéria à apreciação desta Suprema Corte, dependeria de prévia análise da legislação infraconstitucional aplicada à espécie, o que refoge à competência jurisdicional extraordinária prevista no art. 102 da Magna Carta. 4. As razões do agravo interno não se mostram aptas a infirmar os fundamentos que lastrearam a decisão agravada. 5. Majoração em 10% (dez por cento) dos honorários anteriormente fixados, obedecidos os limites previstos no artigo 85, §§ 2º, 3º e 11, do CPC/2015, ressalvada eventual concessão do benefício da gratuidade da Justiça. 6. Agravo interno conhecido e não provido.

(RE 1038673 AgR, Relator(a): Min. ROSA WEBER, Primeira Turma, julgado em 29/09/2017, PROCESSO ELETRÔNICO DJe-252 DIVULG 06-11-2017 PUBLIC 07-11-2017)

RECURSO EXTRAORDINÁRIO – SOBRESTAMENTO – AÇÃO DIRETA DE INCONSTITUCIONALIDADE – MANUTENÇÃO – AGRAVO INTERNO – DESPROVIMENTO. A controvérsia atinente à constitucionalidade da Resolução nº 133/2011, do Conselho Nacional de Justiça, na qual estendida aos magistrados o valor das diárias pagas aos membros do Ministério Público Federal, considerado o princípio da simetria, é objeto da ação direta de inconstitucionalidade nº 4.822, de minha relatoria. A similitude de temas direciona à manutenção do sobrestamento anteriormente determinado.
(ARE 1010664 AgR, Relator(a): Min. MARCO AURÉLIO, Primeira Turma, julgado em 29/08/2017, PROCESSO ELETRÔNICO DJe-251 DIVULG 31-10-2017 PUBLIC 06-11-2017)

EMENTA: AÇÃO DIRETA DE INCONSTITUCIONALIDADE. LEI Nº 12.684/2007 DO ESTADO DE SÃO PAULO. PROIBIÇÃO DO USO DE PRODUTOS, MATERIAIS OU ARTEFATOS QUE CONTENHAM QUAISQUER TIPOS DE AMIANTO OU ASBESTO. PRODUÇÃO E CONSUMO, PROTEÇÃO DO MEIO AMBIENTE E PROTEÇÃO E DEFESA DA SAÚDE. COMPETÊNCIA LEGISLATIVA CONCORRENTE. IMPOSSIBILIDADE DE A LEGISLAÇÃO ESTADUAL DISCIPLINAR MATÉRIA DE FORMA CONTRÁRIA À LEI GERAL FEDERAL. LEI FEDERAL Nº 9.055/1995. AUTORIZAÇÃO DE EXTRAÇÃO, INDUSTRIALIZAÇÃO, UTILIZAÇÃO E COMERCIALIZAÇÃO DO AMIANTO DA VARIEDADE CRISOTILA. PROCESSO DE INCONSTITUCIONALIZAÇÃO. ALTERAÇÃO NAS RELAÇÕES FÁTICAS SUBJACENTES À NORMA JURÍDICA. NATUREZA CANCERÍGENA DO AMIANTO CRISOTILA E INVIABILIDADE DE SEU USO DE FORMA EFETIVAMENTE SEGURA. EXISTÊNCIA DE MATÉRIAS-PRIMAS ALTERNATIVAS. AUSÊNCIA DE REVISÃO DA LEGISLAÇÃO FEDERAL, COMO DETERMINA A CONVENÇÃO Nº 162 DA OIT. INCONSTITUCIONALIDADE SUPERVENIENTE DA LEI FEDERAL Nº 9.055/1995. COMPETÊNCIA LEGISLATIVA PLENA DOS ESTADOS. CONSTITUCIONALIDADE DA LEI ESTADUAL Nº 12.684/2007. IMPROCEDÊNCIA DA AÇÃO. 1. A Lei nº 12.684/2007, do Estado de São Paulo, proíbe a utilização, no âmbito daquele Estado, de produtos, materiais ou artefatos que contenham quaisquer tipos de amianto ou asbesto, versando sobre produção e consumo (art. 24, V, CF/88), proteção do meio ambiente (art. 24, VI) e proteção e defesa da saúde (art. 24, XII, CF/88). Dessa forma, compete, concorrentemente, à União a edição de normas gerais e aos estados suplementar a legislação federal no que couber (art. 24, §§ 1º e 2º, CF/88). Somente na hipótese de inexistência de lei federal é que os estados exercerão a competência legislativa plena (art. 24, § 3º, CF/88). 2. A Constituição de 1988 estabeleceu uma competência concorrente não cumulativa, na qual há expressa delimitação dos modos de atuação de cada ente federativo, os quais não se sobrepõem. Compete à União editar as normas gerais (art. 24, § 1º), não cabendo aos estados contrariar ou substituir o que definido em norma geral, mas sim o suplementar (art. 24, § 2º). Se, por um lado, a norma geral não pode impedir o exercício da competência estadual de suplementar as matérias arroladas no art. 24, por outro, não se pode admitir que a legislação estadual possa adentrar a competência da União e disciplinar a matéria de forma contrária à norma geral federal, desvirtuando o mínimo de unidade normativa almejado pela Constituição Federal. A inobservância dos limites constitucionais impostos ao exercício da competência concorrente implica a inconstitucionalidade formal da lei. 3. O art. 1º da Lei Federal nº 9.055/1995 proibiu a extração, a produção, a industrialização, a utilização e a comercialização de todos os tipos de amianto, com exceção da crisotila. Em seu art. 2º, a lei autorizou a extração, a industrialização, a utilização e a comercialização do amianto da variedade crisotila (asbesto branco) na forma definida na lei. Assim, se a lei federal admite, de modo restrito, o uso do amianto, em tese, a lei estadual não poderia proibi-lo totalmente, pois, desse modo, atuaria de forma contrária à prescrição da norma geral federal. Nesse caso, não há norma suplementar, mas norma contrária/substitutiva à lei geral, em detrimento da competência legislativa da União. 4. No entanto, o art. 2º da Lei Federal nº 9.055/1995 passou por um processo de inconstitucionalização, em razão da alteração nas relações fáticas subjacentes à norma jurídica, e, no momento atual, não mais se compatibiliza com a Constituição de 1988. Se, antes, tinha-se notícia dos possíveis riscos à saúde e ao meio ambiente ocasionados pela utilização da crisotila, falando-se, na época da edição da lei, na possibilidade do uso controlado dessa substância, atualmente, o que se observa é um consenso em torno da natureza altamente cancerígena do mineral e da inviabilidade de seu uso de forma efetivamente segura, sendo esse o entendimento oficial dos órgãos nacionais e internacionais que detêm autoridade no tema da saúde em geral e da saúde do trabalhador. 5. A Convenção nº 162 da Organização Internacional do Trabalho, de junho de 1986, prevê, dentre seus princípios gerais, a necessidade de revisão da legislação nacional sempre que o desenvolvimento técnico e o progresso no conhecimento científico o requeiram (art. 3º, § 2). A convenção também determina a substituição do amianto por material menos danoso, ou mesmo seu efetivo banimento, sempre que isso se revelar necessário e for tecnicamente viável (art. 10). Portanto, o Brasil assumiu o compromisso internacional de revisar sua legislação e de substituir, quando tecnicamente viável, a utilização do amianto crisotila. 6. Quando da edição da lei federal, o país não dispunha de produto qualificado para substituir o amianto crisotila. No entanto, atualmente, existem materiais alternativos. Com o advento de materiais recomendados pelo Ministério da Saúde e pela ANVISA e em atendimento aos compromissos internacionais de revisão periódica da legislação, a Lei Federal nº 9.055/1995 – que, desde sua edição, não sofreu nenhuma atualização -, deveria ter sido revista para banir progressivamente a utilização do asbesto na variedade crisotila, ajustando-se ao estágio atual do consenso em torno dos riscos envolvidos na utilização desse mineral. 7. (i) O consenso dos órgãos oficiais de saúde geral e de saúde do trabalhador em torno da natureza altamente cancerígena do amianto crisotila, (ii) a existência de materiais alternativos à fibra de amianto e (iii) a ausência de revisão da legislação federal revelam a inconstitucionalidade superveniente (sob a óptica material) da Lei Federal nº 9.055/1995, por ofensa ao direito à saúde (art. 6º e 196, CF/88), ao dever estatal de redução dos riscos inerentes ao trabalho por meio de normas de saúde, higiene e segurança (art. 7º, inciso XXII, CF/88), e à proteção do meio ambiente (art. 225, CF/88). 8. Diante da invalidade da norma geral federal, os estados-membros passam a ter competência legislativa plena sobre a matéria, nos termos do art. 24, § 3º, da CF/88. Tendo em vista que a Lei nº 12.684/2007 do Estado de São Paulo proíbe a utilização do amianto crisotila nas atividades que menciona, em consonância com os preceitos constitucionais (em especial, os arts. 6º, 7º, inciso XXII; 196 e 225 da CF/88) e com os compromissos internacionais subscritos pelo Estado brasileiro, não incide ela no mesmo vício de inconstitucionalidade material da legislação federal. 9. Ação direta julgada improcedente, com a declaração incidental de inconstitucionalidade do art. 2º da Lei 9.055/1995, com efeito erga omnes e vinculante.

(ADI 3937, Relator(a): Min. MARCO AURÉLIO, Relator(a) p/ Acórdão: Min. DIAS TOFFOLI, Tribunal Pleno, julgado em 24/08/2017, ACÓRDÃO ELETRÔNICO DJe-019 DIVULG 31-01-2019 PUBLIC 01-02-2019)

CONVÊNIO – AUTORIZAÇÃO – PODER LEGISLATIVO – POSSIBILIDADE. Não contraria o princípio da separação de poderes preceito local que submete a celebração de convênios pelo Executivo à autorização do Legislativo. Precedente: ação direta de inconstitucionalidade nº 331/PB, acórdão publicado no Diário da Justiça de 2 de maio de 2014. HONORÁRIOS ADVOCATÍCIOS. Descabe a fixação de honorários recursais, preconizados no artigo 85, § 11, do Código de Processo Civil de 2015, quando se tratar de extraordinário formalizado em processo cujo rito os exclua.

(RE 488065 AgR, Relator(a): Min. MARCO AURÉLIO, Primeira Turma, julgado em 15/08/2017, ACÓRDÃO ELETRÔNICO DJe-233 DIVULG 10-10-2017 PUBLIC 11-10-2017)

EMENTA: DIREITO CONSTITUCIONAL. AÇÃO DIRETA DE INCONSTITUCIONALIDADE. GOVERNADOR DE ESTADO. LICENÇA-PRÉVIA DA ASSEMBLEIA LEGISLATIVA PARA INSTAURAÇÃO DE PROCESSOS POR CRIMES COMUNS. 1. A Constituição Estadual não pode condicionar a instauração de processo judicial por crime comum contra Governador à licença prévia da Assembleia Legislativa. A república, que inclui a ideia de responsabilidade dos governantes, é prevista como um princípio constitucional sensível (CRFB/1988, art. 34, VII, a), e, portanto, de observância obrigatória, sendo norma de reprodução proibida pelos Estados-membros a exceção prevista no art. 51, I, da Constituição da República. 2. Tendo em vista que as Constituições Estaduais não podem estabelecer a chamada "licença prévia", também não podem elas autorizar o afastamento automático do Governador de suas funções quando recebida a denúncia ou a queixa-crime pelo Superior Tribunal de Justiça. É que, como não pode haver controle político prévio, não deve haver afastamento automático em razão de ato jurisdicional sem cunho decisório e do qual sequer se exige fundamentação (HC 101.971, Primeira Turma, Rel. Min. Cármen Lúcia, j. em 21.06.2011, DJe 02.09.2011; HC 93.056 Rel. Min. Celso de Mello, Segunda Turma, j. em 16.12.2008, DJe 14.05.2009; e RHC 118.379 (Rel. Min. Dias Toffoli, Primeira Turma, j. em 11.03.2014, DJe 31.03.2014), sob pena de violação ao princípio democrático. 3. Também aos Governadores são aplicáveis as medidas cautelares diversas da prisão previstas no art. 319 do Código de Processo Penal, entre elas "a suspensão do exercício de função pública", e outras que se mostrarem necessárias e cujo fundamento decorre do poder geral de cautela conferido pelo ordenamento jurídico brasileiro aos juízes. 4. Pedido julgado integralmente procedente, com declaração de inconstitucionalidade por arrastamento da suspensão funcional automática do Governador do Distrito Federal pelo mero recebimento da denúncia ou queixa-crime. Reafirmação da seguinte tese: "É vedado às unidades federativas instituírem normas que condicionem a instauração de ação penal contra o Governador, por crime comum, à prévia autorização da casa legislativa, cabendo ao Superior Tribunal de Justiça dispor, fundamentadamente, sobre a aplicação de medidas cautelares penais, inclusive afastamento do cargo".

(ADI 4362, Relator(a): Min. DIAS TOFFOLI, Relator(a) p/ Acórdão: Min. ROBERTO BARROSO, Tribunal Pleno, julgado em 09/08/2017, ACÓRDÃO ELETRÔNICO DJe-021 DIVULG 05-02-2018 PUBLIC 06-02-2018)

EMENTA: RECURSO EXTRAORDINÁRIO. LEI MUNICIPAL 4.253/85 DO MUNICÍPIO DE BELO HORIZONTE. PREVISÃO DE IMPOSIÇÃO DE MULTA DECORRENTE DA EMISSÃO DE FUMAÇA ACIMA DOS PADRÕES ACEITOS. ALEGAÇÃO DE INCONSTITUCIONALIDADE POR OFENSA À REGRA CONSTITUCIONAL DE REPARTIÇÃO DE COMPETÊNCIAS FEDERATIVAS. INOCORRÊNCIA. NORMA RECEPCIONADA PELO TEXTO VIGENTE. RECURSO EXTRAORDINÁRIO A QUE SE NEGA PROVIMENTO. 1. Nos casos em que a dúvida sobre a competência legislativa recai sobre norma que abrange mais de um tema, deve o intérprete acolher interpretação que não tolha a competência que detêm os entes menores para dispor sobre determinada matéria (presumption against preemption). 2. Porque o federalismo é um instrumento de descentralização política que visa realizar direitos fundamentais, se a lei federal ou estadual claramente indicar, de forma adequada, necessária e razoável, que os efeitos de sua aplicação excluem o poder de complementação que detêm os entes menores (clear statement rule), é possível afastar a presunção de que, no âmbito regional, determinado tema deve ser disciplinado pelo ente menor. 3. Na ausência de norma federal que, de forma nítida (clear statement rule), retire a presunção de que gozam os entes menores para, nos assuntos de interesse comum e concorrente, exercerem plenamente sua autonomia, detêm Estados e Municípios, nos seus respectivos âmbitos de atuação, competência normativa. 4. Recurso extraordinário a que se nega provimento.

(RE 194704, Relator(a): Min. CARLOS VELLOSO, Relator(a) p/ Acórdão: Min. EDSON FACHIN, Tribunal Pleno, julgado em 29/06/2017, ACÓRDÃO ELETRÔNICO DJe-261 DIVULG 16-11-2017 PUBLIC 17-11-2017)

EMENTA: CONSTITUCIONAL. AÇÃO DIRETA DE INCONSTITUCIONALIDADE. LEI DO ESTADO DE SÃO PAULO N. 12.516/2007. INSTITUIÇÃO DOS CONSELHOS GESTORES NAS UNIDADES DE SAÚDE DO ESTADO. INICIATIVA PRIVATIVA DO CHEFE DO PODER EXECUTIVO. SEPARAÇÃO DOS PODERES. PRINCÍPIO DA SIMETRIA. AÇÃO DIRETA JULGADA PROCEDENTE. 1. A jurisprudência do Supremo Tribunal Federal tem reconhecido que o disposto no art. 61, § 1º, II, "a", da Constituição Federal estabelece regra de iniciativa privativa do chefe do poder executivo para criação e extinção de órgão da administração pública. Precedentes. 2. Ofende o princípio da separação dos poderes lei de iniciativa parlamentar que disponha sobre órgãos da administração pública. Precedentes. 3. Ação direta julgada procedente.

(ADI 4000, Relator(a): Min. EDSON FACHIN, Tribunal Pleno, julgado em 18/05/2017, PROCESSO ELETRÔNICO DJe-116 DIVULG 01-06-2017 PUBLIC 02-06-2017)

EMENTA: CONSTITUCIONAL. AÇÃO DIRETA DE INCONSTITUCIONALIDADE. LEI COMPLEMENTAR DO ESTADO DO RIO GRANDE DO SUL N. 11.614/2001. MODIFICAÇÃO NO ESTATUTO DOS SERVIDORES MILITARES DA BRIGADA MILITAR DO ESTADO DO RIO GRANDE DO SUL. PRINCÍPIO DA SIMETRIA. AÇÃO DIRETA JULGADA PROCEDENTE. 1. A jurisprudência do Supremo Tribunal Federal tem reconhecido que o disposto no art. 61, § 1º, II, "c", da Constituição Federal estabelece regra de iniciativa privativa do chefe do poder executivo para dispor sobre o regime jurídico dos servidores públicos. Precedentes. 2. Ofende o princípio da separação dos poderes lei de iniciativa parlamentar que disponha sobre o regime jurídico dos servidores públicos. Precedentes. 3. Ação direta julgada procedente.

(ADI 2466, Relator(a): Min. EDSON FACHIN, Tribunal Pleno, julgado em 18/05/2017, ACÓRDÃO ELETRÔNICO DJe-118 DIVULG 05-06-2017 PUBLIC 06-06-2017)

EMENTA: AGRAVO REGIMENTAL EM EMBARGOS DE DECLARAÇÃO EM EMBARGOS DE DECLARAÇÃO EM MANDADO DE SEGURANÇA. PETIÇÃO DE DESISTÊNCIA. INTUITO DE RECUSA À OBSERVÂNCIA DA JURISPRUDÊNCIA DA CORTE. NÃO HOMOLOGAÇÃO. MÉRITO RECURSAL. SERVENTIA EXTRAJUDICIAL. PERMUTA. NECESSIDADE DE CONCURSO PÚBLICO. DECADÊNCIA. INAPLICABILIDADE DO ART. 54 DA LEI Nº 9.784/99. INTERINIDADE. APLICAÇÃO DO TETO DE REMUNERAÇÃO. PRECEDENTES. PETIÇÃO DE DESISTÊNCIA NÃO HOMOLOGADA E AGRAVO REGIMENTAL NÃO PROVIDO. 1. Nas hipóteses em que demonstrado o mero intuito de se recusar observância a Jurisprudência pacífica da Corte, o Supremo Tribunal tem afastado o entendimento firmado no RE 669.367 RG (Relatora para o acórdão a Ministra Rosa Weber, Pleno, DJe de 30/10/14), segundo o qual pode a parte impetrante manifestar desistência da ação mandamental a qualquer tempo, mesmo após a sentença, independentemente da concordância da parte impetrada. Precedentes. Pedido de desistência não homologado. 2. A Jurisprudência da Corte se consolidou no sentido da autoaplicabilidade do art. 236, § 3º, da CF/88, e, portanto, de que, após a promulgação da Constituição Federal de 1988, é inconstitucional o acesso a serviços notarial e de registro, inclusive por remoção ou permuta, sem prévia aprovação em concurso público. 3. O Plenário do STF, em reiterados julgamentos, assentou o entendimento de que o prazo decadencial de 5 (cinco) anos, de que trata o art. 54 da Lei 9.784/1999, não se aplica à revisão de atos de delegação de serventias extrajudiciais editados após a Constituição de 1988, sem o atendimento das exigências prescritas em seu art. 236. 4. Aplica-se a quem detém interinamente a serventia extrajudicial a limitação do teto prevista no art. 37, XI, da Constituição. Precedentes. 5. Petição de desistência não homologada e agravo regimental não provido.

(MS 29083 ED-ED-AgR, Relator(a): Min. TEORI ZAVASCKI, Relator(a) p/ Acórdão: Min. DIAS TOFFOLI, Segunda Turma, julgado em 16/05/2017, PROCESSO ELETRÔNICO DJe-229 DIVULG 05-10-2017 PUBLIC 06-10-2017)

EMENTA: DIREITO CONSTITUCIONAL. AÇÃO DIRETA DE INCONSTITUCIONALIDADE. GOVERNADOR DE ESTADO. NORMAS DA CONSTITUIÇÃO ESTADUAL SOBRE CRIMES DE RESPONSABILIDADE. LICENÇA PRÉVIA DA ASSEMBLEIA LEGISLATIVA PARA INSTAURAÇÃO DE PROCESSOS POR CRIMES COMUNS . 1. "A definição dos crimes de responsabilidade e o estabelecimento das respectivas normas de processo e julgamento são da competência legislativa privativa da União" (Súmula Vinculante 46, resultado da conversão da Súmula 722/STF). São, portanto, inválidas as normas de Constituição Estadual que atribuam o julgamento de crime de responsabilidade à Assembleia Legislativa, em desacordo com a Lei nº 1.079/1950. Precedentes. 2. A Constituição Estadual não pode condicionar a instauração de processo judicial por crime comum contra Governador à licença prévia da Assembleia Legislativa. A república, que inclui a ideia de responsabilidade dos governantes, é prevista como um princípio constitucional sensível (CRFB/1988, art. 34, VII, a), e, portanto, de observância obrigatória, sendo norma de reprodução proibida pelos Estados-membros a exceção prevista no art. 51, I, da Constituição da República. 3. Tendo em vista que as Constituições Estaduais não podem estabelecer a chamada "licença prévia", também não podem elas autorizar o afastamento automático do Governador de suas funções quando recebida a denúncia ou a queixa-crime pelo Superior Tribunal de Justiça. É que, como não pode haver controle político prévio, não deve haver afastamento automático em razão de ato jurisdicional sem cunho decisório e do qual sequer se exige fundamentação (HC 101.971, Primeira Turma, Rel. Min. Cármen Lúcia, j. em 21.06.2011, DJe 02.09.2011; HC 93.056 Rel. Min. Celso de Mello, Segunda Turma, j. em 16.12.2008, DJe 14.05.2009; e RHC 118.379 (Rel. Min. Dias Toffoli, Primeira Turma, j. em 11.03.2014, DJe 31.03.2014), sob pena de violação ao princípio democrático. 4. Também aos Governadores são aplicáveis as medidas cautelares diversas da prisão previstas no art. 319 do Código de Processo Penal, entre elas "a suspensão do exercício de função pública", e outras que se mostrarem necessárias e cujo fundamento decorre do poder geral de cautela conferido pelo ordenamento jurídico brasileiro aos juízes. 5. Pedido julgado integralmente procedente, com declaração de inconstitucionalidade por arrastamento da suspensão funcional automática do Governador do Estado pelo mero recebimento da denúncia ou queixa-crime. Afirmação da seguinte tese: "É vedado às unidades federativas instituírem normas que condicionem a instauração de ação penal contra o Governador, por crime comum, à prévia autorização da casa legislativa, cabendo ao Superior Tribunal de Justiça dispor, fundamentadamente, sobre a aplicação de medidas cautelares penais, inclusive afastamento do cargo".

(ADI 4764, Relator(a): Min. CELSO DE MELLO, Relator(a) p/ Acórdão: Min. ROBERTO BARROSO, Tribunal Pleno, julgado em 04/05/2017, PROCESSO ELETRÔNICO DJe-178 DIVULG 14-08-2017 PUBLIC 15-08-2017)

EMENTA: AÇÃO DIRETA DE INCONSTITUCIONALIDADE. ART. 92, §1º, I, DA CONSTITUIÇÃO DO ESTADO DE MINAS GERAIS. EXIGÊNCIA DE AUTORIZAÇÃO DA ASSEMBLEIA LEGISLATIVA PARA O PROCESSAMENTO DE GOVERNADOR DE ESTADO POR CRIME COMUM PERANTE O SUPERIOR TRIBUNAL DE JUSTIÇA. DESNECESSIDADE. PROCEDÊNCIA PARCIAL DA AÇÃO. FIXAÇÃO DE TESE. 1. Não há fundamento normativo-constitucional expresso que faculte aos Estados possuírem em suas Constituições estaduais a exigência de autorização prévia da Assembleia Legislativa para o processamento e julgamento de Governador por crime comum perante o Superior Tribunal de Justiça. 2. A regra do art. 51, I, CRFB, prevista de forma expressa apenas para o Presidente da República, não comporta interpretação extensiva aos Governadores de Estado, visto que excepciona a regra geral que estabelece a ausência de condição de procedibilidade política para o processamento de ação penal pública. 3. A exigência de autorização prévia de Assembleia Estadual para o processamento e julgamento de Governador do Estado por crime comum perante o Superior Tribunal de Justiça ofende o princípio republicano (art. 1º, caput, CRFB), a separação de Poderes (art. 2º, caput, CRFB) e a cláusula geral de igualdade (art. 5º, caput, CRFB). 4. Ação direta de inconstitucionalidade julgada parcialmente procedente, com fixação da seguinte tese: Não há necessidade de prévia autorização da Assembleia Legislativa para o recebimento de denúncia ou queixa e instauração de ação penal contra Governador de Estado, por crime comum, cabendo ao STJ, no ato de recebimento ou no curso do processo, dispor, fundamentadamente, sobre a aplicação de medidas cautelares penais, inclusive afastamento do cargo.

(ADI 5540, Relator(a): Min. EDSON FACHIN, Tribunal Pleno, julgado em 03/05/2017, PROCESSO ELETRÔNICO DJe-061 DIVULG 27-03-2019 PUBLIC 28-03-2019)

EMENTA: CONSTITUCIONAL. GARANTIA DA SEGURANÇA INTERNA, ORDEM PÚBLICA E PAZ SOCIAL. INTERPRETAÇÃO TELEOLÓGICA DOS ART. 9º, § 1º, ART. 37, VII, E ART. 144, DA CF. VEDAÇÃO ABSOLUTA AO EXERCÍCIO DO DIREITO DE GREVE AOS SERVIDORES PÚBLICOS INTEGRANTES DAS CARREIRAS DE SEGURANÇA PÚBLICA. 1.A atividade policial é carreira de Estado imprescindível a manutenção da normalidade democrática, sendo impossível sua complementação ou substituição pela atividade privada. A carreira policial é o braço armado do Estado, responsável pela garantia da segurança interna, ordem pública e paz social. E o Estado não faz greve. O Estado em greve é anárquico. A Constituição Federal não permite. 2.Aparente colisão de direitos. Prevalência do interesse público e social na manutenção da segurança interna, da ordem pública e da paz social sobre o interesse individual de determinada categoria de servidores públicos. Impossibilidade absoluta do exercício do direito de greve às carreiras policiais. Interpretação teleológica do texto constitucional, em especial dos artigos 9º, § 1º, 37, VII e 144.

3.Recurso provido, com afirmação de tese de repercussão geral: "1 – O exercício do direito de greve, sob qualquer forma ou modalidade, é vedado aos policiais civis e a todos os servidores públicos que atuem diretamente na área de segurança pública. 2 – É obrigatória a participação do Poder Público em mediação instaurada pelos órgãos classistas das carreiras de segurança pública, nos termos do art. 165 do Código de Processo Civil, para vocalização dos interesses da categoria.

(ARE 654432, Relator(a): Min. EDSON FACHIN, Relator(a) p/ Acórdão: Min. ALEXANDRE DE MORAES, Tribunal Pleno, julgado em 05/04/2017, PROCESSO ELETRÔNICO REPERCUSSÃO GERAL – MÉRITO DJe-114 DIVULG 08-06-2018 PUBLIC 11-06-2018)

EMENTA: AÇÃO DIRETA DE INCONSTITUCIONALIDADE. CONSTITUIÇÃO DE SERGIPE. COMPETÊNCIAS DO TRIBUNAL DE CONTAS ESTADUAL. CRITÉRIOS DE RECONDUÇÃO DO PROCURADOR-GERAL DE JUSTIÇA E DE ESCOLHA DE SUPERINTENDENTE DA POLÍCIA CIVIL. PRINCÍPIO DA SIMETRIA. PRECEDENTES. AÇÃO DIRETA JULGADA PARCIALMENTE PROCEDENTE. 1. No art. 71, inc. II, c/c o art. 75 da Constituição da República se confere competência aos Tribunais de Contas estaduais para julgar contas prestadas pela Mesa Diretora de órgão legislativo pelo princípio da simetria. Precedentes. 2. Inconstitucionalidade de norma de Constituição estadual que dispensa apresentação de parecer prévio sobre as contas de Chefe do Poder Executivo municipal a ser emitido pelo respectivo Tribunal de Contas Estadual. Precedentes. 3. A recondução ao cargo de Procurador-Geral de Justiça deve observar o parâmetro definido no art. 128, § 3º, da Constituição da República. Interpretação conforme que, sem invalidar norma local, permite apenas uma recondução ao cargo. 4. Ausência de vício formal de iniciativa quando a emenda da Constituição estadual adequar critérios de escolha do chefe da Polícia Civil aos parâmetros fixados no art. 144, § 4º, da Constituição da República. Impõe-se, na espécie, interpretação conforme para circunscrever a escolha do Governador do Estado a delegados ou delegadas integrantes da carreira policial, independente do estágio de sua progressão funcional. 5. Ação direta de inconstitucionalidade parcialmente procedente.

(ADI 3077, Relator(a): Min. CÁRMEN LÚCIA, Tribunal Pleno, julgado em 16/11/2016, ACÓRDÃO ELETRÔNICO DJe-168 DIVULG 31-07-2017 PUBLIC 01-08-2017)

COMPETÊNCIA NORMATIVA – COMERCIALIZAÇÃO DE TÍTULOS DE CAPITALIZAÇÃO – DISCIPLINA. A teor do disposto no artigo 22 da Constituição Federal, compete exclusivamente à União legislar sobre Direito Civil, Direito Comercial, política de crédito, câmbio, seguros e transferências de valores, sistema de poupança, captação e garantia da poupança popular.

(ADI 2905, Relator(a): Min. EROS GRAU, Relator(a) p/ Acórdão: Min. MARCO AURÉLIO, Tribunal Pleno, julgado em 16/11/2016, ACÓRDÃO ELETRÔNICO DJe-019 DIVULG 01-02-2018 PUBLIC 02-02-2018)

EMENTA: RECURSO EXTRAORDINÁRIO. PRESTAÇÃO DE CONTAS DO CHEFE DO PODER EXECUTIVO MUNICIPAL. PARECER PRÉVIO DO TRIBUNAL DE CONTAS. EFICÁCIA SUJEITA AO CRIVO PARLAMENTAR. COMPETÊNCIA DA CÂMARA MUNICIPAL PARA O JULGAMENTO DAS CONTAS DE GOVERNO E DE GESTÃO. LEI COMPLEMENTAR 64/1990, ALTERADA PELA LEI COMPLEMENTAR 135/2010. INELEGIBILIDADE. DECISÃO IRRECORRÍVEL. ATRIBUIÇÃO DO LEGISLATIVO LOCAL. RECURSO EXTRAORDINÁRIO CONHECIDO E PROVIDO. I – Compete à Câmara Municipal o julgamento das contas do chefe do Poder Executivo municipal, com o auxílio dos Tribunais de Contas, que emitirão parecer prévio, cuja eficácia impositiva subsiste e somente deixará de prevalecer por decisão de dois terços dos membros da casa legislativa (CF, art. 31, § 2º). II – O Constituinte de 1988 optou por atribuir, indistintamente, o julgamento de todas as contas de responsabilidade dos prefeitos municipais aos vereadores, em respeito à relação de equilíbrio que deve existir entre os Poderes da República ("checks and balances"). III – A Constituição Federal revela que o órgão competente para lavrar a decisão irrecorrível a que faz referência o art. 1°, I, g, da LC 64/1990, dada pela LC 135/ 2010, é a Câmara Municipal, e não o Tribunal de Contas. IV – Tese adotada pelo Plenário da Corte: "Para fins do art. 1º, inciso I, alínea g, da Lei Complementar 64, de 18 de maio de 1990, alterado pela Lei Complementar 135, de 4 de junho de 2010, a apreciação das contas de prefeito, tanto as de governo quanto as de gestão, será exercida pelas Câmaras Municipais, com o auxílio dos Tribunais de Contas competentes, cujo parecer prévio somente deixará de prevalecer por decisão de 2/3 dos vereadores". V – Recurso extraordinário conhecido e provido.

(RE 848826, Relator(a): Min. ROBERTO BARROSO, Relator(a) p/ Acórdão: Min. RICARDO LEWANDOWSKI, Tribunal Pleno, julgado em 10/08/2016, ACÓRDÃO ELETRÔNICO REPERCUSSÃO GERAL – MÉRITO DJe-187 DIVULG 23-08-2017 PUBLIC 24-08-2017)

EMENTA AÇÃO DIRETA DE INCONSTITUCIONALIDADE. ARTIGO 1º, CAPUT E PARÁGRAFO ÚNICO, E ART. 2º, CAPUT E PARÁGRAFO ÚNICO, DA LEI ESTADUAL Nº 13.189, DE 4 DE JULHO DE 2014, DO ESTADO DA BAHIA. SERVIÇOS DE TELECOMUNICAÇÕES. MATÉRIA DE COMPETÊNCIA LEGISLATIVA PRIVATIVA DA UNIÃO. NORMA QUE CRIA OBRIGAÇÃO NÃO PREVISTA NOS CONTRATOS DE CONCESSÃO CELEBRADOS ENTRE A UNIÃO E AS CONCESSIONÁRIAS DE SERVIÇOS DE TELEFONIA MÓVEL. VIOLAÇÃO DO ART. 22, INCISO IV, DA CONSTITUIÇÃO FEDERAL. MEDIDA CAUTELAR. REFERENDO. CONVERSÃO. JULGAMENTO DE MÉRITO. PROCEDÊNCIA DA AÇÃO. 1. O Supremo Tribunal Federal já reconheceu a legitimidade ativa da Associação Nacional das Operadoras Celulares (ACEL) para o controle concentrado de constitucionalidade de leis que, a exemplo da que é impugnada na presente ação, estabeleciam obrigações para operadoras de serviço móvel de telefonia. Precedentes: ADI 4.715 MC, Rel. Min. Marco Aurélio, Tribunal Pleno, DJe de 19/8/13; ADI 3.846, Rel. Min. Gilmar Mendes, Tribunal Pleno, DJe de 15/3/11; ADI 5.356 MC, Rel. Min. Edson Fachin, decisão monocrática, DJe de 20/11/15. 2. A Lei nº 13.189, de 4 de julho de 2014, do Estado da Bahia, ao criar obrigação para as operadoras do serviço móvel pessoal, consistente na instalação e na manutenção de bloqueadores de sinais de radiocomunicações (BSR) nos estabelecimentos penais de todo o Estado, com o objetivo de impedir a comunicação por telefones móveis no interior dos referidos estabelecimentos, dispôs a respeito de serviços de telecomunicações, matéria da competência legislativa privativa da União, na forma do art. 22, inciso IV, da Constituição Federal. 3. O Supremo Tribunal Federal, em várias ocasiões, já afirmou a inconstitucionalidade de normas estaduais e distritais que impunham obrigações às concessionárias de telefonia, por configurar ofensa à competência privativa da União para legislar sobre telecomunicações. Precedentes: ADI 3.846/PE, Rel. Min. Gilmar Mendes, DJ de 15/3/11; ADI 3.322/DF, Rel. Min. Gilmar Mendes, DJ de 4/3/11; ADI 4.401/MG-MC, Rel. Min. Gilmar Mendes, DJ de 1º/10/10; ADI 2.615/SC-MC, Rel. Min. Nelson Jobim, DJ de 6/12/02. 4. A obrigação criada pela lei estadual questionada não está prevista nos contratos de concessão celebrados entre as empresas de serviços de telefonia móvel e a União, circunstância que evidencia, ainda mais, a interferência indevida do Estado em assunto de competência do ente federal. Precedente: ADI 3.533, Rel. Min. Eros Grau, DJ de 6/10/06. 5. Conversão do julgamento do referendo à medida cautelar em decisão de mérito. Ação julgada procedente.

(ADI 5253, Relator(a): Min. DIAS TOFFOLI, Tribunal Pleno, julgado em 03/08/2016, PROCESSO ELETRÔNICO DJe-168 DIVULG 31-07-2017 PUBLIC 01-08-2017)

AÇÃO DIRETA DE INCONSTITUCIONALIDADE. CONSTITUCIONAL. REPARTIÇÃO DE COMPETÊNCIAS. LEI 15.829/2012 DO ESTADO DE SANTA CATARINA, QUE DETERMINA ÀS EMPRESAS OPERADORAS DO SERVIÇO MÓVEL PESSOAL A INSTALAÇÃO DE BLOQUEADORES DE SINAIS DE RADIOCOMUNICAÇÕES NOS ESTABELECIMENTOS PENAIS. ALEGAÇÃO DE VIOLAÇÃO AOS ARTIGOS 21, IX; 22, IV; E 175, PARÁGRAFO ÚNICO, I E II, DA CONSTITUIÇÃO FEDERAL. 2. Inconstitucionalidade formal. Ao ser constatada aparente incidência de determinado assunto a mais de um tipo de competência, deve-se realizar interpretação que leve em consideração duas premissas: a intensidade da relação da situação fática normatizada com a estrutura básica descrita no tipo da competência em análise e, além disso, o fim primário a que se destina essa norma, que possui direta relação com o princípio da predominância de interesses. Competência da União para explorar serviços de telecomunicação (art. 21, XI) e para legislar sobre telecomunicações (art. 22, IV). O Supremo Tribunal Federal tem firme entendimento no sentido da impossibilidade de interferência do Estado-membro nas relações jurídicas entre a União e as prestadoras dos serviços de telecomunicações. Em conformidade com isso, a jurisprudência vem reconhecendo a inconstitucionalidade de normas estaduais que tratam dos direitos dos usuários; do fornecimento de informações pessoais e de consumo a órgãos estaduais de segurança pública; e da criação de cadastro de aparelhos celulares roubados, furtados e perdidos no âmbito estadual. Precedentes. A Lei 15.829/2012, do Estado de Santa Catarina, trata de telecomunicações, na medida em que suprime a prestação do serviço atribuído pela CF à União, ainda que em espaço reduzido – âmbito dos estabelecimentos prisionais. Interferência considerável no serviço federal. Objetivo primordialmente econômico da legislação – transferência da obrigação à prestadora do serviço de telecomunicações. Invasão indevida da competência legislativa da União. 3. Ação direta julgada procedente para declarar a inconstitucionalidade da Lei 15.829/2012 do Estado de Santa Catarina.

(ADI 4861, Relator(a): Min. GILMAR MENDES, Tribunal Pleno, julgado em 03/08/2016, PROCESSO ELETRÔNICO DJe-168 DIVULG 31-07-2017 PUBLIC 01-08-2017)

LEGITIMIDADE – PROCESSO OBJETIVO – ACEL. A Associação Nacional das Operadoras Celulares possui legitimidade para ajuizar ação direta de inconstitucionalidade – ação direta de inconstitucionalidade nº 3.846, acórdão publicado no Diário da Justiça de 14 de março de 2011. TELEFONIA – CELULARES – PRESÍDIOS, CADEIAS PÚBLICAS, CENTROS DE DETENÇÃO, UNIDADES PRISIONAIS E SIMILARES – BLOQUEIO DE SINAL – COMPETÊNCIA NORMATIVA. Descabe ao Estado editar lei voltada a obrigar as empresas concessionárias de telefonia móvel a instalar equipamentos para interrupção de sinal de comunicação celular nos estabelecimentos prisionais da unidade da Federação.

(ADI 5356, Relator(a): Min. EDSON FACHIN, Relator(a) p/ Acórdão: Min. MARCO AURÉLIO, Tribunal Pleno, julgado em 03/08/2016, PROCESSO ELETRÔNICO DJe-168 DIVULG 31-07-2017 PUBLIC 01-08-2017)

LEGITIMIDADE – PROCESSO OBJETIVO – ACEL. A Associação Nacional das Operadoras Celulares possui legitimidade para ajuizar ação direta de inconstitucionalidade – Ação Direta de Inconstitucionalidade nº 3.846, relator ministro Gilmar Mendes, acordão publicado no Diário da Justiça de 14 de março de 2011. TELEFONIA – CELULARES – PRESÍDIOS, CADEIAS PÚBLICAS, CENTROS DE DETENÇÃO, UNIDADES PRISIONAIS E SIMILARES – BLOQUEIO DE SINAL – COMPETÊNCIA NORMATIVA. Descabe ao Estado editar lei voltada a obrigar as empresas concessionárias de telefonia móvel a instalar equipamentos para interrupção de sinal de comunicação celular nos estabelecimentos prisionais da unidade da Federação.

(ADI 3835, Relator(a): Min. MARCO AURÉLIO, Tribunal Pleno, julgado em 03/08/2016, ACÓRDÃO ELETRÔNICO DJe-169 DIVULG 01-08-2017 PUBLIC 02-08-2017)

AÇÃO DIRETA DE INCONSTITUCIONALIDADE – PREJUÍZO. Uma vez suplantado, mediante novo preceito, o ato atacado na ação direta de inconstitucionalidade, cumpre declarar o prejuízo do pedido formalizado.

(ADI 469, Relator(a): Min. MARCO AURÉLIO, Tribunal Pleno, julgado em 25/05/2016, ACÓRDÃO ELETRÔNICO DJe-142 DIVULG 28-06-2017 PUBLIC 29-06-2017)

EMENTA: CONSTITUCIONAL. MANDADO DE SEGURANÇA DE COMPETÊNCIA ORIGINÁRIA DO STF. PEDIDO DE DESISTÊNCIA FORMULADO APÓS A INTERPOSIÇÃO DE RECURSO CONTRA O JULGAMENTO MONOCRÁTICO DO MÉRITO. MATÉRIA PACIFICADA. DESISTÊNCIA NÃO HOMOLOGADA. SERVENTIA EXTRAJUDICIAL. PROVIMENTO, MEDIANTE REMOÇÃO, POR PERMUTA, SEM CONCURSO PÚBLICO. ILEGITIMIDADE. ART. 236, E PARÁGRAFOS, DA CONSTITUIÇÃO FEDERAL: NORMAS AUTOAPLICÁVEIS, COM EFEITOS IMEDIATOS, MESMO ANTES DA LEI 9.835/1994. INAPLICABILIDADE DO PRAZO DECADENCIAL DO ART. 54 DA LEI 9.784/1999. PRECEDENTES DO PLENÁRIO. LIMITAÇÃO DOS EMOLUMENTOS. APLICABILIDADE DO ART. 37, XI, DA CONSTITUIÇÃO, AOS INVESTIDOS INTERINAMENTE NA DELEGAÇÃO. AGRAVO NÃO PROVIDO. 1. A jurisprudência do STF é no sentido de que o art. 236, caput , e o seu § 3º da CF/88 são normas autoaplicáveis, que incidiram imediatamente desde a sua vigência, produzindo efeitos, portanto, mesmo antes do advento da Lei 8.935/1994. Assim, a partir de 5/10/1988, o concurso público é pressuposto inafastável para a delegação de serventias extrajudiciais. As normas estaduais editadas anteriormente, que admitem a remoção na atividade notarial e de registro independentemente de prévio concurso público, são incompatíveis com o art. 236, § 3º, da Constituição, razão pela qual não foram por essa recepcionadas. 2. É igualmente firme a jurisprudência do STF no sentido de que a atividade notarial e de registro, sujeita a regime jurídico de caráter privado, é essencialmente distinta da exercida por servidores públicos, cujos cargos não se confundem. 3. O Plenário do STF, em reiterados julgamentos, assentou o entendimento de que o prazo decadencial de 5 (cinco) anos, de que trata o art. 54 da Lei 9.784/1999, não se aplica à revisão de atos de delegação de serventias extrajudiciais editados após a Constituição de 1988 sem o atendimento das exigências prescritas no seu art. 236. 4. É legítima, portanto, a decisão da autoridade impetrada que considerou irregular o provimento de serventia extrajudicial, sem concurso público, decorrente de remoção, com ofensa ao art. 236, § 3º, da Constituição. Jurisprudência reafirmada no julgamento do MS 28.440 AgR, de minha relatoria, na Sessão do Plenário de 19/6/2013. 5. Aplica-se a quem detém interinamente a serventia extrajudicial a limitação do teto, prevista no art. 37, XI, da Constituição. Precedentes. 6. Agravo regimental a que se nega provimento.

(MS 29032 ED-AgR, Relator(a): Min. TEORI ZAVASCKI, Segunda Turma, julgado em 24/05/2016, PROCESSO ELETRÔNICO DJe-116 DIVULG 06-06-2016 PUBLIC 07-06-2016)

EMENTA: AÇÃO DIRETA DE INCONSTITUCIONALIDADE. MEDIDA CAUTELAR. ART. 134, § 3º, DA CONSTITUIÇÃO DA REPÚBLICA, INCLUÍDO PELA EMENDA CONSTITUCIONAL Nº 74/2013. EXTENSÃO, ÀS DEFENSORIAS PÚBLICAS DA UNIÃO E DO DISTRITO FEDERAL, DA AUTONOMIA FUNCIONAL E ADMINISTRATIVA E DA INICIATIVA DE SUA PROPOSTA ORÇAMENTÁRIA, JÁ ASSEGURADAS ÀS DEFENSORIAS PÚBLICAS DOS ESTADOS PELA EMENDA CONSTITUCIONAL Nº 45/2004. EMENDA CONSTITUCIONAL RESULTANTE DE PROPOSTA DE INICIATIVA PARLAMENTAR. ALEGADA OFENSA AO ART. 61, § 1º, II, "c", DA CONSTITUIÇÃO DA REPÚBLICA. USURPAÇÃO DA RESERVA DE INICIATIVA DO PODER EXECUTIVO. INOCORRÊNCIA. ALEGADA OFENSA AOS ARTS. 2º E 60, § 4º, III, DA CONSTITUIÇÃO DA REPÚBLICA. SEPARAÇÃO DE PODERES. INOCORRÊNCIA. FUMUS BONI JURIS E PERICULUM IN MORA NÃO DEMONSTRADOS. 1. No plano federal, o poder constituinte derivado submete-se aos limites formais e materiais fixados no art. 60 da Constituição da República, a ele não extensível a cláusula de reserva de iniciativa do Chefe do Poder Executivo, prevista de modo expresso no art. 61, § 1º, apenas para o poder legislativo complementar e ordinário – poderes constituídos. 2. Impertinente a aplicação, às propostas de emenda à Constituição da República, da jurisprudência do Supremo Tribunal Federal quanto à inconstitucionalidade de emendas às constituições estaduais sem observância da reserva de iniciativa do Chefe do Poder Executivo, fundada na sujeição do poder constituinte estadual, enquanto poder constituído de fato, aos limites do ordenamento constitucional federal. 3. O conteúdo da Emenda Constitucional nº 74/2013 não se mostra assimilável às matérias do art. 61, § 1º, II, "c", da Constituição da República, considerado o seu objeto: a posição institucional da Defensoria Pública da União, e não o regime jurídico dos respectivos integrantes. 4. O art. 60, § 4º, da Carta Política não veda ao poder constituinte derivado o aprimoramento do desenho institucional de entes com sede na Constituição. A concessão de autonomia às Defensorias Públicas da União, dos Estados e do Distrito Federal encontra respaldo nas melhores práticas recomendadas pela comunidade jurídica internacional e não se mostra incompatível, em si, com a ordem constitucional. Ampara-se em sua própria teleologia, enquanto tendente ao aperfeiçoamento do sistema democrático e à concretização dos direitos fundamentais do amplo acesso à Justiça (art. 5º, XXXV) e da prestação de assistência jurídica aos hipossuficientes (art. 5º, LXXIV). 5. Ao reconhecimento da legitimidade, à luz da separação dos Poderes (art. 60, § 4º, III, da Lei Maior), de emenda constitucional assegurando autonomia funcional e administrativa à Defensoria Pública da União não se desconsidera a natureza das suas atribuições, que não guardam vinculação direta à essência da atividade executiva. Fumus boni juris não evidenciado. 6. Alegado risco de lesão aos cofres públicos sem relação direta com a vigência da norma impugnada, e sim com atos normativos supervenientes, supostamente nela calcados, é insuficiente para demonstrar a existência de fundado receio de dano irreparável ou de difícil reparação, requisito da concessão de medida cautelar em ação direta de inconstitucionalidade. Eventual exegese equivocada ou abusiva não conduz à inconstitucionalidade da emenda constitucional, somente inquinando de vício o ato do mau intérprete. Periculum in mora não demonstrado. Medida cautelar indeferida.

(ADI 5296 MC, Relator(a): Min. ROSA WEBER, Tribunal Pleno, julgado em 18/05/2016, PROCESSO ELETRÔNICO DJe-240 DIVULG 10-11-2016 PUBLIC 11-11-2016)

PROCESSO OBJETIVO – CONTROLE DE CONSTITUCIONALIDADE – LIMINAR – CONCESSÃO. Surgindo a relevância e o risco de manter-se com plena eficácia os preceitos atacados, impõe-se o deferimento da medida acauteladora, suspendendo-os. PROJETO DE LEI – INICIATIVA EXCLUSIVA – EMENDA PARLAMENTAR – DESVIRTUAMENTO. A ausência de pertinência temática de emenda da casa legislativa a projeto de lei de iniciativa exclusiva leva a concluir-se pela inconstitucionalidade formal.

(ADI 5442 MC, Relator(a): Min. MARCO AURÉLIO, Tribunal Pleno, julgado em 17/03/2016, PROCESSO ELETRÔNICO DJe-060 DIVULG 01-04-2016 PUBLIC 04-04-2016)

Ação direta de inconstitucionalidade. 2. Governador do Estado do Rio Grande do Sul. 3. Lei estadual nº 10.114, de 16 de março de 1994. 4. Alegação de ofensa aos artigos 2º; 5º, caput e incisos XVII, XVIII e XX; e 61, § 1º, II, "e", da Constituição Federal. 5. Lei que dispõe sobre entidades municipais legitimadas a integrar órgão da administração pública estadual ou firmar convênios com o Estado membro. 6. Usurpação da competência legislativa exclusiva do Chefe do Poder Executivo. Artigo 61, § 1º, inciso II, "e", da Constituição Federal. Precedentes. Inconstitucionalidade formal configurada. 7. Violação aos princípios da autonomia municipal e da isonomia. Artigos 30, inciso I; 34, inciso VII, "c"; e, art. 5º, caput da Constituição Federal. Inconstitucionalidade material configurada. 8. Ação julgada procedente.

(ADI 1077, Relator(a): Min. GILMAR MENDES, Tribunal Pleno, julgado em 02/09/2015, ACÓRDÃO ELETRÔNICO DJe-235 DIVULG 20-11-2015 PUBLIC 23-11-2015)

Ação direta de inconstitucionalidade. 2. Artigos 238 e 239 da Constituição do estado do Rio Grande do Sul. 3. Lei estadual n. 9.726/1992. 4. Criação do Conselho de Comunicação Social. 5. O art. 61, § 1º, inciso II, alínea "a" da Constituição Federal, prevê reserva de iniciativa do chefe do Poder Executivo para criação e extinção de ministérios e órgãos da administração pública. 6. É firme a jurisprudência desta Corte orientada pelo princípio da simetria de que cabe ao Governador do Estado a iniciativa de lei para criação, estruturação e atribuições de secretarias e de órgãos da administração pública. 7. Violação ao princípio da separação dos poderes, pois o processo legislativo ocorreu sem a participação chefe do Poder Executivo. 8. Ação direta julgada procedente.

(ADI 821, Relator(a): Min. GILMAR MENDES, Tribunal Pleno, julgado em 02/09/2015, ACÓRDÃO ELETRÔNICO DJe-239 DIVULG 25-11-2015 PUBLIC 26-11-2015)

POLÍCIA CIVIL – REGÊNCIA – LEI – NATUREZA. A previsão, na Carta estadual, da regência, quanto à polícia civil, mediante lei complementar não conflita com a Constituição Federal.

(ADI 2314, Relator(a): Min. JOAQUIM BARBOSA, Relator(a) p/ Acórdão: Min. MARCO AURÉLIO, Tribunal Pleno, julgado em 17/06/2015, ACÓRDÃO ELETRÔNICO DJe-201 DIVULG 06-10-2015 PUBLIC 07-10-2015)

Ação direta de inconstitucionalidade. 2. Art. 65 da Constituição do estado de Mato Grosso. 3. Aplicação das proibições e impedimentos estabelecidos a deputados estaduais ao vice-governador. 4. Inexistência de ofensa ao princípio da simetria. 5. A observância da simetria não significa que cabe ao constituinte estadual apenas copiar as normas federais. 6. Ação direta julgada improcedente.

(ADI 253, Relator(a): Min. GILMAR MENDES, Tribunal Pleno, julgado em 28/05/2015, ACÓRDÃO ELETRÔNICO DJe-115 DIVULG 16-06-2015 PUBLIC 17-06-2015)

EMENTA: CONSTITUCIONAL. SERVENTIA EXTRAJUDICIAL. PROVIMENTO, MEDIANTE PERMUTA, SEM CONCURSO PÚBLICO. ILEGITIMIDADE. ART. 236, E PARÁGRAFOS, DA CONSTITUIÇÃO FEDERAL: NORMAS AUTOAPLICÁVEIS, COM EFEITOS IMEDIATOS, MESMO ANTES DA LEI 9.835/1994. INAPLICABILIDADE DO PRAZO DECADENCIAL DO ART. 54 DA LEI 9.784/1999. PRECEDENTES DO PLENÁRIO. LIMITAÇÃO DOS EMOLUMENTOS. APLICABILIDADE DO ART. 37, XI, DA CONSTITUIÇÃO, AOS INVESTIDOS INTERINAMENTE NA DELEGAÇÃO. AGRAVO NÃO PROVIDO. 1. A jurisprudência do STF é no sentido de que o art. 236, caput, e o seu § 3º da CF/88 são normas autoaplicáveis, que incidiram imediatamente desde a sua vigência, produzindo efeitos, portanto, mesmo antes do advento da Lei 8.935/1994. Assim, a partir de 5/10/1988, o concurso público é pressuposto inafastável para a delegação de serventias extrajudiciais, inclusive em se tratando de remoção, observado, relativamente a essa última hipótese, o disposto no art. 16 da referida lei, com a redação que lhe deu a Lei 10.506/2002. As normas estaduais editadas anteriormente, que admitem a remoção na atividade notarial e de registro independentemente de prévio concurso público, são incompatíveis com o art. 236, § 3º, da Constituição, razão pela qual não foram por essa recepcionadas. 2. É igualmente firme a jurisprudência do STF no sentido de que a atividade notarial e de registro, sujeita a regime jurídico de caráter privado, é essencialmente distinta da exercida por servidores públicos, cujos cargos não se confundem. 3. O Plenário do STF, em reiterados julgamentos, assentou o entendimento de que o prazo decadencial de 5 (cinco) anos, de que trata o art. 54 da Lei 9.784/1999, não se aplica à revisão de atos de delegação de serventias extrajudiciais editados após a Constituição de 1988, sem o atendimento das exigências prescritas no seu art. 236. 4. É legítima, portanto, a decisão da autoridade impetrada que considerou irregular o provimento de serventia extrajudicial, sem concurso público, decorrente de permuta, com ofensa ao art. 236, § 3º, da Constituição. Jurisprudência reafirmada no julgamento do MS 28.440 AgR, de minha relatoria, na Sessão do Plenário de 19/6/2013. 5. Aplica-se a quem detém interinamente a serventia extrajudicial a limitação do teto, prevista no art. 37, XI, da Constituição. Precedentes. 6. Agravo regimental a que se nega provimento.

(MS 29189 ED-ED-AgR, Relator(a): Min. TEORI ZAVASCKI, Segunda Turma, julgado em 14/04/2015, PROCESSO ELETRÔNICO DJe-152 DIVULG 03-08-2015 PUBLIC 04-08-2015)

EMENTA: MEDIDA CAUTELAR NA AÇÃO DIRETA DE INCONSTITUCIONALIDADE. ART. 305 DA CONSTITUIÇÃO DO ESTADO DO PARÁ. PENSÃO VITALÍCIA PARA EX-GOVERNADORES. 1. No vigente ordenamento republicano e democrático brasileiro, os cargos políticos de chefia do Poder Executivo não são exercidos nem ocupados 'em caráter permanente', por serem os mandatos temporários e seus ocupantes, transitórios. 2. Ex-governador não é mais agente público, pelo que não se poderia cogitar de vinculação de categoria remuneratória afeta à desembargador do Estado, do Tribunal de Justiça do Estado. A remissão ao vencimento do governador em exercício ou, na espécie, de desembargador, para fixação do padrão de subsídio, patenteia estender-se o subsídio a quem não mais trabalha no Estado e, por isso, não teria razão para ser remunerado, menos ainda em idêntica situação a quem está no cargo. 3. A carência de parâmetro constitucional nacional e a inauguração de padrão normativo estadual em desacordo com os princípios da Constituição da República, especialmente aqueles referentes às regras orçamentárias e aos princípios constitucionais da Administração Pública, evidenciam a relevância jurídica da questão posta e os gravames jurídicos e sociais que a preservação dos efeitos da norma poderia acarretar. 4. Precedentes. 5. Medida cautelar deferida para suspender a eficácia do art. 305, caput e § 1º, da Constituição do Estado do Pará, até julgamento de mérito da presente ação.

(ADI 4552 MC, Relator(a): Min. CÁRMEN LÚCIA, Tribunal Pleno, julgado em 09/04/2015, PROCESSO ELETRÔNICO DJe-109 DIVULG 08-06-2015 PUBLIC 09-06-2015)

EMENTA: PROCESSO CONSTITUCIONAL. AÇÃO DIRETA DE INCONSTITUCIONALIDADE. AUSÊNCIA DE FUNDAMENTAÇÃO. DESCABIMENTO DE ADITAMENTO. II – PROCESSO LEGISLATIVO. VÍCIO DE INICIATIVA. EMENDA À CONSTITUIÇÃO ESTADUAL QUE PREVÊ AFASTAMENTO DE MEMBROS DA ALTA ADMINISTRAÇÃO DO ESTADO. INCONSTITUCIONALIDADE FORMAL. I – Não conhecimento da ação quanto à pretendida declaração de inconstitucionalidade do art. 111, §§ 1º e 2º, da Carta Estadual de Roraima, por não indicação dos fundamentos jurídicos do pedido (Lei nº 9.868/1999, art. 3º, I). II – Não conhecimento do aditamento à inicial quanto à nova redação do inciso XVIII do art. 33 da Constituição Estadual, dada pela EC nº 30/2012, haja vista que o dispositivo original está em debate na ADI 2.167 e não foi impugnado na inicial. III – Procedência do pedido quanto aos incisos XXXI e XXXII do art. 33 da Constituição Estadual, por tratarem de regime jurídico de servidores públicos sem observar a iniciativa privativa do Chefe do Executivo. IV – Ação conhecida em parte, e, na parte conhecida, julgada procedente.

(ADI 4284, Relator(a): Min. RICARDO LEWANDOWSKI, Tribunal Pleno, julgado em 09/04/2015, ACÓRDÃO ELETRÔNICO DJe-113 DIVULG 12-06-2015 PUBLIC 15-06-2015)

E M E N T A: RECURSO EXTRAORDINÁRIO COM AGRAVO (LEI Nº 12.322/2010) – DECISÃO QUE SE AJUSTA À JURISPRUDÊNCIA PREVALECENTE NO SUPREMO TRIBUNAL FEDERAL – CONSEQUENTE INVIABILIDADE DO RECURSO QUE A IMPUGNA – SUBSISTÊNCIA DOS FUNDAMENTOS QUE DÃO SUPORTE À DECISÃO RECORRIDA – RECURSO DE AGRAVO IMPROVIDO.

(ARE 864515 AgR, Relator(a): Min. CELSO DE MELLO, Segunda Turma, julgado em 24/03/2015, ACÓRDÃO ELETRÔNICO DJe-071 DIVULG 15-04-2015 PUBLIC 16-04-2015)

Terceiro agravo regimental em recurso extraordinário com agravo. 2. Emenda Constitucional 16/99 à Constituição do Estado de Pernambuco. 3. A iniciativa de ato legislativo relativo ao regime jurídico dos servidores militares estaduais é reservada ao Chefe do Poder Executivo estadual por força no art. 61, § 1º, II, f, da Constituição Federal, ainda que se trate de emenda à Constituição estadual. 4. Vício de iniciativa. Inexistência. 5. Agravo regimental a que se nega provimento.

(ARE 657984 AgR-terceiro, Relator(a): Min. GILMAR MENDES, Segunda Turma, julgado em 17/03/2015, ACÓRDÃO ELETRÔNICO DJe-066 DIVULG 08-04-2015 PUBLIC 09-04-2015)

EMENTA: AÇÃO DIRETA DE INCONSTITUCIONALIDADE. ARTS. 56, INC. XXI, E 93 DA CONSTITUIÇÃO DO ESPÍRITO SANTO. INCOMPETÊNCIA DE ESTADO-MEMBRO PARA LEGISLAR SOBRE PROCESSAMENTO E JULGAMENTO DE CRIMES DE RESPONSABILIDADE COMETIDOS POR GOVERNADOR. EXIGÊNCIA DE AUTORIZAÇÃO PRÉVIA DA ASSEMBLEIA LEGISLATIVA PARA INSTAURAÇÃO DE PROCESSO CONTRA O GOVERNADOR POR PRÁTICA DE CRIMES DE RESPONSABILIDADE. 1. Inconstitucionalidade formal decorrente da incompetência dos Estados-membros para legislar sobre processamento e julgamento de crimes de responsabilidade (art. 22, inc. I, da Constituição da República). 2. Constitucionalidade das normas estaduais que, por simetria, exigem a autorização prévia da assembleia legislativa como condição de procedibilidade para instauração de ação contra governador (art. 51, inc. I, da Constituição da República). 3. Ação julgada parcialmente procedente para declarar inconstitucional o inc. XXI do art. 56 ("processar e julgar o governador e o vice-governador do estado nos crimes de responsabilidade e os secretários de estado nos crimes da mesma natureza conexos com aqueles"); e da segunda parte do art. 93 da Constituição do Estado do Espírito Santo ("ou perante a assembleia legislativa, nos crimes de responsabilidade").

(ADI 4792, Relator(a): Min. CÁRMEN LÚCIA, Tribunal Pleno, julgado em 12/02/2015, PROCESSO ELETRÔNICO DJe-076 DIVULG 23-04-2015 PUBLIC 24-04-2015)

EMENTA: CONSTITUCIONAL E PROCESSUAL PENAL. RESPONSABILIDADE PENAL DE GOVERNADOR DE ESTADO. DENÚNCIAS POR CRIMES COMUNS E DE RESPONSABILIDADE. ADMISSÃO SUJEITA A CONTROLE LEGISLATIVO. LICENÇA-PRÉVIA. PREVISÃO EM CONSTITUIÇÃO ESTADUAL. OBRIGATORIEDADE. NECESSIDADE DE OBSERVÂNCIA DA COMPETÊNCIA DA UNIÃO PARA DISPOR SOBRE PROCESSO E JULGAMENTO POR CRIMES DE RESPONSABILIDADE. 1. A competência para dispor legislativamente sobre processo e julgamento por crimes de responsabilidade é privativa da União, que o fez por meio da Lei 1.079/50, aplicável aos Governadores e Secretários de Estado, razão pela qual são inconstitucionais as expressões dos arts. 54 e 89 da Constituição do Estado do Paraná que trouxeram disciplina discrepante na matéria, atribuindo o julgamento de mérito de imputações do tipo à Assembleia Legislativa local. Precedentes. 2. A jurisprudência do Supremo Tribunal Federal é no sentido de considerar legítimas as normas de Constituições Estaduais que subordinam a deflagração formal de um processo acusatório contra o Governador do Paraná a um juízo político da Assembleia Legislativa local. Eventuais episódios de negligência deliberada das Assembleias Legislativas não constituem fundamento idôneo para justificar a mudança dessa jurisprudência, cabendo considerar que a superveniência da EC 35/01, que suprimiu a necessidade de autorização legislativa para processamento de parlamentares, não alterou a situação jurídica dos Governadores. Precedente. 3. Ação direta de inconstitucionalidade julgada procedente em parte.

(ADI 4791, Relator(a): Min. TEORI ZAVASCKI, Tribunal Pleno, julgado em 12/02/2015, PROCESSO ELETRÔNICO DJe-076 DIVULG 23-04-2015 PUBLIC 24-04-2015)

DIPLOMA LEGAL – ÓRGÃO DO EXECUTIVO – CRIAÇÃO –INICIATIVA – VÍCIO FORMAL. Surge vício de iniciativa quando o diploma legal teve origem na própria Assembleia e versa a criação de órgão vinculado à Secretaria de Estado da Saúde.

(ADI 2940, Relator(a): Min. MARCO AURÉLIO, Tribunal Pleno, julgado em 11/12/2014, ACÓRDÃO ELETRÔNICO DJe-031 DIVULG 13-02-2015 PUBLIC 18-02-2015)

EMENTA: AGRAVO REGIMENTAL NO RECURSO EXTRAORDINÁRIO. REPRESENTAÇÃO POR INCONSTITUCIONALIDADE. ARTIGO 75 DA LEI ORGÂNICA DO MUNICÍPIO DE MANAUS-AM, QUE DISPÕE SOBRE OS SUBSTITUTOS EVENTUAIS DO PREFEITO E VICE-PREFEITO NO CASO DE DUPLA VACÂNCIA. MATÉRIA QUE NÃO SE SUBMETE AO PRINCÍPIO DA SIMETRIA. AUTONOMIA MUNICIPAL. ENTENDIMENTO NÃO SUPERADO NO JULGAMENTO DO RE Nº 317.574. PRECEDENTES. 1. A jurisprudência da Corte fixou-se no sentido de que a disciplina acerca da sucessão e da substituição da chefia do Poder Executivo municipal põe-se no âmbito da autonomia política do município, por tratar tão somente de assunto de interesse local, não havendo dever de observância do modelo federal (ADI nº 3.549/GO, Relatora a Ministra Cármen Lúcia, Tribunal Pleno, DJe de 31/10/07; ADI nº 678, Relator o Ministro Carlos Velloso, Tribunal Pleno, DJ 19/12/02). 2. O precedente firmado no julgamento do RE nº 317.574 não teve o condão de superar o entendimento jurisprudencial que lastreou a decisão agravada. Dentre os preceitos reputados de reprodução obrigatória no mencionado precedente, não consta o art. 80 da Constituição Federal, que estabelece as autoridades que entrarão no exercício da Presidência da República na hipótese de impedimento ou vacância dos cargos de presidente e vice-presidente da República. Tal questão não foi sequer debatida no citado julgado. Tampouco é cabível se atribuir interpretação extensiva ao citado precedente. 3. Agravo regimental não provido.

(RE 655647 AgR, Relator(a): Min. DIAS TOFFOLI, Primeira Turma, julgado em 11/11/2014, ACÓRDÃO ELETRÔNICO DJe-250 DIVULG 18-12-2014 PUBLIC 19-12-2014)

EMENTA: RECURSO EXTRAORDINÁRIO. CONSTITUCIONAL. PREVISÃO DE LEI COMPLEMENTAR PARA TRATAR DE SERVIDORES PÚBLICOS MUNICIPAIS. PROCESSO LEGISLATIVO. MATÉRIA CUJA CONSTITUIÇÃO DA REPÚBLICA EXIGE LEI ORDINÁRIA. PRECEDENTE DO PLENÁRIO DO SUPREMO TRIBUNAL FEDERAL. ADI 2.872/PI. RECURSO PROVIDO. DECLARAÇÃO DE INCONSTITUCIONALIDADE DO ART. 37, PARÁGRAFO ÚNICO, INC. IV, V E VI, DA LEI MUNICIPAL N. 742/1990 (LEI ORGÂNICA DO MUNICÍPIO DE PEDRANÓPOLIS/SP).

(RE 383123, Relator(a): Min. CÁRMEN LÚCIA, Segunda Turma, julgado em 04/11/2014, ACÓRDÃO ELETRÔNICO DJe-224 DIVULG 13-11-2014 PUBLIC 14-11-2014)

PROCESSO OBJETIVO – ADVOGADO-GERAL DA UNIÃO. A teor do disposto no artigo 103, § 3º, da Carta Federal, no processo objetivo em que o Supremo aprecia a inconstitucionalidade de norma legal ou ato normativo, o Advogado-Geral da União atua como curador, cabendo-lhe defender o ato ou texto impugnado, sendo imprópria a emissão de entendimento sobre a procedência da pecha. PROJETO – INICIATIVA – EXECUTIVO – EMENDA PARLAMENTAR – AUMENTO DE DESPESAS. Conflita com a Constituição Federal introduzir, em projeto de iniciativa do Poder Executivo, alteração a implicar aumento de despesas. Precedente: Ação Direta de Inconstitucionalidade nº 2.305/SE, relator ministro Cezar Peluso. PROVIMENTO DERIVADO DE CARGOS OU EMPREGOS PÚBLICOS – CONCURSO PÚBLICO – AUSÊNCIA. Acarreta afronta ao previsto no artigo 37, inciso II, do Diploma Maior o aproveitamento de empregados, submetidos a simples processo seletivo, sem concurso, em cargo público.

(ADI 2186, Relator(a): Min. MARCO AURÉLIO, Tribunal Pleno, julgado em 29/10/2014, ACÓRDÃO ELETRÔNICO DJe-226 DIVULG 17-11-2014 PUBLIC 18-11-2014)

EMENTA: ADMINISTRATIVO E CONSTITUCIONAL. LEI 10.076/96, DO ESTADO DE SANTA CATARINA. ART. 1º. ABOLIÇÃO DOS EFEITOS DE SANÇÕES DISCIPLINARES APLICADAS A SERVIDORES ESTADUAIS. REGIME JURÍDICO FUNCIONAL. MATÉRIA SUJEITA A RESERVA DE INICIATIVA LEGISLATIVA. NORMAS DE APLICAÇÃO OBRIGATÓRIA AOS ESTADOS-MEMBROS. INCONSTITUCIONALIDADE FORMAL DE LEI DECORRENTE DE INICIATIVA PARLAMENTAR. VIOLAÇÃO AO PRINCÍPIO DA RESERVA ADMINISTRATIVA. ART. 2º. DEFINIÇÃO DE CRIME DE RESPONSABILIDADE. INCONSTITUCIONALIDADE MATERIAL. SÚMULA 722/STF. 1. A ação direta não comporta conhecimento quanto à alegada violação ao art. 169 da CF, por ausência de dotação orçamentária e de compatibilidade com a lei de diretrizes, porque a solução dessa questão exige o confronto com padrões normativos estranhos ao texto constitucional, além da elucidação de fatos controvertidos. Precedentes. 2. Segundo consistente jurisprudência do Supremo Tribunal Federal, as Assembleias Legislativas Estaduais possuem competência para deliberar sobre anistia administrativa de servidores estaduais. Contudo, não cabe a essas Casas Legislativas iniciar a deliberação de processos legislativos com esse objetivo, pois estão elas submetidas às normas processuais de reserva de iniciativa inscritas na Constituição Federal, por imposição do princípio da simetria. Precedentes. 3. Ao determinar a abolição dos efeitos das sanções disciplinares aplicadas a servidores estaduais por participação em movimentos reivindicatórios, o art. 1º da Lei 10.076/96 desfez consequências jurídicas de atos administrativos praticados com base no regime funcional dos servidores estaduais e, com isso, incursionou em domínio temático cuja iniciativa de lei é reservada ao Chefe do Poder Executivo, nos termos do art. 61, II, § 1º, "c", da CF. 4. O sistema de repartição de poderes traçado na Constituição Federal não admite que um ato de sancionamento disciplinar, exercido dentro dos parâmetros de juridicidade contidos nos estatutos funcionais civis e militares, venha a ser reformado por um juízo de mera conveniência política emanado do Poder Legislativo. 5. É inconstitucional o art. 2º da lei catarinense, porque estabeleceu conduta típica configuradora de crime de responsabilidade, usurpando competência atribuída exclusivamente à União pelos arts. 22, I, e 85, § único, da Constituição Federal, contrariando a Súmula 722 do STF. 6. Ação direta de inconstitucionalidade julgada procedente.

(ADI 1440, Relator(a): Min. TEORI ZAVASCKI, Tribunal Pleno, julgado em 15/10/2014, DJe-218 DIVULG 05-11-2014 PUBLIC 06-11-2014 EMENT VOL-02756-01 PP-00001)

PROCESSO LEGISLATIVO – INICIATIVA – ÓRGÃO DO EXECUTIVO – DISCIPLINA. Cumpre ao Poder Executivo a iniciativa de leis visando definir estrutura administrativa de órgão sob a respectiva direção.

(AI 521610 AgR, Relator(a): Min. MARCO AURÉLIO, Tribunal Pleno, julgado em 11/09/2014, ACÓRDÃO ELETRÔNICO DJe-209 DIVULG 22-10-2014 PUBLIC 23-10-2014)

EMENTA: AÇÃO DIRETA DE INCONSTITUCIONALIDADE. CONSTITUIÇÃO DO ESTADO DO ESPÍRITO SANTO. ALTERAÇÃO DA REDAÇÃO DE PARTE DOS DISPOSITIVOS IMPUGNADOS, ELIMINANDO-SE AS EXPRESSÕES OBJETO DO PEDIDO. PARCIAL PREJUDICIALIDADE DA AÇÃO. PREVISÃO DE JULGAMENTO DAS CONTAS ANUAIS DO PRESIDENTE DA CÂMARA MUNICIPAL PELA RESPECTIVA CASA LEGISLATIVA. OFENSA AO MODELO CONSTITUCIONAL. AGRESSÃO AOS ARTS. 31, § 2º; 71, I E II; E 75 DA LEI FUNDAMENTAL. CONHECIMENTO PARCIAL DA AÇÃO, A QUAL, NESSA PARTE, É JULGADA

PROCEDENTE. 1. Prejudicialidade parcial da ação, em virtude de alteração substancial da redação dos incisos I e II do art. 71 da Constituição do Estado do Espírito Santo, a qual resultou na eliminação das expressões impugnadas. 2. A Constituição Federal foi assente em definir o papel específico do legislativo municipal para julgar, após parecer prévio do tribunal de contas, as contas anuais elaboradas pelo chefe do poder executivo local, sem abrir margem para a ampliação para outros agentes ou órgãos públicos. O art. 29, § 2º, da Constituição do Estado do Espírito Santo, ao alargar a competência de controle externo exercida pelas câmaras municipais para alcançar, além do prefeito, o presidente da câmara municipal, alterou o modelo previsto na Constituição Federal. 3. Ação direta de inconstitucionalidade de que se conhece parcialmente e que se julga, na parte de que se conhece, procedente.

(ADI 1964, Relator(a): Min. DIAS TOFFOLI, Tribunal Pleno, julgado em 04/09/2014, ACÓRDÃO ELETRÔNICO DJe-197 DIVULG 08-10-2014 PUBLIC 09-10-2014)

EMENTA: AÇÃO DIRETA DE INCONSTITUCIONALIDADE. LEI DO ESTADO DO RIO GRANDE DO SUL QUE DISCIPLINA MATÉRIA A SER PUBLICADA NA IMPRENSA OFICIAL DO ESTADO. DIPLOMA LEGAL DE INICIATIVA PARLAMENTAR. VÍCIO FORMAL. EXISTÊNCIA TAMBÉM DE VÍCIO MATERIAL, POR VIOLAÇÃO DO PRINCÍPIO DA SEPARAÇÃO DOS PODERES. INCONSTITUCIONALIDADE RECONHECIDA. I – Lei que verse sobre a criação e estruturação de órgãos da administração pública é de iniciativa privativa do Chefe do Poder Executivo (art. 61, § 1º, II, e, da Constituição Federal). Princípio da simetria. II – Afronta também ao princípio da separação dos poderes (art. 2º da CF). III – Reconhecida a inconstitucionalidade de dispositivo de lei, de iniciativa parlamentar, que restringe matérias a serem publicas no Diário Oficial do Estado por vício de natureza formal e material. IV – Ação julgada procedente.

(ADI 2294, Relator(a): Min. RICARDO LEWANDOWSKI, Tribunal Pleno, julgado em 27/08/2014, ACÓRDÃO ELETRÔNICO DJe-176 DIVULG 10-09-2014 PUBLIC 11-09-2014)

EMENTA: AÇÃO DIRETA DE INCONSTITUCIONALIDADE. LEI ESTADUAL Nº 5.729/95. REGIME JURÍDICO DO POLICIAL MILITAR. VÍCIO DE INICIATIVA (CF, ART. 61, § 1º, II, C E F). ELEGIBILIDADE DO POLICIAL MILITAR. MATÉRIA DE DIREITO ELEITORAL. COMPETÊNCIA LEGISLATIVA DA UNIÃO (CF, ART. 22, I, E ART. 14, § 8º). DIREITO DE OPÇÃO PELA FONTE DA QUAL DEVERÁ RECEBER SUA REMUNERAÇÃO. VIOLAÇÃO AO ART. 38 DA CARTA FUNDAMENTAL. 1. É inconstitucional, por afronta à iniciativa privativa prevista no art. 61, § 1º, II, c e f, da Constituição, a Lei nº 5.729/95 do Estado de Alagoas, que dispõe sobre a transferência para a reserva e a reforma do policial militar, por se tratar de matérias afetas ao seu regime jurídico. 2. Ao dispor sobre o regime jurídico a que o policial militar estaria sujeito em caso de eleição para cargo público, a Lei estadual nº 5.729/95 invadiu competência legislativa da União, prevista no art. 22, I, da Constituição. 3. A Lei estadual nº 5.729/95 ofendeu, ainda, o conteúdo material do art. 14, § 8º, da Constituição, quando previu hipóteses i) de retorno ao serviço de policial militar que tenha assumido cargo público eletivo e ii) de opção pela fonte de remuneração. 4. A autorização, ao militar eleito, de optar pela fonte de pagamento, qualquer que seja a natureza do mandato, destoa do regramento constitucional disposto no art. 38 da Carta Fundamental, que somente permite o direito de opção nas estritas hipóteses de vereador e de prefeito municipal. 5. Ausência de prejuízo da ação no que se refere ao art. 3º, incisos V e VI, da Lei estadual nº 5.729/95. O vício de iniciativa é suficiente para configurar a inconstitucionalidade do dispositivo, o que dispensa maiores considerações acerca da alteração de parâmetro promovida pela Emenda Constitucional nº 18/98. 6. Ação direta julgada procedente.

(ADI 1381, Relator(a): Min. DIAS TOFFOLI, Tribunal Pleno, julgado em 21/08/2014, ACÓRDÃO ELETRÔNICO DJe-197 DIVULG 08-10-2014 PUBLIC 09-10-2014)

EMENTA: AÇÃO DIRETA DE INCONSTITUCIONALIDADE. LEI Nº 11.288/99 DO ESTADO DE SANTA CATARINA. ESTABELECIMENTO DE CONDIÇÕES E CRITÉRIOS A SEREM OBSERVADOS PARA O EXERCÍCIO DE CARGOS DE DIREÇÃO DA ADMINISTRAÇÃO INDIRETA DO ESTADO. NECESSIDADE DE PRÉVIA APROVAÇÃO DA ASSEMBLEIA LEGISLATIVA. INCONSTITUCIONALIDADE APENAS EM RELA-

ÇÃO ÀS EMPRESAS PÚBLICAS E ÀS SOCIEDADES DE ECONOMIA MISTA. ARTIGO 173, § 1º, CF/88. FORNECIMENTO DE INFORMAÇÕES PROTEGIDAS POR SIGILO FISCAL COMO CONDIÇÃO PARA A APROVAÇÃO PRÉVIA PELO PODER LEGISLATIVO. MECANISMO DE FISCALIZAÇÃO PERMANENTE APÓS A EXONERAÇÃO DOS OCUPANTES DOS REFERIDOS CARGOS. VIOLAÇÃO DO PRINCÍPIO DA SEPARAÇÃO DOS PODERES. 1. A Corte já pacificou o entendimento de que não padece de nenhum vício constitucional a previsão de participação do Poder Legislativo na nomeação de dirigentes de autarquias ou fundações públicas. Trata-se de aplicação aos estados-membros do parâmetro de simetria constante do art. 52, III, f, da Constituição Federal, que submete ao crivo do Senado Federal a aprovação prévia dos indicados para ocupar determinados cargos definidos por lei. Nesses termos, são válidas as normas locais que subordinam a nomeação dos dirigentes de autarquias ou fundações públicas à prévia aprovação de Assembleia Legislativa, não havendo, nesse caso, nenhuma interferência indevida do Poder Legislativo em função típica do Poder Executivo, nem violação do princípio da separação dos Poderes. 2. Situação diversa, entretanto, ocorre em relação à intervenção parlamentar no processo de provimento das cargas de direção das empresas públicas e das sociedades de economia mista da administração indireta dos estados, por serem pessoas jurídicas de direito privado, que, nos termos do art. 173, § 1º, da Constituição Federal, estão sujeitas ao regime jurídico próprio das empresas privadas, o que obsta a exigência de manifestação prévia do Poder Legislativo estadual. Precedentes. 3. O art. 2º, IV, e o art. 3º da Lei nº 11.288/99 extrapolam o sistema de freios e contrapesos autorizado pela Constituição Federal, pois, além de determinarem o fornecimento de informações protegidas por sigilo fiscal como condição para a aprovação prévia pelo Poder Legislativo dos titulares de determinados cargos, criam mecanismo de fiscalização permanente pela Assembleia Legislativa para após a exoneração dos ocupantes dos referidos cargos. Esses dispositivos instituíram modalidade de controle direto pela Assembleia Legislativa – sem o auxílio do Tribunal de Contas do Estado – que não encontra fundamento de validade em nenhuma norma constitucional, resultando em violação ao princípio da separação dos Poderes (art. 2º, CF/88). 4. No âmbito do Poder Legislativo, apenas as comissões parlamentares de inquérito, nos termos do art. 58, § 3º, da Lei Maior, pode determinar a apresentação de declaração de bens ou informações sob sigilo fiscal, o que, evidentemente, fica ainda condicionado pela existência de um quadro fático concreto e específico e pela apresentação de pedido com fundamentação individualizada que justifique a invasão da privacidade do investigado. 5. Ação direta julgada parcialmente procedente.
(ADI 2225, Relator(a): Min. DIAS TOFFOLI, Tribunal Pleno, julgado em 21/08/2014, ACÓRDÃO ELETRÔNICO DJe-213 DIVULG 29-10-2014 PUBLIC 30-10-2014)

EMENTA: AÇÃO DIRETA DE INCONSTITUCIONALIDADE. LEI COMPLEMENTAR N. 109, DE 23 DE JUNHO DE 2005, DO ESTADO DO PARANÁ. ATO DE INICIATIVA PARLAMENTAR. DETERMINAÇÃO DE PRAZO PARA A PROPOSITURA DE AÇÃO REGRESSIVA, PELA PROCURADORIA GERAL DO ESTADO, CONTRA O AGENTE PÚBLICO QUE DEU CAUSA À CONDENAÇÃO DO ESTADO, SEGUNDO DECISÃO JUDICIAL DEFINITIVA E IRREFORMÁVEL. IMPOSIÇÃO DE OBRIGAÇÕES AOS SERVIDORES DA PROCURADORIA GERAL DO ESTADO. REGIME JURÍDICO. INICIATIVA PRIVATIVA DO CHEFE DO PODER EXECUTIVO. VIOLAÇÃO AO ARTIGO 61, § 1º, INCISO II, ALÍNEA "C", DA CONSTITUIÇÃO FEDERAL. PROCESSO LEGISLATIVO. PRINCÍPIO DA SIMETRIA. OBSERVÂNCIA COMPULSÓRIA PELOS ENTES FEDERADOS. CRIAÇÃO DE ATRIBUIÇÕES PARA ÓRGÃO PÚBLICO INTEGRANTE DO PODER EXECUTIVO ESTADUAL. ARTIGO 61, § 1º, II, "E" C.C ART. 84, III E VI, DA CONSTITUIÇÃO. INCONSTITUCIONALIDADE FORMAL. VÍCIO RECONHECIDO. 1. O Estado Democrático brasileiro tem como cláusula pétrea constitucional a separação e a harmonia entre os poderes, consubstanciada em princípio explícito e instrumentalizada em regras constitucionais de competência. 2. Compete ao Poder Executivo estadual a iniciativa de lei referente aos direitos e deveres dos servidores públicos (artigo 61, § 1º, II, "c", da Constituição Federal). 3. O texto normativo da Lei complementar estadual de n. 109/05, do Estado do Paraná, impõe obrigação funcional aos servidores da Procuradoria Estadual – sob pena de sanção diante do seu descumprimento – cuja instituição não se encarta na iniciativa parlamentar ora questionada, restando patente a competência privativa do Chefe do Poder Executivo para iniciar o processo legislativo que dispõe sobre servidores públicos, como se evidencia da sistemática disposta no artigo 61, § 1º, II, "c", da Constituição Federal, de observância compulsória pelos entes federados. 4. A Constituição, ao conferir aos Estados-membros a capacidade de auto-organização e de autogoverno, impõe a observância obrigatória de vários princípios, entre os quais o pertinente ao processo legislativo, de modo que o legislador estadual não pode validamente dispor sobre as matérias reservadas à iniciativa privativa do Chefe do Executivo. (Precedentes: ADI n. 1.594, Relator o Ministro EROS GRAU, DJe de 22.8.08; ADI n. 2.192, Relator o Ministro RICARDO LEWANDOWSKI, DJe de 20.6.08; ADI n. 3.167, Relator o Ministro EROS GRAU, DJ de 6.9.07; ADI n. 2.029, Relator o Ministro RICARDO LEWANDOWSKI, DJ de 24.8.07; ADI n. 3.061, Relator o Ministro CARLOS BRITTO, DJ de 9.6.06; ADI n. 2.417, Relator o Ministro MAURÍCIO CORRÊA, DJ de 5.12.03; ADI n. 2.646, Relator o Ministro MAURÍCIO CORRÊA, DJ de 23.5.03). 5. O ato normativo hostilizado inegavelmente dispõe sobre regime jurídico dos servidores da Procuradoria Geral do Estado do Paraná, sendo certo que esta Corte igualmente já afirmou, inúmeras vezes, que a iniciativa de leis que versem sobre regime jurídico de servidores públicos é reservada ao Chefe do Poder Executivo. (Precedentes: ADI n. 1.440-MC, Relator o Ministro ILMAR GALVÃO, DJ de 1º.6.01; ADI n. 2.856-MC, Relator o Ministro GILMAR MENDES, DJ de 30.4.04 e ADI n. 4.154, Relator o Ministro RICARDO LEWANDOWSKI, DJ de 26.5.10, bem como foi sustentado pelo Min. Eros Grau, à fl. 53, por ocasião do julgamento da cautelar nesta ação direta). 6. A lei paranaense exigiu para órgão público integrante do Poder Executivo estadual, a Procuradoria do Estado, função que deveria ser inaugurada por nomeação do Executivo estadual, ao qual compete propor originariamente projetos de lei que visem criação, estruturação e atribuições de Secretarias e órgãos da administração pública (artigo 61, § 1º, II, "e" c.c art. 84, II e VI, da CF). 7. O Ilustre Procurador-Geral da República, em seu parecer de fls. 102/106, defende com propriedade este posicionamento, verbis: "14. A questão pode ser vista, ainda, sob outro ângulo, de modo a corroborar a existência de inconstitucionalidade formal por vício de iniciativa. É que o diploma legal paranaense, ao determinar que a ação regressiva deverá ser ajuizada pela Procuradoria Geral do Estado do Paraná em determinado prazo, confere atribuição a órgão público, o que, segundo a Constituição Nacional, também é matéria de iniciativa legislativa reservada ao Chefe do Poder Executivo. 15. Sob essa perspectiva, tem-se, no caso, ingerência da Assembléia Legislativa do Estado do Paraná em prerrogativa exclusiva do Chefe do Poder Executivo estadual para a iniciativa de lei que disponha sobre atribuições dos órgãos da Administração Pública, que se extrai, pelo princípio da simetria, do art. 61, § 1º, inciso II, alínea 'e', da Constituição da República. 16. Com efeito, as atribuições dos órgãos da Administração pública, embora não mais constem expressamente da redação do art. 61, § 1º, inciso II, alínea 'e', da Lei Maior, em virtude da alteração promovida pela EC 32/2001, devem ser tratadas em lei de iniciativa reservada ao Chefe do Poder Executivo. 17. Nesse sentido é o entendimento do Supremo Tribunal Federal, segundo o qual se considera '...indispensável a iniciativa do Chefe do Poder Executivo (mediante projeto de lei ou mesmo, após a EC 32/01, por meio de decreto) na elaboração de normas que de alguma forma remodelem as atribuições de órgãos pertencente à estrutura administrativa de determinada unidade da Federação' (ADI 3.254, rel. Min. Ellen Gracie, DJ de 2/12/2005)." 8. Ação direta de inconstitucionalidade julgada procedente para declarar a inconstitucionalidade da Lei Complementar n. 109/05, do Estado do Paraná.

(ADI 3564, Relator(a): Min. LUIZ FUX, Tribunal Pleno, julgado em 13/08/2014, ACÓRDÃO ELETRÔNICO DJe-174 DIVULG 08-09-2014 PUBLIC 09-09-2014)

MANDATO – DEPUTADO ESTADUAL – CONDENAÇÃO CRIMINAL – PERDA. Contraria a Constituição Federal jungir a atuação da Assembleia Legislativa, quanto à perda de mandato de deputado estadual, no caso de condenação criminal, aos crimes apenados com reclusão e atentatórios ao decoro parlamentar. PARLAMENTAR – PERDA DE MANDATO – CONDENAÇÃO CRIMINAL – CONSTITUIÇÃO ESTADUAL – RESTRIÇÃO. Conflita com o disposto no artigo 27, § 1º, do Diploma Maior norma local, ainda que de envergadura maior – contida na Carta estadual –, que implique limitação à perda do mandato a certas situações criminais.

(ADI 3200, Relator(a): Min. MARCO AURÉLIO, Tribunal Pleno, julgado em 22/05/2014, ACÓRDÃO ELETRÔNICO DJe-207 DIVULG 20-10-2014 PUBLIC 21-10-2014)

EMENTA: AGRAVO REGIMENTAL NO AGRAVO DE INSTRUMENTO. DECISÃO DE TRIBUNAL DE CONTAS ESTADUAL. NATUREZA DE TÍTULO EXECUTIVO. PRECEDENTES. 1. O Plenário da Suprema Corte, no julgamento do RE nº 223.037/SE, Relator o Ministro Maurício Corrêa, DJ de 2/8/02, firmou o entendimento de que as decisões do Tribunal de Contas da União têm natureza de título executivo e que, em razão do princípio da simetria, essa orientação também se aplica aos tribunais de contas dos estados federados. 2. Agravo regimental não provido.

(AI 764355 AgR, Relator(a): Min. DIAS TOFFOLI, Primeira Turma, julgado em 06/05/2014, PROCESSO ELETRÔNICO DJe-106 DIVULG 02-06-2014 PUBLIC 03-06-2014)

Ação direta de inconstitucionalidade. Inciso XXII do art. 54 da Constituição do Estado da Paraíba. Competência privativa da Assembleia Legislativa para autorizar e resolver definitivamente acordos e convênios. Alegada ofensa ao princípio da simetria. Acordos ou convênios que podem gerar encargos ou compromissos gravosos ao patrimônio estadual podem ser submetidos à autorização do legislativo local, sem violar o princípio da separação dos poderes. Ação direta julgada improcedente.

(ADI 331, Relator(a): Min. GILMAR MENDES, Tribunal Pleno, julgado em 03/04/2014, DJe-082 DIVULG 30-04-2014 PUBLIC 02-05-2014 EMENT VOL-02728-01 PP-00001)

Ação direta de inconstitucionalidade. Art. 61, III, e 115, parágrafo único, da Constituição do Estado de Sergipe. Inconstitucionalidade na criação de controle externo do poder judiciário e organização judiciária estadual. O poder constituinte estadual não pode alterar iniciativa legislativa prevista na Constituição Federal. É inconstitucional disposição que atribui iniciativa do Governador para lei de organização judiciária. Ação direta julgada procedente.

(ADI 197, Relator(a): Min. GILMAR MENDES, Tribunal Pleno, julgado em 03/04/2014, DJe-097 DIVULG 21-05-2014 PUBLIC 22-05-2014 EMENT VOL-02730-01 PP-00001)

EMENTA: AÇÃO DIRETA DE INCONSTITUCIONALIDADE. ARTIGO 53, INCISO IV, E ART. 81, AMBOS DA CONSTITUIÇÃO DO ESTADO DO RIO GRANDE DO SUL. NECESSIDADE DE PRÉVIA AUTORIZAÇÃO DA ASSEMBLEIA LEGISLATIVA PARA O AFASTAMENTO DO GOVERNADOR E DO VICE-GOVERNADOR DO PAÍS POR QUALQUER TEMPO. PRINCÍPIO DA SIMETRIA. PRINCÍPIO DA SEPARAÇÃO DOS PODERES. CONFIRMAÇÃO DA MEDIDA CAUTELAR. PROCEDÊNCIA. 1. A Carta da República, em seus arts. 49, inciso III, e 83, dispôs ser da competência do Congresso Nacional autorizar o presidente e o vice-presidente da República a se ausentarem do País quando a ausência for por período superior a quinze dias. 2. Afronta os princípios da separação dos Poderes e da simetria disposição da Constituição estadual que exige prévia licença da Assembleia Legislativa para que o governador e o vice-governador se ausentem do País por qualquer prazo. 3. Trata-se de mecanismo do sistema de freios e contrapesos, o qual somente se legitima nos termos já delineados pela própria Lei Maior, sendo vedado aos estados-membros criar novas ingerências de um Poder na órbita de outro que não derivem explícita ou implicitamente de regra ou princípio da Lei Fundamental. Precedentes. 4. Ação direta julgada procedente.

(ADI 775, Relator(a): Min. DIAS TOFFOLI, Tribunal Pleno, julgado em 03/04/2014, ACÓRDÃO ELETRÔNICO DJe-099 DIVULG 23-05-2014 PUBLIC 26-05-2014)

EMENTA: AÇÃO DIRETA DE INCONSTITUCIONALIDADE. INCISO II DO ART. 27 DA CONSTITUIÇÃO DO ESTADO DE SANTA CATARINA. LEI ESTADUAL Nº 1.117/90. VINCULAÇÃO DE VENCIMENTOS DE SERVIDORES ESTADUAIS A PISO SALARIAL NÃO INFERIOR AO SALÁRIO MÍNIMO PROFISSIONAL. VÍCIO DE INICIATIVA. ARTIGO 37, XIII, CF/88. AUTONOMIA DOS ESTADOS. LIMINAR DEFERIDA. PROCEDÊNCIA. 1. Inequívoco o vício de iniciativa da Lei estadual nº 1.117, de 30 de março de 1990, na medida em que estabelece normas para aplicação do salário mínimo profissional aos servidores estaduais. Incidência da regra de iniciativa legislativa exclusiva do chefe do Poder Executivo para dispor sobre remuneração dos cargos e funções do serviço público, em razão da cláusula de reserva prevista no art. 61, § 1º, inciso II, alínea a, da Carta Magna. 2. Enquanto a Lei Maior, no inciso XIII do art. 37, veda a vinculação de "quaisquer espécies remuneratórias para efeitos de remuneração de pessoal do serviço público", a Constituição estadual, diversamente, assegura aos servidores públicos estaduais ocupantes de cargos ou empregos de nível médio e superior "piso salarial proporcional à extensão e à complexidade do trabalho (...) não inferior ao salário mínimo profissional estabelecido em lei", o que resulta em vinculação dos vencimentos de determinadas categorias de servidores públicos às variações do piso salarial profissional, importando em sistemática de aumento automático daqueles vencimentos, sem interferência do chefe do Poder Executivo do Estado, ferindo-se, ainda, o próprio princípio federativo e a autonomia dos estados para fixar os vencimentos de seus servidores (arts. 2º e 25 da Constituição Federal). 3. A jurisprudência da Corte é pacífica no que tange ao não cabimento de qualquer espécie de vinculação da remuneração de servidores públicos, repelindo, assim, a vinculação da remuneração de servidores do estado a fatores alheios à sua vontade e ao seu controle; seja às variações de índices de correção editados pela União; seja aos pisos salariais profissionais. Precedentes. 4. Ação direta de inconstitucionalidade julgada procedente.

(ADI 290, Relator(a): Min. DIAS TOFFOLI, Tribunal Pleno, julgado em 19/02/2014, ACÓRDÃO ELETRÔNICO DJe-113 DIVULG 11-06-2014 PUBLIC 12-06-2014)

EMENTA: INFORMAÇÕES PROTEGIDAS POR SIGILO FISCAL. TRANSFERÊNCIA. COMISSÃO PARLAMENTAR DE INQUÉRITO INSTALADA POR ASSEMBLÉIA LEGISLATIVA DE ESTADO-MEMBRO OU PELO DISTRITO FEDERAL. APLICAÇÃO DO PRINCÍPIO DA SIMETRIA. TÉRMINO DOS TRABALHOS DA CPI QUE SOLICITOU AS INFORMAÇÕES. FALTA DE UTILIDADE DO PROVIMENTO. PERDA SUPERVENIENTE DO OBJETO. PREJUÍZO. Em virtude do término dos trabalhos da Comissão Parlamentar de Inquérito da qual partiu o pedido de informações, indeferido pela Secretaria da Receita Federal do Brasil, perde supervenientemente o objeto a ação cível originária destinada a assegurar o direito líquido e certo de os parlamentares dos Estados e do Distrito Federal receberem informações protegidas pelo sigilo fiscal, coletadas ou custodiadas pela União. Ação Cível Originária cujo pedido se julga prejudicado.

(ACO 1271, Relator(a): Min. JOAQUIM BARBOSA, Tribunal Pleno, julgado em 12/02/2014, ACÓRDÃO ELETRÔNICO DJe-213 DIVULG 29-10-2014 PUBLIC 30-10-2014)

EMENTA: AGRAVO REGIMENTAL NO RECURSO EXTRAORDINÁRIO. DEMISSÃO DE SERVIDOR PÚBLICO ESTADUAL. GOVERNADOR DE ESTADO. DELEGAÇÃO DE COMPETÊNCIA. SECRETÁRIO DE ESTADO. POSSIBILIDADE. PRINCÍPIO DA SIMETRIA. PRECEDENTES. 1. A Suprema Corte pacificou o entendimento de que é legítima a delegação de competência pelo governador do Estado de Goiás aos seus secretários para, conforme o disposto no art. 37, inciso XII e parágrafo único, da Constituição Estadual, aplicar a pena de demissão a servidores públicos estaduais, com fundamento no princípio da simetria. 2. Agravo regimental não provido.

(RE 632894 AgR, Relator(a): Min. DIAS TOFFOLI, Primeira Turma, julgado em 19/11/2013, ACÓRDÃO ELETRÔNICO DJe-249 DIVULG 16-12-2013 PUBLIC 17-12-2013)

EMENTA: AÇÃO DIRETA DE INCONSTITUCIONALIDADE. EMENDA CONSTITUCIONAL 12/1995 DO ESTADO DO RIO GRANDE DO SUL. CARACTERIZAÇÃO DOS CARGOS EM COMISSÃO. PROIBIÇÃO DA PRÁTICA DE NEPOTISMO. ADI JULGADA PARCIALMENTE PROCEDENTE. I – A vedação a que cônjuges ou companheiros e parentes consanguíneos, afins ou por adoção, até o segundo grau, de titulares de cargo público ocupem cargos em comissão visa a assegurar, sobretudo, cumprimento ao princípio constitucional da isonomia, bem assim fazer valer os princípios da impessoalidade e moralidade na Administração Pública. II – A extinção de cargos públicos, sejam eles efetivos ou em comissão, pressupõe lei específica, dispondo quantos e quais cargos serão extintos, não podendo ocorrer por meio de norma genérica inserida na Constituição. III – Incabível, por emenda constitucional, nos Estados-membros, que o Poder Legislativo disponha sobre espécie reservada à iniciativa privativa dos demais Poderes da República, sob pena de afronta ao art. 61

da Lei Maior. Precedentes. IV – O poder constituinte derivado decorrente tem por objetivo conformar as Constituições dos Estados-membros aos princípios e regras impostas pela Lei Maior. Necessidade de observância do princípio da simetria federativa. V – ADI julgada parcialmente procedente, para declarar inconstitucional o art. 4º, as expressões "4º e" e "inclusive de extinção de cargos em comissão e de exoneração", constante do art. 6º e, por arrastamento, o art. 7º, a, todos da EC 12/1995, do Estado do Rio Grande do Sul. VI – Confere-se, ainda, interpretação conforme ao parágrafo único do art. 6º, para abranger apenas os cargos situados no âmbito do Poder Executivo.

(ADI 1521, Relator(a): Min. RICARDO LEWANDOWSKI, Tribunal Pleno, julgado em 19/06/2013, DJe-157 DIVULG 12-08-2013 PUBLIC 13-08-2013 EMENT VOL-02697-01 PP-00001)

EMENTA: AGRAVO REGIMENTAL NO AGRAVO DE INSTRUMENTO. CONSTITUCIONAL E TRIBUTÁRIO. INICIATIVA LEGISLATIVA. MATÉRIA TRIBUTÁRIA. CONCORRÊNCIA ENTRE PODER LEGISLATIVO E PODER EXECUTIVO. LEI QUE CONCEDE ISENÇÃO. POSSIBILIDADE AINDA QUE O TEMA VENHA A REPERCUTIR NO ORÇAMENTO MUNICIPAL. RECURSO QUE NÃO SE INSURGIU CONTRA A DECISÃO AGRAVADA. DECISÃO QUE SE MANTÊM POR SEUS PRÓPRIOS FUNDAMENTOS. 1. O recurso extraordinário é cabível contra acórdão que julga constitucionalidade in abstracto de leis em face da Constituição Estadual, quando for o caso de observância ao princípio da simetria. Precedente: Rcl 383, Tribunal Pleno, Rel. Min. Moreira Alves. 2. A iniciativa para início do processo legislativo em matéria tributária pertence concorrentemente ao Poder Legislativo e ao Poder Executivo (art. 61, § 1º, II, b, da CF). Precedentes: ADI 724-MC, Tribunal Pleno, Rel. Min. Celso de Mello, DJ de 15.05.92; RE 590.697-ED, Primeira Turma, Rel. Min. Ricardo Lewandowski, Dje de 06.09.2011; RE 362.573-AgR, Segunda Turma, Rel. Min. Eros Grau, Dje de 17.08.2007). 3. In casu, o Tribunal de origem entendeu pela inconstitucionalidade formal de lei em matéria tributária por entender que a matéria estaria adstrita à iniciativa privativa do Chefe do Poder Executivo, dada a eventual repercussão da referida lei no orçamento municipal. Consectariamente, providos o agravo de instrumento e o recurso extraordinário, em face da jurisprudência desta Corte. 4. Agravo regimental a que se nega provimento.

(AI 809719 AgR, Relator(a): Min. LUIZ FUX, Primeira Turma, julgado em 09/04/2013, ACÓRDÃO ELETRÔNICO DJe-078 DIVULG 25-04-2013 PUBLIC 26-04-2013)

EMENTA: EMBARGOS DE DECLARAÇÃO NO RECURSO EXTRAORDINÁRIO. CONVERSÃO EM AGRAVO REGIMENTAL. CONSTITUCIONAL. DEMISSÃO DE SERVIDOR PÚBLICO ESTADUAL. POSSIBILIDADE DE DELEGAÇÃO DE COMPETÊNCIA DO GOVERNADOR AO SECRÉTARIO DE ESTADO. PRINCÍPIO DA SIMETRIA. PRECEDENTES. AGRAVO REGIMENTAL AO QUAL SE NEGA PROVIMENTO.

(RE 536973 ED, Relator(a): Min. CÁRMEN LÚCIA, Segunda Turma, julgado em 27/11/2012, ACÓRDÃO ELETRÔNICO DJe-244 DIVULG 12-12-2012 PUBLIC 13-12-2012)

EMENTA: Art. 104 da constituição do Estado de Santa Catarina. Lei complementar estadual 155/1997. Convênio com a seccional da Ordem dos Advogados do Brasil (OAB/SC) para prestação de serviço de "defensoria pública dativa". Inexistência, no Estado de Santa Catarina, de órgão estatal destinado à orientação jurídica e à defesa dos necessitados. Situação institucional que configura severo ataque à dignidade do ser humano. Violação do inc. LXXIV do art. 5º e do art. 134, caput, da redação originária da Constituição de 1988. Ações diretas julgadas procedentes para declarar a inconstitucionalidade do art. 104 da constituição do Estado de Santa Catarina e da lei complementar estadual 155/1997 e admitir a continuidade dos serviços atualmente prestados pelo Estado de Santa Catarina mediante convênio com a OAB/SC pelo prazo máximo de 1 (um) ano da data do julgamento da presente ação, ao fim do qual deverá estar em funcionamento órgão estadual de defensoria pública estruturado de acordo com a Constituição de 1988 e em estrita observância à legislação complementar nacional (LC 80/1994).

(ADI 4270, Relator(a): Min. JOAQUIM BARBOSA, Tribunal Pleno, julgado em 14/03/2012, ACÓRDÃO ELETRÔNICO DJe-188 DIVULG 24-09-2012 PUBLIC 25-09-2012)

Agravo regimental em recurso extraordinário com agravo. 2. Direito administrativo. 3. Criação de cargos em comissão por leis municipais. Declaração de inconstitucionalidade pelo TJRS por violação à disposição da Constituição estadual em simetria com a Constituição Federal. 3. É necessário que a legislação demonstre, de forma efetiva, que as atribuições dos cargos a serem criados se harmonizam com o princípio da livre nomeação e exoneração. Caráter de direção, chefia e assessoramento. Precedentes do STF. 4. Ausência de argumentos suficientes para infirmar a decisão agravada. 5. Agravo regimental a que se nega provimento.

(ARE 656666 AgR, Relator(a): Min. GILMAR MENDES, Segunda Turma, julgado em 14/02/2012, ACÓRDÃO ELETRÔNICO DJe-045 DIVULG 02-03-2012 PUBLIC 05-03-2012)

EMENTA: INCONSTITUCIONALIDADE. Ação direta. Art. 41, caput e § 2º, da Constituição do Estado de Santa Catarina, com a redação das ECs nº 28/2002 e nº 53/2010. Competência legislativa. Caracterização de hipóteses de crime de responsabilidade. Ausência injustificada de secretário de Estado a convocação da Assembléia Legislativa. Não atendimento, pelo governador, secretário de Estado ou titular de fundação, empresa pública ou sociedade de economias mista, a pedido de informações da Assembléia. Cominação de tipificação criminosa. Inadmissibilidade. Violação a competência legislativa exclusiva da União. Inobservância, ademais, dos limites do modelo constitucional federal. Confusão entre agentes políticos e titulares de entidades da administração pública indireta. Ofensa aos arts. 2º, 22, I, 25, 50, caput e § 2º, da CF. Ação julgada procedente, com pronúncia de inconstitucionalidade do art. 83, XI, "b", da Constituição estadual, por arrastamento. Precedentes. É inconstitucional a norma de Constituição do Estado que, como pena cominada, caracterize como crimes de responsabilidade a ausência injustificada de secretário de Estado a convocação da Assembléia Legislativa, bem como o não atendimento, pelo governador, secretário de estado ou titular de entidade da administração pública indireta, a pedido de informações da mesma Assembléia.

(ADI 3279, Relator(a): Min. CEZAR PELUSO (Presidente), Tribunal Pleno, julgado em 16/11/2011, ACÓRDÃO ELETRÔNICO DJe-033 DIVULG 14-02-2012 PUBLIC 15-02-2012 RT v. 101, n. 920, 2012, p. 615-623)

EMENTA: AGRAVO REGIMENTAL NO RECURSO EXTRAORDINÁRIO. CONSTITUCIONAL. DEMISSÃO DE SERVIDOR PÚBLICO ESTADUAL. GOVERNADOR DO ESTADO. DELEGAÇÃO DE COMPETÊNCIA. SECRETÁRIO ESTADUAL. ART. 37, XII, E PARÁGRAFO ÚNICO, DA CONSTITUIÇÃO ESTADUAL. PRINCÍPIO DA SIMETRIA. ART. 84, XXV, E PARÁGRAFO ÚNICO, DA CONSTITUIÇÃO FEDERAL. AGRAVO IMPROVIDO. I – Esta Corte firmou orientação no sentido da legitimidade de delegação a Ministro de Estado da competência do Chefe do Executivo Federal para, nos termos do art. 84, XXV, e parágrafo único, da Constituição Federal, aplicar pena de demissão a servidores públicos federais. Precedentes. II – Legitimidade da delegação a secretários estaduais da competência do Governador do Estado de Goiás para, nos termos do art. 37, XII e parágrafo único, da Constituição Estadual, aplicar penalidade de demissão aos servidores do Executivo, tendo em vista o princípio da simetria. Precedentes. III – Agravo regimental improvido.

(RE 633009 AgR, Relator(a): Min. RICARDO LEWANDOWSKI, Segunda Turma, julgado em 13/09/2011, DJe-185 DIVULG 26-09-2011 PUBLIC 27-09-2011 EMENT VOL-02595-02 PP-00246)

EMENTA: AÇÃO DIRETA DE INCONSTITUCIONALIDADE. CONSTITUIÇÃO DO ESTADO DO PIAUÍ. PREVISÃO DE NECESSIDADE DE EDIÇÃO DE LEI COMPLEMENTAR. PROCESSO LEGISLATIVO. NORMAS QUE VERSAM SOBRE SERVIDOR PÚBLICO. SITUAÇÕES EM QUE A CONSTITUIÇÃO FEDERAL EXIGE LEI ORDINÁRIA. VIOLAÇÃO AO PRINCÍPIO DA SIMETRIA. AÇÃO JULGADA PROCEDENTE. I – A inconstitucionalidade dos preceitos impugnados decorre da violação ao princípio da simetria, uma vez que a Constituição do Estado do Piauí exige a edição de Lei Complementar para o tratamento de matérias em relação às quais a Constituição Federal prevê o processo legislativo ordinário. II – A jurisprudência reiterada desta Corte é no sentido de que o Estado-membro, em tema de processo legislativo, deve observância cogente à sistemática ditada pela Constituição Federal. Precedentes. III – Ação julgada procedente para declarar a inconstitucionalidade dos incisos III, VII, VIII, IX e X, e do parágrafo único do art. 77 da Constituição do Estado do Piauí.

(ADI 2872, Relator(a): Min. EROS GRAU, Relator(a) p/ Acórdão: Min. RICARDO LEWANDOWSKI, Tribunal Pleno, julgado em 01/08/2011, DJe-170 DIVULG 02-09-2011 PUBLIC 05-09-2011 EMENT VOL-02580-01 PP-00001)

EMENTA: INCONSTITUCIONALIDADE. Ação direta. Lei nº 740/2003, do Estado do Amapá. Competência legislativa. Servidor Público. Regime jurídico. Vencimentos. Acréscimo de vantagem pecuniária. Adicional de Desempenho a certa classe de servidores. Inadmissibilidade. Matéria de iniciativa exclusiva do Governador do Estado, Chefe do Poder Executivo. Usurpação caracterizada. Inconstitucionalidade formal reconhecida. Ofensa ao art. 61, § 1º, II, alínea "a", da CF, aplicáveis aos estados. Ação julgada procedente. Precedentes. É inconstitucional a lei que, de iniciativa parlamentar, conceda ou autorize conceder vantagem pecuniária a certa classe de servidores públicos.

(ADI 3176, Relator(a): Min. CEZAR PELUSO, Tribunal Pleno, julgado em 30/06/2011, DJe-150 DIVULG 04-08-2011 PUBLIC 05-08-2011 EMENT VOL-02560-01 PP-00026)

EMENTA: INCONSTITUCIONALIDADE. Ação direta. Art. 288 da Constituição do Estado do Amazonas, introduzido pela EC nº 40/2002. Competência legislativa. Servidor Público. Regime jurídico. Aposentadoria. Proventos. Acréscimo de vantagem pecuniária. Adicional de 12%, por mandato eletivo, aos servidores que o tenham exercido. Emenda parlamentar aditiva. Inadmissibilidade. Matéria de iniciativa exclusiva do Governador do Estado, Chefe do Poder Executivo. Caso de proposta de emenda à Constituição. Irrelevância. Usurpação caracterizada. Inconstitucionalidade formal reconhecida. Ofensa ao art. 61, § 1º, II, alíneas "a" e "c", da CF, aplicáveis aos estados. Ação julgada procedente. Precedentes. É inconstitucional a norma de Constituição do Estado-membro que, oriunda de emenda parlamentar, disponha sobre concessão de acréscimo de vantagem pecuniária a proventos de servidores públicos que hajam exercido mandato eletivo.

(ADI 3295, Relator(a): Min. CEZAR PELUSO, Tribunal Pleno, julgado em 30/06/2011, DJe-150 DIVULG 04-08-2011 PUBLIC 05-08-2011 EMENT VOL-02560-01 PP-00035)

EMENTA: CONSTITUCIONAL. ADMINISTRATIVO. ARTS. 9º E 10 DA LEI N. 13.667/2002 DO ESTADO DO PARANÁ: AFASTAMENTO DO LIMITADOR SALARIAL DA REMUNERAÇÃO DE SERVIDORES DO INSTITUTO AGRONÔMICO DO PARANÁ – IAPAR E CRIAÇÃO DE CARREIRA DIFERENCIADA. DISPOSITIVOS ACRESCENTADOS POR EMENDA PARLAMENTAR. PROJETO DE LEI DO PODER EXECUTIVO. INCONSTITUCIONALIDADE. AÇÃO DIRETA JULGADA PROCEDENTE. 1. Os dispositivos questionados excluíram os servidores do Instituto Agronômico do Paraná – Iapar do limitador salarial vigente no Estado do Paraná e deram tratamento privilegiado a servidores ocupantes de cargos na Secretaria de Transportes e no Departamento de Estadas de Rodagem do Estado do Paraná. 2. Ofende o art. 61, § 1º, inc. II, alínea c, da Constituição da República a inserção por emenda parlamentar de dispositivos sem pertinência com o projeto de lei de iniciativa do Poder Executivo. 3. Inconstitucionalidade dos arts. 9º e 10 da Lei n. 13.667/2002 do Estado do Paraná. 4. Ação direta de inconstitucionalidade julgada procedente.

(ADI 2944, Relator(a): Min. CÁRMEN LÚCIA, Tribunal Pleno, julgado em 30/06/2011, DJe-179 DIVULG 16-09-2011 PUBLIC 19-09-2011 EMENT VOL-02589-01 PP-00001)

EMENTA: CONSTITUCIONAL. ADMINISTRATIVO. ARTS. 9º E 10 DA LEI N. 13.667/2002 DO ESTADO DO PARANÁ: AFASTAMENTO DO LIMITADOR SALARIAL DA REMUNERAÇÃO DE SERVIDORES DO INSTITUTO AGRONÔMICO DO PARANÁ – IAPAR E CRIAÇÃO DE CARREIRA DIFERENCIADA. DISPOSITIVOS ACRESCENTADOS POR EMENDA PARLAMENTAR. PROJETO DE LEI DO PODER EXECUTIVO. INCONSTITUCIONALIDADE. AÇÃO DIRETA JULGADA PROCEDENTE. 1. Os dispositivos questionados excluíram os servidores do Instituto Agronômico do Paraná – Iapar do limitador salarial vigente no Estado do Paraná e deram tratamento privilegiado a servidores ocupantes de cargos na Secretaria de Transportes e no Departamento de Estadas de Rodagem do Estado do Paraná. 2. Ofende o art. 61, § 1º, inc. II, alínea c, da Constituição da República a inserção por emenda parlamentar de dispositivos sem pertinência com o projeto de lei de iniciativa do Poder Executivo. 3. Inconstitucionalidade dos arts. 9º e 10 da Lei n. 13.667/2002 do Estado do Paraná. 4. Ação direta de inconstitucionalidade julgada procedente.

(ADI 2944, Relator(a): Min. CÁRMEN LÚCIA, Tribunal Pleno, julgado em 30/06/2011, DJe-179 DIVULG 16-09-2011 PUBLIC 19-09-2011 EMENT VOL-02589-01 PP-00001)

EMENTA: AÇÃO DIRETA DE INCONSTITUCIONALIDADE. SISTEMA DE CARGA E DESCARGA FECHADO PARA COMBUSTÍVEIS AUTOMOTIVOS. INCONSTITUCIONALIDADE DO ART. 4º DA LEI GAÚCHA N. 11.591/2001. NORMA QUE ESTABELECEU NOVA ATRIBUIÇÃO A ÓRGÃO DO PODER EXECUTIVO ESTADUAL E DEFINIU PRAZO PARA O CUMPRIMENTO DA DETERMINAÇÃO LEGAL. AFRONTA AOS ARTS. 2º E 61, § 1º, INC. II, ALÍNEA E, DA CONSTITUIÇÃO DA REPÚBLICA. AÇÃO JULGADA PARCIALMENTE PROCEDENTE.

(ADI 2800, Relator(a): Min. MAURÍCIO CORRÊA, Relator(a) p/ Acórdão: Min. CÁRMEN LÚCIA, Tribunal Pleno, julgado em 17/03/2011, DJe-092 DIVULG 16-05-2011 PUBLIC 17-05-2011 EMENT VOL-02523-01 PP-00001 RT v. 100, n. 909, 2011, p. 359-377)

EMENTA: SERVIDOR PÚBLICO. Prefeito municipal. Ausência do país. Necessidade de licença prévia da Câmara Municipal, qualquer que seja o período de afastamento, sob pena de perda do cargo. Inadmissibilidade. Ofensa aos arts. 49, III, e 83, cc. art. 29, caput, da CF. Normas de observância obrigatória pelos estados e municípios. Princípio da simetria. Ação julgada procedente para pronúncia de inconstitucionalidade de norma da lei orgânica. É inconstitucional o parágrafo único do art. 99 da Lei Orgânica do Município de Betim, que não autoriza o Prefeito a ausentar-se do país, por qualquer período, sem prévia licença da Câmara Municipal, sob pena de perda do cargo.

(RE 317574, Relator(a): Min. CEZAR PELUSO (Presidente), Tribunal Pleno, julgado em 01/12/2010, DJe-020 DIVULG 31-01-2011 PUBLIC 01-02-2011 EMENT VOL-02454-04 PP-00853 RTJ VOL-00219-01 PP-00586)

EMENTA: AÇÃO DIRETA DE INCONSTITUCIONALIDADE. LEI N. 12.385/2002, DO ESTADO DE SANTA CATARINA QUE CRIA O PROGRAMA DE ASSISTÊNCIA ÀS PESSOAS PORTADORAS DA DOENÇA CELÍACA E ALTERA AS ATRIBUIÇÕES DE SECRETARIAS ESTADUAIS. VÍCIO FORMAL. AÇÃO JULGADA PARCIALMENTE PROCEDENTE. 1. Iniciativa privativa do Chefe do Poder Executivo estadual para legislar sobre a organização administrativa do Estado. Art. 61, § 1º, inc. II, alínea e, da Constituição da República. Princípio da simetria. Precedentes. 2. A natureza das disposições concernentes a incentivos fiscais e determinação para que os supermercados e hipermercados concentrem em um mesmo local ou gôndola todos os produtos alimentícios elaborados sem a utilização de glúten não interferem na função administrativa do Poder Executivo local. 3. A forma de apresentação dos produtos elaborados sem a utilização de glúten está relacionada com a competência concorrente do Estado para legislar sobre consumo, proteção e defesa da saúde. Art. 24, inc. V e XII, da Constituição da República. Precedentes. 4. Ação julgada parcialmente procedente.

(ADI 2730, Relator(a): Min. CÁRMEN LÚCIA, Tribunal Pleno, julgado em 05/05/2010, DJe-096 DIVULG 27-05-2010 PUBLIC 28-05-2010 EMENT VOL-02403-01 PP-00112 RTJ VOL-00215-01 PP-00604 LEXSTF v. 32, n. 378, 2010, p. 74-84 RT v. 99, n. 899, 2010, p. 85-91)

EMENTA: RECURSOS EXTRAORDINÁRIOS. MATÉRIA CONSTITUCIONAL. VEREADOR. SECRETÁRIO MUNICIPAL. ACUMULAÇÃO DE CARGOS E VENCIMENTOS. IMPOSSIBILIDADE. CONHECIMENTO E PROVIMENTO DOS RECURSOS. I – Em virtude do disposto no art. 29, IX, da Constituição, a lei orgânica municipal deve guardar, no que couber, correspondência com o modelo federal acerca das proibições e incompatibilidades dos vereadores. II – Impossibilidade de acumulação dos cargos e da remuneração de vereador e de secretário municipal. III – Interpretação sistemática dos arts. 36, 54 e 56 da Constituição Federal. IV – Aplicação, ademais, do princípio da separação dos poderes. V – Recursos extraordinários conhecidos e providos.

(RE 497554, Relator(a): Min. RICARDO LEWANDOWSKI, Primeira Turma, julgado em 27/04/2010, DJe-086 DIVULG 13-05-2010 PUBLIC 14-05-2010 EMENT VOL-02401-04 PP-00885 RT v. 99, n. 899, 2010, p. 111-116)

EMENTA: AÇÃO DIRETA DE INCONSTITUCIONALIDADE. LEI ALAGONA N. 6.153, DE 11 DE MAIO DE 2000, QUE CRIA O PROGRAMA DE LEITURA DE JORNAIS E PERIÓDICOS EM SALA DE AULA, A SER CUMPRIDO PELAS ESCOLAS DA REDE OFICIAL E PARTICULAR DO ESTADO DE ALAGOAS. 1. Iniciativa privativa do Chefe do Poder Executivo Estadual para legislar sobre organização administrativa no âmbito do Estado. 2. Lei de iniciativa parlamentar que afronta o art. 61, § 1º, inc. II, alínea e, da Constituição da República, ao alterar a atribuição da Secretaria de Educação do Estado de Alagoas. Princípio da simetria federativa de competências. 3. Iniciativa louvável do legislador alagoano que não retira o vício formal de iniciativa legislativa. Precedentes. 4. Ação direta de inconstitucionalidade julgada procedente.

(ADI 2329, Relator(a): Min. CÁRMEN LÚCIA, Tribunal Pleno, julgado em 14/04/2010, DJe-116 DIVULG 24-06-2010 PUBLIC 25-06-2010 EMENT VOL-02407-01 PP-00154 LEXSTF v. 32, n. 380, 2010, p. 30-42 RT v. 99, n. 900, 2010, p. 143-150)

HABEAS CORPUS – JULGAMENTO – MANIFESTAÇÕES – DEFESA – MINISTÉRIO PÚBLICO. Na dicção da sempre ilustrada maioria, em relação a qual guardo reservas, ainda que o ato atacado com a impetração repouse em requerimento do Procurador-Geral da República, cabe à Vice que o substitua falar após a sustentação da tribuna pela defesa. PRISÃO – GOVERNADOR – LEI ORGÂNICA DO DISTRITO FEDERAL. Porque declarada inconstitucional pelo Supremo – Ação Direta de Inconstitucionalidade nº 1.024-4/DF, Relator Ministro Celso de Mello -, não subsiste a regra normativa segundo a qual a prisão do Governador pressupõe sentença condenatória. PRISÃO PREVENTIVA – GOVERNADOR – INQUÉRITO – LICENÇA DA CASA LEGISLATIVA – PROCESSO. A regra da prévia licença da Casa Legislativa como condição da procedibilidade para deliberar-se sobre o recebimento da denúncia não se irradia a ponto de apanhar prática de ato judicial diverso como é o referente à prisão preventiva na fase de inquérito. HABEAS CORPUS – ADITAMENTO – ABANDONO DA ORTODOXIA. O habeas corpus está imune às regras instrumentais comuns, devendo reinar flexibilidade maior quando direcionada à plena defesa. PRISÃO PREVENTIVA VERSUS SENTENÇA CONDENATÓRIA – FORMA – PEÇA DO MINISTÉRIO PÚBLICO. Cabe distinguir a adoção de arrazoado do Ministério Público como razões de decidir considerada sentença condenatória, quando então verificado vício de procedimento, da referente ao ato mediante o qual imposta prisão preventiva. PRISÃO PREVENTIVA – GOVERNADOR – ARTIGO 51, INCISO I, DA CONSTITUIÇÃO FEDERAL – APLICAÇÃO ANALÓGICA – INADEQUAÇÃO. A interpretação teleológica e sistemática do artigo 51, inciso I, da Carta da República revela inadequada a observância quando envolvido Governador do Estado. PRISÃO PREVENTIVA – INSTRUÇÃO CRIMINAL – ATOS CONCRETOS. A prática de atos concretos voltados a obstaculizar, de início, a apuração dos fatos mediante inquérito conduz à prisão preventiva de quem nela envolvido como investigado, pouco importando a ausência de atuação direta, incidindo a norma geral e abstrata do artigo 312 do Código de Processo Penal. PRISÃO PREVENTIVA – CIÊNCIA PRÉVIA DO DESTINATÁRIO. A prisão preventiva prescinde da ciência prévia do destinatário, quer implementada por Juiz, por Relator, ou por Tribunal. PRISÃO PREVENTIVA – INQUÉRITO – AUSÊNCIA DE OITIVA. O fato de o envolvido no inquérito ainda não ter sido ouvido surge neutro quanto à higidez do ato acautelador de custódia preventiva. FLAGRANTE – DEFESA TÉCNICA – INEXIGIBILIDADE. A documentação do flagrante prescinde da presença do defensor técnico do conduzido, sendo suficiente a lembrança, pela autoridade policial, dos direitos constitucionais do preso de ser assistido, comunicando-se com a família e com profissional da advocacia, e de permanecer calado.

(HC 102732, Relator(a): Min. MARCO AURÉLIO, Tribunal Pleno, julgado em 04/03/2010, DJe-081 DIVULG 06-05-2010 PUBLIC 07-05-2010 EMENT VOL-02400-04 PP-00680 RTJ VOL-00216-01 PP-00436)

EMENTA: PROCESSUAL CIVIL. SEGUNDA MEDIDA LIMINAR. PRIMEIRA MEDIDA PARCIALMENTE CONCEDIDA. POSTERIOR PEDIDO DE EXTENSÃO. EXTEMPORANEIDADE. AGRAVO REGIMENTAL. TRIBUTÁRIO. COOPERATIVA. COFINS. PIS. ISENÇÃO. REVOGAÇÃO POR MEDIDA PROVISÓRIA. ALEGADA VIOLAÇÃO DO PRINCÍPIO DA HIERARQUIA ENTRE AS LEIS. CONTRARIEDADE AO DEVER DE PROVER ADEQUADO TRATAMENTO TRIBUTÁRIO AO ATO COOPERADO (ART. 146, III, C DA CONSTITUIÇÃO). ATO COOPERADO. ALEGADA INEXISTÊNCIA DE INTUITO COMERCIAL OU LUCRATIVO. DESCARACTERIZAÇÃO DO INGRESSO DE VALORES COMO FATURAMENTO. LEI 5.764/1971, ART. 79. 1. Em razão da preclusão e da força do trânsito em julgado, somente cabe a propositura e o exame de novos pleitos cautelares se houver substancial modificação do quadro fático-jurídico, que justifique a densa probabilidade de conhecimento e provimento do recurso extraordinário. Situação descaracterizada, dada a reiteração dos argumentos apresentados por ocasião do exame da primeira medida liminar pleiteada, cujo resultado parcialmente favorável ao contribuinte não foi objeto de recurso. 2. Compete ao recorrente atacar de forma específica os fundamentos da decisão recorrida. Menção, na decisão agravada, à primeira medida liminar quanto à inexistência de periculum in mora. Ponto não enfrentado. "O risco ordinário da falta de eficácia suspensiva [do recurso extraordinário] não basta à concessão do efeito pretendido, senão toda interposição de recurso extraordinário por contribuinte reclamaria tal efeito" (AC 1.192-MC, rel. min. Sepúlveda Pertence, DJ de 16.05.2006). 3. Ausência de densa plausibilidade das teses arregimentadas. O art. 146, III, c da Constituição não implica imunidade ou tratamento necessariamente privilegiado às cooperativas. Conforme orientação desta Corte, em matéria tributária, não há hierarquia entre lei complementar e lei ordinária, nem a observância de simetria entre as formas para revogar isenções. A circunstância de dado tributo estar sujeito às normas gerais em matéria tributária não significa que eles deverão ser instituídos por lei complementar, ou então que qualquer norma que se refira ao respectivo crédito tributário também deva ser criada por lei complementar. A concessão de isenções ou outros benefícios fiscais, bem como a instituição dos critérios das regras-matrizes dos tributos não têm perfil de normas gerais (normas destinadas a coordenar o tratamento tributário em todos os entes federados), embora delas extraiam fundamento de validade. Não é possível, sem profundo exame da questão de fundo, considerar como violada a regra da isonomia e da capacidade contributiva, considerada a tributação das cooperativas, em si consideradas (de trabalho, crédito, consumo etc), e comparadas com as demais pessoas jurídicas. Não está completamente afastada a predominância da interpretação da legislação infraconstitucional e da análise do quadro probatório para descaracterização dos ingressos oriundos da prática de atos por cooperativas como faturamento. Agravo regimental conhecido, mas ao qual se nega provimento.

(AC 2209 AgR, Relator(a): Min. JOAQUIM BARBOSA, Segunda Turma, julgado em 02/03/2010, DJe-055 DIVULG 25-03-2010 PUBLIC 26-03-2010 EMENT VOL-02395-01 PP-00008)

AÇÃO DIRETA DE INCONSTITUCIONALIDADE. EMENDA CONSTITUCIONAL N. 58/2009. ALTERAÇÃO NA COMPOSIÇÃO DOS LIMITES MÁXIMOS DAS CÂMARAS MUNICIPAIS. ART. 29, INC. IV, DA CONSTITUIÇÃO DA REPÚBLICA. RETROAÇÃO DE EFEITOS À ELEIÇÃO DE 2008 (ART. 3º, INC. I). POSSE DE VEREADORES. VEDADA APLICAÇÃO DA REGRA À ELEIÇÃO QUE OCORRA ATÉ UM ANO APÓS O INÍCIO DE SUA VIGÊNCIA: ART. 16 DA CONSTITUIÇÃO DA REPÚBLICA. MEDIDA CAUTELAR REFERENDADA, COM EFEITOS 'EX TUNC', PARA SUSTAR OS EFEITOS DO INCISO I DO ART. 3º DA EMENDA CONSTITUCIONAL N. 58, DE 23.9.2009, ATÉ O JULGAMENTO DE MÉRITO DA PRESENTE AÇÃO. 1. Cabimento de ação direta de inconstitucionalidade para questionar norma constante de Emenda Constitucional. Precedentes. 2. Norma que determina a retroação dos efeitos das regras constitucionais de composição das Câmaras Municipais em pleito ocorrido e encerrado afronta a garantia do pleno exercício da cidadania popular (arts. 1º, parágrafo único e 14 da Constituição) e o princípio da segurança jurídica. 3. Os eleitos pelos cidadãos foram diplomados pela justiça eleitoral até 18.12.2009 e tomaram posse em 2009. Posse de suplentes para legislatura em curso, em relação a eleição finda e acabada, descumpre o princípio democrático da soberania popular. 4. Impossibilidade de compatibilizar a posse do suplente não eleito pelo sufrágio secreto e universal: ato que caracteriza verdadeira nomeação e não eleição. O voto é instrumento da democracia construída pelo cidadão: impossibilidade de afronta a essa expressão da liberdade de manifestação. 5. A aplicação da regra questionada importaria vereadores com mandatos diferentes o que afrontaria o processo político juridicamente perfeito. 6. Medida cautelar concedida referendada.

(ADI 4307 MC-REF, Relator(a): Min. CÁRMEN LÚCIA, Tribunal Pleno, julgado em 11/11/2009, DJe-040 DIVULG 04-03-2010 PUBLIC 05-03-2010 EMENT VOL-02392-01 PP-00135 RTJ VOL-00213-01 PP-00460 RSJADV abr., 2010, p. 30-46)

EMENTAS: 1. AÇÃO DIRETA DE INCONSTITUCIONALIDADE – ADI. Petição inicial. Emenda antes do julgamento do pedido de liminar. Admissibilidade. Revogação da lei originalmente impugnada. Lei nova que, na pendência do processo, reproduziria normas inconstitucionais da lei revogada. Aproveitamento das causas de pedir. Economia processual. Em ação direta de inconstitucionalidade, admite-se emenda da petição inicial antes da apreciação do requerimento de liminar, quando tenha por objeto lei revogadora que reproduz normas argüidas de inconstitucionais da lei revogada na pendência do processo. 2. INCONSTITUCIONALIDADE. Ação direta. Lei nº 2.154/2009, do Estado do Tocantins. Eleição de Governador e Vice-Governador. Hipótese de cargos vagos nos dois últimos anos de mandato. Eleição indireta pela Assembléia Legislativa. Votação nominal e aberta. Constitucionalidade aparente reconhecida. Reprodução do disposto no art. 81, § 1º, da CF. Não obrigatoriedade. Exercício da autonomia do Estado-membro. Liminar indeferida. Precedente. Em sede tutela antecipada em ação direta de inconstitucionalidade, aparenta constitucionalidade a lei estadual que prevê eleição pela Assembléia Legislativa, por votação nominal e aberta, para os cargos de Governador e Vice-Governador, vagos nos dois últimos anos do mandato.

(ADI 4298 MC, Relator(a): Min. CEZAR PELUSO, Tribunal Pleno, julgado em 07/10/2009, DJe-223 DIVULG 26-11-2009 PUBLIC 27-11-2009 EMENT VOL-02384-01 PP-00093 RTJ VOL-00220-01 PP-00220)

EMENTA: AÇÃO DIRETA DE INCONSTITUCIONALIDADE. EMENDA CONSTITUCIONAL QUE DISPÕE SOBRE REGIME JURÍDICO DOS SERVIDORES MILITARES DO ESTADO DE RONDÔNIA. PROJETO ORIGINADO NA ASSEMBLÉIA LEGISLATIVA. INCONSTITUCIONALIDADE FORMAL. VÍCIO RECONHECIDO. VIOLAÇÃO À RESERVA DE INICIATIVA DO CHEFE DO PODER EXECUTIVO. AÇÃO JULGADA PROCEDENTE. I – À luz do princípio da simetria, a jurisprudência desta Suprema Corte é pacífica ao afirmar que, no tocante ao regime jurídico dos servidores militares estaduais, a iniciativa de lei é reservada ao Chefe do Poder Executivo local por força do artigo 61, § 1º, II, f, da Constituição. II – O vício formal não é superado pelo fato de a iniciativa legislativa ostentar hierarquia constitucional. III – Ação direta julgada procedente para declarar a inconstitucionalidade do artigo 148-A da Constituição do Estado de Rondônia e do artigo 45 das Disposições Constitucionais Transitórias da Carta local, ambos acrescidos por meio da Emenda Constitucional 56, de 30 de maio de 2007.

(ADI 3930, Relator(a): Min. RICARDO LEWANDOWSKI, Tribunal Pleno, julgado em 16/09/2009, DJe-200 DIVULG 22-10-2009 PUBLIC 23-10-2009 EMENT VOL-02379-02 PP-00310)

EMENTA: AGRAVO REGIMENTAL NO RECURSO EXTRAORDINÁRIO. SERVIÇOS PÚBLICOS E ORGANIZAÇÃO ADMINISTRATIVA. PROCESSO LEGISLATIVO. INICIATIVA. PODER EXECUTIVO. À luz do princípio da simetria, são de iniciativa do Chefe do Poder Executivo estadual as leis que versem sobre serviços públicos e organização administrativa do Estado. Agravo regimental a que se nega provimento.

(RE 396970 AgR, Relator(a): Min. EROS GRAU, Segunda Turma, julgado em 15/09/2009, DJe-191 DIVULG 08-10-2009 PUBLIC 09-10-2009 EMENT VOL-02377-03 PP-00492)

EMENTA: CONSTITUCIONAL. TRIBUTÁRIO. COFINS. ISENÇÃO. SOCIEDADES CIVIS DE PROFISSÃO REGULAMENTADA. CONCESSÃO POR LEI COMPLEMENTAR. REVOGAÇÃO POR LEI ORDINÁRIA. HIERARQUIA ENTRE LEIS. SIMETRIA DAS FORMAS. MATÉRIA DECIDIDA PELO PLENÁRIO DO SUPREMO TRIBUNAL FEDERAL. MODULAÇÃO TEMPORAL. INADMISSÃO PELO PLENÁRIO DO SUPREMO TRIBUNAL FEDERAL. 1. Por ocasião do julgamento do RE 377.457 e do RE 381.964 (rel. min. Gilmar Mendes, DJe de 29.09.2008), o Plenário do Supremo Tribunal Federal considerou constitucional o art. 56 da Lei 9.430/1996, que revogou dispositivo da Lei Complementar 70/1991 concessivo de isenção, do pagamento da Cofins, às sociedades civis de profissão regulamentada. Na mesma oportunidade, a Corte rejeitou pedido de modulação temporal dos efeitos da decisão (aplicação meramente prospectiva de efeitos). 2. Precedentes firmados pelo Plenário do Supremo Tribunal Federal autorizam o julgamento monocrático de recursos que versem matéria semelhante, nos termos do art. 557 do Código de Processo Civil (cf., em reforço, o art. 101 do RISTF). A densidade das decisões prolatadas pelo Plenário desta Corte reflete o princípio da colegialidade do órgão central do sistema judicial brasileiro, ainda que proferidas no curso de controle incidental de constitucionalidade. 3. Existência de precedentes dos órgãos fracionários do STF relativos à modulação temporal. Agravo regimental a que se nega provimento.

(RE 512891 AgR, Relator(a): Min. JOAQUIM BARBOSA, Segunda Turma, julgado em 17/03/2009, DJe-071 DIVULG 16-04-2009 PUBLIC 17-04-2009 EMENT VOL-02356-09 PP-01734)

EMENTA: AGRAVO REGIMENTAL EM RECLAMAÇÃO CONSTITUCIONAL. DENEGAÇÃO DE LIMINAR. ATO DECISÓRIO CONTRÁRIO À SÚMULA VINCULANTE 13 DO STF. NEPOTISMO. NOMEAÇÃO PARA O EXERCÍCIO DO CARGO DE CONSELHEIRO DO TRIBUNAL DE CONTAS DO ESTADO DO PARANÁ. NATUREZA ADMINISTRATIVA DO CARGO. VÍCIOS NO PROCESSO DE ESCOLHA. VOTAÇÃO ABERTA. APARENTE INCOMPATIBILIDADE COM A SISTEMÁTICA DA CONSTITUIÇÃO FEDERAL. PRESENÇA DO FUMUS BONI IURIS E DO PERICULUM IN MORA. LIMINAR DEFERIDA EM PLENÁRIO. AGRAVO PROVIDO. I – A vedação do nepotismo não exige a edição de lei formal para coibir a prática, uma vez que decorre diretamente dos princípios contidos no art. 37, caput, da Constituição Federal. II – O cargo de Conselheiro do Tribunal de Contas do Estado do Paraná reveste-se, à primeira vista, de natureza administrativa, uma vez que exerce a função de auxiliar do Legislativo no controle da Administração Pública. III – Aparente ocorrência de vícios que maculam o processo de escolha por parte da Assembléia Legislativa paranaense. IV – À luz do princípio da simetria, o processo de escolha de membros do Tribunal de Contas pela Assembléia Legislativa por votação aberta, ofende, a princípio, o art. 52, III, b, da Constituição. V – Presença, na espécie, dos requisitos indispensáveis para o deferimento do pedido liminarmente pleiteado. VI – Agravo regimental provido.

(Rcl 6702 MC-AgR, Relator(a): Min. RICARDO LEWANDOWSKI, Tribunal Pleno, julgado em 04/03/2009, DJe-079 DIVULG 29-04-2009 PUBLIC 30-04-2009 EMENT VOL-02358-02 PP-00333 RSJADV jun., 2009, p. 31-34 LEXSTF v. 31, n, 364, 2009, p. 139-150)

EMENTA: AÇÃO DIRETA DE INCONSTITUCIONALIDADE. MINISTÉRIO PÚBLICO JUNTO AO TRIBUNAL DE CONTAS ESTADUAL. INCONSTITUCIONALIDADE DO EXERCÍCIO DE SUAS FUNÇÕES POR MEMBROS DO MINISTÉRIO PÚBLICO ESTADUAL. SIMETRIA OBRIGATÓRIA COM O MODELO NACIONAL. 1. A Lei Complementar mato-grossense n. 11/1991 foi revogada pela Lei Complementar n. 269, que estabeleceu a organização do Tribunal de Contas daquele Estado. Prejuízo, neste ponto, da Ação. 2. O Ministério Público Especial, cujas atividades funcionais sejam restritas ao âmbito dos Tribunais de Contas, não se confunde nem integra o Ministério Público comum. 3. É obrigatória a adoção, pelos Estados, do modelo federal de organização do Tribunal de Contas da União e do Ministério Público que perante ele atua. Aplicação do princípio da simetria. 4. Ação Direta de Inconstitucionalidade julgada parcialmente julgada procedente para declarar a inconstitucionalidade da expressão "exercício privativo das funções do Ministério Público junto ao Tribunal de Contas", constante do art. 106, inc. VIII, da Constituição do Mato Grosso e do art. 16, § 1º, inc. III, da Lei Complementar n. 27/1993 daquele mesmo Estado.

(ADI 3307, Relator(a): Min. CÁRMEN LÚCIA, Tribunal Pleno, julgado em 02/02/2009, DJe-099 DIVULG 28-05-2009 PUBLIC 29-05-2009 EMENT VOL-02362-05 PP-00820 LEXSTF v. 31, n. 365, 2009, p. 46-62)

EMENTA: AÇÃO DIRETA DE INCONSTITUCIONALIDADE. LEI 6.065, DE 30 DE DEZEMBRO DE 1999, DO ESTADO DO ESPÍRITO SANTO, QUE DÁ NOVA REDAÇÃO À LEI 4.861, DE 31 DE DEZEMBRO DE 1993. ART. 4º E TABELA X QUE ALTERAM OS VALORES DOS VENCIMENTOS DE CARGOS DO QUADRO PERMANENTE

DO PESSOAL DA POLÍCIA CIVIL. INADMISSIBILIDADE.INCONSTITUCIONALIDADE FORMAL RECONHECIDA. OFENSA AO ART. 61, § 1º, II, A e C, da CF. OBSERVÂNCIA DO PRINCÍPIO DA SIMETRIA. ADI JULGADA PROCEDENTE. I – É da iniciativa privativa do Chefe do Poder Executivo lei de criação de cargos, funções ou empregos públicos na administração direta e autárquica ou aumento de sua remuneração, bem como que disponha sobre regime jurídico e provimento de cargos dos servidores públicos. II – Afronta, na espécie, ao disposto no art. 61, § 1º, II, a e c, da Constituição de 1988, o qual se aplica aos Estados-membros, em razão do princípio simetria. III – Ação julgada procedente.

(ADI 2192, Relator(a): Min. RICARDO LEWANDOWSKI, Tribunal Pleno, julgado em 04/06/2008, DJe-112 DIVULG 19-06-2008 PUBLIC 20-06-2008 EMENT VOL-02324-01 PP-00158 RTJ VOL-00206-01 PP-00117 LEXSTF v. 30, n. 360, 2008, p. 31-39)

EMENTA: AÇÃO DIRETA DE INCONSTITUCIONALIDADE. EMENDA CONSTITUCIONAL 2/1991 DO ESTADO DO RIO DE JANEIRO, QUE DISPÔS SOBRE REGIME JURÍDICO DOS SERVIDORES MILITARES. PROJETO DE INICIATIVA DA ASSEMBLÉIA LEGISLATIVA. IMPOSSIBILIDADE. VIOLAÇÃO À RESERVA DE INICIATIVA DO CHEFE DO PODER EXECUTIVO. AÇÃO JULGADA PROCEDENTE. 1. À luz do princípio da simetria, a jurisprudência desta Suprema Corte é pacífica ao afirmar que, no tocante ao regime jurídico dos servidores militares estaduais, a iniciativa de lei é reservada ao Chefe do Poder Executivo local, por força do artigo 61, § 1º, II, f, da Constituição. 2. Ação direta julgada procedente para declarar a inconstitucionalidade da Emenda Constitucional 2/91 da Constituição do Estado do Rio de Janeiro.

(ADI 858, Relator(a): Min. RICARDO LEWANDOWSKI, Tribunal Pleno, julgado em 13/02/2008, DJe-055 DIVULG 27-03-2008 PUBLIC 28-03-2008 EMENT VOL-02312-01 PP-00035 RTJ VOL-00204-01 PP-00038 LEXSTF v. 30, n. 353, 2008, p. 44-54 LEXSTF v. 30, n. 354, 2008, p. 57-68)

EMENTA: AÇÃO DIRETA DE INCONSTITUCIONALIDADE. ARTIGO 20, INCISO V; ARTIGO 30, CAPUT; ARTIGO 33, §§ 1º E 2º; ARTIGO 35, CAPUT E § 3º; ARTIGO 37, §§ 6º A 9º; ARTIGO 38, §§ 2º E 3º; ARTIGO 42, CAPUT E § 1º, TODOS DA CONSTITUIÇÃO DO ESTADO DO CEARÁ. ARTIGO 25 DO ATO DAS DISPOSIÇÕES CONSTITUCIONAIS TRANSITÓRIAS. PRINCÍPIO DA AUTONOMIA MUNICIPAL. VIOLAÇÃO DO DISPOSTO NOS ARTIGOS 38, INCISO III, E 29, INCISO V, DA CONSTITUIÇÃO DO BRASIL. 1. Ação direta não conhecida no que concerne ao artigo 25 do Ato das Disposições Constitucionais Transitórias da Constituição do Estado do Ceará. O preceito foi declarado inconstitucional no julgamento da ADI n. 289, Relator o Ministro SEPÚLVEDA PERTENCE. 2. Pedido prejudicado em relação ao artigo 33, §§ 1º e 2º, e ao artigo 42, caput e seu § 1º, em razão da alteração substancial decorrente das Emendas à Constituição do Estado do Ceará ns. 6/91 e 47/01, 3. Inconstitucionalidade dos §§ 6º a 9º do artigo 37 da Constituição do Estado do Ceará, em razão do disposto no artigo 29, inciso V, da Constituição do Brasil. 4. O artigo 30 da Constituição cearense impõe aos Municípios o encargo de transportar da zona rural para a sede do Município, ou Distrito mais próximo, alunos carentes matriculados a partir da 5ª série do ensino fundamental. Indevida ingerência na prestação de serviço público municipal. O preceito afronta a autonomia municipal. 5. Inconstitucionalidade do § 3º do artigo 35 da Constituição estadual em razão de afronta à autonomia municipal. 6. Ação direta não-conhecida em relação ao artigo 25 do Ato das Disposições Constitucionais Transitórias. Pedido prejudicado em relação ao artigo 33, §§ 1º e 2º, ao artigo 42, caput e seu § 1º, todos da Constituição estadual. Pedido julgado improcedente no que toca ao artigo 20, inciso V, da Constituição do Estado de Ceará. Pedido julgado procedente, em parte, para declarar inconstitucionais: o artigo 30; o § 3º do artigo 35; os §§ 6º a 9º do artigo 37; e os §§ 2º e 3º do artigo 38, todos da Constituição do Estado do Ceará

(ADI 307, Relator(a): Min. EROS GRAU, Tribunal Pleno, julgado em 13/02/2008, DJe-112 DIVULG 19-06-2008 PUBLIC 20-06-2008 REPUBLICAÇÃO: DJe-094 DIVULG 21-05-2009 PUBLIC 22-05-2009 REPUBLICAÇÃO: DJe-121 DIVULG 30-06-2009 PUBLIC 01-07-2009 EMENT VOL-02367-01 PP-00001)

EMENTA: CONSTITUCIONAL. AÇÃO DIRETA DE INCONSTITUCIONALIDADE. CONSTITUIÇÃO DO ESTADO DO MARANHÃO. IMPEDIMENTO OU AFASTAMENTO DE GOVERNADOR OU VICE-GOVERNADOR. OFENSA AOS ARTIGOS 79 E 83 DA CONSTITUIÇÃO FEDERAL. IMPOSSIBILIDADE DE "ACEFALIA" NO ÂMBITO DO PODER EXECUTIVO. PRECEDENTES. AÇÃO DIRETA JULGADA PROCEDENTE. A ausência do Presidente da República do país ou a ausência do Governador do Estado do território estadual ou do país é uma causa temporária que impossibilita o cumprimento, pelo Chefe do Poder Executivo, dos deveres e responsabilidades inerentes ao cargo. Desse modo, para que não haja acefalia no âmbito do Poder Executivo, o presidente da República ou o Governador do Estado deve ser devidamente substituído pelo vice-presidente ou vice-governador, respectivamente. Inconstitucionalidade do § 5º do art. 59 da Constituição do Estado do Maranhão, com a redação dada pela Emenda Constitucional Estadual 48/2005. Em decorrência do princípio da simetria, a Constituição Estadual deve estabelecer sanção para o afastamento do Governador ou do Vice-Governador do Estado sem a devida licença da Assembléia Legislativa. Inconstitucionalidade do parágrafo único do artigo 62 da Constituição maranhense, com a redação dada pela Emenda Constitucional Estadual 48/2005. Repristinação da norma anterior que foi revogada pelo dispositivo declarado inconstitucional. Ação direta de inconstitucionalidade julgada procedente.

(ADI 3647, Relator(a): Min. JOAQUIM BARBOSA, Tribunal Pleno, julgado em 17/09/2007, DJe-088 DIVULG 15-05-2008 PUBLIC 16-05-2008 EMENT VOL-02319-02 PP-00406 RTJ VOL-00209-01 PP-00107)

EMENTA: AÇÃO DIRETA DE INCONSTITUCIONALIDADE – ART. 75, § 2º, DA CONSTITUIÇÃO DE GOIÁS – DUPLA VACÂNCIA DOS CARGOS DE PREFEITO E VICE-PREFEITO – COMPETÊNCIA LEGISLATIVA MUNICIPAL – DOMÍNIO NORMATIVO DA LEI ORGÂNICA – AFRONTA AOS ARTS. 1º E 29 DA CONSTITUIÇÃO DA REPÚBLICA. 1. O poder constituinte dos Estados-membros está limitado pelos princípios da Constituição da República, que lhes assegura autonomia com condicionantes, entre as quais se tem o respeito à organização autônoma dos Municípios, também assegurada constitucionalmente. 2. O art. 30, inc. I, da Constituição da República outorga aos Municípios a atribuição de legislar sobre assuntos de interesse local. A vocação sucessória dos cargos de prefeito e vice-prefeito põem-se no âmbito da autonomia política local, em caso de dupla vacância. 3. Ao disciplinar matéria, cuja competência é exclusiva dos Municípios, o art. 75, § 2º, da Constituição de Goiás fere a autonomia desses entes, mitigando-lhes a capacidade de auto-organização e de autogoverno e limitando a sua autonomia política assegurada pela Constituição brasileira. 4. Ação Direta de Inconstitucionalidade julgada procedente.

(ADI 3549, Relator(a): Min. CÁRMEN LÚCIA, Tribunal Pleno, julgado em 17/09/2007, DJe-134 DIVULG 30-10-2007 PUBLIC 31-10-2007 DJ 31-10-2007 PP-00077 EMENT VOL-02296-01 PP-00058 RTJ VOL-00202-03 PP-01084)

EMENTA: AÇÃO DIRETA DE INCONSTITUCIONALIDADE. EMENDA CONSTITUCIONAL N. 35, DE 20 DE DEZEMBRO DE 2006, DA CONSTITUIÇÃO DO ESTADO DE MATO GROSSO DO SUL. ACRÉSCIMO DO ART. 29-A, CAPUT e §§ 1º, 2º E 3º, DO ATO DAS DISPOSIÇÕES CONSTITUCIONAIS GERAIS E TRANSITÓRIAS DA CONSTITUIÇÃO SUL-MATO-GROSSENSE. INSTITUIÇÃO DE SUBSÍDIO MENSAL E VITALÍCIO AOS EX-GOVERNADORES DAQUELE ESTADO, DE NATUREZA IDÊNTICA AO PERCEBIDO PELO ATUAL CHEFE DO PODER EXECUTIVO ESTADUAL. GARANTIA DE PENSÃO AO CÔNJUGE SUPÉRSTITE, NA METADE DO VALOR PERCEBIDO EM VIDA PELO TITULAR. 1. Segundo a nova redação acrescentada ao Ato das Disposições Constitucionais Gerais e Transitórias da Constituição de Mato Grosso do Sul, introduzida pela Emenda Constitucional n. 35/2006, os ex-Governadores sul-mato-grossenses que exerceram mandato integral, em 'caráter permanente', receberiam subsídio mensal e vitalício, igual ao percebido pelo Governador do Estado. Previsão de que esse benefício seria transferido ao cônjuge supérstite, reduzido à metade do valor devido ao titular. 2. No vigente ordenamento republicano e democrático brasileiro, os cargos políticos de chefia do Poder Executivo não são exercidos nem ocupados 'em caráter permanente', por serem os mandatos temporários e seus ocupantes, transitórios. 3. Conquanto a norma faça menção ao termo 'benefício', não se tem configurado esse instituto de direito administrativo e previdenciário, que requer atual e presente desempenho de cargo público. 4. Afronta o equilíbrio federativo e os princípios da igualdade, da impessoalidade, da moralidade pública e da responsabilidade dos gastos públicos (arts. 1º, 5º, caput, 25, § 1º, 37, caput e inc. XIII, 169, § 1º, inc. I e II, e 195, § 5º, da Constituição da República). 5. Precedentes. 6. Ação direta de inconstitucionalidade julgada procedente para declarar a inconstitucionalidade do art. 29-A e seus parágrafos do Ato das Disposições Constitucionais Gerais e Transitórias da Constituição do Estado de Mato Grosso do Sul.

(ADI 3853, Relator(a): Min. CÁRMEN LÚCIA, Tribunal Pleno, julgado em 12/09/2007, DJe-131 DIVULG 25-10-2007 PUBLIC 26-10-2007 DJ 26-10-2007 PP-00029 EMENT VOL-02295-04 PP-00632 RTJ VOL-00203-01 PP-00139)

EMENTA: AÇÃO DIRETA DE INCONSTITUCIONALIDADE. LEI 6.835/2001 DO ESTADO DO ESPÍRITO SANTO. INCLUSÃO DOS NOMES DE PESSOAS FÍSICAS E JURÍDICAS INADIMPLENTES NO SERASA, CADIN E SPC. ATRIBUIÇÕES DA SECRETARIA DE ESTADO DA FAZENDA. INICIATIVA DA MESA DA ASSEMBLÉIA LEGISLATIVA. INCONSTITUCIONALIDADE FORMAL. A lei 6.835/2001, de iniciativa da Mesa da Assembléia Legislativa do Estado do Espírito Santo, cria nova atribuição à Secretaria de Fazenda Estadual, órgão integrante do Poder Executivo daquele Estado. À luz do princípio da simetria, são de iniciativa do Chefe do Poder Executivo estadual as leis que versem sobre a organização administrativa do Estado, podendo a questão referente à organização e funcionamento da Administração Estadual, quando não importar aumento de despesa, ser regulamentada por meio de Decreto do Chefe do Poder Executivo (art. 61, § 1º, II, e e art. 84, VI, a da Constituição federal). Inconstitucionalidade formal, por vício de iniciativa da lei ora atacada.

(ADI 2857, Relator(a): Min. JOAQUIM BARBOSA, Tribunal Pleno, julgado em 30/08/2007, DJe-152 DIVULG 29-11-2007 PUBLIC 30-11-2007 DJ 30-11-2007 PP-00025 EMENT VOL-02301-01 PP-00113)

EMENTA: AÇÃO DIRETA DE INCONSTITUCIONALIDADE. LEI COMPLEMENTAR DO ESTADO DE SANTA CATARINA. ORGANIZAÇÃO DO QUADRO DE PESSOAL DA SECRETARIA DE SEGURANÇA PÚBLICA. LEI DE INICIATIVA PARLAMENTAR. VÍCIO DE INICIATIVA. INCONSTITUCIONALIDADE RECONHECIDA. I – Lei estadual que dispõe sobre a situação funcional de servidores públicos: iniciativa do Chefe do Poder Executivo (art. 61, § 1º, II, a e c, CR/88). Princípio da simetria. II – Precedentes do STF. III – Ação direta julgada procedente para declarar a inconstitucionalidade da Lei Complementar 178/99, do Estado de Santa Catarina.

(ADI 2029, Relator(a): Min. RICARDO LEWANDOWSKI, Tribunal Pleno, julgado em 04/06/2007, DJe-087 DIVULG 23-08-2007 PUBLIC 24-08-2007 DJ 24-08-2007 PP-00022 EMENT VOL-02286-01 PP-00079)

EMENTA: AÇÃO DIRETA DE INCONSTITUCIONALIDADE. LEI DO ESTADO DE SÃO PAULO. CRIAÇÃO DE CONSELHO ESTADUAL DE CONTROLE E FISCALIZAÇÃO DO SANGUE – COFISAN, ÓRGÃO AUXILIAR DA SECRETARIA DE ESTADO DA SAÚDE. LEI DE INICIATIVA PARLAMENTAR. VÍCIO DE INICIATIVA. INCONSTITUCIONALIDADE RECONHECIDA. I – Projeto de lei que visa a criação e estruturação de órgão da administração pública: iniciativa do Chefe do Poder Executivo (art. 61, § 1º, II, e, CR/88). Princípio da simetria. II – Precedentes do STF. III – Ação direta julgada procedente para declarar a inconstitucionalidade da Lei estadual paulista 9.080/95.

(ADI 1275, Relator(a): Min. RICARDO LEWANDOWSKI, Tribunal Pleno, julgado em 16/05/2007, DJe-032 DIVULG 06-06-2007 PUBLIC 08-06-2007 DJ 08-06-2007 PP-00028 EMENT VOL-02279-01 PP-00044 RT v. 96, n. 864, 2007, p. 158-163)

EMENTA: AÇÃO DIRETA DE INCONSTITUCIONALIDADE: DISPOSITIVO DO REGIMENTO INTERNO DO TRIBUNAL DE JUSTIÇA DO ESTADO DA PARAÍBA (ART. 357), QUE ADMITE E DISCIPLINA O PROCESSO E JULGAMENTO DE RECLAMAÇÃO PARA PRESERVAÇÃO DA SUA COMPETÊNCIA OU DA AUTORIDADE DE SEUS JULGADOS: AUSÊNCIA DE VIOLAÇÃO DOS ARTIGOS 125, CAPUT E § 1º E 22, I, DA CONSTITUIÇÃO FEDERAL. 1. O Supremo Tribunal Federal, ao julgar a ADIn 2.212 (Pl. 2.10.03, Ellen,

DJ 14.11.2003), alterou o entendimento – firmado em período anterior à ordem constitucional vigente (v.g., Rp 1092, Pleno, Djaci Falcão, RTJ 112/504) – do monopólio da reclamação pelo Supremo Tribunal Federal e assentou a adequação do instituto com os preceitos da Constituição de 1988: de acordo com a sua natureza jurídica (situada no âmbito do direito de petição previsto no art. 5º, XXIV, da Constituição Federal) e com os princípios da simetria (art. 125, caput e § 1º) e da efetividade das decisões judiciais, é permitida a previsão da reclamação na Constituição Estadual. 2. Questionada a constitucionalidade de norma regimental, é desnecessário indagar se a colocação do instrumento na seara do direito de petição dispensa, ou não, a sua previsão na Constituição estadual, dado que consta do texto da Constituição do Estado da Paraíba a existência de cláusulas de poderes implícitos atribuídos ao Tribunal de Justiça estadual para fazer valer os poderes explicitamente conferidos pela ordem legal – ainda que por instrumento com nomenclatura diversa (Const. Est. (PB), art. 105, I, e e f). 3.Inexistente a violação do § 1º do art. 125 da Constituição Federal: a reclamação paraibana não foi criada com a norma regimental impugnada, a qual – na interpretação conferida pelo Tribunal de Justiça do Estado à extensão dos seus poderes implícitos – possibilita a observância das normas de processo e das garantias processuais das partes, como exige a primeira parte da alínea a do art. 96, I, da Constituição Federal. 4.Ação direta julgada improcedente.

(ADI 2480, Relator(a): Min. SEPÚLVEDA PERTENCE, Tribunal Pleno, julgado em 02/04/2007, DJe-037 DIVULG 14-06-2007 PUBLIC 15-06-2007 DJ 15-06-2007 PP-00020 EMENT VOL-02280-01 PP-00165)

EMENTA: MAGISTRATURA. Tribunal. Membros dos órgãos diretivos. Presidente, Vice-Presidente e Corregedor-Geral. Eleição. Universo dos magistrados elegíveis. Previsão regimental de elegibilidade de todos os integrantes do Órgão Especial. Inadmissibilidade. Temática institucional. Matéria de competência legislativa reservada à Lei Orgânica da Magistratura e ao Estatuto da Magistratura. Ofensa ao art. 93, caput, da Constituição Federal. Inteligência do art. 96, inc. I, letra a, da Constituição Federal. Recepção e vigência do art. 102 da Lei Complementar federal nº 35, de 14 de março de 1979 – LOMAN. Ação direta de inconstitucionalidade julgada, por unanimidade, prejudicada quanto ao § 1º, e, improcedente quanto ao caput, ambos do art. 4º da Lei nº 7.727/89. Ação julgada procedente, contra o voto do Relator sorteado, quanto aos arts. 3º, caput, e 11, inc. I, letra a, do Regimento Interno do Tribunal Regional Federal da 3ª Região. São inconstitucionais as normas de Regimento Interno de tribunal que disponham sobre o universo dos magistrados elegíveis para seus órgãos de direção.

(ADI 3566, Relator(a): Min. JOAQUIM BARBOSA, Relator(a) p/ Acórdão: Min. CEZAR PELUSO, Tribunal Pleno, julgado em 15/02/2007, DJe-037 DIVULG 14-06-2007 PUBLIC 15-06-2007 DJ 15-06-2007 PP-00020 EMENT VOL-02280-02 PP-00296 RTJ VOL-00205-01 PP-00105)

EMENTA: CONSTITUCIONAL. PENAL. CONTROLE DE CONSTITUCIONALIDADE DE LEIS OU ATOS NORMATIVOS MUNICIPAIS. TRIBUNAL DE JUSTIÇA DO ESTADO. VALIDADE DA NORMA EM FACE DA CONSTITUIÇÃO FEDERAL. IMPOSSIBILIDADE. HIPÓTESE DE USURPAÇÃO DA COMPETÊNCIA DO SUPREMO TRIBUNAL FEDERAL. I – Os Tribunais de Justiça dos Estados, ao realizarem o controle abstrato de constitucionalidade, somente podem utilizar, como parâmetro, a Constituição do Estado. II – Em ação direta de inconstitucionalidade, aos Tribunais de Justiça, e até mesmo ao Supremo Tribunal Federal, é defeso analisar leis ou atos normativos municipais em face da Constituição Federal. III – Os arts. 74, I, e 144 da Constituição do Estado de São Paulo não constituem regra de repetição do art. 22 da Constituição Federal. Não há, portanto, que se admitir o controle de constitucionalidade por parte do Tribunal de Justiça local, com base nas referidas normas, sob a alegação de se constituírem normas de reprodução obrigatória da Constituição Federal. IV – Recurso extraordinário conhecido e provido, para anular o acórdão, devendo outro ser proferido, se for o caso, limitando-se a aferir a constitucionalidade das leis e atos normativos municipais em face da Constituição Estadual.

(RE 421256, Relator(a): Min. RICARDO LEWANDOWSKI, Primeira Turma, julgado em 26/09/2006, DJ 24-11-2006 PP-00076 EMENT VOL-02257-07 PP-01268 LEXSTF v. 29, n. 338, 2007, p. 255-267)

EMENTA: Medida Cautelar em Ação Direta de Inconstitucionalidade. 2. Constituição do Estado do Tocantins. Emenda Constitucional n° 16/2006, que criou a possibilidade de recurso, dotado de efeito suspensivo, para o Plenário da Assembléia Legislativa, das decisões tomadas pelo Tribunal de Contas do Estado com base em sua competência de julgamento de contas (§ 5o do art. 33) e atribuiu à Assembléia Legislativa a competência para sustar não apenas os contratos, mas também as licitações e eventuais casos de dispensa e inexigibilidade de licitação (art. 19, inciso XXVIII, e art. 33, inciso IX e § 1º). 3. A Constituição Federal é clara ao determinar, em seu art. 75, que as normas constitucionais que conformam o modelo federal de organização do Tribunal de Contas da União são de observância compulsória pelas Constituições dos Estados-membros. Precedentes. 4. No âmbito das competências institucionais do Tribunal de Contas, o Supremo Tribunal Federal tem reconhecido a clara distinção entre: 1) a competência para apreciar e emitir parecer prévio sobre as contas prestadas anualmente pelo Chefe do Poder Executivo, especificada no art. 71, inciso I, CF/88; 2) e a competência para julgar as contas dos demais administradores e responsáveis, definida no art. 71, inciso II, CF/88. Precedentes. 5. Na segunda hipótese, o exercício da competência de julgamento pelo Tribunal de Contas não fica subordinado ao crivo posterior do Poder Legislativo. Precedentes. 6. A Constituição Federal dispõe que apenas no caso de contratos o ato de sustação será adotado diretamente pelo Congresso Nacional (art. 71, § 1º, CF/88). 7. As circunstâncias específicas do caso, assim como o curto período de vigência dos dispositivos constitucionais impugnados, justificam a concessão da liminar com eficácia ex tunc. 8. Medida cautelar deferida, por unanimidade de votos

(ADI 3715 MC, Relator(a): Min. GILMAR MENDES, Tribunal Pleno, julgado em 24/05/2006, DJ 25-08-2006 PP-00015 EMENT VOL-02244-01 PP-00188 RTJ VOL-00200-02 PP-00719 LEXSTF v. 28, n. 333, 2006, p. 79-92)

EMENTA: AÇÃO DIRETA DE INCONSTITUCIONALIDADE. MILITARES. REGIME JURÍDICO. INICIATIVA PRIVATIVA DO CHEFE DO PODER EXECUTIVO. PROCEDÊNCIA DO PEDIDO. Emenda Constitucional 29/2002, do estado de Rondônia. Inconstitucionalidade. À luz do princípio da simetria, é de iniciativa privativa do chefe do Poder Executivo estadual as leis que disciplinem o regime jurídico dos militares (art. 61, § 1º, II, f, da CF/1988). Matéria restrita à iniciativa do Poder Executivo não pode ser regulada por emenda constitucional de origem parlamentar. Precedentes. Pedido julgado procedente.

(ADI 2966, Relator(a): Min. JOAQUIM BARBOSA, Tribunal Pleno, julgado em 06/04/2005, DJ 06-05-2005 PP-00006 EMENT VOL-02190-01 PP-00178 LEXSTF v. 27, n. 319, 2005, p. 77-81 RTJ VOL-00194-01 PP-00171)

EMENTA: AÇÃO DIRETA DE INCONSTITUCIONALIDADE. ALÍNEA "E" DO INCISO VIII DO ARTIGO 46 DA CONSTITUIÇÃO DO ESTADO DE GOIÁS, NA REDAÇÃO QUE LHE FOI DADA PELA EMENDA CONSTITUCIONAL Nº 29, DE 31 DE OUTUBRO DE 2001. Ação julgada parcialmente procedente para reconhecer a inconstitucionalidade da expressão "e os Delegados de Polícia", contida no dispositivo normativo impugnado.

(ADI 2587, Relator(a): Min. MAURÍCIO CORRÊA, Relator(a) p/ Acórdão: Min. CARLOS BRITTO, Tribunal Pleno, julgado em 01/12/2004, DJ 06-11-2006 PP-00029 EMENT VOL-02254-01 PP-00085 RTJ VOL-00200-02 PP-00671)

EMENTA: Ação Direta de Inconstitucionalidade. 2. Arts. 74, §§ 1o e 2o e 109, III, da Constituição do Estado do Rio Grande do Sul. Arts. 62 e § 2o da Lei estadual no 6.536, de 31.01.73 e art. 43, §§ 1o e 3o da Lei estadual no 7.705, de 21.09.82. Vinculação aos subsídios dos magistrados estaduais da remuneração, bem como dos respectivos limites máximo, das Carreiras de Conselheiro e Auditor do Tribunal de Contas, de Procurador do Estado e dos membros do Ministério Públicos estadual. 3. Não-conhecimento da ação quanto ao art. 74, § 2o, da Constituição do Estado do Rio Grande do Sul, porque já foi impugnado na ADI 134, Rel. Maurício Corrêa. 4. Quanto ao art. 109, III, da Constituição Estadual, tendo havido alteração superveniente do § 2o do art 127 da Constituição Federal (EC 19, de 1998), houve prejuízo da ação nesse ponto. 5. Da mesma forma, prejudicada a ação no que concerne aos §§ 1o e 3o do art. 43 da Lei Estadual no 7.705, de 1982, ante a expressa revogação dos dispositivos pela Lei Estadual no 10.581, de 24.11.95. 6. Inexistência de violação ao princípio da simetria pelo disposto no art. 74, § 1o, da Constituição Estadual, uma vez que a necessária correlação de vencimentos dos Conselheiros do Tribunal de Contas se dá em relação aos Desembargadores do Tribunal de Justiça. Precedente: RE 97.858, Néri da Silveira, DJ 15.06.84. Ação improcedente, nesse ponto. 7. Quanto ao art. 62, § 2o, da Lei no 6.536, de 31.01.73, com a redação dada pela Lei no 9.082, de 11.06.90, embora o art. 37, XI, da Constituição Federal tenha sofrido substancial alteração, em razão da Emenda Constitucional no 19, de 1998, parece inevitável o confronto do dispositivo com o art. 37, XIII, da Constituição Federal. Enquanto não editada a lei que fixará o subsídio dos Ministros do Supremo Tribunal Federal, vigora integralmente o sistema anterior, inclusive a exclusão das vantagens de natureza pessoal para o cálculo do teto-limite de vencimentos. Também, manifesta sua contrariedade ao art. 37, XIII, da Constituição Federal, porque proibidas vinculações de quaisquer espécies para efeito de remuneração de pessoal no serviço público. 8. Ação julgada procedente para declarar a inconstitucionalidade do § 2o do art. 62 da Lei estadual no 6.536, de 1993, com a redação dada pela Lei no 9.082, de 11.06.90

(ADI 396, Relator(a): Min. MAURÍCIO CORRÊA, Relator(a) p/ Acórdão: Min. GILMAR MENDES, Tribunal Pleno, julgado em 27/05/2004, DJ 05-08-2005 PP-00005 EMENT VOL-02199-01 PP-00017 LEXSTF v. 27, n. 321, 2005, p. 13-37)

EMENTA: AÇÃO DIRETA DE INCONSTITUCIONALIDADE. PARÁGRAFO ÚNICO DO ARTIGO 12 DA LEI 10789 DO ESTADO DE SANTA CATARINA. EMENDA PARLAMENTAR EM PROJETO DE LEI DE INICIATIVA RESERVADA. COMPETÊNCIA PRIVATIVA DO CHEFE DO PODER EXECUTIVO. AUMENTO DE DESPESA. AUSÊNCIA DE PREVISÃO ORÇAMENTÁRIA. 1. Criação de gratificação – Pró-labore de Êxito Fiscal. Incorre em vício de inconstitucionalidade formal (CF, artigos 61, § 1º, II, "a" e "c" e 63, I) a norma jurídica decorrente de emenda parlamentar em projeto de lei de iniciativa reservada ao Chefe do Poder Executivo, de que resulte aumento de despesa. Parâmetro de observância cogente pelos Estados da Federação, à luz do princípio da simetria. Precedentes. 2. Ausência de prévia dotação orçamentária para o pagamento do benefício instituído pela norma impugnada. Violação ao artigo 169 da Constituição Federal, com a redação que lhe foi conferida pela Emenda Constitucional 19/98. Ação direta de inconstitucionalidade julgada procedente.

(ADI 2079, Relator(a): Min. MAURÍCIO CORRÊA, Tribunal Pleno, julgado em 29/04/2004, DJ 18-06-2004 PP-00043 EMENT VOL-02156-01 PP-00073)

RECURSO EXTRAORDINÁRIO. MUNICÍPIOS. CÂMARA DE VEREADORES. COMPOSIÇÃO. AUTONOMIA MUNICIPAL. LIMITES CONSTITUCIONAIS. NÚMERO DE VEREADORES PROPORCIONAL À POPULAÇÃO. CF, ARTIGO 29, IV. APLICAÇÃO DE CRITÉRIO ARITMÉTICO RÍGIDO. INVOCAÇÃO DOS PRINCÍPIOS DA ISONOMIA E DA RAZOABILIDADE. INCOMPATIBILIDADE ENTRE A POPULAÇÃO E O NÚMERO DE VEREADORES. INCONSTITUCIONALIDADE, INCIDENTER TANTUM, DA NORMA MUNICIPAL. EFEITOS PARA O FUTURO. SITUAÇÃO EXCEPCIONAL. 1. O artigo 29, inciso IV, da Constituição Federal exige que o número de Vereadores seja proporcional à população dos Municípios, observados os limites mínimos e máximos fixados pelas alíneas a, b e c. 2. Deixar a critério do legislador municipal o estabelecimento da composição das Câmaras Municipais, com observância apenas dos limites máximos e mínimos do preceito (CF, artigo 29), é tornar sem sentido a previsão constitucional expressa da proporcionalidade. 3. Situação real e contemporânea em que Municípios menos populosos têm mais Vereadores do que outros com um número de habitantes várias vezes maior. A ausência de um parâmetro matemático rígido que delimite a ação dos legislativos Municipais implica evidente afronta ao postulado da isonomia. 4. Princípio da razoabilidade. Restrição legislativa. A aprovação de norma municipal que estabelece a composição da Câmara de Vereadores sem observância da relação cogente de proporção com a respectiva população configura excesso do poder de legislar, não encontrando eco no sistema constitucional vigente. 5. Parâmetro aritmético que atende ao comando expresso na Constituição Federal, sem que a proporcionalidade reclamada traduza qualquer lesão aos demais princípios constitucionais nem resulte formas estranhas e distantes da realidade dos Municípios brasileiros. Atendimento aos postulados da moralidade, impessoalidade e economicidade dos atos administrativos (CF, artigo 37). 6. Fronteiras da autonomia municipal impostas pela própria Carta da República, que admite a proporcionalidade da representação política em face do número de habitantes. Orientação que se confirma e se reitera segundo o modelo de composição da Câmara dos Deputados e das Assembléias Legislativas (CF, artigos 27 e 45, § 1º). Inconstitucionalidade. 7. Efeitos. Princípio da segurança jurídica. Situação excepcional em que a declaração de nulidade, com seus normais efeitos ex tunc, resultaria em grave ameaça a todo o sistema legislativo vigente. Prevalência do interesse público para assegurar, em caráter de exceção, efeitos pro futuro à declaração incidental de inconstitucionalidade. Recurso extraordinário conhecido e, em parte, provido.

(RE 276546, Relator(a): Min. MAURÍCIO CORRÊA, Tribunal Pleno, julgado em 31/03/2004, DJ 21-05-2004 PP-00045 EMENT VOL-02152-03 PP-00518)

RECURSO EXTRAORDINÁRIO. MUNICÍPIOS. CÂMARA DE VEREADORES. COMPOSIÇÃO. AUTONOMIA MUNICIPAL. LIMITES CONSTITUCIONAIS. NÚMERO DE VEREADORES PROPORCIONAL À POPULAÇÃO. CF, ARTIGO 29, IV. APLICAÇÃO DE CRITÉRIO ARITMÉTICO RÍGIDO. INVOCAÇÃO DOS PRINCÍPIOS DA ISONOMIA E DA RAZOABILIDADE. INCOMPATIBILIDADE ENTRE A POPULAÇÃO E O NÚMERO DE VEREADORES. INCONSTITUCIONALIDADE, INCIDENTER TANTUM, DA NORMA MUNICIPAL. EFEITOS PARA O FUTURO. SITUAÇÃO EXCEPCIONAL. 1. O artigo 29, inciso IV, da Constituição Federal exige que o número de Vereadores seja proporcional à população dos Municípios, observados os limites mínimos e máximos fixados pelas alíneas a, b e c. 2. Deixar a critério do legislador municipal o estabelecimento da composição das Câmaras Municipais, com observância apenas dos limites máximos e mínimos do preceito (CF, artigo 29), é tornar sem sentido a previsão constitucional expressa da proporcionalidade. 3. Situação real e contemporânea em que Municípios menos populosos têm mais Vereadores do que outros com um número de habitantes várias vezes maior. A ausência de um parâmetro matemático rígido que delimite a ação dos legislativos Municipais implica evidente afronta ao postulado da isonomia. 4. Princípio da razoabilidade. Restrição legislativa. A aprovação de norma municipal que estabelece a composição da Câmara de Vereadores sem observância da relação cogente de proporção com a respectiva população configura excesso do poder de legislar, não encontrando eco no sistema constitucional vigente. 5. Parâmetro aritmético que atende ao comando expresso na Constituição Federal, sem que a proporcionalidade reclamada traduza qualquer lesão aos demais princípios constitucionais nem resulte formas estranhas e distantes da realidade dos Municípios brasileiros. Atendimento aos postulados da moralidade, impessoalidade e economicidade dos atos administrativos (CF, artigo 37). 6. Fronteiras da autonomia municipal impostas pela própria Carta da República, que admite a proporcionalidade da representação política em face do número de habitantes. Orientação que se confirma e se reitera segundo o modelo de composição da Câmara dos Deputados e das Assembléias Legislativas (CF, artigos 27 e 45, § 1º). Inconstitucionalidade. 7. Efeitos. Princípio da segurança jurídica. Situação excepcional em que a declaração de nulidade, com seus normais efeitos ex tunc, resultaria em grave ameaça a todo o sistema legislativo vigente. Prevalência do interesse público para assegurar, em caráter de exceção, efeitos pro futuro à declaração incidental de inconstitucionalidade. Recurso extraordinário conhecido e, em parte, provido.

(RE 273844, Relator(a): Min. MAURÍCIO CORRÊA, Tribunal Pleno, julgado em 31/03/2004, DJ 21-05-2004 PP-00037 EMENT VOL-02152-03 PP-00422)

RECURSO EXTRAORDINÁRIO. MUNICÍPIOS. CÂMARA DE VEREADORES. COMPOSIÇÃO. AUTONOMIA MUNICIPAL. LIMITES CONSTITUCIONAIS. NÚMERO DE VEREADORES PROPORCIONAL À POPULAÇÃO. CF, ARTIGO 29, IV. APLICAÇÃO DE CRITÉRIO ARITMÉTICO RÍGIDO. INVOCAÇÃO DOS PRINCÍPIOS DA ISONOMIA E DA RAZOABILIDADE. INCOMPATIBILIDADE ENTRE A POPULAÇÃO E O NÚMERO DE VEREADORES. INCONSTITUCIONALIDADE, INCIDENTER TANTUM, DA NORMA MUNICIPAL. EFEITOS PARA O FUTURO. SITUAÇÃO EXCEPCIONAL. 1. O artigo 29, inciso IV, da Constituição Federal exige que o número de

Vereadores seja proporcional à população dos Municípios, observados os limites mínimos e máximos fixados pelas alíneas a, b e c. 2. Deixar a critério do legislador municipal o estabelecimento da composição das Câmaras Municipais, com observância apenas dos limites máximos e mínimos do preceito (CF, artigo 29), é tornar sem sentido a previsão constitucional expressa da proporcionalidade. 3. Situação real e contemporânea em que Municípios menos populosos têm mais Vereadores do que outros com um número de habitantes várias vezes maior. A ausência de um parâmetro matemático rígido que delimite a ação dos legislativos Municipais implica evidente afronta ao postulado da isonomia. 4. Princípio da razoabilidade. Restrição legislativa. A aprovação de norma municipal que estabelece a composição da Câmara de Vereadores sem observância da relação cogente de proporção com a respectiva população configura excesso do poder de legislar, não encontrando eco no sistema constitucional vigente. 5. Parâmetro aritmético que atende ao comando expresso na Constituição Federal, sem que a proporcionalidade reclamada traduza qualquer lesão aos demais princípios constitucionais nem resulte formas estranhas e distantes da realidade dos Municípios brasileiros. Atendimento aos postulados da moralidade, impessoalidade e economicidade dos atos administrativos (CF, artigo 37). 6. Fronteiras da autonomia municipal impostas pela própria Carta da República, que admite a proporcionalidade da representação política em face do número de habitantes. Orientação que se confirma e se reitera segundo o modelo de composição da Câmara dos Deputados e das Assembléias Legislativas (CF, artigos 27 e 45, § 1º). Inconstitucionalidade. 7. Efeitos. Princípio da segurança jurídica. Situação excepcional em que a declaração de nulidade, com seus normais efeitos ex tunc, resultaria em grave ameaça a todo o sistema legislativo vigente. Prevalência do interesse público para assegurar, em caráter de exceção, efeitos pro futuro à declaração incidental de inconstitucionalidade. Recurso extraordinário não conhecido.

(RE 266994, Relator(a): Min. MAURÍCIO CORRÊA, Tribunal Pleno, julgado em 31/03/2004, DJ 21-05-2004 PP-00045 EMENT VOL-02152-02 PP-00390)

RECURSO EXTRAORDINÁRIO. MUNICÍPIOS. CÂMARA DE VEREADORES. COMPOSIÇÃO. AUTONOMIA MUNICIPAL. LIMITES CONSTITUCIONAIS. NÚMERO DE VEREADORES PROPORCIONAL À POPULAÇÃO. CF, ARTIGO 29, IV. APLICAÇÃO DE CRITÉRIO ARITMÉTICO RÍGIDO. INVOCAÇÃO DOS PRINCÍPIOS DA ISONOMIA E DA RAZOABILIDADE. INCOMPATIBILIDADE ENTRE A POPULAÇÃO E O NÚMERO DE VEREADORES. INCONSTITUCIONALIDADE, INCIDENTER TANTUM, DA NORMA MUNICIPAL. EFEITOS PARA O FUTURO. SITUAÇÃO EXCEPCIONAL. 1. O artigo 29, inciso IV, da Constituição Federal exige que o número de Vereadores seja proporcional à população dos Municípios, observados os limites mínimos e máximos fixados pelas alíneas a, b e c. 2. Deixar a critério do legislador municipal o estabelecimento da composição das Câmaras Municipais, com observância apenas dos limites máximos e mínimos do preceito (CF, artigo 29), é tornar sem sentido a previsão constitucional expressa da proporcionalidade. 3. Situação real e contemporânea em que Municípios menos populosos têm mais Vereadores do que outros com um número de habitantes várias vezes maior. A ausência de um parâmetro matemático rígido que delimite a ação dos legislativos Municipais implica evidente afronta ao postulado da isonomia. 4. Princípio da razoabilidade. Restrição legislativa. A aprovação de norma municipal que estabelece a composição da Câmara de Vereadores sem observância da relação cogente de proporção com a respectiva população configura excesso do poder de legislar, não encontrando eco no sistema constitucional vigente. 5. Parâmetro aritmético que atende ao comando expresso na Constituição Federal, sem que a proporcionalidade reclamada traduza qualquer lesão aos demais princípios constitucionais nem resulte formas estranhas e distantes da realidade dos Municípios brasileiros. Atendimento aos postulados da moralidade, impessoalidade e economicidade dos atos administrativos (CF, artigo 37). 6. Fronteiras da autonomia municipal impostas pela própria Carta da República, que admite a proporcionalidade da representação política em face do número de habitantes. Orientação que se confirma e se reitera segundo o modelo de composição da Câmara dos Deputados e das Assembléias Legislativas (CF, artigos 27 e 45, § 1º). Inconstitucionalidade. 7. Efeitos. Princípio da segurança jurídica. Situação excepcional em que a declaração de nulidade, com seus normais efeitos ex tunc, resultaria em grave ameaça a todo o sistema legislativo vigente. Prevalência do interesse público para assegurar, em caráter de exceção, efeitos pro futuro à declaração incidental de inconstitucionalidade. Recurso extraordinário não conhecido.

(RE 199522, Relator(a): Min. MAURÍCIO CORRÊA, Tribunal Pleno, julgado em 31/03/2004, DJ 11-06-2004 PP-00011 EMENT VOL-02155-02 PP-00256)

RECURSO EXTRAORDINÁRIO. MUNICÍPIOS. CÂMARA DE VEREADORES. COMPOSIÇÃO. AUTONOMIA MUNICIPAL. LIMITES CONSTITUCIONAIS. NÚMERO DE VEREADORES PROPORCIONAL À POPULAÇÃO. CF, ARTIGO 29, IV. APLICAÇÃO DE CRITÉRIO ARITMÉTICO RÍGIDO. INVOCAÇÃO DOS PRINCÍPIOS DA ISONOMIA E DA RAZOABILIDADE. INCOMPATIBILIDADE ENTRE A POPULAÇÃO E O NÚMERO DE VEREADORES. INCONSTITUCIONALIDADE, INCIDENTER TANTUM, DA NORMA MUNICIPAL. EFEITOS PARA O FUTURO. SITUAÇÃO EXCEPCIONAL. 1. O artigo 29, inciso IV, da Constituição Federal exige que o número de Vereadores seja proporcional à população dos Municípios, observados os limites mínimos e máximos fixados pelas alíneas a, b e c. 2. Deixar a critério do legislador municipal o estabelecimento da composição das Câmaras Municipais, com observância apenas dos limites máximos e mínimos do preceito (CF, artigo 29), é tornar sem sentido a previsão constitucional expressa da proporcionalidade. 3. Situação real e contemporânea em que Municípios menos populosos têm mais Vereadores do que outros com um número de habitantes várias vezes maior. A ausência de um parâmetro matemático rígido que delimite a ação dos legislativos Municipais implica evidente afronta ao postulado da isonomia. 4. Princípio da razoabilidade. Restrição legislativa. A aprovação de norma municipal que estabelece a composição da Câmara de Vereadores sem observância da relação cogente de proporção com a respectiva população configura excesso do poder de legislar, não encontrando eco no sistema constitucional vigente. 5. Parâmetro aritmético que atende ao comando expresso na Constituição Federal, sem que a proporcionalidade reclamada traduza qualquer lesão aos demais princípios constitucionais nem resulte formas estranhas e distantes da realidade dos Municípios brasileiros. Atendimento aos postulados da moralidade, impessoalidade e economicidade dos atos administrativos (CF, artigo 37). 6. Fronteiras da autonomia municipal impostas pela própria Carta da República, que admite a proporcionalidade da representação política em face do número de habitantes. Orientação que se confirma e se reitera segundo o modelo de composição da Câmara dos Deputados e das Assembléias Legislativas (CF, artigos 27 e 45, § 1º). Inconstitucionalidade. 7. Efeitos. Princípio da segurança jurídica. Situação excepcional em que a declaração de nulidade, com seus normais efeitos ex tunc, resultaria em grave ameaça a todo o sistema legislativo vigente. Prevalência do interesse público para assegurar, em caráter de exceção, efeitos pro futuro à declaração incidental de inconstitucionalidade. Recurso extraordinário conhecido e, em parte, provido.

(RE 282606, Relator(a): Min. MAURÍCIO CORRÊA, Tribunal Pleno, julgado em 31/03/2004, DJ 21-05-2004 PP-00045 EMENT VOL-02152-03 PP-00550)

RECURSO EXTRAORDINÁRIO. MUNICÍPIOS. CÂMARA DE VEREADORES. COMPOSIÇÃO. AUTONOMIA MUNICIPAL. LIMITES CONSTITUCIONAIS. NÚMERO DE VEREADORES PROPORCIONAL À POPULAÇÃO. CF, ARTIGO 29, IV. APLICAÇÃO DE CRITÉRIO ARITMÉTICO RÍGIDO. INVOCAÇÃO DOS PRINCÍPIOS DA ISONOMIA E DA RAZOABILIDADE. INCOMPATIBILIDADE ENTRE A POPULAÇÃO E O NÚMERO DE VEREADORES. INCONSTITUCIONALIDADE, INCIDENTER TANTUM, DA NORMA MUNICIPAL. EFEITOS PARA O FUTURO. SITUAÇÃO EXCEPCIONAL. 1. O artigo 29, inciso IV, da Constituição Federal exige que o número de Vereadores seja proporcional à população dos Municípios, observados os limites mínimos e máximos fixados pelas alíneas a, b e c. 2. Deixar a critério do legislador municipal o estabelecimento da composição das Câmaras Municipais, com observância apenas dos limites máximos e mínimos do preceito (CF, artigo 29), é tornar sem sentido a previsão constitucional expressa da proporcionalidade. 3. Situação real e contemporânea em que Municípios menos populosos têm mais Vereadores do que outros com um número de habitantes várias vezes maior. A ausência de um parâmetro matemático rígido que delimite a ação dos legislativos Municipais implica evidente afronta ao postulado da isonomia. 4. Princípio da razoabilidade. Restrição legislativa. A aprovação de norma municipal que estabelece a composição da Câmara de Vereadores sem observância da relação cogente de proporção com a respectiva população configura excesso do poder de legislar, não encontrando eco no sistema constitucional vigente. 5. Parâmetro aritmético que atende ao comando expresso na Constituição Federal, sem que a proporcionalidade reclamada traduza qualquer lesão aos demais princípios constitucionais nem resulte formas estranhas e distantes da realidade dos Municípios brasileiros. Atendimento aos postulados da moralidade, impessoalidade e economicidade dos atos administrativos (CF, artigo 37). 6. Fronteiras da autonomia municipal impostas pela própria Carta da República, que admite a proporcionalidade da representação política em face do número de habitantes. Orientação que se confirma e se reitera segundo o modelo de composição da Câmara dos Deputados e das Assembléias Legislativas (CF, artigos 27 e 45, § 1º). Inconstitucionalidade. 7. Efeitos. Princípio da segurança jurídica. Situação excepcional em que a declaração de nulidade, com seus normais efeitos ex tunc, resultaria em grave ameaça a todo o sistema legislativo vigente. Prevalência do interesse público para assegurar, em caráter de exceção, efeitos pro futuro à declaração incidental de inconstitucionalidade. Recurso extraordinário conhecido e, em parte, provido.

(RE 274384, Relator(a): Min. MAURÍCIO CORRÊA, Tribunal Pleno, julgado em 31/03/2004, DJ 21-05-2004 PP-00045 EMENT VOL-02152-03 PP-00486)

RECURSO EXTRAORDINÁRIO. MUNICÍPIOS. CÂMARA DE VEREADORES. COMPOSIÇÃO. AUTONOMIA MUNICIPAL. LIMITES CONSTITUCIONAIS. NÚMERO DE VEREADORES PROPORCIONAL À POPULAÇÃO. CF, ARTIGO 29, IV. APLICAÇÃO DE CRITÉRIO ARITMÉTICO RÍGIDO. INVOCAÇÃO DOS PRINCÍPIOS DA ISONOMIA E DA RAZOABILIDADE. INCOMPATIBILIDADE ENTRE A POPULAÇÃO E O NÚMERO DE VEREADORES. INCONSTITUCIONALIDADE, INCIDENTER TANTUM, DA NORMA MUNICIPAL. EFEITOS PARA O FUTURO. SITUAÇÃO EXCEPCIONAL. 1. O artigo 29, inciso IV, da Constituição Federal exige que o número de Vereadores seja proporcional à população dos Municípios, observados os limites mínimos e máximos fixados pelas alíneas a, b e c. 2. Deixar a critério do legislador municipal o estabelecimento da composição das Câmaras Municipais, com observância apenas dos limites máximos e mínimos do preceito (CF, artigo 29), é tornar sem sentido a previsão constitucional expressa da proporcionalidade. 3. Situação real e contemporânea em que Municípios menos populosos têm mais Vereadores do que outros com um número de habitantes várias vezes maior. A ausência de um parâmetro matemático rígido que delimite a ação dos legislativos Municipais implica evidente afronta ao postulado da isonomia. 4. Princípio da razoabilidade. Restrição legislativa. A aprovação de norma municipal que estabelece a composição da Câmara de Vereadores sem observância da relação cogente de proporção com a respectiva população configura excesso do poder de legislar, não encontrando eco no sistema constitucional vigente. 5. Parâmetro aritmético que atende ao comando expresso na Constituição Federal, sem que a proporcionalidade reclamada traduza qualquer lesão aos demais princípios constitucionais nem resulte formas estranhas e distantes da realidade dos Municípios brasileiros. Atendimento aos postulados da moralidade, impessoalidade e economicidade dos atos administrativos (CF, artigo 37). 6. Fronteiras da autonomia municipal impostas pela própria Carta da República, que admite a proporcionalidade da representação política em face do número de habitantes. Orientação que se confirma e se reitera segundo o modelo de composição da Câmara dos Deputados e das Assembléias Legislativas (CF, artigos 27 e 45, § 1º). Inconstitucionalidade. 7. Efeitos. Princípio da segurança jurídica. Situação excepcional em que a declaração de nulidade, com seus normais efeitos ex tunc, resultaria em grave ameaça a todo o sistema legislativo vigente. Prevalência do interesse público para assegurar, em caráter de exceção, efeitos pro futuro à declaração incidental de inconstitucionalidade. Recurso extraordinário conhecido e, em parte, provido.

(RE 300343, Relator(a): Min. MAURÍCIO CORRÊA, Tribunal Pleno, julgado em 31/03/2004, DJ 11-06-2004 PP-00011 EMENT VOL-02155-02 PP-00295 RTJ VOL-00191-03 PP-01039)

EMENTA: AÇÃO DIRETA DE INCONSTITUCIONALIDADE. CONSTITUIÇÃO DO ESTADO DO RIO GRANDE DO SUL. LEGITIMIDADE ATIVA DA ASSOCIAÇÃO DOS MAGISTRADOS BRASILEIROS-AMB. VINCULAÇÃO DE VENCIMENTOS. OBSERVÂNCIA DO MODELO FEDERAL. ASSEMBLÉIA LEGISLATIVA. FUNÇÃO

FISCALIZADORA: LIMITAÇÃO AOS ATOS DO PODER EXECUTIVO. PRINCÍPIO DA SIMETRIA. INOBSERVÂNCIA. 1. Tem legitimidade ativa ad causam a Associação dos Magistrados do Brasil – AMB, uma vez que os textos impugnados promovem vinculação de vencimentos entre os auditores do Tribunal de Contas do Estado e os juízes do Tribunal de Alçada, evidenciando o interesse corporativo da entidade. 2. Vencimentos. Equiparação e vinculação de remuneração. Inconstitucionalidade, excetuadas situações especialmente previstas no próprio Texto Constitucional. Percepção dos vencimentos em virtude do exercício do cargo em substituição. Acumulação de vencimentos não-caracterizada. Precedentes do Supremo Tribunal Federal. Inconstitucionalidade tão-só da expressão "e, quando no exercício das demais atribuições da judicatura, os dos Juízes do tribunal de Alçada", contida no § 2ºdo artigo 74 da Constituição estadual. 3. Poder Legislativo. Função fiscalizadora. Conforme prevê o artigo 49, X, da Constituição Federal, a função fiscalizadora do Poder Legislativo está restrita aos atos do Poder Executivo. Não-observância ao princípio da simetria. Inconstitucionalidade da expressão "sobre fatos relacionados a cada um deles", inserida no inciso XX do artigo 53 da Constituição do Estado do Rio Grande do Sul, que não foi acolhida pela maioria, prevalecendo o posicionamento de se conferir à norma interpretação conforme a Constituição, para excluir do seu alcance os atos jurisdicionais. Ressalva de ponto de vista do Relator. Ação direta de inconstitucionalidade parcialmente procedente.

(ADI 134, Relator(a): Min. MAURÍCIO CORRÊA, Tribunal Pleno, julgado em 25/03/2004, DJ 03-09-2004 PP-00011 EMENT VOL-02162-01 PP-00001 RTJ VOL 00192-02 PP-00399 LEXSTF v. 27, n. 313, 2005, p. 43-61)

EMENTA: AÇÃO DIRETA DE INCONSTITUCIONALIDADE. MATÉRIA DE INICIATIVA DO PODER EXECUTIVO. EMENDA PARLAMENTAR. AUMENTO DE DESPESA. IMPOSSIBILIDADE. OBSERVÂNCIA DO MODELO FEDERAL. As matérias reservadas à iniciativa do Poder Executivo somente podem ser objeto de emenda na hipótese de não representarem aumento de despesas. Parâmetro de observância cogente pelos Estados da Federação, à luz do princípio da simetria. Ação direta de inconstitucionalidade julgada procedente.

(ADI 1304, Relator(a): Min. MAURÍCIO CORRÊA, Tribunal Pleno, julgado em 11/03/2004, DJ 16-04-2004 PP-00084 EMENT VOL-02147-01 PP-00110)

EMENTA: AÇÃO DIRETA DE INCONSTITUCIONALIDADE. CONSTITUIÇÃO ESTADUAL. EMENDA CONSTITUCIONAL. DERROGAÇÃO. CONSEQÜÊNCIA: PREJUDICIALIDADE PARCIAL DA AÇÃO. AUTARQUIAS E FUNDAÇÕES PÚBLICAS. NOMEAÇÃO DE DIRIGENTES. OCUPAÇÃO DE CARGOS A TÍTULO INTERINO. SIMETRIA AOS PRECEITOS DA CONSTITUIÇÃO FEDERAL. 1. Constituição Estadual. Superveniência de Emenda Constitucional que suprimiu a referência a "empresas públicas". Derrogação da disciplina. Conseqüência: prejudicialidade parcial da ação. 2. Nomeação de dirigentes de autarquias e fundações públicas pelo Governador do Estado, após aprovação das indicações pela Assembléia Legislativa. Observância ao modelo federal, que prevê a participação legislativa na nomeação de dirigentes de autarquias ou fundações públicas (CF, artigo 51, III, f). Vício de inconstitucionalidade. Inexistência. Precedentes. 3. Exercício de cargo de direção nas autarquias e fundações públicas estaduais, a título interino, por prazo superior a sessenta dias. Hipótese em que é exigida a aprovação pela Assembléia Legislativa. Vedação. Ofensa ao princípio da livre iniciativa do Chefe do Executivo para proceder às nomeações. Alegação improcedente. A exemplo do que sucede no plano federal, o estabelecimento de prazo suficiente e razoável para que o Governador escolha os seus auxiliares não vulnera preceitos da Constituição Federal. Ação julgada prejudicada, em parte. Na parte remanescente, julgada improcedente.

(ADI 1281, Relator(a): Min. MAURÍCIO CORRÊA, Tribunal Pleno, julgado em 11/03/2004, DJ 23-04-2004 PP-00006 EMENT VOL-02148-02 PP-00256)

AÇÃO DIRETA DE INCONSTITUCIONALIDADE. ARTIGO 108, INCISO VII, ALÍNEA I DA CONSTITUIÇÃO DO ESTADO DO CEARÁ E ART. 21, INCISO VI, LETRA J DO REGIMENTO DO TRIBUNAL DE JUSTIÇA LOCAL. PREVISÃO, NO ÂMBITO ESTADUAL, DO INSTITUTO DA RECLAMAÇÃO. INSTITUTO DE NATUREZA PROCESSUAL CONSTITUCIONAL, SITUADO NO ÂMBITO DO DIREITO DE PETIÇÃO PREVISTO NO ARTIGO 5º,

INCISO XXXIV, ALÍNEA A DA CONSTITUIÇÃO FEDERAL. INEXISTÊNCIA DE OFENSA AO ART. 22, INCISO I DA CARTA. 1. A natureza jurídica da reclamação não é a de um recurso, de uma ação e nem de um incidente processual. Situa-se ela no âmbito do direito constitucional de petição previsto no artigo 5º, inciso XXXIV da Constituição Federal. Em consequência, a sua adoção pelo Estado-membro, pela via legislativa local, não implica em invasão da competência privativa da União para legislar sobre direito processual (art. 22, I da CF). 2. A reclamação constitui instrumento que, aplicado no âmbito dos Estados-membros, tem como objetivo evitar, no caso de ofensa à autoridade de um julgado, o caminho tortuoso e demorado dos recursos previstos na legislação processual, inegavelmente inconvenientes quando já tem a parte uma decisão definitiva. Visa, também, à preservação da competência dos Tribunais de Justiça estaduais, diante de eventual usurpação por parte de Juízo ou outro Tribunal local. 3. A adoção desse instrumento pelos Estados-membros, além de estar em sintonia com o princípio da simetria, está em consonância com o princípio da efetividade das decisões judiciais. 4. Ação direta de inconstitucionalidade improcedente.

(ADI 2212, Relator(a): Min. ELLEN GRACIE, Tribunal Pleno, julgado em 02/10/2003, DJ 14-11-2003 PP-00014 EMENT VOL-02132-13 PP-02403)

EMENTA: AÇÃO DIRETA DE INCONSTITUCIONALIDADE. CONSTITUIÇÃO DO ESTADO DO RIO GRANDE DO NORTE. CONCESSÃO DE VANTAGENS PECUNIÁRIAS A SERVIDORES PÚBLICOS. SIMETRIA. VÍCIO DE INICIATIVA. 1. As regras de processo legislativo previstas na Carta Federal aplicam-se aos Estados-membros, inclusive para criar ou revisar as respectivas Constituições. Incidência do princípio da simetria a limitar o Poder Constituinte Estadual decorrente. 2. Compete exclusivamente ao Chefe do Poder Executivo a iniciativa de leis, lato sensu, que cuidem do regime jurídico e da remuneração dos servidores públicos (CF artigo 61, § 1º, II, "a" e "c" c/c artigos 2º e 25). Precedentes. Inconstitucionalidade do § 4º do artigo 28 da Constituição do Estado do Rio Grande do Norte. Ação procedente.

(ADI 1353, Relator(a): Min. MAURÍCIO CORRÊA, Tribunal Pleno, julgado em 20/03/2003, DJ 16-05-2003 PP-00092 EMENT VOL-02110-01 PP-00108)

EMENTA: CONSTITUCIONAL. ADMINISTRATIVO. LEI QUE ATRIBUI TAREFAS AO DETRAN/ES, DE INICIATIVA PARLAMENTAR: INCONSTITUCIONALIDADE. COMPETÊNCIA DO CHEFE DO PODER EXECUTIVO. C.F., art. 61, § 1º, II, e, art. 84, II e VI. Lei 7.157, de 2002, do Espírito Santo. I. – É de iniciativa do Chefe do Poder Executivo a proposta de lei que vise a criação, estruturação e atribuição de órgãos da administração pública: C.F., art. 61, § 1º, II, e, art. 84, II e VI. II. – As regras do processo legislativo federal, especialmente as que dizem respeito à iniciativa reservada, são normas de observância obrigatória pelos Estados-membros. III. – Precedentes do STF. IV. – Ação direta de inconstitucionalidade julgada procedente.

(ADI 2719, Relator(a): Min. CARLOS VELLOSO, Tribunal Pleno, julgado em 20/03/2003, DJ 25-04-2003 PP-00033 EMENT VOL-02107-01 PP-00180)

AÇÃO DIRETA DE INCONSTITUCIONALIDADE. ART. 96, CAPUT DA LEI ORGÂNICA DO DISTRITO FEDERAL. ART. 49, III, DA CF. LICENÇA DA CÂMARA LEGISLATIVA PARA QUE O GOVERNADOR OU O VICE SE AUSENTEM DO TERRITÓRIO DISTRITAL POR MAIS DE QUINZE DIAS. SIMETRIA FEDERAL. CONSTITUCIONALIDADE DO PRECEITO IMPUGNADO. Este Supremo Tribunal já julgou procedentes ações diretas que contestaram a ausência de previsão, nas Constituições Estaduais, de um prazo razoável no qual o Governador pudesse se ausentar do território nacional sem a necessidade de autorização do Poder Legislativo local (ADIMC nº 678, Rel. Min. Marco Aurélio, ADIMC nº 738, Rel. Min. Paulo Brossard, vencido, ADIMC nº 2.453, Rel. Min. Maurício Corrêa e, em julgamento definitivo, as ADIns nº 703 e nº 743, ambas de minha relatoria). No presente caso, observa-se que ao contrário do alegado, o disposto no caput do art. 96 da Lei Orgânica do Distrito Federal harmoniza-se perfeitamente com o modelo federal, concedendo ao Governador um prazo para as ausências ocasionais dos limites do DF, sem que careça da prévia autorização da Câmara Legislativa. Existência de conformação entre o princípio da liberdade de locomoção do cidadão com a prerrogativa institucional do Poder Legislativo em fiscalizar os atos e os comportamentos dos governantes. Precedente: ADIMC nº 678, Rel. Min. Marco Aurélio. Ação direta de inconstitucionalidade julgada improcedente.

(ADI 1172, Relator(a): Min. ELLEN GRACIE, Tribunal Pleno, julgado em 19/03/2003, DJ 25-04-2003 PP-00033 EMENT VOL-02107-01 PP-00085)

EMENTA: – Recurso extraordinário. – Se o recurso extraordinário foi interposto apenas pela letra "a" do inciso III do art. 102 da Constituição sem o prequestionamento da questão constitucional, não pode ele ser, com base nela, conhecido. – Igualmente não pode ser conhecido pela letra "c" do referido inciso, se não foi ela invocada pelo recorrente. – Recurso extraordinário não conhecido.

(RE 255245, Relator(a): Min. SEPÚLVEDA PERTENCE, Relator(a) p/ Acórdão: Min. MOREIRA ALVES, Primeira Turma, julgado em 04/02/2003, DJ 27-06-2003 PP-00052 EMENT VOL-02116-04 PP-00809)

EMENTA: Ação direta de inconstitucionalidade. Lei Complementar nº 109, de 08 de abril de 1994, do Estado de Rondônia. – A presente ação direta não está prejudicada, porquanto, embora o parâmetro constitucional proposto para a aferição da constitucionalidade, ou não, da lei em causa – e parâmetro esse que é o artigo 61, § 1º, II, "c", da Carta Magna Federal – tenha tido sua parte final ("de civis, reforma e transferência de militares para a inatividade") revogada pela Emenda Constitucional nº 18/98, sua parte inicial ("servidores públicos da União e Territórios, seu regime jurídico, provimento de cargos, estabilidade e aposentadoria"), que é a que interessa no caso, continua a mesma e abrangente dos servidores públicos civis. – No mérito, já se firmou o entendimento desta Corte no sentido de que, também em face da atual Constituição, as normas básicas da Carta Magna Federal sobre processo legislativo, como as referentes às hipóteses de iniciativa reservada, devem ser observadas pelos Estados-membros. Assim, não partindo a lei estadual ora atacada da iniciativa do Governador, e dizendo ela respeito a regime jurídico dos servidores públicos civis, foi ofendido o artigo 61, § 1º, II, "c", da Carta Magna. Ação direta que se julga procedente, para declarar-se a inconstitucionalidade da Lei Complementar nº 109, de 08 de abril de 1994, do Estado de Rondônia.

(ADI 1201, Relator(a): Min. MOREIRA ALVES, Tribunal Pleno, julgado em 14/11/2002, DJ 19-12-2002 PP-00070 EMENT VOL-02096-01 PP-00066)

EMENTA: AÇÃO DIRETA DE INCONSTITUCIONALIDADE. CONSTITUIÇÃO DO ESTADO DE GOIÁS. GOVERNADOR E VICE-GOVERNADOR. LICENÇA PARA SE AUSENTAREM DO PAÍS POR QUALQUER PERÍODO. 1. Afronta os princípios constitucionais da harmonia e independência entre os Poderes e da liberdade de locomoção norma estadual que exige prévia licença da Assembléia Legislativa para que o Governador e o Vice-Governador possam ausentar-se do País por qualquer prazo. 2. Espécie de autorização que, segundo o modelo federal, somente se justifica quando o afastamento exceder a quinze dias. Aplicação do princípio da simetria. Precedentes. Ação direta de inconstitucionalidade julgada procedente.

(ADI 738, Relator(a): Min. MAURÍCIO CORRÊA, Tribunal Pleno, julgado em 13/11/2002, DJ 07-02-2003 PP-00022 EMENT VOL-02097-01 PP-00007)

EMENTA: – CONSTITUCIONAL. GOVERNADOR DO ESTADO: AUSÊNCIA DO TERRITÓRIO NACIONAL POR QUALQUER PRAZO: EXIGÊNCIA DE AUTORIZAÇÃO PRÉVIA DA ÁSSEMBLÉIA LEGISLATIVA: INCONSTITUCIONALIDADE. Constituição do Estado do Rio de Janeiro, inc. IV do art. 99; § 1º do art. 143. Constituição Federal, artigo 49, III. I. – Extensibilidade do modelo federal – C.F. , art. 49, III – aos Estados-membros: a autorização prévia da Assembléia Legislativa para o Governador e o Vice- Governador se ausentarem do território nacional será exigida, se essa ausência exceder a quinze dias. II. – Ação direta de inconstitucionalidade julgada procedente.

(ADI 678, Relator(a): Min. CARLOS VELLOSO, Tribunal Pleno, julgado em 13/11/2002, DJ 19-12-2002 PP-00070 EMENT VOL-02096-01 PP-00015)

EMENTA: AÇÃO DIRETA DE INCONSTITUCIONALIDADE. CONSTITUIÇ ÃO DO ESTADO DE SERGIPE. ICMS. PARCELA DEVIDA AOS MUNICÍPIOS. BLOQUEIO DO REPASSE PELO ESTADO. POSSIBILIDADE. 1. É vedado ao Estado impor condições para entrega aos Municípios das parcelas que lhes compete na repartição das receitas tributárias, salvo como condição ao recebimento de seus créditos ou ao cumprimento dos limites de aplicação de recursos em serviços de saúde (CF, artigo 160, parágrafo único, I e II). 2. Município em débito com o recolhimento de contribuições previdenciárias descontadas de seus servidores. Retenção do repasse da parcela do ICMS até a regularização do débito. Legitimidade da medida, em consonância com as exceções admitidas pela Constituição Federal. 3. Restrição prevista também nos casos de constatação, pelo Tribunal de Contas do Estado, de graves irregularidades na administração municipal. Inconstitucionalidade da limitação, por contrariar a regra geral ditada pela Carta da República, não estando a hipótese amparada, numerus clausus, pelas situações excepcionais previstas. Declaração de inconstitucionalidade dos §§ 1º e 2º do artigo 20 da Constituição do Estado de Sergipe. Ação julgada procedente em parte.

(ADI 1106, Relator(a): Min. MAURÍCIO CORRÊA, Tribunal Pleno, julgado em 05/09/2002, DJ 13-12-2002 PP-00059 EMENT VOL-02095-01 PP-00026 RTJ VOL-00184-01 PP-00038)

EMENTA: AÇÃO DIRETA DE INCONSTITUCIONALIDADE. PRELIMINAR. CONSTITUIÇÃO DO ESTADO. PROCESSO LEGISLATIVO. MEDIDA PROVISÓRIA. COMPETÊNCIA DO GOVERNADOR PARA EDITÁ-LA. AUMENTO DE REMUNERAÇÃO DE SERVIDORES PÚBLICOS. INICIATIVA. DOAÇÃO DE BENS DO ESTADO. MAJORAÇÃO DO PERCENTUAL DE PARTICIPAÇÃO DOS MUNICÍPIOS NA ARRECADAÇÃO DO ICMS. EFICÁCIA LEGAL LIMITADA NO TEMPO. PREJUDICIALIDADE. 1. Podem os Estados-membros editar medidas provisórias em face do princípio da simetria, obedecidas as regras básicas do processo legislativo no âmbito da União (CF, artigo 62). 2. Constitui forma de restrição não prevista no vigente sistema constitucional pátrio (CF, § 1º do artigo 25) qualquer limitação imposta às unidades federadas para a edição de medidas provisórias. Legitimidade e facultatividade de sua adoção pelos Estados-membros, a exemplo da União Federal. 3. Lei 219/90. Reajuste de remuneração dos cargos de confiança exercidos por servidores do Estado. Iniciativa reservada ao Chefe do Poder Executivo. Legitimidade. Inexistência de afronta ao princípio da moralidade. Pedido improcedente. 4. Lei 220/90. Autorização legislativa para venda e doação de lotes situados em área urbana específica. Política habitacional implantada na Capital de Estado em fase de consolidação. Ausência de violação à Carta Federal. Improcedência. 5. Lei 215/90. Ofensa ao princípio da separação dos Poderes por norma que atribui ao Governador autorização para dispor, segundo sua conveniência, de bens públicos do Estado, sem especificá-los. Instrumento anômalo de delegação de poderes. Inobservância do processo legislativo concernente às leis delegadas. Ação, no ponto, julgada procedente. 6. Lei 218/90. Elevação do percentual da arrecadação do ICMS a ser repassado aos Municípios por repartição das receitas tributárias, no período compreendido entre os anos de 1990 e 1995. Suspensão cautelar. Regra cuja eficácia exauriu-se pelo decurso do tempo de sua vigência. Pedido prejudicado por perda superveniente do objeto. Ação direta julgada procedente em parte para declarar a inconstitucionalidade da Lei estadual 215/90.

(ADI 425, Relator(a): Min. MAURÍCIO CORRÊA, Tribunal Pleno, julgado em 04/09/2002, DJ 19-12-2003 PP-00062 EMENT VOL-02137-01 PP-00014)

EMENTA: AÇÃO DIRETA DE INCONSTITUCIONALIDADE. CONSTITUIÇÃO DO ESTADO DO MATO GROSSO. COMPETÊNCIA DA ASSEMBLÉIA LEGISLATIVA PARA APROVAR A ESCOLHA DO PROCURADOR-GERAL DE JUSTIÇA. INCONSTITUCIONALIDADE. 1. A escolha do Procurador-Geral da República deve ser aprovada pelo Senado (CF, artigo 128, § 1º). A nomeação do Procurador-Geral de Justiça dos Estados não está sujeita à aprovação da Assembléia Legislativa. Compete ao Governador nomeá-lo dentre lista tríplice composta de integrantes da carreira (CF, artigo 128, § 3º). Não-aplicação do princípio da simetria. Precedentes. 2. Dispositivo da Constituição do Estado de Mato Grosso que restringe o alcance do § 3º do artigo 128 da Constituição Federal, ao exigir a aprovação da escolha do Procurador-Geral de Justiça pela Assembléia Legislativa. Ação julgada procedente e declarada a inconstitucionalidade da alínea "c" do inciso XIX do artigo 26 da Constituição do Estado de Mato Grosso.

(ADI 452, Relator(a): Min. MAURÍCIO CORRÊA, Tribunal Pleno, julgado em 28/08/2002, DJ 31-10-2002 PP-00019 EMENT VOL-02089-01 PP-00020)

EMENTA: AÇÃO DIRETA DE INCONSTITUCIONALIDADE. CONSTITUIÇÃO DO ESTADO DE RONDÔNIA. LIMITES SOBRE O NÚMERO DE SECRETARIAS DE GOVERNO E RESPECTIVOS CARGOS. INADMISSIBILIDADE. VÍCIO DE INICIATIVA. 1. Os Estados-membros, na elaboração de seu processo legislativo, não podem afastar-se do modelo federal ao qual devem sujeitar-se obrigatoriamente (CF, artigo 25, caput). Entre as matérias que não podem ser disciplinadas pelo poder constituinte estadual acham-se aquelas cuja iniciativa reservada são do Chefe do Poder Executivo (CF, artigos 61, § 1º, II, a e e e 84, I, VI, a e b e inciso XXV). 2. Não pode a Constituição do Estado limitar o número de Secretarias de Governo, dispor sobre os respectivos cargos, promover a fusão de unidades administrativas e a extinção de órgãos e funções gratificadas. Ação direta de inconstitucionalidade procedente.

(ADI 102, Relator(a): Min. MAURÍCIO CORRÊA, Tribunal Pleno, julgado em 08/08/2002, DJ 29-11-2002 PP-00017 EMENT VOL-02093-01 PP-00016)

EMENTA: AÇÃO DIRETA DE INCONSTITUCIONALIDADE. MEDIDA CAUTELAR. ORGANIZAÇÃO DA POLÍCIA MILITAR DO ESTADO DE SÃO PAULO. COMPETÊNCIA DO CHEFE DO EXECUTIVO. VÍCIO DE INICIATIVA. 1. Compete privativamente ao Governador do Estado, pelo princípio da simetria, a direção superior da administração estadual, bem como a iniciativa para propor projetos de lei que visem criação, estruturação e atribuições de Secretarias e órgãos da administração pública (CF, artigos 84, II e IV e 61, § 1º, II, e). 2. Hipótese em que o projeto de iniciativa parlamentar, transformado em lei, apresenta vício insanável caracterizado pela invasão de competência reservada ao Poder Executivo pela Constituição Federal. Medida cautelar deferida.

(ADI 2646 MC, Relator(a): Min. MAURÍCIO CORRÊA, Tribunal Pleno, julgado em 01/07/2002, DJ 04-10-2002 PP-00092 EMENT VOL-02085-02 PP-00309)

EMENTA: AÇÃO DIRETA DE INCONSTITUCIONALIDADE. MEDIDA CAUTELAR. ARTIGO 46, III, ALÍNEA e, DA CONSTITUIÇÃO DO ESTADO DE GOIÁS: COMPETÊNCIA DO TRIBUNAL DE JUSTIÇA PARA PROCESSAR E JULGAR DETERMINADOS SERVIDORES. VIOLAÇÃO AOS ARTIGOS 5º, I E LIII; 22, I; 25 E 125, DA CARTA FEDERAL. 1. Os Estados-membros têm competência para organizar a sua Justiça, com observância do modelo federal (CF, artigo 125). 2. A Constituição Estadual não pode conferir competência originária ao Tribunal de Justiça para processar e julgar os Procuradores do Estado e da Assembléia Legislativa, os Defensores Públicos e os Delegados de Polícia, por crimes comuns e de responsabilidade, visto que não gozam da mesma prerrogativa os servidores públicos que desempenham funções similares na esfera federal. Medida cautelar deferida.

(ADI 2587 MC, Relator(a): Min. MAURÍCIO CORRÊA, Tribunal Pleno, julgado em 15/05/2002, DJ 06-09-2002 PP-00076 EMENT VOL-02081-01 PP-00177)

EMENTA: Processo legislativo: reserva de iniciativa ao Poder Executivo (CF, art. 61, § 1º, e): regra de absorção compulsória pelos Estados-membros, violada por lei local de iniciativa parlamentar que criou órgão da administração pública (Conselho de Transporte da Região Metropolitana de São Paulo – CTM): inconstitucionalidade.

(ADI 1391, Relator(a): Min. SEPÚLVEDA PERTENCE, Tribunal Pleno, julgado em 09/05/2002, DJ 07-06-2002 PP-00081 EMENT VOL-02072-01 PP-00132)

EMENTA: RECURSO EXTRAORDINÁRIO. TRIBUNAL DE CONTAS DO ESTADO DE SERGIPE. COMPETÊNCIA PARA EXECUTAR SUAS PRÓPRIAS DECISÕES: IMPOSSIBILIDADE. NORMA PERMISSIVA CONTIDA NA CARTA

ESTADUAL. INCONSTITUCIONALIDADE. 1. As decisões das Cortes de Contas que impõem condenação patrimonial aos responsáveis por irregularidades no uso de bens públicos têm eficácia de título executivo (CF, artigo 71, § 3º). Não podem, contudo, ser executadas por iniciativa do próprio Tribunal de Contas, seja diretamente ou por meio do Ministério Público que atua perante ele. Ausência de titularidade, legitimidade e interesse imediato e concreto. 2. A ação de cobrança somente pode ser proposta pelo ente público beneficiário da condenação imposta pelo Tribunal de Contas, por intermédio de seus procuradores que atuam junto ao órgão jurisdicional competente. 3. Norma inserida na Constituição do Estado de Sergipe, que permite ao Tribunal de Contas local executar suas próprias decisões (CE, artigo 68, XI). Competência não contemplada no modelo federal. Declaração de inconstitucionalidade, incidenter tantum, por violação ao princípio da simetria (CF, artigo 75). Recurso extraordinário não conhecido.

(RE 223037, Relator(a): Min. MAURÍCIO CORRÊA, Tribunal Pleno, julgado em 02/05/2002, DJ 02-08-2002 PP-00061 EMENT VOL-02076-06 PP-01061)

EMENTA: AÇÃO DIRETA DE INCONSTITUCIONALIDADE. LEGITIMIDADE DA REQUERENTE E PERTINÊNCIA TEMÁTICA. RESTRIÇÃO DAS COMPETÊNCIAS CONSTITUCIONAIS DO TRIBUNAL DE CONTAS. SOBRESTAMENTO DA AÇÃO DIRETA NO ÂMBITO ESTADUAL ATÉ O JULGAMENTO DO MÉRITO DA QUE TRAMITA PERANTE O STF. COMPETÊNCIA DESTE. Legitimidade da requerente já reconhecida. Precedentes. Ocorrência de pertinência temática. 2. Verificada a reprodução obrigatória pela Carta Estadual (artigos 76, incisos I, II, IV, V e VI) das disposições constantes dos incisos I, II, IV, V e VI do artigo 71 da Constituição Federal, é do STF a competência para julgar a ação. Precedentes. 3. O controle externo das contas do Estado-membro é do Tribunal de Contas, como órgão auxiliar da Assembléia Legislativa, na forma do artigo 71 da Constituição Federal, por força do princípio da simetria. 4. Constitui ato atentatório à efetiva atuação das Cortes de Contas disposição que restrinja de seu controle fiscalizador quaisquer das competências constitucionais a elas outorgadas como agentes desse munus (CF, artigo 71). 5. Se a ADI é proposta inicialmente perante o Tribunal de Justiça local e a violação suscitada diz respeito a preceitos da Carta da República, de reprodução obrigatória pelos Estados-membros, deve o Supremo Tribunal Federal, nesta parte, julgar a ação, suspendendo-se a de lá; se além das disposições constitucionais federais há outros fundamentos envolvendo dispositivos da Constituição do Estado, a ação ali em curso deverá ser sobrestada até que esta Corte julgue em definitivo o mérito da controvérsia. Precedente. 6. Cautelar deferida para suspender a vigência do § 3º do artigo 47 da Lei 12.509, de 6 de dezembro de 1995, acrescentado pelo artigo 2º da Lei 13.037, de 30 de junho de 2000, do Estado do Ceará.

(ADI 2361 MC, Relator(a): Min. MAURÍCIO CORRÊA, Tribunal Pleno, julgado em 11/10/2001, DJ 01-08-2003 PP-00108 EMENT VOL-02117-34 PP-07182)

EMENTA: MEDIDA CAUTELAR PARA SUSPENDER A VIGÊNCIA DA LEI Nº 10.539, DE 13.04.2000, DO ESTADO DE SÃO PAULO. REESTRUTURAÇÃO DOS ÓRGÃOS DO SETOR EDUCACIONAL. COMPETÊNCIA DO CHEFE DO EXECUTIVO. 2. Compete privativamente ao Governador do Estado, pelo princípio da simetria, propor à Assembléia Legislativa projetos de lei que visem a criação, estruturação e atribuições das Secretarias e órgãos da administração pública (CF, artigo 61, § 1º, II, "e"). 3. Hipótese em que o projeto de iniciativa parlamentar, transformando-se em lei, apresenta vício insanável caracterizado pela invasão de competência reservada constitucionalmente ao Poder Executivo. Medida cautelar deferida.

(ADI 2417 MC, Relator(a): Min. MAURÍCIO CORRÊA, Tribunal Pleno, julgado em 18/04/2001, DJ 18-05-2001 PP-00431 EMENT VOL-02031-04 PP-00689)

EMENTA: Recurso Ordinário em Habeas Corpus. 2. Homicídio. Competência do Tribunal do Júri para o processo e julgamento dos crimes dolosos contra a vida. Art. 5º, XXXVIII, d), da Constituição Federal. 3. Não prevalece, na hipótese, a norma constitucional estadual que atribui foro especial por prerrogativa de função a vereador, para ser processado pelo Tribunal de Justiça. 4. Matéria não enquadrável no art. 125, § 1º, da Carta Magna. Cumpre observar, ainda, que a regra do art. 29, X, da Constituição Federal, não compreende o vereador. 5. Recurso ordinário em habeas corpus a que se nega provimento.

(RHC 80477, Relator(a): Min. NÉRI DA SILVEIRA, Segunda Turma, julgado em 31/10/2000, DJ 04-05-2001 PP-00034 EMENT VOL-02029-03 PP-00614)

ELEIÇÕES DIRETAS – JUDICIÁRIO. Na dicção da ilustrada maioria, vencido o entendimento do Relator, concorrem a conveniência, a relevância e o risco de manter- se quadro normativo-constitucional, decorrente de iniciativa de integrantes da Assembléia, no sentido de o Presidente, o Vice-Presidente e o Corregedor do Tribunal de Justiça serem eleitos, diretamente, pelos membros vitalícios da magistratura local. Suspensão da eficácia do artigo 62 da Constituição do Estado de São Paulo, considerada a redação imprimida pela Emenda Constitucional nº 7, de 11 de março de 1999.

(ADI 2012 MC, Relator(a): Min. MARCO AURÉLIO, Tribunal Pleno, julgado em 04/08/1999, DJ 28-02-2003 PP-00007 EMENT VOL-02100-01 PP-00172)

EMENTA: CONSTITUCIONAL. GOVERNADOR: CRIME DE RESPONSABILIDADE E CRIME COMUM: JULGAMENTO. AFASTAMENTO DE SUAS FUNÇÕES. Constituição do Maranhão, art. 66, § 1º, I e II, § 2º. Lei 1.079/50, arts. 75 a 79. Lei 8.038, de l990, artigos 1º a 12. C.F., artigo 86. I. – Suspensão da eficácia do inciso II do § 1º do art. 66 da Constituição do Estado do Maranhão. Vencido, no ponto, os Ministros C. Velloso, Relator e S. Pertence. II. – Inocorrência de relevância na argüição de inconstitucionalidade do inciso I do § 1º(crime comum praticado pelo Governador) do art. 66 da Constituição do Maranhão, e do § 2º do mesmo artigo 66. III. – O processo e julgamento do Governador nos crimes de responsabilidade e nos crimes comuns: Lei 1.079/50, artigos 75 a 79; Lei 8.038/90, artigos lº a 12. IV. – O princípio da simetria federal. V. – Cautelar deferida, em parte.

(ADI 1890 MC, Relator(a): Min. CARLOS VELLOSO, Tribunal Pleno, julgado em 10/12/1998, DJ 19-09-2003 PP-00014 EMENT VOL-02124-03 PP-00476)

EMENTA: Ação direta de inconstitucionalidade. Ataque à expressão "permitida a reeleição" contida no inciso II do artigo 99 da Constituição do Estado do Rio de Janeiro, no tocante aos membros da Mesa Diretora da Assembléia Legislativa. – A questão constitucional que se coloca na presente ação direta foi reexaminada recentemente, em face da atual Constituição, pelo Plenário desta Corte, ao julgar a ADIN 793, da qual foi relator o Sr. Ministro CARLOS VELLOSO. Nesse julgamento, decidiu-se, unanimemente, citando-se como precedente a Representação n 1.245, que "a norma do § 4º do art. 57 da C.F. que, cuidando da eleição das Mesas das Casas Legislativas federais, veda a recondução para o mesmo cargo na eleição imediatamente subseqüente, não é de reprodução obrigatória nas Constituições dos Estados-membros, porque não se constitui num princípio constitucional estabelecido". Ação direta de inconstitucionalidade julgada improcedente.

(ADI 792, Relator(a): Min. MOREIRA ALVES, Tribunal Pleno, julgado em 26/05/1997, DJ 20-04-2001 PP-00104 EMENT VOL-02027-02 PP-00248)

EMENTA: MANDADO DE SEGURANÇA IMPETRADO POR AUTARQUIA FEDERAL CONTRA ATO DE JUIZ DE DIREITO. COMPETÊNCIA. Em princípio, qualquer ação proposta pelos entes relacionados no inc. I do art. 109 da Constituição é de competência da Justiça Federal. Tratando-se, entretanto, de mandado de segurança, que, em nosso sistema jurídico-processual, se rege também pelo princípio da hierarquia, prevê o inc. VIII do mesmo dispositivo a competência dos tribunais federais, obviamente, em razão do respectivo grau hierárquico. Em relação aos juízes federais, a competência é dos tribunais regionais federais (art. 108, I, c, da Carta da República), regra que, por simetria, é de aplicar-se aos juízes de direito. Acórdão que, por encontrar-se orientado no sentido exposto, não merece reparo. Recurso extraordinário não conhecido.

(RE 176881, Relator(a): Min. CARLOS VELLOSO, Relator(a) p/ Acórdão: Min. ILMAR GALVÃO, Tribunal Pleno, julgado em 13/03/1997, DJ 06-03-1998 PP-00018 EMENT VOL-01901-04 PP-00709)

EMENTA: – Extensão, aos proventos dos servidores Públicos inativos, da incidência de contribuição para o custeio da previdência social. Insuficiente relevância, em juízo provisório e para fins de suspensão liminar, de argüição de sua incompatibilidade com os artigos 67; 195, II; 40, § 6º; 194, IV e 195, §§ 5º e 6º, todos da Constituição Federal. Medida cautelar indeferida, por maioria.
(ADI 1441 MC, Relator(a): Min. OCTAVIO GALLOTTI, Tribunal Pleno, julgado em 28/06/1996, DJ 18-10-1996 PP-39844 EMENT VOL-01846-01 PP-00107)

E M E N T A: AÇÃO DIRETA DE INCONSTITUCIONALIDADE – CONSTITUIÇÃO DO ESTADO DE SÃO PAULO – OUTORGA DE PRERROGATIVAS DE CARÁTER PROCESSUAL PENAL AO GOVERNADOR DO ESTADO – IMUNIDADE A PRISÃO CAUTELAR E A QUALQUER PROCESSO PENAL POR DELITOS ESTRANHOS A FUNÇÃO GOVERNAMENTAL – INADMISSIBILIDADE – OFENSA AO PRINCÍPIO REPUBLICANO – USURPAÇÃO DE COMPETÊNCIA LEGISLATIVA DA UNIÃO – PRERROGATIVAS INERENTES AO PRESIDENTE DA REPUBLICA ENQUANTO CHEFE DE ESTADO (CF/88, ART. 86, par. 3. E 4.) – AÇÃO DIRETA PROCEDENTE. PRINCÍPIO REPUBLICANO E RESPONSABILIDADE DOS GOVERNANTES. – A responsabilidade dos governantes tipifica--se como uma das pedras angulares essenciais a configuração mesma da ideia republicana. A consagração do princípio da responsabilidade do Chefe do Poder Executivo, além de refletir uma conquista basica do regime democratico, constitui consequencia necessaria da forma republicana de governo adotada pela Constituição Federal. O princípio republicano exprime, a partir da ideia central que lhe e subjacente, o dogma de que todos os agentes publicos – os Governadores de Estado e do Distrito Federal, em particular – são igualmente responsaveis perante a lei. RESPONSABILIDADE PENAL DO GOVERNADOR DO ESTADO. – Os Governadores de Estado – que dispoem de prerrogativa de foro ratione muneris perante o Superior Tribunal de Justiça (CF, art. 105, I, a) – estao permanentemente sujeitos, uma vez obtida a necessaria licenca da respectiva Assembléia Legislativa (RE 153.968-BA, Rel. Min. ILMAR GALVAO; RE 159.230-PB, Rel. Min. SEPÚLVEDA PERTENCE), a processo penal condenatório, ainda que as infrações penais a eles imputadas sejam estranhas ao exercício das funções governamentais. – A imunidade do Chefe de Estado a persecução penal deriva de cláusula constitucional exorbitante do direito comum e, por traduzir consequencia derrogatória do postulado republicano, só pode ser outorgada pela propria Constituição Federal. Precedentes: RTJ 144/136, Rel. Min. SEPÚLVEDA PERTENCE; RTJ 146/467, Rel. Min. CELSO DE MELLO. Analise do direito comparado e da Carta Politica brasileira de 1937. IMUNIDADE A PRISÃO CAUTELAR – PRERROGATIVA DO PRESIDENTE DA REPUBLICA – IMPOSSIBILIDADE DE SUA EXTENSAO, MEDIANTE NORMA DA CONSTITUIÇÃO ESTADUAL, AO GOVERNADOR DO ESTADO. – O Estado-membro, ainda que em norma constante de sua propria Constituição, não dispõe de competência para outorgar ao Governador a prerrogativa extraordinária da imunidade a prisão em flagrante, a prisão preventiva e a prisão temporaria, pois a disciplinação dessas modalidades de prisão cautelar submete-se, com exclusividade, ao poder normativo da União Federal, por efeito de expressa reserva constitucional de competência definida pela Carta da Republica. – A norma constante da Constituição estadual – que impede a prisão do Governador de Estado antes de sua condenação penal definitiva – não se reveste de validade jurídica e, consequentemente, não pode subsistir em face de sua evidente incompatibilidade com o texto da Constituição Federal. PRERROGATIVAS INERENTES AO PRESIDENTE DA REPUBLICA ENQUANTO CHEFE DE ESTADO. – Os Estados-membros não podem reproduzir em suas proprias Constituições o conteudo normativo dos preceitos inscritos no art. 86, par.3. e 4., da Carta Federal, pois as prerrogativas contempladas nesses preceitos da Lei Fundamental – por serem unicamente compativeis com a condição institucional de Chefe de Estado – são apenas extensiveis ao Presidente da Republica. Precedente: ADIn 978-PB, Rel. p/ o acórdão Min. CELSO DE MELLO.
(ADI 1021, Relator(a): Min. ILMAR GALVÃO, Relator(a) p/ Acórdão: Min. CELSO DE MELLO, Tribunal Pleno, julgado em 19/10/1995, DJ 17-11-1995 PP-39202 EMENT VOL-01809-03 PP-00668)

E M E N T A: AÇÃO DIRETA DE INCONSTITUCIONALIDADE – CONSTITUIÇÃO DO ESTADO DA PARAIBA – OUTORGA DE PRERROGATIVAS DE CARÁTER PROCESSUAL PENAL AO GOVERNADOR DO ESTADO – IMUNIDADE A PRISÃO CAUTELAR E A QUALQUER PROCESSO PENAL POR DELITOS ESTRANHOS A FUNÇÃO GOVERNAMENTAL – INADMISSIBILIDADE – OFENSA AO PRINCÍPIO REPUBLICANO – USURPAÇÃO DE COMPETÊNCIA LEGISLATIVA DA UNIÃO – PRERROGATIVAS INERENTES AO PRESIDENTE DA REPUBLICA ENQUANTO CHEFE DE ESTADO (CF/88, ART. 86, PAR. 3. E 4.) – AÇÃO DIRETA PROCEDENTE. PRINCÍPIO REPUBLICANO E RESPONSABILIDADE DOS GOVERNANTES. – A responsabilidade dos governantes tipifica--se como uma das pedras angulares essenciais a configuração mesma da ideia republicana. A consagração do princípio da responsabilidade do Chefe do Poder Executivo, além de refletir uma conquista basica do regime democratico, constitui consequencia necessaria da forma republicana de governo adotada pela Constituição Federal. O princípio republicano exprime, a partir da ideia central que lhe e subjacente, o dogma de que todos os agentes publicos – os Governadores de Estado e do Distrito Federal, em particular – são igualmente responsaveis perante a lei. RESPONSABILIDADE PENAL DO GOVERNADOR DO ESTADO. – Os Governadores de Estado – que dispoem de prerrogativa de foro ratione muneris perante o Superior Tribunal de Justiça (CF, art. 105, I, a) – estao permanentemente sujeitos, uma vez obtida a necessaria licenca da respectiva Assembléia Legislativa (RE 153.968-BA, Rel. Min. ILMAR GALVAO; RE 159.230-PB, Rel. Min. SEPÚLVEDA PERTENCE), a processo penal condenatório, ainda que as infrações penais a eles imputadas sejam estranhas ao exercício das funções governamentais. – A imunidade do Chefe de Estado a persecução penal deriva de cláusula constitucional exorbitante do direito comum e, por traduzir consequencia derrogatória do postulado republicano, só pode ser outorgada pela propria Constituição Federal. Precedentes: RTJ 144/136, Rel. Min. SEPÚLVEDA PERTENCE; RTJ 146/467, Rel. Min. CELSO DE MELLO. Analise do direito comparado e da Carta Politica brasileira de 1937. IMUNIDADE A PRISÃO CAUTELAR – PRERROGATIVA DO PRESIDENTE DA REPUBLICA – IMPOSSIBILIDADE DE SUA EXTENSAO, MEDIANTE NORMA DA CONSTITUIÇÃO ESTADUAL, AO GOVERNADOR DO ESTADO. – O Estado-membro, ainda que em norma constante de sua propria Constituição, não dispõe de competência para outorgar ao Governador a prerrogativa extraordinária da imunidade a prisão em flagrante, a prisão preventiva e a prisão temporaria, pois a disciplinação dessas modalidades de prisão cautelar submete-se, com exclusividade, ao poder normativo da União Federal, por efeito de expressa reserva constitucional de competência definida pela Carta da Republica. – A norma constante da Constituição estadual – que impede a prisão do Governador de Estado antes de sua condenação penal definitiva – não se reveste de validade jurídica e, consequentemente, não pode subsistir em face de sua evidente incompatibilidade com o texto da Constituição Federal. PRERROGATIVAS INERENTES AO PRESIDENTE DA REPUBLICA ENQUANTO CHEFE DE ESTADO. – Os Estados-membros não podem reproduzir em suas proprias Constituições o conteudo normativo dos preceitos inscritos no art. 86, PAR.3. e 4., da Carta Federal, pois as prerrogativas contempladas nesses preceitos da Lei Fundamental – por serem unicamente compativeis com a condição institucional de Chefe de Estado – são apenas extensiveis ao Presidente da Republica.

(ADI 978, Relator(a): Min. ILMAR GALVÃO, Relator(a) p/ Acórdão: Min. CELSO DE MELLO, Tribunal Pleno, julgado em 19/10/1995, DJ 17-11-1995 PP-40377 EMENT VOL-01809-01 PP-00001)

EMENTA: – Ação direta de inconstitucionalidade. Medida cautelar. Cargo de confiança. Nomeação. Chefe da Polícia Civil. Delegados de Carreira. Art. 144, § 4º, da Constituição Federal e § 1º do art. 106 da Constituição do Estado de Santa Catarina. O Supremo Tribunal Federal, por maioria de votos, considera não atendidos os requisitos da plausibilidade jurídica da ação ("fumus boni iuris") ou do "periculum in mora" e, por isso, indefere medida cautelar de suspensão de expressões contidas no § 1º do art. 106 da Constituição do Estado de Santa Catarina, segundo as quais "o Chefe da Polícia Civil, nomeado pelo Governador do Estado, será escolhido dentre os delegados de final de carreira". Votos vencidos, inclusive do Relator, pelo deferimento parcial da medida, para suspensão cautelar, apenas, das expressões "final de". Interpretação dos artigos 61, § 1º, inc. II, alínea "c" c/c artigos 2º e 25 da parte permanente da Constituição Federal e do art. 11 do ADCT. Interpretação, também, dos artigos 37, II, e 144, § 4º, da parte permanente. Tudo para efeito de cautelar. Medida indeferida.

(ADI 952 MC, Relator(a): Min. SYDNEY SANCHES, Tribunal Pleno, julgado em 13/10/1993, DJ 12-04-2002 PP-00051 EMENT VOL-02064-01 PP-00021)

GOVERNADORES DOS ESTADOS. SUBSIDIO MENSAL E VITALICIO, CESSADA A INVESTIDURA DO CARGO. INCONSTITUCIONALIDADE DO ART.192 DA CONSTITUIÇÃO DO ESTADO, NA REDAÇÃO QUE LHE ATRIBUIU A EMENDA CONSTITUCIONAL N. 2,DE 30.6.72,POR DESTOAR DO MODELO FEDERAL, AO QUAL ESTAVA JUNGIDO (ART.184) IDEM, DA PARTE DE PARAGRAFO ÚNICO DAQUELE ARTIGO EXPRESSÕES '... SOFRER ACIDENTE OU', POR IGUAL MOTIVO, ACRÉSCIMO INADMISSIVEL AO TEXTO FEDERAL PARAGRAFO ÚNICO DO ART. 184: VOTOS, PARCIALMENTE, VENCIDOS.

(Rp 892, Relator(a): Min. THOMPSON FLORES, Tribunal Pleno, julgado em 15/08/1973, DJ 28-09-1973 PP-07211 EMENT VOL-00923-01 PP-00015 RTJ VOL-00066-03 PP-00659)

FUNCIONÁRIOS DA GUANABARA. EQUIPARAÇÃO DE VENCIMENTOS. I. ANTES MESMO DO AC 24/66 E DA CF DE 1967, ART. 96 NÃO CABIA AO JUDICIARIO QUE NÃO TEM FUNÇÃO LEGISLATIVA, AUMENTAR VENCIMENTOS DE SERVIDORES PUBLICOS, A PRETEXTO DA ISONOMIA DO ART.40, DA LEI ORGÂNICA DO ANTIGO DISTRITO FEDERAL (SÚMULA 339). II. OS ESTADOS, SEM EMBARGO DE AUTONOMIA PARA SUA ORGANIZAÇÃO E ADMINISTRAÇÃO JA ESTAVAM ADSTRITOS, SOB A CF DE 1946, AS LINHAS MESTRAS DO REGIME, DEVENDO GUARDAR SIMETRIA COM O MODELO FEDERAL EM MATÉRIA DE DIVISAO, INDEPENDÊNCIA E COMPETÊNCIA DOS TRES PODERES, ASSIM COMO PRINCÍPIOS REGULADORES DO FUNCIONALISMO PÚBLICO.

(RE 70728, Relator(a): Min. ALIOMAR BALEEIRO, Primeira Turma, julgado em 27/04/1973, DJ 10-09-1973 PP-06516 EMENT VOL-00920-01 PP-00067)

FUNCIONÁRIOS DA GB. – AUMENTO DE VENCIMENTOS POR ISONOMIA – LEI ORGÂNICA DO DF. ART. 40. I – ANTES MESMO DO AC 24/66 E DA C.F. DE 1967, ART. 96 NÃO CABIA AO JUDICIARIO QUE NÃO TEM FUNÇÃO LEGISLATIVA, AUMENTAR VENCIMENTOS DE SERVIDORES PUBLICOS, A PRETEXTO DA ISONOMIA DO ART. 40, DA LEI ORGÂNICA DO ANTIGO D.F. (SÚMULA 339). II. OS ESTADOS, SEM EMBARGO DE AUTONOMIA PARA SUA ORGANIZAÇÃO E ADMINISTRAÇÃO JA ESTAVAM ADSTRITOS, SOB A C.F. DE 1.946, AS LINHAS MESTRAS DO REGIME, DEVENDO GUARDAR SIMETRIA COM O MODELO FEDERAL EM MATÉRIA DE DIVISAO, INDEPENDÊNCIA E COMPETÊNCIA DOS 3 PODERES, ASSIM COMO PRINCÍPIOS REGULADORES DO FUNCIONALISMO PÚBLICO.

(RE 74193, Relator(a): Min. ALIOMAR BALEEIRO, Primeira Turma, julgado em 27/04/1973, DJ 29-06-1973 PP-04733 EMENT VOL-00915-03 PP-00930)

Apuração de Haveres em Sociedade Limitada e Ilegitimidade Passiva dos Sócios Remanescentes

Marcelo Vieira von Adamek
Erasmo Valladão Azevedo e Novaes França

Sumário: 1. Introdução. **2.** A sempre necessária compreensão dos institutos processuais à luz do direito material subjacente. **3.** A ilegitimidade passiva dos sócios remanescentes para a ação de apuração de haveres em sociedade limitada. **4.** Referências bibliográficas.

1. Introdução[1]

Problema atual e com grande interesse prático no contexto da dissolução parcial *lato sensu* de sociedades limitadas é o da definição da posição jurídica dos sócios remanescentes, o qual pode ser expresso nos seguintes termos: "sócios remanescentes da sociedade – por serem sócios e só por serem sócios – devem figurar no polo passivo de demanda voltada exclusivamente à apuração de haveres de quem já não mais integra o quadro social"? Teriam eles legitimidade passiva para tanto e, conexo a isso, teriam eles responsabilidade pelo pagamento das verbas que porventura vierem a ser apuradas nessa demanda?

Antes de proceder à análise dessas questões, vale uma prévia advertência.

2. A sempre necessária compreensão dos institutos processuais à luz do direito material subjacente

A afirmação da autonomia científica do direito processual, a partir de estudos da segunda metade do Século XIX, trouxe como indesejado efeito a equivocadíssima crença, ainda hoje reinante em segmentos menos esclarecidos, de que regras da ciência instrumental do processo *possam* ou, o que é pior, *devam* ser compreendidas de forma autônoma, insulada e desconectada da relação jurídica material subjacente ao processo. O erro aí é palmar.

A escalada de autonomia científica do direito processual, como bem observou **Cândido Rangel Dinamarco**, "deixou fora de dúvida que o direito processual tem a sua vida própria e cabe-lhe uma missão social e jurídica diferente, em relação ao direito substancial"[(2)].

---

1 O presente artigo é dedicado ao Dr. Roberto Rosas, ilustre Professor, mas, antes e acima de tudo, Advogado de distintos predicados, lhano no trato e colega dos colegas, que se notabilizou, sobretudo, pela atuação leal, reta e eficiente perante os Tribunais Superiores, a quem os coautores prestam homenagens e desejam muitas felicidades e todo o melhor!

2 Cândido Rangel Dinamarco, *Instituições de direito processual civil*, vol. I, 5ª ed. SP: Malheiros, 2005, n° 6, p. 61.

Mas, conforme ainda bem observa esse excepcional jurista, "as normas processuais não se destinam a disciplinar diretamente as relações interpessoais ou intergrupais na vida comum, nem a criar, modificar ou extinguir direitos subjetivos"[3-4].

Seja como for, quando àquela errônea crença de autossuficiência do processo ainda se vem a ajuntar uma péssima disciplina legal – como a da assim denominada "ação de dissolução parcial de sociedade", prevista nos arts. 599 a 609 do atual Código de Processo Civil[(5)] –, o resultado dessa soma não é outro senão a incompreensão.

Assim é porque determinados institutos processuais exigem análise – e *só podem ser corretamente compreendidos* – à luz da relação *material subjacente e das regras que a informam*. Nunca isolados, sob pena de não se alcançar o real sentido e alcance da própria disciplina legal.

Dentre os institutos que exigem análise a partir da relação material envolvida, dois interessam mais de perto aos temas deste parecer: a legitimidade *ad causam* e a responsabilidade patrimonial.

Com efeito, a legitimidade *ad causam*, entendida como relação de legítima adequação entre o sujeito e a causa, é nada menos do que a qualidade para estar em juízo, como demandante ou demandado, em relação a determinado conflito trazido ao exame do juiz.

Portanto, a legitimidade *ad causam*, ainda de acordo com a lição de **Cândido Rangel Dinamarco**, "depende sempre de uma necessária relação entre o sujeito e a causa e traduz-se na relevância que o resultado desta virá a ter sobre sua esfera de direitos, seja para favorecê-la ou para restringi-la. Sempre que a procedência de uma demanda seja apta a melhorar o patrimônio ou a vida do autor, ele será parte legítima; sempre que ela for apta a atuar sobre a vida ou patrimônio do réu, esse será parte legítima"[6].

---

3 Cândido Rangel Dinamarco, *Instituições*..., cit., vol. 1, n° 5, p. 59. Tal não significa, por certo, que não possam haver normas heterotópicas: "Há normas de direito processual inseridas em corpos legislativos preponderantemente substanciais (...). Do mesmo modo, em leis processuais encontram-se algumas disposições de natureza substancial (...). Cabe ao intérprete consciente a tarefa de separar as normas processuais das substanciais, principalmente para que possa tratar adequadamente umas e outras, a partir dos pressupostos metodológicos próprios a cada um desses campos do saber jurídico" (*op. cit.*, n° 4, p. 59).

4 Vale dizer, o processo tem um caráter *meramente instrumental* em relação ao direito material (*cf.* a excepcional tese de titularidade do insigne mestre Cândido Rangel Dinamarco, *A instrumentalidade do processo*, 15ª ed. SP: Saraiva, 2013, *passim*).

5 Para uma visão crítica dessa calamitosa disciplina, *cf.*: Alfredo de Assis Gonçalves Neto, *Dissolução societária e penhora de quotas*, 'in' *O direito empresarial sob o enfoque do novo Código de Processo Civil* – coord. Franco Giovanni Mattedi Maziero, RJ: Lumen Juris, 2016, pp. 280-281; e Erasmo Valladão Azevedo e Novaes França e Marcelo Vieira von Adamek, *Da ação de dissolução parcial de sociedade: comentários breves ao CPC/2015*, SP: Malheiros, 2016, p. 11-13 e 17-18.

6 Cândido Rangel Dinamarco, *Instituições*..., cit., vol. 1, n° 545, p. 306.

Por outras palavras, "a aferição das referidas condições é feita essencialmente a partir do plano substancial do ordenamento. A partir dele" – explica **Flávio Luiz Yarshell**, ilustre Professor Titular de Direito Processual Civil da Faculdade de Direito da USP – "é possível determinar (...) a titularidade da relação jurídica material, donde se extrai a legitimação ordinária". Nessa medida, então, as condições da ação são requisitos "colhidos na relação de direito material"[7].

Essa íntima conexão entre direito material e processo coloca-se nas regras de responsabilidade patrimonial: "recebendo do direito processual parte de sua disciplina (na sua técnica), mas também dizendo respeito a situações dos sujeitos fora do processo (às vezes, até antes dele), compõem um setor a que a doutrina já denominou *direito processual material* (**Chiovenda**). Elas são, portanto, *institutos bifrontes*: só no processo aparecem de modo explícito em casos concretos, mas são integrados por um intenso coeficiente de elementos definidos pelo direito material e – o que é mais importante – de algum modo dizem respeito à própria vida dos sujeitos e suas relações entre si e com os bens da vida. Constituem *pontes de passagem* entre o direito e o processo, ou seja, entre o plano substancial e o processual do ordenamento jurídico (**Calamandrei**)"[8].

Logo, determinar se alguém é parte legítima ou não para certa demanda e se existe ou não responsabilidade sua por débito (próprio ou alheio) são questões que, em todo caso, não se resolvem pela análise insulada das regras processuais, carentes que são de condensação pelo direito material subjacente.

Dito isso, passemos à análise das questões inicialmente postas.

3. A ilegitimidade passiva dos sócios remanescentes para a ação de apuração de haveres em sociedade limitada

O art. 601 do Código de Processo Civil, inscrido dentro da sofrível disciplina da assim denominada "ação de dissolução parcial de sociedades", prescreve:

> **Art. 601**. Os sócios e a sociedade serão citados para, no prazo de 15 (quinze) dias, concordar com o pedido ou apresentar contestação.
>
> **Parágrafo único**. A sociedade não será citada se todos os seus sócios o forem, mas ficará sujeita aos efeitos da decisão e à coisa julgada.

À primeira leitura dessa regra procedimental, resta a impressão para o exegeta mais afoito de que o legislador teria aí criado hipótese de litisconsórcio passivo necessário (CPC, art. 114) entre a sociedade e os demais sócios, em toda e qualquer ação rotulada de "dissolução parcial".

---

7 Flávio Luiz Yarshell, *Curso de direito processual civil*, vol. I, SP: Marcial Pons, 2014, n° 191, p. 257

8 Cândido Rangel Dinamarco, *Instituições...*, cit., vol. 1, n° 6, p. 62.

Trata-se, porém, de ***falsa inferência***.

Em realidade, o art. 601 do Código de Processo Civil constitui regra processual de caráter geral destinada simplesmente a *disciplinar o encadeamento dos atos processuais* nas ações de dissolução parcial de sociedade *in genere*, de tal modo que, para ser bem compreendida, precisa ser lida com a conjunção condicional *que nela está implícita*: "os sócios e a sociedade serão citados, *conforme o caso*", isto é, *a depender do seu objeto* – que pode ser a resolução do vínculo societário, a apuração dos haveres ou ambas as coisas.

Explica-se.

Ainda quando o legislador pátrio tenha pretendido criar, sob a genérica designação de "ação de dissolução parcial de sociedade", uma disciplina unitária para a ação de dissolução parcial *stricto sensu* e para a de apuração de haveres, é evidente que, apesar disso, não eliminou – e nem poderia eliminar – as radicais diferenças que existem entre elas, as quais decorrem da relação jurídica material subjacente e que em certa medida se expressam nos objetos indicados nos incisos do art. 599 do próprio Código de Processo Civil.

Isto porque, como explicamos em obra específica sobre o tema, "o legislador, de maneira geral, pode se apropriar de realidades jurídicas, mas não tem força para, de cima para baixo, arbitrariamente mudar e equiparar aquilo que ontologicamente não é uma só e mesma coisa"[(9)].

Com efeito, ***a ação de dissolução parcial* stricto sensu** (CPC, art. 599, I) é demanda de carga predominantemente ***constitutivo-negativa*** voltada a extinguir o vínculo que une o sócio à sociedade e aos demais sócios. Na medida em que o *decisum* proferido nesse tipo de ação afeta a esfera jurídica da sociedade e dos sócios, o litisconsórcio necessário se impõe – ***não*** pela letra do art. 601 do Código de Processo Civil, mas ***sim*** – pela natureza da própria relação jurídica controvertida e, pois, como pressuposto para que a sentença possa ter eficácia contra todos os seus partícipes (CPC, art. 114).

Diferentemente, ***a ação de apuração de haveres*** (CPC, art. 599, II) é demanda de ***carga condenatória*** voltada à liquidação e à cobrança contra a sociedade do valor das quotas por parte daquele que deixou de ser sócio, ou que tinha direito pecuniário sobre as quotas. Preordenada à cobrança do valor dos haveres de antigo sócio contra a sociedade – única devedora da verba (conforme adiante se explicará com maior vagar) –, a demanda não afeta a esfera jurídica dos sócios e, portanto, estes não são partes do processo e, *a fortiori*, não são litisconsortes da sociedade, malgrado a redação equívoca da regra processual.

9 ERASMO VALLADÃO AZEVEDO E NOVAES FRANÇA e MARCELO VIEIRA VON ADAMEK, *Da ação de dissolução parcial de sociedade...*, cit., nº 4.1, p. 47.

O art. 601 do Código de Processo Civil, portanto, não impôs nem poderia impor a presença dos sócios no polo passivo de ação que tem por objeto *exclusivamente a apuração de haveres* (CPC, art. 599, II); apenas na ação de dissolução parcial *stricto sensu* (CPC, art. 599, I), voltada que é a *desconstituir o vínculo contratual* que une o autor da demanda à sociedade e aos demais sócios, é que estes terão que participar da lide porque têm a sua esfera jurídica atingida (CPC, art. 114).

Daí, pois, o esclarecimento que acima fizemos: para ser corretamente compreendido, o art. 601 do Código de Processo Civil precisa ser lido com a conjunção condicional que nele está implícita – "os sócios e a sociedade serão citados, *conforme o caso*".

Vale ainda reiterar: a necessariedade do litisconsórcio é sempre excepcional – a tendência nas modernas legislações é restringir as suas hipóteses[10] – e de per si o art. 601 do Código de Processo Civil não o poderia tornar impositivo na ação de apuração de haveres, por uma razão insuperável: os sócios não têm legitimidade *ad causam* para figurar no polo passivo desta ação, porquanto eventual sentença de procedência que viesse a nela ser proferida não poderia bulir em seus patrimônios e, pois, na sua esfera de direitos. Se não têm legitimidade passiva, *a fortiori*, não podem ser litisconsortes da sociedade.

"Antes de saber se duas ou mais pessoas poderão estar juntas no mesmo lado da relação processual" – lucidamente adverte **Cândido Rangel Dinamarco** – "precisa saber se cada uma delas poderia de algum modo estar naquele processo, naquela posição"[11].

Ou, como disse **Pontes de Miranda**, "quem não pode entrar na porta, por faltar-lhe ingresso, não pode entrar indo com outrem"[12].

Os sócios remanescentes das sociedades limitadas (**com capitais sociais totalmente integralizados**[13]) *não são devedores dos haveres*; devedora dos haveres (e, portanto, parte legítima para figurar no polo passivo da demanda que os tenha por objeto), é *somente a sociedade*, como assim sempre se entendeu, na doutrina[14] e, também, na jurisprudência:

---

10 *Cf.*: Cândido Rangel Dinamarco, *Litisconsórcio*, 4ª ed. SP: Malheiros, 1996, n° 56, p. 210 – que, depois de salientar o seu caráter excepcional ("porque a necessariedade importa restrição à garantia constitucional da ação"), aponta que "a ciência processual moderna proclama a tendência do direito a *limitar os casos de litisconsórcio necessário* e, há mais de um século, na Itália já se disse que 'o nosso direito tende, na medida do possível, a eliminar essa figura'" (*op. cit.*, n° 56, p. 211).

11 Cândido Rangel Dinamarco, *Litisconsórcio*, cit., n° 37, p. 101.

12 Pontes de Miranda, *Comentários ao Código de Processo Civil*, tomo II, RJ: Forense, 1973, Cap. V, Sec. I, p. 8 – acrescentando que "os pressupostos processuais têm de ser examinados a respeito de cada litisconsorte".

13 CC: "Art. 1.052. Na sociedade limitada, a responsabilidade de cada sócio é restrita ao valor de suas quotas, mas todos respondem solidariamente pela integralização do capital social".

14 *Cf.*: Alfredo de Assis Gonçalves Neto, *Dissolução societária e penhora de quotas*, cit., pp. 280-281; Arnoldo Wald, *Comentários ao Código Civil*, vol. XIV, RJ: Forense, 2005, n° 718, p. 241; Carlos

"Ação de apuração de haveres. Legitimidade passiva somente da empresa responsável pelo pagamento de eventuais valores à sócia retirante. Sócia acertadamente excluídas do polo passivo" (TJSP, Ap. 3002932-66.2008.8.26.0506, 7ª Câm. Dir. Priv., Rel. Des. **Ramon Mateo Júnior**, v.u., j. 22.05.2013).

"Intervenção de terceiros. Chamamento ao processo. Descabimento. Inexistência de solidariedade entre empresa e os sócios na liquidação dos pretensos créditos cobrados na ação, oriundos de direito de participação nas quotas sociais de empresa por herdeiro de sócio falecido. Empresa que tem personalidade jurídica própria, que não se confunde com a da pessoa de seus sócios. Hipótese que não se amolda a qualquer daquelas elencadas nos incisos do art. 77 do Código de Processo Civil [de 1973]. Agravo de instrumento desprovido" (TJSP, AI 0198762-45.2012.8.26.0000, 2ª Câm. Dir. Emp., Rel. Des. **José Reynaldo**, v.u., j. 25.02.2013).

"Ação de apuração de haveres. Ilegitimidade passiva do sócio remanescente. Dissolução parcial de sociedade decorrente da retirada. Afastamento já efetivado. Limitada ao levantamento de eventuais haveres devidos ao sócio retirante, a condenação obriga tão-somente a sociedade empresaria. Ilegitimidade bem reconhecida. Doutrina e jurisprudência. Recurso improvido" (TJSP, AI 0112314-35.2013.8.26.0000, 1ª Câm. Dir. Empr., Rel. Des **Maia da Cunha**, v.u., j. 04.07.2013).

"Apelação. Apuração de haveres. Legitimidade passiva. Tratando-se de exclusivo pleito de apuração de haveres, a legitimidade passiva é da sociedade, e não dos sócios remanescentes. Ilegitimidade passiva configurada. Recurso não provido" (TJSP, Ap. 0003336-52.2003.8.26.0278, 2ª Câm. Dir. Emp., Rel. Des. **Roberto Mac Cracken**, v.u., j. 16.10.2012).

E isso é tanto mais evidente quando se nota que na demanda de apuração de haveres *nem sequer se imputa aos sócios remanescentes qualquer circunstância excepcional geradora de possíveis responsabilidades pessoais adicionais destes por atos próprios*[15]. Nada.

Fulgêncio da Cunha Peixoto, *A sociedade por cota de responsabilidade limitada*, vol. I, RJ: Forense, 1956, n° 315, p. 283; Celso Agrícola Barbi Filho, *Dissolução parcial de sociedades limitadas*, BH: Mandamentos, 2004, p. 513; Hernani Estrella, *Apuração de haveres de sócio*, 4ª ed. RJ: Forense, 2004, n° 92, pp. 204-205, e n° 103, pp. 240-245; Luis Felipe Spinelli, *Exclusão de sócio por falta grave na sociedade limitada*, SP: Quartier Latin, 2015, n° 3.2.3, p. 492; Modesto Carvalhosa, *Comentários ao Código Civil*, vol. 12, SP: Saraiva, 2003, p. 363; Priscila M. P. Corrêa da Fonseca, *Dissolução parcial, retirada e exclusão de sócio*, 4ª ed. SP: Atlas, 2007, n° 3.3.2.2, pp. 118-120, e n° 8.1, p. 237; Robson Zanetti, *Manual da sociedade limitada*, Curitiba: Juruá, 2007, pp. 272 e 278; Waldemar Ferreira, *Tratado das sociedades mercantis*, vol. I, 4ª ed., RJ: Nacional de Direito, 1958 p. 317; Walfrido Jorge Warde Júnior e Ruy de Mello Junqueira Neto, *Direito societário aplicado*, SP: Saraiva, n° 2.3, p. 63 – dentre tantos outros. *Cf.* ainda em direito comparado: Francesco Galgano, *Derecho comercial*, vol. II, Colombia: Temis, 1999, nº 4.25, p. 147; Gaetano Presti e Matteo Rescigno, *Corso di diritto commerciale*, vol. II: *Società*, 7ª ed. Bologna: Zanichelli, 2015, n° 5.4, p. 47; Gian Franco Campobasso, *Diritto commerciale*, vol. 2: *Diritto delle società*, 6ª ed. Torino: UTET, 2008, nº 29, nota 131, p. 121; Giuseppe Auletta e Niccolò Salanitro, *Diritto commerciale*, 13ª ed. Milano: Giuffrè, 2001, n° 54, p. 117; e Karsten Schmidt, *Münchener Kommentar zum Handelgesetzbuch*, Band 2: *Handelsgesellschaften und stille Gesellschaft*, 2ª ed. München: C.H. Beck/Vahlen, 2006, § 131, n° 128, p. 599.

15 Essas situações poderiam resultar, por exemplo, das hipóteses previstas nos arts. 50, 1.009, 1.010, § 3°, 1.055 e 1.080 do CC. Todas elas, no entanto, dependeriam de demanda própria, *com a enun-*

Diante desse quadro, sem que tenham legitimidade *ad causam*, não faz o mínimo sentido que os sócios remanescentes, apenas porque sócios são, venham a ser guindados para o polo passivo de demanda... em relação a qual nada lhes pode ser exigido e, portanto, menos ainda se compreenderia que, nessas circunstâncias, sofressem todas as restrições e dificuldades que decorrem da só circunstância de serem réus em demanda posta em juízo.

Uma vez mais, é preciso interpretar os comandos processuais à luz de sua função instrumental e em harmonia com as regras próprias da relação material subjacente(16)-(17).

---

ciação de fatos e fundamentos jurídicos específicos. Nada disso, porém, se contém no bojo da ação proposta pelos antigos sócios, contendo apenas a pretensão à apuração de haveres. *Cf.* também: TJSP, AI 2119461-05.2018.8.26.0000, 1ª Câm. Dir. Emp., Rel. Des. Azuma Nishi, v.u., j. 08.08.2018 – com a citação da respeitável lição de Marcelo Fortes Barbosa: "Não se pode olvidar que, na sociedade limitada, ***a responsabilidade dos sócios vai até o valor do capital social e cessa totalmente com sua integralização***. Consequentemente, não podem ser eles obrigados ao pagamento de haveres, que são dívidas vinculadas ao patrimônio social" (*Código Civil comentado*, 8ª ed. SP: Manole, 2014, p. 975). *Cf.* ainda: TJSP, AI 2183436-69.2016.8.26.0000, 2ª Câm. Dir. Emp., Rel. Des. Ricardo Negrão, v.u., j. 13.08.2018 – caso em que na fase executiva se reconheceu a ilegitimidade dos sócios para responderem pelos haveres: "impossibilidade de a execução de sentença alcançar o patrimônio do sócio réu, pois não incidente nenhuma hipótese excepcional".

16 Isso não é novidade alguma. Há várias outras situações em que as regras processuais precisam ser interpretadas em harmonia com as regras societárias, sem as subverter. Assim: (*1°*) o art. 790 do CPC prevê a responsabilidade secundária dos sócios por dívidas da sociedade, mas, apesar disso, a ninguém ocorreria sustentar que as regras de limitação de responsabilidade dos diversos tipos societários teriam sido eliminadas; (*2°*) o art. 795, § 1º, do CPC prevê que "o sócio réu, *quando responsável pelo pagamento da dívida da sociedade*, tem o direito de exigir que primeiro sejam excutidos os bens da sociedade" e, da mesma forma, essa regra processual, evidentemente, não modificou o direito material subjacente e, logo, não afastou a responsabilidade direta do sócio por dívidas da sociedade em comum na hipótese prevista no art. 990, 2ª parte, do CC; e (*3°*) o art. 861 do CPC regula a penhora de quotas ou ações de sócio em sociedade simples ou empresárias e, de igual modo, essa regra não revogou de per si o disposto no art. 1.043 do CC. A despeito da aparente amplitude das regras processuais, elas precisam ser interpretadas de forma harmônica com os fins instrumentais para as quais foram previstas e com o direito material incidente.

17 O art. 604, §1°, do CPC, ao dispor que, havendo parcela incontroversa de haveres, o juiz poderá determinar o seu pagamento "pelos sócios ou pela sociedade" também não modificou o regime de responsabilidade dos sócios próprio de cada tipo societário. Conforme explicamos em obra específica sobre o tema, "sempre e sempre, devedor dos haveres é a sociedade, e não os sócios, ainda que se cuide de sociedade de responsabilidade ilimitada; não há confundir, como se sabe, o débito e a responsabilidade direta pelo seu pagamento, *que são da sociedade*, com a eventual responsabilidade subsidiária que, *conforme as regras de cada tipo societário*, pode recair sobre os sócios. Diante disso, não seria razoável emprestar à regra processual o efeito de subverter o sistema societário; parece-nos mais correto interpretar que a alusão feita aos sócios remanescentes só se aplica às sociedades não-personificadas em que o patrimônio social seja titulado em comum pelos demais sócios (CC, arts. 988 e 994); fora daí, porém, não podem estes ser instados a depositar os haveres daquele que se desligou da sociedade" (Erasmo Valladão Azevedo e Novaes França e Marcelo Vieira von Adamek, *Da ação de dissolução parcial de sociedade*..., cit., nº 7.2, p. 58; itálicos nossos).

Aliás, de que o art. 601 do Código de Processo Civil não é suficiente para impor o litisconsórcio nos casos em que a demanda é de simples apuração de haveres, dúvida não se coloca na doutrina mais moderna.

Assim, ao analisar a regra do Anteprojeto de Código de Processo Civil que veio a se transformar no art. 601 do código, **Flávio Luiz Yarshell** destacou, de partida, que "a disposição legal deixa dúvida" sobre se "a presença de todos os sócios é necessária ou facultativa". Na sequência, porém, o ilustre processualista concluiu: "O que nos parece, não obstante a redação do Projeto, é que *a legitimação passiva é da sociedade e não exatamente dos sócios*. É do patrimônio da pessoa jurídica que deve resultar a satisfação do crédito do autor. *A presença dos sócios só se justifica em dado caso concreto quando se puder imputar a eles a obrigação ou a responsabilidade patrimonial pessoal pela satisfação dos haveres*. Fora daí, a presença dos sócios fica submetida a critério deles próprios, que ingressarão na qualidade de assistentes"(18).

É também o que pensa **Luiz Fernando Casagrande Pereira**: "Já a ação autônoma de apuração de haveres, condenatória, deve ser proposta *apenas em face da sociedade*. A citação de todos os sócios tem aplicação apenas para a dissolução (cumulada ou não com apuração). É a sociedade que responde com seu patrimônio pelo pagamento dos haveres"(19).

Em suma, os sócios remanescentes não têm legitimidade para figurar no polo passivo de demanda que tem por fim exclusivamente apurar e cobrar os haveres das sociedades; não são eles devedores da verba; não se tornam litisconsortes por força de regra processual que tem por fim apenas disciplinar o encadeamento dos atos processuais. E, se por lapso forem incluídos no polo passivo, devem ser excluídos posteriormente.

É como pensamos deva ser interpretado o art. 601 do Código de Processo Civil, em harmonia com o direito material aplicável.

18 Flávio Luiz Yarshell e Felipe Amaral Matos, *O procedimento especial de dissolução (parcial) de sociedade no Projeto de CPC*, 'in' *Processo societário* – coords. Flávio Luiz Yarshell e Guilherme Setoguti J. Pereira, SP: Quartier Latin, 2012, pp. 231-232. *Cf.* ainda: Tiago Asfor Rocha Lima, *Aspectos processuais da apuração de haveres* post mortem *e o novo Código de Processo Civil*, 'in' *Processo societário II* – coords. Flávio Luiz Yarshell e Guilherme Setoguti J. Pereira, SP: Quartier Latin, 2015, pp. 818-820 – sugerindo que se leia a conjunção aditiva "e" como "ou".

19 Luiz Fernando Casagrande Pereira, *Código de Processo Civil anotado* – coords. José Rogério Cruz e Tucci e outros, 2ª ed. RJ: GZ Editora, 2017, nota 2 ao art. 601, p. 849. *Cf.* ainda no mesmo sentido: João Paulo Hecker da Silva, *Legitimidade passiva na ação de dissolução parcial de sociedade no Código de Processo Civil de 2015: uma análise crítica*, 'in' *Processo societário III* – coords. Flávio Luiz Yarshell e Guilherme Setoguti J. Pereira, SP: Quartier Latin, 2018, pp. 356-367.

4. Referências bibliográficas

ADAMEK, Marcelo Vieira von; e FRANÇA, Erasmo Valladão Azevedo e Novaes. *Da ação de dissolução parcial de sociedade: comentários breves ao CPC/2015*. SP: Malheiros, 2016.

AULETTA, Giuseppe; e SALANITRO, Niccolò Salanitro. *Diritto commerciale*. 13ª ed. Milano: Giuffrè, 2001.

BARBI FILHO, Celso Agrícola. *Dissolução parcial de sociedades limitadas*. BH: Mandamentos, 2004.

CAMPOBASSO, Gian Franco. *Diritto commerciale*, vol. 2: *Diritto delle società*. 6ª ed. Torino: UTET, 2008.

CARVALHOSA, Modesto. *Comentários ao Código Civil*, vol. 12. SP: Saraiva, 2003.

CUNHA PEIXOTO, Carlos Fulgêncio da. *A sociedade por cota de responsabilidade limitada*, vol. I. RJ: Forense, 1956.

DINAMARCO, Cândido Rangel Dinamarco. *Instituições de direito processual civil*, vol. I. 5ª ed. SP: Malheiros, 2005.

________. *A instrumentalidade do processo*. 15ª ed. SP: Saraiva, 2013.

________. *Litisconsórcio*, 4ª ed. SP: Malheiros, 1996.

ESTRELLA, Hernani. *Apuração de haveres de sócio*. 4ª ed. RJ: Forense, 2004.

FERREIRA, Waldemar Martins. *Tratado das sociedades mercantis*, vol. I. 4ª ed., RJ: Nacional de Direito, 1958.

FONSECA, Priscila M. P. Corrêa da. *Dissolução parcial, retirada e exclusão de sócio*. 4ª ed. SP: Atlas, 2007.

FORTES BARBOSA, Marcelo. *Código Civil comentado*. 8ª ed. SP: Manole, 2014.

FRANÇA, Erasmo Valladão Azevedo e Novaes; e ADAMEK, Marcelo Vieira von. *Da ação de dissolução parcial de sociedade: comentários breves ao CPC/2015*. SP: Malheiros, 2016.

GALGANO, Francesco. *Derecho comercial*, vol. II – trad. de Jorge Guerrero. Colombia: Temis, 1999.

GONÇALVES NETO, Alfredo de Assis. *Dissolução societária e penhora de quotas*, 'in' *O direito empresarial sob o enfoque do novo Código de Processo Civil* – coord. Franco Giovanni Mattedi Maziero. RJ: Lumen Juris, 2016

JUNQUEIRA NETO, Ruy de Mello; e WARDE JÚNIOR, Walfrido;. *Direito societário aplicado*. SP: Saraiva, 2014.

LIMA, Tiago Asfor Rocha. *Aspectos processuais da apuração de haveres* post mortem *e o novo Código de Processo Civil*, 'in' *Processo societário II* – coords. Flávio Luiz Yarshell e Guilherme Setoguti J. Pereira. SP: Quartier Latin, 2015.

MATOS, Felipe Amaral; e YARSHELL, Flávio Luiz. *O procedimento especial de dissolução (parcial) de sociedade no Projeto de CPC*, 'in' *Processo societário* – coords. Flávio Luiz Yarshell e Guilherme Setoguti J. Pereira. SP: Quartier Latin, 2012.

PEREIRA, Luiz Fernando Casagrande. *Código de Processo Civil anotado* – coords. José Rogério Cruz e Tucci e outros. 2ª ed. RJ: GZ Editora, 2017.

PONTES DE MIRANDA, F. C. *Comentários ao Código de Processo Civil*, tomo II. RJ: Forense, 1973.

PRESTI, Gaetano; e RESCIGNO, Matteo. *Corso di diritto commerciale*, vol. II: *Società*. 7ª ed. Bologna: Zanichelli, 2015.

RESCIGNO, Matteo; e PRESTI, Gaetano. *Corso di diritto commerciale*, vol. II: *Società*. 7ª ed. Bologna: Zanichelli, 2015.

SALANITRO, Niccolò Salanitro; e AULETTA, Giuseppe. *Diritto commerciale*. 13ª ed. Milano: Giuffrè, 2001.

SCHMIDT, Karsten. *Münchener Kommentar zum Handelgesetzbuch*, Band 2: *Handelsgesellschaften und stille Gesellschaft*. 2ª ed. München: C.H. Beck/Vahlen, 2006.

SILVA, João Paulo Hecker da. *Legitimidade passiva na ação de dissolução parcial de sociedade no Código de Processo Civil de 2015: uma análise crítica*, 'in' *Processo societário III* – coords. Flávio Luiz Yarshell e Guilherme Setoguti J. Pereira. SP: Quartier Latin, 2018.

SPINELLI, Luis Felipe. *Exclusão de sócio por falta grave na sociedade limitada*. SP: Quartier Latin, 2015,

WALD, Arnoldo. *Comentários ao Código Civil*, vol. XIV. RJ: Forense, 2005.

WARDE JÚNIOR, Walfrido; e JUNQUEIRA NETO, Ruy de Mello. *Direito societário aplicado*. SP: Saraiva, 2014.

YARSHELL, Flávio Luiz. *Curso de direito processual civil*, vol. I. SP: Marcial Pons, 2014.

________; e MATOS, Felipe Amaral. *O procedimento especial de dissolução (parcial) de sociedade no Projeto de CPC*, 'in' *Processo societário* – coords. Flávio Luiz Yarshell e Guilherme Setoguti J. Pereira. SP: Quartier Latin, 2012.

ZANETTI, Robson. *Manual da sociedade limitada*. Curitiba: Juruá, 2007.

A Era da Informação e o Fortalecimento da Democracia Participativa: Reflexões Sobre as Novas Tecnologias e a Transparência das Informações Públicas

Marco Aurélio Mello

Introdução

Os senhores Arruda Alvim, Eduardo Arruda Alvim e Flávio Galdino honraram-me com o convite para participar de obra coletiva em homenagem ao professor Roberto Rosas. A compilação de estudos em tributo a um jurista destina-se a relembrar a trajetória profissional e pessoal, bem como reconhecer e celebrar a sólida contribuição para o Direito.

Não poderia iniciar o texto sem, antes, consignar breve registro quanto ao ilustre homenageado: bacharel pela Faculdade Nacional de Direito, mestre e doutor pela Universidade de Brasília, o carioca Roberto Rosas possui notável trajetória na advocacia, a par de rica produção bibliográfica, tendo ocupado, entre 1986 e 1990, cadeira no Tribunal Superior Eleitoral.

Pretendo, considerada não apenas a carreira acadêmica do homenageado, mas igualmente a atuação como magistrado no Superior Eleitoral, problematizar tema que se mostra preocupação comum de todos aqueles interessados no futuro da democracia participativa: as influências do campo midiático nos pleitos eleitorais no contexto tecnológico e jurídico atual.

Vivenciamos a Era da Informação, que é também a Era Digital. É pós-Industrial porque não mais marcada pela forma mecânica, pela força. A quadra atual caracteriza-se pelo conhecimento dinâmico e tecnológico, por desafios promovidos pela modernidade, pelas alterações cada vez mais rápidas e profundas decorrentes do avanço da tecnologia. Como consequência direta, mudam a sociedade, os comportamentos humanos e as instituições. O Direito, nos mais variados ramos, sofre influência dessa realidade, à qual deve se ajustar e, a um só tempo, conformá-la. A relação é de reciprocidade, ainda que assimétrica, a depender da matéria e dos valores em jogo. Nesse sentido, fala-se da necessidade de uma reflexão sobre a evolução do Direito para atender à sociedade digital.[1]

Assistimos ao grande avanço da informatização, principalmente depois do surgimento da rede mundial de computadores, nos anos 1990, marco da evolução digital. Com a chegada da internet às residências, sobrevieram novos cenários sociais, educacionais e comerciais. As pessoas nunca mais se comunicaram, buscaram o conhecimento e informações, realizaram transações comerciais como antes. Tanto sob a óptica quantitativa como sob a qualitativa, no século XXI tem havido maior expan-

1 PINHEIRO, Patrícia. *Direito digital*. 5ª ed. São Paulo: Saraiva, 2013. p. 48.

são dessas inovações. Sem exageros, pode-se dizer que, desde a criação do primeiro computador, nos meados da década de 1940, a vida humana já estava fadada a ser influenciada e alterada por toda essa ascensão da tecnologia.[2]

A proteção à liberdade de manifestação do pensamento, o acesso às informações e a promoção da cultura e da educação também passaram por profundas transformações de razão tecnológica. A informática revolucionou o ensino e a difusão da cultura e do pensamento. O acesso aos conteúdos didáticos e às informações mais variadas, seja em virtude da rede mundial de computadores, seja graças aos CD-ROMs e similares, foi ampliado de modo extraordinário. No chamado ambiente virtual, a circulação de dados e a aquisição de conteúdos didáticos, mormente mediante cópias de arquivos ocorridas em sítios especializados, até mesmo em periódicos das mais prestigiadas universidades do mundo, impõem o redimensionamento da compreensão tradicional acerca desses meios. O ensino e a exposição de ideias via digital tornaram-se parte essencial e construtiva da cultura moderna, diferente em estrutura, procedimento, velocidade, pretensão de facilidade e amplitude de acesso relativo ao que existia antes. Nem a economia escapou da influência do universo digital. Atualmente, a problemática imposta pelo advento das moedas digitais, no que transfiguram as transações *on-line* e promovem a internacionalização dos padrões monetários, é objeto de diversos debates e entraves políticos e jurídicos. A influência da tecnologia não é algo do qual se possa ou se deva escapar.

A revolução também alcançou a política. Os processos político-eleitorais sofrem profundos efeitos desses recentes paradigmas comunicacionais. As redes sociais constituem importante canal de diálogo entre os eleitores e entre estes e os candidatos, modificando em boa medida o perfil das eleições, já bastante impactadas pelo uso das urnas eletrônicas. As oportunidades de crítica e de acompanhamento do trabalho dos governantes, elemento fundamental de qualquer democracia real, foram ampliadas com os blogues e microblogues. A disponibilidade e a velocidade de veiculação de notícias em ambientes digitais deflagrou sensíveis mudanças no relacionamento entre representantes políticos, candidatos e eleitores. Sem dúvida, os movimentos populares de junho de 2013 não teriam sido os mesmos sem a prévia articulação virtual. A política deve, hoje, dialogar com o que se convencionou chamar de "novas mídias".

Fala-se em "democracia digital". Sem dúvida, a revolução nesse campo tornou a comunicação mais democrática, ou seja, mais pessoas passaram a ter voz e a ser ouvidas. A internet é uma nova Ágora Ateniense. Tais tecnologias têm implicações nas formas por meio das quais as pessoas e grupos sociais se relacionam e trocam ideias sobre a dinâmica política e estatal. O jornalismo foi transformado, assim como, e correlatamente, o consumo das informações, nunca antes tão intenso, abrangente e veloz. Entre os artigos de maior circulação comunicacional, encontram-se os fatos políticos. A política está sob grande vigília.

2 CARVALHO, André Castro. *Tributação de bens digitais:* interpretação do art. 150, VI, *d*, da Constituição Federal. São Paulo: MP Editora, 2009. p. 25 e ss.

Este artigo versa aspecto dessa relação entre a Era Digital e a política: como as atuais tecnologias podem aumentar a participação do cidadão no controle sobre atos de governo. Considerada a necessidade de transparência das informações públicas, os meios digitais revelam-se instrumentos dinâmicos, céleres e de uso relativamente fácil para boa parcela da sociedade, resultando no fortalecimento da democracia participativa. Ao tornarem as informações públicas mais acessíveis, as novas tecnologias permitem às pessoas participarem mais da vida política e fiscalizarem melhor as ações dos governantes.

O texto será desenvolvido segundo esta estrutura: no tópico seguinte (1), tem-se o conceito de democracia; em (2), a importância do controle social sobre as ações públicas; e, em (3), comentários sobre as transformações dessa vigilância na Era Digital, no que abordadas as formas legais mediante as quais a internet for utilizada para aumentar a visibilidade das informações de interesse público e incentivar a maior participação popular na política brasileira; ao final (4), estão as conclusões.

1. O que é democracia?

Democracia não é apenas o regime político mais adequado entre tantos outros; é um direito do cidadão fundado nos valores da soberania popular e do autogoverno. Segundo a pesquisa mais recente feita pela revista *The Economist*, ao menos 115 países experimentam alguma forma democrática de governo; destes, apenas 19 possuem "democracia plena", presentes bons índices de processo eleitoral, pluralismo, funcionamento do governo, liberdades civis, participação e cultura política.[3] Estudo anterior divulgado pelo mesmo periódico intitulou 2016 como o ano da "recessão global da democracia", ante o decréscimo do número de países considerados plenamente democráticos. Mas, afinal, o que é democracia? Quais critérios devem ser satisfeitos para afirmar-se democrático um determinado sistema político?

De acordo com Charles Tilly, a definição de democracia classifica-se em quatro principais tipos: constitucional, substantiva, procedimental e orientada ao processo. A abordagem constitucional refere-se às leis promulgadas por um regime no tocante à atividade política. O foco recai nas formas constitucionais e nos arranjos legais. A definição substantiva é relacionada com as condições de vida e de política promovidas por um dado regime. A questão é saber se há promoção de bem-estar humano, liberdade individual, segurança, igualdade social, deliberação pública e resolução pacífica de conflitos. O critério procedimental prende-se ao exame das eleições, do quanto são genuinamente competitivas e capazes de produzir alternância do governo e das políticas. Diferentemente desse enfoque, não existe a preocupação com o conteúdo das políticas, e sim com as trocas de poder.[4]

3 Disponível em: <https://www.eiu.com/topic/democracy-index>.

4 TILLY, Charles. *Democracy*. New York: Cambridge University Press, 2007. p. 7-8.

Por fim, e mais relevante para este texto, há a definição vinculada à capacidade de o processo político satisfazer a exigência de igualdade política. O processo político, para ser democrático, deve oferecer condições para que todos se sintam igualmente qualificados a participar da tomada de decisões mediante as quais a vida da coletividade será governada. Significa dizer: democracia pressupõe serem os membros de um dado grupo tratados como politicamente iguais. Tilly serviu-se dos cinco conceitos elaborados por Robert Dahl para identificar o caráter democrático do processo político.

O renomado cientista político norte-americano Robert Dahl associava a democracia ao objetivo de assegurar o direito de participação igualitária dos cidadãos nas decisões relevantes de uma comunidade. O autor reconhecia haver muitos meios, alguns até impenetráveis, para definir democracia. Entretanto, defendia poderem alguns critérios ser identificados como imprescindíveis para atender a exigência do direito à igual participação política como elemento nuclear do sistema democrático. Apontou cinco:

1) Participação efetiva – antes de uma política ser adotada, todos os membros da comunidade devem ter igual e efetiva oportunidade de compartilhar com os outros membros as próprias visões relativas ao conteúdo dessa política;

2) Igualdade de voto – quando chegar o momento no qual a decisão política será finalmente tomada, todos os membros devem ter oportunidade igual e efetiva para votar, e todos os votos hão de ser contados com idêntico valor;

3) Conhecimento esclarecido – dentro de limites razoáveis de tempo, cabe dar a cada membro oportunidade igual e efetiva para aprender sobre as políticas alternativas relevantes e as consequências prováveis;

4) Controle da agenda – cumpre viabilizar aos membros a decisão sobre como e quais questões devam ser colocadas na agenda política, o que assegura a mudança constante das pautas temáticas se assim escolherem;

5) Inclusão de adultos – todos ou, ao menos, a maior parte dos adultos residentes devem ter plenos direitos da cidadania implicados os quatro critérios anteriores, o que vem a ser condição inafastável para tratamento igualitário dos membros da comunidade.[5]

Conforme Dahl, cada um desses critérios é necessário a ponto de os membros serem menos politicamente iguais na medida em que tais exigências forem violadas. Se determinado grupo tiver mais oportunidades do que outros para expressar opiniões, ser ouvido, formar agendas, aprender sobre as medidas alternativas, não se poderá falar em igualdade política. Como seria possível evitar tais desvios? Robert Dahl diz que apenas se previstos mecanismos dirigidos a incentivar e assegurar a participação efetiva dos cidadãos nos assuntos de governo.

A democracia é, portanto, o regime a garantir, na maior medida possível, a igual participação política dos membros da comunidade. Trata-se, claro, de conceito

5 DAHL, Robert. *On Democracy.* New Haven: Yale University Press, 1996. p. 37-38.

ideal. Mostra-se inviável, no mundo real, alcançar essa igualdade na plenitude. Isso não significa, porém, a inutilidade dos critérios mencionados. Eles permanecem valiosos, como guias para formulação de desenhos constitucionais, arranjos institucionais e sistemas políticos que aspirem ser democráticos, isto é, possuam a pretensão de promover a igualdade política.[6]

Esta última é central na definição de democracia. Conforme destaca Dahl, "por definição, nenhum sistema não democrático permite aos seus cidadãos (ou sujeitos) amplo arranjo de direitos políticos. Se algum sistema político fosse assim fazer, tornar-se-ia, por definição, uma democracia".[7] Há de ressaltar-se ser não apenas uma questão de definição, mas condição empiricamente necessária: igualdade de participação política é condição da própria existência da democracia.

A premissa é verdadeira tanto para a ideia tradicional de democracia representativa como para a noção contemporânea de democracia deliberativa. Na primeira, o poder é exercido apenas indiretamente pelos membros da sociedade e diretamente pelos representantes políticos eleitos. A tomada de decisões políticas – como a criação de leis –, de forma direta pelos cidadãos, mantém-se inviável nas sociedades plurais e complexas contemporâneas. A soberania popular não é, necessariamente, autora das decisões fundamentais, e sim legitimadora do papel desempenhado pelos representantes escolhidos por meio do voto. Na democracia representativa, essa legitimidade pressupõe a ideia de autogoverno popular, que depende da igualdade de participação política.

Contemporaneamente, o professor Jeremy Waldron tem construído bem-articulada proposta para resgatar o espaço perdido pela democracia representativa, especificamente pelo Poder Legislativo, nas últimas décadas,[8] resgatando o valor do autogoverno popular atrelado ao de igual participação política. Waldron preconiza a prerrogativa incondicional dos cidadãos de resolverem as divergências sobre direitos e princípios entre eles mesmos ou entre os representantes, de forma que a autoridade legítima para dizer os direitos só pode ser aquela cujo procedimento privilegie a autonomia e a responsabilidade de cada pessoa: o processo legislativo.

A autoridade para dizer os direitos pertenceria ao legislador porque o único critério legítimo para a definição dessa autoridade é o de identificar um processo decisório no qual são levadas igualmente a sério as informações de todos os que disputam o acordo de sentidos, produzindo conclusões precedidas de debates norteados pelo mútuo respeito aos diferentes pontos de vista de cada participante. A proposta é construída sobre a convicção de serem a igual participação política e o autogoverno, em

6 Idem, ibidem, p. 42.

7 Idem, ibidem, p. 49.

8 Cf. WALDRON, Jeremy. *The Dignity of Legislation*. New York: Cambridge University Press, 1999.

si mesmos, condições do desenvolvimento da personalidade humana.[9] Para Waldron, o Legislativo é a única instituição, no campo, em que há respeito a essas condições.

Segundo o autor, participação política sob iguais termos (igual voz nas decisões) e autogoverno são direitos fundamentais, e, por isso, existe profunda conexão de um procedimento que os privilegie com a essência das concepções modernas de direitos. Dignidade e autonomia individual consubstanciam valores essenciais que as pessoas, como agentes e eleitores, desenvolvem melhor em condições de autogoverno, sendo a opinião de cada uma "intitulada não apenas a ser respeitada no sentido de 'não suprimida', mas também a *somar* em qualquer tomada de decisão política que ocorra na sociedade em que vive". Seria uma "concessão à pluralidade humana".[10] Waldron defende um vínculo entre os direitos fundamentais dos indivíduos e o respeito pelas capacidades morais de igual participação política.[11]

O processo legislativo, conforme salienta, é o único "formado e elaborado de modo que se dê igual peso às preferências e opiniões de todos".[12] Os titulares dos direitos, pelo debate, deliberação, voto e mecanismos de representação política, formularão as respostas às divergências sobre direitos e princípios. Em síntese, Jeremy Waldron vislumbra um projeto de (re)dignificação do papel da legislação como meio legítimo de autogoverno e de participação política sobre bases igualitárias.

A igual participação política também está no centro do desenvolvimento da chamada democracia deliberativa. Esse modelo apresenta-se como alternativo às concepções variáveis da *democracia representativa,* vinculadas aos processos de representação política. Sem negar a importância do processo popular de escolha de representantes, os partidários da democracia deliberativa sustentam não poder a democracia ser reduzida à representação política, devendo envolver "também a possibilidade efetiva de se deliberar publicamente sobre as questões a serem decididas".[13] A efetiva deliberação pública racionaliza e legitima as decisões tomadas no âmbito dos processos políticos e de gestão pública, evitando o amesquinhamento e a manipulação deles.

9 WALDRON, Jeremy. A Right-Based Critique of Constitutional Rights. *Oxford Journal of Legal Studies,* vol. 13 (1), 1993, p. 37: "Participação é de todo valiosa em razão da importância de se agregarem diversas perspectivas e experiências quando estão sendo tomadas decisões públicas; e é valiosa também porque a mera experiência de se argumentar em circunstâncias de pluralidade humana nos ajuda a desenvolver opiniões mais interessantes e provavelmente mais válidas do que poderíamos fazer sozinhos".

10 WALDRON, Jeremy. A Right-Based Critique of Constitutional Rights. *Oxford Journal of Legal Studies,* vol. 13 (1), 1993, p. 38.

11 WALDRON, Jeremy. Judicial Review and the Conditions of Democracy. *The Journal of Political Philosophy* Vol. 6 (4), 1998, p. 341-342.

12 WALDRON, Jeremy. Introduction: Disagreements on Justice and Rights. *New York University Journal of Legislation and Public Policy* Vol. 6 (1), 2002, p. 9.

13 SOUZA NETO, Cláudio Pereira de. Deliberação pública, constitucionalismo e cooperação democrática. In: BARROSO, Luís Roberto (Org.). *A reconstrução democrática do direito* público no Brasil. Rio de Janeiro: Renovar, 2007. p. 44.

Todavia, para alcançar a legitimidade, a deliberação há de ocorrer em contexto *aberto, livre* e *igualitário,* ou seja, todos devem participar livres de qualquer coerção física ou moral, em condições de iguais possibilidades e capacidades para influenciar e persuadir. Em suma, a idêntica oportunidade de participação política configura pressuposto de uma deliberação justa e eficiente. Dentro da perspectiva procedimental da democracia deliberativa, defendida por autores como Jürgen Habermas,[14] cabe manter as deliberações abertas quanto ao conteúdo dos resultados, mas limitadas pela observância dos princípios que asseguram condições procedimentais de legitimidade, os quais são voltados a garantir o envolvimento equânime dos membros da sociedade na deliberação pública.

Vê-se ser a igual oportunidade de participação política condição conceitual e empírica da democracia sob a óptica tanto representativa como deliberativa. Como ideal a ser sempre buscado, essa igualdade de participação política acaba revelando-se um princípio de governo a homenagear a capacidade e a autonomia do cidadão em decidir ou julgar o que é melhor para a comunidade que habita. Ao fazer isso, esse cidadão resolve o que é melhor para si mesmo, o que vem a ser condição de legitimidade de um sistema político baseado na liberdade.

2. Democracia participativa, controle social sobre as decisões públicas e a importância do direito fundamental à informação

A participação política não se resume à eleitoral. São condições procedimentais da democracia a realização de eleições periódicas, com sufrágio universal e caracterizadas por processos justos e igualitários de escolha. Ocorre que participação política é muito mais do que o ato de votar. Envolve o controle das decisões públicas pelos membros da sociedade. Criticar e fiscalizar o comportamento dos agentes políticos consistem em modos fundamentais de participação política, essenciais para a vitalidade prática da democracia. Povo que não exerce tal controle não se autogoverna.

Como argutamente apontou a professora Ana Paula de Barcellos, não obstante a dificuldade da definição do que seja democracia, existem conteúdos mínimos que podem ser reconhecidos independentemente da concepção adotada: um deles é o de "controle social" – exercido diretamente pelos membros da sociedade sobre a atuação dos agentes públicos.[15] Esse controle, segundo afirma a professora carioca, pode recair sobre a juridicidade dos atos dos agentes públicos e ser realizado mediante ações populares, denúncias ao Ministério Público, representações perante os Tribunais de Contas, etc. Em última análise, exercício do controle social faz parte do que se pode

14 Cf. HABERMAS, Jürgen. *Facticidad y Validez.* 4. ed. Madrid: Trotta, 2005.

15 BARCELLOS, Ana Paula de. Papéis do Direito Constitucional no fomento do controle social democrático: algumas propostas sobre o tema da informação. *Revista de Direito de Estado* nº 12, Rio de Janeiro: Renovar, p. 80.

chamar de democracia participativa – defeitos da democracia representativa são combatidos diretamente pelos destinatários do governo. A democracia participativa busca reduzir a distância entre democracia e representatividade eleitoral.

Ao lado de mecanismos de democracia direta como o referendo, o plebiscito, a iniciativa legislativa popular, o *recall* e o veto popular, a democracia participativa possui a relevante dimensão de controle popular do exercício do poder. O controle revela-se como essencial para o combate à corrupção política e aos déficits de representatividade. Para o efetivo exercício desse controle, os cidadãos, além de motivados a tomar parte nas decisões fundamentais, devem estar devidamente informados. Como destacou o professor Daniel Sarmento, "não é exagero afirmar que o controle do poder tem no direito à informação o seu instrumento mais poderoso. A transparência proporcionada pelo acesso à informação é o melhor antídoto para a corrupção, para as violações de direitos humanos, para a ineficiência governamental".[16]

A professora Ana Paula ressalta que três fatores podem reduzir o controle social sobre as decisões públicas: (i) o desinteresse da população no tocante aos assuntos políticos da nação, causado, principalmente, pela falta de tempo das sociedades contemporâneas, especialmente em centros urbanos; (ii) a indiferença decorrente da impressão de a participação não mudar em nada o quadro adverso, ou seja, a percepção de as ações voltadas para controlar os agentes públicos não produzirem resultados práticos, criando-se círculo vicioso: menos controle social, mais desinteresse por falta de resultados práticos; mais desinteresse por falta de resultados práticos, menos controle social; (iii) e, para o que importa neste artigo, o descaso fomentado pela falta de informações sobre as questões públicas.[17]

A professora questiona como poderá ser exercido o controle social se a população desconhece a política pública ou a prioridade escolhida. Como saber se os objetivos foram alcançados se não são divulgadas informações a respeito das metas prometidas e dos resultados almejados? Para Ana Paula, o Direito, máxime o Constitucional, deve fomentar o controle social ao prescrever a difusão das *informações* sobre as ações públicas.[18] O Direito deve promover a transparência das informações. Sem dúvida, quanto menos se tiver acesso a elas, menor será o monitoramento, haja vista aumentar o desinteresse em razão do elevado custo pessoal para obter esses dados. O conhecimento acerca do que pode e deve ser controlado é condição de exercício do controle social. Assim, a transparência das informações públicas revela-se essen-

16 SARMENTO, Daniel. Liberdades Comunicativas e "Direito ao Esquecimento" na ordem constitucional brasileira. Parecer. Disponível em: <http://www.migalhas.com.br/arquivos/2015/2/art20150213-09.pdf>.

17 BARCELLOS, Ana Paula de. Papéis do Direito Constitucional no fomento do controle social democrático: algumas propostas sobre o tema da informação. *Revista de Direito de Estado* nº 12, Rio de Janeiro: Renovar, p. 80-83.

18 Idem, ibidem, p. 86: "caso as informações sejam de fácil acesso e compreensão para o público, o custo de se informar e exercer alguma forma de controle social diminuirá sensivelmente."

cial para a efetiva participação política dos governados, o que implica homenagear o próprio princípio democrático. A participação democrática requer, em síntese, um sistema abrangente e acessível de informações sobre as ações públicas.

Na Carta de 1988, artigo 5º, inciso XXXIII, consta que "todos têm direito a receber dos órgãos públicos informações de seu interesse particular, ou de interesse coletivo ou geral, que serão prestadas no prazo da lei, sob pena de responsabilidade, ressalvadas aquelas cujo sigilo seja imprescindível à segurança da sociedade e do Estado". Como correspondente ao direito fundamental às informações públicas, o constituinte estabeleceu, no artigo 37, § 3º, inciso II, o dever de legislar acerca das formas de participação do cidadão na Administração Pública direta e indireta, sendo assegurado o acesso às informações relativas a atos de governo. Há, assim, o direito fundamental à informação e o dever constitucional de publicidade dos atos de governo. Caso o legislador deixe de promover os meios necessários ao cumprimento dessas regras, estará protegendo de forma insuficiente o direito de igual participação política dos cidadãos e violando, por ação legislativa deficiente, o direito fundamental à democracia.

O Poder Público deve, portanto, proporcionar à sociedade o conhecimento dos atos de gestão da coisa pública. Isso significa incumbir ao Estado não apenas abster-se de impedir o acesso às informações mas também buscar levar as informações à sociedade, tomar providências no sentido de tornar públicos os atos de governo e, assim, fomentar o controle social. Como observa a professora Ana Paula, não cabe ao Estado assegurar que todos acessem as informações – até porque nem todos estão realmente interessados –, mas promover as melhores condições para que isso seja possível.[19] Ao Estado cumpre produzir acesso real da sociedade aos dados, ou seja, criar as condições necessárias para que todos os interessados possam ter acesso e que os inicialmente desinteressados passem a se sentir motivados a tanto. O Estado deve estimular a igual participação política de todos ao incentivar o controle social sobre os atos de governo.

Nesse ponto, há o contato entre o dever de o Estado despertar, nos membros da sociedade, a vontade de acesso às informações sobre o agir estatal e os novos meios de comunicação próprios da Era Digital. A revolução tecnológica tem modificado a forma como o Poder Público pode cumprir o dever de publicidade e, correlatamente, promover o direito fundamental da sociedade brasileira às informações sobre os atos de gestão da coisa pública. Os novos instrumentos digitais vêm potencializando a transparência das informações públicas. O legislador brasileiro, como será apontado no tópico seguinte, tem ficado atento às possibilidades de uma "democracia digital".

19 Idem, ibidem, p. 96.

3. Vivemos uma "democracia digital"?

A igualdade de participação política do cidadão está no centro do conceito e da prática da democracia, ao passo que o acesso às informações alusivas à gestão da coisa pública é essencial como fator de incentivo e possibilidade dessa participação sob a forma de controle social sobre os atos de governo. Daí derivar a equação segundo a qual, quanto maior for a transparência dessas informações, maior poderá ser a participação social na governança contemporânea. A transparência revela-se, assim, requisito imprescindível da democracia, valor necessário para aproximar o cidadão dos atos estatais. Essa transparência tem sido também digital: a comunicação entre política e cidadania vem sendo levada a efeito, contemporaneamente, por meios digitais, o que tem robustecido a democracia participativa. O ambiente digital, utilizado tanto pelos cidadãos para comunicarem entre si, como pelo Poder Público para veicular informações, fortalece os processos democráticos. Essa conexão de valores, práticas e utilidades pode denominar-se "democracia digital".

A transparência digital envolve dois aspectos: a transparência da gestão de governo e os meios digitais de transmissão de informações e de comunicação. No que se refere ao controle social dos atos de gestão pública como forma de participação cidadã, importa o quanto a tecnologia favorece a maior transparência pública. Relevante se faz a análise de como os governos dos diferentes níveis federativos têm usado as novas ferramentas tecnológicas, sobretudo a internet, para tornar mais transparentes e acessíveis as informações sobre a coisa pública e, com isso, aumentar o nível de participação e controle popular quanto ao desenvolvimento político do País.

Sem dúvida, a internet e outras ferramentas digitais contribuem muito para a inclusão política da sociedade brasileira. As novas tecnologias proporcionam, em razão de características próprias, facilidades que reduzem custos naturais do engajamento político dos cidadãos. Esses mecanismos possuem vantagens de tempo e espaço, derrubando limitações quanto à comunicação e ao acesso às informações. Permitem a transmissão de quantidade maior de informações se comparados aos meios mecânicos tradicionais. Além do mais, oferecem maior comodidade e interatividade aos destinatários, implicando ganhos de conveniência da participação política popular. Os benefícios são inerentes às mudanças estruturantes nas formas de comunicação e informação promovidas pela revolução digital.

Por certo que o sucesso dessa revolução depende do nível de acesso da população brasileira à internet. Assim como na distribuição de renda, o Brasil apresenta desigualdades também nesse campo. Tal quadro precisa ser reduzido. Segundo dados do Comitê Gestor da Internet do Brasil, 98% dos domicílios da classe A têm conexão à internet e disponibilidade de computador, ao passo que, nas classes D e E, o índice é de irrisórios 6%. No geral, 54% dos domicílios do Brasil possuem acesso aos serviços de internet[20]. O aspecto negativo é que as disparidades não só reproduzem mas po-

20 Disponível em: <https://www.cgi.br/media/docs/publicacoes/2/TIC_DOM_2016_LivroEletronico.pdf >.

dem aprofundar a desigualdade social e, da mesma forma, o desequilíbrio na participação política do cidadão. Promover acesso mais linear à internet e aos equipamentos tecnológicos revela-se, inequivocamente, necessário para aumentar a qualidade da democracia participativa. Políticas públicas se fazem imprescindíveis nesse sentido.

A democracia digital vem ganhando corpo com o trabalho dos legisladores pátrios, destacando-se a Lei nº 12.527, de 18 de novembro de 2011. Esse diploma legal, regulamentando o acesso às informações versado no inciso XXXIII do artigo 5º da Constituição Federal, estabeleceu os procedimentos a serem observados pela União, pelos Estados, pelo Distrito Federal e pelos Municípios com o fim de garantir o acesso concernente a dados sobre a gestão da coisa pública. No artigo 3º, incisos IV e V, foram previstos, como diretrizes para cumprimento da lei, o fomento ao desenvolvimento da cultura de transparência na Administração Pública e o desenvolvimento do controle social sobre esta. No § 2º do artigo 8º, foi determinado, para o fim de divulgação das informações, que os "órgãos e entidades públicas deverão utilizar todos os meios e instrumentos legítimos de que dispuserem, sendo obrigatória a divulgação em sítios oficiais da rede mundial de computadores". Especificamente sobre isso, eis a redação do § 3º do dispositivo:

> Art. 8º.
>
> [...]
>
> § 3º Os sítios de que trata o § 2º deverão, na forma de regulamento, atender, entre outros, aos seguintes requisitos:
>
> I – conter ferramenta de pesquisa de conteúdo que permita o acesso à informação de forma objetiva, transparente, clara e em linguagem de fácil compreensão;
>
> II – possibilitar a gravação de relatórios em diversos formatos eletrônicos, inclusive abertos e não proprietários, tais como planilhas e texto, de modo a facilitar a análise das informações;
>
> III – possibilitar o acesso automatizado por sistemas externos em formatos abertos, estruturados e legíveis por máquina;
>
> IV – divulgar em detalhes os formatos utilizados para estruturação da informação;
>
> V – garantir a autenticidade e a integridade das informações disponíveis para acesso;
>
> VI – manter atualizadas as informações disponíveis para acesso;
>
> VII – indicar local e instruções que permitam ao interessado comunicar-se, por via eletrônica ou telefônica, com o órgão ou entidade detentora do sítio; e
>
> VIII – adotar as medidas necessárias para garantir a acessibilidade de conteúdo para pessoas com deficiência, nos termos do art. 17 da Lei no 10.098, de 19 de dezembro de 2000, e do art. 9o da Convenção sobre os Direitos das Pessoas com Deficiência, aprovada pelo Decreto Legislativo no 186, de 9 de julho de 2008.

A partir dessa disciplina, a União, o Distrito Federal, os Estados, os Municípios, as autarquias, as fundações e empresas públicas, bem assim as sociedades de economia mista, passaram a disponibilizar número expressivo de informações em sítios bem-elaborados e acessíveis, criando novo foro de investigação e controle em favor da sociedade. Trata-se dos denominados "portais da transparência", nos quais viabilizados aos cidadãos elementos sobre a atuação dos agentes públicos e políticos, permitindo-lhes participar ativamente do controle da gestão pública. A Lei nº 12.527/2011 e a previsão do meio digital para divulgação das informações têm sido de extrema relevância no fomento, na sociedade brasileira, das ideias de interação política por meio do controle social.

Com medidas dessa natureza, foi ampliada a fiscalização, pelo cidadão brasileiro, da administração da coisa pública: não é mais um momento puramente eleitoral, e sim também de monitoramento contínuo dos atos dos gestores, o que significa a participação de forma permanente na aplicação dos recursos públicos. A revolução digital tem possibilitado ao eleitor acompanhar, diariamente, o exercício do mandato pelos representantes políticos, em verdadeira supervisão das decisões por meio das quais são governados. A democracia participativa na Era Digital é, assim, alargada em vias de consolidação – vivenciamos, e por que não, uma "democracia digital".

Conclusão

Democracia não é apenas o regime político mais adequado entre tantos outros ou, parafraseando Winston Churchill, o pior à exceção de todos os demais. Antes, deve ser compreendida como o conjunto de instituições voltado a assegurar, na medida do possível, a igual participação política dos membros da comunidade, a qual tem, no acesso à informação, condição procedimental. Sem tal acesso, o cidadão não se sentirá motivado nem habilitado a exercer controle social sobre as ações dos representantes políticos, ficando enfraquecida a democracia. As novas ferramentas tecnológicas de comunicação, especialmente a internet, têm permitido maior e melhor acesso da sociedade a esses dados. No Brasil, os chamados portais da transparência, previstos na Lei nº 12.527/2011, são o principal exemplo dessa evolução.

Há longo caminho a percorrer. A Era Digital, no entanto, viabilizou o aumento da transparência das informações públicas e o fortalecimento da democracia participativa brasileira, nunca sendo demasiado lembrar que resumir a participação política dos cidadãos ao ato de votar é passo insuficiente ao fortalecimento da vitalidade prática da democracia, cujo adequado funcionamento pressupõe o controle, crítico e fiscalizatório, das decisões públicas pelos membros da sociedade. Povo que não a exerce não se autogoverna.

Breves Anotações Sobre Ato Jurídico e as Consequências da Impossibilidade do seu Objeto

Marcos Bernardes de Mello

Preâmbulo

De longa data considero-me, além de um admirador, um amigo do Professor Roberto Rosas. Mas, não somente. Também um discípulo que muito aprendeu com sua prudência e sabedoria no trato das mais complexas situações jurídicas que lhe foram submetidas ao longo de sua existência. Apesar da distância territorial que separa nossas vidas e a falta de oportunidade que, nos últimos tempos, me privou da profícua e enriquecedora convivência que tantas vezes mantivemos, a admiração que lhe devoto continua viva. Acrescente-se a esses aspectos subjetivos decorrentes de nossa relação, seu merecimento a essa homenagem pelo valor de sua atuação e obra que, como jurista notável, professor dedicado e competente, advogado de escol e magistrado lúcido, sereno e equilibrado, coerente e justo, doou à cultura jurídica nacional.

Por isso, participar desta obra em homenagem ao Professor Roberto Rosas não constitui apenas uma satisfação, mas, antes de tudo, uma honra.

I. Colocação do tema

Este estudo parte de situações hipotéticas, perfeitamente possíveis de existir no quadro das realidades fácticas, relacionadas às diversas formas de impossibilidades dos objetos os atos jurídicos *lato sensu* lícitos, cujas consequências podem afetá-los e como os afeta quanto à existência, validade e eficácia no mundo jurídico.

O objeto constitui dado essencial componente da estrutura dos atos jurídicos, de modo que o ser possível e hígido são pressupostos necessários para que existam e não sejam desfigurados em sua perfeição. Em decorrência disso, a impossibilidade do objeto os afeta em sua integridade, algumas vezes em sua própria existência, outras em sua validade, mas sempre em sua eficácia, conforme seja cognoscitiva (gnosiológica), lógica, moral, jurídica, ou física[1].

1 *Tratado de direito privado*, cit., t. IV, § 397, 1.

Em geral, ao longo dos tempos, a doutrina se dedicou com maior empenho ao estudo das impossibilidades física e jurídica dos objetos e de sua ilicitude, naturalmente porque o direito positivo a elas se referem explicitamente, como causas de nulidade dos negócios jurídicos. Poucas são as referências às impossibilidades cognoscitivas e lógicas, notadamente em relação às suas consequências. Neste estudo buscar-se-á, com a brevidade que o espaço permite, demonstrar de que modo e como as impossibilidades atingem os atos jurídicos nos diversos planos do mundo do Direito, com maior destaque das duas últimas mencionadas. .

II. Pressupostos doutrinários necessários

II.1. *Premissas sobre atos jurídicos* lato sensu *à luz da Teoria do Fato Jurídico*[2]

1. No campo da juridicidade (=mundo jurídico) tudo o que acontece é, necessariamente, consequência de um fato jurídico. Portanto, é premissa irretorquível: nada ocorre no mundo do Direito, da mais simples situação jurídica (como as qualidades e as qualificações) a mais complexa relação jurídica, com todo seu conteúdo de direitosDdeveres, pretensõesD obrigações, açõesDsituações de acionado, exceçõesDsituações de exceptuado, bem como as sanções, os ônus e os prêmios, senão como eficácia (jurídica) de um fato jurídico, lícito ou ilícito.

Dentre as diversas espécies de fatos jurídicos ressalta como a mais importante o ato jurídico *lato sensu*[3], que se pode conceituar como o fato jurídico cujo suporte fáctico tem como *cerne* uma exteriorização consciente de vontade que se dirija a obter um resultado (=objeto) juridicamente protegido, ou não proibido, e possível.

2. A partir desse conceito, tem-se que constituem elementos essenciais à sua existência:

(*i*) que haja uma exteriorização de vontade, mediante simples manifestação ou declaração, conforme a espécie, que constitua uma conduta juridicamente relevante, portanto, considerada pelas normas jurídicas suficiente à composição do suporte fáctico de ato jurídico. A necessidade de que o elemento volitivo da conduta seja conhecido das pessoas constitui imperativo de ordem prática, vivencial, que o Direito não pode desprezar. A vontade que permanece interna, como acontece com a *reserva*

2 Sobre ato jurídico, com maiores detalhes, veja-se MELLO, Marcos Bernardes de, *Teoria do fato jurídico*: plano da existência, Cap. X, 22ª Ed. São Paulo, Saraiva, 2019.

3 No texto, o emprego da expressão *ato jurídico* terá o sentido de ato jurídico *lato sensu*. Sempre que for necessária, a referência restrita à espécie ato jurídico *stricto sensu* usar-se-á essa expressão, literalmente.

mental, não serve à composição de suporte fáctico de ato jurídico[4], pois que de difícil, senão impossível, constatação[5];

(*ii*) que essa exteriorização de vontade relevante para o Direito, seja *consciente*, de modo que aquele que a declara ou manifesta deve saber que a está declarando ou manifestando com aquele sentido próprio. Por isso, é necessário considerar, além da vontade de declarar ou manifestar, o conteúdo da vontade declarada ou manifestada, ou seja, a vontade em si mesma. Assim, se não houver consciência quanto ao conteúdo da vontade exteriorizada não haverá vontade negocial, o que implica irremediavelmente não se concretizar ato jurídico algum.

A questão da inconsciência da vontade[6] não se confunde com o problema do erro em sua exteriorização. A *inconsciência implica inexistência de vontade suficiente a compor suporte fáctico de ato jurídico; diferentemente*, no *erro* há *vontade que, apesar de defeituosa, é bastante para gerá-lo*. Em vista disso, no caso de inconsciência da vontade *não há* ato jurídico *lato sensu*; havendo erro, *existe* o ato jurídico, mas anulável (= passível de anulação), como decorrência do defeito na formação da vontade. A inconsciência da vontade constitui elemento que importa insuficiência do suporte fáctico (refere-se, portanto, ao plano da existência); o erro tem sua consequência quanto à *eficiência* dos elementos do suporte fáctico (de modo que diz respeito ao plano da validade[7]).

A exigência de *consciência da vontade* não significa que o figurante (= aquele que exterioriza a vontade) precise manifestá-la com a *ciência e a intenção de que está praticando um ato jurídico*. Se existem a intenção e a ciência, melhor. Em verdade,

---

4 Há situações, como no dolo, na ignorância, ou erro, em que dados volitivos internos constituem elementos de suporte fáctico de norma jurídica. No entanto, a *reserva mental* em contrário ao que se exteriorizou (Código Civil, art. 110) não afeta o conteúdo da manifestação de vontade, salvo se dela tinha conhecimento o destinatário (porque, evidentemente, aí não mais se poderá falar de reserva mental propriamente dita, é tautológica a ressalva da parte final do citado art. 11 do Código Civil).

5 Pontes de Miranda, *Tratado de direito privado*, t. I, §§ 25 e s., e t. III, §§ 32 e s. Considerando as várias edições da obra do mestre, nas suas citações que dela forem feitas, indicar-se-á o parágrafo em que o texto é dividido, cuja numeração permanece sem alteração, ao que parece.

6 As divergências entre a vontade psicológica e a vontade exteriorizada são sempre possíveis de ocorrer. E, parece claro, não se pode, simplesmente, estabelecer, aprioristicamente, o que deve prevalecer: se a vontade ou se a sua declaração. Sobre esse problema divergem as duas principais correntes doutrinárias que procuram explicar o ato jurídico (especialmente): (*a*) para a *teoria da vontade* (*teoria subjetiva*), na configuração do ato jurídico o que importa é a vontade em si, portanto, o conteúdo da vontade, aquilo que, *psicologicamente*, *se quis*; (*b*) os seguidores da *teoria da declaração* (*teoria objetiva*) entendem, diferentemente, que a prevalência deve ser da vontade tal qual exteriorizada, sem levar em conta a vontade real. Essas duas concepções, por serem extremadas, não conseguem explicar satisfatoriamente questões que a realidade do Direito sugere, como será mais bem apreciado adiante.

7 *Vide* a diferenciação em MELLO, Marcos Bernardes de, *Teoria do fato jurídico*: plano da existência, citado, Capítulo IV.

quando alguém vai ao cinema não o faz com o *intuito de realizar um contrato de exibição*. Mas, quando se vai ao cinema, *quer-se aquilo que se manifesta*, com o intuito prático de assistir a um filme. O mesmo ocorre quando se toma um ônibus, um trem ou um taxi; *ninguém tem esse comportamento porque quer formalizar um contrato de transporte,* mas porque deseja ser transportado. Se essa manifestação constitui suporte fáctico de uma norma jurídica, a sua incidência, por ser incondicional, cria o ato jurídico correspondente, independentemente da apuração da circunstância de se ter querido, ou não, praticar um negócio jurídico. A consciência da vontade leva em conta o *querer em si*, o *intuito de realizar aquela conduta que se exterioriza.* Não importa o específico conteúdo jurídico da exteriorização de vontade, ou as suas consequências jurídicas, mas se aquela conduta é tipificada como suporte fáctico de norma jurídica[8]

(*iii*) finalmente, é necessário que o ato jurídico tenha um objeto que seja lícito, possível e determinável, caracterizado pela *atribuição específica*, de cunho prático, que a ordem jurídica encampa, protege e não proíbe. É evidente que somente se pode considerar jurídico aquele ato do qual decorra, ou ao menos possa decorrer, uma atribuição jurídica tipificada na possibilidade de modificação do conteúdo da esfera jurídica dos que o praticam.

Como se mostrará adiante, em relação ao objeto como atribuição específica do ato jurídico, há quatro aspectos principais a considerar, com consequências distintas: (iii.a) sua existência, (iii.b) sua licitude, (iii.c) sua determinabilidade e (iii.d) sua possibilidade.

II.2. Espécies de atos jurídicos

3. *No sistema jurídico nacional, conforme doutrina Pontes de Miranda*[9], *há três espécies de atos jurídicos: (a) duas lícitas: os negócios jurídicos e os atos jurídicos stricto sensu (também denominados atos não negociais) e (b) uma ilícita: o ato ilícito, ou delito. Apenas por atitude metodológica com fins didáticos, em nossas obras tratamos separadamente as duas espécies lícitas da espécie ilícita. Por isso, neste estudo somente serão mencionados os atos jurídicos stricto sensu e os negócios jurídicos que, conforme a visão ponteana, têm por elemento distintivo entre eles o poder de autorregramento da vontade (também denominado de autonomia da vontade e autonomia privada), existente nos segundos e inexistente nos primeiros.*

Em verdade,"o Direito, ao regular os atos humanos que têm na vontade o seu elemento nuclear, quando os não veda ou os declara vedáveis pela atuação das próprias pessoas, permite-os, mas,

---

8 *Vide* em minúcias, MELLO, Marcos Bernardes de, *Teoria do fato jurídico*: plano da existência, citado,§ 38, 2.

9 *Tratado de direito privado,* t.I,§ 22.4., atualizado por MARTINS-COSTA,Judith, HAICAL, Gustavo e SILVA, Jorge Cesa Ferreira da, São Paulo: Editora Revista dos Tribunais, 2012.

(a) os recebe sempre em certo sentido, portanto, sem escolha de categoria jurídica, e com efeitos preestabelecidos e inalteráveis pela vontade dos interessados (=são os atos jurídicos *stricto sensu* ou atos não-negociais)*, ou*

(b) diferentemente, outorga liberdade às pessoas para, dentro de certos limites, autorregrar seus interesses, permitindo a escolha de categorias jurídicas, de acordo com as suas conveniências, e possibilitando a estruturação do conteúdo eficacial das relações jurídicas decorrentes"[10](= são os negócios jurídicos).

II.3. Vicissitudes por que podem passar os atos jurídicos lato sensu *nos planos do mundo do direito*

4. Da análise das vicissitudes por que podem passar os fatos jurídicos, constata-se serem possíveis situações em que

(*i*) o ato jurídico lícito (***a***) existe válido e eficaz (casamento de duas pessoas capazes, sem impedimentos dirimentes, realizado perante autoridade competente, sem qualquer vício de vontade, *e.g.*) (***b***) existe válido e ineficaz (testamento de pessoa capaz, feito com observância das formalidades legais, antes da ocorrência da morte do testador), (***c***) existe inválido e ineficaz (compra, mesmo em hasta pública, feita por tutor de bem pertencente ao tutelado), (***d***) existe inválido e eficaz (casamento putativo; negócio jurídico anulável, antes da decretação da anulabilidade); ou,

(*ii*) quando se trata de fato jurídico *stricto sensu*, ato-fato jurídico, ou fato ilícito *lato sensu*, (*e*) existe e eficaz (nascimento com vida, a pintura de um quadro, o dano causado a bem alheio) ou, excepcionalmente, (*f*) existe e ineficaz[11], porque a validade é questão que refere exclusivamente à vontade cerne de suportes fácticos, donde cingir-se apenas, aos atos jurídicos *stricto sensu* e os negócios jurídicos sem, portanto, jamais dizer respeito às outras espécies de fatos jurídicos.

Nas combinações que podem ocorrer – e as acima mencionadas esgotam as espécies possíveis – variam os dados relativos à validade e à eficácia, mas a existência permanece sempre invariável. De tudo isso se pode chegar afirmar: (*a*) que existência, validade e eficácia são três situações distintas por que podem passar os fatos jurídicos e, portanto, não é possível tratá-las como se fossem iguais; (*b*) que a existência constitui pressuposto essencial para que se possa tratar de validade e eficácia que, em última análise, são tão somente atributos de algo que existe.

10 MELLO, Marcos Bernardes de, op.cit. §39.

11 Geralmente, a lei não contém a eficácia dos fatos jurídicos em que a vontade não entra como elemento relevante do suporte fáctico (=fatos jurídicos *stricto sensu* e atos-fatos jurídicos) e de todos os ilícitos. Nada impede, porém, que estabeleça a sua sustação. A ineficácia desses fatos jurídicos, todavia, somente pode ocorrer em virtude de expressa disposição legal, portanto, excepcionalmente. Não conhecemos um só exemplo no sistema jurídico nacional dessa situação, mas não podemos desconhecer sua possibilidade.

Essas observações demonstram a extrema propriedade e utilidade da proposta de Pontes de Miranda de considerar o mundo jurídico dividido em três planos, (*a*) da existência, (*b*) da validade e (*c*) da eficácia, nos quais se desenvolve a *vida* dos fatos jurídicos em todos os seus aspectos e mutações, como se mostrará.

5. No plano da existência, que é o plano do *ser*, entram todos os fatos jurídicos, lícitos ou ilícitos. Nele não se cogita de validade, invalidade, eficácia ou ineficácia do fato jurídico, importa, apenas, a realidade da existência. Tudo, aqui, fica circunscrito a saber se todos os elementos do núcleo do suporte fáctico do fato jurídico se concretizaram no mundo, portanto, se o suporte fáctico se compôs suficientemente, dando ensejo à incidência da norma que o reja. Naturalmente, se há falta, no suporte fáctico, de elemento nuclear, seja cerne ou completante do núcleo[12], não haverá fato jurídico porque o fato não é admitido ao plano da existência.

A existência do fato jurídico constitui, pois, premissa de que decorrem todas as demais situações que podem acontecer no mundo jurídico.

6. No plano da validade é onde atuam as normas jurídicas invalidantes. Nele se perquire se o ato jurídico é válido, simplesmente nulo, nulo putativo ou anulável[13].

A incidência das normas invalidantes, embora já se dê no mundo dos fatos à concreção do suporte fáctico, não afeta a existência do ato jurídico, pois seus reflexos, suas consequências, de validá-lo ou invalidá-lo somente aparecem aqui no plano da validade.

7. Se o ato jurídico é válido, anulável ou nulo putativo avança ao plano da eficácia onde *poderá* gerar os efeitos que lhe são imputados pela norma jurídica que o criou[14]. Anote-se que a eficácia do ato anulável é interimística (= eficácia que pode

---

12 Sobre elementos do suporte fáctico, veja-se MELLO, Marcos Bernardes de, *Teoria do fato jurídico:*plano da existência, §12.

13 Nos fatos jurídicos em que a vontade não é elemento do suporte fáctico e nos fatos ilícitos não há como pretender possam ser inválidos. Quanto aos fatos jurídicos *stricto sensu*, cujo suporte fáctico é composto exclusivamente por fatos da natureza ou do animal, e aos atos-fatos, que são realidades fácticas decorrentes de condutas humanas, não importando se voluntárias ou involuntárias, seria ilógico considerá-los deficientes e puni-los com a invalidade; como dizer-se nulo um nascimento, ou nula uma morte, uma avulsão, uma frutificação, uma comistão, uma especificação, por exemplo? O respeito à natureza das coisas – que limita o arbítrio que se reconhece ao legislador – e à Lógica impede que se lhes atribua invalidade. Em relação aos ilícitos, seria um contrassenso a imputação de nulidade, uma vez que só resultaria benefício àquele que o praticou.

14 Embora esteja na eficácia a finalidade última do fato jurídico, a sua geração não lhe é essencial. Como se viu é possível haver ato jurídico válido e ineficaz, como o testamento antes da morte do testador. Sobre o determinismo e a condicionalidade na eficácia jurídica, *vide* MELLO, Marcos Bernardes de, *Teoria do fato jurídico*:plano da eficácia, § 4º, 11ª Ed., São Paulo, Saraiva Educação, 2019.

ser desfeita pela decretação da anulabilidade do ato, mas pode tornar-se definitiva se não proposta a ação anulatória dentro do prazo decadencial previsto para a espécie) e que a eficácia putativa do nulo é definitiva no limite temporal em que foi produzida[15].

8. Tudo o que foi dito pode ser assim resumido:

(*a*) no plano da existência entram todos os fatos jurídicos, lícitos ou ilícitos, válidos, anuláveis ou nulos (o ato jurídico *lato sensu* nulo ou anulável é, *existe*, apesar de defeituosamente) e ineficazes;

(*b*) pelo plano da validade somente têm passagem os atos jurídicos *stricto sensu* e os negócios jurídicos, por serem os únicos sujeitos à apreciação da validade;

(*c*) no plano da eficácia são admitidos e *podem produzir seus efeitos próprios* todos os fatos jurídicos *lato sensu*, inclusive os anuláveis e os ilícitos; os nulos, somente quando a lei, expressamente, lhes atribui algum efeito (=nulo putativo).

Como se constata, o tratamento indistinto dessas situações somente pode conduzir a equívocos. Ser, valer e ser eficaz são situações distintas, cada qual com características específicas e inconfundíveis, e assim precisam ser tratadas.

Postos esses conceitos fundamentais, passar-se-á à análise das consequências relacionadas à impossibilidade de seu objeto que podem e como podem afetar o ato jurídico nesses três planos do mundo jurídico.

III. Do objeto do ato jurídico

9. Consoante já mencionado no item 2 (iii), acima, o objeto do ato jurídico constitui dado essencial à sua concretização, sendo necessário, no seu estudo, que se levem em conta três aspectos a eles atinentes, considerando as diferentes consequências que podem acarretar, a saber: (*a*) sua licitude, (*b*) sua determinabilidade e, finalmente, (*c*) sua possibilidade.

(*a*) *Licitude do objeto*

10. O objeto do ato jurídico há de ser lícito, portanto, não seja contrário a direito. A ilicitude do objeto não afeta a existência do ato jurídico, mas implica sua nulidade (Código Civil, art.166, II). Portanto, o ato jurídico com objeto ilícito existe apesar de nulo.

Nessa espécie (objeto ilícito) se inclui o objeto imoral. Diferentemente de grande parte da doutrina, sempre entendemos que a imoralidade do objeto constituía causa de nulidade do ato jurídico[16]. Esse nosso ponto de vista foi, claramente, adotado pela

---

15 O limite temporal da geração do nulo putativo é o momento em que a nulidade é decretada judicialmente.

16 MELLO, Marcos Bernardes, *Teoria do fato jurídico:plano da validade*, § 13 e 28.3.

Constituição de 1988, em dois momentos, quando considerou: (*i*) a imoralidade do objeto fundamento da ação popular (CF, art. 5°, LXXIII); e (*ii*) a moralidade como um dos princípios da administração pública (CF,art.37). Da mesma forma o Código Civil de 2002 declara ilícitos os atos contrários aos "*bons costumes*", nos arts.122 e 187.

(b) Determinabilidade do objeto

12. O objeto pode não ser determinado no momento em que se formaliza o ato jurídico, mas há de ser, ao menos, determinável, vale dizer: passível de determinação até quando se deva dar a efetivação de sua eficácia final (=cumprimento das obrigações). A indeterminação do objeto na ocasião do cumprimento do contrato, o faz nulo.

(*c*) *Possibilidade do objeto*

13. No que diz respeito à possibilidade do objeto, interessa analisar as consequências que as diversas *impossibilidades* podem causar aos atos jurídicos, desde a inexistência a invalidade. Conforme ensina Pontes de Miranda[17], as impossibilidades podem ser: (*i*) cognoscitiva (gnosiológica), (*ii*) lógica, (*iii*) moral, (*iv*) jurídica ou (*v*) física. Considerando o grau de definitividade de qualquer dessas espécies, as impossibilidades podem ainda ser classificadas em absolutas, aquelas insuperáveis no tempo e no espaço, atingindo todo o objeto, e relativas, aquelas que, embora insuperáveis em dado momento ou espaço, podem vir a ser superadas, ou quando dizem respeito apenas a parte do objeto, mantendo-se possível o restante.

Cada uma dessas impossibilidades afeta o ato jurídico de uma maneira específica, atingindo-o na própria existência ou em sua validade. Ademais, não há uniformidade quanto às suas consequências.

(c.1) Impossibilidades jurídica, moral e física. Consoante já mencionado antes, a doutrina, em geral, se tem dedicado à análise das impossibilidades jurídica e física e suas consequências (=invalidade dos atos jurídicos), deixando no esquecimento as demais. Em razão disso, a literatura sobre elas não é apenas abundante, mesmo exauriente do tema, mas, pode-se mesmo dizer. Por isso, não nos dedicaremos ao seu estudo, limitando-nos, apenas, ao exame das impossibilidades cognoscitivas e lógicas e suas consequências sobre os atos jurídicos.

Merece destaque o aspecto da imoralidade do objeto. Como mencionamos antes, a imoralidade se inclui no conceito ilicitude. Portanto, se objeto imoral é objeto ilícito, é correto afirmar que na impossibilidade jurídica do objeto se inclui a impossibilidade moral. Por isso, se o objeto é imoral (=contrário aos bons costumes), há impossibilidade de que seja objeto de do ato jurídico, acarretando sua nulidade.

---

17 *Tratado de direito privado,* cit., t, IV, § 397, 1.

(c.2) Impossibilidade cognoscitiva do objeto

14. Lê-se em Pontes de Miranda[18]

> **"O que não pode ser conhecido não pode ser objeto de negócio jurídico ou de ato jurídico *stricto sensu*: não há negócio jurídico se o objeto do negócio foi atuar, com o pensamento, na lua, ou em alguma estrela; nem ato jurídico *stricto sensu* em tais circunstâncias de impossibilidade."**

Em verdade, há objetos que não podem ser conhecidos do homem e, por isso, não podem ser objetos de atos jurídicos. A impossibilidade de se conhecer o objeto que os figurantes pretendem alcançar através do ato jurídico, faz *nenhum* o negócio jurídico, porque *nenhum* é seu objeto. A impossibilidade cognoscitiva acarreta a inexistência do ato jurídico por lhe faltar objeto. Não tem, portanto, efeitos invalidantes.

(c.3) Impossibilidade lógica

15. A impossibilidade lógica ocorre

> **(...) quando há invencível contradição, e o negócio jurídico ou ato jurídico *stricto sensu* existe, caindo a parte contraditória, como se não estivesse escrita; ou não existe o negócio jurídico se a contradição invencível o apanha todo. Ocorre o mesmo com manifestação de vontade ininteligível."[19]**

À impossibilidade lógica, portanto, o sistema jurídico nacional atribui efeitos diferentes conforme a contradição invencível se refira a disposições contratuais entre si ou ao objeto do negócio. Se em um mesmo negócio jurídico há declarações de vontade contraditórias, se for possível eliminar a parte contraditória, *existe* o ato jurídico, considerando-se *não escrito* (*=inexistente*) a parte excluída (Código Civil, art. 124). Se a contradição insuperável diz respeito a condições, o ato jurídico *existe,* porém, inválido (Código Civil, art. 123, III). Quando a contradição se refere ao objeto do ato jurídico, e é ineliminável, não há ato jurídico algum.

O aspecto da inexistência aparece mais evidente quando há contradição entre duas exteriorizações feitas pelo mesmo manifestante, dirigidas a mesmo destinatário, versando sobre o mesmo objeto, com a mesma finalidade, em dois negócios jurídicos unilaterais distintos.

16. Suponha-se, como exemplo, que certo Município, que já tenha um regime previdenciário próprio para seus servidores (RP1), crie um novo regime (RP2), com regras diferentes do anterior, e ofereça a quem já participe do (RP1) o direito de optar

---

18 *Tratado de direito privado*, cit., t. IV, § 397, 1.

19 Pontes de Miranda, *Tratado de direito privado*, t. IV, § 397, 1. Nesse mesmo sentido, *vide* nosso *Teoria do fato jurídico*:plano da existência, cit. §38,3

por transferir-se para o (RP2) ou permanecer no (RP1), estabelecendo que o silêncio do servidor será entendido como optante por permanecer no (RP1). Para tanto o servidor deverá manifestar sua opção até o dia (D), assinalando com (X) em formulário próprio a sua escolha em permanecer no (RP1) ou migrar para o (RP2), o qual poderá ser protocolado na repartição em que for lotado, como no órgão Previdenciário municipal.

Nesse exemplo, estamos diante de dois negócios jurídicos unilaterais: (a) uma *oferta* feita pelo Município a qual poderá ser (b) *aceita* ou não pelo servidor (o formulário é o instrumento dos negócios jurídicos).

Então nesse mesmo dia (D), Caio, servidor municipal com mais de 20 anos de contribuição para o (RP1), por algum motivo que não importa qual seja, protocolou:

(a) na repartição em que é lotado, o formulário próprio fornecido pelo Município, assinalando (X) na opção ACEITO MIGRAR PARA O (RP2), e

(b) no órgão Previdenciário o formulário próprio fornecido pelo Município, assinalando (X) na opção NÃO ACEITO MIGRAR PARA O (RP2).

Leve-se em conta que a administração municipal não teria poderes para escolher uma delas, desprezando a outra. Diante de tal situação, mostra-se evidente que não havendo como superar a contradição entre as manifestações de vontade, desconsiderando-se uma delas para fazer prevalecente a outra, a solução é negar-lhes a condição de negócios jurídicos unilaterais, por falta de objeto. A consequência dessa inexistência dos atos jurídicos é não ter o servidor exercido seu direito de opção, mantendo-se no (RP1).

IV. Conclusão

17. Como parece claro de tudo o que se disse acima, o existir, valer e ser eficaz no mundo do direito resultam de escolha valorativa da comunidade jurídica na dimensão dogmática do Direito. Nessa atividade valorativa há verdadeiro arbítrio da autoridade que detém o poder de *dizer* o Direito, o qual, porém, está sujeito a limites insuperáveis que lhe impõem relativização. Um desses limites consiste na natureza das coisas. E é essa natureza das coisas que impõe a inexistência do ato jurídico por falta de objeto em razão de sua impossibilidade lógica. Em verdade, tal implocação constitui um imperativo incontornável em face tão somente dos princípios da Lógica e da Metafísica que fundamentam a afirmativa de que a contradição entre proposições conduz ao *nada.* Assim Alexander Gottlieb Baumgarten (*Métaphysique,* § 7), que o chamava de *princípio absolutamente primeiro,* expressou o *princípio da contradição* em fórmula matemática: *A + não-A = 0.* Aristóteles, quem primeiro o admitiu como princípio ontológico, afirmava que *"nada pode simultaneamente ser e não ser"* (*Metafísica*, III, 2), dizendo mais que *"É impossível para a mesma coisa e ao mesmo tempo ser inerente e não ser inerente a uma mesma coisa sob o mesmo aspecto"* (*Metafísica,* III,2)[20].

---

20 *Vide,* ABRAGNANO, Nicola, *Dicionário de filosofia,* verbete contradição, princípio de, Trad. Alfredo Bosi, São Paulo, Editora Mestre Jou, s/d.

Referências bibliográficas

ABRAGNANO, Nicola, *Dicionário de filosofia,* verbete contradição, princípio de, Trad. Alfredo Bosi, São Paulo, Editora Mestre Jou, s/d.

MELLO, Marcos Bernardes de, *Teoria do fato jurídico*:plano da existência, 22ª Ed. – São Paulo: Saraiva Educação, 2019.

- *Teoria do fato jurídico*:plano da validade, 15ª Ed. – São Paulo: Saraiva Educação, 2019.

- *Teoria do fato jurídico*:plano da eficácia, 11ª Ed. – São Paulo: Saraiva Educação, 2019.

PONTES DE MIRANDA, Francisco Cavalcanti,*Tratado de direito privado,* t.I, atualizado por MARTINS-COSTA,Judith, HAICAL, Gustavo e SILVA, Jorge Cesa Ferreira da, São Paulo: Editora Revista dos Tribunais, 2012.

- *Tratado de direito privado,* t.IV, atualizado por MELLO, Marcos Bernardes de e EHRHARDT JR., Marcos, São Paulo: Editora Revista dos Tribunais, 2012.

Os Reflexos das Reformas Pombalinas no Brasil Oitocentista. A Evolução Histórica e Conjuntural das Transformações do Sistema e do Foro Militar Colonial no Reinado de Dom José I

Maria Elizabeth Guimarães Teixeira Rocha
Romeu Costa Ribeiro Bastos

Introdução

O século XV marca a era de ouro do Império Português devido aos descobrimentos que resultaram em anexações de colônias na África, Ásia e América, com destaque para Brasil. Após esse período áureo, Portugal entrou em declínio no interregno temporal que permeou o século XVII e a primeira metade do século XVIII, passando a desempenhar um papel periférico em relação à Europa decorrente do seu diminuto desenvolvimento científico e industrial.[1]

Certo é ter o Iluminismo trazido à sua ilharga as múltiplas dimensões do homem no mundo, ideias que muitas vezes iam de encontro com o catolicismo que tanto influenciava a cultura e o modo de viver lusitano. O ideário postulava a razão como base da cultura humanística, propugnando a separação do espiritual do temporal e a laicidade do Estado.[2]

A aproximação com o divino levou Portugal, ausente da Reforma Protestante, a refutar as luzes racionalistas[3], nomeadamente após a Contrarreforma Católica realizada pelo Concílio de Trento[4], quando se apegou aos dogmas religiosos emanados dos decretos trindentinos e dos diplomas do Concílio, que se constituíram nas principais fontes do Direito Eclesiástico nos quatro séculos seguintes, até a promulgação do Código Canônico em 1917.[5]

---

1 CARNEIRO, Ana; SIMÕES, Ana; DIOGO, Maria Paula. Enlightenment Science in Portugal: The Estrangeirados and their Communication Networks. *In: Social Studies of Science*. London: SSS and SAGE Publications. 2000, p. 591-619.

2 BOTO, Carlota. A dimensão iluminista da reforma pombalina dos estudos: das primeiras letras à universidade. *In: Revista Brasileira de Educação,* v. 15, nº 44, maio/ago, 2010, p. 283.

3 LOURENÇO, Eduardo. Portugal e a Europa. *In: Nós e a Europa: ou as duas razões*. 4ª ed. Lisboa: Imprensa Nacional – Casa da Moeda, 1994, p. 147.

4 O Concílio de Trento foi o décimo nono conselho ecumênico reconhecido pela Igreja Católica Romana. Foi convocado pelo Papa Paulo III, em 1542, e compreendeu o período entre 1545 e 1563. Recebeu este nome por ter se realizado na cidade de Trento, região norte da Itália.

5 "Na história de Portugal, o concílio teve grande influência, quer pela participação e apoio dos reis, quer pela influência que os seus decretos tiveram na vida eclesiástica e social do país.
No 1º período participaram o bispo do Porto, Frei Baltazar Limpo, carmelita, e os teólogos dominicanos Frei Jerónimo de Azambuja, também embaixador régio, Frei Jorge de Santiago e Frei Gaspar

O cenário somente se modificaria no segundo quartel do século XVIII, ao entrar em cena o Marques de Pombal, cuja ambição era equiparar a Nação Lusa às congêneres da Europa.[6]

---

dos Reis, e ainda o franciscano Frei Francisco da Conceição. Logo que o bispo do Porto regressou de Trento, mandou D. João III que se reunisse com letrados para estudarem o modo de pôr em prática os decretos da reforma.

No fim do 2º período, D. João III e o cardeal D. Henrique constituíram assembleias de peritos para porem em ação um grande plano de reforma, completando com os decretos do V Concílio Lateren-se aqueles pontos ainda não promulgados em Trento.

No 3º período, D. Fernando Martins de Mascarenhas e o Dr. André Velho não só atuaram como hábeis embaixadores, mas também se portaram como grandes senhores. O Frei João Soares, agostiniano, bispo de Coimbra, levou uma comitiva de umas 30 pessoas, sendo conhecido o seu teólogo António Leitão. A caminho do concílio morreu o teólogo dominicano Fr. João Pinheiro, vice-reitor da Universidade de Coimbra. Participou também neste período o Bispo de Leiria D. Frei Gaspar do Casal, eremita de Santo Agostinho. Acérrimo executor do Concílio foi o arcebispo de Braga Frei Bartolomeu dos Mártires, promulgando-o para Braga no sínodo bracarense e adaptando-o a toda a metrópole no IV Concílio Provincial Bracarense de 1566.

A Reforma Católica-romana foi reforçada pela criação, em 1540, da Companhia de Jesus, ordem religiosa fundada pelo espanhol Inácio de Loyola. A Companhia de Jesus transformou-se num verdadeiro 'exército' em defesa da manutenção dos princípios católicos e da evangelização na Europa, na Ásia e nas Américas." *In:* Santiago, Emerson (10 de abril de 2010). *Concílio de Trento*. *In:* InfoEscola. Acesso: 2 fev. 2019.

6 O século XVIII foi palco de grandes modificações na Europa, um período no qual as sociedades sofreram mudanças de conceitos e comportamentos nos campos políticos, intelectual e social. Neste século, ideias transformadoras que estavam em curso ganharam impulso, daí ser conhecido como o período do Iluminismo ou a Idade da Razão.

Opunha-se esta nova filosofia aos dogmas católicos e às monarquias absolutas. Nomes como Immanuel Kant e Jean-Jacques Rousseau pontificavam com seus ensinamentos, introduzindo uma nova noção de democracia. Precedidos pelos pensamentos de John Locke e Thomas Hobbes, suas doutrinas suportariam dogmaticamente as revoluções liberais do século XVIII e as constituições francesas e americanas.

Nesse norte, as Ciências passaram a ocupar lugar proeminente com a fundação da Academia de Paris e da Royal Society of London, objetivando, para além da pesquisa, a difusão do conhecimento.

Nas exatas, particularmente, na matemática e física, Isaac Newton e Leibniz ofereceram uma nova maneira de pensar o universo. Por seu turno, Adam Smith revolveria o cenário econômico com fundamentos que serviram de base à implantação do capitalismo moderno.

Embora tivesse sido a Idade da Razão a quintessência do florescer intelectual, o caldo de cultura que antecedeu seu advento, indubitavelmente, foi o despotismo esclarecido, entendido como um movimento de apropriação da realeza dos ideais iluministas, com vistas a transformar a carcomida monarquia absolutista em um sistema mais palatável e menos obscurantista. Algumas de suas características são: a supressão do direito divino; o descompromisso com Deus e a Igreja; a reconstrução do Estado pelo uso da razão; a abolição dos direitos tradicionais e privilégios de nobres, Igreja, órgãos judiciais e a implementação imediata e abrupta das referidas mudanças. WALTERS, J.F. *AP. European History. Enlightened Despots*. https://www.newhartfordschools.org. Acesso em: 10 nov. 2018.

Dentre os principais monarcas europeus que adotaram o despotismo esclarecido nomeiem-se Maria Thereza e José II da Áustria, Frederico II da Prússia, Catarina II da Rússia e, conquanto não fosse rei ou Imperador, o Marquês de Pombal em Portugal.

Para tanto, Pombal valeu-se da inércia de D. José I no trato com os problemas governamentais e, com mão de ferro, tornou-se o mandatário de fato.[7]

Uma excelente análise sobre os paradoxos da política pombalina em face do iluminismo encontra-se em MAXWELL, Kenneth. Pombal: the paradox of enlightenment and despotism. *In: Enlightened Absolutism. Reform and Reformers in Later Eighteenth-Century Europe.* Edited by H.M. Scott. New York: Palgrave Macmillan, 2002, Chapter 3, pp. 73-118.

---

7 No século XVIII o ouro do Brasil permitiu a Portugal um crescimento econômico, porém, era visível seu atraso em relação ao resto da Europa devido ao poder das famílias, do clientelismo e da religião que dominava a Administração e tolhia o Rei. O poder da igreja era tão grande que em 1750, com uma população de menos de três milhões, o clero português mantinha duzentos mil componentes, e, até, 1761, pessoas ainda eram queimadas em fogueiras públicas. MARTINS, Oliveira. *Historia de Portugal.* Edições Vercial. Universidade do Minho. Edição: 1, 2010, p. 76.

Com a morte de D. João V, assume o trono D. José I, que reinou de 1750 a 1777, herdando de seu antecessor estruturas ultrapassadas na burocracia e na esfera jurídico-política, acrescidas de uma economia em crise, consequência da má gestão do reinado anterior. A superação impunha a escolha de auxiliares competentes. Neste contexto desponta o antigo opositor do período anterior, o Conde de Oeiras, depois Marquês de Pombal, personagem indelével da história portuguesa. Nascido em 1699 e falecido em 1782, a sua existência perpassa quase todo o século XVIII. Figura controversa, passados mais de duzentos anos da sua morte, continua sendo objeto de análises e estudos por ter promovido o ponto de inflexão que gerou mudanças profundas nas estruturas arcaicas lusitanas que alcançaram o Brasil. A vida do Marquês de Pombal divide-se em quatro grandes momentos. O primeiro, abrangendo o período de 1699 a 1738, que compreende o interregno no qual ele busca inserir-se na vida política de Portugal. O segundo, relativo à quadra de 1738 a 1749, quando ele dedica-se à carreira diplomática na Inglaterra e Áustria. O terceiro, e mais importante, compreende os anos de 1750 a 1777, é a fase do apogeu de Pombal quando ele se torna um governante poderoso e implanta suas reformas. Finalmente, o quarto e último, que vai até a data de seu falecimento em 1782. MACIEL. Lizete Shizue Bomura; NETO. Alexandre Shigunov. A educação brasileira no período pombalino: uma análise histórica das reformas pombalinas do ensino. *In: Educação e Pesquisa*, São Paulo, v.32, nº 3, set./dez. 2006, pp. 465-476.

Nascido em uma família de origem nobre, mas desprovida de recursos, Sebastião José de Carvalho e Melo graduou-se em Direito na Universidade de Coimbra e por força da influência familiar, foi nomeado para um cargo diplomático na Inglaterra. Neste posto celebrou acordos de comércio que capacitaram sua transferência para Viena. No Império austríaco atuou na querela daquele Estado com a Igreja em Roma, uma vez que Portugal fora nomeado mediador, tendo tido atuação destacada. VICENTE, António Pedro. Marquês de Pombal: um governante controverso. *In: Revista Camões,* nº 15/16, 2003, pp. 17-21.

O tempo vivido no exterior permitiu a Pombal conviver nas sociedades influenciadas pelo ideário iluminista e pela economia capitalista, possibilitando-o avaliar pragmaticamente o atraso de Portugal. Conquanto rotulado como um "estrangeirado", termo pejorativo conferido aos intelectuais portugueses que, nos estertores do século XVII e particularmente no século XVIII, retornavam ao país influenciados pelo pensamento racionalista, conseguiu de tal maneira sobressair-se que, em 1755, Sebastião de Melo já era Secretário de Estado dos Negócios Interiores do Reino, cargo equivalente a primeiro-ministro.

Sua inteligência, aliada a uma notável energia e capacidade de decisão, levou o futuro Marquês de Pombal a promover profundas modificações no Estado Lusitano fazendo-o ingressar na modernidade.

Logo nos primeiros meses de governo uma fatalidade fortaleceria a sua autoridade: o terremoto de Lisboa, que matou milhares de pessoas e destruiu grande parte da cidade. Naquele momento

Suas ações reformistas alcançaram os campos econômico, educacional, militar e jurídico e, indubitavelmente, afetaram sobremaneira a América Portuguesa, principalmente, o Brasil, a principal colônia.

O presente texto discorrerá de forma genérica sobre as mudanças pombalinas, com o fito de oferecer compreensão histórica mais lata acerca da época oitocentista em Portugal e no ultramar, esmiuçando a preponderância do Conde de Lippe na reestruturação das forças militares lusitanas e brasileiras, bem assim os seus influxos na formação do foro castrense e na elaboração de uma legislação própria e especializada que regesse a vida na caserna e os seus integrantes.

As reformas pombalinas em Portugal

Os câmbios impulsionados pelo Marquês de Pombal visavam inserir Portugal na modernidade, pelo que premente a modificação da relação da metrópole com as colônias, a alteração do tratamento do Estado com a aristocracia e a nobreza e, acima de tudo, a modernização da cultura lusitana.

Objetivavam as reformas equipar a Nação Lusa ao restante do continente europeu, com um sistema de ensino que alavancasse o progresso para ascender a industrialização capitalista, à semelhança da Inglaterra.

Dentre as principais alterações adotadas, apontem-se as de natureza econômica, de ensino, militar e judiciária. Para Angelo Alves Carrara três foram os vetores que as desencadearam: a busca por uma completa ruptura com o passado; o terremoto de Lisboa de 1755, que criou a atmosfera adequada, associada à própria figura do Marquês, um catalisador desta transformação; e o apoio de uma ampla gama de atores políticos, em especial, os desembargadores.[8]

O panorama econômico português do século XVIII bipartia-se em duas fases. A de 1750, quando o envio de ouro brasileiro estava no auge, e a de 1777, quando as remessas caíram para menos da metade. Isto causou um imenso desequilíbrio financeiro na metrópole e afetou o comércio com o seu principal parceiro, a Inglaterra. A reforma do sistema orçamentário foi, portanto, medida necessária para a sobrevivência do Estado, porquanto a desorganização fiscal e o descontrole na arrecadação de impostos exauria o Tesouro Real.

---

trágico, Pombal revelou todo o seu senso de governabilidade, sintetizado na famosa frase sobre o que deveria ser feito após tamanha catástrofe. Diria ele a propósito, "enterrar os mortos e cuidar dos vivos."
Gestor eficiente, angariou o respeito régio, o que lhe permitiu realizar autoritariamente as reformas que desejava e integrar a casta dos chamados Déspotas Esclarecidos, adepto que era da filosofia de adoção de leis que visavam o progresso do Estado e a felicidade do povo.

8 In: O reformismo fiscal pombalino no Brasil. Historia Caribe – Volumen XI Nº 29 – Julio-Diciembre 2016, p. 83-111.

Ademais, o terremoto de Lisboa, além de devastar a cidade e provocar um imenso número de mortos, levou à falência grandes proprietários urbanos e desorganizou o sistema fiscal vigente. Neste cenário desolador, premente o equacionamento da gestão pública para recuperar a combalida economia, bem como modernizar o aparelho estatal.

A atuação pronta e enérgica do Marquês foi a principal razão para que ele obtivesse respaldo junto a D. José I, que o investiu de força suficiente para enfrentar o enraizado poder aristocrático e clerical.[9] Políticas financeiras de médio e longo prazo por ele abraçadas alterariam por completo o perfil então existente, destacando-se a regulação do tráfego colonial brasileiro, as iniciativas de centralização e racionalização fiscal e a criação embrionária da Junta de Comércio.

Pombal incentivou, por igual, a instituição de novas e diversas fábricas na tentativa de industrializar o Estado e torná-lo competitivo. Entretanto, o escasso consumo interno e o domínio dos produtos estrangeiros no mercado obstaculizaram a medida.

De extremo relevo a instituição das companhias de comércio para fornecer a Portugal o controle da exportação de seus produtos. Sobrelevaram a Companhia Geral das Vinhas do Alto Douro destinada a regularizar a exportação do vinho do Porto e a Companhia de Grão-Pará e Maranhão, no Brasil, para fomentar a indústria do açúcar e o cultivo de algodão.

Mas, seria o Erário Régio, criado em 1761, a pedra de toque das reformas modernizantes. Ele substituiu a Casa dos Contos, cuja maior parte da documentação perdeu-se no terremoto, e tinha por finalidade centralizar a gestão corrente das contas públicas, bem assim reorganizar o sistema de cobrança de impostos e os monopólios que gozavam as diversas companhias de comércio.

Detentor de enorme poder, controlava a transferência de verbas para os ou tros órgãos governamentais e evitava a atomização das repartições encarregadas da arrecadação das receitas. Por meio deste órgão, estabeleceu-se um novo padrão centralizado na administração das finanças do reino e das colônias, porquanto, pela primeira vez, elas adquiriram transparência graças a adoção dos novos métodos de escrituração contábil.[10]

A educação, outrossim, ocupou lugar destacado nas políticas públicas do Marquês. Até a morte de D. João V, em 1750, o ensino português estava entregue aos religiosos católicos. De viés elitizado e direcionado à formação humanística, visava preparar os filhos das classes privilegiadas a ingressar na Universidade.

---

9 A respeito escreve Kenneth Maxwell; "It was the earthquake which propelled Pombal to virtual absolute power which he was to retain for another 22 years until the King's death in 1777. He took quick, effective and ruthless action to stabilize the situation." *Op. cit*, p. 81-82.

10 CARDOSO, José Luís; CUNHA, Alexandre Mendes. *Discurso econômico e política colonial no Império Luso-Brasileiro (1750-1808)*. Lisboa: Tempo, vol.17, nº 31, 2011, p. 65-88.

Para alterar este panorama, Pombal chamou para ajudá-lo os "estrangeirados", dentre os quais se destacava o Oratoriano[11], de pai francês e mãe portuguesa, Luís Antônio Verney[12]. Autor do polêmico "**Verdadeiro Método de Estudar**", a obra abordava questões de lógica, gramática, ortografia e metafísica dispostas em dezesseis cartas que tratavam dos temas.[13]

Para Pombal, o atraso educacional lusitano devia-se aos jesuítas que, desde 1540, dominavam a instrução dos portugueses em todos os níveis.

O desejo do Marquês era colocar o ensino para servir ao Estado e não a fé.[14] O Alvará Régio, editado em 28 de setembro de 1759[15], estabelecia uma reforma geral dos estudos menores e retirava dos religiosos todas as prerrogativas sobre o ensino. Ainda, abolia as classes e escolas por eles dirigidas; restituía os anteriores métodos de ensino; entregava a orientação e a fiscalização do ensino a um Diretor dos Estudos nomeado pelo Rei; estabelecia a criação de aulas públicas de Latim, Grego e Retórica, atribuindo privilégios aos professores e proibindo a criação de quaisquer outras sem autorização prévia do Diretor dos Estudos; e determinava que fossem seguidos métodos e compêndios em uso nas escolas da Congregação do Oratório. Vê-se aqui a colaboração de Luís Antônio Verney.

Contudo, para a transformação da educação superior ser efetiva, imperioso chegar aos pórticos da Universidade de Coimbra. A força e determinação de Pombal, amparado pelo absolutismo do seu governo, modificou o âmago daquela Instituição Acadêmica, alterando a visão discente nas áreas exatas e humanas.[16]

---

11 A Congregação do Oratório, hoje Confederação do Oratório, também conhecida como Oratorianos ou Ordem de São Filipe Néri, é uma sociedade de vida apostólica fundada em 1565, em Roma, por São Filipe Néri, para clérigos seculares, sem votos de pobreza e obediência, dedicando-se à educação cristã da juventude e do povo e às obras de caridade.

12 Luís Antônio Verney (1713-1792), filho de pai francês e de mãe portuguesa, estudou na congregação dos oratorianos e foi o mais conhecido estrangeirado. Adepto do iluminismo, representou o principal inspirador das reformas pedagógicas de Pombal. Escreveu o livro "Verdadeiro Método de Estudar", publicado em 1746.

13 MAXWELL, Kenneth. *Op. cit,* p. 86.

14 "Seu objetivo superior foi criar a escola útil aos fins do Estado e, nesse sentido, ao invés de preconizarem uma política de difusão intensa e extensa do trabalho escolar, pretenderam os homens de Pombal organizar a escola que, antes de servir aos interesses da fé, servisse aos imperativos da Coroa." CARVALHO, Laerte Ramos de. *As Reformas Pombalinas da Instrução Pública*. São Paulo: Editora Saraiva, Ed. USP, 1978, p. 139.

15 *Alvará Régio de 1759*. Disponível em: http://193.137.22.223/pt/patrimonio-educativo/repositorio-digital-da-historia-da-educacao/legislacao/seculo-xviii/1751-1760. Acesso em: 12 nov. 2018.

16 "The Pombaline educational reforms had a highly utilitarian purpose: to provide a new élite to staff the state and church bureaucracy. It was here that the reforms would find their perpetuators and defenders. It is no accident that an almost classic statement of this process should have come from the pen of D. Francisco Lemos, installed by Pombal as the reformer of the University of Coimbra: 'One should not look on the university as an isolated body, concerned only with its own affairs

Foram editados os "Estatutos da Universidade de Coimbra"[17], um documento ambicioso que visava ombreá-la às demais universidades do continente. Nesse sentido, transferiu-se para a estatalidade a incumbência de formar praticamente todos os profissionais do país acorde suas necessidades – do advogado ao médico, do matemático ao sacerdote.

O curso de Direito foi um dos mais atingidos. Os Estatutos, extremamente cuidadosos e detalhistas, definiram a filosofia e o currículo que deveriam formar os futuros bacharéis. A despeito de o prazo ter diminuído de oito para cinco anos, o ensino jurídico não experimentou qualquer declínio. As chamadas grandes cadeiras, *vg:* o Direito Civil Romano e o Direito Pátrio pontificavam, enquanto as demais compunham o mosaico para que Coimbra pudesse ser um marco na Academia europeia da época.[18]

A reforma educacional pombalina culminou com a expulsão dos jesuítas de todo o reino. Pombal encarava a Igreja como o maior óbice para o avanço das ideias iluministas na sociedade e seu anticlericalismo voltou-se, maiormente, contra a Companhia de Jesus, base da influência da Igreja Católica no Reino desde o século XVI. Os motivos que o levaram a tomar tal atitude centraram-se, primeiramente, no comportamento dos religiosos depois do Tratado dos Limites[19] com a Espanha em 1750, por meio do qual Portugal cedeu a Colônia do Sacramento em troca de sete reduções comandadas pelos padres na fronteira com o Brasil. Pombal alegava que os jesuítas fomentavam a revolta indígena impedindo sua desocupação.

A outra razão foi a forte influência religiosa em praticamente todas as ramificações sociais, uma ameaça à autoridade absolutista e legítima do Monarca. A gota d'água, contudo, que desencadeou o processo de expulsão, foi o atentado sofrido por D. José I, em 1758. Os jesuítas foram acusados de conspirarem e participarem da tentativa de assassinato do rei, tendo mais de quinhentos deles sido presos.

---

as is ordinarily the case, but as a body at the heart of the state, which through its scholars creates and defuses the enlightenment of wisdom to all parts of the monarchy, to animate, and revitalize all branches of the public administration, and to promote the happiness of man. The more analyses this idea, the more relationships one discovers between the university and the state: the more one sees mutual dependency of these two bodies one on the other, and that science cannot flourish in the university without at the same time the state flourishing, improving and perfecting itself. This understanding arrived very late in Portugal, but at last it has arrived, and we have established without doubt the most perfect and complete example in Europe today'." Apud: MAXWELL, Kenneth. Op. cit, p. 105.

17 Os Estatutos de Coimbra tinham força de lei e compunham-se de três livros, cada qual constituindo um curso: Livro I (Teologia), Livro II (Curso Jurídico) e Livro III (Medicina).

18 MONDINI, Fabiane; BICUDO, Maria Aparecida Viggiani. *As reformas pombalinas da instrução pública e o ensino de matemática*. XIV CIAEN. México. 2015. Disponível em: http://xiv.ciaem-redumate.org/ index.php/xiv_ciaem/xiv_ciaem/paper/viewFile/455/210. Acesso em: 15 nov. 2018.

19 O Tratado de Limites ou de Madrid foi firmado na capital espanhola entre os reis João V de Portugal e Fernando VI de Espanha, em 13 de Janeiro de 1750, para definir os limites entre as respectivas colônias sul-americanas, pondo fim assim às disputas.

Por fim, resta abordar a questão militar e suas repercussões sobre o foro e os regulamentos castrenses. Conquanto a historiografia atribua ao Marquês de Pombal desinteresse ou, até mesmo, espírito antimilitarista, o certo é que foi sob seu governo que se reformulou a concepção bélica de defesa portuguesa como uma estratégia para evitar a emergência de poderes concorrentes[20].

> A reforma introduzida no Exército [...] pelo Conde de Lippe, mesmo que apenas motivada pelo fator da ameaça externa, visou modernizá-lo em relação ao que ocorria em outros países. Reviu-se a organização militar – a substituição dos terços, que procediam do modelo espanhol do início do século XVI, pelos regimentos de inspiração francesa – estrutura de fortificações, formas de seleção e de recrutamento, armamento e disciplina. Princípios estratégicos e organização militar eram oriundos, entretanto, do modelo prussiano de Frederico II, com sua valorização da ofensiva, do foco no exército inimigo, [...], da otimização dos recursos e do novo papel da artilharia.[21]

Pontue-se, ademais, a relevância dos regulamentos disciplinários setecentistas lippianos instruindo acerca dos procedimentos diários e de comando para debelar a insubordinação e o caos nas tropas.[22]

À evidência, o Brasil colonial da época pombalina sofreria os influxos da metrópole que, para contrapor-se às ameaças francesa e espanhola, haveria de fortalecer suas milícias e ordenanças, reorganizando-as, para o enfrentamento bélico. No centro do debate está a instituição do foro militar no além-mar, que inverteu a matriz do colonizador quanto à prática penal, *pari passu* ao fortalecimento da hierarquia, disciplina e cadeia de comando por meio da edição de austeras punições.

---

20 WEHLING, Arno e WEHLING, Maria Jose. Exército, milícias e ordenanças na Corte Joanina: permanências e modificações. *In: Revista DaCultura*. Fundação Cultural do Exército-FUNCEB- Ano VIII / Nº 14, Junho de 2008, p. 27.

21 *Id*, p. 27-28.
Em Portugal, "a questão militar era tema delicado e complexo, já que a organização das forças terrestres afetava praticamente toda a sociedade; à nobreza, porque, dadas suas atribuições basicamente militares em uma sociedade que era estamental, desde suas origens medievais havia sido associada à espada, consequentemente à defesa do território e do soberano. O terceiro estado, por sua vez, deveria organizar, em uma segunda linha, a milícia e, em uma terceira, as ordenanças, estas compreendendo todos os homens livres válidos entre 18 e 60 anos. Isso excluía as mulheres, os jovens, os escravos e os indígenas mesmo aculturados, não obstante estes haverem desempenhado importantes participações em diferentes circunstâncias bélicas na Colônia.
As milícias e as ordenanças estruturavam-se nas freguesias dos municípios, de acordo com o domicílio dos habitantes, e eram significativo instrumento de capilaridade social, à medida que os postos de oficiais de ambas as linhas constituíam-se em meios formais de prestígio e de reconhecimento social, garantido o acesso de seus detentores e descendentes à ascensão social em um meio no qual a mobilidade era restrita." *Ibid*, p. 26-27.

22 Para um aprofundamento sobre os Regulamentos Disciplinares de 1763 consultar: BRITO, Pedro. Os Regulamentos do Conde de Lippe. *In: Libros Relege, Volve, Lege. O Livro Antigo na Biblioteca do Exército.* Mário J. Freire da Silva e Tiago C.P. dos Reis Miranda (coord.), Lisboa: Biblioteca do Exército, junho de 2018, p. 245-260.

As reformas pombalinas no Brasil colônia[23]

Os reflexos na economia

Como dantes salientado, a situação de Portugal em meados do século XVIII era de significativa gravidade, notadamente, pelo atraso das suas estruturas sociais e o declínio das riquezas ultramarinas. A principal preocupação de Pombal foi incrementar os ingressos da Coroa organizando a exploração das riquezas do além-mar. A produção do algodão e açúcar brasileiros aumentava, contudo sua comercialização era precária. A exportação dos produtos agrícolas poderia ser maior, mas carecia de estrutura organizada. Para solucionar os impasses foram criadas duas companhias de comércio, a do Grão-Pará e Maranhão, e a de Pernambuco e Paraíba, com vistas a tornar o agronegócio mais rentável e eficiente, auxiliado pelo aporte da escravaria africana.[24]

A expansão do comércio e da indústria naval foi incentivada pela construção de estaleiros, sendo o principal, o Arsenal da Marinha do Rio de Janeiro de 1763.

O setor mais lucrativo era a mineração, alvo de práticas danosas como a sonegação de impostos e o contrabando. Como o Rio de Janeiro era o porto de saída dos metais preciosos, a capital foi transferida de Salvador – Bahia – para lá, no ano de 1763. Paralelamente, medidas para agilizarem e controlarem a comercialização do ouro foram implementadas, tais como a alteração do imposto do quinto[25]. Instituiu-se, também, a Real Extração para controlar a exploração de diamantes.

No tocante às capitanias hereditárias, foram compradas pela Coroa dos particulares que sobre elas ainda detivessem direitos e transformadas, posteriormente, em capitanias reais. Por acreditar que a imigração europeia fosse insuficiente para povoar um país de dimensões continentais como o Brasil, Pombal investiu na europeização da população indígena. Em 1755, libertou-os da escravidão, mesmo contrariando os senhores de terras e os jesuítas; autorizou o casamento entre aborígenes e portugueses e criou o Diretório dos Índios para substituir os clérigos na administração das missões.[26]

---

23 Um estudo sobre o período pombalino no Brasil Colonial em seus mais variados enfoques está em: *A "Época Pombalina" no Mundo Luso-Brasileiro.* Francisco Falcon e Cláudia Rodrigues (Orgs.). Rio de Janeiro: Editora FGV, 2015.

24 Ambas as companhias objetivavam fomentar a agricultura, mas o principal escopo era a comercialização de escravos trazidos da África para substituir a servidão indígena que havia sido abolida.

25 Quinto régio do ouro era o tributo cobrado por Portugal sobre o ouro extraído no Brasil e que equivalia a 20% do total declarado pelo minerador. Era cobrado nas Casas de Fundição (1719), onde todo o metal produzido na capitania deveria ser fundido e quintado, ou seja, retirado dele a quinta parte pertencente à Coroa. Mais tarde, o quinto foi alterado pela cobrança fixa de 100 arrobas. SECO, Ana Paula e AMARAL, Tania Conceição Iglesias do. *Marquês de Pombal e a reforma educacional brasileira*. Disponível em: http://www.histedbr.fe.unicamp.br/navegando/ periodo_ pombalino_intro.html>. Acesso em: 16 nov. 2018.

26 Sobre o Diretório, Souza e Lobo escreveram: "Feitas as necessárias e devidas ressalvas, o Diretório, como gênero textual, pode ser inscrito entre os chamados manuais civilizatórios que passaram

Os reflexos na educação

As reformas pombalinas no campo educacional impactaram, sobremaneira, a *Terra Brasilis.*

A sociedade ultramarina oitocentista, escravocrata e elitista, classificava os seres humanos baseada em critérios de etnia e gênero, com os homens brancos no topo e os escravos negros na base da pirâmide. As mulheres da elite viviam enclausuradas, juntamente com os filhos menores e os servos, sujeitas à autoridade do patriarca. Famílias poderosas dominavam as capitanias, vilas e comarcas, estreitamente ligadas à metrópole. Iletrados na sua maioria, os homens cultos eram educados na metrópole.

A expulsão dos jesuítas, que controlavam o ensino em todo império, juntamente com as reformas educacionais portuguesas refletiram-se no Brasil. As escolas – ainda não houvera sido instituído o ensino superior – saíram das mãos dos religiosos e passaram a ser administradas pelo Estado[27], o que ocasionou um declínio na excelência do magistério em face da ausência de professores e mestres bem preparados para exercê-lo. Mais, o ensino teoricamente público foi moldado de forma que o Império preservasse seu *status* absolutista e centralizador e permanecesse comandado por uma minoria.[28] A situação era crítica, mormente pela reforma ter alcançado o Brasil muito tempo depois de ter sido estabelecida em Portugal.

As modificações tinham por escopo erigir a educação à alçada estatal, secularizá-la e padronizar o currículo.[29]

Para substituir os colégios inacianos foram introduzidas, pelo Alvará de 1759, as Aulas Régias, que perduraram no Brasil até 1834, de caráter laico. Constituíam-se em um mecanismo pedagógico no qual as classes eram ministradas por um único

---

a adestrar o comportamento humano nas sociedades modernas europeias e também nos seus domínios coloniais. Como tal, instituiu um conjunto de ações de um programa mínimo, a ser executado com 'prudência', 'suavidade' e 'brandura', para fazer dos índios brasileiros seres civilizados." SOUZA, Pedro Daniel dos Santos e LOBO, Tânia. Da aplicação do Diretório Pombalino ao Estado do Brasil: povos indígenas e políticas linguísticas no século XVIII. *In: Revista A Cor das Letras*, v. 17, nº 1, 2016, p. 46-59.

---

27 Hélio Avellar, citado por Alberto Damasceno, afirma: "A educação no Brasil colonial pode ser dividida em duas fases: antes e depois de 1760. A primeira foi eminentemente jesuítica, embora seja discutível o aparente caráter exclusivamente privado da escola, face à união entre o Estado e a Igreja e aos favores oficiais concedidos aos inacianos. Mas, a partir da expulsão da Companhia, pela primeira vez, reconhecia-se de maneira inequívoca a educação como dever do Estado" DAMASCENO. Alberto. A historiografia da educação brasileira, o período pombalino e o diretório de 1757. *In: Revista HISTEDBR On-line,* Campinas, nº 55, mar./2014, p. 104-116.

28 SECO, Ana Paula; AMARAL, Tania Conceição Iglesias. *In:* Histedbr. Faculdade de Educação – UNICAMP. Disponível em: http://www.histedbr.fe.unicamp.br/navegando/periodo_pombalino_ intro.html. Acesso em: 17 nov. 2018.

29 MAXWELL, Kenneth. *Op. cit*, p. 104.

professor e ensinavam-se, além da língua portuguesa, as Gramáticas Latina, Grega e Retórica. Mais tarde, ele aperfeiçoou-se com a introdução da Filosofia Moral e Racional, Economia Política, Desenho e Figura, Língua Inglesa e Língua Francesa.[30]

Para a adoção das mudanças, óbices haveriam de ser contornados. O principal, como pontuado, era a ausência de professores qualificados, além dos parcos recursos para remunerá-los. Com o fito de suplantar o obstáculo financeiro, foi instituído um imposto designado de Subsídios Literários, incidente sobre o vinho, o vinagre, todos os tipos de aguardente e a carne fresca. Ocorre que nem sempre ele era destinado ao magistério, sendo desviado para outros fins, o que gerou atrasos nos pagamentos salariais. O resultado foi o abandono da cátedra pelos mais capacitados para se dedicarem a outras profissões, deixando os ensinamentos entregues, na sua maior parte, aos leigos. Uma verossimilhança trágica com o Brasil contemporâneo do século XXI.[31]

Os reflexos no sistema judiciário

Em 1530 chegou ao Brasil a primeira expedição capitaneada por Martim Afonso de Sousa. Dentre seus poderes constavam os de polícia e de justiça. *A posteriori*, quando da instalação do Governo-Geral em 1549, na Bahia, Tomé de Souza viria acompanhado de um magistrado nomeado para o cargo de Ouvidor-Geral, cuja função era administrar a Justiça. A este magistrado era possível recorrer das decisões dos ouvidores das comarcas em cada capitania.[32]

O sistema monocrático, no entanto, mostrou-se bastante negativo em virtude do abuso de poder na atividade judicante. O direito da colônia, operado por juízes com baixa cultura e reprodutores da jurisprudência da Corte, incapazes de vislumbrar as peculiaridades do novo mundo, revelou-se motivo de descontentamentos e desordens. A solução, bastante demorada, foi a instituição de uma corte colegiada – o Tribunal de Relação da Bahia – que, por força das várias injunções externas, somente firmou-se em 1652.

O crescimento da colônia e o aumento das demandas judiciais originou, como um dos primeiros atos do Marquês de Pombal, o estabelecimento, em 1751, de um

30 Aulas Régias. Arquivo Nacional. MAPA. *Memória da administração pública brasileira*. 2016. Disponível em: http://mapa.an.gov.br/index.php/menu-de-categorias-2/260-aulas-regias. Acesso em: 16 nov. 2018.

31 O desmantelamento da estrutura jesuíta revelou-se extremamente desfavorável ao ensino colonial cujas projeções negativas ainda hoje se mostram presentes. Na análise de MORAIS, Christianni Cardoso e OLIVEIRA, Cleide Cristina: "A História da Educação Luso-Brasileira ainda não foi capaz de dimensionar de modo global o impacto da instituição das aulas régias na América Portuguesa.". Aulas régias, cobrança do subsídio literário e pagamento dos ordenados dos professores em Minas Gerais no período colonial. *In: Educação em Perspectiva,* Viçosa, v. 3, nº 1, jan./jun. 2012, p. 81-104.

32 MARTINS FILHO, Ives Gandra da Silva. Evolução histórica da estrutura judiciária brasileira. *In: Revista do Tribunal Superior do Trabalho*, Brasília, vol. 65, nº 1, out./dez. 1999, p. 85-114.

segundo Tribunal de Relação, o do Rio de Janeiro, objetivando facilitar o acesso à jurisdição para a população que morava distante da Bahia. Acorde seu regimento, a *novel* Corte teria competência no centro-sul do Brasil em suas diversas capitanias. Tal qual o Tribunal baiano, integravam-no cinco desembargadores de agravos e apelações, um juiz e um procurador dos feitos da Coroa e fazenda, um ouvidor-geral do cível e outro do crime, além do chanceler e do governador. A Relação tinha por finalidade apreciar os recursos das decisões judiciais das capitanias sob sua jurisdição e exercer funções administrativas, sendo o governador seu presidente, a quem os demais membros não se subordinavam.[33]

O Judiciário brasileiro da época sofria de males que impediam um bom funcionamento. A demora no *iuris dicere*, a baixa qualificação dos operadores do Direito nas diversas instâncias, agravado pela falta de uniformidade na administração da justiça no vasto território colonial, impediam aprimoramentos.

Na segunda quadra do século XVIII, o Poder Judicial do Brasil-Colônia assim se configurava[34]:

1ª Instância: Juiz de Vintena: Juiz de paz para as comarcas com mais de 20 famílias. Decidia verbalmente pequenas causas cíveis, sem direito a apelação ou agravo (nomeado por um ano pela Câmara Municipal);

Juiz Ordinário: eleito na localidade, apreciava as causas comuns;

Juiz de Fora: nomeado pelo rei, para garantir a aplicação das leis gerais (substituía o ouvidor da comarca);

2ª Instância: Tribunal de Relação da Bahia (fundado em 1609) e Tribunal de Relação do Rio de Janeiro (fundado em 1751), ambos, Cortes de Apelação;

3ª Instância: Casa da Suplicação: Tribunal Supremo de uniformização da interpretação do direito português, em Lisboa.

Desembargo do Paço: Originariamente fazia parte da Casa da Suplicação para despachar as matérias reservadas ao Rei. Tornou-se Corte autônoma em 1521, como tribunal de graça para clemência nos casos de penas de morte e outras.

Havia, como **instância única**, a Mesa da Consciência e Ordens, que decidia questões relativas às ordens religiosas e de consciência de El Rei.

Oportunamente, Pombal editou legislação destinada a reduzir a corrupção no sistema judicial e fixou as remunerações dos magistrados e funcionários da justiça nas diferentes regiões brasileiras, juntamente com as dos magistrados das Relações da Bahia e do Rio de Janeiro (1754).

---

33 Sobre o Tribunal da Relação do Rio de Janeiro consultar: SÁ, Gilmar de Almeida. Justiça e colonização: juízes e tribunais no Rio de Janeiro. *In: Documentação e Memória /TJPE*, Recife, PE, v. 1, nº 1, jul./dez. 2008. E, ainda, SOUZA, Rogério de Oliveira. A Relação do Rio de Janeiro (1751 a 1808). *In: Revista da EMERJ*, v. 4, nº 14, 2001.

34 SÁ, Gilmar de Almeida. Justiça e colonização. *Op. cit,* p. 90.

A falta de preparo intelectual da Magistratura, porém, descortinava-se preocupante como se lê na denúncia do Marquês de Lavradio, Vice-Rei do Brasil, em seu relatório datado de 19 de junho de 1779:

> São igualmente necessários mais Juízes de fora (...) sendo preciso para a nomeação destes Ministros que tenha precedido um escrupuloso exame sobre o seu merecimento e talento, não julgando eu serem bastantes o único conhecimento das Leis e do Direito Civil; é preciso que sejam homens cheios de espírito pátrio, e de um gênio que esperançasse serem eles capazes de procurar e promover o adiantamento e a felicidade dos povos.[35]

A pedra angular, contudo, para o êxito da reforma judiciária, tanto em Portugal quanto no Ultramar, foi a promulgação da chamada Lei da Boa Razão, em agosto de 1769. Até então, ambas as positividades acatavam o corpo de leis romanas em detrimento da legislação pátria, sendo os casos interpretados e julgados sob este viés exegético. A propósito, José Homem Correia Telles, em análise crítica no ano de 1824, assim se expressou:

> Uma das Leis mais notáveis do feliz Reinado do Senhor D. José é a Lei de 18 de Agosto de 1769. Denomino-a a Lei da BOA RAZÃO, porque refugou as Leis Romanas, que em BOA RAZÃO não forem fundadas. Um sábio teria nesta Lei vasto assumpto para uma obra de grande preço. Mas ainda que este pequeno commentario atteste o meu pouco saber, nada se perde em o dar á luz, em quanto não apparece outro melhor: *Sed tamen nostra legens,... de rebus ipsis utere tuo judicio. Cicer. 1. De Offic*[36].

A Lei da Boa Razão sanou o imbróglio legal sobre a correta aplicação das fontes do direito. Editada durante a vigência das Ordenações Filipinas (1603), cuja infinidade de regras já não mais aplacava a insegurança jurídica do Império[37], ela teve o condão, ao redefinir a teoria das fontes normativas, de tornar-se o *leitmotiv* para a compreensão do bacharelismo liberal do século XIX.[38]

---

35 AVELLAR, Hélio de Alcântara. *História administrativa do Brasil: administração pombalina.* 2ª ed. Brasília: Editora UnB, 1983, p. 256.

36 TELLES, José Homem Correia. *Commentario critico á lei da boa razão el» data de 18 de agosto de 1769.* Lisboa: Tipografia Maria da Madre de Deus, 1865. Disponível em: http://www.stf.jus.br/ bibliotecadigital/OR/108523/pdf/108523.pdf. Acesso em: 15 nov. 2018.

37 CABRAL, Gustavo César Machado. A lei da boa razão e as fontes do direito: investigações sobre as mudanças no direito português do final do antigo regime. *In: Anais do XIX Encontro Nacional do CONPEDI realizado em Fortaleza.* 2010. Disponível em: http://www.publicadireito.com.br/ conpedi/manaus/arquivos/anais/fortaleza/3489.pdf. Acesso em: 16 nov. 2018.

38 MACIEL, José Fábio Rodrigues. A Lei da Boa Razão e a formação do direito brasileiro. *In: Jornal Carta Forense,* São Paulo, 03/06/2008. Disponível em: http://www.cartaforense.com.br/ conteudo/colunas/a-lei-da-boa-razao-e-a-formacao-do-direito-brasileiro/1668. Acesso em: 30 nov. 2018.

> Seu caráter instrumental é notório. Era uma lei cuja finalidade foi tratar de outras leis, ou, mais precisamente, fazê-las incidir adequadamente. Mais do que uma simples norma sobre a correta aplicação legislativa, a Lei da Boa Razão estatuiu além do modo de utilização das leis, o que poderia ser aplicado; era uma meta-norma, instrumento legal indicador do que era Direito no Portugal do século XVIII.[39]

Nos seus quatorzes parágrafos, dentre disposições outras, atribuía-se ao Rei o mais elevado *status* do órgão judiciário; repudiava-se o Direito Romano; proibia-se o uso do Direito Canônico nos Tribunais Civis e fixava-se a boa razão como norte hermenêutico e critério de validade explicitado pelo direito natural.[40]

O abandono do romanismo em favor do direito natural e internacional, bem assim a vedação aos magistrados seculares de fundarem suas decisões na legislação canônica, trouxe mais transparência à Justiça. Esta modernização conceitual efetivada durante o ministério de Pombal deu azo a importantes decisões, a exemplo da liberdade garantida aos indígenas na colônia (1755 e 1759); a abolição da discriminação entre "velhos cristãos" e "novos cristãos" (1768 e 1773); a conversão de Inquisição em um tribunal dependente do governo (1769) e, até mesmo, a reforma da Universidade de Coimbra (1772).

> A reforma da prática jurídica foi complementada com a reforma do ensino jurídico na Universidade. É que a Lei da Boa Razão, ao rever todo o sistema de fontes do direito, fez com que se abandonasse os textos de autoridade dos grandes juristas medievais, como Bártolo e Acúrsio, o mesmo se dando com o direito canônico. O que se buscava era o monopólio da edição do direito a favor da lei do soberano, com raras exceções, como a possibilidade de invocar os princípios de direito natural, especificamente aqueles que tinham sido incorporados na legislação dos novos Estados iluministas.[41]

A influência pombalina na judicatura foi tão acentuada no Brasil que, até a geração de 1870, o jusnaturalismo nortearia o pensamento jurídico nacional, dando cores ao florescente constitucionalismo pátrio.[42]

---

39 CABRAL, Gustavo César Machado. *Op. cit.*
Sobre ela, MAXWELL. K. tece os seguintes comentários: "The legal formulations of the Pombaline state were justified as an application of natural law, a secularized system which was a logical construct where reason (**boa razão**, as it was expressed) rather than faith or custom defined justice or injustice. In practice, however, the explicit constructs of the state were underpinned by the unstated networks of personal relationship, clienteles and self-interest. Such self-interested was seen in fact by Pombal as a means to fortify the state's objectives in economic policy, as well as in government. Yet to work, this required a vision which set the national interest above private interests." *Op. cit,* p. 107.

40 GODOY, Arnaldo Moraes. *A completude do ordenamento jurídico na lei da boa razão: a teoria de Norberto Bobbio e a experiência jurídica pombalina.* <http://uniceub.academia.edu/ArnaldoGodoy>. Acesso: 13/11/2018

41 MACIEL, José Fábio Rodrigues. *Op. cit.*

42 SILVA, Mozart Linhares da. *História da cultura jurídica no brasil: o bacharelismo e a formação do estado-nação.* ANPUH – XXII SIMPÓSIO NACIONAL DE HISTÓRIA – João Pessoa, 2003.

Os reflexos na organização militar

Portugal, historicamente, sempre adotou uma política de neutralidade nos conflitos europeus, não obstante foi obrigado a rompê-la na Guerra dos Sete Anos (1756-1763)[43], travada entre Inglaterra e França. O Império fora a ela arremessado após a batalha naval entre as esquadras dos dois Estados em águas territoriais lusitanas. A derrota francesa desencadeou protestos que ocasionaram a invasão do território português pelas forças espanholas, aliadas da França. A motivação do protagonismo espanhol no episódio deu-se em razão da ascensão ao trono do rei Carlos III, da Casa dos Bourbons, que, fundado no Pacto de Família[44], alinhou-se aos franceses. D. José I, chamado ao pacto por ser casado com uma princesa desta linhagem, recusou-se em virtude do tratado assinado com a Inglaterra. A consequência foi a invasão da Espanha, no ano de 1762, em Portugal, que demandou a ajuda inglesa para repeli-la.

O episódio serviu para demonstrar as condições deploráveis nas quais se encontravam as forças bélicas portuguesas.[45] Afinal, desde a Guerra da Sucessão de Espanha (1701-1714), o Estado vivia em paz e não se preparara para participar de um conflito de tamanha proporção. "Os efectivos militares não chegavam a vinte mil homens, mal armados e indisciplinados. Dizem os testemunhos da época que as fronteiras se achavam abertas e as praças desmanteladas, os regimentos incompletos e vazios os depósitos de material de guerra. Os oficiais eram incompetentes e muitos deles criados de

43 "Em 1756 rebentava o que se pode considerar uma guerra à escala mundial – a Guerra dos Sete Anos – entre as potências coloniais, com ramificações na Europa, na América, na África e na Ásia. Tratava-se de um conflito continental que envolveu batalhas travadas na Europa Central entre a Prússia e uma coligação envolvendo a Áustria, França e Rússia e um combate além-mar entre Grã-Bretanha e França, mais tarde auxiliada pela Espanha e que levou as hostilidades ao Canadá, à Índia, à Cuba e às Filipinas. Portugal conseguiu manter a neutralidade até quase ao final da contenda. Contudo, em consequência do Pacto de Família, assinado em 15 de agosto de 1761, materializando uma aliança franco-espanhola dos Bourbons contra a Inglaterra, D. José viu-se obrigado a participar na contenda optando por um dos lados. Instado a aderir ao Pacto, recusou, preferindo manter a velha aliança com os britânicos. Com qualquer pretexto, estava aberto o caminho para uma invasão do reino por forças espanholas e francesas." SILVA, Antonio Manuel. Guilherme de Schaumburg-Lippe. O homem para levantar o rei. *ACAFA on-line*. Vila Velha de Ródão, 2012, p. 12. Disponível em: www.altotejo.org/acafa/docsn5/conde_lippe.pdf. Acesso em: 4 dez. 2018.

A guerra disputava a supremacia colonial (domínio marítimo e comercial) pelas Índias e colônias da América do Norte. Pode-se dizer que o vencedor foi o bloco inglês, que em 1763 com a assinatura do Tratado de Paris pôs fim ao litígio.

44 O "Pacto de Família" foi um tratado assinado em 5 de agosto de 1761 entre os reis da França, da Espanha e o Duque de Parma. Foi assim chamado por pertencerem todos os contratantes à família dos Bourbons. Destinava-se à defesa, por intermédio da união de forças, contra a superioridade da marinha inglesa.

45 O parecer sobre a defesa de Portugal dirigida ao Marquês de Pombal revelando as fragilidades das forças militares lusas pode ser encontrado na Biblioteca Nacional Digital de Portugal. www.purl.pt/index/aut/pt/146982.html. Acesso: 4/12/2018.

casas fidalgas, mais ocupados e preocupados com o serviço dos senhores do que com as tarefas militares. Aos soldados faltavam instrução e a disciplina."[46]

Sem ameaças exteriores e necessitando reduzir o poderio do Exército, o governo de D. José I descurou-se por completo da defesa nacional. Por decorrência, viu-se compelido a solicitar ao rei Jorge II, da Inglaterra, a indicação de um chefe militar estrangeiro que pudesse organizá-lo. O nome foi de um prussiano com grande experiência: o Conde Frederich Wilhelm Ernst Conde reinante de Schaumburg – Lippe – Buckeburg.[47] O Conde de Lippe, como ficou conhecido, chegou a Portugal em 1762, com a Guerra dos Sete Anos aproximando-se do final. Recebeu a missão de tornar o aparato militar português eficiente e capacitado.[48]

Por certo o conflito espraiou-se nas fronteiras meridionais da Sul América, região disputada com a Espanha desde as últimas décadas do século XVII. A tomada pelos espanhóis da Colônia de Sacramento e a invasão da região do Rio Grande de São Pedro, atual Rio Grande do Sul, proporcionou novos rearranjos no setor belicoso ultramarino.[49]

Finda a guerra europeia com a derrota francesa e de seus aliados, firmou-se o Tratado de Paris[50]. O pacto, favorável a Portugal, permitiu a retomada de Sacramento;

---

46 O parecer sobre a defesa de Portugal dirigida ao Marquês de Pombal revelando as fragilidades das forças militares lusas pode ser encontrado na Biblioteca Nacional Digital de Portugal. www.purl.pt/index/aut/pt/146982.html. Acesso: 4/12/2018.

47 Frederico Guilherme Ernesto de Schaumburg-Lippe (em alemão: Friedrich Wilhelm Ernst zu Schaumburg-Lippe, conhecido em Portugal como Conde de Lippe (em virtude de ser conde reinante de Schaumburgo-Lippe), foi um notável militar e político alemão que esteve a serviço do Exército Português, tendo o reorganizado e comandado durante a Guerra dos Sete Anos.
Para maior aprofundamento sobre o Conde de Lippe, consultar: BRITO, António Pedro da Costa Mesquita. Publicações Alemãs sobre o Conde de Lippe – Uma orientação bibliográfica. *In: Revista Militar*, nº 2508 – Janeiro/2011, pp. 83-150. Disponível em: www.revistamilitar.pt/ artigopdf/627. Acesso em: 4 dez. 2018. Trata-se de pormenorizada e detalhista pesquisa bibliográfica sobre a influência "lippiana" no ensino militar e científico lusitano, com análises acadêmicas e exaustivas referências de obras em português e alemão que tratam da sua trajetória, biografia e pedagogia castrense.

48 Um fato a ser rememorado sobre a passagem do Conde de Lippe em Portugal foi a implantação de um severo código disciplinar que hodiernamente ainda repercute nos conceitos hierárquicos e disciplinários das Forças Armadas Brasileiras. O código, denominado Regulamento para o Exercício e Disciplina dos Regimentos de Infantaria dos Exércitos de S. M. Fidelíssima, também era conhecido como "Regulamento de 1763". Somente em 1862, o Duque de Caxias substituiu-o pelo Regulamento Correcional das Transgressões Disciplinares e foi adotado o primeiro Código Penal Militar no Brasil.

49 "A intensificação dos conflitos com os espanhóis no Rio Grande de São Pedro, Colônia de Sacramento e Ilha de Santa Catarina gerou pedidos para que a Inglaterra interviesse no sentido da manutenção do acordo de paz de Paris. Em resposta, os ingleses afirmavam: "[...]. A deplorável situação do Brasil não pode deixar de estimular seus inimigos a conquistá-lo." *In: Carta de Martinho de Melo e Castro ao Conde de Oeiras*. Londres, 20/3/1765. BNL, PBA, 612, fls.62-64. *Apud:* COTTA, FRANCIS Albert. O "sistema militar corporativo" na América Portuguesa. *Op. cit*, p. 8.

50 O Tratado de Paris foi assinado em 1763 confirmando a paz definitiva após o armistício anteriormente firmado, em dezembro de 1762, pelo Conde de Aranda e o Conde de Lippe. Sem embargo do término da Guerra, o Conde de Oeiras não quis descuidar-se da questão militar, protelando o

sem embargo, Pombal, ciente da precariedade da paz e cônscio da fragilidade das forças castrenses coloniais, decidiu profissionalizá-las.

Adotou, então, uma série de providências para aprimorar as defesas brasileiras[51]. Logo, no ano de 1763, transferiu o vice-reinado da cidade de Salvador da Bahia para o Rio de Janeiro. Consoante alhures salientado, o Rio descortinava-se como um ponto nevrálgico para a economia imperial, pois além de ser o local de parada para os navios que se dirigiam ao sul ou ao Pacífico, partindo de lá eventuais ofensivas, maior seria a agilidade da resposta caso houvesse problemas no restante do território brasileiro.[52]

---

retorno do Conde de Lippe para aproveitar a sua permanência e dotar o Exército Português de uma nova organização e regulamento. O Conde de Lippe, devido a sua vasta sapiência, concluiu que o êxito só adviria se se verificasse: i) um total envolvimento do poder político nessa transformação, que deveria compreender a necessidade de mudança, a disponibilização de recursos e a necessidade de subordinação das Forças Armadas ao poder político; ii) a transformação das Forças Armadas sentida e levada a cabo por toda a hierarquia da organização castrense, nomeadamente a sua estrutura superior, capaz de liderar e motivar toda a cadeia de comando. Em resumo, para se efetivar o necessário câmbio, três vetores seriam essenciais: normas culturais, política estatal e adoção de estratégias associadas a novas tecnologias. *In:* A Partir Pedra: Presença do Conde de Lippe em Portugal. Disponível em: https://a-partir-pedra.blogspot.com/2007/09/introduo-iniciam--se-estas-reflexes-por.html. Acesso em: 4 dez. 2018, p. 3-4.

---

51 A relevância dos corpos militares na América Portuguesa foi destacada nas instruções expedidas pelo Secretário de Estado dos Negócios da Marinha e Domínio Ultramarinos – Martinho de Melo e Castro – aos capitães-generais de Minas Gerais e São Paulo (hodiernamente, estados-membros da Federação brasileira), nas quais ele ressaltava três princípios inalteráveis, leia-se: "[...] **primeiro,** que o pequeno continente de Portugal, tendo braços muitos extensos, muito distantes e muito separados uns dos outros, quais são seus domínios ultramarinos nas quatro partes do mundo, não pode ter meios, nem forças com que se defenda a si próprio, e acudir ao mesmo tempo a preservação e segurança de cada um deles; **segundo**, que nenhuma potência do universo por mais formidável que seja, pode, nem intentou até agora defender as suas colônias com as únicas forças do seu próprio continente; **terceiro**, que o único meio que até agora se tem descoberto, e praticado para socorrer a sobredita impossibilidade foi o de fazer as mesmas colônias para a própria, e natural defesa delas. E na inteligência deste inalterável princípio, as principais forças que hão de defender o Brasil são as do mesmo Brasil." *In:* Instruções para se regular a Tropa paga de Minas. Salvaterra de Magos, 24/1/19775. PBA: 643, fl. 125-131. Instrução Militar. De Martinho de Melo e Castro para o capitão-general da capitania de São Paulo Martim Lopes Lobo de Saldanha. Salvaterra de Magos, 14/1/19775. *In*: Documentos Interessantes para a História e Costumes de São Paulo. Vol. 43, pp. 29-52. *Apud*: COTTA, Francis Albert. O "sistema militar corporativo" na América portuguesa. Disponível em: www.cvc.instituto-camoes.pt/eaar/coloqui/comunicacoes/francis_albert_cotta.pdf. Acesso em: 4 dez. 2018.

52 Fato é que, mesmo antes da transferência oficial, o Rio de Janeiro já funcionava como centro de gravidade do dispositivo militar da América Portuguesa. Ademais, "a transferência possibilitaria uma estrita vigilância sobre o mais dinâmico pólo de exploração econômica, empreenderia maior rigor sobre a atividade mineradora, e proporcionaria uma centralização político-administrativa." SALGADO, Graça. *Fiscais e meirinhos: a administração no Brasil colonial.* Rio de Janeiro: Nova Fronteira, 1985, p. 62.

Em simultâneo, Pombal buscou padronizar os procedimentos militares e recomendou às capitanias que não agissem de modo isolado, ao revés, se auxiliassem mutuamente, reunindo, sempre que possível, as forças conjuntas.[53]

No ano de 1772, ao fornecer instruções ao capitão-general de São Paulo, a defesa mútua restou assim explicitada:

> [...] a capitania de São Paulo, Rio Grande de São Pedro e as mais colônias portuguesas de Sua Majestade, e os que as governam são todos vassalos seus, e nesta certeza tanta obrigação tem os paulistas de socorrerem o Rio Grande de São Pedro, com todas as suas forças quanto tem o Rio de Janeiro de socorrer a capitania de São Paulo, com todas as que tiver. As outras capitanias têm a mesma obrigação de socorrerem mutuamente, segundo o estado, situação e proximidade de cada uma. E nesta união de poder é que consiste essencialmente toda a força de um estado, e na falta da dita união toda a fraqueza dele. Sendo a mesma falta a única causa de se acharem os castelhanos senhores da parte meridional da América Portuguesa, que ainda hoje ocupam e de nos tratarem ainda por cima com soberba e arrogância, como se não estivessem no que era nosso ou nós possuíssemos o que era seu.[54]

Naquela altura, a força terrestre no Brasil estruturava-se, basicamente, sobre três escalões: a Tropa de Linha, os Auxiliares e as Ordenanças. A força profissional era constituída pela Tropa de Linha, integrada por oficiais e soldados e treinada para operações de guerra. Em geral, era composta pelos três regimentos lusos que Pombal enviou: o de Bragança, Moura e Estremoz.[55] Sem embargo, os efetivos chegaram desfalcados, pelo que seu preenchimento teve de ser feito com os colonos da região. Havia, ainda, na organização geral da defesa, as Tropas de Ordenanças e de Auxiliares, unidades militares não remuneradas, conchegadas por moradores que desempenham atividades diversas e eram recrutados para atender as necessidades bélicas.

Em suma, as Tropas de Linha constituíam o Exército de campanha e com ele empreendiam-se as operações de guerra convencional. Os Auxiliares eram empregados nas fronteiras e recebiam soldo enquanto estivessem mobilizados. Por seu turno, as Ordenanças somente serviam nas pequenas guerras locais e

---

53 Segundo WEHLING, Arno, "[...] no período pombalino, a filosofia administrativa que norteou as ações dos vice-reis e capitães-generais estaria pautada na segurança e defesa mútua das capitanias.[...] a política defensiva visava estabelecer um sistema militar que articulasse harmoniosamente tropas de primeira linha, milícias e ordenanças." Administração portuguesa no Brasil de Pombal a Dom João (1777-1808). TAPAJÓS, Vicente (coord.). *In: História administrativa do Brasil.* Vol. VI, Brasília: Fundação Centro de Formação do Servidor Público, 1986, p. 21.

54 Instruções ao Morgado Mateus. Lisboa, 20/11/1772. *In: Revista do IHGB*, vol.257, p. 53, *Apud:* COTTA, Francis Albert, *Op. cit,* p.15.

55 Os Regimentos de Bragança e Moura ficariam estacionados, em fins do século XVIII, no Rio de Janeiro, já o de Estremoz guarneceria a ilha de Santa Catarina, Parati e Angra dos Reis.

circunscritas, ou, quando grandes as necessidades, deveriam guarnecer as praças vizinhas.[56]

A respeito das Tropas Auxiliares e das Ordenanças, Raymundo Faoro, emérito historiador e jurista brasileiro, escreveria: "constituíram a espinha dorsal da colônia, o elemento de ordem e disciplina."[57]

As tropas eram pessimamente adestradas para desempenhar suas atribuições. A fim de sanar esta deficiência, Pombal, com a indicação do Conde de Lippe, enviou ao Brasil dois oficiais estrangeiros: o coronel João Henrique Böhn, nomeado Tenente-General e comandante de todas as tropas existentes, que veio acompanhado do Brigadeiro sueco Jacques Funck[58], este último contratado para modernizar e construir fortificações, atividade que já havia exercido na metrópole.

A missão de Böhn consistia, primordialmente, na formação de um Exército moderno, razão pela qual ele colocou em prática as reformas lippianas executadas desde Portugal, adotando as rigorosas disposições do Regulamento para o Exército e Disciplina dos Regimentos de Infantaria de 1763. Contudo, ela não se restringiu tão somente na aplicação das severas regras corretivas, tinha propósito mais abrangente: organizar a tropa existente no Brasil Meridional.

Devido a sua excelente atuação nas guerras do sul, Böhn pode ser reconhecido como um dos fundadores do Exército Brasileiro.

Sem dúvidas, a "ação de Böhn, que congregou e comprometeu toda a população e núcleos coloniais do sul em tôrno do ideal da defesa comum, encarada pelo ângulo da história, foi de importância decisiva na evolução da colônia luso-sulamericana, para sedimentar-se na unidade política nacional brasileira."[59] O tenente-general valorizava as tropas regulares em detrimento das auxiliares e irregulares. Propagador do pensamento de Lippe, ele desvalorizava a atuação das ordenanças e milícias.

Outro protagonista de escol ligado ao Conde, por igual, chegaria à colônia para juntar-se aos dois oficiais estrangeiros. Tratava-se de D. Luís de Almeida Portugal, o

---

56 MELLO, Cristiane Figueiredo Pagano de. Os corpos de ordenanças e auxiliares. Sobre as relações militares e políticas na América Portuguesa. *In: História: Questões & Debates*, nº 45. Curitiba: Editora UFPR, 2006, p. 29-56.

57 FAORO, Raymundo. *Os donos do poder. Formação do Patronato Político Brasileiro*, v. I. Porto Alegre: Globo, 1984, p. 196.

58 Jacques Funck (1715-1788) nasceu e faleceu em Estocolmo, na Suécia. Foi designado para servir, com a graduação de brigadeiro de infantaria, na Capitania do Rio de Janeiro, fazendo jus a soldo dobrado e com a missão de aprimorar as defesas do porto e da cidade. Seu nome vincula-se à introdução do ensino de engenharia do Brasil ao proferir, na Praia Vermelha, uma aula de Engenharia e Artilharia.

59 OBERACKER Jr., Carlos H. Oberacker. João Henrique Böhn: O fundador do Exército Brasileiro. *In: Revista de História da USP*. V. 18, nº 38, 1959, p. 339-357. Disponível em: http://www.revistas.usp.br/revhistoria/article/view/107500/105905. Acesso em: 6 dez. 2018.

Segundo Marquês do Lavradio[60], em 1769, nomeado Vice-rei do Brasil. O Marquês participara em 1762, sob as ordens do Conde de Lippe, das lutas contra os espanhóis. Em 1769, passou a coordenar as defesas territoriais brasileiras, inserindo modificações nas Forças Armadas. O Exército, contudo, permanecia falho e com a operacionalidade comprometida. Adotaram-se, então, medidas saneadoras, dentre as quais se destacam a reforma no sistema de recrutamento e a atenção cada vez maior à disciplina e às manobras de adestramento.

No tocante à primeira, durante longo tempo, a Força Terrestre fora constituída por degredados vindos da metrópole. A conscrição dos brasileiros e demais habitantes, desprovida de critérios, revoltava a população local, daí porque decidiu-se chamar os habitantes das ilhas portuguesas, em particular, os Açores, em sua maioria, lavradores que ficariam vinculados à terra.

Quanto à segunda medida, estava-se frente a um campo de manobra já bem conhecido pelos militares que trabalharam junto a Lippe. Assim, o "Regulamento de 1763", exaustivamente invocado, associado à preocupação de pagar-se o soldo em dia, ao lado da justiça nas promoções, propiciaram um clima favorável à profissionalização dos contingentes. Por último, significativas alterações no foro militar foram adotadas.[61]

A respeito, ressalve-se ser uma característica marcante dos julgamentos castrenses do século XVIII a morosidade. Eles prolongavam-se demasiado e, após sentenciados, os réus permaneciam encarcerados por tempo superior à pena fixada. Por meio do "Regulamento de 1763", buscou-se, pela primeira vez, minimizar situação tão drástica.[62]

Estava-se diante de uma *novel* matriz política elaborada a partir das ideias iluministas que começou a ser implantada durante o reinado de D. José I, em Portugal. Ela centralizou o poder na Coroa, esvaziando os órgãos judiciais periféricos. Iniciou-se em

---

60 Luís de Almeida Soares Portugal Alarcão Eça Melo Silva e Mascarenhas, quinto Conde de Avintes, segundo Marquês do Lavradio (1729-1790), combateu os espanhóis na Guerra dos Sete Anos atingindo o posto de Brigadeiro. Em 1769, foi designado para o posto de décimo primeiro vice-rei e capitão-general-de-mar-e-terra do estado do Brasil.

61 O legado lippiano, seja na metrópole seja na colônia, centra-se nos seguintes pilares de sustentação: pessoal, justiça, liderança, ensino, treino e tecnologia. Nesse diapasão, buscou ele regionalizar o recrutamento; manter a disciplina nas fileiras da tropa; conceber o conceito de foro militar; adotar o critério meritório para as promoções; criar o real colégio dos nobres, assim como bibliotecas em todas as unidades militares por acreditar que a leitura servia para formar o espírito; determinar a execução de manobras periódicas, com o objetivo de ensinar e treinar práticas bélicas; e restaurar e construir fortalezas. A Partir Pedra: Presença do Conde de Lippe em Portugal. *Op. cit,* p. 3-4.

62 CABEDA, Coralio Bragança Pardo Cabeda. *A sombra do Conde de Lippe no Brasil: os artigos de guerra.* Disponível em: http://www.acadhistoria.com.br/outextos/Cabeda%20-0A%20Sombra%20do%20Conde%20de%20Lippe.pdf2. Acesso em: 7 dez. 218.
Adriana Barreto de Souza, em excelente artigo: *A governança da justiça militar entre Lisboa e o Rio de Janeiro (1750-1820),* traça um painel sobre como os militares eram julgados após as reformas pombalinas no século XVIII. Disponível em: http://www.scielo.br/scielo.php?script=sci_ arttext&pid=S2236-332015000200368&lng=en&nrm=iso&tlng=pt. Acesso em: 7 dez. 2018.

1763, após o término da Guerra dos Sete Anos, quando Lippe fez adotar seu Código Castrense. Inicialmente, alteraram-se as atribuições dos Conselhos de Guerra. Até então os Conselhos somente detinham funções administrativas, de elaboração de relatórios e pareceres para a Coroa, sem os poderes deliberativos de um tribunal. Acatavam as regras do Regimento de 1º de junho de 1678 e os atos posteriores, mediante os quais o julgamento dos crimes cometidos por militares e a comunicação ao rei das informações a eles pertinentes eram atribuição dos governadores e comandantes.[63]

Pelo decreto de 20 de agosto de 1777, que regulava o funcionamento deste e de outros conselhos de guerra existentes, o tribunal onde funcionava o Conselho de Guerra de Lisboa passou a designar-se Conselho de Justiça, "composto por conselheiros, um assessor, um promotor de justiça, um secretário, porteiro e contínuo. Existiam, ainda, um ministro letrado, normalmente desembargador do Paço, dois conselheiros mais velhos, podendo haver o reforço de mais dois juízes letrados, nos casos de sentenças para crimes com pena superior a cinco anos de degredo."[64]

No Brasil, o Conselho de Guerra colonial passou a ser considerado tribunal de primeira instância e era regulado pelo Regimento de 1763, restando vedado à magistratura interpretar livremente as leis.[65]

Outro ponto vital foi os conselhos só julgarem com fundamento "no exame de provas", fosse na metrópole ou na colônia. A ideia era inédita e fundamental para a formalização da justiça castrense em construção. O texto do alvará estatuía taxativamente que: "todo crime devia ser provado, não estando os artigos de guerra sujeitos ao arbítrio dos juízes". Cabia-lhe, pois, valorar o acervo probatório colacionado, o que, sem dúvidas, representa um postulado inovador na prestação jurisdicional e no respeito às garantias do réu. O perdão ou a benignidade das sentenças era um atributo exclusivo da clemência real e apenas ao monarca competia.

Em outubro de 1763, foi emitido novo Alvará com dezoito parágrafos esclarecendo diversos pontos, com destaque para aqueles que causavam conflitos interpretativos. Um aspecto relevante deste documento é fazer menção aos "crimes dos militares", e não aos "crimes militares". O propósito era fixar o foro sob a égide do

---

63 CAMARGO, Angélica Ricci. Arquivo Nacional. MAPA. Governadores/Comandantes das Armas. Disponível em: http://mapa.an.gov.br/index.php/dicionario-periodo-colonial/156-comandante-das-armas. Acesso em: 7 dez. 2018.

64 CABRAL, Dilma. Arquivo Nacional. MAPA. *Conselho Supremo Militar e de Justiça*. Disponível em: http://mapa.an.gov.br/index.php/dicionario-periodo-colonial/162-conselho-supremo-militar-e--de-justica-1808-1821. Acesso em: 7 dez. 2018.

65 Uma aprofundada análise sobre a constituição da Justiça Militar no período pombalino e, posteriormente, no reinado mariano-joanino está em: SOUZA, Adriana Barreto de. A governança da justiça militar entre Lisboa e o Rio de Janeiro (1750-1820). *In: Almanack*. Guarulhos, nº 10, agosto de 2015, p. 395. Disponível em: http://dx.doi.org/10.1590/2236-463320151010. Acesso em: 4 mar. 2019.

qual o soldado deveria ser julgado.[66] Desta forma, a competência firmar-se-ia acorde a espécie delitiva, a significar que se um militar cometesse delito comum seria julgado pelos tribunais civis. Fosse o foro pessoal, independentemente do agravo perpetrado, o réu militar estaria sempre sob a jurisdição dos auditores regimentais e dos conselhos de guerra.[67] A única exceção prevista seriam os crimes de lesa-majestade que deveriam ser remetidos pelos juízes militares aos tribunais civis.[68]

Em solo brasileiro, alguns anos transcorreriam até que a Justiça Militar adquirisse feição própria. Isto somente aconteceria a partir de 1808, com a vinda do Príncipe Regente e futuro Imperador Dom João VI, após a invasão napoleônica em Portugal. Naquela oportunidade a Corte Castrense, paulatinamente, ganharia organicidade e funcionaria, ininterruptamente, como a mais antiga do país, sob a atual nomenclatura de Justiça Militar da União.[69]

Conclusão

A questão militar sempre foi um tema intrincado e sensível para Portugal e Brasil. Foi no governo do Marquês de Pombal que se delinearam mais concretamente obje-

---

66 "Finda a guerra, o conde de Lippe, marechal e comandante em chefe do Exército português, tendo sido alçado à condição de Alteza, tratamento reservado aos membros da família real portuguesa, adotou várias medidas para adequar a justiça militar do Reino ao padrão em vigor na Europa, principalmente na França e na Prússia. A primeira delas foi a formalização da primeira instância dessa justiça em um tribunal: os conselhos de guerra. Eles são instituídos pelo Regulamento de Infantaria e Artilharia, de 19 de fevereiro de 1763. A partir de então, caberia a esses conselhos julgar os delitos militares a partir dos Artigos de Guerra, sistematizados pelo conde de Lippe no parágrafo XXVI do mesmo regulamento." *Id,* p. 394. A continuidade da estruturação da Justiça Castrense, agora com foco na segunda instância, ocorreria no reinado de D. Maria I, a partir de 1777.

67 Essa é a lógica ainda prevalecente no vigente Código Penal Militar Brasileiro de 1969. A despeito de o art. 9º do referido diploma legal mencionar "crimes militares", o critério competencial é o *ratione legis, e* não o *ratione personae, loci* ou *materiae* tomados isoladamente.

68 SOUZA, Adriana Barreto de. A governança da Justiça Militar entre Lisboa e o Rio de Janeiro (1750-1820), *Op. cit,* p. 395. "E não se trata aqui de preciosismo: o tema foi amplamente visitado pela legislação da segunda metade do século XVIII. A relação é recíproca: uma definição dos limites da jurisdição depende de uma delimitação precisa do alcance do foro, sendo o inverso igualmente válido. Logo, se o foro se define pelo tipo de crime, isso significa que um réu militar deverá, caso tenha cometido um crime comum, ser julgado pelos tribunais civis. Em contrapartida, se o foro é pessoal, independentemente do crime cometido, o réu militar estará sempre sob a jurisdição dos auditores regimentais e conselhos de guerra." *Id,* p. 395.

69 Análises sobre a Justiça Militar da União, também conhecida como Justiça Militar Federal, na atualidade, podem ser lidas em: *A Justiça Militar da União e a História Constitucional do Brasil.* Artur Vidigal de Oliveira e Maria Elizabeth Guimarães Teixeira Rocha (coords). São Paulo: Migalhas, 2016. Ver, ainda: *Coletânea de Estudos Jurídicos*. Maria Elizabeth Guimarães Teixeira Rocha e Zilah Maria Callado Fadul Pettersen (coords). Brasília: Superior Tribunal Militar, 2008.

tivos geopolíticos estratégicos, à medida que a Guerra dos Sete Anos impôs a reestruturação dos Exércitos da metrópole e colônia.

Medidas concretas em relação à reorganização das forças terrestres foram adotadas pelo Conde De Schaumburg-Lippe, como a criação de auditorias de guerra e a atribuição de um papel destacado às milícias e ordenanças.[70] Mas, nada se compara ao Regulamento para o Exército e Disciplina dos Regimentos de Infantaria de 1763, que sistematizou os regramentos castrenses, desordenados e caóticos, assim como a vida na caserna.

Comparando-o às Ordenanças Reais vigentes na América Espanhola e aprovadas por Carlos III, em 22 de outubro de 1768, sob o título "Ordenanças de Sua Majestade para o regime, disciplina, subordinação e serviço de seus Exércitos", revestiram-se elas, por igual, de um conjunto de padrões reguladores dos variados aspectos militares, incluindo uniformes, títulos, eventos e honras, bem assim o recrutamento e a organização de unidades.

Em comum, exsurge de ambos os textos o espírito iluminista, com destaque para dois aspectos inovadores: o acesso meritório e não o título nobiliárquico, que se tornou critério para a promoção, e a profissionalização dos corpos militares em prol da eficácia. Nesse sentido, pode-se afirmar terem as Ordenanças de Carlos III, de 1768, e o Regulamento do Conde de Lippe, de 1963, sido modelos de sistematização para o Direito Militar Contemporâneo.

Para além, acorde a premissa de que "quem manda deve julgar", investiram-se as autoridades militares na jurisdição, na medida em que o direito de punir passou a ser concebido como uma consequência lógica e natural do comando das armas.[71]

Daí porque é seguro afirmar configurarem as Ordenanças Reais de Carlos III a genealogia do Direito Militar na Espanha e em suas antigas possessões, hoje Estados independentes.

Na América Portuguesa, sabido que o bourbonismo nela não se fez presente devido à aliança luso-inglesa, o Regulamento do Conde de Lippe cumpriria este papel ao reger as variadas extensões da vida castrense, *vg:* a formação e educação do soldado; a composição do Exército e das Companhias; o manuseio do armamento; a regulamentação das condutas das autoridades; a organização para os dias de festas; os pagamentos; a carreira; o pundonor; a saúde dos militares, *et coetera*.[72]

---

70 WEHLING, Arno e WEHLING, Maria José. Exército, milícias e ordenanças na Corte Joanina: permanências e modificações. *Op. cit*, p. 27. "As ações empreendidas nesse espírito estavam de acordo com as formulações teóricas para o fortalecimento do papel do Estado e da elite política dirigente, típicos da Europa setecentista. Na intenção extrema dessas formulações, visava-se 'tudo nivelar ante o absolutismo', de modo que o clero, nobreza e povo se submetessem a um novo ente político, a monarquia absolutista, muito diferente da monarquia tradicional dos séculos anteriores [...]." *Id*, p. 27-28.

71 CORRALES ELIZONDO, *Agustín. Las ordenanzas de la Armada*. Disponível em: http://www.armada.mde.es/archivo/mardigitalrevistas/cuadernosihcn/38cuaderno/cap05.pdf. Acesso em: 28 fev. 2019.

72 SOUZA, Marcelo Weitzel Rabello de. *Conde de Lippe (e seus Artigos de Guerra), quando passou por aqui, também chegou lá*. Monografia (mestrado em História) 1999. Disponível em: http://www.jusmilitaris.com.br/uploads/docs/mestrado.historia_do_direito_ii.pdf. Acesso em: 20 set. 2010.

Neste diapasão, as semelhanças e confluências entre ambos os acervos legais são grandes. Temporalmente próximos, torna-se difícil precisar se sofreram influências recíprocas, não obstante indubitável a preocupação com os detalhamentos sobre a organização das tropas, as distribuições de deveres e direitos, a observância do princípio da hierarquia e disciplina e, principalmente, a fixação de penas severas para quem as descumprisse. Ademais, foram regramentos longevos, que vigoraram com poucas alterações em suas *ratio legis:* as Ordenanças até 1978 e o Regulamento Disciplinar de Lippe até 1862. Seus reflexos, contudo, projetam-se hodiernamente, distinguindo-se dentre os mais relevantes contributos a fixação do conceito de foro material e não pessoal, a adoção do devido processo legal e a necessária codificação para o implemento da justa e equânime jurisdição.[73] Nada mais atual!

Referências bibliográficas

A 'Época Pombalina' no Mundo Luso-Brasileiro. Francisco Falcon e Cláudia Rodrigues (Orgns). Rio de Janeiro: Editora FGV, 2015.

A Justiça Militar da União e a História Constitucional do Brasil. Artur Vidigal de Oliveira e Maria Elizabeth Guimarães Teixeira Rocha (coords). São Paulo: Migalhas, 2016.

A Partir Pedra: Presença do Conde de Lippe em Portugal. Disponível em: https://a-partir-pedra.blogspot.com/2007/09/introduo-iniciam-se-estas-reflexes-por.html.

Administração portuguesa no Brasil de Pombal a Dom João (1777-1808). TAPAJÓS, Vicente (coord.). *In: História administrativa do Brasil.* Vol. VI, Brasília: Fundação Centro de Formação do Servidor Público, 1986.

Alvará Régio de 1759. Disponível em: http://193.137.22.223/pt/patrimonio-educativo/repositorio-digital-da-historia-da-educacao/legislacao/seculo-xviii/1751-1760.

Aulas Régias. Arquivo Nacional. MAPA. *In: Memória da administração pública brasileira*. 2016. Disponível em: http://mapa.an.gov.br/index.php/menu-de-categorias-2/260-aulas-regias.

AVELLAR, Hélio de Alcântara. *História administrativa do Brasil: administração pombalina*. 2. ed. Brasília: Editora UnB, 1983.

BOTO, Carlota. A dimensão iluminista da reforma pombalina dos estudos: das primeiras letras à Universidade. *In: Revista Brasileira de Educação,* v. 15, nº 44 maio/ago., 2010.

BRITO, António Pedro da Costa Mesquita. Publicações Alemãs sobre o Conde de Lippe – Uma orientação bibliográfica. *In: Revista Militar,* nº 2508, Janeiro 2011. Disponível em: www.revistamilitar.pt/artigopdf/627.

BRITO, Pedro de. Os Regulamentos do Conde de Lippe. *In: Libros Relege, Volve, Lege. O Livro Antigo na Biblioteca do Exército.* Mário J. Freire da Silva e Tiago C. P. dos Reis Miranda (coords). Lisboa: Biblioteca do Exército, junho de 2018.

CABEDA, Coralio Bragança Pardo Cabeda. *A sombra do Conde de Lippe no Brasil: os artigos de guerra.* Disponível em: http://www.acadhistoria.com.br/ outextos/Cabeda%20-20A%20Sombra%20do%20Conde%20de%20Lippe.pdf.

73 ROQUE, N. *Justiça Penal Militar em Portugal*, Linhó: Edições Atena. 2000. p. 53.

CABRAL, Dilma. Arquivo Nacional. MAPA. *Conselho Supremo Militar e de Justiça*. Disponível em: http://mapa.an.gov.br/index.php/dicionario-periodo-colonial/162-conselho-supremo-militar-e-de-justica-1808-1821.

CABRAL, Gustavo César Machado. A lei da boa razão e as fontes do direito: investigações sobre as mudanças no direito português do final do antigo regime. *In: Anais do XIX Encontro Nacional do CONPEDI realizado em Fortaleza.* 2010. Disponível em: http://www.publicadireito.com.br/conpedi/manaus/arquivos/anais/fortaleza/3489.pdf.

CAMARGO, Angélica Ricci. *Governadores/Comandantes das Armas.* Arquivo Nacional. MAPA. Disponível em: http://mapa.an.gov.br/index.php/dicionario-periodo-colonial/156-comandante-das-armas.

CARDOSO, José Luís; CUNHA, Alexandre Mendes. *Discurso econômico e política colonial no Império Luso-Brasileiro (1750-1808).* Lisboa: Tempo, vol. 17, nº 31, 2011.

CARNEIRO, Ana; SIMÕES, Ana; DIOGO Maria Paula. Enlightenment Science in Portugal: The Estrangeirados and their Communication Networks. *In: Social Studies of Science*. London: SSS and SAGE Publications, 2000.

CARVALHO, Laerte Ramos de. *As Reformas Pombalinas da Instrução Pública*. São Paulo: Editora Saraiva, Ed. USP, 1978.

Coletânea de Estudos Jurídicos. Maria Elizabeth Guimarães Teixeira Rocha e Zilah Maria Callado Fadul Pettersen (coords). Brasília: Superior Tribunal Militar, 2008.

CORRALES ELIZONDO, Agustín. *Las ordenanzas de la Armada.* Disponível em: http://www.armada.mde.es/archivo/mardigitalrevistas/cuadernosihcn/38cuaderno/cap05.pdf.

DAMASCENO. Alberto. A historiografia da educação brasileira, o período pombalino e o diretório de 1757. *In: Revista HISTEDBR On-line,* Campinas, nº 55, mar./2014.

FAORO, Raymundo. *Os donos do poder. Formação do Patronato Político Brasileiro*, v. I. Porto Alegre: Globo, 1984.

GODOY, Arnaldo Moraes. *A completude do ordenamento jurídico na lei da boa razão: a teoria de Norberto Bobbio e a experiência jurídica pombalina*. Disponível em: http://uniceub.academia.edu/ArnaldoGodoy.

COTTA, Francis Albert. O "sistema militar corporativo" na América portuguesa. *In: O reformismo fiscal pombalino no Brasil.* Historia Caribe – Volumen XI Nº 29 – Julio-Diciembre 2016. Disponível em: www.cvc.instituto-camoes.pt/eaar/ coloqui/comunicacoes/francis_albert_cotta.pdf.

LOURENÇO, Eduardo. Portugal e a Europa. *In: Nós e a Europa: ou as duas razões*. 4. ed. Lisboa: Imprensa Nacional – Casa da Moeda, 1994.

MACIEL, José Fábio Rodrigues. A Lei da Boa Razão e a formação do direito brasileiro. *In: Jornal Carta Forense,* São Paulo. 03/06/2008. Disponível em: http://www.cartaforense.com.br/conteudo/colunas/a-lei-da-boa-razao-e-a-formacao-do-direito-brasileiro/1668.

MACIEL. Lizete Shizue Bomura; NETO. Alexandre Shigunov. A educação brasileira no período pombalino: uma análise histórica das reformas pombalinas do ensino. *In: Educação e Pesquisa*, São Paulo, v. 32, n.3, set./dez. 2006.

MARTINS FILHO, Ives Gandra da Silva. Evolução histórica da estrutura judiciária brasileira. *In: Revista do Tribunal Superior do Trabalho*, Brasília, vol. 65, nº 1, out./dez. 1999.

MARTINS, Oliveira. *Historia de Portugal.* Edições Vercial. Universidade do Minho. Edição: 1. 2010

MAXWELL, Kenneth. Pombal: the paradox of enlightenment and despotism. *In: Enlightened Absolutism. Reform and Reformers in Later Eighteenth-Century Europe.* Edited by H.M. Scott. New York: Palgrave Macmillan, 2002.

MELLO, Cristiane Figueiredo Pagano de. Os corpos de ordenanças e auxiliares. Sobre as relações militares e políticas na América Portuguesa. *In: História: Questões & Debates*, n. 45. Curitiba: Editora UFPR, 2006.

MONDINI. Fabiane e BICUDO, Maria Aparecida Viggiani. *As reformas pombalinas da instrução pública e o ensino de matemática*. XIV CIAEN. México. 2015. Disponível em: http://xiv.ciaem-redumate.org/index.php/xiv_ciaem/xiv_ ciaem/paper/viewFile/455/210.

MORAIS, Christianni Cardoso e OLIVEIRA, Cleide Cristina. Aulas régias, cobrança do subsídio literário e pagamento dos ordenados dos professores em Minas Gerais no período colonial. *In: Educação em Perspectiva,* Viçosa, v. 3, nº 1, jan./jun, 2012.

OBERACKER Jr. Carlos H .Oberacker. João Henrique Böhn: O fundador do Exército Brasileiro. *In: Revista de História da USP*. V.18, nº 38, 1959. Disponível em: http://www.revistas.usp.br/revhistoria/article/view/107500/105905.

ROQUE, N. *Justiça Penal Militar em Portugal*, Linhó: Edições Atena, 2000.

SÁ, Gilmar de Almeida. Justiça e colonização: juízes e tribunais no Rio de Janeiro. *In: Documentação e Memória/TJPE,* Recife, PE, v. 1, nº 1, jul./dez. 2008.

SALGADO, Graça. *Fiscais e meirinhos: a administração no Brasil colonial.* Rio de Janeiro: Nova Fronteira, 1985.

SECO, Ana Paula e AMARAL, *Tania Conceição Iglesias do. Marquês de Pombal e a reforma educacional brasileira.* Disponível em: http://www.histedbr.fe.unicamp.br/navegando/periodo_pombalino_intro.html.

SILVA, Antonio Manuel. Guilherme de Schaumburg-Lippe. O homem para levantar o rei. *In: ACAFA on-line.* Vila Velha de Ródão, 2012. Disponível em: www.altotejo.org/acafa/docsn5/conde_lippe.pdf.

SILVA, Mozart Linhares da. *História da cultura jurídica no brasil: o bacharelismo e a formação do estado-nação*. ANPUH – XXII SIMPÓSIO NACIONAL DE HISTÓRIA – João Pessoa, 2003.

SOUZA, Adriana Barreto de. A governança da justiça militar entre Lisboa e o Rio de Janeiro (1750-1820). *In: Almanack.* Guarulhos, nº 10, agosto de 2015. Disponível em: http://dx.doi.org/10.1590/2236-463320151010.

SOUZA, Marcelo Weitzel Rabello de. *Conde de Lippe (e seus Artigos de Guerra), quando passou por aqui, também chegou lá.* Monografia (mestrado em História), 1999. Disponível em: http://www.jusmilitaris.com.br/uploads/docs/ mestrado.historia _do_direito_ii.pdf.

SOUZA, Pedro Daniel dos Santos; LOBO, Tânia. Da aplicação do Diretório Pombalino ao Estado do Brasil: povos indígenas e políticas linguísticas no século XVIII. *In: Revista A Cor das Letras*, v. 17, nº 1, 2016.

SOUZA, Rogério de Oliveira. A Relação do Rio de Janeiro (1751 a 1808). *In: Revista da EMERJ*, v. 4, nº 14, 2001.

TELLES, José Homem Correia. *Commentario critico á lei da boa razão el» data de 18 de agosto de 1769*. Lisboa: Tipografia Maria da Madre de Deus, 1865. Disponível em: http://www.stf.jus.br/bibliotecadigital/OR/108523/pdf/108523.pdf .

VICENTE, António Pedro. Marquês de Pombal: um governante controverso. *In: Revista Camões,* nº 15/16, 2003.

WALTERS, J.F. *AP. European History. Enlightened Despots*. Disponível em: https://www.newhartfordschools.org.

WEHLING, Arno e WEHLING, Maria Jose. Exército, milícias e ordenanças na Corte Joanina: permanências e modificações. *In: Revista Da Cultura*. Fundação Cultural do Exército-FUNCEB- Ano VIII / Nº 14, Junho de 2008.

Roberto Rosas, Biógrafo de Pedro Lessa. Razão e Sensibilidade: os Votos Vencidos e sua Repercussão no Direito

Maria Garcia

Sumário: 1. "Pedro Lessa. O Marshall Brasileiro" **2.** Biógrafo e biografado **3.** Votos vencidos **4.** O dano moral

1. "Pedro Lessa. O Marshall Brasileiro"

> "Se os deuses tivessem conservado o hábito de assimilar com a queda de um raio o túmulo dos homens verdadeiramente predestinados, como fizeram com Licurgo e com Eurípides, a sua sepultura estaria marcada hoje com um traço do fogo do céu".
>
> (Humberto de Campos, discurso na Academia Brasileira de Letras, em homenagem a Pedro Lessa, 27.10.1921)"[1]

Trata-se da obra de 1985, em que se desenham traços marcando, pela razão e sensibilidade, uma figura humana de atuação jurídica que se projeta no Direito brasileiro de todos os tempos vindo, ainda, do Império.

"Pedro Lessa. O Marshall Brasileiro" percorre toda uma existência: "A Força Telúrica do Serro" (cidade natal); "A Vida Acadêmica" (Universidade de São Paulo); O magistério de Filosofia do Direito"; "O Advogado" ("Rua da Imperatriz n. 19"), "Pedro Lessa e o Supremo Tribunal Federal" (De 1907 a 1921, ano de sua morte, Pedro Lessa foi o grande magistrado, alcandorado ao epíteto de Marshall brasileiro" pelo maior advogado, aquele que, junto do magistrado insigne, postulou e requereu Justiça: Ruy"; "A obra escrita. Do Poder Judiciário"; "O interesse pelos Estudos Históricos" (Instituto Histórico e Geográfico de São Paulo e, logo após, o ingresso para sócio correspondente do Instituto Histórico e Geográfico Brasileiro. A monografia "É a História uma ciência?"; A Defesa Nacional" (Miguel Calmon resolveu apoiar a constituição de uma sociedade estimuladora do patriotismo, do ensino, da disciplina, do trabalho. Para isso, convocou duas grandes figuras: Olavo Bilac e Pedro Lessa. A Liga da Defesa Nacional"); "A Academia Brasileira" ("Em 6 de setembro de 1910, empossou-se Pedro Lessa na Cadeira n. 11, cujo Patrono é Fagundes Varela. Ninguém mais adequado e tão ao gosto de Lessa, para recepcioná-lo, do que o insigne Mestre Clóvis Bevilacqua"; " O Orador" ("Sua identificação com os estudantes era grande (...) sempre exortando o espírito da juventude: "Que mais útil e nobre é o escopo para a atividade dos jovens brasileiros do que a prosperidade e o engrandecimento da Pátria por meio de uma política e de uma administração arejadas, esclarecidas e dignificadas); Pedro Lessa e a Política

1 Epígrafe introdutória: "Pedro Lessa. O Marshall Brasileiro", Roberto Rosas, Horizonte Editora, Brasília. 1985

("Eleito para a Assembléia Constituinte de São Paulo (1891). Era indubitável que Pedro Lessa demonstrava seus pendores para o socialismo. Basta vermos os ensaio "Que é o Socialismo?": "Sem extinguir a propriedade individual, o socialismo quer atenuar que quanto possível as desigualdades econômicas ora existentes" (Revista da Faculdade de Direito de São Paulo – 1895, p. 57); "Pedro Lessa e a Presidência da República" ("São Paulo tinha Pedro Lessa na alta conta para o exercício da grande função presidencial"; Final. ("Os tribunais, as varas, o foro, etc. lembram o grande nome, inclusive a imprensa estrangeira. Carlos de Laet, então presidente da Academia, discursou à beira do tumulo: "O que apenas lembro é que, julgador de homens, ele jamais se esqueceu do lado humano da ciência, não se contentando de conhecer leis na sua significação superficial, mas aprofundando as razões filosóficas do direito ...")[2]

2. Biógrafo e biografado

Singular a escolha dos seres humanos pelas figuras da História, contemporâneos ou não, mediante um interesse que se revela significativo, único e, de momento, inexplicável. O decorrer do tempo mostrará os acertos, as coincidências, a criatividade, a inspiração.

No caso de "Pedro Lessa. O Marshall Brasileiro", torna-se necessário retomar Charles Beard e sua obra[3], na qual relata os "Ataques ao Controle pelo Judiciário", da constitucionalidade das leis, conforme explica:

> "A ação posterior da Suprema Corte – arrogar-se o poder de impugnar como inconstitucionais atos do Congresso – não tinha na Constituição uma linha a autorizá-la, quer expressamente, quer por implicação. A Constituição teve o escrúpulo de enumerar esse detalhe nos assuntos da jurisdição das Côrtes; mas nada existe, e, após a quádrupla recusa da Convenção, nada poderia mesmo existir, mencionando o poder de impugnar esse ato do Congresso, como inconstitucional e declará-lo nulo. Tivesse a Convenção outorgado tal poder aos tribunais, certamente não teria deixado o seu exercício irrevisável e irrecorrível.
>
> (...) Se a Convenção imaginasse que os tribunais se arrogariam o poder de controle, certamente teria conferido ao Congresso o direito de rever, de algum modo, a sentença do Judiciário; não colocaria os juízes em posição de privilégio, fora do alcance do "consentimento dos governados", nem os faria independentes do povo, isto é, não eleitos, mas nomeados e, o que é pior, com a prerrogativa tão pouco democrática da vitaliciedade".

E ainda:

> "Uma velha e venerável regra de exegese expressa por Blackstone prescreve que um documento deve ser interpretado "olhando a sua razão de ser e seu espírito, ou o motivo que

2 Op. cit., Sumário, p. 125

3 "A Suprema Corte e a Constituição", Forense, Rio de Janeiro, S/data, pp. 47, 91,115 e 116.

> levou o legislador a promulgá-lo... Deste método de interpretação das leis, considerando as razões que as motivaram, emana a chamada "equidade". É possível, portanto, que o problema do controle pelo Judiciário seja um caso de "equidade". Como a intenção direta dos autores e promulgadores não é claramente expressa, podemos invocar a "razão e o espírito" da Constituição."

Marbury V. Madison traz, entretanto, essa possibilidade. Como se sabe, "O caso teve origem em um requerimento de Marbury à Suprema Côrte, solicitando um *mandamus* que obrigasse o Secretário de Estado, Madison, a comissioná-lo juiz de paz do Distrito de Columbia – cargo para o qual fora nomeado nos últimos dias da administração Adams":

> (...) Na primeira parte do parecer, Marshall discute se Marbury teria o direito legal de exigir que lhe dessem posse, e se o remédio seria o *mandamus.* As conclusões foram afirmativas, mas a concessão do *mandamus* foi denegada, pois a autoridade conferida à Suprema Côrte pelo Ato Judiciário, de expedir *mandamus*, não era autorizada, no caso, pela Constituição.
>
> (...)Certamente todos os povos que possuem constituições escritas consideram as mesmas a lei fundamental e suprema da Nação, e, *ipso facto*, admitem a teoria de que um ato de legislatura contrário à Constituição é nulo".

Não se tratava de decisão fácil, "inclusive pelas circunstâncias", comenta Marcos Lisboa[4]: "a sua decisão revolucionou a jurisprudência norteamericana.

> Marshall argumentou que Marbury tinha o direito legal de assumir o cargo, assim como de buscar a reparação na Justiça; trata-se, afinal, da essência da liberdade em um Estado de Direito. A revolução ocorreu na conclusão. A possibilidade de a Suprema Corte rever decisões do Executivo fora prevista em uma lei de 1787. Marshall, porém, declarou essa lei contrária à Constituição".

Assim consigna Marshall, no seu voto:

> "Por que juraria um juiz cumprir o seu dever, de acordo com a Constituição, se ela não fosse a sua diretriz fundamental, se ele não a pudesse abrir e consultar? Fôsse este, realmente o caso, e a imposição não passaria de deboche. Prescrever ou aceitar um tal juramento seria mesmo um crime.
>
> Caberia talvez observar ainda que, ao declarar qual será a suprema lei do país, à Constituição é a primeira mencionada; e nem todas as leis são mencionadas com ela, mas aquelas que dela dimanam, e com ela constituem a lei do país".[5]

4 *In* Folha de S. Paulo, 30/10/2016.

5 Op. cit., p. 119. "Em uma única decisão, Marshall argumentou tanto a contenção judicial (as Côrtes devem se ater ao Direito), quanto o ativismo do Judiciário, pois inovou a norma legal ao decidir que cabia ao Supremo avaliar a constitucionalidade das leis, algo não previsto pela Constituição Americana."

Esse exemplo da magistratura tomado por Roberto Rosas, torna a atenção para o "Marshall Brasileiro", o juiz Pedro Lessa no que, igualmente, sublinha-se a escolha pela admiração, pelo respeito e, marcantemente, pela atuação destemida, conforme ocorre com o modelo adotado – e nessa escolha desenha-se toda uma personalidade: razão e sensibilidade.

3. A questão dos votos vencidos

Refere Roberto Rosas [6]:

> "A personalidade do magistrado reflete-se invariavelmente na substância dos seus votos e sentenças.
>
> Mas, destaca-se a opinião do juiz no externar suas convicções, por vozes, afirmando posições, vencido.
>
> Assim, o voto vencido nos tribunais tem demonstrado pelos tempos afora a sua importância porque, dissentindo do quotidiano, lança novas posições, abre clareiras na floresta imensa da lógica, permitindo novos esclarecimentos, construindo pontos de partida de novos conceitos e situações.
>
> Esses votos vencidos são inúmeras vezes prenúncios se novas orientações legislativas", afirma, reportando-se a René David, "Traité Elémentaire de Droit Civil Comparé", p. 242)."

E prossegue:

> "Esta importância dada aos votos vencidos foi acentuada na Corte Suprema Americana na fase do "Governo dos Juízes" (1895-1937) – diante das posições excepcionais de Holmes, Brandeis e Cardoso: os famosos "dissents"[7].

E conclúi Roberto Rosas:

> "Em nossa Corte Suprema, os votos vencidos por vezes foram precursores de futura jurisprudência. Destacam-se entre os maiores contribuintes à formação da jurisprudência nacional e precursores de reformas legislativas, três dos maiores magistrados que ocuparam curul no STF: Pedro Lessa, Filadelfo Azevedo e Orosimbo Nonato".

Percepção incomum e ensejadora de estudos mais profundos.

6 Op. cit., pp. 97-98

7 Roberto Rosas, " Do dirigismo jurisprudencial", Brasília, 1967; Brasília; Tune, "El Derecho en los E.U". Roger Pinto, "Des juges qui ne gouvernent pás" (op. cit., p. 98, nota 31)

> *Voto vencido*: registra o "Vocabulário Jurídico"[8]. É aquele que é dado em desacordo aos votos vitoriosos, ou que decidem a questão.
>
> O voto vencido, em realidade, é voto contrário à maioria dos deliberantes, trazendo argumentos e considerações que se opõem aos argumentos e considerações que serviram de fundamento aos votos vencedores".

O olhar social e cultural sobre os vencidos, na paz como na guerra, tem sido da comiseração ao desprezo ou indiferença embora a História mostre que, de fato, vencidos e vencedores se tornem, mais adiante, colaboradores e mesmo solidários, veja –se o Pós-Guerra 1914-1918 e 1939-1945, o exemplo mais próximo do presente.

Sabedoria *(sapientia, prudentia)* registra Abbagnano[9]

> "O comportamento racional em todos os domínios ou virtude de determinar o que é bom e o que é mau para o homem.
>
> O conceito de sabedoria refere-se tradicionalmente à conduta racional nas atividades humanas, ou seja, à possibilidade de dirigi-las da melhor maneira.
>
> Não é o conhecimento de coisas elevadas e sublimes, afastadas de humanidade comum, o que é expresso por *sapientia* mas o conhecimento das atividades humanas e da melhor maneira de conduzi-las."
>
> E explicita:
>
> "A superioridade atribuída à *prudentia* ou à *sapientia* demonstra a interpretação fundamental que se tem da filosofia: o predomínio da segunda é típico do conceito de filosofia como contemplação pura; o primado concedido à *prudentia* expressa o conceito de filosofia como guia do homem no mundo."

Daí a *prudentia* demonstrada pelo Ministro Pedro Lessa ao atribuir importância aos votos vencidos para estudo, compreensão e eventualmente como precursores de propostas de mudanças e novas teorias.

Prossegue Roberto Rosas:

> *"Concepção municipalista de Pedro Lessa.*
>
> "A despeito da opinião de Oliveira Viana do marginalismo jurídico de Pedro Lessa e de ter o grande jurista concepção municipalista distante da realidade brasileira ("Instituições Políticas Brasileiras", II/27), Pedro Lessa sempre propugnou pela autonomia municipal.
>
> A Constituição de 1891 não conseguiu dar o alcance verdadeiro iniciado com a Carta de 1824 e na Lei de 1828, reguladora dos municípios. A construção jurisprudencial do Supremo, principalmente através de Pedro Lessa, plantou as raízes do atual municipalismo, essencialmente na Constituiçãode1946(R/STF.1/04,255;2/100,406;5/361;9/197;10/67;13/173;32/220;34/62)".

8 De Plácido e Silva, Forense, Rio de Janeiro, 1991, III/510

9 Nicola Abbagnano, "Dicionário de Filosofia", Martins Fontes, S. Paulo, 1998

A idéia de governo municipal e municipalismo torna-se especialmente importante a partir da verificação das suas origens:

> "O município, no Brasil Colônia reteve, portanto, as características de um governo local, em que as Ordenações do Reino eram aplicadas, verificando-se, porém o estrito atendimento aos interesses locais.
>
> Como entidades administrativas e políticas, englobavam os únicos órgãos de representação popular, daí a soma de seus poderes, daí sua importância na Colônia e nos, primeiros tempos do Império.
>
> (...) No episódio da Independência as Câmaras Municipais, encabeçadas pela do Rio de Janeiro, deram à emancipação política do Brasil um apoio decidido e fundamental: já em 23 de maio de 1822 d. Pedro recebera uma representação para que convocasse uma Assembléia Constituinte, com o que acedeu, conforme decreto de 3 de junho do mesmo ano.
>
> As eleições eram confiadas às Câmaras dos Municípios a única força politicamente estruturada e representativa."[10]

Rosas anota, ainda, a questão do *habeas corpus:*

> "Pedro Lessa trouxe a sua parcela como jurista e professor, através da sua combatividade, arrostando as velhas teorias e práticas.
>
> Assim foi na interpretação extensiva do conceito de *habeas corpus* como inserido na Constituição de 1891. Pedro Lessa pretendeu ir além da garantia do direito de liberdade de ir e vir, assegurando a liberdade de locomoção como pressuposto o exercício do direito ilegalmente cercado ou ameaçado. Assim votou no caso da Mesa da Assembléia do Estado do Rio (*Habeas Corpus* n. 3.554, RSTF, II, p. 56) e no caso do Conselho Municipal do Distrito Federal. Lessa pretendia que o direito fosse líquido e certo para proteger a liberdade individual no sentido da liberdade de locomoção, também para a defesa de direito ao exercício de determinada atividade. Lançava-se aí a semente de um dos mais utilizados remedios jurídicos para a garantia do direito líquido e certo, o mandado de segurança, que encontrava suas raízes nos votos vencidos, nas opiniões isoladas de Pedro Lessa."[11]

4. O dano moral

Notável, igualmente, o seu julgamento na "indenização do dano moral, numa época adversa a essa orientação. Assinalava que não indenizar o dano moral é deixar sem sanção um direito, ou uma essa série de direitos."

---

10 Maria Garcia, "A República no Brasil", Curso Modelo Político Brasileiro, II/ pp. 68-69, Programa Nacional de Desburocratização – PND, Instituto dos Advogados de São Paulo – IASP, Brasília, 1985. "Machado Paupério ("Teoria Geral do Estado", Forense, 1971, pp. 40 segs.) coloca o Municipio como a célula territorial do Estado. E invoca a afirmação de Ruy Barbosa: "Não há corpo sem células. Não há Estado sem municipalidades. Não pode existir matéria vivente sem vida orgânica. "Não se pode imaginar existência de nação, existência de povo constituído, existência de Estado, sem vida municipal") pp. 65-66

11 Op. cit., p. 98

(...) Refutava o argumento da impossibilidade de reparação por não se achar o equivalente financeiro do prejuízo.

(...) Todo prejuízo moral se resume em um sentimento de sofrimento íntimo, pessoal, da pessoa lesada.

Se o dinheiro não atenua, por sua natureza própria, o sentimento de sofrimento, pode, entretanto, pelas satisfações, vantagens, que o seu valor de troca permite adquirir, compensar indiretamente, na medida do possível, o mal moral causado. (Revista de Direito, 34/321)".

A essa decisão foram opostos embargos, prossegue Roberto Rosas, "recebidos em 1915 contra o voto de Pedro Lessa que acentuava com veemência a posição do Direito no Japão, adotando a indenização por dano moral", ao longo de "países vergonhosamente atrasados.

– em que ainda domina a grosseira concepção de que só se deve ressarcir o dano econômico, o que significa a recusa da proteção jurídica às mais nobiliantes condições do desenvolvimento humano, as puramente morais. (Revista de Direito n. 39/358)".

A Constituição Federal de 1988, inova no art. 5º, X, "a indenização pelo dano material ou moral", declarando: " – são invioláveis a intimidade, a vida privada, a honra e a imagem das pessoas."

Assim em numerosos outros dispositivos (art. 5º, IX, 37. Da Administração Pública, etc.)

À obra assinalada sobre "O Marshall Brasileiro", acresce registrar um dos estudos de Roberto Rosas: "Constitucional e Civil"[12] em que analisa o denominado Direito Civil Constitucional e, no caso, observações sobre Constituições anteriores a 1988 e a *questão da personalidade.*

Assim "as constituições do século passado", assinala, "inclusive a brasileira (1824), não inseriam normas políticas ou econômicas, fenômeno aclarado a partir da Constituição de Weimar (1919), refletido na Constituição brasileira de 1934 e nas subsequentes, e de grande intensidade, nesta Carta de 1988":

"Abre-se, assim, aquilo que o Prof. Miguel Reale chamou de compreensão social do Direito ("Razões de um novo Código Civil", O Estado de S. Paulo, 5/9/1998).

Está ai a resposta da ligação da Constituição com normas de Direito Civil porque estas têm grande conteúdo social, não fossem normas de regência do indivíduo na sociedade.

(...)Estabelece-se esse liame a partir do direito à vida e o respeito à dignidade humana. Está em proteção o ser humano.

(...)A personalidade deriva da proteção do ser humano naquilo de mais ínsito, como afirmou Ferrara, - direitos privados destinados a assegurar ao indivíduo o gozo do próprio ser, físico

12 "Cadernos de Direito Constitucional e Ciência Política", Revista dos Tribunais, São Paulo, Julho-Setembro de 1999, pp. 34 e segs.

e espiritual ("Trattato de D. Civile", p. 338), corroborado por Orlando Gomes ao comentar o projeto de Código Civil de sua autoria quando afirma o respeito à pessoa humana, à dignidade humana, não se confundindo com os direitos do homem ("Memória justificativa do anteprojeto de reforma do Código Civil, 1963, p. 38).

Cabe distinguir a personalidade da capacidade, também a defesa da personalidade.

É importante invocar Pietro Rescigno para quem, em primeiro lugar, a Constituição é a fonte dos direitos da personalidade("Manuale de D. Privato Italiano", 1980, p. 205) tanto que várias Cartas estrangeiras dão guarida aos direitos da personalidade (Alemanha, arts. 1º e 2º/ França, Preâmbulo e art. 66).

O exercício desses direitos é fundamental para sua existência (Francisco Amaral, "D. Civil. Introdução", Renovar, 1998, p. 245)."

Como se constata, permanece em Rosas o espírito desbravador, de estudo e aprofundamento, deixando em seu caminhar, como flores – as marcas do pensamento criador e assim o seu biografado, Ministro Pedro Lessa, para os cultores do Direito e da Justiça.

Arbitragem no Direito de Família e das Sucessões: Possibilidades e Casuística[1]

Mário Luiz Delgado

Sumário: Introdução. **1.** Arbitrabilidade nas relações de família e de sucessões. Normas de ordem pública e direitos patrimoniais disponíveis. **1.1.** A ordem pública. **1.2.** A disponibilidade do direito arbitrável. **1.3.** A patrimonialidade do litígio. **1.4.** A disponibilidade dos direitos patrimoniais de família. **2.** A cláusula compromissória nos pactos antenupciais e nos contratos de convivência. **3.** A inserção da cláusula compromissória nas escrituras públicas de inventário, de divórcio e de dissolução de união estável. **4.** Cláusula compromissória em acordo submetido a homologação judicial. **5.** Arbitragem testamentária. Conclusão.

Introdução

Não é de hoje que a possibilidade de utilização da arbitragem para a resolução de litígios de Direito de Família e Sucessões vem suscitando discussões na doutrina e na jurisprudência. O panorama inicial, lamentavelmente contrário à desestatização desse tipo de demanda, tem sofrido paulatina evolução a partir de uma crescente conscientização social sobre a necessidade, por um lado de assegurar maior autonomia privada nas relações de família e, de outro, simplificar e desburocratizar os mecanismos para solução dos litígios, limitando ao mínimo a intervenção do Estado, cada vez mais restrita às situações de amparo às pessoas em situação de vulnerabilidade, especialmente crianças e adolescentes, e à prevenção e repressão à violência doméstica.

Um bom exemplo dessa limitação à intervenção estatal se deu com a desjudicialização do divórcio e do inventário. Desde o advento da Lei nº 11.441/2007, tornou-se possível o divórcio administrativo ou extrajudicial em cartório de notas, desde que inexistissem filhos menores ou incapazes e as partes estivessem em acordo. A lei em questão alterou o CPC então vigente de forma a permitir, no âmbito dos inventários e divórcios consensuais, sua realização pela via administrativa, promovendo a celeridade e a informalização dos procedimentos.

Embora não se constituísse o sistema contido no antigo Código de Processo Civil, com vistas a tais procedimentos, em um dos que se pudesse mais criticar, o volume de postulações, bem como as eventuais dificuldades resultantes de problemas cartorários ou da própria burocracia judicial acabavam por, em muitos casos, transformar o simples em difícil e o rápido em demorado, com evidente repercussão negativa em relação às partes interessadas e, como corolário, na opinião pública.

---

1 O presente texto foi concebido para publicação de obra em justa homenagem ao Professor Doutor Roberto Rosas. Sou admirador de Roberto Rosas desde quando estudante de Direito. O seu "Direito Sumular", obra precursora de comentários às súmulas do STF e do STJ, tornou-se um clássico na literatura jurídica nacional. Sua contribuição ao Direito brasileiro é inestimável e o presente texto apenas um singelo registro de reconhecimento e admiração.

A alteração legislativa restringiu a intervenção do Estado na vida privada das pessoas, na medida em que possibilitou que os inventários e os divórcios consensuais, sem filhos menores ou incapazes, não necessitem mais se submeter à tutela prévia do Poder Judiciário, já combalido e assoberbado com tantas demandas judiciais.

No contexto atual das relações familiares, constata-se, ainda, uma tendência crescente para desregulamentação legal das relações conjugais, no que se convencionou chamar de "privatização do casamento", eis que "o estado não deveria mais tutelar essas relações através de normas imperativas, mas tão somente mediante regras supletivas (*standards*), em caso de não manifestação expressa do casal". A privatização das relações conjugais e convivenciais, segundo Renata Multedo, "permite que as pessoas estabeleçam as próprias regras de convivência, evitando-se, assim, intervenções injustificadas e desnecessárias, salvaguardando-se o intervencionismo para as situações patológicas"[2].

Notadamente quanto à arbitragem no Direito de Família e das Sucessões, prevalecia a ideia distorcida de indisponibilidade de todo e qualquer direito subjetivo, ainda que de natureza patrimonial, o que retiraria dos litígios emergentes dessas relações jurídicas o requisito objetivo da arbitrabilidade. **Já se disse, por exemplo, que os conflitos familiares** estariam sempre imantados de fortes sentimentos e isso faria com que os direitos discutidos naqueles processos se situassem em uma ordem de indisponibilidade[3]. Ora, nada mais equivocado, como demonstraremos no decorrer deste trabalho.

A legislação pátria, quer o Código Civil, quer a Lei de Arbitragem (LArb), não faz esse tipo de objeção. Os requisitos objetivos e subjetivos para a opção pela arbitragem foram originalmente postos no art. 1º da Lei nº 9.307/96, ou seja, capacidade para contratar e disponibilidade e patrimonialidade do objeto do litígio. O Código Civil de 2002 acrescentou posteriormente, em seu art. 852, ser vedado o compromisso arbitral (leia-se a convenção de arbitragem)[4] para solução de questões de estado, de direito pessoal de família e de outras que não tenham caráter estritamente patrimonial o que, segundo alguns autores, teria feito com que o ordenamento jurídico brasileiro passasse a adotar o critério da exclusiva patrimonialidade para fins de definição dos

2 MULTEDO, Renata Vilela. **Liberdade e família — Limites para intervenção do Estado nas relações conjugais e parentais** .Rio de Janeiro: processo, 2017, pp. 41 e 235. E mesmo no âmbito das relações parentais, prossegue a autora, "já se questiona até que ponto delegar ao Estado, por meio dos órgãos judicantes, a incumbência de dirimir as divergências entre os pais sobre a administração do cotidiano dos filhos, principalmente quando estes detêm a autoridade parental, é uma alternativa possível ou a melhor alternativa". (Op. cit., pp. 41-42).

3 TJSC; AC 2015.068323-3; Balneário Camboriú; Quinta Câmara de Direito Civil; Rel. Des. Luiz Cézar Medeiros; Julg. 22/03/2016; DJSC 08/04/2016; p. 233.

4 Sobre a inexistência de distinção ontológica entre cláusula compromissória e compromisso arbitral, ver José Antonio Fichtner, Sergio Nelson Mannheimer e André Luís Monteiro, em **Teoria geral da arbitragem**. Rio de Janeiro: Forense, 2019, pp. 397-398.

limites da arbitrabilidade objetiva, ao invés do critério misto (e cumulativo) da livre disponibilidade e da patrimonialidade, utilizado no art. 1.º da Lei 9.307/1996, ampliando, assim, o espectro da arbitrabilidade objetiva, pois bastaria que o litígio fosse patrimonial (independentemente da disponibilidade) para que pudesse ser submetido à arbitragem.

Não traremos essa discussão para o âmbito do Direito de Família e Sucessões. O caráter patrimonial disponível do direito em discussão perante o juízo arbitral é condição *sine qua non* – na dicção da lei especial, para que a disputa seja submetida à arbitragem, porém a averiguação da patrimonialidade e da disponibilidade não se imiscui nas razões subjetivas e existenciais que sempre jazem subjacentes a todo e qualquer litígio.

A questão da indisponibilidade e irrenunciabilidade de alguns dos direitos subjetivos emergentes das relações de família está longe de constituir **óbice ao uso da arbitragem**, do contrário as partes maiores e capazes jamais poderiam transacionar nesse tipo de litígio. Fato é que nem todos os direitos subjetivos nas relações de família, patrimoniais ou extrapatrimoniais, são indisponíveis. Oportuno antecipar, por exemplo, que existe uma quase unanimidade na doutrina e na jurisprudência quanto à renunciabilidade da obrigação alimentar entre cônjuges e companheiros.

Por último, uma indagação subjetiva: qual o receio daqueles que se opõem à arbitrabilidade dos litígios do Direito de Família e Sucessões? Em que aspectos a jurisdição estatal estaria mais preparada para absorver e resolver esses litígios? Se a arbitragem estiver submetida ao Direito brasileiro, o tribunal arbitral, tanto quanto o Juiz togado, aplicará o direito material, especialmente o Código Civil, o Código de Processo Civil e todos os diplomas legais de que o Juiz da Vara de Família também faria uso, apenas com maior agilidade. Em outras palavras, o Estado Juiz não é melhor ou mais eficiente que o juiz privado. Aliás, a experiência tem nos mostrado justamente o contrário, com uma Justiça estatal extremamente despreparada para lidar com conflitos intersubjetivos que extrapolam os limites de um discurso normativo ou decisório meramente subsuntivo. Precisas, nesse particular, as palavras de Renata Multedo quando afirma que, "se a experiência de recorrer ao Judiciário é traumática para a maioria dos grupamentos de pessoas, no caso da família essa experiência é especialmente indesejável. No âmbito familiar, as partes geralmente estão de tal modo envolvidas no litígio que não conseguem enxergar uma saída. Não à toa, foi constatado que, com o aumento da judicialização dos conflitos familiares, proporcionalmente se avolumou a insatisfação com as soluções judiciais"[5].

Logo, os conflitos do Direito de Família e Sucessões possuem maiores chances de serem solucionados da forma mais adequada, e condizente com os interesses das partes envolvidas, por meio da arbitragem. No que tange à proteção dos integrantes da família, ao respeito à ordem pública e aos bons costumes, pouco importa, e não

5 Op. cit., p. 288.

deveria ser relevante, o fato de uma demanda ser apreciada pelo Estado juiz ou pelo tribunal arbitral, especialmente por que ambos estarão compelidos a fornecer as mesmas respostas legais que conferem aos vulneráveis e hipossuficientes a mais ampla e prioritária proteção.

1. Arbitrabilidade nas relações jurídicas de família e de sucessões. Normas de ordem pública e direitos patrimoniais disponíveis

Pode-se definir a arbitrabilidade como a condição de validade da convenção de arbitragem (cláusula compromissória e compromisso arbitral), ou seja, é o enquadramento da convenção aos requisitos do art. 104 do Código Civil e que lhe garante o ingresso no plano da validade.

Diz-se arbitrabilidade subjetiva quando relacionada à capacidade do agente e arbitrabilidade objetiva quando diz respeito à licitude, possibilidade e determinabilidade do objeto. Nos litígios de família e de sucessões, a arbitrabilidade subjetiva é delimitada pela capacidade das partes que subscrevem ou aderem à convenção de arbitragem, abrangendo tanto a "capacidade de direito ou de gozo", como a "capacidade de fato ou de exercício". Como anota Anderson Schreiber, "para que possa exercer pessoalmente os direitos de que é titular, a ordem jurídica exige que a pessoa humana, além de personalidade, seja dotada de capacidade. A doutrina costuma distinguir a capacidade em duas espécies: a) capacidade de direito; e b) capacidade de fato. A capacidade de direito, também chamada capacidade de gozo ou capacidade de aquisição, é usualmente definida como a aptidão para adquirir direitos na vida civil". Já "a capacidade de fato é a faculdade concreta de exercer por si mesmo os direitos, sem necessidade de assistente ou representante. Toda pessoa humana tem personalidade e capacidade de direito, mas não tem necessariamente capacidade de fato. Enquanto a capacidade de direito exprime a aptidão para ser titular de direitos (titularidade), a capacidade de fato diz respeito ao exercício de direitos."[6]

Exatamente por isso, ou seja, pela abrangência do art. 1º da LArb, abarcando capacidade de gozo e capacidade de exercício, também os menores, desde que representados ou assistidos, podem submeter os seus litígios à arbitragem, da mesma forma que os entes despersonalizados, como o espólio ou o condomínio edilício[7]. Obviamente, a depender do caso, será também necessária a competente autorização judicial para que o representante subscreva a convenção de arbitragem. A regra é a de que todos aqueles que precisam de permissão judicial para dispor de direitos,

6 SCHREIBER, Anderson; TARTUCE, Flávio; SIMÃO, José Fernando; DELGADO, Mário Luiz; MELO, Marco Aurélio Bezerra de. **Código Civil Comentado. Doutrina e Jurisprudência**. Rio de Janeiro: Forense, 2019, pp. 5 e 7.

7 Nesse sentido: REsp 1733370/GO, Rel. Ministro RICARDO VILLAS BÔAS CUEVA, Rel. p/ Acórdão Ministro MOURA RIBEIRO, TERCEIRA TURMA, julgado em 26/06/2018, DJe 31/08/2018.

também dela necessitarão para firmar a cláusula compromissória. O inventariante do espólio ou o administrador de massa falida, por exemplo, dependem de ordem judicial. O condomínio edilício apenas da autorização da assembleia de condôminos. No caso dos menores representados ou assistidos, a autorização judicial será necessária quando o litígio envolver a alienação ou oneração de bens imóveis (pertencentes aos menores) ou a possibilidade de assunção de obrigações em seu nome, nos termos e condições do art. 1.691 do Código Civil. Porém, se a decisão a ser proferida pelo tribunal arbitral não tiver objeto a alienação, disposição ou renúncia a bens ou direitos, nada obsta que o representante possa, independentemente de ordem judicial, escolher o método de solução dos conflitos.

A arbitrabilidade objetiva nas relações de família e de sucessões, por outro lado, tem os seus contornos oscilantes na doutrina, a depender do critério legal adotado – o da exclusiva patrimonialidade do Código Civil ou o critério misto da livre disponibilidade e da patrimonialidade utilizado no art. 1º da LArb.

O que se tem percebido, pela média das opiniões doutrinárias, é o predomínio do critério misto, com ênfase maior para a disponibilidade do que para a patrimonialidade, como se depreende das lições de Cândido Rangel Dinamarco, quando afirma "haver um estreito paralelismo entre a possibilidade ou impossibilidade da disposição de direitos e a admissibilidade ou inadmissibilidade da renúncia à jurisdição estatal."[8]

Em conflitos fundados no Direito de Família e das Sucessões, de forma geral, encontram-se fora da esfera de disponibilidade, ou fora dos limites de atuação da autonomia privada dos litigantes, as questões relativas ao estado das pessoas naturais (se casadas, divorciadas ou separadas), ao nome civil, à filiação, ao poder familiar, aos direitos da criança e do adolescente, à ordem da vocação hereditária, à sucessão legítima, à sucessão legitimária e ao exercício dos direitos da personalidade. São questões para as quais a jurisdição estatal, fundamentada na ordem pública ou inspirada em valores de natureza política, econômica, social, moral ou cultural, promove uma espécie de "reserva de mercado", impedindo a submissão desses litígios ao processo arbitral.

1.1. A ordem pública

Em oposição à arbitrabilidade dos litígios de família, costuma-se afirmar que todo o direito material de família e sucessões é composto por normas de ordem pública e, como tais, indisponíveis.

Registre-se, de proêmio, que a própria distinção entre normas de ordem pública e de ordem privada apresenta-se bastante intricada, uma vez que "toda disposição, ainda que ampare um direito individual, atende também, embora in-

8 DINAMARCO, Cândido Rangel. **A arbitragem na teoria geral do processo**. São Paulo: Malheiros, 2013 p. 75.

diretamente, ao interesse público; hoje até se entende que se protege aquele por amor a este".[9]

Beviláqua definiu as leis de ordem pública como sendo "as que, em um Estado, estabelecem os princípios, cuja manutenção se considera indispensável à organização da vida social, segundo os preceitos do Direito".[10] A sua característica mais importante, portanto, seria a inderrogabilidade, ou seja, o não poder ser afastada pela vontade do interessado[11]. Atuaria, no direito interno, "como princípio limitador da vontade das partes, cuja liberdade não é admitida em determinados aspectos da vida privada." [12]

Em poucas palavras, seriam de ordem pública aquelas normas em que visivelmente predomina o interesse da sociedade coletivamente considerada, o qual sobreleva a tudo, enquanto que, nas normas de ordem privada, a proteção ao direito individual constitui objetivo primordial. Como exemplos daquelas, dentro do sistema do Código Civil, a doutrina costuma citar as normas que têm por objeto fixar o estado das pessoas, a capacidade, a validade dos atos e negócios jurídicos, a organização da família, a constituição e funcionamento das pessoas jurídicas, a disciplina da posse e dos direitos reais, além de todas as prescrições relativas à ordem de sucessão hereditária.

No entanto, a existência de normas de ordem pública incidentes sobre uma determinada relação jurídica litigiosa não torna o litígio inarbitrável, mas apenas impede que o julgador (privado ou estatal) deixe de aplicá-las, face a sua natureza cogente e imperativa. Quer seja o tribunal arbitral ou Estado Juiz incumbido de solucionar o conflito, não poderá relegar a aplicação ou modificar o conteúdo de uma norma de ordem pública.

A ordem pública, tanto quanto os bons costumes, servirá de elemento direcionador da atuação do árbitro, limitando a autonomia das partes no que toca à eleição das regras de direito a serem aplicadas, nos termos previstos no § 1º do art. 2º da LArb. Assim, em um litígio de direito sucessório, em que os filhos pretendam invalidar cláusula do testamento do pai que lhes privou da legítima, não poderia haver a eleição, em um eventual compromisso arbitral, de regras de um ordenamento jurídico alienígena em que não se reconheça o direito à legítima ou o título de sucessores legitimários dos descendentes. Da mesma forma, em um pacto antenupcial ou em um contrato de união estável, em que previstas penalidades por violação ao dever de fidelidade (ou de lealdade), não poderia a cláusula compromissória escolher as regras de um ordenamento jurídico em que se admita a poligamia.

---

9 MAXIMILIANO, Carlos. **Hermenêutica e Aplicação do Direito.** Rio de Janeiro: Forense, 12ª ed., p. 216.

10 *Apud* SERPA LOPES, Miguel Maria de. **Lei de Introdução ao Código Civil**, vol. I, 2ª ed. Rio de Janeiro/São Paulo: Livraria Freitas Bastos, 1959, p. 28.

11 Muito embora essa característica seja posta em dúvida pela doutrina.

12 DOLINGER, Jacob. **Direito internacional privado**, p. 393.

Em suma, não se confundem os conceitos de direito indisponível e ordem pública. A aplicação compulsória pelo árbitro, em determinada situação concreta, de normas cogentes ou imperativas não acarreta violação à própria ordem pública. De onde se conclui que a incidência de normas de ordem pública nas relações de família e sucessões não constitui óbice à submissão do eventual conflito à jurisdição privada.

1.2. A disponibilidade do direito arbitrável

Já dissemos não serem sinônimos os conceitos de ordem pública e de direito indisponível. Muitos direitos subjetivos fundados em normas de ordem pública são disponíveis, no sentido de poderem ou não ser exercidos por seus respectivos titulares. Em outras palavras, direito disponível é aquele de que se pode dispor, quer seja no que se refere à cessão de titularidade, quer seja no que tange à renúncia, inexistindo disposição legal que obrigue o seu exercício, exclusivamente pelo titular original.

A doutrina costuma generalizar, pontuando que de maneira geral, não estão no âmbito do direito disponível as questões relativas ao direito de família e das sucessões, normalmente insertas em litígios nos quais deve interferir o Ministério Público.

Essa posição mais restritiva mostra-se, obviamente, ultrapassada, até mesmo porque a intervenção obrigatória do Ministério Público encontra-se hoje limitada, praticamente, à defesa de interesses de menores e incapazes. Nos processos judiciais em que todas as partes são maiores e capazes, não existe mais a intervenção obrigatória do *parquet*.

De outra sorte, reflete uma concepção ultrapassada de família, marcada pelo intervencionismo e pelo paternalismo judicial estatal, intervindo o Estado para assegurar a prevalência do modelo de família casamentária, patriarcal, pautada nos costumes e na religião. No entanto, já foi superada a concepção monopolista do casamento como formatação legal da família, desde que se conseguiu distinguir o direito de constituir família e o direito de contrair casamento. O elenco das entidades familiares posto no art. 226 do pergaminho constitucional é reconhecido, de forma quase consensual, como meramente exemplificativo. Rol aberto a comportar indefinidas formas de constituição de família, todas elas igualmente protegidas pelo Estado.

Os conflitos que surgem no seio das relações jurídicas insertas nas novas molduras normativas das famílias, se em dado momento histórico tinham na jurisdição estatal o seu depositário exclusivo, atualmente, na contemporaneidade, demandam cada vez menos a presença do Estado e cada vez mais a concretização da autonomia privada de cada um dos membros da entidade familiar, considerados em sua individualidade.

1.3. A patrimonialidade do litígio

Em geral, apenas os litígios que tenham por objeto direitos patrimoniais podem ser submetidos à arbitragem. A distinção entre direitos subjetivos (ou situações jurídicas)[13] patrimoniais e extrapatrimoniais é bem explorada na doutrina. Menezes Cordeiro destaca que "a situação patrimonial tem conteúdo econômico, podendo ser avaliada em dinheiro; a situação não patrimonial – ou pessoal, embora este termo tenha, em Direito, outros significados – pelo contrário, não tem conteúdo econômico e não concita, à partida, uma equivalência monetária. Este princípio não deve ser perturbado pela possibilidade de arbitrar, por danos causados em situações não patrimoniais – portanto por danos morais , uma indenização em dinheiro: a avaliação então feita tem, contudo, apenas um sentido compensatório, não exprimindo um conteúdo econômico intrínseco."[14] O autor lusitano conclui afirmando que "a avaliação em dinheiro dá, a qualquer situação, natureza econômica. O problema resolve-se pela normativização do critério. É patrimonial a situação cuja troca por dinheiro seja admitida pelo Direito. Compreende-se, a esta luz, que determinadas situações possam ser ou não patrimoniais, consoantes o período histórico atravessado"[15].

A conclusão de Menezes Cordeiro nos remete, justamente, às questões fundadas no Direito de Família, as quais, na atual quadra histórica, caminham a passos largos para uma maior contratualização e consequente patrimonialização. Aliás, nessa seara, as principais demandas submetidas às varas de família do Poder Judiciário são marcan-

13 É conhecido o embate doutrinário que grassa em torno do uso das expressões direito subjetivo e situação jurídica. Paul Roubier critica o que chama de "abuso da palavra direito", utilizada para designar uma série de prerrogativas, que permitem ao titular, por diversos meios, obter tal ou qual vantagem, preferindo, por isso, a expressão "situação jurídica", no lugar de "direito", pela vantagem de estar mais próxima da realidade ao evocar um complexo de direitos e deveres. Segundo Roubier, as situações jurídicas estariam separadas em subjetivas, porquanto originadas principalmente a partir da vontade privada, e objetivas, quando produto direto do direito objetivo. Ambas compostas por um complexo de direitos e deveres, sendo que nas situações subjetivas, os direitos e vantagens prevaleceriam sobre os deveres e ônus, enquanto nas situações objetivas os deveres e os ônus suplantariam os direitos e as vantagens. Roubier define a *situação jurídica subjetiva* como uma situação regularmente estabelecida, seja por ato de vontade, seja pela lei, de onde decorrem principalmente prerrogativas em benefício de seu titular, às quais ele poderá, em princípio, renunciar. Contrapondo-se às situações jurídicas subjetivas, existiriam as situações jurídicas objetivas, estabelecidas tendo em vista as exigências da ordem pública e não apenas o desejo dos particulares, e onde os ônus e os deveres prevalecem sobre as vantagens e os direitos, como se dá nas situações relacionadas ao estado das pessoas e à organização da família. Na relação entre cônjuges não há que se falar em direitos, senão em deveres (por ex. fidelidade, coabitação, assistência moral e material, etc.). O mesmo se diga na situação dos pais frente aos filhos (por ex. dever de guarda, cuidado, educação, alimentação, etc.) e vice versa (dever de obediência, respeito, etc.). Nas situações jurídicas de incapacidade, jamais se poderia falar no direito do menor à sua menoridade (opondo-se, por ex. à lei posterior redutora da maioridade civil) ou de um direito dos interditos à sua incapacidade . São todas situações criadas e impostas pelo direito objetivo, sem qualquer preocupação com o desejo dos particulares.(Cf. ROUBIER, Paul. **Droits subjectifs et situations juridiques** Paris: Dalloz, 2005, pp. 76 e segs).

14 MENEZES CORDEIRO, António Menezes. **Tratado de Direito Civil Português**. Coimbra: Almedina. Novembro 2000, p. 143.

15 Idem.

temente patrimoniais, ainda quando veiculadas nas chamadas "ações de estado" ou travestidas de caracteres pessoais e afetivos. Veja-se o caso das ações de investigação de paternidade ou de reconhecimento de paternidade socioafetiva, onde raramente se postula o reconhecimento de vínculos com quem é desprovido de patrimônio. Uma disputa sobre a guarda dos filhos pode ter impactos na fixação dos alimentos. O descumprimento de cláusulas de um acordo judicial relativo ao regime de convivência entre pais e filhos é passível de ensejar a aplicação de *astreintes* . Até mesmo a prática de alienação parental pode ser sancionada com a aplicação de multa pecuniária.

Entre os doutrinadores brasileiros, Orlando Gomes explica, com propriedade, a divisão dos direitos subjetivos em patrimoniais e extrapatrimoniais, conforme sejam suscetíveis, ou não, de apreciação pecuniária: "Os direitos patrimoniais subdividem-se em reais e pessoais. Estes compreendem, por sua vez, os direitos de crédito, ou obrigacionais, e certos direitos de família. Todos os direitos reais são patrimoniais, bem como o direito hereditário. Há, porém, direitos pessoais extrapatrimoniais. Tais são os direitos puros de família".[16] Portanto, nem todos os direitos de família são extrapatrimoniais.

Para Gomes, "a importância prática da distinção entre direitos patrimoniais e extrapatrimoniais manifesta-se principalmente na transmissibilidade, inexistente nos últimos. Os direitos patrimoniais, pessoais ou reais, são essencialmente transmissíveis. Os direitos extrapatrimoniais, quer os personalíssimos quer os que constituem o *status familiae*, ´resistem a toda espécie de transação entre particulares', isto é, não podem ser alienados, a título oneroso ou gratuito"[17].

Assim, a patrimonialidade é condição *sine qua non*, repita-se, para a arbitrabilidade dos litígios que surgem entre cônjuges, companheiros, parentes ou herdeiros. Mas não basta que o direito envolvido na disputa tenha conteúdo patrimonial, exigindo-se, também, que se trate de direito disponível.

1.4. A disponibilidade dos direitos patrimoniais de família

A doutrina do Direito de Família tem manifestado oposição ao uso da arbitragem para solução de contendas familiares, ainda que se trate de direito patrimonial de família. Afirma-se que mesmo os litígios patrimoniais entre cônjuges e companheiros trazem imbricados aspectos existenciais, não se podendo separar os bens das afeições de cada um, o que afastaria tanto o conteúdo "puramente patrimonial", como a disponibilidade dos direitos em conflito[18].

---

16 GOMES, Orlando. **Introdução ao direito civil**. 5ª ed. Rio de janeiro, Forense 1977, pp. 133/134.

17 Idem.

18 Francisco Cahali, por exemplo, registra a sua dificuldade em vislumbrar proveito expressivo às partes nessas situações, preferindo "deixar esta matéria ainda aos cuidados do Poder Judiciário". (CAHALI, Francisco. **Curso de arbitragem** 7ª ed. São Paulo: Thompson Reuters Brasil, 2018, pp. 459-460).

Não compactuamos com essa posição. Não se pode negar o caráter de patrimoniais disponíveis a todos os direitos em relação aos quais os cônjuges, os companheiros, os herdeiros ou os parentes possam validamente transacionar, considerando apenas o conteúdo imediato da pretensão, sem qualquer preocupação com eventual carga de afetividade imantada nas demandas ou com os interesses extrapatrimoniais e psicológicos subjacentes.

Em outras palavras, pouco importa se o núcleo gerador da controvérsia tenha natureza extrapatrimonial. Uma disputa sobre a partilha de bens entre cônjuges ou companheiros será sempre patrimonial disponível, ainda que o móvel do conflito seja outra questão, como o apego afetivo por um bem determinado, a infidelidade, a guarda dos filhos ou mesmo o inconformismo de um dos parceiros com o rompimento por iniciativa do outro. Se questões de natureza psicológica ou afetiva impulsionam um dos cônjuges ou companheiros a disputar a propriedade de determinado bem, uma tal postura anímica não transforma a natureza patrimonial do litígio.

Não existe, assim, qualquer limitação normativa quanto à disponibilidade de questões patrimoniais, somente por que advindas dos conflitos de família.

2. A inserção da cláusula compromissória nos pactos antenupciais e nos contratos de convivência

O art. 1.639 do CCB é expresso quando dispõe ser "lícito aos nubentes, antes de celebrado o casamento, estipular, quanto aos seus bens, o que lhes aprouver". A autonomia privada na definição do regime patrimonial aplicável pode ser exercida, ainda com mais ênfase, nos contratos de convivência em união estável.

A regra do art. 1.639 veicula o princípio da liberdade convencional, um dos princípios norteadores do regime de bens, também chamado princípio da liberdade das convenções antenupciais, pelo qual os futuros cônjuges estipulam as regras que lhes forem mais convenientes na regência e administração de seus bens, presentes, passados e futuros. Podem os nubentes ou os companheiros pactuar, inclusive, a composição de um regime de bens diferente daqueles legalmente fixados, bem como misturar as regras existentes no Código Civil, para compor um regime personalizado às suas necessidades e pretensões.

Como esteio nesse princípio, podem nubentes convencionar no pacto até mesmo um negócio jurídico processual, conforme enunciado de nossa autoria, aprovado na I Jornada de Direito Processual Civil promovida pelo Centro de Estudos Judiciários do Conselho da Justiça Federal[19].

A inclusão desse tipo de cláusula, que poderia ser utilizada, por exemplo, para restringir o valor da partilha de participações sociais, em pacto antenupcial, é per-

---

19 **Enunciado 18**: A convenção processual pode ser celebrada em pacto antenupcial ou em contrato de convivência, nos termos do art. 190 do CPC.

feitamente possível, pois se as partes poderiam até mesmo excluir da comunhão a totalidade das quotas ou ações, em convenção de regime híbrido, também poderiam limitar o valor da partilha. Quem pode o mais, por óbvio, pode o menos.

O mesmo raciocínio pode ser empregado para justificar a inserção da cláusula compromissória no pacto antenupcial, desde que tenha por objeto direitos patrimoniais disponíveis, compatibilizando-se, assim, o art. 1º da LArb com o art. 104 do CC, no que tange à licitude do objeto como requisito geral de validade dos negócios jurídicos.

Nas relações entre os cônjuges ou entre os companheiros, não há que se falar em direitos patrimoniais indisponíveis. Todos os direitos subjetivos que emergem das relações jurídicas patrimoniais entre parceiros conjugais são disponíveis. Assim, *v.g.*, a discussão envolvendo o direito de qualquer dos cônjuges a partilhar bem adquirido antes ou durante o casamento pode ser tranquilamente submetida à jurisdição arbitral, tanto em face de cláusula inserida na convenção matrimonial, quer previamente ao casamento, quer após o casamento, mediante alteração do regime de bens, nos termos do § 2º do art. 1.639 do CCB, como em decorrência de compromisso arbitral que venha a ser celebrado após o surgimento do conflito.

Até mesmo o direito a alimentos, especialmente no que se refere ao *quantum* e à forma de cumprimento da obrigação alimentar, se *in pecunia* ou *in natura*, é arbitrável, não servindo de argumento contrário nem mesmo a redação atual do art. 1.707 do Código Civil, a transparecer a imprópria ideia de indisponibilidade dos alimentos.

Conforme enunciado aprovado na III Jornada de Direito Civil, promovida pelo Centro de Estudos Judiciários do Conselho da Justiça Federal, "o art. 1.707 do Código Civil não impede que seja reconhecida válida e eficaz a renúncia manifestada por ocasião do divórcio (direto ou indireto) ou da dissolução da ´união estável'. A irrenunciabilidade do direito a alimentos somente é admitida enquanto subsista vínculo de Direito de Família". Em outras palavras, somente seriam irrenunciáveis, e portanto indisponíveis, os alimentos devidos entre parentes.

A irrenunciabilidade dos alimentos entre pessoas que foram unidas pelo casamento ou pelo companheirismo, portanto, está superada na doutrina.

Assim, são perfeitamente arbitráveis, não apenas o *quantum* ou a forma de pagamento dos alimentos conjugais ou convivenciais, mas também o próprio direito de percebê-los por ocasião do rompimento do vínculo. O direito aos alimentos, nessas situações, é plenamente disponível, não se justificando qualquer restrição de submissão da demanda alimentar entre parceiros afetivos ao juízo arbitral.

3. A inserção da cláusula compromissória nas escrituras públicas de inventário, de divórcio e de dissolução de união estável

Se já demonstramos possível a inserção da cláusula compromissória em convenções pré-nupciais, com mais razão deve-se entender possível a convenção de arbitragem aposta nas escrituras de divórcio, dissolução de união estável e inventário. O único requisito se refere à disponibilidade e patrimonialidade dos interesses em jogo, o que na prática abrangerá a quase totalidade dos possíveis litígios, eis que aqueles procedimentos extrajudiciais criados pela Lei nº 11.441 de 2007 somente são possíveis se houver consenso entre todas as partes e não houver filhos ou herdeiros menores ou incapazes, nem nascituro.

A inserção da convenção de arbitragem nesses instrumentos somente reforça a concretização da autonomia patrimonial dos membros da família, já manifestada na possibilidade de lavratura de escrituras de inventário e de partilha em cartório de notas, ainda que o autor da herança tenha deixado testamento, a despeito do disposto no art. 610 do CPC, desde que promovido, judicialmente, o respectivo registro, abertura e cumprimento (RAC), consoante previsão inserta nas Normas Gerais da Corregedoria Geral de Justiça de São Paulo e de outros Estados.

De igual modo, constitui exercício da autonomia patrimonial o uso das soluções extrajudiciais em litígios sucessórios, incluindo a inserção de cláusula compromissória nas escrituras de inventário e partilha.

4. Cláusula compromissória em acordo submetido a homologação judicial

O art. 733 do CPC estabelece que o divórcio consensual, a separação consensual e a extinção consensual de união estável somente "poderão ser realizados por escritura pública não havendo nascituro ou filhos incapazes". Portanto, havendo nascituro ou filhos incapazes, o acordo entre os cônjuges ou companheiros depende de homologação judicial, com a intervenção obrigatória do Ministério Público.

Essa condição, no entanto, não impede a inserção da cláusula compromissória no acordo submetido a homologação judicial. E nessa hipótese, qualquer litígio envolvendo direitos patrimoniais disponíveis, e que surja após a homologação e exaurimento da jurisdição estatal, na fase de cumprimento do acordo judicial, será submetido à arbitragem.

A questão já foi apreciada pelo STJ em importante precedente relatado pelo ministro Sidnei Beneti. No julgamento do REsp 1.302.900, restou decidido que "a alegação de nulidade da cláusula arbitral instituída em Acordo Judicial homologado e, bem assim, do contrato que a contém, deve ser submetida, em primeiro lugar, à decisão do próprio árbitro, inadmissível a judicialização prematura pela via oblíqua do retorno ao Juízo".[20] Segundo o relator, não caberia ao Poder Judiciário apreciar, com exclusividade, "pretensão anulatória de sentença homologatória de acordo judicial pelo qual as partes tenham optado pela jurisdição arbitral", fundamentalmente, por que "a homologação judicial de acordo firmado entre as partes é elemento acidental do ato e não interfere na eficácia que esse acordo, de qualquer forma, teria entre as partes

---

20 REsp 1302900/MG, Rel. Ministro SIDNEI BENETI, TERCEIRA TURMA, julgado em 09/10/2012, DJe 16/10/2012.

signatárias" e em função da nulidade da sentença homologatória do acordo não ser pleiteada sob alegação da atividade jurisdicional do Juízo homologante, mas "fincadas em alegações contrárias ao próprio acordo que foi levado à homologação".

Desse modo, em qualquer acordo judicial homologado pelo Juiz de Família, é possível a inserção da cláusula compromissória, cujo objeto restringir-se-á aos litígios patrimoniais futuros relativos ao cumprimento do acordo. A convenção de arbitragem fará com que eventual pretensão de modificação do acordo por qualquer das partes seja submetida, previamente, ao juízo arbitral, retirando da jurisdição estatal a competência até mesmo para a revisão do acordo por ela própria homologado.

5. Arbitragem testamentária

Tanto na sucessão legítima, como na sucessão testamentária, existe ampla possibilidade de se convencionar, via compromisso arbitral celebrado por todos os herdeiros e legatários, a remessa à arbitragem dos os conflitos futuros que surjam entre eles.

A grande controvérsia reside na possibilidade de inserção da cláusula compromissória em testamento, pois implicaria a imposição da solução arbitral a herdeiros e legatários. Decisões esparsas de alguns tribunais estaduais repelem a arbitragem testamentária, considerando nula a cláusula do testamento que obriga os sucessores a se valerem de juízo arbitral[21].

Assim, salvo a concordância de todos os herdeiros e legatários, via compromisso arbitral celebrado após o surgimento do conflito, não seria possível vislumbrar a arbitragem testamentária no direito brasileiro.

No entanto, essa interpretação restritiva precisa ser superada em prol de um Direito de Família e das Sucessões menos intervencionista e que assegure a plena autonomia privada das partes, especialmente no âmbito patrimonial. Sob essa ótica, deve-se admitir a arbitragem testamentária, com inserção de cláusula compromissória nos testamentos, ao menos quando estabelecida com relação à parcela disponível do patrimônio.

Mesmo sem um permissivo legal específico, julgamos válida, porquanto agasalhada no ordenamento vigente, a cláusula compromissória testamentária, tendo por objeto a solução de litígios que envolvam o patrimônio disponível do testador. A convenção de arbitragem, nesses casos, assemelha-se a um encargo da herança ou do legado, previsto nos arts. 1.897 e 1.938 do CC.

A nomeação de um herdeiro ou legatário, no testamento, pode fazer-se pura e simplesmente, ou, ainda, sob condição, para certo fim ou modo, ou por certo motivo. (art. 1.897). Como bem destaca Zeno Veloso, "a disposição testamentária que concede um legado pode vir acompanhada de *modus* ou encargo. Obviamente, o legatário é

21 TJ-SP – Apelação 9281671-30.2008.8.26.0000 -13/03/2014. Des. Rel. Roberto Maia.

obrigado a cumprir os encargos do legado, sejam a benefício de terceiro ou de interesse geral, e, se desta última espécie for o encargo, o Ministério Público poderá exigir sua execução (art. 553). A doação pode ser revogada por inexecução do encargo, diz o art. 555. Como o art. 1.938 manda que se aplique ao legatário, nos legados com encargo, o disposto neste Código quanto às doações de igual natureza, a conclusão há de ser que a inexecução do encargo autoriza o interessado a pedir ao juiz a caducidade do legado modal"[22].

Logo, ao instituir legatários em relação a determinados bens ou herdeiros em relação a parcela de seu patrimônio disponível, pode o testador estabelecer, como encargo imposto aos beneficiários, que qualquer litígio que surja entre eles, envolvendo o cumprimento daquela disposição testamentária, deva ser submetido ao juízo arbitral. Os herdeiros e legatários serão obrigados a cumprir o encargo, sob pena de caducidade da deixa testamentária. Assim, se um legatário resolver impugnar a validade da cláusula compromissória e submeter a disputa à jurisdição estatal, ainda que obtenha êxito, poderá perder a condição de sucessor testamentário[23].

A alegação de que estaria havendo uma imposição da convenção de arbitragem em negócio jurídico unilateral, como é o caso do testamento, que não foi subscrito pelos herdeiros e legatários, não deve ser motivo para resistência. Primeiro porque, a rigor, não há imposição alguma, na medida em que os herdeiros ou legatários não estão obrigados a aceitar a herança ou o legado. Não querendo se submeter à arbitragem, basta que renunciem à liberalidade que os beneficiou. Ao aceitarem a herança ou o legado, os beneficiários aderem também à convenção de arbitragem, que exige

22 Cf. **Código Civil Comentado**.Coord. Ricardo Fiuza. São Paulo: Saraiva, 2016, p. 2.009. Para José Fernando Simão, "sendo o legado acompanhado de encargo, aplicam-se ao legatário as regras referentes à doação com encargo, em especial a regra do art. 553, pela qual o donatário é obrigado a cumprir o encargo. Se o encargo for descumprido, caberá ao interessado, ou seja, àquele a quem o encargo beneficia, o direito de exigir seu cumprimento".(SCHREIBER, Anderson; TARTUCE, Flávio; SIMÃO, José Fernando; DELGADO, Mário Luiz; MELO, Marco Aurélio Bezerra de. **Código Civil Comentado. Doutrina e Jurisprudência**. Rio de Janeiro: Forense, 2019, p. 1.515).

23 Essa também é a opinião de Francisco Cahali, quando defende a arbitragem testamentária com paradigma no direito espanhol: "Pelo direito sucessório, respeitada a legitima, é facultado ao testador impor condições ou encargos a serem cumpridos pelos herdeiros instituídos e legatários (CC, arts. 1.897 e 1.938). Ao beneficiário, resta submeter-se à restrição ou renunciar à herança. Extrai-se do regime jurídico da arbitragem espanhola, que a arbitragem testamentária representa um encargo ao sucessor. O gravado com ela, resta juridicamente obrigado a ter determinada conduta em caso de litígio, ou seja, a imposição obriga o cumprimento pelo beneficiário.(...) Em síntese, ausente norma expressa a respeito, a convenção prevista no testamento deve ser considerada como um ônus (lato sensu) imposto ao sucessor instituído (herdeiro ou legatário). Aceita a herança, o herdeiro ou legatário estará juridicamente obrigado a cumprir a determinação do testador: eventuais conflitos entre os co-herdeiros relativamente àquelaparcela hereditária serão submetidos ao juízo arbitral."(*Ensaio sobre arbitragem testamentária no brasil com paradigma no direito espanhol.* **Revista de Mediação e Arbitragem** nº 17 Ano 5, abril-junho de 2008, Coord. Prof. Arnoldo Wald, Ed. Revista dos Tribunais, p. 54).

o assentimento (mas não a assinatura) de todas as partes. A manifestação dos herdeiros e legatários, nesses casos, será tácita, não havendo, assim, imposição da cláusula contra a sua vontade[24]. Segundo, porque a possibilidade de *"transmissão"* de cláusula compromissória a partes não-signatárias, nos casos de sub-rogação, cessão de créditos, assunção de dívida, fusões, cisões e incorporações, e especialmente na sucessão, é inquestionável, podendo-se sustentar, no caso da arbitragem testamentária, a transmissão *causa mortis* da cláusula compromissória aos herdeiros e legatários. A transmissão decorre da sucessão, eis que os herdeiros e legatários sucedem ao testador e, nesse sentido, passam a ocupar a posição de partes signatárias. Não faz sentido que o patrimônio seja transmitido aos sucessores, mas a cláusula que estabelece como serão resolvidos os litígios (patrimoniais) originados a partir dessa transmissão não o seja[25].

Também se mostra perfeitamente cabível o paralelo com a chamada *"extensão de efeitos"* da convenção de arbitragem a partes não signatárias, quando alguém que não celebrou uma cláusula compromissória passa a ser considerado, automaticamente, parte da arbitragem. Trata-se de situação relativamente pacífica na jurisprudência arbitral contemporânea. São numerosos os casos em que a jurisprudência do STJ tem afastado o princípio da relatividade em relação à convenção de arbitragem, como se verifica nas hipóteses em que cabível a desconsideração da personalidade jurídica[26].

---

24 O não comparecimento de herdeiros ou legatários ao ato de testar, e a óbvia ausência de assinatura no testamento, não deve constituir um óbice insuperável à extensão dos efeitos de uma cláusula compromissória inserida pelo testador no ato de última vontade, pois a manifestação de vontade nem sempre se verifica pela assinatura das partes na convenção de arbitragem, podendo ser deduzida de condutas e comportamentos dos beneficiados que evidenciem à sua vinculação à convenção, como ocorre com o ato de aceitação da herança ou do legado.

25 Exatamente no mesmo norte, o texto precursor de Francisco Cahali:"Instituida a arbitragem por testamento, considerada como encargo ao herdeiro ou legatário, este ao aceitar a herança, também aceita os ônus que a acompanham, e assume assim pela vontade expressada pelo recolhimento da herança, a obrigação legal de submeter eventual litígio com os co-herdeiros, relativamente a esta quota hereditária.Aberta a sucessão, com o falecimento, opera-se de imediato a transmissão, e já se defere aos sucessores o acervo (tanto que até podem ceder os direitos hereditários), assim, a herança pertence aos sucessores, porém no caso gravada com a convenção. E a partir de então a arbitragem vincula os herdeiros aos quais ela foi prevista.O momento em que o beneficiário aceita a herança é o exato instante em que o convênio arbitral adquire força obrigatória. Aceito o quinhão ou legado gravado, fica então o sucessor juridicamente obrigado a ter determinada conduta; no caso, submeter-se ao Juízo arbitral.Assim, a manifestação de vontade pela solução arbitral é indireta. Ao se aceitar a relação jurídica oferecida, no caso titularidade a herança, estar-se-á aceitando também a previsão de arbitragem que nela se contém.A situação é semelhante à sub-rogação ou cessão de contratos com cláusula de arbitragem. Nestes casos, o cessionário ou sub-rogado, ingressa na relação jurídica como se contratante originário fosse; e assim, em regra, submete-se automaticamente ao convenio arbitral, salvo disposição em contrário estabelecida pelas partes. A convenção sabe-se, é vinculante às partes contratantes e, em princípio, aos seus sucessores". (*Ensaio cit.*)

26 No julgamento do REsp nº 1.698.730-SP, o Tribunal da Cidadania pontuou que a "prevalecer o entendimento de que o compromisso arbitral somente produz efeitos em relação às partes que formalmente o subscreveram, o processo arbitral servirá de escudo para evitar a responsabilização

O mesmo se diga dos conflitos societários que envolvem grupos econômicos. Tem-se entendido que se uma determinada companhia não subscreveu o contrato em que inserida a convenção arbitral, o simples fato dela ser integrante do mesmo grupo econômico das companhias signatárias, é quanto basta para que seja considerada abrangida pela convenção.

Em outros termos, tanto a jurisprudência arbitral internacional, como as decisões do STJ, vem caminhando em direção a uma revisitação dos limites subjetivos da convenção de arbitragem, cujos efeitos também podem atingir terceiros não signatários da convenção e, portanto, originalmente não seriam partes no procedimento arbitral.

Os precedentes aludidos nos estimulam a pensar que também os litígios propostos por herdeiros não beneficiados pelo testamento e, portanto, não vinculados ao "encargo", desde que discutam a validade da própria deixa testamentária, como no caso em que um herdeiro legítimo proponha uma ação de invalidade contra o legatário, devam ser submetidos ao juízo arbitral, desde que o conflito envolva exclusivamente parcela do patrimônio disponível do testador. Assim, repita—se, se um herdeiro legítimo ou um herdeiro necessário pretendem impugnar a disposição testamentária que contemplou um determinado legatário, e no testamento havia cláusula compromissória, devem fazê-lo no juízo arbitral, competente, prioritariamente, para decidir sobre a sua própria competência.

O princípio da competência-competência dá ensejo a que discussão sobre a validade ou invalidade de uma convenção de arbitragem em litígios de Direito de Família e Sucessões deva ser submetida prioritariamente ao árbitro, senhor exclusivo de sua própria competência, só se admitindo o controle jurisdicional estatal em momento posterior. A jurisprudência do STJ tem se firmado no sentido de que a mera existência da cláusula compromissória implica reconhecer a competência do juízo arbitral para decidir, com absoluta primazia sobre o Poder Judiciário, todas as questões relativas à validade e à eficácia, tanto da própria convenção de arbitragem , como do negócio jurídico em que inserta a cláusula compromissória[27].

do terceiro que laborou em fraude, verdadeiro responsável pelas obrigações ajustadas e inadimplidas, notadamente se o instituto da desconsideração da personalidade jurídica — remédio jurídico idôneo para contornar esse tipo de proceder fraudulento — não puder ser submetido ao juízo arbitral".

27 No julgamento do REsp 1.550.260, a Terceira Turma deu concretude ao princípio Kompetenz-Kompetenz, reafirmando que é "o próprio árbitro quem decide, em prioridade com relação ao juiz togado, a respeito de sua competência para avaliar a existência, validade ou eficácia do contrato que contém a cláusula compromissória". Segundo o autor do voto vencedor, ministro Villas Bôas Cueva, "a competência do juízo arbitral precede, em regra, à atuação jurisdicional do Estado para dirimir litígios relativos a direitos patrimoniais disponíveis. A sentença arbitral produz entre as partes envolvidas os mesmos efeitos da sentença judicial e, se condenatória, constitui título executivo. Além disso, tão somente após a sua superveniência é possível a atuação do Poder Judiciário para anulá-la, nos termos dos artigos 31, 32 e 33 da Lei 9.307/1996". Nem mesmo a invocação do Códi-

Conclusão

Não mais se justificam as restrições ao uso da arbitragem como opção à solução de todo e qualquer conflito patrimonial emergente das relações fundadas no Direito de Família e das Sucessões.

A possibilidade de inserção de cláusula compromissória nos pactos antenupciais, nos contratos de convivência, nas escrituras públicas de inventário, de divórcio e de dissolução de união estável e mesmo nos acordos submetidos a homologação judicial não deveria atrair mais nenhuma controvérsia.

Talvez o único ponto em relação ao qual ainda se possa suscitar alguma discussão, diga respeito à arbitragem testamentária, vale dizer, à validade ou invalidade de cláusula compromissória inserida em testamento, como instrumento apto a vincular herdeiros e legatários.

Nesse particular, a nossa conclusão é peremptória no sentido de poder o testador estabelecer, em legado ou herança abrangente de sua disponível, como encargo imposto aos beneficiários, que qualquer litígio futuro que surja entre eles ou com terceiros, envolvendo o cumprimento daquela disposição testamentária, deva ser submetido ao juízo arbitral. Não se trata de imposição da convenção de arbitragem em negócio jurídico unilateral, não subscrito pelos herdeiros e legatários, pois estes não estão obrigados a aceitar a herança ou o legado. Não querendo se submeter à arbitragem, basta que renunciem à liberalidade que os beneficiou. Ao aceitarem a herança ou o legado, os beneficiários aderem também à convenção de arbitragem, que exige o assentimento (mas não a assinatura) de todas as partes.

A manifestação dos herdeiros e legatários, nesses casos, será tácita, não havendo, assim, imposição da cláusula contra a sua vontade. Sem falar que, quando da abertura da sucessão, ocorre a transmissão *causa mortis* da cláusula compromissória aos herdeiros e legatários, que sucedem ao testador e, nesse sentido, passam a ocupar a posição que o *de cujus* ocupava no âmbito da convenção, vale dizer, a posição de parte signatária. Convém repetir: não faz sentido que o patrimônio seja transmitido aos sucessores, mas a cláusula que estabelece como serão resolvidos os litígios (patrimoniais) originados a partir dessa transmissão não o seja.

go de Defesa do Consumidor (CDC) serve de fundamento para afastar a cláusula compromissória. Ao julgar o REsp 1.598.220, o Tribunal da Cidadania destacou o caráter obrigatório e vinculante da norma extraída do parágrafo único do art. 8º LArb, que tem o condão de derrogar a jurisdição estatal, no que tange à análise prévia da existência, validade e eficácia da cláusula compromissória, que deve ser submetida, em primeiro lugar, à deliberação do juízo arbitral.

Responsabilidade Administrativa Ambiental

Mauro Campbell Marques

1. Introdução

A preocupação com a defesa do meio ambiente intensificou-se nas últimas décadas, caracterizadas pelo expressivo crescimento da população humana e pelo vertiginoso aumento do consumo dos recursos naturais destinados à produção de bens e prestação de serviços.

Encerrado formalmente em 1945 o último conflito bélico de larga escala, a paz firmada entre as potências militares permitiu o emprego pelas organizações empresariais de cada vez mais capital e trabalho com a finalidade de incrementar as trocas comerciais – que nunca se interromperam durante os conflitos armados –, com o objetivo de obter melhores posições no mercado mundial e aumentar as margens de lucro.

Assim, ademais do emprego civil dos avanços científicos decorrentes das pesquisas de finalidade militar, as organizações empresariais passaram a dispender cada vez mais recursos em pesquisa e desenvolvimento de novos produtos com o objetivo de concorrer no mercado mundial, daí o grande avanço tecnológico das últimas décadas.

Em consequência, houve melhora significativa da qualidade de vida das populações dos países de renda alta que, ao consumirem cada vez mais produtos e serviços, beneficiaram, ainda que em patamares mais modestos, os países cujas economias são marcadas mais pelo fornecimento de matéria-prima do que de produtos manufaturados.

Essa expansão contínua da atividade econômica implicou o aumento da demanda pelos recursos naturais utilizados na geração de energia, na produção de alimentos e na indústria em geral.

Todavia, esse notável progresso econômico se deve em boa medida à economia industrial, setor cujas decisões afetaram, além dos grupos sociais que ficaram à margem do sistema econômico predominante, o meio ambiente.

2. O impacto ambiental decorrente da atividade econômica

Os danos ambientais mais conhecidos como a poluição do ar, o desmatamento de florestas e o envenenamento de cursos d'água estão fortemente relacionados à expansão da atividade industrial, a qual promove o desenvolvimento de outros setores igualmente impactantes, como a agricultura, a geração de energia e a prestação de serviços de transporte – além de estimular o crescimento da população urbana.

A atividade industrial impacta o meio ambiente de formas diversas, pois, além de atingir a atmosfera e os cursos d'água por meio de emissão de gases poluentes e de lançamento de dejetos industriais, exige produção de muita de energia.

Para o abastecimento das indústrias – e também das residências urbanas –, a geração de energia demanda a instalação de usinas como hidroelétricas, térmicas e nucleares, as quais impactam o meio ambiente por meio do alagamento de grandes áreas para a formação de lagos artificiais, da queima de combustíveis fósseis e do depósito de rejeitos radioativos, respectivamente.

A prestação de serviços de transportes também impacta o meio ambiente, pois boa parte dos principais meios (navios, aviões e caminhões) ainda consome preponderantemente combustíveis fósseis, o que resulta no contínuo lançamento de gases tóxicos na atmosfera.

Além da emissão de gases poluentes, essa atividade impacta o meio ambiente em razão dos acidentes envolvendo carga tóxica que ocorrem cotidianamente nas estradas de rodagem e nos portos marítimos em todas as partes do mundo.

A história registra inúmeros acidentes sérios nesse setor, como o ocorrido na costa do Alasca em 1989, quando o navio petroleiro *Exxon Valdez* chocou-se contra rochas submersas, derramando milhões de toneladas de óleo cru e impactando severamente o ecossistema da região, pois centenas de milhares de espécies morreram envenenadas pelo contato com o petróleo, especialmente aves marinhas.

A própria produção industrial também está sujeita a acidentes graves, como o acontecido na Índia, em 1984, quando vazaram na localidade de Bhopal toneladas de gás tóxico utilizado no processo de fabricação de pesticidas da empresa Union Carbide, causando a morte imediata de milhares de moradores da região – evento que é considerado o pior acidente industrial da história.

No Brasil, dois dos desastres mais impactantes ao meio ambiente ocorreram recentemente no Estado de Minas Gerais e envolveram a atividade de mineração.

Em 2015, a empresa Samarco (operação de *joint venture* entre a Vale S.A. e anglo-australiana BHP Billiton) teve rompida a barragem do Fundão, utilizada para lançar os rejeitos da extração de minério de ferro.

A lama tóxica derramada foi de tal monta que arrasou um subdistrito de Mariana (Bento Ribeiro) e destruiu completamente o ecossistema de um grande rio (Doce) no seu caminho até a costa marítima do Estado do Espírito Santo.

A técnica de formação de barragem de rejeitos de mineração denominada "alteamento a montante" resultou em outro desastre ambiental em 2019, poucos anos após a tragédia de Mariana.

Rompeu-se dessa vez barragem da mina do Córrego do Feijão na cidade de Brumadinho, e a tragédia humana foi ainda pior, pois mais de duzentas vidas foram perdidas – ademais das dezenas de pessoas desaparecidas –, entre as quais funcionários de empresas ligadas à atividade de mineração e turistas que estavam hospedados na região.

Esses dois desastres destacaram o Brasil em triste posição na lista dos piores acidentes envolvendo barragens de mineração, além de colocar em cheque os relatórios de segurança das dezenas de outras barragens país afora em que empregada a mesma técnica de construção.

A recordação desses graves eventos causadores de danos ambientais destina-se a ilustrar a indispensabilidade da aplicação das leis ambientais, seja para regulamentar o exercício das atividades perigosas para o meio ambiente, seja para sancionar os responsáveis e impor a obrigação de recuperar a área degradada, além do pagamento de indenizações.

3. A sanção administrativa pelo dano ambiental

Dispõe o § 3º do art. 225 da Constituição Federal de 1988 que "as condutas e atividades consideradas lesivas ao meio ambiente sujeitarão os infratores, pessoas físicas ou jurídicas, a sanções penais e administrativas, independentemente da obrigação de reparar os danos causados".

Como se vê, três tipos de responsabilidade são reconhecidos no texto constitucional, a saber: civil, criminal e administrativa.

Para o que ora interessa, cumpre primeiro distinguir a responsabilidade civil da responsabilidade administrativa pelos danos ambientais.

A responsabilidade civil, nas palavras de José Afonso da Silva,

> é a que impõe ao infrator a obrigação de ressarcir o prejuízo causado por sua conduta ou atividade", que poder ser "contratual, por fundamentar-se em um contrato, ou extracontratual, por decorrer de exigência legal (responsabilidade legal) ou de ato ilícito (responsabilidade por ato ilícito), ou até mesmo ato lícito (responsabilidade por risco).[1]

Tal responsabilidade já era prevista na Lei nº 6.938/1981, que "dispõe sobre a Política Nacional do Meio Ambiente, seus fins e mecanismos de formulação e aplicação, e dá outras providências".

Veja-se o teor do § 1º do art. 14 dessa lei:

> § 1º – Sem obstar a aplicação das penalidades previstas neste artigo, é o poluidor obrigado, independentemente da existência de culpa, a indenizar ou reparar os danos causados ao meio ambiente e a terceiros, afetados por sua atividade. O Ministério Público da União e dos Estados terá legitimidade para propor ação de responsabilidade civil e criminal, por danos causados ao meio ambiente.

Pelo que se extrai da norma, para a atribuição da responsabilidade civil, não é necessária a demonstração da culpa do agente, mas tão somente do nexo entre o dano e a atividade poluidora.

1 SILVA, José Afonso da. Direito ambiental constitucional. 11. ed., atual. São Paulo: Malheiros, 2019, p. 336.

Para a compreensão dos termos utilizados nesse dispositivo legal acima mencionado, necessária a leitura do art. 3º da Lei nº 6.938/1981:

> Art 3º – Para os fins previstos nesta Lei, entende-se por:
>
> I – meio ambiente, o conjunto de condições, leis, influências e interações de ordem física, química e biológica, que permite, abriga e rege a vida em todas as suas formas;
>
> II – degradação da qualidade ambiental, a alteração adversa das características do meio ambiente;
>
> III – poluição, a degradação da qualidade ambiental resultante de atividades que direta ou indiretamente:
>
> a) prejudiquem a saúde, a segurança e o bem-estar da população;
>
> b) criem condições adversas às atividades sociais e econômicas;
>
> c) afetem desfavoravelmente a biota;
>
> d) afetem as condições estéticas ou sanitárias do meio ambiente;
>
> e) lancem matérias ou energia em desacordo com os padrões ambientais estabelecidos;
>
> IV – poluidor, a pessoa física ou jurídica, de direito público ou privado, responsável, direta ou indiretamente, por atividade causadora de degradação ambiental;
>
> V – recursos ambientais, a atmosfera, as águas interiores, superficiais e subterrâneas, os estuários, o mar territorial, o solo, o subsolo e os elementos da biosfera.
>
> V – recursos ambientais: a atmosfera, as águas interiores, superficiais e subterrâneas, os estuários, o mar territorial, o solo, o subsolo, os elementos da biosfera, a fauna e a flora. (Redação dada pela Lei nº 7.804, de 1989)

Assim, reconhecida a responsabilidade objetiva do agente, é de se lhe impor a obrigação de recuperar a área degradada e o dever de indenizar a coletividade pelos danos causados ao meio ambiente.

A propósito, a Primeira Seção do Superior Tribunal de Justiça editou no final de 2018 a Súmula nº 629, *in verbis*: "Quanto ao dano ambiental, é admitida a condenação do réu à obrigação de fazer ou à de não fazer cumulada com a de indenizar".

Consolidou-se, portanto, o entendimento de que não é cabível interpretação literal do § 1º do art. 14 da Lei nº 6.938/1981 para embasar argumentos na linha de que o pagamento de indenização só seria cabível se impossível a recuperação total da área degradada.

Por sua relevância, reproduzo a ementa do mais antigo precedente utilizado na elaboração da Súmula nº 629/STJ:

> PROCESSO CIVIL. DIREITO AMBIENTAL. AÇÃO CIVIL PÚBLICA PARA TUTELA DO MEIO AMBIENTE. OBRIGAÇÕES DE FAZER, DE NÃO FAZER E DE PAGAR QUANTIA. POSSIBILIDADE DE CUMULAÇÃO DE PEDIDOS ART. 3º DA LEI 7.347/85. INTERPRETAÇÃO SISTEMÁTICA. ART. 225, § 3º, DA CF/88, ARTS. 2º E 4º DA LEI 6.938/81, ART. 25, IV, DA LEI 8.625/93 E ART. 83 DO CDC. PRINCÍPIOS DA PREVENÇÃO, DO POLUIDOR-PAGADOR E DA REPARAÇÃO INTEGRAL.
>
> 1. O sistema jurídico de proteção ao meio ambiente, disciplinado em normas constitucionais (CF, art. 225, § 3º) e infraconstitucionais (Lei 6.938/81, arts. 2º e 4º), está fundado, entre ou-

> tros, nos princípios da prevenção, do poluidor-pagador e da reparação integral. Deles decorrem, para os destinatários (Estado e comunidade), deveres e obrigações de variada natureza, comportando prestações pessoais, positivas e negativas (fazer e não fazer), bem como de pagar quantia (indenização dos danos insuscetíveis de recomposição in natura), prestações essas que não se excluem, mas, pelo contrário, se cumulam, se for o caso.
>
> 2. A ação civil pública é o instrumento processual destinado a propiciar a tutela ao meio ambiente (CF, art. 129, III). Como todo instrumento, submete-se ao princípio da adequação, a significar que deve ter aptidão suficiente para operacionalizar, no plano jurisdicional, a devida e integral proteção do direito material. Somente assim será instrumento adequado e útil.
>
> 3. É por isso que, na interpretação do art. 3º da Lei 7.347/85 ("A ação civil poderá ter por objeto a condenação em dinheiro ou o cumprimento de obrigação de fazer ou não fazer"), a conjunção "ou" deve ser considerada com o sentido de adição (permitindo, com a cumulação dos pedidos, a tutela integral do meio ambiente) e não o de alternativa excludente (o que tornaria a ação civil pública instrumento inadequado a seus fins). É conclusão imposta, outrossim, por interpretação sistemática do art. 21 da mesma lei, combinado com o art. 83 do Código de Defesa do Consumidor ("Art. 83. Para a defesa dos direitos e interesses protegidos por este código são admissíveis todas as espécies de ações capazes de propiciar sua adequada e efetiva tutela.") e, ainda, pelo art. 25 da Lei 8.625/1993, segundo o qual incumbe ao Ministério Público "IV – promover o inquérito civil e a ação civil pública, na forma da lei: a) para a proteção, prevenção e reparação dos danos causados ao meio ambiente (...)".
>
> 4. Exigir, para cada espécie de prestação, uma ação civil pública autônoma, além de atentar contra os princípios da instrumentalidade e da economia processual, ensejaria a possibilidade de sentenças contraditórias para demandas semelhantes, entre as mesmas partes, com a mesma causa de pedir e com finalidade comum (medidas de tutela ambiental), cuja única variante seriam os pedidos mediatos, consistentes em prestações de natureza diversa. A proibição de cumular pedidos dessa natureza não existe no procedimento comum, e não teria sentido negar à ação civil pública, criada especialmente como alternativa para melhor viabilizar a tutela dos direitos difusos, o que se permite, pela via ordinária, para a tutela de todo e qualquer outro direito.
>
> 5. Recurso especial parcialmente conhecido e, nessa parte, desprovido.
>
> (REsp 605.323/MG, Rel. Ministro JOSÉ DELGADO, Rel. p/ Acórdão Ministro TEORI ALBINO ZAVASCKI, PRIMEIRA TURMA, julgado em 18/08/2005, DJ 17/10/2005, p. 179)

Por outro lado, a responsabilidade administrativa pelo dano ambiental tem tratamento na Lei nº 9.605/1998, que "dispõe sobre as sanções penais e administrativas derivadas de condutas e atividades lesivas ao meio ambiente, e dá outras providências".

Dispõe o seu art. 70:

> Art. 70. Considera-se infração administrativa ambiental toda ação ou omissão que viole as regras jurídicas de uso, gozo, promoção, proteção e recuperação do meio ambiente.

Sobre a questão, a doutrina divide-se em duas correntes, uma defendendo a responsabilidade objetiva para a aplicação da sanção administrativa, outra não.

Para a primeira corrente, a aplicação da sanção administrativa prescinde do exame da voluntariedade do agente causador do dano ambiental.

Já a corrente da responsabilidade subjetiva leva em consideração as garantias previstas nos artigos 5º, LV e LVII, da Constituição Federal, por isso a aplicação da sanção administrativa ocorre somente se provado dolo ou culpa do agente na via do processo administrativo, com contraditório e ampla defesa.

Recentemente, a Primeira Seção do Superior Tribunal de Justiça, ao julgar os Embargos de Divergência nº 1.318.051/RJ, seguiu a corrente da responsabilidade subjetiva para julgar procedentes os embargos opostos por uma empresa do ramo de combustíveis e derivados de petróleo para anular auto de infração lavrado pelo Município de Guapimirim, no Estado do Rio de Janeiro, em cuja área territorial vagões tanques de uma composição da Ferrovia Centro Atlântica (FCA) descarrilaram, provocando derramamento de dezenas de milhares de litros de óleo diesel, afetando o último remanescente de manguezal preservado da Baía da Guanabara.

Reproduzo a ementa desse julgado:

> PROCESSUAL CIVIL. EMBARGOS DE DIVERGÊNCIA SUBMETIDOS AO ENUNCIADO ADMINISTRATIVO 2/STJ. EMBARGOS À EXECUÇÃO. AUTO DE INFRAÇÃO LAVRADO EM RAZÃO DE DANO AMBIENTAL. NECESSIDADE DE DEMONSTRAÇÃO DA RESPONSABILIDADE SUBJETIVA.
>
> 1. Na origem, foram opostos embargos à execução objetivando a anulação de auto de infração lavrado pelo Município de Guapimirim – ora embargado -, por danos ambientais decorrentes do derramamento de óleo diesel pertencente à ora embargante, após descarrilamento de composição férrea da Ferrovia Centro Atlântica (FCA).
>
> 2. A sentença de procedência dos embargos à execução foi reformada pelo Tribunal de Justiça do Estado do Rio de Janeiro pelo fundamento de que "o risco da atividade desempenhada pela apelada ao causar danos ao meio ambiente consubstancia o nexo causal de sua responsabilidade, não havendo, por conseguinte, que se falar em ilegitimidade da embargante para figurar no polo passivo do auto de infração que lhe fora imposto", entendimento esse mantido no acórdão ora embargado sob o fundamento de que "[a] responsabilidade administrativa ambiental é objetiva".
>
> 3. Ocorre que, conforme assentado pela Segunda Turma no julgamento do REsp 1.251.697/PR, de minha relatoria, DJe de 17/4/2012), "a aplicação de penalidades administrativas não obedece à lógica da responsabilidade objetiva da esfera cível (para reparação dos danos causados), mas deve obedecer à sistemática da teoria da culpabilidade, ou seja, a conduta deve ser cometida pelo alegado transgressor, com demonstração de seu elemento subjetivo, e com demonstração do nexo causal entre a conduta e o dano".
>
> 4. No mesmo sentido decidiu a Primeira Turma em caso análogo envolvendo as mesmas partes: "A responsabilidade civil ambiental é objetiva; porém, tratando-se de responsabilidade administrativa ambiental, o terceiro, proprietário da carga, por não ser o efetivo causador do dano ambiental, responde subjetivamente pela degradação ambiental causada pelo transportador" (AgRg no AREsp 62.584/RJ, Rel. p/ Acórdão Ministra Regina Helena Costa, DJe de 7/10/2015).
>
> 5. Embargos de divergência providos.
>
> (EREsp 1318051/RJ, de minha relatoria, PRIMEIRA SEÇÃO, julgado em 08/05/2019, DJe 12/06/2019)

No caso, o Município de Guapimirim buscou executar multa lavrada no valor de R$ 5.000.000,00 (cinco milhões de reais) em desfavor da empresa Ipiranga Produtos de Petróleo S/A em razão do grave acidente ambiental, daí a oposição de embargos – julgados procedentes na primeira instância.

Na sequência, o Tribunal de Justiça do Estado do Rio de Janeiro proveu a apelação do Município de Guapimirim para julgar improcedentes os embargos à execução, atribuindo à embargante, dona da carga derramada, culpa *in eligendo* pelo dano ambiental ocorrido durante o transporte ferroviário.

O recurso especial interposto contra esse acórdão foi desprovido pela Primeira Turma do Superior Tribunal de Justiça, quando a maioria então formada entendeu ser objetiva a responsabilidade administrativa ambiental.

Nos embargos de divergência opostos contra esse acórdão, a Primeira Seção firmou o entendimento de que a imputação da responsabilidade administrativa pelo dano ambiental exige a análise do dolo ou culpa do transgressor.

Embasaram o voto-condutor que proferi nesse julgado precedentes de ambas as Turmas da Primeira Seção, inclusive um outro decorrente dos mesmos fatos que originaram os embargos de divergência, quando a Primeira Turma decidiu em sentido diverso do acórdão embargado (AgRg no AREsp nº 62.584/RJ, precedente citado na ementa acima reproduzida).

Conforme tive oportunidade de expor em um caso julgado pela Segunda Turma no ano de 2012 (REsp nº 1.251.697/PR, DJe de 17/4/2012), a aplicação das penalidades administrativas não obedece à lógica da responsabilidade objetiva da esfera cível para reparação dos danos causados, mas sim à sistemática da teoria da culpabilidade, ou seja, a conduta deve ser cometida pelo alegado transgressor, demonstrando-se o elemento subjetivo, bem assim o nexo causal entre a conduta e o dano.

Isso porque a diferença entre os dois âmbitos de punição e suas consequências fica bem estampada da leitura do § 1º do art. 14 da Lei nº 6.938/81, segundo o qual, "sem obstar a aplicação das penalidades previstas neste artigo, é o poluidor obrigado, independentemente da existência de culpa, a indenizar ou reparar os danos causados ao meio ambiente e a terceiros, afetados por sua atividade".

O *caput* do art. 14 dessa lei também é claro:

> Art. 14 – Sem prejuízo das penalidades definidas pela legislação federal, estadual e municipal, o não cumprimento das medidas necessárias à preservação ou correção dos inconvenientes e danos causados pela degradação da qualidade ambiental sujeitará os **transgressores**: (...)

Em suma: a aplicação e a execução das penas limitam-se aos transgressores; a reparação ambiental, de cunho civil, a seu turno, pode abranger todos os poluidores, a quem a própria legislação define como "a pessoa física ou jurídica, de direito público ou privado, responsável, direta ou indiretamente, por atividade causadora de degradação ambiental" (art. 3º, IV, da Lei nº 6.938/1981, teor acima reproduzido).

Note-se que nem seria necessária toda a construção doutrinária e jurisprudencial no sentido de que a obrigação civil de reparar o dano ambiental é do tipo *propter rem*, porque, na verdade, a própria lei já define como poluidor todo aquele que seja responsável pela degradação ambiental – e aquele que, adquirindo a propriedade, não reverte o dano ambiental, ainda que não causado por ele, já seria um responsável indireto por degradação ambiental (poluidor, pois).

Mas fato é que o uso do vocábulo "transgressores" no *caput* do art. 14, comparado à utilização da palavra "poluidor" no § 1º do mesmo dispositivo, deixa a entender aquilo que já se podia inferir da vigência do princípio da intranscendência das penas: a responsabilidade civil por dano ambiental é subjetivamente mais abrangente do que as responsabilidades administrativa e penal, já que estas últimas não admitem que terceiros respondam a título objetivo por ofensa ambientais praticadas por outrem.

4. Referências bibliográficas

MILARÉ, Édis. A natureza jurídica da responsabilidade administrativa ambiental. In: WALD, Arnoldo; JUSTEN FILHO, Marçal; PEREIRA, Cesar Augusto Guimarães (orgs.). **O direito administrativo na atualidade**: estudos em homenagem ao centenário de Hely Lopes Meirelles (1917-2017) defensor do estado de direito. São Paulo: Malheiros, 2017.

SARLET, Ingo. **Direito ambiental**: introdução, fundamentos e teoria geral. São Paulo: Saraiva, 2014.

________. **Princípios do direito ambiental**. 2ª ed. São Paulo: Saraiva, 2017.

SILVA, José Afonso da. **Direito ambiental constitucional**. 11ª ed., atual. São Paulo: Malheiros, 2019.

Amicus Curiae

Paulo Cezar Pinheiro Carneiro

A origem do instituto do *amicus curiae* suscita algumas dúvidas, se oriundo da legislação inglesa, se advindo do ordenamento norte-americano ou, até mesmo, se decorrente do direito romano.[1]

Grande parte da doutrina brasileira tem entendido que o fundamento legal do *amicus curiae* pode ser extraído de inúmeras normas do direito brasileiro, entre elas: Lei nº 6.385/1976, com a redação da Lei nº 10.411/2002, que dispõe sobre o mercado de valores mobiliários e estabelece a obrigatoriedade da intervenção da CVM (Comissão de Valores Mobiliários) em todas as causas que envolvam o mercado de ações; Lei nº 9.279/1996, que regula a propriedade industrial e exige a intervenção do INPI (Instituto Nacional de Propriedade Industrial) nas ações relativas a patentes (artigos 57, 118 e 175); Lei nº 12.529/2011, que regula o sistema brasileiro de defesa da concorrência e dispõe sobre a obrigatoriedade do CADE (Conselho Administrativo de Defesa Econômica) de ser intimado em todas as ações nela fundadas; Lei nº 9.868/1999, que trata da ação direta de inconstitucionalidade; Lei nº 9.882/1999, que dispõe sobre a arguição de descumprimento de preceito fundamental; e a Lei nº 11.417/2006, que regula as súmulas vinculantes.

A doutrina também costuma classificar os *amici curiae* em públicos ou privados, quer sejam pessoas jurídicas de direito público, no primeiro caso, quer sejam pessoas naturais ou entidades de natureza privada, na segunda hipótese.

A fim de sanar esse vácuo legislativo, bem como algumas incongruências da jurisprudência a respeito do tema, o Código de Processo Civil de 2015 regula, em capítulo próprio, o instituto do *amicus curiae* (capítulo V, art. 138), dispondo sobre a forma e os requisitos que autorizam a sua intervenção e os seus respectivos poderes.

A partir dessa regulamentação legal, pode-se afirmar que o *amicus curiae* é um colaborador do juiz, a quem compete, com exclusividade, admitir seu ingresso no processo (art. 138, § 2º). Esta conclusão é respaldada pelo fato de ser irrecorrível a decisão que admite ou não o *amicus curiae* (art. 138, *caput*), assim como pelo motivo de que cabe ao magistrado a delimitação de sua atuação, pois será quem estabelecerá os poderes que o *amicus curiae* irá exercitar (art. 138, § 2º), na medida em que entender necessários para auxiliá-lo.[2]

1 Artigo elaborado a partir das considerações publicadas nos "Comentários ao Novo Código de Processo Civil", 2ª ed. rev., atual. e amp., Rio de Janeiro: Editora Forense, 2016, pp. 243-248.

2 A Corte Especial do STJ, por unanimidade, no julgamento da Questão de Ordem no REsp 1.696.396/MT, sob o rito dos recursos repetitivos, em 01.08.2018, decidiu que "a leitura do art. 138 do CPC/15, não deixa dúvida de que a decisão unipessoal que verse sobre a admissibilidade do *amicus curiae* não é impugnável por agravo interno, seja porque o caput expressamente a coloca como uma decisão irrecorrível, seja porque o §1º expressamente diz que a intervenção não autoriza a interposição

Nada impede, porém, que o relator do futuro recurso, interposto contra decisão inerente à própria discussão da demanda em análise, tenha entendimento diverso do juiz de primeiro grau e admita o *amicus curiae*. Tal fato só corrobora a natureza de sua atuação: cooperar e colaborar com o juiz, a quem compete solicitar ou admitir a presença, fixando-lhe os poderes.

Essa possibilidade que a lei confere ao juiz, seja de ofício, seja atendendo ao requerimento das partes, ou mesmo examinando o pedido de ingresso espontâneo de terceiro, não pode ser utilizada em qualquer processo. O Código, no *caput* do art. 138, estabelece os requisitos que autorizam a admissão do *amicus curiae*, cuja observância é alternativa, e não cumulativa[3]. Todos eles guardam relação com a repercussão e o alcance da decisão que vier a ser proferida. Em última análise, a matéria a ser decidida não deve ficar limitada simplesmente às partes que litigam, mas sim que ela possa repercutir ou alcançar direitos ou situações que envolvam outras pessoas. Enfim, é necessário que o tema debatido tenha, ou possa vir a ter, dimensão coletiva; que tenha relevância pública ou social.

A propósito, a lei estabelece que, para justificar o ingresso do *amicus curiae*, deve haver a "relevância da matéria, a especificidade do tema objeto da demanda ou a repercussão social da controvérsia" – parte inicial do *caput* do art. 138. Em todas essas situações, o alcance da decisão repercute na esfera de outras pessoas que não fazem parte do processo.

A relevância da matéria, por si só, já indica um possível impacto da decisão no âmbito da comunidade. Já a especificidade do tema pode estar ligada a situações eminentemente técnicas, científicas ou mesmo sociais, que poucas pessoas ou órgãos dominam; indica que uma decisão proferida neste campo poderá ter grande impacto para a sociedade e poderá servir de *leading case* para futuros processos. Já a repercussão social da controvérsia tem na sua própria definição a justificativa para servir de requisito à intervenção do *amicus curiae*.

O art. 138 dispõe, ainda, que poderão figurar como *amicus curiae* pessoa natural ou jurídica, órgão ou entidade especializada, com representatividade adequada, as quais deverão se manifestar no prazo de 15 dias, sem prejuízo de exercitarem outros poderes que o juiz vier a conferir.

É preciso entender que a expressão representatividade adequada não exige que o *amicus curiae* seja o porta-voz de um grupo ou de um determinado segmento social, mas sim que tenha conhecimento e idoneidade para colaborar para o esclarecimento

---

de recursos, ressalvada a oposição de embargos de declaração ou a interposição de recurso contra a decisão que julgar o IRDR" (STJ, Questão de Ordem no REsp 1.696.396/MT, Rel. Ministra Nancy Andrighi, Corte Especial, j. 05.12.2018, DJe 19.12.2018).

3 Neste sentido, ver o Enunciado nº 395, do Fórum Permanente de Processualistas Civis (FPPC), que assim destaca: "Os requisitos objetivos exigidos para a intervenção do *amicus curiae* são alternativos".

das questões em debate. Veja, por exemplo, a convocação de um renomado cientista, prêmio Nobel da sua categoria de trabalho, e que não tenha qualquer representação oficial de grupos ou segmentos; certamente ele poderá cooperar em matéria de sua especialidade, com a idoneidade e a responsabilidade de contribuir para a definição de um tema que poderá influir no direito de várias pessoas.

Não há que se confundir, apesar da mesma grafia, a representatividade adequada da ação civil pública, com esta relacionada à participação do *amicus curiae*. É necessário formar um conceito do "nosso *amicus curiae*", agora regulamentado expressamente na lei processual, e não insistir em defini-lo com base nos ensinamentos da doutrina estrangeira ou mesmo com as premissas que a doutrina brasileira estabeleceu no passado, quando o instituto ainda não estava regulado no nosso direito.

Quanto ao prazo para manifestação do *amicus curiae* (15 dias, parte final do *caput* do art. 138), ele não é fatal. Caberá ao juiz aceitar ou não a manifestação fora do prazo estabelecido, pois o princípio da duração razoável do processo não pode ser prejudicado pelo atraso na manifestação, até porque a ela seguirão arrazoados das partes, possíveis provas, muitas vezes calcadas nesta nova manifestação, e assim por diante.

O Código de Processo Civil de 2015 não exige que o *amicus curiae* seja um sujeito imparcial, ou melhor, um terceiro imparcial. Esta questão, ademais, é absolutamente irrelevante, até porque, se assim fosse, a sua intervenção sempre poderia ser questionada e impugnada – por suspeita de interesse na causa, *v.g.* – pela parte prejudicada. O importante é que ele possa, na forma da lei, cooperar com o juízo.

Muitas vezes é importante que o juiz determine a oitiva como *amici curiae* de órgãos, pessoas naturais ou mesmo entidades associativas que tenham opiniões diversas ou mesmo que defendam interesses antagônicos. A riqueza do debate de teses sérias e divergentes para esclarecer matérias de grande repercussão social constitui importante elemento de esclarecimento e de colaboração para formar o convencimento do juiz.

Neste passo, em princípio, não há que se falar em impedimento ou suspeição do *amicus curiae*, porque a idoneidade e o peso do seu pronunciamento caberá ao juiz avaliar. É evidente que os órgãos públicos e as agências reguladoras deverão manter a imparcialidade, porque ínsita à natureza de sua atuação.

A lei processual conferiu dois poderes ao *amicus curiae* que não dependem de autorização judicial: a possibilidade de oposição de embargos de declaração (art. 138, § 1º) e a faculdade de recorrer de decisão que julgar o incidente de resolução de demandas repetitivas (art. 138, § 3º).

Essas hipóteses foram acrescentadas pela Câmara dos Deputados durante a tramitação do projeto do CPC naquela casa. De certa forma, elas podem descaracterizar a proposta de regulamentação inicialmente elaborada pela Comissão de Juristas que apresentou o anteprojeto junto ao Senado Federal. Isso porque, independentemente do interesse que move o *amicus curiae,* a sua intervenção tem por finalidade específica colaborar com o juiz, e não a de recorrer para manter o seu ponto de vista.

No entanto, pode-se interpretar, para manter certa coerência, que o *amicus curiae* teria o poder de opor embargos de declaração especificamente para questionar alguma omissão ou contradição entre o seu pronunciamento e a decisão do magistrado[4]; ou mesmo para demonstrar alguma falha no raciocínio do magistrado na interpretação das informações prestadas. Nessas situações, o *amicus curiae* continua como verdadeiro colaborador do juízo, ainda que a decisão possa vir a sofrer efeitos modificativos em razão dos aclaratórios apresentados.

Já no que concerne à possibilidade de recorrer no incidente de resolução de demandas repetitivas (art. 138, § 3º), o legislador entendeu que seria extremamente importante facultar, nesta única hipótese, o recurso, por diversas peculiaridades inerentes ao instituto.

Primeiro, porque no referido incidente, diferentemente de todas as outras espécies de técnicas de julgamentos vinculantes (seja aquela embasada nos recursos repetitivos, seja aquela decorrente da aplicação de texto de súmulas), o precedente poderá ser construído com muita rapidez, antes do momento em que, normalmente, os demais são formados (art. 976), ou seja, depois de anos de discussão e após julgamentos de diversos processos e em várias instâncias.

Segundo, porque o legislador tem interesse em admitir vários legitimados para levar a discussão da matéria, por meio de recurso especial ou extraordinário, ao Superior Tribunal de Justiça ou ao Supremo Tribunal Federal, conforme o caso, para uniformizar nacionalmente o precedente (art. 987, § 2º).[5]

Resta agora examinar as leis extravagantes no início mencionadas e até então tidas como berço do instituto do *amicus curiae,* para ver se elas realmente tratam da mesma figura e, portanto, podem ser enquadradas na novel legislação.

Desde logo, é preciso ficar claro que, se houver o entendimento de que aquelas previsões legislativas se configuram como hipóteses de *amicus curiae*, o procedimento e a forma de admissão passam a ser, necessariamente, as estabelecidas no Código de Processo Civil, que passou a regular o instituto de forma específica.

A importância em definir a natureza da intervenção desse terceiro previsto nas legislações esparsas, se *amicus curiae* ou não, repercutirá diretamente nos poderes que ele irá exercitar no processo. Isso porque, se forem enquadrados como *amicus curiae*¸ na forma do CPC, terão seus poderes fixados pelo juiz e não pode-

4 É preciso destacar que parte da doutrina entende que até mesmo as partes poderiam opor embargos de declaração para sanar vícios em relação à manifestação apresentada pelo *amicus curiae*. A respeito, ver Enunciado nº 394, do Fórum Permanente de Processualistas Civis (FPPC), que assim destaca: "As partes podem opor embargos de declaração para corrigir vício da decisão relativo aos argumentos trazidos pelo *amicus curiae*".".

5 Por estes motivos, não se comunga com o entendimento aprovado no Enunciado nº 391, do Fórum Permanente de Processualistas Civis (FPPC), que assim destaca: "O *amicus curiae* pode recorrer da decisão que julgar recursos repetitivos.".

rão recorrer da decisão de sua inadmissão no processo. Caso contrário, se forem subsumidos em qualquer outro tipo de terceiro interveniente, poderão exercitar, em regra, poderes similares aos das partes, inclusive recorrer da decisão que inadmiti-los (art. 1.015, inciso IX).

Passemos a analisar, inicialmente, as seguintes normas: Leis 6.385/1976, 9.279/1996 e 12.529/2011, que tratam, respectivamente, da intervenção obrigatória da CVM, do INPI e do CADE, nas causas indicadas nos seus respectivos diplomas legais.

Todas as leis suscitadas têm em comum o fato de, tanto a CVM, como o INPI, quanto o CADE, serem chamados obrigatoriamente para intervir em atividade de regulação, seja de mercado, seja de registros. Eles, inclusive, são dotados de poder de polícia no âmbito administrativo, podendo fiscalizar e, inclusive, aplicar sanções, desde que relacionados com serviços e atividades próprias do seu mister. Assim existe o interesse público que justifica a intervenção dessas entidades, independentemente da vontade do juiz, do fato de ele necessitar ou não da colaboração delas.

Tanto isso é fato que, se os referidos órgãos não forem intimados, o processo poderá ser declarado nulo, ainda que sua intervenção seja facultativa. Enfim, eles devem ser obrigatoriamente intimados, mas só intervirão se entenderem necessária sua manifestação em função das obrigações e dos direitos que estão obrigados a proteger.

Da mesma forma, quando essas entidades intervêm, elas podem exercitar os mesmos direitos das partes, independentemente de autorização do juiz. Podem produzir provas, recorrer e assim por diante.

Pode-se afirmar que, a partir da vigência do CPC, nas hipóteses previstas nas leis ora em estudo, a CVM, o INPI e o CADE não podem ser considerados como *amicus curiae* pela absoluta incompatibilidade entre a forma por meio da qual são admitidos, como também em decorrência dos poderes que exercerão no processo.

Nada impede, todavia, que fora das hipóteses previstas nas leis de regência anteriormente mencionadas, as referidas entidades possam ser convocadas pelo juiz para intervir em outros processos nos quais se entenda importante sua colaboração. Nesses casos, elas passarão a figurar como *amicus curiae,* nos exatos termos previstos no Código de Processo Civil.

São tipos de intervenções diferentes, sendo que, para verificar qual forma de intervenção se trata, é extremamente relevante aferir os motivos ou as razões que justificaram seu ingresso e seu pronunciamento no processo. De toda forma, é certo que, tanto num como noutro caso, como órgãos públicos que são, elas deverão se pronunciar de forma isenta.

Existem outros diplomas legais que também precisam ser examinados para verificar se o tipo de intervenção neles previstos podem ser tidos como *amicus curiae*, tudo conforme a nova regulamentação do instituto. É o caso das seguintes normas: Lei nº 9.868/1999, que trata da ação direta de inconstitucionalidade; Lei nº 9.882/1999, que dispõe sobre a arguição de descumprimento de preceito fundamental; e Lei nº 11.417/2006, que regula a súmula vinculante.

De plano, pode-se afirmar que todas elas são perfeitamente compatíveis com a nova regulação legal do instituto do *amicus curiae*. A sua admissão depende exclusivamente do respectivo relator, sendo irrecorrível a sua decisão; da mesma forma, caberá a ele fixar os limites da atuação desse terceiro, ficando vedada em qualquer situação a interposição de recurso da decisão que vier a ser proferida.

A propósito, uma simples leitura de determinados artigos das leis anteriormente mencionadas é suficiente para verificar o que antes se destacou. O art. 7º, § 2º, da Lei nº 9.868/1999 dispõe: "o relator, considerando a relevância da matéria e a representatividade dos postulantes, poderá, por despacho irrecorrível, admitir, observando o prazo fixado no parágrafo anterior, a manifestação de outros órgãos ou entidades." Nessa mesma linha, o art. 6º, § 1º, parte final, da Lei nº 9.882/1999, *verbis:* "(...) se entender necessário, poderá o relator fixar data para declarações, em audiência pública, de pessoas com experiência e autoridade na matéria." O art. 3º, § 2º, da Lei nº 11.417/2006 dispõe que: "no procedimento de edição, revisão ou cancelamento de enunciado de súmula vinculante, o relator poderá admitir, por decisão irrecorrível, a manifestação de terceiros na questão, nos termos do regimento interno do STF".

O Código de Processo Civil também possui dispositivos esparsos que tratam da intervenção de terceiros na qualidade de *amicus curiae*. A propósito, o art. 1.038, incisos I e II, que permitem ao relator, no procedimento dos recursos extraordinário e especial repetitivos, considerando a relevância da matéria, "solicitar ou admitir a manifestação de pessoas, órgãos ou entidades com interesse na controvérsia", ou, mesmo, que tome "depoimentos de pessoas com experiência e conhecimento na matéria" em audiência pública.

Nessa mesma linha, o art. 950, § 3º, que trata do incidente de arguição de inconstitucionalidade em controle difuso, permite que o relator, "considerando a relevância da matéria e a representatividade dos postulantes", admitir, "por despacho irrecorrível, a manifestação de outros órgãos ou entidades."

Também o art. 1.035, § 4º, dispõe que "o relator poderá admitir, na análise da repercussão geral, a manifestação de terceiros, subscrita por procurador habilitado, nos termos do regimento interno do STF", que inclusive dispõe ser irrecorrível tal decisão (Emenda Regimental 21/2007).

Todas essas situações anteriormente retratadas correspondem à intervenção de terceiro na qualidade de *amicus curiae*, tal como regulado no art. 138 do Código de Processo Civil.

Diversa, entretanto, é a hipótese contida no art. 983 do CPC, integrante do capítulo que regula o incidente de resolução de demandas repetitivas. Ela não é compatível com os pressupostos que autorizam a intervenção de terceiro na qualidade de *amicus curiae,* como preconizado pela nova lei processual.

Primeiro, porque não constitui uma mera faculdade do relator admitir ou não a manifestação desse terceiro, que poderá, inclusive, recorrer da decisão que não autorize o seu ingresso no feito, com base no art. 1.015, inciso IX. Segundo, porque este terceiro poderá juntar documentos, bem como requerer as diligências que entender necessárias para a elucidação da questão de direito controvertida; enfim, não cabe ao juízo fixar os seus poderes.

Na realidade, os terceiros indicados no referido art. 983 são diretamente interessados na solução da controvérsia. Entre esses sujeitos que podem "intervir" no processo, destacam-se, por exemplo, as pessoas que tiveram seus processos individuais suspensos e os órgãos ou entidades que poderão sofrer, direta ou indiretamente, os efeitos da decisão, na medida em que o incidente de resolução de demandas repetitivas é um importante veículo para o julgamento de direitos individuais homogêneos, com previsão, inclusive, para a suspensão das ações coletivas que tratem da mesma tese (artigo 982, I).

Assim, não podemos tratar situações que têm características diversas da mesma forma e com a mesma nomenclatura.

É evidente que o relator poderá, no incidente de resolução de demandas repetitivas, solicitar ou admitir a intervenção de pessoas, órgãos ou entidades com o intuito único e exclusivo de colaborar com a formação do seu convencimento, assim como convocá-los para participar de audiências públicas (art. 983, § 1º). Nessa hipótese, esses intervenientes atuarão como verdadeiros *amici curiae*, desde que preenchidos um dos pressupostos do *caput* do art. 138, cabendo ao juiz, por decisão irrecorrível, admiti-los ou não, fixando-lhes os respectivos poderes, salvo aqueles já previstos no art. 138, § 3º.

Podemos concluir que, a partir da vigência do Código de Processo Civil de 2015, o terceiro só poderá ser admitido como *amicus curiae* por força de legislação extravagante se guardar as características estabelecidas na nova legislação processual civil, como examinadas anteriormente. Caso contrário, esse terceiro interveniente não terá essa qualidade, podendo ser enquadrado como assistente, litisconsorte ou mesmo em outra categoria de intervenção de terceiros, inclusive inominada, mas não como *amicus curiae*. Enfim, é uma questão de opção legislativa que pode ou não agradar e enquanto não modificada deve ser observada, tal como preconizada no CPC.

A Fundamentação da Decisão Judicial como Processo Complexo de Interpretação: "O Livre Convencimento Devidamente Motivado" Os Elementos da Sentença. O *caput* do Artigo 489. O Juiz Interpreta a Lei e o Músico, a Partitura: a Metodologia de Trabalho é a Mesma, há Liberdade Para os Intérpretes.

Paulo Cezar Pinheiro Carneiro Filho

O caput do artigo 489 do CPC de 2015 é praticamente idêntico ao caput do artigo 458 do CPC de 1973.[1] Há apenas uma singela modificação no inciso III, já que a oração *"o dispositivo, em que o juiz resolverá as questões, que as partes lhe submeterem"* foi substituída pela expressão *"o dispositivo, em que o juiz resolverá as questões principais que as partes lhe submeterem"*, tudo em consonância com a nova metodologia prevista no parágrafo 1º do artigo 503 do Código de Processo Civil de 2015.[2] Isto se justifica em razão de a decisão que julga o mérito ter força de lei nos limites da questão principal ou da questão prejudicial decidida expressa e incidentalmente no processo.

A sentença é um ato complexo porque é ato de inteligência do juiz, que elaborou o direito para o caso concreto, como também é ato de vontade do Estado,[3] que, por

---

1 **Art. 489.** São elementos essenciais da sentença:
I – o relatório, que conterá os nomes das partes, a identificação do caso, com a suma do pedido e da contestação, e o registro das principais ocorrências havidas no andamento do processo;
II – os fundamentos, em que o juiz analisará as questões de fato e de direito;
III – o dispositivo, em que o juiz resolverá as questões principais que as partes lhe submeterem.
Art. 458. São requisitos essenciais da sentença:
I – o relatório, que conterá os nomes das partes, a suma do pedido e da resposta do réu, bem como o registro das principais ocorrências havidas no andamento do processo;
II – os fundamentos, em que o juiz analisará as questões de fato e de direito;
III – o dispositivo, em que o juiz resolverá as questões, que as partes lhe submeterem.

2 **Art. 503.** A decisão que julgar total ou parcialmente o mérito tem força de lei nos limites da questão principal expressamente decidida.
§ 1º O disposto no caput aplica-se à resolução de questão prejudicial, decidida expressa e incidentemente no processo, se:
I – dessa resolução depender o julgamento do mérito;
II – a seu respeito tiver havido contraditório prévio e efetivo, não se aplicando no caso de revelia;
III – o juízo tiver competência em razão da matéria e da pessoa para resolvê-la como questão principal.

3 "A sentença desprende-se da mente do juiz para ser uma manifestação de vontade do estado na solução de determinado litígio, ou na tutela do direito que lhe foi submetido. O órgão jurisdicional declara o direito de cada litigante e, com isso, impõe consequências jurídicas dessa declaração em relação à situação fática que as partes lhe trouxeram. No processo de conhecimento ou, se preferirem, na fase cognitiva do processo sincrético que poderá prosseguir com os atos de implementação

meio do ato de inteligência de seu agente, revela a lei para ao caso concreto, ou seja, o modo de aplicação da lei desenhada abstratamente pelo legislador aos fatos concretamente deduzidos em juízo.

O legislador, aparentemente, não leu, ou olvidou-se do preciso artigo *"O que deve e o que não deve figurar na sentença"*, de José Carlos Barbosa Moreira, já que o Código de 2015 manteve a palavra *"requisitos"* ao falar, na verdade, dos elementos que compõem a sentença[4]. Entretanto, não se trata dos atributos que este ato judicial deve possuir – ser claro, preciso, ou algo do gênero – mas das partes que o compõem.

Outra imperfeição na redação do artigo 458 do revogado Código foi mantida no atual CPC, no tocante aos incisos I e II do art. 489. O termo "questões" está empregado de modo ambíguo, equívoco, isto é, possui um sentido no inciso II e outro no inciso III. No primeiro, o magistrado analisa os pontos controvertidos da demanda – as questões que lhe foram postas – ao passo que, no inciso III, ele as resolve no dispositivo.[5]

---

dos seus efeitos, a sentença de mérito realiza a própria essência da função jurisdicional. Ela é a resposta do Estado ao pedido do autor, através do qual o Estado cumpre o seu dever de tutelar o interesse de quem tem razão, resultante de toda a atividade cognitiva desenvolvida com a colaboração das partes para apurar e avaliar os fatos e o direito aplicáveis à espécie, culminando num ato de vontade estatal para que, não só as partes, é o que a sentença declarou. Não é outra razão que o artigo 463 do Código de 1973. Em sua redação original. Estabelecia que "ao publicar a sentença de mérito, o juiz cumpre e acaba o ofício jurisdicional". Já foi visto que, com Lei nº 11.232/2005, que consagrou o que a doutrina vem chamando de sincretismo processual, e no regime do código de 2015, que também o adotou, nas causas em que há condenações, não é mais a sentença que põe termo ao processo." (GRECO, Leonardo. *Instituições de Processo Civil, Processo de Conhecimento.* Vol. II. Rio de Janeiro: Forense, 2015, 3ª ed., p. 293).

4 "O texto não foi redigido com técnica muito louvável, a começar pelo uso do vocábulo 'requisitos'. Requisitos são qualidades, atributos, que se expressam mediante adjetivos. Na verdade, o artigo 458 trata de elementos, de partes que devem integrar a estrutura da sentença, a saber: o relatório, os fundamentos ou motivação e o dispositivo ou conclusão." (MOREIRA, José Carlos Barbosa. O que deve e o que não deve figurar na sentença. In: *Temas de Direito Processual.* 8ª Série. São Paulo: Saraiva, 2004, p. 117). No mesmo sentido, Humberto Theodoro se manifesta, se utilizando das palavras do fundador da Escola de Copacabana: "o Código de 1973, ao tratar da configuração da sentença, falava em "requisitos essenciais" (art. 458). O novo Código, porém, atento à advertência de Barbosa Moreira a respeito da distinção entre *requisitos e elementos,* houve por bem utilizar a expressão *elementos essenciais da sentença.* Com efeito, requisitos são "qualidades, atributos, que se expressam mediante adjetivos", ou seja, não são substanciais, sendo apenas qualificados. Já elementos são "partes que devem integrar a estrutura" do ato composto". (THEODORO JÚNIOR, Humberto. *Curso de Direito Processual Civil.* Vol. I. Rio de Janeiro: Forense, 2015, 56ª ed., p. 1042).

5 Como aponta Barbosa Moreira, "enquanto o inciso II se refere aos fundamentos, para estabelecer que, nesta parte da sentença, o juiz analisará as questões de fato e de direito – isto é, os pontos duvidosos de fato e de direito, a redação do inciso III induz em falsa pista o leitor desprevenido (...) com efeito: na motivação, o juiz não se limita a analisar questões de fato e de direito, mas resolvê-las, enunciando o convencimento que terá formado acerca de umas e de outras, senão que se pronunciará sobre o pedido." (MOREIRA, José Carlos Barbosa. O que deve e o que não deve figurar na sentença. In: *Temas de Direito Processual.* 8ª Série. ob. cit., p. 118).

Como explica Wellington Moreira Pimentel, à luz do CPC de 1973, a sentença compõe-se de três fases, ou partes, que são dispostas numa sequência lógica, correspondente à atividade decisória do juiz: o relatório, a discussão e a conclusão.[6] O CPC de 1939, por sua vez, não mencionava os requisitos essenciais da sentença. Contudo, o artigo 280 previa que aquela devia conter o relatório[7-8], os fundamentos de fato e de direito e a decisão.

Em um sistema que valoriza o precedente judicial como o CPC, o relatório passa a ter papel relevantíssimo na identificação da causa e, com isso, dos fatos relevantes (*material facts*), sem os quais não é possível a aplicação da tese encampada pelo precedente judicial.[9]

Por fim, o dispositivo da sentença é o seu coração.[10] Sem ele, a sentença não existe porque é ineficaz,[11] já que não tem como produzir qualquer efeito jurídico. Afinal,

---

6 PIMENTEL, Wellington Moreira; BERMUDES, Sérgio (coord.). *Comentários ao Código de Processo Civil.* Vol. III. São Paulo: Revista dos Tribunais, 1979, 2ª ed., p. 499.

7 Aponta Moacyr Amaral Santos que o relatório conterá "o registro das principais ocorrências havidas no andamento do processo", isto é, exporá, em resumo, a história relevante do processo, ou seja, a marcha do procedimento até a sentença, e seus incidentes (...) no relatório ter-se-á, pois, "a representação do material de que há de partir a convicção, mas do material tal como o juiz o encontrou antes, durante e depois da instrução." (SANTOS, Moacyr Amaral. *Comentários ao Código de Processo Civil*. Vol. IV. Rio de Janeiro: Forense, 1977, 2ª Ed., p. 434). Welligton Moreira Pimentel, por sua vez, aduz que "o relatório é o resumo histórico do processo. Ali estão os comemorativos. Quem propôs a ação, em face de quem a ação foi proposta. Também o que constituiu o pedido, a causa de pedir e as razões em que o réu fundamenta sua resistência." (PIMENTEL, Wellington Moreira; BERMUDES, Sérgio (coord.). *Comentários ao Código de Processo Civil.* Vol. III. ob. cit., p. 500).

8 Barbosa Moreira critica os relatórios que se iniciam com *"vistos, examinados, relatados e discutidos estes autos"*. Segundo o mestre, "isso significa que o relator deseja assegurar que realmente viu, examinou os autos, relatou a causa ou o recurso e o discutiu com colegas. No caso de decisão monocrática, porém, a expressão não tem sentido: presume-se que o juiz haja visto e examinado os autos, mas não houve relato, e muito menos discussão, a não ser que se pense numa discussão do juiz consigo mesmo." (MOREIRA, José Carlos Barbosa. O que deve e o que não deve figurar na sentença. In: *Temas de Direito Processual.* 8ª Série. ob. cit., p. 119).

9 DIDIER JUNIOR, Fredie; OLIVEIRA, Rafael Alexandria de; BRAGA, Paula Sarno. Art. 489. In: CABRAL, Antonio do Passo; CRAMER, Ronaldo (org.). In: *Comentários ao Novo Código de Processo Civil.* Rio de Janeiro: Forense, 2015, p. 706.

10 Neste sentido se manifesta Barbosa Moreira: "Direi agora algumas palavras sobre a conclusão, o dispositivo, que é o coração da sentença, sem o qual ela não existe. A conclusão deve conter pronunciamento explícito sobre tudo aquilo que foi objeto do pedido – dos dois ou mais pedidos, se houver cumulação. O dispositivo não pode deixar nada implícito; o juiz há de pronunciar-se em termos inequívocos sobre tudo que se pleiteia, e bem assim sobre o que a lei ordena ao juiz decidir independentemente de pedido, como as custas e os honorários advocatícios. Por outro lado, não deve conter absolutamente nada que esteja fora desses limites. Em linguagem técnica, salvo regra legal em contrário, o juiz não deve julgar *citra petita*, nem *ultra petita* ou *extra petita*. " (MOREIRA, José Carlos Barbosa. O que deve e o que não deve figurar na sentença. In: *Temas de Direito Processual.* 8ª Série. ob. cit., p. 123).

11 "dispositivo da sentença, ou simplesmente, dispositivo, conclusão, ou decisão, é a parte final da sentença. Aí se encontra a conclusão das operações lógicas desenvolvidas pelo juiz na motivação

é na parte dispositiva que se encontra a conclusão das operações lógicas desenvolvidas pelo juiz na motivação e, pois, os termos da sua decisão, ou seja, as proposições em que se consubstancia o *decisum*. É no dispositivo que reside o comando que caracteriza a sentença. Sentença sem dispositivo é ato inexistente – deixou de haver sentença.[12-13]

A importância essencial da motivação das decisões para o sistema processual pode ser bem sintetizada por Liebman, em precioso ensaio intitulado *"Do arbítrio à razão reflexões sobre a motivação da sentença"*, no qual o professor da USP examina a possibilidade de um mesmo processo, que vem a ser julgado por julgadores distintos, apresentar sentenças com conteúdo diametralmente opostos.[14]

As possibilidades de se estabelecer regras e ordens nos elementos e nos casos são infinitos, o que significa dizer que há inúmeras maneiras de se julgar. A começar pelos valores incertos na personalidade do julgador, os quais lapidam a sua ideologia. É corrente na prática forense a análise do histórico do magistrado pelos advogados, aqui incluídos todos os seus aspectos, quando uma importante causa está submetida àquele juiz.

Ouve-se nos corredores dos tribunais: *"tive azar, o juiz era fazendário; tive sorte, a juíza, que acabou de passar por uma separação traumática, julgou procedente o pedido da minha cliente, apesar de a minha constituinte ter culpa na separação"*, ou *"preferiria ter o processo julgado pelo juiz titular, com uma ideologia consumerista,*

---

e, pois, os termos da sua decisão, ou seja, as preposições em que se consubstancia o decisum. (...) "É no dispositivo que reside o comando que caracteriza a sentença. A sentença sem dispositivo é ato inexistente – deixou de haver comando." (SANTOS, Moacyr Amaral. *Comentários ao Código de Processo Civil*. Vol. IV. ob. cit., pp. 436-437).

12 SANTOS, Moacyr Amaral; SANTOS, Aricê Moacir Amaral (atual.). *Primeiras Linhas de Direito Processual* Civil. Vol. III. São Paulo: Saraiva, 2003, 21ª ed. , pp. 435-436.

13 Egas Moniz de Aragão apresenta interessante definição para o ato inexistente. Segundo o professor, o ato inexistente pode ser examinado sob dois prismas. O primeiro meramente vocabular, que significa um não-ato. O segundo seria o aspecto jurídico, ou seja, seria um ato existente no mundo dos fatos, mas não existente no mundo do Direito: "No primeiro caso, ter-se-ia o processo fingido, forjado perante um não-juiz, a fim de embair (quantos casamentos desse tipo – "por contrato" – são feitos no interior?!), ou as práticas meramente acadêmicas, de simulação de procedimentos com finalidade didática, de que os júris simulados, tão frequentes nas Faculdades de Direito, são exemplo corriqueiro. No segundo caso, porém, o ato tem toda aparência de validade em face do Direito e, no entanto, mais do que apenas nulo, é juridicamente inexistente." (ARAGÃO, Egas Dirceu Moniz de. *Comentários ao Código de Processo Civil*. Vol. II. Rio de Janeiro: Forense, 1974, p. 274).

14 "Instituição e raciocínio concorrem, em diversas medidas, para formar o juízo e é inútil tentar estabelecer regras e ordens nos elementos e os casos são infinitos. Para o direito é irrelevante conhecer dos mecanismos psicológicos que, às vezes, permitem ao juiz chegar às decisões. O que importa, somente, é saber se a parte dispositiva da sentença e a motivação estão, do ponto de vista jurídico, lógicos e coerentes, de forma a constituírem elementos inseparáveis de um ato unitário, que se interpretam e se iluminam reciprocamente." (LIEBMAN, Enrico Tullio. Do arbítrio à razão: reflexões sobre a motivação da sentença. In: *Revista de Processo*. Vol. 29/1983, pp. 79-81, Jan-Mar/1983).

a ter a minha causa julgada pelo juiz substituto." Piero Calamandrei, no insuperável *"Eles, os juízes vistos por um advogado"*, por meio de uma série de fatos curiosos e de considerações cheias de humor, aponta como as idiossincrasias dos juízes devem ser muito bem conhecidas e toleradas pelos advogados, no jogo do processo.[15]

Examinando a questão por meio de um exemplo, considerando um universo de cinquenta varas cíveis na comarca da capital, poderíamos pensar em cinquenta sentenças com conteúdo diferentes a serem proferidas pelo mesmo Poder Judiciário. E não há qualquer absurdo nesta realidade, apesar da nobre preocupação do legislador do CPC com a isonomia, ao ter dado especial atenção ao sistema de precedentes.[16]

A sentença é uma operação humana de inteligência e voluntariedade.[17] Esta, se examinada sob a ótica de Hart, ganha um campo de atuação para o magistrado bem mais amplo. Para Hart, – que defendia a existência de um poder discricionário judicial nos casos em que o Direito não continha as previsões para serem aplicadas àquele

---

15 Neste sentido, este próprio autor, enquanto jovem advogado em começo de carreira, já passou por uma situação peculiar e curiosa. Em uma de suas primeiras sustentações orais, ao tentar defender o direito da avó de um bom amigo – senhora na condição de fiadora locatícia, prestes a perder bem único de família, diante do inadimplemento do locatário – fez um trocadilho com o entendimento da câmara julgadora, que, ao contrário do entendimento de outras câmaras do tribunal, entendia que o fiador continuava responsável pela dívida do locatário, mesmo em caso de prorrogação do aluguel sem sua anuência. Assim, na tentativa de unificar a jurisprudência do tribunal por meio de incidente de uniformização de jurisprudência previsto nos arts. 476 a 479 do CPC/73, e suscitar a divergência, este autor fez uma brincadeira dizendo ser aquela câmara julgadora uma "câmara de gás" para o fiador, já que seu entendimento de responsabilidade do fiador pelo inadimplemento do locatário na prorrogação do contrato de aluguel, independentemente de sua anuência, era-lhe "fatal". A surpresa, porém, veio quando o advogado descobriu que a Desembargadora relatora era judia, e que a comparação tocava direto em aspecto sensível de sua história pessoal! Mesmo assim, o autor conseguiu suscitar o incidente, para que o entendimento sobre a responsabilidade do fiador fosse unificado pelo Órgão Especial do TJRJ. Apesar do "escorregão" com o magistrado, a situação foi felizmente contornada!

16 De acordo com o que ensina Paulo Cezar Pinheiro Carneiro, "o novo CPC estabeleceu, como norma de caráter geral, a obrigação dos tribunais de uniformizar a jurisprudência e mantê-la estável, íntegra e coerente. Para alcançar tal desiderato, criou um importante sistema de precedentes vinculantes, cujas normas se comunicam, de sorte a uniformizar o sistema, assegurando a observância dos princípios que inspiraram tais institutos: da isonomia, da segurança jurídica e da confiança". (CARNEIRO, Paulo Cezar Pinheiro. O Novo Processo Civil Brasileiro: exposição sistemática do processo de conhecimento; nos tribunais; de execução; da tutela provisória. 1ª ed. Rio de Janeiro: Forense, 2019, p. 115)

17 "(...) surge que la sentencia es la manifestación específica de la jurisdicción. Em ella es que este poder del Estado se revela y hace efectivo. De esse mismo desarrollo emana el concepto de que la sentencia no es um puro mecanismo de lógica jurídica, sino uma valoración de los presupuestos constitucionales y legales com relación a la espécie decidida. Es la apreciación de las características del casoconcreto, a lalluz de los contenidos dogmáticos de ley y de la Constitución" (COUTURE, Eduardo Juan [et. al]. *Estudios de Derecho Procesal en honor de Hugo Alsina.* Buenos Aires: Ediar, 1946, p. 203).

conflito de interesses -, o Direito seria incompleto, justamente por não ter como prever todas as hipóteses que poderiam redundar em conflito. Assim, os juízes teriam uma função criativa ao decidir.

Havendo lacunas na norma, através de uma concepção interpretativa dos princípios jurídicos, o juiz teria como exercer um poder de criação ao interpretar a norma à luz das peculiaridades do caso concreto. O fato é que, pelas ideias de Hart, o Direito não é completo, – até porque as possibilidades de relações humanas são infinitas -, permitindo, assim, maior autonomia e discricionariedade na atividade criativa dos magistrados ao julgar ou decidir.[18]

Este amplo campo de interpretação do julgador pode ser comparado ao trabalho de um músico, como muito bem retratado em um pequenino livro, chamado "*Interpretare Dialogo tra um musicista e um giurista – o encontro casual em uma festa*", de Mario Brunello, famoso músico italiano, com Gustavo Zagrebelsky, juiz presidente da Corte Constitucional e professor da universidade de Torino. O encontro é descrito pelo músico, quando encontra o juiz tocando piano com boa técnica.[19]

---

18 O posicionamento de Hart acerca da incompletude do direito é questionado por Dworkin, e a síntese do debate entre os dois autores pode ser extraída da obra HART, Herbert L.A. *O conceito de direito.* 2ª ed. Lisboa: Fundação Calouste Gulbenkian, 1994.

19 Em boa parte do livro, os dois se colocam a debater a intepretação do músico ao tocar e a intepretação do juiz ao julgar. A leitura de uma página musical, conforme explica o juiz da Corte Constitucional italiana, "*come mínimo, comporta alcune determinazioni: delle note (i singoli suoni), del ritmo (la scanzione del tempo), della dinâmica (il pianoe il forte) e del fraseggio (il rapporto di senso tra le note)*".

Gustavo Zagrebelsky continua, sublinhando que o juiz, assim como o músico, interpreta a lei ao decidir e julgar. O autor apresenta como exemplo a intepretação da expressão a Itália é uma republica democrática fundada no trabalho. A depender da tônica do orador, da colocação das virgulas, da colocação da ordem das palavras, poderá haver inúmeras interpretações da expressão. Nas palavras dos autores: "La lettura d"uma pagina musicale, come mínimo, comporta alcune determinazioni: dele note (i singoli suoni), del ritmo (la scansione del tempo), della dinâmica (il piano e il forte) e del fraseggio (il rapporto di senso tra le note). Potrà sembrare strano, ma qualcosa di símile accade quando leggiamo uma proposizione giuridica. Prendiamo <<L"Italia è uma repubblica democrática, fondata sul lavoro>>. La prima cosa da farsi è identificare i singoli fonemi che formano le parole (l"equivalente dele not): Italia, repubblica, ecc. Possiamo anche individuare uma metricca (il ritmo), che consiste nel collocare gli accenti:<<Itàlia>>, <<república>>, oppure <<repubblica de mocràtica>>, <<fondàta sul lavoro>>, oppure <<fondata sul Lavòro>>. C"è dunque la possibilità di dare accentuazioni e ritmi diversi, cui corrispondono diverse dinamiche interne ala stessa frase. Infine, viene il fraseggio. Nel texto dell"art. !, dopo <<democrática>> è collocata uma virgola: il che può significare che << fondata sul lavoro>> non è da intendersi como elemento essenziale dela repubblica democrática, ma come sua qualificazione aggiuntiva . È come se, sul pentagrama, ci fosse uma legatura che unisce tutte le parole fino ala virgola e dalla virgola, come da um respiro, prendesse avvio um"ulteriore piccola frase. Senza la virgola, italia, repubblica, democrazia e lavoro dovrebbero intendersi all"interno di anche a me. Però se quell" articolo dela Costituzione lo leggiamo ad alta você, non possiamo fare a meno di quelle operazioni che sono già esse stesse interpretazioni". (BRUNELLO, Mario; ZAGREBELSKY, Gustavo. *Interpretare, dialogo tra um musicista e um giurista.* Bolonha: il Mulino, 2016, pp. 70-71).

Zagrebelsky, em sua conversa com Brunello, sustenta que, apesar de o direito ter um grau de certeza maior do que o da musica, já que a certeza da música, *"cioé sulla continuitá, prevale il legittimo desiderio della"*, afirma que, também no direito, que objetiva a igualdade e a estabilidade, forte no precedente, o juiz, ao julgar o caso sob sua jurisdição, poderá se afastar da jurisprudência, *"quando la pressione dei casi nuovi e della sensibilità sociale che muta lo richiede, si fanno avanti interpretazioni nouve"*.[20]

A larga e extensa discricionariedade do magistrado ao decidir foi muito bem observada pelos processualistas italianos, como Liebman, que, citando Calamandrei, afirmou que a motivação é uma prova lógica para controlar, à luz da razão, a bondade de uma decisão fruto do sentimento.[21-22]

As inúmeras intepretações dos magistrados ao decidir ou julgar precisam estar atreladas ao conceito de justiça, na linha do extenso ordenamento jurídico, que comporta, normalmente, inúmeras ou infinitas formas de se decidir o caso sob exame, tudo como o epíteto de decisão justa. Preferimos, então, nos auxiliar do conceito de ética, um pouco menos aberto, vago e impreciso, na linha de José Ricardo Nalini, a fim de modular o atuar dos magistrados ao decidir ou sentenciar,

---

20 Nas palavras dos autores: "Nel campo del diritto si deve tenere conto d"uma esigenza che non mi pare esista, o esista nella stessa misura, nella musica: la certeza. Si potrebbe, forse, dire così: nella musica, sulla certeza, cioè sulla continuità, prevale il legittimo Desiderio dela sorpresa. Nel dirritto è il contrario, perché esso deve rispondere a esigenze di uguaglianza e di stabilità. Per questo hanno tanta importanza i << precedenti>>. Anche nella musica esistono i precedenti, cioè le interpretazioni autorevoli. Ma, in linea di principio, da diritto, invence, ai precedenti normalmente ci si rivolge nuovi e dela sensibilità sociale che muta lo richiede si fanno avanti interpretazioni nuove." (BRUNELLO, Mario; ZAGREBELSKY, Gustavo. *Interpretare, dialogo tra um musicista e um giurista*. ob. cit., pp. 88-89).

21 Acrescenta, ainda, o autor que também Carnelutti escreveu "o julgamento vem primeiro, o raciocínio depois." (LIEBMAN, Enrico Tullio. Do arbítrio à razão: reflexões sobre a motivação da sentença. ob. cit., pp.79-81).

22 Na doutrina pátria, Francesco Conte, também com base no que ensinam os processualistas italianos, ao citar Crisanto Mandriolli, defende que "a motivação – enquanto justificação jurídica e racional, mediante discurso de arcabouço aberto e de cunho heterogêneo, no qual descansam vários planos de argumentação e métodos de justificação – é elemento essencial, estrutural, imprescindível, do pronunciamento jurisdicional, e, como articulação das razões justificativas do juiz, visa demonstrar teleologicamente que a decisão final se apoia em jurídicos, racionais, aceitáveis e idôneos fundamentos, a par de estorvar o arbítrio, o processo autoritário e o subjetivismo, consentindo um controle sob dúplice perfil, lógico e jurídico, do raciocínio que conduziu o juiz à sua decisão (racionalidade da própria decisão)". (CONTE, Francesco. Sobre a motivação da sentença no Processo Civil: Estado constitucional democrático de direito, discurso justificativo e legitimação do exercício da jurisdição. 1ª ed. Rio de Janeiro: Gramma, 2016, pp. 287-288)

em busca de uma decisão que distribua a justiça, atendendo aos anseios do processo justo.[23-24]

O juiz, como um músico, dispõe de inúmeras formas para compor a prestação jurisdicional encartada em sua sentença.[25] E, ainda, o juiz tem algumas ou até mesmo diversas e inúmeras formas para compor sua sentença, com ritmo e som que a sua impressão sob a história do processo lhe permite compreender e, assim, atingir. Tudo é intepretação. Nesta linha de ideias, o dever de cooperação se torna importante ferramenta a ser manejada pelo juiz e pelos demais personagens do processo, tudo em busca da melhor intepretação da lei e do material produzido no curso da relação jurídica processual a ser encartada na sentença.[26]

---

23 "A ética é a única matéria-prima de que o Brasil se ressente. Se houver incremento em sua reflexão e, principalmente, em sua vivencia, o mais será enfrentado com galhardia. A mente privilegiada que decorou todo o conhecimento enciclopédico exigível de um candidato a juiz, contido na legislação, na doutrina e na jurisprudência, se não for sensível aos apelos éticos de uma nacionalidade sedenta de justiça, nada mais fará senão afligir o já aflito. (...) Já a consciência direcionada à moral cívica de servir, ainda que não compartilhe a genialidade da erudição, terá condições de prestar a melhor justiça humana possível. Está a necessidade do Brasil: magistrados humanos, capazes de compreender as angustias de quem necessita recorrer ao Judiciário e aptos a decidir em tempo oportuno, justificando, sim, sua opção." (NALINI, José Renato. In: SILVA, Ana de Lourdes Coutinho [et. al.]; CARMONA, Carlos Alberto (coord.). *Coleção Atlas de Processo Civil. Motivação das Decisões judiciais.* Rio de Janeiro: Atlas, 2012, pp. 37-38).

24 De acordo com os ensinamentos do professor Leonardo Greco, as garantias fundamentais do processo, também denominadas como processo justo, compreendem todo o conjunto de princípios e direitos básicos de que deve desfrutar aquele que se dirige ao Poder Judiciário em busca da tutela dos seus direitos. GRECO, Leonardo. Garantias fundamentais do processo: O processo justo Novos Estudos Jurídicos – Ano VII – Nº 14 – pp. 9-68, abril / 2002.

25 Michele Tarufo, em "A motivação da sentença civil", demonstra que a leitura da sentença "corresponde ao ponto de vista da parte e, analogicamente, aquela correspondente ao ponto de vista do juiz de segunda instância, podem ser remontadas ao esquema das situações em que o discurso do juiz é fruído como signo em sentido próprio. Isto porque nestes dois casos o conteúdo da sentença é identificado essencialmente com referência à vontade de significar do juiz que proferiu a sentença com base em cânones interpretativos de natureza convencional (como as regras de uso da linguagem comum e técnico-jurídica, o sistema de conceitos jurídicos referíveis ao caso, as alegações das partes, etc)." (TARUFFO, Michele (ABREU, Rafael; MITIERO, Daniel; RAMOS, Vitor de Paula (trad.)). *A Motivação da sentença civil*. São Paulo: Marcial Pons, 2015, p. 72).

26 A feição contemporânea do princípio do contraditório, ou seja, o chamado contraditório participativo, é absolutamente indissociável do dever de cooperação ou de colaboração, trazendo uma coloração publicista ao processo civil atual. Hoje, o juiz passa a ter, dentre outros deveres, o dever de atenção, que lhe obriga, em respeito ao direito de influência, tomar em consideração as alegações formuladas pelas partes, mesmo que as reputem errôneas. Sobre o tema, Miguel Teixeira de Sousa afirma que "As características do processo liberal, denominado pela passividade judicial, são essencialmente as seguintes: – às partes é concedido o controle sobre o processo e os factos relevantes para resolução; – a decisão requer apenas uma legitimação dependente da observância das regras e dos pressupostos processuais. Em contrapartida, são as seguintes as linhas essenciais do processo submetido ao activismo judiciário: – as partes repartem com o tribunal o domínio so-

Diante das diversas e múltiplas possibilidades de se interpretar, à luz da lei aplicável – que poderá variar conforme o intérprete, também – o material produzido no curso da relação jurídica processual, ou seja, de decidir e julgar, forte no dever de cooperação segundo o CPC, que dilata o poder dos juízes, faz com que o dever do magistrado ao fundamentar mereça atenção especial.[27]

A fundamentação ou motivação das decisões judiciais. Origem, função, natureza, conteúdo e como metodologia de trabalho dos magistrados a decidir

O direito a ser informado sobre as razões de uma decisão se encontra na origem da história da humanidade. Quando Deus expulsou Adão e Eva do jardim de Éden, apesar dos pecadores terem ciência de que não poderiam comer o fruto da árvore, Deus garantiu aos infiéis o direito ao devido processo legal.[28]

---

bre o processo e elas próprias são consideradas uma fonte de informações relevantes para a decisão da causa; – as partes e terceiros estão obrigados a um dever de cooperação com o tribunal; – a legitimação da decisão depende da sua adequação substancial e não apenas da sua correcção formal; – as regras processuais podem ser afastadas ou adaptadas quando não se mostrem idóneas para a justa composição do litígio." (SOUSA, Miguel Teixeira de. *Estudos sobre o novo processo civil.* ob. cit., p. 50).

---

27 CPC art. 489, inciso II.

28 "Nós podemos comer do fruto das árvores do jardim. Mas do fruto da árvore, que está no meio de Jardim, Deus no disse" não comais dele nem sequer o toqueis, do contrário morrereis". A serpente respondeu à mulher: "De modo algum morrereis. Pelo contrário, Deus sabe que, no dia em que dele comerdes, vossos olhos se abrirão e sereis como deuses, conhecedores do bem e do mal". A mulher notou que era tentador comer da árvore, pois era atraente aos olhos e desejável para se alcançar inteligência. Colheu o fruto, comeu e deu também ao marido, que estava junto, e ele comeu. Então os olhos dos dois se abriram; e, vendo que estavam nus, teceram para si tangas com folhas de figueira. Quando ouviram o ruído do SENHOR Deus, que passeava pelo jardim à brisa da tarde, o homem e a mulher esconderam-se do SENHOR Deus no meio das árvores do jardim. Mas o SENHOR Deus chamou o homem e perguntou; "Onde estás? "E este respondeu: ouvi teus passos no jardim. Fiquei com medo porque estava nu, e me escondi. E o SENHOR Deus disse à serpente: "Porque fizeste isso serás maldita entre todos os animais domésticos e entre todos os animais selvagens. Rastejarás sobre o ventre e comerás pó todos os dias da vida. Porei inimizade entre ti e a mulher entre tua descendência e os descendentes dela. Eles te ferirão a cabeça, e tu lhes ferirás o calcanhar". Para a mulher ele disse: " Multiplicarei os sofrimentos de tua gravidez. Entre dores darás à luz os filhos. A paixão te arrastará para o seu marido, e ele te dominará". Para o homem ele disse: "Porque ouviste a voz da tua mulher e comeste da árvore de cujo fruto te proibi comer, a terra será amaldiçoada por tua causa. Com fadiga tirarás dela o alimento durante toda a tua vida. Ela produzirá para ti espinhos e ervas do campo. Comerás o pão com suor do teu rosto, até voltares à terra donde foste tirado. Pois tu és pó ao pó hás de voltar. O homem chamou à sua mulher "Eva", porque ela se tornou a mãe de todos os viventes. E o SENHOR Deus fez para Adão e sua mulher Túnicas de pele e os vestiu. E o SENHOR Deus disse: "Eis que o ser humano tornou-se como um de nós, capaz de conhecer o bem e o mal. Não vá agora estender a mão também á árvore da vida para comer dela e viver para sempre." (*Bíblia – Coleção Folha – Livros que mudaram o mundo*. São Paulo: Ed. Folha de São Paulo, 2010, p. 14).

A história do processo, nos últimos séculos, pode ser concebida como a história dos esforços empreendidos por legisladores e juristas, no sentido de limitar o âmbito de arbítrio do juiz, e fazer com que as operações que realiza se submetam aos imperativos da razão.[29] A passagem do Estado absoluto, autoritário e totalitário, para o Estado democrático de direito implica o fim do poder absoluto e oculto das autoridades estatais.[30-31]

A fundamentação ou motivação das decisões judiciais tem dupla função: endoprocessual e a extraprocessual, e ambas servem às partes e ao julgador. A função endoprocessual da fundamentação das decisões judiciais está conectada ao direito ao contraditório, ou seja, o direito do jurisdicionado de ser ouvido. Por meio do exame das razões da decisão, as partes poderão não só ver se o juiz considerou seus argumentos, como também poderão examinar os motivos que levaram o magistrado a acatar ou a desconsiderar determinada alegação então formulada. A função endoprocessual da motivação das decisões também serve ao tribunal que julgará o recurso,

29 "Antes de tudo, há a lei, naturalmente. Mas não basta. Porque é exatamente a lei que, de forma cada vez mais penetrante, quer que o magistrado ao realizar as diversas tarefas de ordem material e intelectual a ele confiadas, tenha um comportamento racional, equilibrado, de acordo com a lógica natural, compreensível e convincente, para quem esteja interessado nas peculiaridades do caso ou as observe com atenção." (LIEBMAN, Enrico Tullio. Do arbítrio à razão: reflexões sobre a motivação da sentença. ob. cit., pp. 79-81).

30 Neste sentido se manifestou Michele Taruffo: "lo Stato di diritto si pone necessariamente come rechtsfertingender Staat, ossia come forma politica che si legittima in quanto giustifica il modo in cui il potere viene esercitaro. Sul piano della giurisdizione, ciò significa che il provvedimento del giudice non si legittima in quanto esercizio di autorità assoluta, ma in quanto il giudeice renda conto del modo in cui exercita il potere che gli è stato delegato dal popolo, che è il primo e vero titolare della sovranità. Donde l"obligo di giustificare la decisione, che responde sia ala necessita di dimostrarne la fondatezza in fato e in diritto, sai ala necessita di permettere che tale fondatezza sai diskutierbar, cioè sai controllabile dall"esterno in modo diffuso. L"esercizio del potere giurisdizionale deve dunque essere "trasparente", razionale e controllabile, al pari dell"esercizio di qualumque potere nell"ambito dello Stato democrático di direto." (SILVA, Ana de Lourdes Coutinho [et. al.]; CARMONA, Carlos Alberto (coord.). *Coleção Atlas de Processo Civil. Motivação das Decisões judiciais.* ob. cit., p. 101).

31 Nesta linha de ideias, cada decisão precisa ser fundamentada, a fim de que possa ter legitimidade e, assim autoridade. Neste sentido se manifestou Alexandre Freitas Câmara: "Cada decisão que um juiz ou um tribunal profere precisa ser constitucionalmente legitimada. E isto só ocorrerá se cada uma dessas decisões for proferida em conformidade com a Constituição da República. Acontece que isso só pode ser aferido pela fundamentação da decisão judicial. Os fundamentos da decisão, portanto, são os elementos que permitem a aferição da legitimidade constitucional e democrática dos pronunciamentos judiciais. E tudo isso se revela fundamental quando se considera que uma das características essenciais do exercício do poder em um Estado Democrático de Direito é a controlabilidade dos atos de poder. Em outros termos, não haverá Estado Democrático se não existirem mecanismos capazes de permitir algum tipo de controle dos atos de poder do Estado. Afinal, não há Democracia sem controle do poder." (CÂMARA, Alexandre Freitas. *O novo Processo Civil Brasileiro.* 2ª ed. Rio de Janeiro: Atlas, 2016, p. 276).

porque facilitará o reexame da decisão impugnada, ao possibilitar a ciência das razões da sentença do juiz pelo órgão de 2º grau. Nada mais elementar.[32]

A função extraprocessual das decisões também serve ao juiz e ao Tribunal. Forte no sistema de precedentes, na linha adotada pelo nosso CPC, os fundamentos da decisão consolidados na jurisprudência podem não só permitir que o juiz identifique a similitude entre os casos e, assim, legitimar a aplicação do precedente dos tribunais superiores, como também podem, e devem, persuadir o juiz a aplicar a *ratio decidendi*[33] em caso idêntico sob sua jurisdição.

Quanto à natureza da fundamentação das decisões judiciais, Taruffo, valendo-se da definição de Calamandrei, afirma que a fundamentação das decisões serviria como uma autoapologia do juiz, a fim de que o julgador explicasse à sociedade a ideologia, o comportamento, a doutrina que a sua decisão seguiu. Às vezes, a fundamentação das decisões passa também a servir como elogio do juiz a si próprio – o que, obviamente, não parece um bom caminho.[34]

---

32 No mesmo sentido se manifesta Fredier Didier Junior: "Primeiramente, fala-se numa função endoprocessual, segundo a qual a fundamentação permite que as partes, conhecendo as razões que formaram o convencimento do magistrado possam saber se foi feita uma análise apurada da cusa, a fim de controlar a decisão por meio dos recursos cabíveis, bem como para que os juízes de hierarquia superior tenham subsídios para reformar ou manter essa decisão." (DIDIER JUNIOR, Fredie; OLIVEIRA, Rafael Alexandria de; BRAGA, Paula Sarno. Art. 489. CABRAL, Antonio do Passo; CRAMER, Ronaldo (org.). In: *Comentários ao Novo Código de Processo Civil.* ob. cit., p. 706).

33 A este respeito, Taruffo define a Individualização da ratio decidendi como a "individualização da norma aplicável ao suporte fático", que é "uma expressão sintética que designa um plexo de atividades diferentes, ainda que correlatas, que pode chegar a um nível de extrema complexidade. De qualquer forma, não se trata de simples revelação ou reconhecimento da norma idônea a resolver a controvérsia, mas sim de escolha entre vários critérios de juizo relevantes: Isso Implica a formulação de diversas" hipóteses" ou "modelos de decisão" alternativos, ou seja, uma série de possibilidades entre as quais o juiz escolhe a solução (e, portanto, a "norma" que entende idônea para a decisão) da controvérsia." (TARUFFO, Michele (ABREU, Rafael; MITIERO, Daniel; RAMOS, Vitor de Paula (trad.)). *Motivação da sentença civil.* ob. cit., p. 203).

34 "Quanto ala natura della motivazione, vale la pena di ricordare la nota definizione di Calamandrei, secondo la quale essa sarebbe uma "autoapologia" del giudice. Questa sugestiva definizione può apparire valida se com essa si intende alludere al fato che il giudice redige la motivanzione dopo aver deciso e utilizando argomenti che mirano a dimostrare la fondatezza della decisione. La stessa definizione può invece apparire fuorviante se alude ad uma sorta di autodefesa che il singolo giudice svolgerebbe di fronte ad ipotetici accusatori per salvare se stesso, o se – in termini più generali – viene riferita ad uma concezione della motivazione conte insieme oi argomentazioni puramente retoriche. Non si può negare, invero, che, essendo la motivazione redatta in um linguaggio non formalizzato, in essa possano esservi anche aspetti di natura retorico-persuasiva; tuttavia la presenza di questi aspetti, che in qualche caso possono anche essere rilevanti, non può indurre a trascurarei l fato che la funzione della motivazione è essenziamente quella di fornire giustificazioni legali e razionali della decisione che possano essere oggetto di controlo esterno, non quella di persuadere qualcuno a condividere le scelte soggettive compiute dal giudice." (TARUFFO, Michele. In: MARINONI, Luiz Guilherme (org.). La motivazione della sentenza. In: *Estudos de Direito Processual Civil – Homenagem ao Professor Egas Dirceu Moniz de Aragão.* ob. cit, p. 171).

Aqui, é importante fazer a diferenciação entre *lógica da decisão* ou *context of discovery* e *a lógica da motivação* ou *context of justification,* elaborada por Michele Taruffo. O *context of discovery* seria o modelo lógico segundo o qual a escolha é feita. Ou seja, a evolução mental do julgador para chegar a sua decisão. Já o *context of justification* seria a forma de justificar a sua escolha.[35]

O *context of justification* como conteúdo da motivação pode ser examinado como a justificação interna e também externa da decisão. A fundamentação exauriente ou completa deve conter a justificação específica da decisão e de todas as questões de fato e de direito que constituem o objeto da controvérsia.[36] A justificação interna seria a subsunção do fato à norma, a correspondência entre a *fattispecie* concreta e a *fattispecie* legal.

A justificação externa da decisão não obriga o juiz a exaurir o universo de hipóteses, mas, ao fundamentar sua decisão, é necessário que o magistrado parta de premissas aceitas pelo homem médio[37] e, assim, já difundidas na cultura jurídica e

35 "no *context of discovery*, a escolha é racional na medida em que racionalmente formulada: trata-se, portanto, da racionalidade intrínseca do procedimento de decisão, que coincide com a correção das operações que o constituem. No *context of justification*, a escolha é racional na medida em que racionaliza ex post, ou seja, enquanto o juiz, independentemente da sua intrínseca correção, esteja em condições de apresentá-la como a "melhor" consequência das premissas e regras de juízo estabelecidas *ad hoc*: sob esse ponto de vista, a escolha é racional na medida em que racionais os procedimentos argumentativos expressos no discurso em que se consubstancia a motivação." (TARUFFO, Michele (ABREU, Rafael; MITIERO, Daniel; RAMOS, Vitor de Paula (trad.)). *A Motivação da sentença civil*. ob. cit, p. 201).

36 "Le osservazioni che precedono possono essere utili per stabilire che cosa debba essere contenuto nella motivazione perché questa possa svolgere adeguatamente le funzioni che le sono proprie. In termini molto genrali si può far capo al principio di completeza della motivazione intendendo che essa deve contenere la giustificazione specífica della decisione di tutte le questioni di fato e di diritto che costituiscono l"oggetto della controvérsia, poichè solo a questa condizione si può dire che la motivazione è idônea a rendere possibile il controlo sulle ragioni che fondano la validità e l"accettabilità razionale della decisione. Tuttavia questo principio generale richiede di essere specificato indicando almeno alcuni degli aspetti più importante del contenuto della motivazione." (TARUFFO, Michele. La motivazione della sentenza. In: *Estudos de Direito Processual Civil* – Homenagem ao Professor Egas Dirceu Moniz de Aragão. ob. cit., p. 171).

37 Taruffo se utiliza do conceito de homem médio para balizar aquilo que seria aceitável para um homem comum e aquilo que não seria normal para qualquer um como fundamento de uma decisão judicial: "Un altro aspetto molto relevante della giustificazione externa della decisione sui fatti riguarda i critério in base ai quali il giudice ha formulato inferenze che giustificano la conclusione sul fato che si considera provato. Sai che si adoperi la discussa nozione di massima d"esperienza, sai che si eviti di farvi ricorso e si parli – in modo più appropriato – di senso comune, di cultura media, di conoscenze di sfondo o di background knowledges, si trata pur sempre degli standard di giudizio e di valutazione che il giudice trae dalla sua cultura di "uomo médio" per fondare le inferenze che egli formula per passare dal "fato noto"(indizio o fonte di presunzione simplice) al "fato ignorato" che la bisogno di prova. Queste nozioni entrano in gioco ad ogni passaggio del ragionamento probatório, e ne determindado la validittà e l"esito. Di conseguenza, la giustificazione della decisione che il giudice ha preso sui fatti non può non includere anche l"indicazione esplicita dei critério che

não jurídica. Aqui, o juiz escolhe e apresenta, forte na sua interpretação, argumentos para sustentar sua escolha.[38] Logicamente, as premissas utilizadas pelo juiz devem ser racionais, concretas e sólidas.[39]

A estrutura da motivação das decisões tem de apresentar três atributos: racionalidade dos argumentos invocados para justificar a decisão;[40] completude, no de-

il giudice há posto a base delle sue inferenze. Non solo nel caso in cui la validità e l''attendibilità di queste nozioni non sai chiara e sicura (come accade in molti casi) o sai contestata nel corso del processo, il giudice dovrà andare oltre e fornie giustificazioni attendibili della sua decisione di adottare quelle specifiche nozioni come critério di inferenza probatória. Inoltre, anche, il valore cognoscitivo di queste nozioni, a seconda che esse riflettano leggi scientifiche, regole probabilistiche, mere generalizzazioni empiriche o semplici detti del senso comune, deve essere specificato nel modo più accurato, dato che da questo valore cognoscitivo dipende l''attendibilittà razionale delle inferenze fondate su queste norzioni, e quindi anche la giustificazione del giudizio relativo ala verità o falsittà degli enunciati di fato posti a base della decisione." (TARUFFO, Michele. La motivazione della sentenza. In: *Estudos de Direito Processual Civil* – Homenagem ao Professor Egas Dirceu Moniz de Aragão. ob. cit., p. 173).

38 "Le teorie percui giudizi di valore sarebbero null''altro che reazioni soggettive non razionalizzabili hanno fato il loro tempo, e soprattutto non sono applicabili alle valutazioni che il giudice formula in sede di decisione, poichè siffatta concezione delle scelte assiologiche non farebbe che legittimare l''arbitrio individuale del giudicante sottraendo il fondamento della decisione a qualunque sindacato esterno. Per le ragioni già illustrate in precedenza, ogni teoria che in um modo o nell''altro legittimo l''arbitrio imperscrutabile del giudice non è accettabile nel contesto delle garanzie alle quali è funzionale l''obbligo di motivazione della sentenza. Di conseguenza, poichè i giudizi di valore sono spesso essenziali e determinante per l''interpretazione e l''applicazione di norme, va ribadita l''importanza fondamentale della giustificazione esplicita di tali giudizi nell''ambito della motivazione. Lo stesso principio vale – naturalmente – per le valutazioni che spesso hanno luogo nell''ambito dei giudizio sui fatti." (TARUFFO, Michele. La motivazione della sentenza. In: *Estudos de Direito Processual Civil* – Homenagem ao Professor Egas Dirceu Moniz de Aragão, p. 172).

39 Taruffo, ao explicar que é impossível ao juiz descrever o seu raciocínio decisório, como se fosse possível transcrever este processo mental em um diário, afirma que é "non interessano i processi mentali del giudice: interessano le argomentazioni che il giudice elabora e adduce per per dimostrare che la decisione é sorreta da "buone ragioni" (TARUFFO, Michele. La motivazione della sentenza. ob. cit., p. 201).

40 Neste sentido, assim se manifesta Fredie Didier Junior: "a motivação racional é nesses termos, uma forma de controle do poder que é dado ao juiz de avaliar a prova, os fatos e os argumentos, forçando-o a explicar suas próprias escolhas. O seu principal objetivo é permitir o controle (também racional) dessa justificativa, evitando que se produza um discurso superficial (retórico) e vazio ao qual se adere por emoção, gerando um consenso irracional. A decisão não deve ser encarada como resultado de adivinhação, de um jogo de dados ou da interpretação do "voo dos pássaros". (Taruffo, 2009a, p. 194). "Enfim, não se trata de uma exposição lógico-demonstrativa, muito menos retórico-persuasiva, mas, sim, uma que atenda aos requisitos de validade de uma argumentação prática, isto é, a congruência, a coerência, o emprego adequado da linguagem comum e jurídica, a observância de regras de inferência etc., explicitando, assim, os critérios utilizados cuja racionalidade exige que sejam objetivamente aceitos e compartilhados.Para que seja viável a controlabilidade da decisão, é necessário que a motivação seja compreensível, pública e acessível. E, para que seja

terminante para que a decisão fosse proferida daquela forma;[41] controlabilidade, ou seja, a decisão deve ser compreensível não só para os advogados, como também para qualquer um do povo.[42] Inclusive, quanto maior for a discricionariedade do juiz, mais fundamentos deverão ser empregados pelo julgador em sua decisão.[43]

Importante tratar, neste ponto, de tema controverso no direito processual, que diz respeito à extensão da fundamentação. Costuma-se utilizar da extensão da motivação como critério para medir sua qualidade, o que é incorreto, em nosso entender. A fundamentação deve ser suficiente para que sejam esclarecidas as razões de fato e de direito adotadas como premissa pelo julgador. A sua extensão deve ser coerente com a complexidade do caso: causas simples necessitam de motivação simples; causas complexas, motivações elaboradas.

passível de controle não só interno (pelas partes, advogados e tribunais), como também externo e difuso (da opinião pública não deve ser estritamente elaborada em uma linguagem técnico-jurídica, só conhecida e alcançada pelo profissional do direito. Deve ser passível de entendimento e compreensão geral, permitindo um controle difuso e social dos seus termos por um auditório universal." (DIDIER JUNIOR, Fredie; OLIVEIRA, Rafael Alexandria de; BRAGA, Paula Sarno. Art. 489. In: CABRAL, Antonio do Passo; CRAMER, Ronaldo (org.). *Comentários ao Novo Código de Processo Civil.* ob. cit., p. 707).

41 "As partes que submetem ao Estado a solução do conflito têm o direito de saber as razões que levaram o juiz a resolvê-lo neste ou naquele sentido. O juiz é livre para formar convencimento, mas há de declinar as razões que o convencereram. (...) A parte ou terceiro, a quem a sentença imponha gravames, precisam saber das razões que levaram o juiz à conclusão, pois só assim poderão, se não conformaram com elas, recorrer para obter nova decisão." (PIMENTEL, Wellington Moreira; BERMUDES, Sérgio (org.). *Comentários ao Código de Processo Civil.* Vol. III. ob. cit, pp. 502-503).

42 Neste sentido: "A garantia constitucional da motivação acarreta reflexos, não só no conteúdo, mas na própria estrutura da motivação, que deve possuir necessariamente três atributos: (a) racionalidade dos argumentos invocados para justificar a decisão; (b) completude, no sentido de conter toda a justificação das escolhas feitas pelo julgador e que foram determinantes para que a decisão fosse proferida em determinado sentido; e (c) controlabilidade, devendo a decisão ser compreensível a técnicos de direito, mas por qualquer pessoa do povo." (SILVA, Ana de Lourdes Coutinho [et. al.]; CARMONA, Carlos Alberto (coord.). *Coleção Atlas de Processo Civil. Motivação das Decisões judiciais.* ob. cit., p. 98).

43 José Carlos Barbosa Moreira, quanto à discricionariedade e a motivação, assim se manifesta: "A motivação suscita maior número de questões. A primeira afirmativa, que convém repetir, é a da indispensabilidade da motivação, em qualquer hipótese, inclusive quando o juiz, podendo fazê-lo, decide discricionariamente. É falsa a ideia de que o ato discricionário não precisa ser fundamentado. Deve-se repelir energicamente essa concepção. Quando o ato é discricionário, torna-se até mais necessária a motivação, sob pena de cair-se no domínio do arbítrio: *sic volo, sic jubeo*. Se a lei concede ao juiz a possibilidade de optar entre várias soluções, ele há de explicar por que uma lhe pareceu mais apropriada que as outras." (MOREIRA, José Carlos Barbosa. O que deve e o que não deve figurar na sentença. In: *Temas de Direito Processual.* 8ª Série. ob. cit., p. 119).

A decisão, ainda, deve adotar linguagem clara, evitando-se rebuscos desnecessários, bem como evitar ambiguidades,[44] com vistas a tornar a sua compreensão mais simples, em especial pelas partes, que, em geral, não possuem conhecimento jurídico. A linguagem clara se justifica, ainda, com vistas a evitar a oposição de embargos de declaração que, embora necessários, diante da imprecisão do julgado, poderiam ter sido evitados se o julgador tivesse se justificado de maneira adequada, permitindo que a prestação jurisdicional fosse entregue de maneira mais célere. Por fim, é importante ressaltar que a decisão judicial deve produzir convencimento e ser oriunda da argumentação, e não da imposição autoritária de um agente estatal.[45]

A controlabilidade da motivação das decisões é valorizada pelo CPC, quando expressamente determina que a jurisprudência se mantenha estável, integra e coerente. Importante observar que não há artigo correspondente ao artigo 926 no antigo Código de 1973.

A fundamentação das decisões judiciais como metodologia de trabalho do juiz ao decidir, ou seja, no *context of discovery*, faz com que o raciocínio decisório do juiz transpasse por quatro fases até chegar à decisão, que, em seguida, precisará ser justificada através do *context of justification,* conforme examinado de forma sucinta acima.

A primeira fase é a individualização da *ratio decidendi*. Esta escolha tem características particulares do intérprete da norma, já que o julgador forma sua *ratio deciden-*

---

44 Humberto Theodoro Junior define clareza e precisão da seguinte forma: "Diz-se clara a sentença que se apresenta: "inteligível e insuscetível de interpretações ambíguas ou equivocas", o que requer emprego de linguagem simples, em bom vernáculo, aproveitando, quando for o caso, a palavra técnica do vocabulário jurídico. Refere-se à certeza da decisão, como ato de inteligência e vontade, dirimindo-se as controvérsias trazidas a juízo. A sentença é incompatível com a dúvida. De premissas certas, chega-se à conclusão certa. "Decisão incerta torna a sentença inexequível". Por isso, "a decisão deve ser certa, ainda que resolva relação jurídica condicional" (NCPC, art. 492, parágrafo único). Para ser precisa, a sentença deve conter-se nos limites do pedido. Não pode dar o que não foi pedido, nem mais do que se pediu, tampouco deixar de decidir sobre parte do pedido (art. 492)." (THEODORO JUNIOR, Humberto. *Curso de Direito Processual Civil.* Vol I. Rio de Janeiro: Forense, 2015, 56ª ed. , p. 1049).

45 "O juiz, aqui, motivará a sua convicção quanto aos fatos da causa. Dará as razões do seu convencimento, que, embora sendo livre, não pode deixar de ser motivado: (...) deverá indicar na decisão os motivos que lhe formaram o convencimento" (art. 131). Desse modo, chega aos fundamentos de fato do juízo lógico, que é a sentença, que será resultado de uma série de observações e raciocínios. Esta é ato de vontade, mas não ato de imposição de vontade autoritária, pois se assenta num juízo lógico. Traduz-se a sentença num ato de justiça, da qual devem ser convencidas não somente as partes, como também a opinião pública. Portanto, aquelas e esta precisam conhecer motivos da decisão, sem os quais não terão elementos para convencer-se do seu acerto. Nesse sentindo diz-se que a motivação da sentença redunda de exigência de ordem pública".(SANTOS, Moacyr Amaral. *Comentários ao Código de processo Civil.* ob. cit., pp. 434-435).

di por exclusão, à medida que o processo e o tema processual vão se desenvolvendo no curso da relação jurídica.[46]

A segunda fase do *context of discovery* seria a individualização da norma. Nesta interpretação, como ferramenta de trabalho imprescindível, temos o contraditório participativo. Nesta fase, o intérprete tem discricionariedade quanto à escolha interpretativa que dará a norma.[47]

A terceira fase do *context of discovery* seria a apuração dos fatos, sendo certo que a definição do tema probante é a busca da "verdade judicial dos fatos". Essa busca da veracidade dos fatos tem dois momentos. Primeiro, a busca do fato e de sua qualificação jurídica e, em seguida, a busca da verdade dos fatos como juízo de valor[48]. No

46 Aqui, Taruffo destaca o trabalho em cooperação dos personagens do processo, a fim de *ratio decidendi* seja corretamente fixada, através da dialética entre os personagens do processo. E completa o autor, ainda, que "no limite, toda modificação ou especificação dos fatos e do direito da controvérsia, em qualquer fase do processo, opera provocando mutações nas hipóteses já formuladas, no sentido de torná-las inadequadas e postular a formulação de novas hipóteses de decisão que tenham em conta os novos elementos. Ainda, o próprio procedimento implica passagem das hipóteses de decisão do indeterminado ao determinado; em função da especificação dos termos da controvérsia, efetivamente, as hipóteses de partida são constantemente reformuladas com especificações sempre maiores, até que estejam em condições de refletir, compreender e explicar o *thema probandum* em um modelo de decisão completo e orgânico." (TARUFFO, Michele (ABREU, Rafael; MITIERO, Daniel; RAMOS, Vitor de Paula (trad.)). *A Motivação da sentença civil*. ob. cit., pp. 207-208).

47 Já que a escolha da norma "não se exaure em uma esquematização puramente lógica e, de outro, que esse não pode nem ao menos ser descrito como uma série de juízos de valor." E complementa Taruffo, aduzindo que "as considerações permitem, enfim, especificar a característica essencial da escolha interpretativa que determina a norma, ou seja, a relatividade. Isso implica que nenhuma interpretação (no sentido de significado de um enunciado normativo) seja "verdadeira" ou "válida" em si, mas somente na medida em que sejam válidas as diretivas que guiaram o procedimento interpretativo e enquanto sejam racionalmente corrtas as operações hermenêuticas e as escolhas que o juiz efetuou no âmbito desse procedimento. Relatividade da interpretação significa também pluraridade de interpretações possíveis e legitimidade do juízo crítico sobre hipóteses interpretativas, assim como sua retificação e sua mutação. Trata-se, em suma, da condição que possibilita a pluraridade de modelos hipotéticos de decisão nos quais se articula o procedimento descrito *sub* a) e permite configurar a decisão como escolha da hipótese mais adequada ao caso concreto." (TARUFFO, Michele (ABREU, Rafael; MITIERO, Daniel; RAMOS, Vitor de Paula (trad.)). *A Motivação da sentença civil*. ob. cit., pp. 213-214).

48 Barbosa Moreira destaca a importância da terceira fase do *context of discovery*, sublinhando que o fundamento de fato é decisivo: "dificilmente se depara causa que haja de ser julgada à luz de meras questões de direito: é uma hipótese excepcional. O que normalmente mais importa é a análise dos dados de fato, à luz das provas". E continua o mestre: "duas exigências devem ser aqui observadas. A primeira é relativa à extensão da análise, que, em princípio, há de abranger toda a prova, e não apenas esta ou aquela; não somente a produzida pelo autor, senão também a produzida pelo réu e a colhida ex-oficio. Se o juiz tomou a iniciativa de determinar uma diligência, precisa depois referir-se ao respectivo resultado na motivação." (MOREIRA, José Carlos Barbosa. O que deve e o que não deve figurar na sentença. In: *Temas de Direito Processual*. 8ª Série. São Paulo: Saraiva, 2004, p. 120).

momento da escolha, o julgador se deixa guiar pela sua ideologia. A fim de que esta não contamine aquela do legislador, Taruffo destaca a importância do sistema do livre convencimento motivado, apontando, inclusive, a importância da iniciativa probatória do juiz nesta equação.[49]

A quarta e última fase do *context of discovery* do julgador para chegar à sua decisão, que ainda precisará ser justificada, seria a qualificação do suporte fático.[50-51] Não se trata de um juízo de racionalidade, a menos que o intérprete assuma os valores em

---

49 "O princípio do livre convencimento manifesta a abertura a um tipo de juízo mais aderente às peculiaridades do caso concreto, no qual um juiz imaginado como "racional" e privado de preconceitos pode melhor estabelecer a efetiva verdade dos fatos. De seu turno, a respeito da ideologia a respeito da "verdade", são também as técnicas de regulamentação dos poderes de iniciativa instrutória, que se colocam entre dois extremos, constituídos dos princípio do total monopólio das partes sobre a disponibilidade das provas (segundo a qual a verdade judicial é aquela desejada pelas partes) e o princípio inquisitório(segundo o qual se persegue a verdade material e o juiz pode assim, exercer todos os poderes instrutórios eeventualmente necessários a esse fim)." (TARUFFO, Michele (ABREU, Rafael; MITIERO, Daniel; RAMOS, Vitor de Paula (trad.)). *A Motivação da sentença civil.* ob. cit., pp. 218-219).

50 Que é "a síntese entre as hipóteses normativas aplicáveis ao suporte fático e as hipóteses inerentes aos fatos da lide advém da chamada qualificação jurídica do caso com vistas à decisão." (TARUFFO, Michele (ABREU, Rafael; MITIERO, Daniel; RAMOS, Vitor de Paula (trad.)). *A Motivação da sentença civil.* ob. cit., p. 222).

51 Humberto Theodoro Junior destaca que não há uma sequência obrigatória entre o exame do fato e do direito. Justifica o autor: "dadas a complexidade e a interpretação de temas que comumente se notam nas questões judiciais muitas vezes, "de par com elucidação dos fatos, opera-se a resolução dos controversos sobre a nomra aplicável e seu devido entendimento". Por isso, "em alguns casos, o juiz faz preceder a *quaestio juris* à *questio facti*, enquanto em outros é o inverso que se dá. Hipóteses ainda surgem em que se opera concomitamente a resolução das questões de fato e de direito, tal o entrelaçamento íntimo que apresentam". (THEODORO JÚNIOR, Humberto. *Curso de Direito Processual Civil.* ob. cit., p. 1044). Marcelo Abelha aponta que a análise e superação das questões de fato devem ser feitas sob dois prismas: um horizontal e outro vertical: "todas as questões de fato que foram objeto de prova (fatos alegados controvertidos) e que terão sido definidas no saneamento (art. 357, II) deverão ser resolvidas, sob pena de falta ou incompletude da fundamentação. Pelo enfoque da verticalidade é preciso que o magistrado enfrente cada uma dessas questões, expondo o porquê de decidir dessa ou daquela forma, de acordo com o material probatório, afastando os argumentos e fundamentos contrários que serviriam para informar sua conclusão. Verifique, portanto, que não é suficiente dizer, por exemplo, que resolveu a questão de fato desta forma porque as alegações do réu não se comprovaram. Não há nada mais errático e vago do que essa ausência de fundamentação. Enfim, é preciso enfrentar a questão de fato de acordo com as provas produzidas e aprofundando-se nos resultados que por elas foram demonstrados. Já as questões jurídicas (e não simplesmente analisa-las) é a fundamentação da decisão. Essas questões já foram delimitadas no saneador, e sobre todas elas deve o magistrado se debruçar e resolver. A regra comporta exceção, ou seja, existe determinada questão de direito que poderá ser decidida na conclusão ou dispositivo da sentença, que é mérito", que o legislador admite, junto com o pedido, sejam acobertadas pela coisa julgada material nos termos do artigo 503, parágrafo 1º, I, II e II do CPC." (RODRIGUES, Marcelo Abelha. *Manual de Direito Processual Civil.* Rio de Janeiro: Forense, 2016, 6ª ed. , p. 657).

que crê como cânones absolutos da razão. Ao contrário, trata-se de uma apreciação valorativa e substancialmente ideológica que visa a estabelecer a decisão justa.

A fim de favorecer esse trabalho de convencimento da sentença e assim evitar o arbítrio dos juízes, o CPC de 1973, em seu artigo 131, já estipulava o chamado livre convencimento motivado. Agora, esta determinação está contida no artigo 371 do CPC, já que o juiz apreciará a prova constante dos autos, independente do sujeito que a tiver promovido, e indicará na decisão as razões da formação do seu convencimento.

Cândido Dinamarco explica que esse livre convencimento motivado do juiz se traduz em um livre convencimento racional e motivado à luz dos autos e, assim, do produto produzido no curso da relação jurídica processual, sendo o juiz obrigado a dar maior credibilidade a um meio de prova, ou as que, no caso, sejam capazes de convencer uma pessoa inteligente e sensível à realidade dos autos[52]. O STF, em acórdão relatado pelo Ministro Luiz Fux, já se manifestou no sentido de que esse livre convencimento motivado obriga o magistrado a demonstrar o raciocínio desenvolvido.[53] Importante observar que os motivos que formaram o convencimento do juiz não se confundem com os fundamentos de fato a que alude o artigo 458, inciso II do CPC de 1973.[54-55]

Encerrando o exame da fundamentação das decisões, e a fim de não nos perdermos no exame do livre convencimento motivado do juiz, deixando, assim, o leitor cansado, é preciso ter em mente que o livre convencimento motivado da sentença se

---

52 "O livre convencimento, como prerrogativa do juiz na apreciação dos fatos e de sua prova, é mais precisamente, por força do que Constituição e a lei lhe impõem, um convencimento racional e motivado à luz dos autos. Essa é a interpretação do art. 131 do Código de Processo Civil, que institui o livre convencimento segundo os autos, em associação com o dispositivo constitucional que exige a motivação das decisões judiciárias (José Rogério Cruz e Tucci – Const., art. 93, inc. IX e CPC, art. 458, inc. II). Além disso há certas normas que em relação aos casos que indicam, ocupam, parte do espaço que seria reservado ao livre convencimento do juiz. (...) O livre convencimento há de ser racional, porque necessariamente alcançado mediante as forças do intelecto e não dos impulsos pessoais e eventualmente passionais do juiz: é obrigatório levar em conta as circunstâncias que ordinariamente conferem maior credibilidade a um meio de provam ou as que no caso sejam capazes de convencer uma pessoa inteligente e sensível à realidade: Repudiam-se personalismos do juiz, cuja atividade se rege pelo princípio da impessoalidade (supra, nº 130)." (DINAMARCO, Cândido Rangel. *Instituições de Direito Processual Civil*. São Paulo: Malheiros, 2009, 6ª ed. , pp. 104-105).

53 "O sistema do livre convencimento motivado ou da persuasão recional permite ao magistrado revelar o seu convencimento sobre as provas dos autos livremente, desde que demonstre o raciocínio desenvolvido" (STF, HC 101698/RJ. Primeira Turma, Min. Luiz Fux, Julgamento: 18/10/201 Dje-227 DIVULG 29-11-2011 PUBLIC 30-11-2011).

54 No novo CPC, esse artigo é o artigo 490, inciso II.

55 "A liberdade concedida ao juiz na apreciação das provas não significa arbítrio. Para evitar que este surja, a parte final do artigo impõe ao juiz indicar, na sentença, os motivos que lhe formaram o convencimento. Eles não constituem os fundamentos de fato a que ser refere o art. 458, item II, mas sim a explicação de como o juiz se convenceu da existência ou inexistência dos fatos em que se baseia a sentença." (BARBI, Celso Agrícola. *Comentários do Código de Processo Civil.* Tomo II. Vol. I. Rio de Janeiro: Forense, 1999, 10ª ed., p. 535).

traduz no dever do juiz em demonstrar o raciocínio desenvolvido na sentença a fim de convencer uma pessoa inteligente e sensível à realidade da vida. Agora, além deste dever quando da formulação do *context of discovery*, o juiz deverá observar o roteiro estipulado no parágrafo 1º do artigo 489 do CPC, ao fundamentar sua decisão através do *context of justification*. O livre convencimento motivado saiu de moda. Hoje, os juízes estão usando, ou melhor, sendo obrigados a usar, o *"livre convencimento devidamente motivado"*, ou seja, à luz das determinações impostas pelo legislador aos magistrados, através do parágrafo 1º do artigo 489 do CPC, que acaba sendo um limite para o exercício do *context of discovery* do julgador.

Perecimento e Danificação

Paulo Dias de Moura Ribeiro

1. Introdução

Acabei de ser convidado para participar da obra em Homenagem ao Min. Roberto Rosas e já me apresso em escrever alguns pensamentos sobre o tema que elegi.

A definição de perecimento não está mais inserida no nosso novo Código Civil, que só em uma pequena passagem admite a perda da propriedade pelo seu perecimento (art. 1.275, IV).

Mas, em várias passagens o novo Código Civil se preocupou com os riscos da coisa até a tradição, ou seja, com o perigo do perecimento dela e quem o suportará.

2. O Caso Concreto

O caso aqui retratado, objeto do REsp 1.707.405-SP, tem assento em uma locação de imóvel para fins comerciais que veio a ser destruído em um incêndio, embora as suas chaves só tenham sido devolvidas 6 (seis) meses após o evento danoso.

Por isso, o locador propôs uma execução contra a locatária cobrando dela, como também dos fiadores, não só aqueles meses de aluguéis, como também valores correspondentes ao IPTU, taxas de água e esgoto, além da multa pela quebra do contrato.

O recurso foi distribuído ao Min. VILLAS BÔAS CUEVA que, amparado no art. 567, do novo Código Civil, e não deixando de destacar a regra do art. 393, *caput*, do novo Código Civil *(a coisa perece para o dono)*, admitiu que caberia ao locatário comunicar ao conhecimento do locador o surgimento dos danos, tanto que poderia postular a redução do valor do locativo.

3. O Voto Divergente e Vencedor

"Consta dos autos que PAULA RORATO CAMILO SARTORI (PAULA) celebrou contrato de locação comercial com WANDERLEI GONÇALVES REZENDE (WANDERLEI) tendo por objeto imóvel que veio a ser destruído em incêndio ocorrido aos 4/8/2012, tendo ela requerido a extinção do negócio jurídico apenas aos 21/1/2013, quando efetuou a devolução das chaves.

Em seguida, WANDERLEI propôs execução contra PAULA e seus fiadores, cobrando os seis meses de aluguel vencidos no período assinalado (do incêndio até a devolução das chaves), além dos valores correspondentes ao IPTU, taxas de água e esgoto e multa pela quebra do contrato (e-STJ, fls. 83/86).

PAULA opôs embargos à execução, sustentando que todas as contas de água e também uma das parcelas do IPTU estariam pagas. Afirmou, ainda, que o aluguel não seria devido, tendo em vista o incêndio que destruiu o imóvel (e-STJ, fls. 2/12).

A sentença acolheu os embargos para extinguir a execução sob o entendimento de que o sinistro havia devastado o imóvel, tornando-o impróprio para os fins locatícios, de modo que WANDERLEI não poderia exigir aluguéis e os acessórios correspondentes até a entrega das chaves. Foi ressaltado, na ocasião, que referido ato representaria mera formalidade, sem efeitos jurídicos, diante da perda do objeto do contrato pelo perecimento do bem (e-STJ, fls. 173/174).

WANDERLEI apelou aduzindo, basicamente, que (1) o incêndio ocorreu por culpa de PAULA, que não tomou os cuidados necessários à segurança do imóvel; e, (2) a utilização do bem não estaria completamente inviabilizada, porque ele não teria sido totalmente destruído (e-STJ, fls. 183/195).

O Tribunal de origem, sem enfrentar essas alegações, deu provimento ao recurso de apelação por outro fundamento. Entendeu que a dívida seria exigível independentemente dessas considerações, porque somente a entrega das chaves liberaria PAULA da obrigação contratual de pagar aluguéis e encargos.

Anote-se:

> *Independentemente de possível dever reparatório relacionado a incêndio, que destruiu o imóvel locado (matéria a cogitar noutra sede), aqui, tratando-se de aferir da obrigação de honrar o pagamento de alugueres e encargos, nenhuma dúvida de que locatária e respectivos fiadores respondem pela dívida até a efetiva devolução do imóvel, com a entrega de chaves (fl. 70), disciplina a observar, à luz do contrato (fls. 8082), também porque em sintonia com a natureza do vínculo (artigo 23, III, 39, da Lei n° 8.245/91).*
>
> *Danificado ou não, o certo é que o imóvel havia que restituir ao locador, desde logo, até mesmo para que pudesse encaminhar providências, acautelatórias, depois corretivas, já na perspectiva de oportuna restauração e consequente reaproveitamento econômico* (e-STJ, fl. 270).

Os embargos de declaração foram rejeitados (e-STJ. fls. 293/296).

Nas razões do seu recurso especial, PAULA afirmou que o imóvel foi imediatamente desocupado após o incêndio e que as chaves sempre estiveram à disposição de WANDERLEI. Acrescentou que o perecimento da coisa locada por motivo de caso fortuito extinguiu automaticamente o contrato, não sendo possível imputar-lhe nenhuma responsabilidade sob pena de ofensa ao art. 393 do CC/02. No mesmo sentido, apontou dissídio jurisprudencial em relação a acórdão do TJMG.

Apresentadas contrarrazões, o recurso foi admitido na origem (e-STJ, fls. 347/349).

Na sessão do dia 26/2/2019, o Ministro Relator, RICARDO VILLAS BÔAS CUEVA votou pelo não provimento do recurso especial, por entender que PAULA deveria responder pelo pagamento dos aluguéis mesmo na hipótese do perecimento da coisa locada. Isso porque, muito embora a Lei de Locações (nº 8.245/199) não contenha norma específica para regular o caso, deveria a ele ser aplicado, por analogia, o art. 567 do CC/02.

Com base nesse dispositivo, Sua Excelência afirmou que o dano irreversível ocorrido no curso do contrato de locação não seria suficiente para resolver automaticamente o negócio jurídico em pauta, mostrando-se imprescindível, nesse sentido, pedido expresso ou, ao menos, comunicação inequívoca de que o bem não mais se prestava à locação comercial.

Pedi vista dos autos para melhor analisar a questão.

Importa destacar, de início, que, segundo o art. 2.036 do CC/02, *a locação de prédio urbano, que esteja sujeita à lei especial, por esta continua a ser regida.*

Isso significa que, em princípio, a solução do caso sob julgamento deve se pautar pela aplicação da Lei nº Lei nº 8.245/1991, e não pelo Código Civil

Ocorre que o diploma locatício, conforme assinalado no voto do Ministro VILLAS BÔAS CUEVA, não regula, de forma expressa, a situação retratada nos autos.

O seu art. 5º afirma que a locação termina em decorrência de desapropriação, com a imissão do expropriante na posse do imóvel. Nos termos do art. 6º, o *locatário poderá denunciar a locação por prazo indeterminado mediante aviso por escrito ao locador, com antecedência mínima de trinta dias.* O art. 7º estabelece, a seu turno, que o usufrutuário ou fideicomissário pode denunciar a locação nos casos de extinção do usufruto ou de fideicomisso. O art. 9º assevera que o contrato de locação pode ser desfeito por acordo mútuo (inciso I), em decorrência de prática de infração legal ou contratual (inciso II), em virtude do inadimplemento (inciso III), ou para realizar reparos urgentes determinados pelo Poder Público e que não possam ser executados com a permanência do locatário no imóvel ou, podendo, quando ele se recusar a consenti-las (inciso III).

HUMBERTO AGRÍCOLA BARBI, ao comentar a Lei de Locações, destaca, em primeiro lugar, a impropriedade conceitual do legislador, que ora fala em denúncia, ora em resolução, ora em rescisão, ora em desfazimento, para designar o término da relação locatícia. Após registrar que deveria ter sido observada maior precisão terminológica, afirmou que a Lei nº 8.245/1991 não encerra todas as hipóteses de extinção do contrato locatício – *as hipóteses contempladas no art. 9º são algumas das formas pelas quais a locação poderá se extinguir, não abrangendo todas as hipóteses em que ela possa ocorrer* (**Das locações comerciais e residenciais: Doutrina, Prática e Jurisprudência**. Belo Horizonte: Del Rey, 2001. p. 50).

Assim, muito embora a Lei nº 8.245/1991 não estabeleça que o contrato se encerra pelo perecimento do imóvel, descabe afirmar que as hipóteses contempladas por ela constituem um rol taxativo ou que, a partir dessa conclusão, seja possível extrair, segundo uma interpretação *a contrario sensu*, que a locação continuaria vigendo a despeito da perda total do bem.

Se a norma de regência não traz solução para o caso, está configurada hipótese de anomia, cuja solução, nos termos do art. 4º da LINDB, deve observar a analogia, os costumes e os princípios gerais do direito.

Em função disso é que o Ministro VILLAS BÔAS CUEVA, em seu voto, manifestou-se por uma aplicação analógica, e não direta, do art. 567 do CC/02, como forma de solucionar o caso.

O dispositivo em comento tem a seguinte redação, *verbis:*

> Art. 567. Se, durante a locação, se deteriorar a coisa alugada, sem culpa do locatário, a este caberá pedir redução proporcional do aluguel, ou resolver o contrato, caso já não sirva a coisa para o fim a que se destinava.

Com base nesse artigo, o Ministro Relator afirmou que o dano irreversível ocorrido no curso do contrato de locação seria insuficiente para resolver automaticamente o negócio jurídico em pauta, mostrando-se necessário, para tanto, pedido expresso de PAULA ou, ao menos, comunicação inequívoca de que o bem não mais se prestava à locação.

Com a devida vênia, penso que o art. 567 do CC/02 não se subsume perfeitamente ao caso concreto, porque fala em **deterioração** da coisa alugada, ao passo que, na hipótese dos autos, se está diante de verdadeiro **perecimento** do bem.

Os conceitos, como parece evidente, não se confundem.

Segundo o HOUAISS, **deterioração** significa *estado alterado para pior, danificação, decomposição, estrago.* A expressão, segundo ele, designa a *condição do que está decadente* e, em termos jurídicos, indica *dano, degeneração, estrago* ***sem importar destruição total***. Por outro lado, **perecimento**, segundo o mesmo linguista, significa o *ato de perecer, extinguir-se, extermínio, aniquilamento*, designando, na linguagem jurídica, *coisa ou direito que deixa de existir por perda, destruição ou extinção.* (**Dicionário eletrônico Houaiss da Língua Portuguesa**. Rio de Janeiro: Objetiva, 2014. CD-ROM)

O mesmo entendimento é perfilhado por DE PLÁCIDO DE SILVA, para quem:

> [Deterioração] *é, assim, o* desgaste *natural das coisas deterioráveis.*
>
> *A* deterioração, *por esta forma, mostra-se de significação inconfundível com a* destruição, *que se mostra o* consumo das coisas consumíveis, *ou o* perecimento das coisas, *mesmo inconsumíveis, em consequencia de ação violenta que as aniquila.*
>
> *Quando muito, se pode dizer que a* deterioração *é uma destruição lenta, apropriadamente dita desgaste, ou uma* destruição parcial, *provocada pelo dano causado à coisa.* (**Vocabulário Jurídico**. Rio de Janeiro: Forense, 2016).

Perecimento, de outra parte, é vocábulo que apresenta outro sentido.

> *Na terminologia jurídica, sem fugir ao sentido literal, é o vocábulo empregado, em relação a coisas ou direitos que* deixam de existir, *na acepção de* perda, destruição e extinção.
>
> *O* perecimento *das coisas, revela-se na sua* destruição *ou na* perda das qualidades, *que lhes são* essenciais, *pelo que, se perdidas ou desaparecidas, resultam na sua destruição.* (id ibdem).

Consoante fixado na sentença (e essa circunstância não foi modificada pelo acórdão recorrido) – *o incêndio devastou o imóvel, tornando-o impróprio para os fins locatícios* (e-STJ, fl. 174).

Assim, admitindo-se que o imóvel foi completamente destruído, isto é, que houve o seu **perecimento**, não há como invocar a aplicação subsidiária do art. 567 do CC/02, criado para solucionar casos de **deterioração**.

O obstáculo, vale frisar, não é de ordem meramente gramatical, uma vez que o próprio conteúdo normativo do dispositivo legal em comento também inviabiliza sua aplicação ao caso concreto.

Perceba-se que quando há deterioração, isto é, quando verificado algum dano à integridade física da coisa locada, ainda faz sentido conferir ao locatário a opção de pleitear a redução proporcional do preço do aluguel ou o desfazimento do contrato como forma de solucionar o conflito de interesses a partir de então instaurado entre ele e o locador.

Nas hipóteses de perecimento do bem, salvo melhor juízo, não faz sentido imaginar que o conflito possa ser resolvido pela via eleita, com o devido respeito. Quando o bem alugado perece, isto é, quando ele não mais existe ou não se presta mais à finalidade econômica que justificou a contratação, não é razoável imaginar que o locatário tenha interesse em optar pela manutenção do negócio jurídico requerendo, simplesmente, um abatimento proporcional do preço do aluguel.

Desse modo, admitindo-se que tenha havido **perecimento** do bem locado, e não a sua **deterioração**, não parece adequado suprir a lacuna normativa pela invocação analógica do art. 567 do CC/02. Com efeito, na situação descrita revela-se muito mais razoável, de acordo com o art. 4º da LINDB, aplicar o princípio geral do Direito identificado pelo brocardo latino ***res perit domino*** e também pelas regras contidas nos **arts. 77 e 78 do CC/16**, *verbis:*

> Art. 77. Perece o direito, perecendo o seu objeto.
>
> Art. 78. Entende-se que pereceu o objeto do direito:
>
> I – quando perde as qualidades essenciais, ou o valor econômico;
>
> II – quando se confunde com outro, de modo que se não possa distinguir;
>
> III – quando fica em lugar de onde não pode ser retirado.

O objeto do contrato de locação, como se sabe, não é exatamente a coisa ou prédio locado, mas o uso ou a fruição que deles se faz. Nada obstante, o perecimento da coisa ou do prédio extingue a locação, porque não há mais possibilidade de cobrar aluguel pelo uso ou fruição de um bem que não mais existe ou que não mais se presta à locação.

Nesse sentido, a lição de NILTON DA SILVA COMBRE:

> O perecimento da coisa, ou do prédio locado, há de acarretar, consequentemente, a extinção da relação de locação, atingindo toda a sua eficácia futura, porque o uso ou a fruição não pode mais ser prestado.
>
> Ensinam os doutores que o perecimento do direito só se verifica quando o perecimento ou a destruição da coisa que lhe constitui objeto é total.

> *Isso porque, não sendo completa a destruição, o direito real permanece sobre as pares restantes, ou os resíduos da coisa, na precisa lição de VON TUHR (Teoría General del Derecho Civil Alemán, cit., vol. II, Parte I, § 47, p. 105).*
>
> *Mas é evidente que a destruição parcial pode equivaler à destruição parcial, a coisa se tornar imprestável para o fim a que se destinava.*
>
> *Nesses casos, e também quando a coisa perde o seu valor econômico, o contrato de locação, que tem como objeto a prestação do uso da coisa total ou parcialmente destruída, também se extingue. (***Teoria e Prática da locação de imóveis***. 3ª ed. São Paulo: Saraiva, 1988. p. 192)*

EDUARDO ESPÍNDOLA FILHO compartilha da mesma opinião:

> *Que o desaparecimento da coisa, pelo incêndio, propagado de outro, sem culpa do locatário, pelo desabamento, pela completa destruição, pela inundação total, há-de pôr termo à locação, é manifesto, pois faltará a esta o seu objeto próprio, a sua precípua finalidade, já que o locatário não poderá ter o uso e o gôzo da coisa, como é da essência dêsse contrato, qual resulta do art. 1.188 do Código Civil. (***Manual do inquilinato no direito civil vigente***. 5ª ed. Rio de Janeiro: Borsoi, 1963. p. 185).*

No mesmo sentido, leciona CAIO MÁRIO DA SILVA PEREIRA, para quem:

> *Em caso de incêndio inimputável ao locatário, rescinde-se a locação por falta de objeto e, pela mesma razão se deteriorações ou danificações o tornarem impróprio ao uso normal, mesmo que não importe em seu perecimento (***Instituições de Direito Civil***. v III. 10ª ed. Rio de Janeiro: Forense, 1999. p. 195).*

VICENTE SABINO JÚNIOR, a propósito, ensina que desde o Direito Romano a locação de coisas chegava ao término *pela perda fortuita da coisa arrendada, situação em que o locatário podia suspender o pagamento da "merces", ficando os riscos a cargo do locador ("periculum est locatoris")* (**A locação no Direito Brasileiro**. Rio de Janeiro: Freitas Bastos, 1964. pp. 107/108)

Muito embora o Código Civil em vigor não tenha reproduzido a redação do art. 77 do CC/16, é possível observar que a mesma racionalidade daquela norma subsiste no **art. 1.275, IV, do CC/02**:

> *Art. 1.275. Além das causas consideradas neste Código, perde-se a propriedade:*
>
> *[...]*
>
> *IV – por perecimento da coisa;*

Os atualizadores de PONTES DE MIRANDA, a propósito, destacam que o art. 1.275, IV, do CC/02 não se circunscreve apenas à propriedade imóvel, como fazia o art. 589 do CC/016, tendo sido fixada a mesma regra para outras hipóteses, como de usufruto, penhor, hipoteca e legado. Tudo isso, segundo afirmam, teria ocorrido justamente com o objetivo de suprir a falta da regra geral antes inserta nos arts. 77 e 78 do CC/16.

Confira-se:

> *O perecimento da coisa é causa extintiva da propriedade. O art. 1.275 do CC/02 não se circunscreve, como o fazia o art. 589 do CC/16, apenas à da propriedade imóvel (RODRIGUES. Silvio. Direito Civil: direito das coisas. 28ª ed. São Paulo: Saraiva, 2009, vol 5, p. 173-177) A redação mais ampla do Código Civil de 2002 deve-se a não se haver reproduzido os arts. 77 (...) e 78 (...) do CC/16. Os efeitos do perecimento da coisa não se conectam somente à perda de propriedade, mas à extinção da hipoteca e do penhor, além da caducidade dos legados (***Tratado de Direito Privado: Parte Especial**. tomo XIX. 2 tiragem. Atualizado por GUEDES, Jefferson Carús e RODRIGUES JÚNIOR, Otávio Luiz Rodrigues. São Paulo: Revista dos Tribunais, 2012. p. 440)*

Dessarte, se a locação consiste na cessão do uso ou gozo da coisa em troca de uma retribuição pecuniária, é possível afirmar que ela tem por objeto poderes ou faculdades inerentes à propriedade. Assim, extinta a propriedade pelo perecimento do bem, também se extingue, a partir desse momento, a possibilidade de usar, fruir e gozar desse mesmo bem, o que inviabiliza, por conseguinte, a exploração econômica dessas faculdades da propriedade por meio do contrato de locação.

Ora, tratando-se de contrato oneroso e bilateral, como é o caso do negócio jurídico em testilha, a impossibilidade de exploração útil do bem deve implicar, de ordinário, o encerramento do contrato, com a isenção do pagamento do aluguel e seus consectários.

O mutualismo que está na base dessa relação jurídica pressupõe, necessariamente, a existência de prestações e contraprestações recíprocas, sendo certo que a quebra desse sinalagma pode configurar até mesmo enriquecimento sem causa para um dos contratantes.

De acordo com o Ministro Relator, também seria possível admitir a cobrança dos aluguéis no período compreendido entre o incêndio e a entrega das chaves com amparo no art. 23, IV, da Lei nº 8.245/1991, que estabelece como obrigação do locatário *levar imediatamente ao conhecimento do locador o surgimento de qualquer dano ou defeito cuja reparação a este incumba, bem como as eventuais turbações de terceiros.*

Mas *dano ou defeito* não se confunde com perecimento.

Essa imediata comunicação a que se refere o texto legal tem por objetivo viabilizar o dever contratual do proprietário/locador (art. 22, III, da Lei nº 8.245/1991) de garantir a fruição do bem nas condições em que o imóvel foi entregue:

> *Art. 22. O locador é obrigado a:*
>
> *(...)*
>
> *III – manter, durante a locação, a forma e o destino do imóvel;*

SIDNEY ROBERTO ROCHA DE SOUZA comentando sobre os deveres do locador, afirma a propósito:

> *Diz o texto legal que o locador é obrigado a entregar o imóvel alugado em estado de servir ao uso a que se destina. Embora clara a disposição, pode ocorrer que a realidade dela se distancie, como constatando-se defeito oculto e anterior à locação.*
>
> *[...]*
>
> *Da mesma forma, algumas causas, inclusive supervenientes, podem inviabilizar o uso, impossibilitar que o objetivo esperado seja atingido.*
>
> *Parece claro que de motivo que venha a obstar o locatário de usar, como pretendia, o imóvel surge o seu direito de dar por rescindido o contrato (***Obrigações de locador e locatário***. In: Locações, aspectos relevantes. Coord. Francisco Antônio Casconi e José Roberto Neves Amorim. São Paulo: Método, 2004. pp. 261/262)*

Em síntese, o perecimento do bem alugado, implica a automática extinção do contrato de locação e, por conseguinte, impede a cobrança de aluguéis.

Ressalte-se que referida consequência se impõe independentemente de o incêndio que destruiu a coisa ter sido causado pela locatária PAULA, por caso fortuito ou por fato de terceiro. É que, mesmo na eventualidade de se comprovar culpa da locatária (PAULA), o locador/proprietário do bem (WANDERLEI) fará jus a perdas e danos, e não propriamente aos aluguéis.

Até se pode admitir que, nesses casos, uma parte da indenização devida, relativa aos lucros cessantes, coincida com os aluguéis que vinham sendo auferidos com o contrato de locação, mas essa coincidência se dará apenas com relação a expressão econômica da condenação imposta, uma vez que sua fundamentação será o ato ilícito consistente na destruição culposa do bem, e não propriamente o contrato de locação.

Nesse sentido, a lição de J.M. CARVALHO SANTOS:

> *O perecimento da coisa faz perecer o direito, quer aquêle perecimento seja devido a fato do próprio proprietário, quer seja resultado de caso fortuito ou fôrça maior, quer finalmente, seja obra de um terceiro. Costumam os tratadistas asseverar que, para o direito perecer com o perecimento da coisa é essencial que êste seja resultado de um acontecimento fortuito ou de fôrça maior, porque se foi obra de um terceiro, o direito continua a subsistir, no sentido de que o seu titular passará a ter direito sobre o valor da coisa e à indenização dos danos. Mas aí já se verifica uma substituição, originando-se um outro direito, como vamos verificar ao comentar o art. 79 [do CC/16] (***Código Civil Brasileiro Interpretado***. v. 2. 6ª ed. Rio de Janeiro: Freitas Bastos, 1955. p. 255/256)*

Essa distinção conceitual é relevante no caso concreto, porque WANDERLEI ajuizou uma execução para cobrança de aluguéis, e não uma ação de conhecimento para pleitear perdas e danos.

Nessas condições, peço vênia para divergir do substancioso voto apresentado pelo Ministro Relator e **DOU PROVIMENTO** ao recurso especial, restabelecendo a sentença.

É o voto."

4. O Voto Vencido

"Cinge-se a controvérsia a definir se os aluguéis são devidos até a data do incêndio no imóvel ou até o dia da efetiva entrega das chaves.

1. Do histórico da demanda

Na origem, Paulo Braganti Camilo, Deonilda Rorato Camilo e Paula Rorato Camilo Sartori (ora recorrentes) opuseram embargos à execução de contrato de locação comercial ajuizada por WANDERLEI GONÇALVES REZENDE (ora recorrido) alegando que os aluguéis são devidos até a data do incêndio no imóvel.

O magistrado de primeiro grau julgou procedente o pedido formulado nos embargos para determinar o arquivamento da execução (fls. 173-174 e-STJ).

Interposta apelação, o Tribunal de origem deu provimento ao recurso nos termos da seguinte fundamentação:

> *"(...)*
>
> *Independentemente de possível dever reparatório relacionado a incêndio, que destruiu o imóvel locado (matéria a cogitar noutra sede), aqui, tratando-se de aferir da obrigação de honrar o pagamento de alugueres e encargos, nenhuma dúvida de que a locatária e respectivos fiadores respondem pela dívida até a efetiva devolução do imóvel, com a entrega de chaves (fl. 70), disciplina a observar, à luz do contrato (fls. 8082), também porque em sintonia com a natureza do vínculo (artigo 23, III, 39, da Lei nº 8.245/91).*
>
> ***Danificado ou não, o certo é que o imóvel havia que restituir ao locador, desde logo, até mesmo para que pudesse encaminhar providências, acautelatórias, depois corretivas, já na perspectiva de oportuna restauração e consequente reaproveitamento econômico.***
>
> *DISPOSITIVO*
>
> *Do exposto, pelo meu voto, dou parcial provimento ao recurso, para reformar a respeitável sentença, acolhidos os embargos do devedor apenas para deduzir pagamentos parciais, devidamente comprovados, exigíveis valores remanescentes (alugueres e encargos) até a efetiva restituição do imóvel, marcada pela entrega de chaves, em 21 de janeiro de 2.013 (fl. 70).* ***Dando causa à litigiosidade (inadimplência de alugueres e encargos), os devedores, embargantes, respondem pelas despesas processuais, nessa rubrica honorária de patrono do credor, embargado, arbitrada em vinte por cento do crédito, exequendo (resíduo exigível), devidamente atualizado****" (fls. 269-270 e-STJ – grifou-se).*

Os embargos de declaração foram rejeitados (fls. 293-296 e-STJ).

Feitos esses esclarecimentos, passa-se à análise do presente recurso.

2. Do termo final do pagamento dos aluguéis

Os recorrentes alegam que o contrato de locação comercial foi rescindido por força do incêndio no imóvel, momento em que cessou a obrigação de pagar os aluguéis e demais encargos (IPTU, tarifas de águas e de esgoto).

Conforme a sentença de piso, o incêndio aconteceu em 4/8/2012, inviabilizando o uso do bem para os fins locatícios, sendo que a efetiva entrega das chaves ocorreu em janeiro de 2013. Eis, por pertinente, o excerto que trata do ponto:

> *"(...)*
>
> *No mérito, verifica-se que, efetivamente, aconteceu o incêndio do imóvel no dia 4 de Agosto de 2012, o qual devastou o imóvel, tornando-o impróprio para os fins locatícios em vista das fotografias que instruem a inicial.*
>
> *Logo, contrariamente ao pretendido pelo credor embargado, não poderia ele exigir (como fez em suas contas de fls. 76/77) aluguéis e acessórios de locação até Janeiro de 2013.*
>
> *É certo que, como informa o documento de fls. 70, a inquilina entregou o imóvel apenas em Janeiro de 2013» (fl. 174 e-STJ).*

A Lei nº 8.245/1991 não estabelece norma específica para regular a questão em debate, permitindo ao julgador a aplicar o regramento previsto no Código Civil de 2002 às locações de imóveis urbano. É o que dispõe o art. 79 da Lei do Inquilinato: *"no que for omissa esta lei aplicam-se as normas do Código Civil e do Código de Processo Civil."*

De acordo com o art. 567 do CC/2002, *"**se, durante a locação, se deteriorar a coisa alugada, sem culpa do locatário, a este caberá pedir redução proporcional do aluguel, ou resolver o contrato, caso já não sirva a coisa para o fim a que se destinava**"* . (grifou-se)

Havendo deterioração do imóvel durante a vigência do contrato de locação, sem culpa do locatário, deverá o locador realizar os reparos necessários. Inexistindo o conserto, o inquilino poderá exigir a redução proporcional do preço ou, caso o imóvel se torne imprestável para a finalidade do contrato, a resolução do negócio. Todavia, se o locatário agir culposamente, danificando ou permitindo a danificação do imóvel, a responsabilidade será sua e não do locador.

Caso o prejuízo seja decorrente de caso fortuito ou força maior, o locador assumirá, em regra, os prejuízos, conforme o art. 393, caput, do CC/2002, haja vista a aplicação do brocardo *res perit domino* (a coisa perece para o dono).

No caso, as instâncias ordinárias não apreciaram quem foi o responsável pelo incêndio que destruiu o imóvel locado, pois reputaram ser desnecessário ao deslinde da matéria. Há nos autos apenas um laudo feito pela Secretaria da Segurança Pública de São Paulo (Superintendência da Polícia Técnico-Científica) indicando as possíveis causa do evento, mas que não foi submetido ao contraditório, não podendo, assim, ser examinado nesta instância recursal.

Além disso, ainda que fosse afastada eventual culpa do locatário, **a resolução do contrato de locação não se operaria automaticamente com o evento causador da deterioração total do imóvel**, exigindo-se o mútuo acordo entres os contratantes, a resilição unilateral por perda da coisa locada ou a propositura de ação judicial com a finalidade de desfazer o negócio.

O que importa, para fins de exoneração da cobrança dos aluguéis, é a comunicação inequívoca do locador quanto à impossibilidade de usufruir do imóvel e o desinteresse na continuidade do contrato. Essa conclusão se baseia, inclusive, no dever do locatário de levar ao conhecimento do locador o surgimento de eventuais danos, defeitos e até turbações da posse/propriedade por terceiros, nos termos do art. 23, IV, da Lei nº 8.245/1991.

Nesse sentido, eis a seguinte lição doutrinária:

> *"(...)*
>
> *Percebe-se, pela leitura do texto, que* ***a resolução do contrato não se opera de pleno direito****, ao arbítrio do locatário, o que representaria perigoso precedente, a apontar para um indesejável retorno ao sistema da autotutela dos direitos.*
>
> *Daí referir-se o artigo a 'pedir', o que sugere o recurso ao Judiciário, a quem se reserva a competência para solucionar os conflitos de interesses.*
>
> *É a sentença judicial que irá pôr fim ao contrato, após apreciar a prova adunada na fase de instrução». (SOUZA, Sylvio Capanema de. Comentários ao novo Código Civil – vol. III. Rio de Janeiro: Forense, 2004, p. 377 – grifou-se)*

Ademais, **a própria redação do art. 567 do CC/2002 também permite concluir que a resolução do contrato reclama a intervenção do locatário**, que ainda poderá optar por manter o contrato e exigir, se for o caso, a redução proporcional do aluguel. Por tal razão, o referido artigo utiliza do verbo *"pedir"*, cabendo ao inquilino escolher entre as duas opções legais, nada impedindo que, de comum acordo, encontrem outra solução para o impasse.

Nessa linha, Pontes de Miranda leciona que *"a regra jurídica permite a redução do aluguel, que é 'pedida', isto é, reclamada, em exercício de pretensão à redução do aluguel. Ou os interessados acordam na redução, ou o locatário pede-a ao juiz"*. (*Tratado de direito privado – tomo 40*. Campinas: Bookseller, 2005, p. 118)

Silvio Rodrigues igualmente ensina que *"a lei defere ao locatário, em caso de deterioração da coisa alugada, a seguinte prerrogativa: ou rescindir o contrato (se a deterioração for de tal vulto que frustre sua utilização) ou pedir redução proporcional do aluguel (CC, art. 567)"*. (*Direito Civil, vol. III: dos contratos e das declarações unilaterais de vontade)*. São Paulo: Saraiva, 2004)

Na hipótese, não se extrai do acórdão recorrido nenhum ato do locatário tendente a por fim ao contrato de locação comercial, devendo, por isso, ser considerado extinto o negócio apenas na data da entrega das chaves (janeiro de 2013).

A propósito:

> *"PROCESSO CIVIL. AGRAVO INTERNO NOS EMBARGOS DE DECLARAÇÃO NO RECURSO ESPECIAL. RECURSO MANEJADO SOB A ÉGIDE DO NCPC. LOCAÇÃO. AÇÃO CONSIGNATÓRIA. ART. 67 DA LEI Nº 8.247/91. EXTINÇÃO DA RELAÇÃO LOCATÍCIA. ENTREGA DAS CHAVES EM JUÍZO. DEVIDOS OS ALUGUÉIS REFERENTES AO PERÍODO QUE ANTECEDEU O DEPÓSITO.*

RECEBIMENTO DO IMÓVEL APÓS REFORMA. CONDIÇÃO POTESTATIVA. INADMISSIBILIDADE. EMBARGOS DE DECLARAÇÃO PROTELATÓRIOS. MULTA DO ART. 1.026, § 2º, DO NCPC. MANUTENÇÃO. RECURSO MANIFESTAMENTE INADMISSÍVEL. INCIDÊNCIA DA MULTA DO ART. 1.021, § 4º, DO NCPC. AGRAVO NÃO PROVIDO.

1. O presente agravo interno foi interposto contra decisão publicada na vigência do NCPC, razão pela qual devem ser exigidos os requisitos de admissibilidade recursal na forma nele prevista, nos termos do Enunciado Administrativo nº 3, aprovado pelo Plenário do STJ na sessão de 9/3/2016: Aos recursos interpostos com fundamento no CPC/2015 (relativos a decisões publicadas a partir de 18 de março de 2016) serão exigidos os requisitos de admissibilidade recursal na forma do novo CPC.

2. Esta Corte superior compreende que a ação consignatória prevista no artigo 67 da Lei nº 8.245/91 pode ser utilizada para a devolução do próprio imóvel, representada pela entrega das chaves. Precedentes.

3. O Superior Tribunal de Justiça, há muito e de modo reiterado, firmou a orientação de que a entrega das chaves em Juízo põe fim ao contrato de locação, sendo devidos aluguéis ao período anterior à aludida extinção.

4. É possível a entrega das chaves do imóvel objeto de locação em cartório judicial, na hipótese em que o locador se recusa a recebê-lo sem a realização de reforma pelo locatário, porque, além de ser um direito de este devolver o imóvel ao fim do prazo do contrato, a exigência do locador caracteriza condição potestativa, ressaltando-se que eventual prejuízo deve ser discutido em ação própria. (...)

8. Agravo interno não provido, com imposição de multa."

(AgInt nos EDcl no REsp 1.617.757/PR, Rel. Ministro MOURA RIBEIRO, TERCEIRA TURMA, julgado em 22/10/2018, DJe 25/10/2018 – grifou-se)

"AGRAVO INTERNO NO AGRAVO EM RECURSO ESPECIAL. LOCAÇÃO DE IMÓVEL. ENTREGA DE CHAVES. MATÉRIA QUE DEMANDA REEXAME DE FATOS E PROVAS. SÚMULA 7 DO STJ. ACÓRDÃO EM SINTONIA COM O ENTENDIMENTO FIRMADO NO STJ. SÚMULA 83/STJ. AGRAVO INTERNO NÃO PROVIDO. (...)

2. O acórdão recorrido está em conformidade com a jurisprudência desta Corte no sentido de que 'a entrega das chaves do imóvel em juízo põe fim à relação locatícia, sendo devido o aluguel referente ao período que antecedeu referida extinção. Precedente' (AgRg no Ag 1061971/RJ, Rel. Ministro Napoleão Nunes Maia Filho, Quinta Turma, julgado em 26/10/2010, DJe 29/11/2010). Incidência da Súmula 83 do STJ.

3. A Corte local, com base nos elementos fático-probatórios dos autos, concluiu pela procedência da reconvenção da parte recorrida, devendo a recorrente arcar com os alugueres e encargos até a desocupação e com a indenização pelos danos apurados. Assim, alterar o entendimento do acórdão recorrido demandaria reexame de fatos e provas, o que é vedado em razão do óbice da Súmula 7 do STJ. Ademais, o acolhimento da pretensão recursal quanto à alegada má-fé da parte recorrida e ausência de justa causa demandaria a alteração das premissas fático-probatórias estabelecidas pelo acórdão recorrido, com o revolvimento das provas carreadas aos autos, o que é vedado em sede de recurso especial, nos termos do enunciado da Súmula 7 do STJ, impedindo o conhecimento do recurso.

4. Agravo interno não provido."

(AgInt no AREsp 1.168.902/SP, Rel. Ministro LUIS FELIPE SALOMÃO, QUARTA TURMA, julgado em 19/4/2018, DJe 3/5/2018 – grifou-se)

3. Do dispositivo

Ante o exposto, nego provimento ao recurso especial.

Em observância ao art. 85, § 11, do CPC/2015, deixo de majorar os honorários advocatícios, haja vista que, na origem, já foram estipulados no patamar máximo (20% – vinte por cento – sobre valor do crédito exequendo).

É o voto."

5. A Conclusão

As noções de perecimento ou de perdimento que estavam lançadas no velho Código Civil foram decisivas para a solução da pendência.

Se foi possível se reconhecer o perdimento do bem imóvel pelo incêndio, extinta estava a propriedade pelo seu perecimento, e, diante da impossibilidade de usar, fruir e gozar desse mesmo bem, inviabilizada estava a sua exploração econômica das faculdades da propriedade.

Em assim sendo, diante do perecimento da propriedade, em consequência, pereceu o direito sobre ela.

Por isso mesmo, a Turma acabou entendendo que o perecimento do bem alugado, implicou a automática extinção do contrato de locação e, por conseguinte, impossibilitada ficou a cobrança dos aluguéis e consectários, mesmo sem a devolução das chaves após o sinistro.

Muito agradeço a possibilidade de poder participar de tão significativa homenagem a um homem que tem dedicado sua vida a dignificar o Direito.

Evolução da Jurisdição Constitucional nas Três Décadas da Constituição da República

Paulo Gustavo Gonet Branco

A busca de uma característica que singularize na História a jurisdição constitucional arquitetada pela Constituição de 1988 pode-se dar por satisfeita quando se descobre a vasta abrangência desse controle. Não se encontra no passado nada igual à amplitude de ação fiscalizatória do Judiciário sobre os poderes Legislativo e Executivo como a que se verifica atualmente. A Constituição de 1988 manteve os sistemas de controle de normas conhecidos em outras etapas do constitucionalismo brasileiro, mas também lhes enriqueceu a tipologia e lhes expandiu os efeitos.

A Constituição de 1988 manteve a convivência do sistema difuso de controle com o concentrado. Liga-se o primeiro ao exercido *in casu*, reservando-se ao segundo a fiscalização em tese. A Constituição em vigor promoveu, ainda, um marcante protagonismo do Supremo Tribunal Federal na tarefa de preservar a autoridade da Constituição da República. Essa diretriz está expressa no *caput* do art. 102, que entrega à Corte, como sua competência *precípua*, a guarda da Constituição.

O Texto originário e as Emendas que o complementaram instituíram múltiplos instrumentos para o exercício da tarefa do STF de guardião da Carta, visando a coibir, em favor da autoridade da Lei Maior, tanto atos do parlamento como do Executivo, posteriores ou anteriores à Constituição, permitindo que o controle alcance até mesmo conjuntos de decisões judiciais[1] ou a omissão dos Poderes Públicos na implementação da vontade do constituinte.

O propósito manifesto da ordem instituída em 1988, no tocante ao incremento da jurisdição constitucional é o de preservar, por via jurisdicional, os valores sociais, democráticos e liberais que inspiraram o trabalho da Assembleia de 1988. Confiou-se ao Supremo Tribunal, com vigor inédito na História brasileira, funcionar como a última barreira aos retrocessos na evolução jurídico-social que se quis implementar no momento culminante da redemocratização do país. Daí o refinado scholar português Carlos Blanco de Moraes não hesitar em comparar o poder do nosso Supremo Tribunal às instituições de controle similares do mundo, dizendo que "o STF é uma corte constitucional sem paralelo entre as demais".[2]

Essa força do Tribunal decorre também do amplo compasso de legitimados para provocá-lo ao controle abstrato. O constituinte tomou a crucial decisão de superar a sistemática vigente durante a Carta anterior, que restringia ao Procurador-Geral da

---

1 ADPF 101, RTJ 224/11.

2 Entrevista ao Conjure m 2.4.2017, https://www.conjur.com.br/2017-abr-02/entrevista-carlos-blanco-morais-professor-universidade-lisboa.

República a atribuição de dar início à fiscalização abstrata[3]. Não somente a legitimidade para agir tornou-se plural, como passou-se a acolher a possibilidade de atuação das minorias políticas e da sociedade civil organizada. Assim, partidos políticos quaisquer, desde que com representante no Congresso Nacional, e confederações sindicais, além de associações de classe de âmbito nacional, foram aquinhoados com a autorização para também propor as ações diretas.

Se a jurisdição constitucional tem o natural pendor para agir em linha contramajoritária, no sentido de atuar em favor dos princípios constitucionais quando desprezados pelas maiorias fortuitas, essa vocação ficou ainda mais acentuada com a abertura da iniciativa do processo objetivo também para as minorias.

Essa abertura da fiscalização abstrata reflete a evidência de que na gênese do incremento do controle abstrato entregue ao STF há um indiscutível propósito de resguardo das liberdades democráticas, mediante o controle dos Poderes da nação. Para esse objetivo, ademais, explicitou-se que as decisões no controle por meio de processo objetivo ostentam efeitos contra todos, acrescentando-se que são de observância necessária em todas as esferas da Federação e para todos seus Poderes, excepcionada a função legiferante do Poder Legislativo (cf. art. 102, § 2º, CF).

Um enorme salto

A nova modelagem das atribuições do STF equivale a um enorme salto em termos de influência e de participação da Corte no processo político. Não surpreende que o STF, que transitou do regime de 1967/1969 para o de 1988 com a mesma composição, fosse cauteloso no início do desempenho dos seus novos poderes. Na primeira década de vigência da Constituição, vingou uma leitura menos arrojada do instrumental criado.

Para se resguardar do que era receado como uma avalancha de processos de ação direta de inconstitucionalidade, o Tribunal construiu uma jurisprudência restritiva do universo dos seus legitimados ativos, atingindo especialmente aqueles que não compõem o conjunto das autoridades ou órgãos públicos federais. Definiu, também, que o controle das omissões legislativas não importava competência para suprir a falta de regulação imposta pela Constituição. Deu-se o que o Ministro Gilmar Mendes[4] chamou de período *da jurisprudência defensiva* da Corte, marcado por decisões orientadas a limitar os casos de conhecimento das novas demandas de processo objetivo.

---

3 É especialmente significativo recordar que, na Constituição anterior, o Procurador-Geral da República não precisava ser membro do Ministério Público Federal, era escolhido pelo Presidente da República, podendo ser por ele livremente exonerado, sem contar sequer com a garantia mínima de um mandato. Essas características apontavam para a alta improbabilidade de se levar ao STF uma pauta discordante dos interesses do Governo central, não obstante as elevadas qualidades técnicas e pessoais dos chefes do Ministério Público Federal à época.

4 Voto vogal do Ministro Gilmar Mendes na ADI 3.153 AgR, DJ 8.9.2005.

Paulatinamente, e sobretudo a partir do atual milênio, as virtualidades das competências do Tribunal foram sendo mais amplamente experimentadas.

Procedeu-se a um recuo nos entendimentos restritivos. Não mais se recusaram ações diretas de inconstitucionalidade, por exemplo, em que questões técnicas ou de fato houvessem de ser deslindadas para a elaboração do juízo de mérito. Ao contrário, a Lei nº 9.868, de dezembro de 1999, conferiu, para essas hipóteses, a possibilidade de o Supremo Tribunal convocar audiências públicas, oitiva de peritos e consultas outras à sociedade civil.

O debate no controle abstrato abriu-se também para personagens outros, além dos que oficialmente são admitidos no processo. Embora ainda firme que o processo objetivo é incompatível com a intervenção de terceiros, abriu-se ensejo para que setores interessados nas consequências do julgamento da validade de leis conseguissem apresentar ao Tribunal a sua mundividência e os argumentos jurídicos de interesse. Isso foi alcançado com o acolhimento da figura do *amicus curiae*, igualmente contemplada na Lei nº 9.868/99. Entidades representativas de interesses potencialmente afetados passaram a participar das discussões levadas ao STF, sendo-lhes franqueada a tribuna da Corte para sustentações orais. O entusiasmo pela nova medida de abertura do STF para a sociedade civil chega ao ponto de, hoje, inquietar os que preconizam a celeridade dos julgamentos.

O notório aumento da carga de trabalho vivido há muito pelo STF, sobretudo quanto à sua competência para apreciar recursos próprios da instância extraordinária, constituiu outro fator para que o Tribunal se fortalecesse, mediante o reconhecimento de efeitos ultra-partes também para deliberações tomadas em processos de índole subjetiva (recursos extraordinários, agravos, *habeas corpus*, mandados de segurança, etc).

Por força de deliberações do Poder Legislativo e por meio de emendas à Constituição e de leis ordinárias, implementou-se um conjunto de medidas que aproximaram, sobretudo no que tange aos efeitos, a jurisdição *in casu* exercida pela Corte à sua jurisdição abstrata, rendendo o fenômeno conhecido também no direito comparado da *abstrativização* do controle incidental.

Neste milênio, conferiu-se eficácia vinculante para o resto do Judiciário das teses formuladas pelo STF nos recursos extraordinários, que passaram a contar com mais um requisito de admissibilidade, a demonstração da repercussão geral da controvérsia levada a deslinde da Corte. Criou-se, ainda, o instrumento das Súmulas Vinculantes, concebido para que, diante de precedentes reiterados em torno de ponto de interesse atual, a inteligência estabelecida na Suprema Corte se tornasse de observância indeclinável pelos demais órgãos do Judiciário e pela Administração Pública em todas as esferas da Federação.

A legislação processual mais recente manteve a norma que havia sido inserida no antigo Código de Processo Civil de que a decisão de inconstitucionalidade de lei firmada no Plenário do STF se impõe aos demais tribunais, mesmo que proferida em controle incidental (num mandado de segurança ou num *habeas corpus*, por exemplo).

Essas medidas operam uma concentração no STF das questões de índole constitucional, reduzindo o impacto dos aspectos negativos que se costuma atribuir à atuação difusa da jurisdição constitucional e conferindo colorido mais vivo para a competência do STF de guarda da Carta Política.

Atuação contra as omissões inconstitucionais

As virtualidades da repressão às omissões constitucionais também foram mais profundamente exploradas nos últimos anos.

Transpondo a fase de reação mais tímida ao desprezo por outros Poderes às reiteradas decisões críticas a omissões legislativas, o STF passou a conferir efeitos práticos ao juízo de censura pelo descumprimento do dever de legislar.

No MI 712[5], entendeu que não poderia aliar-se à inércia imprópria na regulação do direito de greve de servidores públicos, vindo a disciplinar, ainda que de modo provisório, o exercício desse direito, valendo-se analogicamente da legislação trabalhista. Proclamou, iniciando uma nova era neste setor, que, "diante de mora legislativa, cumpre ao Supremo Tribunal Federal decidir no sentido de suprir omissão dessa ordem".

Admitiu, então, em avanço com relação à jurisprudência que formara no passado próximo, que "o Poder Judiciário está vinculado pelo dever-poder de, no mandado de injunção, formular supletivamente a norma regulamentadora de que carece o ordenamento jurídico" e que, "no mandado de injunção, o Poder Judiciário não define norma de decisão, mas enuncia o texto normativo que faltava para, no caso, tornar viável o exercício do direito de greve dos servidores públicos".

Antecipando-se à legislação que o sancionaria, o Tribunal admitiu também efeitos além partes para deliberações dessa sorte.

No enfrentamento de omissões tanto legislativas como administrativas, em várias situações concretas, a Corte abonou decisões de outras instâncias que, diante de omissões materiais dos Poderes Públicos, determinaram a construção de creches, a aquisição de medicamentos, a realização de concursos públicos para Defensorias Públicas e para o Ministério Público (junto a Tribunal de Contas do Estado do Ceará). Substancialmente, o STF justifica as suas ordens, invocando a sua condição de defensor da Constituição, inconciliável com uma postura que, pela sua passividade, coonestе a ofensa à Carta, no que tange ao dever de legislar do parlamento.

Elementos hermenêuticos de intensificação do controle

Simultaneamente ao movimento de expansão no exercício das competências fiscalizatórias, observa-se uma crescente desinibição no uso, como paradigmas do controle, de normas constitucionais de amplo alcance de significados e de valores plurívocos referidos no Texto.

5 Pleno, rel. o Ministro Eros Grau, DJe 31.10.2008.

A partir do final dos anos 1990, deu-se uma intensa expansão no recurso ao princípio da proporcionalidade para se recusar valia a leis e atos do poder público que não se mostrassem razoáveis nos seus efeitos, diante dos ônus que ensejavam. Leis inconvenientes e mal ajustadas aos seus propósitos passaram a ser desafiadas em ações diretas. Não obstante se note um leve declínio na busca de socorro nesse parâmetro para o controle de constitucionalidade, ele continua eficaz, abrangendo múltiplas situações, servindo desde fundamento para a redução de multa em agravo manifestamente improcedente (ARE 895.868 AgR-Ed-Ed, DJe 1º.8.2018) até para o enfrentamento de temas mais complexos, como a análise da legitimidade do estabelecimento de cotas de conteúdo de produção nacional em TV por assinatura (ADI 4.923, Dje 4.6.2018).

O postulado da dignidade da pessoa humana tem-se prestado, igualmente, como padrão constitucional de confronto de normas e atos – e isso com assiduidade e ímpeto inversamente proporcional ao esforço por discernir o significado jurídico desse valor reverenciado pelo constituinte. A plasticidade do conceito permite que seja empregado em variadas, e por vezes opostas, posições. Tal é a quantidade de circunstâncias em que se apela à dignidade da pessoa humana para criticar – e também para defender – medidas legislativas, administrativas e mesmo judiciárias, que o Ministro Dias Toffoli se permitiu este desabafo, no curso de voto de relator do RE 363.889 (DJe 16.12.2011):

> "(...) Considero haver certo abuso retórico em sua invocação [da dignidade humana] nas decisões pretorianas, (...) transformando a conspícua dignidade humana, esse conceito tão tributário das Encíclicas papais e do Concílio Vaticano II, em verdadeira panaceia de todos os males. Dito de outro modo, se para tudo se há de fazer emprego desse princípio, em última análise, ele para nada servirá".

O voto transcreve e abona a crítica mordaz de João Batista Villela à busca fácil, em tudo e sem rigor metodológico, do apoio decisivo do princípio da dignidade humana, assim avaliado quanto ao seu uso no momento atual:

> "Empobreceu-se. Esvaziou-se. Tornou-se um tropo oratório que tende à flacidez absoluta. Alguém acha que deve ter melhores salários? Pois que se elevem: uma simples questão de dignidade da pessoa humana. Faltam às estradas condições ideais de tráfego? É a própria dignidade da pessoa humana que exige sua melhoria. O semáforo desregulou-se em consequência de chuvas inesperadas? Ora, substituam-no imediatamente. A dignidade da pessoa humana não pode esperar."

Como quer que seja, o princípio tem sido invocado incessantemente em decisões da jurisdição constitucional, nos mais diferentes casos. Ambos os lados que se defrontaram na disputa sobre a validade da lei que permite a pesquisa em células tronco, por exemplo, acenavam para a dignidade da pessoa humana como razão definitiva para a acolhida das suas postulações (ADI 3510, RTJ 214/43). O mesmo ocorreu quando se disputou a legitimidade do aborto de feto anencéfalo (ADPF 54, RTJ 226/11).

O recurso a princípios vagos, de conteúdo não cristalizado no ambiente jurídico ou mesmo na sociedade em geral, torna-se fator de ampliação da margem de apreciação pela Suprema Corte de decisões tomadas pelos órgãos com legitimação democrática-representativa, abrindo flanco para descontentamentos, por vezes ruidosos, expressos sobretudo em invectivas contra o Tribunal, interpelado com a imputação de ativismo judicial.

Abandono da função de mero "legislador negativo"

Nessa segunda metade da sua existência, a jurisdição constitucional brasileira testemunhou a prática de técnicas de decisão que empurraram a proposição de que, no controle jurisdicional, o tribunal atua como legislador negativo aos aluviões dos axiomas erodidos e anacrônicos.

Percebe-se tendência do recurso a técnicas de decisão denominadas apropriadamente de manipulativas, especialmente a da sentença aditiva, para solucionar questões de constitucionalidade. Nas sentenças aditivas, o Tribunal, à guisa de salvar a legitimidade constitucional da regra estudada, agrega a ela elementos normativos não previstos pelo legislador ou então declara a inconstitucionalidade e promove a extensão do campo de incidência de outro preceito legal.

Recentemente, para o ilustrar, o STF estabeleceu, com efeitos próprios do regime de repercussão geral, que, "no sistema constitucional vigente, é inconstitucional a distinção de regimes sucessórios entre cônjuges e companheiros, devendo ser aplicado, em ambos os casos, o regime estabelecido no art. 1.829 do CC/2002"[6]. Vale dizer, escolheu um dos regimes (o do casamento) estabelecidos pelo legislador para a sucessão do companheiro e do cônjuge, para reger ambas as situações, dada a inconstitucionalidade que enxergou na diferenciação estabelecida no Código.

Conclusão

A jurisdição constitucional atravessou as primeiras três décadas da Constituição crescendo exponencialmente em importância e em influência sobre o cenário político nacional. O fenômeno é bem conhecido não somente nos EUA, desde o século XIX, como o é nos países europeus que se democratizaram logo após a 2ª Guerra Mundial, como a Itália e na Alemanha, ou durante a década de 1970, na península ibérica e na Grécia, bem como, durante os anos 1990, no Leste do continente. Em todas essas latitudes, os méritos e as instigações do controle de constitucionalidade são conhecidos e apregoados, mas também se receiam os custos e embaraços que a sua intrépida evolução lança para a convivência entre Poderes. O desafio que se coloca à generalidade dos povos democráticos é o mesmo que se propõe aos cidadãos e aos especialistas no Brasil – trata-se de estabelecer a difícil sintonia fina entre constitucionalismo e democracia representativa, ambos fatores definidores e essenciais da democracia constitucional.

6 RE 646.721-RG, DJe 11.9.2017.

A Aplicação do Entendimento Sumulado e o Dever de Motivação no Direito Brasileiro[1]

Paulo Henrique Dos Santos Lucon

1. Introdução

Dentre as inúmeras contribuições do Professor Roberto Rosas para com a doutrina processual civil, faz-se necessário relembrar o seu trabalho a respeito do direito sumular. De fato, referido estudo destaca a importância que possui a súmula para a manutenção da segurança jurídica, uma vez que essa *"oferece norte e segurança, ao contrário da vacilação de julgados, ora numa corrente, ora noutra direção"*,[2] razão pela qual se faz necessário o seu estudo em profundidade. Nesse sentido, visando honrar os estudos realizados pelo Professor Roberto Rosas, o presente artigo se volta ao exame da aplicação das súmulas pelas instâncias inferiores, especificamente sob o enfoque da necessidade da motivação de decisões judiciais.

No ordenamento jurídico brasileiro, a motivação constitui requisito de validade das decisões jurídicas por expressa determinação constitucional (art. 93, inc. IX). Este ensaio busca, portanto, analisar o dever de motivação imposto aos juízes não só pela Constituição Federal, mas também pelo Código de Processo Civil de 2015, que procura dar concretude a referido dispositivo constitucional. Procura-se demonstrar, então, o seguinte teorema: não pode ser considerada motivada a decisão que de alguma forma impossibilite o exercício do contraditório.

A justificativa para esse argumento será exposta, pois, da seguinte maneira: os itens 2 e 3, *infra,* serão dedicados respectivamente à análise dos atuais desafios impostos aos magistrados na atividade de justificar suas decisões e à tentativa de dar concretude ao princípio do contraditório à luz da teoria dos princípios, em especial a partir do exame das funções desempenhadas por essas normas jurídicas. O item 4, *infra*, por sua vez, procura relacionar esses institutos com o propósito de identificar as decisões que devem ser consideradas imotivadas à luz do direito brasileiro, notoriamente aquelas que se limitem à reprodução de enunciado de súmula. O item 5, *infra*, em uma tentativa de encerramento, reúne as principais conclusões alcançadas durante o desenvolvimento do texto.

---

1 Texto elaborado para obra em homenagem ao Professor Roberto Rosas. Algumas das ideias desenvolvidas nesse artigo constaram de publicação anterior, no qual foram expostas, contudo, de maneira resumida. Ver: Paulo Henrique dos Santos Lucon, "Motivação das decisões jurídicas e o contraditório: identificação das decisões imotivadas de acordo com o NCPC". Revista do Advogado, v. 126, pp. 169-174, 2015.

2 Rosas, Roberto. *Direito Sumular: Comentários às Súmulas do Supremo Tribunal Federal e do Superior Tribunal de Justiça*. 14ª ed., rev., atual. São Paulo: Editora Malheiros, 2012, p. 11.

2. Limitações impostas pelo dever de motivação

A necessidade de justificar determinada escolha impõe restrições ao subjetivismo de qualquer tomador racional de decisões. Ciente de que deve explicitar o seu convencimento o tomador de decisões que se pretende racional é constrito a não decidir com base em fundamentos que não podem por ele ser expostos, sob pena de seu ato se caracterizar como arbitrário. Se essa lógica se aplica em qualquer âmbito decisional, com maior razão isso ocorre nos casos em que se estabelece uma relação que revela determinada forma de manifestação do poder estatal.[3] Os agentes públicos em um Estado Democrático de Direito devem não só atuar segundo os ditames de sua Constituição como devem também tornar público o porquê de agirem dessa maneira. Essa tarefa, contudo, torna-se cada vez mais complexa, atualmente, diante da hiperinflação legislativa e, em especial, da utilização pelo legislador de termos jurídicos vagos para regulamentação das condutas sociais. A investigação a respeito das causas desses fenômenos, no entanto, extrapola os limites deste ensaio. Aqui interessa tão somente neste breve ensaio a análise de seu impacto na atividade judicial de justificativa das decisões.

Instado a aplicar dispositivos versados em termos vagos, o magistrado não mais passa a dispor da subsunção como técnica por excelência de seu raciocínio. A mera aplicação da lei ao caso concreto, a exigir do julgador a explicitação do nexo de pertinência entre as *fattispecie* abstrata e concreta, é então substituída por uma atividade complexa de justificação em que o magistrado deve, dentre outras atividades, (I) demonstrar o significado por ele atribuído a cada um desses termos vagos, (II) realizar juízo de ponderação, quando diante de conflito entre normas com caráter de princípio, e (III) indicar o estado ideal de coisas a ser promovido com a sua decisão. Caso assim não proceda, o magistrado tende a justificar suas decisões com base em expressões vazias que bem poderiam ser empregadas em uma miríade de casos diversos.[4]

---

3 Ver: "Nella societa piu progredita l'imperium non ama scendere ai cittadini con la veste rude d'una volontà che se impone violentamente, ma in ogni campo dell'attivita dello Stato cerca l'aiuto d'un ragionamento che gli dia un imponderabile forza di natura ben diversa, una forza che parla all'anima e la convince e le fa riconoscere giusto il provvedimento dell'autorita" (Francesco Menestrina, *La pregiudiziale nel processo civile*, Milano: Giuffre, 1963, p. 31). Nesse mesmo sentido: "La motivazione è prima di tutto la giustificazione, che vuol essere suasiva, della bontà della sentenza. Da quando la giustizia è scesa dal cielo in terra e si è cominciato ad ammettere che il responso del giudice è parola umano e non oracolo sovrannaturale e infallibile che si adora e non si discute, l'uomo ha sentito il bisogno, per accertar la giustizia degli uomini, di ragioni umane; e la motivazione è appunto quella parte ragionata della sentenza che serve a dimostrare che la sentenza è giusta e perchè è giusta: e a persuadere la parte soccombente che la sua condanna è stata il necessario punto di arrivo di un meditato ragionamento e non frutto improvvisato di arbitrio e di sopraffazione" (Piero Calamandrei, *Processo e democrazia*, Padova: CEDAM, 1954, p. 96).

4 Ver: "A observação de Franz Neumann no *Behemoth* [1942: 360-361] é primorosa: as frases 'são nulos os contratos contrários à ordem pública, ou que sejam contrários à razão ou à moral' e 'será punido quem pratique um ato que a lei declara punível ou que, de acordo com os princípios de uma lei penal e de acordo com um saudável sentimento popular, merece punição' não são regras jurídicas. Não são racionais e representam uma universalidade falsa, apesar do caráter geral de sua

Diante desse contexto normativo, o maior desafio dos juízes, em especial daqueles que compõem os Tribunais Superiores, é o de utilizar em suas decisões fundamentos universalizáveis, não particularistas, que possam ser replicados em decisões futuras, promovendo-se, com isso, a dispensa de tratamento isonômico aos jurisdicionados e, do mesmo modo, a segurança jurídica.[5] Esse reconhecimento dos Tribunais Superiores como Cortes de Precedentes, responsáveis também pela criação de direito na medida em que dão concretude aos dispositivos legais, implica o dever correspondente imposto aos magistrados das instâncias inferiores de justificar de maneira adequada a aplicação da *ratio decidendi* de um julgado anterior aos casos em análise. A aplicação desarrazoada de um precedente judicial produz decisões tão injustas como aquelas que aplicam a lei para fatos nela não previstos.[6]

Independentemente desses novos desafios impostos aos magistrados, algumas noções a respeito da atividade de justificação das decisões judiciais possuem caráter atemporal, como, por exemplo, a necessidade de a motivação ser (I) expressa, sendo vedada motivação implícita, por conta da violação que isso representaria ao imperativo da publicidade dos atos estatais; (II) clara, ou seja, desprovida de ambiguidades e contradições; e (III) logicamente sustentável. Na motivação deverão constar, portanto, os fundamentos pelos quais o julgador decidirá desta ou daquela forma os pedidos deduzidos pelo autor na petição inicial. Isso significa que a motivação tenderá a espelhar o convencimento do julgador sobre o caso concreto, devendo ela, portanto, abranger (I) a interpretação das normas legais e jurisprudenciais aplicadas; (II) o reconhecimento dos fatos; (III) a qualificação jurídica da *fattispecie* e (IV) a declaração das consequências jurídicas derivantes da decisão.[7] Atendidos esses requisitos mínimos pode-se afirmar que a motivação cumpre as funções que dela são esperadas.

A motivação, por um lado, tem grande importância sob o aspecto político de legitimação do poder estatal, pois é exigência fundamental do Estado Democrático de

expressão. É frequente que a sociedade contemporânea não possa chegar a algum acordo quanto à determinada ação ser contrária à moral ou não razoável, se uma punição corresponde ou não ao saudável sentimento popular. Em outras palavras, esses conceitos carecem de conteúdo inequívoco. E conclui: 'um sistema legal que construa os elementos básicos de suas normas a partir dos chamados princípios gerais ou padrões jurídicos de conduta não é senão um escudo que oculta medidas individuais" (Eros Roberto Grau, *Por que tenho medo dos juízes (a interpretação/aplicação do direito e os princípios*, 6ª ed. refundida do ensaio e discurso sobre a interpretação/aplicação do direito, São Paulo: Malheiros, 2013, nº 11, pp. 22-23).

5 Ver: Neil MacCormick, *Rhetoric and the rule of law*, New York: Oxford, 2005, pp. 78-100.

6 Ver: Michele Taruffo, Idee per una teoria della decisione giusta, in *Rivista Trimestrale di Diritto e Procedura Civile*. Milano. v. 51. nº 2. p. 315-28, 1997.

7 Ver: Michele Taruffo, *La motivazione della sentenza civile*, Padova: Cedam, 1975, nº 5, e, esp. p. 450.

Direito e uma garantia contra o arbítrio:[8] se os casos submetidos aos órgãos jurisdicionais devem ser julgados com base em fatos provados e com a correta e imparcial aplicação do direito vigente, só podem assim ser por meio da exposição clara do caminho lógico que se percorreu para chegar à decisão.[9] A função precípua da motivação, portanto, consiste em tornar possível o controle externo, exercido pela opinião pública e pela sociedade em geral, sobre a correção da decisão judicial. Essa é a chamada função extraprocessual da motivação.[10] Sob o ponto de vista endoprocessual, a motivação é reconhecida como um instituto que assegura um melhor funcionamento do mecanismo processual. Isso porque, ao persuadir as partes da justiça da decisão, a motivação reforça a autoridade da decisão tomada, e, com isso, desestimula a parte sucumbente a impugná-la.[11] Se isso não ocorrer e a parte decidir impugnar a decisão que lhe é prejudicial, é a motivação que permitirá a individuação de modo preciso dos vícios da decisão que constituirão os fundamentos da impugnação e por isso, conforme se verá nos próximos itens, não deverá ser considerada motivada a decisão que subtraia da parte que sucumbiu as informações necessárias ao exercício do contraditório.[12]

A motivação suficiente, assim, é garantia de um contraditório efetivo, capaz de, por um lado, tutelar a parte beneficiada de maneira adequada, e por outro, possibilitar uma reação da parte contrária com fundamentos mais sólidos, se eles existirem. Apenas pontos colaterais ao litígio, isto é, não essenciais ou de importância menor,

---

8 Ver: é possível afirmar que essa função extraprocessual da motivação só se manifesta em um Estado de Direito. Tanto é assim que a obrigatoriedade da motivação somente passou a ser prevista na legislação dos países europeus a partir da segunda metade do século XVIII no arvorecer do iluminismo (José Rogério Cruz e Tucci, *A motivação da sentença no processo civil*, São Paulo: Saraiva, 1987, nº 1, pp. 1 e ss.).

9 Ver: Enrico Tulio Liebman, *Do arbítrio à razão. Reflexões sobre a motivação da sentença*, Teresa Alvim (trad.). Revista de Processo, v. 29. São Paulo: Revista dos Tribunais, 1983, p. 80.

10 Ver: Michele Taruffo, *La motivazione della sentenza civile*, Padova: Cedam, 1975, p. 334.

11 Ver: Michele Taruffo, *La motivazione della sentenza civile*, Padova: Cedam, 1975, pp. 374-375. A respeito dos escopos da motivação - subjetivo, técnico e público -, José Rogério Cruz e Tucci, *A motivação da sentença no processo civil*, São Paulo: Saraiva, 1987, nº 5, pp. 21-24.

12 Ver: Michele Taruffo, *La motivazione della sentenza civile*, Padova: Cedam, 1975, pp. 375-379; Francesco Paolo Luiso, Diritto processuale civile, vol. I, 6ª ed., Milano: Giuffrè, 2011, p. 43 e ss. José Rogério Cruz e Tucci assim resume todas as funções desempenhadas pela motivação das decisões judiciais: "a motivação deve ser expressa, clara, coerente e lógica, para demonstrar que o julgamento é legítimo, válido e justo. No plano subjetivo, o órgão dotado de jurisdição, evidenciará a *ratio scripta* que se construíra em sua mente. Persuadirá, outrossim, a parte sucumbente, mostrando-lhe que o decisum é resultado de verdadeira atuação do ordenamento jurídico. Os motivos da sentença, já quanto à vertente de natureza técnica, propiciam a análise crítica dos horizontes do julgado, ensejando, desse modo, a correta interposição de eventual recurso, bem como melhor exame, pelo órgão ad quem, da justiça e legalidade das decisões a ele submetida. Do ponto de vista constitucional, e, portanto, extraprocessual, vimos que a obrigatoriedade da motivação da sentença, sob controle generalizado e difuso, pressupõe a efetividade das normas que garantem o direito de defesa e a imparcialidade e independência do juiz" (*A motivação da sentença no processo civil*, São Paulo: Saraiva, 1987, p. 147).

irrelevantes ou de escassa relevância para o julgamento da causa, é que podem deixar de ser analisados pelo magistrado em seu exercício de justificação. O que não se tolera, contudo, são as omissões no essencial, naquilo que poderia inverter o resultado do julgamento. Isso viola os princípios, fórmulas e regras de direito positivo atinentes à motivação da sentença, chocando-se de frente com a garantia político-democrática do devido processo legal.[13]

Se a garantia de participação na construção da decisão judicial assegura aos litigantes a possibilidade de influenciar a formação do convencimento judicial, por certo, o primeiro aspecto que será objeto de fiscalização pelas partes será a imparcialidade do julgador. Ao representar o Estado perante as partes que a ele acorrem na busca pela solução de seus litígios, o juiz deve ser imparcial, ou seja, não deve tomar qualquer partido na disputa em litígio, para que assim possam ser atingidos os objetivos perseguidos pela jurisdição.

Das limitações indicadas neste item que são impostas aos juízes por conta do dever de motivação, pode-se identificar, portanto, o sentido que deve ser atribuído à expressão "livre convencimento" no atual contexto jurídico nacional. O juiz é livre para formar sua convicção a respeito das questões fáticas e jurídicas da causa, mas todas as suas decisões sobre essas questões devem observar as limitações lógicas, racionais e institucionais que se fazem presente no direito brasileiro.

3. Contraditório na teoria dos princípios

A concepção de processo como procedimento em contraditório[14] ressalta o caráter estrutural desta norma para o instrumento de resolução de controvérsias. Ausente contraditório inexiste processo.[15] Se há contraditório, mas este não é respeitado como

---

13 Ver: "non sarà necessário che la motivazione si soffermi su tutti i punti discussi dalle parti, ma dovrà dare sufficiente e convincente ragione della conclusione a cui Il giudice è per venuto nella decisione della causa" (ENRICO TULLIO LIEBMAN, *Manuale di diritto processuale civile*, II, 4ª ed., Milão, Giuffrè, 1981, nº 270, p. 221).

14 Ver: ELIO FAZZALARI, *Istituzioni di diritto processuale civile*, 8ª ed., Padova, Cedam, 1996. p. 29.

15 Ver: o contraditório, portanto, pode ser considerado exemplo de norma a induzir comportamentos mesmo não havendo um dispositivo específicos que lhe seja diretamente correspondente. Nesse sentido: "Em alguns casos há normas mas não há dispositivo. Quais são os dispositivos que prevêem os princípios da segurança jurídica e da certeza do Direito? Nenhum. Então há normas, mesmo sem dispositivos específicos que lhes deem suporte físico" (HUMBERTO ÁVILA, *Teoria dos princípios*, 10ª ed., São Paulo: Malheiros, 2009, cap. 2, nº 2.1, pp. 30-31). Ver, nesse mesmo sentido: "La causa giustificatrice del principio del contraddittorio si rinviene nel normale carattere bilaterale della domanda che ha per destinatari il giudice e colui nei cui confronti chi propone la domanda pretende che il provvedimento richiesto produca i suoi effetti. La legge dialettica cui è ispirato il processo imprime carattere recettizio alla domanda, nel senso che il provvedimento non può essere emanato se la domanda non è stata portata a conoscenza sia del giudice sia della controparte" (ANDREA PROTO PISANI, *Lezioni di diritto processuale civile*, 5ª ed., Napoli: Jovene, 2012, cap. V, n.3. p. 200 e ss).

deveria, está-se, então, diante de um processo que não pode ser definido como justo.[16] De acordo com a atual configuração do Estado Constitucional, é impossível conceber que uma decisão judicial, mesmo que verse a respeito de questões cognoscíveis de ofício, seja tomada sem prévia manifestação das partes a respeito. Essa é uma diretriz a ser observada em todo e qualquer processo, em todos graus de jurisdição. Constitui norma fundamental do processo, de acordo com o Código de Processo Civil, o dever imposto ao juiz de evitar a prolação das chamadas decisões-surpresa. Tais são as decisões que se valem de algum fundamento a respeito do qual não foi conferida às partes a oportunidade de se manifestar a respeito. Decisões-surpresa violam o contraditório, porque fazem menoscabo da participação das partes no processo – admitir a aplicação de um fundamento não debatido revela que a participação das partes não é relevante para a formação do convencimento do magistrado – e criam um estado de incerteza jurídica, já que, em um sistema em que tais decisões se proliferam, não se pode antever o resultado de qualquer decisão.

Afinal, se o juiz pode se valer de qualquer fundamento, sem que as partes o conheçam, como poderão elas minimamente antever o resultado da decisão e assim orientarem suas condutas? Evidente que resta assim violado também o princípio da segurança jurídica, encarado aqui sob a ótica da previsibilidade. A essência do contraditório, segundo sua concepção mais consentânea com as atuais características do Estado Democrático de Direito, está justamente na possibilidade de influenciar a formação do convencimento daquele magistrado que está efetivamente em vias de decidir e não meramente debater um fundamento em uma determinada fase do processo.

O contraditório não é a ciência apenas bilateral (pelos sujeitos parciais do processo) dos atos e termos do processo, mas é a ciência de tais atos por todos os sujeitos da relação jurídica processual.[17] O principal destinatário do contraditório é o julgador, que deve observá-lo a todo o momento ao longo do arco procedimental. O contraditório, portanto, está precisamente no direito de participação no processo com a utilização de todos os meios legítimos e disponíveis destinados a convencer o julgador a outorgar uma decisão favorável a quem tem direito. A defesa em juízo é garantia do contraditório e a igualdade de armas assume o valor de condição de legitimidade

16 Ver: a doutrina italiana se ocupa deste tema em especial por conta do art. 111 de sua Constituição: "Se, allora, l'accento cade – più che sulle caratteristiche di completezza o sui profile di analiticità della rispettiva regolamentazione per legge – sulla variabile (cioè, maggiore o minore) 'effettività' dell'attuazione di quelle garanzie minime, ne deriva un'importante conseguenza. Qualsiasi 'processo' (o modelo e tipo di 'processo') è (o puo essere) 'giusto', solo se ed in quanto la 'legge' vi abbia previsto o comunque 'regolato' un'adeguata attuazione di tutte quelle condizioni minime coessenziali, che (in base all'art. 111, secondo comma) si intendono all'uopo, in termini assoluti e inderogabili, necessarie e sufficienti" (Luigi Paolo Comoglio, *Etica e tecnica del "giusto processo"*, Torino: Giappichelli, 2004, p. 60).

17 A visão do contraditório como ciência bilateral dos atos e termos do processo pode ser vista na clássica obra de Joaquim Canuto Mendes de Almeida, A contrariedade na instrução criminal, São Paulo, Saraiva, 1937, esp. p. 110.

constitucional da norma processual. Deve-se sempre ter em mente que o postulado do *due process of law*, do qual os princípios do contraditório e da ampla defesa são corolários, há de ser sempre observado. Não se pode conceber um processo unilateral, em que somente uma parte age no sentido de obter vantagem em relação ao adversário, sem que este apresente suas razões ou, pelo menos, sem que se lhe dê efetiva oportunidade de se manifestar. Fundamentalmente, o processo é caracterizado pelo contraditório estabelecido no procedimento, sendo a participação assegurada aos interessados por meio do exercício das faculdades e poderes que integram a relação jurídica processual.

Enquanto princípio jurídico,[18] o contraditório produz efeitos sobre outras normas jurídicas de forma direta e indireta. Por conta da eficácia direta os princípios exercem uma função integrativa, pois agregam elementos não previstos em subprincípios ou regras. Assim, ainda que não haja regra expressa determinando a oitiva das partes a respeito de ato judicial com "potencial" de influir na esfera jurídica de uma delas, deverá ser oportunizada a sua manifestação por conta justamente dessa função integrativa do contraditório.[19] É o que ocorre, por exemplo, nos casos em que os juízes têm de modificar sua própria decisão por conta de algum vício interno a ela (omissão, obscuridade ou contradição). Tal modificação não pode se dar sem a prévia manifestação das partes a respeito. Diz-se "potencial", pois, em hipóteses excepcionais, quando tal característica não se fizer presente, há de ser considerada legítima a dispensa de manifestação da parte.

É o que ocorre, por exemplo, no direito brasileiro com a possibilidade de resolução imediata do processo com o decreto de improcedência no caso de processos repetitivos. O art. 332 do Código de Processo Civil de 2015 estabelece que nas causas que dispensem a fase instrutória, o juiz julgará liminarmente improcedente o pedido que contrariar enunciado de súmula do STF ou do STJ, acórdão proferido pelo STF ou pelo STJ em julgamento de recursos repetitivos, entendimento firmado em incidente de resolução de demandas repetitivas ou de assunção de competência ou enunciado de súmula de tribunal de justiça sobre direito local.

Ao contrário do que possa parecer a partir de uma primeira análise, referido dispositivo não viola o contraditório, mas disciplina hipótese de verdadeiro julgamento antecipadíssimo do mérito, já que antes mesmo da citação o julgador profere sentença *inaudita altera pars*. Além dessa eficácia direta, o contraditório, como princípio jurídico, também exerce uma eficácia indireta sobre outras normas jurídicas. Uma dessas

---

18 Ver: na definição de HUMBERTO ÁVILA "os princípios são normas imediatamente finalísticas, primariamente prospectivas e com pretensão de complementariedade e de parcialidade, para cuja aplicação se demanda uma avaliação da correlação entre o estado de coisas a ser promovido e os efeitos decorrentes da conduta havida como necessária à sua promoção" (*Teoria dos princípios*, 10ª ed., São Paulo: Malheiros, 2009, cap. 2, nº 2.4.3, pp. 78-79).

19 Ver: HUMBERTO ÁVILA, *Teoria dos princípios*, 10ª ed., São Paulo: Malheiros, 2009, cap. 2, nº 2.4.8.1.2, pp. 97 e ss.

funções é a chamada função definitória, segundo a qual o contraditório cumpriria o papel de definir, ou seja, delimitar, o comando de um sobreprincípio que lhe é axiologicamente superior.[20] Sob essa ótica, tem-se que o contraditório concretiza o princípio da soberania popular, na medida em que assegura a participação dos cidadãos na administração da justiça. É por isso que uma decisão que não observa o contraditório – uma decisão surpresa – possui natureza antidemocrática. Traçando um paralelo com os outros poderes estatais, pode-se afirmar que se a legitimidade desses agentes decorre da representação popular que se manifesta por meio de eleições periódicas, a legitimidade dos membros do Poder Judiciário está condicionada ao dever de oportunizar a possibilidade de os cidadãos se manifestarem em juízo quando sujeitos ao *imperium* estatal.

E, ao lado da função definitória, também por conta da eficácia indireta dos princípios, o contraditório desempenha uma função interpretativa, uma vez que ele é utilizado na atividade de interpretação de normas construídas a partir de outros textos normativos, restringindo ou ampliando seus sentidos. Por exemplo, o dispositivo do Código de Processo Civil que estabelece a presunção de veracidade dos fatos não contestados pelo réu deve ser interpretado com *granus salis*, em especial nos casos em que o réu comparece em juízo *a posteriori*. Nessas hipóteses, em respeito ao contraditório, ao revel, por exemplo, deve ser oportunizado, se não encerrada a fase instrutória, o ônus de produzir as provas que possam eventualmente infirmar as alegações do autor. Se o juiz possui poderes instrutórios para tanto, por que não permitir ao revel que melhor conhece os elementos da controvérsia que também o faça?

Por fim e esta é a função do contraditório que mais de perto interessa aos propósitos deste ensaio, tem-se que os princípios jurídicos exercem uma função bloqueadora que consiste na capacidade de afastar elementos incompatíveis com o estado ideal de coisas a ser por eles promovidos. Desse modo, caso uma determinada regra, por exemplo, preveja a concessão de certo prazo para a prática de um ato processual, mas no caso de tal prazo ser incompatível com a natureza do ato a ser praticado, para garantir o regular exercício do contraditório e a efetiva proteção dos direitos do cidadão, um prazo adequado deverá ser garantido pelo juiz em razão dessa função bloqueadora do princípio do contraditório. Vale dizer, a função bloqueadora do princípio do contraditório faz com que seja considerada imotivada a decisão que leve a parte que sucumbiu a não dispor de informações suficientes para se insurgir contra a decisão que lhe foi desfavorável e isso se dá, conforme se verá no item a seguir, quando o juiz se descola dos fatos e das particularidades do caso em análise. A motivação e o contraditório, portanto, estão interligados de modo que a primeira não pode ser considerada adequada se o segundo não puder ser exercido.

---

20 Ver: HUMBERTO ÁVILA, *Teoria dos princípios*, 10ª ed., São Paulo: Malheiros, 2009, cap. 2, nº 2.4.8.1.3, pp. 98 e ss.

4. Identificação das decisões imotivadas

Fixadas essas premissas respeitantes ao conteúdo da motivação e do contraditório, cumpre neste item relacionar esses institutos a fim de identificar aquelas decisões que devem ser consideradas imotivadas. Como visto, não se pode considerar motivada a decisão que de alguma forma impeça o exercício regular do contraditório. Para cumprir essa tarefa, utiliza-se como fonte primária de análise o art. 489, §1º do Código de Processo Civil de 2015. Referido dispositivo estabelece os elementos essenciais da sentença, bem como as hipóteses em que determinada decisão não será considerada fundamentada. Considerando, porém, os limites do presente estudo, analisa-se especificamente a hipótese consignada no art. 489, §1º, V do Código de Processo Civil, que determina que a decisão não será considerada motivada se: "*se limitar a invocar precedente ou enunciado de súmula, sem identificar seus fundamentos determinantes nem demonstrar que o caso sob julgamento se ajusta àqueles fundamentos*".

Costuma-se fazer a distinção entre os ordenamentos de *common law* e de *civil law* com base na diversa autoridade que seria conferida por cada um deles aos precedentes judiciais. Enquanto nos ordenamentos de *common law* os precedentes seriam vinculantes, de acordo com a regra do *stare decisis*, nos ordenamentos de *civil law* eles possuiriam apenas um caráter persuasivo. A jurisprudência, nos ordenamentos de tradição romano-germânica, portanto, não costuma ser considerada uma fonte primária de direito, a ponto de não se considerar adequada a motivação de uma sentença em que apenas se faz referência a um precedente judicial aplicável ao caso, sendo necessária também a indicação do dispositivo legal que o embasa.[21] Essa distinção, contudo, não representa mais do que um antigo estereótipo.[22] Isso porque, por um lado, os juízes de *common law*, ao decidirem uma controvérsia, não são obrigados a se ater sempre ao teor de um precedente. São, aliás, por todos conhecidas as técnicas que eles utilizam para evitar tal vínculo quando consideram que o precedente seja injusto ou já tenha sido superado (*distinguishing*, *overruling*).

Não bastasse isso, por outro lado, nada impede que um precedente de *civil law* tenha caráter formalmente vinculante com expressa previsão legal inclusive. Em algumas hipóteses essa previsão está contida até mesmo no próprio texto constitucional. As decisões proferidas pelo Supremo Tribunal Federal brasileiro na esfera do

21 Ver: Nicola Picardi, Appunti sul precedente giudiziale, in *Rivista Trimestrale di Diritto e Procedura Civile*, Milano: Giuffre, 1985, ano XXXIX.

22 Ver: "Constata-se realmente que, considerando o valor, *in abstracto*, dos *precedentes judiciais*, a influência destes é deveras similar em ambos os sistemas: de fato, enquanto naqueles países que seguem o modelo de *common law*, a força vinculante dos anteriores julgados tem-se tornado mais flexível, nos dos ordenamentos codificados é incontestável a difusa e constante tendência de os juízes aterem-se aos *precedentes* na fundamentação da *ratio decidendi*." (José Rogério Cruz e Tucci, *Perspectiva histórica do precedente judicial como fonte do direito*. Tese apresentada para concurso ao cargo de Professor Titular de História do Direito da Faculdade de Direito da Universidade de São Paulo, São Paulo, 2003, p. 25).

controle abstrato de constitucionalidade, por exemplo, possuem essa característica. Para as decisões definitivas de mérito proferidas nessa sede, o art. 102, § 2º, da Constituição Federal estabelece que elas produzirão eficácia contra todos e efeito vinculante em relação aos demais órgãos do Poder Judiciário e aos órgãos e entidades da Administração Pública em todas as esferas da Federação. Independentemente dessa discussão a respeito da natureza jurídica das manifestações judiciais, sejam elas consideradas fontes de direito ou não, fato é que cada vez mais a elas se faz referência nas decisões judiciais, seja porque, por um lado, isso diminui o esforço argumentativo dos magistrados, seja porque, por outro lado, agindo assim, maior é a probabilidade de ser dispensado tratamento isonômico aos jurisdicionados. Ademais, observar a chamada *ratio decidendi* de um julgado anterior no julgamento de novos casos tem sempre grande relevância, na medida em que isso assegura benefícios para o sistema, como, por exemplo, a previsibilidade de uma determinada interpretação jurisprudencial, outra forma de manifestação do princípio da segurança jurídica.[23]

Os magistrados, contudo, para que suas decisões sejam reputadas como justas, ao utilizarem determinada norma jurisprudencial, têm o dever de demonstrar as razões da sua aplicação ou não ao caso concreto, o que implica a necessidade de analisar as particularidades de cada caso, do precedente e do caso em exame, para demonstrar que, em função da similitude fática entre eles, é justificável a aplicação da mesma razão de decidir. Além disso, caso se considere que o entendimento jurisprudencial aplicável a princípio ao caso encontra-se superado, tem o magistrado o dever de demonstrar quais as razões que o levaram a não aplicar a regra jurisprudencial ao caso concreto. Só assim, a parte que sucumbiu terá condições de se insurgir contra essa decisão para demonstrar que a superação apontada pelo magistrado não encontra correspondência na realidade e, portanto, não se justifica.

---

23 Ver: "A *ratio decidendi* (...) constitui a essência da tese jurídica suficiente para decidir o caso concreto (*rule of law*). É essa regra de direito (e, jamais, de fato) que vincula os julgamentos futuros *inter alia*. Sob o aspecto analítico, três são os elementos que a integram: a) a indicação dos fatos relevantes (*statement of material facts*); b) o raciocínio lógico-jurídico da decisão (*legal reasoning*); e c) o juízo decisório (*judgement*). Cumpre esclarecer que a *ratio decidendi* não é pontuada ou individuada pelo órgão julgador que profere a decisão. Cabe aos juízes, em momento posterior, ao examinarem-na como *precedente*, extrair a 'norma legal' (abstraindo-a do caso) que poderá ou não incidir na situação concreta. (...) Para a correta inferência da *ratio decidendi*, propõe-se uma operação mental, mediante a qual, invertendo-se o teor do núcleo decisório, se indaga se a conclusão permaneceria a mesma, se o juiz tivesse acolhido a regra invertida. Se a decisão ficar mantida, então a tese originária não pode ser considerada a *ratio decidendi*; caso contrário, a resposta será positiva. Como regra necessária à decisão, não se confunde com o *obiter dictum*, vale dizer, passagem da motivação do julgamento que contém argumentação marginal ou simples opinião, prescindível para o deslinde da controvérsia. O *obiter dictum*, assim considerado, não se presta para ser invocado como *precedente vinculante* em caso análogo, mas pode perfeitamente ser referido como argumento de persuasão" (José Rogério Cruz e Tucci, *Perspectiva histórica do precedente judicial como fonte do direito*. Tese apresentada para concurso ao cargo de Professor Titular de História do Direito da Faculdade de Direito da Universidade de São Paulo, São Paulo, 2003, pp. 171-175).

Sendo assim, resta viável argumentar que, se constatada qualquer hipótese do art. 489 §1º, do Código de Processo Civil – incluindo, portanto, a reprodução não motivada de súmula –, a medida que se impõe é o reconhecimento da nulidade da decisão por ausência de fundamentação. E, como visto, com isso visa-se preservar o contraditório e o devido processo legal.

5. Encerramento

A atividade de justificação das decisões judiciais acompanha o contexto sociocultural em que inserido o procedimento estatal de resolução de controvérsias. Na atual configuração dos Estados Democráticos de Direito, típicos da civilização ocidental, em que estão consagrados direitos humanos de primeira, segunda e terceira gerações, não se pode conceber a figura de um juiz que resolva os conflitos jurídicos que lhe são submetidos sem explicitar de maneira adequada os motivos determinantes que o levaram a agir dessa maneira. Neste ensaio, procurou-se analisar a adequação da motivação sob a óptica do princípio do contraditório, especificamente nos casos de aplicação de súmula pelo juízo de primeiro grau. Nos dias atuais, por conta de um contexto normativo incerto, caracterizado pela predominância de dispositivos legais versados em termos jurídicos vagos e pela valorização das normas jurisprudenciais, o risco de serem proferidas decisões dessa natureza é elevado; por isso, o Código de Processo Civil de 2015 andou bem ao adotar técnica de estabelecer situações em que não serão consideradas motivadas as decisões judiciais. Se todas essas hipóteses puderem ser agrupadas sob um só lema, restará viável afirmar que não será considerada motivada a decisão que não se atenta às peculiaridades do caso concreto, porque isso acarreta violação ao princípio do contraditório.

O Tamanho do Memorial

René Ariel Dotti

Escrever sobre Roberto Rosas é uma satisfação e um prazer intelectual. Todos que o conhecem e têm a oportunidade de manter com ele um singelo diálogo no tribunal ou qualquer outro local por onde desfilam os temas de Direito e de Letras podem avaliar seu talento, sua cultura e, especialmente, a sua condição de homem simples, alegre e comunicativo. Há muitos anos que eu mantenho aproximação com ele por meio de suas obras jurídicas em processo civil e do *Direito Sumular*, que já alcançou diversas edições. A reunião e os comentários sobre as súmulas do Supremo Tribunal Federal e do Superior Tribunal de Justiça, ferramenta indispensável para o cotidiano forense, revelam a sensibilidade e a competência além de outras virtudes do escritor.

Durante muito tempo anos eu mantive uma coluna sobre assuntos jurídicos e das profissões do Direito em um suplemento dominical *Direito e Justiça* do jornal *O Estado Paraná,* editado em Curitiba. Os artigos foram reunidos em volume com o título *Breviário Forense: Crônicas da experiência de um advogado,* e estão indicados na internet.[1]

Na edição de 3 de dezembro de 2000, foi publicada a crônica "O Tamanho do Memorial" que narra um episódio com o colega Roberto Rosas quando exerceu o cargo de Ministro do Tribunal Superior Eleitoral. Segue *ipsis litteris o* referido texto.

"Breviário Forense

"O tamanho do memorial

René Ariel Dotti

"O Ministro Nelson Jobim contou em palestra que estava no seu gabinete no Supremo Tribunal Federal quando recebeu a visita de um Advogado que justificara o pedido de audiência a fim de entregar um memorial para o julgamento de uma causa que patrocinava. Ao ver que o *calhamaço* tinha quase cem páginas o Ministro, com a franqueza e o bom humor que o distinguem, não se conteve: *"Doutor, o senhor se enganou. Essa deve ser a cópia para o seu cliente."*

O episódio envolve um dos assuntos de maior interesse para a advocacia junto aos tribunais. E sugere uma pergunta: qual é o tamanho que deve ter o memorial?

---

1 Breviário Forense: Crônicas da experiência de um Advogado", Curitiba: Juruá Editora, 2ª ed., 2008, 3ª reimpressão, 2012, pp. 34-35.

A resposta não é fácil se o Advogado medir o número de palavras pelo volume da responsabilidade que pesa em seus ombros. O memorial deve refletir o interesse na solução favorável da causa mas não pode ter o tamanho da angústia ou inquietação do cliente. Não se deve esquecer que ele é um *complemento facultativo* de leitura por parte do julgador do recurso. E depois, é preciso ter em conta que o Juiz, o Desembargador, o Ministro já têm uma pilha de feitos para decidir e outra para ler, assim como a sucessão dos dias e das noites. Tenho visto Magistrados despachando em gabinetes abarrotados de processos como personagens que encarnam o tormento de Sísifo. Narra a lenda que o infeliz Sísifo fora condenado pelos deuses da mitologia grega a empurrar, montanha acima, uma enorme pedra que sempre caía à medida em que o condenado conseguia levá-la até uma altura. E o processo de sofrimento perdurava ao infinito.

Não tenho receita sobre o tamanho do memorial. Eu mesmo poderia exceder o limite que aconselhasse. Mas lembro uma passagem relatada pelo talentoso colega Roberto Rosas quando exerceu o cargo de Ministro do Tribunal Superior Eleitoral. Ele se dirigia para uma sessão quando foi abordado por um Advogado que lhe solicitou a leitura de "*algumas notas*" sobre um recurso que estava em pauta. O Dr. Rosas foi lendo enquanto aguardava o anúncio do feito e teve tempo para fazer algumas perguntas ao relator que, reexaminando certos pontos, retificou o voto inicialmente anunciado para prover o recurso. A decisão da Turma foi unânime atendendo "*algumas notas*".

Aquele memorial, entregue no corredor, tinha uma página e meia".

O Professor René Ariel Dotti escreve aos domingos neste Caderno".

Concretização do Princípio *ne bis in idem* no Processo Antitruste Sancionador

Reynaldo Soares da Fonseca

Rafael Campos Soares da Fonseca

Sumário: 1. Introdução. **2.** O regime jurídico do direito administrativo sancionador. **3.** A Coerência do caso "Grande Stevens". **4.** Limites e possibilidades a um diálogo entre cortes judiciais. **5.** Impactos do caso "Grande Stevens" no processo administrativo antitruste brasileiro. **6.** Considerações finais. **7.** Referências bibliográficas.

1. Introdução

De início, cumpre-se saudar ímpar oportunidade de homenagear o grande jurista, professor, procurador, ministro e advogado Roberto Ferreira Rosas com este contributo acadêmico. O Homenageado soube com invulgar técnica formar-se notável civilista com os mais altos títulos da academia brasileira em instituições prestigiosas, perpassando ainda pelo incipiente direito jurisprudencial e suas súmulas inerentes ao cotidiano de quem foi julgador, advogado e *parquet*, desaguando em incontáveis obras, artigos, votos, manifestações e pareceres em temáticas fulcrais ao Direito Público. Trata-se, sem favor algum, de um jurista complexo e completo a quem Brasília soube acolher.

Por essa razão, a título de singela homenagem nas poucas linhas que se seguem, propõe-se estudo interdisciplinar quanto às possibilidades de o processo antitruste sancionador no Brasil ser relido à luz das garantias processuais extraídas da jurisprudência do Tribunal Europeu de Direitos Humanos (TEDH), com especial atenção ao paradigmático precedente "Grande Stevens e outros v. Itália"[1] ("Grande Stevens"), julgado, em 4.3.2014, pela Segunda Seção da Corte, composta por sete juízes, e com trânsito em julgado em 7.7.2014.

Em linhas gerais, discutem-se as possibilidades de concretização do princípio *ne bis in idem* no âmbito do Conselho Administrativo de Defesa da Concorrência (CADE), sobretudo no tocante à cumulação de sanções administrativas, penais e cíveis em decorrência de situações jurídicas que preenchem os pressupostos de aplicação do princípio em tela.

Assim, a investigação se centrará nas interpretações viáveis ao que é o *bis in idem* e qual é o seu alcance normativo no ordenamento jurídico brasileiro a partir dos julgados do TEDH acerca da matéria em específico e as interfaces entre o direito administrativo sancionador e o direito penal.

---

1 CONSELHO EUROPEU. TRIBUNAL EUROPEU DE DIREITOS HUMANOS. *Caso Grande Stevens e outros v. Itália*. Aplicações nº 18.640/10, 18.647/10, 18.663/10, 18.668/10 e 18.698/10. Segunda Seção, j. 4.3.2014, Estrasburgo. Disponível em: <http://hudoc.echr.coe.int/sites/eng/pages/search.aspx?i=001-141794>. Acesso em: 1.9.2019.

Por conseguinte, problematiza-se em que medida é produtiva e adequada a transposição das razões de decidir expostas pelo TEDH no caso “Grande Stevens” para o âmbito do Direito Administrativo Sancionador, especialmente na seara concorrencial.

A partir desse quadro, lançam-se hipóteses em termos positivos em relação ao problema, pois se entende viável tratar de uma adaptação coerente dos precedentes criados no escopo de proteção regional de direitos humanos à realidade empírico-normativa do Brasil.

Igualmente, objetiva-se com o presente estudo precipuamente servir de estímulo à dogmática dos direitos humanos e fundamentais, sobretudo no que toca a uma plêiade de garantias individuais a serem fruídas no nível fático pelo Povo brasileiro, na qualidade de destinatário das promessas civilizatórias da Constituição Federal de 1988.

Em plano secundário, também busca-se o desenvolvimento de uma cultura constitucional voltada ao diálogo entre instâncias judiciais de diferentes ordens jurídicas para fins de maximizar os direitos humanos e fundamentais. Ademais, visa-se especular acerca das fronteiras entre o direito administrador sancionador e o direito penal, ambos como manifestações do *ius puniendi* estatal.

Desse modo, convém traçar um roteiro adequado ao desenvolvimento desta investigação. Em primeiro momento, torna-se imperativo tratar de noções introdutórias ao desenvolvimento do direito administrativo brasileiro no Brasil. A imperatividade decorre da necessidade de se apresentar premissas para se pensar o caso “Grande Stevens”. Nesse sentido, a análise irá desde o regime jurídico dessa disciplina à teoria da aplicação da norma sancionadora, *locus* adequado para se debater sobre o campo de incidência do princípio *ne bis in idem*.

Na segunda parte, será endereçada a questão da coerência do caso “Grande Stevens” em relação à jurisprudência construída pelo TEDH no tocante às garantias processuais do indivíduo como manifestação dos direitos humanos. Assim, haverá breve esforço analítico para entender as razões de decidir do caso em tela à luz dos precedentes dessa Corte vocacionada para a proteção dos direitos humanos na região europeia.

Em uma terceira seção, o eixo argumentativo se focará nos limites e nas possibilidades da existência de um diálogo entre cortes judiciais pertencentes a diferentes ordens jurídicas. Logo, a partir de um levantamento da literatura jurídica, pretende-se chegar a um arcabouço teórico que possibilite a releitura do processo antitruste sancionador brasileiro pelas lentes do caso “Grande Stevens”.

Por fim, o artigo terminará seu itinerário investigando possíveis impactos do caso europeu em comento no direito concorrencial do Brasil. Assim, as interfaces entre os juízos administrativo, penal e cível na Nova Lei do CADE (Lei nº 12.529/2011) serão exploradas. Após, por intermédio de uma lógica indutivo-associativa, será realizado um exame comparativo entre os artigos 36 e 37 da Nova Lei do CADE e o art. 4º da Lei nº 8.13719/90, de modo a verificar se as infrações administrativas e os ilícitos penais previstos nesses diplomas legais poderiam preencher, em tese, os pressupostos de aplicação do princípio do *ne bis in idem*.

2. O regime jurídico do direito administrativo sancionador

A presente seção se presta a lançar premissas de pensamento problemático emanadas do discurso dos juristas sobre o direito administrativo sancionador, com a finalidade de tratar adequadamente o problema da cumulação de sanções administrativas e penais no campo do processo antitruste sancionador. Portanto, intenciona-se criar um horizonte linguístico de caráter marcadamente pragmático para servir de base comum segura para avançar consensualmente na perquirição que este artigo se propõe.

Visto isso, será revisitado o entendimento de como a potestade sancionadora da Administração Pública se construiu na qualidade de manifestação do *ius puniendi* do Estado. Em um segundo momento, o regime jurídico de natureza constitucional referente ao direito administrativo sancionador será tratado por meio de seus princípios basilares, a saber: devido processo legal, segurança jurídica, tipicidade e legalidade. Daí que se discute um conceito de sanção administrativa, perpassando pelas notas de distinção entre os ilícitos penais e administrativos.

No âmbito da aplicação da norma sancionadora, intenta-se chegar a um conceito operacional do princípio *ne bis in idem*. Para isso, a argumentação será dividida nas seguintes vertentes: significado, fundamento, funções e pressupostos de aplicação.

Passado o introito, ressalta-se que a função punitiva da Administração Pública é nota distintiva do Estado moderno. Assim, observa-se a evolução conceitual da potestade sancionadora administrativa desde o poder de polícia ao direito administrativo sancionador. Importa dizer que essa potestade da Administração é manifestação do direito de punir (*ius puniendi)* do Estado, isto é, aspecto salutar da supremacia na ordem interna da soberania estatal. Isso porque a relação jurídica entre Estado e infrator é criada a partir do ilícito administrativo, com observância de limites subjetivos, objetivos e funcionais.[2]

Em relação ao regime jurídico-constitucional incidente sobre o direito administrativo sancionador, verifica-se que o Direito punitivo estatal "funda-se sobre um conjunto de princípios e regras garantidoras de direitos dos administrados e dos cidadãos que, apesar das diferentes formas de aplicação, a depender de se tratar de infração penal ou administrativa, informa o *ius puniendi* estatal"[3]. Sendo assim, dito regime atua como baliza de legitimidade para a atuação legítima da Administração Pública em um Estado Democrático de Direito.

Atualmente, observa-se na doutrina e na jurisprudência uma aplicação matizada dos princípios cardeais do Direito Penal na seara repressora em tela. No pensamento de Alejandro Nieto, essa situação se representa provisória na medida em que ainda inexiste uma tradição principiológica típica do direito administrativo sanciona-

2 SABOYA, Keity. *Ne bis in idem*: *história, teoria e perspectivas*. Rio de Janeiro: Lumen Juris, 2014, pp. 103-114.

3 MOREIRA NETO, Diogo de Figueiredo; GARCIA, Flávio. A principiologia no Direito Administrativo Sancionador. In: *Revista Brasileira de Direito Público*, Belo Horizonte, ano 11, nº 43, out./dez., p. 9.

dor. Portanto, o uso do princípios da processualística penal seria apenas conjuntural até o amadurecimento das noções de direitos e garantias individuais no direito administrativo.[4]

Em suma, justifica-se em nome das garantias constitucionais de índole individual uma adaptação funcional da principiologia penal, e nunca uma supressão substancial. Nesse quadro, é relevante tecer breves comentários acerca do regime jurídico do Direito Administrativo, sobretudo os princípios do devido processo legal, segurança jurídica, legalidade e tipicidade.

Quanto ao devido processo, sabe-se sua ligação histórica na função de tutela jurídica do trinômio vida-liberdade-propriedade. Em específico, pode-se pensá-lo em duas vertentes, a formal e a substancial. A primeira se traduz na razoabilidade das leis como imperativo para o Legislativo e dever de controle ao Judiciário, conquanto a segunda perspectiva "verifica-se que a cláusula *procedural due process of law* nada mais é do que a possibilidade efetiva de a parte ter acesso à justiça, deduzindo pretensão e defendendo-se do modo mais amplo possível."[5]

Em relação à segurança jurídica, há uma pretensão de estabilização de expectativas sociais relativas à ordem jurídica, principalmente no tangente aos direitos subjetivos.[6] Sendo assim, há uma confiança legítima nos atos do Poder Público e uma previsibilidade quanto ao seu comportamento. Isso importa também para o direito administrativo sancionador na medida em que também justifica a observância das garantias penais aos acusados em procedimento administrativo de cunho sancionatório, pois, por intermédio da sanção administrativa, promove-se segurança jurídica com dupla função de prevenção, a geral e a especial. A prevenção com generalidade se propõe a reparar, inclusive com a reposição do *status quo ante*, se possível, conquanto a prevenção especial busca infligir uma privação de bens jurídicos a fim de desestimular a reiteração do comportamento antijurídico pelo sujeito em situação futura.[7]

O princípio da legalidade é condição de possibilidade do Estado de Direito, uma vez que exige a vinculação do Poder Público à juridicidade do quadro normativo, ou seja, "há uma exigência de prévia habilitação legal para justificar os atos e inclusive as omissões legítimas das mais diversas entidades estatais"[8]. Igualmente, identifica-se na origem histórica do direito administrativo sancionador, no campo do poder de polícia,

---

4 NIETO, Alejandro. *Derecho Administrativo Sancionador*. 3ª ed. Madrid: Tecnos, 2002, p. 188 *Apud* LUZ, Denise. *Direito Administrativo Sancionador Judicializado: improbidade administrativa e o devido processo – aproximações e distanciamentos do direito penal*. Curitiba: Juruá, 2014, p. 120.

5 NERY JUNIOR, Nelson. *Princípios do processo na Constituição Federal*. 10ª ed. São Paulo: RT, 2010, p. 87.

6 SILVA, José Afonso da. *Curso de Direito Constitucional Positivo*. 31ª ed. São Paulo: Malheiros, 2008, p. 433.

7 ZAFFARONI, Eugenio Raúl; PIERANGELI, José Henrique. *Manual de Direito Penal Brasileiro: Volume 1 – parte geral*. 8ª ed. São Paulo, RT, 2009, p. 133.

8 OSÓRIO, Fábio Medina. *Direito Administrativo Sancionador*. 4ª ed. São Paulo: RT, 2011, p. 212.

a flexibilidade do conteúdo do princípio da legalidade quanto aplicado nesse ramo jurídico. Logo, a legalidade administrativista se marca por uma plêiade de competências discricionárias voltadas ao interesse público.[9]

Por sua vez, o comando normativo extraído do princípio da tipicidade consiste na garantia de que as infrações e sanções estejam previamente tipificadas em normas sancionadoras. Noutras palavras, "a conduta praticada pelo agente deve *subsumir-se na moldura descrita na lei*"[10] seja de forma imediata ou mediata. De todo modo, é controverso o alcance desse princípio no direito administrativo sancionador e respectiva previsão legal e típica das infrações e sanções administrativas. Trata-se de reflexo do caráter flexível que o princípio da legalidade assume nessa seara repressora,[11] por conseguinte há extensa problemática envolvendo conceitos jurídicos indeterminados, cláusulas gerais, normas excessivamente vagas, normas "em branco" e deslegalização.

Torna-se, ainda, necessário tecer alguns comentários sobre a diferenciação da natureza do ilícito entre penal e administrativo. Assim, pode-se dividir as teorias que se propõe a abarcar a questão em ontológica (dualidade, unidade e *via de mezzo*)[12] e normativa (integrativa).

De maneira objetiva, adota-se aqui a teoria da integração normativa segundo a qual tipificar determinado comportamento como crime ou infração administrativa é essencialmente uma opção política da instituição estatal competente. Isso importa na medida em que um comportamento considerado antijurídico não deve, *per se*, ser combatido por uma ou outra ramificação do *ius puniendi* estatal.

Verificada empiricamente uma conduta passível de subsunção a um tipo sancionador de cunho administrativo, nasce a pretensão punitiva da Administração Pública.

---

9 Ibid., p. 215.

10 BITTENCOURT, Cezar Roberto. Tratado de Direito Penal. Parte Geral. 18ª ed. São Paulo: Saraiva, 2012, p. 338, grifos no original.

11 "Especialmente no Direito Administrativo Sancionador, vigora, sem dúvida, a legalidade dos tipos sancionadores, porém com importantes distinções em relação à legalidade penal, em virtude das fontes diversas de aplicação. Vale anotar que o Direito Penal conta com previsões mais concentradas e especializadas, rígidas e historicamente concebidas à luz de determinados paradigmas. Já a legalidade do Direito Administrativo Sancionador tem origens um tanto quanto diversas, embora guardando raízes comuns, não conta com o mesmo histórico e vem desempenhando funções mais flexiveis, dentro do leque imenso de demandas que desembocam nas Administrações Públicas, as quais são os principais atores desse ramo, embora não tenha titularidades privativas"(OSÓRIO, Fábio Medina. *Direito Administrativo Sancionador*. 4ª ed. São Paulo: RT, 2011, p. 213).

12 A teoria da dualidade ontológica acredita que a distinção se dá no nível da finalidade, ou seja, o ilícito penal procura responder a ofensividade a bens jurídicos, conquanto o ilícito administrativo se preocupa com o bem-estar da sociedade. Por sua vez, a unidade ontológica distingue os tipos de ilícito com um critério quantitativo em relação à intensidade do conteúdo de injusto. Enfim, a *via de mezzo* adota precipuamente balizas qualitativas (repressão ética para o delito penal e repressão técnica para a infração administrativa), nada obstante em zonas de penumbra da criminalidade difusa a diferença tem matizes quantitativas. SABOYA, Keity, op. cit., pp. 114-138.

Nesse contexto, a pretensão se satisfaz pela consequência jurídica prevista para a norma sancionadora. Esse efeito jurídico é justamente o núcleo duro do direito administrativo sancionador, a sanção administrativa. Essa pode ser entendida em quatro elementos: o subjetivo (autoridade administrativa); objetivo (efeito aflitivo – privação a direitos preexistentes e/ou imposição de novos deveres); teleológico (finalidade repressora); e formal (natureza administrativa do procedimento).[13]

Igualmente, revela-se conveniente teorizar sobre a aplicação da norma sancionadora na *práxis* jurídica. Para os fins desta pesquisa, o eixo argumentativo se focará na seletividade normativa, justamente o campo de incidência do princípio do *ne bis in idem*. Por sua vez, esta norma pode ser definida como o direito fundamental segundo o qual se proíbe a pluralidade de consequências jurídicas derivadas de uma só conduta e sob os mesmos fundamentos. Noutras palavras, trata-se do direito individual à unicidade da (re)ação do Estado contra a mesma pessoa, com base nos mesmos fatos e nos mesmos fundamentos.

Demais disso, os fundamentos desse princípio não são consensuais. Keity Saboya levanta, na doutrina jurídica, a indicação dos princípios da legalidade, tipicidade, proporcionalidade e culpabilidade. A jurista também trata com intuito desconstrutivo acerca da força preclusiva da coisa julgada. Enfim, argumenta ser o princípio do *ne bis in idem* corolário do princípio da dignidade da pessoa humana. Isso porque a matriz estruturante daquele princípio se funda na necessidade de ser respeitada a dignidade do ser humano, isto é, "valores como coerência e racionalidade do ordenamento jurídico, vedação ao arbítrio e ingerência do Estado, segurança jurídica individual, legalidade, proporcionalidade, entre outros."[14]

Em relação aos aspectos funcionais do *ne bis in idem*, pode-se agrupá-los em três dimensões - processual, material e transversal – traduzíveis em três assertivas. Na perspectiva processual, ninguém pode ser submetido a mais de um processo ou mais de uma investigação pelo mesmo delito. Na vertente material, ninguém pode ser punido duas vezes pelo mesmo delito. Na dimensão transversal, tem-se a impossibilidade de sobreposição de sanção administrativa e sanção penal pela mesma conduta objetivada juridicamente e com os mesmos fins.[15]

Enfim, os pressupostos a serem preenchidos para justificar a aplicação do princípio do *ne bis in idem* são os seguintes: (i) a identidade de sujeito; (ii) o *bis* como a exis-

13 "Consiste a sanção administrativa, portanto, em um mal ou castigo, porque tem efeitos aflitivos, com alcance geral e potencialmente *pro futuro*, imposto pela Administração Pública, materialmente considerada, pelo Judiciário ou por corporações de direito público, a um administrado, jurisdicionado, agente público, pessoa física ou jurídica, sujeitos ou não a especiais relações de sujeição com o Estado, como consequência de uma conduta ilegal, tipificada em norma proibitiva, com uma finalidade repressora ou disciplinar, no âmbito de aplicação formal e material." (OSÓRIO, Fábio Medina. *Direito Administrativo Sancionador.* 4ª ed. São Paulo: RT, 2011, p. 100)

14 SABOYA, op. cit., p. 164.

15 Ibid., pp. 166-168.

tência de anterior consequência sancionatória por decisão terminativa de procedimento repressivo; e (iii) o *idem* como os fatos substancialmente idênticos no mesmo contexto espacial e temporal conjuntamente com a qualificação jurídica atribuída aos fatos.

3. A coerência do caso "Grande Stevens"

Nesta seção tem-se como ponto fulcral a necessidade de se compreender o caso "Grande Stevens" em uma cadeia argumentativa dotada de coerência emanada da jurisprudência do TEDH. Assim, mostra-se necessário, em um primeiro momento, apresentar um panorama geral do julgamento em tela. Depois será esgrimido o conjunto de precedentes com alguma relevância para o entendimento do caso posto em questão. Por fim, as razões jurídicas suficientes para a justificação da decisão prolatada pelo TEDH passarão por uma avaliação de coerência.

Em relação ao quadro fático referente ao caso "Grande Stevens"[16], trata-se de caso originário do âmbito interno do Estado italiano, notadamente de seu sistema financeiro. Discutiu-se a imputação de sanções tanto na seara administrativa quanto na penal em relação à conduta de manipulação de mercado operada por Gianluigi Gabetti e Franzo Stevens, sendo o primeiro presidente da Giovanni Agnelli SAS (controladora da FIAT) e o segundo um notório causídico da Itália o qual atuou como consultor jurídico da sociedade empresária *supra*.

Na hipótese, em fevereiro de 2007, o CONSOB (órgão governamental italiano de controle do mercado financeiro) aplicou severas sanções aos dois agentes supracitados, sobretudo multas pecuniárias de grande monta e a proibição de administração de Sociedades anônimas por certo período de tempo. Em janeiro de 2008, o Tribunal de Apelação de Turim confirmou a decisão, embora tenha reduzido a severidade das penalidades.

Em novembro do mesmo ano, a Corte de Cassação da Itália discutiu em última instância judiciária a condenação penal de Gabetti e Grande Stevens em relação ao tipo penal de manipulação de mercado. Nesse sentido, os acusados protocolam aplicação ao TEDH com alegações de violação de uma série de direitos e garantias previstos na Convenção Europeia de Direitos Humanos, a saber: (i) uma audiência justa com duração razoável; (ii) informação e assistência técnica no curso do processo; (iii) proteção à propriedade privada; e (iv) incidência de *ne bis in idem*. Ao fim e ao cabo, o TEDH responsabilizou a Itália por ofensa à garantia de uma audiência justa com duração razoável e ao princípio do *ne bis in idem*.

A primeira ofensa deu-se por razões estritamente fáticas, isto é, não se oportunizou a defesa dos acusados em audiência pública ao longo das instâncias judiciais ordinárias de competência penal. Por sua vez, a infringência ao princípio do *ne bis in*

16 No presente estudo furta-se a pormenorizar os detalhes narrativos do caso, focando-se no estrito necessário para o entendimento da questão jurídica. Então, remete-se o leitor interessado nas referidas minúcias ao inteiro teor da decisão "Grande Stevens e outros v. Itália".

idem decorreu de uma argumentação mais complexa da Corte, o que se passa a perquirir a seguir.

A coerência da conclusão do caso "Grande Stevens" perpassa necessariamente pela construção jurisprudencial do TEDH alcunhada direito a um processo justo (*right to a fair trial*). Esse pode ser visto sob a ótica do relacionamento entre a tipicidade de condutas infracionais e o devido processo legal. Daí que importa julgado desse Tribunal datado de 8 de junho de 1976, o "Engel e outros v. Holanda"[17], pois nele se assentou que a identificação de uma acusação criminal no direito objetivo de cada país signatário da Convenção Europeia de Direitos Humanos dependeria da análise material do ilícito.

Nesse ponto, ressalte-se que não se exige dos Estados-membro a existência de uma norma formalmente penal e o processamento do delito pelo rito do processo penal, contudo se requer a aplicação das garantias individuais enunciadas no artigo 6º do referido tratado comunitário europeu.

Então, o TEDH formulou os critérios de Engel (*Engel criteria*) para examinar a materialidade penal dos ilícitos. Aqueles se dividem em três requisitos, os quais não necessitam ser cumulativos: (i) a classificação formal do tipo no ordenamento interno do país signatário; (ii) o grau e a severidade da pena; e (iii) a natureza da ofensa. Ademais, vale dizer que esse último indicador foi desenvolvido no âmbito de outro precedente do TEDH, o "Sergey Zolotukhin v. Rússia"[18], de modo a evitar interpretações naturalísticas ou metafísicas à natureza jurídica do ilícito.

Com a finalidade de conferir densidade normativa ao princípio do *ne bis in idem*, formulou-se, nesse julgado, a distinção das ofensas para efeitos de *bis* (dupla imputação sancionatória) nos seguintes termos: (i) condutas distintas do acusado; (ii) aspectos da ofensa; (iii) condição especial de culpabilidade; (iv) finalidade da pena; e (v) entidade sancionadora.

Visto isso, compreende-se com mais verticalidade as razões de decidir[19] adotadas pelo TEDH no "Grande Stevens". Assim, é possível visualizar em que grau o TEDH argumenta a partir de precedentes, o que implica manter a mesma *ratio decidendi* para

---

17 CONSELHO EUROPEU. TRIBUNAL EUROPEU DE DIREITOS HUMANOS. *Caso Engel e outros v. Holanda.* Aplicações nº 5.100/71; 5101/71; 5.102/71; 5.354/72; e 5.370/72. Plenário, j. 8.6.1976, Estrasburgo. Disponível em: <http://hudoc.echr.coe.int/sites/eng/pages/search.aspx?i=001-57479>. Acesso em: 1.9.2019.

18 CONSELHO EUROPEU. TRIBUNAL EUROPEU DE DIREITOS HUMANOS. *Caso Sergey Zolotukhin v. Rússia.* Aplicação nº 14.939/03. Grande Câmara, j. 10.2.2009, Estrasburgo. Disponível em: <http://hudoc.echr.coe.int/sites/eng/pages/search.aspx?i=001-91222> . Acesso em: 1.9.2019.

19 "Uma *ratio decidendi* é uma justificação formal explícita ou implicitamente formulada por um juiz, e suficiente para decider uma questão juridical suscitada pelos argumentos das partes, questão sobre a qual uma resolução era necessária para a justificação da decisão no caso" (MACCORMICK, Neil. *Retórica e o Estado de Direito.* Trad. Conrado Hübner Mendes. Rio de Janeiro: Elsevier, 2008, p. 203).

casos análogos, na medida em que "sob um sistema de precedentes vinculantes ou persuasivos, tais decisões também transcendem cada caso particular e são recebidas como criadoras do Direito ou como decisões que interpretam e determinam o Direito com autoridade."[20]

Em suma, a Corte de direitos humanos entendeu que houve ofensa ao princípio do *ne bis in idem*, uma vez que o tipo administrativo sancionador da manipulação de mercado é caracterizado como ilícito penal, segundo a jurisprudência do TEDH, tendo em vista a gravidade da pena. O *bis* se configurou na duplicidade de sanções nas vias administrativa (multa e proibição de administração de sociedades anônimas) e penal, conquanto o *idem* se estabeleceu a partir da prática de manipulação de mercado.

4. Limites e possibilidades a um diálogo entre cortes judiciais

O desafio que se coloca à presente pesquisa em termos de utilidade às práticas doutrinárias e jurisprudenciais no Brasil é uma metodologia de tratamento adequado a um problema constitucional, a proliferação de esferas de controle repressor do Estado em face dos riscos da impunidade referente à criminalidade difusa, que se apresenta em múltiplas ordens jurídicas. Noutras palavras, revela-se problemático transpor razões de decidir de uma corte judicial inserida na esfera supranacional europeia com especialização no escopo dos direitos humanos para as práticas institucionais contextualizadas no âmbito nacional brasileiro.

Assim, torna-se imperativo pensar nas condições de possibilidade e restritivas à utilização do caso "Grande Stevens" como chave analítica para a promoção de uma releitura do processo administrativo antitruste no Brasil.

No campo das possibilidades, Marcelo Neves apresenta o transconstitucionalismo entre ordens jurídicas como modelo referente ao tratamento de problemas constitucionais, no qual o problema consiste em configurar as formas de relação entre as múltiplas ordens jurídicas, "cada uma das quais com seus próprios elementos ou operações (atos jurídicos), estruturas (normas jurídicas), processos (procedimentos jurídicos) e reflexão de identidade (dogmática jurídica)"[21].

Para Neves, essa multiplicidade de ordens não gera isolamento recíproco, tendo em conta o surgimento de entrelaçamentos entre as ordens jurídicas na sociedade mundial hodierna emanadas da relativa independência das formas de intermediação política mediante tratados jurídico-internacionais e legislação estatal. Logo, observam-se pontes de transição entre ordens a partir dos seus respectivos centros (juízes e tribunais). Na composição centro-periferia formam-se um conjunto de relações de observação mútua, a ensejar o desenvolvimento de formas de aprendizado e inter-

20 MACCORMICK, Neil. *Retórica e o Estado de Direito*. Trad. Conrado Hübner Mendes. Rio de Janeiro: Elsevier, 2008, p. 339.

21 NEVES, Marcelo. *Transconstitucionalismo*. São Paulo: WMF Martins Fontes, 2009, p. 116.

câmbio sem um *locus* identificável como *ultima ratio*. Nesses termos, fala-se de um diálogo entre cortes em vários níveis. Repise-se: é incabível falar em uma estrutura hierárquica entre as diversas ordens nessa conversação constitucional.[22]

Sustenta-se, em síntese, que o transconstitucionalismo se observa nas práticas judiciais em duas perspectivas: de um lado, há uma fertilização cruzada de índole constitucional; é observável uma cooperação e conflito entre cortes por outro lado.[23]

Por sua vez, a importação inadequada de instituições jurídicas de realidades estrangeiras é um limitador patente ao diálogo producente entre as cortes aqui pretendido. Considerar a proposição de alinhamento internacional em detrimento de uma adaptação concreta da inovação pela cultura jurídica local é um erro a ser evitado.

Ademais, limitam-se as possibilidades de diálogos entre os juízes e tribunais das ordens supranacional europeia e nacional brasileira em face do empréstimo judicial (*judicial borrowing*), "consistente na utilização simples de jurisprudência estrangeira, sem a devida depuração terminológica, jurídico-etiológica e, até mesmo epistemológica, que marca o método do Direito Comparado."[24]

Enfim, reputam-se estabelecidos, nestas breves linhas, marcos de cunho metodológico e hermenêutico para se abordar a adaptação funcional das razões de decidir do caso "Grande Stevens" para a seara do processo administrativo sancionador no Direito Concorrencial brasileiro.

5. Impactos do caso "Grande Stevens" no processo administrativo antitruste brasileiro

Em linhas gerais, Keity Saboya argumenta em favor da função transversal do princípio do *ne bis in idem* como instrumento limitador de interpretações ofensivas ao conteúdo dessa norma. Para a jurista, cumpre à dogmática formular arcabouço teórico para superar as disfuncionalidades apresentadas na aplicação da vedação do *bis in idem* na realidade fático-normativa brasileira.

Sustenta-se, ainda, que a proibição de acumulação de sanções administrativas e penais pelos mesmos fatos e fundamentos, tal como postulada pela transversalidade

---

22 Ibid., pp. 117-118.

23 Ibid., p. 119.

24 CUNHA, José Sebastião Fagundes; GUERRA, Gustavo Rabay. Expandir os horizontes das cortes é possível? A Abertura ao ativismo judicial transnacional e ao *judicial borrowing* a partir da disputa interpretativa sobre a lei de anistia travada entre o Supremo Tribunal Federal e a Corte Interamericana de Direitos Humanos. *Revista Jurídica Luso Brasileira*, Lisboa, ano 1, nº 1, pp. 1229. Noutras palavras, os "tribunais se habilitam a sopesar fundamentos esposados em cortes estrangeiras, sobretudo internacionais e constitucionais, espelhando na decisão a ser produzida, no âmbito doméstico, os fundamentos jurídicos e motivações sociais, históricas e, em geral, pragmáticas, hauridos da interpretação do repertório de origem, ainda que díspares e incongruentes os elementos circundantes do sistema ao qual se recorre, em relação ao receptor." (Ibid., loc. cit.)

do princípio em tela, possui a potencialidade de alterar aspectos materiais e processuais referentes ao combate à criminalidade difusa.[25]

Posto esse quadro geral, convém adentrar nas especificidades da Defesa da Concorrência no âmbito brasileiro. Nesse sentido, nada obstante a Lei nº 12.529/2011, a nova lei do CADE, se dedique precipuamente à matéria administrativa-regulatória, há diversas interfaces entre os juízos cível, penal e administrativo passíveis de exploração.

Um primeiro ponto é a remissão, no corpo do diploma legal, a uma série de tipos penais que buscam tutelar a Administração Pública, a saber: a advocacia administrativa, a desobediência, resistência e coação.

Igualmente, o Legislador achou por bem que prevalecesse a prescrição penal, conforme preconiza o §4º do artigo 46 da nova Lei do CADE, *in verbis*: *Quando o fato objeto da ação punitiva da administração também constituir crime, a prescrição reger-se-á pelo prazo previsto na lei penal.*

Além disso, o programa de leniência previsto na Lei impacta sobremaneira na seara criminal, nos termos dos artigos 86 e 87 da Lei nº 12.529/2011. Logo, nos crimes contra a ordem econômica, os acordos de leniência implicam a suspensão do curso do prazo prescricional e o oferecimento da denúncia com relação ao agente beneficiário da leniência. Por sua vez, o cumprimento do acordo gera a extinção da punibilidade de forma automática.

Também estão previstas infrações contra a ordem pública na condição de temas passíveis de ação civil pública, consoante a redação atual do artigo 1º, V, da Lei nº 7.347/1985. Então, conclui-se pela possibilidade de controle repressor sobre a ordem econômica a partir das três espécies de juízos em dinâmica independente.

Em um último esforço hipotético, é possível estabelecer paralelos entre condutas previstas na Lei nº 12.529/2011 como ilícitos administrativos, ao passo que há tipos penais positivados na Lei nº 8.137/1990 com a mesma base fática. Assim, em tese, é perfeitamente possível ocorrer a partir do ordenamento jurídico brasileiro um caso semelhante ao "Grande Stevens". Para chegar a essa conclusão, basta realizar um cotejo analítico entre os artigos 36 a 38 da primeira lei com relação ao artigo 4º do segundo diploma legislativo. Do mesmo modo, pode-se aventar acerca da natureza penal das penalidades sofridas no âmbito do processo administrativo antitruste, tendo em vista que multas de alta monta e a proibição de exercer o comércio por até 5 (cinco) anos são sanções possíveis na nova lei do CADE.

Em suma, embora não se tenha abordado o elemento da culpabilidade, conclui-se que o problema da multiplicação de esferas concorrentes de controle sancionador do aparato repressor do Estado é temática relevante e ainda muito obscura na realidade jurídico-política brasileira. Portanto, a partir da observação recíproca entre as ordens jurídicas em questão, pode-se chegar a uma situação produtiva e adequada de diálogo entre cortes e juízes em matéria de problemáticas constitucionais.

---

25 SABOYA, op. cit., pp. 259-272.

6. Considerações finais

De plano, afirma-se a conclusão de que é possível pensar em um diálogo entre as ordens jurídicas supranacional europeia e nacional brasileira no sentido de uma aprendizagem recíproca, ao passo que também é viável tratar de uma adaptação coerente dos precedentes criados no escopo de proteção regional de direitos humanos à realidade empírico-normativa do Brasil.

Contudo, essa potencialidade deve permanecer latente no curto-médio prazo, na medida em que não se observa nas pautas da sociedade civil e dos órgãos governamentais o reforço das garantias individuais do cidadão em face do *ius puniendi* estatal. Na verdade, observa-se justamente o contrário: a multiplicação exponencial de esferas de controle que concorrem setorialmente de acordo com suas competências institucionais. Isso se deve a uma reação a um quadro generalizado de corrupção nos mais diversos níveis de poder e ao alcance de uma relativa maturidade institucional na democracia brasileira. De todo modo, convém problematizar se são as garantias ao acusado em processo administrativo que geram uma seletividade do sistema punitivo e, em consequência, a impunidade de agentes de poder.

Ademais, reputa-se alcançado o objetivo de contributo à dogmática dos direitos fundamentais, porquanto aqui se propôs uma releitura do processo administrativo antitruste brasileiro à luz de fundamentos garantistas. Do mesmo modo se revisitou as fronteiras entre o Direito Penal e o Direito Administrativo Sancionador, com a finalidade de desnaturalizar dogmas e lançar luzes ao problema da violação sistêmica ao *ne bis in idem*, enfim, obter debates e decisões políticas de uma comunidade política que se constitui por intermédio de sua Constituição a respeito do modelo mais adequado para a atuação do *ius puniendi* estatal em um Estado Democrático de Direito.

Apontou-se, ainda, possíveis caminhos para a consolidação e o desenvolvimento de uma cultura constitucional aberta ao aprendizado recíproco entre ordens jurídicas diversas em uma sociedade mundial a partir de seus centros, os juízes e os tribunais.

7. Referências bibliográficas

BITTENCOURT, Cezar Roberto. *Tratado de Direito Penal. Parte Geral*. 18ª ed. São Paulo: Saraiva, 2012.

CONSELHO EUROPEU. TRIBUNAL EUROPEU DE DIREITOS HUMANOS. *Caso Engel e outros v. Holanda*. Aplicações nº 5.100/71; 5101/71; 5.102/71; 5.354/72; e 5.370/72. Plenário, j. 8.6.1976, Estrasburgo. Disponível em: <http://hudoc.echr.coe.int/sites/eng/pages/search.aspx?i=001-57479>. Acesso em: 14.6.2015.

CONSELHO EUROPEU. TRIBUNAL EUROPEU DE DIREITOS HUMANOS. *Caso Grande Stevens e outros v. Itália*. Aplicações nº 18.640/10, 18.647/10, 18.663/10, 18.668/10 e 18.698/10. Segunda Seção, j. 4.3.2014, Estrasburgo. Disponível em: <http://hudoc.echr.coe.int/sites/eng/pages/search.aspx?i=001-141794>. Acesso em: 14.6.2015.

CONSELHO EUROPEU. TRIBUNAL EUROPEU DE DIREITOS HUMANOS. *Caso Sergey Zolotukhin v. Rússia*. Aplicação nº 14.939/03. Grande Câmara, j. 10.2.2009, Estrasburgo. Disponível em: <http://hudoc.echr.coe.int/sites/eng/pages/search.aspx?i=001-91222> . Acesso em: 14.6.2015.

CUNHA, José Sebastião Fagundes; GUERRA, Gustavo Rabay. Expandir os horizontes das cortes é possível? A Abertura ao ativismo judicial transnacional e ao *judicial borrowing* a partir da disputa interpretativa sobre a lei de anistia travada entre o Supremo Tribunal Federal e a Corte Interamericana de Direitos Humanos. *Revista Jurídica Luso Brasileira*, Lisboa, ano 1, nº 1, pp. 1221-1246.

LUZ, Denise. *Direito Administrativo Sancionador Judicializado: improbidade administrativa e o devido processo – aproximações e distanciamentos do direito penal.* Curitiba: Juruá, 2014.

MACCORMICK, Neil. *Retórica e o Estado de Direito.* Trad. Conrado Hübner Mendes. Rio de Janeiro: Elsevier, 2008.

MOREIRA NETO, Diogo de Figueiredo; GARCIA, Flávio. A principiologia no Direito Administrativo Sancionador. In: *Revista Brasileira de Direito Público,* Belo Horizonte, ano 11, nº 43, out./dez., pp. 9-28.

NERY JUNIOR, Nelson. *Princípios do Processo na Constituição Federal.* 10ª ed. São Paulo: RT, 2010.

NEVES, Marcelo. *Transconstitucionalismo.* São Paulo: WMF Martins Fontes, 2009.

NIETO, Alejandro. *Derecho Administrativo Sancionador*. 3ª ed. Madrid: Tecnos, 2002.

OSÓRIO, Fábio Medina. *Direito Administrativo Sancionador*. 4ª ed. São Paulo: RT, 2011.

SABOYA, Keity. *Ne bis in idem*: *história, teoria e perspectivas*. Rio de Janeiro: Lumen Juris, 2014.

SILVA, José Afonso da. *Curso de Direito Constitucional Positivo*. 31ª ed. São Paulo: Malheiros, 2008.

SILVEIRA, Paulo Burnier da. O Direito Administrativo Sancionador e o Princípio *Non Bis in Idem* na União Europeia: uma releitura a partir do caso "Grande Stevens" e os impactos na defesa da concorrência. In: *Revista de Defesa da Concorrência,* v. 2, nº 2, 2014, pp. 5-22.

SOUZA, Luciano Anderson de. *Direito Penal Econômico: fundamentos, limites e alternativas.* São Paulo: Quartier Latin, 2012.

ZAFFARONI, Eugenio Raúl; PIERANGELI, José Henrique. *Manual de Direito Penal Brasileiro: Volume 1 – parte geral*. 8ª ed. São Paulo, RT, 2009.

[illegible]. *[illegible]*. [illegible], 2016.

SILVA, [illegible] do Direito Administrativo sancionador [illegible]. [illegible]. *Revista* [illegible], v. 2, n. [illegible], 2015, p. [illegible].

O Direito de Superfície e o Direito de Laje

Ricardo Pereira Lira

Constitui para mim imensa honra realizar este estudo que vai integrar um livro a ser editado em homenagem ao brilhante jurista Professor Doutor Roberto Rosas.

Ele se caracteriza por uma reiterada dedicação à advocacia, ao magistério, à pesquisa, e à produção científica, determinante na formação de incontáveis alunos e na experiência de outros tantos colegas. Ha décadas milita com distinção nas mais diversas Cortes do País, muito especialmente nas Cortes Superiores. Foi ele professor da Universidade de Brasília e Ministro do Tribunal Superior Eleitoral. É doutor em direito pela Faculdade de Direito da Universidade Federal do Rio de Janeiro e mestre e doutor pela Universidade de Brasília.

É dominado por intensa alegria que passo a desenvolver as presentes reflexões sobre o Direito de Superfície e o Direito de Laje.

Para chegarmos aos contornos conceptuais do direito de superfície, devemos partir da noção de acessão.

Acessão é a união física entre duas coisas, formando, de maneira indissolúvel, um conjunto em que uma das partes, embora possa ser reconhecível, não guarda autonomia, sendo subordinada, dependente do todo, seguindo-lhe o destino jurídico.

A acessão pode ser discreta ou contínua.

Discreta é a que resulta endogenamente de um desenvolvimento natural da própria coisa, como acontece com os frutos das árvores e com as crias dos animais.

Contínua é a acessão caracterizada por uma união exógena das coisas, fim de um processo de fora para dentro, como ocorre na construção ou plantação. A rigor, a plantação talvez constitua um caso de acessão mista, em que há uma fusão orgânica, resultante de uma ação mecânica (*seminatio*).

O fenômeno da edificação (*inaedificatio*) e da plantação (*plantatio*) é dominado pelo princípio *superficies solo cedit*, por força do qual tudo que se planta ou constrói em solo alheio é de propriedade do dono do solo (*dominus soli*).

Esse é o princípio que prevalece em nosso ordenamento.

Pode ocorrer, contudo, a suspensão dos efeitos da acessão, quando se terá a superfície temporária, ou a interrupção dos efeitos da acessão, consubstanciando-se caso de superfície perpétua. Não incidirá, nesses casos, o princípio *superficies solo cedit*, pois a propriedade do incremento (construção ou plantação) é de quem o realizou, continuando o terreno do domínio do dono do solo.

Essa suspensão ou interrupção resulta do direito de superfície.

O direito de superfície suspende ou interrompe os efeitos da acessão, de forma que alguém constrói ou planta sobre solo alheio, ficando com a propriedade (superficiária) da construção ou plantação, distinta da propriedade do dono do solo.

Em face dessas noções preambulares, já podemos fixar o conceito do direito de superfície: é o direito real sobre a coisa alheia, autônomo, temporário ou perpétuo, de fazer uma construção ou plantação sobre ou sob o solo alheio, ficando a construção ou plantação da propriedade de quem constrói ou planta, bem como é o direito de manter essa propriedade sobre o solo alheio.

É direito real sobre a coisa alheia porque, na sua forma inicial, se revela em princípio por uma concessão *ad aedificandum* ou *ad plantandum*, sendo que o instrumento que contém essa concessão (contrato superficiário), levado ao Registro de Imóveis, já dá nascimento a um direito real sobre o lote ou gleba alheia. Concretizando-se a concessão, pela construção ou plantação, o direito que era incorpóreo se corporifica, com a materialização do incremento, gerando o direito real de mantê-lo sobre ou sob a propriedade de outrem.

Esse direito real é autônomo

Autônomo porque o direito de superfície guarda características que o distinguem dos demais direitos reais sobre a coisa alheia.

Senão, vejamos.

É diverso da enfiteuse, que é a maneira mais profunda de desdobramento da propriedade, por isso que o enfiteuticador entrega ao enfiteuta o uso, o gozo e até mesmo a possibilidade de transferir a terceiros essa gama de direitos elementares, mediante o pagamento do laudêmio. No direito de superfície não se encontra esse desdobramento e a transferência dos direitos a terceiro pelo superficiário se dá sem o pagamento de qualquer laudêmio.

No usufruto, o nu-proprietário defere ao usufrutuário o uso e gozo da coisa, desdobramento que igualmente inocorre no direito de superfície.

Na servidão há indeclinavelmente a necessidade de identificação de um imóvel dominante e de um imóvel serviente, o que não se verifica no direito de superfície, embora no direito suíço se explique o direito de superfície recorrendo-se à categoria das servidões.

A concessão do direito real de uso, prevista no art. 7º do Decreto-Lei nº 271, de 28.02.1967, em momento algum enseja a suspensão ou interrupção dos efeitos da acessão, como se depreende do referido art. 7º, § 2º, do mencionado decreto-lei, tornando essa modalidade de concessão substancialmente diversa do direito de superfície.

Não há que cogitar sequer da locação, bastando considerar que a superfície é um direito real e a locação está nos domínios dos direitos pessoais.

A estrutura do direito é compósita e, com uma certa liberdade de expressão, podemos afirmar que ela é plástica.

O que desejamos exprimir é que, em princípio, ela pode nascer como concessão *ad aedificandum* ou *ad plantandum* (bem incorpóreo) para, em seguida, pelo exercício da concessão, assumir a concretude do bem superficiário (corpóreo), consubstanciado na construção ou plantação realizadas. Considerados esses momentos, há sempre direito real sobre a coisa alheia, visto o instituto como relação entre concedente e concessionário, seja como concessão, seja como direito de o superficiário manter o bem materializado sobre o lote ou gleba de outrem. Do outro lado, se visto o vínculo entre o superficiário e o bem superficiário, o direito é de propriedade sobre a própria coisa.

Vejamos, agora, os aspectos subjetivo e objetivo da relação superficiária, e os dados terminológicos.

O concedente é o *dominus soli*, dono do lote ou gleba que outorga a concessão para construir ou plantar.

O concessionário, também denominado superficiário, é o beneficiário da concessão, que, com o exercício desta, adquire a propriedade do bem superficiário.

A relação superficiária é o vínculo estabelecido entre o concedente e o concessionário.

O *solarium* ou *canon* superficiário é a importância paga periodicamente, ou de uma só vez, pelo concessionário ao concedente, na superfície remunerada. Nada impede seja a superfície gratuita.

No que concerne às espécies de superfície, ela pode ser edilícia, quando tem por objeto construção, ou vegetal, quando tem por objeto plantação. Em alguns ordenamentos, como se verá, e isso se verifica no Código Civil Italiano de 1942, a superfície vegetal é proibida.

A superfície pode ser perpétua, quando ocorre a interrupção – e não a simples suspensão – dos efeitos da acessão, como existe em Portugal, inexistindo na Itália, e pode ser temporária, quando acontece a mera suspensão dos efeitos da acessão.

A superfície se apresenta ainda como podendo ser remunerada, quando há a previsão de *canon* a ser pago, ou pode ser gratuita. Na não previsão de pagamento presente na concessão, ela é gratuita.

Ponham-se em tela, agora, as formas de constituição da superfície.

A primeira delas é a concessão para construir ou plantar, que, em sistemas como o nosso, deve formalizar-se por escritura pública, já que necessariamente o valor do imóvel será superior à taxa legal, devidamente registrada no Registro de Imóveis.

A segunda delas é a constituição por cisão. Essa modalidade parte de um imóvel construído ou plantado, no qual já se tenham operado os efeitos da acessão. O dono do imóvel retém em seu domínio o terreno e transfere a outrem, que passa a ser superficiário, a propriedade da construção ou plantação. A nós nos parece inexistir obstáculo no sentido de que a operação se desenvolva inversamente: o dono do imóvel transfere a outrem a propriedade do terreno e retém o domínio da construção ou plantação, passando, assim, a assumir a condição de superficiário.

A derradeira forma a considerar é a da possibilidade da constituição da superfície por usucapião. Lavram controvérsias sobre o tema. Juristas há que dão pela impossibilidade dessa modalidade de constituição, uma vez que se determinada pessoa exerce a posse de certa edificação com o *animus rem sibi habendi*, desde que satisfeitos os demais requisitos da usucapião, adquirirá necessariamente o domínio do trato de terra sobre o qual assenta dita edificação, tornando-se, dessa maneira, proprietário do todo, não se caracterizando logicamente uma propriedade separada superficiária mantida sobre o solo de outrem. Outros há que se manifestam pela possibilidade, como, por exemplo, se, no caso de uma edificação relativamente à qual se tenham operado os efeitos da acessão, o possuidor da edificação, com *animus domini* passa a pagar, pelo prazo suficiente à consumação da usucapião, ao proprietário um solário, que implica evidentemente no reconhecimento do domínio do trato de terra sobre o qual está a edificação, aperfeiçoando-se, assim , a aquisição, pelo usucapiente, da edificação, pousada sobre o solo de outrem. *Quod plerumque accidit*, afigura-se-nos que a primeira hipótese será de ocorrência mais frequente, e a segunda, de ocorrência significativamente bem mais remota.

Focalizemos, nesse passo, alguns aspectos pertinentes ao exercício da superfície.

O primeiro deles se refere ao exercício da superfície no subsolo, matéria expressamente contemplada no Código Civil italiano.

O segundo é o direito de sobrelevação, previsto no Código Civil suíço, que nada mais é que um direito de superfície em segundo grau, quando o superficiário concede a terceiro o direito de construir sobre a sua propriedade superficiária. Relevante considerar que esta categoria nada tem a ver com a propriedade horizontal, como o condomínio em edifício de apartamentos, pois nessa situação o solo é partido em frações ideais correspondentes a cada uma das propriedades exclusivas existentes superiormente, quando na sobrelevação, a propriedade do solo é inteiramente do primeiro concedente, que faz a concessão ao primeiro superficiário, que, de sua vez, faz outra concessão ao segundo superficiário. É interessante observar a criatividade dos moradores de formações favelares, por exemplo, na favela da Rocinha, no Rio de Janeiro, onde é ocorrente o chamado "direito de laje", por força do qual o morador concede a outrem o direito de construir sobre a sua laje, criando o direito informal situação análoga àquela que o direito suíço regula como hipótese de sobrelevação.

Respiguemos os direitos do superficiário:

a) tem ele, no caso da concessão *ad aedificandum* ou *ad plantandum*, o direito de imitir-se na posse do terreno para construir ou plantar;

b) tem ele a posse direta da área objeto da concessão, incluindo o acesso ao entorno necessário ao exercício do direito de construir ou plantar;

c) se prevista no título, tem o superficiário direito à indenização do valor do bem superficiário, por ocasião da extinção da superfície, quando dito bem ingressa no patrimônio do concedente (o que se chama impropriamente de reversão, e dizemos impropriamente porque o bem jamais esteve no patrimônio do concedente);

d) domínio sobre o bem superficiário;

e) instituir direitos reais de uso, gozo e garantia sobre o bem superficiário;

f) reconstruir ou replantar se ocorrer a perda do bem superficiário dentro do prazo da concessão, salvo disposição contrária.

Indiquemos as obrigações do superficiário:

a) realizar a construção ou plantação, dentro do prazo assinado no título, sob pena de caducidade do direito;

b) pagar o *solarium*, na superfície remunerada;

c) pagar os tributos incidentes sobre o bem superficiário, na forma da legislação fiscal aplicável;

d) conceder preferência ao concedente no caso de alienação da superfície.

Os direitos e obrigações do concedente são os logicamente resultantes dos acima enumerados e a eles correspondentes.

No que concerne aos usos e vantagens do direito de superfície, podemos afirmar o que se segue.

O direito de superfície aumenta o leque de possibilidades de utilização da propriedade por parte do titular do terreno. Se tivermos, por exemplo, o proprietário de um trato de terra que não tem recursos para utilizá-lo, ele poderá concedê-lo a alguém em superfície para na referida gleba construir e explorar um hotel.

Sob a modalidade urbanística, poderá o direito de superfície apresentar-se como valioso instrumento. Em uma praça, o município poderá conceder o subsolo para instalação de um estacionamento público, concedendo, por sua vez, na *surface* sobre o solo o direito a outrem de nele construir, por exemplo, um hospital.

Não se deve descartar a eventualidade de utilizar-se o direito de superfície como instrumento útil em uma política habitacional de assentamento de população carente, concedendo-se a área em que está assentada dita população em superfície, com uma cláusula de opção de compra pelos moradores ao final do prazo.

A questão da dominialidade da construção ou plantação, no nosso direito, está fora do âmbito de incidência do art. 545, definindo-se claramente no art. 547, onde se institui o princípio de que “quem semeia, planta ou edifica em terreno alheio perde, em proveito do proprietário, as sementes, plantas e construções (...)”.

Contrariamente ao que fazem alguns estudiosos, não há como, em face do art. 545 do Código Civil brasileiro, pretender praticar a mesma ilação que os juristas franceses tiraram do art. 553 do Código Civil francês, para, com essa operação, afirmar a existência, no direito brasileiro, antes do advento do Estatuto da Cidade e da vigência do novo Código Civil, em vigência a partir de janeiro de 2003, do direito de superfície.

Depois de termos debuxado a teoria geral do direito de superfície, afigura-se-nos oportuno referi-lo à luz do movimento de reforma do nosso Código Civil de 1916.

Como é sabido, no primeiro movimento de reforma do nosso Código Civil, desenvolvido ao longo dos anos 60, sob a coordenação de Caio Mário da Silva Pereira, a orientação foi no sentido de adotar-se um Código Civil, e ao lado dele um Código de Obrigações, fazendo-se no bojo deste último a unificação do direito obrigacional em tudo aquilo que ele seja redutível à disciplina em um único código, a exemplo do modelo suíço, onde se tem um Código Civil e um Código Federal de Obrigações.

Nos termos dessa formulação, coube a Caio Mário da Silva Pereira a elaboração do Anteprojeto do Código de Obrigações e a Orlando Gomes a formulação do Anteprojeto de Direito Civil.

Orlando Gomes era favorável ao restabelecimento do direito de superfície em nosso ordenamento jurídico. Foi assim que o anteprojeto de Código Civil apresentado ao Ministro da Justiça em 31 de março de 1963 contemplava o instituto nos seguintes termos:

> "Art. 513. Enumeração dos Direitos Reais Limitados – São direitos reais limitados:
>
> I – [...];
>
> II – a superfície;
>
> Art. 524. Constituição do Direito de Superfície. O proprietário pode conceder a outra pessoa o direito de construir ou plantar no seu terreno, por tempo determinado, mediante escritura pública devidamente inscrita no registro imobiliário.
>
> Art. 525. Transferência do Direito de Superfície. O titular do direito de superfície pode transferi-lo por negócio entre vivos, a título oneroso ou gratuito, bem como por disposição de última vontade.
>
> Art. 526. Objeto do Direito de Superfície. O direito de superfície pode recair sobre qualquer construção, ou plantação, suscetível de ser adquirida por acessão, pelo dono do solo.
>
> Art. 527. Concessão Gratuita ou Onerosa. A concessão do direito de superfície será gratuita ou onerosa.
>
> § 1º A remuneração do concedente pode ser estipulada para ser paga de uma só vez, ou em prestações periódicas.
>
> §2º Na falta de pagamento, o concedente não tem outro direito, ainda que o estipule, senão o de haver as prestações devidas e juros de mora.
>
> Art. 528. Reversão ao Concedente. Se for estipulado que a construção passará ao domínio do concedente após o decurso de certo prazo, não inferior a vinte e cinco anos, nenhuma

indenização ou compensação lhe poderá ser exigida pelo superficiário, salvo disposições em contrário.

Art. 529. Tributos e Encargos. O titular do direito de superfície responde pelos encargos e tributos que recaírem sobre o prédio.

Art. 530. Direito de Preferência. Se o concedente quiser alienar o imóvel o superficiário tem direito de preferência em igualdade de condições; o mesmo direito é assegurado ao concedente, na hipótese inversa.

Parágrafo único. Se a construção ou plantação for penhorada, o concedente, sob pena de nulidade, deverá ser intimado para exercer o seu direito de preferência na hasta pública.

Art. 531. Proibição de cobrar taxa de transferência. Não poderá ser estipulado, a nenhum título, o pagamento de qualquer quantia pela transferência da acessão.

[...]

Art. 685. Hipoteca do Direito de Superfície. Se a hipoteca tiver por objeto o direito de superfície, não sobreviverá à sua extinção, a menos que o superficiário tenha adquirido a propriedade do solo, hipótese em que a este se estenderá."

A sugestão formulada por Orlando Gomes terminou por não vingar, ficando vencido o anteprojeto pelos opinamentos de Orozimbo Nonato e Caio Mário da Silva Pereira, membros da comissão revisora, contrários ao direito de superfície, bastando para tanto conferir o texto do art. 499 do projeto.

Como se sabe, essa tentativa de reforma do Código Civil, embora o projeto tenha sido remetido ao Poder Legislativo pela Mensagem nº 804, de 12.10.1965, terminou por não ser levada adiante.

No segundo movimento de reforma do Código Civil, iniciado com a constituição de uma Comissão Elaboradora e Revisora do Código Civil por ato ministerial de 23 de maio de 1969, o anteprojeto inicial do relator incumbido da parte referente ao direito das cousas, Ebert Vianna Chamoun, não previa o direito de superfície.

Já o anteprojeto inicial, versão da Comissão, o contemplou (arts. 1.418, II, e 1.556/1.563).

O supervisor da reforma, Miguel Reale, na exposição datada de 23.05.1972, aludindo ao Decreto-Lei nº 271, de 28.02.1967, referente à concessão do direito real de uso de terrenos públicos e particulares (art. 7º), registrava que "consoante justa ponderação de José Carlos Moreira Alves, a migração desse modelo jurídico, que passou da esfera do Direito Administrativo para a do Direito Privado, veio estabelecer, sob novo enfoque o antigo instituto da superfície...".

A versão 1973 do anteprojeto manteve o direito de superfície entre os direitos reais (art. 1263, II), e propôs concretamente a sua disciplina nos arts. 1.401 a 1.408.

O texto foi afinal enviado ao Congresso Nacional, onde passou a constituir o Projeto de Lei nº 634, de 1975, assim concebido, no tocante ao direito de superfície:

> "Art. 1263. São direitos reais:
>
> I – a propriedade.
>
> II – a superfície.
>
> III – [...].
>
> DA SUPERFÍCIE
>
> Art. 1.401. O proprietário pode conceder a outrem o direito de construir ou plantar em seu terreno, por tempo determinado, mediante escritura pública devidamente inscrita no Registro de Imóveis.
>
> Art. 1.402. A concessão da superfície será gratuita ou onerosa; se onerosa estipularão as partes se o pagamento será feito de uma só vez, ou parceladamente.
>
> Art. 1.403. O superficiário responderá pelos encargos e tributos que incidirem sobre o imóvel.
>
> Art. 1.404. A superficie pode transferir-se a terceiro, e, por morte do superficiário, se transmite a seus herdeiros.
>
> Parágrafo único. Não poderá ser estipulado, a nenhum título, o pagamento de qualquer quantia pela transferência da superfície.
>
> Art. 1.405. Em caso de alienação do imóvel ou da superfície, o superficiário ou o proprietário têm direito de preferência em igualdade de condições.
>
> Art. 1.406. Antes do advento do termo, resolver-se-á a superfície se o superficiário der ao terreno destinação diversa daquela para a qual lhe foi concedida.
>
> Art. 1.407. Extinta a superfície, o proprietário passará a ter o domínio pleno sobre o terreno, construção ou plantação, independentemente de indenização, se as partes não houverem estipulado o contrário.
>
> Art. 1.408. O direito de superfície, constituído por pessoa jurídica de direito público interno rege-se por esse Código, no que não for diversamente disciplinado em lei especial".

Na Câmara dos Deputados foram apresentadas duas emendas, que, por desarrazoadas, foram rejeitadas. No restante de sua tramitação, o direito de superfície, tal como contemplado na formulação remetida ao Congresso, não sofreu alterações de substância senão as que vão adiante indicadas, constando do texto do novo Código Civil (Lei nº 10.406, de 10 de janeiro de 2002), e pequenas modificações de forma.

No corpo do novo Código Civil, a superfície ficou disciplinada nos arts. 1.369 a 1.377.

As duas mudanças de substância sofridas pelo texto inicialmente remetido à Câmara dos Deputados (Projeto nº 634/75) e refletidas no texto do novo Código são as seguintes:

a) no art. 1.369 do novo Código (correspondente ao art. 1.401 do Projeto nº 634/75), acrescentou-se um parágrafo único, vedando obras no subsolo, salvo quando inerentes ao objeto da concessão, estando o aludido parágrafo único assim concebido:

> "Art. 1.369 [...]
>
> Parágrafo único. O direito de superfície não autoriza obra no subsolo, salvo se for inerente ao objeto da concessão".

Esse dispositivo não prima pela clareza. Parece proibir a concessão da superfície no subsolo, mas na realidade ele interdita a realização de obras no subsolo, se elas não são o objeto da própria concessão.

A outra disposição que não constava do Projeto nº 634/1975, da Câmara dos Deputados, é a matéria que se contém no art. 1.376 do novo Código, onde se estipula que: "No caso de extinção do direito de superfície em consequência de desapropriação, a indenização cabe ao proprietário e ao superficiário, no valor correspondente ao direito real de cada um".

No novo Código Civil, a inclusão do direito de superfície no rol dos direitos reais está no art. 1.225, II, sendo que no Projeto nº 634/75 estava no art. 1.263, II.

Estaríamos pecando gravemente se não nos referíssemos no presente estudo ao direito de superfície urbanístico, tal como está previsto na Lei Federal nº 10.257, de 10.07.2001, que se autodenomina Estatuto da Cidade.

A primeira tentativa para o estabelecimento de princípios federais regulando o desenvolvimento urbano e prevendo instrumentos vários, inclusive jurídicos, procurando organizar de maneira justa e regular os assentamentos urbanos, esteve no Projeto de Lei Federal nº 775/83, de iniciativa do Poder Executivo, e remetido ao Congresso Nacional pela Mensagem nº 155/83.

Há muito que essa matéria vinha sendo objeto da preocupação do Ministério do Interior, através do então existente Conselho Nacional do Desenvolvimento Urbano (CNDU), tanto assim que, em 1977, houve um vazamento jornalístico, através da *Folha de São Paulo*, que, em 1977, publicou o texto de um anteprojeto, que estava sendo elaborado naquelas câmaras governamentais, relativamente à questão da propriedade urbanística.

É interessante observar que àquela época estávamos sob a égide da Emenda Constitucional nº 1, de outubro de 1969, que não previa expressamente competência da União Federal para estabelecer diretrizes federais sobre o desenvolvimento urbano, o que levou o Executivo Federal a fazer a sua proposta legislativa acompanhada de pareceres de dois juristas demonstrando a competência implícita da União Federal para tomar a providência preconizada. Ditos pareceres são de autoria do Professor Miguel Reale e do hoje falecido Hely Lopes Meirelles, e estão publicados na *Revista de Direito Público nºs* 75/42 e 75/95. Aliás, nenhuma das Constituições brasileiras anteriores a 1988 outorgara expressamente essa competência à União Federal, sendo certo que a iniciativa do Deputado Marchesan, do Rio Grande do Sul, que propusera emenda constitucional nesse sentido, terminou arquivada.

O aludido Projeto de Lei Federal nº 775/83, entre os vários instrumentos novos que alvitravam o estabelecimento de centros urbanos organizados e socialmente justos, previa o direito de superfície, nos seguintes termos:

> "Art. 21. O proprietário urbano pode conceder a outrem o direito de construir em seu terreno, por tempo determinado ou indeterminado, mediante escritura pública devidamente inscrita no Registro de Imóveis.

> Art. 22. A concessão do direito de superfície poderá ser gratuita ou onerosa, se onerosa, estipularão as partes a forma de pagamento.
>
> Art. 23. O superficiário responderá pelos encargos e tributos que incidirem sobre o imóvel.
>
> Art. 24. A superfície pode transferir-se a terceiro e, por meio do superficiário, se transmite a seus herdeiros.
>
> Parágrafo único. Não poderá ser estipulado, a nenhum título, o pagamento de qualquer quantia pela transferência da superfície.
>
> Art. 25. Em caso de alienação do imóvel ou da superfície, o superficiário ou o proprietário tem direito de preferência em igualdade de condições.
>
> Art. 26. Antes do advento do termo, resolver-se-á a superfície se o superficiário der ao terreno destinação diversa para a qual foi concedida.
>
> Art. 27. Extinta a superfície, o proprietário passará a ter o domínio pleno sobre o terreno, construção e benfeitorias, independentemente de indenização, se as partes não houverem estipulado o contrário.
>
> Art. 28. O direito de superfície constituído por pessoa jurídica de direito público rege-se por esta lei, no que não for diversamente disciplinado em lei especial".

Este projeto terminou sendo retirado, em julho de 1995, pelo Governo Federal, sem qualquer deliberação do Congresso.

O Senador Pompeu de Souza apresentou projeto de lei, que tomou o nº 5.788/90 e se autodenominava Estatuto da Cidade. Aprovado no Senado, o projeto desceu à Câmara dos Deputados e foi apensado a dezessete outras iniciativas que ali existiam.

Já a esta altura, o art. 21, inciso XX, da Constituição da República de 1988, conferia à União Federal competência para instituir diretrizes para o desenvolvimento urbano, inclusive habitação, saneamento público e transportes.

Depois de demorada tramitação, veio a ser aprovada a proposição que se transformou na Lei Federal nº 10.257, de 10 de julho de 2001, que "regulamentou" os arts. 182 e 183 da Constituição Federal, estabelecendo diretrizes gerais da política urbana e autodenominando-se Estatuto da Cidade. Em seu artigo 58 ficou estabelecida uma *vacatio* de 90 (noventa) dias, tendo sido a lei publicada, com vetos, no Diário Oficial da União de 11.07.2001.

Nos arts. 21 a 24, o Estatuto da Cidade regula o direito de superfície, na conformidade das disposições que seguem:

> "Art. 21. O proprietário urbano poderá conceder a outrem o direito de superfície do seu terreno, por tempo determinado ou indeterminado, mediante escritura pública registrada no cartório de registro de imóveis.
>
> § 1º O direito de superfície abrange o direito de utilizar o solo, o subsolo ou o espaço aéreo relativo ao terreno, na forma estabelecida no contrato respectivo, atendida a legislação urbanística.
>
> § 2º A concessão do direito de superfície poderá ser gratuita ou onerosa.
>
> § 3º O superficiário responderá integralmente pelos encargos e tributos que incidirem sobre a propriedade superficiária, arcando, ainda, proporcionalmente à sua parcela de ocupação

efetiva, com os encargos e tributos sobre a área objeto da concessão do direito de superfície, salvo disposição em contrário do contrato respectivo.

§ 4º O direito de superfície pode ser transferido a terceiros, obedecidos os termos do contrato respectivo.

§ 5º Por morte do superficiário, os seus direitos transmitem-se a seus herdeiros.

Art. 22. Em caso de alienação do terreno, ou do direito de superfície, o superficiário e o proprietário, respectivamente, terão direito de preferência, em igualdade de condições à oferta de terceiros.

Art. 23. Extingue-se o direito de superfície:

I – pelo advento do termo;

II – pelo descumprimento das obrigações contratuais assumidas pelo superficiário.

Art. 24. Extinto o direito de superfície, o proprietário recuperará o pleno domínio do terreno, bem como das acessões e benfeitorias introduzidas no imóvel, independentemente de indenização, se as partes não houverem estipulado o contrário no respectivo contrato.

§ 1º Antes do termo final do contrato, extinguir-se-á o direito de superfície se o superficiário der ao terreno destinação diversa daquela para a qual foi concedida.

§ 2º A extinção do direito de superfície será averbada no cartório de registro de imóveis".

Importa salientar que, com a entrada em vigor do novo Código Civil em 11 de janeiro de 2003, as disposições nele constantes relativas ao direito de superfície não revogaram aquelas já em vigor e que foram editadas com o Estatuto da Cidade.

Não incide no caso a regra da Lei de Introdução segundo a qual a lei posterior, que regula inteiramente a matéria tratada na lei anterior, a revoga. Isso porque, o direito de superfície contemplado no Estatuto da Cidade é um instituto de vocação diversa daquele previsto no novo Código Civil, voltado aquele para as necessidades do desenvolvimento urbano, editado como categoria necessária à organização regular e equânime dos assentamentos urbanos, como fator de institucionalização eventual da função social da cidade. No novo Código Civil, o direito de superfície será um instrumento destinado a atender interesses e necessidades privadas.

Se uma municipalidade, por exemplo, desafeta o espaço público correspondente a uma praça, convolando-o em bem patrimonial, e concede a terceiro, a título de superfície, o subsolo, para instituição de um estacionamento, concedendo o solo a outrem, também a título de superfície, para construção e exploração de um estádio poliesportivo, estará utilizando o direito de superfície urbanístico, previsto no Estatuto da Cidade.

Se um particular, dono de um imóvel residencial, pretende estabelecer no lote contíguo, de propriedade de outrem, um campo de futebol, nele construindo uma pequena sede desportiva, com vestiário, sauna etc., para tanto contratando com seu vizinho o direito de construir, a título de superfície, sobre o lote dele, estará constituindo um direito de superfície regulado pelo novo Código Civil, pois o negócio jurídico em tela estará penetrado inteiramente pelo interesse particular, sem qualquer viés urbanístico.

Por outro lado, a tese que admite a revogação dos instrumentos do Estatuto da Cidade, como, por exemplo, o instituto da edificação, do parcelamento e da utilização compulsórios ou o direito de preempção urbanística, pelo fato de o novo Código Civil ter regulado o direito de propriedade sem tê-los contemplado, consubstancia uma grave erronia, por isso que torna *tabula rasa*, pretendendo implodir pela ab-rogação equivocada, institutos fundamentais na repressão à desabalada especulação imobiliária que marca a retenção abusiva de lotes em mãos de particulares, que não utilizam ou subutilizam a propriedade que detêm, com a finalidade da obtenção de lucros indevidos, em vários centros urbanos em nosso país.

Os textos do Estatuto da Cidade, já vigente, e do novo Código Civil que entrou em vigor em 11 de janeiro de 2003, em matéria de direito de superfície, se revelam a nosso ver demasiadamente singelos, sem aproveitar, em toda a sua extensão, sugestões que nos são oferecidas pelos ordenamentos alienígenas.

É assim que:

a) não preveem a possibilidade da constituição do direito de superfície por cisão;

b) a formulação do novo Código Civil não contempla com a clareza desejável a viabilidade da superfície no subsolo;

c) não contemplam a possibilidade da sobrelevação ou da superfície em segundo grau;

d) não explicitam as regras para o exercício do direito de preferência, seja pelo dono do solo, no caso de alienação da superfície, seja pelo superficiário, no caso de alienação do solo, nem explicitam as consequências da não afronta do titular para o eventual exercício da prelação: perdas e danos ou nulidade do negócio jurídico praticados sem a abertura da oportunidade da prática da preferência;

e) não enfatizam a existência de uma propriedade superficiária, a sua hipotecabilidade e a possibilidade de constituição de outros direitos reais de gozo relativamente à área objeto da concessão, e o destino desses direitos quando da extinção da superfície;

f) não prescrevem a possibilidade, no caso de transferência da superfície, de as obrigações constantes do título superficiário serem oponíveis ao novo superficiário (caracterização legal como *obrigações propter rem,* o que seria utilíssimo na superfície urbanística, se em determinada hipótese fosse aconselhável a sua adoção como instrumento de regularização fundiária);

g) não contêm norma excluindo a possibilidade de rescisão do contrato superficiário pelo não pagamento do *solarium*;

h) não estabelecem prazo dentro do qual o direito de superfície é de ser concretizado, sob pena de extinção pelo não uso;

i) as normas do Estatuto da Cidade não preveem expressamente a possibilidade da superfície vegetal, quando nada parece impedir se façam concessões *ad plantan-*

dum no perímetro urbano, sobretudo quando a agricultura doméstica se apresenta como recurso válido para as populações de baixa renda.

Entendemos que o direito de superfície como está previsto nos dois diplomas legais, no novo Código Civil e no Estatuto da Cidade, deve sofrer o impacto da experiência vivida, deve receber as achegas do direito aplicado, mas, no entanto, não excluímos a possibilidade de que, dentro de algum tempo, nova formulação seja adotada, tanto no novo Código Civil como no Estatuto da Cidade, na linha da sugestão que agora passamos a deduzir:

> Art. O proprietário pode conceder a outrem, temporariamente, o direito de construir ou plantar, mediante escritura pública devidamente registrada no Registro de Imóveis, adquirindo o concessionário a propriedade da construção ou plantação.
>
> No caso de construção ou plantação já existentes e relativamente às quais já se tenham operado os efeitos da acessão, o proprietário pode alienar a construção, plantação ou o solo separadamente, constituindo, assim, a superfície por cisão.
>
> Art. O direito de superfície pode recair sobre qualquer construção ou plantação suscetível de ser adquirida por acessão pelo dono do solo.
>
> Art. A concessão do direito de superfície será gratuita ou onerosa. Quando onerosa, estipularão as partes se o pagamento será feito de uma só vez ou periodicamente.
>
> Art. O superficiário responderá pelos encargos e tributos que incidirem sobre o imóvel superficiário, podendo estender-se a responsabilidade fiscal à totalidade do objeto da concessão, conforme a lei fiscal aplicável.
>
> Art. A superfície pode transferir-se a terceiros, e, por morte do superficiário, se transmite a seus sucessores ou legatários.
>
> Parágrafo único. Salvo disposição em contrário, as obrigações constantes do título superficiário são exigíveis do adquirente do direito de superfície.
>
> Art. Não poderá ser estipulado, a nenhum título, pagamento pela transferência da superfície feito em favor do dono do solo.
>
> Art. Em caso de venda ou dação em pagamento, do solo ou da superfície, o superficiário ou dono do dolo tem direito de preferência em igualdade de condições.
>
> § 1º O direito de preferência caducará quando não exercido nos dois meses subsequentes ao dia em que o superficiário ou o dono do solo tenha sido afrontado com as condições da alienação.
>
> § 2º Responderá por perdas e danos aquele que alienar seu direito sem observância do disposto neste artigo, obrigado solidariamente o adquirente de má-fé.
>
> Art. Resolver-se-á a superfície se o superficiário der ao terreno destinação diversa da prevista no título superficiário, ou incorrer em infração grave de obrigação constante do mesmo título.
>
> Art. Na falta de pagamento da pensão superficiária avençada, o concedente não tem outro direito, ainda que estipulado, senão o de haver as prestações devidas, corrigidas monetariamente pelos índices legais, e juros de mora.
>
> Art. Extinta a superfície, o dono do solo passa a ter o domínio pleno sobre o terreno, e sobre a construção ou plantação, independentemente de indenização se as partes não houverem acordado em contrário, observadas as disposições seguintes.

> Art. A extinção do direito de superfície pelo advento do termo implica na extinção dos direitos reais incidentes sobre a coisa superficiária; quando o superficiário tenha adquirido a propriedade do solo, a este se estendem ditos direitos reais. Aquela extinção implicará, por outro lado, na extensão à coisa superficiária dos direitos reais que gravam o solo, observado o adiante disposto quanto à hipoteca.
>
> Art. Na hipótese de extinção do direito de superfície pelo advento do termo a hipoteca da coisa superficiária igualmente se extingue, sub-rogando-se a garantia na indenização de que trate o art., se houver; a hipoteca do solo não se estende à coisa superficiária.
>
> Art. Se por outra causa se extingue a superfície, a hipoteca da coisa superficiária ou do solo continua a gravar separadamente cada um desses bens.
>
> Art. O direito de superfície se extingue no caso de o superficiário não concluir a obra ou realizar a plantação no prazo fixado no título superficiário, ou, na falta de fixação, dentro do prazo de 5 (cinco) anos contados da constituição do direito de superfície, ou se destruída a construção ou plantação, o superficiário não a refizer no mesmo prazo contado de sua notificação para tanto.
>
> Art. As disposições precedentes se aplicam à concessão para construir em subsolo alheio, bem como à constituição do direito de superfície sobre a propriedade superficiária.
>
> Art. Apenas o dono do solo ou da coisa superficiária pode constituir o direito de superfície.
>
> Art. O direito de superfície constituído por pessoa jurídica de direito público rege-se pelo disposto nesta seção, ressalvadas as regras constantes de lei especial".

Essas as observações que, no presente ensaio, temos a fazer sobre o direito de superfície tal como está disciplinado no novo Código Civil e no Estatuto da Cidade, bem como as sugestões que nos ocorrem para o aperfeiçoamento do instituto.

Cabe-nos, agora, tecer algumas considerações sobre o direito de laje.

Nas favelas registra-se um hábito, de alguma forma generalizado, de o ocupante ceder a utilização da laje de sua moradia a um terceiro, permitindo que este construa para si uma nova moradia. A laje é o espaço plano situado na parte superior da habitação. Cria-se dessa maneira informalmente um direito de laje. Vale observar que esse direito de laje corresponde ao que no direito suíço se chama de sobrelevação, que resulta da faculdade que, no direito de superfície o concessionário tem de construir sobre a sua propriedade superficiária. Vê-se a criatividade dos nossos favelados, concebendo uma forma de moradia, que no direito suíço já estava positivado.

Da mesma forma que a moradia inicial, a nova habitação construída na laje pode ser transferida a outrem. Todas essas operações, nas áreas favelizadas, se processam informalmente.

Nessas operações ganha importância a associação de moradores. O Poder Público, nesses espaços, não tem capacidade de impor suas regras, não tem capacidade de fazer prevalecer o direitom por ele criado. Entendem alguns especialistas ocorrer uma **suspensão jurídica** do direito formal. Não nos parece que assim seja, pois na realidade o direito formal jamais incidiu nessas áreas. As regras comportamentais vinculante, obrigatórias, nessas áreas nascem espontaneamente, surgem da capacidade criadora dos seres a elas submetidos. É a força do velho brocardo *ubi societas, ibi jus*: onde há sociedade, existe indeclinavelmente o direito.

Recentemente o direito de laje, que anteriormente estava presente apenas no direito informal, foi introduzido no nosso ordenamento jurídico, por meio da Medida Provisória nº 759, de 1916, que se converteu na Lei Federal nº 13.465, de 11 de julho de 2017.

A referida lei trouxe alguns aperfeiçoamentos, se comparada com a medida provisória. Pode destacar-se, por exemplo, o fato de que na medida provisória só se admitia uma sobrelevação, enquanto na mencionada lei foram admitidas sobrelevações sucessivas, até o limite do gabarito previsto na legislação municipal de determinada localidade.

O direito de laje está previsto no art. 55 da Lei Federal nº 13.465, de 11 de julho de 2017, por meio de alterações realizadas no Código Civil de 2002.

Assim, no art. 1.225, inciso XIII, do Código Civil, foi acrescentada a laje entre os direitos reais enumerados no ordenamento.

Criou-se o art. 1.510-A, no Código Civil, estabelecendo que o proprietário de uma construção-base poderá ceder a superfície superior ou inferior de sua construção a fim de que o titular da laje mantenha unidade distinta daquela originalmente construída sobre o solo.

No § 1º do art. 1.510-A, se enuncia que o direito real de laje contempla o espaço aéreo ou o subsolo de terrenos públicos ou privados, tomados em projeção vertical, como unidade imobiliária autônoma, não contemplando as demais áreas edificadas ou não pertencentes ao proprietário da construção-base.

Passamos a transcrever os demais dispositivos pertinentes:

> § 2º O titular do direito real de laje responderá pelos encargos e tributos que incidirem sobre a sua unidade.
>
> § 3º Os titulares da laje, unidade imobiliária autônoma constituída em matrícula própria, poderão dela usar, gozar e dispor.
>
> § 4º A instituição do direito real de laje não implica a atribuição de fração ideal de terreno ao titular da laje ou a participação proporcional em áreas já edificadas.
>
> § 5º Os Municípios e o Distrito Federal poderão dispor sobre posturas edilícias e urbanísticas associadas ao direito de laje.
>
> § 6º O titular da laje poderá ceder a superfície de sua construção para a instituição de um sucessivo direito real de laje, desde que haja autorização expressa dos titulares da construção-base e das demais lajes, respeitadas as posturas edilícias e urbanísticas vigentes.

O art. 1.510-B, do Código Civil estatui que é expressamente vedado ao titular da laje prejudicar com obras novas ou com falta de reparação a segurança, a linha arquitetônica ou o arranjo estético do edifício, observadas as posturas previstas em legislação local.

O art. 1.510-C preceitua que, sem prejuízo, no que couber, das normas aplicáveis aos condomínios edilícios, para fins do direito real de laje, as despesas necessárias à conservação e fruição das partes que sirvam a todo o edifício e ao pagamento de serviços de interesse comum serão partilhadas entre o proprietário da construção-base e o titular da laje, na proporção que venha a ser estipulada em contrato.

O § 1º deste artigo estabelece que são partes que servem a todo o edifício: I – os alicerces, colunas, pilares, paredes-mestras e todas as partes restantes que constituam a estrutura do prédio; II – o telhado ou os terraços de cobertura, ainda que destinados ao uso exclusivo do titular da laje; III – as instalações gerais de água, esgoto, eletricidade, aquecimento, ar condicionado; IV – em geral, as coisas que sejam afetadas ao uso de todo o edifício.

O § 2º declara que é assegurado, em qualquer caso, o direito de qualquer interessado em promover reparações urgentes na construção na forma do parágrafo único do art. 249 desse Código.

O art. 1.510-D diz que em caso de alienação de qualquer das unidades sobrepostas, terão direito de preferência, em igualdade de condições com terceiros, os titulares da construção-base e da laje, nessa ordem, que serão cientificados por escrito para que se manifestem no prazo de trinta dias, salvo se o contrato dispuser de modo diverso.

O § 1º deste artigo reza que se o titular da construção-base ou da laje a quem não se der conhecimento da alienação poderá, mediante depósito do respectivo preço, haver para si a parte alienada a terceiros, se o requerer no prazo de cento e oitenta dias, contado da data de alienação.

O § 2º declara que se houver mais de uma laje, terão preferência, sucessivamente, o titular das lajes ascendentes e o titular das lajes descendentes, assegurada a prioridade para a laje mais próxima à unidade sobreposta a ser alienada.

O art. 1.510-E estatui que a ruína da construção-base implica extinção do direito real de laje, salvo se:

> I – se este tiver sido instituído sobre o subsolo,
>
> II – se a construção-base não for reconstruída no prazo de cinco anos,
>
> Parágrafo único. O disposto neste artigo não afasta o direito a eventual reparação civil contra o culpado pela ruína.

Essa as considerações que me ocorrem sobre o tema relativo ao Direito de Superfície e ao Direito de Laje.

Tipicidades do Interesse Processual: Anotações para Efetiva Utilidade do Processo

Ricardo de Oliveira Paes Barreto

Introdução

Todo aquele que busca a composição de qualquer pretensão controvertida de direito material perante o Poder Judiciário originariamente, seja pessoa física ou jurídica, de direito público ou privado, por via física ou digital, o faz através de uma ação, buscando declaração originária ou desconstitutiva, ou de um recurso, visando declaração revisional.

Basta uma aparente ameaça ao direito subjetivo do interessado, não uma aparente lesão apenas, para que a ação já possa ser ajuizada, a teor do contido no art. 5º, XXXV, da CF, elevando esse direito à categoria de fundamental.

Admitida que seja esta ação em primeiro, segundo ou excepcionais graus de instância, ou o recurso em seus diversos graus, a jurisdição passa a atuar mediante o processo originário ou recursal, sempre viabilizando o efetivo contraditório, sendo o caso, e atos subsequentes, até a completa satisfação dos termos do que julgado positiva ou negativamente em relação ao que pedido.

Verifica-se, portanto, que o nascedouro do exercício da pretensão de direito material a ser declarada pela jurisdição competente é exatamente a ação, a qual se materializa através de uma petição inicial, física ou mesmo eletrônica, cujos requisitos ordinários estão em regra previstos nos arts. 319 e 320 do CPC, submetendo-se os julgados originários às vias recursais subsequentes.

Por sua vez, as ações podem ser originárias das instâncias primárias, das instâncias ordinárias, também dominadas intermediárias, ou das instâncias excepcionais, de modo originário ou incidental, aqui mediante reconvenção (art. 343 do CPC) ou pedido contraposto (nas ações de natureza dúplice), confira-se por exemplo o art. 556 do CPC.

Já o duplo grau de instância, ordinário ou excepcional, e que constitui garantia constitucional para as partes (art. 5º, LV, da CF), se provoca ordinariamente através de recurso, via adequada à impugnação de toda e qualquer decisão que venha a ser proferida pelo próprio julgador ou pela instância inferior, em cuja sede se pretende aclaramento, anulação e/ou reforma, ou nas palavras do Min. Luiz Fux, "investe o tribunal no conhecimento irrestrito da causa" (STJ, no REsp 684331, 1ª Turma, rel. Min. Luiz Fux, DJ de 13/11/2006), entenda-se, mediante ação revisional.

Em suma, a pretensão declaratória compositiva, originária ou desconstitutiva, deve ser requerida através do ajuizamento de uma ação, sob suas variadas formas possíveis, enquanto que a pretensão declaratória revisional se exerce mediante a interposição de recurso adequado e em tempo oportuno, com pedido único ou cumulado, a depender do interesse processual ou recursal próprio de cada caso concreto.

Seja qual for a ação ajuizada, ordinária ou especial, ou mesmo o recurso interposto, dentro do complexo sistema processual compositivo do nosso país, caberá ao peticionante demonstrar subjetiva e respectivamente, dentre vários outros requisitos e nesta ordem de prejudicialidade, ser parte legítima e ter interesse processual no caso concreto, consoante exigências dos arts. 17 e 996 do CPC, sob pena de inadmissão liminar de sua pretensão, na forma dos arts. 321 e 932, III, do CPC.

Legítimo é o titular, ao menos em tese, do direito material controvertido, como autor, réu, recorrente, recorrido ou terceiro, nas suas variadas modalidades processualmente previstas, capazes, assim, de formar a relação processual em todos os graus de instância, não só aquele que pede, mas igualmente aquele contra o qual se pede jurisdição, como assentado na adequada e sempre atualizada acepção do doutrinador José Frederico Marques, em seu Manual de direito processual civil, 2 ed., São Paulo: Saraiva, 1974, vol. 1, p. 158, "aquele que pede a tutela jurisdicional em relação a um litígio deve ser o titular da pretensão formulada ao judiciário, e deve apresentá-la em face de quem é o sujeito passivo dessa mesma pretensão".

Superado o exame da legitimidade das partes, como vimos em ambos os pólos da relação processual e em ordem eventual, passa-se a analisar o interesse processual do peticionante da ação ou do recurso, que no seu sentido amplo se revela na necessidade de se buscar a tutela jurisdicional de direito material requerida, na ação ou no recurso, no pedido ou na contrariedade, mediante demonstração de que aquilo que se requer pode lhe trazer, de fato e/ou de direito e também ao menos em tese, alguma utilidade prática no seu campo de direitos subjetivos, exigindo, ainda e cumulativamente, a comprovação de que a via eleita, por ação, recurso ou contrariedade, seja processualmente adequada.

Temos, assim, que o interesse processual se revela na necessidade, urgente ou não, dita ordinária ou comum, cumulativamente com a utilidade do que se requer, e ainda, também cumulativamente, sempre através de via processual adequada, sob pena de carência do requerente, a implicar no imediato trancamento da ação ou reconvenção, nos termos do art. 330, II e III, do CPC, ou do recurso, conforme art. 932, III, do CPC.

De se registrar que de acordo com o art. 10 do CPC, seja para inadmissão da ação/reconvenção, seja do recurso, à falta de aparente interesse, não obstante cuidar-se de matéria de ordem pública, necessário será oportunizar à parte se manifestar previamente com prazo de 10 (dez) dias, para só então, e se for o caso, seja proferida a respectiva decisão trancativa.

1. As vias processuais adequadas

Consoante já especificado, diversas serão as vias processuais cabíveis, nas quais o requerente deverá demonstrar a necessidade e a utilidade do que se pede, sob pena de carência e inadmissão de seu pedido.

Assim o pode fazer por ação originária em primeiro, segundo ou excepcionais graus de instância; com pretensão declaratória originária, incidental ou desconstitutiva, ou na via recursal, primária, ordinária ou excepcional, pretendendo tutela de urgência ou apenas a solução ordinária da controvérsia.

Diante do até aqui exposto, já é de óbvia dedução o fato de que o interesse processual não se resume a um conceito único, senão devendo se observar qual o tipo de pretensão deduzida, originária ou recursal, urgente ou comum, para que se possa fazer a devida adequação formal de sua admissibilidade, partindo do conceito amplo já indicado.

Para tanto, é preciso identificar cada espécie de via processual possível e nela igualmente identificar os elementos típicos e específicos do interesse processual no caso concreto, tema cuja importância só será adequadamente identificada quando da compreensão final de tudo que aqui será exposto.

1.1. Nas ações originárias

Partindo desse ponto, passaremos agora a analisar as modalidades de ações originárias, que são aquelas onde pela primeira vez, ao menos em tese, a questão controvertida será submetida ao crivo jurisdicional competente, ou seja, o pedido formulado será apreciado nas instâncias primeira, intermediária ou excepcionais competentes, por regras de competência funcional, fazendo coisa julgada de acordo com o conteúdo decisório materializado em sentença ou em acórdão, nos termos dos arts. 502 a 508 do CPC.

No primeiro grau de instância teremos como regra as ações ordinárias, ditas comuns, e as ações de ritos especiais, estas previstas nos arts. 539 a 770 do CPC, as quais terão suas pretensões definidas por sentença.

O interesse ordinário ou comum consiste em demonstrar ao juízo originário de primeira instância a necessidade de se declarar em tese e positivamente aquela pretensão deduzida, enquanto que o interesse especial implica em demonstrar ao mesmo juízo essa necessidade quanto à pretensão de rito especial específica requerida.

Em outras palavras, digamos que o autor julga materialmente ofendido direito subjetivo seu decorrente de ato ou fato danoso praticado por terceiro, caso em que deverá fundar sua pretensão na necessidade de buscar uma tutela reparadora comum, através de ação ordinária de indenização.

Já se a relação controvertida está fundada em questão possessória, deverá o autor demonstrar no seu arrazoado a necessidade do exercício daquela pretensão reparadora de rito especial, possessória, de manutenção ou de reintegração de posse, a depender do caso concreto.

Seja numa hipótese, seja noutra, é bastante a demonstração desse interesse necessidade para que, somado com a legitimidade e ao menos por essa ótica, tenha ele sua petição admitida para processamento.

Se cumulativamente com esse interesse de ajuizamento da ação, ou da via reconvencional ou contraposta, a parte tenha necessidade de uma tutela de urgência, a dita liminar ou antecipação dos efeitos da tutela, por suas variadas formas, surge aí um novo tipo de interesse, como veremos mais adiante, pois agora será preciso demonstrar não apenas a necessidade de ajuizar aquela pretensão de direito material, senão cumulativamente a urgência dessa necessidade, sob pena de inobstante a necessidade de ajuizar aquela pretensão específica, não ser deferida a antecipação dos efeito da tutela requerida.

Em outras palavras, o interesse comum ou especial não se confunde imediatamente com o interesse para a concessão da tutela de urgência requerida pela mesma parte e no mesmo processo.

Pode haver interesse comum ou especial, mas não interesse de urgência, caso em que se admite a pretensão para processar, mas se nega a pretensão de antecipação dos efeitos da tutela, como pode haver um e outro decorrente, quando não só se admite o processamento da petição inicial, quanto se deve deferir a antecipação dos efeitos da tutela de urgência requerida.

Vejamos, por exemplo, o caso em que houve um acidente automobilístico com ocorrência de danos materiais e físicos, em que um dos envolvidos, que teve seu veículo avariado e sofreu lesões corporais, venha a ajuizar uma ação comum de indenização por danos materiais e morais.

Numa situação como esta, ele poderá requerer ao menos em tese indenização pelos danos materiais positivos e negativos sofridos, demonstrando seu interesse necessidade de se ver ressarcido das despesas que teve com o conserto de seu veículo, bem como lucros cessantes, demonstrando seu interesse necessidade em ser reparado relativamente ao que deixou de auferir no seu trabalho durante o período de paralização do automóvel.

Ambas as pretensões são comuns, não há aparente necessidade de deferimento de tutela de urgência, de modo que a petição inicial poderá ser admitida por essa condição da ação apenas para processamento, pois o direito de ação, como cediço, não se confunde com o direito material, já que, ao final da fase de conhecimento, o direito pretendido pode ser julgado procedente ou mesmo improcedente.

Já na mesma hipótese, se o veículo restou imprestável e/ou o envolvido no acidente ficou incapaz de exercer regularmente os atos de sua vida civil, poderá se demonstrar além da necessidade reparadora comum, a necessidade reparadora de urgência, preenchendo os demais requisitos específicos, a justificar o deferimento de tutela de urgência mediante cominações específicas e imediatas.

Tudo vai depender da análise de cada caso concreto e dos argumentos de fato e elementos probatórios constantes dos autos.

1.2. Nas ações desconstitutivas

As ações desconstitutiva são aquelas em que se exerce uma pretensão de desconstituição de um determinado julgado, seja decisão interlocutória, sentença ou acórdão.

Nestas ações não se busca declaração compositiva de relação controvertida originária, como vimos anteriormente, pois a controvérsia originária já foi decidida e agora excepcionalmente o que se pretende é desfazer, desconstituir o que então decidido.

São ações desconstitutivas a oposição, regrada nos arts. 682 a 686 do CPC; a ação rescisória, nos arts. 966 a 975 do CPC; a declaratória de nulidade, nos arts. 282 e 966, § 2º, do CPC, e os embargos de terceiro, nos art. 674 a 680 do CPC.

Na oposição, aquele que pretender, "no todo ou em parte, a coisa ou o direito sobre que controvertem autor e réu poderá, até ser proferida a sentença, oferecer oposição contra ambos", visando, exatamente, mediante demonstração de que a coisa litigiosa em relação processual controvertida envolvendo terceiros, deve ser dela excluída, no todo ou em parte, mediante desconstituição do ato constritivo questionado.

A demonstração do interesse comum decorre da necessidade dessa desconstituição, mas poderá ocorrer que o opositor tenha sido desapossado do bem em questão, ou mesmo esteja a sofrer ameaça dessa lesão em tese descabida, por exemplo, caso em que terá não só interesse comum de ajuizar a oposição, como também poderá demonstrar interesse de urgência, e, cumulativamente, pugnar pela concessão da antecipação dos efeitos da tutela específica.

Na ação rescisória, o autor obteve contra si uma sentença ou acórdão transitado em julgado que agora pretende desconstituir, devendo, para tanto, demonstrar a ocorrência de um dos tipos previstos no art. 966 do CPC, daí decorrendo a necessidade da rescisão proposta, seja para simples desconstituição, seja para que, uma vez rescindido, novo julgamento seja proferido em substituição ao pioneiro, evidentemente se procedente a ação.

Havendo cumulada demonstração de necessidade, poderão ser antecipados os efeitos da tutela rescisória, mediante concessão de liminar preventiva ou mesmo antecipatória dos efeitos do mérito pretendido no pedido de rescisão, com o permissivo do art. 969 do CPC.

Segundo a jurisprudência do STJ, "a concessão da antecipação da tutela em sede ação rescisória, a fim de suspender a execução do acórdão rescindendo, exige mais que um mero juízo de verossimilhança, mas também a comprovação de que a ação rescisória tem forte probabilidade de êxito, ou seja, quando visível à primeira vista a procedência da ação rescisória pelo mérito. Isto porque milita contra o autor a presunção de que justo foi o acórdão transitado em julgado, tendo em vista a sua cognição que vai além da superficialidade de uma liminar" (no AgRg na AR 5213, rel. Min. Napoleão Nunes Maia Filho, 1ª Seção, DJe 04/11/2013).

Portanto, sem essa demonstração específica, o autor poderá até ter interesse para a ação rescisória, mas não para a concessão de eventual liminar antecipatória dos efeitos meritórios da rescisão pretendida.

Já se a necessidade da parte é no sentido de desconstituir ato processual e não a rescisão meritória do julgado, caberá o ajuizamento da ação declaratória de nulidade, a denominada *querela nullitatis*.

Nesta ação, de competência funcional do juízo originário que proferiu a decisão que se pretende anular, a pretensão da parte legitimada poderá ser apenas de declarar a nulidade do ato específico, mediante demonstração do interesse comum, como também, havendo efeitos imediatos decorrentes da decisão que pretende anular e que estejam a causar lesão ou ameaça de lesão aos seus direitos subjetivos, poderá ser cumulada liminar visando o acautelamento que se faça necessário para evitar o perecimento do direto material de fundo controvertido.

De acordo com o art. 674 do CPC, aquele que, não sendo parte no processo, vier a sofrer "constrição ou ameaça de constrição sobre bens que possua ou sobre os quais tenha direito incompatível com o ato constritivo, poderá requerer seu desfazimento ou sua inibição por meio de embargos de terceiro".

Percebe-se que um terceiro, estranho aos sujeitos de processo em curso, obteve contra si uma constrição patrimonial, em tese indevida, e, por isso mesmo, tem necessidade de desconstituí-la, o que é viável através dos embargos de terceiro, tanto que se acolhido o pedido, esse ato judicial constritivo será cancelado, com o reconhecimento do domínio, da manutenção da posse ou da reintegração definitiva do bem ou do direito ao embargante.

Em sua sede também será possível tecnicamente não só se requerer a desconstituição meritória, como também a antecipação dos efeitos dessa mesma pretensão, desde que conjuntamente se demonstre "suficientemente provado o domínio ou a posse, com a determinação preventiva da suspensão das medidas constritivas sobre os bens litigiosos objeto dos embargos, bem como a manutenção ou a reintegração provisória da posse, se o embargante a houver requerido", nos termos do art. 678 do CPC.

Assim, haverá interesse processual do terceiro em tese prejudicado em requerer a desconstituição da constrição apontada como indevida, sem pedido liminar, bastando ser demonstrada a necessidade de baixá-la, porém se além dessa pretensão comum, houver necessidade de antecipação dos efeitos da tutela, será preciso demonstrar a urgência que reclama a medida para que a liminar possa vir a ser concedida, mediante prova inequívoca da verossimilhança das alegações do embargante, igualmente sob pena de seu indeferimento como nos demais casos já expostos, mesmo se admitindo o interesse comum para a causa, como bem direciona a doutrina de Gerson Fischmann, em seus Comentários ao Código de Processo Civil, São Paulo: RT, v. 14, 2000, p. 270, segundo a qual "o juiz, não deferindo a liminar, poderá receber os embargos, não sendo causa de extinção liminar, porque os requisitos que, inicialmente, não convenceram o magistrado para adiantar a eficácia, podem aparecer no curso da demanda".

1.3. Nos recursos

Diferentemente do interesse para a ação, onde se deve demonstrar a necessidade na sua admissão e processamento, para análise oportuna da tutela de direito material reclamada, originariamente ou visando desconstituição de julgado, o interesse recursal é aquele pelo qual o recorrente deverá corroborar a necessidade de aclaramento, reforma ou anulação de determinado julgado, associado à utilidade daquilo que pede neste sentido.

No alinhamento jurisprudencial, "o interesse recursal repousa no binômio necessidade e utilidade. A necessidade refere-se à imprescindibilidade do provimento jurisdicional pleiteado para a obtenção do bem da vida em litígio, ao passo que a utilidade cuida da adequação da medida recursal alçada para atingir o fim colimado" (TJMS, na APL 802703-55.2014.8.12.0005, rel. Des. Vladimir Abreu da Silva, 5ª CC, DOJ de 10/03/2016), ou, em outros termos, "o que justifica o recurso é o prejuízo, ou gravame, que a parte sofreu com a sentença" (STJ, nos EDcl no AgRg nos EDcl no REsp 907417, rel. Min. Luiz Fux, 1ª T, DJe 25/3/2010).

Nessa linha igualmente é a doutrina de José Carlos Barbosa Moreira, em seus Comentários ao Código de Processo Civil, Rio: Forense, vol. V, 2003, p. 295, para o qual "são necessários dois pressupostos para configurar o interesse recursal, a saber: *a) necessidade*, eis que o recurso deverá ser o único meio para a obtenção do resultado pretendido pelo recorrente, e, *b) utilidade,* tendo em vista que o recurso deve subtrair ou ao menos atenuar o gravame, trazendo, assim, um resultado prático mais vantajoso para o recorrente".

Segue ele afirmando que "do mesmo modo que o interesse em agir, como condição de legítimo exercício da ação, se liga à ocorrência de uma situação em que se torna necessário o ingresso em juízo, por não haver outro remédio eficaz para a (suposta) ameaça ou lesão ao (alegado) direito, assim também o interesse em recorrer, como requisito da admissibilidade do recurso, pressupõe a necessidade deste para o atingimento do resultado prático que o recorrente tem em vista", e "desde que por via mais simples, sem qualquer gravame, pudesse o recorrente obter total proteção, deixa o recurso de ser necessário e, por conseguinte, falta o interesse em recorrer" (pp. 300 e 301).

Esse é o interesse recursal comum, um dos pressupostos processuais para admissão de todo e qualquer recurso, porém há casos em que a simples admissibilidade da peça revisional não atende como um todo a necessidade da parte recorrente, pois há hipóteses em que, pela natural demora do tempo do processo, o direito material controvertido possa perecer, quando além dessa necessidade recursal comum, poderá ter o recorrente que atestar a necessidade de antecipação dos efeitos da tutela recursal de forma preventiva ou mesmo meritória, em especial quando em discussão bens preciosos da vida de cada um de nós, confiram-se no particular as previsões dos arts. 932, II; 1.012, § 4º; 1.019, I, e 1.026, § 1º, todos do CPC.

Assim delineia a doutrina de Eduardo Talamini, em A nova disciplina do agravo e os princípios constitucionais do processo, RePro 80/125-147, no sentido de que em certas situações, há urgência na obtenção da providência meritória não atendida na origem, sustentando com adequação que "o simples futuro provimento do recurso contra sua denegação poderia vir a ser inútil ⍰ vez que já concretizado o dano que se pretende evitar. É precisamente o que se dá em relação às decisões que indeferem liminares em cautelares, em mandados de segurança, em possessórias. Também se enquadra nessa hipótese a decisão que, no processo de conhecimento, nega a antecipação de tutela fundada em risco de dano irreparável", "as mesmas razões que autorizam a suspensão da decisão impugnada, para que o eventual provimento do recurso não venha a ser inservível, justificam que, desde logo, conceda-se o resultado prático de seu provimento, nos casos em que sua realização, no final do procedimento recursal, seria inútil".

Ainda como anota a doutrina do saudoso Teori Albino Zavascki, na sua obra Antecipação da tutela e colisão de direitos fundamentais, Liminares (obra coletiva), São Paulo: RT, 1995, p. 93, "poderá ocorrer que a situação de perigo de dano irreparável ao direito ou o propósito protelatório se configure quando o processo já esteja na sua fase recursal", e, por isso, "a solução que o novo sistema oferece é o pedido de antecipação, que será dirigido ao tribunal e será apreciado pelo órgão competente para o julgamento do recurso, ou pelo relator, conforme dispuser o regimento interno".

1.4. Nas tutelas de urgência

De acordo com o art. 294 do CPC, a tutela provisória pode fundamentar-se em urgência ou evidência, sendo que a tutela provisória de urgência, que se divide em cautelar ou antecipada, pode ser concedida em caráter antecedente ou incidental.

Ambas as tutelas de urgência são tutelas jurisdicionais não definitivas, e serão concedidas, sendo o caso, em juízo de cognição sumária, exigindo demonstração de probabilidade do direito e perigo de dano ou risco ao resultado útil do processo, na forma prevista no art. 300 do CPC.

Havendo necessidade de antecipação da tutela de urgência satisfativa, será necessária a demonstração pelo legitimado ao juízo competente que, além da urgência que o caso concreto reclama, o próprio direito material controvertido estará em risco se não obtido aquele provimento meritório de modo antecipado.

Já na hipótese de haver necessidade de antecipação da tutela de urgência cautelar, será preciso demonstrar, além dessa mesma urgência, que a efetividade de um futuro provimento meritório estará em risco caso não deferida a medida preventiva requerida.

Na primeira, busca-se a antecipação imediata dos efeitos da pretensão de direito material deduzida ou a se deduzir, enquanto que na segunda, pretende-se imediato acautelamento, mediante medida preventiva adequada, como forma de evitar o perecimento do direito a ser discutido em processo já em curso ou a ser ajuizado oportunamente, tudo na forma do art. 297 do CPC.

Portanto, sempre que os requisitos legais estiverem presentes, a concessão de tutela jurisdicional em caráter de urgência constituirá obrigação incontornável do Estado, ante o regramento previsto no art. 5º, XXXV, da CF.

Conclusão

Ante tudo que se expos, vimos que para o acionamento do Judiciário originariamente, visando composição de direito controvertido por decorrência legal ou pessoal, ou para desconstituição ou revisão de julgados, deverá ser demonstrado ao juízo competente inicialmente ser a parte legítima e, em ordem subsequente, ter interesse processual.

Essas condições são essenciais para que a ação, ou o recurso, sejam admitidos e, caso presentes os demais requisitos e pressupostos, aquela pretensão de direito material específica possa ser processada, sob pena de imediata inadmissão da peça específica, e apreciada oportunamente.

Enquanto a legitimidade diz respeito à titularidade ativa e passiva em relação ao direito controvertido em cada caso concreto submetido à apreciação da Justiça, o interesse se traduz na necessidade de esse titular buscar do Judiciário uma decisão que possa lhe trazer utilidade compositiva dentro do espectro de seus direitos subjetivos, mediante utilização de via processual adequada, por ação ou recurso, nas suas variadas acepções.

Por sua vez, essa necessidade/utilidade às vezes se revela tão somente comum, com simples pretensão de processamento da ação ou do recurso, até a obtenção do resultado compositivo, ou poderá ocorrer de a parte também ter necessidade de obtenção de um provimento de urgência, visando o não perecimento do direito controvertido ante a inerente demora temporal do processo em suas fases consumativas, cuja necessidade cumulativa igualmente deverá ser demonstrada, para que e sendo o caso, possa o julgador competente não só admitir a processamento a ação ou o recurso, mas também antecipar efeitos da tutela cautelar ou satisfativa, salvaguardando a eficiência do processo.

Em últimas palavras, a tutela jurisdicional reclamada só se tornará efetiva quando adequadamente admitido e processado o feito, no seu costumeiro longo decurso de fases até a completada satisfação da decisão compositiva declarada.

Roberto Rosas – a Caminhada

Rubens Ferraz de Oliveira Lima

a) Formação Básica

1. No distante ano de 1965, um jovem advogado carioca, Roberto Ferreira Rosas, chegou a Brasília, nela fixando-se, até hoje, constituindo família e realizando-se profissionalmente.

Roberto, em 1964, bacharelou-se em Direito, na renomada Faculdade de Direito da UERJ, anteriormente Universidade do Brasil.

Em 1963, recebeu o diploma de Bacharel em Ciências Sociais, pela Faculdade de Filosofia da Universidade do Estado do Rio de Janeiro – UERJ.

Doutorou-se, ainda, em Direito, pela UFRJ, em 1968, e pela Universidade de Brasília, em 1970, da qual, em 1968, se tornara Mestre em Direito.

Sua obra de doutoramento, na UFRJ, "Do abuso de direito ao abuso de poder" – Malheiros Editores, 2011, está tornando-se clássica.

Ao sugerir-lhe escrever sobre este tema, o saudoso e douto Hely Lopes Meirelles lhe realçou que ninguém ainda versara o assunto, apesar da sua importância, tanto que, caracterizado o abuso, desde que presentes outros requisitos, cabe Mandado de Segurança (Lei nº 12.016 de 07/08/2009).

Roberto lecionou na Faculdade de Direito da Universidade de Brasília, por mais de 30 anos, de 1967 a 1999, alcançando o cargo de Professor Titular.

b) STF e TSE

2. Chegando a Brasília, quando a cidade ainda principiava, Roberto logo iniciou suas atividades como Assessor Jurídico do Ministro Gonçalves de Oliveira, do Supremo Tribunal Federal, tendo atuado no período de 1965 a 1968.

Então, aproximou-se do Supremo para sempre.

Estudou a Instituição, desde a sua criação, bem como aprofundou-se no conhecimento da vida e da atuação de inúmeros ministros que dele fizeram parte ao longo da sua história.

Seus olhos recaíram, de modo especial, no Ministro Moreira Alves, a seu ver, um dos maiores ministros da Corte em todos os tempos. Espírito arguto, culto, combativo, objetivo e técnico.

Enalteceu a presença de Pedro Lessa, durante a Primeira República, considerando-o um dos grandes ministros do Tribunal em todos os tempos.

De Aliomar Baleeiro, ressaltou o modo como um brilhante político, tornou-se um não menos brilhante juiz.

Rosas sempre dedicou palavras especiais a Victor Nunes Leal, de quem lembra, além da sua vasta cultura jurídica, sua enorme disposição para o trabalho e seu senso de organização, contribuindo, fortemente, para a divulgação da jurisprudência do Supremo e, de modo especial, de suas súmulas de jurisprudência predominante.

Enfoca, também, a sua densidade técnica e sua incansável luta para melhorar as condições do Tribunal.

3. Após ter deixado o referido cargo de Assessor Jurídico, passando a exercer a advocacia, Roberto tem atuado, intensamente, em nosso Pretório Excelso, bem como no Superior Tribunal de Justiça.

De 1984 a 1986, foi Ministro Substituto do Tribunal Superior Eleitoral e, de 1986 a 1990, Ministro Efetivo.

Roberto, em sua profícua jornada, foi essencialmente um advogado. Foi inscrito na OAB/RJ de 1965 a 1970 e na OAB/DF de 1970 até hoje.

Participou ativamente das entidades de classe, tendo sido Conselheiro Seccional da OAB/DF por dois mandatos e Membro do Conselho Federal da OAB durante 20 anos.

Inúmeras vezes, foi examinador de importantes concursos públicos, como de Juiz Federal, Juiz de Direito, teses de doutoramento e dissertações de mestrado.

Participou das bancas examinadoras, por exemplo, dos concursos em que foram aprovados város juízes federais que, posteriormente, integraram o STJ, como é o caso de José Augusto Delgado, Ari Pargendler, Fernando Gonçalves, Eliana Calmon, Castro Meira, Assusete Magalhães e Benedito Gonçalves.

Foi examinador em bancas de concurso para a livre docência e para o cargo de Professor Titular em Direito Civil, que aprovaram o Prof. Fernando Campos Scaff, na tradicional Faculdade de Direito da Universidade de São Paulo.

Sua atividade profissional é amplamente respeitada, com forte presença nos Tribunais Superiores e nas Universidades.

Tem prestígio nacional, tendo participado de mais de 200 congressos, conferências e palestras, com cerca de 141 artigos jurídicos publicados em revistas.

Nessas ocasiões, frequentemente, versou temas jurídicos importantes, como, exemplificando, escreveu, em 1999, na Revista do Centro de Estudos Judiciários do Conselho de Justiça Federal, um artigo "Direito Civil e Constituição", no qual examinou a relação do Projeto com a Constituição e sobre as relações entre o Direito Constitucional e o Direito Civil.

Com o seu vasto conhecimento do Supremo Tribunal Federal, escreveu o pioneiro "Direito Sumular" – Malheiros Editores, já em sua 14ª. edição.

Em 1985, publicou outro trabalho expressivo, ou seja, **"Pedro Lessa, o Marshall Brasileiro"** – Horizonte Editora, que, no seu entender, foi o grande juiz do STF durante a Primeira República.

Bem demonstrou a amplitude e a riqueza dos estudos de Pedro Lessa, como, por exemplo, versando a responsabilidade civil do estado e o dano moral.

Lançou, ainda, o "Direito Processual Constitucional" – Editora RT, 3ª. Ed, 1999.

Publicou, ainda, em 2012, "Perfis do mundo jurídico" – Editora Migalhas.

Recentemente, em 2018, lançou o seu "Devido Processo Legal" – GZ Editora, obra que se detém sobre relevantíssimo e precioso tema.

É membro da Academia Brasileira de Letras Jurídicas e da Academia Brasiliense de Letras.

4. Acompanhou ativamente a criação e a instalação do Superior Tribunal de Justiça, consoante assentado pela Constituição Federal de 1988, inovação essa de importantíssimas repercussões na distribuição da justiça no Brasil.

Muitos debates foram travados sobre a questão, inclusive, no Supremo Tribunal Federal, buscando fixar-se o entendimento a respeito da extensão da competência do STJ.

Ao longo de sua vida, conheceu e conviveu com juristas de porte, como, por exemplo, Hanemann Guimarães, Hélio Tornaghi, Victor Nunes Leal, Evaristo de Moraes Filho, Haroldo Valadão, Luiz Roldão de Freitas Gomes, San Tiago Dantas, Gonçalves de Oliveira, Aliomar Baleeiro, Josaphat Marinho, Moreira Alves e muitos outros.

Rosas sempre realçou e realça a dimensão invulgar de Santiago Dantas, no seu olhar, a grande estrela, em seu tempo, dentre os professores da então Faculdade Nacional de Direito.

Pessoas como essas, muito influenciaram na formação de Roberto, que bem percebeu os méritos de cada uma e a necessidade de um constante aprimoramento do seu conhecimento jurídico.

Com brilho e desprendimento, prestou assessoria, em especial a senadores, quando da votação do projeto do novo Código Civil.

Assim, colaborou, intensamente, com o Relator do Projeto no Senado Federal, Senador Josaphat Marinho.

Também esteve, sempre que solicitado, ao lado do Senador Bernardo Cabral, quando da elaboração da Constituição de 1988, de cujo projeto aquele parlamentar foi Relator.

O douto Luiz Roldão de Freitas Gomes, colega da Faculdade de Direito, foi seu companheiro de importantes reflexões jurídicas. Roldão, além de Professor, escreveu valiosas obras de Direito Civil.

c) E a caminhada prossegue

5. Em linhas muito gerais, assim vejo a profícua e brilhante caminhada de Roberto Rosas ao longo da vida.

E o importante é que, depois de décadas de muitas atividades, Roberto permanece com o entusiasmo e a dedicação de sempre.

Quando possível, está a proferir palestras e participar de concursos pelo Brasil.

Conserva seus predicados de pessoa de trato ameno, amigo e prestativo.

Não esmorece.

Há cerca de 30 anos, tenho constantemente atuado, na advocacia, com Roberto Rosas. Ficamos amigos próximos.

A sua companhia, além de um amparo valioso para a postulação, constitui motivo de muita alegria.

É uma pessoa muito aberta e objetiva.

Com sua conhecida concisão, isso revela em suas exposições e escritos.

Permanece aberto ao estudo dos novos temas jurídicos e ao aprimoramento dos antigos.

Seus estudos de Ciências Sociais, com profundos conhecimentos de História, Sociologia e Política, deram uma rica dimensão à sua cultura.

Sua produção jurídica é intensa e, com frequência, pioneira.

Em síntese, é como vejo Roberto Ferreira Rosas.

Excelente homem de família, dedicado, brilhante advogado e professor, e amigo querido.

Assim, a sua caminhada prossegue, sempre abrindo novas veredas.

Dissolução Parcial de Sociedades Limitadas

Rui Celso Reali Fragoso

As sociedades empresariais, especialmente as limitadas, nascem com a harmonia dos sócios e interesses comuns. No transcorrer de suas atividades, muitas vezes, desaparece o bom relacionamento e surgem instransponíveis desavenças para a convivência societária.

Assim, só resta terminar a sociedade inteiramente ou dissolvê-la parcialmente, neste último caso, saindo o(s) sócio(s) discordante(s). Nem sempre há concordância de quem deve sair para a sociedade prosseguir, ou, qual o valor devido ao sócio retirante.

Eis o problema.

Há tempos a jurisprudência consagrou a possibilidade da dissolução parcial da sociedade e, finalmente, a partir da vigência do Código de Processo Civil de 2015, ficou estabelecido nos seus artigos 599/609 a regulação do procedimento. Já a dissolução total não foi regulada no novo código, submetendo-se ao rito comum (art. 318 e seguintes e art. 1.046, parag. 3º). A falta de interesse no prosseguimento pelos sócios, a impossibilidade de cumprimento do objetivo, a perda de autorização, ou seja, as causas da dissolução total são procedimentos hoje pouco utilizados[1], salvo quando buscam fugir de obrigações, especialmente as fiscais, o que é absolutamente ilegal.

O intuito evolutivo das decisões judiciais confirmou o princípio da preservação da empresa, tendência moderna de cunho social e de visão menos individualista das sociedades.

Ainda que passíveis de críticas[2], as disposições contidas na lei processual trouxeram avanços, sobretudo para a clareza e aplicação daquilo que a jurisprudência já admitia. Assim, a ação de dissolução parcial pode ter por objeto: a) a resolução da sociedade; b) a apuração dos haveres ou c) ambas as situações.

Importante ressaltar que não obstante inseridas no Código de Processo Civil, as regras materiais dispostas sobre a dissolução parcial não atingem os processos anteriores a vigência da lei processual. Nesse sentido, também, há controvérsia[3].

Embora a terminologia resolução possa ser discutível, na verdade o Código de Processo Civil estabeleceu o procedimento especial para a retirada ou exclusão do sócio ou simplesmente a apuração dos haveres do sócio retirante.

---

1 LACERDA, Vinícius. *Dissolução parcial de sociedade no CPC/2015: a legitimação do ex-cônjuge e o princípio da preservação da empresa.* Belo Horizonte: Ed. D'Plácido, 2019, pp. 73 e seguintes.

2 FRANÇA, Eramos Valladão Azevedo e Novaes; ADAMEK, Marcelo Vieira von. *Da ação de dissolução parcial da sociedade: comentários breves ao CPC/2015.* São Paulo: Malheiros, 2016, pp. 27 e seguintes.

3 ALVES, Alexandre Ferreira de Assumpção; TURANO, Allan Nascimento. *Resolução da sociedade limitada em relação a um sócio e a ação de dissolução parcial.* Curitiba: Juruá, 2016, pp. 95 e seguintes.

A possibilidade de somente se buscar a resolução ou a apuração de haveres, ficando a discussão apenas restrita sobre o valor a ser recebido ou devido pelo sócio retirante é, sem dúvida, um avanço importante da legislação ao consolidar a lógica que se almejava nos processos com esse objeto. Assim, se a discussão está limitada ao *quantum* (ativo deduzido o passivo) a receber pelo sócio que se desliga, é desnecessária a fase anterior, até então utilizada, de desconstituição do vínculo societário.

O pedido na ação de dissolução parcial poderá ser apenas de resolução parcial quanto ao sócio que, voluntariamente, se retira. Neste caso a natureza da ação é declaratória, mas, em contrapartida, a sociedade e os sócios remanescentes poderão reconvir concordando, obviamente, com a retirada, pois ninguém poderá ser compelido a associar-se ou permanecer associado[4], porém, requerendo a apuração da responsabilidade do sócio retirante, neste caso, também incluída a apuração de haveres positiva ou negativa. Seria antijurídico e permitiria o enriquecimento ilícito, se diante das dificuldades da sociedade e de suas dívidas, o sócio, simplesmente, deixasse a sociedade sem arcar com o ônus (ou bônus) até o momento do desligamento.

A legitimidade ativa para o pedido de exclusão deve ser da sociedade e dos sócios que pretendem permanecer. No caso do pedido de retirada voluntária com apuração de haveres, a legitimidade passiva é da sociedade e/ou de todos os sócios remanescentes.

Além das obrigações civis existentes à época da vida societária, o artigo 568, inciso V do CPC enuncia que o responsável tributário pode ser o sujeito passivo da execução. E, o artigo 134, III, do Código Tributário Nacional estabelece que, "os sócios no caso de liquidação da sociedade de pessoas" respondem solidariamente com a sociedade pelos atos que intervieram ou omissões de que forem responsáveis" nas hipóteses de "impossibilidade de exigência de cumprimento da obrigação principal pelo contribuinte". Forte a jurisprudência neste sentido, com raras exceções [5].

O sócio ao comunicar seu desligamento deve observar o que dispõe o contrato social ou, no caso de falta de previsão no contrato, notificar previamente os demais sócios com prazo de sessenta dias.

A exclusão do sócio, a mais grave situação existente na vida societária, pode ser extrajudicial ou judicialmente e sempre de forma motivada. A primeira, vem prevista no artigo 1.085 do Código Civil, com alteração da Lei nº 13.793 de 3 de janeiro de 2019, onde os sócios majoritários poderão exercer esta drástica faculdade, desde que o contrato social tenha esta previsão e presentes as situações mencionadas no mencionado artigo. O sócio excluído terá sempre o direito de defesa, neste caso, por ação própria, onde pode requerer a apuração de haveres ou se ocorrida a justa causa.

Também autoriza a retirada compulsória, a ocorrência de fato incontroverso e de pleno direito (sócio remisso, falido ou cuja quota foi liquidada, conforme o dispos-

---

4 Art. 5º, XX, Constituição Federal.

5 GIANICCO, Maurício. Boletim AASP nº 3090.

to nos artigos 1.004 e 1.026 do CC). No caso de falecimento do sócio, os sucessores da herança não poderão pleitear o ingresso na sociedade, salvo se houver previsão contratual no sentido da sucessão, e, assim, deverão promover a liquidação da quota do autor da herança (apuração dos haveres). Evidente que o sócio ou sócios remanescentes não estarão obrigados a compartilhar a sociedade com aquele ou aqueles com quem não têm interesse.

A dissolução parcial judicial pode ser promovida pelo sócio retirante figurando sócios e sociedade no polo passivo. Neste caso, seguidos os trâmites previstos e, se previstos (notificação premonitória) no contrato social, a ação fica limitada apenas à apuração de haveres.

Questão de fundamental relevo é a exclusão de sócio quando não há previsão contratual desta hipótese e inexistente possibilidade de acordo sobre quem deva sair ou quanto deve receber o sócio retirante.

Os sócios que pretendem excluir outro sócio devem, rigorosamente, provar a justa causa. Assim, significativa jurisprudência e doutrina entendem que apenas a alegação da quebra da denominada "*affectio societatis*" sem demonstração da falta grave não justifica a procedência do pedido[6]. Esse entendimento está baseado na interpretação linear do Código Civil, pois, modernamente a *affectio societatis* sequer deve ser entendida como característica inerente ou elemento essencial do ato constitutivo da sociedade[7].

A tese de que simples desarmonia entre os sócios ou a quebra da *affectio societatis*, não configura elemento determinante quer para a dissolução parcial da sociedade, quer para eventual afastamento de função administrativa de sócio e a situação exposta precisa ser examinada com cuidado, caso a caso.

Não há dúvida que o Código Civil alterou profundamente as causas para exclusão. Desapareceu a então consagrada tese da ruptura da afeição societária para ato determinado e objetivo, mas, também, por ser conceito aberto este propicia a abrangência de situações que evidenciam a possibilidade de risco à atividade da sociedade.

Embora seja necessária a existência de justa causa, verdadeiro conceito subjetivo, o julgador pode e deve analisar se a quebra da *affectio societatis* inviabilizará a continuidade das atividades de modo a impossibilitar seus objetivos e, assim, no sentido da preservação da empresa, princípio jurídico norteador a ser observado[8], deve avaliar, diante da insuperável convivência entre os sócios, qual ato foi mais grave

---

6 TJ/SP, Apelação Cível nº. 0135540-31.2011.8.26.0100, 1ª. Câmara de Direito Empresarial, Rel. Des. Francisco Loureiro, j. em 15/05/2014; Jornadas CJF, enunciado nº. 67.

7 FRANÇA, Erasmo Valladão Azevedo e Novaes; ADAMEK, Marcelo Vieira von. *Da ação de dissolução parcial da sociedade: comentários breves ao CPC/2015*. São Paulo: Malheiros, 2016, pp. 27 e seguintes.

8 NEGRÃO, Ricardo. *Preservação da Empresa*. São Paulo: Saraiva Educação, 2019.

entre os descritos pelos sócios de forma antagônica e qual deles (sócios) seria mais importante permanecer para a sobrevivência da empresa, ainda que diante da apuração de haveres.

Significativo ressaltar que "*o conceito de falta grave é aberto, merecendo ser feito, caso a caso, um juízo de valor concreto, medindo-se a incompatibilidade da conduta notificada e comprovada com a condição de sócio. Alguns exemplos merecem realce. Um sócio de serviço pratica uma falta grave quando simplesmente deixa de prestar a contribuição ajustada, quando divulga informações confidenciais ou quando pratica atos de gestão ilícitos ou com violação do próprio contrato social. Nessas duas circunstâncias, a exclusão preserva a sociedade simples e viabiliza o prosseguimento do empreendimento*"[9].

A simples menção do rompimento da possibilidade de convivência ou o pedido desacompanhado de fatos objetivos é insuficiente para a exclusão de sócio, no entanto, por se tratar de conceito subjetivo, inúmeras situações podem configurá-la. Portanto, o rigor na apreciação daquilo que é fato fundamental para caracterizar a exclusão do sócio ficará a critério do Magistrado, o que autoriza, em tese, a avaliação mais justa e específica de cada caso. Não só os sócios majoritários poderão requerer a exclusão extrajudicial ou judicial, como os minoritários poderão requerer judicialmente, e tão-só judicialmente, a exclusão dos majoritários pelas mesmas razões (justa causa). É o que vem disposto no artigo 1.030 do Código Civil. Logo, independente da condição de majoritário, o sócio poderá ser excluído pelos minoritários[10].

A falta grave, evidentemente é, por exemplo, aquela descrita no artigo 1.017 do CC/02 ao cuidar do desvio de bens pelo sócio. Assim, além da obrigação de restituir, o sócio pode e deve ser excluído e, ainda, responder criminalmente por apropriação indébita (Art. 168 do Código Penal). O sócio que se utiliza de recursos da empresa para quitar compromissos pessoais sem previsão societária ou conhecimento e concordância dos demais sócios, também, comete falta grave. Igualmente, se ainda que por interposta pessoa, faz ou contribui para a concorrência desleal, tipificada estará a justeza de sua exclusão.

Mas, desavenças constantes, animosidades ou discordâncias administrativas será que são questões irrelevantes? Como resolver? Esperar que um ou outro sócio cometa ato inequívoco para a justa causa e enquanto isso mantenham-se em sociedade? A falta de consenso entre os sócios não só faz mal a sociedade, como também contribui decisivamente para seu desaparecimento, o que contraria o princípio[11] da preservação da empresa.

---

9 FILHO, Marcelo Fortes Barbosa. *Código Civil comentado: doutrina e jurisprudência.* Coordenação: Cezar Peluso. 9ª ed., Barueri, SP: Manole, 2015, p. 977.

10 WALD. Arnoldo. *Comentários ao novo Código Civil.* Rio de Janeiro: Forense, 2005.

11 NEGRÃO, Ricardo. *Preservação da Empresa*. São Paulo: Saraiva Educação, 2019.

É evidente que desentendimentos pueris, discordâncias genéricas ou irrelevantes não podem levar a exclusão de sócio. Mas como caracterizar o que é pueril nas divergências entre os sócios?

Não é fácil a tarefa do Magistrado em determinar diante de determinados fatos não descritos na lei, se ocorreu justa causa para o pedido de exclusão ou quem deve ser excluído. Diante da patente animosidade entre os sócios, com ameaça da sobrevivência da própria empresa e outros riscos, também graves, deve o julgador analisar quem deve permanecer na sociedade, ou seja, diante de imputações reais de lado a lado, qual sócio é vital para a manutenção da sociedade.

Vale lembrar, a propósito, o caso em que um casal após o divórcio se manteve em sociedade empresarial, em igualdade de condições (50% da participação social para cada um). As rugas e desavenças do casamento permaneceram e até aumentaram na vida societária. E o dia a dia da empresa tornaram-se de insuportável convivência: se o sócio demitia um funcionário, na semana seguinte, a sócia recontratava o mesmo funcionário. Também, não havia acordo sobre a fixação de critérios de remuneração. O escritório de contabilidade contratado por intermédio da sócia foi ato contínuo destituído pelo sócio e depois recontratado novamente pela sócia. A contratação de duas equipes de vendas com critérios distintos confirmava a desavença insuperável. As ofensas verbais entre os sócios eram constantes. Ciente que seu ex-cônjuge e atual sócio na gostava de cachorros, a sócia levava todos os dias um cão de porte médio para o Escritório da empresa e assim por diante.

O Tribunal de Justiça de São Paulo entendeu que não havia prova de falta grave de nenhum dos sócios e as desavenças eram de somenos importância, julgou improcedente tanto a ação quanto a reconvenção e determinou que continuassem a vida societária. Desnecessário concluir o que poderia ocorrer. Também, em sentido oposto, o mesmo Tribunal entendeu procedente o pedido de exclusão requerido pelo sócio majoritário (titular de 90% do capital social) em conflito com sócia minoritária (10%), com base na alegada quebra da *affectio societatis* e no sentido de preservar a empresa.[12]

O Judiciário não pode deixar de prestar sua função jurisdicional e tem o dever de encontrar a melhor solução para a preservação da empresa, sem expor à riscos a integridade física e moral dos sócios diante da difícil apuração da justa causa.

Mas, para Luis Felipe Spinelli, *"se eventual desentendimento entre os sócios chega a paralisar a vida social e coloca em risco o preenchimento do fim social, o caso seria de dissolução total de ente coletivo, nos exatos termos do art. 1.034, II do CC. Nem mesmo a agressão física ou a prática de crimes contra a honra por parte de um sócio em relação a outra, pode permitir a exclusão do sócio"*[13]. Embora as agressões

12 TJ/SP, Apelação Cível nº. 0011994-06.2008.8.26.0047, 6ª Câmara de Direito Privado, Rel. Des. Paulo Alcides, j. em 06/10/2011.

13 SPINELLI, Luis Felipe. *Exclusão do sócio por falta grave na sociedade limitada.* São Paulo: Quartier Latin, 2015.

possam ser resolvidas em outras esferas, acredito que, neste caso (agressões), o conceito aberto de justa causa autoriza a exclusão.

Pondera, o mencionado autor, em sua excelente obra, com razoabilidade, o prestígio à potestatividade a condição exclusiva da alegação de quebra da *affectio* para justificar a expulsão, mas por ser conceito subjetivo deve ser examinado à luz, não só da preservação da empresa, mas da viabilidade racional da convivência entre os sócios.

O ideal seria, no caso de flagrante impossibilidade de manutenção da convivência entre os sócios e diante de falta grave por ambos cometidas, a existência de previsão legal para realização de leilão entre os sócios, ou seja, quem pagar mais pelas quotas do outro permaneceria na sociedade.

Outro ponto de discórdia na dissolução das sociedades limitadas é o valor da quota do sócio excluído.

Embora, o artigo 1.031 use a terminologia liquidação, na verdade ocorre apuração de haveres, isto porque a sociedade prosseguirá sua atividade e a forma do procedimento para a quantificação do valor do sócio retirante será com a nomeação de perito, facultando às partes assistentes técnicos. Enfim, deve ser fixado o eventual valor devido ao sócio que deixa a sociedade mediante contraditório e ampla defesa. Eventual valor, pois, frise-se, nem sempre terá direito a crédito, como na hipótese, de apuração deficitária do patrimônio empresarial (haveres negativos).

O perito indicado pelo Juiz para proceder a avaliação dos haveres do ex-sócio deve estabelecer a data da resolução da sociedade e o critério para a apuração.

O contrato social pode estabelecer estes critérios que deverão ser rigorosamente observados pelo *expert*, pois trata-se de direito patrimonial disponível.

Aquilo que foi livremente pactuado pelas partes no momento da celebração ou de regular alteração contratual não pode ser alterado pelo poder do Estado, pois prevalece o princípio da força obrigatória dos contratos, cujo fundamento é a autonomia de vontade.

A apuração deve avaliar o valor patrimonial da quota e não o valor nominal.

Devem integrar esta apuração o eventual fundo de comércio, se existente, fundo de reserva, marca (se relevante), etc. Procede-se, nesta fase, como se fosse uma dissolução total da sociedade. Os créditos até o momento da resolução devem integrar o valor, mas, também, deve ser apurado, por meio do balanço de determinação, no caso de imóveis no ativo, o valor destes imóveis considerando a venda forçada, assim, como também, as dívidas da sociedade.

Como bem exposto por Fabio Ulhoa Coelho, o perito judicial deve elaborar o Balanço Patrimonial de Determinação (BPD) que, em suma, é o instrumento de uma simulação, de uma projeção, de uma estimativa. Ele simula, projeta, estima como seria a liquidação da sociedade, caso se tratasse de dissolução total, e não parcial. Na liquidação, todos os bens do ativo seriam vendidos e, após a cobrança de todos os devedores da sociedade, seriam pagos os credores, partilhando-se, então, entre os sócios, o acervo remanescente. O BPD mensura quanto seria esse acervo remanescente (patrimônio líquido), caso acontecesse, naquele momento, a dissolução total da sociedade.

O valor patrimonial das quotas fixado a partir de um BPD é designado "real". Note que o Código Civil, no art. 1.031, fala em "balanço especial", mas o conceitualmente correto seria falar em "balanço de determinação"[14]

Caso o contrato tenha previsão da forma do pagamento, ou seja, basicamente, o tempo e as prestações para satisfação dos haveres, a decisão judicial deve obedecer a regra contida no contrato. Porém, na hipótese de ausência de estipulação sobre a forma e o tempo da liquidação da quota deve ser observado o disposto no artigo 1.031 do CC/02. No entanto, ainda assim, é preciso ponderar se regra estabelecida na lei, 90 (noventa) dias, não impedirá a sobrevivência da própria sociedade. Entrementes, não se ignoram decisões judiciais afastando disposições contratuais nesse sentido - que comumente preveem o pagamento dos haveres de forma parcelada e diferida -, com base no longo trâmite da marcha processual. Decisões dessa natureza devem muito bem sopesadas concretamente, sob pena de comprometer a preservação da empresa e, ao mesmo tempo, ignorar a autonomia da vontade dos sócios.

É comum, ademais, que boa parte do patrimônio de sociedades seja constituído por imóveis, *"logo, até que se encontre compradores que concordem em pagar alta soma de dinheiro em um período de tempo tão curto e se opere todos trâmites burocráticos em cartório de notas e registro de imóveis, além do recolhimento de ITBI o prazo de 90 (noventa) dias já teria escoado, inviabilizando assim a continuidade da atividade empresarial"*[15].

Também, deve ser observado que a venda de imóveis feita para a imediata satisfação do crédito do sócio tem natural desvalorização (venda forçada) e este critério deve fazer parte da posterior fixação do valor do a ser recebido pelo sócio retirante. A apuração de haveres deve excluir de sua quantificação o sucesso ou insucesso relativo a ao resultado de negócio iniciado após o desligamento.

Plenamente válida é a estipulação de cláusula contratual que regule o prazo do pagamento dos haveres.

É indispensável, na ausência de previsão contratual da forma de liquidação, que o perito exponha e o Juiz decida sobre a possibilidade, diante das características da empresa, do cumprimento da obrigação no escasso prazo de 90 (noventa) dias. Até mesmo o adiantamento da parte incontroversa, o que é compreensível que seja determinado pelo Juiz, em determinadas situações, também, se risco houver, deve observar o princípio da preservação da empresa, obviamente, de modo a não proporcionar o enriquecimento ilícito da sociedade ou do sócio excluído.

---

14 COELHO, Fábio Ulhoa. *A ação de dissolução parcial de sociedade*. Revista de Informação Legislativa, a. 48, nº. 190, abril/junho 2011.

15 LACERDA, Vinícius. *Dissolução parcial de sociedade no CPC/2015: a legitimação do ex-cônjuge e o princípio da preservação da empresa*. Belo Horizonte: Ed. D'Plácido, 2019, p. 92.

Da mesma forma, como anotam Erasmo Valladão França e Marcelo von Adamek, a cláusula de predeterminação não pode violar a boa-fé[16].

A data-base para início do pagamento é o momento da manifestação do desejo de sair da sociedade ou da decisão de exclusão. Nestes casos, se houver valor incontroverso e se pago na forma prevista no contrato não incidirá mora.

O afastamento compulsório ou por vontade própria do sócio não o exime das obrigações sociais da sociedade (artigo 1.032 do CC). A contagem do prazo de dois anos de responsabilização pretérita pressupõe a averbação do ato na Junta Comercial, no entanto, mais adequado é considerar o momento da comunicação efetiva aos sócios remanescentes ou da decisão judicial de exclusão. Se a dissolução ocorreu por morte do sócio considere-se a data do óbito. Questão tormentosa seria a responsabilização do sócio afastado por doença grave, situação em que deixou (de fato) de atuar na empresa embora ainda integrante do quadro social. Neste caso a solidariedade é presumida. Vale lembrar que a obrigação de pagamento de haveres é da sociedade e não dos sócios com seu patrimônio pessoal[17] e apenas na hipótese de desconsideração da personalidade jurídica, adotados os precisos termos dos artigos 133/137 do Código de Processo Civil, a responsabilidade poderá recair na pessoa do sócio.

Enfim, inúmeras são as situações nas dissoluções de sociedade limitada, o que determina o exame de caso a caso, sem prejuízo das preestabelecidas regras gerais e do bom senso.

Não há dúvida que o Código de Processo Civil de 2015 ao tratar da dissolução de sociedade trouxe avanços, do mesmo modo que o Código Civil, mas é certo, também, que ambas as legislações poderiam ter evoluído ainda mais neste campo.

Agora compete a doutrina estimular e a jurisprudência aplicar e interpretar a lei de forma a assegurar a vida das empresas e dos sócios.

---

16 FRANÇA, Erasmo Valladão Azevedo e Novaes; ADAMEK, Marcelo Vieira von. *Da ação de dissolução parcial da sociedade: comentários breves ao CPC/2015*. São Paulo: Malheiros, 2016.

17 ALBUQUERQUER, Luciano Campos de. *Dissolução de sociedades*. 2ª ed., São Paulo: Malheiros, 2015.

Ideias Vadias sobre o Futuro do Direito e o Direito no Futuro. Alguns Aspectos de Direito Privado e de Direito Público

Rui de Figueiredo Marcos

1. Fazer de profeta do futuro permite ensaiar cenários, até desvairados, cometendo um delito na vadiagem sem pena. Iniciarei a minha exposição, porém, com uma certeza certa.

Uma dimensão fundamental do direito é a sua entretecedora historicidade jurídica. Uma historicidade que exibe uma natureza peculiar, porquanto a atravessam, quer correntes de mudança, quer correntes de estabilidade. Sem molestar a sua inabdicável autonomia e a sua específica intencionalidade, o direito não é um rio puro que nunca se deixa tocar pelos sedimentos das margens que o bordejam. Insere-se sempre num contexto histórico que o constitui e reconstitui. É precisamente esse contexto que lhe oferece palco e condições de possibilidade. Como sublinha e bem Derrida, "There is nothing outside context".

2. Mas o direito, é forçoso reconhecê-lo, surgiu no passado, surge no presente e há-de surgir no futuro coberto de autonomia. Fala a sua própria língua, que é a linguagem técnico-jurídica, constrói e cultiva a sua própria ciência, que é a ciência jurídica, com enorme apuro conceitual e dogmático inacessível a leigos, pensa pela sua própria cabeça, forjando um vibrátil pensamento jurídico e uma ideia de direito vogando pelo tempo adiante com feições alteradas. Por fim, educa os seus noviços em escolas próprias que são às Faculdades de Direito. Em síntese, o direito tem vida própria.

No entanto, isso não lhe confere um estatuto absolutizado e imune a elementos extra-jurídicos. O direito mostra-se, a todas as luzes, como um condicionado condicionante. É exactamente condicionado pelas coordenadas culturais que o cercam em cada época e condiciona, através do vigor normativo das suas opções, a realidade que o circunda.

3. Nunca e nunca será levado à arena da história o colapso total de um sistema jurídico. Há sempre partes do edifício que se conservarão firmes ou se ajustarão pelo tempo adiante. Outras haverá que, mais sensíveis às mutações político-sociais, cairão com estrondo. É o caso claramente do direito público, com especial incidência nos ramos do direito constitucional e do direito administrativo. Os juristas brasileiros bem conhecem o seu febril constitucionalismo.

Ao invés, entretecido por uma monumental e secular dogmático-jurídica, eivada de um consagrado apuro conceitual e sistemático, pela banda do direito privado com superior vocação de continuidade, o direito das obrigações é o ramo de direito privado com um caracter mais estável. O mesmo se poderá afirmar relativamente aos direitos reais. Já o direito da família e o direito das sucessões, porque mais vulneráveis a vectores políticos, sociais, económicos, religiosos e até de progressos científicos, por exemplo, na área da medicina, apresentam-se uma inconstância de grau superior.

4. Salienta-se, por outro lado, que nem tudo o que defronta e evolui no mundo do direito aparece afeiçoado pelas mãos sábias dos juristas. Assim aconteceu com o direito comercial, em especial com o direito das sociedades comerciais que não nasceram como a Deusa Atena através do crâneo fendido de Zeus. Isto a querer significar que não se desenvolveu o direito das sociedades, fruto de uma reflectida criação intelectual, mas sim das necessidades que o engenhoso giro mercantil espontaneamente gerou e praticamente resolveu. Bastará que se lembrem os mecanismos jurídico-societários das grandes Companhias de Comércio, dos séculos XVII e XVIII, mormente as holandesas, as inglesas e as portuguesas. De resto, as mais importantes foram apontadas ao tráfego com o Brasil.

5. Valerá a pena também não desconhecer, quando temos o futuro como horizonte problemático, que o direito não está sujeito a uma linha inexorável de aperfeiçoamento contínuo. Ou seja, *melius quia posterius*. O que vem depois é sempre melhor. Os factos desmentem impiedosamente este pretenso Darwinismo jurídico.

Há fenómenos de uma patente regressão atávica. O direito da Reconquista era incomparavelmente mais rudimentar, menos elaborado e progressivo do que o velho direito romano da época clássica ou até, em certos aspectos, do direito visigótico. E que dizer do direito do século XX influído pelo nazismo em comparação com os direitos saídos do liberalismo político bem anteriores? Conclui-se, por conseguinte, que não é possível colar a temporalidade a uma perfectibilidade infindável e sem soluços.

6. Ultimamente, o pensamento jurídico e iusfilosófico também lançou o seu olhar crítico sobre o futuro do direito. E várias doutrinas contrastantes se ergueram com nitidez.

Há quem insista em encarar o direito e o seu futuro numa redutora perspectiva funcionalista, instrumentalizando-o ao serviço de diferentes ordens de necessidade quando não interesses, *maxime* políticos, económicos e até sistémicos. Assim, não causará o mínimo espanto que um direito experienciado e desprovido de uma intencionalidade autónoma veja o futuro, impondo uma frontal ruptura com o passado. Voto este inevitalmente condenado ao fracasso.

A teia complexa em torno da autonomia do futuro do direito consente, por outro ângulo, uma leitura através de um paradigma autopoiético. No fundo, uma reprodução autopoieticamente lograda do sistema jurídico em que este se alimenta e cresce virado para o seu interior. Existe um processo de autodinamização no tempo. Estabilidade e inconstância encontram-se em terrenos dialógicos autoconstruídos.

Avisada é a atitude de abertura ao futuro e de aceitação benévola do por - vir. Isto sem nunca enovoar a específica intencionalidade jurídica, embora não se afigure admissível uma rota enclausurada do futuro ou, se se preferir, uma experimentação do futuro a partir do passado assente num juízo de comparabilidade. Se assim foi, assim será. Dirão outros que não será tanto assim. Ora, poder-se-á então olhar para um novo futuro, com as portas escancaradas à singularidade e à diferença. Enfim, o futuro e a verdade futura saltitará um pouco por tudo aquilo que se acabou de dizer.

7. Vou agora ter de descer ao terreno das soluções legislativas concretas. Isto porque se afirma, repetidamente e bem, que o poder executivo está virado para o presente, o poder judicial centra-se no passado e o poder legislativo aponta ao futuro. Observaremos alguns respigos legislativos, vagueando por certos domínios jurídicos, ou não fosse esta uma digressão vadia.

Na órbita do direito privado, comecemos pelo direito das sucessões. E aqui vislumbra-se uma demolição dos fundamentos da sucessão legitimária. Em contrapartida, verifica-se uma clara valorização da *voluntas testatoris* e da sucessão testamentária, na esteira do velho, mas não antiquado individualismo jurídico do direito romano clássico. Os alvitres provenientes do direito internacional privado que também depõem, por exemplo, a respeito da aplicação do Regulamento EU 650/2012, sugerem que a excepção da ordem pública internacional não possa ser invocada para obstar à aplicação de uma lei estrangeira ou ao reconhecimento de uma decisão estrangeira que não reconheceu a sucessão legitimária. Isto porque se passou a sustentar, como brilhantemente o fez Sandra Passinhas, que se encontra definitivamente perimida a tese de que a sucessão legitimária deva integrar a ordem pública internacional do Estado português.

O direito da família, por seu turno, mostra-se o mais sobressaltado dos ramos do direito privado tantas são as convulsões que tem sofrido. Já nem falo do divórcio litigioso que prescindiu de qualquer fundamento. Já nem falo dos avanços da ciência e as admiráveis novas maternidades.

A progressiva preponderância da união de facto não tem parança. Pessoas há, hoje em dia, que se divorciam e depois vivem em união de facto, o que, segundo alguns, é mais entusiasmante. O casamento entre pessoas do mesmo sexo e até o poliamor já não fazem ninguém arregalar os olhos de espanto. Mas se falarmos da hipótese de casamentos a prazo, isso talvez já surpreenda.

A união de facto reclama uma presunção de compropriedade, embora só para os bens móveis, à imagem do que se preceitua para o casamento. A união de facto, que, na verdade, é de facto, para ser reconhecida socialmente, precisa cada vez mais de regras. Surgem assim como instrumentos regulatórios de eleição as chamadas convenções anteconviviais enquanto contratos de coabitação para efeitos patrimoniais, regendo aspectos de tanto relevo como o regime de bens. Unidos de facto, de facto, unidos, mas com os devidos cuidados.

Em Portugal, votou-se e aprovou-se há pouco no Parlamento um diploma que visou abolir o prazo internupcial. Porventura, a ideia força será permitir o divórcio num dia e o casamento logo no dia seguinte, sem prazo de resguardo ou incómodo da *turbatio sanguinis*. Anuncia-se, inclusivamente, o fim da presunção, consagrada no nosso Código Civil, de que o pai é o marido da mãe. Torna-se evidente que influíram no novo entendimento jurídico avaliações políticas tidas por vanguardistas. Seja como for, aquilo a que assistimos no futuro é uma crescente desmatrimonialização do direito da família. O direito da família deixou de gravitar em torno do casamento.

8. No âmbito do direito das obrigações, o tema que mais faz palpitar, no tempo presente, embora com preocupações futuras, os inquietos corações dos civilistas é o dos reptos que a robótica causa ao direito. Assalta e espicaça severamente o espírito reflexivo dos juristas a teia problemática que se desencadeou em torno da responsabilidade civil quando está em causa a actuação de robôs.

Máquinas dotadas de alguma dose de inteligência e de alguma margem de autonomia, os robôs conseguem tomar decisões, envolvendo-se na vida de acção que nos rodeia. Não entrarei em considerações éticas que extravasam, de momento, o nosso intento expositivo. Mas a elas se associou, desde logo, a magna questão de saber se pode ser atribuída personalidade jurídica aos robôs, porque a tese sufrada conformará também a solução da responsabilidade civil por danos causados a terceiros.

Como não se ignora, a personalidade jurídica traduz-se na susceptibilidade abstrata de ser titular de direitos e obrigações. Uma categoria talhada, antes de tudo, para as pessoas físicas. Mais tarde, reconheceu-se personalidade jurídica aos entes colectivos. Uma conquista conceitual cujas amarras primígenas se alongam ao sagaz direito canónico medieval. E é por aqui, por esta fenda, que os defensores da atribuição da personalidade jurídica aos robôs julgam poder entrar. Só que também o reconhecimento da personalidade jurídica das pessoas colectivas nasceu canonista e civilizou-se depois, conservando sempre esteios matriciais antropocêntricos.

A pretensa humanização dos robôs está muito distante de merecer a atribuição de um direito geral de personalidade que o artigo 70.º do novo Código Civil consagra. Não tendo capacidade volitiva, emocional e, sobretudo, espiritual que se assemelhe aos humanos, o alargamento da personalidade jurídica aos robôs deve ser recusada.

E assim, não sendo os robôs susceptíveis de serem titulares de direitos e obrigações, sobre quem recairá a obrigação de indemnizar decorrente dos danos causados pelas ditas máquinas? O tema avulta de dimensão e toca-nos em cheio se pensarmos que importantes intervenções cirúrgicas são já realizadas por robôs, ou com o auxilio de robôs.

Em termos jurídicos, a questão deve tratar-se em sede de responsabilidade civil extracontratual. Os prejuízos sofridos por terceiros podem originar-se, quer numa concepção defeituosa, quer em defeitos de fabrico, quer ainda em defeitos de informação quando não se oferece o conhecimento técnico bastante para se operar com o robô. Identificar onde está o facto gerador dos danos não se apresenta tarefa fácil, porquanto, não raro, ela encontra-se na falta de perícia ou até de formação dos operadores de robôs. Pense-se, por exemplo, nos cirurgiões da velha guarda que se deslumbram pelo admirável mundo novo, sem o conhecer devidamente.

Saltando por cima de muitos escolhos argumentativos e de teses assaz contrastantes, apresentamos a solução que, porventura, mais se coadunará com os contornos da especiosa questão, propendendo-se assim, como Filipe Albuquerque Matos sabiamente alvitrou, para uma nova hipótese de responsabilidade civil objectiva por danos causados pelos robôs. Quem recebe e tira proveito dos benefícios proporcionados pelos robôs deve também arcar com as consequências.

Ao palco obrigacionista regressará, com toda a propriedade, o velho aforismo jurídico romanista «*ubi commoda, ibi incommoda*». Recomenda-se a transposição para este novo âmbito de preceituado no artigo 503.º do Código Civil a respeito dos acidentes causados por veículos. É uma responsabilidade que quadra bem à utilização de robôs que podem desencadear danos verdadeiramente imprevisíveis. Bem vistas as coisas, a responsabilidade objectiva gerada da respectiva obrigação de indemnizar recairá sobre quem detém o controlo do robô e utiliza os seus préstimos no seu próprio interesse. Ou seja, o senhor efectivo do robô.

O futuro convida à inventiva sem freio. Oxalá, no futuro, lá para o século XXIII, não estejam os robôs reunidos em *concilium* a discutir acesamente a retirada da personalidade jurídica aos humanos, enfrentando o problema, para eles insuportável, dos danos ruinosos causados pelos humanos nas suas modestas actuações. Um outro debate que não escapará a especiosas considerações, da mais variada índole, será o do casamento de robôs com humanos. Nem adivinho como ficará a igualdade de direitos no seio de tal matrimónio.

9. Não terminarei esta minha pobre arenga futurista sem uma menção a um tempo que volta a recolocar o magno problema das funções do Estado, designadamente no plano de uma economia claudicante e de uma sociabilidade reconsiderada.

Os Estados integram-se agora em mercados globais, em lugar de a economia se inserir nos Estados. Sofrem a ameaça crescente de colossais acções transnacionais perante os frémitos indomáveis da internacionalização e do capitalismo financeiro desnorteado.

Por outro lado, os Estados mostraram ao mundo dos cidadãos uma metamorfose que não esconderam e que não escondem. Transformaram-se em Estados Reguladores e Estados de Garantia, com uma acentuada privatização de actividades económicas e de serviços de interesse geral que não há muito corriam sob a égide tutelar do sector público.

Em Portugal, a partir da década de oitenta do século XX, foi-se esboçando o novo modelo de Estado e proliferaram as Entidades Reguladoras em múltiplas áreas. A lista caudalosa comporta, entre muitas, a Entidade Reguladora da Saúde, a Entidade Reguladora da Concorrência e a Entidade Reguladora da Energia.

Só que, entre nós, e à mingua de uma desejável independência, ou talvez melhor, à força de uma indesejável captura pelos interessados, assistiu-se a uma regulação desregulada. O Estado retirava-se, mas a estrondear disparos reguladores e, ainda por cima, de fraco alcance.

Como não se ignora, irrompeu, em 2008, uma crise económica e financeira à escala global e, em consequência, surgiu um agigantamento imparável do problema das dúvidas soberanas, principalmente as dos países do Sul da Europa. Portugal, Espanha, Grécia e Itália, por exemplo, foram atingidos em cheio.

Com semelhanças intencionais ao moderno Estado Providência, o velho paternalismo régio ordenava ao monarca, na condição de *pater patriae*, que assegurasse todos os bens indispensáveis à felicidade integral dos súbditos. A ele cabia proporcionar os essenciais bens de alma, bens de corpo e bens de fortuna. Ainda que invasor dos direitos individuais, o Estado iluminista oferecia uma felicidade não rogada. Ao invés, impunha-se o desenho de uma felicidade imposta em que se inseria, designadamente, o bem da paz e o bem da harmonia familiar.

De feição que o *ius politiae* e a sua expressão institucional que as Intendências Gerais da Polícia intervinham sempre que houvesse violência doméstica e altercações familiares insuportáveis à vizinhança. Mas também intervinham quando os nobres não conseguiam controlar os ímpetos amorosos das suas mulheres ou até quando as filhas, contrariando os sábios avisos das mães, não sabiam encontrar noivos de igual condição e propendiam para rústicos desqualificados.

Pois bem. O que temos pela frente é um Estado Providência que se desgastou à força de golpes que o tornaram financeiramente insustentável. Em Portugal, a situação atingiu os pináculos do gravame político, com a vinda da ajuda internacional perante até a iminência dos funcionários públicos deixarem de receber os seus salários.

O sobreendividamento privado acompanhou o sobreendividamento do Estado. A desregulada regulação bancária portuguesa gerou os maiores escândalos e assustou a sociedade portuguesa. Bancos tidos por seguros, como o reinante Banco Espírito Santo, viram a sua santidade de tal modo maculada que se chegou à conclusão que de santo nada tinha.

Tudo isto conduziu a reponderações constitucionalistas. Mestre há, e de elevada folha e craveira, que abjuraram muitas das linhas que escreveram no passado com fundadas convicções. O terreno jurídico dos direitos fundamentais sociais anuncia-se revolto num futuro não muito distante. Vejamos algumas das suas eventuais promessas de rumo.

Diante da fraqueza do Estado Providência e diante da crónica escassez de recursos, a medida da concretização dos direitos a prestações sociais sofrerá, doravante, um abalo não desprezível. Não poderá, em qualquer caso, onerar em demasia as gerações futuras. Já não colhe inteiramente ideologizar a questão, fundando a gritante vulnerabilidade dos direitos sociais, apenas a partir de uma compressão liberal ou neo-liberal que desfigura as feições materiais do Estado Social.

Importará, pois, fazer apelo a um entendimento realista e solidário dos direitos sociais como direitos fundamentais. Assim é que o quadro constitucional português dita a garantia do mínimo para uma existência condigna. Só que esse mínimo estará naturalmente subordinado a um conceito evolutivo dependente do desenvolvimento económico e social. Em todo o caso, sempre e em qualquer tempo, não se despromoverá um combate sem tréguas à pobreza e à exclusão social.

Nunca outra óptica, a universalidade e a igualdade dos direitos sociais não podem padecer de uma cegueira desigualitária. Por isso, se tem sufragado, como o fez superiormente o nosso Mestre, o Doutor José Carlos Vieira de Andrade, uma concepção de direitos sociais a prestações, na saúde, na habitação, na segurança social, enquanto verdadeiros «direitos de carência». A significar que se traduzirão somente nos direitos dos que efectivamente precisam e de todos eles, mas apenas quando precisam e na medida em que precisam. Remete-se, por conseguinte, para um juízo histórico-concreto que abarque todas as situações reais de vulnerabilidade.

A necessidade imperiosa de protecção estadual deverá recortar o núcleo essencial dos direitos sociais a prestações. Um posicionamento que comporta desigualdades e graduações dirigidas à conquista de uma superior igualdade realmente material.

Enxerta-se aqui uma ideia de governança colaborativa em que os privados são chamados a ajudar. Por exemplo, no domínio da saúde, sem desvirtuar o imperativo constitucional de proporcionar um Serviço Nacional de Saúde, público, universal e tendencionalmente gratuito, consente-se a contratualização de serviços com entidades privadas, de molde a diminuir as infindáveis listas de espera nos hospitais públicos.

Inscrever-se-á, cada vez mais, no quadro traçado, a inclinação doutrinal para que o vigor normativo dos direitos sociais se submeta a uma reserva ou a um cabimento no possível. À vista encontra-se, sem dúvida, um certo esboroamento do princípio da proibição do retrocesso social. Ou seja, a interdição absoluta de um regresso a um passado menos benfazejo já não parece tão interdita.

A sustentabilidade do Estado, mormente em épocas críticas, pode ditar a reversibilidade de certas prestações sociais. Diante da escassez de recursos, a realização maximalista ou minimalista dos direitos sociais há-de corresponder, na magnífica formulação do Tribunal Constitucional Alemão, na circunstância concreta de cada época histórica, «àquilo que os indivíduos e as famílias podem razoavelmente esperar da sociedade».

Em causa pode estar, se ignoramos o que nos rodeia, uma enorme injustiça, quer intrageracional no tempo presente, quer intergeracional no tempo futuro. E as razões apresentam-se de fácil vislumbre. Por um lado e na mesma geração, do presente carregam-se os contribuintes com um fardo fiscal quase insuportável, como acontece em Portugal, para aguentar o sistema. E, quanto às gerações futuras, são desconsideradas pelo imparável sobreendividamento público, maculando a própria justiça intergeracional.

Em suma, significa isto que a idolatria do bem estar presente deve ceder ou pelo menos condescender com uma ética de responsabilidade dirigida do futuro. E assim e agora, é o futuro próximo que compele a morigerar os ímpetos egoístas de um presente que só parece pensar em si próprio.

10. Já vadiei o bastante sobre o futuro do direito. No meu espírito, foi-se esboçando a sensação que estaria a esboçar uma História Breve do Futuro. Terei, porventura, acertado alguma coisa e errado alguma coisa. O Futuro o dirá.

Enfim, como escreveu o grande escritor, poeta e diplomado pela Faculdade de Direito de Coimbra, Teixeira de Pascoaes, «andamos, andamos e não chegamos». E o futuro do direito é exactamente isso. Uma caminhada eterna!

Algumas Considerações sobre *'Adiantamento da Legítima'* e *'Colação'*

Sergio de Andréa Ferreira

A) Conheci ROBERTO ROSAS, quando ainda acadêmico de Direito, no Rio de Janeiro.

Desde então, tenho tido a oportunidade de acompanhar sua notável carreira, como eminente mestre, na sala de sula e nos livros; ilustrado jurista em preciosos pareceres; e vitorioso causídico, nas lides forenses, em relevantes processos junto às nossas Cortes Superiores, na Capital da República.

Como confrades, na Academia Brasileira de Letras Jurídicas, temos tido contato direto, o que me permite testemunhar sua brilhante atuação nesse sodalício.

Constitui, para mim, destarte, acentuada honra participar desta merecida homenagem ao preclaro homem do Direito; expressão do reconhecimento do mundo jurídico, por sua inestimável contribuição ao mesmo.

B) Passo, já agora, ao desenvolvimento do texto, com que, embora modestamente, reverencia-o, o eminente Colega.

1. Dispunha o Código Civil de 1916:

> *"Art. 1.171. A doação dos pais aos filhos importa adiantamento da legítima".*

1.1. É a seguinte a dicção do art. 544 do Código Civil vigente:

> *"A doação de ascendentes a descendentes, ou de um cônjuge a outro, importa adiantamento do que lhes cabe por herança."*

2. Esses dispositivos estão situados nos respectivos Livros, que têm, por objeto, o *Direito das Obrigações*; isso, no Título referente aos *Contratos em Espécie*, dentre os quais enquadra a *doação.*

3. Vinculam-se, as regras em tela, ao instituto da *Colação*, objeto do Livro, *'Do Direito das Sucessões'*, no Título, *'Do Inventário e da Partilha'*.

3.1. Estabeleciam os arts. 1.785 e 1.786 do CC/16:

> *"Art. 1.785. A colação tem por fim igualar as legítimas dos herdeiros. Os bens conferidos não aumentam a metade disponível (arts. 1.721 e 1.722).*

> *Art. 1.786. Os descendentes, que concorrerem à sucessão do ascendente comum, são obrigados a conferir as doações e os dotes, que dele em vida receberam."*

3.2. Os arts. 2.002 e 2.003 do Código Civil em vigor estatuem:

> *"Art. 2002. Os descendentes que concorrerem à sucessão do ascendente comum são obrigados, para igualar as legítimas, a conferir o valor das doações que dele em vida receberam, sob pena de sonegação.*
>
> *(...)*
>
> *Art. 2.003. A colação tem por fim igualar, na proporção estabelecida neste Código [arts. 1.790 e 1.832], as legítimas dos descendentes e do cônjuge sobrevivente (...)".*

4. Esse contexto normativo permite-nos precisar o *sentido* e o *alcance* das locuções, '*importa adiantamento da legítima*' e '*importa adiantamento do que lhes cabe por herança*'.

5. SILVIO RODRIGUES (*Direito Civil*, São Paulo, Saraiva, 14ª ed., 1985, III: 211) advertia:

> *"Das doações de pais a filhos – Finalmente, poder-se-ia incluir, entre as espécies de doações mencionadas no Código Civil, embora não sejam portadoras de quaisquer peculiaridades, as doações de pais a filhos.*
>
> *De fato, são meras liberalidades e o que as diferença das outras doações, é o fato de o art. 1.171 considerá-las adiantamento de legítima.*
>
> *O propósito do legislador, neste passo, é assegurar a igualdade dos quinhões hereditários, de modo que as liberalidades havidas pelos filhos dos pais, em vida destes, devem ser por aqueles conferidas na sucessão do ascendente (Cód. Civ. art. 1.786)."*

6. Abordemos o aspecto *léxico-semântico*.

6.1. O emprego do verbo *'importar'*, com regência *transitiva direta*, já nos mostra que não se trata, a locução *'adiantamento da legítima'* ou *'adiantamento do que lhes cabe por herança'*, de *predicado do sujeito*; mas sim, de objeto direto.

6.2. Assim, o preceito caracteriza, como acepção do *objeto* do termo, *'importa'*, o de *'consequência'*: *importar é ter por consequência* (FRANCISCO FERNANDES, *Dicionário de Verbos e Regimes*, 4ª ed., p. 378); não significando, pois, *'ser'* ou *'constituir'*.

7. É que a doação de *pais a filhos*, no regime anterior, e, já agora, entre ascendentes e descendentes ou de um cônjuge a outro – lembremos a citação de SILVIO RODRIGUES – não é uma *liberalidade* diferente da *ordinária*: não é *condicional*, nem *modal*.

7.1. Cuida-se de um ato jurídico consumado, de eficácia plena.

7.2. A propósito, afirma, incisivamente, PONTES DE MIRANDA (*Tratado de Direito Privado*, Rio, Borsoi, 3ª ed., 1972, LV: 359):

> *"Com as liberalidades, houve a transferência da titularidade quanto aos bens a que elas se referiam".*

7.3. Na mesma linha, SERPA LOPES (*Curso de Direito Civil*, Rio, Freitas Bastos, 4ª ed., 1963, III: 416) enfatiza:

> *"A doação como adiantamento de legítima não representa uma doação 'causa mortis'; trata-se de uma doação submetida ao regime jurídico comum às demais doações sujeitas às mesmas formalidades. A doação produz desde logo os seus efeitos. Falecendo o doador, a situação não se transmuda: a propriedade de tais bens, a despeito da colação, é do donatário."*

7.4. Assim manifestou-se CARVALHO SANTOS (*Código Civil Brasileiro Interpretado*, Rio, Freitas Bastos, 12ª ed., 1986, XVI: 364, 367 e 371):

> *"Por valer como adiantamento da legítima, nem por isso a doação de pai a filho, que tal coisa declare, poderá ser considerada como doação 'causa mortis' (Ac. Do Tribunal de São Paulo, em 9 de outubro de 1914, na Ver. Dos Tribunais, vol. 11, pág. 226), mesmo porque ela é feita para valer em vida do doador, transferindo-se, imediatamente, a propriedade de uma maneira definitiva.*
>
> *Importa adiantamento de legítima, bem é de ver, unicamente para o fim de manter iguais as legítimas dos herdeiros necessários, no pressuposto de que a intenção do pai não fosse outra senão essa.*
>
> *(...)*
>
> *"Sendo, como é, sem a menor possibilidade de vacilação, uma doação entre vivos, em que se verificou a transferência imediata dos bens para o patrimônio dos donatários" (ESPÍNOLA)*
>
> *"Já vimos que a doação, em tais condições, fica sujeita, regra geral, à colação por valer adiantamento de legítima. Mas, nem por isso, deixa a propriedade da coisa doada de se transferir, desde logo para o donatário."*

8. A *consequência* – adiantamento da legítima - do ato em tela só vai ocorrer, *quando do inventário e da partilha* dos bens do *doador falecido*.

8.1. Nessa ocasião, é que, preenchidos os *pressupostos necessários*, poderá vir a ter lugar o fenômeno jurídico da *colação*.

8.1.1. Daí, o acerto do trecho, de autoria de MARIA HELENA DINIZ:

> *"O pai poderá fazer doação a seus filhos, que importará em adiantamento da legítima, devendo ser, por isso, conferida no inventário do doador, por meio da colação"*

8.2. Verifica-se que a obrigação de colacionar pode *não surgir*, e, nesse caso, *não ocorrerá* a consequência do *adiantamento*.

9. Permanecendo no *campo linguístico*, saliente-se que *'adiantamento'* não é '*antecipação*'; não é *'fazer acontecer antes do tempo'*.

9.1.O adiantamento da legítima só se caracterizará, quando da igualação *se necessária* –, das legítimas dos herdeiros.

9.2. Nesse momento, é que sobre a *legítima*, que couber ao *donatário*, terá, para fins de *dedução*, influência o valor total da doação; e essa funcionará como *adiantamento*.

9.3. Constata-se, que o termo *'adiantamento'* prende-se, como lhe é próprio, à ideia de *'acertamento'*, *ulterior*; no caso, acertamento das legítimas, quando do inventário e da partilha, por meio da *conferência*.

10. Nesse quadro, a qualificação da doação de *ascendente* a *descendente*, ou de um cônjuge a outro, como *adiantamento da legítima*, somente tem eficácia, nessa ocasião; e isso, *se houver coerdeiros legítimos*.

10.1. É que, apenas em tal caso, se coloca a exigência da colação do objeto da doação; porquanto, só aí, se põe a questão da igualação das legítimas.

11. Destarte, constituem dois equívocos insuperáveis: *(a)* a doação de ascendente a descendente, ou de um cônjuge a outro, já constituiria, *ab ovo*, legítima por antecipação; e *(b)* o bem doado, ou seu valor, já faria, *ipso iure,* com a morte do doador, parte integrante da herança.

12. O art. 1.572 do CC/16 prescrevia:

> *"Aberta a sucessão, o domínio e a posse da herança transmitem-se, desde logo, aos herdeiros legítimos e testamentários".*

12.1. A versão, no Código em vigor, da disposição citada é a que se segue:

"Art. 1.778. Aberta a sucessão, a herança transmite-se, desde logo, aos herdeiros legítimos e testamentários".

13.*Herança* é, no dizer de PONTES DE MIRANDA (*Tratado, cit.*, LV: 6):

"O que passa do morto a outra pessoa, ou outras pessoas, como patrimônio, ou parte do patrimônio".

14. Verifica-se que aquilo que compõe a herança é o que está no patrimônio do decujo, no momento da morte.

15. Ora, a doação de ascendente a descendente, ou de um cônjuge a outro, é *ato de eficácia perfeita e acabada*; e, quando da morte do doador, seu objeto não está no patrimônio deste; mas sim, no do donatário.

15.1. Desse modo, o objeto da doação não compõe a herança.

15.2. ITABAIANA DE OLIVEIRA (*Tratado de Direito das Sucessões,* Rio, Livraria Jacintho, 3ª edição, III: 54) reproduz citação, feita por JOÃO LUIZ ALVES, de lição de DIAS FERREIRA (nota 1989):

"Porque doação não é herança, e os bens doados continuam pertencentes ao herdeiro conferente."

16.Acentuemos aspecto cognato.

16.1. Os termos *'legítima'*, *'quinhão'* e *'quota'* encerram a noção de *parte da herança.*

16.2. Em senso largo, o Código Civil de 16 usou, no art. 1.723, *'legítima'*, como *'a metade indisponível'*, por oposição *'à metade disponível'*.

16.2.1. No sentido estrito, tratou das *'legítimas'*, como os *'quinhões'* ou *'quotas hereditárias'*, que cabem aos herdeiros necessários, na divisão da *'legítima':*

"Art. 1.721. O testador que tiver descendente ou ascendente sucessível não poderá dispor de mais da metade de seus bens; a outra pertencerá de pleno direito ao descendente e, em sua falta, ao ascendente, dos quais constitui a legítima, segundo o disposto neste Código (arts. 1.603 a 1.619 e 1.723).

"Art. 1.722. Calcula-se a metade disponível (art. 1.721) sobre o total dos bens existentes ao falecer o testador, abatidas as dívidas e as despesas do funeral.

Parágrafo único. Calculam-se as legítimas sobre a soma que resultar, adicionando-se à metade dos bens que então possuía o testador a importância das doações por ele feitas aos seus descendentes (art. 1.785)."

16.2.2. Grife-se: o dispositivo remete, expressamente, ao art. 1.785, que, como sabido, trata das *colações*.

16.3. O novo Código especifica as *colações*:

"Art. 1.846. Pertence aos herdeiros necessários, de pleno direito, a metade dos bens da herança, constituindo a legítima.

Art. 1.847. Calcula-se a legítima sobre o valor dos bens existentes na abertura da sucessão, abatidas as dívidas e as despesas do funeral, adicionando-se, em seguida, o valor dos bens sujeitos a colação."

17. Explicita PONTES DE MIRANDA (*op. cit.*, LV: 345)

"O herdeiro legítimo necessário, descendente, tem de prestar aos descendentes não-donatários e a ele mesmo, em dinheiro, a diferença entre o que se diz ser o seu quinhão e o que recebera em liberalidade. Presta, assim, o que se lhe entregara a mais do que se 'poderia' entregar ao tempo da morte do decujo. O 'tantundem' pecuniário aumenta o que se previa fosse a metade legítima necessária. Porém, desse aumento, participa o colacionante."

18. Estabelecia o art. 1.785 do CC/16:

"Art. 1.785. A colação tem por fim igualar as legítimas dos herdeiros. Os bens conferidos não aumentam a metade disponível (arts. 1.721 e 1.722)."

18.1. GUSTAVO TEPEDINO e outros (*op. cit.*, IV, p. 873) exemplificam:

"Assim, p. ex., na herança de uma pessoa que falece com um patrimônio líquido de $ 100.000,00, a parte disponível será de $ 50.000,00. A legítima seria, também, de $ 50.000,00, se o autor da herança não tivesse doado em vida um bem no valor de $ 20.000,00 a um dos seus dois descendentes; em razão do que se tem uma legítima de $ 70.000,00, de modo que um herdeiro receberá efetivamente $ 35.000,00 e o outro $ 15.000,00, além do que houvera em adiantamento da legítima".

19. Anote-se que, enquanto o art. 1.171 do CC/16, quando atribuía à doação da espécie à *futura, eventual, consequência* de adiantamento, usa *'legítima'* com o artigo definido, *'da'*; tal como o art. 1.785, quando caracteriza a *finalidade igualizante* da colação, emprega a cláusula, *'as legítimas'*.

19.1. '*Legítima*', no singular, é a *divisão da herança que se opõe à 'metade disponível'*; é a *parte necessária*.

19.2. No plural, corresponde aos "*quinhões atribuídos aos herdeiros*".

20. Pontue-se que o dizer do Código Civil vigente, em seu art. 544, especifica que a doação, em relação aos donatários, "*importa adiantamento do que lhes cabe por herança*"; ou seja, já considerado o respectivo quinhão efetivo.

21. Não ocorreu, nem no momento da doação, nem no do falecimento do doador, a inserção, na herança, do *bem doado*, ou de seu *valor*.

21.1. A propósito – este último, o *valor do bem doado* – é que é *objeto da colação*.

22. Em face da moldura normativa sobre *colações*, os doutrinadores indicam, como um dos pressupostos existenciais do *'dever de colacionar'*, *haver mais de um herdeiro necessário de mesmo grau*.

22.1. Citemos:

(a) CLOVIS BEVILAQUA, "*Código Civil Comentado*", Rio, Francisco Alves, 8ª ed., 1953, VI: 280:

> "*No direito pátrio, a colação tem por pressupostos: 1º. A sucessão legítima (...). 2º. Coerdeiros necessários, descendentes. Se apenas um descendente for chamado à sucessão nada haverá de trazer à colação, pois que não há de estabelecer igualdade.*"

(b) ORLANDO GOMES, "*Sucessões*", Rio, Forense, 4ª ed., 1981, p. 292:

> "*São pressupostos da colação: a) a ocorrência de doação de ascendente comum; b) a participação do donatário, na sucessão do doador; c) o concurso entre o donatário e outros descendentes do doador, do mesmo grau (...).*
>
> *Destinado a igualar legítimas, só é possível cogitar-se da colação, quando concorram à sucessão vários descendentes, tendo cabimento, nesse caso, para a reconstituição do acervo hereditário, a fim de se determinar a parte obrigatória de cada coerdeiro, bem como a restituição do que tenha excedido a legítima do renunciante ou do excluído*".

(c) GUSTAVO TEPEDINO e outros, "*Código Civil Interpretado*", Rio, Renovar, 2014, IV: 871:

> "*A obrigatoriedade da colação requer a observância de três pressupostos: I) sucessão legítima, já que não há colação na sucessão testamentária; II) existência de coerdeiros necessá-*

rios, tendo em vista que o objetivo da colação é a igualação da legítima, que, por sua vez, só toca os herdeiros necessários; e III) ocorrência de uma liberalidade, direta ou indireta, em vida".

22.2. Não se poderia deixar de indicar CARLOS MAXIMILIANO (*Direito das* Sucessões, Rio, Freitas Bastos, 1937, 2ª ed: 731):

"Quando ao falecido sobrevive um só descendente, (...) não se dá colação por falta de objeto e finalidade."

22.3. Em igual sentido, pronuncia-se MARIA BERENICE DIAS (*Manual da Sucessões*, São Paulo, RT, 4ª ed., 2015, p. 283):

"Mas somente as doações feitas aos descendentes precisam ser trazidas à colação, e isso quando houver outros herdeiros concorrendo à sucessão. (...) Se o cônjuge desfruta da condição de herdeiro, pela ausência de descendentes e ascendentes, não há necessidade de colacionar as doações recebidas. Sem outros herdeiros necessários, não há o que igualar."

22.4. Invoque-se o entendimento do STJ:

"ACORDÃO STJ: RECURSO ESPECIAL Nº 1.298.864 - SP (2011/0291796-0) – Relator Marco Aurélio BELLIZZE.

(...)

2. Para efeito de cumprimento do dever de colação, é irrelevante o fato de o herdeiro ter nascido antes ou após a doação, de todos os bens imóveis, feita pelo autor da herança e sua esposa aos filhos e respectivos cônjuges. O que deve prevalecer é a ideia de que a doação feita de ascendente para descendente, por si só, não é considerada inválida ou ineficaz pelo ordenamento jurídico, mas impõe ao donatário obrigação protraída no tempo de, à época do óbito do doador, trazer o patrimônio recebido à colação, a fim de igualar as legítimas, caso não seja aquele o único herdeiro necessário (arts. 2.002, parágrafo único, e 2.003 do CC/2002)."

23. ¿Quem pode exigir do herdeiro legítimo necessário o cumprimento do dever de colação?

23.1. Assinala PONTES (*op. cit.*, LV, pp. 326/327):

"DIREITO A EXIGIR A COLAÇÃO – Ao dever de colação, que tem o herdeiro legítimo necessário, que é descendente do decujo, corresponde o direito de outro herdeiro legítimo necessário, ou dos outros herdeiros legítimos necessários, a que se faça a colação. Há o direito, a pretensão e a ação. Os credores do decujo, credores da herança, não têm legitimação ativa. Ainda que o ativo seja inferior ao passivo, nada podem exigir, porque lhes bastam o direito, a pretensão e a ação contra o espólio (...).

Se todos os herdeiros legítimos necessários, descendentes, renunciarem, o dever de colação não existe'.

23.2. ZENO VELOSO é incisivo (*op. cit.*, p. 406):

"A colação é uma obrigação do herdeiro necessário, que recebeu doação do autor da sucessão. E podem exigir que a colação seja promovida aqueles que, igualmente, têm o dever de fazê-la".

23.3. Essa é a *legitimação ativa*, que é *restrita*, para exigir a colação, no curso do inventário.

23.3.1. Cite-se decisão do STJ:

"RECURSO ESPECIAL Nº 170.037 – SP
EMENTA
PROCESSUAL CIVIL – AGRAVO DE INSTRUMENTO – DIREITO DE EXIGIR COLAÇÃO EM PLEITO SUCESSÓRIO – HERDEIROS NECESSÁRIOS – JURISPRUDÊNCIA DO STJ.

I – O direito de exigir colação é privativo dos herdeiros necessários, a teor do art. 1.785 do C.C.B – Ilegitimidade de o testamenteiro exigir a colação, a fim de possibilitar imputação legitimaria –recurso provido."

24. Se, havendo coerdeiros legítimos necessários, de mesmo grau, um deles não colaciona o valor de bem a ele doado, em vida, pelo falecido, comete, o omitente, *sonegação*.

24.1. Conceituou PONTES (*op. cit.* LV: 273):

"Diz-se sonegado o que deveria ser descrito e entrar na partilha, porém, não o apresentou o herdeiro, ou, tendo sido doado ao herdeiro algum bem, não o levou à colação".

24.2. A propósito, dispunha o art. 1.780 do CC/16:

"Ao herdeiro que sonegar bens da herança, não os descrevendo no inventário, quando estejam em seu poder, ou com ciência sua, no de outrem, ou que os omitir na colação, a que os deva levar, ou que deixar de restituí-los, perderá o direito, que sobre eles lhe cabia."

24.3. Por sua vez, estatuíam os art. 1.782 e 1.783:

"Art. 1.782. A pena de sonegados só se pode requerer e impor em ação ordinária, movida pelos herdeiros, ou pelos credores da herança.

Parágrafo único. A sentença que se proferir na ação de sonegados, movida por qualquer dos herdeiros, ou credores, aproveita aos demais interessados.

Art. 1.783. Se não se restituírem os bens sonegados, por já os não ter o sonegador em seu poder, pagará ele a importância dos valores, que ocultou, mais as perdas e danos."

24.4. Reproduza-se texto de PONTES DE MIRANDA, sobre a matéria (*Tratado cit.*, LX: 276, 277/278 e 279):

> *"A pena cominada no artigo 1.780 do Código Civil é a de perda do direito relativo ao bem sonegado ou aos bens sonegados. Uma vez que há a universalidade, a perda é do valor do bem sonegado, ou dos bens sonegados, valor que se deduz do quinhão do herdeiro sonegador. O bem sonegado volta ou os bens sonegados voltam, mas o sonegador somente recebe o que seria o monte sem o bem sonegado ou sem os bens sonegados. Se sonegou toda a herança, nada recebe"*

24.5. O Código Civil vigente dispõe:

> *"Art. 1.992. O herdeiro que sonegar bens da herança, não os descrevendo no inventário quando estejam em seu poder, ou, com o seu conhecimento, no de outrem, ou que os omitir na colação, a que os deva levar, ou que deixar de restituí-los, perderá o direito que sobre eles lhe cabia.*
>
> *(...)*
>
> *Art.1.994. A pena de sonegados só se pode requerer e impor em ação movida pelos herdeiros ou pelos credores da herança.*
>
> *Parágrafo único. A sentença que se proferir na ação de sonegados, movida por qualquer dos herdeiros ou credores, aproveita aos demais interessados.*
>
> *Art. 1.995. Se não se restituírem os bens sonegados, por já não os ter o sonegador em seu poder, pagará ele a importância dos valores que ocultou, mais as perdas e danos."*

25. Anote-se que o art. 1.780 do CC/16 e o art. 1.992 do CC/02 são explícitos quanto a que só ocorre sonegação, se o bem doado entenda-se *'cujo valor'* é daqueles que deva ser lavado à colação.

26. Repita-se o teor dos arts. 1.722, e parágrafo único, do CC/16; e 1846 e 1.847 do CC/02:

a) CC/16

> *Art. 1.722. Calcula-se a metade disponível (art. 1.721) sobre o total dos bens existentes ao falecer o testador, abatidas as dívidas e as despesas do funeral. Parágrafo único. Calculam-se as legítimas sobre a soma que resultar, adicionando-se à metade dos bens que então possuía o testador a importância das doações por ele feitas aos seus descendentes (art. 1.785).*

b) CC/02

> *Art. 1.846. Pertence aos herdeiros necessários, de pleno direito, a metade dos bens da herança, constituindo a legítima.*

Art. 1.847. Calcula-se a legítima sobre o valor dos bens existentes na abertura da sucessão, abatidas as dívidas e as despesas do funeral, adicionando-se, em seguida, o valor dos bens sujeitos a colação."

26.1. Citemos, uma vez mais, GUSTAVO TEPEDINO e outros, em comentário já no regime do Novo Código (*op. cit.*, IV: 657):

"O artigo em análise estabelece como deve ser feito o cálculo da legítima. De acordo com o art. 1.846, a metade dos bens da herança pertence aos herdeiros necessários. Contudo, a metade dos bens existentes, na abertura da sucessão, nem sempre corresponde à legítima a que estes herdeiros têm direito, uma vez que há, eventualmente, valores que devem ser acrescidos à parte que cabe aos herdeiros necessários.

Toma-se como base o valor dos bens pertencentes ao autor da herança, no momento de sua morte, já separada a meação do cônjuge, conforme o regime de bens adotado pelo casal. Desse valor são deduzidas as dívidas do falecido e as despesas realizadas com seu funeral. O valor encontrado é divido por dois, sendo uma das metades atribuída aos herdeiros necessários. A esta parte, deve ser acrescida o valor das doações feitas em vida pelo autor da herança, isto é, o valor dos bens sujeitos à colação, para que se igualem as legítimas (art. 2002). O valor dos bens trazidos à colação será computado na parte indisponível, sem aumentar a disponível (art. 2002, par. ún.).

26.2. Vale dizer, repita-se: só se acrescenta o valor, se houver coerdeiros legítimos necessários de mesmo grau, pois que, somente nesta hipótese, se faz colação; apenas nesse caso, há legítimas, para serem igualadas.

27. ITABAIANA DE OLIVEIRA (*Tratado de Direito das Sucessões. Exposição Doutrinária do Livro IV da Parte Especial do Código Civil Brasileiro (Lei 3.071, 1º janeiro de 1916)*, Rio, Livraria Jacintho; 3ª ed., 1936, III: 54) assevera:

"Os bens, trazidos à colação, não fazem parte do patrimônio do de cujus (...) Por isso, se o espólio não tiver bens que bastem para a solução de todo o passivo, os bens, que vêm à colação não respondem pelas dívidas passivas da herança".

28. Preceituava o Código Civil de 1916, com as alterações introduzidas pelo Decreto legislativo 3.725, de 15.01.19:

"Art. 1.786. Os descendentes, que concorrerem à sucessão do ascendente comum, são obrigados a conferir as doações e os dotes, que dele em vida receberam.

Art. 1.787. No caso do artigo antecedente, se ao tempo do falecimento do doador, os donatários já não possuírem os bens doados, trarão à colação o seu valor.

(...)

Art. 1.792.

"Os bens doados, ou dotados, imóveis ou móveis, serão conferidos pelo valor certo, ou pela estimação, que deles houver sido feita na data da doação".

28.1. Em seu *Direito das Sucessões* (Rio, Francisco Alves, 5ª ed., 1955), CLOVIS sistematizava a matéria, conjugando os dois preceitos:

> *"Da combinação desses dois artigos resulta a regra exposta: - a Colação se fará, ordinariamente, em substância, mas pelo valor que o bem tinha ao tempo da liberalidade; se constar esse valor de estimação, feita na época, será ele que prevalecerá; se não, se fará o cálculo para determiná-lo, nesse mesmo tempo. Se o bem não mais existir, será o valor fixado pelo que constar, ou pelo que se calcular, com referência ao tempo da liberalidade".*

28.2. PONTES DE MIRANDA (*'Tratado de Direito Privado',* LV: 359) sustentou, porém:

> *"O que vai à colação é o valor, e não o bem. Isso não significa que não se possa discutir a estimação que foi feita ou, excepcionalmente, estimar-se o valor.*
>
> *O que se leva à colação é o valor. Os bens em natura não entram na herança. O que entra é o valor. Com as liberalidades, houve a transferência da titularidade quanto aos bens a que elas se referiam".*

28.3. O Código em vigor adotou a posição de PONTES:

> *"Art. 2.002. Os descendentes que concorrerem à sucessão do ascendente comum são obrigados, para igualar as legítimas, a conferir o valor das doações que dele em vida receberam, sob pena de sonegação.*
>
> *Parágrafo único. Para cálculo da legítima, o valor dos bens conferidos será computado na parte indisponível, sem aumentar a disponível.*
>
> *(...)*
>
> *Art. 2.004. O valor de colação dos bens doados será aquele, certo ou estimativo, que lhes atribuir o ato de liberalidade.*
>
> *§ 1º Se do ato de doação não constar valor certo, nem houver estimação feita naquela época, os bens serão conferidos na partilha pelo que então se calcular valessem ao tempo da liberalidade.*
>
> *§ 2º Só o valor dos bens doados entrará em colação; não assim o das benfeitorias acrescidas, as quais pertencerão ao herdeiro donatário, correndo também à conta deste os rendimentos ou lucros, assim como os danos e perdas que eles sofrerem.".*

28.4. Valhamo-nos da jurisprudência do STJ:

> *"Processo:*
>
> *REsp 1.166.568-SP, Rel. Min. Lázaro Guimarães (Desembargador convocado do TRF da 5ª Região), por unanimidade, julgado em 12/12/2017, DJe 15/12/2017.*
>
> *Ramo do Direito: DIREITO CIVIL*
>
> *Tema: Sucessão. Bens à colação. Valor dos bens doados. Valor atribuído no ato de liberalidade com correção monetária até a data da sucessão. Aplicação do art. 2.004, caput, do CC/2002."*

29. Vejamos qual a dicção das codificações processuais.

a) CPC/39

"Art. 488. Terminadas as avaliações, e havendo bens sujeitos a colação, os herdeiros que os houverem recebido serão notificados para conferi-los.

§ 1º Quando os bens sujeitos a colação não forem conferidos pelos herdeiros por motivo de ausência sê-lo-ão pelo inventariante, se aquiescer a maioria dos interessados presentes.

§ 2º Se o valor da doação, ou do dote, não constar do ato respectivo, nem houver estimação feita na época desse ato, o avaliador atribuirá aos bens conferidos o valor que teriam ao tempo da doação ou do dote."

b) CPC/73

"Art. 1.014 No prazo estabelecido no artigo 1.000, o herdeiro obrigado à colação conferirá por termo nos autos os bens que recebeu ou, se já os não possuir, trar-lhes-á o valor.

Parágrafo único. Os bens que devem ser conferidos na partilha, assim como as acessões e benfeitorias que o donatário fez, calcular-se-ão pelo valor que tiverem ao tempo da abertura da sucessão."

c) CPC/15

"Art. 639. No prazo estabelecido no art. 627*, o herdeiro obrigado à colação conferirá por termo nos autos ou por petição à qual o termo se reportará os bens que recebeu ou, se já não os possuir, trar-lhes-á o valor.*

Parágrafo único. Os bens a serem conferidos na partilha, assim como as acessões e as benfeitorias que o donatário fez, calcular-se-ão pelo valor que tiverem ao tempo da abertura da sucessão."

29.1. A interpretação sistemática e a teleológica permitem-nos concluir que o critério vigorante é o da colação do valor da doação, nos termos do disposto no Código Civil vigente, que é expresso a respeito; critério, esse, aliás, já prevalecente no regime anterior, não obstante a letra do CC/16, o qual se valia do termo *'bem'*, e não *'valor'*.

29.2. A exegese que se dava à codificação civil revogada, é a que deve ser adotada em relação aos textos processuais anteriores e àquele em vigor.

29.3. Com efeito, a questão é de direito material, e o conflito entre a *lei civil* e a *processual civil* não se resolve com os cânones do direito intertemporal, mas com os solucionantes dos conflitos *intrassistêmicos*; pelo que prepondera a regra de direito substantivo, a qual dá o exato sentido daquela de direito instrumental.

"Art. 1.018. Estimados os [illegible], e descritos nos autos os bens sujeitos à colação, os herdeiros que os houverem recebido serão notificados para conferi-los.

Processo Administrativo e Princípios do Direito Penal

Sergio Ferraz

Ementa: **1.** Introdução. **2.** Reserva legal. **3.** Reformatio in pejus. **4.** Incidência de lei posterior mais benéfica. **5.** Insignificância. **6.** Presunção de inocência. **7.** Tipicidade. **8.** Non bis in idem. **9.** Imediatez. **10.** Gradualidade. **11.** Autoincriminação.

1. Na seara dos processos administrativos pertinentes à aplicação de sanções, não deve o agente decisório deixar de levar em consideração a rica trama principiológica do Direito Penal. Cabe-lhe, em suma, afastar divórcios conceituais, a fim de evitar que o processo administrativo realize não a justiça, mas a suma injustiça.

Alerte-se: não estamos a referir tão apenas as relações entre a Administração e seus servidores. O que sustentamos é que as preconizações, que seguirão, têm incidência em toda e qualquer atividade administrativa sancionatória — *v.g.*, a utilização do chamado poder de polícia, as penalidades tributárias, etc...

Princípios da reserva legal e da tipicidade normativa

2. Em primeiro lugar, impõe-se bradar em altas vozes: não há sanção administrativa admissível sem prévia capitulação legal (lei em senso estrito). Nem é preciso, no particular, recorrer ao inciso XXXIX do artigo 5º da CF, assim evitando a polêmica com aqueles que pretendem a aplicabilidade desse comando exclusivamente ao crime (também em senso estrito): bastará nos afinarmos ao inciso II do mesmo artigo 5º, consagrador do princípio da legalidade, *marco fundamental* da atividade administrativa de *qualquer natureza*. Em definitivo: sanção administrativa só pode decorrer de lei anterior, e lei em cunho formal (não bastando simples medida provisória, que não passa de lei sob condição, lei a título precário — o que, a toda evidência, não se presta a definir infrações e respectivas sanções: a repercussão e a profundidade do enquadramento infracional e da decorrente submissão sancionatória são incompatíveis com um juízo de validade definitiva pendendo da hipotética conversão da Medida em lei).

Mas não basta que a conduta seja tipificada na legislação administrativa; é essencial, também, a especificação da penalidade correspondente ou, no mínimo, da indicação de parâmetros objetivos para a fixação da penalidade administrativa.

As normas disciplinares das entidades de fiscalização e controle empresarial, econômico e financeiro (CVM, CADE, BACEN) limitam-se a consignar apenas um rol de condutas sancionáveis e outro rol de penalidades aplicáveis, mas sem correlação umas com as outras, sem sequer indicar critérios para a dosagem da penalidade a ser aplicada. No máximo chegam a dizer que determinadas penalidades são aplicáveis no caso de infrações graves, entretanto, sem identificar o que seria uma infração grave. Tais normas não permitem uma correta e objetiva individualização da pena, não atendem à necessária previsibilidade da atuação estatal, não permitem aos fiscalizados ter ciência de qual sanção corresponde a qual conduta, não asseguram uma decisão imparcial e isonômica, e, assim, as sanções aplicadas podem ser anuladas na via judicial, por vício de legalidade[1].

Não se contesta a existência de uma margem de discricionariedade na quantificação da pena, até mesmo para que seja cumprido o mandamento constitucional no sentido da individualização da pena, ou seja, da dosimetria ajustada às características do apenado, às circunstâncias do delito e à repercussão da conduta sancionada no universo que se pretende proteger. Mas é essencial que haja uma dupla tipificação, de condutas e penalidades, e que seja normativamente estabelecida uma correlação entre elas, deixando-se espaço para a aplicação de agravantes e atenuantes, conforme parâmetros previamente definidos, segundo ensina Rafael Munhoz de Mello[2]:

> "No campo do direito administrativo sancionador, o princípio da legalidade exige que o ilícito administrativo e a respectiva sanção sejam criados por lei formal. Apenas o legislador pode tipificar uma conduta como ilícito administrativo e imputar à sua prática uma sanção administrativa. Trata-se de aplicação, no direito administrativo, do princípio nullum crimen, nulla poena sine lege, previsto no inciso XXXIX do art. 5º. Da Constituição Federal.
>
> Assim, tanto a infração administrativa como a sanção administrativa devem ter previsão expressa em lei formal. Não basta mera autorização à autoridade administrativa, dispondo genericamente sobre o poder de punir. É preciso que a lei descreva a conduta ilícita e a respectiva sanção. Isso significa, em outros termos, que a lei formal deve veicular a hipótese de incidência e o mandamento da norma punitiva. É preciso que a lei formal disponha tanto sobre a situação de fato como sobre a consequência a ela imputada – a saber, a imposição da sanção administrativa. Ou, ainda: o motivo legal do ato administrativo que impõe a sanção administrativa deve estar previsto na lei formal; bem como o objeto de tal ato.
>
> Tampouco basta à satisfação do princípio da legalidade a criação apenas do ilícito administrativo por lei formal, deixando-se a escolha da sanção à Administração Pública. E vice-versa: não basta a previsão legal da sanção, sem que seja descrita na lei a situação de fato que fundamenta sua aplicação. Tanto a infração como a sanção administrativa devem ter previsão legal, segundo o princípio da legalidade. E mais: a lei deve estabelecer a relação entre as infrações e as sanções administrativas, de modo que o infrator saiba exatamente a medida a que está sujeito pela prática do comportamento ilícito."

Enfatize-se: reserva legal não se confunde com princípio da legalidade. O princípio da reserva legal implica que a fonte única do direito penal (e do direito penal administrativo) é a lei em sentido estrito, não se admitindo a criação de figuras e sanções

1 Sobre esse assunto, veja-se: Adilson Abreu Dallari e Mariana Novis, "Processo sancionatório no âmbito da CVM: a pena de suspensão", RTDP, nº 49, p. 17; Mariana Novis Graziano, "O Recurso Administrativo no âmbito do CADE", Revista Fórum Administrativo, nº 78; e Mariana Novis, "Sentido e alcance do direito de recurso na esfera administrativa à luz da Constituição Federal de 1988", RTDP, nº 46, p. 233.

2 Rafael Munhoz de Mello, "Princípios Constitucionais de Direito Administrativo Sancionador", coleção Temas de Direito Administrativo 17, pp. 120 a 122.

por costume, jurisprudência, analogia e princípios gerais de direito. Em tempo: como em nosso país qualquer afirmação absoluta deve ser encarada como uma assertiva tendencial, cumpre ver que o mesmo se aplica à fórmula aparentemente absoluta com que definimos o princípio da reserva legal; veja-se um exemplo marcante: a Lei 11.343/06, ao criminalizar o tráfico de drogas (confira-se seu artigo 33), não define droga, relegando tal ônus a regras definidas pelo Ministério da Saúde e pela ANVISA – Agência Nacional de Vigilância Sanitária. É o tropicalismo no Direito...

Defluência inafastável das precedentes considerações estampa-se na não aceitação, de nossa parte, da afirmação, até aqui correntia, de não existir no direito penal administrativo a exigência da *tipicidade*. Ou seja, em suas atuações sancionatórias bastaria à Administração referir, abertamente, o fato punível, dispensando-se do enquadramento normativo típico correspondente. Não há como compatibilizar tal afirmação com as *garantias constitucionais* da ampla defesa e do contraditório, desde 1988 expressamente conferidas também ao processo administrativo.

A *reformatio in pejus*

3. Outra consequência das anteriores posições e do que dispõem os incisos LIV e LV do artigo 5º da Lei Maior é a rejeição, aqui, à *reformatio in pejus* (e pouco importa que leis a aceitem textualmente, pois a vedação é de estatura constitucional, não obstante sua aparente índole infraconstitucional, em razão de sua expressa consagração textual se localizar no art. 617 do CPP). A tutela da ampla defesa envolve a possibilidade de, sem ser surpreendida, a parte rebater acusações, alegações, argumentos ou interpretações *tais como dialeticamente postos*, para evitar sanções ou prejuízos. Ver sua posição agravada sem contraditório, quando sequer houve recurso da parte contrária, é validar a *restrita defesa*, e não, a *ampla defesa* de que cuida a Constituição. E é, também, fazer letra morta dos princípios da isonomia e da boa-fé. Nem se diga que a repulsa à *reformatio in pejus* poderia conduzir à consolidação de ilícitos absolutos ou à fuga à verdade material: o que se defende é a impossibilidade do agravamento, sem recurso (ao menos adesivo) da Administração, na relação processual administrativa; mas a decisão do Estado-juiz poderá indicar o cabimento do enquadramento mais severo, daí podendo o Estado-administração vir a praticar os atos que entenda necessários e/ou convenientes, sem sacrifício das tutelas constitucionais básicas, antes lembradas.

Existe apenas uma possibilidade de a decisão ser agravada: a do parágrafo único do art. 64 da Lei 9.784/99. Mas aí não caberá, com adequação integral, falar-se em *reformatio in pejus*: o Estado-julgador, divisando a possibilidade, em razão do princípio da legalidade e da obrigação da busca da verdade material, de ser agravada a situação do recorrente, disso haverá de cientificá-lo, para que formule suas alegações e defesa. E isso terá de ser feito, sob pena de nulidade, com indicação clara e precisa dos pontos de possível agravamento, com a pertinente fundamentação. Quando isso se der, a Administração-juiz se despirá transitoriamente da condição de julgador e atuará, supletivamente, por força do princípio da oficialidade, como Administração-instrutora processual. Instaura-se aí, então, um efetivo e equilibrado contraditório, com o que não se colocarão em xeque os princípios da boa-fé, do contraditório e da isonomia.

Incidência da lei posterior mais benéfica

4. Outro parâmetro do direito penal, agora até jurisprudencialmente gozando de prestígio sua aplicação no processo administrativo, é o da aplicabilidade da lei posterior mais benéfica (ao administrado). É o que se colhe, para simples exemplo na doutrina, de Regis Fernandes de Oliveira[3] e de Edilson Pereira Nobre Jr[4].

Inevitavelmente a aplicação da lei mais benéfica é uma técnica que se afirma casuisticamente, do exame de cada lei e das circunstâncias constitutivas do direito. Em razão da motivação subjacente ao princípio, leva-se em conta, na possível aplicação, a data da publicação da lei e não a *vacatio*. Ou seja, mais vale aqui o plano da existência do que o da eficácia. A *vacatio* no particular é tão desimportante que se, em seu curso, a lei é revogada, ainda assim ela se aplica se mais benéfica.

O princípio da insignificância

5. Em afinação com as pautas até aqui traçadas, igualmente nos parece aplicável ao processo administrativo o *princípio da insignificância*. Com esse rótulo se tem dito que é admissível infirmar a tipicidade de fatos que, por sua inexpressividade, configuram "ações de bagatela", despidas de relevância, traduzidas em valores lesivos ínfimos. Em casos que tais, espera-se uma certa leniência do Estado-administrador e do Estado-juiz, dando por descaraterizado o tipo infracional. Não se deve, todavia, aceitar a invocação da insignificância, quando o infrator registrar reiterada conduta faltosa, já que a reincidência não se harmoniza com o favor estatal.

Assim, o princípio da insignificância deve ser *qualificado*, para que se apresente de utilidade jurídica e social, como fator de descaracterização da tipicidade infracional. Para tanto, imprescindível será que o fato sob exame se revista de mínima ofensividade na conduta do agente, mínima periculosidade social da ação, mínima reprovabilidade do comportamento e inexpressividade da lesão provocada. Em face de tais pilares, o julgador deverá ter em mente o postulado da intervenção punitiva mínima do Estado, atento a que a restrição de direitos do indivíduo somente se justifica quando efetivamente necessária à proteção das pessoas, da sociedade e de outros relevantes bens jurídicos que lhes sejam essenciais.

---

3 *Infrações e Sanções Administrativas*, p. 44.

4 *Sanções Administrativas e Princípios do Direito Penal*, RDA 219/145-147.

Do que dissemos não resulta que estejamos a desconsiderar o princípio da legalidade. Nada impede que se releve a configuração infracional, e a punição consequente, mas se cobre o prejuízo causado. E, de toda sorte, o que proclamamos é a necessidade de um cotejo de princípios: à integridade do erário se ofereça o contraponto dos princípios da razoabilidade e da proporcionalidade, de sorte, por exemplo, a se ter sempre por caracterizada a insignificância quando os custos diretos e indiretos da recuperação da lesão se apresentem superiores aos do dano causado ao patrimônio da Administração. Enfim, preconizamos a aplicação do princípio da insignificância, mas adaptando-os aos viezes próprios do Direito Administrativo. Assim, cumulativamente, se haverá de observar: a mínima ofensividade da conduta do agente; o reduzido grau de reprovabilidade do comportamento; a inexistência de periculosidade social da ação; a inexpressividade da lesão em face dos princípios regedores da atividade administrativa.

Para alguns autores respeitáveis, o tema da insignificância não propiciaria sua elevação a princípio jurídico, sendo, bem antes, um critério de interpretação na incidência eventual no caso concreto, de uma norma penal (é a concepção de João Paulo Martinelli e Leonardo Schmitt de Bem, em suas excelentes "Lições Fundamentais de Direito Penal", p. 233). Em suma, caracterizada em concreto a insignificância, tal como antes definimos, estaria excluída a tipicidade penal da conduta. Aditamos nós: como regra geral (na qual, obviamente, sempre cabem as exceções), de delito (em sentido amplo) somente haverá de cogitar-se quando à tipicidade da conduta somar-se a antijuridicidade relevante, social ou individual, do resultado da atuação. É por isso que, por exemplo, uma agressão física (tipicidade) poderá ser alvo de diversa qualificação jurídica, sem o apodo da antijuridicidade, se cometida em legítima defesa e em relação de proporcionalidade reativa. De certa forma raciocínio típico é aplicável a diversas outras situações, como, por exemplo, nos casos de ações marcadas por:

____ cumprimento estrito de dever legal (óbvio: se há expressa previsão da ordem em lei e se há cumprimento proporcional e razoável da ordem);

____ exercício regular de direito (com as mesmas ressalvas anteriores, entre parênteses);

____ coação irresistível (ou seja, quando não há liberdade para agir licitamente);

____ obediência hierárquica (havendo inexigibilidade de conduta diversa e desconhecimento, por parte do agente, da ilicitude da ordem).

Tais considerações são deduzidas modestamente e com extrema cautela, já que envolvem conhecimentos jurídicos especializados, com detida meditação sobre a real intelecção que merecem os artigos 21 a 25 do Código Penal.

Anote-se que se deve a Claus Roxin o destaque que vem recebendo a temática da insignificância como uma das expressões da fórmula *minima non curat praetor*, recomendando-se exame casuístico das condutas, para o reconhecimento dessa hipótese de exclusão da tipicidade. A propósito, registre-se (ressalvando que nossa concepção pessoal ainda se encontra no ponto inconclusa) que a jurisprudência inadmite a alegação de insignificância no âmbito castrense, tendo em consideração que aqui se trata de uma relação jurídica qualitativamente diferenciada, em que inafastáveis as considerações da hierarquia e da disciplina nas Forças Armadas.

Registre-se que o princípio da insignificância foi prestigiado pelo STF (por exemplo, Medida Cautelar em *Habeas Corpus* 96.173-8, relator Ministro Celso de Mello, *DJe* 23.09.08, pp 38-40), bem como expressamente comtemplado pelo TCU, no dizer de sua Súmula 132:

> "A título de racionalização administrativa e simplificação processual e com o objetivo de evitar que o custo da cobrança seja superior ao valor do ressarcimento, serão arquivados, ainda que não estejam em fase de execução, os processos de tomadas e prestações de contas de responsáveis, cujos débitos forem iguais ou inferiores a Cr$ 1.000,00 ou ao limite que se estabelecer, por disposição legal superveniente, para cancelamento de débitos, de qualquer natureza, inscritos ou não na Dívida Ativa da União."

A presunção de inocência; a fumaça do bom direito; a pressão da mídia e do clamor popular

6. A cumeeira das anteriores afirmações é a assertiva de que se aplica ao processo administrativo o princípio "na dúvida, pró administrado". Pediremos vênia para sustentar a amplitude da assertiva. É *dever* da Administração, defluente até dos princípios constitucionais que a alicerçam, não permitir a existência de *dúvidas*.

Ademais, como não vemos antinomia *necessária* entre interesse público e interesse do administrado, mais ainda inclinamo-nos a afirmar que a dúvida deva significar a prevalência do interesse do administrado, em face do interesse da Administração.

Trata-se, por certo, de uma guinada de 180 graus na teoria administrativista, sempre marcada pela preponderância da Administração, bem como pela suposição pacífica da supremacia do interesse público (que a Administração representaria). Mas tal enfoque descabe no campo do processo administrativo. A *uma*, porque o processo administrativo teve sua consideração prestigiada no patamar constitucional, com a natureza de *garantia individual fundamental* (CF, art. 5º, LIV e LV); estender ao processo administrativo as mesmas configurações do processo jurisdicional importa em levar para ele as tutelas do *in dubio pro reo*, do *in dubio pro operario* (e frise-se: pouco interessa a empiricamente detectável, em um ou outro caso, grande força pessoal do réu ou dos altos empregados — o princípio permanece vivo, pois ele existe para a coletividade dos administrados). A *duas*, porque o enobrecimento constitucional do processo administrativo impõe se despoje o Estado-parte do manto da supremacia do Estado-administrador; com a consequência de que, no cotejo basilar Administração/administrado, como regra, este será o hipossuficiente, para seu prol carreando, como em qualquer outro tipo de processo, as vantagens do *in dubio*.

Após a indicação do que o agente decisório *tem de fazer* revela-se importante fixar duas máculas inadmissíveis, nas quais, portanto, jamais deverá ele incorrer.

Em tomo inicial, cabe recordar que a *presunção de inocência* é garantia constitucional (CF, art. 5°, LVII). Não importa se a parte/interessado tem uma, cinco ou cem condenações *em curso*. A presunção de inocência só cede passo com sentença judicial condenatória *transitada em julgado*. Condenações, ainda que várias, em tramitação podem ser revertidas, por uma única, última e definitiva oportunidade, em grau de embargos em recurso extraordinário, no STF, após cinco ou seis condenações anteriores *no mesmo processo*. Por isso é que somente o trânsito em julgado cassa a referida presunção, com todas as consequências daí provenientes. Pode-se até *discutir* se "reputação ilibada", "notório bom conceito" e expressões análogas sobrevivem a uma pluralidade de condenações ainda inconclusas (não nos esquivamos ao debate: se a única suspeita levantada se assenta em tais condenações — e não em convicções que o comportamento social do administrado robusteça —, outro caminho *legal, jurídico* e *justo* não haverá que não o de aguardar o trânsito em julgado da condenação). Também por isso mesmo constitui rematado absurdo, jurídico e lógico, recusar a concessão de providências cautelares (estamos falando do processo administrativo, mas o raciocínio também se aplica ao jurisdicional), sob a alegação de ausência de *fumus boni iuris*, porque em *outros* processos, ainda não concluídos, condenações potencialmente comprometedoras da reputação ou da boa fama tenham sido emitidas. Mesmo quando essa pluralidade de processos pareça configurar um feixe de indícios convergentes contrários, cumprirá considerar que meros indícios não bastam para infirmar a presunção de inocência ou para obstaculizar a concessão de cautelas.

Em segundo lugar, uma das maiores covardias morais, que um agente decisório — administrador ou juiz — pode praticar é decidir com base nas "condenações" antecipadas da mídia ou no calor facilmente manipulável do clamor popular. *Toda* a fieira de princípios constitucionais tutelares, do processo administrativo e do jurisdicional, é mortalmente apunhalada pelas costas, quando assim se age. Até porque frequentemente a mídia fabrica o clamor popular. E não seria demasia lembrar que foi o clamor popular que libertou Barrabás e condenou Cristo. Enquanto ficarmos desatentos a tais pilares a mídia continuará a, soberanamente, acusar, condenar e executar a sentença contra quem deseje dirigir suas armas.

Em definitivo: no processo administrativo, a presunção de inocência apenas cede passo após decisão administrativa definitiva. Não a contamina a instauração de processo disciplinar ou mesmo a decisão adversa, uma vez recorrida. Daí termos por inconstitucional o artigo 170 da Lei nº 8.112/90 (Lei dos Servidores Públicos), pois da extinção da punibilidade pela prescrição resulta a intangibilidade da presunção de inocência. Por isso, nos assentos individuais do servidor não há que se fazer a propósito qualquer registro, seja do fato ensejador da investigação, seja da ocorrência da extinção da punibilidade em razão do decurso do prazo prescricional.

Mas cabe ponderar: a presunção de inocência não briga com os fatos. A reiteração, pelo servidor, da conduta havida como suscetível de punição disciplinar, por múltiplas vezes, mesmo após a abertura de diversos processos, não pode ser ignorada. A recalcitrância deve ser levada em consideração, no mínimo para atenuar a presunção.

Afinal, hierarquia e disciplina não são apanágio dos militares, mas, sim, são requisitos essenciais para o funcionamento de qualquer organização e, muito especialmente, na administração pública.

A tipicidade

7. O princípio da tipicidade traduz-se na exigência, imposta à Administração Sancionadora, de que só exerça essa competência em conformidade absoluta com a descrição da norma que prevê a infração. Daí que está a Administração obrigada, no exercício de sua competência sancionatória, a não só enunciar minuciosamente a *conduta* que tem como faltosa, como também a indicar os preceitos normativos de descrição da conduta infracional e as consequências que dela podem ser derivadas.

Dissertando sobre a matéria Enterría e Ramón Fernandez[5] ainda aduzem, com total acerto, que as previsões infracionais não são válidas se inteiramente genéricas (*v.g.*, Lei n. 8.112/90, art. 129, segunda parte), exatamente porque corrosivas do *princípio da tipicidade*, assim não distinguindo, com nitidez, os campos do lícito e do ilícito.

Nossa justificação e compreensão do princípio da tipicidade se arrima, às inteiras, no voto (infelizmente vencido) do Ministro Napoleão Maia Nunes Filho (STJ), no MS 17.515-DF. Mas a normatividade e a jurisprudência comparadas também refletem nosso pensamento. Destaque-se, no particular, a Convenção Europeia de Direitos Humanos (artigo 63) e, no Tribunal Europeu de Direitos Humanos, os arestos Plassier e Sassi *vs.* França (25.03.99) e Dallos *vs.* Hungria.

Non bis in idem

8. Uma mesma ilicitude não pode dar azo à incidência de duas ou mais medidas sancionatórias de cunho administrativo. Trata-se de magistério já consagrado pelo STF, em sua Súmula 19. A jurisprudência só admite a duplicidade ou multiplicidade sancionatória, num mesmo campo, quando a própria lei assim o estatui. Importante considerar que não há *bis in idem* quando a Administração aplica, preliminar e provisoriamente, medida cautelar (por exemplo, afastamento do exercício do cargo por até 60 – sessenta – dias), a servidor que mais tarde seja punido, pela constatação da falta que também motivara a medida cautelar.

A ocorrência de múltiplas ilicitudes ou irregularidades, da mesma natureza, alvejadas numa única ação fiscalizatória, configura a continuidade da conduta vedada, não ensejando necessariamente a concretização de violação ao princípio do *non bis in idem*.

5 *Curso de Direito Administrativo*, Rev. dos Tribunais, 1990, pp. 895/896.

A imediatez

9. Aqui se registra a importância do *tempo* no processo. Não com a consideração dos conceitos alusivos à preclusão, à prescrição e à decadência. Tampouco aqui se considera o relevantíssimo tópico da duração razoável do processo. O que se tem em mente quando se exige, como elemento mesmo de validade do processo administrativo, sua inauguração temporalmente próxima, ao evento dele provocatório, é a salvaguarda às pautas valorativas da segurança jurídica, da eficiência administrativa e da eficácia/efetividade da competência sancionatória.

A gradualidade

10. No ponto, ora sob exame, o que se preconiza é que, quando existentes mínimos e máximos sancionatórios aplicáveis, se dose a atuação impositiva: não se partindo de imediato para o auge do rigor, nem retornando a patamares de gravidade já superados quando registrada reincidência em condutas reprováveis. Por óbvio, um só desvio poderá revelar-se tão grave, que justifique de plano uma severidade máxima de reação. Torna-se evidente que estamos nos territórios da proporcionalidade e da razoabilidade, em cujas franjas se abriga o conceito de gradualidade.

Autoincriminação

11. A Administração não pode, no desenrolar do processo administrativo, obrigar o administrado a fazer declarações a ele prejudiciais. Trata-se de garantia fortemente enraizada no texto constitucional, sobremodo em seu artigo 5º, LV, LVII e LXIII. O acusado tem direito ao silêncio, mas tem também o dever de lealdade, que é incompatível com a mentira, com requerimentos puramente protelatórios e com a falsidade testemunhal e documental.

Adimplemento Substancial, Onerosidade Excessiva, Cláusula de Renegociação e Dever de Mitigar o Prejuízo sob a Égide da Boa-Fé Objetiva[1]

Sidnei Beneti

> *"Notre nature est dans le mouvement: le repos entier est la mort. (...) La nature agit par progrès, itus et reditus. Elle passe et revient, puis va plus loin, puis deux fois moins, puis plus que jamais etc. Le flux de la mer se fait ainsi, le soleil semble marcher ainsi" (Pascal. Pensées. Paris: Gallimard, 1962, pp. 99 e 149).*

1. O contrato em transformação

O direito contratual acolhe na atualidade a intervenção incidental de institutos exógenos à manifestação de vontade das partes na formação da avença. A interpretação do contrato desloca-se da análise do núcleo subjetivo histórico da voluntariedade contratual do momento da celebração para a ponderação objetiva de fatos, que alçam à influência decisiva no desfecho das prestações envolvidas. Sob a égide geral da boa-fé objetiva no momento da prestação incrustam-se nos contratos, tanto informais e inominados quanto formais e nominados, institutos não raro de evolução estrangeira, como o adimplemento substancial, a onerosidade excessiva, o dever de mitigação de danos e a revisão extraordinária – sob a presidência geral, ademais, do princípio da função social do contrato, que, relembre-se, nulifica tudo o que lhe seja contrário, devido à ação automática do guante de férreos dispositivos de ordem pública expressa do Código Civil de 2002[2].

Não se olvide, ainda, o largo âmbito de incidência do microssistema especial do direito do consumidor (de que não se tratará agora), que fundamente se incrusta nos contratos de consumo, como *sobrenorma*, com tamanho grau de eficiência que, à interação decorrente do diálogo das fontes, a superioridade da norma geral consumerista prevalece, em reenvio de regresso, até mesmo sobre a própria disciplina especial de direito e consumo quanto menos favorável, esta, ao consumidor.

---

1 Escrito em homenagem ao Advogado Professor Doutor Roberto Rosas. Personalidade marcante na cultura jurídica nacional. Presença constante, antes, durante e depois de minha judicatura no Superior Tribunal de Justiça. Tempo de muita saudade, para mim e minha esposa Sílvia, felizes ao morar na acolhedora Brasília. Nossa gratidão aos amigos Roberto e Célia Rosas!

2 Função social do contrato: CPC/2001, arts. 421 e 2035, parágrafo único.

A globalização negocial, a seu turno, insere no direito contratual brasileiro, de matriz de *civil law*, padrões oriundos de padrões específicos de contratos vindos do *common law*, prodigalizados no dia-a-dia negocial nacional sobretudo a partir da segunda metade do Século XX[3].

Ante o deslocamento do foco interpretativo dos contratos das circunstâncias subjetivas da manifestação de vontade geradora do vínculo contratual para a lesão decorrente das circunstâncias objetivas do inadimplemento total ou parcial das prestações já assomou a preocupação com a crise do contrato ([4]), não faltando mesmo falar em morte do contrato, com a absorção do contrato pela responsabilidade civil extracontratual[5]

Constitui verdadeiro truísmo afirmar que o panorama contratual se apresenta bem diverso do padrão clássico, em que a vontade das partes, concretizada na manifestação verbal provada ou na formalidade do documento exauria os elementos sensíveis necessários ao desvendamento do comando obrigacional do contrato.

A diversidade de enfoque do contrato, ante a incidência de vários institutos recebidos em tempo relativamente recente, mas já consolidados pela doutrina e pela jurisprudência, ostenta-se à só visão dos parâmetros interpretativos do contrato. Com efeito, vão longe os tempos em que a interpretação repousava primordialmente nas regras interpretativas clássicas, construídas pelo lavor da mais conspícua doutrina. Um exemplo saliente denota-se na minimização jurisprudencial da interpretação gramatical do contrato[6].

Nesse ponto, aliás, vale a comparação de Mariana Pargendler entre os desenhos contratuais de *common law* e de *civil law*, estes mais pendendo para os contra-

---

3 Na saborosa frase de Mariana Pargendler, "contratos terminados em –'*ing*' (*leasing*, *franchising*, *engineering*, *factoring*, *shopping center* e assim por diante" (Mariana Pargendler. Desenho contratual em perspectiva comparada: reflexões sobre a relação entre tripificação legal e inovação contratual. Revista da Faculdade de Direito – UFPR. Curitiba. Vol. 61, nº 1, jan/abr. 2016, p. 232).

4 Cláudia Lima Marques (org). A nova crise do contrato: estudos sobre a nova teoria contratual. Rio de Janeiro: Revista dos Tribunais, 2007, p. 11;

5 Grant Gilmore. *The death of contract*. Columbus: Ohio State University Press. 1995.

6 Carlos Maximiliano, aliás, ao expor os processos interpretativos dos atos jurídicos, ao lado de aliná-los em preciosa exposição em outros tempos insistentemente repetida por doutrina e jurisprudência, já frisava a evolução no sentido da interpretação conjugada de todos eles: "Tradicionalmente, além de dividir a interpretação quanto à sua origem em *autêntica* e *doutrinal*, também a decompunham, conforme os elementos de que se servia, em *gramatical* e *lógica*. Hoje não mais se aceitam semelhantes denominações impróprias. A interpretação é uma só. Não se fraciona: exercita-se por vários *processos*, no parecer de uns; aproveita-se de *elementos* diversos, na opinião de outros: -- o gramatical, ou melhor, filológico; e o lógico, subdividido, este, por sua vez, em lógico propriamente dito, e social ou sociológico. A diferença entre os dois principais elementos, ou processos, consiste em que um só se preocupa com a *letra* do dispositivo; o outro com o *espírito* da norma em apreço" (Carlos Maximiliano. Hermenêutica e aplicação do direito. 8ª ed., Rio de Janeiro: Freitas Bastos, 1965, p. 118.

tos típicos, no geral mais curtos, resumidos, enquanto aqueles no geral mais amplos, discursivos, alongados, de modo a abrangerem o que possa ser submetido a Cortes de menos densa consistência técnico-jurídica, não raro compostas de jurados leigos, e, portanto, de menor pendor técnico-conceitual-classificatório[7].

Também na celebração e cumprimento de cada uma das obrigações decorrentes do contrato veem-se os novos padrões comportamentais dos próprios contratantes. Na celebração do contrato, as próprias partes por vezes desdenham de modelos consequenciais de contratos típicos, como que antevendo a invocação futura de novos institutos flexibilizadores da rigidez do tipo contratual avençado. O dia-a-dia o demonstra. Contratos como o de alienação fiduciária em garantia, arrendamento, representação comercial, concessão de revenda, financiamento, compromisso de compra e venda, mútuo e numerosos outros tipos contratuais, sofrem evidente erosão de estrutura conceitual ao embate com as circunstâncias concretas ocorrentes no cumprimento – não raro repercutindo até mesmo no arrefecimento do rigor dos títulos de crédito decorrentes dos contratos, via objeções de mérito desconstitutivas principalmente incoadas em embargos à execução.

O quadro exacerba-se nos contratos sinalagmáticos de prestações diferidas, especialmente se sucessivas em longo tempo. Alterações circunstanciais, causadas por mudanças do ambiente econômico-social têm influido decisivamente na execução dos contratos, chamando à incidência decisiva institutos como a função social do contrato e o reequilíbrio contratual.

Entre a celebração e o cumprimento do contrato, acentua-se a *tensionabilidade* das posições das partes, ante a possível mutabilidade , geradora de incertezas, das bases concretas das prestações avençadas – o que, superado, permite o adimplemento integral, a frustração total ou o reequilíbrio via revisão do contrato.

Em suma, o contrato, que no Século XIX caracterizou-se pelas premissas individualistas decorrentes da autonomia privada, da liberdade de contratar, da livre fixação do conteúdo do contrato e da igualdade jurídica das partes – que lhe atribuíam uma quase que condição monolítica para a interpretação "em si" de acordo com as regras de interpretação da vontade nele contida, passou a permeabilizar-se do sentido da justiça social, da valorização da justiça intrínseca à própria relação jurídica contratual, grassando normas de proteção à parte mais débil e a "tutelar certos valores que no domínio dos negócios jurídicos ascenderam à zona dos interesses de ordem pública"[8].

A influência do contrato de *common law* evidencia-se no tratamento, nestes, de "doutrinas fluidas, tais como a da *unconscionability*, que exige além da 'abusividade'

7 Mariana Pargendler. Ob. cit., p. 221, comparando os julgadores profissionais alemães com os integrantes das Cortes norte-americanas.

8 João de Matos Antunes Varela. Das obrigações em geral. Vol. I, 1ª ed. Coimbra: Almedina, p. 229.

da cláusula (desproporcionalidade material), um exame casuístico da disparidade do poder de barganha e da natureza do processo de negociação[9]".

A noção do contrato como um processo, e não apenas um ato, patenteia-se, visualmente, na atualidade, pela quantidade de etapas vencidas em contratos de longa duração, da celebração até a extinção, vista concretamente pelo desfilar de mensagens eletrônicas trocadas entre os contratantes, acertando prestações, reajustando valores, corrigindo circunstâncias, enfim, materializando em escrito as tensões, certezas e incertezas fáticas e jurídicas por vezes extremamente céleres na interação recíproca, existentes no *mare magnum* dos tempos negociais da atualidade em que navegam os celebrantes de contratos em era de acelerada incerteza.

2. Novos institutos contratuais no Brasil

Alguns institutos ancilares ou incidentais ao núcleo contratual adquiriram enorme importância na atualidade ante a importação de sistemas estrangeiros, mormente do direito norte-americano, em consequência da globalização econômica, determinante da transfronteirização dos negócios jurídicos contratuais. Chegaram ao Brasil institutos de feitio anglo-americano, como os da *substantial performance, duty to mitigate the damages, hardship clauses, due diligence* e, via doutrina italiana, a *impossibilità sopravvenuta.*

A rigor, contudo, a evolução do direito contratual não deixa de constituir mais um *aggiornamento*, causado pelo surgimento de novas exigências negociais atuais, de institutos como a cláusula *rebus sic stantibus* e a teoria da imprevisão, que no geral sempre projetaram consequências concretas para as diversas controvérsias em que se envolviam contratantes relativamente às respectivas prestações – mormente nos contratos de longa duração, em que o decurso do tempo abre largas portas para o surgimento de situações influentes sobre as bases fáticas – especialmente econômicas – dos contratos.

No Brasil, aos inícios da década de sessenta, Caio Mário da Silva Pereira historiava, chamando à consideração os juristas da idade média, que lobrigaram subjacente aos contratos a cláusula *rebus sic stantibus*[10]. E acrescenta que o surgimento da teoria da

---

9 Mariana Pargendler. Ob. cit., pp. 229-230. Citando a versão de *unconscionability* adotada pelo *Uniform Commercial Code*, que, contudo, não lhe define o significado, a autora alude ao julgado em Lines v. Shute (499 U.S. 585 [1991], em que a Suprema Corte "reconheceu a validade de uma cláusula de eleição de foro em um contrato de consumo" fundamentando-se em que os autores haviam recebido passagens para um cruzeiro pelo correio, com tempo e oportunidade de ler suas cláusulas em período em que podiam ter pedido o reembolso, de modo que, conclui a autora, "o estilo do sistema norte-americano pende em favor da individualização do regime aplicável no caso concreto, enquanto os sistemas romanistas preferem ater-se a regras jurídicas de natureza geral, formuladas em categoria abstrata" (aut. ob. cit., p. 230).

10 "Os juristas da Idade Média, atentando em que nos contratos de execução diferida o ambiente no momento da execução pode ser diverso do que existia no da celebração, sustentaram, acreditan-

imprevisão decorreu da adaptação da cláusula *rebus sic stantibus* às condições ulteriores na história, chegando aos tempos atuais[11]. Ademais, a própria teoria da imprevisão resgata a cláusula *rebus stantibus*, como lembra Otávio Luiz Rodrigues Junior[12].

Como salienta Reinhard Zimmermann no profundíssimo estudo sobre o direito das obrigações, desde o direito romano até o direito alemão, a velha cláusula *rebus sic stantibus* trazia em seu bojo a aptidão a produzir os modernos institutos relativos à alteração das circunstâncias coetâneas à celebração do contrato, os quais, embora não considerados na elaboração do BGB, têm de serem consideradas e aprofundadas nas decisões dos tribunais e nos escritos dos doutrinadores[13].

do-se fundados em um texto de Neratius (Cf. Digesto, liv. XII, tít. IV, f. 8) , em torno da aplicação da *condictio causa data causa non secuta*, que o contrato devia ser cumprido no pressuposto de que se conservassem imutáveis as condições externas, mas que, se houve alterações, a execução devia ser igualmente modificada: '*Contractus qui habent tractum sucessivum et dependentiam de futuro rebus sic stantibus intelliguntur*'. A teoria tornou-se conhecida como cláusula rebus sic stantibus, e consiste, resumidamente, em presumir, nos contratos comutativos, uma cláusula que não se lê expressa, mas figura implícita, segundo a qual os contratantes estão adstritos ao seu cumprimento rigoroso, no pressuposto de que as circunstâncias ambientes se conservem inalteradas no momento da execução, idênticas às que vigoravam no da celebração" (Caio Mário da Silva Pereira. Instituições de direito civil. Vol. III. Rio de Janeiro: Forense, 1963, p. 207-108). Sobre a cláusula rebus sic stantibus, destaca-se especialmente a densa monorgrafia de Paulo Carneiro Maia, que concluiu que a cláusula "tendo entrado em declínio, no período do liberalismo, ressurgiu, nos tempos atuais, como a moderna teoria da imprevisão", não acolhida, "de modo expressso, como regra geral de revisão dos contratos", mas "parece oportuno, a fim de evitar as oscilações ou variações da jurisprudência, que o legislador consagre essa teoria em regra expressa" (Da cláusula *rebus sic stantibus*. São Paulo: 1959, p. 263).

11 "Os escritores, tanto entre nós quanto no estrangeiro, procuraram adaptar a velha cláusula *rebus sic stantibus* às condições atuais" e alinha algumas teorias pertinentes, concluindo que " a nosso ver, melhor atende às injunções sistemáticas é a da imprevisão, aqui aperfeiçoada e difundida por Arnoldo Medeiros da Fonseca. (...) Se tiver ocorrido modificação profunda nas condições objetivas coetâneas da execução, em relação às envolventes da celebração, imprevistas e imprevisíveis em tal momento e geradoras de onerosidade excessiva para um dos contratantes, ao mesmo passo que para o outro proporciona lucro desarrazoado, cabe ao prejudicado insurgir-se e recusar a prestação" (Caio Mário da Silva Pereira, ob. cit., pp. 110-111).

12 Otávio Luiz Rodrigues Junior. Revisão judicial dos contratos. 2ª ed., São Paulo: Atlas, 2006, p. 28.

13 *"The 17th century was a flowering time for the clausula doctrine (partly, perhaps, in response to the devastating warns of the time) and it became part and parcel of the usus modernus as well as of the systematic endeavours of the natural lawyers. It attained great prominence in the field of public internacional law, but in the area of private law its star ultimately began do wane. Nineteenth-century legal science was predominantly hostile to it, and the clausula thus disappeared. But the underlying idea had only temporarily lost its attraction. Thrown out by the door, as Windscheid put it, it will always re-enter through the window. The will of a person usually relates to a certain given set of facts only; it has been formed on the basis of certain suppositions. If these turn out to be wrong, it is not always fair to hold that person by his word. On the other hand, however, the promisor's interest in having the contract aside must be balanced agains the interest of the community at large in certainty of the law. Some kind of criterion is therefore needed to attempt to achieve the balance.*

O Código Civil de 2002 veio a consolidar a abertura de portas para o ingresso de institutos modernizadores no direito contratual brasileiro, os quais desfilam sob os vistosos trajes onomásticos estrangeiros.

Em *"flash"* na realidade contratual moderna, alguns podem destacar-se alguns institutos que, interferindo na vida dos contratos, fortemente transformam o próprio direito contratual.

3. Adimplemento substancial (*substantial performance*)

A teoria do adimplemento substancial "afasta a extinção do contrato no caso de inadimplemento de parte mínima da obrigação contratual. Caracteriza-se como modalidade anômala de adimplemento, mediante a prestação obrigacional próxima da integralidade (quase total), mas inadimplida, contudo, uma parcela considerada menor (parte mínima) da prestação, cuja falta deixa de constituir causa de resolução do contrato pelo credor, que conserva, contudo, o direito à indenização correspondente"[14].

Partindo, entre nós, principalmente de ensinamentos de Clóvis Couto e Silva[15], contando com aprofundadas análises de Araken de Assis[16] e Ruy Rosado de Aguiar Júnior[17], com grande repercussão doutrinária[18], a teoria ganhou campo na

Windscheid's own 'Voraussetzungslehre' (doctrine of tacit presupposition) was one such attempt, but it did not commend itself to the drafters of the BGB. The BGB does not, in fact, contain a general rule dealing with the problem of changed circumstances. The modern version of the clausula rebus sic stantibus therefore hat to be developed extra legem by courts and legal writers; it is the doctrine of 'Wegfall der Geschäftsgrundlage' (collapse of the underlying basis of the transaction, which was formulated, initially, in response to the problems posed by the consequences of the First World War on the performance of long-term contracts, and which has become part and parcel of the modern German law of contract. Its functional equivalent in English law is the doctrine of frustration of contract" (Reinhard Zimmermann. *The law of obligations. New York: Oxford University Press*, 1996, pp. 581-582).

14 Sidnei Beneti; Sidnei Beneti Filho. Teoria do adimplemento substancial do contrato na atualidade. Revista do Advogado, São Paulo, AASP, nº 131, p. 224, citando Rafael Peteffi da Silva. Teoria do adimplemento e modalidades de inadimplemento. Atualizado pelo novo Cód. Civil. Revista do Advogado, São Paulo, AASP, nº 68, 2002..

15 O planejamento da economia brasileira. Revista dos Tribunais. São Paulo, 659/21, 1990; A obrigação como processo, tese de livre-docência apresentada à Faculdade de Direito da UFRGS, 1964. Reimpressão Rio de Janeiro. Editora FGV, 2006. V. estudos em O direito privado brasileiro na visão de Clóvis do Couto Silva. Vera Maria Jacob Fradera (Org.). 2ª ed. Porto Alegre: Livraria do Advogado, 2014.

16 Araken de Assis. Resolução do contrato por inadimplemento. 2ª ed., São Paulo: Revista dos Tribunais, 1994.

17 Ruy Rosado de Aguiar Júnior. Extinção dos contratos por incumprimento do devedor – Resolução. De acordo com o novo Código Civil. 2ª ed.. Rio de Janeiro: Aide Editora, 2003.

18 Entre outros: Luiz Edson Fachin. Contratos e ordem pública – Questões de Direito Civil brasileiro contemporâneo. Rio de Janeiro: Renovar, 2008; Flávio Tartuce. Teoria do adimplemento substancial na doutrina e na jurisprudência. Forense, São Paulo, abr. 2015. Maurício Rios Jr. A aplicação

jurisprudência nacional, com intensa aplicação nos julgados do Superior Tribunal de Justiça[19].

4. Onerosidade excessiva (*Impossibilità sopravvenuta*)

A onerosidade excessiva possui a sede legal em dois dispositivos do Código Civil de 2002. No art. 317, estabelece-se regra geral admitindo a revisão judicial do contrato se excessiva a prestação a uma das partes[20]. No segundo, art. 478[21], é autorizada a resolução do contrato no caso de contratos de execução continuada ou diferida em que ocorra – vantagem extrema para uma das partes em virtude de acontecimentos imprevisíveis à data da celebração do contrato – como, no exemplo mais candente, acontece na excessiva desvalorização da moeda nacional relativamente a contratos celebrados em moeda estrangeira.

Evidente a razão de proteção do equilíbrio do sinalagma contratual, quando entre as prestações entre as partes observem um hiato temporal. Em escrito posterior ao Código Civil de 2002 – atualizando relevante publicação anterior[22], Laura Corradini Franz destaca que "os contratos que poderão estar submetidos à disciplina do art. 317 e também do art. 478 do Código Civil são aqueles cuja execução é continuada no tempo ('relação duradoura') ou periódica e diferida ('execução diferida'). Conquanto as suas distinções, em ambas as modalidades há um 'hiato temporal' entre a conclusão do contrato e o seu adimplemento"[23].

---

da teoria do adimplemento substancial independentemente justa causa para o inadimplemento. In. IIª Jornada de Direito Civil – Coleção de Estudos da Escola Superior da Magistratura federal da 1ª Região. Brasília. 2012; Jones Figueiredo Alves. Novo Código Civil. Questões controvertidas no Direito das Obrigações e dos Contratos. São Paulo: Método, 2005.

---

19 Antonio Carlos Ferreira. A interpretação da doutrina do adimplemento substancial. Consultor Jurídico. São Paulo: 9.2.2015 (Parte I) e 29.6.2015 (Parte 2).

20 CC/2002, art. 417. Quando, por motivos imprevisíveis, sobrevier desproporção manifesta entre o valor da prestação devida e o do momento de sua execução, poderá o juiz corrigi-lo, a pedido da parte, de modo que assegure, quando possível, o valor real da transação

21 CC/2002, art. 478. Nos contratos de execução continuada ou diferida, se a prestação de uma das partes se tornar excessivamente onerosa, com extrema vantagem para a outra, em virtude de acontecimentos extraordinários e imprevisíveis, poderá o devedor pedir a resolução do contrato. Os efeitos da sentença que a decretar retroagirão à data da citação.

22 Laura Coradini Frantz. Revisão dos contratos: Elementos para sua construção dogmática. São Paulo: Saraiva, 2007.

23 Laura Corradini Frantz. Excessiva onerosidade superveniente: uma análise dos julgados do STJ. In: Judith Martins Costa. Modelos de Direito Preivado. Madri/Barcelona/Buenos Aires/São Paulo: Marcial Pons, 2014, p. 219.

5. Cláusulas de renegociação (*hard ship clauses*)

As denominadas hardship clauses surgiram como instrumento oportuno a determinados contratos, cujas prestações possam vir a sofrer influência de ocorrências extraordinárias – como guerras, inundações, furacões – alargando-se, com o tempo, à abrangência de outros eventos extraordinários – como gigantescos e abruptos desnivelamento monetário[24].

Pelas cláusulas de renegociação (*hard ship clauses*[25]), com marcante presença no comércio internacional, ante a inserção nos princípios *Unidroit*[26]e na Convenção de Viena para o Comércio Internacional de Mercadorias[27], promulgada pelo Decreto Legislativo 538, de 18.10.2012, já reconhecida como obrigatória para a regência dos negócios específicos no Brasil[28], "as partes reservam-se o poder de consensualmente

---

24 V. Luiz Olavo Baptista. O risco nas transações internacionais: problemática jurídica e instrumentos (de defesa). In:: Revista de Direito Público, nº 66. São Paulo: Malheiros, abr./jun. 1983, p. 269.

25 *"Hardship. In general, privation, suffering, adversity. As used in zoning statutes as grounds for variance, it refers to fact that zoning ordinance or restriction as applied to a particular property is unduly oppressive, arbitrary or confiscatory. (...) The severity with which a proposed construction of the law would bear upon a particular case, founding, sometimes, an argument against such construction, which is otherwise termed the 'argument ab inconvenient'. See Hard cases'* (*Black's Law Dictionary, 6th ed.St. Paul, Minn. West Publishing Co.* 1990, verbete *Hardship*, p. 717). *Hard cases. A frase used to indicate judicial decisions schich, to meet a case of hardship to a party, are not entirely consonante with the true principle of the law. It is said of such: 'Hard cases make bad law"* (ob. loc. cit, verbete Hard cases).

26 João Baptista Villela. Princípios UNIDROIT relativos aos contratos comerciais internacionais. São Paulo: Quartier Latin, 2009. Vide: Maurício C. A. Prado. *La theorie du harship dans les principles de l'UNIDROIT relatifs aux contrats du commerce international. In: Diritto del commnercio Internazionale. Milano: Giuffrè*, 1997, p. 323-373; Joern Rimke. *Force majeure and harship: application in international trade practice with specific regard to the CISG and the UNIDROIT principles of international commercial contracts*; Maria Luiza Machado Granziera. Contratos internacionais: negociação e renegociação. São Paulo: Ícone, 1993.; ICC – *International Chamber of Commerce. ICC Force Majeure Clause 2003. Paris: ICC Publishng*, 2003.Cláudio Finkeslstein. *Hardship*: Imprevisão ou incerteza? Revista de Direito Internacional e Econômico. Porto Alegre, v. 4, nº 15, abr./jun. 2006, p. 63-72; Lauro Gama Júnior. *Hardship* nos contratos internacionais: o papel revigorante dos princípios do UNIDROIT na evolução da Convenção de Viena. Revista Trimestral de Direito Civil, Ano 11, v. 43, jul./set. 2010, p. 212; Ruy Rosado de Aguiar Júnior. Aspectos da convenção de Viena sobre a compra e venda internacional de mercadorias (CISG) – 1980. Revista Jurídica Luso Brasileira, Lisboa, ano 2, nº 2, 2016, p. 1407-1437; Larry A. DiMatteo. *Contractual excuse under the CISG: impediment, hardship and the excuse doctrines. Pace international law review*, vol. 27, *issue 1 Commercial Edition. Spring* 2015, p. 257-305.

27 V. Sven Schilf. Os princípios UNIDROIT, o conceito do direito e a arbitragem internacional. São Paulo: CAM-CCBC e Marcial Pons do Brasil, 2015; Ingeborg Schwenzer, Cesar A. Guimarães Pereira e Leandro Tripodi (Orgs.). A CISG e o Brasil – Estudos de diversos autores; Véra Jacob de Fradera e Luiz Gustavo Meira Moser (Orgs). A compra e venda internacional de mercadorias. São Paulo; Atlas, 2011;

28 Ana Carolina Beneti. First CISG decision in Brazilo: Brazilian courts take the first steps towards application of the CISG. Internationales Handeslsrecht. Köln: Verlag Dr. Otto Schmidt, 1/2028 (Februar 2018), pp. 8-11.

determinar o regime que será observado a partir da incidência de circunstâncias supervenientes que afetem sobremaneira o equilíbrio entre as prestações"[29].

A cláusula vem ao direito contratual interno. Anotam João Pedro Biazi e Fábio M. R. Cavalcanti que a comunidade empresária apega-se a instrumentos de origem anglo-saxônica como a cláusula, passando a exigir que o contrato contenha soluções para problemas mais prováveis no seu cumprimento, servindo, a cláusula, "para determinar, desde logo, como o contrato deverá se readequar diante de fatos supervenientes em relação ao momento que o contrato foi celebrado"[30].

Trata-se, na lição de Orlando Gomes, de "uma garantia contra a desproporção entre as prestações, razoável nos contratos de longa duração e nos contratos nos quais o índice primitivamente adotado pode desaparecer ou deteriorar-se. Com esse significado, não é modo de determinação do preço, mas, sim, critério de reajustamento"[31].

Invocando as lições de Frignani e Maiorca,[32] Orlando Gomes explicou que "novas técnicas negociais têm aplicação no direito comercial, alterando o 'esquema clássico de formação e eficácia de alguns contratos'. Uma dessas técnicas consiste em introduzir no conteúdo da relação contratual uma cláusula que autoriza a sua revisão se circunstâncias supervenientes modifica substancialmente o equilíbrio original nas obrigações das partes. É a *hardship clause*. Segundo Maiorca, 'a exigência que está na base desta cláusula é aquela de encontrar uma adequada reação à superveniência de circunstâncias que alteram a economia do contrato, mantendo sob o controle das partes uma série de controvérsias potenciais, e garantindo a continuação da relação contratual em situações que, segundo os esquemas jurídicos tradicionais, deveria ser dissolvida. Trata-se de uma cláusula que assegura a revisão do contrato para atualizá-lo na parte que demanda alteração ou que já prevê essaa modificação. E, assim, a um contrato intangível sucede um contrato evolutivo, na frase expressiva de Fontaine".

É ainda Orlando Gomes quem assinala que, no caso de o contrato tão-somente prever a possibilidade de novo acordo se ocorridas as condições de revisão por desequilíbrio superveniente, ante essa só previsão "nada, todavia, obsta a estipulação, na própria cláusula *hardship*, de sua execução independentemente de novo consenso ratificatório daquele que já foi manifestado no ato da celebração do contrato. Nessa modalidade, ao obrigação de aceitar a mudança independe de confirmação contratual"[33].

29 Alexandre Guerra. Princípio da conservação dos negócios jurídicos. São Paulo: Almedina Brasil, 2016, p.262.

30 João Pedro Biazi e Fábio M. R. Cavalcanti. Elaboração e performancxe contratual em tempos de incertezas. Boletim eletrônico Migalhas, 29.3.2019.

31 Orlando Gomes. *"Hardship clause'*. Opção., Condição alternativa. In: Questões mais recentes de direito privado. São Paulo: Saraiva, 1988, p. 303.

32 Frignani. La *'harship clause"* nei contratti Internazionale e lo techniche di allocazioni dei rische negli ordinamenti di 'civil' e di 'common law', Rivista di Diritto Civile, 1979, 1:19; Maiorca. Il contrato. Torino, Giappichelli, 1981, p. 195, nota 50 (apud Orlando Gomes, ob. cit., p. 302).

33 Orlando Gomes, ob. cit. P. 303).

A cláusula *hardship* mereceu estudo atualizado de Judith Martins-Costa[34], que concluiu pela necessidade de renegociação para a atuação da cláusula avençada, manifestando-se no mesmo sentido Frederico Eduardo Zenedin Glidz[35]

6. dever de mitigar o prejuízo *(duty to mitigate the damages – ou loss)*

Repugna ao sistema jurídico que o credor insatisfeito se aproveite da situação do devedor inadimplente para agravar-lhe a prestação, exigindo mais que o devido. Se o fizer, caracterizado estará o abuso de direito[36]. Incumbe, pois, ao credor o dever de agir no sentido de que o próprio prejuízo não se exagere para a satisfação exacerbada pelo devedor[37]. Nesse sentido, à luz da Convenção de Viena de 1980, Francisco Augusto Pignatta realça que o lesado não pode permanecer inativo diante dos prejuízos que sofre, tendo, o contrário, o dever de minimizá-los[38].

Judith Martins-Costa assinala que na constituição da obrigação as partes desenvolvem um processo dinâmico, visando ao adimplemento, o qual a elas impõe o comportamento adequado[39] à avença, de modo que, na percuciente visão de André Luiz Arnt Ramos e João Pedro Kostin Felipe de Natividade, "o processo obrigacional, afinado no diapasão da boa-fé objetiva, é infiltrado por deveres anexos ou acessórios à prestação principal – que não o esgota – e por peremptória restrição ao exercício

---

34 Judith Martins-Costa. A cláusula de *"hardship"* e a obrigação de renegociar nos contratos de longa duração. In: Transformações contemporâneas do direito das obrigações. Maurício Mota; Gustavo Kloh (org). Rio de Janeiro: Elsevier, 2011, pp. 262 e seg. Vide também: Frederico Eduardo Zenedin Glitz e Thaysa Prado Ricardo dos Santos. A fórmula de hardship e o equilíbrio contratual – Uma fórmula de justiça e democracia contratual? (in: Eduardo Gomes Biacchi; Bettina A. Amorim Buylzico (Org). Desenvolvimento, demoncracia e dignidade da pessoa humana. Ijuí: Unijuí, 2011, pp. 277-297); Bruno Oppetit. *L'adaptation des contrats internationaux aux changements de circonstantes: la clause "hardship"'* In: *Journal du Droit Intrernational. Paris: Editions Techniques*, nº 4, out/dez. 19874, p. 797.

35 Judith Martins-Costa. Comentários ao Código Civil. Direito das Obrigações. Do adimplemento e da extinção das obrigações. 2ª ed.. Vol. V, Tomo I. Rio de Janeiro: Forense, 2005, p. 262; Frederico Eduardo Zanedin Glitz. Contrato e sua conservação: lesão e cláusula de *hardship*. Curitiba: Juruá, 2009, p. 140.

36 V. Rosalice Fidalgo Pinheiro. O abuso do direito nas relações contratuais. Rio de Janeiro: Renovar, 2002.

37 O CPC/2015, nutrido do sentido da mitigação do prejuízo, expressamente dispõe, no art. 814, parágrafo único, que "se o valor da multa estiver previsto no título e for excessivo, o juiz poderá reduzi-lo".

38 *"La victime ne peut pas rester inactive face aux préjudices qu'elle a subis. Elle a le devoir de minimiser son propre dommage, suivant le principe posé par la Convention dans son article 77"* (Francisco Augusto Pignatta. *La phase précontractuelle sous l'empire de la convention de Vienne de 1980*. Baden-Baden: Nomos Verlagsgesellschaft, 2011, p. 300)

39 Judith Martins-Costa. Comentários ao novo Código Civil: do direito das obrigações; do adimplemento e da extinção das obrigações. Vol. V., t. I. In Sálvio de Figueiredo Teixeira (Coord.). Comentários ao novo Código Civil. Rio de Janeiro: Forense, 2003, p. 48.

abusivo ou disfuncional de posições jurídicas. A carga de mitigação do próprio prejuízo se insere nesta ordem de ideias"[40].

Note-se que o abuso de direito, a deflagar o dever de mitigar o prejuízo, ocorre em qualquer das fases contratuais e até mesmo na preparação da celebração do contrato[41]. "Incorrendo uma das partes contratantes em abuso de direito na fase que precede à contratação – pré contratual --, bem como naquela que sucede o período de execução do contrato – pós-contratual -, haverá legítimo respaldo legal para que a parte prejudicada, que tenha experimentado danos decorrentes daquele que, no exercício de um direito excede os limites da boa-fé, dos bons costumes e dos fins sócio-econômicos do contrato, formula pretensão indenizatória. Daí porque dizer-se que a boa-fé é sim imperativa nas fases pré e pós-contratual, não sendo consentânea coma realidade do ordenamento pátrio, embora respeitosa, a assertiva[42] no sentido de que o art. 422 'deveria também dispor sobre responsabilidade pré-contratual, isto é, fazer a extensão do comportamento de boa-fé à fase pré-contratual e que 'nada está dito (na cláusula geral de boa-fé) sobre aquilo que se passa depois do contrato"[43].

7. Boa-fé objetiva: critério fundamental comum

A interferência dos institutos de revisão de contratos acima assinalados registra denominador comum, consistente na aplicação do princípio da boa-fé objetiva, que, como padrão comum da regência dos negócios em geral, extraído do agir objetivo da sociedade em determinado momento histórico, incide decisivamente na conformação do dever de cumprimento das obrigações contratadas, de suas condições, do que configure lesão, dos limites do dever de agir das partes no adimplemento e no evitar a frustração dos contratos – enfim, de todas as circunstâncias que encerçam a relação obrigacional.

A boa-fé objetiva veio a inserir-se no Código Civil de 2002[44] à influência expressamente indicada nos trabalhos legiferantes, da regra *Treu und Glauben*, expressa em dois dispositivos do ¨Código Civil Alemão de 1900 – o BGB, *Bürgerlisches Gesetzbuch*,

40 André Luiz Arnt Ramos e João Pedro Kostin Felipe da Natividade. A mitigação de prejuízos no direito brasileiro: *quid est et qui vadat*?. In: Civilistica.com. Rio de Janeiro, a.6, nº I, 2017 (Disponível em <http;//civilistica.com/a-mitigacao-deprejuizos/

41 Mesmo no tocante à chamada *due diligence*, isto é, diligência de cuidados prévios no conhecimento da situação do que virá a ser contratado (especialmente em negócios de compra e venda de controle empresarial), pode ocorrer abuso de direito e, consequentemente, pode vir a desencadear-se o futuro direito à mitigação de prejuízos.

42 A opinião desacolhida é de Antonio Junqueira de Azevedo. Insuficiências, deficiências e desatualização do projeto de Código Civil na questão da boa-fé objetiva nos contratos. Revista dos Tribunais, v. 775, maio 2000, p. 12.P. 13.

43 Paulo Magalhães Nasser. Onerosidade excessiva no contrato civil. São Paulo: Saraiva, 2011, p. 65.

44 CC/2002, art 422."Os contratantes são obrigados a guardar, assim na conclusão do contrato, como em sua execução, os princípios da probidade e boa-fé".

até hoje em vigor – a saber, parágrafos 157 e 242, o primeiro dirigido expressamente aos contratos e o segundo de caráter geral[45].

"*Legem habemus*" e a lei determina a aplicação do princípio da boa fé objetiva como norte de consideração necessária à interpretação dos contratos, de modo que institutos que incidentalmente são invocados no tocante ao cumprimento dos contratos impõem-se obrigatoriamente à consideração do intérprete. O movimento, aliás, é constatado pela doutrina no exterior, visto que à regra *Treu und Glauben* do BGB vem a equiparar-se, no efeito concreto, aos efeitos da aplicação das regras de *good faith*, *buona fede* e *bonne* foi dos direitos inglês, italiano e francês, chegando, mesmo, à interpretação do direito comunitário europeu[46]

Giselda Maria Fernandes Novaes Hironaka ressalta, com exatidão, a preeminência do princípio da boa fé objetiva relativamente à formulação do contrato e às prestações contratuais[47] . A influência do princípio da boa-fé objetiva não passou despercebida de Cláudio Luiz Bueno de Godoy, assinalando, no tocante ao adimplemento substancial, ao assinalar a prevalência da obrigação de solidarismo na sociedade, de modo que "nesse caso, há que se socorrer da cláusula geral da boa-fé objetiva"[48].

Julgados do Superior Tribunal de Justiça, aliás, já concedem especial relevo ao comportamento negocial geral diante de situações específicas, como na configuração do direito à revisão contratual diante da onerosidade excessiva. Exauriente pesquisa de julgados do Superior Tribunal de Justiça, exposta por Laura Corradini Franz

---

45 BGB , parágrafo 157. *"Auslegung von Verträgen. Verträge sind so auszulegen, wie Treu und Glauben mit Rüclsicht auf die Verkehrssitte es erfordern"*; e parágrafo 242. "*Leistung nach Treu und Glauben. Der Schuldner ist verpflichtet, die Leistung so zu bewirken, wie Treu und Glauben mit Rücksicht auf die Verkehrssitte es erfoldern*".

46 Filippo Ranieri. Treu und Glauben. In: Handwörterbuch des europäischen Privatrechts. Jürgen Basedow, Klaus H. Hopt e Reinhard Zimmermann (orgs). Band IITübingen: Mohr Siebeck, 2009,m pp.1500-1501. O autor, aliás, cita Hein Kötz: "klar ist, was immer klar sein durf te: nämlich dass diese Regeln mit dem Wortlaut der Treu und Glauben Klausen vereinbar sind" (Hein Kötz. Towards a European ciuvil Code: The duty of good Faith, in: Peter Cane (Hg.), The law of obligations: Essays in celebration of John Fleming, 1998, p. 243)

47 Giselda Maria Fernandes Novaes Hironaka. Contrato: estrutura milenar de fundação do direito privado. Revista do Advogado. 68, p.83, Dez/2002..

48 Claudio Luiz Bueno de Godoy. Função social do contrato: os novos princípios contratuais. 2ª ed. São Paulo: Saraiva, 2007, p. 174.

(ajuntando qualificada bibliografia[49]) evidencia a relevância do instituto no tocante ao direito contratual[50].

Quanto ao adimplemento substancial, por sua vez, pode-se ver o mesmo vetor da boa-fé objetiva na série de julgados do Superior Tribunal de Justiça analisados por Antonio Carlos Ferreira, em estudo já antes referido[51].

Superada a compreensão inicial do princípio da boa-fé objetiva, que muitas vezes até mesmo a sinonimizou com a tradicional responsabilidade subjetiva, certamente a interpretação do contrato nela terá norteamento seguro, bem ajustado à realidade concreta dos negócios jurídicos no país.

8. Conclusão

A boa-fé objetiva deverá firmar-se como critério comum aos institutos orientadores do sentido da revisão de contratos, como a *substantial performance*, a *impossibilità sopravvennuta*, o *duty to mitigate the damages* e as *hardship clauses*, quer dizer: a determinação de qual seja o comportamento padrão dos contratantes nos negócios similares no país determinará o rumo interpretativo e o desfecho dos casos envolvendo os contratos.

49 Destaque-se a bibliografia do trabalho de Laura Corradini Frantz: (Excessiva onerosidade superveniente: uma análise dos julgados do STJ. In: Judith Martins Costa, Modelos de Direito Privado, Madri, Barcelona, Buenos Aires, São Paulo, Marcial Pons, 2014): Enrico Gabrielli. *Contribución a la teoria de la imprevisión contractual*, 1ª ed., Buenos Aires, Abeledo Perrot, 2016; Luciana Cabella Pisu, *Dell' impossibilità sopravvenuta*. *In*: *Commentario Scialoja-Branca al cuidado de Galgano*. Bolonia-Roma, 2002, p.20 e seg.; Francesco Delfini. *Dell'impossibilità sopravvenuta*. In: Codice Civile. *Commentario dirigido por Schlesinger*, Milão, 2003, p. 29 e seg.; Mario Bessone, *Adempimento e rischio contrattuale*; Carlo Terranova. *L'eccessiva onerosità nei contratti*. Mastrorilli; *Sopravvenienza imputabile ed eccesssiva onerosità, en Giurisprudenza*, Turin, 2001; Rodolfo Sicco, *Il contratto*;Augusto Pino, *La eccessiva onerosità della prestazione*; Agostino Gambino, *Eccessiva onerosità della prestazione e superamento dell'alea normale del contratto*; Paolo Tataglia, *Excessiva onerosità e appalto e Onerosità eccessiva*.

50 A autora alinha julgados anteriores e posteriores ao Código Civil de 2002, em casos como o da excessiva valorização do dólar quanto a contratos de *leasing*, havendo-se determinado a partilha equitativa da onerosidade excessiva superveniente.

51 A interpretação da doutrina do adimplemento substancial. Consultor Jurídico. São Paulo: 9.2.2015 (Parte I) e 29.6.2015 (Parte 2). Vide também precedentes anotados em outro escrito já mencionado (Sidnei Beneti e Sidnei Beneti Filho. Teoria do adimplemento substancial do contrato na atualidade. Revista do Advogado, São Paulo, AASP, nº 131, p. 224.

Interpretação dos Negócios Jurídicos e a Liberdade Econômica

Sílvio de Salvo Venosa
Luiza Wander Ruas

A tão discutida MP nº 881 foi transformada na Lei nº 13.874 no final de setembro deste ano de 2019, em meio a muita celeuma e expectativa de juristas e empresários pela instituição da Declaração de Direitos de Liberdade Econômica e vigência das previsões de desburocratização ali contidas, especialmente relevantes para os pequenos empreendedores.

O que se depreende da leitura integral desses novos artigos é que o Executivo, agora com a chancela do Legislativo, almeja superar a persistente ineficiência estatal e estagnação para dar abertura para um novo momento, de maior liberdade, com investimentos, geração de renda, livre mercado e, enfim, desenvolvimento.

Para esse novo momento de dinamismo econômico, inevitavelmente ajustes no ordenamento também se fazem necessários, já que o Direito, por vezes, pode impedir ou retardar que negócios se realizem da forma almejada. Esses ajustes demonstram, como não se duvida, como o Direito, a Economia e o desenvolvimento estão profundamente conectados.

Passando à análise jurídica, dentre os artigos do Código Civil alterados, analisaremos apenas os que são relevantes para os negócios jurídicos firmados entre particulares, especialmente os referentes à sua interpretação.

Pontua-se que da análise comparativa entre a redação atual desses artigos e a redação presente na versão inicial da MP, nota-se que diversos ajustes foram feitos e alguns pontos contraditórios e até mal redigidos não prosseguiram.

Não se abordará neste texto as demais regras de interpretação do Direito Civil e da área Consumerista, já que tais regras estão profundamente abordadas em nossa doutrina. Busca-se aqui discorrer tão somente sobre as positivações da Lei da Liberdade Econômica.

Considerando que interpretar é aplicar o Direito, o ponto central dessa recente norma é a interpretação dos contratos, ou seja, a exegese do que foi redigido ou declarado.

O contrato, bem como qualquer instrumento, deve ser claro para que uma generalidade de público, um segmento social, o famoso auditório tratado por Chaim Perelman, consiga compreender e absorver a integralidade de seus termos. Nesse sentido, como dito pelo ilustre Caio Mario da Silva Pereira: interpretar é uma reconstrução da vontade das partes no momento da formação do contrato[1].

---

1 PEREIRA, Caio Mario da Silva, *Instituições de direito civil: contratos - declaração unilateral de vontade - responsabilidade civil*. Atul. Caitlin Mulholland. 21ª ed. Forense, 2017; Rio de Janeiro. P. 46.

Contudo, como nem sempre as palavras conseguem atingir certeiramente o que as partes contratantes almejavam na época na elaboração do documento, a interpretação e integração dos contratos passam a ser enfoque. Na verdade, toda lei e todo contrato exigem interpretação, mais ou menos ampla. É falacioso o brocardo *in claris cessat interpretatio*.

Com os novos itens trazidos pela Lei nº 13.874 adiciona-se ao antigo artigo 113 do Código Civil parágrafos e incisos, com novas regras interpretativas para um negócio jurídico. Aliás, diga-se, todas essas regras introduzidas são de sobejo conhecidas na doutrina e utilizadas nos tribunais. Ademais, não é conveniente que o texto legal esteja pleno de regras, a atulhar o raciocínio do julgador, pois esse trabalho é doutrinário e jurisprudencial. No entanto, o novel legislador parece estar longe dos ensinamentos de Pothier, Demoge e tantos outros autores, nacionais e estrangeiros, do passado e do presente.

Passemos, então à análise de cada desses novos dispositivos.

Lembremos o texto do *caput* do art. 113 do Código Civil:

> *"Os negócios jurídicos devem ser interpretados conforme a boa-fé e os usos do lugar da celebração"*.
>
> Recorde-se ainda o texto do art. 112, que estatui que *"nas declarações de vontade se atenderá mais à intenção nelas consubstanciada do que o sentido literal da linguagem"*.

Assim, tendo esses dois textos em mente, analisemos o que a novel lei introduziu.

Comportamento

> "Artigo 113, §1º A interpretação do negócio jurídico deve lhe atribuir o sentido que:
>
> I. for confirmado pelo comportamento das partes posterior à celebração do negócio."

Neste inciso o legislador enfoca para a prática contratual. A interpretação deve ser direcionada ao rumo do que os contratantes efetivamente encetaram no cumprimento daquilo que foi acordado no negócio jurídico. O comportamento das partes depois da conclusão do contrato denota um rumo, uma interpretação do negócio dada pelos próprios contratantes, na realidade os intérpretes primeiros deste negócio. No caso de conflito desses comportamentos, poderá surgir a necessidade do intérprete final, um julgador, juiz ou árbitro.

Imagine-se um contrato de locação de imóvel, quando o locatário efetua o pagamento mensal do aluguel sempre a destempo, e, não lhe sendo aplicado qualquer penalidade e sem que tal fato seja contestado pelo locador ou observado na quitação. Então, em um momento posterior não há que o locador intente cobrar qualquer valor de multa e juros por esses dias de atraso no pagamento, tendo em vista que na execução do contrato de locação nunca cobrou/reclamou por tal inadimplemento. Trata-se de análise típica de comportamento contratual, sufragada pelos tribunais.

Usos, Costumes e Práticas de Mercado do Tipo de Negócio

"Artigo 113, §1º, II. corresponder aos usos, costumes e práticas do mercado relativas ao tipo de negócio."

Além dos usos do local da celebração, que já estavam previstos no *caput* do artigo 113 referente aos negócios jurídicos, a novidade passa a ser a menção dos usos, costumes e práticas do mercado para o respectivo tipo de negócio na interpretação. Esse aspecto já era sobejamente conhecido da doutrina e da jurisprudência. Posição primária do legislador, desacostumado certamente com os procedimentos processuais e com o direito doutrinário. Esses aspectos já fazem parte da cultura comercial local e internacional.

Desses conceitos, de forma muito resumida, se tem: "usos" é algo que é feito pelo próprio mercado de forma rotineira; "costume" é a prática reiterada e que as partes entendem como necessária para o negócio; e "práticas de mercado" são os atos comuns no desenrolar de cada negócio.

Independentemente de tentar separar tais conceitos, os usos, costumes e práticas do mercado são termos complementares para referir à prática civil e empresarial de um negócio, o que é subentendido mesmo na ausência desse texto legal superfetado.

Invocando nesta Pothier, importante doutrinador francês que no século XVIII listou mais de uma dezena de regras para interpretação das convenções, já considerava essa cultura comercial que está sendo positivada em nossa lei no presente, vejamos: quando a cláusula não for clara, deve seguir o mais aplicável à natureza do contrato[2]. Pois é, a lei nova traz aqui uma falsa modernidade, porque tradicional há vários séculos.

Vejamos um exemplo: em um contrato de fornecimento de uma quantidade fixa de mercadorias mensalmente, caso as partes descrevam apenas um valor no instrumento, sem especificar que será pago aquele mesmo valor mensalmente, pela prática deste tipo de negócio, entende-se que aquele montante será pago todos os meses. Ademais, se fosse aquele valor a ser pago pelo contratante uma única vez durante todo o período de vigência contratual seria irrisório para a contratação, não fazendo o menor sentido essa interpretação restritiva.

Notem, ainda, que em cada região o mesmo negócio pode ter práticas mercantis diferentes, e isso também deve ser observado. Devido a essa prática, o "*mercado segue uma ordem e tem certa previsibilidade*"[3] e será o que regerá no caso de uma lacuna/contradição de uma previsão contratual.

---

2 POTHIER, Robert Joseph. *Tratado das obrigações*. Campinas: Servanda Editora, 2001. P. 97.

3 FORGIONI, Paula A. *Contratos empresariais: teoria geral e aplicação*. 2ª ed. São Paulo: Revista dos Tribunais, 2009. P. 222.

Impõe-se, ainda mais, que os advogados contratualistas compreendam o negócio e até o posicionamento físico, ético e social de seus clientes para prever cláusulas específicas que atendam o seu negócio.

Boa-Fé

> *"Artigo 113, §1º, III. corresponder à boa-fé"*

A boa-fé é bem difundida no Código Civil de 2002, que agora também vem reiterada em certos aspectos na Lei nº 13.874 (como também no artigo 3º, V). A ideia é realçar que a interpretação corresponda à boa-fé, desconsiderando ou punindo toda ação que for contrária a esse princípio.

Como regra, a boa-fé prevista na legislação civilista é a objetiva, em contrapartida à boa-fé subjetiva, que é a vontade em si, o que o agente, em seu íntimo, entende ou vislumbra. A boa-fé objetiva nada tem a ver com essa subjetividade, e sim com a conduta social externamente percebida, eticamente aceita antes, durante e depois do contrato. Trata-se do comportamento aceito como padrão, *standard*, em cada caso concreto.

Por isso, a boa-fé objetiva dá mais segurança ao sistema, porque não há que se adentrar em pensamentos íntimos que são impossíveis de se acompanhar, quando não imprevisíveis.

Interpretação Mais Benéfica

> "Artigo 113, §1º, IV. for mais benéfico à parte que não redigiu o dispositivo, se identificável."

Essa dicção consagra o brocardo *ambiguitas contra stipulatorem est*, ou seja, fato já bem conhecido do Direito. Chamamos a atenção para parte final deste inciso e os dizeres "se identificável". Tal destaque é um ponto inovador, pois para algumas negociações pode ser difícil ou até impossível estabelecer quem inseriu o vocábulo ou estipulou a redação final que gerou a contradição.

Nas discussões das minutas contratuais, em especial de contratos complexos, as partes contratantes realizam diversos ajustes, inclusões e exclusões nas minutas, há marchas e contramarchas e a identificação da autoria de um ponto específico é atividade complexa.

De qualquer forma, independentemente do negócio jurídico, identificando-se a parte que redigiu a previsão que não é clara, não pode esta ser beneficiada de sua torpeza.

Razoabilidade das Negociações

> "Artigo 113, §1º, IV. corresponder a qual seria a razoável negociação das partes sobre a questão discutida, inferida das demais disposições do negócio e da racionalidade econômica das partes, consideradas as informações disponíveis no momento de sua celebração."

Essa disposição é prolixa. Desde os ensinamentos de Pothier que se tem essa noção de interpretação, a de que é preciso voltar para intenção comum das partes e não somente às palavras em si[4]. Uma cláusula nunca deve ser interpretada isoladamente, mas sim no contexto do instrumento negocial, o conjunto do texto e do contexto é que vai permitir ao exegeta a real compreensão do que foi pretendido pelas partes. O mesmo vale em uma operação com um conjunto de contratos, ou contratos interligados, em que todos os instrumentos devem ser analisados conjuntamente.

Sobre a racionalidade econômica, como leciona Paula Forgioni, trata-se de um termo da economia *"relacionada não apenas ao objetivo de lucro, mas à eficiência, conforme os escopos pessoais a que cada um se propõe"*[5], acarretando maior proveito e lucro. Essa racionalidade econômica para o *"standard do homem "ativo e probo" nada mais é senão a assunção de uma racionalidade própria dos empresários [socialmente típica] depurada pelo direito [regras cogentes] como um padrão interpretativo."*[6]

Diante desse direcionamento da interpretação, verificamos que os considerandos do contrato devem ser bem redigidos, na forma mais clara possível e aprofundada, para que o contexto da celebração seja açambarcado integralmente, uma vez que os destinatários do contrato não serão certamente os mesmos agentes que o redigiram. Esse ponto é de se recomendar em qualquer contratação e não apenas para os contratos mais complexos.

Regas de Interpretação

> "Artigo 113, §2º. As partes poderão livremente pactuar regras de interpretação, de preenchimento de lacunas e de integração dos negócios jurídicos diversas daquelas previstas em lei."

Por essa norma, as partes contratantes podem pactuar suas próprias regras e limites de interpretação, estabelecendo parâmetros, além dos legais. Interpretar é aplicar o Direito buscando o significado do texto negocial e dar aplicabilidade ao previsto no instrumento.

A integração não se confunde com a interpretação. Integração é a complementação de uma previsão, um raciocínio mais amplo do intérprete; é o preenchimento de lacunas com elementos externos ao contrato.

As partes contratantes podem prever qual será a solução que seguirão diante de um fato novo quando houver lacunas nas cláusulas do contrato, ou estabelecer ao menos um procedimento diante desses fatos. Para tal devem sempre recorrer a juristas técnicos, versados na arte de contratar.

---

4 POTHIER Ob. Cit. P. 96.

5 FORGIONI. Ob. Cit. P. 226.

6 FORGIONI. Ob. Cit. P. 211.

Note que essas previsões não são frequentes no cenário e nas negociações brasileiras.

Função Social

> "Art. 421. A liberdade contratual será exercida nos limites da função social do contrato.
>
> Parágrafo único. Nas relações contratuais privadas, prevalecerão o princípio da intervenção mínima e a excepcionalidade da revisão contratual."

Adentrando ao capítulo das disposições gerais dos contratos em geral, destacamos, agora, a nova redação do artigo 421 *caput*, em que alguns vocábulos foram alterados, mas que mantém a previsão de que a liberdade contratual está limitada pela função social do contrato.

Essa função social deve estar em pauta sempre que as previsões contratuais atinjam interesses externos, interesses sociais além dos contratantes, como lecionado por Calixto Salomão. Esclareça-se que não se fala em aplicação da função social às partes contratantes em si, caso isso ocorresse levaria a tentativas assistemáticas e difusas de reequilíbrio contratual, que já estão atribuídas pelo princípio da boa-fé e pela cláusula *rebus sic stantibus*.[7]

O parágrafo único, ora introduzido, traz, como reiteradamente na Lei nº 13.874, o princípio da intervenção mínima do Estado, devendo a revisão contratual estatal ou arbitral ser uma forma excepcional.

Trata-se de norma programática que para ser efetivada depende do próprio Estado que ora e vez interfere nas contratações privadas. De qualquer forma, é um dispositivo esperançoso e que se coaduna com os demais da Liberdade Econômica, inclusive a intervenção subsidiária e excepcional do Estado sobre as atividades econômicas.

Entendemos que por meio desse dispositivo se permitirá a redução das discussões judiciais, especialmente sobre interpretação contratual, na expectativa de que seja preservado o que foi acordado pelas partes nos contratos. Oxalá estejamos errados, mas todas as tentativas estatais nesse sentido, na História da República, se frustraram.

Simetria das Partes e Orientadores da interpretação

> "Art. 421-A. Os contratos civis e empresariais presumem-se paritários e simétricos até a presença de elementos concretos que justifiquem o afastamento dessa presunção, ressalvados os regimes jurídicos previstos em leis especiais, garantido também que:
>
> I - as partes negociantes poderão estabelecer parâmetros objetivos para a interpretação das cláusulas negociais e de seus pressupostos de revisão ou de resolução;

7 SALOMÃO FILHO, Calixto. *Função social do contrato: primeiras anotações*. Revista de Direito Mercantil, Industrial, Econômico e Financeiro. São Paulo, out/dez. 2003. nº 132, out/dez. 2003. P. 22.

II - a alocação de riscos definida pelas partes deve ser respeitada e observada; e

III - a revisão contratual somente ocorrerá de maneira excepcional e limitada."

Nos contratos interempresariais as partes passam a ser presumidas com simetria e paritárias, ou seja, as partes contratantes têm a mesma capacidade de analisar o texto contratual, compreender e aceitar os riscos, sendo a negociação equitativa (tal fato também previsto no artigo 3º, VIII da Lei nº 13.874). Todos nós que atuamos na elaboração de contratos sabemos que essa paridade é apenas um rumo e raramente é real.

Tal presunção é, como se percebe, relativa, podendo ser afastada mediante elementos concretos e probatórios. Ademais, tal paridade deve ser verificada sob dois vieses: econômico e social, pois, por mais que uma das partes esteja suportada do ponto de vista econômico, pode não ter o subsídio social, técnico ou intelectual para que se configure uma efetiva paridade e simetria.

Além disso, na relação contratual não é possível afirmar categoricamente sobre a paridade. É comum, até em contratações de grande vulto, que uma das partes seja mais "frágil" do ponto de vista negocial, com menos poder de barganha, pois necessita da respectiva contratação, aceitando termos que lhe são negativos.

Como reiteradamente expusemos, neste artigo também é sugerido às partes contratantes que estabeleçam, de forma clara e de acordo com a legislação, como será a interpretação das cláusulas contratuais. Podem também estabelecer parâmetros para revisão do contratado e até sobre as modalidades de resolução. Note que essa reiteração expõe a fragilidade dos muitos contratos na realidade brasileira, em que esses preceitos mínimos, como as formas de resolução, estão ausentes de previsão nos instrumentos, forçando contratantes a recorrerem ao Judiciário ou à arbitragem para solucionar qualquer mínimo conflito.

Ocorre, ademais, a positivação sobre a alocação de riscos, previsão já tão comum e inserida frequentemente nos contratos. Tal posicionamento é o que permite a efetivação de diversos negócios, tendo em vista que a alocação de seus riscos, de forma equitativa e ponderada, permite às partes a inserção de certos valores e condições empresariais específicas.

No último inciso do artigo 421-A, novamente o texto ressalta a excepcionalidade da intervenção estatal, incluindo-se uma limitação dessa intervenção, limitada apenas à cláusula que necessita da interpretação de um terceiro para melhor solucionar o conflito instaurado entre os contratantes. Norma de programa, como dissemos, de cunho mais político do que jurídico.

Pode-se afirmar que as doutrinas já abordavam praticamente todas as recomendações que agora estão positivadas no Código Civil e na Lei de Liberdade Econômica, para açular ainda mais os espíritos dos já exauridos magistrados. De qualquer forma, houve essa preocupação do legislador, pois a interpretação dos instrumentos negociais sempre é complexa para as relações empresariais.

A realidade é que estamos cercados de expressões vagas em leis e documentos particulares que dão ao juiz ou ao árbitro abertura para interpretação por demais elásticas, desprovidas de um exame mais acurado da história e dos princípios legais.

Destarte, o intuito das novas normas trazidas pela Lei nº 13.874 é de que o sentido da interpretação é direcionado às partes, e, posteriormente, como sempre, ao juiz ou árbitro, intérpretes derradeiros e conclusivos. Cabe, pois, ao intérprete examinar os elementos econômicos, sociais e gramaticais de cada manifestação.

Com o advento da positivação dos preceitos examinados, o que se recomenda é que os contratos passem a conter considerandos mais explicativos, cláusulas sobre a interpretação, integração e alocação de riscos, enquanto para os documentos já vigentes nasce uma grande oportunidade para ajustes quanto a esta nova legislação.

Por fim, conclui-se que a Lei nº 13.874 é mais uma norma plena de boas intenções. Na realidade, este país está farto de boas intenções e péssimas ações. Espera-se um novo período de maior liberdade nas negociações, manutenção dos contratos e estabilidade das relações para que os empresários e contratantes em geral se sintam mais confortáveis para realizar negócios no Brasil. Contudo, a efetiva aplicação dos Direitos de Liberdade Econômica só terá uma resposta com o decorrer de certo tempo. Com a palavra dos interessados e certamente dos julgadores desta terra. Aguardemos a resposta da sociedade e dos tribunais.

Referências bibliográficas

FORGIONI, Paula A. *Contratos empresariais: teoria geral e aplicação*. 2ª ed. São Paulo: Revista dos Tribunais, 2009.

GOMES, Orlando. *Contratos*. Atualizado por Humberto Theodoro Júnior. 24 ª ed., Rio de Janeiro: Forense, 2001.

KÜMPEL, Vitor F. *Introdução ao Estudo do Direito: lei de introdução* ao Código Civil e hermenêutica jurídica. 1ª ed. São Paulo: Editora Método, 2007.

MONTEIRO, Washington de Barros. *Curso de direito civil: Direito das obrigações 2ª parte*. Atualizado por Carlos Alberto Dabus Maluf e Regina Beatriz Tavares da Silva. 35ªed. São Paulo: Saraiva, 2007.

PEREIRA, Caio Mario da Silva. *Instituições de direito civil: contratos - declaração unilateral de vontade - responsabilidade civil*. Atualizado por Caitlin Mulholland. 21ª ed. Rio de Janeiro: Forense, 2017.

POTHIER, Robert Joseph. *Tratado das obrigações*. Campinas: Servanda Editora, 2001.

SALOMÃO FILHO, Calixto. *Função social do contrato: primeiras anotações*. Revista de Direito Mercantil, Industrial, Econômico e Financeiro. São Paulo, out/dez. 2003. n. 132, out/dez. 2003, p. 07.

TEIXEIRA, Sálvio de Figueiredo. *Comentários ao Novo Código Civil - (arts. 79 a 137): Dos bens - Dos fatos jurídicos - Disposições gerais - Da representação - Da condição - Do termo e do encargo*. Rio de Janeiro: Forense, 2008.

VENOSA, Sílvio de Salvo. *Direito civil: parte geral*. 19ª ed. São Paulo: Atlas, 2019. v. 1.

VENOSA, Sílvio de Salvo. *Direito civil: contratos*. 19ª ed. São Paulo: Atlas, 2019. v. 3.

Lei de Improbidade Administrativa e Lei Anticorrupção na Qualificação da Responsabilidade de *Agentes Políticos*

Tercio Sampaio Ferraz Junior

Anticorrupção e improbidade administrativa

Assinale-se, desde logo, que, diferentemente da Lei Anticorrupção (Lei nº 12.846/2013), a Lei da Improbidade Administrativa (Lei nº 8.429/92) exige comprovação de dolo e de má-fé, portanto, responsabilização subjetiva, vedando-se, por ser antijurídica, a sobreposição de sanções. De todo modo, os princípios e garantias consagrados pelo Direito Penal aplicam-se, reconhecidamente[1], a uma lei que se enquadra no chamado Direito Administrativo Sancionador.

A Lei (Lei nº 8.429/92), como se sabe, estabelece punições a pessoas físicas, sejam *agentes públicos*, no caso de enriquecimento ilícito no exercício de mandato, cargo, emprego ou função na Administração Pública direta, indireta ou fundacional, sejam aqueles que, não sendo agente público, em determinadas circunstâncias, induzam ou concorram para a prática do ato de improbidade ou dele se beneficiem sob qualquer forma, direta ou indireta[2]. Em ambos os casos, há cominação de sanções.

A Lei (art. 12), independentemente das sanções penais, civis e administrativas previstas na legislação específica, imputa ao responsável pelo ato de improbidade cominações, que podem ser aplicadas isolada ou cumulativamente, de acordo com a gravidade do fato. No caso daqueles, pessoas físicas, que, não sendo agentes públicos, induzam ou concorram para a prática do ato de improbidade ou dele se beneficiem, (*no que couber*), a lei prevê, na hipótese do art. 9°, perda dos bens ou valores acrescidos ilicitamente ao seu patrimônio, *ressarcimento integral do dano*, quando houver, pagamento de multa civil de até três vezes o valor do acréscimo patrimonial e proibição de contratar com o Poder Público ou receber benefícios ou incentivos fiscais ou creditícios, direta ou indiretamente, ainda que por intermédio de pessoa jurídica da qual seja sócio majoritário, pelo prazo de dez anos.

Na hipótese do art. 10, também se prevê *ressarcimento integral do dano*, além de perda dos bens ou valores acrescidos ilicitamente ao patrimônio, pagamento de multa civil de até duas vezes o valor do dano e proibição de contratar com o Poder Público ou receber benefícios ou incentivos fiscais ou creditícios, direta ou indiretamente – e aqui também – ainda que *por intermédio de pessoa jurídica* da qual seja sócio majoritário, pelo prazo de cinco anos.

---

1 Cf. STJ, RMS nº 245.59/PR, 5ª T., rel. Min. Napoleão Nunes Maia Filho, decisão unânime, DJ 01.02.2010.

2 "Art. 3º – As disposições desta lei são aplicáveis, no que couber, àquele que, mesmo não sendo agente público, induza ou concorra para a prática do ato de improbidade ou dele se beneficie sob qualquer forma, direta ou indireta".

Na hipótese do art. 11, é previsto o *ressarcimento integral do dano*, se houver, e proibição de contratar com o Poder Público ou receber benefícios ou incentivos fiscais ou creditícios, direta ou indiretamente, ainda que por intermédio de pessoa jurídica da qual seja sócio majoritário, pelo prazo de três anos.

Na hipótese prevista no art. 10-A, multa civil de até três vezes o valor do benefício financeiro ou tributário concedido, sendo que, na fixação das penas, o juiz deverá levar em conta a extensão do dano causado, assim como o proveito patrimonial obtido pelo agente.

Importante destacar que punida não é a pessoa jurídica que serve, tão somente, como veículo para identificação do benefício ilícito recebido pela pessoa física, previsão que se repete nos itens[3]. Na fixação das penas previstas o juiz levará em conta a extensão do dano causado, assim como o proveito patrimonial obtido pelo agente ou pelo terceiro pessoa física. Quanto ao dano, é prevista a decretação do sequestro dos bens, do agente ou do *terceiro* (que tenha enriquecido ilicitamente ou causado dano ao patrimônio público), o exame e o bloqueio de bens, contas bancárias e aplicações financeiras mantidas pelo indiciado no exterior, cabendo à sentença que julgar procedente ação civil de reparação de dano decretar o pagamento.

Já a Lei Anticorrupção (Lei nº 12.846/2013), que fala (art. 1º) em responsabilização objetiva, administrativa e civil, de pessoas jurídicas pela prática de atos contra a administração pública, nacional ou estrangeira, veio justamente enfrentar o tema ausente da Lei da Improbidade: a pessoa jurídica.

Responsabilidade objetiva está a significar *independentemente de culpa ou dolo*, portanto, por *efeitos* comprovados e desde que efetivamente *produzidos* pelos atos lesivos previstos na Lei, praticados no interesse ou benefício do autor, exclusivo ou não (art. 2º). Por consequência (art. 6º), na esfera administrativa, são aplicadas às *pessoas jurídicas* consideradas responsáveis pelos atos lesivos, sanções, dentre elas, (I) multa, no valor de 0,1% (um décimo por cento) a 20% (vinte por cento) do *faturamento* bruto do último exercício anterior ao da instauração do processo administrativo, excluídos os tributos, a qual nunca será inferior à *vantagem auferida*, quando for possível sua estimação. A *vantagem auferida*, nesse caso, serve de parâmetro mínimo para o valor da multa. Tratando-se de sanção punitiva, os critérios de avaliação da multa reportam-se a faturamento da infratora, faturamento bruto do último exercício anterior ao da instauração do processo administrativo.

A vantagem aqui considerada está a referir-se a eventual recompensa que viesse a ser obtida pela prática do ato de corrupção, a ser apurada em termos pecuniários – monetários ou patrimoniais -, que o ato infrator tenha trazido para a pessoa jurídica

3 Não obstante, o Superior Tribunal de Justiça já julgou, em uma ação civil pública por ato de improbidade, que a pessoa jurídica pode figurar no polo passivo de uma demanda de improbidade, ainda que desacompanhada de seus sócios, se essa pessoa jurídica se beneficiou do ato ímprobo. REsp 970.393, Rel. Min. Benedito Gonçalves, j. 21.06.2012.

beneficiária do ato lesivo. A razão identificadora da vantagem reporta-se, pois, subjetivamente, ao sujeito do ato ou a terceiro beneficiário identificável (*praticados em seu interesse ou benefício, exclusivo ou não*), devendo ser apurado o correspondente montante do benefício.

De modo semelhante, na esfera judicial (art. 16 -I), prevê-se a aplicação, às pessoas jurídicas infratoras, entre outras, da sanção de perdimento dos bens, direitos ou valores que representem vantagem ou proveito direta ou indiretamente obtidos da infração, ressalvado o direito do lesado ou de terceiro de boa-fé. Essa ressalva é importante, pois esclarece que a imputação se refere a vantagem ou proveito obtido pela pessoa jurídica infratora.

A par da imposição de multa (sanção punitiva), a lei prevê processo administrativo voltado para a *reparação integral do dano*, sendo que a instauração de processo administrativo específico de reparação integral do dano não prejudica a aplicação imediata das sanções estabelecidas na Lei[4]. A reparação integral do dano causado também é prevista em caso de acordo de leniência, o qual não exime a pessoa jurídica da obrigação de reparar integralmente o dano causado (art. 16, § 3º). Do mesmo modo (art. 21, parágrafo único), a condenação judicial, que torna certa a obrigação de reparar, integralmente, o dano causado pelo ilícito, terá seu valor apurado em posterior liquidação, se não constar expressamente da sentença.

Em ambas as leis (Improbidade e Anticorrupção), portanto, atendendo ao *dano* sofrido pela coletividade, a imposição de *multa* tem caráter de sanção punitiva, ou seja, tem precipuamente *uma função intimidadora e exemplar*[5]). Tais multas têm que atender ao princípio da proporcionalidade, sem o que serão inválidas. Além disto, por muito grave que haja sido a infração, as multas não podem ser "confiscatórias", isto é, de valor tão elevado que acabem por compor um verdadeiro confisco[6].

Já a previsão de *ressarcimento integral* do dano ou a sua *reparação* têm um sentido civil de estrito ressarcimento, exigindo correlação proporcional entre o alcance do prejuízo e a capacidade do ato de produzi-lo. *Reparação integral* ou *ressarcimento integral do dano* pede, pois, uma atenção especial no que se refere ao nexo de causalidade entre o ato infrator de corrupção e o dano provocado efetivamente pelo agente, a *pessoa física* (Lei da Improbidade) ou *jurídica* (Lei Anticorrupção).

---

4 Art. 13 – "A instauração de processo administrativo específico de reparação integral do dano não prejudica a aplicação imediata das sanções estabelecidas nesta lei".

5 Cf. Celso Antônio Bandeira de Mello *Curso de Direito Administrativo*, São Paulo, 2006, VII, 17.

6 Celso Antônio Bandeira de Mello, op. cit. loc. cit.

Nexo de causalidade

A análise da relação causal requer algumas premissas.

O dever de indenizar um prejuízo causado é a sanção imposta pela lei a quem comete ato ilícito, sendo necessário que o dano seja consequência da conduta que o produziu. Em sede doutrinária, não se exige que o ato responsável pelo dano seja a causa exclusiva do prejuízo, mas, estando ele entre as causas, é indispensável a atenta análise do nexo causal.

Genericamente, uma relação causal é aquela que se estabelece como um vínculo entre um comportamento e um resultado. Mediante ela permite-se dizer se o ato ou omissão do agente é ou não o que ocasiona uma ocorrência prevista normativamente (na lei, num contrato, numa decisão administrativa etc.).

Numa primeira abordagem, discute-se a natureza de uma série causal (empírica, normativa), apreciada por Kelsen[7], quando distingue a atribuição cognoscitiva de uma causa a um efeito daquela estabelecida por imputação normativa, esclarecendo que relações causais empiricamente verificáveis são, por definição, infinitas (toda causa implica um efeito que é causa de novo efeito, todo efeito pressupõe uma causa que é efeito de outra causa), enquanto a imputação normativa é finita: ela, justamente, interrompe a série infinita, de modo que, não obstante a multiplicidade de causas, um agente é responsabilizado por um determinado efeito (por exemplo, não obstante as diversas razões que levem alguém a matar alguém, quem matar comete um crime; donde: a imputação normativa confere ao agente sua responsabilidade).

Essa distinção (empírica ou normativa) tem a ver com a natureza do nexo, o que traz à discussão o tema da diferença, em sede jurídica, entre a determinação do fato como resultante da vontade do agente (relação causa/efeito como *imputação do fato*) e, verificada a relação de imputação, a determinação da ocorrência dos pressupostos necessários à responsabilização do agente (*imputação jurídica*). Mediante essa distinção, entende-se que a relação causal (*imputação do fato*) faz do agente o causador do fato, sem transformá-lo, automaticamente, em autor no sentido jurídico (*imputação jurídica*). O que significa abrir espaço para distinguir entre o nexo causal e a responsabilidade jurídica, ainda que se reconheça que a segunda pressuponha a primeira até mesmo em sede de responsabilidade objetiva.

Num segundo momento, costuma-se distinguir, em sede de responsabilidade do autor, entre causa e condição. A diferença entre causa e condição tem, inicialmente, um estatuto lógico, que pode ser explicitado pela forma da implicação: recíproca ou não recíproca. Assim um ato é *causa* de um efeito se um implica o outro: dado o ato, segue o efeito, dado o efeito, pressuposto é o ato (por exemplo, pagamento total im-

7 Reine Rechtslehre, Wien, 1960, especialmente no passo em que analisa o sentido da liberdade para o direito.

plica quitação e vice-versa). Na *condição*, a implicação é só numa direção: dado o ato, segue o efeito, mas dado o efeito não segue o ato (por exemplo, a ocasião favorável facilita o furto, mas nem todo furto implica uma condição favorável).

No plano jurídico, a diferença deu azo à noção de *conditio sine qua non*, considerando-se essa aquela condição sem a qual o efeito não poderia ocorrer como ocorreu. Essa teoria ficou conhecida como teoria da equivalência das condições[8], isto é, qualquer dos fatos/atos condicionantes pode ser tomado como causa eficiente do dano, desde que, sem ela, o dano não se produziria. Vale dizer, bastaria ser *sine qua non*.

A teoria traz, contudo, algumas dificuldades na identificação da condição como *conditio sine qua non* justamente em face de outras condições equivalentes – em concatenação, sucessiva ou simultânea – e que venham também a concorrer na produção do resultado. Outras condições podem aparecer, em termos sucessivos, no correr do tempo: *A* sofre um acidente de trânsito, é levado ao hospital, no qual ocorre um incêndio que o leva à morte; ou podem ser concomitantes: *A* é ferido ao receber um tiro, ao adentrar uma zona de acesso proibido, sem que houvesse o devido aviso. Para lidar com o problema de identificação da causa é preciso recorrer, então, a outros elementos, como a distância no tempo: causa remota e causa imediata, ou a adequação na produção do efeito: é *sine qua non* uma condição se esta possui, *in abstracto*, idoneidade suficiente para a produção do efeito, sendo a idoneidade causal aquela admitida pelo *senso comum*: dada uma condição, a idoneidade afere-se pela inevitabilidade do efeito.

Nessa linha, a causalidade é procurada, a partir da situação inicial em que ocorre a ação (ato ou omissão), à luz de um juízo sobre a incidência essencial da condição na produção do efeito. Dessa forma, surge para a determinação de uma relação de causalidade a noção de relação *adequada*, como aquela *existente e ocorrida efetivamente na realidade*, a qual deve ser apreciada como previsível e *a posteriori* reconhecível. Trata-se, assim, na determinação da causa, de condição que, numa perspectiva de normalidade e adequação, apresenta uma *séria probabilidade* de concretizar o efeito, falando-se, nesse sentido, da relevante possibilidade de produzir o resultado.

Na doutrina brasileira predomina, quer no direito público, quer no direito privado, no entendimento do nexo causal para imputação da responsabilidade, a teoria da causalidade adequada[9], ainda que em sede civil, à diferença do âmbito penal, não se distingam graus de culpabilidade em havendo consciência do ato[10].

Uma variante importante, em sede de direito civil, da teoria da adequação é a teoria da causalidade imediata, que se fixa no requisito da *proximidade* (causa próxima), o que, embora não seja um critério inteiramente seguro, serve para excluir

8 A teoria tem origem no direito penal alemão (von Buri: Über Kausalität und deren Verantwortung, 1873). Ver Mezger, Strafrecht. Ein Lehrbuch, 3. Aufl. Berlin/München, 1949, p. 113.

9 Cf. Miguel Reale Junior: Direito Penal, vol. I, Rio de Janeiro, 2002, p. 248.

10 Cf. Orlando Gomes, Obrigações, Rio de Janeiro, 1977, § 201.

os *danos indiretos* remotos da responsabilidade do autor (ver Código Civil/2002, art. 403). A regra é aplicável inclusive à indenização de dano proveniente de ato ilícito (responsabilidade extracontratual)[11].

O tema, particularmente relevante para caso de dano produzido por vários agentes, leva a distinguir as hipóteses de causalidade quanto à autoria devendo-se lembrar que, a certas categorias de pessoas, a lei impõe deveres (de vigilância, de guarda, de controle), imputando-lhes responsabilidade pelo fato danoso.

A qualificação da responsabilidade a *agentes políticos*

De modo geral, em sede de direito público, de se notar que os atos jurídicos, do ângulo de manifestação da vontade, são atos que se aperfeiçoam mediante a manifestação unitária de vontades. Tais atos são singulares quando para sua formação concorre a vontade de uma só pessoa competente (por exemplo, uma medida provisória). São plurais, quando para sua formação concorrem várias pessoas de direito, com unidade de objeto e de fim. São vontades paralelas, em igual direção, mas independentes, submetidas a regras de vontades convergentes, unânimes ou majoritárias, que visam a constituir um único efeito jurídico. É o caso de um colégio legislativo[12]. Nessa linha, estão a produção de leis (e resoluções orgânicas[13]) produzidas por órgão formal, conforme trâmites e formalidades pré-estabelecidas.

Como se sabe, mesmo a admitir-se presunções interpretativas como a que aparece na chamada *vontade do legislador*, com recurso à interpretação histórica de atas e debates legislativos, é, juridicamente, infecunda a atribuição de responsabilidade

---

11 Cf. Orlando Gomes, op. cit. § 197. Pela regra do art. 403, não é indenizável o dano indireto, apenas o dano direto e lucros cessantes. Por exemplo, se num contrato celebrado não foi fixada exclusividade, seu rompimento prejudicial alcançaria as perdas imediatas e o lucro cessante gerados pelo inadimplente, mas não lucros que teriam sido proporcionados a terceiros interessados na atividade (cf. TJSP, Ap. c/ver. Nº 1.110.359.007, 36ª Câmara de D. Priv. Rel. Romeu Ricupero). De modo semelhante poder-se-ia inferir que, pela edição de medida legislativa que aproveitasse a muitos, aquele que tivesse contribuído para sua emissão mediante ato de corrupção, deveria reparar as consequências danosas do seu ato ilícito, mas não as que seriam consequência de fatores diversos ou indiretos.

12 Cf. Bandeira de Mello, Princípios Gerais de Direito Administrativo, Rio de Janeiro, 1969, vol. I, p. 387.

13 É o caso da Resolução SF 13/12, que estabeleceu a alíquota de 4% do ICMS para operações interestaduais com bens e mercadorias de procedência estrangeira que não tenham sofrido processo de industrialização no País, ou que, tendo sido industrializadas, tenham *Conteúdo de Importação* superior a 40%, assim entendido "*o percentual correspondente ao quociente entre o valor da parcela importada do exterior e o valor total da operação de saída interestadual da mercadoria ou bem*." Para viabilizar a aplicação da Resolução em âmbito nacional, tendo em vista que os critérios nela previstos eram insuficientes e deveria haver uniformidade de entendimento entre os Estados, por se tratar de matéria suscetível de conflitos, o CONFAZ editou os Ajustes SINIEF 19/12 e 20/12, com normas para apuração do Conteúdo de Importação e controle das operações com bens sujeitos à nova alíquota.

pela produção legislativa. Mesmo a denominação de leis por conta daquele que teve a iniciativa (por exemplo, *Lei Ferrari* para a relação entre montadoras e concessionárias de veículos automotivos) não permite uma imputação do efeito a uma determinada vontade. Nesse sentido, a chamada *"service responsiveness"*, conceito que procura atender ao papel exercido pela concessão de favores, benesses em face de tráficos de influência capturados em benefício de grupos ou mesmo de indivíduos, não deixa de perceber e apontar para uma característica de Estados burocratizados, sem que se possa, rigorosamente, inferir uma relação empiricamente necessária de causa e efeito entre o processo e o resultado[14].

Na realidade, ainda que se entenda um sistema legislativo como um sistema de processamento de demandas para atingir objetivos, é impossível deixar de admitir a presença de *suportes* enquanto um conjunto de fatores que transmitem efeitos do ambiente para o sistema. Dentre esses fatores destacam-se a "comunidade política", elemento difuso e estável que mantém o grau mínimo de coesão do sistema (interesse social, interesse público), o "regime político", regras e estruturas que viabilizam a conversão de demandas em resultados (rituais de negociação, intercâmbio de apoios e oposições), e a "autoridade", normas e estruturas que conferem legitimidade e competência (passagem por comissões designadas, votação, promulgação)[15]. Ou seja, a legislação como processo real depende de fatores complexos, o que torna a mensuração empírica do grau de convergência de um colegiado extremamente incerto. A alocação de medidas (verbas, fundos, incentivos) não pode ser inteiramente separada de outras facetas das respostas legislativas a políticas públicas e a atendimento difuso da opinião pública (reserva de credibilidade política).

Nesse quadro, o papel do grupo de pressão e mesmo da pressão individualizada, mormente em vista da atuação do Estado no domínio econômico, é suficientemente difuso para implicar um nexo de causalidade entre os "motivos de influência" e um determinado resultado legislativo. Não obstante o sentido pejorativo que acompanha esse tipo de influência, essa atitude de influenciar os órgãos legislativos – integral ou parcialmente (acordos de maioria) – para a defesa de determinado interesse não incluído na "representação oficial" (partidária) é atividade, aliás, em grande parte legítima[16], podendo ocorrer em diversos momentos do processo (iniciativa individualizada, comissões, atuação em Plenário), o que torna precária a identificação de um determinado ato ilícito (corrupção) como influenciador direto, menos ainda, como causa do resultado alcançado.

Entende-se, nesse sentido, por que se instaurou de modo pertinente a discussão sobre a aplicabilidade da Lei de Improbidade Administrativa a *agentes políticos*.

14 Cf. Hanna Pitkin, El concepto de representación, Madrid, 1985.

15 John Wahlke, Domanda e sostegno, em La representanza politica, org. Fisichella, Milão, 1983, pp. 279 e ss.

16 Cf. Manoel Gonçalves Ferreira Filho, Do processo legislativo, São Paulo, 184, pp. 96 ss.

Os *agentes políticos* exercem funções governamentais, judiciais e quase-judiciais, elaborando normas legais, conduzindo os negócios públicos, decidindo e atuando com independência nos assuntos de sua competência. São as *autoridades públicas supremas* do Governo e da Administração na área de sua atuação, pois não estão hierarquizadas, sujeitando-se apenas aos graus e limites constitucionais e legais da jurisdição.

Em doutrina, os agentes políticos têm plena liberdade funcional, equiparável à independência dos juízes nos seus julgamentos, e, para tanto, ficam a salvo de responsabilização civil por seus eventuais erros de atuação, a menos que tenham agido com culpa grosseira, má-fé ou abuso de poder.

Na realidade, "*a situação dos que governam e decidem é bem diversa da dos que simplesmente administram e executam encargos técnicos e profissionais, sem responsabilidade de decisão e opções políticas. Daí por que os agentes políticos precisam de ampla liberdade funcional e maior resguardo para o desempenho de suas funções. As prerrogativas que se concedem aos agentes políticos não são privilégios pessoais; são garantias necessárias ao pleno exercício de suas altas e complexas funções governamentais e decisórias. Sem essas prerrogativas funcionais os agentes políticos ficariam tolhidos na sua liberdade de opção e decisão ante o temor de responsabilização pelos padrões comuns da culpa civil e do erro técnico a que ficam sujeitos os funcionários profissionalizados* "[17].

Na verdade, sendo a Lei de Improbidade dirigida genericamente a todo agente público e havendo lei própria para os crimes de responsabilidade, orientada para punir os agentes políticos, a lei específica exclui a incidência da lei geral em casos de acusação de improbidade imputada a Ministros de Estados, a integrantes do Legislativo, do Judiciário e do Ministério Público[18]. Aliás, a própria Lei da Improbidade permite que os atos de improbidade sejam subsumíveis a regime jurídico diverso (art. 14, § 3º).

Assim, a admitir-se a ocorrência de eventual dano suportado pela União Federal na produção de medidas legislativas (lei, conversão de medida provisória, resolução de competência do Senado), a individuação do ato ilícito (corrupção de membros do Poder Legislativo) para identificação de nexo de causalidade do resultado não é, em nenhuma hipótese, evidente.

Não é diferente o que ocorre com a Lei Anticorrupção. Como a Lei nº 12.846/2013 se limita a regulamentar a responsabilização de pessoas jurídicas pela prática de atos contra a *Administração Pública* (*responsabilidade objetiva, administrativa e civil das pessoas jurídicas pelos atos lesivos contra a Administração*), naturalmente o polo passivo será formado exclusivamente pela pessoa jurídica que pratica ato lesivo previsto no art. 5º da mesma Lei. Exatamente como ocorre com a ação de improbidade admi-

17 Cf. Meirelles, Hely Lopes. *Direito administrativo brasileiro,* São Paulo, 2007, pp. 76-77.

18 Ver a ementa do voto-vista do Min. Luiz Fux: ADMINISTRATIVO. AÇÃO CIVIL PÚBLICA. EX-PREFEITO. CONDUTA OMISSIVA. CARACTERIZAÇÃO DE INFRAÇÃO POLÍTICO ADMINISTRATIVA. DECRETO-LEI Nº 201/67. ATO DE IMPROBIDADE ADMINISTRATIVA. LEI Nº 8.429/92. COEXISTÊNCIA. IMPOSSIBILIDADE. MANUTENÇÃO DO ACÓRDÃO RECORRIDO. VOTO DIVERGENTE DO RELATOR.

nistrativa, entende-se que os atos lesivos à Administração Pública são aqueles praticados por pessoas jurídicas contra o patrimônio público nacional ou estrangeiro, contra princípios da Administração Pública ou contra os compromissos internacionais assumidos pelo Brasil, conforme tipificação contida no art. 5º da Lei 12.846/2013. Assim, estabelecer, singelamente, um nexo causal entre *prometer, oferecer ou dar, direta ou indiretamente, vantagem indevida a agente público, ou a terceira pessoa a ele relacionada* e um resultado legislativo (emissão de MP), sendo, no caso em tela, sujeito passivo um Ministro de Estado, subornado para influenciar a autoridade (o Presidente da República) para emissão de ato de sua competência privativa, implica, no plano empírico, de um lado, em termos de condição que, numa perspectiva de normalidade e adequação, apresentaria uma *séria probabilidade* de concretizar o efeito, presumir uma espécie de "teoria elitista", supondo que a articulação de uma demanda possa ser reduzida a atos individuais, olvidando, completamente, a importância dos fatores de suporte antes mencionados. De outro, ignorar a relação de imputação, a determinação da ocorrência dos pressupostos necessários à responsabilização do agente (*imputação jurídica*).

Essas observações, dada a peculiaridade da responsabilidade funcional em termos políticos, conduzem, assim, ao tema do nexo de causalidade entre o ato (lesivo ao Erário) e o dano.

Nexo de causalidade entre o ato lesivo ao Erário e o dano

Cabem, aqui, as distinções correntes na doutrina entre causalidade *comum*, *concorrente* e *alternativa*[19]. A primeira é a que ocorre quando várias pessoas cooperam na produção do efeito (por exemplo, um dano), ou porque agem coletivamente ou porque são coautores. *Concorrente*, quando causam o mesmo efeito mediante ato que realizam independentemente uma da outra, mas de tal modo que o efeito se verifica, com a mesma extensão, pelo ato isolado de cada uma delas. Em caso de dano, não sendo possível provar a autoria, que pode ser de um ou de outro, não se concretiza a responsabilidade. E, por fim, a *alternativa*, caso em que vários agentes participam em um ato cuja execução um dos participantes causa o efeito, caso em que todos respondem por ele.

Ora, em termos de nexo de causalidade, aos atos de corrupção admitidos não podem ser isoladamente imputados o efeito alcançado, reduzindo-o a um só responsável, visto que o resultado (a desoneração fiscal mediante medida legislativa) aponta antes para uma causalidade *alternativa*, em que vários agentes participaram em um ato. Ainda que a execução fosse atribuída a um dos participantes como causador do efeito, nesse caso, todos respondem por ele.

Isso afeta a imputação do nexo de causalidade entre o ato ilícito, apontado como lesivo, e o dano.

---

19 Cf. Orlando Gomes, op. cit. § 197 ss.

Como a Lei 12.846/2013 se limita a regulamentar a responsabilização de pessoas jurídicas pela prática de atos contra a *Administração Pública* (*responsabilidade objetiva das pessoas jurídicas pelos atos lesivos contra a Administração*), naturalmente o polo passivo será formado exclusivamente pela pessoa jurídica que pratica ato lesivo previsto no art. 5º da mesma Lei. Exatamente como ocorre, aliás, com a ação de improbidade administrativa.

Ora, *a situação dos que governam e decidem é bem diversa da dos que simplesmente administram e executam encargos técnicos e profissionais, sem responsabilidade de decisão e opções políticas.* Na verdade, sendo a Lei Anticorrupção, como a de Improbidade, dirigida genericamente a todo agente público, mas havendo lei própria para os *crimes de responsabilidade*, orientada para punir os agentes políticos, a lei específica exclui a incidência da lei geral em casos de acusação de improbidade imputada a Ministros de Estados, a integrantes do Legislativo, do Judiciário e do Ministério Público.

De todo modo, estabelecer, singelamente, um nexo causal entre *prometer, oferecer ou dar, direta ou indiretamente, vantagem indevida a agente público, ou a terceira pessoa a ele relacionada* e um resultado legislativo (emissão de MP), sendo sujeito passivo um Ministro de Estado e um Deputado Federal, subornados para influenciar a autoridade para emissão de ato de sua competência privativa, implica presumir uma espécie de articulação de uma demanda reduzida a atos individuais de influência, olvidando, completamente, a importância dos fatores que garantem o exercício da competência, ao ignorar a relação de imputação, a determinação da ocorrência dos pressupostos necessários à responsabilização do agente (*imputação jurídica*). Afinal, a relação causal (*imputação do fato*) faz do agente o causador do fato, sem transformá-lo, automaticamente, em autor no sentido jurídico (*imputação jurídica*).

Por fim, em caso de aplicação da Lei Anticorrupção, há de destacar-se uma questão referente à irretroatividade, mormente tratando-se de Direito Administrativo Sancionador.

O princípio de irretroatividade, nos termos da CF (art. 5° – XXXVI), tem a ver com a incidência subjetiva e objetiva. Pontes de Miranda (Comentários à Constituição de 1967, RT, 1968, t. V, p. 63) já assinalava, com propriedade, a irretroatividade, em particular quanto aos diversos ramos do direito público. Quanto a estes, o princípio da legalidade (*nullum crimen nulla poena sine lege*) deveria conjugar-se com a regra da irretroatividade. Esta, a irretroatividade penal, não está adstrita a atos consumados, mas prende-se, antes, à doutrina dos *facta*. Isto é, o sujeito de direito (pessoa física ou jurídica) não apenas só pode ser imputado por força de lei incidente ao tempo do fato, como nenhuma lei pode configurar como puníveis fatos ocorridos antes de sua vigência. Isto é, nenhum fato (para maior clareza, nenhum *evento*) ocorrido antes da vigência da lei nova pode ser apanhado por ela para compor o fato-tipo que ela institui. A lei penal ou de natureza penal (Direito Administrativo Sancionador) há de ser a do momento em que ocorre o fato punível (segundo ela); mas como não pode configurar como fato-tipo eventos do passado, não pode atingir efeitos, inclusive efeitos decorrentes de fatos ocorridos antes de sua vigência.

Algumas Considerações a Respeito da Ação Rescisória no CPC/2015

Thereza Alvim

Diversas alterações foram operadas pelo CPC/2015 no âmbito da ação rescisória. A legislação, parece-nos, foi alterada levando em conta diversas críticas da doutrina, resolvendo muitas das dúvidas existentes na vigência do CPC/1973. No entanto, como é natural que ocorra, outras dúvidas surgiram com a nova legislação.

Objetivando tecer algumas considerações sobre aspectos da *Ação Rescisória,* cremos que a melhor forma para abordá-las é a análise do caput do art. 966 do CPC/2015, correspondente ao art 485 do CPC/1973, dispositivo que cuida especificamente da matéria. Diz esse artigo: "A decisão de mérito, transitada em julgado, pode ser rescindida quando:..." e, em seguida, elenca as oito espécies de circunstâncias que podem dar margem à rescindibilidade das decisões de mérito, à semelhança do CPC anterior. O revogado art. 487 do CPC/1973 reportava-se à sentença, imprecisão hoje já corrigida, em razão de, na maioria das vezes, a decisão de mérito emanada do 2º grau de jurisdição (acórdão) é que transita em julgado. A alteração também se justifica pela circunstância de atualmente ser expressamente reconhecida a possibilidade de prolação de decisão interlocutória de mérito, conforme art. 356 do CPC/2015.

É sabido que o exercício do direito de ação desencadeia a atividade jurisdicional, dando nascimento ao processo. Ação e processo não são, pois, a mesma coisa. Nas palavras de Alfredo Buzaid: "a ação preexiste e pode subsistir ao processo, ao passo que este só se inicia pelo direito de ação".[1] O agir desencadeando a atividade jurisdicional (no polo ativo e passivo) consubstancia o efetivo acesso à justiça, a se concretizar através do processo.

O processo haverá, contudo, de ser instaurado regularmente, devendo, para tanto, estar presentes os pressupostos processuais de sua existência, ou seja, pedido, jurisdição, capacidade postulatória[2] e citação, para que, através dele, seja prestada

---

1 BUZAID, Alfredo. *Do Agravo de Petição no Sistema do* Código de Processo Civil. 2ª ed. rev. e ampl. São Paulo: Saraiva, 1956. p. 90.

2 A respeito da capacidade postulatória, Teresa Arruda Alvim aponta que a capacidade do advogado praticar atos não é propriamente um pressuposto processual de existência, uma vez que essa falta de capacidade do advogado de praticar atos acarretará vício de nulidade e não de inexistência, só havendo que se falar em vício de inexistência quando não for juntado ao processo o instrumento de mandato. Em suas palavras: "A inexistência só ocorre quando *não se junta o instrumento da procuração*. Os exemplos de aplicação do dispositivo colhidos na jurisprudência demonstram que, em tais casos, estar-se-á não apenas diante de ausência de capacidade postulatória, mas de ausência da própria parte que, se não outorgou mandato, não se pode dizer que postulou em juízo. [...] Entretanto, tem lugar o vício de nulidade se o advogado for impedido, suspenso, licenciado, ou exercer atividade incompatível com o exercício da advocacia, ou se os atos forem praticados por quem não esteja inscrito nos quadros da OAB." (*Nulidades do processo e da sentença*. 10ª ed.

a tutela jurisdicional, aplicando, o julgador, o direito ao caso concreto controvertido, que a ele terá sido apresentado.

Por oportuno salientamos que a palavra processo pode ser empregue em oportunidades diversas, em relação a assuntos díspares. Em se tratando de direito processual civil, contudo, dois significados nos dizem, mais de perto, respeito.

O primeiro deles, resultante da inafastabilidade da materialização dos elementos constantes do pedido, compreende a sequência dos atos encadeados à solução da lide a ser dada pelo Estado-Juiz, podendo ser entendido como procedimento, previsto em lei ou no sistema.

Outro significado para o uso do vocábulo "processo" é o que já objetiva o conteúdo dos atos praticados pelos sujeitos do processo, parciais ou não, resultante em uma relação jurídica processual.

Ambos os sentidos se alternam em se tratando de tutela jurídica, mas os vícios do processo, usada a palavra no primeiro sentido, aqui referido, diz respeito à forma, enquanto o segundo importa no exercício do direito de ação, na existência e validade da relação jurídica processual instaurada.

Doutra parte, ao Poder Judiciário cabe decidir aquilo que é pedido pelo autor, porque nosso CPC adota o princípio dispositivo, segundo o qual nenhum juiz prestará a tutela jurisdicional, senão quando a parte ou o interessado a requerer nos casos e formas legais.

A palavra lide vem sendo empregada desde antes de Carnelutti, porém, um tanto quanto indisciplinadamente. A esse autor devemos a propugnação pela unicidade da expressão - lide - no sentido de conflito atual de interesses.

Entretanto, Carnelutti não limitou o uso desta expressão, como optamos fazer, ao âmbito do processo, mas, também alcançando os conflitos sociológicos oriundos da vida em sociedade. Para nós, lide é o conflito de interesses, atual, qualificado pela pretensão do autor.[3]

Arruda Alvim salienta que o processo está concebido como verdadeiro continente e a lide como seu conteúdo[4].

Para nós, em face de nosso direito positivo, a lide é o objeto litigioso, ou seja, aquilo que, do conflito de interesses extraprocessual o autor leva perante o Estado-juiz, para ser por ele solucionado, em substituição à vontade das partes.

Quem leva a juízo a lide é o autor, que, em regra, fixa seus contornos.

---

rev., atual. e ampl. São Paulo: Thomson Reuters Brasil, 2019, p. 41-42). No mesmo sentido: ALVIM, Arruda. *Manual de Direito Processual: teoria geral do processo, processo conhecimento, recursos e precedentes.* 18ª ed. São Paulo: Thomson Reuters Brasil, 2019. p. 199.

3 CARNELUTTI, Francesco. *Istituzioni di Diritto Processuale Civile Italiano*. Roma: Foro Italiano, 1956.

4 ALVIM, Arruda. *Manual de Direito Processual Civil*. São Paulo: RT, 1978, vol. I, pp. 3 e ss.

A lide é, como deflui do acima observado, em verdade, o pedido, que vem retratado no processo como resultante de determinada *causa de pedir,* formulado na petição inicial.

O réu, enquanto tão somente contestante, não formula pedido, mas sim apresenta sua resposta. Esta e as questões que do processo constam, constituem o objeto do processo, *i. e.*, aquilo que será levado em consideração, pelo juiz, para que possa julgar procedente ou improcedente o pedido do autor, ou seja, a lide. Por isso entendemos que o objeto do processo é, em regra, mais amplo que o objeto litigioso ou a lide.

Liebman explicita que lide é o conflito depois de moldado pelas partes, vazado no(s) pedido(s) formulado(s) ao juiz, o que daria margem, à primeira vista, a confusões, pois poderia ser entendido que o réu também formularia pedido a ser decidido em juízo. Todavia, mais adiante, no mesmo trabalho, em consonância com o restante de suas obras, deixa bem claro que a iniciativa cabe ao autor que suscita a lide e fixa o mérito da causa.[5] O art 490 do CPC/2015 é expresso ao prever que o juiz resolverá o mérito "acolhendo ou rejeitando, no todo ou em parte, os pedidos formulados pelas partes", redação que dá ensejo à mesma confusão ao usar a palavra parte no plural.

Em verdade quem fixa o mérito é o autor, devendo haver, na decisão judicial, perfeita correlação entre o pedido e o decidido.[6-7] Pode, em determinadas hipóteses, o réu, formular pedido, mas tão só e exclusivamente ao se despojar da posição de réu, assumindo posição já prevista em lei, passando na exata medida do pedido, a atuar em outra posição na relação jurídica processual, como autor da reconvenção.

De tudo o que foi dito, concluímos que lide, pedido e mérito são expressões fundamentalmente coincidentes, cujo conteúdo deve apresentar correlação com a decisão judicial.

A fim de julgar a lide ou as lides que foram propostas, o juiz proferirá decisão interlocutória de mérito, nas hipóteses do art. 356, I e II, do CPC/2015, ou sentença de mérito, pondo fim à fase cognitiva do procedimento comum no primeiro grau de jurisdição (em sendo no Tribunal, teremos acórdão). O julgamento de mérito importa na imutabilidade do comando contido na decisão judicial em não cabendo mais recurso, ou seja, haverá coisa julgada material sobre o comando emanado do judiciário.

Porém, sentença, lembremos, não é somente o ato do juiz, por meio do qual decide ele a lide. A teor do disposto no art. 203 § 1º do CPC /2015 sentença é o "pro-

---

5 LIEBMAN, Enrico Tullio. *Estudos sobre o Processo Civil Brasileiro*. São Paulo: Saraiva, 1947, p. 168.

6 É o que se verificava na vigência do CPC/1973, conforme demonstrava sua Exposição de Motivos.

7 Já decidiu o STJ que: "Não constitui decisão extra ou ultra petita, com violação ao princípio da congruência ou da adstrição ao pedido, o provimento jurisdicional decorrente da interpretação lógico-sistemática da peça inicial como um todo" (AgInt no AREsp 702.229/RS, 4ª T, j. em 17.02.2020, rel. Min. Marco Buzzi, *DJe*. 20.02.2020); no mesmo sentido: AgInt no AREsp 1.177.242/SP, 1ª T, j. em 17.12.2019, rel. Min. Sérgio Kukina, *DJe*. 19.12.2019; AgRg no AREsp 322.510/BA, 2ª T, j. em 11.6.2013, rel. Min. Herman Benjamin, *DJe*. 25.6.2013.

nunciamento por meio do qual o juiz com, fundamento nos artigos 485 e 487, põe fim à fase cognitiva do procedimento comum, bem como extingue a execução" decidindo ou não o mérito da causa, o mesmo se podendo dizer relativamente a acórdão, só que este emana dos Tribunais e não dos juízes de primeiro grau.

Os dispositivos legais que cuidam das hipóteses que podem dar ensejo à extinção da fase cognitiva do procedimento comum são, portanto, os arts. 485 e 487. O primeiro desses dispositivos cuida da hipótese em que não há julgamento de mérito, enquanto o segundo, com julgamento de mérito.

Consoante o previsto no *caput* do art. 966 do CPC/2015 (antigo art. 485 do CPC/1973) a ação rescisória teria por objeto a decisão de mérito transitada em julgado.

Assim, a nós interessa precipuamente o art. 487 do CPC/2015 que, em primeiro lugar, estabelece haver julgamento de mérito em o juiz acolhendo ou rejeitando o pedido formulado na ação ou reconvenção. Pedido, aliás, digamos de passagem, só pode ser do autor, em nosso sistema processual civil, pois em o réu reconvindo ou denunciando a lide, passará a ser, ele também, autor nessas ações. Ora, claro está que se o juiz julga o pedido e se pedido é lide, é mérito, teremos uma decisão, em tese, rescindível. O CPC/1973 se reportava à sentença de mérito, enquanto o CPC/2015, mais corretamente substitui a palavra "sentença" por decisão, eis que esta pode ser encontrada em qualquer momento da relação jurídica processual dando lugar, por exemplo, a julgamento parcial de mérito.

O mesmo se poderá dizer para o caso de o juiz dar pela prescrição ou decadência. Nessa hipótese, ele também *julga*, ou seja, aplica o direito, ao caso concreto controvertido, em substituição à vontade das partes.

Contudo, o mesmo já não acontece nas hipóteses de reconhecimento da procedência do pedido, transação, ou renúncia à pretensão formulada na ação ou na reconvenção.

Nessas hipóteses (art 487, inciso III) não haverá propriamente "julgamento". Nada vai ser, *realmente*, decidido pelo Estado-juiz. Este, após o exame formal e da disponibilidade do bem da vida em disputa, simplesmente homologa o reconhecimento da procedência do pedido, a transação, ou a renuncia à pretensão formulada na ação ou reconvenção. Porém, também aqui a lei estabelece que há julgamento de mérito, para que essa decisão homologatória importe nas mesmas consequências da decisão que acolhe ou rejeita o pedido, impossibilitando, pois, a rediscussão da matéria, por já se ter esgotado a função jurisdicional, pesando sobre essa decisão autoridade de coisa julgada material.

Em relação à homologação de transação entre as partes originárias pode-se dizer que o Poder Judiciário também nada decidirá limitando-se, após o exame da parte formal e da disponibilidade do direito em jogo, a homologar a transação.

Mas, também aqui, a lei processual estabelece que há resolução do mérito, para que essa extinção importe nas mesmas consequências.

As decisões de mérito, sobre as quais tenha recaído a autoridade de coisa julgada, podem ser rescindidas, em se caracterizando algumas das hipóteses retratadas nos incisos do art. 966 do CPC/2015. No entanto, os atos de disposição de direitos, como o reconhecimento da procedência do pedido, a transação e a renúncia à pretensão, praticados pelas partes ou por outros participantes do processo e homologados pelo juízo, estão sujeitos à anulação, nos termos do art. 996, § 4º, do CPC/2015.[8]

A ação rescisória, por sua vez, tem como objeto rescindir a decisão judicial, trânsita em julgado, em regra, sobre a qual tenha recaído a qualidade de coisa julgada material, ou seja, aquela decisão de mérito que foi alcançada pela imutabilidade, impossibilitando a propositura de outra ação pretendendo violá-la.

Falamos "em regra", uma vez que o art. 966, § 1º, I e II, do CPC/2015 prevê a possibilidade de propositura da ação rescisória contra decisão transitada em julgada, que embora não seja de mérito, impeça a propositura de nova demanda ou impeça a admissibilidade de recurso. Trata-se de inovação prevista no CPC/2015. Assim, *v.g.*, transitando em julgado acórdão inadmitindo recurso, proferido por desembargadores impedidos (art. 144, I a IX, do CPC/2015), poderá ser proposta ação rescisória objetivando a rescisão deste acórdão, mesmo não se tratando de decisão de mérito.

Após estas considerações preliminares, passemos, ao significado da expressão trânsito em julgado, pois este é outro requisito essencial para o cabimento da ação rescisória.

Transitar em julgado significa que da decisão judicial já não cabe mais recurso algum, não importando se ficou a decisão, alcançada, ou não, pela coisa julgada material. Mas a propositura da ação rescisória será cabível somente havendo coisa julgada material a ser rescindida, ressalvadas as hipóteses dos incisos I e II, do § 2º do art. 966, do CPC/2015.

Vejamos a razão de ser da assertiva supra.

Tratando do trânsito em julgado cumpre-nos lembrar a impossibilidade da repropositura de uma ação se tiver havido extinção do processo por já ter ocorrido coisa julgada anterior, respeitantemente, pois, à mesma lide. Lembremos, novamente, que lide corresponde a pedido, e que um pedido só será igual a outro se a ação tiver as mesmas partes, a mesma causa de pedir e o mesmo pedido. Entretanto pode alguém dirigir-se ao Poder Judiciário fazendo aparentemente o mesmo pedido, porém aparente, com causa de pedir diversa. Chiovenda claramente ensina que é dos motivos que se infere o bem da vida. Pedido aparentemente igual, motivos diversos, resulta pedidos diferentes.[9]

---

8 Embora a lei faça referência à anulação, que poderia a doutrina tem compreendido que tanto as hipóteses de anulabilidade quanto as hipóteses de nulidade do negócio jurídico podem ser objeto da ação prevista no art. 966, § 4º do CPC/2015. Neste sentido: ARRUDA ALVIM, Teresa; CONCEIÇÃO, Maria Lúcia Lins. Ação rescisória e *querela nullitatis*: semelhanças e diferenças. São Paulo: Thomson Reuters Brasil, 2018, p. 126-127.

9 CHIOVENDA, Giuseppe. *Instituições de Direito Processual Civil*. São Paulo: Saraiva, 1955, vol. I. p. 393/4.

Assim, embora as *causae petendi*, não façam parte do pedido, enquanto expressão equivalente a mérito, a objeto litigioso, a pretensão, elas, as causas de pedir tanto próxima quanto remota, se vinculam à lide na medida em que a identificam.

Ainda, além da vedação de repropositura da ação, já tendo ocorrido a extinção do processo sem julgamento de mérito por existência de coisa julgada anterior, cabe ao réu, ao responder a ação, alegar a coisa julgada anterior, para que o juiz extinga o processo sem julgamento de mérito. No entanto, ainda que o réu não alegue a coisa julgada anterior, deverá o juiz conhecer de ofício da matéria, em qualquer tempo e grau de jurisdição (art. 485, § 3º, do CPC/2015).

Tão somente por esses dispositivos já se pode inferir que a coisa julgada material corresponde a uma imutabilidade, inalterabilidade do decidido, em qualquer outro processo.

Observe-se, por importante, que a coisa julgada formal corresponde à preclusão máxima no processo ou, por outras palavras, a coisa julgada formal constitui a indiscutibilidade do decidido, quer alcance o mérito ou não, no âmbito daquele mesmo processo, mas, sem dúvida, não é esta a coisa julgada que corresponde ao trânsito em julgado a que se reporta o art. 966, pois, quando formada sobre decisão fundada no art. 485, em regra não impede a repropositura de nova demanda, conforme disposto no art. 486, *caput*.

Já que, em regra, só a coisa julgada material impede a repropositura da demanda e já que a ação rescisória é o único meio hábil de desfazer a decisão de mérito trânsita em julgado, tem-se que a expressão decisão de mérito "transitada em julgado" significa decisão de mérito sobre a qual pesa autoridade de coisa julgada material.

Passemos ao exame um pouco mais detido do que seja coisa julgada material.

Coisa julgada material, para Chiovenda, "é a eficácia própria da sentença que acolhe ou rejeita a demanda".[10]

Liebman, todavia, demonstrou que eficácia é a aptidão para produzir efeitos, que podem ser declaratórios, constitutivos ou condenatórios, enquanto a coisa julgada material é um elemento novo que qualifica o comando judicial e seus efeitos. Para este autor, a coisa julgada material consiste na qualificação do comando emergente da sentença e seus efeitos.[11]

Barbosa Moreira, doutra parte, explica que coisa julgada é uma das várias situações jurídicas dotadas de eficácia preclusiva, endossando Machado Guimarães, quando diz que essa situação reveste-se de atributo novo, que consiste na imunidade

10 CHIOVENDA, Giuseppe. *Instituições de Direito Processual Civil*. São Paulo: Saraiva, 1955, vol. I, pp. 374 e ss.

11 LIEBMAN, Enrico Tullio. *Efficacia ed Autorità della Sentenza* - trad. de Alfredo Buzaid e Benvindo Aires. Rio de Janeiro: Forense, 1945, pp. 39 a 44.

a contestações jurídicas.[12] Pode, então, ser afirmado que se eficácia é a aptidão para produzir efeitos, a decisão judicial, o comando da decisão, já é eficaz como ato de autoridade, embasada no Poder Judiciário, enquanto a coisa julgada é a qualificação de imutabilidade desse efeito que é o comando emergente do judicialmente decidido.

O CPC/1973 no art. 467, considerava coisa julgada material: "a eficácia que torna imutável e indiscutível a sentença não mais sujeita a recurso ordinário ou extraordinário".

Tal definição assemelha-se à posição de Chiovenda, não coincidindo com a redação dada pelo autor do Projeto de Código ao então art. 507 do anteprojeto (do CPC/1973).

Atualmente, nos termos do art. 502 do CPC/2015, "denomina-se coisa julgada material a autoridade que torna imutável e indiscutível a decisão de mérito não mais sujeito a recurso".

Fica claro que tanto o conceito contido no CPC/1973, como no CPC/2015, trazem imprecisões. Passemos a verificar seu real sentido buscando sua finalidade ou objetivo.

Assim, apesar das definições, conceitos e doutrinas divergentes, é inegável que a coisa julgada material é a qualificação de imutabilidade conferida ao comando ínsito à decisão da lide (de mérito, portanto).

Pelo que até agora foi dito, têm-se condições de adentrar o tema central destas notas, o que faremos examinando o conceito da ação rescisória, os requisitos para a sua admissibilidade e a possibilidade de existência de outro instituto processual que lhe realize os fins.

A ação rescisória é o meio hábil para tirar do mundo jurídico decisões de mérito trânsitas em julgado revestidas da autoridade de coisa julgada material.

Contudo, há autores que discutem se as funções exercidas pela ação rescisória não seriam desempenhadas igualmente pela ação anulatória, cuja incidência vem possibilitada tanto pelo Código de 1973 (art. 486), como pelo atual (art. 966, § 4º), na hipótese de atos de disposição de direitos homologados pelo juízo e atos homologatórios praticados na execução.

Lembremos, aqui, posição de Barbosa Moreira, à luz do CPC/1973, segundo quem, a diversidade entre as duas ações fica patente em se atentando para o fato de que, através da ação anulatória se objetiva anular o ato homologado, conteúdo

12 MOREIRA, José Carlos Barbosa. *Comentários ao Código de Processo Civil*. vol. V: arts. 476 a 565. 17ª ed. Rio de Janeiro: Forense, 2013. p. 126 e ss.; GUIMARÃES, Luiz Machado. Preclusão, coisa julgada, eficácia preclusiva. *Estudos de Direito Processual Civil*. Rio de Janeiro: Jurídica e Universitária, 1969, pp. 20/1; Em outro texto o autor aponta que: "A imutabilidade consequente ao trânsito em julgado reveste, em suma, o *conte*údo da sentença, não seus efeitos. Reveste, convém frisar, todo o conteúdo decisório." (MOREIRA, José Carlos Barbosa. Eficácia da Sentença e Autoridade das Coisa Julgada. *Revista de Processo*. nº 34. Ano 9.Abril-Junho/1984. p. 273).

da decisão, enquanto por meio da ação rescisória pretende-se obter a rescisão da homologação não do ato. Caindo a homologação, esvazia-se a decisão, mas o ato, em si, não está rescindido. Não seria forma, pois, de rescindir decisão de mérito, embora conduza ao mesmo resultado.[13]

Continuando, porém, na verificação de existência, ou não, de outros meios jurídicos que tenham as mesmas funções da ação rescisória, devemos pôr em destaque a posição de Frederico Marques.

Apontam alguns autores e, dentre eles, Frederico Marques, que a função rescindente é também exercida pelos embargos do devedor, quando propostos e acolhidos com fundamento, por exemplo, no art. 741, I, do CPC/1973 (falta de citação).[14-15]

Não há, porém, necessidade, nessa hipótese, de função rescindente. Para Barbosa Moreira neste caso, está-se em frente a uma nulidade de pleno direito.

Para nós, endossando parcialmente a posição supra, esclarecemos que, não havendo citação, não se terá formado a relação jurídica processual para que o Estado-juiz possa prolatar decisão, cumprindo sua função jurisdicional. Desnecessária, pois, a ação rescisória para retirar do mundo jurídico decisão proferida em processo, em que não tenha havido citação.

Pensamos ter esclarecido, assim, o conceito de rescisória, e sua posição de meio hábil para tirar do mundo jurídico sentenças de mérito trânsitas em julgado.

Vejamos agora, mais detidamente, os requisitos para a sua admissibilidade.

1º) Por primeiro, como já vimos, é preciso que haja decisão de mérito ou decisão sem resolução do mérito, que impeça a repropositura da ação ou o conhecimento de recurso;

2º) ao depois que essa decisão se tenha revestido de autoridade de coisa julgada material, tratando-se de decisão de mérito, ou formal, tratando-se de decisão sem resolução do mérito, lembrando-se que a decisão deve ter sido proferida em relação jurídica processual regular (isto é, existente);

3º) finalmente, que esteja caracterizada uma das hipóteses descritas na lei.

Resta-nos, agora, examinar o terceiro e último requisito de admissibilidade da ação rescisória.

Faremos, contudo, antes de prosseguirmos, uma observação de grande relevância prática e doutrinária, respeitantemente ao prazo para a propositura da ação rescisória, previsto no art. 975, *caput*, do CPC/2015. Classificando-o em principal prazo

---

13 MOREIRA, José Carlos Barbosa. *Comentários ao Código de Processo Civil*. vol. V: arts. 476 a 565. 17ª ed. Rio de Janeiro: Forense, 2013. p. 165.

14 MARQUES, José Frederico. *Instituições de Direito Processual Civil*. vol. V. Rio de Janeiro: Forense, 1971, p. 16 e ss.

15 É bom ressalvar que atualmente a discussão se dá no âmbito da impugnação ao cumprimento de sentença com fundamento na ausência de citação (arts. 525, § 1º, I e 535, I, do CPC/2015).

em razão de o CPC/2015 prever diversos prazos para a propositura da ação rescisória. Podemos mencionar, por exemplo, o art. 525, §§ 12º e 15º, do CPC/2015, segundo o qual o prazo da ação rescisória será contado do trânsito em julgado da decisão proferida pelo STF no controle de constitucionalidade, ou ainda o prazo de que trata o art. 975, § 2º, do CPC/2015, específico para a hipótese em que a ação rescisória tenha por fundamento a prova nova. No entanto, nas próximas linhas trataremos apenas do prazo de que trata o art. 975, *caput*, do CPC/2015, correspondente ao art. 495 do CPC/1973, deixando de lado outros para situações específicas.

Hoje, o direito de propor ação rescisória se extingue em dois anos, contados do trânsito em julgado da última decisão proferida no processo, de acordo com o art. 975 do CPC/2015. Da redação da norma legal vemos que de prazo decadencial se trata.

Devido à redação do art. 495 do CPC/1973, segundo o qual o direito de propor ação rescisória se extinguia em dois anos, contados do trânsito em julgado da decisão, surgia, hipótese prática, de solução duvidosa, na doutrina, ante o acúmulo de serviço de nosso Poder Judiciário: digamos que após o decurso de três anos da prolação do acórdão (segundo grau de jurisdição), o Supremo Tribunal Federal não conheça de recurso extraordinário ou o Superior Tribunal de Justiça não conheça de recurso especial, sob o fundamento de que a matéria impugnada não foi prequestionada. Questionava-se se esse não conhecimento teria, como consequência, o reconhecimento do trânsito em julgado do acórdão, de três anos antes, e a consequente perda de prazo para a propositura da ação rescisória.

A questão girava em torno da natureza da decisão proferida no juízo de admissibilidade do recurso. Barbosa Moreira, reputava o juízo de admissibilidade essencialmente declaratório, na medida em que a existência ou inexistência dos requisitos de admissibilidade é anterior ao pronunciamento que a reconhece.[16] Assim, sendo o recurso julgado inadmissível, se a causa da inadmissibilidade fosse contemporânea à interposição do recurso, o recurso não teria o condão de impedir o trânsito em julgado.[17] Baseado nesse raciocínio, Barbosa Moreira concluiu que a coisa julgada se forma a partir da configuração da inadmissibilidade, não a partir da decisão que a pronuncia, pois esta limita-se "a certificar algo que lhe preexiste"[18].

Encampado este entendimento, se o juízo negativo de admissibilidade do recurso extraordinário ou do recurso especial demorasse mais de dois anos e a causa da inadmissibilidade fosse contemporânea à interposição do recurso, teria deflagrado o prazo da ação rescisória, não sendo mais possível o seu manejo, uma vez que a deci-

16 MOREIRA, José Carlos Barbosa. *Comentários ao Código de Processo Civil*. vol. V: arts. 476 a 565. 17ª ed. Rio de Janeiro: Forense, 2013. p. 265.

17 MOREIRA, José Carlos Barbosa. *Comentários ao Código de Processo Civil*. vol. V: arts. 476 a 565. 17ª ed. Rio de Janeiro: Forense, 2013. p. 265.

18 MOREIRA, José Carlos Barbosa. *Comentários ao Código de Processo Civil*. vol. V: arts. 476 a 565. 17ª ed. Rio de Janeiro: Forense, 2013. p. 266.

são inadmitindo o recurso estaria, em verdade, declarando que o trânsito em julgado da decisão impugnada já havia ocorrido quando da interposição do recurso.

Esta seria a solução inafastável se déssemos interpretação literal ao texto legal anterior que parecia subordinar a existência da coisa julgada material à interposição de todos os recursos, ordinários e extraordinário ou decurso, *in albis*, do prazo para tanto.

Não concordávamos com esta solução, por fundada em interpretação que conduzia a absurdo, o que, de acordo com as regras de hermenêutica é inadmissível.[19] Aliás, a jurisprudência do STF afastava peremptoriamente esse entendimento.[20]

Questão correlata, com relevantes reflexos no prazo de propositura da ação rescisória, dizia respeito à possibilidade de fracionamento da sentença ou acórdão e a consequente existência ou não de trânsito em julgado parcial de decisão de mérito, para fins de propositura da ação rescisória. Assim, *v.g.*, na situação em que a sentença possuía dois ou mais capítulos autônomos, mas algum deles não era impugnado, questionava-se se o termo inicial do prazo para a propositura da ação rescisória, cujo objeto fosse a parcela da decisão não impugnada, deflagrava-se do transito em julgado do capítulo não impugnado ou se o prazo iniciaria apenas com o trânsito em julgado da decisão que julgasse os demais capítulos.

Tendo em vista tanto a questão da natureza do juízo de admissibilidade, quanto a existência ou não de trânsito em julgado parcial da decisão de mérito, para fins de propositura da ação rescisória, o STJ editou a Súmula 401, segundo a qual "O prazo decadencial da ação rescisória só se inicia quando não for cabível qualquer recurso do último pronunciamento judicial".

O CPC/2015, parece-nos, encampou, em certa medida, o entendimento cristalizado na Súmula 401 do STJ, uma vez que dispõe em seu art. 975 que "O direito à rescisão se extingue em 2 (dois) anos contados do trânsito em julgado da última decisão proferida no processo". No entanto, é importante registar, a legislação processual civil vigente não tomou partido na discussão a respeito da natureza da decisão proferida no juízo de admissibilidade. Vale dizer, o novo Código superou o problema não dando uma resposta à discussão acadêmica, mas sim o tornando, pelo menos no âmbito da ação rescisória, despido de relevância prática.

Ademais, falamos em certa medida, uma vez que algumas das decisões mencionadas como precedentes que embasam a súmula não reconhecem a possibilidade do trânsito em julgado parcial e, consequentemente, não reconhecem a formação da coisa julgada sobre apenas parcela da decisão, sendo este o fundamento para que o

19 MAXIMILIANO, Carlos. *Hermenêutica e aplicação do Direito*. Rio de Janeiro: Freitas Bastos, 1961, pp. 132/138, 142.

20 Conforme acórdãos proferidos em: Ação Rescisória, 988-6/DF, Pleno, j. em 26.8.82, rel. Min. Djaci Falcão; RE 94.055-3/RJ, 1ª T, j. em 3.11.81, rel. Min. Rafael Mayer; AR 1026-4/DF, Pleno, j. em 4.11.81, rel. Min. Cordeiro Guerra; AR 963-1/CE, Pleno, j. em 4.10.79, rel. Min. Cordeiro Guerra; RE 92.816-2/SC, 1ª T, j. em 12.5.81, rel. Min. Rafael Mayer.

prazo da ação rescisória se inicie apenas após o trânsito em julgado da última decisão proferida no processo, mesmo nos casos em que algum capítulo autônomo da decisão não tivesse sido impugnado[21]. Entretanto, o art. 356 do CPC/2015, como já vimos, admite expressamente a possibilidade do julgamento parcial de mérito e a formação da coisa julgada sobre a decisão que julga parcialmente o mérito. O art. 966, § 3°, do novo diploma processual, por sua vez, permite a propositura da ação rescisória contra apenas um capítulo da decisão. Por isso, sob certo ponto de vista, o CPC/2015 encampou apenas em certa medida o entendimento do STJ no que diz respeito a formação da coisa julgada, para fins de propositura da ação rescisória.

O art. 975 do CPC/2015 nada diz a respeito das decisões interlocutórias parciais de mérito, tampouco das decisões composta por vários capítulos de mérito. Por isso, pode ser interpretado no sentido de que o término do prazo de propositura da ação rescisória que tem por objeto a decisão parcial de mérito ocorre após dois anos contados do trânsito em julgado da última decisão proferida no processo, ainda que esta decisão não tenha qualquer relação com a parcela do mérito julgada na decisão interlocutória.[22]

Por outro lado, uma interpretação sistemática, que leve em conta a possibilidade da formação da coisa julgada sobre parcela do mérito, pode levar à conclusão de que o prazo para a propositura da ação rescisória, cujo objeto seja capítulo de decisão de mérito, finda após dois anos contados do trânsito em julgada da última decisão relativa ao capítulo de mérito que se pretende impugnar na ação rescisória.[23]

---

21 STJ, EREsp 404.777/DF, Corte Especial, j. em 03.12.2003, rel. Min. Fontes de Alencar, rel. p/ Acórdão Min. Francisco Peçanha Martins, DJ 11.04.2005; STJ, EREsp 441.252/CE, Corte Especial, j. em 29.06.2005, Rel. Min. Gilson Dipp, DJ 18.12.2006; STJ, REsp 639.233/DF, 1ª T., j. em 06.12.2005, Rel. Min. José Delgado, DJ 14.09.2006; STJ, AgRg na AR 3.799/RN, 3ª S., j, em 27.08.2008, Rel. Min. Napoleão Nunes Maia Filho, DJe 19.09.2008.

22 Reputando esta a melhor solução, Teresa Arruda Alvim e Maria Lúcia Lins Conceição afirmam: "O termo final, para ajuizamento da ação rescisória, é o último dia do segundo ano contado a partir da última da última decisão que transitou em julgado. Quanto ao termo inicial, será variável, em função da decisão que se pretenda rescindir. Isso significa que só a última decisão transitada em julgado terá dois anos para ser rescindida. As outras terão mais do que isso. O *termo final* do prazo para a ação rescisória é o de que se ocupa de disciplinas a lei, de forma expressa (art. 975, *caput*). Com isso, resolve o problema que nasce do fato de haver, no mesmo processo, *decisões* que resolvem pretensões (ou parte de uma única pretensão, quando o pedido é decomponível) em *momentos diversos*, sejam do autor ou do réu, se se tratar de reconvenção, e *não transitam em julgado ao mesmo tempo*, mas o *recurso* interposto *dizer respeito só a uma delas*, passando a operar a *coisa julgada* sobre as *demais*, de que não se recorreu." (*Ação rescisória e querela nullitatis: semelhanças e diferenças*. São Paulo: Thomson Reuters Brasil, 2018. p. 149-150).

23 Chegando nessa conclusão, por reputá-la em consonância com os princípios da segurança jurídica e da boa-fé processual, Fredie Didier Jr. e Leonardo Carneiro da Cunha defendem que a expressão "última decisão proferida no processo" do art. 975 do CPC/2015 deve ser interpretada como "a última decisão sobre a questão que se tornou indiscutível pela coisa julgada" (*Curso de direito processual civil: processo civil nos tribunais, recursos, ações de competência originária de tribunal e querela nullitatis, incidentes de competência originária de tribunal*. 16ª ed. reform. Salvador: Ed. JusPodivm, 2019. p. 559-560)

Independentemente da interpretação a ser adotada no que diz respeito ao termo final da ação rescisória, reputamos que a partir do momento da formação da coisa julgada é possível a propositura da ação rescisória, ainda que o processo em que se formou a coisa julgada esteja em curso[24].

Assim, supondo que sejam cumuladas ações de indenização por danos morais e por danos matérias, sendo proferida decisão interlocutória de mérito julgando procedente a ação de indenização por dano moral e transitando em julgado esta decisão, poderá ser proposta a ação rescisória, ainda que não tenha sido julgada a ação de indenização por danos matérias.

Isto, ao menos por três razões: *i*) a lei não prevê como requisito de admissibilidade da ação rescisória o trânsito em julgado da última decisão proferida no processo em que se formou a coisa julgada; *ii*) não seria razoável a parte contra a qual foi proferida a decisão ou parcela da decisão sobre a qual se formou a coisa julgada ser submetida à execução definitiva e não poder se valer da ação rescisória para impugnar a decisão exequenda, que invariavelmente lhe causa prejuízo; *iii*) seria incoerência admitir a possibilidade de prolação de decisão sobre parcela do mérito, a formação da coisa julgada sobre esta parcela do mérito, sua execução definitiva e não admitir a possibilidade de rescisão desta decisão.

Passemos, finalmente, ao estudo de uma das principais situações que, se caracterizadas, darão ensejo à propositura e admissibilidade da ação rescisória, deixando de lado outras, por entendê-las menos polêmicas.

O art. 966 do CPC/2015, inciso IV, viabiliza o cabimento da ação rescisória na hipótese de essa decisão ter sido proferida ofendendo coisa julgada, já existente.

Temos para nós que este inciso capitula como rescindível hipótese que não é de ação rescisória.

Vejamos a razão dessa assertiva. Antes de mais nada, devemos observar que o segundo julgamento da mesma lide contraria a lei processual civil em mais de um passo, pelo que não se pode falar que sobre ela recai a autoridade de coisa julgada material[25] e, em assim sendo, não há motivo para a rescisão.

---

24 No mesmo sentido, DIDIER JR., Fredie; CUNHA, Leonardo Carneiro da. *Curso de direito processual civil: processo civil nos tribunais, recursos, ações de competência originária de tribunal e querela nullitatis, incidentes de competência originária de tribunal.* 16ª ed. reform. Salvador: Ed. JusPodivm, 2019. p. 559; ARRUDA ALVIM, Teresa; CONCEIÇÃO, Maria Lúcia Lins. *Ação rescisória e querela nullitatis: semelhanças e diferenças*. São Paulo: Thomson Reuters Brasil, 2018. p. 147-150; MARINONI, Luiz Guilherme; MITIDIERO, Daniel. *Ação rescisória: do juízo rescindente ao juízo rescisório.* São Paulo: Editora Revista dos Tribunais, 2017. p. 268-271; BUENO, Cassio Scarpinella. *Manual de direito processual civil*. 3ª ed. São Paulo: Saraiva, 2017. p. 669; BARIONI, Rodrigo. Comentários ao art. 975 *in Breves comentários ao novo código de processo civil*. Coordenadores Teresa Arruda Alvim Wambier. [et. al.]. 3ª ed. rev. e atual. São Paulo: Editora Revista dos Tribunais, 2016. p. 2419.

25 É o que já defendemos em outro estudo, ALVIM, Thereza. Repensando a coisa julgada. *Revista Autônoma de Processo*, Curitiba, Juruá, nº 2, jan./mar. 2007. p. 311.

Ademais, aquele que já teve sua lide (pedido) decidida pelo Judiciário, anteriormente, não preenche a condição de ação do interesse jurídico[26], devendo, pois, a segunda ação ser extinta sem julgamento de mérito. Se não o foi, por engano, essa segunda decisão será destituída de valor porque não tinha condições de se instaurar e nem de se desenvolver. Não havendo preenchimento das condições da ação não terá havido acionamento regular da jurisdição, portanto o processo não terá sido, igualmente, regular, pelo que não se terá formado a segunda coisa julgada[27] que a lei permite, a nosso ver enganadamente, seja rescindida.

Por outro lado, ainda, esta segunda ação terá sido intentada apesar da existência de um pressuposto processual negativo: a coisa julgada. Os pressupostos processuais negativos ligam-se fundamentalmente à eficácia do processo. Assim, sob este ângulo, seria ineficaz a sentença proferida neste segundo processo.

Pode-se dizer exatamente o mesmo para o caso de a segunda ação ter sido intentada enquanto a primeira ainda estava em curso, e a coisa julgada se ter constituído no correr do segundo processo. Isto porque, nesta hipótese, terá existido outro pressuposto processual negativo à época da propositura da segunda ação: a litispendência.

Doutra parte, se ao juiz só é facultado julgar a lide uma só vez, sendo-lhe vedado proferir, ainda que no mesmo sentido, decisão de lide já decidida, como falar-se em rescisão de sentença de mérito tendo ela infringido frontalmente a lei, sem condições de prosperar?

Poder-se-ia argumentar que não há nulidade sem expressa cominação legal. Contudo, não estamos, aqui, em face de uma nulidade, mas de uma decisão em processo que, por uma série de razões, validamente não se constituiu, consequentemente, em face do direito, frente a uma aparente decisão judicial e, como tal, nem mesmo rescindível.

Por último, devemos lembrar que o inciso IV do art. 966 do CPC/2015 dá oportunidade a que alguns processualistas sustentem a prevalência da segunda coisa julgada sobre a primeira, tendo nesse sentido se posicionado, recentemente, o STJ[28].

Tal interpretação, entretanto, realmente, não convence. Como pode um ato ilegal, uma decisão proferida *em processo* irremediavelmente maculado, substituir aquela que foi validamente proferida?

No momento, *de lege lata*, propugnamos pelo entendimento de que, apesar de elencada como motivo de rescisória, a sentença proferida em já havendo coisa julgada

---

26 No mesmo sentido, ARRUDA ALVIM, Teresa. *Nulidades do processo e da sentença.* 10ª ed. rev., atual. e ampl. São Paulo: Thomson Reuters Brasil, 2019. p. 369-370.

27 Há julgado do STJ nesse sentido, reconhecendo que, ocorrendo a formação da coisa julgada, inexiste interesse jurídico no ajuizamento da segunda ação e, consequentemente, inexiste direito de ação e, por consequência, a sentença proferida na segunda ação é juridicamente inexistente. Cf. STJ. REsp 1.354.225/RS. 3ª T., j. em 24.02.2015, rel. Min. Paulo de Tarso Sanseverino, DJe 05.03.2015.

28 EAREsp 600.811/SP, Corte Especial, j. em 04.12.2019, rel. Min. Og Fernandes, DJe. 07.02.2020.

anterior, não fica sujeita ao limite temporal de dois anos, para ser expungida do universo jurídico, podendo, após esse lapso temporal, o legitimado, propor ação declaratória de inexistência jurídica do segundo acórdão ou sentença[29].

O Superior Tribunal de Justiça através da sua Corte Especial entendeu prevalecer a segunda coisa julgada, cujo teor colida com a primeira coisa julgada, desde que não tenha sido desconstituída essa segunda coisa julgada por ação rescisória como facultado pelo art. 966, inciso IV, do CPC/2015. O julgamento proferido no: EAREsp 600.811/SP foi por maioria escassa, tendo sido relator o ministro Og Fernandes.

Contudo, o ministro João Otávio de Noronha, seguido por outros seis ministros, entendeu de forma diferente, tendo ocorrido mudanças de voto no curso do julgamento. No caso a argumentação do ministro Noronha em favor da validade e da eficácia da primeira coisa julgada deve prevalecer em razão da própria Constituição Federal, ou seja, o disposto no artigo 5º, inciso XXXVI, da Constituição Federal.

Trata-se de coisa julgada resultante de um processo disciplinado por legislação infraconstitucional. É esta que está protegida pela Constituição.

Portanto, em verdade, o que nos parece é que o prevalecimento da segunda coisa julgada viola claramente o texto constitucional em que se protege a coisa julgada. Inadmissível, pois, a proteção da segunda coisa julgada, em detrimento da precedente coisa julgada, objeto de proteção constitucional.

Não há dúvida que esta solução ainda que seja a solução compatível com o ordenamento jurídico, especialmente o constitucional, traz um ou outro inconveniente pratico, o que não autoriza a mudança do entendimento, pois isso constituiria infração à Constituição.

O inconveniente é o de que se ultrapassado o prazo 2 anos previsto na lei processual, e se se ficarmos confinados a uma interpretação limitada da lei ordinária, a solução poderia ser diferente.

Todavia, se prevalece a primeira coisa julgada haver-se-á de desconsiderar no caso concreto esse prazo de dois anos, de tal forma que além desse prazo prevaleça a coisa julgada em primeiro lugar. Isto comporta uma alteração Legislativa, de tal forma que a situação ficasse claramente afeiçoada ao comando constitucional.

Leia-se o art. 1º, do CPC/2015, claramente esclarecedor desta interpretação, genuinamente uma interpretação em conformidade com a Constituição: Art. 1º O processo civil será ordenado, disciplinado e interpretado conforme os valores e as normas fundamentais estabelecidos na Constituição da República Federativa do Brasil, observando-se as disposições deste Código.

29 Na mesma linha, defendendo a possibilidade de propositura de ação declaratória de inexistência a qualquer tempo, ARRUDA ALVIM, Teresa. *Nulidades do processo e da sentença*. 10ª ed. rev., atual. e ampl. São Paulo: Thomson Reuters Brasil, 2019. p. 370.

Referências bibliográficas

ALVIM, Arruda. *Manual de Direito Processual Civil*. vol. I. São Paulo: RT, 1978.

ALVIM, Arruda. *Manual de Direito Processual Civil: Teoria Geral do Processo, Processo de Conhecimento, Recursos, Precedentes*. 18ª ed. rev. atual. e ampl. São Paulo: Thomson Reuters Brasil, 2019.

ALVIM, Thereza. Repensando a coisa julgada. *Revista Autônoma de Processo*, Curitiba, Juruá, nº 2, jan./mar. 2007.

ARRUDA ALVIM, Teresa; CONCEIÇÃO, Maria Lúcia Lins. *Ação rescisória e querela nullitatis: semelhanças e diferenças*. São Paulo: Thomson Reuters Brasil, 2018.

ARRUDA ALVIM, Teresa. *Nulidades do processo e da sentença*. 10ª ed. rev., atual. e ampl. São Paulo: Thomson Reuters Brasil, 2019.

BARIONI, Rodrigo. Comentários ao art. 975 *in Breves comentários ao novo código de processo civil*. Coordenadores Teresa Arruda Alvim Wambier. [et. al.]. 3ª ed. rev. e atual. São Paulo: Editora Revista dos Tribunais, 2016.

BUENO, Cassio Scarpinella. *Manual de direito processual civil*. 3ª ed. São Paulo: Saraiva, 2017.

BUZAID, Alfredo. *Do Agravo de Petição no Sistema do* Código de Processo Civil (LGL\1973\5). São Paulo: Saraiva, 1956.

CARNELUTTI, Francesco. *Istituzioni di Diritto Processuale Civile Italiano*. Roma: Foro Italiano, 1956.

CHIOVENDA, Giuseppe. *Instituições de Direito Processual Civil*. São Paulo: Saraiva, 1955, vol. I.

DIDIER JR., Fredie; CUNHA, Leonardo Carneiro da. *Curso de direito processual civil: processo civil nos tribunais, recursos, ações de competência originária de tribunal e querela nullitatis, incidentes de competência originária de tribunal*. 16ª ed. reform. Salvador: Ed. JusPodivm, 2019.

LIEBMAN, Enrico Tullio. *Efficacia ed Autorità della Sentenza* - trad. de Alfredo Buzaid e Benvindo Aires. Rio de Janeiro: Forense, 1945.

LIEBMAN, Enrico Tullio. *Estudos sobre o Processo Civil Brasileiro*. São Paulo: Saraiva, 1947.

GUIMARÃES, Luiz Machado. Preclusão, coisa julgada, eficácia preclusiva *in Estudos de Direito Processual Civil*. Rio de Janeiro: Jurídica e Universitária, 1969.

MARINONI, Luiz Guilherme; MITIDIERO, Daniel. *Ação rescisória: do juízo rescindente ao juízo rescisório*. São Paulo: Editora Revista dos Tribunais, 2017.

MARQUES, José Frederico. *Instituições de Direito Processual Civil*. vol. V. Rio de Janeiro: Forense, 1971.

MAXIMILIANO, Carlos. *Hermenêutica e aplicação do Direito*. Rio de Janeiro: Freitas Bastos, 1961.

MOREIRA, José Carlos Barbosa. *Comentários ao Código de Processo Civil*. vol. V: arts. 476 a 565. 17ª ed. Rio de Janeiro: Forense, 2013.

MOREIRA, José Carlos Barbosa. Eficácia da Sentença e Autoridade das Coisa Julgada. *Revista de Processo*. nº 34. Ano 9.Abril-Junho/1984

Os Impactos da Nova Lei de Abuso de Autoridade Sobre a Magistratura

Vladimir Passos de Freitas

1. Introdução

Em um ambiente de forte emoção, com grande resistência das carreiras policiais, da Receita Federal, do Ministério Público e da magistratura, foi publicada a Lei nº 13.869, de 5 de setembro de 2019, que dispõe sobre os crimes de abuso de autoridade, com prazo de vigência após 120 dias, ou seja, aos 3 de janeiro de 2020.

Nas suas disposições transitórias, a nova lei previu a revogação da Lei nº 4.898, de 9 de dezembro de 1965, que tratava do mesmo tema. Entre ambas, as diferenças decorrentes de cinquenta e cinco anos de intervalo e dispositivos absolutamente diversos, como que a retratar a transformação social, econômica e política do Brasil.

À de 1965, publicada ao início do regime militar, atribuía-se a intenção de coibir os excessos de agentes policiais em um regime ditatorial. À segunda, a intenção é a mesma, porém, paradoxalmente, supostos excessos cometidos em um regime de democracia plena.

De diferente, acima de tudo, está o fato de que a segunda incluiu todos os agentes públicos ao contrário da primeira que, mesmo não sendo explícita, era claramente direcionada aos profissionais da Segurança Pública.

A tramitação da nova Lei de Abuso de Autoridade foi inusitada e permeada por fortes discussões. Nada menos do que 33 dos seus dispositivos foram vetados, sendo que 18 deles foram, posteriormente, rechaçados pelo Congresso Nacional.[1]

Os efeitos foram imediatos, antes mesmo de sua vigência, mas, nela baseado, em Cascavel (PR) o juiz de Direito Paulo Damas colocou em liberdade um homicida condenado a 29 anos pelo tribunal do júri, por ter assassinado um policial federal.[2] No Estado de São Paulo, a juíza de Direito Vivian Bastos Mutschaewski, da 2ª vara de Aparecida (SP), reconsiderou determinação anterior de penhora de contas de executado, por entender que a decisão poderia violar previsão da Lei de Abuso de Autoridade.[3]

Ações diretas de inconstitucionalidade foram propostas por associações de magistrados, de policiais e do fisco, apontando a inconstitucionalidade de diversos

---

1 Disponível em: https://www12.senado.leg.br/noticias/audios/2019/09/congresso-rejeita-18-dos-33-vetos-a-lei-de-abuso-de-autoridade. Acesso em 28/11/2019.

2 Revista eletrônica Consultor Jurídico, 14/11/2019, disponível em: https://www.conjur.com.br/2019-nov-14/juiz-determina-soltura-homicida-alega-basear-stf. Acesso em 28/11/2019.

3 Disponível em: https://www.migalhas.com.br/Quentes/17,MI313192,11049-Juiza+revoga+penhora+online+por+receio+da+lei+de+abuso+de+autoridade, Acesso em 29/11/2019.

dispositivos, sendo distribuídas para o ministro Celso de Mello, decano do Supremo Tribunal Federal, sendo que até 13 de dezembros não haviam recebido decisão.[4]

2. Peculiaridades históricas e tramitação do Projeto de Lei nº 7.596, de 2017

O Brasil passou nos últimos anos a um processo de combate claro, severo e acima de tudo eficiente, contra a corrupção. O começo deu-se no Supremo Tribunal Federal, com a Ação Penal nº 470, cuja denúncia foi recebida em 28 de agosto de 2007, que se tornou conhecida por "Mensalão". Liberada para julgamento em 26 de junho de 2012, aos 2 de agosto iniciou-se o seu julgamento pelo Plenário da Corte Suprema.

O Ministro Joaquim Barbosa, nomeado pelo ex-Presidente Lula da Silva, empenhou-se nesta ação penal de forma incomum e, à custa de muito sacrifício, dedicação e conflitos, conseguiu condenar e levar à prisão políticos do mais alto escalão da República.

Para surpresa geral, encerrava-se ali a prática tradicional da Justiça Criminal ter efetividade apenas contra os que não detivessem poder econômico ou político. Ou usando uma frase maldosa, mas que retratava aquele condenável estado de coisas no século XX: "Justiça Criminal é para pobre, preto e prostituta". Note-se que nenhum racismo nela existia, porque, ao incluir os negros – com a denominação pretos – estava, ao contrário, atribuindo-lhes a condição de vítimas do sistema.

A partir de 2013, outro movimento começou, desta feita a partir de Curitiba. Rompeu-se o ciclo Brasília, São Paulo e Rio de Janeiro, que sempre comandaram os acontecimentos da vida nacional, e passou-se à capital sulista, que até poucas décadas atrás era uma cidade provinciana e conservadora. E não foi por acaso. Em Curitiba estavam as pessoas com maior experiência em crimes contra a ordem econômica, fruto de acusações envolvendo o Banco do Estado do Paraná – BANESTADO, ações estas que se perderam nos infindáveis trâmites processuais, entre declarações de nulidade e prescrição.

No entanto, os mesmos atores, policiais, agentes do Ministério Público Federal e da Justiça Federal, ao receberem os casos da chamada "Operação Lavajato", estavam muito bem capacitados tecnicamente para enfrentar os argumentos dos defensores dos acusados.

Por uma teia de conexões processuais, pessoas oriundas de diversos pontos do território nacional passaram a responder por seus atos em setor que lhes era estranho. Nada sabiam e nenhum acesso tinham ao juiz federal Sérgio Fernando Moro, que conduzia com rigor as ações penais, bem como aos demais atores. Estavam interrompidas as conexões normais que se estabelecem entre advogados e magistrados, por conta de contínuas defesas ou por circunstâncias de serem, deles, professores em cursos de pós-graduação e outras circunstâncias.

---

4 Disponível em https://www.conjur.com.br/2019-set-30/celso-mello-relator-acoes-lei-abuso-autoridade. Acesso em 29/11/2019.

A "Operação Lavajato" desmembrou-se em dezenas de processos e resultou na prisão de importantes pessoas do mundo político e de empresários de elevado poder econômico. No dia 10 de dezembro passado, deflagrou-se a 72ª Operação, esta na cidade de São Paulo, destinada a investigar pagamentos suspeitos de R$ 132 milhões da Oi para empresas ligadas a pessoas com trânsito político em governos passados.

Tal fato demonstra que as investigações de crimes de corrupção e lavagem de dinheiro entraram na rotina da Polícia Federal e dela, tão cedo, não sairão. Seus efeitos estenderam-se por diversos países da América Latina e da África. E na sua esteira, por iniciativa popular que reuniu 1.741.721 assinaturas, instaurou-se o Projeto de Lei nº 4.850, de 2016, na Câmara dos Deputados, conhecido como "Dez medidas de combate à corrupção".

Entrementes, o Projeto de Lei nº 7.596, de 2017, que trata de abuso de autoridade teve andamento e, no segundo semestre de 2019, acabou sendo aprovado na Câmara dos Deputados. O Presidente da República, valendo-se de seu poder de veto, recusou mais de 30 artigos, mas o Congresso afastou 18 deles. Assim, foi ele convertido na Lei nº 13.869, de 5 de setembro de 2019, com vigência prevista para 120 dias depois, ou seja, 3 de janeiro de 2020.

3. A nova lei de abuso de autoridade

A Lei de nº 13.869, de 5 de setembro de 2019, difere totalmente da sua antecessora de 1965. Dotada de um número maior de artigos e com penas mais severas, ela alcança todos os que exercem função pública (artigo 2º), não se limitando, como outrora, aos policiais. Não alcança, todavia, os que prestam serviços voluntários ou temporários.

Aspecto essencial para a compreensão da nova ordem jurídica, é o de que só haverá crime em caso de ações "praticadas pelo agente com a finalidade específica de prejudicar outrem ou beneficiar a si mesmo ou a terceiro, ou, ainda, por mero capricho ou satisfação pessoal" (artigo 1º, parágrafo 1º).

Trata-se, pois, de caso de dolo direto, que se contrapõe ao dolo indireto, que pode ser alternativo ou eventual.[5] Portanto, será preciso demonstrar que o agente desejou conscientemente abusar de seu poder, inexistindo previsão de tipos penais culposos.

Registre-se que as profissões ligadas à Segurança Pública são as que mais se expõem aos riscos de acusação de abuso de poder. Com efeito, a atividade policial equilibra-se em um eterno fazer ou não fazer, sempre com o risco de ser interpretada pelo agente do Ministério Público de forma diversa daquele que a executa, disto podendo resultar acusação de abuso de autoridade ou de prevaricação. Nada menos do que 24 tipos penais estão previstos na nova Lei de Abuso de Autoridade, com potencial de envolver profissionais da área da segurança.

5 GRECO, Rogério. Código Penal Comentado. 13. EDIÇÃO. Niterói, Ímpetus, 2019, P. 84.

A situação dos agentes do Ministério Público diante da Lei nº 13.869, de 2019, é mais cômoda. É verdade que o Ministério Público exerce um papel de grande relevância junto à Polícia, sobre quem exerce o controle externo (Constituição, art. 129, inc. VII), e ao Poder Judiciário, junto a quem atua como autor da ação penal ou de civis coletivas, além das funções de fiscal da lei, quando não é parte na ação e nela se discute algum direito público ou de incapaz.

Porém, não exercendo ato de autoridade, salvo excepcionalmente, como no caso da direção de um procedimento de investigação criminal, previsto em resolução do Conselho Nacional do Ministério Público, dificilmente o agente do "parquet" será acusado de abusar de seu poder. Poderá, também, ser aventada a possibilidade de o representante do Ministério Público ser coautor de um crime quando em promoção ou parecer, induz o magistrado a tomar medida que acaba sendo considerada abusiva.

4. A situação dos magistrados diante da Lei nº 13.869, de 2019

Os magistrados, nesta expressão incluídos juízes de todas as instâncias de todos os órgãos do Poder Judiciária, atuam no Brasil com absoluta garantia de independência, visto que a Constituição Federal assegura-lhes, no art. 95, incisos I a III, as prerrogativas de vitaliciedade, inamovibilidade e irredutibilidade de vencimentos. Tais garantias são-lhes ofertadas não como privilégios, mas sim para que possam exercer suas funções com absoluta independência e imparcialidade.

Não por acaso, a independência e a imparcialidade constam na Declaração Universal de Direitos Humanos (artigo 10), no Pacto Internacional sobre Direitos Civis e Políticos (artigo 14, I), na Convenção Americana de Direitos Humanos (artigo 8º), implicitamente na Constituição Federal (artigo 5º, LIII, e 95, I a III), na Lei Orgânica da Magistratura Nacional (artigo 41) e no Código de Ética da Magistratura, editado pelo CNJ (artigo 1º). Obviamente, todos os textos garantem o princípio, sem descer a detalhes. Estes são analisados caso a caso, na medida em que surjam em leis ou outras normas e de acordo com a situação atual da sociedade a que se destinam.

Vejamos os tipos penais em que juízes podem incorrer.

O primeiro deles é o do art. 9º da Lei de Abuso de Autoridade, cuja redação é a seguinte:

> Art. 9º Decretar medida de privação da liberdade em manifesta desconformidade com as hipóteses legais:
> Pena – detenção, de 1 (um) a 4 (quatro) anos, e multa.

Este dispositivo pode, sim, interferir na própria atividade do juiz, ferindo o que a função tem de mais sagrado: a imparcialidade. Afinal, "manifesta desconformidade" é conceito subjetivo. O que é claro, evidente, inconteste, para um, pode não ser para outro, mesmo que ambos tenham a mesma opinião sobre a maioria das coisas.

Imagine-se o homicídio de um taxista em uma cidade do interior, originando um protesto de todos os seus colegas, que tomam as ruas centrais clamando pela prisão do assassino. A pronta descoberta do homicida leva o juiz a decretar a sua prisão preventiva, para garantia da ordem pública (artigo 312 do CPP). Só que o assassino é primário, tem emprego e residência fixa. Um HC impetrado em uma corte localizada a dezenas ou centenas de quilômetros dos fatos, poderá ordenar a sua soltura e, na ementa, colocar que era desnecessária a prisão. É o bastante para abrir a possibilidade de o juiz ser processado. E também do promotor, a quem poderá ser imputada coautoria.

A preocupação é maior quando se pensa nos incisos do artigo 9º. Por exemplo, o inc. I dispõe ser crime deixar de relaxar a prisão "manifestamente ilegal". Ora, o que a um pode ser manifesto, claro, notório, a outro pode parecer o contrário. O inc. III, que afirma ser crime não "deferir liminar ou ordem de habeas corpus, quando manifestamente cabível", pode levar a situações absurdas. Imagine-se que um HC afirma que a pena imposta foi exacerbada. O acórdão do Tribunal de Justiça a mantém, mas o do Superior Tribunal de Justiça a diminui e o acusado é posto em liberdade. O juiz e o desembargador relator estarão às voltas com a ameaça de um processo crime com pena máxima de quatro anos.

A inconstitucionalidade aí está na ameaça à independência e imparcialidade do juiz causada pelo medo de ser processado. Por que haverá alguém de arriscar-se a manter alguém preso e depois sofrer ação penal? Acovardado, a reação natural do juiz será a de por o acusado em liberdade nas mais diversas situações. Só que com isto ele se tornará parcial, rompendo o equilíbrio entre acusação e defesa, prevalecendo a última.

Além de o artigo 9º da nova Lei de Abuso de Autoridade representar um risco à independência e imparcialidade do juiz, ofendendo um antigo e consagrado arcabouço normativo, no qual se sobrepõe a Constituição da República, outros efeitos negativos poderão surgir.

O art. 10 tipifica decretar a condução coercitiva de testemunha ou investigado manifestamente descabida ou sem prévia intimação de comparecimento ao juízo, impondo ao infrator 1 a 4 anos de detenção. A prática judiciária mostra ser raríssima tal conduta, sendo, pois, este tipo penal, fadado ao esquecimento.

O artigo 19, "caput", pune o impedir ou retardar o envio de pleito à autoridade judiciária. Dirige-se, por óbvio, aos agentes do sistema prisional ou aos que se encontrem em tal situação logo após a lavratura do auto de prisão em flagrante. O parágrafo único, ao juiz que, ciente de tais procedimentos, omite-se, ou àquele que não sendo competente para decidir sobre a prisão, omite-se na remessa à autoridade competente. A hipótese legal permite imaginar um juiz de Direito que recebe preso cuja ação é da competência da Justiça Federal e, apesar disto, não envia os autos ao Juízo competente. A hipótese foge dos padrões de procedimento usuais e o tipo penal tenderá a ficar relegado a poucos e raros casos.

O artigo 27 tipifica a requisição de investigação criminal ou procedimento administrativo sem que haja qualquer indício de crime, ilícito funcional ou administrativo. O que se quer evitar são iniciativas de cunho pessoal, principalmente em comarcas de menor porte, quando o magistrado se envolve em desavenças e usa seu poder para prejudicar o desafeto. São raros os casos, mas existem. A pena é de 6 meses a 2 anos de detenção e multa, portanto, em tese, da competência dos Juizados Especiais Criminais. Como os magistrados possuem foro por prerrogativa de função, o processo seguirá o rito da Lei nº 9.099, de 1995, porém em um Tribunal competente.

O art. 28 protege a divulgação de gravações sem relação com a prova, expondo a intimidade ou a vida privada, ferindo a honra ou a imagem do investigado. O delito é punido severamente, com pena de 1 a 4 anos de detenção, além da multa. Também de ocorrência presumivelmente rara, ainda carrega a dificuldade de descoberta de quem permitiu a divulgação da gravação.

O art. 29 segue na mesma linha, protegendo a sociedade contra quem "Prestar informação falsa sobre procedimento judicial, policial, fiscal ou administrativo com o fim de prejudicar interesse de investigado". Tal tipo de informação, em tese, pode ser prestada pelo magistrado. Mas se alguém chegar a este ponto, com certeza já estará envolvido em situação mais grave. Imagina-se que será dispositivo também inclinado a cair no esquecimento.

O artigo 33 criminaliza o fato de "exigir informação ou cumprimento de obrigação, inclusive o dever de fazer ou de não fazer, sem expresso amparo legal". Destina-se a casos de ordem judicial com ofensa ao princípio da legalidade. Por exemplo, requisição da declaração de bens à Receita Federal de um vizinho que, no condomínio, não respeita regras de convivência. Tal tipo de conduta é rara, mas os órgãos de controle registram alguns precedentes. O fato é grave e a sanção é de rigor.

O artigo 36 também tem suscitado preocupações, talvez excessivas. Vejamos:

> Art. 36. Decretar, em processo judicial, a indisponibilidade de ativos financeiros em quantia que extrapole exacerbadamente o valor estimado para a satisfação da dívida da parte e, ante a demonstração, pela parte, da excessividade da medida, deixar de corrigi-la:
>
> Pena – detenção, de 1 (um) a 4 (quatro) anos, e multa.

Os que conhecem a realidade judiciária brasileira melhor do que os livros de doutrina alemães, sabem que eventual erro do sistema pode gerar bloqueio excessivo e incompatível com o valor cobrado, não sendo demais lembrar que qualquer software não está imune a falhas. Além disto, o sistema busca em diversas contas do executado, inclusive cadernetas de poupança e até contas-salário, o mesmo valor, o que pode ensejar penhoras exacerbadas. Mas, de qualquer forma, há uma ressalva: só há crime se, demonstrado o excesso, o juiz não corrige.

O tipo penal foi criado porque há reclamações contra a demora no exame de petições encaminhadas ao juiz. O atraso pode decorrer de a vara ser desorganizada, perdendo-se o requerimento no emaranhado de arquivos do processo eletrônico, ou por ação dolosa do juiz. A primeira hipótese deve ser objeto de aperfeiçoamento na gestão. A segunda, que suponho seja raríssima, deve ser apurada, pois é inconcebível que alguém queira manter patrimônio de um devedor imobilizado sem que haja causa.

Na verdade, duas conclusões o caso merece: a) o sistema Bacenjud não pode acabar, pois é o que dá eficiência às execuções civis ou fiscais; b) bloqueio ou penhora excessivos devem ser imediatamente anulados, seja por melhora no sistema (preventivo), seja agilizando-se nos cartórios ou secretarias os pedidos de reconsideração.

O artigo 37 torna crime, nos órgãos colegiados, pedir vista dos autos e não devolver "com o intuito de procrastinar seu andamento ou retardar o julgamento". As vistas por tempo indeterminado causam dano grave a uma das partes. Na esfera administrativa não são tomadas providências, nem mesmo quando o regimento interno estabelece prazo. Daí a razão da punição penal. Mas o crime é de dolo direto, portanto não se consuma quando o atraso é fruto de pouca disposição para o trabalho ou deficiente gestão dos processos.

No Capítulo VIII, que trata das Disposições Finais, dois artigos merecem referência.

O art. 40 dá nova redação ao art. 2º da Lei nº 7.960, de 1989, incluindo o art. 4º-A, determina que conste no mandado de prisão temporária o período de sua duração e o dia em que o preso deverá ser posto em liberdade. A primeira parte faz referência a algo já praticado, pois, obviamente, tais mandados já mencionam o prazo de cerceamento corporal. Uma omissão em algum local do nosso imenso país deve ter originado a criminalização de tal conduta. Quanto à segunda parte, sem saber que dia o suspeito será preso, impossível será colocar o dia de sua soltura. A questão pode ser contornada através da colocação de menção explícita, sublinhada, da necessidade de colocar-se o preso em liberdade quando terminado o prazo, sem necessidade de nova ordem judicial.

O art. 43 introduz o art. 7º-B à Lei nº 8.906, de 1994, para o fim de criminalizar a violação de direito ou prerrogativa de advogado previsto nos incisos II, III, IV e V do art. 7º do referido Estatuto.

O inc. II trata da inviolabilidade do escritório ou local de trabalho, bem como de seus instrumentos de trabalho, de sua correspondência escrita, eletrônica, telefônica e telemática, desde que relativas ao exercício da advocacia. Evidentemente, crime haverá somente se o advogado estiver no

exercício regular e lícito de sua profissão. Caso esteja envolvido em ação criminosa a proteção legal não se aplica. Da mesma forma caso se recuse a devolver processo judicial em papel que se ache em seu poder com excesso de prazo.

Os incisos III, IV e V tratam de hipóteses de comunicação com clientes em hipóteses de prisão e quando o preso for o próprio advogado. Todos estes casos têm sido objeto de tratativas entre o Poder Judiciário e a Ordem dos Advogados do Brasil, disto resultando que não tem sido objeto de maiores conflitos.

O processo criminal relacionado aos tipos penais ora comentados será o previsto no Código de Processo Penal. Nos casos de menor potencial ofensivo, o rito será o da Lei nº 9.099, de 1995, ainda que a ação penal tramite em um Tribunal de Justiça, Regional Federal, Superior de Justiça ou no Supremo Tribunal Federal.

5. Efeitos paralelos

Os conflitos entre advogados, agentes do Ministério Público e magistrados, que já se tornaram comuns, tenderão a aumentar, pois a cada discordância em audiência sobrevirão acusações de abuso de poder e ameaças, explícitas ou implícitas, de representação. Afinal, a Ordem dos Advogados do Brasil registra mais de 1 milhão de inscritos. Entre eles, por óbvio, há os que não têm a maturidade suficiente para compreender o sistema ou mesmo educação formal para saber como devem comportar-se em um ato processual solene.

Por outro lado, hoje os magistrados em exercício aproximam-se de 18.000 e não é difícil imaginar que entre eles sobressaia-se, eventualmente, conflito por mera falta de conhecimento das regras de boa educação.

Isto será comum na primeira instância, mas as demais não estarão isentas, pois a falta do respeito à autoridade já chegou, inclusive, ao Supremo Tribunal Federal. Curiosamente, a quebra das regras de convivência pode dar-se, inclusive, entre membros do próprio Poder Judiciário. Segundo informa a mídia, o desembargador Andrade Neto, da 30ª Câmara de Direito Privado do TJ-SP, ao reformar decisão de uma juíza de primeira instância que indeferiu o congelamento de bens com base na nova Lei de Abuso de Autoridade, atribuiu-lhe "paspalhice política".[6]

Nesta nova realidade, muitas representações serão feitas para intimidar os magistrados ou até mesmo para provocar incidentes de suspeição que os afaste dos processos.

Em tais condições, muitos juízes tenderão a procurar ilhas de segurança, como as varas de execuções fiscais, abandonando unidades judiciárias de possíveis conflitos, principalmente as varas criminais.

Outra consequência negativa será a dos juízes procurarem apoio no Ministério Público, receosos de que as acusações que lhes forem formuladas transformem-se em ação penal. Claro está que esta implícita dependência afetará os magistrados, tornando-os menos ativos, mais acomodados.

Considerações finais

À vista do exposto, é possível chegar-se à conclusão de que a Lei de Abuso de Autoridade vem com o objetivo nitidamente garantista, como uma resposta aos avanços alcançados pela Operação Lavajato nos últimos anos. Seus dispositivos mesclam medidas que cerceiam a atividade policial e judiciária com outras que, realmente, estavam a necessitar de maior atenção para conter abusos.

Não é difícil prever que a maioria dos artigos não terão aplicação na realidade judiciária. Contudo, em discreta influência paralela, farão com que a atividade juris-

---

6 Disponível em: https://www.migalhas.com.br/Quentes/17,MI316091,21048-Paspalhice+politica+-diz+desembargador+sobre+juiz+que+negou+penhora. Acesso em 11 dec. 2019.

dicional se torne mais cautelosa, quiçá intimidada mesmo. Apesar de que a maioria absoluta dos seus dispositivos, no que toca à magistratura, não colocam a atividade jurisdicional em risco, o certo é que, só por estarem previstos em lei, levarão parte dos magistrados a optar pela omissão e não pela ação.

A intimidação resultará mais pelo desejo de não envolver-se em desgastantes pedidos de informações dos órgãos de controle, eventualmente denúncia pelo Ministério Público, do que de condenações criminais. Estas serão raras e em casos extremos, porque exigirão prova de dolo direto. Mas as simples representações serão comuns o suficiente para acarretar dissabores na rotina dos magistrados.

Diante de tais perspectivas, resta apenas aguardar o desfecho das ações diretas de inconstitucionalidade que impugna parte de seus artigos, em especial o art. 9º que põe em risco a imparcialidade dos juízes, e, no mais, esperar que a nova lei possa revelar-se útil ao aprimoramento do sistema judicial brasileiro.

Reforma Previdenciária e o Futuro

Wagner Balera

1. Introdução geral

A seguridade social é, sem favor algum, a mais importante conquista dos trabalhadores, no ambiente do assim chamado Welfare State.

E, ao mesmo tempo em que pode ser assim qualificada, é diretamente atingida pela crise que abala os fundamentos desse modelo de Estado.

Com efeito, no final dos anos setenta do século passado já se começa a apontar, de modo recorrente, a crise desse sistema como dado objetivo da realidade.

O trabalho mais incisivo a respeito foi o de FISHER (1978, p. 383). que considera das drásticas modificações no ambiente econômico como propicias para a redefinição do papel que será reservado à seguridade social na sociedade do futuro.

Em outro trabalho (1980), o mesmo autor, mais especificamente, já fala da crise do modelo norte-americano e aponta, dentre outras causas, a longevidade dos beneficiários.

Estudo mais alentado de ROSANVALON (1981) sobre o tema aponta diversas questões justificativas da crise.

O autor em outro de seus escritos (1998, p. 40) é taxativo ao identificar com claridade o conceito de risco social como o vetor central da crise. E escreve:

> "A noção clássica do risco social, base do Estado Providência, tende por essas razões a perder o seu caráter unificador. Pode-se dizer que ela se desagrega do alto e por baixo, fatores que se conjugam para reduzir a sua importância, de um lado a atenção ao risco de catástrofe; de outro o retorno à responsabilidade individual.

Portanto, duas marchas distintas podem ser identificadas nos primórdios da crise. De um lado, a percepção do risco como realidade abrangente, para além do estreito limite do fenômeno atrelado ao ambiente do trabalho. De outro, a perspectiva de que o indivíduo deve ser chamado a assumir maior compromisso com sua própria proteção pessoal.

Essa problemática de refazimento das bases em que se assenta a questão social, aliás, acompanhará os termos do dilema da seguridade por todo o período de debate dos caminhos alternativos que se pretendem ver construídos para a preservação de um modelo que, bem ou mal, tem cumprido valioso papel nos quadrantes da proteção social.

O primeiro tópico pode ter levado o sistema de seguridade social a assumir amplitude incompatível com a respectiva capacidade econômica de sustentação e, diante dos iminentes riscos catastróficos, a ter que caminhar para cabal redefinição.

De outra parte, a chamada à responsabilidade individual não exclui o dever do grupo social para com aquela pessoa que adoece, que é atingida pela invalidez, que fica desempregada ou que falece deixando os seus ao desamparo, mas não pode querer significar que o grupo venha a ser responsável pela garantia do mesmo padrão de vida que o sujeito protegido conquistou com o seu labor, tanto para ele como para seus beneficiários.

Tende a crise, assim, a apontar para a criação de mecanismos redutores das responsabilidades do coletivo defronte ao indivíduo.

Aliás, em livro que intitulou, precisamente, de "A Crise da Previdência Social, CELSO BARROSO LEITE (1981, p. 72) identificava como uma das causas da crise que, naquele momento começara a se instalar no Brasil, o incremento das prestações de saúde.

E, com a mesma linha de raciocínio, FERNANDO F. DE ABRANCHES (183, p. 112) atribui à mistura dos conceitos de seguro e de assistência social e à própria criação do SINPAS – SISTEMA NACIONAL DE PREVIDÊNCIA E ASSISTÊNCIA SOCIAL, como elementos que contribuíram diretamente para o eclodir da crise da previdência social.

Ocorre que a força operativa conceitual que determinou a criação do Sistema Nacional de Previdência e Assistência Social se firmou como dado prévio para o arcabouço da seguridade social na Constituição de 1988.

Eis a que pode ser considerada a cabal dificuldade de compreensão da crise e da respectiva superação pela presente etapa de reformas. É que a crise brasileira já se achava contratada e instalada quando foi proposto o ambicioso programa de seguridade social pelo constituinte de 1988.

Nessa época já se discutia, como acaba de ser registrado pelos trabalhos doutrinários publicados antes da instalação da Assembleia Nacional Constituinte, que a crise iria exigir brutal freio de arrumação nos delineamentos do sistema.

Arrematemos com outro estudo que se produziu nos primórdios da reflexão sobre a crise e cujo teor também não dá margem a dúvidas sobre as pistas de solução do problema.

Refletindo sobre os imperativos atuariais inerentes ao modelo de previdência – cuja base formal se acha assentada no atual artigo 195, § 5º do art. 195, da Constituição, segundo o qual: Nenhum benefício ou serviço da seguridade social poderá ser criado, majorado ou estendido sem a correspondente fonte de custeio total – o saudoso RIO NOGUEIRA (1985, p. 18) aponta como desígnio da previdência básica o de: "manter o padrão de vida do trabalhador em níveis módicos e sem custos opressivos, nos casos de perda involuntária do potencial laborativo remunerado."

Em essência, RIO NOGUEIRA defende o modelo sustentável, vale dizer, aquele que mantém – em níveis módicos – o padrão de vida do trabalhador.

Aliás, não é outra a pregação que, desde sempre, é efetivada no normativo modelar editado pela Organização Internacional do Trabalho, consubstanciado na Convenção nº 102 (1952) que estatui as Normas Mínimas de Seguridade Social, cujo teor será examinado de maneira mais detida ao longo do presente estudo.

Não deixa de ser significativo que, na altura em que se debatiam os termos da seguridade social nos trabalhos desenvolvidos pela Assembleia Nacional Constituinte, aquele Diploma Internacional (que fora rejeitado porque o Brasil, em 1964, não atendia o respectivo preceituário) nem mereceu quaisquer considerações.

A crise já estava instalada; a modelagem mínima já existia, e nada disso mereceu considerada pelo constituinte.

Acresce notar, ainda, que a Organização Internacional do Trabalho (1985), por ocasião dos cem anos da primeira norma de tipo previdenciária promulgada no mundo – a assim chamada lei do seguro saúde estatutário – **gesetzliche Krankenversicherung – GKV** – já advertia, de modo enfático, sobre a necessidade de revisão do centenário modelo.

Dentre as conclusões daquele documento da OIT (1985) cumpre citar uma que bem poderia ser considerado alerta elementar quanto ao futuro:

> "O custo da seguridade social tem aumentado rapidamente, devido não só à extensão da cobertura a novos riscos, mas também aos maiores gastos dos novos regimes de aposentadoria e pensões à medida que se tornam mais antigo, ao envelhecimento da população, ao debilitamento dos laços familiares e aos progressos da medicina."

Tais fatos, é necessário insistir, já se encontravam na ordem do dia quando se iniciavam os trabalhos constituintes em fevereiro de 1987.

Sem embargo, de modo ousado, os constituintes houverem por bem lançar o magno programa de proteção social representado pela seguridade social.

Esse sistema propugna pela mais ampla fórmula de inclusão social que pode ser sintetizada pelo objetivo primeiro: **universalidade da cobertura e do atendimento** estampado no art. 194, parágrafo único inciso I da Constituição.

As duas expressões técnicas que ali se acham lançadas já dimensionam a largueza da proposta: todos os riscos serão cobertos – universalidade da cobertura – e todas as pessoas farão jus ao atendimento – universalidade do atendimento.

Exemplar, a propósito, é a expressa referência à correta exegese de referido comando maior no bojo do art. 198 da Constituição que, ao tratar do sistema de saúde confere a todos a garantia do atendimento integral.

Portanto, o programa de seguridade social proposto pelos constituintes, de modo ousado, pressupunha que a economia nacional caminharia sempre num crescendo e que o incremento das receitas estaria habilitado a oferecer as bases financeiras aptas a permitirem que todas as pessoas que carecessem de cobertura seriam prontamente atendidas, sem que o Estado tivesse qualquer dificuldade para satisfazer essa demanda crescente de encargos.

Ocorre que, como bem observa FERRARI (1972), a seguridade social nada mais é do que uma economia bem organizada.

Se à economia ideal – segundo o anelo do constituinte – não corresponde a economia real, é certo que as bases estruturais da seguridade social serão afetadas.

E basta que se lance uma breve vista d´olhos no incremento do produto interno do Brasil dos últimos trinta anos, como referido pelo IBGE (2019) para que se constate que, em boa parte desses anos, não houve crescimento e, até mesmo, ocorreu decréscimo no indicador.

Ocorre que o constituinte não descurou de tal possibilidade ao estatuir a diretiva da **seletividade e distributividade nas prestações de benefícios e serviços**, (art. 194, III).

Essa regra impunha, inicialmente, ampla liberdade para que – em conformidade com aquele ideário ampliativo – fossem concedidos todos os benefícios encontráveis nos catálogos conhecidos e de modo o mais amplo possível.

Conquanto não seja propósito deste estudo analisar as pretéritas etapas do processo de reformas constitucionais, convém lembrar que a seletividade e a distributividade não se esgotaram com os primeiros planos de prestações.

É bem por essa razão que a Emenda Constitucional n.20, de dezembro de 1998, refez a seleção inicial de dois benefícios e lhes impôs bem delimitadas restrições.

Foi o que ocorreu, respectivamente, com o salário-família e com o auxílio-reclusão, antes conferidos indistintamente a toda a massa protegida.

Pode ser que, com base na solidariedade social, que no dizer autorizado de ALMANSA PASTOR (1977), é o princípio fundamental da relação jurídica de seguridade social, o sistema deva proceder a ajustes nas distintas modalidades de cobertura.

Advertia São JOÃO XXIII (1963): *"Ao direito de todo homem à existência ... corresponde a obrigação de conservar a vida; ao direito a um nível de vida digno, o dever de viver dignamente."*

O signo da justiça distributiva é a proporcionalidade.

Tal esquema de outorga de prestações quer erradicar a pobreza e reduzir as desigualdades sociais (art. 3º, II, da Constituição) e pode ser que os respectivos limites, ditados pela redução do ritmo de desenvolvimento econômico, tenha que se ajustar aos mínimos.

Forçoso reconhecer que grande parte das prestações já nasce com valores bastante reduzidos, porque a apuração dos valores das aposentadorias e das pensões não refoge, como é curial, do quadro representado pela massa salarial.

Destarte, as prestações devidas à grande maioria dos beneficiários se situam muito próximas ao piso salarial.

E tal constatação também pode servir como alerta para quem busca defender, com todos os armamentos retóricos, a manutenção do modelo de proteção social tal como se apresenta em nossos dias.

Havia, outrora, antes da promulgação da Constituição de 1988, um abismo entre o elenco das prestações devidas aos trabalhadores urbanos e o rol dos benefícios e serviços a que faziam jus os rurícolas.

Por definição constitucional o primeiro passo em favor da isonomia – uniformidade e equivalência nas prestações de benefícios e serviços às populações urbanas e rurais (art. 194, único, II) – não significou a supressão do abismo.

No entanto, os beneficiários rurais obtiveram, de pronto, a garantia da prestação mínima no valor do salário mínimo.

Esse mínimo existencial acompanha a saga histórica dos brasileiros, cuja imensa maioria, na área rural, percebe o valor do piso mínimo enquanto os do grupo urbano alcançam, em média, a prestação no valor de um salário mínimo e meio.

Para que se tenha uma ideia dessa realidade nacional não é demais registrar que o IBGE (2018) registra que o valor médio dos benefícios rurais equivale ao do salário mínimo enquanto o valor médio dos benefícios devidos aos trabalhadores urbanos e aos seus dependentes corresponde a pouco mais de um salário mínimo e meio.

Aqueles que parecem defender, a todo o custo, os arraiais de proteção estatuídos pelo modelo atual não podem ignorar essa objetiva realidade: a imensa maioria dos beneficiários é compreendida por aqueles que percebem as respectivas prestações no menor patamar possível.

Os registros revelam, de pronto, que a distorção presente no sistema, no seu todo considerado, não se acha instalada na esfera do regime geral de previdência social cujo patamar de proteção garante, tão somente, em média o valor equivalente ao mínimo existencial.

Não é por outra razão que as reformas até aqui praticadas – nos termos das Emendas Constitucionais nº 20, de 1998, 41, de 2003, e 47, de 2005 – intentam sobretudo estatuir limites à cobertura proporcionada pelos regimes próprios de previdência praticados pelos entes federativos – União, Estados, Distrito Federal e Municípios – em favor dos respectivos corpos funcionais.

O grande desafio que começou a ser enfrentado quando da tramitação da proposta que daria origem à Emenda Constitucional nº 20, de 1998, consistiu no estabelecimento de um teto de cobertura previdenciária para os servidores, fazendo coincidir esse tope com o teto das prestações devidas pelo regime geral de previdência social.

É o que propunha o § 14 do artigo 40, na redação afinal aprovada:

> § 14 – A União, os Estados, o Distrito Federal e os Municípios, desde que instituam regime de previdência complementar para os seus respectivos servidores titulares de cargo efetivo, poderão fixar, para o valor das aposentadorias e pensões a serem concedidas pelo regime de que trata este artigo, o limite máximo estabelecido para os benefícios do regime geral de previdência social de que trata o art. 201.

Restava estabelecido, enfim, o patamar máximo de proteção social devido a todos os brasileiros, coincidente com o teto até então praticado pelo RGPS.

Todavia, a norma que instituíra o patamar de cobertura previdenciária era revestida de eficácia limitada, segundo a conhecida classificação de José Afonso da Silva (20080. Para que produzisse os cabais efeitos a que se preordenara seria necessário que cada pessoa política instituísse o respectivo regime complementar de previdência.

Pode ter sido essa limitação de eficácia da norma constitucional reformadora o móvel para o desencadear das subsequentes reformas, inclusive a que ora está a ser apreciada pelo Congresso Nacional.

Diagnóstico responsável não deixaria de apontar que o mais grave desequilíbrio do sistema se encontra no regime dos servidores públicos.

E, conquanto não seja aqui o caso de se discutir, aqui, a problemática do déficit do sistema, no seu todo considerado, fonte de inumeráveis polemicas conceituais, a concepção de financiamento do regime geral é manifesta ao dispor que, em havendo desequilíbrio financeiro entre receita e despesa, a União será chamada a aportar os recursos necessários à recomposição do equilíbrio financeiro e atuarial do sistema, consoante os termos do art. 16 da Lei de Organização e Custeio:

> Art. 16. A contribuição da União é constituída de recursos adicionais do Orçamento Fiscal, fixados obrigatoriamente na lei orçamentária anual.

Aliás, mesmo sem adentrar – porque não é o propósito deste estudo – no problema específico do financiamento do sistema, não seria demais esperar que os poderes competentes promovessem o levantamento cabal da dívida da União para com regime geral.

Assim determinava o art. 90 da Lei de Organização e Custeio da Seguridade Social:

> Art. 90. O Conselho Nacional da Seguridade Social, dentro de 180 (cento e oitenta) dias da sua instalação, adotará as providências necessárias ao levantamento das dívidas da União para com a Seguridade Social.

Pelo menos com tal memória histórica ficaria apurada a responsabilidade de quem deixou de cumprir com a cota de solidariedade a que se comprometera em termos legais.

Feita essa digressão preliminar, cumpre enfrentar alguns aspectos que, necessariamente, deverão figurar em qualquer movimento normativo de reforma do sistema de seguridade social pátrio. E, desde logo, fica a advertência de que não se pretende discutir os termos da proposta ora em tramitação no Congresso Nacional, sujeita a modificações que perpassam complexo processo legislativo nas duas Casas legislativas.

O que se fará, isso sim, é a reflexão pontual sobre possíveis aperfeiçoamentos do sistema, com mudanças que, no entender do autor deste trabalho, são necessárias para que a seguridade social brasileira possa cumprir a respectiva finalidade constitucional.

2. A distorção no financiamento da seguridade social

A moldura técnica adotada pelo constituinte, deixou claro compromisso para com o bem-estar e da justiça social objetivos finalísticos da Ordem Social Constitucional delineada a partir do artigo 193, da Constituição.

É dizer, mesmo ultrapassando ao portal de entrada do Estado do Bem-Estar na época em que este já se encontrava em plena crise, o constituinte originário brasileiro acreditou que poderia dar cumprimento ao abrangente programa que engendrava.

Com muita velocidade, ao cabo de seis meses da promulgação da Constituição, foi concretamente reparada a enorme injustiça que vitimara aposentados e pensionistas e o valor dos respectivos benefícios foi recomposto para que recuperasse o poder aquisitivo de que fora revestido originariamente.

Também com relativa ligeireza se implementou o programa de saúde e, naturalmente devido à complexidade das questões envolvidas, em um pouco mais de tempo foi edificada a legislação básica da previdência social.

É bem verdade que houve inexplicável demora na concretização da assistência social, só tornada efetiva cinco anos depois da promulgação da Constituição.

Na verdade, o que era essencial para que o projeto constitucional desse certo, na esfera das prestações, em pouquíssimo tempo ganhou efetividade.

Em outra ordem de ideias, no momento originário, a seguridade social resultou dotada de cópia impressionante de recursos financeiros que, muito possivelmente, poderia durante certo tempo dar suporte à orientação eleita em prol da ordenação social, vale dizer, segundo os ditames da justiça social ditados pela comunidade reunida no pacto constituinte.

Revela compromisso com os programas contemplados pelo setor a ordenação das receitas em orçamento próprio, como determina o art. 165 da Norma Fundamental.

São de todo distintas a arrecadação fiscal e a arrecadação social. A primeira se destina ao custeio das despesas do Estado e, parte dela é de ser investida no social, nos termos do art. 195 da Constituição. A segunda é de destinação específica: os planos, programas e projetos da seguridade social.

E, se seguirmos os primeiros passos de implantação do projeto constitucional (chamemo-lo, provisoriamente assim) constaremos que, de fato, o Texto Magno separou com rigor as receitas, até mesmo quando cria duas delas sobre a mesma base de cálculo.

A busca dos meios cedo se concretizou com a legislação do seguro-desemprego; cuja fonte de financiamento fora delineada em sede constitucional;

Paralelamente, e com certa brevidade, o legislador instituiu a primeira das novas fontes de financiamento – a Contribuição Social sobre o Lucro CSSL – ainda em 1988. E, depois, resultou criada a contribuição sobre o faturamento.

Aliás, a Contribuição para o Financiamento da Seguridade Social – COFINS não segue rigorosamente a modelagem que fora preconizada pelo já mencionado relatório elaborado pelo grupo de especialistas designados pela Organização Internacional do Trabalho.

Tanto a COFINS quanto a Contribuição para o PIS/PASEP – hoje um rótulo à procura de sentido, porque esse último tributo passou a financiar o programa do seguro-desemprego e do abono anual, nos termos do art. 239 da Constituição e o antigo Fundo PIS/PASEP foi absorvido pelo Fundo de Amparo ao Trabalhador – incidem sobre a mesma base, mas não obedecem ao mecanismo da alíquota progressiva sugerido e proposto pelos especialistas da OIT (1985).

Essas duas contribuições, assim como a CSSL estipulam alíquotas standards.

Ora, o signo distintivo do financiamento diferenciado da seguridade social deveria ser a consideração do perfil da empresa.

É o que determinam dois preceitos constitucionais: o artigo 195 e o artigo 239.

O artigo 195, que fixa o rol das contribuições sociais, ao cuidar da tributação das empresas estatui, na redação da Emenda nº 47, de 2005:

> § 9º As contribuições sociais previstas no inciso I do caput deste artigo poderão ter alíquotas ou bases de cálculo diferenciadas, em razão da atividade econômica, da utilização intensiva de mão-de-obra, do porte da empresa ou da condição estrutural do mercado de trabalho.

E o artigo 239, em seu parágrafo 4º é ainda mais explícito:

> § 4º O financiamento do seguro-desemprego receberá uma contribuição adicional da empresa cujo índice de rotatividade da força de trabalho superar o índice médio da rotatividade do setor, na forma estabelecida por lei.

Percebe-se, de pronto, a nítida relação que deve existir entre o fato objeto da tributação e o risco. Quanto maior o risco, maior o tributo.

Trata-se de exigência do princípio constitucional da equidade na forma de participação no custeio, estabelecido pelo art. 194, único, V.

Mas, quando se cogita de reforma do sistema, que deverá considerar também a problemática do financiamento, é essencial que se respeite a especificidade da receita relativa às contribuições sociais.

Pois, como bem definira GERALDO ATALIBA (1995), essa categoria de exação é verdadeiro tributo vinculado a uma atuação estatal. Ensina o saudoso Mestre: "*Contribuição é o tributo vinculado cuja hipótese de incidência consiste numa atuação estatal direta e imediatamente referida ao obrigado*."

Todavia, começava a se movimentar a monstruosa engrenagem que acabaria por fazer derruir a paciente edificação engendrada pelo constituinte. Edificação que, como acentuado aqui, estava na contramão da crise de que já padeciam os sistemas desse jaez mundo afora. Entretanto, o modelo bem poderia ter valido como tenteio para que, superados os excessos, o país encontrasse sua própria via de proteção social.

É fato que a edificação da seguridade social se viu enlaçada por um fio desviante que parece – para quem o avalia na perspectiva atual – ter sido armado para que o sistema não tivesse a menor chance de cumprir com seu papel histórico.

Deveras, o primeiro golpe contra o edifício constitucional da seguridade social foi desferido pela Emenda Constitucional de Revisão nº 1, editada em 1ª de março de 1994, que criava o Fundo Social de Emergência (FSE) cujos recursos carreariam meios para a liquidação do passivo previdenciário.

Sim, é isso mesmo! A estranha Emenda retirava recursos da seguridade social para a cobertura do passivo previdenciário.

Mas, de que passivo se tratava?

Nunca, ninguém o explicou.

Também sem nenhuma explicação a Emenda Constitucional nº 17, de 22 de novembro de 1997, prorrogou a vigência do Fundo Social de Emergência até o dia 31 de dezembro de 1999.

Mas, a nova denominação do inusitado fundo, a um só tempo retirava do respectivo título o apodo de social e, corretamente o definia com exatidão: Fundo de Estabilização Fiscal (FEF).

Um fundo desviante de recursos para finalidades outras de todo distintas da saúde, da previdência social e da assistência social.

E, ainda se valendo de nomenclatura falsa, a Emenda Constitucional nº 27, de 2000, instituía a Desvinculação das Receitas da União – DRU, a vigorar entre 2000 e 2003, com o escopo de retirar "vinte por cento da arrecadação de impostos e contribuições sociais na União, já instituídos ou que vierem a ser criados no referido período, seus adicionais e respectivos acréscimos legais".

Essa Emenda foi, depois, substituída pela de nº 42, de 19 de dezembro de 2003, com a mesma finalidade, assim como pela Emenda Constitucional nº 56, de 2007, que prorrogava até 2011 o estranhável mecanismo. E, nesse ano, a Emenda Constitucional nº 68, estendia a fórmula até dezembro de 2015. Por fim, a Emenda Constitucional nº 93, de 08 de setembro de 2016, além de prorrogar a vigência da DRU até 31 de dezembro de 2023, majora para 30% (trinta por cento) o montante retirado das receitas que deveriam ser carreadas para o sistema de seguridade social.

Essa última medida completaria o ciclo de quase trinta anos – de 1994 a 2023 – de desvio de recursos do sistema de seguridade social.

Se agora correlacionarmos o fato aqui descrito com os alarmantes registros sobre o status financeiro em que se encontra o sistema de seguridade social – cujas contas de tão abaladas exigem e justificam as drásticas medidas propostas pela PEC 06/2019 – percebermos que a intenção do constituinte de 1988 se viu frustrada por uma decisão de Estado cujo teor travou, desde 1994, a concretização cabal da política pública que pretendia ordenar o social no direito brasileiro.

Jamais será possível a efetivação das políticas que dependiam dos recursos desvinculados ao longo de tantos anos. Foram milhares de omissões em termos de atendimento de saúde, de assistência e de recuperação de capacidade de trabalho de acidentados e inválidos.

O beneficiário da seguridade social só pode, a esta altura, constatar no dia a dia que a perda da respectiva qualidade de vida, às vezes de maneira irreversível, contou com expresso assentimento do Poder Legislativo que, sem vacilar, aprovou nada menos que sete emendas constitucionais que impediram o cumprimento do compromisso constitucional firmado em 05 de outubro de 1988.

O que ocorreu, no entanto, foi mais grave do que o já essencialmente grave desvio de recursos alocados a uma finalidade para outra completamente distinta.

Mais grave é a cabal violação do direito da pessoa humana consubstanciado no art. XXV da Declaração das Nações Unidas, de 10 de dezembro de 1948, que assim assentou:

> Art. XXV – 1. Toda a pessoa tem direito a um padrão de vida capaz de assegurar a si e sua família saúde e bem estar, inclusive alimentação, vestuário, habitação, cuidados médicos e os serviços sociais indispensáveis, e direito à segurança, em caso de desemprego, doença, invalidez, viuvez, velhice ou outros casos de perda dos meios de subsistência em circunstâncias fora de seu controle.
>
> 2. A maternidade e a infância têm direito a cuidados e assistência especiais. Todas as crianças, nascidas dentro ou fora do matrimônio, gozarão da mesma proteção social

E, a *vis* jurídica dos direitos humanos adquiriu plena efetividade no instante em que a Constituição qualificou dentre os princípios fundamentais da República – art. 4º, II – o da prevalência aos direitos humanos.

Os comandos normativos catalogados no Título VIII, da Constituição, disciplinam os direitos humanos sociais que, em conformidade com a regra de interpretação expressa no citado artigo 4º, deveriam estar revestidos do mais alto grau de eficácia. Mas, a dimensão da normatividade que deveria ter sido irradiada do comando constitucional foi de todo frustrada pelo cabal desvio de meios financeiros indispensáveis à execução dos programas e planos inerentes aos esquemas de ação da seguridade social.

As Emendas Constitucionais que criaram e prorrogaram o desvio de recursos projetados para o financiamento dos programas sociais atingiram o cerne da modelagem de custeio e representam manifesta afronta ao preceito que determina o equilíbrio financeiro e atuarial do sistema.

Ora, parece claro o desiderato indireto de retirar recursos da proteção social – e, em certa medida, com desvio de poder amparado pelo escudo formal de emendas constitucionais – abandonando à própria sorte aqueles a quem o constituinte originário tratara com especial cuidado e deferência.

É incompatível com a modelagem constitucional da seguridade social a retirada de quaisquer recursos a ela destinados pelo constituinte.

Impressiona, pois, que o mecanismo disforme da DRU tenha passado pelo crivo do Supremo Tribunal Federal. Com efeito, ao apreciar o Recurso Extraordinário nº 537.610, o então Ministro CEZAR PELUSO, contando com o assentimento unânime de seus pares da Segunda Turma, decidiu: *"não é inconstitucional a desvinculação de parte da arrecadação de contribuição social, levada a efeito por emenda constitucional." (2009)*

E, ainda, em outro julgado no qual o contribuinte, com justo motivo, se rebelava com o desvio dos recursos do sistema de seguridade social, mais uma vez, ainda que de modo indireto, o Supremo Tribunal Federal aceitou a aberração. Essa decisão é mais grave porque tomada sob o signo da repercussão geral pelo Tribunal Pleno. Eis o respectivo teor:

Ementa: DIREITOS CONSTITUCIONAL E TRIBUTÁRIO. REPERCUSSÃO GERAL. DESVINCULAÇÃO DE RECEITAS DA UNIÃO – DRU. ART. 76 DO ATO DAS DISPOSIÇÕES CONSTITUCIONAIS TRANSITÓRIAS. AUSÊNCIA DE CORRELAÇÃO ENTRE A ALEGADA INCONSTITUCIONALIDADE DA DRU E O DIREITO À DESONERAÇÃO TRIBUTÁRIA PROPORCIONAL À DESVINCULAÇÃO. ILEGITIMIDADE PROCESSUAL. AUSÊNCIA DE DIREITO LÍQUIDO E CERTO. RECURSO EXTRAORDINÁRIO AO QUAL SE NEGA PROVIMENTO. (2015)

Sublinhe-se que a Proposta de Emenda Constitucional nº 6, de 2019, que trata da reforma previdenciária em curso de apreciação pelo Congresso Nacional estipula, taxativamente, o fim do mecanismo de desvinculação das receitas da União quanto às contribuições destinadas ao custeio da seguridade social.

Importa arrematar este tópico com mais uma distorção que, se bem avaliada, poderia trazer alguma luz a respeito do futuro, isto é, do que discorreremos em tese a partir das propostas que se acham sobre a mesa no tema da reforma previdenciária.

Bem consciente do crescimento exponencial dos dispêndios relacionados com o setor de saúde, o Congresso Nacional autorizou, por meio da Emenda Constitucional nº 12, de agosto de 1996, a instituição de novo tributo destinado, inicialmente ao financiamento daquela área: a contribuição provisória sobre movimentação ou transmissão de valores e de créditos e direitos de natureza financeira, que ficou conhecida pela sigla CPMF.

A receita provisória vigorou, sempre amparada por emendas constitucionais que garantiam a respectiva prorrogação, até 2007.

Consoante registros apurados pelo Senado Federal (2005) durante o período em que a legislação vigorou, foram arrecadados R$ 223 bilhões e, somente no último ano de vigência esse montante chegara a R$ 37,2 bilhões.

Ocorre que a Emenda Constitucional nº 37, de 2002, ao modificar o Art. 84 do Ato das Disposições Constitucionais Transitórias, acrescentou ao comando o § 2º que determinava a redistribuição do produto arrecadado, passando a contemplar assim a previdência social quanto ações assistenciais a serem levadas a efeitos nos termos da Emenda Constitucional nº 31, de dezembro de 2000, que criara o Fundo de Combate e Erradicação da Pobreza.

O sentido social, melhor dizendo, de seguridade social de que se revestia o tributo, assim como o expressivo volume amealhado, e a praticidade da respectiva mecânica de arrecadação, aliado aos vetores de ajuste que impediam a incidência sobre movimentações financeiras levadas a efeito pelos mais pobres, parece não ter sido compreendido e muitos receberam com alívio o fim do prazo de cobrança estipulado no plano normativo.

Só que, todos sabem, o setor de saúde segue apresentando sempre crescentes dispêndios e o setor da assistência social – que tinha no Fundo de Combate e Erradicação da Pobreza fonte direta de financiamento – fica à mercê das sobras do orçamento.

Por conseguinte, convém problematizar de novo esse tema a fim de que se avalie da conveniência e da oportunidade de reedição daquela modalidade de tributo, no contexto da reforma tributária que considere a necessidade absoluta de sistematização cabal, clara e objetiva, das receitas da seguridade social.

3. O rumo da reforma e o futuro

Parece existir certo consenso entre os estudiosos quanto à necessidade da reforma do sistema atualmente praticado de proteção social.

A premissa desse consenso já fora lançada pelo art. 67 da Convenção 102 (1952): "*o montante da prestação não poderá reduzir-se....*" e deve ser apto a assegurar ao beneficiário e à sua família "*condições de vida salutares e convenientes*".

Mas o que, afinal, resulta garantido?

Que as atuais prestações estão sob o pálio da irredutibilidade, garantia configurada pela Constituição do Brasil nos termos do art. 194, único, parece não haver dúvida.

E tampouco pode haver dúvida sobre a fórmula de manutenção do poder aquisitivo dos beneficiários. É o que determina a Constituição:

> Art. 201. . . . .
>
> **§ 4º** É assegurado o reajustamento dos benefícios para preservar-lhes, em caráter permanente, o valor real, conforme critérios definidos em lei.

No entanto, o modelo de reajustamento das prestações já concedidas terá que passar por necessária reformulação.

É manifesto que o modelo atual, ao atrelar o reajuste das prestações ao mesmo referencial adotado para o salário mínimo, não condiz com a diretriz elementar da manutenção em caráter permanente do equilíbrio financeiro e atuarial do sistema.

E, como tem sido registrado formalmente, a cada novo reajustamento maior é a diferença entre a receita financeira e a despesa com prestações.

Por conseguinte, qualquer reforma terá que apresentar proposta específica sobre esse tema, como dado prévio para a futura modelagem das prestações.

E, dentro da modelagem a surgir com a reforma, convém observar que os padrões estabelecidos pela Convenção nº 102 (1952), merecem considerada.

Esses padrões foram delineados em torno de oito riscos básicos, além daquele mais genérico relativo à saúde. Posteriormente, consoante se apontará no texto, algumas das coberturas foram incrementadas, mas sem perderem a característica essencial que consiste na proposta de garantir tão somente as necessidades elementares do grupo protegido.

Esclareça-se que as normas internacionais emanadas da Organização Internacional do Trabalho se examinam, aqui, como fontes teóricas, uma vez que nem todas obtiveram ratificação expressa pelo Brasil.

Os padrões adotados por essa modelagem ideal são os seguintes:

1. Subsídios de doença correspondem a pagamentos periódicos no percentual de 45 por cento do salário de referência. Essa alíquota foi majorada pela Convenção nº 130 (1969) para 60 por cento do salário de referência.

O salário de referência (equivalente, entre nós, ao salário-de-benefício) corresponde aos ganhos habituais de um operário qualificado do sexo masculino ou, ainda, à remuneração média de pelo menos 75 por cento do grupo protegido.

Percebe-se, de pronto, que o esforço maior da regra consiste em igualar, tanto quanto possível, os valores das prestações que serão concedidas, desatrelando o modelo daquele ideário vetusto que quer, a todo o custo, vincular o critério quantitativo da prestação ao padrão remuneratório do beneficiário.

Ocorre que é visível o empenho das Normas Mínimas por satisfazer tão somente asa necessidades básicas do sujeito protegido e de seus dependentes.

É, aliás, a tese principal deste estudo.

A tutela previdenciária só se mostrará viável, no futuro, se a função inerente aos Poderes Públicos consistir na manutenção de certo padrão básico de subsídio aos beneficiários, que poderá ser complementado por cada qual na medida das respectivas capacidades e possibilidades ditadas pela posição econômica conquistada na vida laborativa.

2. Subsídio de desemprego equivale a pagamentos periódicos no percentual de 45 por cento do salário de referência, o que é majorado nos termos da Convenção nº 168 (1988) para pelo menos 50 por cento do salário de referência.

3. Pensões de velhice devem corresponder a um mínimo de 40 por cento do salário de referência, o que é majorado pela Convenção nº 128 (1969) para um mínimo de 45 por cento do salário de referência.

4. Subsídios em caso de acidente de trabalho e de doença profissional devem equivaler a no mínimo 50 por cento do salário de referência para os casos de incapacidade temporária ou de invalidez; que é majorado pela Convenção nº 121 (1962) para um mínimo de 60 por cento do salário de referência.

Prestações para a viúva, o viúvo inválido e a cargo, e filhos em razão da morte do trabalhador acidentado ou vítima de doença profissional, com valor equivalente a um mínimo de 40 por cento do salário de referência. Esse valor será majorado para 50 por cento nos termos da Convenção nº 121 (1962).

5. Subsídio de maternidade • Convenção nº 102: pagamentos periódicos correspondendo a um mínimo de 45 por cento do salário de referência. A Convenção nº 183 (2000), por seu turno, garante prestações em espécie permitindo à mulher garantir a sua subsistência e a do seu filho em boas condições de saúde e com um nível de vida conveniente, correspondendo a um mínimo de dois terços dos rendimentos anteriores ou um montante da mesma ordem de grandeza.

6. Pensões de invalidez • Convenção nº 102 fixa paga periódica de um mínimo de 40 por cento do salário de referência enquanto a Convenção nº 128 (1969) estipula tal valor em percentual correspondendo a um mínimo de 50 por cento do salário de referência.

Ademais deve ser previsto o serviço de reabilitação e a tomada de medidas que facilitem a colocação dos inválidos num emprego apropriado.

7. Pensões de sobrevivência • Convenção nº 102: benefício corresponde a um mínimo de 40 por cento do salário de referência. Já a Convenção nº 128 (1969) sugere pagamentos periódicos mínimos de 45 por cento do salário de referência;

8. Prestações familiares • Convenção nº 102: pagamentos periódicos ou fornecimento de alimento, de roupa, alojamento, alojamento em férias ou assistência ao domicílio, ou ainda uma combinação destes elementos.

O conjunto das prestações atualmente concedidas pelo direito brasileiro se mostra percentualmente mais vantajoso do que aquele delineado pelas Normas Mínimas.

Preanuncia a normativa internacional o ideário que, de futuro, deverá ser adotado, tendo em vista que se depara por toda a parte a crescente insuficiência financeira dos meios aptos a darem suporte a tantas contingências.

É bem de ver que pode estar sendo fomentada – e o debate atual se situa de modo até mesmo impróprio nesse ponto – uma cultura de crise quando o tema deste estudo reentra novamente em pauta, consoante registra MOTA (1995).

E pode ser que essa cultura de crise se transforme num caldo de cultura se as questões fundamentais não forem resolvidas.

A técnica da distributividade que, como já se apontou aqui, pode distinguir dentre os integrantes da massa protegida, admite e exorta o estabelecimento de distinções dentre pessoas e situações.

As reformas provocarão rupturas.

Dentre as possíveis rupturas uma pode ser inexorável: a ruptura entre patamares de proteção social relativamente a distintas gerações.

Pode ser que, como profetizou José Guilherme Merquior, a geração futura não esteja disposta a se manter solidária para com as gerações presente e pretérita.

Estará condenado o modelo da solidariedade, verdadeiro polo motor do sistema que foi acionado na reforma de 1998 para a criação, nos termos do § 18 do art. 40, encartado no Texto pela Emenda Constitucional nº 20, da até então impensável contribuição daqueles que já fruíam benefícios, no momento em que medidas como essa se mostrem inaceitáveis porque nada mais fazem do que adiar os termos concretos de mudanças no patamar básico de proteção social, igualitária para todos os integrantes da comunidade.

Também se percebe, no que se pode denominar de verdadeira temporada de reformas previdenciárias – consubstanciadas nas Emendas Constitucionais nº 20, de 1998, nº 41, de 2003 e nº 47, de 2005, – o propósito deliberado de redução das assimetrias entre a proteção oferecida pelo Regime Geral de Previdência Social e as que até então vinham sendo proporcionadas aos servidores públicos pelos Regimes Próprios que cada pessoa política instituiu a seu tempo.

O fulcro essencial dessas reformas consiste no estabelecimento do limite máximo de prestação continuada fixada pelo Regime Geral, como medida padrão a ser observada pelos distintos regimes e, ainda, para os servidores, da criação de regimes complementares de previdência, geridos por entidades de direito público, que permitiriam a quem optasse por essa modalidade de cobertura a fruição de benefícios complementares capazes de assegurar a totalidade dos proventos de inatividade ou de pensões.

As diversas reformas foram configuradas a partir de alentado conjunto de regras de transição que, a seu modo, buscaram fixar regras de passagem entre o modelo cunhado anteriormente e aquele que se implantaria após a promulgação das emendas constitucionais, de arte a permitir que cada trabalhador, na medida do possível, não perdesse posições previdenciárias já conquistadas mas, também, que cooperasse com a reforma em proporção tal que equalizasse as cotas complementares exigidas de todos quantos ainda tivessem os respectivos direitos em fase de configuração.

Conquanto não tenha sido fixada uma idade mínima para as aposentadorias, o que é apontada como a maior lacuna estrutural do modelo, os patamares restritivos das distintas etapas de transição – 1998, 2003 e 2005 – acabaram por impor expressiva contenção na concessão das prestações.

De modo geral, porém, o que se denota das reformas é o tenteio de travamento das estruturas tais como vieram sendo concebidas desde antes da promulgação da Constituição de 1988.

As reformas se depararam, e não é diferente o cenário que se coloca para atual proposta de emenda constitucional, com resistências daqueles que não querem ceder em nenhuma medida diante da realidade que os dados objetivos revelaram.

Certas conquistas que faziam sentido no passado, das quais o exemplo que salta à vista é aquele que permite a acumulação de benefícios, ainda pretendem impor o predomínio absoluto do interesse individual sobre o interesse da coletividade, num mundo que já não pode deixar de se esforçar por garantir a sustentabilidade econômica do Estado, cujos encargos – como já se sustentou aqui – não encontram mais de onde sacar as respectivas fontes.

A crise já contrata os termos de outro problema explosivo: o do custo exponencial das prestações de saúde, agravadas com a também exponencial judicialização da busca por mais e mais prestações dessa modalidade.

Uma futura reforma não poderá deixar de enfrentar a questão relativa à fixação de certa fórmula de custeio básico, pelo usuário, da prestação de saúde. Tocam nesse ponto de modo direto Ingo Wolfgang Sarlet e Mariana Figueiredo (2013) quando ponderam:

> Diversamente do que defende parcela significativa da doutrina, o princípio da universalidade não acarreta, como corolário inexorável, a gratuidade irrestrita das prestações materiais, assim como a integralidade da cobertura não significa a satisfação de toda pretensão em termos ideais.

Aliás, as Normas Mínimas estabelecidas pela citada Convenção nº 102, de 1952, em seu artigo 10, 2, admitem a possibilidade de o beneficiário custear, ainda que parcialmente, os serviços médicos que lhe venham a ser prestados.

As diversas reformas até aqui propostas e concretizadas deixam de lado certos temas que já constituem problemas e que, cedo ou tarde, obrigarão a novo acionamento do mecanismo reformador.

4. Conclusão

O itinerário histórico de implantação da seguridade social no sistema da Constituição de 1988, possivelmente por excesso de otimismo, não enfrentou as questões fundamentais e segue situado em época passada na qual a abundância de recursos admitia a maximização de direitos.

Urge conceber modelagem mais consentânea com o estatuto futuro da seguridade social como via adequada a garantir as necessidades básicas da comunidade protegida sem descurar da capacidade financeira que essa mesma comunidade revela na atualidade e em que se pode situar doravante.

Não se deve excluir a possibilidade de, com o desenvolvimento econômico sustentável, os recursos a serem amealhados no futuro venham a permitir o refazimento do sistema em prol de mais elevado patamar de cobertura.

O presente exige, no entanto, que novos temas entrem no debate e que uma reforma opere reduções do modelo conformes com a distributividade a fim de que sejam reduzidas as imensas desigualdades na proteção social brasileira.

Referências bibliográficas

ABRANCHES, Fernando F. **A crise institucional da Previdência Social**. Brasília: Senado Federal, Centro Gráfico: Dom Quixote. 1983.

ALMANSA PASTOR, J.M. **Derecho de la Seguridad Social.** Madrid: Tecnos, 2ª edição, 1977, volume I.

ATALIBA, Geraldo. **Hipótese de Incidência Tributária**. São Paulo: Malheiros, 5ª. Edição, 1994.

BARROSO LEITE, Celso. **A Crise da Previdência Social.** Rio: Zahar. 1981.

BOLETIM ESTATÍSTICO DA PREVIDENCIA SOCIAL – outubro de 2018.Disponível em <http://sa.previdencia.gov.br/site/2018/12/Beps102018_trabfinal.pdf>, Acesso em: 12 jun. 2019, 16:40:03.

FERRARI, Francisco de. **Los Princípios de la Seguridad Social**, Buenos Aires; Depalma, 1972.

FISCHER, Paul. **The Social Security Crisis: An International Dilemma**, in: International Social Security Review, 31, 1978, pp. 383-396.

FISCHER, Paul Fischer. **U.S. Social Security in 1980.** Anais do I Congresso Internacional de Previdência Social, Porto Alegre: 1980. p. 171.

INSTITUTO BRASILEIRO DE GEOGRAFIA E ESTATÍSTICA. Produto Interno Bruto. Disponível em <http://www.ibge.gov.br/explica/pib.php >, Acesso em: 24 mai. 2019, 13:07. 09.

JOÃO XXIII, Carta Encíclica **Pacem in Terris**. São Paulo: Paulinas. 1963

MOTA, Elizabete. **Cultura da crise e seguridade social: um estudo sobre as tendências da previdência e da assistência social brasileira nos anos 80 e 90**. São Paulo: Cortez, 1995.

NOGUEIRA, Rio. **A crise moral e financeira da previdência social.** São Paulo: DIFEL. 1985.

ORGANIZAÇÃO INTERNACIONAL DO TRABALHO. Convenção nº 102, de 1952, sobre as Normas Mínimas de Seguridade Social. Disponível em

<http://www.ilo.org/brasilia/convencoes/WCMS_235192/lang--pt/index.htm>, Acesso em: 26 mai. 2019, 21:10. 02.

ORGANIZAÇÃO INTERNACIONAL DO TRABALHO. Convenção nº 121, de 1962, com modificações introduzidas em 1980, sobre as prestações em caso de acidentes do trabalho e enfermidades profissionais.

Disponível em <http://www.ilo.org//dyn/normlex/es/f?p=NORMLEXPUB:12100:0::NO::P12100_INSTRUMENT_ID:312266>, Acesso em: 04 jun. 2019, 14:33. 12.

ORGANIZAÇÃO INTERNACIONAL DO TRABALHO. A Seguridade Social na perspectiva do ano 2000: relatório apresentado ao Diretor Geral da Organização Internacional do Trabalho sobre a seguridade social dos países industrializados em face da evolução econômica e social. São Paulo: LTr. Tradução de Celso Barroso Leite. 1985

ORGANIZAÇÃO INTERNACIONAL DO TRABALHO. Convenção nº 128, de 1969, relativa às prestações de invalidez, velhice e sobreviventes. Disponível em <http://www.ilo.org///brasilia/convencoes/WCMS_239619/lang--pt/index.htm>, Acesso em: 05 jun. 2019, 19:12. 07.

ORGANIZAÇÃO INTERNACIONAL DO TRABALHO. Convenção nº 130, de 1969, relativa à assistência médica e prestações monetárias de enfermidade. Disponível em <http://www.ilo.org//dyn/normlex/es/f?p=NORMLEXPUB:12100:0::NO:12100:P12100_INSTRUMENT_ID:312275:NO>, Acesso em: 05 jun. 2019, 18:30. 03.

ORGANIZAÇÃO INTERNACIONAL DO TRABALHO. Convenção nº 168, de 1988, relativa à promoção do emprego e à proteção contra o desemprego. Disponível em <http://www.ilo.org///brasilia/convencoes/WCMS_236246/lang--pt/index.htm>, Acesso em: 05 jun. 2019, 20:17. 03.

ORGANIZAÇÃO INTERNACIONAL DO TRABALHO. Convenção nº 183, de 2000, relativa à proteção à maternidade. Disponível em <http://www.ilo.org//dyn/normlex/es/f?p=NORMLEXPUB:12100:0::NO::P12100_INSTRUMENT_ID:312328>, Acesso em: 05 jun. 2019, 21:03. 11.

ROSANVALLON, Pierre. **La Crise de l'État Providence**. Paris: Éditions du Seuil, 1981.

ROSANVALLON, Pierre. **A nova questão social: repensando o Estado Providência.** Brasília: Instituto Teotônio Vilela. 1998. Tradição de Sergio Bath.

SARLET, Ingo Wolfgang; FIGUEIREDO, Mariana Filchtiner. **O direito fundamental à proteção e promoção da saúde na ordem jurídico-constitucional: uma visão geral sobre o sistema (público e privado) de saúde no Brasil**. .Disponível em < https://www.cidp.pt/publicacoes/revistas/ridb/2013/04/2013_04_03183_03255.pdf>, Acesso em: 16 jun. 2019, 10:22:09.

SILVA, José Afonso da. **Aplicabilidade das Normas Constitucionais.** 7. ed., São Paulo: Malheiros, 2008.

BRASIL. Senado Federal. Entenda o assunto. CPMF. .Disponível em <https://www12.senado.leg.br/noticias/entenda-o-assunto/cpmf >, Acesso em: 8 jun. 2019, 14:18:03.

BRASIL. Supremo Tribunal Federal. 2ª. Turma. RE. 537.610/ RS. Relator CEZAR PELUSO. DJE 18/12/2009.

BRASIL. Supremo Tribunal Federal. Pleno. RE 566.007/ RS – Relatora CARMEN LÚCIA. DJE 10/02/2015.

Planejamento Sucessório – Testamento Público

Zeno Veloso

I. Planejamento sucessório – noção

1.1. O planejamento sucessório tem o objetivo de orientar, organizar e decidir uma partilha de bens entre herdeiros, de maneira que a transmissão da herança se efetive sem as disputas – que transbordam da área cível e penetram na órbita criminal – os traumas e questões que, muitas vezes, envolvem esta passagem. Vários instrumentos ou mecanismos podem ser utilizados para que a distribuição dos bens seja feita da maneira mais racional, equânime e pacífica possível, atendendo às inclinações afetivas do titular do patrimônio e às qualificações, aptidões, predicados pessoais, e expectativas dos sucessores.

1.2. Muitos e variados são os mecanismos para alcançar o objetivo, e os interessados têm de observar algumas regras legais imperativas, inafastáveis, como o respeito à legítima dos herdeiros necessários e a proibição de contratos que tenham por objeto a herança de pessoa viva (*pacta corvina*).

1.3. Vou apontar alguns instrumentos que podem ser utilizados para que se alcance – até onde isto for possível – a paz entre os herdeiros. Indicarei os meios mais comuns, existindo muitos outros, devendo ser considerado que uma solução pode ser boa e pertinente para um caso, e péssima, incabível, para outro. E pode ser utilizada mais de uma ferramenta, conforme a necessidade do caso concreto. Alguns desses instrumentos são unilaterais; outros, bilaterais ou plurilaterais.

Assim, o planejamento sucesório pode ser concretizado através de *holdings* familiares, de contratação de seguro de vida ou fundos de investimento, previdência privada, partilha em vida, doação, testamento, sendo essa enumeração exemplificativa.

Um bom livro, em que essas figuras – além de outras – vêm desenvolvidas é "Arquiteura do Planejamento Sucessório", sob a segura coordenação de Daniele Chaves Teixeira (2ª edição, Belo Horizonte, Forum, 2019).

Honradíssimo em ter sido lembrado para participar deste livro em homenagem ao eminente advogado, professor e jurista brasileiro, Roberto Rosas, doutor muitas vezes, que não há quem deixe de admirar e enaltecer, vou falar do testamento público, como um dos mais importantes e eficientes instrumentos de planejamento sucessório.

II. Do testamento público

2.1. No Brasil, o testamento público é a forma mais utilizada pelos que resolvem fazer suas manifestações de última vontade. Entre nós, a sucessão testamentária é rara, e, quando ela aparece, na maioria das vezes, o testamento é público.

Os requisitos essenciais desse negócio jurídico vêm indicados no art. 1.864 de nosso Código Civil, e não só a forma tem de ser obedecida como as formalidades aí prescritas, sob pena de nulidade.

O inciso I do art. 1.864 menciona que esse testamento deve ser escrito por tabelião ou por seu substituto legal em seu livro de notas, de acordo com as declarações do testador, podendo este servir-se de minuta, notas ou apontamentos.

O Notário ou o tabelião é profissional de direito, dotado de fé pública, a quem é delegado o exercício da atividade notarial. O tabelião pode ir a outro lugar, fora do cartório, em diligência, para atender ao chamado do testador (hospital, residência do testador, escritório de advogado etc.). Mas não pode lavrar testamento fora do município para o qual recebeu delegação, sob pena de nulidade do ato e das sanções administrativas cabíveis. O testador, porém, pode escolher livremente o tabelião que vai redigir suas disposições de última vontade, qualquer que seja o seu domicílio ou o lugar de situação dos bens (Lei nº 8.935, de 18 de novembro de 1994 – Lei dos Notários e dos Registradores, arts. 3º, 8º e 9º).

O testamento público, então, é uma escritura pública, um ato notarial, que deve ser lavrado ou redigido em livro de notas. E a escrita não pode ser feita ao contrário de outros atos – por escrevente ou demais empregados do serviço notarial. É ato privativo e intransferível do tabelião, que recebeu delegação do Estado para exercer o respectivo serviço notarial, mas pode ser escrito por seu substituto legal.

Poderão eles atuar cumulativamente, simultaneamente – um e outro –, ou o Código só estará autorizando que o tabelião substituto escreva o testamento público na falta ou impedimento do titular?

Parece não ser correta a conclusão de que o substituto só pode escrever o testamento na falta do tabelião titular, pois, se fosse assim, a norma seria inútil. O tabelião substituto, no exercício do serviço notarial, tabelião é, para todos os efeitos, e não haveria necessidade de o Código Civil mencionar o substituto, só com o intuito de dizer que ele, na falta do titular, exerce as atribuições que seriam deste. Jamais duvidou-se disto.

Opino, pois, que tanto o tabelião titular como o seu substituto legal estão autorizados a redigir o testamento público. E mais: isto significa um avanço do Código Civil de 2002.

Se acabar não prevalecendo essa interpretação, isso representaria um flagrante retrocesso, e como se trata de requisito essencial, o testamento redigido pelo substituto do tabelião, estando este no exercício, será nulo de pleno direito; e já se pode imaginar os prejuízos irremediáveis que essa compreensão rigorosa pode suscitar.

Flávio Tartuce (*Direito Civil,* v. 6, *Direito das Sucessões,* 10ª ed., Rio de Janeiro: Forense, 2017, p. 378) anota que não há dúvida na jurisprudência superior recente quanto à possibilidade de o substituto lavrar o testamento, citando ementa do Superior Tribunal de Justiça que expressa: "o testamento público exige, para sua validade, que sua lavratura seja realizada por tabelião ou seu substituto legal, na presença do testador e de duas testemunhas que, após leitura em voz alta, deverão assinar o instrumento" (STJ, REsp 1.155.641-GO, 4ª T., Relator Ministro Raul Araújo, j. 13.12.2011).

O tabelião – ou o substituto legal do tabelião – tem de seguir as declarações do testador, que pode servir-se de minuta, notas ou apontamentos.

2.2. Bastará a entrega da minuta ao tabelião, sem mais nada? Acho que não. O testador precisa manifestar oralmente a sua vontade ao notário. A utilização de minuta, notas, apontamentos, é para ajudar ou facilitar a manifestação de vontade do testador, não para substituir a sua declaração.

Caio Mário da Silva Pereira (*Instituições de Direito Civil*, v. VI, *Direito das Sucessões*, 23ª ed., Rio de Janeiro: Forense, 2016, atualizada por Carlos Roberto Barbosa Moreira, nº 455, p. 191) opõe-se à minha opinião, já manifestada nos *Comentários ao Código Civil* (São Paulo: Saraiva, 2003, v. 21, p. 82), argumentando que, ao contrário do art. 1.632, nº I, do Código Civil de 1916, que inseria, entre os requisitos essenciais do testamento público a circunstância de ele ser escrito por oficial público em seu livro de notas, de acordo com o **ditado** ou **as declarações do testador**, e 1.635: "Considera-se habilitado a testar publicamente aquele que puder fazer de **viva voz** as suas declarações e verificar, pela sua leitura, haverem sido fielmente exaradas", o novo Código Civil não contém essas exigências, no art. 1.864, não dependendo mais o testamento público da comunicação verbal, podendo agora o testador "servir-se de minuta, notas ou apontamentos", e não lhe sendo mais exigível manifestar sua vontade "de viva voz", ficando também franqueada ao mudo a escolha do testamento público.

Lamento não poder aderir a esse parecer, *de jure condito*. Acho, inclusive, que o Código deveria ter previsto a possibilidade de o mudo testar publicamente. Porém, diante dos termos da lei vigente, não enxergo essa possibilidade, *data venia*. O Código Civil de 2002, art. 1.864, I, erige como requisito essencial do testamento público ser escrito por tabelião ou por seu substituto legal em seu livro de notas, de acordo com as **declarações** do testador, podendo este **servir-se** de minuta, notas ou apontamentos. Os apontamentos, as notas, a minuta – que já eram francamente admitidos na doutrina – servem para auxiliar a facção do testamento, chamar a atenção do testador para algum detalhe, certa disposição, determinada cláusula, e não para suceder, suprir, preencher ou remediar a declaração dele, que precisa ser verbal. Giselda Hironaka assinala que no caso de o testador entregar ao notário as suas anotações, minuta ou apontamentos, não estará dispensado de declarar que aquele é o seu testamento, "pois que a oralidade é da substância deste ato jurídico; deverá, pois, ler suas notas ou, ao menos, declarar oralmente o que elas contêm, ainda que em linhas gerais, mas sem omissão de todo o espectro de sua intenção testamentária" (*in Curso Avançado de Direito Civil,* c/ Francisco José Cahali, v. 6, *Direito das Sucessões*, coordenador Everaldo Cambler, 2ª ed., São Paulo: RT, 2003, p. 274).

Quando o Código quis permitir a facção testamentária por parte de alguém que não pudesse manifestar oralmente a sua vontade conferiu norma expressa e deu solução ao problema, como no caso do testamento cerrado do surdo-mudo (com maior razão por ser o testador mudo do que, propriamente, por ser surdo), estatuindo que, ao entregar o escrito ao tabelião, ante as duas testemunhas, deve o testador escrever, na face externa do papel ou do envoltório, **que aquele é o seu testamento, cuja aprovação lhe pede** (art. 1.873).

Não há previsão desta espécie para o testamento público, que pudesse admitir a sua utilização pelo mudo. E vigora o princípio da **infungibilidade** das formas testamentárias, não se podendo utilizar as solenidades prescritas para uma em outra.

Registre-se que ao falarmos do mudo, estamos nos referindo ao indivíduo que, por defeito orgânico ou causa psíquica, está privado do uso da palavra, não consegue se comunicar, absolutamente, por via oral ou verbal. O gago, o que fala com embaraço ou dificuldade não é mudo. Teixeira de Freitas, com base nas Ordenações Filipinas (Livro IV, Tít. 81, § 5º), estatuiu na *Consolidação das Leis Civis*, art. 993, § 4º, que não podem fazer testamento os mudos e surdos de nascença, **entre os quais não se compreendem os que ouvem, e falam, com dificuldade**. A regra filipina, velha de quatro séculos, permanece viva, atual, perfeitamente aplicável neste terceiro milênio que estamos vivendo, já na segunda década do séc. XXI.

2.3. Não se exige que o tabelião fique adstrito a reproduzir, textual e literalmente, as próprias palavras do testador, mas deve, sem nada omitir, reduzir ou acrescentar, receber a vontade do disponente e transmiti-la, fielmente, no escrito. Ainda que não redija o ato com as mesmas palavras empregadas pelo outorgante (eventualmente rudes ou impróprias), a sua vontade real deve ser severamente obedecida, resguardada e respeitada no escrito, e o tabelião não precisa assumir atitude completamente passiva, podendo fazer perguntas ao testador, para esclarecer algum ponto do que ele expôs. Mas não deve o notário passar disso, assumindo papel ativo, influenciando a exposição do declarante. O testamento não é do tabelião; é do testador.

2.4. Lavrado o instrumento – e é permitida a utilização de meios mecânicos, compreendido, aí, o computador –, deve ser lido em voz alta pelo tabelião ao testador e a duas testemunhas, a um só tempo; ou pelo testador, se este preferir assim, na presença das testemunhas e do tabelião. Em qualquer hipótese, a leitura do testamento público é requisito essencial.

Não pode o tabelião fazer a leitura ao testador e às testemunhas separadamente. A leitura precisa ser feita ao testador e às testemunhas "a um só tempo", não sendo possível a leitura sucessiva, ao testador e, depois, às testemunhas, pois estaria violado o princípio da *unitas actus,* que, a partir da leitura, é requisito essencial do testamento público. Essa forma testamentária, para as solenidades mencionadas nos incisos II e III do art. 1.864, exige a unidade de contexto, a presença simultânea, conjunta e contínua do testador, do tabelião e das testemunhas.

E o tabelião também não pode limitar-se à leitura de partes ou trechos da escritura, ainda que lhe pareçam os mais importantes. É necessária a leitura do ato inteiro.

2.5. Aqui, sutilmente, introduziu-se uma importante mudança. É que o Código de 1916, art. 1.632, exigia com extremo rigor a *unitas actus*, isto é, o testamento público tinha de ser feito numa solenidade contínua, em que deviam estar simultaneamente presentes o testador, o tabelião e as testemunhas, do começo ao fim do ato (*uno contextu*). A teor do art. 1.864, II, do Código Civil de 2002, a unidade do ato deve ser verificada a partir do momento da leitura do testamento. Daí em diante, devem estar simultaneamente presentes o testador, o tabelião e as testemunhas.

O Código Civil vigente não menciona as testemunhas quando o tabelião recebe as declarações do testador e escreve o testamento (art. 1.864, I), só requerendo a presença das mesmas por ocasião da leitura da escritura (art. 1.864, II). E não se pode argumentar que as testemunhas tinham de comparecer naquele primeiro momento porque isto estaria "implícito". Tratando-se de requisitos essenciais, cujo descumprimento determina a grave conseqüência da nulidade, não se pode inventar, acrescentar, imaginar a existência de solenidades "implícitas". Neste campo, as coisas têm de ser ditas explicitamente, os requisitos têm de ser apresentados com toda a clareza, com rigor literal.

Mas não prejudica o testamento público – é claro – se as testemunhas já estiverem presentes desde o início do ato, e é isto que tem acontecido e deverá ocorrer, na maioria dos casos, na prática.

No momento da leitura do testamento, e daí para a frente, até o final da solenidade, todos os comparecentes têm de estar presentes, simultaneamente, e este, sim, é requisito essencial, que não pode ser descumprido de maneira alguma.

Todavia, não devemos compreender a unidade do ato testamentário (*unitas ac tus*) com o rigorismo do direito romano. Não estará quebrado o princípio, por exemplo, se ocorrerem breves e momentâneas interrupções por falta de energia elétrica, para o atendimento de um telefonema urgente, para que se dê um medicamento ao testador, para remediar uma necessidade corporal do tabelião, das testemunhas ou do testador.

Como tenho advertido nas obras que escrevo sobre o tema, a jurisprudência vem flexibilizando algumas exigências formais, com o intuito de salvar a disposição testamentária, quando não há dúvidas quanto à autenticidade do ato, a lucidez e a liberdade do testador. No Recurso Especial 753.261-SP, 3ª T., j. 23.11.2010, relator Ministro Paulo de Tarso Sanseverino, familiares de Amador Aguiar, que deixou grande fortuna – ele foi o fundador e presidente de um dos maiores bancos brasileiros –, alegavam que o seu testamento era nulo, por apresentar alguns defeitos formais, dentre os quais a violação do princípio da unidade do ato, tendo em vista que o instrumento foi redigido na sede do cartório, sem a presença do testador e das testemunhas, e só depois, em outro local, as assinaturas foram colhidas. Ainda vigorava o Código Civil de 1916, cujo art. 1.632 indicava os requisitos essenciais do testamento público, prevendo os incisos desse artigo: "I – que seja escrito por oficial público em seu livro de notas, de acordo com o ditado ou as declarações do testador, em presença de 5 (cinco) testemunhas; II – que as testemunhas assistam a todo o ato; III – que, depois de escrito, seja lido pelo oficial, na presença do testador e das testemunhas, ou pelo testador, se o quiser, na presença destas e do oficial; IV – que, em seguida à leitura, seja o ato assinado pelo testador, pelas testemunhas e pelo oficial".

O STJ manteve o entendimento de que o testamento é ato solene, que deve submeter-se a uma série de formalidades, que não podem ser desprezadas, sob pena de nulidade; contudo, essas formalidades não podem ser adotadas de forma exagerada; as exigências devem ser acentuadas ou minoradas para preservar dois valores; assegurar a vontade do testador e proteger o direito dos herdeiros, principalmente dos filhos, conforme se lê na RSTJ, 148/467, Rel. Min. César Asfor Rocha. No citado REsp 753.261-SP foi mantida a decisão do TJ/SP, que mandava cumprir o testamento do banqueiro.

Entretanto, como alguns tabeliães podem estar lendo o presente estudo, devo chamar a atenção para o art. 22 da Lei n° 8.935, de 18.11.1994, que define a responsabilidade civil dos notários e registradores, o que é algo de extrema gravidade, e o tabelião, ao redigir um testamento, deve ter o máximo de prudência e cuidado, cumprindo os requisitos legais com uma religiosa fidelidade, para que não fique, depois, na esperança de que uma decisão judicial criativa e finalística venha a salvar o negócio jurídico de cuja elaboração participou, livrando-o do pagamento de uma indenização que, eventualmente, pode ser muito alta (C.C., arts. 186, 927, 944). E a punição ao notário inadimplente pode chegar até a perda da delegação!

2.6. Depois da leitura, o instrumento é assinado pelo testador, pelas testemunhas e pelo tabelião (art. 1.864, III).

Se o testador não souber assinar, ou não puder fazê-lo, o tabelião ou seu substituto legal assim o declarará, isto é, fará menção dessa circunstância na escritura, e, neste caso, assinará pelo testador, e a seu rogo, uma das testemunhas instrumentárias (art. 1.865).

Essa assinatura a rogo é uma reminiscência de épocas ultrapassadas. Puro formalismo; inutilidade patente. Bastaria que o tabelião mencionasse que o testador não sabe assinar, ou que não pode fazê-lo – porque teve as mãos amputadas, porque está debilitado fisicamente etc. –, e tudo estaria resolvido, debaixo da fé pública do notário e da fiscalização das duas testemunhas. A assinatura a rogo nada acrescenta em favor da autenticidade ou da segurança do ato.

Ressalte-se que o não poder assinar não precisa chegar ao extremo da impossibilidade absoluta, do impedimento radical e definitivo. Deve ser compreendida no preceito a grave dificuldade para assinar, como, por exemplo, um intenso tremor nas mãos, ou estar o testador muito abatido ou enfraquecido, por causa da idade avançada, doença ou outra causa.

Nessa hipótese do art. 1.865 (que era prevista no art. 1.633 do Código Civil de 1916), isto é, quando o testador não sabe ou não pode assinar, costumam os tabeliães, além da assinatura, a rogo do testador, de uma das testemunhas testamentárias, apor à margem do texto a impressão digital do testador analfabeto ou que não pode assinar. Não há exigência legal para esta providência, que constitui mais uma praxe tabelioa, muito prudente, por sinal, e que deve continuar a ser observada. A impressão digital é um sinal que fica, marca a presença do testador naquele ato. É uma formalidade abundante, que, porém, pode ter grande serventia para a prova da autenticidade do ato. O Código Civil argentino, art. 2.474, al. 2, prevê: "*El empleo de formalidades sobreabundantes no vicia el testamento*". Em Portugal, o Código do Notariado art. 51,1, prevê que os outorgantes que não saibam ou não possam assinar devem apor, à margem do instrumento, segundo a ordem por que nele foram mencionados, a impressão digital do indicador da mão direita (cf. Código Civil mexicano, art. 1.514).

Antes, para realizar o testamento público, tinham de estar presentes, ao mesmo tempo, sete pessoas: tabelião, testador e cinco testemunhas. Uma pequena multidão. Nosso Código Civil em vigor diminuiu o número de testemunhas para duas, decotando o exagero da legislação revogada e simplificando a feitura do testamento público. Nada impede, todavia, que intervenham no testamento mais testemunhas. Duas são, no mínimo, as que têm de comparecer. Na Espanha, com a reforma introduzida pela Lei 30/1991, de 20 de dezembro, que modificou o Código Civil em matéria de testamentos, nos casos normais, ordinários, não se exige mais a intervenção de testemunhas no testamento notarial aberto, a não ser nas hipóteses previstas no art. 697 (quando o testador é cego, ou surdo, por exemplo).

2.7. Deve ser enaltecida, também, a previsão do parágrafo único do art. 1.864, mencionando que o testamento público pode ser escrito manualmente (de próprio punho) ou mecanicamente, pelo tabelião. Na era do computador, nada mais lógico, pertinente, razoável. Mas não foi só: o aludido dispositivo admite, também, que o testamento público seja feito pela inserção da declaração da vontade em partes impressas de livro de notas, desde que rubricadas todas as páginas pelo testador, se mais de uma.

Aqui, é preciso fazer uma observação importante: a exigência para que o testador rubrique todas as páginas do testamento, se este tem mais de uma, é para o caso do testamento feito pela inserção da declaração de vontade em partes impressas de livro de notas. Nos casos gerais, ordinários, em que o testamento foi redigido manualmente, pelo tabelião, no livro tradicional, ou mecanicamente, no livro de folhas soltas, não há necessidade de as páginas do testamento serem rubricadas pelo testador, e o art. 1.864, *caput,* nos três incisos – que indicam quais são os requisitos essenciais do testamento público – não fala nisto. A rubrica só vem mencionada no parágrafo único do art. 1.864, em que o Código Civil trata de livro de notas **com partes impressas,** que representa uma terceira hipótese, uma nova modalidade. Indico, a seguir, importantes doutrinadores que adotam este entendimento.

Eduardo de Oliveira Leite (*Comentários ao Novo Código Civil – Do Direito das Sucessões,* v. XXI, Rio de Janeiro: Forense, coordenador Sálvio de Figueiredo Teixeira, 2003, p. 345) expõe que o Código Civil faz referência expressa à possibilidade de escrito manual ou mecânico (parágrafo único do art. 1.864), e exige, ainda, o dispositivo legal, que, "em se tratando de inserção da declaração de vontade em partes impressas de livros de notas, sejam todas as páginas rubricadas pelo testador". Maria Helena Diniz (*Código Civil Anotado*, 17ª ed., São Paulo: Saraiva, 2014, p. 1425) enuncia que o testamento público pode ser escrito manual ou mecanicamente "ou ser feito pela inserção da declaração de vontade em partes impressas de livro de notas, cujos espaços em branco vão sendo completados pelo tabelião, conforme as declarações feitas pelo testador, desde que todas as páginas, se mais de uma, sejam rubricadas pelo testador". Carlos Roberto Gonçalves (*Direito Civil Brasileiro*, v. 7, *Direito das Sucessões*, 10ª ed., São Paulo: Saraiva, 2016, p. 264) leciona que o testamento público, tradicionalmente, é escrito no livro de notas, de próprio punho, pelo tabelião ou por seu substituto legal: "Todavia, o Código Civil de 2002, atento à evolução da tecnologia, permite também, no parágrafo único do art. 1.864, a utilização de meios mecânicos (máquina de escrever, computador)", apontando que previu-se, ainda, no mesmo dispositivo, uma "terceira modalidade" de colheita da manifestação do testador: "pela inserção da declaração de vontade em partes impressas de livro de notas, desde que rubricadas todas as páginas pelo testador, se mais de uma".

2.8. Os arts. 1.866 e 1.867 prevêem formalidades especiais para o testamento do surdo ou do cego, respectivamente, copiando o que estatuía o Código de 1916. Note-se bem: os outros requisitos essenciais do testamento público precisam ser observados.

O surdo pode falar, e declarará a sua vontade ao tabelião. Se for surdo e mudo já não poderá testar publicamente, tendo de socorrer-se do testamento cerrado (art. 1.873). Se o surdo souber ler, lerá o seu testamento, e, se não o souber, designará que o leia em seu lugar, presentes as testemunhas (art. 1.866). Introduz-se, aqui, mais um figurante: o leitor do testamento, designado pelo testador surdo. Por que mais este personagem? Não seria melhor ter confiado a leitura a uma das testemunhas, como ocorre, por sinal, no testamento do cego?

Ao cego só se permite o testamento público. Logo, o cego não pode testar sob a forma de testamento cerrado ou de testamento particular. O testamento público do cego tem de cumprir uma solenidade especial e indeclinável, a dupla leitura: uma, feita pelo tabelião ou por seu substituto legal, e a outra por uma das testemunhas, designada pelo testador. O tabelião fará de tudo circunstanciada menção no testamento (art. 1.867). Note-se bem: não basta o cumprimento da formalidade especial e indeclinável – a dupla leitura –, requerendo a lei, expressamente, que o tabelião mencione que esta formalidade foi cumprida. Entretanto, o STJ, num caso concreto, e considerando que não havia dúvida quanto à capacidade do testador, considerou válido um testamento, mesmo não tendo sido procedida a dupla leitura do mesmo, como exige o art. 1.867 do Código Civil (infra nº 2.8.2).

2.8.1. No REsp 1.001.674-SC, Relator Ministro Paulo de Tarso Sanseverino, 3ª T., j. 05.10.2010, DJe 15.10.2010, o STF decidiu a respeito de uma questão em que os recorrentes alegavam que a testadora, que havia feito seu testamento cerrado, era cega, e, portanto, só estava autorizada a testar sob a forma pública, sendo o testamento cerrado nulo. O recurso foi improvido e vou destacar (e adotar) importante passagem do Relatório do Ministro Sanseverino:

> – Somente quando total a cegueira, inibindo completamente a visão da testadora, a ponto de comprometer a capacidade de leitura do ato de última vontade, é que estará vetado à disponente testar cerradamente.
>
> Tal não ocorre quando os laudos unilateralmente coligidos aos autos, pelas próprias proponentes da anulação, deixam entrever a possibilidade da testadora, em que pese a sua cegueira iminente, de inteirar-se do conteúdo do testamento cerrado que incumbiu a terceiro de lavrar, ainda que com o auxílio de instrumentos oftalmológicos especiais, quando não se comprova a não utilização desses métodos.

Enfim, o mudo não é o tartamudo, ou o que fala com dificuldade, balbuciando as palavras, mas o que não fala coisa alguma; surdo não é o que ouve mal, o que escuta com muito esforço, mas o que não ouve nada; e cego não é o que enxerga pouco, o que vê limitadamente, mas o que tem a visão completamente comprometida. Para evidenciar a importância, a atualidade, enfim, a imortalidade do direito romano, vamos mostrar que as Institutas do Imperador Justiniano, do ano 533 de nossa Era, Livro 2, Título XII, indicavam: *Quibus non est permissivum facere testamentum* = Aqueles a quem não é permitido testar, e o § 3º previa: "O surdo e o mudo nem sempre podem testar. Entendemos por surdo, não o que ouve dificilmente, mas o que nada ouve, e por mudo o que nada fala, não o que fala com dificuldade. Acontece muitas vezes que mesmo os letrados e instruídos perdem, por várias causas, a faculdade de ouvir e falar".

2.9. Observados os requisitos legais, de direito material, terminada a solenidade, o tabelião geralmente entrega ao testador o traslado do testamento, que é a cópia fiel de tudo o que consta no escrito que ficou no livro notarial.

2.10.Com a morte do testador, abre-se um processo, regulado no art. 736 do CPC. Sobre o procedimento, Pontes de Miranda, à luz do art. 1.128 do CPC anterior (*Comentários ao Código de Processo Civil*, Rio de Janeiro: Forense, 1977, t. XVI, p. 183), expõe: "O procedimento é o mesmo que se estabelece para o testamento cerrado (arts. 1.125 e 1.126). Portanto, recebendo-o, o juiz verifica se está intacto, se dele constam a data e o lugar em que foi feito, a competência do tabelião. Tem de ser lido, rubricado pelo juiz e lavrado o auto de apresentação, no qual o apresentante tem de mencionar a data, o seu nome e como houve o traslado ou a certidão, o lugar do falecimento do testador e qualquer outra circunstância que mereça ser exposta (*e. g.*, os herdeiros foram buscá-lo, mas o testador lhes deixara uma carta em que disse onde se achava o traslado ou a certidão). Conclusos os autos, o juiz ouvido o órgão do Ministério Público, registra e arquiva o traslado ou a certidão. Após isso, vem o cumprimento".

2.10.1. Este procedimento para que o juiz dê o "cumpra-se", se não achar vício externo que o torne suspeito de nulidade ou falsidade, não garante, é claro, que o testamento não seja, realmente, eivado de nulidade ou falso. Trata-se, então, de um exame ou inspeção preliminar que faz o juiz, uma cognição superficial, cujo objetivo é de atestar que o testamento, aparentemente, está perfeito, é válido, não apresenta defeitos ou vícios externos, que as formalidades extrínsecas estão cumpridas. Qualquer questão a respeito da invalidade ou da falsidade do testamento pode ser apresentada depois, apesar do "cumpra-se".

Trata-se, enfim, de um procedimento extremamente demorado, na prática forense, impedindo que se instaure, logo, o processo de inventário e partilha, causando transtornos, delongas, prejuízos. Penso que se trata de algo obsoleto, inútil, uma velharia que precisa ser abolida. Deviam ser revogados os arts. 735, 736 e 737 do novo CPC. Tudo o que neles consta pode muito bem ser feito pelo juiz do inventário.

Na reforma legislativa que se propõe, deve ser alterado, também, o art. 610 do CPC, para se prever que, mesmo tendo o *de cujus* deixado testamento, sendo os interessados capazes e concordes, possa ser feito o inventário extrajudicial, se esta for a opção das partes. O tabelião, que já participa da confecção dos testamentos notariais – público, cerrado – verificará a regularidade do testamento cujas disposições serão cumpridas na escritura, na qual intervém, aliás, assistindo as partes interessadas, advogado ou defensor público.

2.10.2. O testamento público apresenta vantagens e inconvenientes. O principal aspecto positivo desta forma testamentária é que é feita perante o tabelião, um profissional de Direito, um delegado do Poder Público, em geral, pessoa instruída, qualificada, experiente, que, até por dever de ofício, deve orientar, esclarecer, assessorar o testador, sem se imiscuir ou interferir, obviamente, no conteúdo da vontade do mesmo.

Trata-se de testamento outorgado por escritura pública, portanto, de um documento dotado de fé pública, fazendo prova plena (C.C., art. 215).

Este testamento fica registrado no livro de notas, nos arquivos do serviço notarial, havendo um risco muito menor de perda ou extravio. A qualquer momento, se não encontrar o traslado do testamento, se não sabe onde o deixou, ou se alguém dele se apossou, o testador pode requerer uma certidão da escritura, que terá o mesmo valor do traslado originariamente fornecido.

Sem dúvida, em termos de conservação e segurança, o testamento público ganha das demais formas de testamentificação.

Mas, por outro lado, tendo de declarar a sua vontade ao tabelião, e precisando o escrito ser lido na presença de duas testemunhas, as disposições se tornam, logo, conhecidas por terceiros; e nem todas as pessoas são reservadas ou discretas.

2.11. No direito brasileiro, em todas as formas ordinárias de testamento é exigida a presença de testemunhas: duas, ao menos, no testamento público e no testamento cerrado; três, no mínimo, no testamento particular. As observações que farei, neste momento, valem para o testamento público, mas se estendem às demais formas ordinárias de testamento.

A lei dá grande importância às testemunhas, cuja presença não é requerida apenas por uma questão de mera formalidade, mas se trata de requisito substancial. As testemunhas devem ser idôneas, garantir a liberdade do testador, a autenticidade de sua manifestação de vontade e a própria identidade e capacidade do mesmo, além de agir com isenção, imparcialidade, como fiscais do cumprimento das solenidades exigidas para o negócio jurídico testamentário.

Transcrevo a lição magistral de Carlos Maximiliano (*Direito das Sucessões,* 5ª ed., Rio de Janeiro: Livraria Freitas Bastos, 1964, v. II, nº 532, p. 25): "As testemunhas, cuja interferência a lei impõe, como elemento **substancial** do ato jurídico, **essencial** para a sua validade, e não como simples **meios de prova,** fiscalizam e certificam a consignação fiel da vontade do testador, bem como a liberdade das suas declarações; são as verificadoras necessárias do que sucede na feitura do ato. Pelo caráter relevante da sua função, precisam oferecer as mais sérias garantias: eis porque servem somente quando preenchem determinados requisitos, impostos a rigor, e possuem capacidade física e espiritual para o desempenho do que lhes incumbe".

O Código Civil de 1916 trazia uma regra específica sobre o tema, prevendo:

> Art. 1.650. Não podem ser testemunhas em testamentos:
>
> I. Os menores de dezesseis anos.
>
> II. Os loucos de todo o gênero.
>
> III. Os surdos-mudos e os cegos.
>
> IV. O herdeiro instituído, seus ascendentes e descendentes, irmãos e cônjuge.
>
> V. Os legatários.

Porém, o Código Civil de 1916, na Parte Geral, tinha o art. 142, que indicava os que não podiam ser admitidos como testemunhas nos atos jurídicos, em geral.

Surgiu na doutrina uma questão que não chegou a ser resolvida satisfatoriamente durante o tempo em que vigorou o código revogado: deviam ser verificadas apenas as incapacidades para atuar como testemunhas estabelecidas para os testamentos, no art. 1.650, ou se aplicavam, também, as disposições de caráter geral, mencionadas no art. 142?

Em meu livro *Testamentos* (2ª ed., Belém: Cejup, 1993, nº 833, p. 405), argumentei que tínhamos regra autônoma e específica, a do art. 1.650 que regulava as incapacidades das testemunhas para o negócio jurídico do testamento, não se tendo de ir à Parte Geral do Código Civil para saber-se quais as testemunhas excluídas: a norma específica do art. 1.650, por ser restrita, só abrangia os casos que mencionava, sendo inampliável, podendo-se invocar o *specialia generalibus derogant* = o que é especial derroga o geral.

O Código Civil vigente não tem dispositivo correspondente ao art. 1.650 do Código Civil anterior, que apontava os que não podiam atuar como testemunhas nos testamentos. Mas, na Parte Geral, à semelhança do art. 142 do Código Civil revogado, tem o art. 228, que, na sua redação original, previa:

> Art. 228. Não podem ser admitidos como testemunhas:
>
> I – os menores de dezesseis anos;
>
> II – aqueles que, por enfermidade ou retardamento mental, não tiverem discernimento para a prática dos atos da vida civil;
>
> III – os cegos e surdos, quando a ciência do fato que se quer provar dependa dos sentidos que lhes faltam;
>
> IV – o interessado no litígio, o amigo íntimo ou o inimigo capital das partes;
>
> V – os cônjuges, os ascendentes, os descendentes e os colaterais, até o terceiro grau de alguma das partes, por consanguinidade, ou afinidade.
>
> Parágrafo único. Para a prova de fatos que só elas conheçam, pode o juiz admitir o depoimento das pessoas a que se refere este artigo.

O Estatuto da Pessoa com Deficiência, que revogou os incisos II e III do art. 228 do Código Civil, renumerou o parágrafo único, que passou a ser § 1º, e acrescentou o § 2º, ficando, então, o aludido artigo com a redação seguinte:

> Art. 228. Não podem ser admitidos como testemunhas:
>
> I – os menores de dezesseis anos;
>
> II – (Revogado);
>
> III – (Revogado);
>
> IV – o interessado no litígio, o amigo íntimo ou o inimigo capital das partes;
>
> V – os cônjuges, os ascendentes, os descendentes e os colaterais, até o terceiro grau de alguma das partes, por consanguinidade, ou afinidade.
>
> § 1º Para a prova de fatos que só elas conheçam, pode o juiz admitir o depoimento das pessoas a que se refere este artigo.
>
> § 2º A pessoa com deficiência poderá testemunhar em igualdade de condições com as demais pessoas, sendo-lhe assegurados todos os recursos de tecnologia assistiva.

Na ausência de um dispositivo específico sobre testemunhas testamentárias, alguns doutrinadores opinam que aplica-se, ao caso, o art. 228 do Código Civil, isto é, o que restou dele com o surgimento do Estatuto da Pessoa com Deficiência. Mas há quem entenda que o art. 228 é uma norma **heterotópica,** para aproveitar a expressão utilizada por Pontes de Miranda, que assim considera as normas que invadiram o terreno do direito processual, em vez de se manterem no terreno do direito material. Caio Mário da Silva Pereira (*Instituições de Direito Civil,* v. VI, *Direito das Sucessões,* 23ª ed., atualizada por Carlos Roberto Barbosa Moreira, cit., nº 457, p. 205) salienta que o aludido art. 228 cuida de testemunhas **que depõe em juízo,** e não de testemunhas **instrumentárias,** como claramente se deduz da menção a "litígio", "partes", "juiz" e "depoimento", nos incisos IV e V e no parágrafo único (agora § 1º), os quais ainda subsistem.

Não obstante, no REsp 1.155.641-GO, Relator Ministro Raul Araújo, j. 13 de dezembro de 2011, o STJ decidiu que o art. 228, IV e V, do Código Civil vigente aplica-se às testemunhas do testamento: "*In casu,* houve violação dos referidos dispositivos legais, na medida em que o testamento público teve como testemunhas um amigo íntimo e a nora da única beneficiária da disposição de última vontade".

Não acho que a questão esteja pacificada ou o problema resolvido. Há um evidente conflito de opiniões a respeito do assunto, que se acha envolto num clima de incerteza e de insegurança. Com a urgência que o tema requer, deve intervir o legislador para modificar o Código Civil, acrescentando um dispositivo equivalente ao art. 1.650 do Código Civil de 1916 (melhorando a redação que aquele tinha), para enumerar em regra direta, específica, os que não podem ser testemunhas nos testamentos.

Não há dúvida, entretanto, que se aplica à questão o art. 1.801, inciso II, do Código Civil: "Não podem ser nomeados herdeiros nem legatários as testemunhas do testamento". Falta-lhes, portanto, *in casu*, legitimação para suceder, complementando o art. 1.802 que são nulas as disposições testamentárias em favor das mesmas, ainda quando feitas mediante interposta pessoa, e o parágrafo único deste art. 1.802 arremata: "Presumem-se pessoas interpostas os ascendentes, os descendentes, os irmãos e o cônjuge ou companheiro do não legitimado a suceder".

Em síntese: não pode ser testemunha do testamento o herdeiro ou o legatário nele nomeado, nem seus parentes em linha reta, irmãos, cônjuge ou companheiro.

2.12. O maior desproveito ou malefício do testamento público é o entendimento (a meu ver equivocado, perigoso) de que, por ser ato público, qualquer pessoa pode ter acesso ao mesmo, solicitando ao notário e recebendo uma certidão da escritura.

Ora, o testamento é ato individual, contendo disposições de ordem patrimonial ou pessoal (uma confissão, a deserdação de um filho, por exemplo), que só irão ter eficácia com a morte do testador; inclusive, a qualquer momento, o declarante pode mudar tudo, revogar o testamento, deixar o dito por não dito.

Orosimbo Nonato (*Estudos Sobre Sucessão Testamentária,* cit., v. I, nº 141, p. 189 s.) aponta que é o testamento ato de última vontade; só produzirá efeitos *post mortem testatoris*, e que ligado este característico ao da revogabilidade, muita vez se diz não passar o testamento, durante a vida do testador, de simples projeto, continuando o mestre: "Assim, o testamento para cuja perfeição basta a vontade do testador, tem efeito mediato e muitas vezes remoto. E subordinado a duas condições: uma de vontade – a perseverança do testador; outra de evento – verificar-se a sua defunção antes da do beneficiário. Até então, nenhum direito oriundo do testamento podem pretender herdeiros e legatários. Nenhuma regalia, nenhuma vantagem lhes daquele ato advém. O ato testamentário é, enquanto se não verificam aquelas condições, do testador, e unicamente dele. É o seu próprio testamento, diz Demolombe, *testatio mentis*, e que lhe pertence exclusiva e soberanamente, enquanto não recebe a consagração irreparável da morte".

Digam-me: que interesse justo, razoável, honesto, apreciável pode ter uma pessoa em saber, antecipadamente, o que alguém deixou consignado na sua disposição de última vontade? Que bons propósitos, que objetivos ou fins elogiáveis podem motivar esta curiosidade, esta bisbilhotice, esta intromissão?

Em vários países, proíbe-se, expressamente, a expedição para terceiros da certidão do testamento, vivo o testador. Rabindranath Capelo de Sousa (*Lições de Direito das Sucessões*, 4ª ed., Coimbra: Coimbra Editora, 2000, v. I, p. 189) expõe: "Este tipo de testamento é, pois, **público**, na medida em que é lavrado por uma entidade pública (e, por isso, constitui um documento autêntico) num livro que fica arquivado em uma repartição pública. Todavia, não é um documento de **acesso público**, pois, ao contrário da generalidade dos instrumentos, registros e documentos arquivados nos cartórios, as certidões do seu conteúdo só podem ser requeridas, enquanto for vivo o testador, por este ou seu procurador com poderes especiais para o acto (art. 164º, nº 1, al. **a**, do Código do Notariado)". Outra não é a lição de José de Oliveira Ascensão (*Direito Civil – Sucessões*, cit., nº 33, p. 63) "Note-se que a qualificação como público de um testamento não significa que ele esteja aberto desde logo ao conhecimento de todos: a publicidade, aqui, refere-se antes à oficialidade na sua autoria material. Enquanto o testador vive o testamento é mantido secreto e só após a morte dele se poderá dar conhecimento a outras pessoas" (ver, também, no mesmo sentido, Pires de Lima e Antunes Varela, *Código Civil Anotado*, Coimbra: Coimbra Editora, 1998, v. VI, p. 336).

No Anteprojeto de Código Civil, de 1963, elaborado pelo Professor Orlando Gomes, havia o art. 815: "Proibição de Fornecer Certidão – Do testamento público não pode ser fornecida certidão antes da morte do testador, salvo se este o requerer".

Acompanhei e dei opinião sobre um caso ocorrido em São Paulo: o 26º tabelião de notas da Capital, Paulo Roberto Gaiger Ferreira, recusou-se a expedir certidão de um testamento, por falta de autorização do testador. Aberto processo de pedido de providências, o Juiz Corregedor Permanente autorizou a expedição da certidão de testamento. O Desembargador Corregedor Geral da Justiça aprovou, com força normativa, esse entendimento (D.J.E. de 13.01.2011). Esta decisão foi tomada sob o argumento de que não há fundamento legal para se impedir o livre acesso ao conteúdo de testamentos públicos. Discordei desse posicionamento e enalteci o gesto do 26º tabelião da Capital, louvável e exemplar.

Não obstante, passado algum tempo, o juízo foi alterado, adotando-se a melhor solução, a meu ver: o art. 152 das Normas de Serviços da Corregedoria Geral de Justiça do Estado de São Paulo, tomo II, capítulo XIV, passou a dispor: "As certidões de escrituras públicas de testamento, enquanto não comprovado o falecimento do testador, serão expedidas apenas a seu pedido ou do seu representante legal, ou mediante ordem judicial". Felizmente, esta solução tem sido seguida em muitos outros Estados.

A inestimável contribuição do Professor Roberto Rosas para a experiência jurídica brasileira

Flavio Galdino[1]

Sumário: 1. A rara e feliz interseção entre a teoria e a prática; **2.** A prolífica produção acadêmica: Publicista ou Privatista?; **2.1.** No Ensino Jurídico; **2.2.** No Direito Privado; **2.3.** No Direito Público; **2.4.** No Direito Processual; **2.5.** Na História do Direito; **3.** A Prática Profissional; **3.1.** A Advocacia Venturosa; **3.2.** A Magistratura Superior; **4.** Um Jurista que dedica a vida ao Direito.

1. A rara e feliz interseção entre a teoria e a prática

A figura ímpar de Roberto Rosas representa um momento de rara, porém felicíssima interseção entre a teoria e a prática do Direito. Daí o título deste pequeno trabalho escrito em homenagem ao Mestre e amigo querido.

De fato, seria incorreto dizer *apenas* que o Professor Roberto Rosas tem uma carreira acadêmica fulgurante e é senhor de uma produção extensa e brilhante. Do alto da sua principal cátedra na Universidade de Brasília, produziu mais de duzentos trabalhos acadêmicos que serviram de fonte de estudo para gerações de estudiosos. Contudo, essa produção não exaure a sua rica atuação.

Igualmente seria por demais reducionista retratar Roberto Rosas *apenas* como um dos maiores advogados privados do País, com atuação amplamente vitoriosa junto aos Tribunais, especialmente junto aos nossos Tribunais Superiores. Com efeito, referi-lo *apenas* como um advogado extraordinário também soaria por demais reducionista.

O Professor Roberto Rosas é justamente o virtuoso amálgama dessas duas feições complementares que raramente se conjugam de forma tão fecunda. Realmente, é *uma vida dedicada ao Direito*. A confluência da sua atuação acadêmica e da prática advocatícia permitiram uma vivência e uma influência únicas na *experiencia jurídica brasileira*. Com efeito, por experiência jurídica pretendo justamente designar essa conjugação da produção intelectual com a solução de problemas das pessoas através da advocacia de excelência: tendo como foco a resolução de problemas. Rosas soube traduzir as construções científicas mais sofisticadas em direitos para as pessoas, legando uma contribuição verdadeiramente inestimável.

Além de homenagear o amigo e admirado Professor, este estudo tem a pretensão de compreender não apenas a sua extensa produção intelectual, mas também compreender e explicar as razões do seu longevo sucesso acadêmico e profissional. Ao fazer essa reconstrução, procurei sempre contextualizar os eventos e as expressões

---

1 Desejo expressar minha profunda gratidão aos meus sócios, o Prof. Dr. Wallace Corbo e à Advogada Julia Hermesdorffe Lima Rocha pelo auxílio na coleta e organização dos estudos do Professor Roberto Rosas.

acadêmicas do Professor – essa contextualização é imprescindível para que um leitor que vive o mundo jurídico digital em 2020 seja capaz de dimensionar a importância das contribuições do Professor à nossa experiência ao longo do tempo até se chegar a essa era da informatização. Para evitar uma extensão demasiada, procurei também seguir na medida do possível o ideal de objetividade do Professor – indispensável para reportar mais de duzentos textos acadêmicos e quase sessenta anos de advocacia em um breve artigo; também por isso, *toda a bibliografia utilizada* é do homenageado, ainda que façam falta as múltiplas manifestações de acatamento e de reconhecimento da comunidade aos seus trabalhos. Neste passo, preferi pecar pela omissão em prol da objetividade possível.

Tendo lecionado durante mais de cinco décadas naquela que era então a "nova" Capital da República e tendo também advogado praticamente desde a instalação dos Tribunais Superiores em Brasília, Rosas teve a raríssima oportunidade de formular as teorias mais consistentes em sede acadêmica e depois *testá-las* e sustentá-las nos Tribunais, atuando de forma determinante no sentido de incorporá-las à jurisprudência e mesmo à experiência jurídica brasileira.

No caso do Professor Roberto Rosas, a sua transferência para Brasília juntamente com o Supremo Tribunal Federal e a formação da Universidade de Brasília (assim como da Universidade do Distrito Federal) teve consequências importantes. Fato é que no início das atividades universitárias e judiciárias, lá estava o Professor Roberto Rosas e durante muitos anos essas Universidades eram as únicas formadoras dos quadros públicos da Capital Federal. Roberto Rosas lecionou com excelência para milhares – repete-se com a ênfase necessária: milhares – de alunos que viriam a ocupar os mais diversos cargos públicos e funções privadas e, ainda, os mais elevados postos na estrutura política e jurídica nacional. É mais do que natural que as suas lições tenham influenciado as atuações desses agentes públicos e privados.

Quanto à advocacia, durante os primeiros anos, foram poucos os *aventureiros* que se moveram para a então árida Capital Federal – a maior parte das vias públicas sequer era asfaltada e os advogados experientes e reputados das grandes capitais estavam em uma *zona de conforto*. Dentre os desbravadores, Roberto Rosas (OAB/DF número 848) logo destacou-se e obteve justos prestígio e reconhecimento. Essa circunstância peculiar foi determinante na projeção que Roberto Rosas obteve na advocacia desde muito cedo. Depois que alguém faz alguma coisa extraordinária, eventualmente parece fácil fazer (exemplo simplório de *hindsight bias*), mas a experiência indica o contrário. O Professor Roberto Rosas soube se colocar no lugar certo, na hora certa e – mais importante – (sempre) fez a coisa certa.

Um segundo carácter distintivo marca a trajetória de Roberto Rosas: a longevidade. Não me refiro apenas à longevidade física, mas sim à acadêmica e profissional. No Brasil, lamentavelmente não é difícil manter-se em um cargo acadêmico por décadas – a estabilidade do serviço público aliada à ineficiência dos controles gerenciais gera longevidade para praticamente todos os servidores, inclusive para os docentes. Por evidente, esse nunca foi o caso de Roberto Rosas, que não apenas se *manteve* na docência – e sim teve a ventura de continuar lecionando com excelência e produzindo textos de qualidade que são fruto da sua maturidade acadêmica. Nas linhas que se seguem, encontraremos temas sobre os quais o Professor lança reflexões *ex cathedra* em textos da década de 1960 e da década de 2010.

Na advocacia privada a longevidade é ainda mais difícil. Quem o leitor conhece que permaneceu no topo da advocacia por mais de cinquenta anos? Quando são elaboradas as listas de casos cíveis mais importantes das últimas seis décadas no Brasil, primeiro no Supremo Tribunal Federal e depois também no Superior Tribunal de Justiça, é impossível não esbarrar em inúmeros casos em que Roberto Rosas foi o advogado líder das teses vencedoras. Em qualquer setor da iniciativa privada, esse lapso temporal é notável.

Quem o leitor conhece que despachou como advogado e sustentou em casos importantes perante mais de sessenta Ministros do Supremo Tribunal Federal? E possivelmente perante mais de noventa Ministros do Superior Tribunal de Justiça? Infelizmente eu não saberia apontar muitos colegas com essa trajetória.

Obviamente tudo começa com uma formação moral sólida e tem sequência com uma formação acadêmica excelente, que permitirá uma produção científica de qualidade. É por aqui que começamos a nossa análise.

2. A prolífica produção acadêmica: Publicista ou Privatista?

O Professor Roberto Rosas é senhor de uma prolífica produção acadêmica construída ao longo de quase sessenta anos de atuação contínua e intensa. Afora o que pode ter se *perdido* antes da atual *era Digital*, é possível ler um excelente estudo publicado pelo Professor no distante ano de 1968 (por simplicidade: há nada menos do que cinquenta e dois anos), dois anos após assumir a posição de Professor na Universidade de Brasília (1966).

Não é demérito para um acadêmico de escol a limitação do seu objeto de estudo e, por conseguinte, da sua produção acadêmica. Com efeito, em qualquer campo da atividade científica, o domínio de uma especialidade é motivo de enorme reconhecimento da comunidade. A produção de Roberto Rosas não conheceu essas fronteiras e espraiou-se por todos os ramos do direito com proficiência, profundidade e acolhimento. Sequer a conhecida *summa divisio* entre direito público e direito privado impôs alguma espécie de limitação às pesquisas do Professor.

É exemplo notável a sua obra original sobre o *Direito Sumular*, que será objeto de análise mais detida adiante. Desde logo, os comentários às súmulas dos Tribunais Superiores revelam a extensão das áreas de atuação do jurista, que justifica a amplitude do título desta obra que os amigos publicam em sua homenagem: uma vida dedicada *ao Direito* – e não dedicada a esta ou àquela área do conhecimento jurídico. As súmulas dos tribunais superiores versam sobre praticamente todas as matérias que a sanha classificatória dos estudiosos foi capaz de imaginar. O Superior Tribunal de Justiça, por exemplo, é dividido em seções especializadas nos diversos temas do

Direito, de modo a propiciar o maior grau de especialização e de qualidade nas decisões da Corte encarregadas de interpretar a legislação federal. Os comentários do Professor Roberto Rosas sobre todos os temas sumulados revelam uma capacidade diferenciada de transitar por todas as áreas do Direito, indicando uma compreensão global do fenômeno jurídico, alheio às taxinomias. Impossível não recordar neste passo a trajetória igualmente brilhante do Professor José Carlos Moreira Alves, o qual, romanista e privatista por formação acadêmica, produziu na prática profissional algumas das mais importantes decisões do direito público brasileiro, notadamente no âmbito do controle de constitucionalidade das leis, durante décadas no exercício da magistratura no Supremo Tribunal Federal, indicando a capacidade dos grandes juristas de perceber o Direito em sua unidade.

Nas páginas que se seguem, procura-se apresentar uma pequena, porém expressiva amostra da multifacetária e multidisciplinar produção acadêmica do homenageado. Parafraseando o próprio Professor, *sua vida universitária foi o caminhar pelas veredas do Direito*[2].

Lamentavelmente, este pequeno artigo e o seu autor possuem limitações que o objeto do estudo não tem. Ao apresentar um dos livros do Professor Rosas, ninguém menos do que insigne Haroldo Valladão referiu-se a ele como *confrade internacionalista*[3] – o reconhecimento do antigo Professor ao seu aluno distinto é sempre motivo de orgulho, ainda mais quando aponta o acolhimento no seio dos especialistas. Sem embargo, os limites do presente estudo não permitem uma digressão mais aprofundada dos trabalhos do homenageado na seara do direito internacional, assim como em outras áreas do Direito. Nossa digressão acadêmica permitirá uma visita à produção do Professor nos campos do ensino jurídico, do direito privado, do direito público em geral e do direito processual em particular e, por fim, da história do Direito e espera-se com isso permitir uma avaliação da elevada contribuição acadêmica do Professor à nossa ciência jurídica. É o que se passa a fazer.

2.1. No Ensino Jurídico

Após receber uma formação extraordinária no ensino público, primeiramente no tradicional Colégio Pedro II e depois na prestigiosa Faculdade Nacional de Direito (e, ainda, concomitantemente, na Faculdade de Ciências Sociais da Universidade da Guanabara, atual UERJ), o Professor Roberto Rosas rapidamente galgou os graus de

2 ROSAS, Roberto. Perfis do Mundo Jurídico. Ribeirão Preto: Migalhas. 2011, p. 145, em referência a Pedro Calmon.

3 Apresentação ao livro ROSAS, Roberto. Processos da Competência do Supremo Tribunal Federal. São Paulo: RT. 1971. Anos depois, Roberto Rosas dedica um estudo ao seu Mestre, congratulando-se pelos seus cinquenta anos de magistério e sessenta de advocacia: dedicatória em ROSAS, Roberto. "Tese n. 30: Justiça Social e Liberdade Individual no Processo Civil". *In* Conferência Nacional da OAB. Florianópolis. 1982.

Mestre e Doutor em Direito. Contando mais de cinco décadas lecionando em uma das melhores escolas de Direito do País (a UnB), era natural que compartilhasse a sua experiência sobre o ensino jurídico – ou pelo menos uma pequena parte dela.

É de se recordar – sempre com o intuito de contextualizar – que o meio universitário havia passado por momento de enorme ebulição com os movimentos estudantis do final da década de 1960 na Europa. A reforma da universidade era tema extremamente controvertido na experiência européia, com intensos influxos no Brasil. O Professor Roberto Rosas não se intimidou e abeberando-se em produção então atualíssima, ressaltava a dificuldade de conciliar as funções da universidade: de um lado, funcionar como guardiã da cultura e produtora de conhecimento e, de outro lado, preparar profissionais para manter e desenvolver a riqueza material da sociedade[4] em desenvolvimento. A instrumentalização do ensino e da formação acadêmica foi realmente traumática para as corporações acadêmicas em diversas partes do mundo.

Sobre o ensino do direito propriamente dito, ainda em 1972, evidenciando a sua capacidade crítica, o Professor já advertia[5] para a existência de Faculdades de Direito "*sem a mínima condição de funcionamento*" e uma proposta de reforma do ensino jurídico que permitiria às pessoas "*receber o legal certificado que os habilita a perambular de anel no dedo. Sem nada prestar ao Brasil e ao Direito*". Naquela época havia pouco mais de vinte e dois mil estudantes de Direito no Brasil (em uma população de noventa milhões de pessoas), o que se mostra numericamente desprezível em relação aos setecentos mil estudantes de Direito que tínhamos em 2015 (em uma população de cerca de duzentas milhões de pessoas). Como se vê, de lá para cá, as advertências do Mestre não produziram os efeitos desejados e o problema acentuou-se sobremodo.

Os programas de pós-graduação em Direito também foram objeto da sua atenção, ainda no momento inicial da sua consolidação, na década de 1970. O professor condenava – com acerto – a importação acrítica de modelos jurídicos estrangeiros, tanto para o ensino como para o próprio Direito e sentenciava: "Problemas nacionais, soluções nacionais"[6]. Obviamente a visada do Professor não permitia fugir à necessidade cada vez maior de integração à comunidade internacional e – ainda em 1979 (!) – acentuava a importância da aplicação da tecnologia "computacional" ao ensino do Direito. Este aspecto do trabalho do Professor é digno de registro: possivelmente não havia sequer um computador em funcionamento nas Escolas de Direito na década de

---

4 ROSAS, Roberto. "A educação jurídica comparada e o desenvolvimento nacional". *In* Revista de Informação Legislativa 29 (1971) : 105 – 114, esp. p. 106.

5 ROSAS, Roberto. "A reforma do currículo de Direito: benefícios e malefícios". *In* Revista de Informação Legislativa 35 (1972) : 93 – 100, esp. ps. 96 e 100.

6 ROSAS, Roberto. "Pós-Graduação em Direito. Questões Correlatas". *In* Revista da Faculdades de Direito da Universidade Federal de Minas Gerais, Volume 27 (1979): 521 – 532, esp. p. 524: "Em cada país existem peculiaridades destacadas que compõem o quadro necessário às soluções. O Brasil não foge a essas circunstâncias: problemas nacionais, soluções nacionais".

1970 e o Professor já identificava a relevância da tecnologia para o estudo e o ensino do Direito – o Professor estudava e comentava bibliografia que não era acessível sequer nas bibliotecas públicas brasileiras.

Realmente, uma visão que se mostrava extremamente atualizada, em uma época em que não era tão simples se atualizar, e uma capacidade diferenciada de antever avanços que se concretizariam somente muitos anos depois. Olhando retrospectivamente, resta evidente a extrema atualização do Professor ao longo de toda a sua carreira acadêmica. Várias das sugestões formuladas pelo Professor quanto ao ensino jurídico foram acolhidas pelo meio acadêmico e de fato implementadas posteriormente.

Duas referências finais sobre a contribuição do professor na área do ensino jurídico: as revistas acadêmicas e o ensino à distância.

No Brasil desde muito tempo são publicadas coletâneas de trabalhos jurídicos. Durante várias décadas a Revista dos Tribunais em São Paulo e a Revista Forense no Rio de Janeiro eram leituras obrigatórias para os profissionais do Direito – muito além dos Estados onde eram publicadas. Representava grande prestígio publicar trabalhos científicos nessas revistas. Todavia, não havia a prática consolidada de publicações universitárias, elaboradas pelos corpos docentes e discentes das instituições de ensino, o que rende frutos e representa uma experiência muito bem sucedida em outros países. Tais publicações efetivamente contribuem para a formação de *massa crítica* acadêmica no universo do Direito, assim como em outras áreas do conhecimento. O Professor Roberto Rosas foi percursor também aqui, tendo sido Editor da publicação anual do corpo Docente do Departamento de Direito da Universidade de Brasília (1976), chamada *Notícia do Direito Brasileiro*. Hoje a prática das publicações universitárias na área do Direito está incorporada ao modo de produção científico brasileiro, tendo sido acolhida por diversas regulamentações posteriores, que estimularam a sua criação, especialmente no âmbito dos Programas de pós-graduação *stricto sensu*.

Já na década de 1980 fora criada a Fundação Petrônio Portella, vinculada ao Ministério da Justiça, com a finalidade de realizar estudos e pesquisas na área da ciência do Direito. Em uma iniciativa inovadora, a Fundação pretendeu desenvolver um modelo de estudo do Direito à distância, o que era justificado em um País de dimensão continental e onde o ensino – incluindo, mas sem se limitar ao ensino jurídico – não era interiorizado, o que representava dificuldade de formação e atualização para os profissionais que atuavam em localidades distantes. Ainda e sempre o contexto: não existia a internet e nem tampouco um método desenvolvido de ensino jurídico à distância, nem tampouco regulamentação – e muito menos a oferta de cursos jurídicos à distância (o que hoje é uma realidade e tende a se tornar a regra). Àquela altura era apenas um empreendimento experimental. Obviamente o ensaio teve a participação do Professor Roberto Rosas, que ficou encarregado do capítulo referente ao Poder Legislativo, tendo elaborado um pequeno volume[7] com excertos singulares

7 ROSAS, Roberto. O Poder Legislativo. Brasília: Fundação Petrônio Portella. 1983.

de algumas das mais representativas obras científicas do nosso tempo. Realmente mostrou sempre ser um acadêmico à frente do seu tempo.

2.2. No Direito Privado

Tendo lecionado direito civil durante muitos anos e se dedicado à reflexão da matéria privatística em incontáveis litígios (o que é objeto de referência adiante), pode-se ver na produção acadêmica do Professor Roberto Rosas a sofisticação teórica da academia, contudo sem perder o norte da utilidade da solução de problemas concretos.

Sua contribuição é realmente ampla, sem perder a profundidade. Refletiu detidamente sobre o direito de família, tendo produzido dissertação de mestrado (UnB, 1968) sobre *A Família na Sistemática Constitucional*. Com formação teórica sólida, dedicou a temas correlatos relevantes, como a tutela processual do menor[8] e a (então necessária) ratificação do desquite[9] matrimonial, dentre outros.

Perpassou o direito autoral e da propriedade industrial, emprestando aos estudos a potência dos seus estudos de história constitucional[10] e de direito comparado[11].

No plano do direito obrigacional em geral e contratual em particular a sua contribuição é de grande monta. Visitou temas arredios, como, por exemplo, na seara contratual, o arrependimento[12], a venda de ascendente a descendente[13] e comentou decisão judicial relevante sobre conflito envolvendo depósito interbancário[14]. Sua crítica aguda à chamada indústria das indenizações por dano moral ainda não teve a reverberação necessária[15], pois ainda se verifica um elevado índice de litigância temerária e mesmo "irresponsável" neste campo, como vem sendo denunciado em sucessivos estudos atuais (quase vinte anos após a sensibilidade do Professor identificar o problema).

---

8 ROSAS, Roberto. "A tutela processual do menor". *In* Revista da Faculdade de Direito da Universidade Federal de Minas Gerais, Volume 27 (1979): 435 – 440.

9 ROSAS, Roberto. "Desquite – Ratificação – Prazo de reflexão". *In* Revista Forense, Volume 231 (1970): 414 – 415.

10 ROSAS, Roberto. "A Constituição de 1824 e a Propriedade Industrial". *In* Revista de Informação Legislativa, Volume 41 (1974): 49 – 52.

11 ROSAS, Roberto. "Os direitos autorais no Direito Comparado". *In* Revista de Informação Legislativa, Volume 31 (1971): 123 – 134.

12 ROSAS, Roberto. "O direito de arrependimento nos contratos". *In* Doutrina e Jurisprudência, Volume 6 (1970): 6 – 13.

13 ROSAS, Roberto. "Venda do ascendente ao descendente. A revogação da Súmula 494 do STF". *In* Revista de Informação Legislativa, Volume 162 (2004) : 337 – 340.

14 ROSAS, Roberto. "Depósito Interbancário". *In* Revista de Direito Bancário e do Mercado de Capitais, Volume 54 (2011): 335 – 345.

15 ROSAS, Roberto. "A Responsabilidade Civil dos Bancos". *In* Revista Brasileira de Direito Comparado, Volume 16 (1999): 12 – 22.

Ao longo dos anos, publicou diversos outros estudos relevantes em temas em torno da responsabilidade civil, dos quais destacam-se aqui, *brevitatis causa*, apenas dois: a responsabilidade dos Diretores das Sociedades por Ações[16] e a validade das cláusulas limitativas da responsabilidade[17], visitando temas "esquecidos" pela maior parte da doutrina[18], mesmo da especializada. A análise dos dois primeiros estudos referidos revela três características marcantes da compreensão do Professor, quais sejam: a melhor e mais atualizada bibliografia ao seu tempo, a atualização impressionante acerca da jurisprudência dos tribunais e o estudo do direito projetado (*in casu*, lastreado na análise dos projetos de lei das sociedades por ações e dos projetos de código civil e de obrigações).

No direito das locações a sua contribuição é notável – verdadeiro *primus inter pares*. Em obra datada de 1973[19], coletou e comentou a então esparsa jurisprudência do Supremo Tribunal Federal sobre o direito das locações. Ainda uma vez – e sempre – é importante contextualizar a riqueza e a utilidade da contribuição do Professor à comunidade jurídica.

Talvez não seja evidente para o leitor em 2020 que no não tão distante ano de 1973 não havia internet e nem consulta digital à jurisprudência dos Tribunais. Sequer os repositórios oficiais continham todas as decisões relevantes e os índices dessas publicações eram sofríveis. O indispensável repositório da jurisprudência do STF – a Revista Trimestral de Jurisprudência – continha alguns dos julgados mais relevantes da Corte. Para conhecerem as decisões dos Tribunais em geral, os profissionais (acadêmicos e advogados) precisavam ler e copiar ou eventualmente recortar o Diário Oficial (*rectius*: os vários Diários Oficiais), publicação diária em que eram veiculadas as decisões dos tribunais. Estar verdadeiramente atualizado quanto à orientação dos tribunais era um desafio à altura de pouquíssimos profissionais.

O Professor Roberto Rosas não apenas estava atualizado, como decidiu compartilhar com a comunidade jurídica o vasto material coletado, indexado e comentado. Essa decisão expõe o seu *compromisso* perene com a academia e a difusão do conhecimento jurídico. Naquela época, os destacados advogados que tinham a oportunidade de fazer esse tipo de levantamento, naturalmente guardavam a informação para usar na sua prática advocatícia – obviamente não se pode conceber nada de imoral nisso, muito pelo contrário, revela denodo e acuidade profissional. Todavia, esse não foi o caso de Roberto Rosas.

---

16 ROSAS, Roberto. "Responsabilidade dos Diretores da Sociedade por Ações". *In* Notícia do Direito Brasileiro 1975/1976: 95 – 109.

17 ROSAS, Roberto. "Validade das Cláusulas de não-responsabilidade ou limitativas de responsabilidade". *In* Revista dos Tribunais, Volume 479 (1975): 11 – 14.

18 ROSAS, Roberto. "Responsabilidade Legal dos Contabilistas". *In* Revista dos Tribunais, Volume 420 (1970): 38 – 40.

19 ROSAS, Roberto. Locação: Jurisprudência do STF comentada. São Paulo: Editora Revista dos Tribunais. 1973.

A veia acadêmica do Professor falou mais alto. Seu acompanhamento detido e metódico dos julgamentos do STF – acompanhamento presencial –, que detinha competência sobre a matéria das locações àquela altura, constituiu um divisor de águas inclusive na jurisprudência dos tribunais inferiores, que passaram a ter uma fonte segura e autorizada para se informar acerca da orientação fixada pela mais alta Corte do País. Os comentários sempre objetivos e didáticos – ainda e sempre sem desnecessária simulação de erudição – foram de extrema utilidade para estudantes, advogados e magistrados.

A locação era uma das principais atividades econômicas do País naquela quadra histórica. Basta dizer que, no momento da publicação do aludido livro, o STF já havia editado nada menos do que vinte cinco súmulas sobre o direito das locações, afora outras tantas decisões cujos entendimentos não foram sumulados por qualquer razão, mas que ganharam o comentário autorizado do Professor Rosas.

Em uma época em que o acesso à informação é farto e multiplicam-se repositórios inúteis de transcrições de decisões judiciais disponíveis com um simples *click* no aparelho telefônico, a leitura descontextualizada da importante produção do Professor Rosas poderia trair o estudioso. A obra foi de extrema importância para a evolução do direito privado brasileiro, influenciando, inclusive, reformas legislativas que se seguiram e redundaram na edição de uma nova lei de locações.

A experiência ensina que, após trinta anos de cátedra, mesmo os homens mais dedicados ao magistério têm dificuldade em se manter atualizados. Nunca foi o caso de Roberto Rosas. Com o influxo no Brasil das idéias italianas que propugnavam a constitucionalização do direito civil na década de 1990, o constitucionalista Roberto Rosas teve a virtude de captar desde os albores as nuances mais relevantes do movimento e fazer coro com elas. Na verdade, mais de vinte anos antes (!), lecionando simultaneamente Direito Civil (UDF) e Direito constitucional (UnB), o Professor já escrevia sobre as nuances constitucionais do direito das obrigações, ressaltando que a tradicional divisão entre os âmbitos de incidência do Direito Público e do Direito Privado não correspondia à realidade dos fatos[20].

Mais tarde, amparado na melhor doutrina, o Professor defendeu[21] as premissas teóricas da constitucionalização do direito privado, especialmente no campo dos direitos da personalidade e do direito de família, como meio de proteção e promoção da dignidade da pessoa humana, quando o conteúdo dessa expressão começava a ser construído pelo pensamento jurídico brasileiro. Muitos anos depois, já sob a vigência do Código Civil de 2002, reiterou a sua defesa conceitual desses princípios[22], manten-

---

20 ROSAS, Roberto. "O Direito das Obrigações na Constituição brasileira". *In* Notícia do Direito Brasileiro 1972 : 301 – 308, esp. p. 302, forte na doutrina de Savatier.

21 ROSAS, Roberto. "Constituição e Direito Civil". *In* Revista do Instituto dos Advogados de São Paulo, Volume 3 (1999) : 27 – 29, com referências a Miguel Reale, Pietro Rescigno e Gustavo Tepedino.

22 ROSAS, Roberto. "O Código Civil e a Constituição". *In* Justiça e Cidadania (www.editorajc.combr), Edição n. 148, de 19.12.2012.

do-se atualizado e lastreado na melhor bibliografia e sempre formulando autorizados comentários aos julgamentos prolatados pelo Supremo Tribunal Federal[23].

2.3. No Direito Público

Os primeiros estudos que conheci de Roberto Rosas, ainda como estudante de graduação, situavam-se na área do direito processual constitucional. Assim, a primeira referência que tive de Roberto Rosas foi como constitucionalista – na verdade, Professor Catedrático de Direito Constitucional da UnB, prestigiosa posição que manteve por décadas. Com o passar do tempo – ainda com a visão um pouco limitada, pude perceber que o Professor escrevia com proficiência sobre o direto público em geral. Talvez não fosse um constitucionalista e sim um publicista.

O autor Roberto Rosas escreveu com desenvoltura em praticamente todos os setores do Direito Público brasileiro ao longo de várias décadas.

Sobre as funções de controle da administração, o Professor discorreu extensamente e com profundidade – novamente conjugando a pesquisa acadêmica com a atuação prática, pois exerceu a função de Procurador junto ao Tribunal de Contas (fato que é comentado algumas linhas adiante). Tratou, por exemplo, do controle pelos órgãos legislativos ao escrever sobre os Tribunais de Contas[24], inclusive sobre uma questão que até hoje se mostra controvertida, que é a *função jurisdicional* das cortes de contas[25], debatendo a execução desses julgados também[26].

Outrossim, escreveu sobre as Comissões Parlamentares de Inquérito – e aqui a isenção do Professor é digna de novo registro elogioso: convidado a escrever sobre Comissões Parlamentares para uma publicação ligada ao Congresso Nacional, o Professor manteve-se fiel ao seu pensamento e criticou os abusos praticados pelas referidas comissões[27], muito tempo antes de que esse instrumento fosse grosseiramente deturpado em degradantes *espetáculos* televisivos. O Professor parecia estar antevendo o agravamento do problema.

---

23 ROSAS, Roberto. “Direitos Fundamentais e relações privadas: direito à moradia e bem de família”. *In* Justiça e Cidadania (www.editorajc.combr), Edição n. 89, de 31.12.2007.

24 ROSAS, Roberto. “Aspectos dos Tribunais de Contas”. *In* Revista de Direito Administrativo, volume 101 (1970): 44 – 52 e ROSAS, Roberto. “O controle da administração indireta”. *In* Revista de Informação Legislativa, Volume 57 (1978) : 61 – 68.

25 ROSAS, Roberto. “A função jurisdicional dos Tribunais de Contas”. *In* Revista de Direito Administrativo, volume 93 (1968): 430 – 437 e ROSAS, Roberto. “Aspectos jurisdicionais na competência do tribunal de contas”. *In* Revista do Tribunal de Contas do Distrito Federal, Volume 1 (1975): 105 – 113.

26 ROSAS, Roberto. “A Execução das decisões dos tribunais de contas”. *In* Revista do Tribunal de Contas do Distrito Federal, Volume 11 (1981): 119 – 121.

27 ROSAS, Roberto. “Abuso de Poder das Comissões Parlamentares de Inquérito”. *In* Revista de Informação Legislativa, Volume 21 (1969): 47 -52, com amplas referência de direito estrangeiro e com a afirmação conclusiva de que “é necessário não se permitir o extravasamento de suas funções, o abuso de poder inerente às comissões de inquérito”.

Os temas do abuso do poder e do respectivo controle são muito caros ao Professor. No doutorado (FND, 1968) dedicou-se precisamente ao tema do Abuso do Poder – na verdade, o Professor viria a produzir uma segunda tese de Doutorado sobre o *Dirigismo Jurisprudencial* (UnB, 1970).

Ainda e sempre o indispensável contexto: precisamente no ano de 1968 o País encontrava-se conflagrado politicamente e o governo federal acentuava a concentração de poder, editando os seus famosos Atos Institucionais. Tendo à sua disposição para estudar inúmeros temas *neutros*, o Professor decide estudar e escrever exatamente sobre a temática do *Abuso de Poder*. Independentemente de qualquer posição política que se possa conjecturar, quero destacar aqui que a veia acadêmica do Professor procurou estudar um dos temas mais sensíveis à sua geração e aos seus concidadãos, revelando o seu permanente compromisso com a atualidade e a utilidade prática da sua produção acadêmica. O tema foi objeto da sua apreciação autorizada em diversas publicações ao longo das décadas, inclusive em um texto monográfico que se tornou referência[28].

Não deve ter sido por acaso que, neste mesmo ano (1968), o Professor publicou um substancioso e *oportuno* estudo sobre direitos políticos[29], onde afirmou conclusivamente: *"para que os direitos políticos tenham sua expressão máxima é necessário dar ao cidadão a consciência do seu papel (...). o sufrágio é um direito irretorquível na democracia. O sufrágio democrático e a organização federativa são instituições intocáveis"*. Novamente é certo que haveria diversos temas estruturais aos quais se poderia dedicar após a promulgação de uma Constituição (1967). Sem partidarizar desnecessariamente a discussão técnica, o acadêmico Roberto Rosas defendeu com destemor a prevalência dos direitos essenciais à subsistência de um regime democrático.

A sua produção no direito público é realmente muito extensa. O constitucionalista evidentemente escreveu sobre os temas centrais do direito constitucional, dedicando especial atenção aos temas em torno do controle de constitucionalidade[30], tendo refletido também sobre a eficácia das normas constitucionais[31] e sobre o Poder

28 Por todas, a publicação da maturidade: ROSAS, Roberto. Do Abuso de Direito ao Abuso de Poder. São Paulo: Malheiros. 2011.

29 ROSAS, Roberto. "Dos Direitos Políticos". *In* Revista de Informação Legislativa, Volume 20 (1968): 43 -52.

30 ROSAS, Roberto. "Inconstitucionalidade – Representação – Resoluções do Senado". *In* Revista de Informação Legislativa, Volume 19 (1968) : 35 – 38; ROSAS, Roberto. "Aspectos do Controle da Constitucionalidade das Leis". *In* Revista de Informação Legislativa, Volume 23 (1969) : 25 – 30 ROSAS, Roberto. "Declaração de Inconstitucionalidade". In Cadernos de Direito – Piracicaba. Volume 5 (2005) 131 – 137. ROSAS, Roberto. "Controle da Constitucionalidade das Leis". In Revista do Tribunal Superior do Trabalho, 1986 : 45 – 49 (estudo anterior à Assembleia Nacional Constituinte de 1986 e onde se podem ver vários traços do que viria a ser consagrado no modelo brasileiro de controle).

31 ROSAS, Roberto. "Eficácia das Normas Constitucionais". *In* Revista de Direito Constitucional e Internacional, Volume 1 (1992) : 250 – 254.

Legislativo[32], sempre, como se vem dizendo, sem limitações materiais. Pode-se referir exemplos de publicações importantes e influentes em direito administrativo (e.g. empresas públicas[33] e patrimônio público[34]), em direito tributário (e.g. taxas[35] e empréstimos compulsórios[36]). Realmente são apenas meros e tímidos exemplos, pois referências mais extensas ocupariam um volume inteiro.

Nota-se nos seus trabalhos no campo do direito público duas características importantes: profundidade e objetividade. Sem precisar exibir a sua erudição (que não é simulada), o professor escreve sobre o empréstimo compulsório em três páginas. Isso parece impensável em uma época em que as pessoas recortam e colam extensas e eventualmente inúteis passagens de textos legislativos, textos doutrinários e decisões a propósito de qualquer coisa e mesmo sem propósito algum. Neste *artículo*, o Professor enuncia as normas aplicáveis ao objeto de estudo, pontua o debate acerca da sua natureza jurídica, comenta a decisão do Supremo Tribunal Federal acerca da matéria e posiciona-se de forma clara e objetiva em favor da natureza tributária do instituto. Realmente notável, ainda mais se considerarmos que neste mesmo ano (1970) o Professor publicou outro artigo semelhante sobre os tribunais de contas e mais um terceiro sobre direito privado (referidos linhas acima – todos em publicações especializadas), dentre outros.

Aqui pode-se notar, outrossim, mais um traço importante: a receptividade dos trabalhos do professor nas comunidades especializadas. A redundância em prol da ênfase: o Professor publicou artigos científicos em publicações especializadas, coordenadas por autores que eram e são referências de especialização em cada área do conhecimento jurídico: publicou na Revista de Direito Administrativo (sob a coordenação do saudoso Professor Caio Tácito), na Revista de Direito Tributário (sob a inspiração do Professor Geraldo Ataliba), na Revista de Direito Processual (coordenada pelo também estimado Professor Arruda Alvim, organizador do presente estudo), na Revista de Direito Agrário e assim por diante. Na verdade, compulsando mais de duzentas publicações do Professor ao longo de mais de cinquenta anos de produção intensa e extensa, foi difícil localizar uma publicação especializada bem reputada na qual o Professor não tivesse publicado pelo menos um artigo científico.

---

32 ROSAS, Roberto. "Poder de Iniciativa das Leis". *In* Revista de Informação Legislativa, Volume 26 (1970) : 25 – 68.

33 ROSAS, Roberto. "Teoria e prática da empresa pública". *In* Revista do Tribunal de Contas do Distrito Federal, Volume 8 (1978) : 77 – 89.

34 ROSAS, Roberto. "As terras do Distrito Federal – Questão de Direito Constitucional Intertemporal". *In* Revista de Direito Agrário, Volume 3 (1975): 43 – 46.

35 ROSAS, Roberto. "A Taxa e sua evolução jurisdicional". *In* Revista de Direito Tributário, volume 15/16 (1981) : 258 – 269.

36 ROSAS, Roberto. ROSAS, Roberto. "Empréstimo Compulsório". *In* Revista de Direito Administrativo, volume 102 (1970) : 71 – 73

2.4. No Direito Processual

No final do bacharelado na Faculdade de Direito da UERJ na década de 1990, tive a oportunidade de ir a Brasília duas vezes para conhecer e acompanhar sessões de julgamentos no Supremo Tribunal Federal e no Superior Tribunal de Justiça. Dentre as múltiplas observações e influências que colhi dessa experiência frutífera, recordo-me até hoje com clareza de ver diversos livros nas bancadas dos Ministros. Naqueles dias, as sessões dos tribunais não eram transmitidas pela televisão nem por qualquer outro médio midiático e foi a primeira vez que me dei conta de que os Ministros também mantinham ao alcance da mão durante as sessões de julgamentos os livros que consideravam úteis. Eu só viria a conhecer pessoalmente o Professor Roberto Rosas alguns anos depois, mas naquele dia um fato me marcou: praticamente todos os magistrados que observei mantinham o já célebre *Direito Sumular* ao alcance das mãos durante os julgamentos – e faziam consultas ao livro durante a sessão.

Ao prefaciar o livro *Processos da Competência do Supremo Tribunal Federal* (1971), o Ministro Gonçalves de Oliveira, com quem o Professor Roberto Rosas havia trabalhado no STF, ressaltou a" grande contribuição" que a obra trazia para os estudiosos e para os advogados, reforçando sempre a idéia de que a produção do professor reúne os elementos que caracterizam a profundidade da reflexão acadêmica e a utilidade para a prática profissional. De fato, naquele momento, a análise do Regimento Interno aprovado pelo STF era de fundamental importância para a academia e para a prática jurídica brasileiras.

Na verdade, a atuação do STF e em particular a relevância das discussões conducentes à elaboração do Regimento Interno já fora objeto de estudos do Professor Roberto Rosas antes mesmo da aprovação do Regimento[37]. Desde cedo o Professor compreendeu a importância de a academia se manifestar de modo ativo, participativo e contributivo para a formulação das normas regimentais dos tribunais. De novo a contextualização se mostra imprescindível: naquele momento histórico não eram realizadas audiências públicas nem outras formas de participação direta na administração pública (tampouco na administração da justiça, que ao revés, realizava inúmeras *sessões secretas*), de modo que a melhor forma que a academia tinha de participar era através da produção de estudos dados a público, na linha do que fazia o Professor homenageado. Até hoje, o livro[38] do Professor é o mais autorizado compêndio de comentários ao Regimento da mais importante corte de justiça do País.

Anos depois, com o *Direito Sumular* (1978)[39] não se deu de modo diverso. Não existia o mundo digital e o Supremo Tribunal Federal não compendiava os enunciados das suas súmulas que se acumulavam – sempre em prol da clareza, repito: não existia

37 ROSAS, Roberto. "A competência constitucional do Supremo Tribunal Federal". *In* Revista Jurídica, Volume 77 (1968) : 49 – 51.

38 ROSAS, Roberto. Processos da Competência do Supremo Tribunal Federal. São Paulo: RT. 1971.

39 ROSAS, Direito Sumular. 14ª Edição. São Paulo: Malheiros. 2012.

internet (!). Era necessário analisar crítica e sistematicamente os mais importantes julgados do STF e oferecer às comunidades científica e advocatícia um repositório onde pudessem orientar-se acerca daquele vasto material que crescia progressivamente. Depois que lemos o livro e passamos a desfrutar da sua utilidade, somos levados a questionar por que ninguém pensou nisso antes.

A obra do Professor Roberto Rosas tornou-se leitura obrigatória – inclusive e talvez muito particularmente para os próprios magistrados que editavam as súmulas. Quando o Superior Tribunal de Justiça entrou em operação e passou a adotar o mesmo procedimento de edição de súmulas, o Professor Roberto Rosas incorporou os novos enunciados, comentando-os, e incontinenti tornou-se a referência em matéria sumular também no STJ. Na minha primeira visita ao STJ como advogado, já não foi surpresa verificar que *todos* os Ministros mantinham o livro do professor ao alcance da mão durante as sessões de julgamento.

São incontáveis as referências nos tribunais brasileiros aos textos científicos do Professor Roberto Rosas, que ajudou a formar diversas linhas de jurisprudência nos mais variados ramos do Direito (*ad exemplum tantum*, no tema das locações, referido linhas acima). Contudo, não deixa de ser curioso notar que não foram poucas as oportunidades em que o Supremo Tribunal Federal fez referência aos comentários do Professor às suas próprias súmulas para fundamentar novas decisões.

Isso mesmo: no momento de motivar uma nova decisão, ao invés de simplesmente fazer referência à súmula editada (inicialmente as sumulas eram isso mesmo: fórmulas para otimização dos julgamentos), a decisão faz referência ao comentário editado por Roberto Rosas acerca daquela súmula, que eventualmente passou a integrar a própria ementa do julgado[40]. Em outra oportunidade, discutia-se o alcance de uma súmula – o Tribunal novamente abeberou-se nos comentários do *ilustre jurista, Professor Roberto Rosas*[41]. A pesquisa de jurisprudência no sítio eletrônico do STF revela mais de quinhentas referências ao *Direito Sumular* do Professor Roberto Rosas durante várias décadas.

Da mesma forma, no Superior Tribunal de Justiça. Neste Tribunal também são encontrados comentários do Direito Sumular do Professor Roberto Rosas integrando ementas de julgados[42] – e novamente várias centenas de citações como embasamento de julgados monocráticos e colegiados daquela Corte.

Como estamos procurando acentuar, somente um autor agraciado com uma cultura jurídica enciclopédica poderia comentar com acuidade as sumulas de todas as áreas do Direito e Roberto Rosas se desincumbiu com sucesso desse encargo, sendo

---

40 À guisa de exemplo: confira-se o RE 637.747 AgR/RN, Relator o Ministro Luiz Fux. Ao referir a aplicação de uma súmula do Tribunal, o Ministro enuncia: “Sobre o verbete sumular, assim discorre Roberto Rosas: (...)” e transcreve o autorizado comentário.

41 Expressão literal da Relatora, a Ministra Ellen Gracie no julgamento do RMS 24.551-DF.

42 Vide a decisão lavrada pelo Relator Ministro Arnaldo Lima no julgamento do AgRg nos EAg 1337739-SC.

reconhecido pelos próprios julgadores dos tribunais superiores que editaram e depois pelos que aplicaram as súmulas. Comentou-as com acuidade e humildade, pois em seus escritos o Professor afirmava a *impossibilidade de se possuir conhecimento enciclopédico no mundo da especialização*[43]. Somos forçados a concluir que o exemplo de vida do Professor desmente essa sua *tese*.

No seio dessa produção enciclopédica, talvez por lecionar direito processual civil, possivelmente a veia que mais me impressiona é a processualística.

Durante a vigência do Código de Processo Civil de 1973, duas coleções de comentários tornaram-se referência para os estudiosos e aplicadores – publicadas pela Editora Forense e pela Editora Revista dos Tribunais. Lá estava o jovem Professor Roberto Rosas escrevendo um volume de comentários ao CPC, comentando a uniformização de jurisprudência e a declaração de inconstitucionalidade[44], ao lado de grandes processualistas como Hélio Tornaghi, José Frederico Marques e do seu Professor Haroldo Valladão.

A análise dos comentários revela um trabalho dotado de método (o que nem sempre é observado em obras de comentários) e amparado nas melhores bibliografias – o tema da declaração de inconstitucionalidade era próprio de um constitucionalista dedicado aos temas processuais. Mais do que isso, ao comentar parcelas do Código de Processo que tratam de procedimentos que ocorrem perante os Tribunais, Roberto Rosas novamente compartilhou a sua já ampla experiência do funcionamento dos tribunais. Seja permitida a redundância: essa capacidade de conjugar a sofisticação teórica e a solução de problemas práticos talvez seja a maior contribuição do Professor Rosas para a experiência jurídica brasileira.

Na verdade, o professor já havia publicado vários estudos de direito processual antes do CPC de 1973 (com referência ao CPC de 1939), a exemplo do livro citado acima de comentários ao Regimento Interno do STF, de índole marcadamente processual. Ademais, como conviria a um processualista-constitucionalista, promoveu a análise das questões prejudiciais de inconstitucionalidade[45] e tratou da homologação de sentença estrangeira[46], onde novamente apresentou uma pesquisa jurisprudencial invejável, especialmente (e sempre) se considerados os limitados instrumentos de pesquisa disponíveis àquela altura.

Ainda nesse ponto da confluência do direito constitucional e do direito processual destaca-se a produção do Professor em torno dos princípios constitucionais do

---

43 ROSAS, Roberto. "Proteção dos Direitos do Homem diante da Organização Judiciária". *In* Revista de Informação Legislativa, Volume 44 (1974): 137 – 142, esp. p. 139.

44 ROSAS, Roberto. Comentários ao Código de Processo Civil. Volume V. São Paulo: RT. 1975.

45 ROSAS, Roberto. "Prejudicial de Inconstitucionalidade". *In* Revista dos Tribunais, Volume 396 (1968): 33 – 36.

46 ROSAS, Roberto. "Homologação de Sentença Estrangeira". *In* Arquivos do Ministério da Justiça, Volume 106 (1968): 13 – 23.

processo. Em um primeiro momento o Professor promove a sistematização dos princípios constitucionais. Peço licença para insistir quase cansativamente na contextualização histórica dos temas. Hoje, no momento em que escrevo estas linhas, o pensamento jurídico vive a assim chamada "Era dos Princípios" – tudo quanto se possa pensar em termos normativos é convertido em princípio com a aspiração de regular algum setor da vida social (incluindo, mas sem se limitar ao processo judicial) – chegamos ao ponto em que se faz necessária a crítica construtiva à indesejada *banalização dos princípios jurídicos*. Na década de 1980, a visão da comunidade jurídica acerca do ordenamento jurídico brasileiro era substancialmente diferente. Naquele ambiente, Roberto Rosas publica o seu *Direito Processual Constitucional – Princípios Constitucionais do Processo Civil*[47]. Obra consistente e inovadora ao seu tempo, o texto do Professor integrou um movimento acadêmico que ajudou a construir a dogmática dos princípios que seria encampada pela Constituição Federal de 1988 e guiaria o pensamento processualístico nas décadas seguintes – e está em pleno vigor até hoje.

Também representativo dessa visão principiológica, situada na confluência do direito constitucional e do direito processual, o Professor publica uma obra completa sobre o Princípio do *Devido Processo Legal*[48]. As preocupações do Professor com as temáticas do abuso do poder e do abuso do direito (conforme acima indicado) naturalmente conduziriam à reflexão acerca das formas jurídicas de controlar e conter tais abusos, especialmente através e no bojo dos processos jurisdicionais: o princípio do devido processo legal, em suas vertentes de razoabilidade de proporcionalidade. O Professor é enfático quanto a essa correlação: *para a identificação do abuso de poder, parte-se da aplicação do devido processo legal, nas regras formadoras desse princípio – a razoabilidade e a proporcionalidade*[49].

O Professor publicou diversos artigos científicos ao longo dos anos[50], submetendo suas reflexões ao crivo da comunidade jurídica especializada e dialogando, antes de publicar o livro completo sobre o princípio do devido processo legal, que vem a lume após o debate acadêmico saudável e a maturação das reflexões.

Ao longo das décadas de 1970, 1980, 1990, 2000 e 2010 – isso mesmo, cinco décadas (!) –, o Professor manteve-se publicando e ajudando a construir o entendimento da comunidade jurídica em torno ao Diploma legal processual. Escreveu

---

47 Consultou-se a 3ª Edição: ROSAS, Roberto. Direito Processual Constitucional – Princípios Constitucionais do Processo Civil. São Paulo: RT. 1999 (Primeira Edição em 1983).

48 ROSAS, Roberto. Devido Processo Legal. Rio de Janeiro: GZ Editora. 2018.

49 ROSAS, Roberto. Devido Processo Legal. Rio de Janeiro: GZ Editora. 2018, p. 96.

50 Exemplificativamente: ROSAS, Roberto. "Abuso de Direito e Dano Processual". *In* Revista de Processo, Volume 32 (1983): 28 – 38; ROSAS, Roberto. "Devido Processo Legal: Proporcionalidade e Razoabilidade". *In* Revista dos Tribunais, Volume 783 (2001): 11 – 15; ROSAS, Roberto. "Devido Processo Legal: Influência do Direito Americano". *In* Revista da Academia Brasileira de Letras Jurídicas, Volume 12 (1996): 175 – 181.

extensamente sobre o processo civil brasileiro. Seus estudos cobririam praticamente todo o CPC. São exemplos meramente simbólicos, os embargos à execução e a advocacia[51], a organização judiciária[52], as providências preliminares[53], o conceito de causa para o STF[54], dentre tantos outros omitidos em prol da contenção da extensão deste estudo, mas que hoje são acessíveis em grande medida por meio digital aos estudiosos.

Por evidente, comentou assiduamente as reformas subsequentes e atualizações do CPC[55], com atenção detida aos princípios do Direito Processual Intertemporal[56]. Sem jamais perder a elegância e o senso de propriedade, foi agudamente crítico quando necessário. Ao comentar a Reforma do Judiciário pela Emenda Constitucional n. 45 de 2005, sentenciou: *"Vai melhorar? Não. Ficará tudo como antes, porque a reforma é de organograma, e não de fundo, de estrutura"*[57].

Também soube elogiar as novidades legislativas, quando entendeu cabível. É de se mencionar o seu aplauso enfático à lei de arbitragem. Embora não tenha propriamente introduzido a arbitragem no Brasil, ao equiparar a eficácia das sentenças arbitrais à das judiciais, a Lei 9.307/1.996 remodelou o instituto e tornou a sua aplicação eficiente (especialmente após a confirmação da constitucionalidade da lei pelo STF em 2002). O Professor já havia dedicado atenção ao tema desde a década de 1980[58], quando a arbitragem era regulada pelo CPC e as decisões arbitrais era sujeitas a homologação pelo juiz – e aplaudiu a Lei 9307/1996 na primeira hora[59]. Acompanhando a evolução do instituto por mais de duas décadas, veio remarcando os seus pontos mais relevantes e comentando a sua funcionalidade (afirmou com ênfase que *nesses*

51 ROSAS, Roberto. "Três estudos sobre o novo Código de Processo Civil". *In* AJURIS, Volume 12 (1978): 113 – 133.

52 ROSAS, Roberto. "As bases constitucionais da organização judiciária". In Notícia do Direito Brasileiro, Volume de 1977: 107 – 111.

53 ROSAS, Roberto. "Das Providências Preliminares no Código de Processo Civil". *In* Revista de Processo, Volume 9 (1978): 247 – 254.

54 ROSAS, Roberto. "O conceito de causa para a competência do STF". *In* Revista dos Tribunais, Volume 532 (1980): 289 – 291.

55 ROSAS, Roberto. "Reforma do Direito Processual: Processo Civil de Conhecimento". *In* Revista dos Tribunais, Volume 740 (1997): 134 – 142.

56 ROSAS, Roberto. "Direito Processual Intertemporal". *In* Revista dos Tribunais, Volume 559 (1982): 639 – 648.

57 ROSAS, Roberto. "Pontos e contrapontos da reforma do Judiciário". *In* Revista dos Tribunais, Volume 840 (2005): 79 – 83.

58 ROSAS, Roberto. "Direito Processual Intertemporal". *In* Revista dos Tribunais, Volume 559 (1982): 639 – 648.

59 ROSAS, Roberto. "Arbitragem: importância do seu aperfeiçoamento. O papel do advogado". *In* Revista dos Tribunais, Volume 568 (1983): 9 – 11.

quinze anos, a instituição só tem louvores)[60], sempre com destaque para a atuação do advogado, mesmo que seja em sede arbitral[61].

Roberto Rosas nunca descurou dos temas técnicos e sofisticados, escrevendo, por exemplo, sobre as questões delicadas como as *prejudiciais e a ação declaratória*[62]. Contudo, o apuro técnico nunca tirou do Professor a preocupação com a efetividade do processo e com o acesso à justiça, temas frequentes nas suas reflexões, que procuraram sempre a simplificação processual[63]: *"A palavra simplificação significa tornar simples, e este é, sem complexidade, fácil, acessível. É exatamente o anseio dos juristas, e especialmente dos operadores forenses, juízes, advogados, e também das partes, desejosos da pronta prestação jurisdicional"*.

O principal foco de atenção do Professor Roberto Rosas no âmbito do direito processual civil é o funcionamento dos Tribunais Superiores – inicialmente do Supremo Tribunal Federal e depois também do Superior Tribunal de Justiça, cuja conformação constitucional as pesquisas e reflexões do Professor ajudaram a forjar.

No início da sua atividade profissional (que é objeto da segunda parte deste artigo), Roberto Rosas teve a honrosa missão de assessorar o Ministro Gonçalves de Oliveira, inclusive durante o período em que este ocupou a Presidência do Supremo Tribunal Federal. Antes mesmo desse período, já havia sido identificada a chamada "crise do STF", expressão que designou a inviabilização dos trabalhos da corte em razão do excesso de recursos e causas de competência originária que afluíam aos julgadores. Na década de 1960 havia sido constituída uma comissão no Tribunal para estudar o problema e as potenciais soluções – e, neste momento, nascem as súmulas como técnicas de otimização dos julgamentos. Era natural que essas reflexões influenciassem de modo determinante a produção acadêmica do jovem Professor Roberto Rosas.

Nos seus escritos sempre se notou atenção especial ao funcionamento das Supremas Cortes[64] – com atenção especial à atuação de diversos dos seus magistra-

---

60 ROSAS, Roberto. "Arbitragem: Meio de Solução de Conflitos. Consagração". *In* Revista da Academia Brasileira de Letras Jurídicas, Volume 36 (2011): 101 – 106; ROSAS, Roberto. "Arbitragem – A presença do Advogado". *In* Justiça e Cidadania (www.editorajc.combr), Edição n. 140, de 30.04.2012.

61 ROSAS, Roberto. "O advogado na arbitragem". *In* Revista Brasileira da Advocacia, Volume 1 (2016): 129 – 134.

62 ROSAS, Roberto. "Questão prejudicial e ação declaratória". *In* Revista Brasileira de Direito Processual, Volume 6 (1976): 87 – 93.

63 ROSAS, Roberto. "Simplificação processual". *In* Revista do Instituto dos Advogados de São Paulo, Volume 9 (2002): 298 – 302. Sobre a promoção do acesso à justiça, veja-se ROSAS, Roberto. "Tese n. 30: Justiça Social e Liberdade Individual no Processo Civil". *In* Conferência Nacional da OAB. Florianópolis. 1982.

64 ROSAS, Roberto. "A Suprema Corte e a idéia de progresso". *In* Revista de Informação Legislativa, Volume 30 (1971): 63 – 72 e ROSAS, Roberto. "A Suprema Corte americana: acompanhamento da realidade política e econômica". *In* Arquivos do Ministério da Justiça, Volume 147: 99 – 103.

dos (destacando-se a obra sobre Pedro Lessa, referida abaixo). Desde cedo – ainda na década de 1960[65] – dedicava-se ao estudo da jurisprudência como fonte do Direito, amparando-se no que havia de mais atualizado no direito estrangeiro (servindo-se, quando necessário, da metodologia do direito comparado) e na então nova construção teórica brasileira.

Sugere-se um salto no tempo (salto longo para um acadêmico): quatro décadas depois, já nos anos 2000[66], Roberto Rosas ainda escreve e publica trabalhos influentes sobre a jurisprudência dos tribunais como fonte do Direito, já enfocando agora as súmulas vinculantes incorporadas à nossa Constituição, mas reiterando a necessidade de observância geral aos precedentes judiciais no direito brasileiro.

Quando se iniciam os trabalhos de revisão do Código de Processo Civil, sob a coordenação do Professor Luiz Fux, que redundariam na edição de um novo CPC, Roberto Rosas assume a dianteira da defesa da força dos precedentes[67], ressaltando a importância da jurisprudência para o postulado da segurança jurídica. Segundo o Professor, a força dos precedentes é o *aspecto central e dorsal* da nova legislação processual (promulgada afinal em 2015), em prol da *estabilidade da jurisprudência e das relações jurídicas*.

Ao lado da força dos precedentes judiciais, Roberto Rosas trabalhou pela racionalização do trabalho do Supremo Tribunal Federal (e dos tribunais em geral). Em estudo publicado no ano de 1974[68], o Professor já propunha a criação de um Tribunal sediado em Brasília, com juízes oriundos da magistratura, da advocacia e do Ministério Público – naquele momento, a sua idéia central era desafogar o Tribunal Federal de Recursos, então praticamente inviabilizado pela quantidade de processos e era necessário dotar o TFR de condições de assumir causas do STF, o qual, por sua vez, estava sobrecarregado há muito tempo. Anos depois, a Assembleia Nacional Constituinte acolheu várias ideias do Professor e a Constituição Federal de 1988 transformou o TFR no STJ.

Frequentador assíduo das cortes superiores como destacado advogado – ponto retomado adiante –, o Professor logo identificou que assim como ocorrera com o STF anos antes, o STJ ficaria sobrecarregado, afirmando que *"cabe especulação sobre os*

---

65 ROSAS, Roberto. "Do assento e do prejulgado à súmula do STF". Revista dos Tribunais, Volume 404 (1969): 19 – 21 e ROSAS, Roberto. "Construções jurisprudenciais". *In* Revista Jurídica, Volume 112 (1971): 149 – 153.

66 ROSAS, Roberto. "Jurisprudência. Súmula. Direito Sumular". *In* Revista da Academia Brasileira de Letras Jurídicas, Volume 21 (2002) : 137 – 140 e ROSAS, Roberto. "Da súmula à súmula vinculante". *In* Revista dos Tribunais, Volume 879 (2009): 41 – 47.

67 ROSAS, Roberto. "Segurança Jurídica. Efetividade. Jurisprudência". *In* Revista de Informação Legislativa, Volume 190 (2011): 215 – 220, esp. p. 215.

68 ROSAS, Roberto. "Proteção dos Direitos do Homem diante da Organização Judiciária". *In* Revista de Informação Legislativa, Volume 44 (1974): 137 – 142.

seus limites, sua competência. Não se lhe atribuam excessos, porque haverá a inviabilidade de atuação"[69]. Infelizmente a sua previsão se materializou.

Nos seus dez primeiros anos o STJ recebera quatrocentos mil processos. Em 2008 foram recebidos cerca de duzentos e setenta mil (e julgados cerca de trezentos e cinquenta mil processos) – a eficiência do Tribunal estava claramente afetada[70]. O Professor lembra que a decisão de criar o TFR (atual STJ) foi tomada quando o STF recebeu dois mil processos em um ano. Com a autoridade de conhece o problema há cinquenta anos, o Professor alerta para o risco de continuarmos a repetir o passado no presente e no futuro e afirma com respeitosa ênfase: *"O amanhã já chegou. O STJ não pode continuar com o número avultado de processos"*. Diversas sugestões do Professor acerca da modernização do sistema de julgamentos e da adoção (por meio de lei) de filtros *estão na mesa*[71].

É preciso ter atenção com os alertas e consideração com as sugestões do Professor Roberto Rosas. Os mais longevos magistrados das nossas Cortes Superiores permaneceram por cerca de trina anos nesses colegiados, como Hermínio do Espírito Santo e André Cavalcanti no STF. O insigne Jose Carlos Moreira Alves permaneceu por vinte e sete anos no Tribunal. Roberto Rosas frequenta com posição de destaque e estuda com profundidade o funcionamento desses órgãos judiciários há sessenta anos.

2.5. Na História do Direito

Formado em Direito e Ciências Sociais, Roberto Rosas naturalmente dedicou-se ao estudo da história em geral e da história do direito em particular. Diversos dos seus estudos – vários daqueles citados no presente artigo – revelam profundo e autorizado conhecimento de história das nossas instituições e institutos jurídicos[72].

Ocorre que Roberto Rosas não apenas *estudou* os eventos históricos. Ele *observou* de perto diversos desses eventos no plano das instituições judiciárias – aliás, a bem da verdade, ele foi mais do que um simples observador, atuando como protagonista em muitos deles (a atuação profissional do Advogado Roberto Rosas é objeto do próximo capítulo). Essa proximidade e participação em diversos eventos que têm relevância histórico-jurídica permitem ao Professor Roberto Rosas uma visão qualificada

69 ROSAS, Roberto. "O Tribunal Nacional (Em homenagem ao 10º aniversário do STJ)". *In* Revista da Academia Brasileira de Letras Jurídicas, Volume 15 (1999): 135 – 139

70 ROSAS, Roberto. "A crise no Judiciário e a criação do STJ". *In* Justiça e Cidadania (www.editorajc.combr), Edição n. 113, de 31.09.2009.

71 ROSAS, Roberto. "O STJ: ontem, hoje e amanhã". *In* Migalhas de Peso (www.migalhas.com.br), em 21.05.2019.

72 *Ad exemplum tantum*: ROSAS, Roberto. "A Constituição de 1824 e a Propriedade Industrial". *In* Revista de Informação Legislativa, Volume 41 (1974): 49 – 52 e ROSAS, Roberto. "Sistema Eleitoral Brasileiro (1930 – 1967)". *In* Arquivos do Ministério da Justiça, Volume 177 (1991): 115 – 118.

da história brasileira recente e, no plano jurídico, da formação de diversos institutos jurídicos. E o Professor encontrou uma forma muito interessante e útil de compartilhar a sua percepção: a elaboração dos perfis de diversos atores da história jurídica brasileira recente: professores, advogados, magistrados.

Diversas dessas anotações encontram-se esparsas em diversas publicações, muitas delas publicadas em homenagens a grandes vultos do Direito brasileiro. Há estudos sobre grandes juristas, como os Professores Orlando Gomes[73] e Miguel Reale[74] e, ainda, sobre Pontes de Miranda[75]. Outros sobre magistrados e advogados, como os Ministros Aliomar Baleeiro e Coqueijo Costa, além do Advogado Mário Sérgio Duarte Garcia[76], Presidente do Conselho Federal da Ordem dos Advogados do Brasil. A utilidade dessas pequenas biografias foi reconhecida de plano pela comunidade jurídica. Uma excelente forma de conhecer o funcionamento das instituições e a gênese de diversos institutos é entender a formação e a trajetória dos seus participantes, especialmente daqueles que ocupam posições centrais, seja na vida acadêmica, seja na prática dos Tribunais.

O reconhecimento levou o Professor Roberto Rosas a produzir e publicar um estudo específico sobre esses perfis, os *Perfis do Mundo Jurídico* (2012)[77]. O autor faz questão de salientar que não são verdadeiramente biografias, mas sim as suas impressões – o autor seria um *colecionador de impressões* – ou quando muito panoramas biográficos[78]. De novo, o Professor dá uma mostra da sua generosidade ao oferecer as suas impressões para os estudiosos da história do direito brasileiro, que encontram ali farta fonte material autêntico para os seus estudos específicos. São mais de cinquenta perfis de magistrados e acadêmicos de relevo na comunidade jurídica brasileira. Os *temas* aparentemente dispersos formam uma espécie de mosaico impressionante, que auxilia sobremodo na compreensão da vida jurídica – e política – brasileira nos últimos sessenta anos.

Os reportes tratam dos temas mais variados, desde dados puramente biográficos, passando por amenidades, mas trazendo também características ou fatos marcantes e discussões teóricas relevantes, as quais evidentemente são influenciadas pela formação e pelo perfil dos envolvidos. Um exemplo *simples*: a referência aos perfis dos envolvidos nos ajuda a entender uma alteração implementada no Regimento Interno

---

73 ROSAS, Roberto. "Juristas exemplares: Aliomar Baleeiro; Orlando Gomes e Coqueijo Costa". *In* Revista da Academia Brasileira de Letras Jurídicas, Volume 25 (2004) : 129 – 133.

74 ROSAS, Roberto. "Miguel Reale". *In* Revista do Tribunal Regional Federal da 1ª Região, Volume 18 (2006): 47 – 48.

75 ROSAS, Roberto. "Pontes de Miranda e o Direito Constitucional". *In* Revista da Academia Brasileira de Letras Jurídicas, Volume 26 (2004): 191 – 195.

76 ROSAS, Roberto. "Mário Sérgio: dirigente da OAB". *In* Revista da Associação dos Advogados de São Paulo, Volume 139 (2018): 99 – 101.

77 ROSAS, Roberto. Perfis do Mundo Jurídico. Ribeirão Preto: Migalhas. 2011.

78 ROSAS, Roberto. Perfis do Mundo Jurídico. Ribeirão Preto: Migalhas. 2011, p. 7.

do STF na década de 1980, dada a recusa da OAB em participar de uma homenagem a um Ministro aposentado[79]. É de enorme utilidade para a compreensão histórica de um fato e/ou de julgamento a visão sobre o perfil dos participantes, especialmente dos julgadores: a percepção de um juiz cordial e mediador ou de um magistrado que tinha intransigente dedicação aos trabalhos da Corte e por isso se recusava a participar de comissões de concursos, auxilia na compreensão das suas decisões[80].

Sem embargo do interesse e utilidade dos seus sintéticos *Perfis*, a grande contribuição do Professor Roberto Rosas para a história dos grandes vultos do Direito brasileiro está no livro sobre o Professor e Ministro Pedro Lessa, primeiramente com um extenso artigo[81] e depois com o livro admirável *Pedro Lessa – O Marshall brasileiro*[82]. Reitero aqui a percepção de que os estudos do Professor não nascem de rompantes, são sempre fruto de maturação aprofundada após anos de reflexão.

Pedro Lessa teve uma passagem singular pela vida acadêmica na Faculdade de Direito do Largo de São Francisco e pela vida profissional, como destacado advogado e depois *aureolado* na magistratura do Supremo Tribunal Federal. Sua passagem foi tão marcante que, após o seu falecimento, a rua ao lado do Tribunal foi batizada com o seu nome (a Rua Pedro Lessa, no Rio de Janeiro, onde funcionou o Supremo Tribunal Federal e cujo prédio hoje alberga o Centro Cultural da Justiça Federal). Em São Paulo, há um Fórum com o seu nome e uma sala nas Arcadas, com retrato a óleo do homenageado. Roberto Rosas ressentia-se de não ter sido produzida uma *visão de conjunto* da vida do jurista e dedicou-se à tarefa, pesquisando e escrevendo o livro – no centenário da Revista dos Tribunais, que nascera sob as bençãos de Lessa, Roberto Rosas renova a homenagem[83].

O livro resulta de estudo meticuloso e detalha não apenas os fatos cronológicos da vida de Pedro Lessa, mas principalmente as idéias do acadêmico e as decisões do magistrado, que marcaram época no Supremo Tribunal Federal. O livro registra e comenta as decisões mais importantes e os debates que ajudaram a conformar o Supremo Tribunal nos albores da República brasileira. É uma contribuição notável sobre a história do Supremo Tribunal Federal. Uma observação do Professor Roberto Rosas (secundando Levi Carneiro) sobre Pedro Lessa bem se lhe aplica[84]: ele levou para a prática profissional *o sentimento e o apreço dos interesses práticos, que as*

79 ROSAS, Roberto. "Mário Sérgio: dirigente da OAB". *In* Revista da Associação dos Advogados de São Paulo, Volume 139 (2018): 99 – 101, esp. p. 101.

80 ROSAS, Roberto. Perfis do Mundo Jurídico. Ribeirão Preto: Migalhas. 2011, ps. 133 e 276, sobre Sebastião Reis e Orozimbo Nonato, respectivamente.

81 ROSAS, Roberto. "Pedro Lessa e o Supremo Tribunal". *In* Revista de Informação Legislativa, Volume 37 (1973): 133 – 158.

82 ROSAS, Roberto. Pedro Lessa – O Marshall brasileiro. Brasília: Horizonte. 1985.

83 ROSAS, Roberto. "Homenagem a Pedro Lessa". *In* Revista dos Tribunais, Volume 919 (2012): 25 – 31.

84 ROSAS, Roberto. Pedro Lessa – O Marshall brasileiro. Brasília: Horizonte. 1985, p. 114.

teorias jurídicas tantas vezes sacrificam. É justamente sobre a prática profissional de Roberto Rosas que passamos a nos debruçar.

3. A Prática Profissional

Desde as suas primeiras linhas, este estudo tem procurado salientar a feliz conjugação entre a vida acadêmica e a atuação prática na vivência de Roberto Rosas. De fato, uma interseção muito feliz, com enorme proveito para ambas. De fato, normalmente essas atividades são vistas como complementares – afirma-se que as experiências se somam. No caso de Roberto Rosas, elas se multiplicaram, tanto na advocacia ininterrupta, como na magistratura superior que abraçou durante quase uma década.

3.1. A Advocacia Venturosa

Na formação do retrato acadêmico do Professor Roberto Rosas foi feita referência a proficientes estudos escritos nos mais variados ramos do Direito. Um dos objetivos do presente estudo é evidenciar a notável capacidade de Roberto Rosas de conjugar o seu cabedal intelectual a uma atividade profissional venturosa na advocacia.

Há diversos fatos que bem representam essa conjugação próspera de atividades: ao mesmo tempo em que Rosas escreveu sobre o controle dos atos administrativos (vide item acima sobre a sua produção publicista), teve experiência como Procurador concursado do Tribunal de Contas do Distrito Federal (1969). Ao mesmo tempo em que escreveu sobre temas de direito bancário e obrigacional (vide acima a sua produção privatista), teve experiência frutífera como advogado concursado do Banco Nacional de Desenvolvimento Econômico (atual BNDES, 1971). Mais importante: mesmo depois de deixar essas funções, Roberto Rosas continuou a advogar nesses setores (na esfera privada, por evidente) e continuou também a produzir academicamente sobres os respectivos temas de interesse, a evidenciar que soube absorver com profundidade aquelas experiências profissionais.

O mercado brasileiro da advocacia é implacável. Sozinho, o Brasil tem mais escolas de Direito do que o restante do mundo inteiro. Em números absolutos, no momento em que escrevo, há mais de um milhão de advogados inscritos nos quadros da Ordem dos Advogados do Brasil. O tema – suas causas e seus efeitos – merece análise bem mais detida do que tem sido proposta, mas este não é o espaço apropriado para tanto. O que interessa aqui é apenas ressaltar que a oferta desmesurada de serviços jurídicos faz com que a atuação profissional seja provida do constante desafio da atualização e, mais importante, também do desafio do êxito, que é o combustível da advocacia, especialmente da advocacia na área dos litígios.

Quando iniciava a minha vida profissional, ao deixar uma sessão no Tribunal de Justiça desiludido com uma derrota em um caso no qual entendia que havia feito um trabalho muito bom (e supostamente melhor do que o meu adversário), ouvi de um colega mais experiente o que seria uma *lei* importante da vida da advocacia: *advogado bom é o que ganha*. Passei anos tentando encontrar justificativas morais para *revogar* essa lei que me parece injusta – e continuarei tentando –, mas a experiência prática me fez entender que essa é a percepção do sujeito mais importante dessa atividade: o cliente.

Roberto Rosas sempre foi e é o advogado que ganha as causas. E sempre foi muito bom também. É a razão pragmática que justifica ser considerado e efetivamente contratado para as causas mais importantes do País nos últimos cinquenta anos. É uma referência – e é a minha referência na advocacia. Aliás, boa parte dos seus clientes são os colegas advogados que, ao levarem seus casos para os tribunais superiores, procuram a orientação firme e consistente do Professor.

E o Advogado Roberto Rosas devolveu à comunidade, incluindo, mas sem se limitar à classe advocatícia, o reconhecimento que recebeu dos seus pares. Serviu como membro dos órgãos diretivos da advocacia quase durante trina anos, primeiramente no Conselho Seccional e depois no Conselho Federal, onde permaneceu por vinte anos. Foi Presidente do Instituto dos Advogados do DF e integra – sempre com posição de destaque – mais de duas dezenas de prestigiosas associações de classe espalhadas pelo Brasil, além de outras tantas associações acadêmicas, como a Academia Brasileira de Letras Jurídicas, trabalhando de forma incessante para a difusão do conhecimento entre os seus pares – neste sentido organizou e/ou presidiu e/ou palestrou em centenas de eventos acadêmicos.

Durante seu prolongado serviço junto à OAB, participou das discussões que conduziram à elaboração e edição do Estatuto da Advocacia (lei 8.906/1.994) e integrava os colegiados de julgamento que interpretaram as novas regras, ajudando a guiar os colegas – relatou[85] diversos debates e julgamentos sobre temas importantes, como os impedimentos à prática da advocacia ou aos limites dos poderes de regulação e fiscalização da OAB. Foi e é defensor do Exame da Ordem, para ingresso dos bacharéis nos quadros da OAB[86]. Igualmente relevante a sua participação na Comissão criada pelo Conselho Federal da OAB para atuar na regulamentação das férias para os advogados[87] – uma demanda justa e antiga da classe que somente foi efetivamente implementada depois de muito debate.

O Professor também retribuiu *in natura* o reconhecimento recebido, atuando em inúmeros processos *pro bono*. Teve inclusive a honra de ser nomeado advogado dativo

85 Em que pesem as limitações oferecidas pelo sítio eletrônico da OAB para pesquisas, a título de diminuto exemplo, vejam-se os seguintes temas relatados pelo Professor Roberto Rosas: Processo n. 4.304/97/CP, julgado em 17.11.1997, tratando do impedimento à prática da advocacia e o Processo n. 5.420/1999/PCA-BA, julgado em 07.08.2000, acerca da posição *sui generis* da OAB dentre os conselhos de fiscalização profissional.

86 ROSAS, Roberto. "Qualificação Profissional do Advogado: o Exame da Ordem". *In* Revista dos Estudantes de Direito da Universidade de Brasília, Volume de 1997: 56 – 57.

87 Conselho Federal da OAB, Proposição 030/2006/COP, aprovada em 09.05.2006.

e/ou curador à lide pelo próprio Supremo Tribunal Federal em diversas oportunidades[88], merecendo novamente o reconhecimento expresso pela dedicação e empenho nessas tarefas. De fato, sempre foi um advogado generoso, que nunca economizou dedicação e sempre compartilhou seu extraordinário conhecimento com os seus colegas.

Peço permissão para finalizar esta passagem compartilhando com o leitor uma "*pequena*" lição de advocacia que recebi generosamente do Advogado Roberto Rosas – uma dentre as muitas que venho recebendo ao longo de anos de frutífera convivência com o Professor.

Em um dado processo que teve curso no início dos anos 2000 – muito relevante para os clientes e para os advogados – surgiu uma disputa em Brasília. Eu era sócio e atuava sob a direção segura do estimado Professor Paulo Cezar Pinheiro Carneiro. O sistema judiciário ainda não era digitalizado e se mostrava imprescindível ter atuação direta e permanente em Brasília. Sugerimos ao cliente a contratação de Roberto Rosas, o que foi prontamente aceito e implementado. Na iminência de apreciação de um pedido liminar urgente, eu me dirigi a Brasília para me reunir com o magistrado (o *despacho*, na melhor tradição oral brasileira). Chegando ao escritório do Professor, que muito se assemelhava a uma biblioteca jurídica, das melhores que eu já tinha visto, fui recebido com toda cortesia. Já havia trabalhado antes com o Professor em outros casos e sempre recebi dele a maior atenção, apesar da minha curta experiência profissional naquele momento.

Orgulhoso, exibi ao Professor o memorial que havia elaborado para o *despacho*. Tinha vinte e sete páginas e uma pertinente transcrição original de um texto do grande processualista italiano que foi Piero Calamandrei. O Professor certamente ficou escandalizado, mas manteve a habitual elegância e sugeriu-me que a extensão e a (pseudo-)erudição poderiam prejudicar a nossa estratégia de convencimento focada na obtenção de uma decisão liminar urgente. Sugeriu-me gentilmente que encurtasse o texto. Bem mandado, dediquei-me a encurtá-lo cuidadosamente e depois de duas horas de trabalho, apresentei o resultado ao Professor, que revelou novamente a sua preocupação, pois o texto ainda estava muito extenso e complexo para o que ele reputava adequado. Novamente debrucei-me sobre o memorial e reduzi mais quatro páginas. Já era hora de nos dirigirmos ao Tribunal. Imprimi o memorial em três vias e saímos. No caminho para o Tribunal o Professor arrancou duas páginas do memorial e colocou-as no bolso, aconselhando-me a ser objetivo, sem perder a técnica, pois de tratava de magistrado experiente e meticuloso.

O magistrado recebeu o Professor com toda atenção, que acabou destinada a mim também, pois como ensinaram os latinos, *accessorium principale sequitur*. Entreguei os meus ainda extensos memoriais e pude expor por quase vinte minutos o caso, a tese e a urgência na apreciação do pedido liminar. Em nenhum momento

88 Por exemplo, respectivamente, STF, Extradição n. 529-ITA, Relator o Ministro Sydney Sanches e STF, Acao Rescisória 875-MG, Relator o Ministro Néri da Silveira.

o Professor interrompeu a minha argumentação. Antes de encerramos, o Professor retomou a palavra e entregou ao magistrado as duas folhas do memorial com anotações sucintas, destacando um ponto daquele texto sobre o *periculum in mora* – o magistrado fez dois questionamentos pertinentes, pronta, objetiva e assertivamente respondidos. Agradecemos a recepção e fomos embora. No final daquele mesmo dia, a decisão foi proferida e favorecia o nosso cliente. Os fundamentos aduzidos pelo magistrado estavam naquelas duas páginas destacadas pelo Professor.

O advogado teve a sensibilidade de identificar os pontos mais relevantes para auxiliar a formar o convencimento do magistrado, que é, afinal de contas, a razão da sua existência. E ensinou o colega mais jovem a perseguir a objetividade: parecia estar antevendo a atual era das *comunicações telegráficas*. Venceu o caso e granjeou a admiração dos colegas e dos clientes. Na verdade, ensinou o colega mais jovem a *advogar*.

3.2. A Magistratura Superior.

Roberto Rosas teve atuação bastante destacada também no exercício da magistratura superior, atuando como Ministro junto ao Tribunal Superior Eleitoral por oito anos, primeiro como suplente e depois como membro titular.

Muito antes disso, contudo, o Professor Roberto Rosas já se dedicara *ex cathedra* ao Direito Eleitoral. Ainda no distante ano de 1969, discorria sobre o relevante tema da função normativa da justiça eleitoral[89], destacando a relevância das respostas às consultas formuladas em tese ao Tribunal Superior Eleitoral pelos órgãos eleitorais hierarquicamente inferiores e o respectivo poder regulamentar. Como constatado pelo próprio Professor várias décadas depois[90], o tempo cuidou de consolidar essas competências e a normatividade e a vinculatividade dos pronunciamentos do TSE, mesmo quando exarados em consultas formuladas em tese, elementos que tornaram o TSE o verdadeiro formulador das políticas públicas eleitorais e gestor máximo do processo eleitoral.

Como já salientado acima, estudioso da História do Direito, o Professor teve a oportunidade de explicar a evolução do sistema eleitoral brasileiro a partir de 1930[91] – mas sob influência determinante da obra de Assis Brasil sobre a democracia representativa, que datava de 1893 –, registrando o sucesso[92] que o modelo brasileiro logrou

89 ROSAS, Roberto. "Função normativa da Justiça Eleitoral". *In* Revista de Direito Público, Volume 9 (1969) : 69 – 73.

90 ROSAS, Roberto. "Estrutura Constitucional da Justiça Eleitoral". *In* Arquivos do Ministério da Justiça, Volume 179 (1992) : 5 – 19.

91 ROSAS, Roberto. "Sistema Eleitoral Brasileiro (1930 – 1967)". *In* Arquivos do Ministério da Justiça, Volume 177 (1991) : 115 – 118.

92 ROSAS, Roberto. "O sucesso da Justiça Eleitoral". *In* Revista do Instituto dos Advogados de São Paulo, Volume 2 (1998) : 137 – 143, esp. p. 137 e novamente em ROSAS, Roberto. "Justiça Eleitoral. Modelo e Importância". *In* Revista de Direito Constitucional e Internacional, Volume 27 (1999) : 45 – 51.

alcançar, mercê da isenção da administração das eleições pelo Poder Judiciário. Nas suas autorizadas palavras, é sempre importante reconstruir *"essa sacrificada trilha do respeito à vontade do eleitor e estruturação da vida eleitoral brasileira"*, em que a entrega do processo eleitoral aos juízes de direito ajudou a *"purificar o voto"*[93].

Roberto Rosas deixa registrada, ainda, a grande importância do "arejamento"[94] dos órgãos colegiados eleitorais, o que se dá através da rotatividade dos seus membros, instituída em nível constitucional e, ainda, através da diversidade de origem dos integrantes desses colegiados. Com efeito, na cúpula de uma justiça profissionalizada (formada por juízes de direito) encontram-se órgãos cuja composição é renovada periodicamente, com integrantes oriundos de origens diferentes, o que busca assegurar a renovação das idéias e o pluralismo – e, espera-se, a diversidade.

Ainda na seara acadêmica o Professor destacou a enorme relevância da eleição presidencial de 1989 para a consolidação da democracia e do modelo de eleições diretas no Brasil, após um grande hiato para este tipo de pleito[95], grifando o trabalho hercúleo de recadastramento realizado em 1986 e a complexa informatização do processo eleitoral, além da regulação ágil do TSE, que gerou enorme transparência na campanha eleitoral. Nas palavras do Mestre, naquele pleito *"sentiu-se enorme vibração cívica"* pelo exercício do voto direto para a Presidência da República em uma escolha que contava vinte e dois candidatos.

Com a humildade que lhe é peculiar, o Professor apenas registra que integrava o tribunal naquele momento, sob a presidência do Ministro José Néri da Silveira. O Professor havia tomado posse no Tribunal Superior Eleitoral em 1983, primeiro como substituto e depois como efetivo, exercendo tal elevada função até 1990. Ou seja, no conturbado ano eleitoral de 1989 teve participação central na formação dos precedentes jurisprudenciais que nortearam aquele pleito importantíssimo.

A indicação do Professor Roberto Rosas foi fruto do reconhecimento da sua produção de qualidade, inclusive em matéria de direito eleitoral, e da percepção de que poderia contribuir com a democracia nacional também através do exercício da magistratura superior. Uma década antes (1992) da sua nomeação para o TSE, ele já havia sido nomeado pelo Ministério da Justiça para a Presidência da Comissão de Juristas encarregada da atualização da Lei Orgânica dos Partidos Políticos.

---

93 ROSAS, Roberto. "Justiça Eleitoral e Estabilidade Política". *In* Revista da Academia Brasileira de Letras Jurídicas, Volume 9 (1995) : 185 – 196.

94 ROSAS, Roberto, "Justiça Eleitoral: Rapidez e Eficiência". In Direito Publico, Volume 1 (2003) : 83 – 89, esp. p. 85.

95 Confira-se, ainda uma vez, ROSAS, Roberto. "O sucesso da Justiça Eleitoral". *In* Revista do Instituto dos Advogados de São Paulo, Volume 2 (1998) : 137 – 143, *passim*.

São centenas de julgados que contaram com a sua participação. Teve voto importante no julgamento[96] que cuidou da então tormentosa questão jurídica que envolvia a extemporânea tentativa de um famoso apresentador de televisão e então proprietário de uma rede de televisão aberta de se candidatar à Presidência da República (conhecido como caso "Silvio Santos").

Como sói acontecer em órgãos colegiados, o Ministro Roberto Rosas votou vencido em alguns casos. O tempo, contudo, demonstrou que a sua orientação se mostrava mais consentânea com o processo democrático e com a própria normativa constitucional. À guisa de simples exemplo, tome-se o julgamento do Mandado de Segurança Coletivo n. 6/1989[97]. Com a promulgação da Constituição Federal menos de um ano antes, o Tribunal Superior Eleitoral fora chamado a deliberar não apenas sobre aspectos processuais do então novo mandado de segurança coletivo em matéria eleitoral, mas também sobre aspectos materiais da campanha e, no particular, sobre a participação em debates eleitorais. Parecia – o que de fato se confirmou – inviável realizar debates concomitantes de ideias entre os vinte e dois candidatos à Presidência da República naquele momento. Quanto à matéria processual, o voto relatado pelo Ministro Roberto Rosas foi acolhido à unanimidade pelo colegiado.

Quanto aos aspectos materiais, o voto do Ministro Roberto Rosas ficou lamentavelmente vencido. Prevaleceu o entendimento de que os debates televisivos deveriam contar com a participação de todos os candidatos, independentemente da representatividade do respectivo Partido Político. A decisão inviabilizou debates de qualidade e o acesso da população às propostas dos candidatos, prejudicando o processo eleitoral como um todo (desnecessário recordar a história para lembrar que o presidente eleito foi impedido anos depois e tornado inelegível). Rosas estava certo: a Constituição e as normas eleitorais e políticas tratam de modo diverso os atores políticos a depender da respectiva representatividade. De acordo com a sua correta expressão: "não posso igualar candidatos de alta expressão política, colhida pelo voto, colhida pela sua representação, pela sua bancada, com um candidato que há dois meses obteve o registro nesse Tribunal".

Novamente, é de se recordar que o tempo é senhor da razão. Nos dias atuais, o Supremo Tribunal Federal está apreciando a possibilidade de apresentação de candidaturas avulsas, inclusive à Presidência da República (desvinculadas da associação a partidos políticos, colocando em análise o delicado contraponto entre a oxigenação da política e o personalismo exagerado). A se admitir essa forma de participação no processo eleitoral, será crível manter-se a orientação fixada pelo TSE há trinta anos no sentido de que os debates eleitorais devem contar com a participação de todos os candidatos inscritos? Imagine-se um debate com mil e setecentos e oitenta partici-

---

96 TSE, Registro de Candidatos a Presidente e a Vice n. 31/DF, Relator o Ministro Vilas Boas, julgado em 09.09.1989

97 TSE, Mandado de Segurança Coletivo n.6/DF, Relator o Ministro Roberto Rosas, julgado em 12.09.1989.

pantes... (este foi o número de candidatos na eleição norte-americana de 2016, onde as candidaturas independentes são aceitas). Não é à toa que se sugere que os debates eleitorais brasileiros vez por outra substituem os programas humorísticos. A orientação fixada pelo TSE realmente não se sustenta, *data maxima venia*.

Como diria o próprio Professor Roberto Rosas alguns anos depois da sua experiência na magistratura, em determinadas situações, *vale a pena ser voto vencido*[98] – na verdade, o voto vencido vale como opinião e não como impugnação. E, como registra a jurisprudência do Supremo Tribunal Federal, muitas vezes os *votos vencidos foram precursores da futura jurisprudência*, como sejam os expressivos exemplos de Pedro Lessa (em tema de *habeas corpus*), Filadelfo Azevedo (acerca da responsabilidade civil do Estado) e Orozimbo Nonato (quanto à responsabilidade civil do preponente)[99].

4. Um Jurista que dedica a vida ao Direito

Este livro demorou a ser escrito e publicado. Nos anos 2000 tive a oportunidade marcante de patrocinar alguns processos junto aos Professores Arruda Alvim e Roberto Rosas. Em razão dessa oportunidade ímpar, acrescentei à admiração que já possuía pelos Professores, grande estima e amizade. Por volta de 2006, o Professor Arruda Alvim teve a inspiração de organizar um livro em homenagem ao Professor Roberto Rosas e convidou-me para ajudar na organização, o que muito me honrou. Passaram-se quase quinze anos até que o homenageado concordasse em receber esta singela homenagem dos seus alunos e amigos.

Neste passo, impossível não lembrar a citação de Miguel Reale em referência a Pontes de Miranda, e que é mais do que apropriada para o Professor Roberto Rosas[100]: "*na história da inteligência, os últimos lembrados são os mais gloriosos. Glória que tarda é maior, porque exigiu mais altos espíritos que a pudessem sentir e proclamar*".

O reconhecimento dos seus colegas é merecido. De fato, tudo bem ponderado, pode-se divisar com clareza que, colocando a família em primeiríssimo plano, como destacado no lindo Prefácio de Rodrigo Rosas ao presente volume, *Roberto Rosas vive uma vida dedicada ao Direito.* E essa conjugação não deve ter sido difícil para o Professor, pois o foco da sua atuação sempre foi a pessoa humana.

Este estudo principia por questionar se o Professor Roberto Rosas seria um constitucionalista, um publicista ou um privatista – chega a cogitar que seria, em verdade, um processualista. Creio que após repassar uma parcela razoável da sua produção intelectual e acompanhar a sua atividade profissional, seja lícito concluir que, na ver-

98 ROSAS, Roberto. "Vale ser voto vencido?". *In* Justiça e Cidadania (www.editorajc.combr), Edição n. 179, de 14.07.2015.

99 ROSAS, Roberto. Devido Processo Legal. Rio de Janeiro: GZ Editora. 2018, p. 43/44.

100 ROSAS, Roberto. "Miguel Reale". *In* Revista do Tribunal Regional Federal da 1ª Região, Volume 18 (2006): 47 – 48, p. 48.

dade, o *Professor Roberto Rosas é um Jurista*. Esta expressão tem sido vulgarizada nos últimos tempos, mas com ela quero significar a referência aos grandes pensadores do Direito que foram capazes de criar e sistematizar uma *ciência prática*, com a firmeza teórica das grandes construções, mas sempre devotada à solução dos problemas das pessoas reais (como salientam os ingleses: *problem solver*).

Fluente em diversos idiomas e cultor da língua portuguesa – aluno que foi de Aurélio Buarque de Holanda –, com dois cursos de Graduação e dois Doutorados, seria de se esperar que a produção de Roberto Rosas fosse marcada por elucubrações rebuscadas e textos acessíveis apenas para iniciados. Nada mais distante da realidade. A análise dos seus trabalhos acadêmicos e profissionais revela um autor permanentemente preocupado com a clareza e a objetividade – e acima de tudo, em se fazer compreender e transmitir conhecimento e, se necessário, persuadir –, qualidades que soube transpor com maestria para a sua prática profissional advocatícia.

Em certa passagem dos seus ricos comentários ao Código de Processo Civil, Roberto Rosas faz referência elogiosa aos chamados *jurisprudentes* romanos, para ressaltar que eram os indivíduos que se consagravam à jurisprudência e o faziam por deliberada *vocação*[101], obtendo reconhecimento e acatamento dos seus concidadãos. Em outra passagem importante, ele afirma que a atuação do advogado é *prestar um compromisso*, um papel que deve *dispensar convocação*[102].

É justamente assim que vejo Roberto Rosas: *um jurista que, por vocação e compromisso, consagra a vida ao Direito, como ciência e como prudência*.

Vem também da cultura romana, neste caso de um poeta – e os romanos nos legaram outros vários exemplos de juristas notáveis – a afirmação: *sou homem, nada do que é humano considero alheio a mim*. Após revisitar a extensa e intensa produção do Professor Roberto Rosas e relembrar passo-a-passo a sua diferenciada capacidade de aplicar um conhecimento vasto na solução dos problemas concretos das pessoas, concluo que nada do que é jurídico é estranho ao Professor. Penso que o Mestre atingiu a plenitude da compreensão dos fenômenos jurídicos e da solução dos seus problemas. Tem sido uma honra e um privilégio acompanhar o seu sucesso.

Verae amicitiae sempiternae sunt.

---

101 ROSAS, Roberto. Comentários ao Código de Processo Civil. Volume V. São Paulo: RT. 1975, p. 22.

102 ROSAS, Roberto. "O advogado na arbitragem". *In* Revista Brasileira da Advocacia, Volume 1 (2016): 129 – 134, p. 134: "Ser advogado, é prestar compromisso. É ser patrono, protetor, não apenas do constituinte ou da norma positivada, mas do ordenamento jurídico e da Justiça. É papel que dispensa convocação".

Entrevista com Roberto Rosas

Otavio Luiz Rodrigues Junior

Revista de Direito Civil Contemporâneo – RDCC – O senhor nasceu no Rio de Janeiro em 1939 e sua juventude deu-se nos tempos da redemocratização do pós-guerra e na era do desenvolvimentismo do presidente Juscelino Kubitschek. O senhor pode comentar um pouco sobre suas origens familiares e como foi esse período inicial da sua vida?

Roberto Rosas – Na verdade, não tenho ancestrais que tivessem alguma atividade em carreiras jurídicas. Foram pessoas sempre ligadas às atividades do comércio. Algo que se chama de comerciante no sentido ordinário e não acadêmico do termo. Eu sou o primeiro da família a seguir, a trilhar os caminhos da vida universitária. Para mim, foi muito importante, fundamental até, seguir por essa trajetória. No Rio de Janeiro, eu estudei no Colégio Pedro II. Lá eu conheci pessoas muito interessantes, que foram para a carreira jurídica, por exemplo, o ministro Hahnemann Guimarães, do Supremo Tribunal Federal. Ele foi catedrático de Latim no Colégio Pedro II e, depois, foi catedrático de Direito Civil na Faculdade Nacional de Direito, da antiga Universidade do Brasil, hoje Universidade Federal do Rio de Janeiro. Philadelpho Azevedo foi catedrático de Filosofia em meu colégio, e, tempos depois, assumiu o cargo de ministro do Supremo Tribunal Federal.

A vida colocou-me diante dessas figuras do Direito quando eu ainda era um menino, um estudante do Pedro II, sem saber qual meu destino profissional. A minha vocação inicial era para a História. Eu queria ser professor de História, a ponto de me haver preparado para esse fim. Meu propósito era ingressar na Faculdade de Filosofia da Universidade do Estado do Rio de Janeiro, correspondente ao antigo Estado da Guanabara. Especificamente eu desejava ser admitido ao curso de Ciências Sociais, cuja matriz curricular era forte em História e Sociologia. Eis que um amigo meu diz: "Você está com uma deficiência. Você vai estudar todas as Ciências Sociais menos uma, que é o Direito. E por que você não faz Direito junto com Ciências Sociais?" E aí eu prestei o exame vestibular para Direito e estudei nas duas faculdades.

Acontece que, dentro de sua pergunta, ainda existe outro aspecto que precisa ser respondido: "como foi minha convivência naqueles anos?" Convivi com um Rio de Janeiro em transformação. Um Estado que deixava de ser capital do Brasil, o então Distrito Federal, e que se transformava em um Estado, uma novidade em nossa História constitucional, um pequeno Estado, que era o Estado da Guanabara. Essa verdadeira cidade-estado moderna era muito brilhante porque carregava consigo uma tradição de 200 anos como capital brasileira e, por isso, durante muito tempo, ele sobreviveu e eu vivi em torno dessa realidade. Uma vida cultural intensa, uma vida artística muito forte, marcada pelo Teatro e pela Música, sem falar na vida literária. Tudo isso era uma herança da velha capital de 200 anos, que foi o Rio de Janeiro.

RDCC – Quais os professores que mais lhe influenciaram na Faculdade de Direito e quais suas leituras jurídicas e não jurídicas de maior importância nesse período?

Roberto Rosas – Quando ingressei na Faculdade Nacional de Direito, Hermes Lima era o diretor e também o catedrático de Introdução à Ciência do Direito. Ao longo do curso, a meu ver, um professor excepcional foi Hélio Tornaghi, que era catedrático de Processo Penal. Um homem notável, dotado de um conhecimento jurídico perfeito, grande docente e com enorme capacidade didática.

Havia também o Evaristo de Moraes Filho, o trabalhista, que faleceu recentemente. Ele foi membro da Academia Brasileira de Letras e ali permaneceu com mais de 100 anos de idade. Posso citar também o professor Haroldo Valladão, catedrático de Direito Internacional Privado. Ele pontificou intensamente. Era um homem muito exigente – até exigia demais para o pouco que o Direito Internacional Privado poderia oferecer. Em geral, os professores eram pessoas diferenciadas, haviam recebido boa formação, com caracteres clássicos e, por isso, a Faculdade Nacional notabilizou-se no Brasil por ser uma instituição com grandes professores e eles transmitiram essa herança a seus alunos.

RDCC – O senhor recorda de algum colega de seu tempo de graduação em Direito que se notabilizou profissionalmente?

Roberto Rosas – Eu tive um colega que despontou notavelmente e chegou a desembargador e professor titular de Direito Civil na Universidade Federal Fluminense – UFF: Luiz Roldão de Freitas Gomes. Ele era membro do Ministério Público e depois integrou o Tribunal de Justiça no quinto constitucional. Posteriormente, assumiu o cargo de professor titular da Faculdade de Direito de Niterói, vinculada à UFF, e escreveu obras importantes no Direito Civil. Ele foi meu colega nos cinco anos de Faculdade e sempre teve muito destaque.

RDCC – Quais leituras não jurídicas foram mais marcantes em seu tempo de formação universitária e que até hoje o senhor faz referência?

Roberto Rosas – Impressionante. Quando do exame vestibular, na prova oral e na prova escrita, havia fundamentalmente, em francês, Honoré de Balzac. Comecei a ler Balzac por causa do vestibular. Mas, daí em diante, eu continuei a lê-lo por gosto e por desejo de aprender, de conhecer mais. Outro autor muito importante para mim, não sei se por sua vinculação à vida carioca, foi Machado de Assis. Nos tempos do Colégio Pedro II, interessei-me muito por Euclides da Cunha e sua obra. Li tudo sobre Euclides da Cunha. A começar, é claro, por *Os Sertões*. Mas não fiquei apenas nessa obra fundamental, interessei-me por tudo o que Euclides da Cunha escreveu. São duas vertentes muito distintas. Uma coisa é Machado de Assis e outra coisa é Euclides da Cunha. São veios literários diferentes.

Dentre os autores portugueses que me influenciaram, cito principalmente Eça de Queiroz, que sempre dominou a minha geração. Eça foi, para os de meu tempo, o grande escritor português e que tinha uma influência muito grande no Brasil.

RDCC – De seu tempo de estudante para os dias atuais, o perfil da produção bibliográfica em Direito Civil mudou bastante. Quais eram os livros pelos quais o senhor estudava na faculdade?

Roberto Rosas – Por influência de San Tiago Dantas, o grande catedrático de Direito Civil da Faculdade Nacional de Direito, o livro de maior vendagem era uma tradução portuguesa das instituições de Direito Civil do catedrático italiano Roberto de Ruggiero. Dizia-se que San Tiago Dantas influenciou a tradução do Roberto de Ruggiero e, afinal de contas, era o livro de maior vendagem e estava permanentemente disponível aos estudantes.

Havia também obras clássicas de Direito Civil, as quais também eram consultadas pelos alunos mais aplicados: Lafayette Rodrigues Pereira e Lacerda de Almeida, por exemplo, eram livros clássicos que nós tínhamos como referência para resolver questões mais difíceis ou para aumentar nossa ilustração acadêmica.

RDCC – O senhor concluiu a graduação em Direito e, em 1965, mudou-se para Brasília, uma terra ainda cercada de muitas incertezas. Como se deu essa transferência e como foi a vida nos anos 1960 ao chegar à "nova Capital"?

Roberto Rosas – Eu ainda estava na faculdade e um dia um amigo, colega de turma, disse: "Você tem algum compromisso amanhã?" Respondi que não. Ele retrucou: "Então vamos ao Aeroporto do Galeão buscar o ministro Gonçalves de Oliveira, do Supremo Tribunal, que está chegando. Ele é meu amigo". Eu aceitei o convite. No aeroporto, comecei a conversar com o ministro sobre uma tese que estava sob análise no Supremo Tribunal Federal sobre a natureza jurídica do empréstimo compulsório. Havia uma corrente que sustentava que o empréstimo compulsório era um contrato. O ministro Gonçalves de Oliveira sustentava: "Não, o empréstimo compulsório tem natureza tributária". Eu falei ao ministro: "Excelência, em minha modesta impressão de estudante de Direito, acho que o senhor está com a razão. Contrato compulsório não existe. Obrigar alguém a assinar um contrato viola as regras mais elementares do negócio jurídico".

Olhando para trás, penso que era uma certa petulância de minha parte, de um estudante, falar com um ministro do Supremo Tribunal Federal sobre suas impressões a respeito de teses da Corte. Um ano depois, eu recebo um convite do ministro Gonçalves de Oliveira para assumir um cargo de assessor em seu Gabinete no Supremo Tribunal Federal. Confesso que fiquei muito inquieto e balançado com o convite, porque não queria sair do Rio de Janeiro e mudar para Brasília em 1965.

RDCC – O convite deu-se em 1964?

Roberto Rosas – Sim. Eu ainda estava na faculdade, no fim do curso, em 1964. Ainda não tinha terminado o curso, lembro-me bem. Eu cheguei em Brasília no mês de novembro de 1965.

Brasília era totalmente diferente do que veio a se tornar décadas depois. Mudei-me para Brasília há 52 anos. A cidade tinha uma infraestrutura precária. Basta dizer que não havia uma livraria jurídica. Os livros jurídicos chegavam pelos Correios, comprados diretamente por nós. Não havia um local onde comprar um Código Civil, uma Constituição. Lembro-me que existia uma livraria no Hotel Nacional, mas era de acervo geral e não especificamente jurídico.

A única faculdade de Direito era a da Universidade de Brasília, que era uma instituição muito jovem. Depois, é claro, vieram outras faculdades particulares. Mas a primeira foi a da Universidade de Brasília.

RDCC – Sua transferência do Rio de Janeiro para Brasília deu-se em simultâneo a um momento histórico muito particular: a instauração do regime militar em 1964 e o surgimento da ditadura no Brasil. Qual a sua lembrança desse momento político? Como era vivenciado em Brasília sob a óptica de um jovem bacharel em Direito?

Roberto Rosas – Eu acompanhei o governo João Goulart, no Rio de Janeiro, cidade onde todos os movimentos ocorriam: greves, comícios, enfim, eu assisti e vi de perto todo o período de agitação que antecedeu 1964. Em março daquele ano, eu estava no Rio de Janeiro e logo depois mudei-me para Brasília, sob essa pressão militar. Havia uma série de situações de constrangimento, porque todo mundo era susceptível de ser considerado suspeito. Todos eram presumivelmente suspeitos até prova em contrário. Eram tempos difíceis para se viver. Eu nunca fui perseguido, mas todos éramos submetidos a uma vigilância permanente.

RDCC – O senhor é professor titular aposentado de Direito Civil da Faculdade de Direito da Universidade de Brasília, um dos mais jovens docentes da instituição na época. Como foi seu ingresso na universidade e quais suas lembranças desse período?

Roberto Rosas – Eu fui admitido na Universidade de Brasília no ano de 1966. Comecei a dar aulas a partir de minha nomeação, que se deu em 1º de janeiro de 1967. Convidaram-me para ministrar aulas e eu tinha, por sorte, uma experiência significativa, adquirida no curso de Ciências Sociais, que me habilitava a ser professor de História. Então, didática, metodologia, tudo isso eu havia estudado na Faculdade de Filosofia. Modéstia à parte, eu cheguei brilhando, porque consegui escolher um tema e dar uma aula dinâmica e movimentada. Essa experiência na Faculdade de Filosofia havia me preparado em termos didáticos. São detalhes que só se aprendia na Faculdade de Filosofia e não na Faculdade de Direito. Desde meu ingresso, evoluí na carreira. Obtive títulos de mestre e doutor, escrevi livros e cheguei à titularidade na Universidade de Brasília.

Como professor, eu sempre indiquei um livro que recomendava a meus alunos como fundamental para sua formação: *Hermenêutica e Aplicação do Direito*, de Carlos Maximiliano. Ele é tão clássico que até hoje é reeditado, na sequência de inúmeras edições e o autor já faleceu há décadas. As editoras continuam a editá-lo porque é um grande livro. Eu insistia com meus alunos: "leiam os livros gerais" de Direito Civil. Na época, eram muito conhecidas as coleções de Washington de Barros Monteiro e

Silvio Rodrigues. Sempre apreciei muito a coleção de Direito Civil do desembargador Serpa Lopes, do Rio de Janeiro. Muito da experiência que ele adquiriu como juiz e como professor está em seus livros. Em Brasília, porém, era muito difícil encontrar os livros de Serpa Lopes. Os alunos tinham mais facilidade em encontrar os manuais de Silvio Rodrigues e Washington de Barros Monteiro, o que os tornava, na prática, os mais populares.

RDCC – O senhor conheceu o Supremo Tribunal Federal no Rio de Janeiro e participou, como assessor, da sua "refundação" em Brasília. Como se deu essa reestruturação do STF como instituição? Quais os ministros que o senhor considera mais marcantes nas décadas de 1960 e 1970?

Roberto Rosas – O Supremo Tribunal Federal, no Rio de Janeiro, tinha um perfil diferente do que veio a se revelar em Brasília. Tudo era diferente: aspectos físicos, materiais, de estrutura e de organização.

O tribunal sediava-se na Avenida Rio Branco. Um ministro não dispunha de gabinete, não tinha assessores. Era um absurdo falar nisso. Os ministros não tinham carro oficial. Quem tinha carro particular, o que não era generalizado, utilizava-o; quem não o tinha, pegava o bonde ou um ônibus para ir ao trabalho. Era um perfil muito tradicional, próprio de uma época de rigidez, de costumes, de atuação. Por essa razão era inconcebível falar-se em carros oficiais para os ministros.

Na fase de Brasília [...], bem, Brasília é uma cidade diferente do Rio de Janeiro.

O Supremo Tribunal Federal transferiu-se e, dos 11 ministros, cinco deles foram contra a mudança de sede, ocorrida em 1960. O Supremo veio, portanto, acompanhado de um sentimento de irresignação quanto à transferência. Mas esse sentimento era inócuo. A mudança constituía-se em algo irreversível. Afinal de contas, o Congresso Nacional, a Presidência da República, os ministérios transferiram-se. Como o Supremo Tribunal Federal poderia permanecer no Rio de Janeiro, alegando-se falta de condições em Brasília?

O presidente Juscelino Kubitschek sempre procurou dar muitas condições ao Supremo, como oferecer residências oficiais; estrutura para que todos se sentissem bem na nova capital, até para aplacar a grande crítica formulada contra a mudança: ausência de condições materiais de instalação e funcionamento em Brasília. O presidente Juscelino Kubitschek procurava obviar essas questões ao fornecer os meios necessários.

Pode-se dizer, então, que o Supremo experimentou dois perfis. O primeiro perfil nasceu com a República, no Rio de Janeiro. Não julgo adequado confundir o atual STF com o Supremo Tribunal de Justiça do Império. O Supremo do Império tinha outro formato, outro sentido, outras competências, totalmente diferentes do Supremo da República, que veio a instituir-se a partir da Constituição de 1891, com as ideias de república e de federalismo. Independentemente dessa alteração constitucional, o Supremo Tribunal Federal, em sua fase do Rio de Janeiro, herdou a estrutura do Supremo Tribunal de Justiça, seja pela tradição, seja pelas pessoas que herdaram essa ideia.

O perfil surgido em Brasília marcou-se por uma abertura maior, o que se percebe pela preocupação em se publicar as próprias decisões. A *Revista Trimestral de Jurisprudência* é um exemplo disso, ao ser criada para publicar os acórdãos do Supremo Tribunal. O novo perfil era também caracterizado por um senso maior de autoridade das decisões.

Enfim, houve essa mudança de perfil, algo bem diferente do que havia no Rio de Janeiro.

Um dos símbolos dessa nova era do Supremo Tribunal Federal é um grande ministro, Victor Nunes Leal. Seu nome é de ser lembrado por seu conteúdo, sua densidade técnica e pelo que fez para melhorar as condições do tribunal.

Em 1965, no dia em que eu cheguei em Brasília, cinco ministros tomaram posse no Supremo, em decorrência do aumento do número de cadeiras, que passou de 11 para 16. Desse grupo, uma figura de expressivo destaque foi Aliomar Baleeiro, um homem que vinha da política, dotado de grande formação intelectual, professor catedrático de Direito Financeiro na Bahia e no Rio de Janeiro. Baleeiro viveu a política de modo intenso na Bahia e no Rio de Janeiro. Em paralelo, exerceu a docência. Primeiramente na Bahia e, depois, na Universidade do Estado do Rio de Janeiro. Ele tinha uma veia de político, do deputado, mas, antes de tudo, ele era um professor. Essa dupla vocação de Aliomar Baleeiro foi muito importante, porque ele tinha uma visão peculiar de Brasil, a qual influenciou muito sua atuação no STF, às vezes em contraponto a ministros mais fechados, mais tradicionais.

Permita-me registrar que o grande nome do STF, na fase do Rio de Janeiro e, talvez, de toda a República, foi Pedro Lessa. Ele foi um homem de seu tempo, das primeiras décadas do século XX, as quais abrangem um período áureo do Supremo, de avanço de teses, de discussão de temas novos, de coragem para se enfrentar o Poder Executivo.

RDCC – Pedro Lessa foi biografado pelo senhor em 1985. O livro intitula-se "Pedro Lessa, o Marshall brasileiro". O senhor pode esclarecer essa equiparação entre o ministro do Supremo Tribunal Federal e o *justice* da Suprema Corte norte-americana?

Roberto Rosas – O nome "Marshall brasileiro" foi dado por um grande ministro do Supremo, oriundo de Minas Gerais, Edmundo Lins, um conterrâneo de Pedro Lessa, ambos nascidos no município do Serro, em Minas Gerais. Edmundo Lins qualificou Pedro Lessa desse modo após sua morte.

Por quê "Marshall brasileiro"? John Marshall foi o grande juiz da Suprema Corte norte-americana. Sua grande decisão data de 1803. Refiro-me ao famoso caso Marbury *versus* Madison, no qual se estabeleceu a possibilidade do controle constitucional dos atos do Poder Executivo, algo completamente impossível até então. Esse é um pequeno detalhe da trajetória de Marshall: a grande construção do primeiro modelo de controle incidental de constitucionalidade. Pedro Lessa, contudo, é responsável por mais construções do que John Marshall. Pode-se dizer até contestar essa minha afirmação. Mas penso que não estou a dizer algo exagerado. Marshall concebeu algo grandioso ao permitir ao Poder Judiciário controlar os atos do Executivo.

Pedro Lessa, por sua vez, avançou em muitas teses. Ele não foi o autor de uma tese única. Ele é um é um pioneiro em temas das mais variadas ordens, como o dano moral e a responsabilidade civil do Estado. Quando esses assuntos ainda eram incipientes, ele já os enfrentava de modo pioneiro.

RDCC – Nos anos 1960, o Brasil conheceu duas tentativas de renovação da ordem civil. A primeira delas foi o Projeto Orlando Gomes de Código Civil. A segunda foi o Projeto Caio Mário da Silva Pereira de um Código das Obrigações. O senhor chegou em Brasília quando esses projetos naufragavam. O que o senhor poderia comentar sobre esses projetos e sobre as causas de seu fracasso?

Roberto Rosas – No início do Governo Militar, entre abril de 1964 e outubro de 1965, o ministro da Justiça era Milton Campos. O segundo homem na pasta, o que na linguagem atual se denomina de secretário-executivo, era o professor Caio Mário da Silva Pereira, um grande civilista e que teve essa ideia do desdobramento, da criação desses projetos: do Código Civil e do Código das Obrigações, além da Lei Geral de Aplicação das Normas Jurídicas (que sucederia a Lei de Introdução ao Código Civil), de autoria do professor Haroldo Valladão.

Esses projetos eram verdadeiramente notáveis. O Governo, no entanto, resolveu seguir por outra linha e adotar um código unificado, sob a coordenação de Miguel Reale, professor catedrático de Filosofia do Direito da Universidade de São Paulo. Parece que nós tivemos algo como uma síndrome igual à vivida no Império. Algo parecido com o que se deu com Teixeira de Freitas, ao tempo do Esboço de Código Civil e da Consolidação das Leis Civis, terminou por se repetir na República com esses projetos, ambos muito bem elaborados, mas que foram sepultados.

Uma sepultura cultural indigna pelo valor que eles tinham. Reputo que o arquivamento dos projetos foi uma perda para a cultura jurídica brasileira.

Lembre-se que o projeto do Teixeira de Freitas não foi adotado no Brasil Império em razão de uma briga com o Governo da época. Mas grande parte de seu conteúdo foi aproveitado e adaptado na Argentina, a ponto de se converter no Código Civil de Vélez Sarsfield, que permaneceu em vigor até 2015. Todos os autores argentinos citam Teixeira de Freitas e reconhecem seu valor. Aqui nós terminamos por abandonar esses projetos [...].

RDCC – Em 1984, a Câmara dos Deputados aprovou o Projeto do Código Civil, cuja tramitação se iniciara com o Projeto Reale, que é do final dos anos 1960. Qual o impacto dessa aprovação em 1984? Acreditava-se realmente que haveria um novo Código Civil?

Roberto Rosas – Ninguém acreditava que fosse aprovado um novo código civil. Não por ausência de méritos do projeto, mas é preciso reconhecer que ele passara por comissões e por relatores, que não eram grandes conhecedores da matéria. Um assessor elaborava o parecer e os deputados aprovavam. O processo em si não inspirava muita credibilidade, ainda que os pareceres fossem brilhantes.

Além disso, não entusiasmava a Câmara dos Deputados a ideia de um Código Civil, ainda que dele estivessem à frente os catedráticos Miguel Reale e José Carlos Moreira Alves, que também já era ministro do STF. Enfim, o fato é que ninguém acreditava realmente na aprovação de um novo código.

RDCC – O projeto de Código Civil, que se encontrava esquecido no Senado desde 1984, voltou a tramitar no final dos anos 1990, graças à atuação dos senadores Antonio Carlos Magalhães, Josaphat Marinho e Cid Sabóia de Carvalho, os dois primeiros da Bahia e o último do Ceará. O projeto terminou por ser aprovado no final de 2001 e sancionado em janeiro de 2002. A maior parte dos civilistas brasileiros à época foi contrária à aprovação do novo código. Qual a sua avaliação desse processo? Como o senhor vislumbra hoje esse projeto? O Brasil realmente carecia de um novo Código Civil?

Roberto Rosas – Eu acompanhei essa fase do Senado, transcorrida nos anos 1990, porque o senador Josaphat Marinho era muito meu amigo, meu colega na Universidade de Brasília. Então, convivíamos muito, conversávamos muito. A pedido dele, eu organizei um seminário sobre o projeto na Ordem dos Advogados do Brasil – Seção do Distrito Federal. Ele compareceu, debateu com os advogados, interessou-se pelas críticas.

Josaphat Marinho era um constitucionalista. Ocupou a cátedra de Direito Constitucional na Universidade de Brasília e, na condição de relator do projeto, ele tentou consertar aspectos do código que já se revelavam estar ultrapassados. Mas o trabalho legislativo é muito complexo, porque, na verdade, é difícil o relator exercer um amplo controle sobre as comissões. Muitos destaques são apresentados e terminam por ser aprovados mesmo contra o parecer do relator. Então, o que eu notei, ao final, é que muito de seu esforço de corrigir, atualizar e adequar o projeto não foi totalmente exitoso. Em suma, ele não pôde fazer tudo o que desejava na relatoria.

Deve-se, contudo, nesse detalhe da pergunta, que o grande mentor do Senado e do processo de aprovação do Código Civil foi o senador Antonio Carlos Magalhães, então presidente do Senado Federal. Foi notável a cooperação entre Antonio Carlos Magalhães e Josaphat Marinho, a despeito de ambos ocuparem polos opostos na vida pública.

Quanto à segunda parte da pergunta, se nós perguntássemos sobre a real necessidade de um novo código [...] Bom, não vamos dizer que a ideia de um novo código fosse de todo ruim. Mas a pergunta talvez fosse outra: "havia mesmo a necessidade de substituir o Código de 1916 por outro naquele momento? O código trará consigo alguma novidade? Vai fazer alguma diferença na vida das pessoas?" Penso que a resposta seria não.

Além disso, tínhamos 50, 60 anos de jurisprudência e de doutrina construídas em torno do Código de 1916. Os eventuais defeitos, as arestas do Código de 1916 foram aparadas. O que se poderia ter feito nos anos 1990? Talvez algo que muitas pessoas pregaram fosse feito à época (dentre as quais eu): aprovar uma lei de modernização do código, atualizando os temas controvertidos, que não foram resolvidos até ali no âmbito da jurisprudência. Essa lei de atualização poderia pacificar ou tumultuar muito mais o quadro normativo. Mas, de qualquer maneira, penso que seria muito melhor essa lei do que partirmos para um novo código, principalmente com a grande dificuldade de se encontrar comentaristas para um novo Código Civil nos dias de hoje. Então, nós estamos encontrando dificuldade nessa senda e muita gente escrevendo em cima do Código de 1916, esquecidos que o código é de 2002. Isso é perceptível quando se consultam alguns dos comentários ao código em vigor. Muitos dos textos são reproduções de teses e de opiniões de autores do século XX, embora tenhamos um novo código. A ser assim, se o Código de 1916 fosse atualizado, ele talvez ganhasse mais 100 anos de vigência.

RDCC – No Congresso Nacional, há um projeto de novo Código Comercial e dois projetos relativos ao que se chama de "Estatuto da Família", com diferentes características e visões antagônicas em relação ao Direito de Família. Qual sua avaliação sobre a necessidade de uma nova codificação para o Direito Comercial e de uma legislação que tira do Código Civil a matéria de Família e Sucessões?

Roberto Rosas – Nós temos uma estrutura de Direito de Família que veio de 1916 e que, mesmo com alterações, manteve-se em 2002. Uma estrutura que a jurisprudência e a doutrina têm dado o norte. Dessa forma, eliminar as normas de Direito de Família do Código Civil permite lançar a seguinte pergunta: amanhã, vai-se criar o Estatuto das Obrigações, o Estatuto das Coisas, o Estatuto da Empresa?

A ser assim, teremos uma série de leis esparsas. A ideia de codificação será perdida. Se o Brasil fez a opção pelo direito codificado, nós temos de preservar a codificação e não partir para as leis esparsas.

Quanto ao projeto de Código Comercial, eu sempre faço uma pergunta fundamental para ser contra ou a favor: qual a metodologia adotada e qual o conteúdo do novo Código Comercial? Em outras palavras, o que entra no novo Código Comercial e o que fica de fora? Os defensores do projeto, de modo brilhante, defendem sua aprovação com base no argumento de que o Código Comercial de 1850 está ultrapassado. Ocorre que as leis extravagantes, que são hoje o núcleo da matéria no Brasil, não estão! O tempo se encarregou de ajustar a realidade normativa. A Lei das Sociedades por Ações ou a matéria hoje presente no Código Civil, no livro do Direito de Empresa, são exemplos desses ajustes. É um risco considerável proceder a modificações tão profundas, como se observa do projeto de Código Comercial, em uma área tão sensível quanto a empresarial. A adoção de um novo código implicará uma série de custos econômicos advindos de sua implementação, sem se falar no tempo que levará para uma adaptação da doutrina e da jurisprudência.

RDCC – Convêm agora voltar aos anos 1980 e o tema de sua trajetória pessoal. Em 1986, quando da metade do Governo do presidente José Sarney, com a redemocratização nacional em curso, o senhor foi nomeado, na classe de jurista, para o Tribunal

Superior Eleitoral – TSE. O senhor pode relatar como se deu esse processo de escolha e quais suas experiências nessa época, que se pode também chamar de era do renascimento da Justiça Eleitoral no Brasil?

Roberto Rosas – Inicio com a menção a uma passagem anterior: em 1982, o Brasil, no processo de redemocratização, permitiu a criação de novos partidos. Abandonamos o antigo sistema de bipartidarismo, com o Movimento Democrático Brasileiro – MDB e a Aliança Renovadora Nacional – Arena, em direção a uma maior abertura maior para novos partidos.

Em 1986, quando fui empossado no Tribunal Superior Eleitoral, vivíamos essa fase de abertura e, com isso, uma ebulição política com vistas às futuras eleições presidenciais de 1989. Depois de décadas, era a primeira eleição presidencial direta no Brasil. Eram tempos muito especiais.

Quanto a ir para o TSE, na verdade eu fui levado até o tribunal. Entrei como ministro substituto, graças à inclusão de meu nome em uma lista no Supremo Tribunal Federal, o que devo ao ministro José Carlos Moreira Alves, então presidente do TSE. Havia uma tradição de que o presidente do TSE indicava os nomes aos colegas ministros, que os impugnavam ou os aprovavam. Eu tive sorte de que todos aprovaram minha indicação, pois havia uma regra: se houvesse uma impugnação, o nome era retirado da lista. Eu, portanto, ingressei como ministro substituto. Em 1986, fui guindado à condição de ministro titular do TSE.

Esse foi um período rico em termos históricos, marcado por essa intensa transformação democrática do Brasil. Vivemos a abertura política e o Governo José Sarney, cuja gestão possuía um forte compromisso em prol de redemocratizar o País. Eram tempos de abertura, de tolerância para as ideias discrepantes das nossas, de liberdade. O presidente José Sarney pode orgulhar-se de ter em seu currículo o mérito de haver propiciado aos brasileiros uma quadra de grandes liberdades políticas. Ele exerceu com muita proficiência a arte da tolerância, o que é algo raro em qualquer governante. Tolerar a imprensa, a liberdade de expressão e, o mais importante, os excessos cometidos em nome desta é algo digno de elogio, especialmente quando se trata de um presidente da República. As eleições de 1989, em certa medida, foram o desaguadouro desse processo, com debates na televisão e um número impressionante de 22 candidatos à Presidência da República.

Gostaria de destacar mais uma coisa. Durante minha passagem pelo TSE, tive a ventura de exercer minhas funções em um tempo de grande riqueza legislativa. Implantou-se a nova Constituição Federal. As regras sobre os partidos, sobre as candidaturas, as inelegibilidades também foram discutidas e aprovadas, ao exemplo da Lei Complementar 64, de 18 de maio de 1990, que levou o TSE a realizar um enorme esforço hermenêutico para aplicá-la adequadamente.

RDCC – O senhor referiu-se à nova Constituição Federal, o que permite formular uma indagação: qual o sentimento experimentado pelo senhor e pela comunidade jurídica brasileira após sua promulgação em 1988?

Roberto Rosas – Eu participei intensamente desse período. Eu era ministro do TSE e, mesmo na condição de *outsider,* porque, afinal de contas, eu não tinha nada a ver com a Assembleia Nacional Constituinte, acabei participando do processo de elaboração da nova carta constitucional. Eu devo isso ao então senador Bernardo Cabral, meu amigo, que me chamou para ajudar na redação do capítulo relativo ao Poder Judiciário.

Fui diversas vezes ao Congresso Nacional, durante a Assembleia Constituinte, para auxiliar primordialmente no capítulo do Poder Judiciário. Concentrei meus esforços nesse tema, até pela enorme quantidade de matérias, as mais diversas, que eram debatidas todos os dias pelos constituintes.

Na época, no mundo jurídico, havia a concepção de que a Constituição seria uma etapa posterior a um longo período autoritário, marcado pelas restrições às liberdades individuais. Isso gerou uma enorme descrença do espaço normativo da lei. As esperanças (e as crenças) eram centralizadas na letra da Constituição. Não adiantava incluir direitos em lei, mas tão somente na Constituição. Em razão disso, iniciou-se uma corrida para se tentar incluir as matérias de interesse de cada um na Constituição. Isso explica porque dentro do texto constitucional há uma Consolidação das Leis do Trabalho – CLT ou há um Código Tributário Nacional. Ouso dizer que o art. 5º talvez seja o maior do mundo, em comparação a outras constituições que possuem um catálogo de direitos fundamentais. Eu gosto ainda do § 2º do art. 5º: "Os direitos e garantias expressos nesta Constituição não excluem outros decorrentes do regime e dos princípios por ela adotados, ou dos tratados internacionais em que a República Federativa do Brasil seja parte". Com essa abertura semântica e normativa, na prática, entra quase tudo. Até a fixação de limites de juros, que na verdade não deveria ter sido incluída na Constituição, terminou por ser texto constitucional até sua revogação anos depois.

Esse caráter dirigente e minucioso do texto da Constituição de 1988 abriu margem para uma crítica recorrente: muito do que foi incluído na Constituição não deveria tê-lo sido. Um exemplo típico dessa crítica pode ser extraído do Direito Civil. Ele está no inciso XXX do art. 5º: "é garantido o direito de herança". Ora, o direito de herança só poderia estar na Constituição se nós implantássemos um regime socialista e houvesse a necessidade de assegurá-lo contra os excessos do legislador. Se o regime é o capitalista, um de seus princípios básicos é o direito à herança. Um direito fundamental dessa natureza não precisaria estar na Constituição de um país capitalista, até porque já se protege o direito de propriedade em todas as constituições da História do Brasil.

RDCC – A Constituição Federal de 1988, dentre outros legados, instituiu o Superior Tribunal de Justiça – STJ. O senhor pode comentar sobre os antecedentes do STJ, que remontam aos anos 1960, a partir de uma tese do professor José Afonso da Silva, da Universidade de São Paulo? Com a criação do STJ, atingiu-se o objetivo almejado pelo constituinte? Outro aspecto que gostaria de ouvir de si é relativo ao papel do ministro José Carlos Moreira Alves no processo de criação do STJ, que teria sido marcado por uma disputa de competências entre o STF e o STJ.

Roberto Rosas – De longa data, desde a década de 1940, o STF vivia a chamada "crise do Supremo Tribunal Federal". Crise que, na verdade, não era do Supremo, era do recurso extraordinário. Década após década, aumentava o volume de trabalho no tribunal, porque o Supremo analisava as matérias constitucionais e infraconstitucionais. Enfim, tudo. Com isso, ficou inviável o trabalho do Supremo Tribunal, que se apresentava como uma corte constitucional, mas também como um tribunal de justiça, reexaminando matérias de toda ordem.

Daí que veio a ideia – e essa ideia é muito forte em um trabalho do professor catedrático Miguel Reale – no sentido da criação de um tribunal para a afetação da matéria infraconstitucional, retirando do Supremo Tribunal essa competência. O grande ministro José Carlos Moreira Alves (um dos grandes ministros do Supremo Tribunal de todos os tempos) considerava que a ideia de um tribunal infraconstitucional com amplos poderes teria por efeito restringir a competência do Supremo. Para ele, o STF assumir o papel exclusivo de uma corte constitucional terminaria por esvaziá-lo.

Observando essa escolha histórica da Assembleia Constituinte, em certa medida influenciada pela atuação do ministro Moreira Alves e de seus colegas de STF à época, penso que terminou por se revelar um engano. Hoje, as ações de controle concentrado já devem ter passado de cinco mil processos. Cinco mil, tomando-se por média o exame de cinco dispositivos por ação, haveria 25 mil dispositivos questionados em 30 anos de Constituição Federal de 1988. Há serviço no STF para ninguém ficar entediado.

Esse debate, ocorrido em 1987-1988, foi realmente influenciado pelo receio da perda excessiva de atribuições pelo Supremo. Disso resultou a manutenção, no texto original da Constituição de 1988, de competências relativas à extradição, à homologação de sentença estrangeira e outras menos importantes. Não se ignore o número significativo de matérias criminais que remanesceu no Supremo. Até hoje, portanto, todos reclamam desse problema, mas não se encontrou ainda uma saída. Na verdade, o grande erro na criação do STJ reside em uma ideia dos próprios mentores do novo órgão jurisdicional, os ministros do extinto Tribunal Federal de Recursos: eles não queriam restrição recursal alguma. Eles se basearam na experiência do Supremo, que havia criado as restrições à admissibilidade recursal, as quais se revelaram ineficazes. Por esse motivo, o STJ, que foi criado para não ter restrições, não deveria tê-las.

Em razão desse outro equívoco de avaliação, o STJ hoje padece do mesmo mal que se tentou acabar com a criação de um tribunal superior para as matérias ordinárias: esse volume avultado de processos. A Constituição de 1988 deveria ter criado, desde o início, mecanismos de filtragem recursal para o STJ, além, é claro, do prequestionamento e da demonstração de dissídio jurisprudencial.

RDCC – Outro aspecto relevante de sua trajetória foi sua participação, por longos anos, no Conselho Federal da Ordem dos Advogados do Brasil – OAB. O que o senhor enalteceria nessa experiência como membro do Conselho Federal?

Roberto Rosas – Fui membro ativo da OAB do Distrito Federal, na qualidade de conselheiro seccional. Posteriormente, integrei o Conselho Federal da OAB como representante do Distrito Federal e do Estado do Acre por 20 anos.

A OAB, no período militar, das grandes restrições democráticas, exerceu um papel sensacional. A OAB, com sua palavra, defendia os predicados da magistratura, defendia a liberdade, o *habeas corpus* e, de modo amplo os direitos fundamentais. Fazia-o com grande veemência e coragem em um tempo no qual ninguém podia fazer algo semelhante. Nem parlamentares, nem magistrados ou membros do Ministério Público, porque viviam sob a pressão dos Atos Institucionais do regime militar. Eles sujeitavam-se diretamente às restrições de liberdades, típicas do período.

Diferentemente, a OAB não se intimidava com esses padecimentos. Ela lutava. Lembro-me de um discurso institucional glorioso, democrático, até 1985.

Em 1985, como já disse em outra resposta, dá-se um corte, com a assunção do Governo José Sarney. O Brasil abriu-se para a redemocratização. Com todos os percalços, com dois presidentes impedidos e uma série de crises, o Brasil conseguiu se manter na senda democrática. São 30 anos de experiência democrática. A OAB, contudo, não parece ter mudado seu discurso. Vê-se a repetição do mesmo discurso, aqueles antigos motes, aplicáveis a outros tempos, que não são os atuais. Em paralelo, observo que a OAB, às vezes, foge um pouco de suas finalidades em prol da defesa da classe e do controle da profissão do advogado, e entra em outros segmentos, de caráter mais político, que não são cabíveis para a OAB.

A OAB, às vezes, parte do pressuposto de que é a grande representação da sociedade. Mas onde isso está escrito? A OAB tem suas prerrogativas nos âmbitos social e jurídico, no controle da profissão do advogado ou nos limites de sua tradição. Tais méritos não permitem chegar ao ponto de se assumir a titularidade de falar em nome do país. Os partidos políticos falam? Não falam. Fala a OAB. Então, esse detalhe crítico é muito importante para que a OAB exerça as prerrogativas que suas tradições lhe granjearam. A força que a OAB tem não pode ser perdida em certos espaços ou em determinados temas alheios a sua missão, sob pena de ninguém mais a ouvir. Se, por exemplo, um cardeal quiser discutir sobre a Faculdade de Direito da Universidade de São Paulo, vão dizer: "o que o cardeal tem que ver com a Faculdade de Direito da USP?" É o mesmo sentido. Penso que a OAB deve-se ater ao que interessa à classe, à magistratura, ao Ministério Público e naquilo que importa ao fortalecimento das instituições.

RDCC – O senhor foi – e ainda é –, durante longos anos, um convidado frequente para bancas examinadoras de concursos públicos, tanto para a magistratura quanto para a docência do ensino superior. O senhor pode comentar um pouco sobre essa experiência e sobre os candidatos que depois se notabilizaram na vida profissional?

Roberto Rosas – Eu comecei como examinador de concurso para magistrado do Tribunal de Justiça do Distrito Federal e Territórios. Posteriormente, entrei em um ciclo de bancas para a magistratura federal, a partir do segundo concurso para juiz federal. Após a Constituição de 1988, quando os concursos passaram a ser regionais, eu participei de várias bancas no âmbito do Tribunal Regional Federal da Primeira Região. São tantas bancas que eu já não recordo do número exato. Atuei também em bancas de concurso público para procurador da República.

Na fase dos concursos nacionais para a magistratura federal, a disputa era muito interessante, porque se permitia que muita gente de vários lugares competisse em um único certame. Um bom advogado no Rio de Janeiro ou um bom juiz no Ceará poderiam ser aprovados e virem a ser lotados em São Paulo ou em Brasília. A regionalização reduziu um pouco essa mobilidade no território nacional e atraiu candidatos que pretendiam ficar em suas próprias unidades da federação. Com isso não se dá muita margem de circularidade a esses grandes valores.

O êxito e a qualidade desses concursos são perceptíveis pelo nível dos magistrados que neles foram aprovados. Exemplo disso são os juízes federais que depois integraram o STJ, ao exemplo de José Augusto Delgado (primeiro colocado no segundo concurso), Ari Pargendler (este chegou à presidência do STJ), Fernando Gonçalves, Eliana Calmon, Castro Meira, Assusete Magalhães e, mais recentemente, Benedito Gonçalves.

Outra característica dos concursos da magistratura federal é que muitos dos postulantes eram egressos da magistratura estadual e do Ministério Público. Essas pessoas inscreviam-se, concorriam e participavam intensamente do processo seletivo. Havia também muitos candidatos oriundos da advocacia. Eu dou sempre um exemplo, do atual presidente do Tribunal Regional Federal da Primeira Região, desembargador federal Hilton Queiroz. Ele prestou o concurso para juiz federal quando era um advogado em Salvador. O advogado em geral não tem títulos, o que termina por lhe prejudicar na fase respectiva do concurso. O desembargador Hilton Queiroz alcançou o primeiro lugar no concurso, tal era seu nível de conhecimento.

Penso que o concurso nacional, sem demérito do concurso regional, era mais aberto e mais competitivo. Era muito bom para o País e para a instituição essa circularidade de talentos e de experiências.

Quanto à docência superior, tenho também orgulho de minha participação em diversas bancas, especialmente em sua universidade, a USP, na tradicional Faculdade do Largo de São Francisco. Eu estive em vários concursos, ao exemplo da banca que aprovou seu colega de Departamento de Direito Civil, o professor Fernando Campos Scaff, para a titularidade e para a banca da livre-docência.

Fui membro de bancas de mestrado e de doutorado, outra experiência igualmente importante para mim.

RDCC – O senhor, além de advogado, professor e magistrado, é escritor, membro da Associação Nacional de Escritores. Com sucessivas edições, seu livro *Direito Sumular* é um dos mais citados na jurisprudência dos tribunais superiores brasileiros. O senhor pode comentar um pouco sobre essa obra e sobre sua produção literária?

Roberto Rosas – Em 1963, pouco antes de eu me tornar assessor no Supremo Tribunal Federal, editaram-se as primeiras súmulas, graças à iniciativa do ministro Victor Nunes Leal.

A criação das súmulas deu-se em meio a um clima de resistência muito forte por parte de alguns ministros. Victor Nunes Leal era um homem muito recatado, respeitado e, por convencimento dos pares, conseguiu que fossem editadas as súmulas. Ele contou com o auxílio de dois ministros: Gonçalves de Oliveira e Pedro Chaves. Ambos atuaram fortemente em apoio a Victor Nunes Leal.

As súmulas foram bem recebidas, mas havia uma observação das pessoas no sentido de que se lia o texto da súmula sem comentários e sem uma contextualização adequada. Até que alguém me incentivou a elaborar comentários às súmulas, porque o advogado, especialmente o que estava nos rincões do Brasil, não sabia quais os motivos e os fundamentos que levaram à elaboração da súmula. Por que que essa súmula existe? Qual a finalidade de seu conteúdo?

Em razão disso, eu formulei uma proposta metodológica para estudo sistemático das súmulas. Eu cotejava seu teor com a posição da doutrina e com as circunstâncias que levaram a se consolidar tal ou qual entendimento na jurisprudência. Veja que estou falando dos anos 1960 e 1970. Hoje é muito fácil a qualquer pessoa, no Brasil ou no mundo, encontrar um acórdão do Supremo Tribunal Federal e ter acesso a seu inteiro teor. Não se precisa do auxílio de ninguém, basta o mínimo de familiaridade com a *internet*, a língua e o repositório eletrônico do tribunal. Naquela época, era bem diferente. O livro *Direito Sumular* nasceu com a finalidade de dar uma informação ao advogado alheio ao círculo dos que frequentavam Brasília ou dispunham de grandes recursos para adquirir aqueles repositórios de jurisprudência. Então essa foi a metodologia que desenvolvi. Não é simplesmente um comentário do texto. Comentário do texto eu não faço como doutrinador. Eu escrevo como um explicador do texto. Eu não tenho (e nunca tive) a ideia de me apresentar como um doutrinador ao escrever o livro *Direito Sumular.* Eu não posso (nem poderia) ser o doutrinador de todo o Direito, conhecedor de todas as matérias. Meu objetivo era (e é) o de oferecer uma humilde contribuição aos que atuam na advocacia e pretendem conhecer o contexto das súmulas do STF e do STJ. O número de citações de meu livro na jurisprudência revelou que ele também é útil ao julgador, o que muito me honra.

RDCC – O senhor é autor de outras obras, como *Processo Constitucional*, a biografia de Pedro Lessa, o livro *Do abuso de direito ao abuso de poder*, o livro *Perfis do Mundo Jurídico*, dentre outros. Há algo que gostaria de destacar nesses livros?

Roberto Rosas – Vou me limitar ao livro *Do abuso de direito ao abuso de poder.*

Minha tese de doutorado na Faculdade de Direito da Universidade Federal do Rio de Janeiro, apresentada em 1968, foi sobre o abuso de poder. Escolhi esse tema até por inspiração do Hely Lopes Meirelles, que era uma pessoa sensacional. Em uma de minhas idas a São Paulo, eu fui ao escritório dele, na Rua Senador Paulo Egídio, em frente à Faculdade de Direito do Largo de São Francisco. Ficamos amigos na ocasião. Ele era uma pessoa muito simpática, um homem de uma conversa excelente. Em outra dessas visitas a ele, disse-lhe que estava com muitos temas para uma tese de doutorado na UFRJ. Estou, porém, atormentado pela dúvida: não sei qual tema escolher. Então, o Hely Lopes Meirelles disse-me: "Por que que você não escreve sobre o abuso de poder? A Constituição refere-se ao mandado de segurança por ilegalidade ou abuso de poder. *Habeas corpus* por ilegalidade ou abuso de poder. Mas ninguém escreve sobre abuso de poder. Todo mundo sabe sobre ilegalidade, mas de abuso de poder não". Foi aí que eu tive a ideia de elaborar a tese sobre abuso de poder. E, diga-se de passagem – porque essa tese foi apresentada em 1968 –, eu fui informado de que ela foi muito examinada pelos militares para aferir se eu não estava indo contra o regime e atacando o regime. Foi algo muito curioso, pois a tese era eminentemente técnica.

RDCC – O senhor viveu muito de perto o que hoje se chama de "Corte Moreira Alves", a saber, o período no qual o ministro Moreira Alves exerceu uma longa liderança no STF e imprimiu à Corte um modelo de autocontenção e de isolamento das pautas que se conhecem na atualidade como de judicialização da política. O que que o senhor acha dessa definição? De fato, houve uma "Corte Moreira Alves"? Como Moreira Alves conseguiu ter uma ascendência por tanto tempo em áreas tão diversas do Direito, em sendo ele um privatista?

Roberto Rosas – Na Suprema Corte Americana é muito comum esse título. A Corte de Warren. A Corte de Holmes. A Corte torna-se conhecida pelo nome daqueles ministros que são os mais atuantes ou durante todo o período no qual pertenceram ao tribunal.

O ministro Moreira Alves tem sua origem e sua formação no Direito Romano e depois no Direito Civil. Ele foi e é um grande privatista, dos melhores da História do Direito no Brasil. O ministro Moreira Alves, para além disso, teve uma formação cultural e humanística muito forte, o que é absolutamente compatível com a vocação dos privatistas. Estudar Direito Civil e Direito Romano é abrir-se para a civilização, a cultura e o humanismo. Além disso, Moreira Alves tem uma notável capacidade de estudar qualquer tema. Daí não ter sido surpresa o fato de ele haver ingressado fortemente no Direito Público e ter enfrentado suas principais questões com enorme desenvoltura.

Eu o vi várias vezes em São Paulo em um seminário anual de Direito Tributário, organizado pelo professor Ives Gandra da Silva Martins. Nesses eventos, Moreira Alves era orador ou expositor oficial. Ele falava de igual para igual com a nata do Direito Tributário brasileiro. Ouvindo e fazendo perguntas, interagindo com expositores, debatendo temas atuais. Enfim, o ministro Moreira Alves tem uma organização mental esplêndida. Talvez por isso ele vá para as discussões muito aparelhado e consegue, por meio de uma concisão admirável, envolver o interlocutor em seus argumentos, sem se perder ou tergiversar. Tudo o que ele fala ou escreve tem princípio, meio e fim. Então, ele brilhou em todos os temas de Direito Público. Nem vou falar de Direito Privado, porque essa é a área dele.

Esse domínio exercido sobre o Direito Público por Moreira Alves levar-me-ia a dizer que ele foi um dos cinco maiores ministros do Supremo Tribunal de todos os tempos. Veja, se houvesse uma enquete e me perguntassem sobre isso, responderia que Moreira Alves era um desses cinco nomes. Preparado, cioso de suas atividades, grande expositor, um homem que impressiona por sua oratória.

Quando alguém se espantava com a presença de Moreira Alves em algum congresso ou no exame de algum tema de Direito Público, a resposta era uníssona: ele domina o assunto. Domina pela categoria, pela persuasão e pelo conhecimento técnico. Se eu pudesse defini-lo, para além do humanista, do magistrado e do escritor, Moreira Alves era acima de tudo um técnico. Ele nunca misturou Direito com Política. Nunca usou de seus votos para ofender qualquer pessoa. O debate com ele era técnico. Um debate de teses. Isso eu considero uma marca inigualável de José Carlos Moreira Alves.

RDCC – O senhor escreveu, em 1999, na revista do Centro de Estudos Judiciários do Conselho da Justiça Federal, um artigo *Direito Civil e Constituição. Relação do Projeto com a Constituição sobre as relações entre o Direito Constitucional e o Direito Civil.* Qual sua visão a respeito desse assunto, que tanto desperta as atenções da civilística nacional nos últimos 20 anos?

Roberto Rosas – É interessante lembrar que esse artigo surgiu a partir de um a conferência de Clóvis Beviláqua sobre o Código Civil e a então nova Constituição de 1934, proferida na Casa de Juvenal Galeno, em Fortaleza, no Ceará, publicada na *Revista dos Tribunais* no ano de 1935.

Fiquei impressionado com aquilo e, em 1988, tivemos uma série de dispositivos de Direito Processual Civil, Direito Processual Penal, Direito Penal e de Direito Civil que também se inseriram na Constituição. Além de princípios gerais que vão se irradiar para o Direito Civil, como a dignidade da pessoa humana, o qual é um princípio genérico que vale para todos os ramos, inclusive para o Direito Civil.

Causou-me profunda impressão proceder a essa comparação entre a realidade de 1988 e a de 1934. A ideia desse artigo foi chamar a atenção para a existência de princípios contidos na Constituição que interessam ao Direito Civil. Eles estão na Constituição e se irradiam para o Direito Civil.

RDCC – Como o senhor vê o futuro do Direito Civil em pleno século XXI, com tantas transformações sociais, tecnológicas e, fundamentalmente, jurisprudenciais?

Roberto Rosas – Eu acho que, como tudo na vida, está havendo uma adaptação à própria realidade. Vamos ver, por exemplo, o Direito de Família. No Direito de Família, há 50 anos, não se admitia discutir o que hoje se discute. O contrato tem-se alterado intensamente como instituto. Mas qual a razão desse novo perfil? A sociedade mudou, a empresa é muito forte e os interesses econômicos são violentíssimos. Todos esses movimentos levam a uma atualização da ordem jurídica. Temos de atualizar os institutos, porque as transformações ocorrem e nós não podemos ficar inertes.

Reconhecer todas essas alterações sociais é algo diferente de se falar em decadência do Direito Civil. Não há possibilidade de alguém substituir o Direito Civil em seu papel e suas funções na ordem jurídica. Não há possibilidade de um instituto, uma cadeira, um segmento jurídico substituir o Direito Civil e seus milênios de História. Podem até retirar alguma regra do Código Civil e colocá-la em outro diploma, como estão querendo com o Estatuto da Família, o qual, na verdade, como já falamos que não tem sentido. Tais circunstâncias, porém, não abalam o Direito Civil e seus princípios gerais.

Este livro foi impresso nas oficinas gráficas da Editora Vozes Ltda.,
Rua Frei Luís, 100 – Petrópolis, RJ.